Préface

« L'écriture du droit est impitoyable pour le juriste, nous avertit Robert Badinter. La page écrite est implacable. Elle révèle faiblesses, insuffisances et confusion. Écrire le droit est l'épreuve de vérité du juriste. » Venant du *primus orator inter pares* qu'est l'ancien Garde des Sceaux de François Mitterrand, ces propos d[illegible]ent à réfléchir.

En effet, si le juriste, spécialiste censé connaître la loi et r[illegible]e du droit avec aisance, éprouve – à en croire Robert Badinter – des[illegible]le droit, que faut-il penser, alors, de celui ou de celle qui doit[illegible]é s'accroît grandement quand il faut passer d'une lang[illegible]'un système juridique à un autre. Mais que dire[illegible]rsque le traducteur doit rendre, par exem[illegible]. Peut-on comparer la situation de la Fra[illegible]vec celle du Canada, pays bilingue et multis[illegible]ique parle-t-on ? Car il y a texte juridique et texte j[illegible]e notaire et l'avocat sont-ils à mettre sur le même pied ? [illegible]nt peuvent-ils être comparés ? Nous savons bien que non : un[illegible]de Napoléon d'un jugement rendu par un tribunal de commerce, tex[illegible]eu comparable à celui d'un acte de vente ou d'un contrat d'assurance, ne s[illegible]que par la forme.

Le langage du droit s'exprime sous de nombreuses formes, dont celle de la convention et, plus particulièrement, du contrat. Notre vie, nos rapports, la société même sont ponctués, régis par le contrat, de travail ou d'assurance, de transport ou de prêt. Au point que ce type de convention pourrait bien finir, au rythme de son développement actuel et sous l'influence du droit anglo-américain, par incarner le texte juridique par excellence, si tel n'est pas déjà le cas.

Le contrat représente en effet le « pain quotidien » dans la pratique professionnelle. C'est sans doute une des raisons pour lesquelles, de tous les textes juridiques, le texte contractuel est le plus malmené. Rédigé le plus souvent dans la hâte, il aligne des clauses que le lecteur s'évertue à comprendre tant elles sont obscures, alors que, exprimant la volonté des parties, il devrait être rédigé lisiblement, c'est-à-dire de façon claire, simple et concise, afin que nul ne puisse ignorer la loi, celle des parties ou de l'Etat. Les parties ont droit au minimum de respect qu'un professionnel digne de ce nom est censé témoigner envers son client.

Dans le vaste marché du livre, on trouvera de nombreux ouvrages traitant du contrat. Ce sont, dans l'immense majorité des cas, des livres destinés au monde du droit, aux juristes et étudiants en droit. Parallèlement, on trouvera des ouvrages traitant de traduction, dont quelques-uns abordent, le plus souvent incidemment, la traduction juridique. Dans la plupart des cas, il s'agit soit d'un ouvrage sur la traduction en général, soit d'un ouvrage très ponctuel ou spécialisé, du genre lexique ou vocabulaire bilingue ou multilingue. Ces publications s'adressent généralement à un public bien identifié : étudiants, traducteurs et réviseurs, praticiens de tel domaine, etc. Rares sont encore les ouvrages qui présentent en une seule et même étude un domaine précis de la connaissance, tel le droit et ses moyens d'expression, en insistant sur les difficultés techniques et autres pièges contre lesquels le traducteur est susceptible de buter.

Aussi le *Guide pratique de la traduction juridique* que Frédéric Houbert offre au monde de la traduction juridique vient-il à point à la fois pour combler un vide et satisfaire un besoin. Il rendra de grands services aux personnes qui, pour diverses raisons professionnelles, ont notamment affaire à des contrats rédigés en anglais ou en français, ou sont appelées à en traduire : traducteurs et réviseurs, rédacteurs, terminologues, jurilinguistes en général, et jusqu'aux juristes mêmes.

L'auteur s'est attaché à rendre la tâche du traducteur plus simple, ce qui ne veut pas dire facile. Tout traducteur d'expérience œuvrant entre l'anglais et le français sait que pour produire, à partir d'un texte juridique rédigé en anglais, une traduction française « lisible » (autrement dit, qui réponde aux critères usuels de lisibilité : clarté, simplicité, concision), le chemin à parcourir est long et ardu, que ce texte soit d'ordre contractuel, législatif ou judiciaire. Cela demande beaucoup de travail, de réflexion et de jugement. Mais la qualité est à ce prix. L'auteur du *Guide* en fait la brillante démonstration par le biais du contrat, dont il s'est fait une spécialité, difficile au demeurant. De tous les textes juridiques, toutes langues confondues, le contrat est peut-être celui qui présente le plus de « faiblesses, insuffisances et confusion ». Le comparatiste sait que ce mal frappe particulièrement l'anglais et son langage du droit, ce qui ne manque pas de compliquer la tâche du traducteur. Aux prises avec deux systèmes juridiques aussi différents que peuvent l'être la *common law* et, en particulier, le système civiliste, il lui faut en outre composer avec deux traditions d'écriture opposées, et donc de rédaction des textes (juridiques). A l'origine, la *common law* était un droit non écrit (le Royaume-Uni ne possède toujours pas de constitution écrite), coutumier, alors que le système juridique français procède, lui, d'une tradition écrite bien établie.

C'est à cette difficulté, qu'il ne faudrait pas sous-estimer, que s'est attaqué l'auteur. Son *Guide* est le produit de plusieurs années de pratique professionnelle assidue de la traduction juridique, assortie, en parallèle, d'une réflexion, toujours pondérée et solidement fondée, à visée pédagogique voire didactique. Donc aussi théorique, dans le bon sens du terme. Deux grandes parties se partagent à peu près également les considérations théoriques (première partie) et les applications pratiques (troisième partie). Entre les deux, dans la deuxième partie, l'auteur nous livre une réflexion originale sur les aspects culturels de la traduction, la juridique en particulier. Le droit n'est-il pas la « vitrine culturelle » (Sparer) d'une société ?

Traducteur juridique émérite, Frédéric Houbert ne s'est pas contenté de faire le tour de la question en abordant certains des aspects les plus délicats sinon controversés de la production de textes juridiques traduits (cf. l'archaïsme du langage, l'ambiguïté dans les textes, la longueur des textes, etc.). Il applique ce qu'il dit et propose des traductions pouvant servir de modèles ou d'exercices à qui désire s'engager dans cette difficile spécialité ou se perfectionner et qui trouvera dans cet ouvrage, comme le déclare

Sarah Cosy

GUIDE PRATIQUE
de la
TRADUCTION JURIDIQUE

ANGLAIS - FRANÇAIS

la maison du DICTIONNAIRE

LA MAISON DU DICTIONNAIRE
98, bd du Montparnasse - F-75014 PARIS
Tél. +33 (0)1 43 22 12 93 Fax. +33 (0)1 43 22 01 77
http://www.dicoland.com

Remerciements

L'auteur tient tout particulièrement à remercier : Olivier Kaiser, pour avoir accepté d'assurer la relecture de l'ouvrage et pour ses conseils toujours judicieux et sa disponibilité de tous les instants ; Louis Beaudoin, pour ses remarques pertinentes ; David Poppleton, pour son aide indéfectible ; et Jean-Claude Gémar, pour ses nombreux encouragements. Que soient également remerciées toutes les autres personnes dont la contribution – même mineure – aura permis la réalisation du présent ouvrage.

Maquette et mise en pages : *Studio Wo !*

Dépôt légal : 2005
ISBN : 2-85608-186-X
Code livre : 3.49.92.100
Printed in France

modestement l'auteur, « sinon des réponses, au moins des indices susceptibles de l'aider dans son travail ». On y trouvera aussi un guide précieux sur le sujet, car il ne se limite pas aux seuls textes contractuels mais présente des traductions commentées de textes d'origines variées : convention (ONU), justice (CIJ, TIDM, CJCE), arbitrage, règlements et, bien sûr, contrat (de travail, de licence, de cession de créance, etc.). Un index commode des termes et expressions juridiques employés dans les notes explicatives et un glossaire des termes techniques complètent le tout.

Une lecture, même rapide, du *Guide pratique de la traduction juridique* convaincra l'utilisateur potentiel que cet ouvrage s'inscrit clairement dans le courant de la jurilinguistique actuelle, particulièrement de celle qui porte sur le couple de langues anglais-français et ses difficultés particulières. Inspiré de ses méthodes et de son esprit, qu'il synthétise, ce guide cristallise l'état de la science en traduction et rédaction juridiques autour de l'objet d'étude étonnant et néanmoins complexe, notamment en situation de droit comparé, que demeure le contrat. Fascinante et irritante à la fois par les difficultés et chausse-trapes qu'elle réserve à l'apprenti traducteur-rédacteur (et même au traducteur averti), la « loi des parties » ne lui en offre pas moins, en tout cas pour ce qui est du français, un immense champ d'action ouvert sur une « libre recherche scientifique » (Gény) susceptible d'illustrer le génie d'une langue jusque dans les actes les plus banals de la vie quotidienne. Le *Guide pratique de la traduction juridique* de Frédéric Houbert les aidera sans nul doute à atteindre, voire à dépasser cet objectif.

Jean-Claude Gémar
Printemps 2004

Avant-propos

Jadis réservée à quelques initiés, la traduction juridique connaît aujourd'hui un intérêt croissant auprès d'un large public. Les universités, de France et d'ailleurs, sont de plus en plus nombreuses à proposer des formations à cette discipline. Les séminaires et autres colloques régulièrement organisés autour du sujet par les associations professionnelles et les écoles de traduction sont également là pour témoigner de l'engouement indéniable suscité par la traduction juridique auprès non seulement des traducteurs spécialisés mais aussi des traducteurs dits généralistes, qui sont de plus en plus souvent confrontés à l'écrit juridique dans le cadre de leur travail.

La traduction juridique a déjà fait l'objet de nombreuses études érudites et le traducteur, spécialisé ou non, dispose depuis longtemps de dictionnaires et de ressources terminologiques qui lui permettent de surmonter la plupart des difficultés qui se dressent sur sa route. Pour autant, aucun guide pratique n'avait jusqu'à présent été consacré à la traduction juridique, ce malgré les perspectives stimulantes que cette discipline ouvre à celles et ceux qui ont choisi de la pratiquer.

Le présent guide a pour objectif de « rendre » la traduction juridique aux traducteurs qui la pratiquent, de la libérer du carcan un peu trop serré dans lequel l'ont enfermée certains théoriciens, et d'établir un lien entre les études parfois opaques qui lui ont été consacrées et les dictionnaires spécialisés, qui, à tort ou à raison, sont encore souvent perçus par leurs utilisateurs comme défaillants ou impuissants à répondre à leurs questions.

La première partie de l'ouvrage est consacrée aux principales caractéristiques de la langue juridique anglaise et française, dont l'étude est trop souvent négligée dans les cursus de formation traditionnels, et aux spécificités de la traduction juridique de l'anglais vers le français. Y sont notamment abordés les termes polysémiques, les faux amis, l'ambiguïté dans les textes juridiques, les rapports entre langue courante et langage juridique et la traduction des auxiliaires modaux. Les chapitres qui s'y prêtent sont complétés par des exercices d'application destinés à permettre au lecteur de prolonger sa réflexion et de vérifier les connaissances acquises. En deuxième partie sont proposés plusieurs textes dont le propos commun est de mettre en évidence les rapports subtils qui unissent culture et traduction juridique. Enfin, la troisième partie de l'ouvrage, composée d'une quinzaine de textes d'horizons divers, traduits et annotés, en constitue le volet pratique et pourra notamment permettre à l'étudiant de se perfectionner et au professionnel de trouver des réponses à certaines des questions que lui inspire la traduction de textes institutionnels, contractuels ou d'une autre nature.

Le *Guide* contient en outre un index reprenant les termes et expressions juridiques abordés dans les traductions annotées, un glossaire des principales notions linguistiques évoquées dans l'ouvrage, et une bibliographie détaillée.

La traduction juridique est indéniablement une discipline d'avenir, dont l'enseignement doit aujourd'hui être élargi au plus grand nombre. C'est une discipline qui exige certes du traducteur une extrême rigueur, mais qui peut aussi lui apporter une grande satisfaction intellectuelle. Si le présent guide parvient à susciter l'intérêt de ses lecteurs les moins expérimentés tout en répondant, au moins partiellement, aux questions que se posent certains traducteurs professionnels, son auteur aura pleinement atteint son but.

Sommaire

Textes contractuels

Textes divers

PREMIÈRE PARTIE

CARACTÉRISTIQUES DE LA LANGUE JURIDIQUE ANGLAISE ET FRANÇAISE ET SPÉCIFICITÉS DE LA TRADUCTION JURIDIQUE

CHAPITRE I

L'archaïsme du langage juridique : mythe ou réalité ?

> « *Dans la définition de l'archaïsme, l'ancienneté est un élément nécessaire mais non suffisant. Tout ce qui est archaïque est ancien, mais tout ce qui est ancien n'est pas archaïque. La présence d'un terme ancien ou même antique dans un texte de loi en vigueur ou dans un arrêt récent ne suffit pas à le taxer d'archaïsme.* »[1]

Le langage du droit est souvent qualifié, à tort ou à raison, de langage obsolète et archaïque. Dans son ouvrage intitulé *Legal writing and drafting*,[2] Paul Rylance fustige en ces termes l'archaïsme du langage juridique : « *Lawyers often use archaic phrases quite needlessly. This is largely a result of the traditional training system and the unquestioning habit of lawyers.* [...] *When used in drafting, these expressions create a false impression of precision when in reality they conceal lazy thinking* ». Il est vrai que les archaïsmes sont encore souvent légion dans les textes juridiques, qui s'adressent pourtant au grand public. Peut-on pour autant en déduire que le langage du droit est un langage archaïque ? Rien n'est moins sûr. Avant toute chose, il est essentiel de définir la notion même d'« archaïsme », qui est infiniment plus complexe qu'il n'y paraît. Pour reprendre la définition de Gérard Cornu,[3] « *l'archaïsme n'apparaît qu'à partir du moment où un fait de langage (terme ou tournure) qu'il faut supposer antérieur à une mutation juridique et/ou linguistique* [...], *perd du fait de ce changement la force qu'il tenait auparavant de l'usage, pour tomber plus ou moins rapidement en désuétude* ». Cette définition contient un mot clé particulièrement important, à savoir « l'usage ». En effet, la notion d'archaïsme se définit nécessairement par rapport à l'usage. Hors, cette deuxième notion est fortement subjective : « l'usage », pour le juriste, n'est pas du tout la même chose que « l'usage » tel que le conçoit le profane. Cette différence de point de vue explique que certains termes ou certaines tournures soient considérés comme archaïques par les uns et pas par les autres. Le terme *said*, par exemple, qui remplit généralement une fonction déictique, sera qualifié d'archaïsme par le profane, qui n'a pas l'habitude de l'utiliser, mais de terme technique par le juriste, beaucoup plus habitué à l'employer. Comme le remarque G. Cornu,[4] « *si l'on se rapporte à l'usage courant, on recensera beaucoup d'archaïsmes (surtout d'archaïsmes d'expressions), car un décalage s'est souvent produit entre l'expression courante et l'énoncé juridique. Il y en aura beaucoup moins si l'on se fonde sur l'usage juridique, car il est rare qu'un terme tombe en désuétude dans la communauté des juristes qui est conservatrice* ». Il ne fait donc aucun doute que la

1. Gérard Cornu, *Linguistique juridique*, Domat/Montchrestien, 2000, p. 27.
2. Paul Rylance, *Legal writing and drafting*, Blackstone Press Ltd, 1994, p. 46.
3. Gérard Cornu, *op. cit.*, p. 27.
4. Gérard Cornu, *ibid.*, p. 27.

notion d'archaïsme est une notion variable et relative, qui ne peut être abordée dans l'absolu.

En matière d'archaïsme, l'anglais et le français sont à peu près logés à la même enseigne. Pour autant, les linguistes et les juristes anglophones semblent accorder une plus grande importance à la question que leurs homologues francophones. La meilleure preuve en est qu'il existe un terme en anglais pour désigner le jargon des juristes : *legalese*. Le français, exemple de lacune lexicale, ne dispose pas d'un terme équivalent et les francophones sont obligés de parler de « jargon juridique », ou de « jargon des juristes ». Le succès du mouvement *Plain English Campaign*, sur lequel nous reviendrons plus loin, témoigne lui aussi de la volonté affichée par les linguistes anglo-saxons de réformer le langage du droit, souvent considéré comme archaïque, voire archaïsant par le grand public pour les raisons évoquées plus haut.

Au niveau des archaïsmes à proprement parler, il est important de faire la distinction entre les **archaïsmes lexicaux** et les **archaïsmes syntaxiques**.

La plupart des archaïsmes lexicaux sont des adverbes, mais les autres catégories de mots sont également représentées, comme en témoignent les exemples ci-dessous, où l'on trouve, outre des adverbes, des verbes et des adjectifs :

aforesaid	*hereinafter*, *heretofore*, etc.
to bequeath	*wherefore*
to devise	*to wit*
forthwith	*witnesseth*

De nombreux substantifs entrent également dans la catégorie des archaïsmes : *faitours* (vagabonds), *estrays* (bétail égaré), *mulierty* (descendance légitime), *scutage* (redevance en argent due au seigneur dans l'ancien droit anglais) et *purpresture* (empiètement sur un terrain faisant partie du domaine public) en constituent quelques exemples. S'il est peu probable que le traducteur rencontre ces termes, tombés depuis longtemps en désuétude, il lui sera néanmoins utile de posséder un ou deux dictionnaires juridiques anciens susceptibles d'en donner des définitions : le *Dictionnaire juridique* de Raoul Aglion,[5] par exemple, d'où sont extraits les termes ci-dessus, contient de nombreux autres archaïsmes qui sont absents de la plupart des dictionnaires récents.

Au niveau syntaxique, les archaïsmes se manifestent tout d'abord sous la forme de tournures ou d'expressions figées. L'expression *know all men by these presents*, par exemple, qui est souvent utilisée pour introduire le texte d'une procuration (*power of attorney*), entre dans cette catégorie. L'utilisation de cette expression est fortement critiquée, y compris par les juristes eux-mêmes, comme en témoigne cette observation de Bryan A. Garner : « *'Know all men by these presents' is a flotsam phrase – as sexist as it is inscrutable to most readers – that needlessly begins many legal documents* ».[6] Certaines formules qui apparaissent sur les documents de procédure, tant français que britanniques, sont tout aussi archaïques. Sur les jugements délivrés par les tribunaux français, par exemple, figure encore la vieille formule exécutoire : « *En conséquence, la République française mande et ordonne : à tous huissiers de justice sur ce requis de mettre la présente décision à exécution ; aux procureurs généraux et aux procureurs de*

5. Raoul Aglion, *Dictionnaire juridique anglais-français*, Brentano's, 1947.
6. *A Dictionary of Modern Legal Usage*, Oxford University Press, 1995, p. 495.

la République près les tribunaux de grande instance d'y tenir la main ; à tous commandants et officiers de la force publique de prêter main-forte lorsqu'ils en seront légalement requis ». Sur les *writs* – actes introductifs d'instance – anglais, on peut encore trouver en introduction la formule suivante : « *Elizabeth the Second, by the Grace of God, of the United Kingdom of Great Britain and Northern Ireland and of Our other realms and territories Queen, Head of the Commonwealth, Defender of the Faith* ». Remarquons à ce propos que les documents de procédure, qui sont a priori des documents à fort contenu historique, contiennent en général davantage d'archaïsmes et de formules obsolètes que les documents relevant du droit privé, comme les contrats, par exemple, même s'ils n'en ont pas l'exclusivité. Dans le cas spécifique des contrats, il est à noter que les formules archaïques qui subsistent encore sont souvent celles qui introduisent le texte (« *Now these presents witnesseth that...* ») ou le concluent (« *In witness whereof, the parties have hereunto set their hand and seal on the date first above written* »). Dans tous les cas, il ne faut pas oublier, lorsque l'on parle de « langage du droit » ou de « langue juridique », qu'il n'existe pas une seule et unique langue juridique : la langue des contrats et des polices d'assurance n'a pas grand-chose à voir avec celle des textes de loi, la langue parlée dans les tribunaux n'est pas la même que celle à laquelle ont recours les recueils de jurisprudence, qui contiennent les décisions rendues par les juges dans telle ou telle affaire, etc. Une deuxième différentiation doit être faite entre la langue du législateur, à savoir celle des institutions qui formulent les lois, et la langue du pouvoir judiciaire, celle des tribunaux et des juges qui interprètent et qui appliquent les textes de loi.

Outre les tournures et expressions figées, dont nous venons de voir quelques exemples, les principales manifestations de l'archaïsme syntaxique sont sans doute l'ancienne terminaison de la troisième personne du singulier, *-th*, que l'on trouve encore adjointe à certains verbes (ex. *doth*, *hath*, *sayeth*, et surtout *witnesseth*, qui annonce le préambule de certains contrats),[7] et les formes emphatiques et redondantes – encore largement utilisées – telles que *do hereby grant*.

S'il est important que le traducteur connaisse les principaux archaïsmes afin de ne pas les reproduire inutilement dans sa traduction, il est tout aussi essentiel qu'il ne confonde pas **langage technique et archaïsmes**. Parce que sa conception de l'usage est différente de celle du juriste, le profane a en effet souvent tendance à assimiler les termes juridiques techniques à des archaïsmes, ce qui constitue une grave erreur. Certains termes juridiques techniques n'ont en effet aucun équivalent dans la langue courante, et leur utilisation est dans la plupart des cas parfaitement justifiée : « *L'impression d'archaïsme qu'éprouve le profane est bien fondée lorsque le langage juridique, pour désigner des choses courantes, continue d'employer des termes ou des tournures qui ne le sont plus dans l'usage ordinaire actuel* [...]. *L'impression d'archaïsme n'est pas fondée lorsque le langage juridique emploie, pour désigner des choses juridiques, des termes juridiques de précision qui n'ont aucun équivalent dans le*

7. « The *-th* termination for the third person singular verb for the present tense (*he maketh*) originated in the Midland dialectal form of Middle English; the termination *-s* (*he makes*) originated in northern England and became the predominant form in Shakespeare's day. The *-eth* forms have long been obsolete in every field except religion and law – two fields in which they are obsolescent. » Bryan A. Garner, *A Dictionary of Modern Legal Usage*, *op. cit.*, p. 779.
8. Gérard Cornu, *op. cit.*, p. 27.

lexique général ».[8] La difficulté, pour le traducteur, consiste à distinguer les vrais archaïsmes des faux : il lui faut donc impérativement posséder une connaissance suffisante du vocabulaire juridique pour éviter à la fois de dénaturer le message original et de perpétuer, par le recours injustifié aux archaïsmes dans sa traduction, une tradition qui n'a plus lieu d'être.

En conclusion, il est tout aussi important de reconnaître au juriste le droit d'utiliser les termes techniques qui seuls permettent de désigner les réalités juridiques et de le rappeler à l'ordre lorsqu'il a recours à un langage hermétique que seuls ses pairs sont à même de comprendre : des termes techniques comme « usufruit » ou « emphytéose » sont aussi indispensables que des tournures comme « s'il y échet » ou « il appert » sont inutiles.

Conscients des difficultés rencontrées par leurs concitoyens pour comprendre les documents juridiques, les linguistes et les juristes anglo-saxons ont décidé, dans le courant des années 1970, d'entreprendre un véritable « dépoussiérage » du langage juridique, dans le cadre d'un mouvement appelé *Plain Language Campaign*. Les partisans de ce mouvement, auquel se sont associés des personnalités de premier plan et des juristes de renom, préconisent la simplification des textes juridiques et se sont engagés à respecter un certain nombre de principes, dont Bryan A. Garner rappellent les principaux : « *Achieve a reasonable average sentence length, prefer short words to long ones, simple to fancy, avoid double and triple negatives, prefer the active voice, keep related words together, break up the text with headings, use parallel structures for enumerations, avoid excessive cross-references, avoid overdefining, use recitals and purpose clauses* [...]. »[9]

Relayée par des linguistes réputés tels que David Crystal, qui y consacre plusieurs pages dans son ouvrage de référence *The Cambridge Encyclopedia of the English Language*,[10] la *Plain English Campaign* connaît aujourd'hui un vif succès et il est facile de trouver, dans les librairies anglaises et américaines, des ouvrages sur la rédaction juridique fondés sur les principes préconisés par les partisans du *Plain English*. Citons comme exemple *Drafting*, ouvrage de Elmer Doonan dont le lecteur est mis en garde, sans ambiguïté aucune, contre l'utilisation de termes archaïques dans les textes juridiques[11] : « *Archaic language should not be used in legal documents. There is no magic in obscure words or incantations which have ceased to be employed in ordinary speech or writing* [...]. *'Misadventure'* [*in an insurance policy*] *should be replaced by its modern equivalent: 'accident'. Similarly, a trust deed should not refer to 'cestui que trust', but ought instead to refer to the 'beneficiary'.* »

9. *op. cit.*, pp. 663-664.
10. David Crystal, *The Cambridge Encyclopedia of the English Language*, Cambridge University Press, 1995, p. 377.
11. Elmer Doonan, *Drating*, Cavendish Publishing Limited, 1995, p. 112.

CHAPITRE II

Les locutions latines

> « *Hic et nunc*, les juristes de toute langue s'entendent déjà lorsqu'ils se disent, *de facto, de jure*, [...], *manu militari, ultima ratio, ex æquo et bono, modus vivendi, res nullius, post mortem, honoris causa, jus cogens*, [...], *in extenso, in extremis, sine qua non, in casu, sine die, ne varietur*, etc. Que de symboles et de références en commun, et, sur cette lancée, latin *ab libitum* ! Le latin est une patrie pour tous. »[1]

Malgré les différentes tentatives de modernisation de la langue juridique, celle-ci reste truffée de locutions et d'expressions latines. Cela s'explique principalement par l'influence qu'a eu, à partir du Moyen-Age, le latin sur l'anglais. Le français n'est en effet pas la seule langue à avoir influencé l'anglais comme langue du droit.

Si, comme le note Jean Kerby dans son article *La traduction juridique, un cas d'espèce*,[2] « *il fut un temps où l'on pouvait penser que l'usage d'expressions latines donnait de la gravité au style et même du poids aux arguments* », cela n'est plus vraiment le cas aujourd'hui où la tendance, en France comme au Canada, est à l'élimination du latin de la langue juridique, comme le confirment ces quelques lignes, extraites du *Guide de la traduction appliquée*[3] : « *Signalons aussi que la présence des expressions latines dans les lois et autres textes juridiques ne se justifie plus en français. La Charte de la langue française, loi québécoise sanctionnée le 26 août 1977, a par exemple remplacé le sempiternel "mutatis mutandis" par l'expression française "compte tenu des changements nécessaires" ou "compte tenu des adaptations nécessaires".* »[4]

Il n'en reste pas moins que de nombreux termes et expressions d'origine latine subsistent dans la langue juridique moderne, que ce soit en français ou en anglais. Citons les exemples suivants, extraits pour le premier d'un jugement de tribunal de commerce et pour le second, d'une assignation à comparaître : « *Attendu que X conteste que le contrat de consignation maritime est un contrat conclu "intuitu personae" prenant fin par la révocation du mandataire au bon vouloir du mandant* » ; « *X est donc fondé à solliciter la condamnation de Y, in solidum avec son assureur, le Groupe Z, au paiement de la somme ci-dessus* ». Citons encore, pour le français, *casus belli*, locution moderne formée à partir de mots latins signifiant « cas de guerre » et qui désigne une

1. Gérard Cornu, *Linguistique juridique*, Domat droit privé/Montchrestien, 2000, p. 411.
2. in *Langage du droit et traduction*, Linguatech, 1982, p. 9.
3. G. Vitale, M. Sparer et R. Larose, *Guide de la traduction appliquée*, Presses de l'Université du Québec, 1978, p. 205.
4 Pour preuve, cet extrait des Règles de la Cour fédérale du Canada (1998), où le latinisme disparaît même de l'anglais : « The rules in this Part applicable to plaintiffs and defendants apply, *with such modifications as are necessary*, to parties bringing or defending counterclaims [...] » : « Les dispositions de la présente partie relatives aux demandeurs et aux défendeurs s'appliquent, *avec les adaptations nécessaires*, aux parties dans une demande reconventionnelle [...] ».

circonstance de nature à provoquer une déclaration de guerre, *in casu* (« en l'espèce », « dans le cas envisagé »), *post nuptias* (postérieurement à la célébration du mariage), ou encore *exequatur*, terme qui désigne un « *ordre d'exécution, donné par l'autorité judiciaire française, d'une décision rendue par une juridiction étrangère* ».[5]

Comme leurs homologues français, les textes anglais (surtout) et américains (dans une moindre mesure) ont eux aussi encore recours au latin. En témoignent les deux phrases suivantes, extraites des statuts d'une société britannique : « The meetings and proceedings of any such Committee of the Board of Directors shall, *mutatis mutandis*, be governed by the provisions contained in these Articles for regulating the meetings of the Board of Directors » ; « The office of a Director shall be vacated, *ipso facto*, upon his death, or if he be found lunatic or become of unsound mind » (italique dans l'original).

Sans nécessairement témoigner d'une connaissance approfondie de la langue latine, il est tout à fait impératif de connaître les locutions et expressions les plus fréquemment rencontrées dans les textes anglais et américains. Citons, à titre d'exemple : *in camera* (« à huis clos »), *prima facie* (« à première vue », « de prime abord », *voir encadré ci-dessous*), *ultra vires* (« au-delà de la compétence de »), *corpus delicti* (« le corps du délit »), *stare decisis* (principe du respect des précédents judiciaires), *per se* (« a priori », dans des locutions comme *per se breach*, « violation a priori » : ici, on constate qu'un latinisme en remplace un autre), *subpoena* (littéralement « sous peine d'amende » : convocation d'un individu en qualité de témoin ; ce terme est d'ailleurs passé dans la langue anglaise en tant que verbe, et il n'est pas rare de rencontrer les formes *subpoenaed*, *subpoenable*, ou encore le gérondif *subpoenaing*), *caveat emptor* (maxime signifiant que l'acheteur doit prendre à sa charge les risques résultant des défauts éventuels des objets vendus), *habeas corpus*, etc. On pourrait encore ajouter à cette liste l'expression *inter alia* (entre autres), que l'on trouve notamment dans la phrase suivante, extraite d'un connaissement : « *General Average and charges shall be adjusted at any port or place whatever selected by the Carrier* [...], *provided always that the Consignees or Owners of the goods shall contribute (inter alia) to the payment of any sacrifices, losses or expenses of a General Average nature* [...] ». Il est intéressant, ici, de noter la distinction faite par Bryan A. Garner dans son *Dictionary of Modern Legal Usage*[6] à propos des latinismes, qu'il classe en deux grandes catégories : « *Legal readers often encounter Latin in modern texts – some of it necessary and some of it not. In legal writing we must distinguish between terms of art* [ex. *prima facie*], *for which there are no ordinary English equivalents, and those terms that are merely vestigial Latinisms with simple English substitutes* [ex. *sub silentio*] ». Parmi les latinismes « nécessaires », Bryan Garner cite encore *ex parte*, *de minimis*, *alibi* et *quorum*, ce dernier terme étant commun au français et à l'anglais. La locution *bona fide* constitue un cas particulièrement intéressant : encore largement utilisée par les juristes anglo-saxons, elle tend de plus en plus à être remplacée par *good faith*, équivalent d'autant plus pratique qu'il peut, comme le terme latin, être utilisé à la fois en position adjectivale (*a good-faith agreement*) et sous forme de locution adverbiale (*the parties have acted in good faith*).

5. Lexique Dalloz, 12e édition, p. 239.
6. Bryan A. Garner, *A Dictionary of Modern Legal Usage*, Oxford University Press, 1995, p. 501.

Il reste entendu que dans l'immense majorité des cas, les locutions latines présentes dans le texte anglais doivent être traduites dans le texte d'arrivée, et non conservées en l'état, à l'exception bien sûr des expressions pour lesquelles il n'existe pas de traduction consacrée : c'est le cas, par exemple, d'*habeas corpus*, expression signifiant littéralement « tu dois présenter le corps », qui désigne une réalité du droit anglais inconnue en droit français et que l'on ne traduira pas (*writ of habeas corpus* : « ordonnance d'habeas corpus »). Les locutions latines présentes dans les textes anglais qui n'ont pas de traduction française, comme *habeas corpus*, sont le plus souvent ancrées dans un contexte historique bien particulier et sont liées à l'évolution du droit anglo-saxon : ce sont en fait des termes « culturels », ce qui explique l'absence de traduction en français.

Dans certains cas, on observera toutefois que des locutions sont communes aux deux langues et que leur traduction n'est par conséquent pas indispensable, même si celle-ci est possible et fortement recommandée par certains : ce sera le cas notamment d'*ipso facto* (cf. phrase citée plus haut : « Le poste devient vacant *ipso facto*...»). *Amicus curiae*, terme désignant l'auteur d'un mémoire remis à la cour, constitue un autre latinisme dont on ne sait plus très bien s'il est « français » ou « anglais » : Louis Beaudoin lui consacre une entrée à part entière dans *Expressions juridiques en un clin d'œil*,[7] ouvrage répertoriant « les termes juridiques français les plus courants », mais Gérard Cornu classe ce terme parmi les emprunts faits à l'anglais.[8]

À propos des rémanences du latin dans le langage juridique, il est intéressant de signaler la distinction faite dans le *Black's Law Dictionary*[9] à propos des différents « types » de latin juridique : « *There are three sorts of law Latin : (1) Good Latin, allowed by the grammarians and lawyers; (2) false or incongruous Latin (...); (3) words of art, known only to the sages of the law, and not to grammarians, called "Lawyers' Latin".* »

Enfin, en ce qui concerne les maximes latines à proprement parler, elles ne sont plus guère usitées et on ne les rencontre que rarement dans les documents juridiques modernes. Ceux que le sujet intéresse trouveront néanmoins une liste des maximes les plus connues à la fin du *Vocabulaire juridique* de Gérard Cornu,[10] qui en répertorie un nombre relativement conséquent.

Le cas particulier de *prima facie*

L'expression *prima facie* fait partie de ces *terms of art*, répertoriés par Bryan A. Garner,[11] pour lesquels il n'existe pas d'équivalents directs dans la langue anglaise. Il est à constater que ce latinisme, très fréquent dans les textes juridiques anglo-saxons, est souvent conservé en l'état dans les traductions françaises : « Among other things, the ICC Court will, as necessary, determine whether there is a *prima facie* agreement to arbitrate : La Cour se chargera notamment, si nécessaire, de déterminer s'il existe entre les parties, *prima facie*, une convention d'arbitrage. » (présentation de la Cour interna-

7. Louis Beaudoin et Madeleine Mailhot, Éditions Yvon Blais Inc., 2000.
8. « L'*amicus curiae* est un peu hors série, car il vient par emprunt, non sans une once de snobisme, d'une institution anglo-saxonne dont le nom de prestige a éclipsé la consultation simple, version voisine et innovation non remarquée du Nouveau code de procédure civile. » *Linguistique juridique*, Domat/Montchrestien, 2000, p. 410.
9. *Black's Law Dictionary*, édition 1990, p. 883.
10. Gérard Cornu, *Vocabulaire juridique*, Quadrige/PUF, 2000, pp. 917-925.
11. Bryan A. Garner, *op. cit.*, pp. 872-873.

tionale d'arbitrage, italique dans l'original) ; « Whereas the Court, which is at the stage of proceedings on provisional measures, considers that prima facie this obligation extends to the decision contained in resolution 748 (1992) : Considérant que la Cour, qui, à ce stade de la procédure, en est à l'examen d'une demande en indication de mesures conservatoires, estime que *prima facie* cette obligation s'étend à la décision contenue dans la résolution 748 (1992) » (extrait d'une ordonnance de la Cour internationale de justice). Dans ce deuxième exemple, on constatera que l'expression est utilisée, dans l'original comme dans la traduction, en position adverbiale.

Comme la plupart des latinismes, *prima facie* doit pourtant se traduire dans les textes français, et les solutions permettant d'en restituer le sens ne manquent pas.

La traduction dépendra en fait du cooccurrent associé à l'expression, qui est le plus souvent utilisée en position adjectivale et apparaît généralement en collocation avec *case* ou *evidence* :

The prosecution must make out *a prima facie case* against the accused.

Le ministère public doit montrer que la culpabilité du prévenu est établie à première vue.

It will be quite difficult to refute such *prima facie evidence* by the prosecution.

Il sera très difficile de réfuter les présomptions mises en avant par le ministère public.

Dans d'autres cas, l'expression pourra être rendu par un adverbe :

The accused must give a *prima facie* account of the causes of the delay.

Le prévenu doit expliquer sommairement les raisons du retard.

• Les latinismes dans les versions anglaise et française du Règlement du Tribunal international du droit de la mer

Une étude approfondie des versions anglaise et française du Règlement du Tribunal international du droit de la mer permet d'y constater la présence de plusieurs latinismes. Certains, comme *ad hoc* ou, plus curieusement, *mutatis mutandis*, sont communs aux deux versions (italique dans l'original, dans les deux cas) :

1. « Judges *ad hoc* shall take precedence after the Members and in order of seniority of age. » (art. 8-2)
« Les juges *ad hoc* prennent rang après les Membres et selon l'ancienneté d'âge. »

2. « This article applies *mutatis mutandis* to any chamber and its President. » (art. 15-4)
« Les dispositions du présent article s'appliquent *mutatis mutandis* à toute chambre et à son Président. »

Dans la plupart des autres cas, le latinisme disparaît dans la version française :

1. « The Chamber of Summary Procedure shall be composed of the President and Vice-President of the Tribunal, acting *ex officio*, and three other Members. » (art. 28-1)

« La Chambre de procédure sommaire est composée du Président et du Vice-Président du Tribunal, Membres de droit, et de trois autres Membres. »

2. « The Tribunal may, at the request of a party or *proprio motu*, decide that a witness or expert be examined otherwise than before the Tribunal itself. » (art. 78-2)
« Le Tribunal peut, à la demande d'une partie ou d'office, décider que l'audition d'un témoin ou expert sera effectuée en dehors du Tribunal. »

3. « In the light of the views of the parties ascertained by the President of the Tribunal, the Tribunal shall make the necessary orders to determine, *inter alia*, the number and the order of filing of the pleadings [...]. » (art. 59-1)
« À la lumière des vues des parties recueillies par le Président du Tribunal, le Tribunal rend les ordonnances nécessaires pour fixer notamment le nombre et l'ordre des pièces de procédure [...]. »

Le recours aux latinismes semble donc plus naturel et plus systématique en anglais. Dans le cas qui nous occupe, seul *ad hoc*, locution profondément ancrée dans l'usage, semble avoir réellement sa place dans la version française : les deux autres latinismes qui y figurent, à savoir *mutatis mutandis* et l'inévitable *prima facie*, utilisé à trois reprises dans l'article 96 (cf. encadré ci-dessus), auraient pu être avantageusement remplacés par des équivalents français.

Exercice d'application

1. A **subpoena** is a court order to appear as a witness in a trial.
2. Absence of consensus makes the contract void '**ab initio**'.
3. The term 'trust' refers to the legal relationships created – **inter vivos** or on death – by a person, the settlor, when assets have been placed under the control of a trustee for the benefit of a beneficiary.
4. In almost all States, a traditional way of frustrating the effects of unfair contract terms is the '**contra proferentem**' rule, i.e. unclear terms shall be interpreted against the party who has drafted them.
5. The first ground on which the plaintiffs based their contentions was that the Commission acted **ultra vires**.
6. No party or anyone acting on its behalf shall have any **ex parte** communication with any candidate for appointment as arbitrator.
7. The Tribunal may decide as amiable compositeur or **ex æquo et bono** only if the parties have expressly authorized it to do so.
8. He declined to comment on the accusations because the matter was **sub judice**.
9. A decision made **per incuriam** does not create a binding precedent.
10. No members of the public are allowed into a court that is sitting **in camera**.

Chapitre III

Vocabulaire juridique, vocabulaire courant

Comme nous l'avons vu dans le premier chapitre, le langage juridique est un langage d'une grande technicité qui apparaît souvent opaque et hermétique aux yeux des non-juristes. Des termes comme « exequatur », « usufruit », ou « colitigant » peuvent en effet susciter un sentiment de perplexité plus ou moins fort chez celles et ceux qui n'ont pas suivi d'études de droit, ni bénéficié d'une initiation au langage juridique.

Il serait vain ici de chercher à nier la complexité du langage juridique mais pour autant, il peut sembler utile de rappeler que le langage du droit et la langue courante entretiennent depuis fort longtemps des rapports très étroits, au regard desquels les vives critiques dont le langage juridique fait régulièrement l'objet peuvent sembler quelque peu contestables, voire exagérées. En effet, la langue courante, comme nous le verrons plus loin, a très largement puisé dans le langage juridique et lui a emprunté nombre de termes et d'expressions que nous utilisons aujourd'hui tous les jours sans même avoir conscience de leur origine. Inversement, le langage juridique s'est enrichi, au fur et à mesure de son évolution, de nombreux termes courants, auquel il a donné un sens particulier.

L'origine du sentiment de perplexité et d'incompréhension que peut susciter le vocabulaire juridique parmi les non-initiés est à rechercher avant tout dans les **termes d'appartenance juridique exclusive**, nom donné par Gérard Cornu aux « *mots qui n'ont de sens qu'au regard du droit* ».[1] Ces termes, dont beaucoup – comme le remarque G. Cornu – appartiennent au langage de la procédure, sont propres au langage du droit et n'apparaissent jamais dans la langue courante. Perçus comme archaïques par les non-juristes, les termes d'appartenance juridique exclusive sont en réalité des termes techniques qui remplissent une fonction très précise dans le langage du droit. « Exequatur », déjà cité plus haut, désigne ainsi, en droit international privé, la « *décision par laquelle un tribunal de grande instance donne force exécutoire à une sentence arbitrale, ou autorise l'exécution en France d'un jugement ou d'un acte étranger* ».[2] Parmi les autres termes entrant dans cette catégorie, citons « dol », « licéité », ou « nue-propriété », qui appartiennent tous au droit des biens et des obligations, ou encore « emphytéose », dans le droit des contrats spéciaux, ou le couple « staries/surestaries », qui relève du droit maritime.

Il est à remarquer que certains termes de sens exclusivement juridique ne s'utilisent qu'avec certains cooccurrents : c'est le cas notamment du verbe « ester », qui n'apparaît que dans l'expression « ester en justice », et du verbe « interjeter », qui ne se trouve guère que dans la locution « interjeter appel ». Ces cas de collocation « nécessaire » ne

1. Gérard Cornu, *Linguistique juridique*, Domat droit privé/Montchrestien, 2000, p. 68.
2. Gérard Cornu, *Vocabulaire juridique*, Quadrige/Presses Universitaires de France, 2000, p. 361.

sont pas rares, comme en témoignent le terme « ampliatif », qui qualifie nécessairement un mémoire, et l'adjectif « irrépétible », qui ne peut s'utiliser qu'à propos de frais. D'autres termes d'appartenance juridique exclusive sont toutefois plus souples d'utilisation et peuvent s'employer aussi librement que des termes d'usage courant : « donataire », « légataire », « séquestre » ou « contumace », pour ne prendre que quelques exemples, sont des termes qui tolèrent un grand nombre de cooccurrents.

Quelles que soient leur nature et leur souplesse d'utilisation, les termes d'appartenance juridique exclusive témoignent en tout cas de la grande technicité du langage du droit. Après cette première catégorie, il convient ensuite d'évoquer les **termes de double appartenance**, c'est-à-dire les mots qui ont au moins un sens à la fois dans la langue courante et dans le langage juridique. Ces termes, à l'évidence beaucoup plus nombreux que les précédents, illustrent on ne peut mieux les rapports étroits qui existent entre le vocabulaire juridique et le lexique courant. Nous ne nous poserons pas ici la question de savoir lequel des deux lexiques a le plus emprunté à l'autre : plusieurs spécialistes, au premier rang desquels G. Cornu, ont déjà entrepris cette démarche qui, par sa complexité, ne peut entrer dans le cadre limité du présent chapitre. Arrêtons-nous plutôt sur le sens des termes de double appartenance. Ces derniers, comme le note G. Cornu, partagent parfois le même sens dans les deux vocabulaires (cf. « constater », « étude », etc.), mais, cas beaucoup plus fréquent, peuvent aussi prendre des sens entièrement différents selon le contexte dans lequel on se place : « *Dans leur immense majorité les termes du vocabulaire juridique ont également un sens dans le langage commun. À la vérité, ce peut être le même. Mais, dans la plupart des cas, il s'agit d'un sens différent. Lorsque cela est, un même terme est, par la pluralité de ses sens, à cheval sur le langage du droit et sur le langage courant* ».[3] Il est à noter, à ce propos, que les termes de double appartenance peuvent être monosémiques dans la langue courante et polysémiques dans le langage juridique, ou inversement. « Meuble », par exemple, est monosémique dans le vocabulaire général – le terme se limite alors aux tables, aux chaises, etc. – mais prend plusieurs sens dans le contexte juridique : « *Pour le juriste, un meuble peut être aussi bien une chaise (soit un 'meuble meublant') qu'un animal (puisqu'il s'agit d'un bien corporel pouvant être déplacé) ou une récolte sur pied destinée à être vendue coupée (soit un 'meuble par anticipation')* ».[4] Certains termes sont polysémiques à la fois dans la langue courante et dans le langage juridique : « ordonnance », par exemple, désigne, dans le langage courant, à la fois l'écrit comprenant les prescriptions du médecin et le cavalier servant de messager à un officier supérieur (souvent masculin dans ce deuxième sens), tandis qu'une « ordonnance », au sens juridique, peut être un texte législatif émanant de l'exécutif (en droit constitutionnel) ou une décision émanant d'un juge unique (en droit privé).

À la lumière de ces deux exemples, il convient de remarquer que la rupture entre le ou les sens juridiques du terme et son ou ses sens courants peut être plus ou moins marquée. On peut parler de **rupture partielle** lorsque le sens juridique apparaît comme le prolongement du sens commun. « Aliments », par exemple, désigne, en droit, non seulement la nourriture mais aussi tout ce qui est nécessaire à la vie (dépenses de logement, vêtements, santé, etc.). « Fruit », en droit, s'entend du revenu des biens, sens que

3. *Linguistique juridique*, *op. cit.*, p. 74.
4. Christine Schmidt, *La langue juridique : maux et remèdes*, in *Dictionnaire des difficultés de l'anglais des contrats*, Frédéric Houbert, La Maison du Dictionnaire, 2000, p. 121.

l'on peut qualifier de figuré. Lorsque le sens juridique d'un terme est inintelligible à partir de son sens courant, la **rupture** est **totale**. Tous les juristes savent très bien que la « grosse » désigne, dans la procédure, la copie d'un jugement revêtue de la formule exécutoire ou qu'en droit, on appelle « répétition » l'action de réclamer, mais quel sens le non-initié, armé de ses seules connaissances du lexique général, peut-il donner à ces termes, rencontrés en contexte juridique ? Les termes de double appartenance dont le sens juridique est en rupture totale avec le sens courant appartiennent, pour une large part, au langage de la procédure : outre les deux exemples donnés ci-dessus, citons encore « exploit », terme juridique désignant l'acte – au sens de document – rédigé et signifié par un huissier de justice, ou « expédition », terme qui en droit désigne la « *copie d'un acte authentique délivrée par l'officier public dépositaire de l'original* ».[5] De la même façon, le « dispositif » d'un jugement est la partie de celui-ci qui contient la solution du litige et à laquelle est attachée l'autorité de la chose jugée, tandis que la « minute », en droit, est « *l'original d'un acte rédigé par un officier public, ou d'un jugement conservé au greffe, et revêtu de la signature du président et du secrétaire-greffier* ».[6]

Dans tous ces cas, il est indéniable que le sens juridique ne peut être déduit du sens commun. Il est aussi intéressant de noter que les termes en rupture totale peuvent aussi être des verbes, dont la « charge » juridique est facilement repérable aux prépositions qui les accompagnent : « justifier », par exemple, a, dans la langue courante, le sens de rendre légitime, tandis que « justifier de » signifie, en droit, apporter la preuve de ce que l'on avance (« justifier de la nationalité française »). De la même manière, le verbe « connaître », accompagné de la préposition « de », a en droit le sens d'« avoir compétence pour juger » (une affaire). Dernier exemple de terme en rupture totale, l'adjectif « réputé », qui, « *sans complément, se dit entre autres d'un bon vin. Suivi d'un attribut, c'est un terme juridique équivalent à considéré (comme). Ainsi, un témoin peut être réputé de bonne foi* ».[7]

Il est facile de deviner l'intérêt que peut présenter, pour le traducteur, une bonne connaissance des termes de double appartenance. Celle-ci peut en effet lui permettre d'éviter des erreurs grossières et de traduire, par exemple, par méconnaissance de son sens juridique, le terme *discovery* par « découverte » dans une phrase comme celle-ci, où ce mot a en réalité le sens de « communication/production (de pièces) » : *The judge ordered the discovery of several documents.*

Les termes de double appartenance, comme *discovery*, peuvent donc parfois jouer le rôle de faux amis partiels, ce qui rend leur étude plus indispensable encore pour le traducteur.

En troisième et dernier lieu, il peut sembler intéressant d'évoquer les **expressions juridiques passées dans le langage courant**. Celles-ci entrent dans la catégorie de ce que Gérard Cornu appelle les « termes d'appartenance juridique principale » et constituent une illustration supplémentaire des liens étroits qui unissent langage juridique et langue courante. Cette dernière, à l'évidence, puise très largement dans le vocabulaire

5. *Lexique Dalloz*, 12e édition, p. 240.
6. *Lexique Dalloz*, *op. cit.*, p. 345.
7. Jean Darbelnet, *Niveaux et réalisations du discours juridique*, in *Langage du droit et traduction*, Linguatech/Conseil de la langue française, 1982, p. 56.

juridique, comme en témoignent les expressions suivantes : « obtenir gain de cause », « à tour de rôle », « prendre à partie », « mettre en cause », « en tout état de cause », « sans autre forme de procès », « être (mis) sur la sellette », etc. Ces expressions, très fréquentes dans le langage courant, sont toutes d'origine juridique : « obtenir gain de cause » signifie ainsi, en droit, gagner son procès, se voir adjuger le bénéfice de ses conclusions ; « à tour de rôle » est au départ une expression juridique qui signifie « *dans l'ordre chronologique d'inscription au rôle (registre sur lequel sont portées toutes les affaires dont une juridiction est saisie)* »[8] ; « prendre à partie » a d'abord le sens de « *reprocher à un magistrat un dol, une fraude, une faute lourde, un déni de justice dans l'exercice de ses fonctions* »[9] ; « être mis sur la sellette » signifie « *'devenir le centre et subir le feu des questions les plus embarrassantes', sort qui peut être celui du témoin exposé aux questions du juge et de l'avocat de la partie adverse* »,[10] etc.

Malgré leur appartenance juridique principale, force est de constater que ces expressions ne sont plus perçues aujourd'hui comme d'origine juridique : « *Ces expressions ont été vidées de leur sens juridique. Il semblerait même que, lors de leur emploi courant, la mémoire de leur origine se soit effacée* ».[11] Cornu remarque que dans leur majorité, ces expressions sont utilisées dans la langue courante dans un sens proche de celui qu'elles revêtent dans le contexte du droit, à l'exception notable de « s'inscrire en faux », expression pour laquelle on observe une « *déviation de sens, car l'expression populaire marque une opinion contraire, alors que l'inscription de faux est spécifiquement la contestation de l'authenticité d'un acte (non de son bien fondé)* ».[12]

Plus largement, et pour conclure sur les termes d'appartenance juridique principale, il convient de remarquer que ces derniers sont souvent utilisés dans la langue courante dans un sens figuré : « *Appliqué à des factions d'un parti politique, 'divorce' évoque rupture* ».[13] Ce phénomène s'observe bien sûr aussi en anglais : dans *Tony Blair should start making his case in 2002*, l'expression juridique *to make one's case* (exposer ses arguments, présenter sa défense) est utilisée dans un sens figuré. De même, *a case in point* est d'abord un « cas d'espèce », en droit, avant d'avoir, dans la langue courante, le sens d'« exemple (typique) », d'« illustration » (*to be a case in point* : « avoir valeur d'exemple »).

Au regard des différentes catégories de mots abordées ci-dessus, une conclusion s'impose : éminemment technique, le langage du droit n'en est pas moins très présent dans la langue de tous les jours, laquelle n'a jamais cessé de s'enrichir de termes et d'expressions d'origine juridique. Les échanges se sont toujours fait dans les deux sens et vocabulaire juridique et vocabulaire courant devraient continuer de s'influencer réciproquement pendant longtemps encore.

8. Henri Roland et Laurent Boyer, *Dictionnaire des expressions juridiques*, L'Hermès, 1991, p. 57.
9. Henri Roland et Laurent Boyer, *ibid.*, p. 309.
10. Gérard Cornu, *Linguistique juridique*, *op. cit.*, p. 80.
11. Gérard Cornu, *Linguistique juridique*, *op. cit.*, p. 79.
12. Gérard Cornu, *Linguistique juridique*, *ibid.*, p. 80.
13. Gérard Cornu, *Linguistique juridique*, *ibid.*, p. 77.

CHAPITRE IV

Les adverbes composés et les pronoms *said*, *such* et *same*

« Now therefore, in consideration of the premises and the covenants hereinafter contained, the parties agree as follows." Was it theoretically possible, I wondered, my head spinning like a top, for "premises" to be "hereinafter contained"? Don't "premises" come *before* and "hereinafters" come *after*? »[1] Cette boutade, qui peut prêter à sourire, n'en est pas moins révélatrice du sentiment de perplexité que peuvent occasionner, chez le non-juriste, les adverbes composés, qui constituent encore aujourd'hui l'une des principales « marques de fabrique » du texte juridique anglais ou américain.

Les *hereby*, *thereof*, *hereinafter* et autres *hereto*, pour ne citer que quelques-uns de ces vocables que Bryan A. Garner regroupe sous le nom de *here- and there- words*, sont en effet encore monnaie courante dans les contrats, les décisions de justice, les statuts de société et autres textes de loi venus d'outre-Atlantique ou d'outre-Manche. En témoignent ces quelques passages :

- « All legislative powers *herein* granted shall be vested in a Congress of the United States. » ; « When vacancies happen in the representation from any state, the executive authority *thereof* shall issue writs of election to fill such vacancies. » (Constitution américaine)
- « In consideration of the mutual covenants contained *herein*, the parties *hereto* agree as follows. » (contrat d'achat)
- « You *hereby* purchase from us on the date *hereof* your Agreed Percentage Share of the Term Loan and the Revolving Credit Facility on the date *thereof.* » (Participation Agreement)
- « The office of a Director shall be vacated by his written resignation. Such resignation shall become effective on the date fixed *therein*, or upon the delivery *thereof* to the Company, whichever is later. » (Articles of Association)

Au vu de ces quelques extraits, les adverbes composés semblent avoir au moins deux qualités : d'abord, ils permettent d'éviter les répétitions des termes de référence (*thereof* remplace ainsi, dans le premier extrait, *of such state*) ; ensuite, ils peuvent servir à établir la distance nécessaire entre le document que l'on tient en main et d'autres documents « extérieurs » (*thereof* renvoie, dans le dernier passage, à *such resignation* et non aux statuts eux-mêmes).

Malgré cette double qualité apparemment incontestable, les *here- and there- words* font depuis longtemps l'objet de vives critiques de la part des partisans du *Plain English*, qui fustigent notamment l'archaïsme de ces composés : « These abound in

1. Stephen Wilbers, *The gentle art of writing to stupefy your readers*, article consulté sur Internet.

legal writing (unfortunately they do *not* occur just here and there), usually thrown in gratuitously to give legal documents that musty legal smell ».[2] D'autres mettent en garde contre les risques d'ambiguïté que peuvent faire naître les adverbes composés : « Sometimes the use of 'herein', 'hereof' or 'hereunder' can cause ambiguity. It may not be clear whether the 'here-word' means 'in this document' or 'in the present clause'. It is better to spell out precisely what you mean. For example, with a subclause that starts with the phrase 'Subject to the provisions hereof', it may be impossible to say whether it takes effect subject only to other provisions of that clause or to all provisions in the agreement ».[3] Bryan A. Garner enfonce le clou à propos de *herein* : « (*herein*) (= in this) is a vague word in legal documents, for the reader can rarely be certain whether it means *in this subsection*, *in this section* (or *paragraph*), *in this document*, or *in this transaction* ».[4] Les *hereby*, *hereinabove* et autre *hereunder* ne s'en sortent pas mieux : « *hereby* is often a flotsam phrase that can be excised without loss of meaning » ; « *hereinabove* is almost always unnecessary for *above* » ; « *hereunder*. This word can almost always be deleted unmisgivingly. »[5] *Hereafter* et *heretofore* ont droit au même traitement de la part de David Mellinkoff : « In short, *hereafter* depends on which way the wind blows. If a definite time reference is intended, that should be stated. If time is of no concern, that should be stated. In either case, *hereafter* adds nothing to ordinary English but confusion. »[6] ; « *Heretofore* is no help to a good verb in the past tense. A "will made by me" is as well done as a "... will heretofore made by me...". *Heretofore* succeeds only in stirring up ancient memories, filled with ambiguity and needless litigation. »[7]

Malgré leur virulence, ces critiques n'ont pas encore eu raison des adverbes composés et le traducteur, devant leur persistance dans les documents juridiques anglo-saxons, doit s'interroger sur les différentes manières de les traduire.

Tout d'abord, il peut sembler logique de se tourner vers les dictionnaire bilingues : ces derniers, toutefois, montrent vite leurs limites en ne dépassant pratiquement jamais le stade de la traduction littérale, inutilisable dans la plupart des contextes : ex. *therein* : « là-dedans », *thereof* : « de cela ». Les pronoms adverbiaux – deuxième solution – s'avèrent généralement plus utiles, comme en témoignent ces deux exemples : « When Contractor considers that the criteria specified in 1.1 have been satisfied, it shall notify Owner *thereof* » : « ..., il devra *en* avertir le Maître d'ouvrage » ; « [...] a party may, without leave, amend any of its pleadings at any time before another party has pleaded *thereto* » : « [...] une partie peut, sans autorisation, modifier l'un de ses actes de procédure à tout moment avant qu'une autre partie *y* ait répondu » (Règles de la Cour fédérale du Canada). Dans un troisième cas de figure, il pourra s'avérer utile de procéder par étoffement : « Carriage *hereunder* is subject to the rules and limitations relating to liability established by the Warsaw Convention. » : « Le transport *effectué en vertu de ce billet* est soumis aux règles et limitations de responsabilité édictées par la Convention de Varsovie. »

2. Bryan A. Garner, *A Dictionary of Modern Legal Usage*, Oxford University Press, 1995, p. 401.
3. Paul Rylance, *Legal writing and drafting*, Blackstone Press Limited, 1994, p. 164.
4. Bryan A. Garner, *op. cit.*, p 402.
5. Bryan A. Garner, *ibid.*, pp. 402-403.
6. David Mellinkoff, *The Language of the Law*, Little, Brown and Company, 1963, p. 313.
7. David Mellinkoff, *op.cit.*, p. 317.

Bien sûr, ces quelques pistes ne sont pas les seules solutions possibles : « He shall preside at all meetings of the stockholders if present *thereat.* » : « Il présidera toutes les assemblées d'actionnaires s'il est présent. » (exemple d'ellipse). N'oublions pas, pour finir, que certains adverbes appelent une traduction consacrée : c'est le cas notamment du cataphorique[8] *hereinafter*, qui se traduira par « ci-après ».

Après les *here- and there- words*, arrêtons-nous sur les pronoms *said*, *such* et *same*, tout aussi symptomatiques des textes juridiques anglo-saxons. Ces termes anaphoriques, qui font aussi l'objet – nous le verrons plus loin – de nombreuses critiques, frappent par leur grande fréquence d'emploi sous la plume des rédacteurs anglais et américains.

Said, le premier d'entre eux, est généralement utilisé pour renvoyer à un antécédent, un terme de référence, remplissant dans ce sens la même fonction que *aforesaid*, son synonyme. Malgré sa grande fréquence d'emploi – ou à cause d'elle ? –, ce pronom est souvent critiqué dans les guides de style : « *Said* never lends greater precision than *the*, *this*, *that*, *these*, or *those* – in many contexts, it even introduces imprecision ».[9] David Mellinkoff juge le terme au mieux superflu, au pire dangereux : « As with *aforesaid*, if the antecedent is certain, *said* is unnecessary – e.g. "said defendant" when there is only one defendant, "said plaintiff" when there is only one plaintiff. When there is any possibility of *said* referring to two things, whether both are in the same writing or one is in and another out, reasonable men will differ; litigation is invited. Though some lay critics tell us that, worthless elsewhere, *said* is traditional and permissible in the law, it is either unnecessary or dangerous, and should be dropped ».[10] Certains n'hésitent pas à proposer des solutions de remplacement : « If a settlement makes frequent reference to the settlor as 'the said John Smith' or 'the said settlor John Smith' it would be better to define John Smith as 'the settlor' in order to cut out a lot of unnecessary verbiage ».[11] S'agissant de la traduction, *said* est généralement rendu par « ledit » (ou l'un de ses dérivés, « ladite », « lesdits », etc.), terme qui « se distingue des autres anaphores nominales, telles que les descriptions définies ou démonstratives, par le fait qu'il renvoie toujours au contexte antérieur. Un usage déictique ou cataphorique est exclu ».[12] Malgré les nombreuses accusations d'archaïsme qui le visent, « ledit » est largement répandu dans les textes juridiques, comme en témoignent ces quelques exemples cités par Sunniva Whittaker dans son article : « Ce délai est considéré comme observé si une lettre missive donnant l'avis a été mise à la poste *dans ledit délai.* » ; « La vente du fonds a lieu à la requête *dudit créancier.* » ; « Toute clause contraire à l'article 1843-4 *dudit code* est réputée non écrite. »

Comme *said*, *such* est généralement utilisé dans les textes juridiques pour renvoyer à un antécédent, mais peut aussi se rencontrer dans la construction *such ... as*.

8. Un terme remplit une fonction « cataphorique » lorsqu'il renvoie à un élément apparaissant plus loin dans le texte. Inversement, le terme est dit « anaphorique » lorsqu'il fait référence à un antécédent, un élément antérieur : c'est le cas notamment des pronoms *said*, *such* et *same*, qui reprennent tous un élément déjà cité.

9. Bryan A. Garner, *op. cit.*, p. 779.

10. *The Language of the Law*, *op. cit.*, pp. 318-319.

11. Elmer Doonan, *Drafting*, Cavendish Publishing Limited, 1995, p. 193.

12. Sunniva Whittaker, *Portrait de l'expression anaphorique Ledit N*, article consulté sur Internet.

La fréquence d'emploi de ce pronom est assez remarquable, comme en témoigne cet extrait du *United States Code* (codification officielle de la législation fédérale, 11 U.S.C. §723, 1994), où l'on relève pas moins de sept occurrences de *such* : « Notwithstanding section 502 of this title, there shall not be allowed in *such* partner's case a claim against *such* partner on which both *such* partner and *such* partnership are liable, except to any extent that *such* claim is secured only by property of *such* partner and not by property of *such* partnership ». Il est à remarquer que *such* est souvent critiqué lorsqu'il remplit la même fonction que *said* : « When 'such' is used in a similar way to the archaic 'said', to refer to a previous noun, much the same objections apply. Many lawyers have acquired the 'such habit': if a provision refers to an item more than once, they feel compelled to put 'such' before each subsequent reference », remarque Paul Rylance,[13] avant d'ajouter : « 'Such' is usually unnecessary and 'the', 'that', 'those', 'they' or 'them' can be used without loss of meaning ». D'autres ne partagent toutefois pas cet avis et soulignent l'utilité de la fonction anaphorique de *such* : « 'Such' is frequently used in legal documents to refer to a person or thing which has already been mentioned in order to avoid the need to refer again in full to that person or thing [...]. 'Such' if used in this way secures an economy of words. For example: '... the asset register of the Company comprises a complete and accurate record of all plant and machinery vehicles and equipment owned used or possessed by the Company and such register is accurate in all respects.' The reference to 'such register' avoids the need to refer again to 'the asset register of the Company' which would be unnecessarily longwinded. »[14]

Dans ce contexte, et à chaque fois qu'il est utilisé pour renvoyer à un antécédent, *such* pourra se traduire par le pronom démonstratif « ce » (« ce registre ») ou par l'un de ses dérivés (« cette », « ces », etc.). La construction *such ... as* pourra pour sa part se rendre de différentes manières :

- Ex. 1 :

  « The Registry shall consist of a Registrar and such other staff as may be required. » : « Le Greffe se compose d'un greffier et des autres personnels nécessaires. »

- Ex. 2 :

  « [...] the President shall assign such *ad litem* judges as may from time to time be appointed to serve in the International Tribunal to the Trial Chambers. » : « [...] le Président nomme les juges *ad litem* qui peuvent être de temps à autre appelés à siéger au Tribunal international aux Chambres de première instance. » (extraits du statut du Tribunal pénal international pour l'ex-Yougoslavie)

Comme *said* et *such*, *same*, dans un usage spécifiquement juridique, est utilisé pour renvoyer à un antécédent et éviter ainsi les répétitions. Le plus souvent précédé de l'article défini *the*, *same* a cette particularité par rapport à *said* et *such* de n'être jamais suivi du terme de référence, ce qui le rend encore plus « économique ». Malgré cette

13. *op. cit.*, p. 168
14. Elmer Doonan, *op. cit.*, pp. 189-190.

qualité, ce pronom fait lui aussi l'objet de nombreuses critiques : « The continued use of 'same' as a pronoun in legal documents is avoidable and, consequently, difficult to justify when alternative pronouns can be used which result in greater clarity without affecting precision ».[15] Cette remarque de Paul Rylance va dans le même sens : « 'The same' is a lawyer's clumsy attempt at elegant variation ».[16] Bryan A. Garner enfonce encore une fois le clou : « The words *it*, *them*, or the noun itself [...] are words that come naturally to us all; *same* or *the same* is an unnatural English expression ».[17] Il n'en reste pas moins que *same* a tendance à perdurer dans les textes juridiques anglo-saxons. Pour traduire ce pronom, le traducteur dispose de plusieurs solutions :

- occurrence isolée :

  « If the premises become partially untenantable, the City shall repair *the same* with all convenient speed. » : « Si les locaux deviennent partiellement inutilisables, la Ville devra procéder à *leur* réparation avec toute la diligence nécessaire. »

- double occurrence :

  « The company shall provide and maintain for the sole use of the employee while on business of the company a motor car [...] and shall pay all expenses in connection with such use of *the same* and *the same* shall be changed from time to time...» : « La société devra fournir à l'employé, pour son usage exclusif et dans le cadre de ses activités pour la société, et maintenir en état un véhicule [...] et devra payer tous les frais engagés dans le cadre de l'utilisation de *ce véhicule*, *lequel* sera remplacé de manière occasionnelle...».

Exercice d'application

1. It is the responsibility of the customer to backup and save any software files and programs before repair and to restore **the same** after such repair.
2. The agent shall observe the rules of fair competition and be personally responsible for any violation of **the same**.
3. In witness **whereof**, this Agreement has been executed this 6th day of November 1984.
4. The Board of Directors may, out of funds legally available **therefor**, at any regular or special meeting, declare dividends upon the capital stock of the corporation as and when they deem expedient.
5. A may not subcontract all or any part of its obligations **hereunder** to any other party without the prior written approval of B.
6. Any notice or other communication [...] shall be in writing and shall be delivered by expedited postal or courier service, or transmitted by telex, telefax or other means of telecommunication that provide a record **thereof**.

---

15. Elmer Doonan, *op. cit.*, p. 192.
16. Paul Rylance, *op. cit.*, p. 167.
17. Bryan A. Garner, *op. cit.*, p. 780.

7. The Tribunal shall consist of **such** number of arbitrators **as** has been agreed by the parties.
8. A certified copy of every pleading and any document annexed **thereto** produced by one party shall be communicated by the Registrar to the other party upon receipt.
9. The term of this Agreement shall commence on the date **hereof**.
10. Any person, partnership, or corporation may make an application [...] to intervene and appear in **said** proceeding by counsel or in person.

CHAPITRE V

L'ambiguïté dans les textes juridiques

« *In regard to ambiguities, it is generally agreed that the translator has no authority to resolve an ambiguity in the source text as this would be an act of interpretation.* »[1]

Avant toute chose, il convient de préciser que l'ambiguïté n'est en rien l'apanage du langage juridique. En effet, ce phénomène linguistique est omniprésent dans la langue courante, où il prend principalement deux formes : l'ambiguïté lexicale et l'ambiguïté syntaxique. Il y a **ambiguïté lexicale** (aussi appelée ambiguïté sémantique, voir ci-dessous) lorsqu'« *un mot est bisémique ou polysémique et que le contexte ne permet pas aisément de l'interpréter dans celle de ses acceptions qui convient* ».[2] Le verbe « appréhender », par exemple, peut avoir le sens de « redouter » mais aussi celui de « mettre en état d'arrestation ». Ce type d'ambiguïté n'est toutefois pas celui qui pose le plus de problèmes : le contexte immédiat permet en effet dans la plupart des cas de cerner le sens le plus probable du terme. L'**ambiguïté syntaxique** (voir aussi ci-dessous), pour sa part, se manifeste non plus au niveau des termes eux-mêmes mais à celui de l'agencement des phrases : la phrase « il ne l'aime pas parce qu'elle est riche », par exemple, est ambiguë dans la mesure où elle se prête à deux interprétations : « c'est parce qu'elle est riche qu'il ne l'aime pas » ou « ce n'est pas parce qu'elle est riche qu'il l'aime. »

Le phénomène de l'ambiguïté revêt une importance toute particulière dans le cas des textes juridiques. En effet, si dans d'autres domaines, et en dehors des jeux de mots volontaires, bien entendu, les ambiguïtés sont le plus souvent fortuites, cela n'est pas toujours le cas en matière juridique, où la capacité du rédacteur à manier l'ambiguïté constitue l'une de ses principales armes stylistiques. Les rédacteurs de textes juridiques peuvent en effet parfois souhaiter, dans les textes qu'ils mettent au point, laisser la porte ouverte à plusieurs interprétations, ce pour diverses raisons : l'introduction d'ambiguïtés est l'un des moyens dont dispose le rédacteur pour parvenir à cette fin.

Avant d'aller plus loin, il faut préciser que certaines expressions juridiques sont, de par leur nature même, ambiguës : *and/or*, par exemple, constitue l'archétype de l'expression ambiguë. Cette expression, censée permettre une économie de mots, peut en effet s'interpréter comme signifiant l'un ou l'autre des éléments cités, ou les deux éléments à la fois. Le problème se complique encore davantage lorsque plus de deux éléments sont concernés : dans « *A, B and/or C* », par exemple, doit-on comprendre « A, B et C », « A et B ou C », ou encore « A et B et éventuellement C » ?

Au niveau des textes eux-mêmes, on distingue traditionnellement trois types d'ambiguïté : l'ambiguïté **sémantique**, l'ambiguïté **syntaxique** et l'ambiguïté **contextuelle**.

1. Susan Šarčević, New Approach to Legal Translation, Kluwer Law International, 1997, p. 92.
2. Jean Tournier, Structures lexicales de l'anglais, Nathan, 1991, p. 18.

Il y a ambiguïté **sémantique** (ou ambiguïté **lexicale**) lorsqu'un terme ayant plusieurs acceptions apparaît dans un contexte qui ne permet pas d'en déterminer le sens avec certitude (*duty*, par exemple, peut dénoter un devoir ou une obligation mais peut aussi, au pluriel, renvoyer à des droits de douane ou à des taxes). Il faut préciser que l'on ne rencontre que rarement ce type d'ambiguïté dans les documents juridiques, où le contexte est en général suffisamment précis pour permettre d'éviter les erreurs d'interprétation que peuvent entraîner certains termes polysémiques. Il peut aussi y avoir ambiguïté sémantique lorsqu'un terme est utilisé dans le texte original à la place d'un autre, en raison d'une confusion dans l'esprit du rédacteur. Ainsi, dans « *Should one of the provisions of this Agreement be or become totally or partially ineffective or unworkable, the validity of the rest of the Agreement shall not be affected* », le terme *unworkable*, qui s'applique généralement à un projet ou à une idée – et que l'on traduirait normalement par « irréalisable » ou « impossible à mettre en œuvre » –, a vraisemblablement été utilisé en lieu et place de *unenforceable* : le traducteur devra donc procéder, sous réserve des précautions qui s'imposent (voir ci-dessous), à une traduction « intralinguistique » afin de retrouver l'idée que souhaitait exprimer le rédacteur. Là encore, ce type d'ambiguïté est relativement rare dans les textes juridiques (hormis dans ceux rédigés par des « non-natifs »), où l'impératif de précision doit figurer parmi les priorités du rédacteur. Lorsque le traducteur rencontre un terme qui semble étranger au propos du texte ou qui ne semble pas avoir sa place dans le texte, il est de toute façon, en règle générale, assez facile d'en déduire le vrai sens en le replaçant dans le contexte (il n'est d'ailleurs pas rare de trouver, quelques lignes après l'« intrus », le terme que l'auteur du texte avait réellement l'intention d'utiliser la première fois et que le traducteur avait déjà deviné à ce qui aurait dû être sa première occurrence).

Le deuxième type d'ambiguïté, à savoir l'ambiguïté **syntaxique**, se manifeste au moins de trois façons : elle peut naître d'un problème de « correspondance verbale », d'un mauvais agencement de la phrase ou d'une mauvaise ponctuation.

Les problèmes de correspondance verbale surviennent lorsqu'il est difficile de savoir à quel sujet se rattache un groupe verbal. Prenons l'exemple suivant, tiré d'un contrat de licence de logiciel : « *The Company will daily check the quality of data for the Reports for consistency by remotely accessing the data recorded by the Company Hardware using data analysis software* ». Seule une lecture attentive de cette phrase permet de déterminer à quel élément de celle-ci se rattache « *using data analysis software* ».

Dans un deuxième cas de figure, l'ambiguïté syntaxique peut naître d'un mauvais agencement de la phrase ou d'une syntaxe ambiguë. Ce mauvais agencement peut se manifester au niveau d'un syntagme nominal : dans « *B agrees to provide any information requested by A and reasonably necessary to allow A to better meet, in A's discretion, prospective customer demands* », par exemple, comment comprendre « *prospective customer demands* » ? S'agit-il des « exigences éventuelles des clients » ou des « exigences des clients potentiels » ? Compte tenu de la construction du syntagme, la première interprétation semble la plus probable (dans l'autre cas, on se serait attendu à lire « *the demands of prospective customers* » ou « *prospective customers' demands* ») mais la deuxième est tout aussi recevable.

L'ambiguïté syntaxique peut également naître lorsque la position d'une relative ou d'un complément dans la phrase ne permet pas de donner de celle-ci une interprétation incontestable. Ainsi, dans « *The report raised serious questions about the detection and reporting of child abuse by school officials* », on peut se demander si « *by school officials* » se rapporte à « *child abuse* » ou à « *detection and reporting* ». La phrase « *I am prepared to give the sum of one million dollars to you and your husband* » se prête également à deux interprétations : « This can be understood as *I am prepared to give the sum of (1 million $) (to you) and (your husband)* – making a total of two million dollars; or as *I am prepared to give the sum of (1 million $) to (you and your husband)* – making a total of only one million dollars ».[3] Dans certains cas, l'ambiguïté peut même prêter à sourire : « *Two cars were reported stolen by the Groveton police yesterday* », « *The judge sentenced the killer to die in the electric chair for the second time* », etc.

Il peut aussi y avoir ambiguïté lorsqu'il est fait mauvais usage de certains pronoms (l'ambiguïté étant alors en même temps syntaxique et contextuelle), comme en témoigne l'exemple suivant, extrait d'un contrat de concession de vente et de distribution : « *Dans le cadre de la garantie de 10 ans, le concédant s'engage à fournir un produit équivalent au concessionnaire à première demande en cas de désordres constatés sur un produit commercialisé par ce dernier, celui-ci devant alors le livrer au plus tard dans un délai d'un mois* ». Dans cette phrase, on peut légitimement se demander à quelle partie renvoie le pronom « celui-ci », même si une lecture plus attentive permet de déduire qu'il s'agit du concédant. De la même façon, un examen approfondi du contexte sera nécessaire avant de comprendre la phrase : « *Chaque expédition donnera lieu à une facturation du concédant* », tirée du même contrat (il faut en fait comprendre ici que chaque expédition devra donner lieu à la délivrance d'une facture par le concédant). Le même problème se pose bien entendu en anglais. Ainsi, dans « *The Company shall have no liability to the Client for any Liability unless the Company has received written notice from the Client of the same within six months of the date it became aware of the circumstances giving rise to the Liability or the date when it ought reasonably to have become so aware* [...] » (clause extraite d'un contrat de service), la construction de la phrase est telle que l'on se demande pendant un instant à quelle partie renvoie *it*. Les guides de style et de rédaction n'hésitent d'ailleurs pas à mettre en garde contre ce type d'ambiguïté : « *Avoid indefinite pronouns used as references. If a pronoun could refer to more than one person or object in a sentence, repeat the name of the individual or object. DON'T SAY: After the administrator appoints an Assistant, he or she shall supervise the... SAY: After the Administrator appoints an Assistant, the Assistant shall supervise the...* ».[4]

Enfin, dans un troisième cas de figure, l'ambiguïté syntaxique peut naître d'une mauvaise ponctuation : « *The cars which were on the car park were stolen* » n'a de toute évidence pas le même sens que « *The cars, which were on the car park, were stolen* ». Dans le premier cas, la relative introduite par *which* fournit un élément d'information indispensable à la bonne compréhension du message : la supprimer aurait pour effet de changer le sens de la phrase. Dans le second cas, les virgules permettent de souligner le caractère accessoire de l'information fournie, le plus important étant que les voitures ont été volées. Rappelons, à ce propos, la règle sur l'usage de *that* et *which* :

3. Drazen Pehar, cité sur le site www.diplomacy.edu/Language/Ambiguity/types.htm.
4. National Archives & Records Administration, Federal Register, *Drafting Legal Documents*, consulté sur Internet.

« A possible source of ambiguity is the word *which* used without commas. The general rule is that *that* should be used to introduce restrictive clauses (those that are necessary for meaning), and *which*, with commas, should be used to introduce nonrestrictive clauses (those not necessary for meaning) ».[5] Autrement dit, l'utilisation de *that*, dans l'exemple ci-dessus (« The cars *that* were on the car park… »), aurait permis de résoudre le problème.

Enfin, le troisième type d'ambiguïté, à savoir l'ambiguïté **contextuelle**, survient essentiellement dans les deux cas de figure suivants : lorsqu'un élément du texte en contredit un autre (« contexte » est alors pris dans son sens étroit d'« environnement linguistique »), ou lorsqu'un fait extérieur au texte remet en question l'interprétation qui doit en être faite (« contexte » étant alors pris au sens large).

Dans le premier cas, l'ambiguïté peut porter sur des éléments relativement simples (il peut ainsi être question, tout au long d'un contrat, du *buyer* et du *seller* puis, à un endroit du texte, du *purchaser*), ou sur des points plus compliqués, comme par exemple lorsqu'une idée exprimée en début de texte est contredite un peu plus loin : « *This kind of ambiguity is best exemplified with so-called 'open-ended sentences' which can be found in legal texts. For example, a chapter in a peace treaty may begin with a precise enumeration of the powers that one entity, for example, a central federal authority, may exercise. But at the end of the chapter an open-ended provision is inserted, which may, for instance, state that 'the central federal authority may exercise some other duties as well'.* »[6]

Dans le second cas, l'ambiguïté survient lorsque des mots, apparemment sans équivoque dans un texte spécifique, prêtent à confusion une fois replacés dans un contexte plus large. Ainsi, si, dans un testament, un père « lègue tous ses biens à son fils », ce qui apparaît au départ comme une disposition sans équivoque peut poser un certain nombre de problèmes si l'on apprend que le père en question a en fait trois fils.

Une fois les différents types d'ambiguïté précisés, il faut s'interroger sur la démarche que le traducteur juridique devra adopter en cas d'ambiguïté(s) dans les textes qu'il est appelé à traduire. Partant du principe que dans le domaine juridique, l'ambiguïté, comme nous l'avons vu plus haut, peut être délibérée (on parle alors en anglais de *vagueness* plutôt que d'*ambiguity*), il ne faut jamais lever les ambiguïtés éventuellement présentes dans le texte source au moment de la traduction, sous peine de déformer les propos de l'auteur. Comme le remarque R. Greenstein dans son article *Sur la traduction juridique*,[7] « *Si l'original est ambigu, si le style est tordu et alambiqué, le traducteur doit choisir un terme aussi ambigu, un style aussi alambiqué dans la langue cible. Il ne faut jamais clarifier. Le rôle du traducteur n'est pas d'interpréter, mais il doit signaler par des notes les ambiguïtés et problèmes du texte d'origine* ». Marianne Lederer, dans *La traduction aujourd'hui*,[8] fait la même recommandation : « *Aucune ambiguïté n'apparaît dans les discours ou les textes lorsque les auditeurs/lecteurs possèdent des compléments cognitifs pertinents. Une ambiguïté peut être voulue par un*

5. *Minnesota Bill Drafting Manual*, consulté sur Internet.
6. Drazen Pehar, *Use of Ambiguities in Peace Agreements, Language and Diplomacy*, Malta: DiploProjects, 2001.
7. *Traduire* n°171.
8. Hachette, 1994, p. 211.

auteur ; elle fait alors partie de son vouloir dire et est respectée en traduction ». Inversement, si le texte de départ ne contient aucune ambiguïté, il est bien entendu fortement déconseillé d'en créer une dans le texte cible, ce qui constituerait une pratique tout aussi dangereuse. Il est ainsi souvent préférable, en traduction juridique, de répéter les noms évoqués, plutôt que d'utiliser des pronoms qui pourraient prêter à confusion : par exemple, il peut être risqué de traduire « *The vendor shall not be liable for any defects due to negligence on the part of the manufacturer. The vendor shall send the invoice...*» par « *Le vendeur ne sera en aucun cas responsable des défauts dus à la négligence du fabricant. Il enverra la facture...*», le pronom « il » pouvant ici prêter à confusion (voir aussi, à propos des pronoms, l'ambiguïté syntaxique plus haut).

Un cas d'ambiguïté parmi d'autres...

La clause qui suit, extraite d'un contrat de maintenance de matériel informatique, contient un très bon exemple d'ambiguïté, qui se trouve à cheval entre la première catégorie (ambiguïté sémantique) et la troisième catégorie (ambiguïté contextuelle) :

« *Neither party shall be liable for any delay or failure in performance if such delays are caused by strike, riot, civil commotion, fire, floods, lightning, acts of God or other circumstances beyond its control. The party responsible for such delay or failure shall perform its obligations as soon as such circumstances shall cease to affect its operations.* »

Le début de cette clause exclut la responsabilité des parties en cas de retard ou de défaut d'exécution dû à des événements indépendants de leur volonté, avant d'évoquer, dans un second temps, « La partie responsable de ce retard ou de ce défaut d'exécution... ». Cette contradiction, née de la formulation approximative et pour le moins médiocre du texte anglais (dans lequel il serait vain de rechercher une réelle nuance de sens entre *liable* et *responsible*), doit être immédiatement relevée par le traducteur qui, dès lors, a le choix entre deux possibilités : soit rétablir le sens le plus probable du texte, en traduisant la deuxième partie par exemple de la manière suivante : « La partie concernée par ce retard ou ce défaut d'exécution... » (ou « La partie défaillante du fait de la survenance de l'un de ces événements »), soit restituer le texte dans toute son ambiguïté (« La partie responsable de ce retard ou de ce défaut d'exécution... » ou, pour éviter la répétition en français de « responsable », « La partie à l'origine de ce retard ou de ce défaut d'exécution... »).

Quel que soit le contexte dans lequel la traduction est réalisée, et quel que soit le lecteur cible, le traducteur, qui ne peut en aucun cas se substituer au juriste (à moins d'être juriste lui-même), aura dans la plupart des cas tout intérêt à opter pour la deuxième solution, en se souvenant qu'« *il est bien connu dans la profession que le traducteur astucieux est celui qui, rencontrant dans le texte d'origine une ambiguïté effective qu'il ne sait pas résoudre, s'arrange pour la conserver, c'est-à-dire pour trouver un équivalent dans la langue-cible qui soit, lui aussi, ambigu* ».[9] Il va sans dire que cela ne dispense pas le traducteur de signaler à son client les éventuelles incohérences du texte source et de lui proposer ses propres solutions.

9. Catherine Fuchs, *Les ambiguïtés du français*, Ophrys, 1996, p. 88.

CHAPITRE VI

Classification des termes juridiques du point de vue de la traduction

En matière de droit, chaque pays a son propre système, ses propres institutions et ses propres procédures. Les auxiliaires de la justice, en Grande-Bretagne, ne sont par exemple pas les mêmes qu'en France. Le système juridique américain, même s'il se fonde lui aussi sur la *common law* (excepté en Louisiane, qui est un État de droit civil), ne s'articule pas de la même façon que son homologue britannique : la *Crown court*, par exemple, propre au système anglais, n'évoquerait sans doute pas grand-chose pour le lecteur américain. La Cour de cassation française n'a pas d'équivalent direct dans les pays de *common law* : le *Dictionnaire de l'anglais économique et juridique* du Livre de Poche[1] explique la notion en ces termes : « *supreme court for civil and criminal matters* », tandis que le *Black' Law Dictionary* propose : « *the supreme judicial tribunal of France, having appellate jurisdiction only* ».[2]

Le penchant naturel de tout traducteur débutant, qui n'a pas de connaissances suffisantes pour savoir ce qui se cache derrière les mots même les plus anodins en apparence, est de traduire en ayant recours au calque, ce qui peut avoir des conséquences fâcheuses. Cette pratique ethnocentrique, si elle peut être compréhensible venant du débutant, est beaucoup moins pardonnable lorsqu'elle est observée par le traducteur professionnel, qui doit adopter une démarche fondée sur le doute systématique. Ainsi, est-il raisonnable de traduire *magistrates' court* par « tribunal de magistrats » ? Peut-on rendre *pleadings* par « plaidoirie » ? Et que penser du « Conseiller de la Reine », censé rendre l'idée véhiculée par *Queen's Counsel* ?

Parce que chaque système a sa propre histoire et ses propres particularités, il ne faut jamais traduire lorsque le terme n'a pas d'équivalent direct et immédiatement reconnaissable dans la langue cible. Comme le précise Rosalind Greenstein dans son article *Sur la traduction juridique*[3] : « *Il ne faut donc traduire que quand c'est possible et ne jamais transposer d'un pays à un autre, d'un système à un autre. Lorsqu'il n'existe ni traduction, ni équivalent, il faut expliquer (soit entre parenthèses dans le texte, soit par des notes du traducteur)* ».

En traduction juridique, on classe traditionnellement les termes en trois grandes catégories :

1) les termes qui ont de **réels équivalents** (équivalents dits « sémantiques »),
2) les termes qui ont un **équivalent fonctionnel**,
3) les termes dits **intraduisibles**.

1. *Dictionnaire de l'anglais économique et juridique*, Le Livre de Poche, 1996, p. 300.
2. *Black's Law Dictionary*, 6e édition, p. 351.
3. *Traduire* n°171.

1) Les termes source qui ont de **réels équivalents** dans la langue cible (on parle alors d'équivalents sémantiques) : *witness* => « témoin », *trade union* => « syndicat ». Il ne faut jamais oublier, toutefois, qu'un équivalent peut ne pas être totalement équivalent ! Même si une traduction par équivalence existe, elle ne recouvre pas forcément la même chose : on peut ainsi traduire *mayor* par « maire » mais des fonctions différentes peuvent se cacher derrière ces deux appellations.
Il ne faut pas confondre les équivalents sémantiques avec les équivalents formels, qui s'apparentent le plus souvent aux calques (avec parfois risque de faux amis) : ex. *magistrate* => « magistrat ».

2) Les termes qui ont un **équivalent fonctionnel** : il n'existe pas de stricte correspondance mais un équivalent existe dans le pays de la langue cible. Tombent souvent dans cette catégorie les titres de personnes et les noms d'institutions.

On dispose dans ce cas de **trois possibilités** :

✔ On peut **traduire le terme littéralement** si une traduction littérale consacrée existe et fournir une explication du terme dans une note entre parenthèses ou par une note de bas de page. Cette solution permet notamment de réutiliser la traduction littérale en cas d'apparitions successives du terme.

- Ex. 1a) (personnes) « *The statements of the Chancellor of the Exchequer...* » : « Les déclarations du chancelier de l'Échiquier (le ministre britannique de l'Économie et des Finances)...». En l'occurrence, une traduction littérale existe : le « chancelier de l'Échiquier ».
- Ex. 3a) (institutions) « *The Department of State is expected to...* » : « Le Département d'État (le ministère américain des Affaires étrangères) devrait...». Là encore, une traduction littérale existe : le « Département d'État ».

✔ Lorsqu'il n'existe pas de traduction, on doit **laisser le terme source tel quel** et ajouter une note explicative entre parenthèses ou en bas de page. En cas d'apparitions multiples, on pourra soit reprendre le terme original, soit réutiliser l'explication fournie la première fois si celle-ci est suffisamment succincte (dans certains cas, on pourra avoir recours à une formule métonymique).

- Ex. 2a) Aux États-Unis, l'*Attorney-General* correspond au ministre de la Justice. Il n'existe pas de traduction de ce terme. Par conséquent : « *The statements of the Attorney-General...* » : « Les déclarations de l'*Attorney-General* (le ministre américain de la Justice)... ».

✔ On peut traduire le terme **directement par équivalence**, sans passer par le terme original (que celui-ci ait ou non une traduction littérale).

- Ex. 1b) « *The statements of the Chancellor of the Exchequer...* » : « Les déclarations du ministre britannique de l'Économie et des Finances...». L'inconvénient de cette solution est qu'aucune trace ne subsiste dans la traduction du terme original et que l'équivalence se prête mal à un usage récurrent lorsque le terme apparaît plusieurs fois dans le texte. C'est toutefois une solution qui a le mérite d'être directe.
Exemple tiré de *L'anglais juridique*[4] : « *In January 1989 the Lord Chancellor publi-*

4. *L'anglais juridique*, Pocket/Langues pour tous, 1993, p. 90.

shed his now famous Green Paper…» : « *En janvier 1989, le ministre de la Justice publiait son désormais célèbre avant-projet de loi…»*. Il est à noter qu'une « semi-traduction » littérale existe pour ce dernier terme, à savoir le « Lord Chancelier ».

- Ex. 2b) « *The statements of the Attorney-General…»* : « Les déclarations du ministre américain de la Justice…».
- Ex. 3b) « *The Department of State is expected to…»* : « Le ministère américain des Affaires étrangères devrait…».

3) Les termes dits **intraduisibles** : quelques exemples : *common law*, *Equity*, *trust*, *solicitor*, *barrister*, noms de lois…

Ces termes désignent une réalité qui n'existe pas dans la culture juridique française, d'où les difficultés de traduction. Ils sont surtout présents dans les documents de procédure et les commentaires juridiques, qui sont des documents à fort contenu culturel.

Deux possibilités : a) laisser le terme dans la langue d'origine en italique ou entre guillemets et ajouter une note explicative dans le corps du texte dite « glose » (entre parenthèses), **ou** b) laisser le terme tel quel et ajouter une note de bas de page. L'explication fournie sera plus ou moins détaillée en fonction du destinataire. Si le terme apparaît plusieurs fois, il conviendra de le conserver en l'état, l'explication étant fournie lors de la première occurrence.

a) Ex. de note explicative dans le corps du texte :
« *The* ***Limited Partnership Act 1907*** *provided for the creation of a partnership with one or more general partners.* » :
« Le **Limited Partnership Act 1907** (loi sur les « sociétés en commandite simple » [plus proche équivalent] de 1907, ou sur les entreprises uni- ou pluripersonnelles à responsabilité limitée [loi de 1985 en France]) a prévu la création d'une société de personnes…».

b) Le même passage agrémenté d'une note de bas de page :
« Le **Limited Partnership Act 1907*** a prévu la création…».
……..
* **Limited Partnership Act 1907** : loi sur les « sociétés en commandite simple » [plus proche équivalent] de 1907, ou sur les entreprises uni- ou pluripersonnelles à responsabilité limitée [loi de 1985 en France].

On pourrait ajouter à cette liste une quatrième catégorie, qui est celle des termes qui appellent une traduction **descriptive**. Il s'agit ici non pas de fournir un équivalent plus ou moins proche dans la langue cible, ni d'expliquer le terme, mais de décrire succinctement le concept véhiculé : ex. *felony* => « infraction majeure », « délit pénal grave » ; *misdemeanor* => « infraction mineure ». Cette forme de traduction, qui relève ni plus ni moins de la paraphrase, présente l'avantage de la concision.

Dans le cas spécifique des **sigles**, il est souhaitable de les expliciter au moins une fois, même si cela n'a pas été fait dans le texte source :

Ex. « *The CBI has announced…»* : « Le CBI (*Confederation of British Industry*, l'une des deux organisations patronales britanniques) a annoncé…».

Le choix de telle ou telle solution (traduction + note explicative ou directement traduction par équivalence, explication plus ou moins détaillée, etc.) dépendra en grande partie du lectorat visé. Si l'on traduit pour des juristes, il n'y aura bien entendu pas besoin d'explications, les termes pourront être laissés tels quels, à condition toutefois que les personnes concernées connaissent suffisamment le vocabulaire des deux systèmes juridiques en question. Si l'on traduit un contrat pour une société, il faudra proposer des notes succinctes. Si l'on traduit un *writ* pour un non-initié, il faudra expliquer un minimum de choses, par des notes du traducteur ou dans une note explicative séparée.

Comme nous l'avons vu en début d'article, il est en général fortement déconseillé de traduire les termes intraduisibles, sous peine de commettre des erreurs lourdes de conséquences. Cela étant, bon nombre de manuels d'introduction au droit anglo-saxon entreprennent de le faire : *common law* y est ainsi souvent rendu par « droit coutumier », *consideration* par « contrepartie », etc. Cette pratique relève souvent du non-sens étant donné que les termes choisis dans la langue d'arrivée ne renvoient à aucune réalité concrète en droit français : par exemple, parler de « la doctrine de la contrepartie » (« *the doctrine of consideration* ») n'a pas de sens. Dans le contexte spécifique des manuels d'apprentissage, cette démarche trouve toutefois une certaine justification dans le sens où l'apprenant, avant d'appréhender les concepts sous-jacents, doit nécessairement connaître le sens des termes qui les véhiculent.

Il n'en reste pas moins que dans la traduction professionnelle, il reste préférable de ne pas traduire. Comme le remarque Françoise Dax, dans son article *La spécificité de la traduction juridique*,[5] « *la note du traducteur permettra sans doute d'expliquer au destinataire les raisons de l'intraduisibilité de certains termes. Mais il faudra la plupart du temps recourir à l'emprunt. C'est ainsi que des expressions telles que "force majeure", "appellation d'origine contrôlée" apparaissent dans les textes anglais et que "joint venture" est plus éloquent en français que toute tentative approximative de traduction* ». Le recours à l'emprunt est également préconisé dans un certain nombre d'instances internationales : « *Pour rendre compte le plus justement d'une argumentation et pour apporter au juge toutes les indications éventuellement cachées et difficiles à rendre, le juriste linguiste pourra recourir à l'emprunt et aux notes en bas de page* [...]. *V. par exemple dans l'affaire C-55/90, Cato/Commission, arrêt de la Cour du 8 avril 1992, Rec. p. I-2533, où on retrouve comme emprunt l'utilisation de "judicial review", "negligent misrepresentation", "estoppel" et "leave to appeal"* ».[6]

Pour finir, il faut signaler que les meilleurs dictionnaires juridiques sont ceux qui donnent, pour les termes « intraduisibles », une traduction littérale (quand elle existe) et en fournissent l'équivalent dans la langue cible, ou, à défaut, proposent une note explicative. Citons deux exemples tirés du *Dictionnaire de l'anglais économique et juridique*[7] : « **High Court of Justice** (UK) Haute Cour *f* de Justice (*équiv.* tribunal de grande instance) » ; « **Magistrates' Courts** (UK) cours *fpl* inférieures présidées par un juge de paix ». On pourrait ajouter, pour ce deuxième terme, qu'il s'agit de l'équivalent britannique du tribunal d'instance français.

Dans tous les cas, le traducteur devra faire preuve d'une grande prudence dans l'utilisation des dictionnaires et garder à l'esprit ces remarques, extraites d'*Introduction*

5. *Le Journal du Traducteur* n°17, mai 1996.
6. Pascale Berteloot, *La traduction juridique dans l'Union européenne, en particulier à la Cour de justice*, Actes du colloque de l'ETI sur la traduction juridique, 2000, p. 526.
7. *Dictionnaire de l'anglais économique et juridique*, op. cit., p. 91 et 118.

to French Law[8] : « *Legal translation is an area in which dictionaries are of limited value – in fact, sometimes they can be downright misleading. The reason for this is that dictionaries look for the convenient 'one-to-one equivalent' solution, and very seldom if ever provide an explained translation. Thus in one dictionary, the* Ledocte *four-language legal glossary* [...], *we found the term 'consideration' translated as* 'rémunération', *which is again an example of convenience taking precedence over accuracy* ».

Ajoutons également, en guise de mise en perspective, que l'objectif du présent chapitre n'est surtout pas de réduire la traduction juridique à une simple recherche d'équivalences plus ou moins figées : la maîtrise du vocabulaire juridique dans les deux langues doit, bien sûr, faire partie des priorités du traducteur, mais celui-ci ne doit surtout pas voir dans la traduction juridique une simple opération de transposition de mots isolés, même si certains ouvrages, de par leur approche souvent « lexicocentrique » de cette discipline, semblent l'y inciter. Susan Šarčević, dans son ouvrage *New Approach to Legal Translation*,[9] en arrive à la même constatation : « *Long convinced that all legal translation had to be literal, lawyers frequently focus their attention on terminological issues. In fact, most existing studies on legal translation deal primarily if not exclusively with terminology* [...]. *Unfortunately many of these studies are mere exercises in contrastive linguistics, thus giving the false impression that legal translation is a mechanical process of transcoding, i.e., substituting words and phrases of the source legal system by corresponding expressions of the target legal system* [...]. *Despite the continued emphasis on preserving the letter of the law in legal translation, the basic unit of translation is not the word but the text. Since a text derives its meaning from one or more legal systems, legal translation is essentially a process of translating legal systems* [...]. *Accordingly, it follows that, if legal translation is to be effective, the so-called search for equivalents cannot be reduced to a process of matching up 'equivalents'.* »

Exercice d'application

1. The **American Bar Association**, meanwhile, will relax the traditional ban on revealing client confidences.
2. A federal appeals court found the **Child Pornography Prevention Act** in violation of the First Amendment's free-speech guarantee.
3. Notwithstanding the appellate court's decision, the defendant brought his case before the **House of Lords**.
4. A contract is not valid and hence enforceable at law when it violates statutory law or the **common law**.
5. The **Law Society** is governed by a council of 70 elected members.
6. A **trust** shall be governed by the law chosen by the settlor.

8. W. Cairns et R. McKeon, Cavendish Publishing, 1995, p. 197.
9. Susan Šarčević, *New Approach to Legal Translation*, Kluwer Law International, 1997, p. 229.

7. In the United Kingdom, organized labour was recognized in 1871 when the **Trade Union Act** was passed.
8. The **Inns of Court** have absolute control over the admission of students and the call of barristers.
9. Securities offered to the public must be registered with the **Securities and Exchange Commission**.
10. The **Supreme Court** has appellate jurisdiction over cases decided by federal courts and cases decided by state courts involving federal issues.

Chapitre VII

Traductions différentes selon l'usage américain ou anglais et selon le domaine juridique

Bien qu'ils partagent une langue commune, les États-Unis et la Grande-Bretagne sont deux pays dont les systèmes juridiques ne présentent que peu de similitudes. Il est donc logique que certains termes propres au système anglais, comme *Crown court* par exemple, soient inconnus outre-Atlantique, et que les termes spécifiques au système américain, comme *District court*, suscitent une certaine perplexité outre-Manche.

Au niveau de la traduction, le problème se pose avec une acuité encore plus grande lorsqu'un terme existe dans les deux pays mais prend un sens différent selon que l'on se place dans le contexte anglais ou dans le contexte américain.

Ainsi, un *recorder* est, en Grande-Bretagne, un avocat nommé par la Couronne à la fonction de juge mais devient, aux États-Unis, un juge suppléant. On appelle *sheriff*, en Grande-Bretagne, le principal représentant de la Couronne dans un comté (*shire*, d'où *shire-reeve*, la forme originale du terme), mais le même terme désigne, aux États-Unis, le chef de la police d'un comté (*county*).

Dans un autre domaine, il ne faut surtout pas confondre les *corporations* américaines et leurs homonymes britanniques. En effet, aux États-Unis, une *corporation* est une société commerciale, le plus souvent une société anonyme, tandis qu'en Grande-Bretagne, le même terme désigne généralement une entreprise publique (comme la BBC, ou *British Broadcasting Corporation*, par exemple).

Citons également le cas de l'expression *judicial review* : aux États-Unis, cette expression fait référence au contrôle de la constitutionnalité des textes législatifs et des décisions de l'Exécutif ; en Grande-Bretagne, où, en raison de la souveraineté du Parlement, il n'existe pas de Cour suprême à proprement parler, l'expression n'a pas le même sens : elle y désigne en effet la procédure qui consiste à saisir la *High Court* en vue d'obtenir l'examen d'une décision rendue par un tribunal ou une autorité administrative. L'expression sera donc rendue, dans le premier cas, par « contrôle de constitutionnalité », tandis que dans le second, il faudra préférer « examen judiciaire (d'une décision) » ou « contrôle juridictionnel ».

Pour prendre un dernier exemple, citons le terme *Attorney General* : il s'agit, en Grande-Bretagne, du plus haut conseiller juridique du gouvernement (l'équivalent, en France, du Procureur général près la Cour de cassation). Aux États-Unis, le terme désigne en revanche le ministre de la Justice (au niveau fédéral), ou l'*Attorney General* d'un État, autrement dit, le principal conseiller juridique d'un État. Pour compliquer encore un peu plus les choses, ce même terme désigne, au Canada (comme en Grande-Bretagne), le Procureur général !

Ces quelques exemples montrent on ne peut mieux combien il est indispensable de connaître l'origine des documents que l'on est amené à traduire pour ne pas commettre d'erreurs. Les exemples cités permettent aussi de constater que les termes dont le sens est différent dans les contextes anglais et américain sont en fait souvent des termes relatifs à la procédure, civile ou pénale, ou à certaines fonctions juridiques ou politiques. Il s'agit donc de termes à fort contenu culturel.

Dans un deuxième temps, il faut évoquer les termes qui peuvent se traduire d'une seule et même façon, que l'on se place dans le contexte anglais ou américain, mais qui ne recouvrent toutefois pas tout à fait les mêmes concepts. C'est le cas, par exemple, du terme *Justice of the Peace*, que l'on pourra dans les deux cas traduire par « juge de paix » mais dont il faudra se souvenir qu'il désigne, en Angleterre, un juge bénévole (siégeant dans une *magistrates' court*), et aux États-Unis, dans certains États, un juriste professionnel, chargé notamment de traiter les affaires mineures, au pénal comme au civil, et de célébrer les mariages.

Le traducteur doit donc impérativement connaître l'origine – et la destination – du document qu'il lui est demandé de traduire pour produire une traduction compréhensible pour le lectorat cible, mais il doit aussi savoir dans quel domaine juridique il évolue : ce deuxième élément va en effet avoir lui aussi une grande influence sur les choix de traduction à opérer.

Il faudra donc savoir si l'on se place dans le contexte d'une procédure civile (*civil procedure*) ou d'une procédure pénale (*criminal procedure*) avant de traduire notamment :

- *Judgement by default*, qui désigne un « jugement par défaut » au civil, mais un « jugement par contumace » au pénal.
- *Defence*, qui désigne la « réponse du défendeur » au civil, mais la « défense » au pénal.
- *Penalty*, qui désigne une « pénalité » ou une « indemnité » au civil, mais une « sanction », une « amende », ou une « peine » au pénal.
- *Prima facie case*, qui sera rendu par « action a priori fondée » dans le cas d'une procédure civile, mais par « présomption de culpabilité » dans le cas d'une procédure pénale (cf. « *a prima facie case that has already convinced the jury of his guilt* » : « *des présomptions qui ont déjà convaincu le jury de sa culpabilité* »).

Par ailleurs, il faudra également savoir à quel stade de la procédure on se situe pour traduire, par exemple :

- *Judgement*, terme unique désignant aussi bien un « jugement » (d'un tribunal) qu'un « arrêt » (de cour d'appel, notamment),

ou connaître la nature de l'infraction (dans une procédure pénale) pour rendre, par exemple :

- *The accused*, qui sera le « prévenu » dans le cas d'un simple délit, mais l'« accusé » dans le cas d'un crime.

Dans certains cas, les deux difficultés pourront se cumuler (domaine juridique et stade de la procédure). Pour traduire *defendant* par exemple, il faudra employer :

- dans le cas d'une procédure civile, soit « défendeur », si l'on se situe au premier stade de la procédure, soit « intimé » ou « défendeur en appel », si l'on se situe en degré d'appel ;
- dans le cas d'une procédure pénale : « prévenu », « accusé » ou « mis en examen », selon la nature de l'infraction.

Au vu des quelques exemples cités, on constate que les langues ne décrivent pas la réalité de la même façon et que des distinctions linguistiques sont parfois faites dans un système juridique (« jugement » et « arrêt ») sans l'être nécessairement dans un autre (*judgement*).

Il faudra, dans tous les cas, tenir pleinement compte des particularités de chaque système, du domaine juridique concerné et, le cas échéant, du stade de la procédure afin de produire une traduction juste et respectueuse des nuances nationales.

CHAPITRE VIII

Caractéristiques syntaxiques et remarques grammaticales

«... *lawyers, the writers of the longest sentences known to man...*»[1]

Toute étude de la langue juridique anglaise passe nécessairement par l'énumération systématique de ses principales caractéristiques syntaxiques et grammaticales. Avant de traduire un texte juridique, il faut en effet en connaître les principaux ressorts, les principales qualités et les principaux défauts. Autrement dit, il faut savoir à quoi s'attendre.

Si les difficultés rencontrées par les traducteurs juridiques sont souvent dues à des problèmes de vocabulaire (polysémie, termes techniques, etc.), dont certains ont été évoqués dans de précédentes rubriques, elles peuvent aussi parfois être imputables à des particularités syntaxiques ou grammaticales. Contrairement à ce que souhaiteraient certains, les textes juridiques sont en effet souvent ambigus, tortueux, alambiqués, en un mot, mal rédigés. Nous allons donc nous efforcer, dans les lignes qui suivent, de dresser la liste des principales caractéristiques de la langue juridique anglaise et de proposer quelques pistes quant à la démarche à adopter devant certaines particularités des textes juridiques anglo-saxons.

Avant tout, les textes juridiques anglo-saxons se caractérisent souvent par la **longueur des phrases**. Il n'est en effet pas rare de trouver, dans les contrats par exemple, des phrases atteignant 10 ou 15 lignes. Les adeptes du *Plain English* condamnent bien sûr cette habitude qu'ont encore certains juristes de « délayer » leur texte, au détriment évident de la clarté et de la précision. Certains expliquent cette fâcheuse habitude par l'attention souvent maniaque qu'attache le juriste au détail : « *Many things converge to create overlong sentences in legal writing. One is overparticularization – the wretched habit of trying to say too many things at once, with too much detail and too little sense of relevance* ».[2] Par ailleurs, certains juristes, persuadés qu'un texte trop « simple » pourrait paraître douteux, ont tendance à rendre leurs textes plus complexes qu'ils ne devraient l'être en adoptant un style alambiqué et une syntaxe répétitive, privilégiant les redondances (ce défaut, dont les juristes n'ont d'ailleurs pas le monopole, répond en anglais au nom de *verbosity*). Pour compliquer encore un peu plus les choses, on constate que la **ponctuation** fait souvent défaut dans les textes rédigés en anglais : il est une évidence que les rédacteurs anglo-saxons y ont beaucoup moins recours que leurs collègues français, beaucoup plus habitués à manier la virgule, qu'ils considèrent comme indispensable à l'organisation de leurs idées.[3] La ponctuation a pourtant aussi une certaine importance

1. Paul Rylance, *Legal writing & drafting*, Prentice Hall, 1994, p. 21.
2. Bryan A. Garner, *A Dictionary of Modern Legal Usage*, Oxford University Press, 1995, p. 792.
3. « *On constate qu'en règle générale, l'anglais, qu'il soit la source ou le résultat de la traduction, ponctue moins que le français […]. La virgule française apparaît soit superfétatoire et, en conséquence, est évacuée, soit trop légère et se trouve remplacée par des signes dont le pouvoir séparateur est plus grand, en accord avec la phrase simple que pratique plus couramment l'anglais.* » Claude et Jean Demanuelli, *Lire et traduire*, Masson, 1990, p. 58.

en anglais, comme en témoigne cette mise en garde de Bryan A. Garner : « *Poor punctuation often signals writing problems that go deeper than one might think* ».[4] Cela n'a toutefois pas toujours été le cas : « *Traditionally lawyers have drafted documents with little or no punctuation. It is often asserted, in defence of this practice, that, until the mid 19th century, Acts of Parliament were deliberately passed unpunctuated in the interests of precision* ». Dans les deux langues, les défauts de ponctuation peuvent avoir des conséquences fâcheuses, surtout dans les contrats, où chaque virgule compte en cas de litige : « *Ont donné lieu à litige, par exemple : la présence d'une virgule dans la clause prévoyant que "le fournisseur garantit la maintenance du système, et la mise à niveau technologique gratuitement pendant une durée de 5 ans…", qui révèle que les parties n'ont entendu appliquer la gratuité qu'à la seule mise à niveau et non pas à la maintenance (CA Paris 25 mars 1988, inédit)* ».[5] Au niveau de la traduction, et pour reprendre les propos de Jean Kerby, « *le traducteur a intérêt à recomposer la longue phrase anglaise en phrases plus courtes : il en a d'ailleurs le droit, vu qu'il n'est nullement lié ici par le style de l'original. N'étant pas non plus lié par la ponctuation du texte de départ, il doit tirer parti de la ponctuation française pour donner toute la clarté possible au produit fini* ».[6] La réorganisation du texte en unités plus conformes au génie du français doit donc figurer parmi les priorités du traducteur, qui a trop souvent tendance à considérer le découpage de l'original comme le seul possible. Alexandre Covacs remarque ainsi, à propos de la traduction des lois fédérales du Canada : « *Beaucoup de traducteurs sont enclins à traduire phrase par phrase. Ils oublient qu'il peut être indiqué de diminuer ou d'augmenter le nombre des phrases du texte d'arrivée par rapport à celui du texte de départ.* »[7] Si certains juristes anglo-saxons persistent encore à écrire des « pavés », la tendance est toutefois à la simplification et à l'éclaircissement des textes. Dans le cas des lois fédérales canadiennes, par exemple, « *le souci de simplification* […] *amène les rédacteurs anglophones à raccourcir leurs phrases et à diminuer le nombre des subdivisions* ».[8] Ainsi, il est de plus en plus fréquent de trouver, dans les textes de loi comme dans les contrats et autres documents juridiques, des découpages en alinéas et en sous-paragraphes qui permettent de toute évidence une meilleure présentation et donc, une meilleure compréhension des clauses ou des conditions :

> « *(j) The Escrow Agent shall be entitled to assume, in relation to any document presented to it for the purposes of this Agreement:*
>
> *(i) that any document examined by it is complete and valid in accordance with its terms;*
>
> *(ii) that all seals and signatures and any duty stamp or marking are authentic;*
>
> *(iii) cf (i) that execution of any document was by authorised signatories.* »
> (exemple tiré d'un *escrow agreement* américain)

4. Bryan A. Garner, *op. cit.*, p. 713.
5. Paul Rylance, *op. cit*, p. 20.
6. *Contrats et droits de l'entreprise*, Mémento pratique Francis Lefebvre, Droit des affaires, 2001, p. 310.
7. *La traduction juridique, un cas d'espèce*, in *Langage du droit et traduction*, Linguatech/Conseil de la langue française, 1982, p. 13.
8. Alexandre Covacs, *La réalisation de la version française des lois fédérales du Canada*, in *Langage du droit et traduction*, Linguatech/Conseil de la langue française, 1982, p. 96.
9. Alexandre Covacs, *op. cit.*, p. 96.

Les avantages de cette technique de présentation, appelée *paragraphing* ou *indentation* en anglais, sont souvent mis en avant dans les manuels de rédaction destinés aux juristes anglo-saxons : « *The main effect of paragraphing is that the contents of a legal document will be presented in a way which aids reading and understanding. In addition, paragraphing can avoid potential ambiguity which might otherwise arise.* »[9]

Il convient de noter que cette technique est souvent utilisée pour mettre en évidence des obligations, des cas de force majeure, des conditions, etc. qui peuvent être reliés par une conjonction inclusive (*and*) ou par une conjonction exclusive (*or*) :

Ex. 1

5.2 [...] *Compliance with this Agreement does not relieve ASI from:*
5.2.1 complying with any applicable order, statute, regulation, municipal, provincial or federal requirements; and
5.2.2 obtaining any approvals, such as certificates of approval or consents, required by law.

Ex. 2

5.5 In the event any party to this Agreement is, in the opinion of the Director, rendered unable to perform or comply with any commitments herein because of
5.5.1 natural phenomenon of an exceptional, inevitable or irresistible nature, or insurrections, or
5.5.2 strikes, lockouts or other industrial disturbances, or
5.5.3 inability to obtain materials or equipment for reasons beyond the control of ASI, or
5.5.4 any other cause whether similar to or different from the foregoing beyond the reasonable control of the parties, [...]
(contrat de gestion de l'environnement conclu entre le ministère canadien de l'environnement et la société Aciers Algoma Inc.)

Il est évident qu'il convient de conserver la présentation d'origine dans la traduction française tout en tenant compte, bien sûr, des contraintes de réexpression pour produire un texte fluide et compréhensible. Dans l'exemple qui suit (traduction de l'exemple 2 ci-dessus), la locution « en raison de » a été scindée en deux afin de l'adapter à chacun des éléments cités, seuls les alinéas 5.5.3 et 5.5.4 pouvant être introduits par « de » :

5.5 Si le directeur est d'avis que l'une quelconque des parties ne peut remplir ses engagements en raison
5.5.1 d'un phénomène naturel d'un caractère exceptionnel, inévitable ou irrésistible, ou d'une insurrection,
5.5.2 d'une grève, d'un lock-out ou d'un autre conflit du travail,
5.5.3 de l'impuissance à obtenir des matériaux ou du matériel pour des raisons indépendantes de la volonté de la société Aciers Algoma Inc.,
5.5.4 de toute autre cause, semblable aux causes susmentionnées ou différente de celles-ci, indépendante de la volonté des parties, [...]

9. Elmer Doonan, *Drafting*, Cavendish Publishing Limited, 1995, p. 57.

La présentation en alinéas, si elle doit être respectée dans la traduction, ne doit pas pour autant nuire à la qualité et à la fluidité du texte d'arrivée. Dans l'exemple qui suit, tiré d'une loi canadienne, on peut ainsi constater que le traducteur a jugé nécessaire d'étoffer sa traduction en introduisant le participe passé « effectuée » entre « vente » et « par », l'anglais restant pour sa part plus implicite (*sale by*) :

(1) This Act does not apply to the sale of a farm implement,
a) by a person in the ordinary course of farming operations;
b) by an executor or administrator; or
c) by a public official acting under judicial process.

(1) La présente loi ne s'applique pas à la vente d'un appareil agricole effectuée :
a) par une personne dans le cours normal de l'exploitation agricole ;
b) par un exécuteur testamentaire ou un administrateur successoral ;
c) par un fonctionnaire agissant sous l'autorité de la justice.

(On notera par ailleurs dans cet exemple la présence d'un faux ami, *public official*, qui doit ici se traduire par « fonctionnaire », et trois cas d'économie lexicale : dans le texte anglais d'abord, *executor or administrator*, rendus respectivement par « exécuteur testamentaire » et « administrateur successoral », dans le texte français ensuite, « fonctionnaire » pour *public official*. À noter également la modulation *under judicial process* : « sous l'autorité de la justice »).

Il faut également signaler que parfois, les subdivisions du texte sont intégrées dans le corps même du document, sans introduction d'alinéas :

« *The termination or the resignation of the Escrow Agent will take effect on the earlier of (i) the appointment of a successor and (ii) the day which is 30 days after the date of delivery of written notice of termination given by the other parties hereto.* » (extrait de l'*escrow agreement* déjà cité).

La souplesse de l'anglais juridique

L'anglais, comme chacun le sait, est une langue synthétique et elliptique dont la souplesse est souvent synonyme de grandes difficultés pour le traducteur francophone, habitué à manier une langue plus articulée et plus analytique. Les difficultés se trouvent accrues dans le cas de l'anglais juridique, dans la mesure où le rédacteur anglophone, en plus des structures de la langue courante, fait usage de nombreuses autres tournures, constructions et figures de style propres au langage du droit.

La souplesse de l'anglais juridique se manifeste de multiples manières et trouve de très nombreuses illustrations, que le cadre du présent chapitre ne nous permet pas d'aborder de manière exhaustive. Nous nous arrêterons donc, dans les lignes qui suivent, sur deux de ces illustrations : les ruptures de construction et les formes elliptiques.

Les ruptures de construction

Les ruptures de construction ne sont pas l'apanage du langage du droit, mais présentent une fréquence d'emploi particulièrement importante dans les textes juridiques. Au sens large, il y a rupture de construction lorsqu'un élément est inséré entre le verbe et son complément. Le traducteur juridique, pour sa part, rencontre essentiellement des ruptures de construction avec prépositions et des ruptures de construction avec propositions subordonnées conjonctives.

• Les ruptures de construction avec prépositions

Ces structures sont extrêmement fréquentes dans les documents juridiques anglais et américains, et sont d'autant plus difficiles à traduire qu'elles nécessitent souvent une réorganisation du texte cible, avec répétition du complément.

Les ruptures de construction avec double préposition sont parmi les plus fréquentes :

Ex. 1) « Prior to the loading of the goods *on* and subsequently to the discharge of the goods *from* the said Ship [...], neither the Ship nor the Carrier shall be responsible for loss or damage to the goods. » (extrait d'un connaissement)

Dans ce deuxième exemple, extrait d'un contrat de construction, *for* et *from* sont les deux prépositions utilisées :

Ex. 2) « Contractor shall be responsible *for* and shall hold Owner free and harmless from liability resulting *from* loss of or damage to Contractor's construction equipment. »

Les ruptures de construction avec triple préposition sont aussi largement utilisées :

Ex. 3) « We shall be at liberty to terminate this Agreement forthwith if you should decide to bring fundamental changes to your organization and especially in case of merger *with*, absorption *by*, or transfer of the controlling majority *to* any person or company [...]. »

« Nous aurons la liberté de résilier le présent Contrat immédiatement si vous décidez d'apporter des modifications fondamentales à votre organisation, particulièrement en cas de fusion, d'absorption, ou de cession de la majorité de contrôle à toute personne ou à toute société [...]. »

Dans cet exemple, on constate que la traduction est relativement proche du texte original et que les différentes prépositions utilisées dans ce dernier n'ont nécessité aucune réorganisation du texte cible. Cela n'est bien évidemment pas toujours le cas : les ruptures de construction induisent en effet souvent un réaménagement du texte français et une répétition du complément, comme en témoigne la phrase suivante, proposée comme traduction de l'exemple 2 ci-dessus :

« Le Contractant répond de la perte du matériel de construction du Contractant et des dommages occasionnés à ce matériel, *et dégage le Maître d'ouvrage de toute responsabilité à cet égard.* »

Par paresse ou par manque d'expérience, le traducteur a parfois tendance à coller exagérément au texte source et à ignorer l'obligation de réorganisation que lui imposent les ruptures de construction, au point de produire un texte au mieux incorrect, au pire, incompréhensible :

Ex. 4) « For a period of 12 months after the termination of this Agreement, Employee shall not, directly or indirectly, own, manage, operate, control, be employed by or be an officer of, participate in, or be connected with the ownership, management, operation or control of any business competitive to the business conducted by H in France for which Employee has been responsible under this Agreement [...]. »

« Pendant une durée de 12 mois après la résiliation du présent Contrat, l'Employé s'interdit, directement ou indirectement, de détenir, gérer, exploiter, contrôler, être engagé par ou être un dirigeant de, de participer à ou d'être concerné par la propriété, la gestion, l'exploitation ou le contrôle de toute activité concurrente de l'activité exercée par H en France dont l'Employé a été responsable au titre du présent Contrat [...]. »

Cette traduction, parfaitement agrammaticale, constitue un bon exemple de calque morphosyntaxique grossier, de « texte anglais écrit avec des mots français ». La rupture de construction avec quadruple préposition que contient le texte original aurait à l'évidence nécessité de la part du traducteur un certain recul, une analyse plus fine des différents éléments de la phrase source. Ce n'est qu'à ce prix qu'il eût été possible d'obtenir une traduction fluide, à la fois conforme à la syntaxe française et fidèle au sens du texte source :

« Pendant une durée de 12 mois après la résiliation du présent Contrat, l'Employé s'interdit de détenir, de gérer, d'exploiter ou de contrôler directement ou indirectement des activités en concurrence avec les activités exercées par H en France dont l'Employé a été responsable au titre du présent Contrat, et de participer à de telles activités ou d'y être associé. En outre, l'Employé s'interdit, pour la même durée, de travailler directement ou indirectement pour une société en concurrence avec H, ou d'occuper une fonction de direction dans une telle société. »

• Les ruptures de construction avec propositions subordonnées conjonctives

Comme nous l'avons vu plus haut, les ruptures de construction simples admettent, dans certains cas (cf. ex. 3 ci-dessus), une traduction relativement proche de l'original. Les ruptures de construction complexes, en revanche, rendent indispensable la réorganisation du texte cible, surtout lorsqu'une proposition subordonnée conjonctive vient s'intercaler entre la proposition principale et le ou les compléments. L'exemple 2 ci-dessus en constitue la preuve flagrante.

Comme son nom l'indique, la proposition subordonnée conjonctive vient s'insérer dans une proposition principale, dont elle est dépendante sur le plan sémantique. Autrement dit, la subordonnée conjonctive ne peut être extraite de la principale à laquelle elle est associée sans perdre son sens.

Particulièrement fréquentes dans les textes juridiques anglais et américains, sans pour autant leur être propres, les propositions subordonnées conjonctives sont souvent introduites par les conjonctions *and* et *but*.

Prenons deux exemples de proposition introduite par *and* :

Ex. 1) « At Owner's request, Contractor will execute and deliver to Owner *and will cause its personnel, its subcontractors, and its subcontractors' personnel to execute and deliver to Owner* such additional papers as Owner reasonably requests for this purpose. » (Contrat d'ingénierie)

Ex. 2) « This Agreement is subject to, *and the Representative agrees to observe*, all laws, regulations, orders, and decrees of any government, agency, or officials thereof having jurisdiction. » (Contrat de représentation)

On constatera, dans le deuxième exemple, où apparaît par ailleurs la préposition *to*, que le sujet de la proposition subordonnée (*the Representative*) n'est pas le même que celui de la proposition principale (*this Agreement*), ce qui induit non seulement une réorganisation du texte cible, mais aussi un fractionnement de la phrase :

> « Le présent Contrat est soumis à l'ensemble des lois, réglementations et décrets de tout gouvernement, bureau gouvernemental ou fonctionnaire compétent. Le Représentant s'engage à respecter ces lois, réglementations et décrets. »

Dans ce troisième exemple, on constatera que la proposition surbordonnée est relativement longue, ce qui nuit fortement à la lisibilité du texte :

> Ex. 3) « Seller and Buyer agree that prior to the execution of the Purchase Agreement [...] they will not, *and will use their best efforts to ensure that their employees, agents and representatives who have or may gain knowledge of the existence of this Letter of Intent*, buy, sell, lend or borrow *or enter into any agreement or understanding to buy, sell, lend or borrow* any securities of DIT. »

> « Le Vendeur et l'Acheteur s'engagent à ne pas acheter, vendre, prêter ou emprunter de titres de DIT avant la signature du Contrat d'Achat, et à ne pas conclure de contrat ou d'accord dans ce sens ; ils s'engagent en outre à prendre toutes les mesures nécessaires afin de s'assurer que leurs employés, agents et mandataires qui ont connaissance ou qui pourraient prendre connaissance de l'existence de la présente Lettre d'Intention s'abstiennent d'acheter, de vendre, de prêter ou d'emprunter lesdits titres et de conclure tout contrat ou accord dans ce sens. »

Dans le texte ci-dessus, on constate que le traducteur a « cassé » la phrase originale en deux parties : la première partie contient l'idée principale du texte source accompagnée de sa « sous-idée », la seconde reprend l'autre grande idée. Ce choix permet de mieux faire la distinction entre les deux idées principales, qui se chevauchaient de manière quelque peu confuse dans le texte source (dans ce dernier, on attend d'ailleurs *do not* après *of this Letter of Intent*). Par ailleurs, il s'est avéré nécessaire de répéter, à la fin du paragraphe, « ...et de conclure tout contrat ou accord dans ce sens » afin d'étendre cette obligation aux employés, agents et mandataires. Comme en témoigne ce passage, la réorganisation parfois indispensable du texte, au moment de sa traduction, ne doit en aucun cas faire oublier l'essentiel : la restitution exhaustive, dans toutes ses nuances, du message original.

Dans ce quatrième et dernier exemple, la surbordonnée est introduite par la conjonction *but* :

> Ex. 4) « The requirements of this condition shall not be construed as limiting or restricting *but shall be in addition to* any and all other provisions of the Contract relating to other Facilities. » (Conditions générales d'achat).

La conjonction *but* marquant l'opposition, il est particulièrement indispensable, ici, de s'éloigner de la construction de la phrase anglaise afin d'obtenir une traduction correcte :

> « Les stipulations de la présente condition s'ajoutent aux autres clauses du Contrat relatives à d'autres Installations, et ne peuvent être interprétées comme limitant ou restreignant ces autres clauses. »

Les formes elliptiques

Tout traducteur de l'anglais aura eu à maintes reprises l'occasion de constater que cette langue a généralement besoin de moins de mots que le français pour exprimer les mêmes réalités. L'anglais est en effet une langue synthétique où l'ellipse, que l'on pourrait définir au sens strict comme l'omission des éléments de l'énoncé non nécessaires à l'interprétation du message, occupe une place prépondérante. Le caractère elliptique de l'anglais, qui se vérifie également dans la langue courante, a été constaté par de nombreux linguistes : « *L'ellipse constitue un trait caractéristique de l'anglais* [...]. *Moins articulé que le français, l'anglais peut se passer de certains mots-charnières dont le français a besoin pour ponctuer son raisonnement. Ainsi facilitée par des facteurs proprement linguistiques, l'ellipse est encore favorisée par la mentalité anglo-saxonne, qui préfère souvent sous-entendre ce que le français explicitera* ».[10] Au niveau lexical, l'ellipse se manifeste essentiellement, en anglais, à travers les noms composés, où l'on observe souvent un décalage important entre la structure formelle et le contenu sémantique (voir à ce propos *L'apport de la lexicologie dans le travail du traducteur juridique*, en deuxième partie d'ouvrage). Nous nous arrêterons ici sur trois phénomènes qui illustrent particulièrement bien la démarche elliptique de l'anglais, à savoir, l'importance des prépositions, l'autonomie des formes verbales, et la non-répétition du sujet.

• Importance des prépositions

Comme le remarque Henri Van Hoof, « *certaines espèces grammaticales ont, en anglais, une telle autonomie qu'elles peuvent se suffire à elles-mêmes. Ainsi, on sait l'importance du rôle joué dans la langue anglaise par les prépositions et les postpositions. Leur valeur cinétique est souvent telle qu'elles peuvent aller jusqu'à remplacer le verbe. La relative pauvreté prépositive du français, par contre, réclame l'appui de mots ou de précisions supplémentaires* ».[11] Dans les textes juridiques anglais, l'une des prépositions qui posent le plus de problèmes au traducteur, en raison de leur caractère elliptique, est probablement *under*. Comme en témoignent les deux exemples suivants, extraits d'une requête introduite devant la Cour internationale de justice, cette préposition appelle généralement un certain étoffement dans la traduction :

Ex. 1)

« He was unaware of his rights precisely because the local authorities failed to comply with their obligations *under the Convention* promptly to inform him of those rights. »
« Il n'avait pas connaissance de ses droits précisément parce que les autorités locales avaient manqué au devoir, *qui leur incombait en vertu de la Convention*, de l'informer sans tarder desdits droits. »

Ex. 2)

« Had M. B. been properly informed of his rights *under* the Vienna Convention... »
« Si M. B. avait été dûment informé des droits *que lui reconnaît* la Convention de Vienne... »

10. Henri Van Hoof, *Traduire l'anglais*, Duculot, 1989, p. 39.
11. *op. cit.*, pp. 40-41.

Au-delà de l'étoffement, la traduction des prépositions anglaises nécessite également souvent, comme le montrent les exemples ci-dessus, une bonne connaissance des concepts sous-jaçents, dans la mesure où ces derniers doivent généralement apparaître de manière explicite dans le texte français. On traduira ainsi *under* de différentes manières selon les cooccurrents : « a dispute *under* the labour legislation » : « un litige *relevant* du droit du travail » ; « an offence *under* Article 2 » : « une infraction *réprimée* par l'article 2 ».[12]

Outre *under*, d'autres prépositions peuvent aussi parfois poser problème au traducteur juridique. C'est le cas, par exemple, de *against*, qui gagnera le plus souvent à être étoffé, par un verbe ou un participe, notamment : « There is no law *against* it » : « aucune loi ne s'y *oppose* » ; « the charge *against* him » : « l'accusation *portée* contre lui ».

• Autonomie des formes verbales

Certains verbes anglais frappent par leur caractère éminemment elliptique. Ainsi, le verbe *to perform*, lorsqu'il est utilisé sous une forme intransitive, a le sens de « s'acquitter de ses obligations (contractuelles) ».

Dans l'exemple qui suit, extrait d'un contrat de prêt de titres, on constate que le traducteur a éprouvé le besoin d'étoffer le verbe *to substitute*, dont le caractère elliptique rend superflue toute précision supplémentaire dans le texte original :

> « Where Collateral is provided in the form of Securities, the Party posting such Collateral may substitute new Securities at any time. »
> « La Partie ayant constitué une Garantie sous forme de Titres peut, à tout moment, décider de substituer des Titres nouveaux *aux Titres constituant initialement ladite Garantie*. »

• Non-répétition du sujet

L'ellipse du sujet ou du groupe sujet est un phénomène fréquent après les conjonctions de temps *when* et *while* :

> « Repair service may be delayed *when performed* outside of the original country of purchase. » (garantie d'imprimante)

Ce type d'ellipse est étranger au français, d'où, une nouvelle fois, le recours à l'étoffement dans la traduction, avec utilisation du pronom « il » :

> « Le service de la réparation peut être retardé *s'il est effectué* à l'extérieur du pays d'achat d'origine. »

Pour conclure sur l'ellipse, remarquons enfin que le traducteur francophone a très souvent tendance à introduire des précisions dans sa traduction, à rendre celle-ci plus explicite que l'original, même lorsque cela n'est pas indispensable. Citons, à titre

12. « Notons que l'emploi de "en vertu de" est absolument contre-indiqué pour rendre under dans des contextes comme an offence under the Criminal Code ou to commit an offence under section 5 of the Narcotics Act. Dire une "infraction en vertu du Code criminel" ou "commettre une infraction en vertu de l'article 5 de la Loi sur les stupéfiants" donnerait l'impression que le contrevenant a agi avec la bénédiction du législateur. Il faut plutôt utiliser des tournures du genre "une infraction prévue par le Code criminel" ou "enfreindre l'article 5 de la Loi sur les stupéfiants". » Juricourriel n°24, Institut Joseph-Dubuc, mai 2000.

d'exemple, cet intitulé d'une requête introduite devant la Cour internationale de justice, *Application of the Republic of Paraguay*, et sa traduction française, « Requête *déposée par* la République du Paraguay ».

Le cas particulier des disjonctions exclusives

La souplesse et la concision de la langue juridique anglaise s'expriment aussi au travers de structures syntaxiques particulières dites « disjonctions exclusives ». On appelle « disjonction exclusive » une « *proposition qui renferme un choix assorti d'une condition* ».[13] Ces structures, formées généralement du pronom *whichever*, du verbe être et d'une forme comparative, sont essentiellement de quatre types : disjonctions d'antériorité (*whichever is the earlier*), de postériorité (*whichever is the later*), d'infériorité (*whichever is the smaller*) et de supériorité (*whichever is the higher*). On trouve également des expressions comme *whichever comes first*, *whichever occurs first*, *whichever may be the later*, etc.

Ces structures sont souvent mal traduites car elles présentent une concision difficile à rendre en français, langue dont on connaît la tendance analytique :

> « If [...] a new farm implement that is properly operated and maintained and used under reasonable operating conditions fails to perform to the manufacturer's specifications during its first ten days or first 100 hours of actual use, *whichever occurs first*, [...] » (texte de loi canadien)
> « Si [...] un appareil agricole neuf qui est manœuvré correctement, maintenu en bon état de fonctionnement et utilisé dans des conditions de service raisonnables ne fonctionne pas conformément aux caractéristiques du fabricant pendant les dix premiers jours ou les 100 premières heures d'utilisation effective, *selon la période d'utilisation qui se termine en premier*, [...] »

La traduction choisie dans ce cas n'est pas à proprement parler fausse, mais force est de constater qu'elle donne une certaine lourdeur au texte français.

Plusieurs solutions peuvent pourtant être utilisées pour rendre les disjonctions exclusives, sans pour autant faire violence à la langue d'arrivée :

1. **Si ou lorsque**, « *la solution la plus usitée et sans doute la plus facile à manier* »[14] :

> « Effective date: Is the Maintenance Commencement Date or the date of the satisfactory commissioning of the Hardware, *whichever shall be the later.* » (contrat de maintenance)
> « Date de prise d'effet : Date de Début de la Maintenance ou date de mise en service satisfaisante du Matériel, *si cette date est postérieure.* »

2. **L'inversion** :

> « Enter $180 or occupancy cost, *whichever is less* » : « Inscrire *le moins élevé des montants suivants* : 180 $ ou le coût d'habitation » (exemple cité par Jean Delisle[15])

13. Jean Delisle, *La traduction raisonnée, Presses de l'Université d'Ottawa*, 1993, p. 28.
14. Jean Delisle, *op. cit.*, p. 287.
15. Jean Delisle, *op. cit.*, p. 28.

3. **Solutions diverses :**
« Any protocol, [...], shall enter into force for a Contracting Party that ratifies, accepts or approves that protocol [...] on the ninetieth day after the date on which that Contracting Party deposits its instrument of ratification, acceptance, approval or accession, or on the date on which this Convention enters into force for that Contracting Party, *whichever shall be the later.* » (Convention sur la diversité biologique, juin 1992)
« [...] un protocole entre en vigueur pour une Partie contractante qui le ratifie, l'accepte ou l'approuve [...] soit le quatre-vingt-dixième jour après la date de dépôt par cette Partie contractante de son instrument de ratification, d'acceptation, d'approbation ou d'adhésion, soit au moment où la Convention entre en vigueur pour cette Partie, *la dernière date étant retenue.* »

« In proceedings commenced after the expiration of five years from the date of registration of a trade mark or from July 1, 1954, *whichever is the later*, no registration shall be expunged or amended [...]. » (texte de loi canadien)
« Dans des procédures ouvertes après l'expiration de cinq ans à compter de la date d'enregistrement d'une marque de commerce ou à compter du 1er juillet 1954, *en prenant la date qui est postérieure à l'autre*, aucun enregistrement ne peut être radié, modifié [...]. »

« Maintenance should take place every 100 operation hours or 30 days, *whichever comes first.* » : « L'entretien doit être réalisé toutes les 100 heures de fonctionnement et, en tout état de cause, tous les 30 jours. » (exemple cité par René Meertens dans le *Guide anglais-français de la traduction*[16])

Il convient ensuite de signaler que l'anglais, pour des raisons de structure, permet des **distinctions** qui sont souvent très difficiles, voire impossibles à rendre en français. Ainsi, dans la clause suivante, comment rendre le doublet *his or her* ? : « Employee shall not knowingly solicit any employee of the Employer [...] to terminate *his or her* employment with the Employer ». Étant donné qu'en français, c'est le nom qui détermine le genre de l'adjectif possessif – « son contrat » peut être le contrat de Monsieur X comme celui de Madame Y –, la traduction d'expressions telles que *his or her* est nécessairement source de problèmes pour le traducteur, qui n'a souvent d'autre choix que d'effacer la distinction dans sa traduction : « Le Salarié ne devra inciter sciemment aucun salarié de l'Employeur [...] à résilier *son* contrat de travail avec l'Employeur ». Nicole M. Fernbach confirme d'ailleurs que « *si l'on a décidé en anglais, pour des raisons de correction politique au cours de ces dernières années, de marquer le genre afin de préciser l'égalité des sexes (par ex., dans la phrase "The accused shall retain his or her right to remain silent"), ces aménagements syntaxiques sont étrangers au français. D'abord, parce que les adjectifs français s'accordent alors avec les noms, et non pas avec le sujet, et ensuite, parce que la notion de genre est totalement dissociée de la notion de sexe. Le français ne connaît que le genre non marqué au masculin. Le féminin est le genre marqué. Il n'est donc pas français d'écrire : "Le supérieur ou la supérieure immédiat(e) informe l'employé(e) qu'il ou elle aura le droit de prendre son repas quand il ou elle le désirera."* »[17]

16. Chiron Editeur, 2002, p. 472.
17. Nicole M. Fernbach, *La simplification du texte juridique, in Français juridique et science du droit*, Bruylant, 1995, pp. 120-121.

Le problème des majuscules

Tout traducteur rompu à la traduction des contrats aura constaté que le juriste anglo-saxon a très souvent recours aux majuscules initiales, lorsqu'il s'agit notamment de désigner les parties au contrat : « *The Owner has granted or intends to grant a licence or licences to Licensees to use certain computer software and related material* » (contrat de mise en main tierce). Les majuscules initiales, qui peuvent concerner les parties elles-mêmes, les produits objet du contrat, les prestations envisagées, etc., sont généralement utilisées pour permettre la distinction entre les éléments propres au contrat et les éléments extérieurs. Ainsi, dans la clause qui suit, extraite d'un contrat de distribution, la différence est faite entre les produits n'entrant pas dans le cadre du contrat (*products*) et les produits dont l'une des parties est chargée d'assurer la distribution (*Products*) : « *Without the prior written authorisation of the Supplier, the Distributor shall not represent, manufacture, market or sell in the Territory any products which are in competition with the Products* ». S'il est à constater que les termes prenant une majuscule initiale sont généralement définis au début du contrat, il n'en reste pas moins que le rédacteur oublie parfois de mettre une majuscule au terme concerné dans le corps du texte, ce qui peut prêter à confusion.

Le juriste français, pour sa part, fait semble-t-il un usage plus parcimonieux des majuscules initiales, comme en témoigne cet extrait tiré d'un contrat de concession de vente et de distribution : « *Le concessionnaire a été dûment informé des résultats obtenus par le concédant selon document figurant en annexe* ». D'autres rédacteurs, pour autant, semblent préconiser le recours systématique à la majuscule initiale : « *Pendant la même durée, chaque Partie s'abstiendra de faire des Informations reçues de l'autre Partie un usage autre que celui qui consiste à remplir l'Objet du présent Contrat.* » (contrat de recherche et développement).

Quoi qu'il en soit, il convient de conserver, dans la traduction, les majuscules initiales éventuellement présentes dans le texte original, même si cela va à l'encontre de la pratique qui peut sembler la plus naturelle pour un rédacteur francophone. On devra donc rendre la phrase citée plus haut (« *Without the prior written authorisation...* ») de la manière suivante : « *Sauf autorisation écrite préalable du Fournisseur, le Distributeur ne devra représenter, fabriquer, commercialiser ou vendre sur le Territoire aucun produit qui est en concurrence avec les Produits* ».

Arrêtons-nous, pour finir, sur le cas particulier des mots entièrement écrits en capitales. Malgré les nombreuses critiques qu'ils suscitent, ces derniers sont légion dans les textes juridiques. On trouve ainsi, dans les contrats, non seulement des mots entièrement en capitales,

> « CONTRACTOR shall construct FACILITY on WORK SITE and shall perform WORK in accordance with the terms and conditions of PRINCIPAL DOCUMENT and JOB SPECIFICATION. » (Contrat d'ingénierie),

mais également parfois des passages entiers (notamment dans les contrats de licence informatiques) :

> « IN NO EVENT SHALL EITHER PARTY BE LIABLE UNDER THIS AGREEMENT FOR ANY INDIRECT, SPECIAL, INCIDENTAL OR CONSEQUENTIAL DAMAGES WHETHER SUCH DAMAGES ARE ALLEGED AS A RESULT OF TORTIOUS CONDUCT OR BREACH OF CONTRACT OR OTHERWISE. » (Accord de confidentialité)

De toute évidence, l'effet obtenu est inverse à celui recherché : si elles sont censées attirer l'attention du lecteur sur un point particulier, les capitales, dès lors qu'elle sont généralisées à un passage tout entier, en rendent la lecture plus difficile et demandent au lecteur un effort particulier de concentration.[18] Au dire de certains, il faudrait donc supprimer les clauses en capitales,[19] dont l'origine est à rechercher notamment dans la jurisprudence, qui a indiqué que certaines limitations de responsabilité ne sont opposables au contractant que si elles sont mises en valeur d'une façon ou d'une autre et si l'on peut prouver que l'attention du contractant a été dûment attirée sur la clause en question. Conséquence juridique des clauses en *small print* présentes en nombre dans les documents contractuels, les passages entièrement en capitales suscitent souvent une certaine méfiance chez le lecteur mais doivent impérativement être conservés dans la traduction, même si cette démarche va à l'encontre de la lisibilité et donc de l'intérêt du texte.

Les répétitions

Sans pour autant leur être propre, la technique de la répétition remplit, dans les textes juridiques, une fonction bien particulière. Sa vocation n'y est en effet pas esthétique, comme cela peut être le cas en poésie ou dans les écrits de fiction. Tout dépend, en réalité, du type de document concerné. Dans les arrêts du Conseil d'Etat et des Cours d'appel, la formule « considérant que » est souvent répétée autant de fois qu'il y a de motifs à introduire. Dans les autres décisions, comme les arrêts de la Cour de cassation, la formule « attendu que » sert notamment à articuler et à structurer le discours, ce qui explique qu'elle peut être répétée de nombreuses fois.[20]

Dans d'autres contextes, comme celui des contrats par exemple, le recours à la répétition est motivé avant tout par un impératif de précision : le rédacteur ne peut, quand il s'agit de définir les droits et les obligations des parties à une convention, se permettre la moindre ambiguïté quant à l'identité de chacune d'elles. C'est ce qui explique la grande fréquence des répétitions dans les contrats américains et anglais. Dans la plupart des cas, la répétition est justifiée dans la mesure où sans elle, le texte perdrait en clarté et risquerait de prêter à confusion. Prenons l'exemple suivant, tiré d'un contrat d'ingénierie : « *Contractor shall promptly notify Owner when Contractor considers it has substantially met the criteria set forth in Job Specification* ». Dans cette phrase, il est évident que l'insertion du terme *Owner* entre les deux occurrences de *Contractor* rend la répétition de ce dernier terme indispensable. Par ailleurs, l'utilisation du pronom *it*, après le verbe *consider*, est ici judicieuse et ne peut guère prêter à confusion, si l'on fait preuve d'un minimum de bon sens et si l'on se replace dans le contexte. Dans d'autres cas, force est toutefois de constater que la répétition ne s'imposait pas : « *The Distributor may appoint subdistributors or agents for the sale of the Products in the Territory, provided the Distributor informs the Supplier before the engagement* ». Ici, du fait de l'absence de tout risque de confusion, le terme *Distributor*

18. « All uppercase sentences usually bring the reader to a standstill because the shapes of words disappear, causing the reader to slow down and study each letter. Ironically, readers tend to skip sentences written in all uppercase. » (*A Plain English Handbook*, U.S. Securities and Exchange Commission, 1998, p. 43).
19. « All capitals. Avoid them. They impair readability because the eye cannot easily distinguish among characters that are all of a uniform size. » Bryan A. Garner, *A Dictionary of Modern Legal Usage*, *op. cit.*, p. 130.
20. Gérard Cornu met en garde contre l'utilisation répétée de ces formules : « Quand, dans un même énoncé, l'une ou l'autre formule revient à plusieurs reprises, en série, en cascade, la répétition risque d'engendrer lourdeur, monotonie, lassitude. » *Linguistique juridique*, Domat/Montchréstien, 2000, p. 281.

aurait très bien pu, à sa deuxième occurrence, être remplacé par un pronom comme *it*, sans que la phrase perde en clarté.

Quoi qu'il en soit, il est indéniable que l'anglais a plus facilement recours à la répétition que le français : « *L'anglais tolère mieux que le français la répétition lexicale, même dans les textes de style soutenu* ».[21] Comment, dans ce cas, éviter la répétition dans la traduction ? Plusieurs solutions s'offrent au traducteur. Tout d'abord, il est difficile de ne pas citer les pronoms personnels, qui, lorsqu'ils sont utilisés à bon escient, permettent de contourner la répétition sans pour autant nuire à la clarté du propos. Prenons deux exemples :

> « *The Vendor shall, if required by the Purchaser, furnish free of charge to the Purchaser at the commencement of the Guarantee Period* [...] » (Conditions générales de fourniture de matériel pour l'exportation)
>
> « Sur demande de l'Acheteur, le Vendeur *lui* fournit gratuitement au début de la Période de Garantie [...] ».
>
> Le pronom « lui » permet ici de ne pas répéter « l'Acheteur ».
>
> « *The Vendor shall give to the Purchaser sufficient notice of the tests to permit the Purchaser's representatives to attend. If the Purchaser is not represented at the tests, the test report shall be communicated by the Vendor to the Purchaser and shall be accepted as accurate by the Purchaser.* » (Conditions générales, cf. ci-dessus)
>
> « Le Vendeur avertit l'Acheteur en *lui* donnant un délai suffisant pour permettre aux représentants de *ce dernier* d'assister aux essais. Si l'Acheteur ne se fait pas représenter aux essais, le Vendeur *lui* communique le procès-verbal d'essai, dont l'Acheteur ne pourra contester l'exactitude. »

Dans ce deuxième exemple, aux cinq occurrences de *Purchaser* dans la version anglaise répondent seulement trois occurrences de « l'Acheteur » dans le texte français, toujours grâce au pronom « lui » et à l'expression « ce dernier ».

Le traducteur peut également avoir recours – deuxième solution – aux pronoms démonstratifs tels que « celui-ci », « celle-ci » ou « ceux-ci », dont la fonction déictique s'accommode particulièrement bien de la démarche « anti-répétition » du français.

Ces outils syntaxiques doivent cependant être utilisés avec discernement, sous peine de produire des résultats incongrus :

> « *The assistant secretary shall, in the absence of the secretary or in the event of the secretary's inability or refusal to act, perform the duties and exercise the powers of the secretary.* » (statuts de société)
>
> « Le secrétaire adjoint, en l'absence du secrétaire ou en cas d'incapacité ou de refus d'agir de *celui-ci*, remplit les obligations et exerce les pouvoirs de *ce dernier.* »

La coexistence de « celui-ci » et « ce dernier », si elle ne prête guère à confusion quant au sens de la phrase, n'en produit pas moins ici un effet curieux.

21. Michel Ballard, *La traduction de l'anglais au français*, Nathan Université, 1987, p. 232.

Troisième possibilité – peut-être moins utilisée mais tout aussi utile que les précédentes –, les adjectifs possessifs (« son », « sa », « ses », etc.) :

« *A director shall hold office until resignation or removal or until that director's successor is elected.* » (statuts de société)

« Le mandat de chaque administrateur durera jusqu'à sa démission ou son éviction ou jusqu'à l'élection de *son* successeur. »

On notera ici au passage – preuve des multiples fonctions que peuvent remplir les adjectifs possessifs – l'étoffement nécessaire de *until resignation or removal* : « jusqu'à *sa* démission ou *son* éviction ».

À l'évidence, les outils permettant d'éviter la répétition en français ne manquent pas (les solutions citées ci-dessus ne sont d'ailleurs en rien exhaustives et ne doivent pas faire oublier les autres techniques comme l'ellipse, par exemple). Pour autant, le traducteur ne doit jamais oublier que la non-répétition n'est pas une fin en soi et qu'il faut toujours préférer la précision – et donc, parfois, la répétition – au risque, même mineur, d'ambiguïté.

Pour finir, il peut sembler intéressant de s'arrêter sur le passage suivant des Règles de Hambourg – convention des Nations Unies régissant le transport de marchandises par mer –, qui illustre on ne peut mieux les contraintes syntaxiques qui accompagnent l'utilisation respective, en anglais et en français, des pronoms *him* et « il » :

« Where *the shipper* hands over dangerous goods to the carrier or an actual carrier, as the case may be, *the shipper* must inform him of the dangerous character of the goods. »

« Lorsqu'*il* remet des marchandises dangereuses au transporteur ou à un transporteur substitué, *le chargeur* doit informer le transporteur ou le transporteur substitué, selon le cas, du caractère dangereux des marchandises. »

La version française peut paraître plus équilibrée (le pronom « il » empêche la répétition de « chargeur ») mais grâce au pronom *him*, l'anglais évite pour sa part la répétition de *the carrier or an actual carrier* et affiche ainsi une plus grande économie syntaxique.

Le cas particulier du passif

Malgré les nombreuses critiques dont elle fait l'objet, de la part notamment des partisans du *Plain English*, la voix passive reste très usitée dans les textes juridiques, aussi bien anglais ou américains que français. En anglais, de nombreux verbes se prêtent à l'utilisation de cette tournure syntaxique (« *You are required to take all necessary measures...* »). La popularité dont jouit la voix passive parmi les juristes est en grande partie due à l'importance de la marge de manœuvre qu'elle laisse à ces derniers en cas de litige.

Avant d'aller plus loin, il peut sembler intéressant de revenir ici sur les trois principales raisons qui peuvent motiver le recours à la voix passive :

- Dans un premier cas de figure, l'agent du verbe est inconnu, tombe sous le sens, ou ne présente guère d'intérêt au vu du contexte : « *The goods were stolen in transit* ». Ici, il est possible que le rédacteur ne connaisse pas l'identité de celui ou celle qui a volé les marchandises, mais il est également possible que cette identité n'intéresse pas le lecteur. L'utilisation du passif est donc ici légitime.

- Dans un deuxième cas de figure, le passif peut être utilisé lorsqu'il est important de mettre l'accent sur l'objet plutôt que sur le sujet : dans « *No record of the company was found at the head office* » par exemple, l'accent est mis sur l'absence de documents concernant la société et non sur la ou les personnes qui ont effectué les recherches.
- Enfin, en troisième lieu, le passif peut être utilisé à dessein pour éviter de citer un nom ou de fournir des informations spécifiques : le fait de déclarer « *An error was made in calculating your redundancy pay* » permet par exemple de ne pas citer nommément le comptable de la société ou le chef du personnel.

En français, le passif reste assez fréquent dans les textes juridiques, surtout dans les textes législatifs, qui ont souvent pour objet d'imposer des obligations au citoyen. « *Par définition, elle* [la voix passive] *met en valeur, en en faisant le sujet du verbe, ce qui, dans la construction normale, serait le complément d'objet. Précisément, cette promotion d'objet à sujet est souvent le moyen de marquer la généralité de la règle. Celle-ci prend un tour objectif impersonnel* ».[22] Par ailleurs, la langue juridique ne dit presque jamais « on », ce qui peut expliquer l'emploi fréquent du passif. En français, comme en anglais d'ailleurs, le passif est principalement utilisé lorsque le sujet subit l'action et lorsque l'agent de cette action reste au second plan ou même est purement et simplement omis (« *La question a été réglée hier* »).

Il est intéressant, pour finir, d'évoquer brièvement deux formes spécifiques de passif, assez symptomatiques de la langue juridique, à savoir le **passif initial** et le **passif impersonnel** (relevées notamment par Jean Darbelnet dans son article *Niveaux et réalisations du discours juridique*).[23]

Dans le cas du passif initial, c'est en général l'auxiliaire *être* et le verbe qui lui est associé qui ouvrent la phrase : « *Sera punie* d'un emprisonnement d'un à six mois toute personne qui…». L'accent est mis ici sur la punition qu'encourt le contrevenant. Autre exemple, tiré d'une clause de force majeure : « *Ne seront considérés* comme cas de force majeure que les faits possédant les caractères d'imprévisibilité, d'irrésistibilité et d'extériorité tels qu'ils sont définis par la jurisprudence en la matière ». Il est à noter que le passif initial est largement présent dans les versions françaises des conventions internationales, comme en témoignent ces deux extraits de la Convention de Berne, relative à la protection des œuvres littéraires et artistiques : « *Sont protégés* comme des œuvres originales […] les traductions, adaptations, arrangements de musique et autres transformations d'une œuvre littéraire ou artistique. » ; « *Est réservée* aux législations des pays de l'Union la faculté d'exclure partiellement ou totalement […] les discours politiques et les discours prononcés dans les débats judiciaires ». Cette forme de passif est de toute évidence beaucoup plus rare dans les textes rédigés en anglais : on la rencontre en fait surtout dans des textes rédigés par des non-anglophones, ou dans des traductions anglaises de textes initialement rédigés dans une autre langue. Citons l'exemple suivant, extrait d'une police d'assurance sur corps émanant d'une compagnie d'assurance allemande : « *Excluded are claims against persons who have brought about the damage through intentional disregard of laws relating to water protection* ».

22. Gérard Cornu, *Linguistique juridique*, *op. cit.*, p. 281.
23. dans *Langage du droit et traduction*, *op. cit.*, p. 58.

Le passif impersonnel s'avère également d'une grande utilité en français : il permet en effet de reléguer le sujet au second plan tout en donnant une certaine élégance à la phrase. Cette forme de passif ne peut s'utiliser qu'avec certains verbes. Citons deux exemples : « *Il est rappelé que, conformément à l'art. 13.1 de la loi précitée, ...*» ; « *Il sera procédé aux réparations dans les meilleurs délais* ». Gérard Cornu rappelle en ces termes tout l'intérêt de la voix impersonnelle en contexte juridique : « *La voix impersonnelle marque justement le caractère impersonnel de la règle* [...]. *La voie impersonnelle exprime une réalité objective, et donc une sorte de vérité générale* ».[24]

Pour conclure, précisons que le juriste anglo-saxon, pour des raisons historiques, aura toujours tendance à rechercher l'exhaustivité dans les textes qu'il met au point. Le droit anglais est en effet un droit jurisprudentiel, fondé principalement sur les solutions que les tribunaux ont apportées aux litiges au fil des siècles, tandis que le droit français apparaît comme un droit fondé sur des règles impersonnelles, générales et permanentes. Au contraire de leurs homologues français, les juristes anglo-saxons se sont donc fondés sur des cas particuliers pour établir leurs règles, et cela se retrouve dans la formulation souvent lourde, parce que tendant à l'exhaustivité, des documents juridiques anglais et américains. Cela explique notamment les nombreuses énumérations que l'on trouve dans ces documents, qu'il s'agisse de documents privés, comme les contrats, ou de documents à portée plus générale, comme les lois. On retrouve notamment cette idée dans le *Guide de la Traduction Appliquée*,[25] dans l'introduction de la partie consacrée à la traduction juridique : « *Là où le français se contente de présenter la situation dont on peut déduire toutes les autres* [...], *l'anglo-saxon, juriste par surcroît, se sent obligé, pour se faire comprendre de ses congénères, d'énumérer toutes les situations, comme si ces derniers n'étaient pas autorisés ou aptes à la moindre démarche déductive* ». Le juriste anglo-saxon et son homologue français n'ont de toute évidence pas le même rapport à l'écrit et là où le premier préfèrera, de par sa culture juridique, fondée sur une approche casuistique, rédiger un contrat précis et détaillé, long souvent de plusieurs dizaines de pages, le second n'aura besoin que de quelques paragraphes pour résumer les droits et obligations respectifs des parties. Dans son ouvrage intitulé *Droit anglais des affaires*,[26] Olivier Moréteau en arrive à la même conclusion : « *Le Français envisage traditionnellement le contrat écrit comme un document assez bref, présentant dans ses termes généraux les principales obligations des parties. On est habitué en France et dans les pays de droit civil à ce que les contrats soient interprétés sur la toile de fond des dispositions des codes. On ne juge donc pas nécessaire de tout prévoir dans le détail, les dispositions du code ayant vocation à s'appliquer en cas de silence du contrat.* [...] *En revanche, dans les pays de common law, la tradition est de rédiger des contrats détaillés* [...]. *En l'absence de code écrit, on ressent le besoin de tout dire et de tout prévoir* ». Cet état de fait n'est bien entendu pas sans conséquence sur les relations qu'entretiennent juristes anglo-saxons et juristes français, et ceux-ci ne sont pas à l'abri des malentendus que peuvent susciter les nombreuses différences existant entre leurs cultures juridiques. Comme le remarque fort justement O. Moréteau dans l'ouvrage mentionné ci-dessus,[27] « *l'Anglais (et surtout l'Américain) aura l'impression*

24. *Linguistique juridique*, *op. cit.*, p. 280.
25. G. Vitale, M. Sparer et R. Larose, Presses de l'Université du Québec/Vuibert, 1978, p. 204.
26. Dalloz, 2000, p. 8.
27. *op. cit.*, p. 8.

qu'un juriste français qui arrive avec un texte de trois ou cinq pages n'est pas un partenaire sérieux, et le Français, voyant ces volumineux contrats aux clauses longues et complexes, aura l'impression qu'on cherche à lui lier les pieds et les mains ».

Enfin, il est également intéressant de noter que les juristes anglo-saxons, à la différence de leurs collègues français, font souvent référence dans leurs textes à la religion, comme en témoignent les expressions *act of God* (catastrophe naturelle, constitutive d'un cas de force majeure), *in the name of God and of the American people*, ou encore, *so help me God*, formule qui conclut les prestations de serment des témoins devant les tribunaux américains. Ce phénomène s'observe surtout chez les juristes américains, que Bryan A. Garner dit atteints de *biblical affectation* : « [*the language of the law*] *is full of the archaisms we associate either with the Bible or, less commonly, with Shakespeare* [...]. *And much of the syntax of legal prose is biblical* ».[28] La langue juridique anglaise regorge en effet de termes d'origine religieuse : l'adjectif *lay*, par exemple, qui se traduit généralement par « non professionnel » en contexte juridique (*lay magistrate* : juge sans formation juridique), a d'abord le sens de « profane » (étranger à la religion), ou de « laïque ».

Notons également, à ce propos, le point de vue d'Elaine Chaika, qui, dans son ouvrage *Language: The Social Mirror*,[29] établit un intéressant parallèle entre la langue du droit et la langue de la religion : « *In both religion and the law, archaic language is usual because it removes what is said in the ordinary here and now. The archaic legal "hear ye" has a counterpart in the religious use of "thou" when referring to God* ».

Exercices d'application

Ruptures de construction

1. The request shall be submitted in writing and shall specify the change in, or disappearance of, the circumstances considered to be relevant.
2. The principal shall be free to conclude, or to refuse the conclusion of, a contract negotiated by the agent.
3. The parties recognize that Employee will be exposed to and in possession of certain proprietary and other information of a confidential nature of the Employer and its subsidiaries.
4. The Receiving Party shall not, and shall procure that its Personnel, shall not, make any announcement, or comment upon, or originate any publicity, or otherwise provide any information to any third party concerning this Agreement (accord de confidentialité).
5. The management of the Joint Venture Company shall be the responsibility of and directed by its Board of Directors.

28. *A Dictionary of Modern Legal Usage*, *op. cit.*, p. 107.
29. Newbury House Publishers, 1989, p. 183.

Disjonctions exclusives

1. The arbitration should, wherever reasonably possible, be heard and the proceedings declared closed within not more than nine months after either the delivery of the Statement of Defense or the establishment of the Tribunal, whichever event occurs later.
2. The warranty period is limited to twelve months or 20,000 km from the warranty registration date, whichever occurs first (garantie automobile).
3. The office of a Director shall be vacated by his written resignation. Such resignation shall become effective on the date fixed therein, or upon the delivery thereof to the Company, whichever is later.
4. Any replacement Software or Hardware Device will be warranted for the remainder of the original warranty period or thirty (30) days, whichever is longer.
5. The request for registration and grant of a standard patent shall be made within 6 months after the grant of the patent or 20 years after the date of filing of the complete specification, whichever is the earlier.

Répétitions

1. No person, other than a person described in section 4, has a right to come into or remain in Canada.
2. When the Tribunal decides to select experts, […] it shall select such experts upon the proposal of the President of the Tribunal who shall consult the parties before making such a proposal.
3. If the President of the Tribunal decides to resign the presidency, he shall communicate his decision in writing to the Tribunal through the Vice-President of the Tribunal or, failing him, the Senior Member.
4. The Tribunal may suggest that the parties explore settlement at such times as the Tribunal may deem appropriate.
5. Any arbitrator may be challenged by a party if circumstances exist that give rise to justifiable doubt as to the arbitrator's impartiality or independence.

CHAPITRE IX

Les faux amis

« *C'est ici que nous abordons le sujet, inévitable, des faux amis* [...]. *Ces termes sont d'autant plus perfides qu'ils ont un aspect familier qui inspire confiance. Mais que d'erreurs, de sottises ou de faux sens ces anglicismes camouflés, ces passagers clandestins ne nous ont-ils pas fait commettre !* »[1]

« *In the jargon of the translator, 'faux amis' are words which look or sound the same in both the target language and the source language.* »[2]

On appelle faux amis les mots dont la graphie est la même (ou presque) en anglais et en français mais dont le sens est parfois fort différent d'une langue à l'autre. À l'image du Cheval de Troie, les faux amis se servent de leur aspect extérieur pour tromper l'« ennemi » et l'induire en erreur. Avec les termes polysémiques, dont ils partagent parfois la principale caractéristique (c'est le cas des faux amis « partiels », que nous verrons plus loin), les faux amis, qualifiés par les chercheurs anglo-saxons de *deceptive cognates*, représentent l'un des principaux écueils auxquels le traducteur, même confirmé, risque en permanence de se heurter.

Loin d'être propres à la traduction juridique, les faux amis n'en revêtent pas moins, dans ce domaine spécifique, une importance toute particulière. En effet, ces termes constituent un véritable piège pour le traducteur juridique, qui, en les traduisant, peut être amené à commettre les pires erreurs d'interprétation s'il ne prend pas les précautions nécessaires, avec les conséquences que l'on peut imaginer. En traduction juridique, le piège des faux amis est d'autant plus grand que la traduction qu'« appelle » le faux ami est souvent tout à fait plausible dans le contexte. Ainsi, le traducteur qui lira, dans un contrat, « *any difficulty pertaining to its construction* » pourra très bien croire qu'il est question des « *difficultés liées à la construction du contrat* ». Après tout, un contrat, comme tout document structuré, se « construit », s'élabore. Si ce point de vue peut se défendre, celui qui l'aura adopté n'en aura pas moins été trompé par la ressemblance entre le terme anglais *construction* et son homographe français « construction » : dans ce contexte précis, ce terme, en anglais, a en effet le sens d'« interprétation » (il s'agit en fait du substantif dérivé du verbe *to construe*, « interpréter »). On devra donc écrire en français : « *toute difficulté liée à l'interprétation du contrat* ».

Les faux amis sont généralement classés en deux grandes catégories : faux amis « **partiels** » et faux amis « **complets** ».

Les faux amis dits « **partiels** », qui sont sans aucun doute les plus nombreux, sont « *des polysèmes qui ont une ou des acceptions (parfois rares ou d'usage réduit)*

1. Robert le Bidois, dans sa préface à *Langage et traduction*, de Pierre Daviault, 1961, p. 7.
2. Walter Cairns et Robert McKeon, *Introduction to French Law*, Cavendish Publishing Limited, 1995, p. 194.

identiques à une ou plusieurs des acceptions de leur équivalent graphique français ».[3] L'un des faux amis partiels les plus connus, en matière juridique, est probablement *execution*, mot qui a souvent le sens d'« exécution » (dans les contrats d'ingénierie ou de fourniture, par exemple), mais qui peut aussi vouloir dire « signature », comme c'est le cas dans les clauses finales de bon nombre de contrats (dans la phrase suivante, le verbe *to execute* a ainsi le sens de « signer » : « In witness whereof, the parties have caused this Agreement to be *executed* as of the date first written above. »).

Parmi les autres faux amis partiels dont le traducteur juridique doit tout particulièrement se méfier, citons :

- *frustration* (*of contract*)
  Ce terme, très important en droit anglais, se rend en général par « impossibilité d'exécution », même si certains préconisent de ne pas le traduire (« On dit qu'il y a *discharge* (extinction) par *frustration*, terme intraduisible qui, on le verra, trouve son origine dans le droit maritime. »[4]).

- *performance*
  Très courant dans les documents juridiques, ce terme correspond en français à « exécution » (d'un contrat) et non à « performance », hormis dans le contexte économique ou financier.

- *service*
  Dans les documents juridiques, ce terme a souvent le sens de « notification » ou de « signification » (du verbe *to serve* : « signifier », « notifier »). Bien entendu, dans d'autres cas, il peut aussi se traduire par « service(s) ».

- *privilege*
  Ce terme peut bien sûr souvent se traduire par « privilège », mais a aussi parfois, en contexte juridique, le sens d'« immunité » (diplomatique, parlementaire) ou de « secret professionnel » (*attorney-client privilege* : secret des communications entre l'avocat et son client).

Le couple *condition/warranty* entre également dans la catégorie des faux amis partiels. Ainsi, le terme *condition* peut tout à fait se traduire par « condition », lorsque le terme prend le sens de « *modalité d'un acte juridique faisant dépendre l'existence d'un droit d'un événement futur dont la réalisation est incertaine* »,[5] et *warranty* peut très bien se rendre par « garantie » lorsqu'il est question d'une garantie commerciale sur un produit (« *this product has a one-year warranty* »). Cela étant, dans le contexte contractuel, le terme *condition* peut aussi faire référence à une « clause essentielle » (*essential term*) et *warranty* peut prendre le sens de « clause accessoire » (*collateral term*). Il ne s'agit bien sûr pas ici d'insister sur l'importance de la classification des clauses du contrat en *conditions* et *warranties* (distinction tout à fait primordiale en cas d'inexécution du contrat, la partie lésée ne pouvant se prévaloir de la résolution du contrat qu'en cas d'inexécution d'une *condition*), mais plutôt de mettre en évidence les risques que présente la traduction des faux amis « partiels », qui peuvent parfois s'avérer plus traîtres encore que les faux amis traditionnels en raison de leur caractère polysémique.

3. Michel Ballard, *La traduction de l'anglais au français*, Nathan Université, 1987, p. 38.
4. Olivier Moréteau, *Droit anglais des affaires*, Dalloz, 2000, p. 373.
5. *Lexique Dalloz des termes juridiques*, 12e édition, 1999, p. 130.

Dans une deuxième catégorie, on trouve donc les faux amis dits « **complets** », qui n'ont pas d'« *acception identique à celle(s) de leurs équivalents graphiques français* ».[6] Entrent notamment dans cette catégorie :

- *tort*
  Ce terme, d'origine française, s'est peu à peu affranchi du contenu sémantique de son homographe français, « tort », et a aujourd'hui le sens, en contexte juridique, de « délit civil » ou d'« acte dommageable extra-contractuel ».

- *statute*
  Ce terme désigne généralement une « loi écrite » et n'a le sens de « statuts » que dans le cas de certaines organisations internationales, comme le Conseil de l'Europe, la Cour internationale de justice ou la Cour de justice des communautés européennes, où il s'emploie alors au singulier : « le Statut ». *Statute law* se traduira ainsi par « droit écrit ». Parmi les dérivés du terme, citons l'adjectif *statutory*, qui ne se rend que dans certains contextes par « statutaire » : *statutory authority* : « pouvoir conféré par une loi » ; *statutory rape* : « détournement de mineur » ; *statutory requirements* : « prescriptions légales », etc.

- *evidence*
  L'un des faux amis les plus connus, *evidence* se traduit en français par « preuve » et non par « évidence » (*evidence* a trop rarement le sens d'« évidence » pour être classé parmi les faux amis partiels).

- *lien*
  Propre au langage juridique, ce terme désigne un « privilège », un « nantissement », un « droit de gage ». On le retrouve notamment dans le doublet *liens and encumbrances*, que l'on pourra traduire simplement par « privilèges ».

Il est à noter que l'on trouve également, dans la catégorie des faux amis complets, des séquences ou des composés : *liquidated damages*, par exemple, ne signifie pas « dommages et intérêts liquidés », qui ne veut rien dire en français, mais « dommages et intérêts fixés contractuellement ».

Les linguistes distinguent également parfois une troisième catégorie, qui est celle des « syntagmes trompeurs ». Ainsi, Michel Ballard remarque qu'« *il y a des cas où le processus de recherche du sens global à partir de celui des éléments constituants risque d'induire en erreur parce que, ou bien les éléments sont pris dans des sens rares, ou bien il n'y a aucune déduction à effectuer* ».[7] Ainsi, il est pratiquement impossible de déduire le sens du composé *by(e)-law* (« décret », « arrêté municipal » ; règlement intérieur d'une société) à partir d'une analyse de ses constituants : sans consultation du dictionnaire, il y a fort à parier que le traducteur inexpérimenté ou l'étudiant, trompé par le sens habituel de la particule *by* (cf. *by-product*, *by-election*), traduira ce composé par « loi annexe » ou « loi secondaire ». De la même façon, le terme *in-laws*, faux antonyme de *outlaws*, n'a pas le sens de « citoyens respectueux des lois », contrairement à ce que pourraient laisser penser ses deux éléments constituants, mais celui de « beaux-parents ». J.P. Vinay et J. Darbelnet parlent pour leur part de « **faux amis de structure** » : « *Il faut maintenant considérer une troisième catégorie, celle où des structures*

6. Michel Ballard, *op. cit.*, p. 38.
7. Michel Ballard, *op. cit.*, p. 31.

soit lexicales (mots composés ou dérivés), soit syntaxiques, n'ont pas le sens que l'analyse de leurs éléments semblerait indiquer, bien que ces éléments, pris séparément, ne soient pas eux-mêmes des faux amis sémantiques ou stylistiques ».[8] Parmi les structures syntaxiques entrant dans cette catégorie, citons par exemple l'expression *Dear Sir*, qui doit se traduire simplement par « Monsieur » et non par « Cher Monsieur ».

L'erreur la plus fréquente induite par les faux amis est bien sûr le **calque**, pratique qui consiste à traduire littéralement une unité lexicale d'une langue à une autre. Le calque, de toute évidence, peut avoir des conséquences plus ou moins graves. Dans le meilleur des cas, le traducteur commettra un faux sens, qui sera sans grande conséquence sur la traduction. Au pire, le calque entraînera un contresens ou un non-sens risquant de modifier le contenu du texte de départ. Revenons sur le terme *execution*, cité plus haut. Ce faux ami est d'autant plus dangereux que le calque que peut commettre le traducteur en le traduisant est le plus souvent synonyme de modification des obligations des parties : si l'une des parties s'engage à s'acquitter d'une obligation « *prior to the execution of the Agreement,* » c'est bien avant la « signature » du contrat et en aucun cas avant son « exécution ».

Pour finir, il est important de signaler que le phénomène des faux amis s'observe également dans le sens français-anglais. Walter Cairns et Robert McKeon[9] soulignent en ces termes toute l'importance que peuvent prendre les *deceptive cognates* : « *These are legion as between French and English, if only because many English words have French, rather than Anglo-Saxon, origins* [...]. *Similarly, the French term 'conclusions'. In English, these are the equivalent of 'submissions' or 'pleadings'. To misconstrue the word as 'conclusions' – as in the conclusions drawn by a judge or court – could again lead to the entire text being totally misunderstood* ». À ce propos, il est amusant de constater que les linguistes anglo-saxons parlent au moins aussi souvent de *faux amis* que de *false friends* !

Exercice d'application

1. The Tribunal shall consist of a sole arbitrator, except where the Center in its **discretion** determines that, in view of all the circumstances of the case, a Tribunal composed of three members is appropriate.
2. In the first place, there is considerable **evidence** of an ambivalence in the attitude of this Court.
3. **Torts** can be divided into two main categories depending on whether the result was intended or was caused by negligence.
4. Whenever doubt arises on any point in article 8 of the **Statute**, the President of the Tribunal shall inform the other Members (Règlement du Tribunal international du droit de la mer).

8. J.P. Vinay et J. Darbelnet, *Stylistique comparée du français et de l'anglais*, Didier, 1977, p. 170.
9. *Introduction to French Law*, *op. cit.*, p. 194.

5. For purposes of this Agreement, the term "Restricted Period" shall mean a period of five (5) years from the date of **execution** of this Agreement.
6. B agrees to refrain from using such **proprietary** information derived from A in furtherance of seeking new business for B.
7. Today, European **remedies** and procedures are recognized and available in England.
8. Personal prestige and influence within the firm count for everything and becoming a **partner** is an arduous journey.
9. The civil jurisdiction of the **magistrate** is limited to minor matters including matrimonial and family matters, and the granting of licences (for betting, liquor, etc.).
10. A hereby irrevocably waives, to the fullest extent it may effectively do so, the defense of an inconvenient **forum**.

CHAPITRE X

Les tautologies ou *legal pairs*

> « *Legal tautologies are words of identical meaning, grouped in pairs or even triplets, where only one is necessary. For example, in the expression 'null and void', 'null' adds nothing to 'void' and 'void' nothing to 'null'. Lawyers of the 'belt, braces and bicycle clips' school will cautiously add totally to 'null and void'.* »[1]

> « *Legal tradition still makes it fashionable to use many phrases made up of synonyms* [...], *and the repetition of these phrases accustoms the profession to the unprecise pattern of two-words-for-one. From the cases, from forms, from discussion in and out of court, doubled words insinuate themselves into the lawyer's subconscious.* »[2]

Les tautologies, très fréquentes dans les textes juridiques anglo-saxons, sont ces expressions composées de deux (*doublets*), voire trois termes (*triplets*) très proches par leur sens. Si elles permettent, au dire des juristes, d'introduire une nuance souvent indispensable au message exprimé, on peut toutefois s'interroger sur le bien-fondé et la réelle utilité de ces expressions, qui, contrairement à l'objectif de précision visé, ont souvent pour effet d'alourdir inutilement le texte.

Pour connaître l'origine des tautologies, il faut remonter au Moyen-Age et à la Renaissance. A l'époque, les rédacteurs de textes juridiques avaient en effet l'habitude d'associer aux termes d'origine française ou latine des termes anglo-saxons censés en préciser le sens. Parmi les expressions qui ont résulté de cette pratique et qui perdurent encore aujourd'hui dans le langage juridique, citons notamment *acknowledge and confess*, qui associe un terme du vieil anglais et un terme du vieux français, et *act and deed*, qui réunit un terme latin et un terme anglais. Autre exemple, le « triplet » *give, devise and bequeath*, où sont associés deux termes du vieil anglais – *give* et *bequeath* – et un terme d'origine latine – *devise*. Les tautologies auraient donc, au vu de cette première explication, **une origine avant tout étymologique**.

Dans un deuxième temps, il faut remarquer que les tautologies ont souvent un caractère allitératif, ce qui leur confère **une réelle fonction esthétique** : « The power of alliteration has also helped preserve in the law tautologies such as *to have and to hold, mind and memory, new and novel, aid and abet, part and parcel, safe and sound, rest, residue, and remainder*, while other rhythms help keep alive the duplicating *remise, release, and forever quitclaim*; *give, devise and bequeath*; and the more meaningful *ready, willing, and able*. »[3]

1. Paul Rylance, *Legal writing and drafting*, Blackstone Press Limited, 1994, p. 45.
2. David Mellinkoff, *The Language of the Law*, Little, Brown and Company, 1963, p. 363.
3. David Mellinkoff, *op. cit.*, p. 43.

Parallèlement à la justification étymologique, certaines mauvaises langues affirment que les tautologies seraient dues à la méconnaissance qu'avaient les juristes de l'époque du sens de certains termes d'origine étrangère. Au dire de certains, les juristes ont en effet souvent tendance à utiliser deux ou trois termes alors qu'un seul serait suffisant : autrement dit, on préférerait en dire trop que pas assez par peur de se voir reprocher l'usage de tel ou tel terme au détriment de tel autre. Cette explication, si elle est discutable, reste toutefois plausible et a certainement un peu de vrai. Les juristes reconnaissent d'ailleurs eux-mêmes que « *where one of the words might be unfamiliar, the synonym served as a gloss. Finally, lawyers distrusted their ability to find the right word, and therefore used a verbal scattergun instead of a rifle shot* ».[4] A l'aune de cette explication, les tautologies seraient donc utilisées avant tout par **sécurité**.

Certains, enfin, rappellent qu'à l'origine, les juristes étaient payés au mot, ce qui expliquerait leur tendance à enchaîner des termes synonymiques : « *There is an old story about why lawyers' writings are so verbose. In olden days, lawyers were paid by the word, meaning that every redundant sentence put more cash in their pockets. It's become a habit that the profession has been unable to break* » (Robert R. Tiernan, avocat). Judith Bennett, consultante spécialisée dans le *plain language*, avance la même explication : « *For a long time lawyers were paid according to the number of sheets, or folios, that they produced. Practices like using wide margins, grossly excessive numbers of words, adding recitals and preambles to documents, were all the rage. The longer and weightier the document you produced, the more you got paid* ». Les juristes auraient donc également opté pour les tautologies par **intérêt financier**.

En ce qui concerne les tautologies à proprement parler, il faut distinguer, d'une part, les expressions **à deux et à trois éléments** et, d'autre part, les tautologies **nominales** et les tautologies **verbales**.

Parmi les tautologies les plus courantes, citons à titre non exhaustif :

Tautologies verbales à deux éléments :	Tautologies nominales à deux éléments :
Agree and covenant	*Last will and testament*
Cease and come to an end	*Power and authority*
Have and hold	*Goods and chattels*
Made and signed	*Terms and conditions*
À trois éléments :	À trois éléments :
Build, erect and construct	*Lands, tenements and hereditaments*
Cancel, annul and set aside	*Possession, custody and control*
Give, devise and bequeath	*Rest, residue and remainder*
Do, execute and perform	*Right, title and interest*

Dans un troisième cas de figure, les tautologies peuvent être composées d'adjectifs : *separate and distinct*, *sole and exclusive* ; *general, vague and indefinite* en constituent trois exemples.

4. Bryan A. Garner, *The Elements of Legal Style*, Oxford University Press, 1991, p. 187.

En ce qui concerne la traduction des tautologies, les avis sont souvent partagés : certains préconisent de rendre toutes les nuances de l'expression, et donc de traduire « mot pour mot », tandis que d'autres, arguant du caractère synonymique de ces expressions, préfèrent les simplifier dans la traduction en rendant deux ou trois termes source par un seul terme cible. Il est intéressant de remarquer que les juristes, pour lesquels chaque mot a une signification bien précise, préconisent en règle générale plutôt la première solution. Certains traducteurs ou linguistes, en revanche, ne voient pas l'utilité de restituer dans leur intégralité des termes qu'ils jugent synonymiques : « *On relève, dans la terminologie juridique anglaise, une multitude de tautologies composées de deux ou plusieurs éléments synonymes* […]. *Il demeure entendu que ces tautologies doivent, dans l'immense majorité des cas, être rendues par un seul terme français. L'accouplement de deux termes, véritable redondance, crée souvent une expression moins précise que chacun d'eux pris séparément.* »[5] Elaine Chaika[6] partage manifestement ce point de vue : « *The repetition of words with the same meaning so often seen in legal documents, as in "grant, give, devise and bequeath," is also an attempt to be precise. However, these violate the maxim of discourse of not saying more than one needs to in the context. Repeating synonyms is confusing because the hearer or reader will assume that there is a special reason for mentioning them so that he or she tries to figure out why each has been alluded to.* »

En réalité, tout dépendra du contexte : ainsi, si pour rendre, par exemple, *last will and testament*, on n'hésitera pas à employer en français le seul terme de « testament », dans les cas où un équivalent français consacré existe, il conviendra de l'utiliser dans la traduction. En effet, les rendondances ne sont pas l'apanage de l'anglais et existent aussi en français : *null and void*, par exemple, devra ainsi se rendre par « nul et non avenu » ou « nul et de nul effet ». Autre exemple, tiré d'une requête introduite devant la CIJ : « *Pakistan requests the Court to judge and declare as follows:* » : « *Le Pakistan prie la Cour de dire et juger :* ». Inversement, *goods and chattels*, qui désigne les biens de type *personal property* par opposition aux biens de type *real property*, se traduira simplement par « biens mobiliers ».

La traduction des tautologies doit donc s'opérer en tenant compte du contexte dans lequel elles apparaissent. Dans certaines formules rituelles par exemple, l'expression remplit une fonction essentiellement « décorative » et émotionnelle et ne prétend introduire aucune réelle nuance de sens entre ses différents composants : c'est le cas par exemple de l'expression « *the truth, the whole truth, and nothing but the truth* », qui devient en français « *la vérité, toute la vérité et rien que la vérité* ».

Il faut dans tous les cas observer la plus grande prudence dans la traduction des expressions tautologiques, dont le bien-fondé même fait l'objet d'âpres débats entre les spécialistes. A propos de l'expression *final and conclusive*, Elmer Doonan précise ainsi, dans son ouvrage intitulé *Drafting*,[7] destiné aux rédacteurs de textes juridiques : « *Sometimes two, three or even four words, all with similar meanings, are used to express a concept where one would do. For example, a clause in an agreement dealing*

5. Jean Kerby, *La traduction juridique, un cas d'espèce*, in *Langage du droit et traduction*, Linguatech/Conseil de la langue française, 1982, p. 9.
6. *Language: The Social Mirror*, Newbury House Publishers, 1989, p. 183.
7. Cavendish Publishing Limited, 1995, p. 116.

with disputes which may arise between the parties may state that the decision of a named arbitrator shall be 'final and conclusive' [...]. *If the abitrator's decision is 'final', it cannot be made more so by adding that it shall be 'conclusive'. Either 'final' or 'conclusive' would have been sufficient.* »

Le cas du doublet *aid and abet* est particulièrement intéressant : jugée redondante par certains, cette expression est composée, pour d'autres, de deux termes de sens réellement distincts. Ce dernier point de vue se retrouve notamment dans le *Black's Law Dictionary* – « *'aid'* [...] *means to help, to assist, or to strengthen while 'abet' means to counsel, to encourage, to incite or to assist in commission of criminal act* »[8] – et dans le *A-Z Law Handbook* : « *Although the two words 'aiding' and 'abetting' are often used together, the Court of Appeal in Attorney-General's Reference (No 1 of 1975) said that they had separate meanings: 'Aiding' means giving support or assistance,* [...] *'Abetting' is considered to be encouragement given at the scene of the crime* ».[9] Bryan A. Garner, pour sa part, est persuadé que « *this phrase is a well-known legal doublet that, like most doublets, has come down to us from the Middle Ages and the Renaissance, when it was common to embellish terms with synonyms* ».[10] D'autres spécialistes se rallient à ce point de vue : « (aid and abet is) *A lawyer redundancy since abet means aid, which lends credence to the old rumor that lawyers used to be paid by the word* ».[11] Il apparaît pour le moins difficile, au regard de ces différents commentaires, qui semblent tous marqués au coin du bon sens, de trancher et de donner raison aux uns ou aux autres. Quoi qu'il en soit, il est à constater que l'expression *aid and abet* – qui réunit les deux éléments essentiels pour établir la complicité en cas d'infraction, à savoir l'aide et l'incitation – est souvent traduite par « être le complice de », « prêter la main à (un délit) », ou « se faire le complice (d'un délinquant) ».

En conclusion, il faut veiller à ne pas sous-traduire les tautologies, sous peine de risquer de supprimer une nuance bien réelle, tout en s'abstenant de vouloir à tout prix trouver un équivalent à chaque terme, quelle que soit l'expression.

Le poids de la tradition : le cas de *terms and conditions*

Cette expression, qui constitue l'un des plus célèbres doublets de l'anglais juridique, suscite depuis longtemps des débats passionnés qui ne semblent pas prêts de s'apaiser. Comme toujours, deux points de vue fondamentalement différents s'opposent : certains, dont parfois les juristes eux-mêmes, affirment qu'il faut traduire l'expression, en français, par « termes et conditions », arguant qu'une nuance de sens réelle existe entre les deux termes. D'autres, persuadés que l'expression anglaise constitue une redondance tout à fait inutile, préconisent une certaine simplification dans la traduction : « termes », « conditions », ou encore « modalités » sont autant de solutions qui, à leur dire, suffiraient amplement à rendre le concept véhiculé par l'original.

Sans vouloir à tout prix donner raison à l'un ou l'autre camp, force est de constater, dans la pratique, que l'expression « termes et conditions » est très fréquente dans

8. *Black's Law Dictionary*, West Publishing Co., 1990, p. 68.
9. Jacqueline Martin et Mary Gibbins, *The Complete A-Z Law Handbook*, Hodder & Stoughton, 1996, p. 9.
10. Bryan A. Garner, *A Dictionary of Modern Legal Usage*, Oxford University Press, 1995, p. 40.
11. Gerald and Kathleen Hill, *The Real Life Dictionary of the Law*, General Publishing Group Inc., consulté sur Internet.

les textes juridiques rédigés en français, que ceux-ci soient ou non issus d'une traduction. Pour preuve, la clause suivante, extraite d'un contrat de concession de vente et de distribution directement rédigé par des juristes francophones (et donc, a priori, non déformé par la traduction) : « Par le présent contrat, le concédant concède, *aux termes et conditions ci-après définis*, au concessionnaire, qui accepte, la concession de vente exclusive des produits pour le territoire français ». Cet autre exemple, extrait d'un accord de confidentialité, amène à la même constatation : « Dans le cadre de cet Accord, les termes "Informations à caractère confidentiel" recouvrent tous documents, informations et matériels divulgués par l'une ou l'autre des Parties [...] *aux termes et conditions du présent Accord* ». Dans ce troisième exemple, extrait lui d'une traduction (contrat de maintenance de logiciel informatique), on se rend compte que le traducteur a également eu recours au doublet « termes et conditions » en français : « The Company agrees to provide the Customer with software support *on the terms and conditions set out in this Agreement.* » : « La Société accepte de fournir au Client un service de maintenance pour le logiciel *selon les termes et conditions ci-après définis.* »

Avant de s'interroger sur l'opportunité de rendre *terms and conditions* par « termes et conditions » ou par une traduction simplifiée, et en gardant bien à l'esprit les risques qu'impliquent nécessairement, en traduction juridique, d'éventuelles simplifications du texte original, il peut sembler intéressant de s'interroger sur le bien-fondé même de l'expression originale. D'après Bryan A. Garner, ce « doublet » n'a aucune raison d'être : « *This phrase is among the most common redundancies in legal drafting* [...]. *The OED defines terms as 'conditions or stipulations limiting what is proposed to be granted or done'* [...]. *Hence terms is sufficient* ».[12] Il est en effet incontestable que le sens de *term* et de *condition*, pris séparément, est très proche et qu'il serait vain de chercher entre les deux termes une réelle nuance de sens. Les auteurs du *Dictionnaire de l'anglais économique et juridique* (Livre de Poche), des *Mots du droit* et du *Guide anglais-français de la traduction* semblent être partis du même postulat, à en croire les traductions qu'ils proposent dans leurs ouvrages respectifs de l'expression *terms and conditions* : « conditions contractuelles », « modalités », ou encore « conditions », les différentes traductions qui figurent respectivement dans ces ouvrages, vont en effet toutes dans le sens de la simplification. Luce Jame, dans son ouvrage *L'anglais des assureurs* (Belin), propose elle-même, pour *in the terms and conditions of Article...*, « selon les modalités de l'Article... », et *standard terms and conditions* est rendu, dans le *Lexique juridique du Conseil de l'Europe*, par « conditions générales ». Louis Ménard, dans son *Dictionnaire de la comptabilité*, propose également « conditions générales », ou « modalités », et précise que l'expression désigne les « stipulations énoncées dans un contrat ».

Ces quelques propositions de traduction semblent donner raison aux partisans de la simplification et de la suppression de la redondance mais bien entendu, il serait pour le moins hasardeux d'en tirer des conclusions définitives et de vouloir à tout prix imposer une solution que certains auront, pour des raisons diverses, du mal à accepter.

12. *A Dictionary of Modern Legal Usage*, Oxford University Press, 1995, p. 872.

Exercice d'application

1. Each party to this Agreement represents to the other that it has full **power and authority** to enter into this Agreement.
2. The Assignee **covenants and agrees** that it will not carry on any other business except that of operating the Restaurant.
3. All contracts or agreements, whether by parole or in writing, by way of gaming or wagering, shall be **null and void**.
4. Purchaser shall purchase from Seller and Seller shall sell to Purchaser all of Seller's **right, title and interest** in the shares for the purchase price.
5. This Agreement is **made and entered into** by and between the following parties.
6. Should you need to use our warranty service on this product, we refer you to the **terms and conditions** stipulated below.
7. It is **understood and agreed** that the above limitation of liability does not apply to penalties due pursuant to Section 12.
8. If one of the provisions of this Agreement is held to be unlawful or otherwise legally ineffective, that provision shall be stricken from this Agreement and all other provisions of this Agreement shall remain **in full force and effect**.
9. A judgment of the Court on an appeal referred to in section 18 is **final and conclusive**.
10. If User is dissatisfied with any material on this Site, User's **sole and exclusive** remedy is to discontinue using this Site.

CHAPITRE XI

Les séries et énumérations de noms et de verbes

Parallèlement aux tautologies, évoquées dans une précédente rubrique, on trouve souvent, dans les textes juridiques anglais et américains, des séries et des énumérations de noms, de verbes ou d'adjectifs dont il peut parfois s'avérer difficile de justifier le bien-fondé. « Série » s'entend ici de toute séquence ou de tout syntagme comprenant au moins quatre termes de sens voisins, voire similaires. Les séries se distinguent principalement des tautologies en ce sens qu'elles n'ont pas un caractère figé : elles sont modulables à volonté et il n'en existe pas de typologie toute faite. Comparons par exemple l'expression *terms and conditions* et la séquence *indirect, special, incidental or consequential damages*. Cette dernière, qui apparaît de manière récurrente dans les contrats, est composée d'éléments dont l'ordre d'apparition est très variable, comme le prouvent ces différents exemples : « In no event shall either party be liable under this Agreement for any *indirect, special, incidental or consequential damages* [...]. » ; « In no event shall the Company or its suppliers be liable for any *special, indirect, incidental or consequential damages* whatsoever [...]. » ; « In no event will X or its licensors be liable for any *indirect, incidental, special or consequential damages* [...]. ». L'expression *terms and conditions*, en revanche, ne change jamais de forme et respecte toujours le schéma *terms + and + conditions* : on ne rencontre en effet jamais *conditions and terms*. Ce petit test d'inversion est tout à fait révélateur du degré de figement de l'expression *terms and conditions*, qui est donc une unité lexicalisée à part entière, répertoriée comme telle dans les dictionnaires juridiques.

Même si elles ne sont pas figées, contrairement à bon nombre de tautologies, les séries n'en sont pas moins récurrentes dans certains cas (cf. la série *indirect, special, incidental or consequential damages*, citée plus haut). Dans beaucoup d'autres cas, les séries et autres énumérations peuvent cependant être qualifiées de « fortuites », car dépendantes d'un contexte particulier. Leur longueur est elle-même variable : certaines séries sont relativement courtes mais d'autres peuvent comprendre plusieurs dizaines d'éléments.

Les séries et énumérations sont notamment très fréquentes dans les statuts de société, où le rédacteur mobilise parfois un vocabulaire impressionnant pour éviter de limiter l'objet de la société :

> « The Objects for which the Company is established are:
>
> (1) To *buy, sell, underwrite, invest in, exchange or otherwise acquire, and to hold, manage, develop, deal with and turn to account any bonds, debentures, shares, stocks, options, commodities, futures, forward contracts, notes or securities of governments, states, municipalities, public authorities or public or private limited or unlimited companies* in any part of the world [...]; (2) To *buy, own, hold, subdivide, lease, sell, rent, prepare building sites, construct, reconstruct, alter, improve, decorate, furnish, operate, maintain, reclaim or otherwise deal with and/or develop land and buildings* [...]. »

Les énumérations sont également largement présentes dans les définitions que l'on trouve au début des contrats ou de certains textes législatifs. Dans un souci d'exhaustivité, le rédacteur cherche en effet souvent à englober dans les définitions le plus d'éléments possibles :

> « 'Confidential material' shall mean all information [...], including any *samples, data, results, know-how, show-how, software, plans, technical information, business information, financial information or other information* whether oral or in writing [...]. » (Accord de confidentialité)

Les « séries » s'expliquent par la tendance qu'ont les juristes anglo-saxons à envisager tous les cas de figure possibles dans une situation donnée. Par souci de précision, et parce qu'il considère que les synonymes absolus n'existent pas, le rédacteur anglo-saxon de textes juridiques estime en effet souvent qu'il est de bon ton d'en « dire » le plus possible et d'être le plus exhaustif possible. Or, toute énumération est nécessairement incomplète et force est de constater que les séries donnent plus souvent une impression de lourdeur et d'inachevé que de précision et d'exhaustivité.

Il convient d'ailleurs de remarquer que le recours systématique aux énumérations et aux séries est une pratique que n'hésitent pas à condamner les partisans de la concision. Bryan A. Garner, lui-même juriste, n'hésite pas à fustiger l'inutilité des séries, qu'il qualifie de *synonym-strings*, et évoque : « [...] the inclination of lawyers to use doublets, triplets, and synonym-strings. E.g., [...] "Vendor does *grant, bargain, sell, assign, convey, transfer, set over, and deliver* the land to the purchaser." Instead of using [this verbal string], the writer should determine which of the words can be subsumed under (and therefore omitted because of the presence of) broader terms. [...] ; in the second [sentence], *grant* or *convey* would easily suffice. »[1]

Pour autant, il serait pour le moins hasardeux d'affirmer que toutes les séries sont synonymiques. Si certaines le sont, ce n'est en effet pas toujours le cas. En tout état de cause, c'est au traducteur qu'il appartiendra de faire la distinction entre **séries synonymiques** et **séries non synonymiques**. Cette différentiation est d'autant plus indispensable que c'est elle qui commandera le choix de telle ou telle technique de traduction : en d'autres termes, ce n'est qu'après avoir repéré les éventuelles redondances présentes dans les énumérations du texte source que le traducteur pourra déterminer la démarche à adopter.

Prenons quelques exemples pratiques :

Séries de noms

Ex. 1 : « *In the event that any plant shall be unavailable as a result of any act, omission, neglect, default, breach of contract or breach of duty on our part, we shall pay you the sum of £50.00 per unavailable plant.* »

> « Dans le cas où une installation serait indisponible suite à un acte, à une omission, au non-respect d'une stipulation contractuelle ou à un quelconque manquement de notre part, nous vous paierons la somme de £50,00 par installation indisponible. »

1. Bryan A. Garner, *A Dictionary of Modern Legal Usage*, Oxford University Press, 1995, p. 865.

La série comporte ici pas moins de six termes de sens très proches. On en retrouve seulement quatre dans la traduction. *Neglect, default* et *breach of duty* signifient en effet tous « manquement (à une obligation) ». Attention ici à ne pas confondre *neglect* et *negligence*.

Ex. 2 : « *These restrictions shall extend to any and all activities of Employee for any person, firm, partnership, corporation or other entity.*»

> « Ces restrictions s'appliquent à l'ensemble des activités exercées par le Salarié pour toute personne, entreprise, société de personnes, société commerciale ou autre entité.»

Ici, on retrouve chacun des termes dans la traduction étant donné qu'il n'y a pas de réelle redondance, même si les termes *firm* et *corporation* ont un sens très proche. Attention au faux ami que constitue *partnership*, terme qui signifie ici « société de personnes » et non « partenariat ».

Outre les types d'entités, les droits ou les impôts susceptibles d'être prélevés dans les transactions commerciales font souvent l'objet de séries synonymiques. En témoigne l'exemple suivant, tiré d'un contrat de vente : « *Representative shall pay all income, sales, use, customs, excise, value added, ad valorem or other tax, assessment, duty or similar governmental charge or fee chargeable on account of the Agreement and all penalties assessed thereof* ». Autre exemple, dans les *Agency Agreements* (contrats d'agence), le rédacteur prend en général soin d'étendre les obligations imposées à l'agent à ses employés et aux « sous-agents » éventuels : « *any act or omission of Agent, its directors, officers, employees, servants, or sub-agents...*».

Séries de verbes

Les séries verbales posent des problèmes particuliers. En effet, les prépositions avec lesquelles se construisent de nombreux verbes anglais induisent souvent des ruptures de construction, qui nécessitent une réorganisation du texte d'arrivée.

Le traducteur va donc devoir, dans ce cas, non seulement détecter les éventuelles redondances présentes dans le texte source, mais également réorganiser le texte en fonction des prépositions des verbes français.

Ex. 1 : « *During the Restricted Period, Employee shall not* [...] *enter into, engage in, be employed by, or consult with any individual or business in competition with the business of the Employer.* »

> « Pendant la Période de Restriction, le Salarié ne devra pas [...] conclure de contrat avec une personne ou une société dont les activités sont en concurrence avec celles de l'Employeur, ni travailler pour une telle personne ou société ou la consulter, ni prendre part à des activités en concurrence avec les activités de l'Employeur. »

Dans cette phrase, les quatre verbes ont chacun un sens différent, il n'y a donc pas de redondance. Compte tenu de la construction de la phrase, on peut se demander ici à quoi renvoie le verbe *enter into* (*any business* ?). Les cooccurrents habituels de ce verbe étant *contract* (« conclure un contract »), *relations* (« nouer des relations ») et *negotiations* (« engager des négociations »), le traducteur a choisi de rendre l'expression par « conclure un contrat », qui constitue une traduction logique au vu du contexte.

Dans d'autres cas, les verbes utilisés dans le texte source sont des verbes transitifs, ce qui en facilite la traduction :

Ex. 2 : « *Representative will advertise, market, promote, and publish the air freight services of D. in every way reasonable and commercially practicable.* »

« Le Représentant assurera la publicité, la commercialisation et la promotion des services de fret aérien de D. dans toute la mesure du raisonnable et de toutes les manières commercialement possibles. »

On remarquera ici que les quatre verbes du texte source ont été traduits par transposition substantivale (ils sont devenus des noms). Le substantif « publicité » a été choisi pour traduire à la fois *advertise* et *publish*.

Notons, pour finir, que les rédacteurs des textes de loi ont eux-mêmes souvent recours aux énumérations et aux séries. Les lois sont en effet des textes dont les principes doivent s'appliquer au plus grand nombre tout en étant suffisamment souples pour pouvoir s'adapter à chaque situation particulière. Il est fréquent d'y trouver des séries ou des énumérations dans lesquelles les termes entretiennent des relations hypero-hyponymiques (des termes génériques permettent d'introduire des termes plus précis, qui constituent des sous-catégories lexicales) :

« *There is implied a covenant by the lessor to keep in repair* [...] *the installations in the dwelling-house for the supply of water, gas and electricity and for sanitation (including basins, sinks, baths and sanitary conveniences* [...]*).* » (*Landlord and Tenant Act 1985*)

« Il existe un engagement implicite de la part du bailleur de réparer [...] les installations existantes d'arrivée d'eau, de gaz et d'électricité et les installations sanitaires (y compris les lavabos, éviers, bains et lieux d'aisance [...]). »

Dans cette phrase, « installations sanitaires » est l'hyperonyme de « lavabos », « éviers », « bains » et « lieux d'aisance », qui en sont les hyponymes.

Exercices d'application

1. The restrictions provided in paragraphs A, B and C above shall extend to any and all activities of Employee, whether as an independent contractor, partner, joint venturer, officer, director, stockholder, agent, employee, salesman or otherwise [...] (contrat de travail).
2. Any dispute, controversy or claim arising under, out of or relating to this contract [...], including, without limitation, its formation, validity, binding effect, interpretation, performance, breach or termination shall be referred to and finally determined by arbitration in accordance with the WIPO Arbitration Rules (clause compromissoire de l'OMPI).
3. The Contracting Companies shall pay all taxes directly related to the Contract Services provided by A pursuant to this Agreement including, but not limited to, sales, use, excise, value-added, goods and services, consumption, withholding, and other similar taxes or duties.

4. To the maximum extent permitted by applicable law, in no event shall A or its suppliers be liable for any special, incidental or consequential damages whatsoever (contrat de licence informatique).
5. The commissions set forth in Section 4.1 above shall be deemed to cover all compensations, charges, taxes and all expenses for and of ABC arising out of the performance of the Services hereunder.
6. The parties specifically agree not to bring, or allow to be brought, any suit, complaint, claim, proceeding or demand of any kind against the other party or its directors, executives, officers and employees.
7. In rules 223 to 232 and 295, "document" includes an audio recording, video recording, film, photograph, chart, graph, map, plan, survey, book of account, computer diskette and any other device on which information is recorded or stored (Règles de la Cour fédérale du Canada).
8. No waiver, modification, or amendment of any of the provisions of the Purchase Agreement shall be binding unless it is in writing […].
9. The Company shall not be treated as carrying on business with persons resident in the British Virgin Islands by reason only that it makes or maintains professional contact with solicitors, barristers, accountants, bookkeepers, trust companies, administration companies, investment advisers or other similar persons carrying on business within the British Virgin Islands (statuts de société).
10. The directors shall by resolution have the power to issue any class or series of shares […] subject to any designations, powers, preferences, rights, qualifications, limitations and restrictions (statuts de société).

Chapitre XII

Les termes polysémiques et les mots « passe-partout »

> « *La polysémie dans un texte juridique pose principalement un problème d'interprétation. En effet, comment comprendre dans le contexte d'un jugement l'expression "procès-verbal contradictoire" : s'agit-il d'un procès-verbal qui en contredit un autre (sens commun de "contradictoire") ou d'un procès-verbal où ont comparu les différentes parties (sens procédural) ?* »[1]

La polysémie, que l'on peut définir comme le « *caractère d'un signe qui possède plusieurs contenus, plusieurs sens* »,[2] est un phénomène linguistique dont il convient à la fois de se méfier et de ne pas surestimer l'importance.

Dans un domaine comme le droit, où l'à-peu-près est à proscrire, il est aisé d'imaginer les difficultés que peuvent représenter des termes comme *duty*, *merits* ou *jurisdiction*, dont le caractère polysémique constitue une source potentielle d'ambiguïté. La polysémie, à ne pas confondre avec l'homonymie,[3] constitue donc de toute évidence un réel danger pour le traducteur juridique, qui doit impérativement connaître les principaux termes polysémiques s'il veut éviter de commettre des erreurs d'interprétation et donc de traduction.

Force est cependant de reconnaître que la polysémie est avant tout **un fait de langue**. En effet, si un terme polysémique, pris isolément, est souvent difficile à interpréter, il n'en va pas de même lorsqu'il apparaît dans une phrase, dans un « contexte », autrement dit, lorsqu'il s'intègre à une logique discursive. Le terme *duties*, par exemple, peut poser problème lorsqu'il apparaît en titre dans un document (fait-on référence à des droits à acquitter, aux obligations des parties ?), mais il est relativement facile d'en deviner le sens en contexte : dans « *The delegant may delegate some contractual duties to another person and retain the remainder of the contractual duties for himself to perform* », par exemple, aucun doute n'est possible sur l'acception qu'il convient de retenir. Le problème de la polysémie relève donc de la langue plutôt que du discours. Comme le remarquent François Gaudin et Louis Guespin,[4] « *les contextes d'emploi des mots permettent de lever la majeure partie des ambiguïtés possibles. En entendant 'Il a froissé l'aile de la voiture', on n'est aucunement gêné par le fait qu'existent des ailes de château, de nez, de canard, etc. La polysémie concerne donc la langue, bien plus que la parole* ».

1. D. Bourcier et E. Andreewsky, *Traduction et polysémie : un exemple de traitement automatique en informatique juridique*, in *Langage du droit et traduction*, Linguatech/Conseil de la langue française, 1982, p. 236.
2. *Le Petit Robert*, édition 2000, p. 1933.
3. Au sens strict, les « homonymes » sont des mots de sens différents qui ont le même signifiant graphique et phonique, autrement dit, qui s'écrivent et se prononcent de la même façon. La distinction entre homonymie et polysémie est primordiale pour les lexicographes, qui retiennent généralement comme principal critère de différentiation le critère étymologique : lorsque les deux mots ont une racine différente, ils sont considérés comme homonymiques (ex. « police », dans le sens de force publique, et « police » dans le sens d'écrit constatant certains contrats), et non comme polysémiques, ce qui justifie des entrées distinctes dans les dictionnaires (le terme « police » fait ainsi l'objet de deux entrées différentes dans *Le Robert*).
4. *Initiation à la lexicologie française*, Duculot, 2000, p. 197.

Avant d'aller plus loin, on peut légitimement s'interroger sur **la raison d'être et la nécessité de la polysémie** : celle-ci est-elle réellement indispensable ? Ne s'agit-il pas plutôt d'un « accident » de la langue ? Pour Gérard Cornu, la polysémie existe avant tout parce que « *dans le langage du droit comme dans le langage courant, mais plus encore sans doute, le nombre des signifiés est incommensurablement plus élevé que celui des signifiants. Les notions juridiques sont beaucoup plus nombreuses que les mots pour les nommer* ».[5] La polysémie apparaît donc non seulement comme une nécessité mais également comme l'une des principales caractéristiques du langage juridique. Jean Tournier souligne pour sa part le grand intérêt que présente la polysémie du point de vue de l'économie linguistique : « *Une langue qui ne comporterait que des mots monosémiques aurait un lexique considérablement hypertrophié et le coût de mémorisation de mots extrêmement nombreux serait excessif.* »[6]

Il convient également de préciser que contrairement à ce que peuvent penser ses détracteurs, la polysémie n'a pas pour vocation d'engendrer l'amphibologie[7] ou l'ambiguïté : l'amphibologie suppose la polysémie, mais l'inverse n'est pas vrai. En effet, comme l'indique fort justement Gérard Cornu,[8] « *normalement, un polysème a vocation à ne revêtir, dans un texte, qu'un seul de ses sens potentiels, à n'être employé que dans un sens clair* ».

Pour savoir, dans un contexte donné, dans quel sens un terme polysémique est utilisé, encore faut-il en connaître les différentes acceptions. Parmi les principaux termes polysémiques que le traducteur travaillant de l'anglais vers le français doit impérativement connaître, citons :

- *custody*
  Principales acceptions de ce terme : « garde », « détention préventive » (*taking into custody* : « garde à vue ») ; « dépôt » ou « mise en sécurité de fonds » (*custody fees* : « droits de garde ») ; « garde d'enfants » (*parental custody* : « droit de garde des parents »).
- *deductible*
  Ce terme est en même temps un adjectif (il a alors le sens de « déductible ») et un nom (dans le contexte de l'assurance, *deductible* a le sens de « franchise »).
- *duty*
  Terme désignant généralement un devoir, une obligation (*duty of care* : « devoir de diligence »), mais qui peut aussi avoir le sens de droit à payer, d'impôt (dans cette deuxième acception, souvent au pluriel : *liable to duties* : « passible de droits » ; *import duty* : « droit d'entrée », « droit à l'importation »).
- *justice*
  Ce terme désigne aussi bien la justice que celui qui la rend : *Mr Justice Smith* : « Le juge Smith ». Dans certains composés, le terme peut se traduire par transposition adjectivale : *miscarriage of justice* : « erreur judiciaire ».

5. *Linguistique juridique*, Domat/Montchrestien, 2000, p. 108.
6. *Structures lexicales de l'anglais*, Nathan Université, 1991, p. 143.
7. se dit de l'ambiguïté lorsqu'elle découle de l'utilisation maladroite d'un terme polysémique.
8. *op. cit.*, p. 96.

- *merits*
  Ce terme se traduit généralement par « le fond » (*to plead on the merits* : « conclure au fond »), mais a aussi parfois le sens de bien-fondé, de valeur (*merits of the argument* : « bien-fondé de l'argument »).
- *office*
  Ce terme peut avoir le sens de « bureau », de « cabinet », de « siège » (d'une société, *head office* : « siège social »), mais peut aussi désigner la charge, les fonctions, le mandat d'une personne (*term of office* : « (durée du) mandat »).
- *provision*
  Ce terme a de nombreux sens, dont les principaux sont : « disposition », « stipulation » (*statutory provision* : « disposition légale ») ; « fourniture », fait de fournir (*provision of staff* : « dotation en personnel ») ; « provision » (au sens comptable).

Il est à signaler que la polysémie peut aussi découler de particularités d'usage : ainsi, l'*Attorney General* ne sera pas, aux États-Unis, la même personne qu'au Royaume-Uni (voir chapitre VII). Il est donc primordial de tenir compte du contexte culturel dans lequel la traduction est réalisée et du lecteur cible. Signalons par ailleurs que la polysémie n'est pas le propre d'une langue – les cas de polysémie sont aussi nombreux en français qu'en anglais – et qu'à un terme polysémique anglais répond souvent un terme polysémique français : « droit », qui est l'une des traductions possibles de *duty* (voir plus haut), possède de très nombreux sens, comme la plupart des termes juridiques français de base d'ailleurs (cf. « cause », « acte », « disposition », « fond », « conseil », etc.).

Dans d'autres cas, on constate qu'un terme au départ polysémique ne l'est plus en français, grâce à une nuance introduite dans la langue cible : c'est le cas de *judgment*, terme que l'on traduira en français par « jugement » ou par « arrêt » en fonction de la juridiction concernée (voir aussi chapitre VII).

Citons, pour conclure cette première partie, ces autres exemples de termes polysémiques français particulièrement importants : « cour » (institution chargée de rendre la justice ; personnes chargées de rendre la justice ; endroit où l'on rend la justice) ; « défaut » (absence de quelque chose, cf. « défaut de preuve » ; non-exécution d'une action de la part d'une personne, entraînant des conséquences juridiques) ; « instance » (ensemble des actes de procédure ; juridiction, tribunal, autorité, corps constitué qui détient un pouvoir de décision). Il s'agit là manifestement d'exemples relativement évidents. Dans son ouvrage *Linguistique Juridique*,[9] Gérard Cornu va beaucoup plus loin et parvient notamment à opérer la distinction entre la polysémie dite « cohérente » et la polysémie « désordonnée ». Au sein de cette deuxième catégorie, Cornu fait ensuite la distinction entre la polysémie de « juxtaposition », la polysémie « à chevauchement » (« *qui existe lorsque les divers sens d'un terme se rapportent grosso modo à une même réalité, mais sans en découper les facettes distinctes et complémentaires* »), la polysémie de « raffinement » (« *la pluralité des sens est parfois le produit d'une décomposition analytique qui relève de la plus haute subtilité juridique* ») et la polysémie « étoilée » (« *un polysème étoilé est celui qui jette une multitude de sens, comme autant d'éclats, dans des directions très diverses et parfois opposées* »).

9. *op. cit.*, p. 101-107.

Comme on peut le constater au vu de cette catégorisation incroyablement nuancée, qui ne constitue qu'un aspect du chapitre que G. Cornu consacre au thème de la polysémie, ce dernier constitue un sujet d'étude infiniment plus complexe que ne le laisse supposer la présentation nécessairement succincte qui en est faite dans les présents paragraphes.

Outre les termes polysémiques, il faut aussi évoquer **les mots « passe-partout »**, ou *chameleon-hued words*, qui, sans être des termes polysémiques à proprement parler, n'en présentent pas moins certaines difficultés de par leur sens souvent délicat à cerner. On appelle mots « passe-partout » les termes – des adjectifs, pour la plupart – dont le sens souvent incertain permet au rédacteur de s'assurer une certaine marge de manœuvre en cas de difficulté d'interprétation du texte. Ces termes sont particulièrement utiles au rédacteur puisqu'ils prennent leur sens en fonction du contexte dans lequel ils sont placés, d'où leur surnom anglais de *chameleon-hued words*. Parmi les exemples les plus connus, citons notamment *substantial*, *reasonable* ou encore *satisfactory*. Ces termes sont autant d'« *empty vessels, to be filled with meaning by the reader.* [...] *These terms are often usefully vague, allowing drafters to provide a standard for performance in unforeseen circumstances* ».[10] Comme le note Bryan A. Garner, ces termes sont notamment utilisés pour qualifier la manière dont les parties devront s'acquitter de leurs obligations contractuelles. Ainsi, il faut savoir qu'en français, le terme « nécessaire », par exemple, implique une obligation de résultat (ex. « La Société devra prendre toutes les mesures nécessaires en vue de... »). Si, en revanche, dans la même phrase, on remplace « nécessaires » par « utiles » ou « raisonnables », la Société ne sera plus soumise qu'à une simple obligation de moyens.

Il n'est guère difficile, en tout cas, d'imaginer les problèmes d'interprétation auxquels peuvent donner lieu les mots passe-partout, lesquels sont d'ailleurs aussi nombreux en français qu'en anglais : « *Qualificatifs sujets à interprétation : Les parties font souvent dépendre l'existence ou le contenu de leurs obligations de critères vagues qui, au moment de leur mise en œuvre, supposent nécessairement une appréciation. Les chances sont grandes qu'elles se séparent alors sur le sens précis qu'elles ont visé en utilisant un de ces qualificatifs. Il en est ainsi, par exemple, des épithètes telles que 'vraisemblable', 'exceptionnel', 'sérieux', 'grave', 'normal', 'manifeste', 'exagéré', 'raisonnable', 'équitable', 'convenable', 'possible', 'habituel', 'adéquat', 'suffisant', 'bon', etc.* ».[11]

Revenons un instant sur l'exemple du couple *reasonable*/« raisonnable ». Les multiples traductions que donne Louis Beaudoin, dans *Les mots du droit*,[12] de l'adjectif *reasonable* permettent de se rendre compte de la très importante surface sémantique que recouvre ce terme. Citons, entre autres : « raisonnable (doute, délai, motif...) ; prudent (personne) ; justifié (retard) ; équitable (condition) ; abordable (prix) [...] ». De toute évidence, l'adjectif anglais *reasonable* est beaucoup plus utilisé que son « équivalent » français « raisonnable », qui n'apparaît guère dans la législation civiliste. Dans son ouvrage *Droit des contrats internationaux*,[13] Marcel Fontaine s'interroge aussi sur

10. Bryan A. Garner, *A Dictionary of Modern Legal Usage*, Oxford University Press, 1995, p. 145.
11. *Contrats et droits de l'entreprise*, Mémento pratique Francis Lefebvre, p. 311.
12. Éditions Yvon Blais, Inc., 2000, p. 106.
13. Forum européen de la communication, 1989, p. 92.

le sens exact de « raisonnable » : « *Quel est le sens de 'raisonnable' ? On doit sans doute distinguer 'raisonnable' et 'rationnel'. 'Raisonnable' [...] ne signifie pas 'logique', conforme à la raison au sens 'philosophique', mais conforme à la raison 'pratique', au bon sens, aux jugements de valeur généralement acceptés.* »

Parmi les autres mots passe-partout, citons encore les adjectifs *diligent* et *substantial*. Il est à constater que ces termes sont presque toujours traduits, dans les conventions internationales comme dans les contrats, par « diligent » et « essentiel », respectivement. Or, « diligent » a deux sens en français (qui montre de l'application ; qui montre de la célérité dans l'exécution d'une action), ce qui n'est pas le cas de l'anglais *diligent*, qui s'utilise uniquement dans le premier sens. On imagine dès lors les problèmes d'interprétation que peuvent poser ces termes.

Les adjectifs *substantial* et « essentiel », utilisés comme équivalents *a priori* dans les versions anglaise et française de certains articles de la Convention des Nations Unies de 1980 sur les contrats de vente internationale de marchandises (dite « Convention de Vienne »[14]), font eux-mêmes régulièrement l'objet de débats houleux entre opérateurs du commerce international, tant leur portée respective est floue. Le fait que, dans cette même convention, l'adverbe *substantially* soit traduit tour à tour par « sensiblement » et « substantiellement », selon les articles, n'arrange guère les choses. Citons enfin, dans la catégorie des adjectifs passe-partout, l'adjectif *material*, faux-ami partiel dont les deux principaux sens, en contexte juridique, sont : 1) « important », « essentiel », 2) « pertinent », « valable en l'espèce ». Il est à noter que dans cette deuxième acception, *material* est synonyme de *relevant*.

Pour finir, il faut préciser que les mots passe-partout peuvent aussi parfois prendre la forme de substantifs, comme en témoignent ces quelques exemples cités par Louis Beaudoin[15] : « On constate ainsi que la langue juridique anglaise abonde en mots passe-partout comme *issue*, *policy*, *basis*, *case* et autres *forum* et *jurisdiction*. Le langage juridique exige, en français, une plus grande précision, bien qu'il convienne de signaler qu'il recourt lui aussi à des mots passe-partout comme "mesure", "instance" ou "justifié" pour lesquels l'anglais dispose d'équivalents plus précis. »

Exercice d'application

1. The insurance company met the **claim** very rapidly.
2. The officers shall be designated by an act of the board of directors, and the directors may so appoint the same person to any number of **offices** (statuts de société).

14. Extrait de l'article 3(1) : « Contracts for the supply of goods to be manufactured or produced are to be considered sales unless the party who orders the goods undertakes to supply a *substantial* part of the materials necessary for such manufacture or production. » : « Sont réputés ventes les contrats de fourniture de marchandises à fabriquer ou à produire, à moins que la partie qui commande celles-ci n'ait à fournir une part essentielle des éléments matériels nécessaires à cette fabrication ou production. »
15. *Traduire la common law en français : rebelle ou fidèle ?*, in Actes du colloque de l'ETI sur la traduction juridique, 2000, p. 442.

3. The corporation shall keep at its registered **office** or principal place of business a register of stockholders showing their names, addresses and shares held (statuts de société).
4. These simple principles, if they are really well founded, really dispose of the **case**.
5. For the purpose of determining the date of commencement of a time limit, a **notice** or other communication shall be deemed to have been received on the day it is delivered.
6. The minimum **period of notice** required to be given by either you or the company is one week (contrat de travail).
7. Some states and **jurisdictions** do not allow limitations on duration of an implied warranty, so the above limitation may not apply to you.
8. In relation to certain civil proceedings, the **jurisdiction** of the High Court is exclusive.
9. The judge deemed these arguments **irrelevant** to the case.
10. The court annulled the decision **at issue**.
11. This is not a **material** consideration in the present case.
12. When a pleading has to be filed by a certain date, it is the date of receipt of the pleading in the Registry which will be regarded by the Tribunal as the **material** date.
13. The written observations and submissions referred to in paragraph 3 [...] shall be confined to those matters which are **relevant** to the objection.
14. During the term of this Agreement, Employer shall pay all **reasonable** business expenses of Employee in accordance with the general policy of Employer.
15. The Manufacturer warrants that [...] the Software will perform **substantially** in accordance with the accompanying packaging and documentation.

CHAPITRE XIII

La traduction des modaux *shall*, *may*, *must* et *can*

Les linguistes ont consacré de nombreuses études aux auxiliaires modaux mais force est de constater que l'importance que ces mots prennent dans les textes juridiques est souvent sous-estimée. Le traducteur juridique a en effet souvent tendance à considérer les modaux comme des « charnières », des mots qui ne méritent pas en soi une réflexion poussée, et préfère s'interroger sur des termes qui semblent *a priori* poser plus de difficultés.

Cette relative désaffection du traducteur pour les auxiliaires modaux, qui indiquent « *l'attitude du sujet parlant à l'égard de son énoncé, suivant qu'il le considère comme exprimant un fait, une supposition, une nécessité, etc.* »,[1] s'explique sans doute en partie par le fait que le rédacteur francophone n'utilise pas les mêmes outils et n'a pas recours aux mêmes techniques pour exprimer ce qu'expriment les modaux anglais. Ainsi, le français ne dispose pas, comme l'anglais, d'un auxiliaire modal pratique (cf. *shall*) pour exprimer l'obligation. De la même façon, dans les textes juridiques, le français ne fait pas de différence entre le « pouvoir » de permission et le simple « pouvoir » de possibilité, au contraire de l'anglais, qui parvient sans mal à introduire cette distinction grâce aux modaux *may* et *can*.

Il en résulte souvent des difficultés de traduction auxquelles le traducteur n'est pas toujours adéquatement préparé.

Les principaux modaux rencontrés dans les textes juridiques sont *shall*, *may*, *must* et *can*. Ces mots, comme nous allons le voir, revêtent une importance considérable et il est indispensable de bien cerner leur signification avant même de s'interroger sur la manière de les traduire.

shall

Shall est de toute évidence l'auxiliaire modal qui pose le plus de problèmes au traducteur juridique, sans doute parce qu'il est souvent utilisé à mauvais escient (dans les définitions contractuelles notamment, où un simple présent suffirait). Dans les documents juridiques, où il apparaît très largement, ce mot marque généralement l'obligation : « *As used in statutes, contracts or the like, this word is generally imperative or mandatory* ».[2] Tous ses autres usages sont fortement contestés, y compris par les juristes eux-mêmes : « *'Shall' should be used only in the imperative sense in a legal document to impose a duty or obligation on the legal subject to whom it refers* [...]. *'Shall' is sometimes used in legal documents in other ways which should be avoided in the interests of clarity* ».[3] Lorsqu'il n'a pas de caractère impératif, *shall* apparaît en effet parfois incongru, notamment

1. J.P. Vinay et J. Darbelnet, *Stylistique comparée du français et de l'anglais*, Didier, 1977, p. 137.
2. *Black's Law Dictionary*, édition 1990, p. 1375.
3. Elmer Doonan, *Drafting*, Cavendish Publishing Limited, 1995, p. 171.

lorsqu'il est utilisé dans une phrase qui exprime l'éventualité (où l'on attendrait plutôt un présent) : « *If the tenant shall give 28 days' notice to the landlord he may...* » au lieu de « *If the tenant gives 28 days' notice to the landlord he may...* ».

En ce qui concerne la traduction de *shall*, il n'existe pas de règle absolue : certains préconisent de le rendre par un futur, d'autres préfèrent l'indicatif présent.[4] Dans le cas des textes législatifs, des décisions de justice et des conventions internationales, les partisans du deuxième camp semblent avoir un léger avantage :

> « *The Committee shall, in the cases and under the conditions provided for therein, carry out the duties devolving upon it under the instruments relating to foodstuffs adopted by the Council.* »
> « Le Comité exerce les fonctions qui lui sont dévolues par les dispositions arrêtées par le Conseil dans le domaine des denrées alimentaires, dans les cas et dans les conditions qui sont prévus dans ces dispositions. » (Décision du Conseil des Communautés européennes du 13 novembre 1969 instituant un comité permanent des denrées alimentaires)

> « *Nothing in this Convention shall prevent the application of provisions in the contract of carriage by sea or national law regarding the adjustment of general average.* »
> « Aucune disposition de la présente Convention ne s'oppose à l'application des dispositions du contrat de transport par mer ou de la législation nationale relatives au règlement des avaries communes. » (Convention de Hambourg sur le transport de marchandises par mer)

Dans les documents contractuels, en revanche, *shall* est très souvent rendu par un futur, que le modal marque l'obligation ou simplement le caractère futur d'une action :

> « *Furthermore you shall not accept any agency or general representation from any competitor of ours in the trade.* »
> « En outre, vous n'accepterez aucun contrat d'agence ni de représentation d'aucune sorte d'un de nos concurrents dans la profession. » (Concession exclusive de licence de distribution)

> « *The lessee shall have examined and know the condition of the leasehold premises prior to occupancy thereof.* »
> « Le locataire devra avoir inspecté les locaux loués et devra connaître l'état des locaux loués avant d'en prendre possession. » (Contrat de bail)

Les rédacteurs de certaines conventions internationales ont également parfois recours au futur :

> « *In the interpretation and application of the provisions of this Convention regard shall be had to its international character and to the need to promote uniformity.* »
> « Dans l'interprétation et l'application de la présente Convention, il sera tenu compte de son caractère international et de la nécessité d'en promouvoir l'unifor-

4. « In French, legal commands are commonly expressed by the indicative present tense, or normative imperative. The use of this tense to express legal obligation is prescribed by the *Règles de techniques législatives* of the EU which also warns against using the future tense and confirms the use of 'shall'. » (*Legal Translation in the Classroom : a Case Study*, Farid Aitsiselmi and Helen Trouille, Actes du colloque de l'ETI sur la traduction juridique, février 2000, p. 383).

mité. » (Convention de Hambourg sur le transport de marchandises par mer, cf. ci-dessus)

La traduction de *shall* dépend à l'évidence fortement du contexte. Prenons l'exemple suivant, extrait d'un contrat de concession de vente :

> « *The Distributor shall advertise the Manufacturer's products within the contractual territory* [...]. *The Parties shall inform each other in good time of any contemplated participation in fairs and exhibitions.* »
>
> « Le Concessionnaire s'engage à faire de la publicité pour les produits du Fabricant dans le territoire contractuel [...]. Les Parties s'informeront en temps utile de la participation envisagée à des foires et expositions. »

On constate dans cet exemple que le premier *shall*, qui marque de toute évidence une obligation, est rendu par un présent (« s'engage à »), tandis que le second, qui porte sur une action à venir, est rendu par un futur (« s'informeront »). À la lumière de cet exemple, on constate au passage que *shall*, auxiliaire modal, peut aussi se rendre en français par un verbe ayant valeur de modal (ici, « s'engager à »). « Devoir », autre verbe d'obligation, est également souvent employé, au présent comme au futur. Lorsque *shall* est à la forme négative, il n'est pas rare de trouver le verbe « s'interdire (de) » dans la traduction française, comme dans l'exemple suivant, extrait d'un contrat d'agence :

> « In particular, the agent *shall not* act for competitive firms as a commercial agent or sole distributor, nor shall he associate directly or indirectly with competitive firms. »
>
> « L'agent *s'interdit* tout particulièrement d'agir pour des entreprises concurrentes en qualité d'agent commercial ou de distributeur exclusif, ou de s'associer directement ou indirectement avec de telles entreprises. »

Dans cet autre exemple, tiré de la Convention de Hambourg (cf. ci-dessus, article 9), *shall or may* aurait sans doute pu être rendu par un présent en français (« doivent ou peuvent »), mais le rédacteur de la version française a préféré opter pour le futur :

> « If the carrier and the shipper have agreed that the goods *shall* or *may* be carried on deck [...] »
>
> « Si le transporteur et le chargeur sont convenus que les marchandises *seront* transportées en pontée ou *pourront* l'être [...] »

may

Dans les documents juridiques, le modal *may* indique généralement un pouvoir discrétionnaire, une liberté d'appréciation. Parfois, il peut aussi marquer une obligation : « *Although 'may' is generally construed as discretionary, case law indicates that it can, in an appropriate context, be construed as imposing an obligation rather than a discretion* ».[5] Il n'est donc pas rare de voir *may* accompagné d'expressions comme *in his/her discretion*, qui permettent de souligner son caractère discrétionnaire. Parfois, les rédacteurs préfèrent substituer à *may* une expression moins équivoque comme *empowered to*, *shall have power to*, *entitled to*, etc.

5. Elmer Doonan, *op. cit.*, p. 178.

Dans d'autres cas, le modal *may* peut aussi marquer une simple éventualité :

« *I acknowledge that while I am at the facilities of the company, I may have access to confidential information relating to the business of the company.* »

« Je reconnais que je pourrai avoir accès, pendant que je me trouve dans les locaux de la société, à des informations confidentielles… » (il faut ici comprendre, « il est possible que j'aie accès à des informations »). L'ambiguïté du verbe français « pouvoir » est particulièrement évidente dans cet exemple, où il est difficile de déterminer s'il marque une permission ou une simple éventualité.

Lorsque *may* souligne un pouvoir discrétionnaire, il est donc conseillé, afin d'éviter les ambiguïtés inhérentes au verbe « pouvoir » en français, de le traduire par étoffement en ayant recours à l'une des expressions suivantes : « avoir la permission de », « avoir le droit de », « être en droit de », « avoir le pouvoir de », « avoir la capacité de », etc.

Quelques exemples de traduction :

⇒ La liberté d'appréciation est précisée :

« *Certificates of naturalization may be granted, at the Home Secretary's discretion, to other Commonwealth citizens.* »

« La naturalisation peut être accordée à d'autres ressortissants du Commonwealth lorsque le ministre de l'intérieur le juge opportun. »

⇒ Le caractère discrétionnaire du modal est implicite :

« *The parties may exclude the application of this Convention or, subject to article 12, derogate from or vary the effect of any of its provisions.* »

« Les parties peuvent exclure l'application de la présente Convention ou, sous réserve des dispositions de l'art. 12, déroger à l'une quelconque de ses dispositions ou en modifier les effets. » (extrait de l'article 6 de la Convention de Vienne sur les contrats de vente internationale de marchandises)

⇒ Étoffement par une locution construite sur un substantif (« conserver le droit de ») :

« *If the seller has handed over documents before that time, he may, up to that time, cure any lack of conformity in the documents* […]. »

« En cas de remise anticipée, le vendeur conserve, jusqu'au moment prévu pour la remise, le droit de réparer tout défaut de conformité des documents […]. » (extrait de l'article 34 de la Convention de Vienne, cf. ci-dessus)

must

Moins fréquent, en contexte juridique, que *shall*, *must* marque sans ambiguïté aucune l'obligation. Ce modal est surtout utilisé lorsque le sujet auquel il se rapporte est inanimé : « Notice *must* be sent within 30 days ».

Certains reprochent parfois à cet auxiliaire son caractère autoritaire, surtout lorsqu'il est utilisé dans les contrats : « *In private drafting – contracts as opposed to statutes, rules, and regulations – some drafters consider 'must' inappropriately bossy. The word may strike the wrong tone particularly when both parties to a contract are known quantities, such as two well-known corporations.* »[6]

6. Bryan A. Garner, *A Dictionary of Modern Legal Usage*, Oxford University Press, 1995, p. 941.

Must apparaît en tout cas dans bon nombre de textes réglementaires et de conventions, où il est parfois préféré à *shall* pour exprimer l'obligation :

⇒ Appliqué à un sujet inanimé :
« *The bill of lading must include, inter alia, the following particulars.* »
« Le connaissement doit contenir, entre autres, les indications suivantes. » (extrait de l'article 15 de la Convention de Hambourg, cf. ci-dessus)

⇒ Appliqué à un sujet animé :
« *The seller must deliver the goods, hand over any documents relating to them and transfer the property in the goods, as required by the contract and this Convention.* »
« Le vendeur s'oblige, dans les conditions prévues au contrat et par la présente Convention, à livrer les marchandises, à en transférer la propriété et, s'il y a lieu, à remettre les documents s'y rapportant. » (extrait de l'article 30 de la Convention de Vienne, cf. ci-dessus)

On remarquera, dans le deuxième exemple, l'utilisation du verbe pronominal « s'obliger à », très fréquent dans les documents juridiques et notamment dans les contrats, qui permet d'atténuer quelque peu le caractère autoritaire parfois reproché à *must*.

Autre exemple d'utilisation de *must* :

« *When fixing time limits for the transport of goods within their territory, customs authorities must likewise take into account inter alia any special regulations to which carriers are subject* [...]. »
« Lorsqu'elles fixent des délais pour le transport de marchandises sur leur territoire, les autorités douanières doivent également tenir compte, entre autres, des règlements particuliers auxquels les transporteurs doivent se conformer [...]. » (Convention douanière relative au transport international de marchandises sous le couvert de carnets TIR)

can

Au contraire de *may*, qui marque une permission, une autorisation, *can* exprime une simple capacité physique. On trouve souvent cet auxiliaire dans les clauses conditionnelles, comme en témoigne le passage suivant, extrait de la Convention de Vienne (cf. ci-dessus, article 86) :

« *If goods dispatched to the buyer have been placed at his disposal at their destination and he exercises the right to reject them, he must take possession of them on behalf of the seller, provided that this can be done without payment of the price and without unreasonable inconvenience or unreasonable expense.* »
« Si les marchandises expédiées à l'acheteur ont été mises à sa disposition à leur lieu de destination et si l'acheteur exerce le droit de les refuser, il doit en prendre possession pour le compte du vendeur à condition de pouvoir le faire sans paiement du prix et sans inconvénients ou frais déraisonnables. »

Parfois, *can* est utilisé pour exprimer un pouvoir discrétionnaire et gagnerait, dans ce cas, à être remplacé par *may*, qui remplit plus précisément cette fonction :

« *A buyer can require the delivery of substitute goods only if the goods delivered were not in conformity with the contract and the lack of conformity constituted a fundamental breach of contract.* »
« L'acheteur ne peut exiger la livraison de marchandises de remplacement que si les marchandises livrées n'étaient pas conformes au contrat et que ce défaut de conformité constituait une contravention essentielle au contrat. » (Note explicative du secrétariat de la CNUDCI sur la Convention de Vienne, cf. ci-dessus)

DEUXIÈME PARTIE

CULTURE ET TRADUCTION JURIDIQUE

Les textes qui suivent sont destinés à permettre au lecteur d'approfondir sa réflexion et entendent mettre en lumière les liens étroits qui unissent culture et traduction juridique.

Les difficultés rencontrées par le traducteur juridique sont parfois liées aux termes dits « à fort contenu culturel », ou *culture-bound terms* (voir *La traduction des termes à fort contenu culturel : une étude de cas*), mais peuvent également découler de faits de langue plus généraux et s'expliquer par les divergences qui existent entre l'anglais et le français, divergences que de nombreux linguistes, tels que J.P. Vinay et J. Darbelnet ou Eugene Nida, se sont déjà attachés à décrire en détail. La « vision » que ces deux langues ont du monde est en effet foncièrement différente et il est indispensable que le traducteur, s'il ne l'a pas déjà fait, en prenne conscience : *Le français et l'anglais juridiques : une question de point de vue* a pour objectif de l'aider à y parvenir.

Une bonne connaissance du lexique de chaque langue est tout aussi primordiale : *L'apport de la lexicologie dans le travail du traducteur juridique* rappelle l'importance que le traducteur doit accorder à cette discipline, qui apparaît fondamentale pour une pratique raisonnée de son activité et donc, pour la qualité de son travail.

Tous les textes qui constituent la présente partie ont pour objectif de démontrer, si besoin en était, que langue et culture et donc, culture et traduction sont étroitement liées. C'est aussi le cas de *La traduction des titres de films inspirés d'expressions juridiques*, sujet d'autant plus passionnant qu'il n'a fait jusqu'à présent l'objet d'aucune étude approfondie et qu'il donne une importance égale à la dimension linguistique, juridique et culturelle.

La traduction des termes à fort contenu culturel : une étude de cas

Les problèmes rencontrés lors de la traduction des textes juridiques sont principalement de deux ordres, syntaxique et terminologique. Les contrats, comme les autres textes relevant du droit commercial ou du droit des affaires, présentent pour le traducteur des difficultés essentiellement syntaxiques. Il s'agit en effet de textes dont les rédacteurs sont tenus à une certaine « neutralité » culturelle, en raison de la vocation souvent internationale du document final, et il est donc relativement rare d'y trouver des termes fortement « colorés », propres à telle ou telle culture juridique.

Si elles peuvent prendre de multiples aspects (problèmes de traduction liés aux faux amis, aux termes polysémiques, etc.), les difficultés terminologiques que le traducteur juridique est susceptible de rencontrer sont particulièrement importantes lorsque les termes qu'il s'agit de traduire sont propres à une culture juridique spécifique et n'ont pas leur équivalent direct dans la culture de la langue cible. On parle alors de termes « à fort contenu culturel », ou, en anglais, de *culture-bound terms*.

Les noms d'institutions, les intitulés de fonctions et les appellations officielles des textes législatifs sont des termes à fort contenu culturel par excellence. En effet, les systèmes juridiques varient d'un pays à un autre, même lorsque les deux pays comparés utilisent la même langue : chacun sait, par exemple, que le système anglais n'est pas le système américain, même si chacun de ces systèmes s'appuie sur la *common law* et l'*equity*. Il est donc logique que chaque système, élaboré dans un contexte national bien précis et destiné à répondre à des aspirations spécifiques, ait ses propres institutions et ses propres lois et soit placé sous l'autorité de fonctionnaires qui ne trouvent pas toujours d'homologues dans les autres pays.

Ces termes, souvent absents des contrats et des textes juridiques « commerciaux » pour la raison évoquée plus haut, sont en revanche très largement présents dans les commentaires juridiques et les textes dits « parajuridiques », qui n'ont pas un caractère intrinsèquement juridique mais dont le sujet relève directement de la matière juridique. Il existe de nombreux types de textes parajuridiques mais nous limiterons notre étude aux articles de presse à contenu juridique, qui permettent, comme nous allons le voir plus loin, une bonne approche de la question.

Si les contrats, protocoles d'accord, lettres d'intention et autres conventions représentent indéniablement le pain quotidien de bon nombre de traducteurs juridiques (ces documents ne font que refléter les événements qui affectent, à un rythme de plus en plus effréné, la vie des entreprises, de plus en plus amenées à conclure des partenariats ou des rapprochements), il n'en reste pas moins que le traducteur peut parfois être sollicité par ses clients pour traduire des textes « parajuridiques », dont la finalité n'est pas de remplir une fonction « pragmatique », comme cela peut être le cas des contrats, dont les traductions sont rendues nécessaires dans le cadre de négociations ou de réunions. Le client peut simplement parfois avoir besoin de prendre connaissance du contenu d'un texte pour sa convenance personnelle, parce que le sujet traité l'intéresse ou parce qu'il pense pouvoir en extraire quelque renseignement utile.

Lorsqu'il est fait appel au traducteur pour traduire un article de presse parajuridique, celui-ci doit impérativement se poser les questions suivantes : dans quel but la traduction va-t-elle être utilisée (en d'autres termes, quelle est sa destination ?) et quelles sont les connaissances du client dans le domaine concerné ?

Prenons l'exemple suivant : le traducteur reçoit un appel de son client, avocat français, qui lui demande de traduire *Rule of judges*, un texte extrait du magazine *The Economist* qu'un de ses amis a porté à sa connaissance. Le client, qui exerce sa profession exclusivement en France, maîtrise mal l'anglais (en tout cas, pas assez pour saisir toutes les nuances du texte) et ne sait que peu de choses du système judiciaire anglais ; il aimerait cependant, pour son usage personnel, avoir connaissance du contenu de ce texte, qui concerne de toute évidence les Droits de l'Homme, un sujet qui lui tient à cœur.

Les données sont donc les suivantes : le traducteur va devoir traduire ce texte en tenant compte des connaissances limitées du client dans le domaine concerné et en gardant à l'esprit l'usage qui sera fait de la traduction (celle-ci ne sera pas utilisée dans le cadre d'une réunion ou d'une négociation et ne produira pas d'effets juridiques, comme ce peut être le cas des contrats).

Le texte à traduire, intitulé donc *Rule of judges* (extrait du magazine *The Economist* du 26 août 2000), est particulièrement intéressant en ce qu'il permet de distinguer les principales catégories de termes à fort contenu culturel. Avant d'évoquer celles-ci en détail, examinons le texte original et la traduction que le traducteur va en proposer à son client :

Rule of judges

The adoption of a code of human rights marks a welcome change in Britain's constitution

The Human Rights Act[K], which comes into force on October 2nd, is perhaps not quite on a par with Magna Carta (1215)[i] or the Bill of Rights (1689)[J]. But it is the start of a new constitutional chapter for Britain. For the first time, British citizens will be able to ask their own courts to protect the liberties embodied in

Le règne des juges

Adoption d'un code des droits de l'homme : un changement qui arrive à point nommé pour la Constitution britannique

Le *Human Rights Act* (Loi sur les Droits de l'Homme)[K1], qui entre en vigueur le 2 octobre, ne revêt peut-être pas la même importance que la Grande Charte de 1215[i1] ou la Déclaration des Droits de 1689[1],[J1] mais il n'en marque pas moins le début d'une nouvelle ère pour la Constitution britannique. Pour la

1. NdT : La « Grande Charte » de 1215 (*Magna Carta*) constitue un des fondements des libertés individuelles au Royaume-Uni. La « Déclaration des Droits » de 1689 (*Bill of Rights*) est un texte constitutionnel qui limite les pouvoirs du souverain et fixe les règles de succession au trône d'Angleterre.

the European Convention on Human Rights (ECHR). Although Britain was one of the first countries to ratify the convention nearly half a century ago, its citizens have until now had to pursue their grievances via a protracted and expensive appeal to the European Court in Strasbourg.

The practical arguments for incorporating these human rights, drawn up largely by British jurists, into British law are powerful. It makes no sense to have rights to privacy, freedom of expression and a fair trial if they cannot be enforced at home, when they are needed, but only many years later, by an international court. Making all public bodies, including the executive, immediately accountable for their actions is a positive step forward, not least for a government which is often accused of ignoring civil rights (see article on page 19).

But bringing these human rights home will have deeper consequences than merely improving access to justice. For the new act marks a significant transfer of power from the legislature and the executive to the judiciary. It is, arguably, the beginning of a written constitution for Britain.

Historically, British judges have always sought to carry out the will of Parliament. In future, at least in the field

première fois, les citoyens britanniques vont en effet pouvoir demander à leurs propres tribunaux de se porter garants des libertés prévues par la Convention européenne des Droits de l'Homme. Bien que la Grande-Bretagne figure parmi les premiers pays à avoir ratifié ce texte, il y a près d'un demi-siècle, ses citoyens n'avaient jusqu'à aujourd'hui pas d'autre choix que d'introduire un recours, par une procédure longue et coûteuse, devant la Cour européenne des Droits de l'Homme, à Strasbourg, pour faire valoir leurs droits.

Les arguments concrets en faveur de l'intégration de la Convention européenne, rédigée en grande partie par des juristes britanniques, au droit britannique sont difficilement contestables. Rien ne sert en effet de bénéficier de droits assurant la protection de la vie privée, la liberté d'expression ou l'accès à une justice équitable s'il n'est pas possible de faire valoir ces droits en temps utile dans son propre pays, et s'il faut attendre des années avant qu'une instance internationale les reconnaisse. L'obligation faite à l'ensemble des institutions publiques, y compris au pouvoir exécutif, de répondre immédiatement de leurs actions constitue de toute évidence un progrès, surtout pour un gouverment souvent accusé de négliger les droits du citoyen (*voir article page 19*).

L'intégration de cette Convention au droit britannique aura cependant des conséquences beaucoup plus importantes que la seule amélioration de l'accès à la justice. La nouvelle Loi marque en effet un transfert de pouvoir non négligeable du législatif et de l'exécutif au judiciaire. On peut se demander si ce ne sont pas là les prémices d'une Constitution écrite pour la Grande-Bretagne.

Dans le passé, les juges se sont toujours efforcés d'exécuter la volonté du Parlement. À l'avenir, en ce qui concerne

of human rights, Parliament will be under pressure to bow to the decisions of the courts. Unlike most other supreme courts, Britain's Law Lords**E** will not have the power to rule laws unconstitutional. But under the new act they will be asked to declare whether specific laws conflict with the European Convention, and they will have the power to overturn government decisions and regulations.

tout du moins les droits de l'homme, le Parlement sera plus ou moins contraint de se plier aux décisions des tribunaux. Contrairement à la plupart des autres cours suprêmes, les *Law Lords* britanniques**E1** (qui s'acquittent des fonctions judiciaires de la Chambre des Lords) n'auront pas le pouvoir de décider de l'inconstitutionnalité de telle ou telle loi. En revanche, il leur sera demandé, aux termes de la nouvelle Loi, de se prononcer sur l'existence d'éventuels conflits entre certaines lois et la Convention européenne, et ils auront le pouvoir d'annuler des décisions ou des réglementations émanant du gouvernement.

This will thrust the judges into the forefront of public debate whether they want to be there or not. Some of the decisions they will be asked to make in areas such as equality, privacy, sentencing and gay rights are bound to be politically fraught. An extreme example is that of Myra Hindley, the Moors murderess, who successive home secretaries**C**, including the present one, Jack Straw, have said must stay in jail for the rest of her life. She is now almost certain to challenge that decision in the courts, with a fair possibility of success. The European Court has already ruled that the action of the then home secretary, Michael Howard, in increasing the sentence of the children who murdered two-year-old James Bulger in 1993 was contrary to the Convention. The Lord Chief Justice**F**, Lord Woolf, has predicted that judges rather than elected politicians will in future determine the fate of prisoners.

Leur nouveau rôle va projeter les juges sur le devant de la scène publique, qu'ils le veuillent ou non. Certaines des décisions qu'ils seront appelés à rendre en matière d'égalité, de respect de la vie privée, de condamnations, ou de protection des droits des homosexuels soulèveront inévitablement des objections politiques. Pour prendre un exemple extrême, citons le cas de Myra Hindley, la "tueuse des Moors", dont les derniers ministres britanniques de l'intérieur**C1**, y compris l'occupant actuel du poste, Jack Straw, ont déclaré qu'elle devait passer le restant de ses jours en prison. Il ne fait aujourd'hui quasiment aucun doute que Myra Hindley fera appel de cette décision devant les tribunaux, avec de bonnes chances de succès. La Cour européenne a en effet déjà estimé que la décision prise par Michael Howard, le ministre de l'intérieur de l'époque, d'aggraver la peine infligée aux enfants qui avaient assassiné en 1993 le petit James Bulger, alors âgé de deux ans, était contraire à la Convention. Le *Lord Chief Justice* (deuxième magistrat du Royaume après le Lord Chancelier)**F1**, Lord Woolf, a prédit que ce sont les juges, et non les élus politiques, qui, à l'avenir, décideront du sort des condamnés.

Changing the balance

The more that judges are thrust into the political spotlight, the more questions will be asked about how they are chosen. Britain's judges are unelected, unrepresentative and unaccountable. At present, the appointment of judges and magistrates[G] is made on the basis of confidential soundings conducted by the Lord Chancellor[D]. Appointments to the Appeal Court[A] and to the House of Lords[H] are made by the prime minister[B] after consultation. Up to now, this system of patronage has generally produced benign results. The quality of the current judiciary is widely accepted to be high. But this approach is unlikely to withstand public pressures once the ECHR is incorporated and judges are called upon to settle increasingly political cases. The Lord Chancellor has already annouced that he will not act as a judge in public-law cases. As a member of the cabinet, appointed by the prime minister, it is questionable whether he should sit as a judge at all.

The need for judges to be independent, and to be regarded as such by the public, will become even more important as the courts take on their new role under the act of judging the legitimacy of government actions. Britain ought to consider following the example of a number of Commonwealth countries, which have put the appointment of judges in the hands of an independent commission.

Changement du rapport de forces

Plus les juges seront mis sur le devant de la scène politique, plus nombreuses seront les questions posées à propos de la manière dont ils sont choisis. Les juges britanniques ne sont pas élus, ne représentent personne et n'ont de comptes à rendre à personne. À l'heure actuelle, les juges et les *magistrates* (juges des juridictions inférieures)[G1] sont nommés sur la base de consultations confidentielles menées par le Lord Chancelier[D1], le ministre britannique de la justice. Les juges nommés à la Cour d'appel[A1] et à la Chambre des Lords[H1] le sont par le Premier ministre[B1], après consultation. Jusqu'à présent, cette approche clientéliste a produit des résultats globalement satisfaisants. Le système judiciaire actuel est unanimement reconnu comme étant de grande qualité, mais il est peu probable qu'il saura résister aux pressions du public une fois que la Convention européenne aura été intégrée au droit britannique et que les juges auront commencé à traiter des affaires de plus en plus politiques. Le Lord Chancelier[D2] a déjà déclaré qu'il s'abstiendrait de jouer le rôle du juge dans les affaires de droit public. En tant que membre du Cabinet, nommé par le Premier ministre, on peut d'ailleurs se demander s'il devrait jamais siéger en tant que juge.

La nécessité pour les juges d'être indépendants et d'être perçus comme tels par le public revêtira une importance encore plus grande avec le nouveau rôle que vont jouer les tribunaux aux termes de la Loi, un rôle qui les amènera à statuer sur la légitimité des actions du gouvernement. À ce propos, la Grande-Bretagne devrait penser à s'inspirer de l'exemple d'un certain nombre de pays du Commonwealth, qui ont placé la nomination des juges sous la responsabilité d'une commission indépendante.

The role of judges will become the more sensitive because the ECHR is far from comprehensive. It makes no mention, for example, of issues such as freedom of information, children's rights, or access to a fair trial in deportation or extradition cases. It includes only a limited reference to discrimination. In time, the judiciary is bound to begin to fill in some of these holes. As British courts are not bound to follow the body of case law established by the European Court in Strasbourg, but free to interpret the convention to fit local circumstances, a distinctly British Bill of Rights is likely to evolve, which would be only loosely modelled on the European Convention.

Le rôle des juges sera d'autant plus délicat que la Convention européenne est loin d'être exhaustive. Celle-ci reste en effet muette sur des questions telles que la liberté d'information, les droits de l'enfant, ou encore le droit à un procès équitable dans les affaires d'expulsion ou d'extradition, et n'évoque que de manière succincte les problèmes de discrimination. Avec le temps, il ne fait aucun doute que les instances judiciaires commenceront à combler certains de ces vides. Étant donné que les tribunaux britanniques ne sont pas tenus de suivre la jurisprudence établie par la Cour européenne de Strasbourg et sont libres d'interpréter la Convention afin de l'adapter au contexte national, une Déclaration des Droits aux accents clairement britanniques va probablement voir le jour, Déclaration qui n'aura qu'un lien ténu avec la Convention européenne.

All this suggests a considerable, and for many a worrying, accretion of power by the courts. The late Lord Denning's proposition: "We have to trust someone, so why not trust the judges?" continues to be mocked. But those societies, such as the United States, which have put their faith in the judiciary, have not been conspicuously unsuccessful.

Tous ces changements laissent entrevoir un renforcement considérable et même, pour beaucoup, inquiétant des pouvoirs des tribunaux. La proposition faite par feu Lord Denning : « Nous devons bien faire confiance à quelqu'un, alors pourquoi pas aux juges ? », continue certes de susciter nombre de railleries mais les pays qui, comme les États-Unis, ont placé leur confiance dans les instances judiciaires n'ont certainement rien à envier à ceux qui en ont décidé autrement.

Une lecture approfondie de ce document permet de constater qu'il y est fait largement référence au système judiciaire anglais et à certains des textes qui en constituent le fondement. En effet, dès le premier paragraphe, il y est question de la *Magna Carta* de 1215 et du *Bill of Rights* de 1689, deux textes fondateurs évoqués par l'auteur de l'article afin de mieux relativiser l'importance du *Human Rights Act*, cité au début de la première phrase, dont il va pourtant être amplement question dans le reste du texte. Dans ce dernier, l'auteur se propose d'évaluer les conséquences que l'adoption de cet *Act*, ou loi, du Parlement britannique va avoir pour les justiciables de Grande-Bretagne, qui n'avaient jusqu'à présent d'autre choix que de saisir la Cour européenne des Droits de l'Homme, à Strasbourg, en cas de violation présumée de leurs droits fondamentaux.

Le *Human Rights Act*, qui date de 1998, a pour vocation de permettre l'intégration au droit britannique de la Convention européenne de sauvegarde des Droits de l'Homme et des Libertés Fondamentales, plus connue sous l'appellation simplifiée de Convention européenne des Droits de l'Homme, texte adopté, et ratifié par la Grande-Bretagne, dès 1950. L'entrée en vigueur de cette loi en Grande-Bretagne devrait donc faciliter l'accès des citoyens britanniques à la justice de leur pays et leur permettre de saisir directement les tribunaux du Royaume en cas de violation de leurs droits tels qu'ils sont prévus dans la Convention européenne citée plus haut.

Le décor étant posé, arrêtons-nous à présent sur les différentes catégories de termes « à fort contenu culturel » représentées dans *Rule of Judges* et sur les problèmes pratiques de traduction qui s'y rattachent.

On y trouve tout d'abord des **termes pour lesquels il existe un équivalent fonctionnel**. Ces termes, dont *Lord Chancellor*, *Home Secretary* et *Appeal Court* constituent quelques exemples, renvoient à des institutions et à des fonctions certes propres à la culture source mais qui présentent toutefois suffisamment de similitudes avec des institutions de la culture cible pour que cela justifie l'utilisation, dans la traduction, des appellations communément utilisées pour désigner ces dernières. Ainsi, *Appeal Court* (**A**) est rendue dans la traduction par *Cour d'appel* (**A1**) : la Cour d'appel française n'est bien entendu pas le parfait équivalent de la *Court of Appeal* anglaise, mais les fonctions remplies par ces deux institutions sont suffisamment proches pour que la désignation française soit utilisée dans la traduction. De la même façon, *Premier ministre* (**B1**) est la traduction consacrée de *prime minister* (**B**), même si chacun sait que Jean-Pierre Raffarin et Tony Blair n'ont pas exactement les mêmes prérogatives. En Angleterre, le *Home Secretary* (**C**) remplit des fonctions similaires au ministre de l'intérieur (**C1**) en France, ce qui explique la traduction utilisée dans le texte.

Si, dans certains cas, le raccourci peut être relativement direct (voir exemples ci-dessus), il peut aussi parfois s'avérer utile de reprendre la désignation originale (ou sa traduction, lorsqu'elle existe, cf. exemple ci-dessous) avant de l'expliciter : ainsi, on peut constater qu'à sa première occurrence, l'intitulé de fonction *Lord Chancellor* (**D**) est traduit par *Lord Chancelier*, puis explicité dans le corps même du texte (« *le ministre britannique de la justice* », **D1**), avant d'être repris un peu plus loin dans sa traduction française (**D2**) : ce procédé permet tout à la fois d'expliquer au lecteur de la traduction ce qui se cache derrière cette appellation et d'utiliser, dans le reste du texte, la traduction littérale, qui représente indéniablement une économie de mots par rapport à la traduction « explicative ».

Les quelques exemples donnés ci-dessus permettent de constater que certains des termes dont il existe un équivalent fonctionnel ont une traduction consacrée tandis que d'autres n'en ont pas. Dans le premier cas (celui de *Lord Chancellor*), le traducteur aura la possibilité d'utiliser soit la traduction littérale du terme, soit l'explication qui lui est associée. Lorsqu'aucune traduction n'existe, comme cela est le cas pour *Home Secretary*, le traducteur pourra utiliser directement la traduction par équivalence, qui sera en quelque sorte la traduction « par défaut », ou, dans certains cas, reprendre le terme original à sa première occurrence et l'agrémenter d'une note explicative, puis, aux occurrences suivantes, reprendre la note explicative, plus explicite que le terme original : *Attorney-General*, par exemple, dans un texte évoquant le système judiciaire américain, pourra être repris dans sa forme originale, puis « traduit » par « le ministre américain de la justice » (cette solution sera surtout à retenir dans les cas où il est essentiel de mettre en valeur les spécificités de tel ou tel système juridique ; dans les textes purements informationnels, la seule traduction par équivalence suffira). Dans un troisième cas, celui de *Prime minister* par exemple, la traduction sera suffisamment explicite pour qu'il ne soit pas nécessaire de lui adjoindre une explication : la traduction littérale du terme et la traduction par équivalence, dans ce cas, se confondent.

Notons, pour finir ce paragraphe, qu'en matière juridique, la question des équivalences (à partir de quel moment peut-on dire de deux termes qu'ils sont de parfaits équivalents ?) suscite depuis longtemps déjà des débats passionnés, qui trouvent leur expression dans de nombreux ouvrages spécialisés. Ainsi, Walter Cairns et Robert McKeon, dans leur ouvrage *Introduction to French Law*[nb] (Cavendish Publishing Limited, 1995, p. 200), suggèrent de traduire certains termes français par des termes anglais « neutres » : « *We saw how the use of the term 'Home Secretary' as a translation for the notion of 'Ministre de l'intérieur' is inappropriate; here, it is better to use the straightforward 'Minister of the Interior'. Similarly, for 'Conseil des Ministres', it is safer to use the bland 'Council of Ministers'* [...] *rather than the misleading 'Cabinet'* ». Louis-Philippe Pigeon souligne, pour sa part, que : « *La recherche de l'équivalence oblige toujours à s'interroger sur la ligne de démarcation qu'il faut tracer entre celle qui est admissible à titre fonctionnel, parce qu'elle évoque avec assez de précision l'idée qu'il s'agit de rendre, et celle qu'il importe de rejeter parce qu'elle trahit la pensée en prêtant à une expression apparemment équivalente un sens que la langue dans laquelle on traduit n'admet pas* [...]. *Le principe même de l'équivalence fonctionnelle signifie que l'on traduit en utilisant un mot qui ne correspond pas rigoureusement au même concept juridique mais à un concept analogue.* » (in *Langage du droit et traduction*, Linguatech/Conseil de la langue française, 1982, pp. 279-280).

Dans une deuxième catégorie, on trouve les **termes dits intraduisibles**, pour lesquels il n'existe pas de traduction consacrée. Les termes *Law Lords* (**E**), *Lord Chief Justice* (**F**) et *magistrates* (**G**) appartiennent tous à cette catégorie. Le caractère intraduisible de ces termes, qui, comme nous le verrons dans le cadre de la troisième catégorie, n'est pas exclusivement imputable à l'absence d'équivalents dans la culture cible, impose qu'un certain nombre d'explications soient fournies dans la traduction (rappelons que les connaissances du lecteur cible – dans le domaine concerné – sont, par hypothèse, relativement limitées). Les explications fournies peuvent l'être de différentes manières : le traducteur peut avoir recours à la note entre parenthèses (à la première occurrence, comme cela est le cas à la fois pour *Law Lords*, **E1**, *Lord Chief Justice*, **F1**, et *magistrates*, **G1**), à la note de bas de page, ou encore au commentaire directement intégré au texte (cf. *Lord Chancellor*, **D1**). La solution choisie dépendra

[nb] Les auteurs de cet ouvrage axent leur méthodologie de traduction sur quatre procédés distincts : la traduction par « concepts équivalents » (cf. équivalence fonctionnelle) ; la traduction « mot à mot » (« contrat de vente » traduit par *contract of sale*) ; l'utilisation, dans la traduction, du terme original avec note explicative, dans le cas des termes intraduisibles (cf. notre deuxième catégorie) ; et enfin, la création de nouveaux termes et de nouveaux concepts (les auteurs proposent ainsi de traduire « tribunal de grande instance » par *court of first instance*, ce qui peut sembler pour le moins contestable quand on sait que le « TGI », au contraire du tribunal d'instance, peut connaître de litiges relativement importants, nuance que ne permet pas de distinguer la traduction anglaise ; *court of first instance* est par ailleurs l'appellation anglaise du tribunal de première instance des Communautés européennes).

essentiellement de la longueur de l'explication fournie, qui pourra être succincte (voir exemples ci-dessus) ou plus détaillée, comme nous le verrons plus loin.

Les fonctions que désignent les termes *Law Lords*, *Lord Chief Justice* et *magistrates* n'ont pas d'équivalents dans le système français, mais il ne faut pas voir là la seule et unique raison de leur caractère intraduisible. En effet, certains termes, dont nous trouvons quelques exemples dans le texte, n'ont pas non plus d'« équivalents fonctionnels » mais il en existe cependant une traduction « officielle » : c'est le cas notamment de *House of Lords*, de *Magna Carta* et de *Bill of Rights*, qui représentent la troisième catégorie, à savoir celle des **termes sans équivalent dont il existe toutefois une traduction consacrée**.

Ces termes, comme ceux de la deuxième catégorie, n'ont pas leur équivalent dans la culture cible, mais il en existe toutefois une traduction reconnue, recensée dans tous les dictionnaires juridiques et ouvrages sur le système juridique anglais. Dans le cas présent, il est à noter que ces termes désignent, dans le premier cas, une institution, et dans les deux autres cas, des textes historiques à effet juridique. La *House of Lords* (**H**) est la plus haute des instances judiciaires anglaises et présente un certain nombre de similitudes avec la Cour de cassation et le Conseil d'État français, mais elle est loin toutefois de constituer l'équivalent parfait de l'un comme de l'autre. D'autre part, elle est aussi la chambre haute du Parlement britannique, mais là encore, elle n'a que peu de rapports avec le Sénat en France. En français, on parle de « la Chambre des Lords » (**H1**). Ce terme, a priori connu du lecteur (tout avocat, même de culture juridique française, connaît les hautes instances judiciaires anglaises au moins de nom), ne justifie pas qu'une note explicative lui soit consacrée dans la traduction, au contraire des termes *Magna Carta* (**i**) et *Bill of Rights* (**J**), dont la traduction littérale ne sera pas nécessairement très évocatrice pour le lecteur de la traduction. On pourra ainsi constater, dans le texte de droite, que la traduction de ces termes, à savoir « la Grande Charte de 1215 » (**i1**) et « la Déclaration des Droits de 1689 » (**J1**), est agrémentée d'une note de bas de page, qui donne au lecteur un complément d'information sur la nature et l'importance de ces textes. Si les termes *Law Lords* ou *Lord Chief Justice* pouvaient s'accommoder d'une explication succincte, tout comme *Lord Chancellor*, dans la première catégorie, il n'en va en effet pas de même pour « la Grande Charte » et « la Déclaration des Droits de 1689 », qui appellent nécessairement un commentaire assez détaillé (la seule mention de « la Déclaration des Droits de 1689 » aurait d'ailleurs sans doute provoqué un sentiment de perplexité chez le lecteur français, qui aurait naturellement opéré le rapprochement avec la Déclaration des droits de l'homme et du citoyen de 1789) : la note de bas de page est donc, dans ce cas précis, la solution la plus pratique en ce qu'elle évite d'alourdir le texte par une explication trop longue qui en rendrait la lecture quelque peu fastidieuse.

Le traducteur choisira donc la note entre parenthèses, le commentaire intégré au corps du texte (dans certains cas exceptionnels), ou la note de bas de page en fonction du terme concerné et de son aptitude à être explicité en des termes plus ou moins succincts.

La quatrième et dernière catégorie est celle que constituent **les noms de lois**, dont on peut légitimement se demander s'il faut les traduire ou pas.

L'appellation des lois votées par le Parlement anglais (*Parliament*) suit en général le schéma suivant : nom officiel de la loi + année d'adoption par le Parlement.

Quelques exemples : *Civil Procedure Act 1997*, *Courts and Legal Services Act 1990*, *Solicitors Act 1974*. Cette construction peut d'ailleurs sembler curieuse : il serait en effet logique de trouver la conjonction « of » entre le nom de la loi et l'année de son adoption (*the Civil Procedure Act of 1997*) ou, à défaut, l'année de la loi en début d'appellation : *the 1997 Civil Procedure Act*.

Dans la traduction de *Rule of Judges*, on constate que le *Human Rights Act* (**K**), dont l'année n'est pas précisée, est cité tel quel dans le texte français, puis explicité entre parenthèses par une traduction littérale (**K1**). La non-traduction est une solution, la traduction littérale en est une autre : on peut en effet considérer que l'*Act* est propre au système parlementaire anglais et donc, opter pour la première solution (comme c'est le cas ici), ou traduire directement le nom de la loi. Dans le premier cas, il sera de toute façon nécessaire de traduire le nom de la loi entre parenthèses (ou dans une note de bas de page) après avoir mentionné son appellation originale. La deuxième solution peut donc sembler plus directe, mais a pour inconvénient de supprimer purement et simplement l'appellation originale de l'*Act*, ce qui peut s'avérer gênant dans un texte à vocation « culturelle ». Les auteurs de *L'Anglais juridique* (Pocket, 1993), ouvrage à vocation pédagogique, ont pour leur part résolu le problème en ayant recours par alternance aux deux solutions (pp. 250-251 ; dans l'ouvrage, la traduction française est présentée sur la page de droite, en regard du texte anglais) :

> L'appellation de la loi y est soit traduite directement :
> « Investment is supervised by the Securities Investment Board under the terms of the *Financial Services Act 1986.* »
> « Les investissements sont sous la surveillance du Securities Investment Board (Conseil des investissements en valeurs mobilières) conformément à la *loi sur les services financiers de 1986.* » (il est également à noter, dans ce passage, que le « SIB » est repris en anglais dans la traduction, puis explicité entre parenthèses).
>
> soit conservée en l'état, avec traduction entre parenthèses :
> « Insider dealing or trading is dealt with in the *Companies Securities (Insider dealing) Act 1985*, providing criminal penalties for those guilty of these offences. »
> « Les délits d'initiés figurent dans le *Companies Securities (Insider dealing) Act 1985* (loi sur les valeurs mobilières des sociétés [délits d'initiés]), qui prévoit des pénalités pour ces délits. »

L'étude de *Rule of judges* et de sa traduction permet donc de prendre conscience de l'importance que peuvent prendre, dans les textes parajuridiques, les termes « à fort contenu culturel », ou *culture-bound terms*. Elle permet également de constater l'importance du travail d'adaptation auquel le traducteur doit se livrer afin de rendre sa traduction plus « parlante » et plus compréhensible pour le lecteur cible, dont il est essentiel dès le départ de cerner l'ampleur des connaissances pour que la traduction réponde pleinement à ses besoins.

Ce n'est donc qu'après avoir demandé à son client des détails sur l'utilisation qui sera faite de la traduction que le traducteur pourra décider de la démarche à adopter et de la quantité d'explications et d'informations à fournir. La difficulté, dans la traduction des textes parajuridiques, n'est pas tant de savoir où s'arrête la traduction et où commence l'adaptation – toute traduction est adaptation –, mais plutôt de savoir où doit s'arrêter l'adaptation : en d'autres termes, les explications fournies sont-elles suffisantes ?, ou, en tout cas, suffisent-elles à rendre le texte compréhensible pour un lecteur connaissant mal le sujet abordé ?

Il reste très difficile de répondre à cette question et c'est au traducteur qu'il reviendra, dans la plupart des cas et dans le cadre du mandat qui lui est donné, de décider des clés qu'il souhaite donner à son lecteur : ainsi, pour *Rule of judges*, le traducteur pourra le cas échéant agrémenter son travail d'une note explicative sur la « Constitution britannique », dans laquelle il pourra notamment expliquer que la Grande-Bretagne ne dispose pas d'une Constitution écrite à proprement parler mais plutôt de plusieurs textes fondateurs, dont la « Grande Charte » de 1215 et la « Déclaration des Droits », ou *Bill of Rights*, de 1689 ne sont que deux exemples.

La traduction des titres de films inspirés d'expressions juridiques

Au même titre que les livres, les pièces de théâtre ou les œuvres musicales, les films sont l'expression d'une culture spécifique, d'une sensibilité propre au pays dont ils émanent. Si les films d'action, les films romantiques et les comédies sont relativement universels dans leur propos, il n'en va pas de même pour les films qui se déroulent dans le milieu judiciaire, ou qui mettent en scène la justice ou s'attachent à en décrire le fonctionnement et les rouages. En effet, ces films sont le plus souvent ancrés dans une culture juridique spécifique que le non-initié aura du mal à appréhender s'il ne dispose pas de toutes les clés nécessaires à sa compréhension. Grâce au travail d'adaptation considérable qui a été effectué au cours des dernières décennies, le public français et, au-delà des frontières, les différents publics francophones ont cependant appris à apprécier les spécificités et les nuances des « films de procès » américains, ou *courtroom dramas*, comme on les appelle en anglais (on parle aussi de *legal thrillers*).

Le succès rencontré par ces films n'est pas récent. En effet, le cinéma et la justice ont toujours entretenu des liens étroits[1] (une audience de tribunal n'est-elle pas aussi une forme de mise en scène ?) et des films comme *Je suis un évadé* (*I am a Fugitive from a Chain Gang*, Melvin LeRoy, 1932), *L'Extravagant Monsieur Deeds* (*Mr Deeds Goes to Town*, Frank Capra, 1936), *La Vie d'Émile Zola* (*The Life of Emile Zola*, William Dieterle, 1937) ou encore *L'Étrange incident* (*The Oxbow Incident*, William Wellman, 1943) sont là pour témoigner de l'histoire déjà longue que le septième art et les milieux judiciaires ont en commun.

Il aura toutefois fallu attendre les années 1970 (avec notamment *Kramer contre Kramer*, de Robert Benton, 1978, et *Justice pour tous*, de Norman Jewison, 1979) et surtout les années 1980 pour voir les *legal thrillers* prendre leur plein essor, certainement aidés dans ce sens par le succès rencontré par des écrivains tels que John Grisham, dont la plupart des ouvrages ont déjà été portés à l'écran, ou encore Steve Martini (*Compelling Evidence*, *Prime Witness*). Les studios hollywoodiens, qui ont très vite compris que leurs films ne rencontreraient le succès sur la scène internationale qu'à condition de ne pas faire trop référence à une culture inconnue des publics étrangers, ont réussi le tour de force d'intéresser le public étranger à des « polars judiciaires » sur lesquels sans doute personne n'aurait parié il y a vingt ou trente ans, compte tenu de leur trop grande coloration culturelle. Bien évidemment, les *legal thrillers* n'auraient jamais acquis auprès du public français la popularité dont ils bénéficient

1. « *Hollywood has been fascinated by the courtroom ever since the movie screen learned to talk. Since the 1930s, producers and directors have turned out one legal thriller and courtroom drama after another (...). In spite of (this) uneasy marriage of law and film, the courtroom has been a favorite haunt of screenwriters and directors for more than 60 years, probably due to the simple fact that real human drama does get played out in courtrooms day after day, and the public finds these stories interesting.* » (extrait d'une critique, par Jeffrey C. Freedman, du livre *Reel Justice: The Courtroom Goes to the Movies*, de Michael Asimow et Paul Bergman, Andrews & McMeel Books, 1996).

aujourd'hui sans le concours des traducteurs, adaptateurs ou autres doubleurs grâce aux efforts desquels ces films sont devenus « transparents » et compréhensibles.

Malgré le « contenu universel » donné par Hollywood à ses films et le travail d'adaptation des traducteurs et des doubleurs, force est de constater que les films judiciaires présentent et présenteront toujours des difficultés de compréhension, et donc de traduction, inhérentes aux différences existant entre les systèmes nationaux.

Si la traduction et l'adaptation des dialogues n'a en soi rien de facile,[2] la traduction des titres pose des problèmes particulièrement importants. En effet, le titre sert de passeport au film, c'est en quelque sorte sa « signature », et sa fonction première est de piquer la curiosité du public. Pour cette raison, le titre fait partie du marketing du film, au même titre (le terme est peut-être mal choisi !) que sa bande-annonce ou que son affiche, et c'est le plus souvent au distributeur français du film, aidé ou non d'un ou de plusieurs traducteurs, que va revenir la décision de le traduire de telle ou telle façon, ou, parfois, de ne pas le traduire.

Les difficultés, comme on peut l'imaginer, sont particulièrement aiguës lorsque le titre est inspiré d'une expression ou d'un terme juridiques. Des titres comme *Beyond a Reasonable Doubt*, *Libel* ou *Murder in the First* ont en effet une forte coloration culturelle qui sera plus ou moins bien rendue en français selon le talent et surtout l'imagination du distributeur. Une étude approfondie des titres inspirés d'expressions juridiques et de leurs traductions permet en fait de classer ces dernières dans cinq grandes catégories : traductions littérales, traductions adaptées, non-traduction, traductions « erronées », et traduction par glissement sémantique.

Bien entendu, ces catégories sont purement subjectives et certains pourront, à juste titre, en contester le caractère arbitraire. Elles permettent toutefois de se rendre compte de la variété des cas de figure possibles et de la diversité des approches adoptées d'un film à l'autre. Les différentes catégories seront abordées en tenant à chaque fois pleinement compte de la fonction « marketing » du titre évoquée plus haut, fonction qui, comme nous le verrons, peut parfois contribuer à expliquer la distance prise par rapport au contenu sémantique du titre original.

Dans une première catégorie, on trouve les titres qui, parce qu'ils font référence à une réalité également présente dans la culture juridique française, sont traduits littéralement ou directement. *The Trial* (Orson Welles, 1963), traduit par *Le Procès*, et *The Verdict* (Sydney Lumet, 1974), qui devient en français *Le Verdict*, en constituent les exemples les plus simples. Autre exemple, *Crimes and Misdemeanors* (Woody Allen, 1989) devient *Crimes et délits* en français, traduction qui rend exactement compte de la réalité du titre original (aux États-Unis, on appelle *misdemeanor* un délit susceptible d'entraîner une peine de prison inférieure à un an).

Witness for the Prosecution (Billy Wilder, 1957) est connu en France sous le titre de *Témoin à charge*, terme dont Gérard Cornu donne, dans son *Vocabulaire juridique*, la définition suivante : « *Personne citée par le ministère public ou la partie civile pour convaincre le juge de la réalité de l'infraction et de la culpabilité de l'individu poursuivi* » (au « témoin à charge » s'oppose le « témoin à décharge », ou *witness for*

2. « *Ce qui est difficile aussi à transposer, ce sont les films qui se déroulent dans le milieu judiciaire, parce que le système n'est pas du tout le même que le nôtre. Les fonctions sont très difficiles à rendre, d'où le nombre de contresens qu'on peut voir sur certains doublages bâclés de séries dans lesquelles « inspector » est traduit par « inspecteur », alors que c'est plus proche de « commissaire »...* » (Georges Dutter, in *Le cinéma et ses métiers*, Michel Chion, Bordas).

the defence). *Just Cause* (A. Glimcher, 1995), ou *Juste cause* en français, est un autre exemple de titre traduit littéralement (on parle également souvent en français de « juste motif », qui est une « *raison de nature à bien fonder une demande en justice* […], *à justifier une décision* »). Les titres français cités jusqu'à présent ont le double mérite d'être fidèles au sens de l'original et de renvoyer, au moins dans les trois premiers cas, à une réalité immédiatement reconnaissable dans la culture cible (« juste cause » est une expression peut-être moins connue du grand public).

Il n'en reste pas moins que parfois, certaines traductions littérales sont moins heureuses : *Law and Disorder* (Ivan Passer, 1974), par exemple, qui joue de toute évidence sur l'expression *law and order* (l'ordre public ou le maintien de l'ordre), devient en français *La Loi et la pagaille*, titre qui manque quelque peu de saveur pour la bonne et simple raison qu'il ne constitue pas, comme l'original, un clin d'œil à une expression connue par ailleurs. *Law and Order* est d'ailleurs le titre d'un western de 1953 (avec Ronald Reagan) que le distributeur a choisi de rebaptiser *Quand la poudre parle*.

Ces derniers exemples permettent de constater le recul qui est parfois pris par rapport à certains titres originaux, dont la trop grande coloration culturelle empêche une traduction littérale ou trop directe. *Law and order* est en effet une expression anglaise idiomatique, propre à la culture anglo-saxonne, qui n'a pas d'équivalent exact en français : le distributeur du film doit donc avoir recours à son imagination pour trouver en français un titre de substitution, qui s'inspire d'ailleurs très souvent du contenu diégétique du film (on remarquera à cet égard que le titre français, lorsqu'il est une traduction adaptée, est souvent plus explicite que le titre original).

Ceci nous amène naturellement à la deuxième catégorie, qui est celle que constituent les titres qu'il a été nécessaire d'adapter au public français, en raison des concepts spécifiquement anglo-saxons auxquels ils font référence.

Beyond a Reasonable Doubt (Fritz Lang, 1956), par exemple, devient en français *L'Invraisemblable vérité*. Le titre original fait référence à un concept très important en droit américain, à propos duquel le *Black's Law Dictionary* apporte les précisions suivantes : « *In evidence means fully satisfied, entirely convinced, satisfied to a moral certainty (…). In criminal case, the accused's guilt must be established "beyond a reasonable doubt," which means that facts proven must, by virtue of their probative force, establish guilt* ».[3] Ce concept n'existe pas en tant que tel dans le système juridique français, même s'il présente un certain nombre de similitudes avec le principe d'« intime conviction ». Le distributeur français a donc eu recours à un titre présentant une certaine intensité dramatique, à savoir *L'Invraisemblable vérité*. Outre ce dernier titre, les exemples de « dramatisation » du titre original ne manquent pas. On pourrait ainsi évoquer *Assurance sur la mort*, le titre français de *Double Indemnity* (Billy Wilder, 1944) : ici, c'est le titre français qui est fondé sur un jeu de mots (avec « assurance vie »), le titre original renvoyant à un concept utilisé, aux États-Unis, dans le domaine des assurances (« *a provision in a life insurance or accident policy whereby the company agrees to pay twice the face of the contract in case of accidental death* »[4]). *One Man Jury* (Charles Martin, 1978), devenu en français *Juge, flic et bourreau*, en est un autre exemple. On concèdera que *Jury unipersonnel* aurait donné un bien mauvais titre !

3. *Black's Law Dictionary*, 6th Edition, 1990, p. 161.
4. *Merriam Webster's Dictionary of Law*, 1996, p. 150.

Dans certains cas, une traduction littérale existe mais ne peut être utilisée pour des raisons pratiques, parce que le titre ne « sonnerait » pas bien. C'est le cas par exemple de *Murder in the First* (Mark Rocco, 1992), expression qui correspond en français à « assassinat » ou à « meurtre aggravé » (le titre original est l'abréviation de *murder in the first degree*, qui est l'infraction la plus grave dans le système judiciaire américain), mais que le distributeur a choisi de rendre, pour la version française du film, par *Meurtre à Alcatraz*, titre à forte intensité dramatique qui permet d'emblée de situer le décor du film.

C'est aussi le cas de *Libel* (Anthony Asquith, 1955), devenu en français *La Nuit est mon ennemie* malgré le sens courant du terme, qui est celui de « diffamation (écrite) ». *A Civil Action* (Steven Zaillian, 1998) correspond en français à « poursuites civiles », ou à « action civile ». Le distributeur français a préféré utiliser, en guise de titre, *Préjudice*, terme qui désigne en droit le dommage subi par une personne physique et justifiant, de sa part, l'engagement d'une action en justice. Citons encore *Illegal* (Lewis Allen, 1955), devenu *Le Témoin à abattre*, ou *Guilty by Suspicion* (Irwin Winkler, 1990), devenu, pour la version française, *La Liste noire*, titre qui laisse deviner le propos du film.

Parmi les titres qui se prêtent mal à une traduction littérale, on en trouve également parfois dont l'inspiration est historique. Ainsi, *The Star Chamber* (Peter Hyams, 1983) prend son nom d'un tribunal correctionnel anglais qui a été aboli au XVIIème siècle et qui était caractérisé par ses délibérations secrètes et l'absence d'un jury, lesquelles en ont fait le symbole d'une justice expéditive et arbitraire. La version française du film s'intitule *La Nuit des juges*, titre qui restitue assez bien, il faut le reconnaître, le mystère dont est porteur le titre original.

Dans d'autres cas, le titre à adapter est basé sur une expression américaine ou anglaise courante qui n'a pas de réel équivalent en français. Ainsi, l'expression allitérative *legal eagles*, qui est aussi le titre d'un film d'Ivan Reitman de 1986, est souvent employée par les journalistes américains afin d'éviter de trop utiliser le terme *lawyers*. Conscient de la difficulté de rendre cette expression en français, le distributeur a préféré rebaptiser le film *L'Affaire Chelsea Deardon* en s'inspirant du nom du personnage féminin central, joué par Daryl Hannah.

Lorsque le titre n'est pas « dramatisé », il est parfois sous-traduit, comme cela est le cas de *Clear and Present Danger* (film de Philip Noyce de 1994, inspiré du roman homonyme de Tom Clancy), qui devient en français *Danger immédiat*. Le procédé de la sous-traduction permet indéniablement, et de façon peut-être un peu paradoxale, de donner plus d'impact au titre. Il est par ailleurs intéressant de remarquer, à propos de l'expression *clear and present danger*, qu'elle a un sens bien précis en droit américain puisqu'elle désigne : « *a risk or threat to safety or other public interests that is serious and imminent, esp. one that justifies limitation of a right (as freedom of speech or press) by the legislative or executive branch of government.* »[5]

Dans une troisième catégorie, on trouve les titres non traduits, qui semblent être particulièrement à la mode depuis quelques années. Sous l'effet notamment du développement fulgurant d'Internet et de la télévision par satellite, le public français est aujourd'hui mis en contact direct avec la culture anglo-saxonne et les distributeurs ont petit à petit pris l'habitude de conserver les titres des films dans la langue d'origine,

5. *Merriam Webster's Dictionary of Law*, *op. cit.*, p. 80.

ce qui peut d'ailleurs paraître en contradiction avec l'obligation qui leur est faite de doubler tous les films qu'ils diffusent sur le marché français. Tous les genres sont concernés : la comédie (*The Van*, *The Snapper*), le film dramatique (*Breaking the Waves*), le film d'action (*Speed*, *Backdraft*, *True Lies*), le film d'horreur (*Shining*, *Scary Movie*, *Scream*), le film à suspense (*Seven*, *Snake Eyes*, *Usual Suspects*), et même le film historique (*Gladiator*, que les Québécois n'ont pas hésité à traduire, tout à fait logiquement d'ailleurs, par *Gladiateur*).

Dans le domaine des films « judiciaires » ou à contenu juridique, on peut citer *Witness* (Peter Weir, 1984), qui a gardé le même titre en France, ou encore *Suspect* (Peter Yates, 1987). Dans ce deuxième cas, on peut remarquer que le terme « suspect » en français est l'homographe parfait de *suspect* en anglais, le titre peut donc être prononcé de deux manières différentes, à l'anglaise ou à la française. Citons encore *Class Action* (Michael Apted, 1990), autre titre conservé en l'état en raison sans doute de sa forte coloration culturelle (les *class actions*, ou « actions collectives », qui rassemblent un grand nombre de plaideurs ayant subi le même préjudice, sont en effet monnaie courante aux États-Unis mais beaucoup plus rares en Europe).

Les séries télévisées elles-mêmes n'échappent pas à la mode du « tout anglais », comme en témoigne *The Practice*, le titre « français » d'une série sur la vie d'un cabinet d'avocats américain. Le terme *practice* a certes le sens de « cabinet » (non seulement « d'avocats », mais également, dans d'autres contextes, de cabinet dentaire, médical, ou encore comptable), mais il est évidemment difficile d'imaginer une série policière portant ce nom.

Parfois, le titre original est partiellement gardé en l'état. *Body of Evidence* (U. Edel, 1992), par exemple, devient simplement *Body* pour la version française. Ici, le titre original joue de toute évidence sur deux tableaux : *Body* est un clin d'œil peu voilé à la star féminine du film, Madonna, et *body of evidence* est une expression juridique qui se traduit en français par « faisceau de preuves ». En français, le titre ne permet une lecture qu'au premier niveau, le distributeur ayant sans doute jugé que le terme anglais *body* était suffisamment connu du public français pour susciter en lui l'intérêt recherché.

En quatrième lieu viennent les « erreurs » de traduction. Comme il a été précisé plus haut, la fidélité au sens du titre original ne figure pas parmi les priorités du distributeur, dont le principal objectif est de trouver un titre susceptible d'accrocher le public.

La distance qu'il est parfois nécessaire de prendre par rapport au titre original pour les raisons que nous avons vues précédemment peut contribuer à expliquer certaines « erreurs » apparentes de traduction. Ainsi, *The Firm* (Sydney Pollack, 1993) s'intitule en français *La Firme*, traduction qui peut surprendre lorsque l'on sait que la *firm* en question est un cabinet d'avocats. A la lecture des premières pages de la traduction française du livre de John Grisham dont le film est tiré, on s'aperçoit toutefois que les termes « firme » et « cabinet » sont tous deux utilisés en alternance. Autrement dit, il est tout à fait improbable que le titre du livre et, par voie de conséquence, celui du film, ait été mal traduit par méconnaissance du sens que prend le terme anglais *firm* dans ce contexte précis. Par ailleurs, si le terme « cabinet » passe très bien dans le corps même du livre et du film, où le contexte permet tout de suite d'en cerner le sens et donc d'éviter toute ambiguïté, on l'imagine mal en titre. Les difficultés que présente l'utilisation du terme « cabinet » hors contexte confère donc une certaine légitimité au titre français finalement retenu, à savoir *La Firme*.

Dans d'autres cas, l'erreur de traduction est plus difficilement pardonnable. *Absence of Malice* (Sydney Pollack, 1981), par exemple, devient en français *Absence de malice*. Or, chacun sait qu'en anglais juridique, *malice* a le sens de « malveillance », d'« intention de nuire », et non celui d'« espièglerie », qui est le sens courant du terme « malice » en français. Certes, dans cette dernière langue, « malice » se définit aussi, dans une acception vieillie, comme « *l'aptitude et l'inclination à faire le mal, à nuire par des voies détournées* » (*Le Robert*), et le terme anglais peut aussi prendre ce sens dans certains textes littéraires ou historiques. Il n'en reste pas moins qu'aujourd'hui, *malice* en anglais s'entend principalement dans son acception juridique, comme le remarque Jonathan M. Purver, cité par Bryan A. Garner[6] : « *Although when used in its non-legal sense the word clearly denotes an evil or wicked state of mind, at law it does not necessarily have such a connotation; at law it simply means that the actor intentionally did something unlawful* ». *Absence de préméditation* ou *Sans intention de nuire* sont des traductions qui auraient peut-être permis de restituer avec davantage de fidelité le sens du titre original.

Les titres dans lesquels figure le terme *law*, dont le caractère polysémique n'est plus à démontrer (voir aussi *Law and Order*, cité précédemment), sont tout aussi difficiles à traduire. Ainsi, dans *The Law versus Billy the Kid* (W. Castle, 1954), le terme désigne de toute évidence les hommes chargés de veiller au respect de la loi et au maintien de l'ordre, autrement dit, dans ce cas précis, le shérif et ses adjoints. Le « traducteur », par ignorance ou par choix, n'a manifestement guère prêté attention à cette acception, à en juger par le titre français du film, *Billy le Kid contre la loi*. Autre exemple, *Criminal Law* (M. Campbell, 1989) ne serait jamais traduit dans un contexte juridique par « La Loi criminelle », qui est pourtant le titre français du film. Il faut en fait s'arrêter un instant sur le propos de ce dernier et sur l'histoire qu'il relate (un avocat obtient l'acquittement d'un homme accusé de viol, celui-ci lui donne un rendez-vous où il va trouver une femme assassinée) pour mieux comprendre le sens de son titre original : celui-ci, à l'évidence, se lit en effet à deux niveaux et c'est sans doute ce qu'a voulu reproduire le traducteur du titre en optant pour « La Loi criminelle », titre quelque peu opaque à première vue.

Pour clore cette catégorie, citons enfin *The Juror* (B. Gibson, 1996), film dont le titre français, *La Jurée*, peut légitimement laisser perplexe. Si certains n'hésiteront pas à entériner la féminisation du terme « juré », d'autres, beaucoup plus réticents, opposeront à cette démarche les précisions qu'apporte par exemple le Larousse à propos de ce terme, qui y est répertorié comme nom masculin (ce qui a priori exclut « jurée »), ou encore le point de vue exprimé par P.V. Berthier et J.P. Colignon dans leur *Lexique du Français Pratique* (Editions Solar), où il est précisé : « *Il n'y a pas de féminin ; il faut dire : une femme juré* ». Certains défendront le bien-fondé du titre français en s'appuyant notamment sur la dernière édition du Robert (juin 2000), dans laquelle on trouve « la jurée » parmi les termes dérivés du mot, mais d'autres, se fiant aux précisions données dans le *Dictionnaire des difficultés du français*[7] (« *juré : ce nom n'a pas de féminin.* ») ou dans le *Dictionnaire des difficultés du français moderne*[8] (« *juré*, n. m. Se dit de chacun des membres d'un jury en justice ; *un juré*, qu'il s'agisse d'un homme ou d'une femme ; on peut dire *une femme juré*. ») ne l'entendront sans doute pas de cette oreille.

6. *A Dictionary of Modern Legal Usage*, Oxford University Press, 1995, p. 544.
7. *Dictionnaire des difficultés du français*, Jean-Paul Colin, Les Usuels du Robert, 1985.
8. *Dictionnaire des difficultés du français moderne*, Joseph Hanse, Duculot, 1987.

Au vu de ces quelques prescriptions contradictoires, on conviendra qu'il est difficile de trancher, voire même de se faire une idée. On pourra éventuellement mettre le succès rencontré par le titre finalement choisi, *La Jurée*, sur le compte des efforts consentis ces dernières années par le ministère de la Culture en vue de la féminisation des noms de métier et de fonction, mais dans le même temps, il ne faudra pas oublier que : « La tendance actuelle cherche à gommer toute allusion au sexe des personnes afin de ne pas créer de discriminations. *Waiter* et *waitress* - serveur et serveuse - ont ainsi été transformés aux États-Unis en une nouvelle appellation, *waitperson, steward* et *stewardess* devenant à leur tour *cabin attendant. Chairman* est devenu *chairperson* ou *chair* tout simplement, et l'on entend *Mrs. Chair* pour Madame la Présidente. » (extrait d'un rapport du ministère de la Culture sur la féminisation des noms de métier).

La cinquième et dernière catégorie, que nous évoquerons brièvement, est celle que constituent les titres traduits par glissement sémantique, ou plutôt, par modulation. Pour prendre un seul exemple, citons *Eyewitness* (Peter Yates, 1981), devenu en français *L'Œil du témoin.* On remarquera ici la distance prise par rapport à la traduction « technique » du terme original, à savoir « témoin oculaire », expression que l'on retrouve parmi les « doublets savants »[9] évoqués par J.P. Vinay et J. Darbelnet dans *Stylistique comparée du français et de l'anglais*, ouvrage dans lequel est mise en avant la tendance du français à avoir recours à des expressions complexes et techniques là où l'anglais préfère des appellations plus directes, plus accessibles. D'autres titres auraient sans doute mérité de figurer dans cette rubrique et la liste n'est bien évidemment pas close : *Physical Evidence* (Michael Crichton, 1988), par exemple, que l'on traduirait dans d'autres contextes par « preuve matérielle » (ou par « pièce à conviction », qui relève pratiquement du même concept), est ainsi devenu en français, par un léger glissement sémantique, *Preuve à l'appui*, titre astucieux inspiré d'une expression de la langue courante.

Malgré leur caractère indéniablement arbitraire, les différentes catégories de titres que nous venons d'évoquer donnent un aperçu de la diversité des démarches adoptées par les distributeurs de films lorsqu'il s'agit d'en traduire ou tout du moins d'en adapter les titres. Qu'il soit traduit littéralement, par adaptation, conservé dans sa version originale ou traduit par glissement sémantique, le titre joue toujours un rôle non négligeable dans le succès du film, dont il constitue en quelque sorte, avec la bande-annonce et l'affiche notamment, l'enveloppe commerciale. La traduction des titres de films est donc l'affaire de professionnels du marketing et non de linguistes, ce qui peut contribuer à expliquer la distance prise parfois par rapport au sens du titre original : la priorité, comme nous l'avons vu, n'est pas à la restitution du sens mais au poids du message, au pouvoir de séduction que va exercer le titre « traduit » sur le public cible. Certains distributeurs n'hésitent d'ailleurs pas, dans certains cas, à faire appel à des agences de publicité pour trouver la bonne accroche.

Bien sûr, ce qui a été dit à propos des titres français de films anglo-saxons vaut également pour les titres anglais de films français. Lorsque le titre fait référence à un concept trop ancré dans la culture juridique française, les distributeurs anglais ou américains n'hésitent pas à s'en éloigner pour mieux l'adapter au public cible : ainsi, *Garde*

9. « Le fait qu'en anglais le nom peut s'employer comme adjectif élimine de l'usage courant un certain nombre d'adjectifs savants du type '*oculaire*'. Tout Anglais comprendra du premier coup le composé '*eye-witness*', tandis que '*témoin oculaire*' exige un effort de compréhension et une connaissance plus approfondie de la langue maternelle. » (*Stylistique comparée du français et de l'anglais*, Didier, 1977, p. 73).

à vue (Claude Miller, 1981) a été rebaptisé, en Angleterre, *The Inquisitor* (pour rappel, le système juridique français est un système « inquisitoire », à la différence du système britannique, qui est lui « accusatoire », ou *adversarial*). Dans d'autres cas, on constate que plusieurs titres cible existent pour un même film : *Verdict* (André Cayatte, 1974) est connu par les Anglo-saxons sous le titre de *The Verdict* mais aussi, aux États-Unis notamment, sous celui de *Jury of One*.

Enfin, il ne faut pas oublier qu'il existe différents publics francophones et qu'un film américain ou anglais qui a été adapté pour le public français ou belge ne sera pas nécessairement présenté en l'état au public québécois. On s'amusera par exemple de constater que *Autumn in New York* (Joan Chen, 2000), connu en France sous le titre de *Un automne à New York*, est devenu au Québec *New York en automne*, traduction plus proche de l'original. Chaque pays a sa culture propre, ses propres tabous, ses propres modes et ses propres influences. Ainsi, les producteurs du récent remake américain de *Garde à vue* ont jugé bon de rebaptiser le film *Under Suspicion*[10] (Stephen Hopkins, 2000), titre que le distributeur français a choisi de traduire par *Suspicion*. D'autres titres (*Suspect*, *Soupçons*, etc.) auraient bien sûr pu être envisagés, mais le distributeur doit aussi tenir compte des films existants et des titres que ses prédécesseurs ont choisi de leur donner : il ne suffit pas d'avoir de l'imagination, il faut aussi de la mémoire !

10. Ce titre est aussi celui d'un film de Simon Moore, réalisé en 1991 (sorti en France sous le titre de *Faute de preuves*).

L'apport de la lexicologie dans le travail du traducteur juridique

Discipline issue de la linguistique, la lexicologie est enseignée depuis de nombreuses années dans les universités et dans les écoles de formation à la traduction. C'est pourtant une discipline trop souvent méconnue, y compris des traducteurs eux-mêmes, surtout lorsqu'ils n'ont pas été formés à la linguistique. La lexicologie, dont l'objet est « *d'identifier, derrière le foisonnement des mots – mots et locutions repertoriés, attestés, potentiels – l'ensemble fini des processus morphologiques et sémantiques qui structurent le lexique* »,[1] partage de nombreux points communs avec la terminologie, discipline beaucoup plus connue du « grand » public que l'on définit comme « *l'étude systématique des termes ou mots et syntagmes spéciaux servant à dénommer classes d'objets et concepts* ».[2]

La popularité dont bénéficie aujourd'hui la terminologie, au détriment évident de la lexicologie, peut paraître injuste quand on sait ce que la première de ces disciplines doit à la seconde. En effet, sans la lexicologie, il n'y aurait pas de dictionnaires, et sans dictionnaires, il n'y aurait pas de traducteurs. Saisissons donc l'occasion qui nous est donnée de faire justice à cette discipline encore trop inexplorée qui, comme nous allons le voir dans les lignes qui suivent, présente un intérêt évident non seulement pour le lexicographe, chargé de compiler les dictionnaires, mais également pour le traducteur juridique, qui, tous les jours, qu'il en soit conscient ou non et à des degrés divers, fait œuvre de lexicologue.

John Grisham, célèbre auteur de *legal thrillers*, a choisi d'intituler l'un de ses derniers romans *The Street Lawyer*. Tout traducteur d'un certain niveau aura compris que ce titre fait référence à un avocat qui s'est donné pour mission de défendre les sans-abris et les pauvres, et non à un juriste qui aurait pris pour habitude de vivre dans la rue. Pourtant, une rapide consultation du dictionnaire permettra de se rendre compte que *street children* y est traduit par « enfants des rues » et *street walker* par « prostituée ». Que doit-on en déduire ? Tout simplement que le rapport sémantique qui existe entre *street* et *lawyer* n'est pas le même que celui qui unit *street* et *children* d'une part, et *street* et *walker* d'autre part : dans ces deux derniers cas, la relation sémantique entre les termes est plus directe (la notion exprimée est une notion de lieu : où les enfants vivent-ils ? dans la rue) que dans le premier (« a lawyer who defends the interests of people living on the streets »).

Cet exemple, relativement simple, est cependant très révélateur des subtilités sur lesquelles s'appuie la langue pour remplir sa fonction première, qui est de permettre une communication efficace. En interprétant ce genre de syntagme, le traducteur devient plus ou moins consciemment lexicologue puisqu'il se livre à une véritable analyse

1. Michel Paillard, *Lexicologie contrastive anglais-français*, Ophrys, 2000, p. 7.
2. *Le Petit Robert*, Edition 2000, p. 2501.

sémantique des termes qu'il doit traduire. Peut-on pour autant en déduire que la lexicologie, en tant que discipline, présente un intérêt réel pour le traducteur ? Sans aucun doute. Une bonne connaissance du lexique d'une langue est indispensable à sa compréhension et, par voie de conséquence, à sa traduction. Ce n'est qu'au prix d'une analyse pertinente des mots et des relations sémantiques qui les unissent que le traducteur pourra, par exemple, faire la distinction entre les unités lexicalisées, qui font par définition partie du lexique répertorié, et les séquences dites « fortuites » : un traducteur aguerri saura par exemple que le composé *criminal lawyer* fait partie du lexique de l'anglais, et que par conséquent, il pourra le chercher dans le dictionnaire s'il n'en connaît pas la signification. Par contre, ce même traducteur, s'il rencontre dans un texte le composé *a brilliant lawyer*, saura intuitivement qu'il se trouve en présence d'une séquence non lexicalisée : il n'ira donc chercher l'expression ni à *brilliant*, ni à *lawyer* dans le dictionnaire, sachant que la séquence en question relève non pas du lexique, comme *criminal lawyer*, mais du discours.

De bonnes connaissances lexicologiques peuvent donc, de toute évidence, permettre au traducteur professionnel de mieux apprécier et de mieux saisir les rapports existant entre les mots et lui éviter ainsi de rechercher dans les dictionnaires des mots ou expressions qui ne sont pas censés s'y trouver, ce qui peut se traduire par un gain de temps non négligeable dans son travail.

Le champ d'investigation du lexicologue est par définition très large : outre les noms et les adjectifs, celui-ci est en effet amené à étudier tous les élements qui entrent en ligne de compte dans la composition et le fonctionnement d'une langue, y compris les préfixes et les suffixes, les verbes, les adverbes, les prépositions, etc.

Nous nous contenterons, dans les pages qui suivent, d'examiner principalement deux types de structures dont l'étude s'avère particulièrement enrichissante, à savoir les noms composés et les adjectifs composés. Dans le cadre de notre étude, qui portera donc spécifiquement sur l'anglais juridique, nous constaterons l'infinie complexité des rapports qui unissent les mots et verrons dans quelle mesure la lexicologie peut contribuer à améliorer la qualité du travail du traducteur juridique.

Avant d'aller plus loin, il peut sembler utile, voire indispensable, de s'arrêter un moment sur la notion de « déterminant/déterminé », ou de « qualifiant/qualifié ». Dans les structures linguistiques composées, on dit de certains mots qu'ils jouent le rôle de « déterminants » par rapport à d'autres : autrement dit, ces mots déterminent ou précisent le sens d'autres mots, les « déterminés ». Dans le modèle germanique, sur lequel s'appuient la plupart des composés de l'anglais, le premier mot est le déterminant du second, lequel occupe une fonction sémantiquement plus importante : dans *infringement action* par exemple, *infringement* détermine *action*, qui est le mot le plus important. Dans le modèle roman, en revanche (dont la structure typique est du type nom + préposition + nom), beaucoup plus fréquent en français, le déterminant est placé à droite : dans *contract of employment*, par exemple, *employment*, à droite, détermine *contract*, à gauche. Il est à noter à ce propos que l'anglais, langue d'origine germanique sur laquelle s'est greffée une langue romane, a pour particularité d'offrir la possibilité d'alterner les structures de type germanique et les structures de type roman, comme nous allons le voir dans les paragraphes qui suivent.

Les noms composés

Avant toute chose, il s'agit de définir la notion. Pour les lexicologues, un nom composé est un nom constitué d'au moins deux éléments lexicaux, qui peuvent également s'utiliser de manière autonome, autrement dit indépendamment des structures composées dans lesquelles ils apparaissent.

De plus, il est important d'observer, comme le fait Jean Tournier dans son *Précis de lexicologie anglaise*, qu'« *un nom composé lexicalisé comporte le plus souvent deux éléments autonomes, quelquefois trois et même quatre, très exceptionnellement cinq. Au-delà, il ne peut pas s'agir de noms composés lexicalisés, mais de séquences fortuites, appartenant au discours et non à la langue répertoriée* ».[3]

Actuellement, les lexicologues recensent plus de cinquante types de noms composés. Nous nous arrêterons ici sur les types les plus fréquents en anglais juridique, à savoir les structures nom + nom, nom + verbe à l'infinitif + *-er*, verbe en *-ing* + nom, nom + verbe en *-ing*, nom + verbe à l'infinitif, nom + *s* + nom (nominalisation génitive), et pour finir, nom + préposition + nom.

a) nom + nom

Quelques exemples :

court fees (frais de justice)
courthouse (tribunal)
district attorney (procureur)
junk bond (obligation de pacotille)
jury-box (banc des jurés)
parent company (société mère)
court order (ordonnance d'un tribunal)
house arrest (assignation à résidence)
law graduate (diplômé en droit)
manslaughter (homicide involontaire)
market share (part de marché)
witness stand (barre des témoins)

La structure nom + nom est de très loin la plus fréquente en matière de noms composés. Son succès s'explique notamment par le fait qu'elle permet d'exprimer des idées souvent complexes. En effet, si, dans certains cas, on constate que la relation sémantique qui unit les deux éléments du composé est relativement simple, dans d'autres, le rapport est nettement plus complexe. Certains lexicologues, comme Jean Tournier, ont proposé de dresser une typologie des rapports sémantiques qui existent entre les éléments des noms composés, mais ont également remarqué que dans certains cas, la relation sémantique n'était pas aussi évidente. Dans le cas de *junk bond* par exemple, on peut dire que l'on est en présence d'un rapport de ressemblance : *bond like junk*. De la même façon, on peut dire qu'il y a un rapport partie-tout dans *market share*, *a share of the market*, et que le composé *parent company* s'appuie sur une métaphore. Certains grammaticiens ont ainsi avancé l'idée que les noms composés étaient le plus souvent l'aboutissement d'une « phrase source », autrement dit, le figement en une unité lexicale attestée d'une idée susceptible d'être exprimée par une phrase logique : ainsi, on pourrait dire que *court fees* est le résultat du figement de *the fees you have to pay to go to court*. Jean Tournier, comme d'autres linguistes, a cependant souligné les limites de ce point de vue : « *L'idée de la grammaire générative transformationnelle de considérer le nom composé comme l'aboutissement de transformations d'une "phrase-source" ne rencontre pas de difficultés majeures pour les relations simples* […]. *Mais dès l'instant où les relations sont complexes, et notamment compliquées par des phénomènes*

3. Jean Tournier, *Précis de lexicologie anglaise*, Nathan, 1993, p. 73.

métasémiques et connotatifs, la méthode se révèle inadéquate. Ainsi, on peut se demander quelle serait la phrase-source [...] *correspondant aux composés comme 'sleepstrike' (forme de grève où le travailleur refuse de dormir afin que la qualité de son travail se ressente de sa fatigue) ou 'rabbit punch'* [...]. »[4]

La diversité des relations sémantiques exprimées à travers les noms composés apparaît donc quasi-illimitée, même si l'analyse sémantique systématique se révèle dans certains cas inadéquate. En outre, il est intéressant de constater que certains rapports sémantiques semblent ne pas pouvoir s'exprimer autrement qu'au moyen de la structure de type roman, nom + préposition + nom : on dira ainsi *breach of contract* plutôt que *contract breach*, *court of justice* plutôt que *justice court*, et *court of record* plutôt que *record court*. Dans certains cas, on constatera cependant que les deux types de structure, roman et germanique, sont possibles : *lawyer for the defense* équivaut à *defense lawyer*, et *court of law* est synonyme de *lawcourt*. Certains verront toutefois dans ces composés, particulièrement rares, de réelles nuances de sens : « Today *court of law* often merely emphasizes the dignity of the judicial institution referred to; but in a few jurisdictions, and certainly in historical contexts, it may usefully distinguish a lawcourt from a court of equity or from some other type of court. »[5]

Au vu des quelques exemples cités, on aura également observé que la graphie des noms composés de type nom + nom est variable : dans certains cas, les deux mots sont acollés (ex. *courthouse*), dans d'autres, ils sont séparés par un espace (*court order*), et dans un troisième cas, ils sont reliés par un trait d'union (*jury-box*). Pour comprendre ces différences, il faut préciser que l'usage lui-même varie et que la graphie évolue dans le temps (des différences sont d'ailleurs souvent à noter d'un dictionnaire à l'autre).

b) <u>nom + verbe à l'infinitif + *-er*</u>

office worker (employé de bureau) *drug dealer* (revendeur de drogue)
housebreaker (cambrioleur) *process-server* (huissier de justice)
stockholder, shareholder (actionnaire) *insurance broker* (courtier en assurances)
ambulance chaser (« chasseur de primes »)

Comme on peut le constater au vu de ces exemples, cette structure, où l'on retrouve le suffixe *-er*, est le plus souvent utilisée pour désigner une personne exerçant un métier (*insurance broker*) ou une activité (*drug dealer*) spécifiques. Là encore, on peut observer les différentes relations sémantiques qui unissent les mots : *office worker* et *housebreaker*, par exemple, sont tous deux fondés sur une relation de lieu.

c) <u>verbe en *-ing* + nom</u>

governing body (instance dirigeante) *housing estate* (lotissement)
filing clerk (archiviste) *dwelling-house* (maison d'habitation)
mitigating circumstances (circonstances atténuantes)
examining magistrate (magistrat instructeur, juge d'instruction)

Dans certains de ces composés, la relation entre les deux mots est très directe : *governing* est l'activité exercée par *body*, *filing* est l'activité du *clerk*, etc. Dans ces cas, le rapport exprimé est un rapport de fonction. Dans d'autres cas, l'idée exprimée est une idée de lieu : *a dwelling-house is a house in which a person lives*.

4. Jean Tournier, *Structures lexicales de l'anglais*, Nathan, 1991, p. 128.
5. Bryan A. Garner, *A Dictionary of Modern Legal Usage*, Oxford University Press, 1995, p. 233.

d) nom + verbe en *-ing*

oath-taking (prestation de serment)
insider dealing (délit d'initié)
housebreaking (cambriolage)
forum shopping (recherche de la juridiction la plus avantageuse)

Ici encore, on constatera que la graphie est variable : trait d'union dans certains cas (*oath-taking*), espace (*insider dealing*) et mots accolés (*housebreaking*) dans d'autres. On notera par ailleurs que le composé *forum shopping*, de formation récente, ne peut se traduire autrement que par dilution.

e) nom + verbe à l'infinitif

home leave (congé pour rentrer au domicile) *jailbreak* (évasion)

f) nom + *s* + nom

attorney's fees (honoraires d'avocat) *founder's shares* (parts de fondateur)
gentleman's agreement (accord verbal/informel ; on rencontre aussi *gentlemen's agreement*)

Le « s », dans cette structure, indique que l'on est en présence d'une nominalisation génitive. Autrement dit, *b* (*fees*) appartient à *a* (*attorney*).

g) nom + préposition + nom

contempt of court (outrage à magistrat) *action in tort* (action en réparation)
miscarriage of justice (erreur judiciaire)
service of process (signification d'actes de procédure)
breach of trust (manquement d'un fiduciaire à ses obligations ; abus de confiance)
judgement by default (jugement par défaut ou par contumace)

Dans ce type de structure, qui s'appuie sur le modèle roman, la préposition la plus souvent employée est incontestablement *of* (cf. quatre des six exemples cités). Pour expliquer le succès de cette préposition, Jean Tournier avance l'hypothèse suivante : « *La suprématie de la préposition OF sur les autres est due à sa polysémie ou, si l'on veut, au caractère un peu vague de son "sens".* »[6]

In et *at* sont également assez fréquents, comme en témoignent les composés *examination-in-chief* (interrogatoire), *trustee in bankruptcy* (syndic de faillite), *attorney-at-law* (avocat), ou encore, *action-at-law* (action en justice).

On constatera, dans la structure nom + préposition + nom, que le déterminant est placé à droite du déterminé, contrairement à ce qui est le cas dans le modèle germanique. On observera également que dans la plupart des cas, l'inversion des éléments est impossible : *contempt of court* ne devient jamais *court contempt*, ni *breach of trust*, *trust breach*. En revanche, *default judgement* est tout aussi acceptable que *judgement by default*.

Enfin, on peut observer que lorsqu'un déterminé est polysémique, tel sens s'exprime presque exclusivement au moyen de structures de type roman et tel autre presque exclusivement au moyen de structures de type germanique : ainsi, dans *after-sales*

6. *Précis de lexicologie anglaise*, *op. cit.*, p. 72.

service (service après-vente) et *service of process* (signification d'actes de procédure), *service* a respectivement le sens d'« organisation chargée d'une branche d'activité dans une société » et de « signification » (sens juridique).

Une catégorie à part : la structure adjectif + nom

Les exemples donnés ci-dessus illustrent on ne peut mieux l'extrême diversité des relations sémantiques qui unissent les mots. Pour pousser un peu plus loin notre analyse, arrêtons-nous toutefois un instant sur un autre type de structure, à savoir le modèle adjectif + nom, souvent catalogué par les lexicologues comme un type de nom composé à part entière.

Certains des composés qui suivent pourront apparaître comme des faits de discours et non comme des faits de langue. Il suffira cependant de consulter quelques dictionnaires spécialisés pour constater que nous sommes bien en présence d'unités lexicalisées attestées, qui ne sont en rien des séquences accidentelles.

Prenons les quelques exemples suivants :
false arrest (arrestation illégale)
legal adviser (conseiller juridique)
judicial panel (juridiction collégiale)
justiciable offence (infraction punissable devant les tribunaux)
ordinary assault (voies de fait simples)
malicious damage (dommage résultant d'un acte de malveillance)
oral pleadings (plaidoiries, cf. CIJ)

Dans ces composés, on constate que l'adjectif utilisé remplit la fonction de qualificatif : on peut donc dire que l'adjectif précise la qualité du nom auquel il est associé. Dans les exemples cités, on notera également le cas particulier que constitue le composé *malicious damage*, qui constitue un bon exemple d'hypallage[7] : *malicious*, en effet, ne qualifie pas *damage* mais la personne qui a commis l'acte, ou son intention (*malicious intent*). Ce composé, où l'on constate un décalage évident entre les structures syntaxique et sémantique, est donc le résultat d'une équation que l'on pourrait résumer de la manière suivante : *malicious damage is damage done by a malicious person* (on notera au passage la traduction explicative proposée en français).

Le principal intérêt de la catégorie adjectif + nom, on l'aura compris, est qu'elle permet d'étudier les glissements sémantiques qui se produisent parfois d'une structure à l'autre, alors que l'aspect syntaxique reste le même. Prenons l'exemple suivant :

juvenile court (*Ang.* tribunal pour mineurs de moins de 17 ans)
juvenile crime (délinquance juvenile)
juvenile delinquent (mineur délinquant, jeune délinquant, en fonction du point de vue)

Dans ces trois composés, l'adjectif, *juvenile*, est le même, mais les rapports sémantiques que celui-ci entretient avec les noms qu'il sert à déterminer sont manifestement différents : dans *juvenile court*, l'adjectif définit un tribunal où l'on juge les jeunes délinquants, il y a donc l'idée de fonction ; le deuxième composé, *juvenile crime*, désigne les infractions commises par de jeunes délinquants (on comprend que ce ne sont

7. Un composé présente une « hypallage » lorsqu'un décalage existe entre la portée syntaxique apparente et la portée sémantique réelle de l'adjectif.

pas les infractions qui sont « juvéniles ») ; enfin, dans le troisième cas, *juvenile* désigne les délinquants ne dépassant pas un certain âge.

En d'autres termes, le rapport sémantique entre l'adjectif et le nom n'est direct que dans le troisième cas (*juvenile delinquent*). Dans *juvenile court* et *juvenile crime*, deux autres exemples d'hypallage, on constate un écart – ou un glissement – sémantique qui résulte de l'absence d'un mot essentiel, qui apparaît dès lors que l'on rétablit la phrase-source : *a juvenile court is a court having jurisdiction over juvenile **offenders**, juvenile crime refers to crimes committed by juvenile **offenders***.

Le fait que des termes soient « effacés » dans certains composés, où ils sont simplement sous-entendus, doit de toute évidence être pris en compte par le traducteur, dont le travail revient souvent à combler certaines lacunes linguistiques, à exprimer dans la langue cible ce qui est passé sous silence dans la langue source.

Les rapports sémantiques entre les mots sont donc des plus subtils, ce quelle que soit la structure. On remarquera que dans de nombreux cas, la compréhension du composé se fait de manière presque intuitive, par association d'idées ; ainsi, tout traducteur comprendra intuitivement, même sans connaître l'expression, qu'un *criminal lawyer* n'a rien de « criminel », même si un *criminal act* rend son auteur passible de sanctions pénales.[8] C'est cette faculté d'inférence, de déduction intuitive du sens que devra veiller à développer le traducteur juridique afin d'acquérir un certain nombre de réflexes qui lui permettront d'aller plus vite dans son travail.

Penchons-nous à présent, pour en terminer avec les noms composés, sur le cas spécifique des « surcomposés » et sur les problèmes de compréhension et donc, de traduction, que ces structures particulières peuvent occasionner.

Le cas particulier des surcomposés

Comme nous venons de le voir, les noms composés sont le plus souvent constitués de deux éléments. Dans certains cas, ils peuvent comprendre trois, voire quatre éléments. Les surcomposés à cinq éléments restent exceptionnels et sont généralement réduits à des sigles. Les composés à trois éléments sont fondés sur trois grands types de structure : AB + C, A + BC, et A + B + C.

Le premier type, AB + C, est sans conteste le plus fréquent : dans cette structure, les deux premiers éléments (AB), qui constituent en eux-mêmes un composé, sont les déterminants du troisième (C). Dans *civil liberty group* (association de défense des libertés du citoyen), par exemple, le composé *civil liberty* est le déterminant de *group* (l'adjectif *civil* est ici considéré comme un sous-déterminant puisqu'il détermine lui-même *liberty*).

8. Comme de nombreux adjectifs en anglais, *criminal* peut être tour à tour adjectif de relation et adjectif qualificatif. Un adjectif de relation est un « *déterminant du substantif qui n'exprime pas une qualité inhérente de l'être ou de l'objet désigné par le déterminé, mais un lien relationnel de dépendance, d'appartenance ou d'exclusion* » (Jean Delisle, *La traduction raisonnée*, Presses de l'Université d'Ottawa, 1993, p. 19). C'est le cas de *criminal* dans *criminal lawyer*, « avocat pénaliste/criminaliste ». Un adjectif qualificatif est un « *déterminant du substantif qui exprime une manière d'être, une qualité de l'être ou de l'objet désigné par le nom auquel il se rapporte* » (*La traduction raisonnée*, op. cit., p. 19). Dans *criminal act*, *criminal* est adjectif qualificatif. Il est à noter que l'anglais « *se sert des qualificatifs comme adjectifs de relation avec une facilité que le français n'a pas encore égalée* » (J.P. Vinay et J. Darbelnet, *Stylistique comparée du français et de l'anglais*, Didier, 1977, p. 124). Il n'est donc pas étonnant de constater que les adjectifs de relation anglais sont souvent rendus par une locution adjectivale en français : *legal expenses* : « frais de justice » ; *legal fees* : « honoraires d'avocat », etc. Les exceptions restent cependant possibles (cf. « avocat pénaliste »).

Dans *collective-bargaining agreement* (convention collective), *collective-bargaining* est le déterminant de *agreement*. Dans *grand-jury probe* et *subject-matter jurisdiction*, *grand-jury* et *subject-matter* sont les déterminants de *probe* et de *jurisdiction*, respectivement. Dans ces quelques exemples, on constate que les deux premiers termes peuvent s'utiliser de manière autonome, en tant que composé à part entière : ainsi, *collective bargaining* ou *subject matter* constituent en eux-mêmes des composés qu'il n'est pas rare de rencontrer dans les textes juridiques. Ces deux composés sont des exemples de *phrasal adjectives*, nom donné par les linguistes anglo-saxons aux noms composés pouvant être utilisés comme adjectifs épithètes dans des surcomposés. Nous reviendrons sur cette structure un peu plus loin, dans le cadre de la rubrique « Les adjectifs composés ».

Dans le deuxième type de structure, A + BC, le premier élément constitue le déterminant du composé formé par les deuxième et troisième éléments : ex. *employee share ownership* (actionnariat des salariés). Enfin, dans le troisième cas de figure, plus rare (A + B + C), les deux premiers éléments constituent chacun un déterminant du troisième élément (ex. *private limited company*, société à responsabilité limitée).

De toute évidence, plus les composés sont complexes, plus le risque d'ambiguïté est grand : s'il est facile de comprendre le sens de *breach-of-contract claim*, il est en revanche beaucoup plus difficile de cerner les éléments déterminants et les éléments déterminés dans un composé comme *retiree benefit litigation procedure*.

Les problèmes de lisibilité posés par les surcomposés ont fait l'objet d'un certain nombre d'études et ont inspiré à Bryan A. Garner l'observation suivante : « *Readability often drops when three words that are structurally nouns follow in succession, although exceptions such as fidelity life insurance certainly exist* [...]. *The plague is virtually unendurable when four nouns appear consecutively.* »[9]

Les adjectifs composés

Après les noms composés, arrêtons-nous brièvement sur les adjectifs composés, autre type de structure dont l'étude n'est pas dénuée d'intérêt. Pour reprendre la définition de Jean Tournier, « *la plupart des adjectifs composés sont constitués de deux éléments lexicaux autonomes, un morphème non autonome (suffixe ou désinence) pouvant être lié à l'un de ces éléments* ».[10]

Signalons tout d'abord que les relations sémantiques entre les éléments des adjectifs composés sont relativement limitées et beaucoup moins variées que les relations entre les éléments de noms composés. Dans la catégorie des adjectifs composés, l'anglais juridique privilégie essentiellement cinq grands types de structure : nom + verbe au participe passé, adverbe + verbe au participe passé, nom + verbe en *-ing*, adjectif + nom, et adjectif + conjonction *and* + adjectif.

Dans la plupart des cas, la relation sémantique entre les éléments apparaît de manière très claire :

a) nom + verbe au participe passé

Un bon exemple, dans cette catégorie, est celui que constitue *judge-made*. Cet adjectif, qui apparaît comme l'antonyme de *statutory*, est le plus souvent utilisé en

9. *A Dictionary of Modern Legal Usage*, *op. cit.*, p. 601.
10. *Structures lexicales de l'anglais*, op. cit., p. 10.

collocation avec *law* (*judge-made law* : droit jurisprudentiel, droit prétorien) ou *system of law*.

b) adverbe + verbe au participe passé

well-founded (fondé, se dit notamment d'une demande en justice)

publicly-held, *publicly-owned* (cooccurrent de *company* : société anonyme, aux Etats-Unis)

c) nom + verbe en *-ing*

law-abiding (respectueux des lois)

law-making (législatif)

On constatera ici que *law-making* peut aussi s'utiliser comme substantif, pour désigner une activité législative.

d) adjectif + nom

Les composés de ce type, appelés *phrasal adjectives* par les linguistes anglo-saxons, sont particulièrement fréquents dans le langage juridique. La plupart de ces composés ont pour particularité de pouvoir également s'utiliser de manière autonome (ce qui n'est pas le cas des adjectifs composés des autres catégories), sans que leur soit adjoint un nom : d'ailleurs, les adjectifs composés fondés sur la structure adjectif + nom sont le plus souvent des noms composés avant même d'être des adjectifs. *Personal injury*, par exemple, avant de devenir cooccurrent de *lawyer*, a le sens de « dommage corporel ».

Ajoutons aux exemples déjà cités (voir « Le cas particulier des surcomposés ») les exemples ci-dessous :

high-security (*prison* : prison de haute sécurité)
common-law (*marriage* : concubinage, union libre)
second-degree (*murder* : meurtre simple)
public-interest (*group* : association à but non lucratif)
personal-injury (*lawyer* : avocat spécialisé dans les dommages corporels)
equal opportunity (employer : employeur qui garantit l'égalité des chances)
affirmative-action (*policy* : politique fondée sur l'action positive)

Dans presque tous les cas, on constate que les deux éléments qui composent l'adjectif sont reliés par un tiret, ce qui n'est pas le cas lorsque le syntagme est utilisé de manière autonome, comme nom composé : ainsi, on écrira *affirmative-action policy*, mais *affirmative action is based on*….

e) adjectif + conjonction *and* + adjectif

Cette catégorie est assez faiblement représentée mais citons toutefois l'adjectif *joint and several*, très fréquent dans les document juridiques, en particulier dans les contrats, où il est souvent question de *joint and several liability* (« responsabilité solidaire »).

En guise de conclusion…

La lexicologie apparaît ainsi comme une discipline non pas réservée à une élite mais bien ancrée dans le quotidien du traducteur professionnel, qui la pratique le plus souvent sans même en avoir conscience.

Cette branche de la linguistique, comme nous l'avons vu dans l'introduction du présent chapitre, reste aujourd'hui en partie inexplorée. Pourtant, la lexicologie est à la base même de la terminologie et apparaît indispensable à une pratique raisonnée de la traduction. De bonnes connaissances lexicologiques sont indispensables à au moins deux titres : d'abord, « *la réflexion systématique sur le lexique permet d'aller plus loin et de prendre conscience que chaque langue est porteuse d'une interprétation spécifique de la réalité* »[11] ; ensuite, ces connaissances permettent de comprendre comment se forment les néologismes, pourquoi le phénomène de l'emprunt est indispensable, comment fonctionne la troncation, etc. Nous nous sommes penchés ici plus particulièrement sur le cas des noms et des adjectifs composés : nous aurions aussi pu, bien sûr, nous arrêter sur la question des préfixes et des suffixes, si importants dans le langage du droit – le préfixe *cross-*, que l'on retrouve dans de nombreux composés comme *cross-action*, *cross-appeal* ou *cross-examination*, mériterait une étude à lui tout seul –, tout comme nous aurions pu dire un mot des *postpositive adjectives* (*court martial*, *fee simple*, *heir apparent*, *law merchant*, *letters patent*, *president-elect*, etc.), qui constituent encore aujourd'hui une preuve de l'influence que le français a eu sur l'anglais au moment de la conquête normande.

Le traducteur n'est pas seulement un « peseur perpétuel d'acceptions », comme le disait si poétiquement Victor Hugo : c'est aussi un analyste des langues, un lexicologue à part entière qui, encore trop souvent, s'ignore et qui n'a pas toujours conscience des champs d'étude fabuleux qui s'ouvrent à lui.

11. Jean Tournier, *Précis de lexicologie anglaise*, *op. cit.*, p. 190.

Le français et l'anglais juridiques : une question de point de vue

Le traducteur inexpérimenté et le profane croient souvent que les difficultés rencontrées en traduction juridique sont pour la plupart liées aux termes dits « à fort contenu culturel », aux mots et expressions qui, parce qu'ils sont propres à la culture dont ils émanent, ne trouvent pas d'équivalents dans la culture – et donc, la langue – d'arrivée. Si nul ne peut contester les problèmes que posent les *culture-bound terms*, pour les raisons que nous avons vues antérieurement (cf. *La traduction des termes à fort contenu culturel : une étude de cas*), il ne faut pas pour autant oublier les difficultés qui découlent de faits de langue plus généraux et des divergences qui opposent le français et l'anglais. Ces deux langues, en effet, n'ont pas la même vision du monde et les différences, contrairement à ce que certains pourraient penser, ne s'arrêtent pas aux faits culturels les plus évidents. Ces derniers découlent d'une certaine façon des habitudes de vie : autrement dit, si le traducteur peut éprouver des difficultés à traduire un terme comme *attorney general*, c'est parce que celui-ci renvoie à une réalité inexistante dans la culture française. Les problèmes liés aux termes découlant des habitudes de vie sont en fait les plus visibles et constituent en quelque sorte la partie émergée de l'iceberg. Dans de nombreux autres cas, ce sont les termes liés aux habitudes de pensée qui posent problème. Comme le remarque Jean Tournier,[1] « *les habitudes de pensée, c'est-à-dire la façon particulière d'interpréter les données de l'expérience, transparaissent également, quoique de façon moins immédiatement évidente, dans la langue en général et le lexique en particulier : tout lexique correspond à un certain découpage de la réalité, à une vision du monde propre à une communauté linguistique* ». De nombreux autres linguistes, tels que J.P. Vinay et J. Darbelnet ou Henri van Hoof, ont fait cette constatation et se sont attachés à décrire les différences stylistiques qui opposent l'anglais et le français.

Il est tout à fait intéressant de constater que les conclusions auxquelles sont arrivés ces linguistes sont tout aussi valables dans le cas du langage juridique, lequel, comme nous l'avons vu, a ses propres spécificités et sa propre logique. Pour voir dans quelle mesure les thèses développées par Vinay et Darbelnet, Henri van Hoof et d'autres s'appliquent au langage juridique, prenons l'exemple particulièrement révélateur du terme *law* et de ses dérivés.

Tout d'abord, il convient de remarquer que le terme *law* est utilisé en même temps dans un sens générique, pour désigner l'ensemble des règles régissant la vie en société (« droit »), et dans un sens spécifique, pour désigner une norme ou un ensemble de normes d'ordre juridique (« loi(s) »). Il s'agit là d'une spécificité de l'anglais par rapport à la plupart des langues européennes, qui ont généralement deux mots pour désigner chacune de ces réalités : c'est notamment le cas de l'italien, avec *diritto* et *legge*, de l'espagnol, avec *derecho* et *ley*, de l'allemand, avec *Recht* et *Gesetz*, et donc du fran-

1. *Structures lexicales de l'anglais*, Nathan Université, 1991, p. 46.

çais, avec « droit » et « loi ». Le terme « droit », en français, a cependant l'inconvénient d'être ambigu lorsqu'il est utilisé hors contexte, problème que ne connaît pas l'anglais puisque deux termes, *right* et *law*, existent dans cette langue pour désigner le droit selon qu'il est subjectif ou objectif : songeons, comme nous y invite Louis Beaudoin,[2] « à l'heureuse dichotomie qui existe en anglais entre *right* et *law*, mots-clés du vocabulaire juridique de base pour lequel le français ne dispose que d'un seul mot, "droit", que l'on doit qualifier (droit objectif/droit subjectif) ou éclairer par le contexte pour en exprimer les diverses acceptions ». Les observations proposées dans le dictionnaire juridique Quemner vont dans le même sens : « Alors que le terme français "droit" a un sens à la fois objectif et subjectif, la langue anglaise dispose de deux expressions qui permettent d'éviter les circonlocutions. Ainsi, le droit de la propriété est '*the law of property*' mais un droit de propriété est '*a right of property*'. »[3]

Dans un deuxième temps, il est intéressant de constater que *law* apparaît souvent en position de nom adjectivé, ce qui témoigne de la souplesse de la langue anglaise. Le français, en effet, ne permet pas cette pratique et oblige le traducteur à adopter d'autres solutions. En position adjectivale, *law* doit ainsi se rendre par un adjectif ou, plus souvent, par une locution adjectivale construite sur un substantif : *law firm* : « cabinet juridique » (ou « cabinet d'avocats »), *law graduate* : « diplômé en droit », *law school* : « faculté de droit », *law costs* : « frais de justice », etc.

Dans leur ouvrage *Stylistique comparée du français et de l'anglais*,[4] J.P. Vinay et J. Darbelnet soulignent l'importance que prend en traduction la notion d'« économie », qu'ils définissent en ces termes : « *Il y a économie dans un segment de l'énoncé lorsque le même signifié est porté par un signifiant allégé* ». Dans son ouvrage *Traduire l'anglais*, Henri van Hoof observe pour sa part que l'anglais est plus synthétique et le français, plus analytique : « *Et l'on constate ainsi que l'anglais peut habituellement se contenter de moins de mots que le français pour exprimer une même idée. Cela tient en partie à la plus grande facilité de dérivation et de composition* ».[5] Il ne s'agit nullement de remettre en cause ces observations, mais certains exemples tendraient à indiquer que l'économie lexicale bénéficie parfois au français : *case-law* : « jurisprudence », *as a matter of law* : « en droit ». Dans de nombreux cas, toutefois, l'anglais fait en effet preuve d'une concision que le français ne peut égaler : le distributeur français du film *Down by law*, qui raconte les rapports tendus entre trois petits malfrats contraints à la cohabitation dans une cellule de la prison de la Nouvelle-Orléans, s'est ainsi abstenu de traduire ce titre, qui aurait sans doute nécessité une périphrase maladroite et lourde en français (si l'on excepte *Sous le coup de la loi*, titre ingénieux proposé au public québécois francophone mais qui n'a malheureusement pas franchi l'Atlantique). Parmi les autres exemples d'économie lexicale – en anglais, cette fois – citons *lawsuit* (« action en justice »), le verbe *to outlaw* (« mettre hors-la-loi »), ou encore la locution *to err in law* (« commettre une erreur de droit »).

Il convient ensuite de remarquer que contrairement au français, plus abstrait, l'anglais semble avoir une nette préférence pour le concret. Vinay et Darbelnet remarquent ainsi que « *d'une façon générale, les mots français se situent à un niveau d'abstraction*

2. *Traduire la common law en français : rebelle ou fidèle ?*, in Actes du colloque de l'ETI sur la traduction juridique, 2000, p. 442.
3. *Dictionnaire juridique Quemner*, Editions de Navarre, 1977, p. 223.
4. Didier Erudition, 1977 (nouvelle édition), p. 184.
5. Henri van Hoof, *Traduire l'anglais*, Duculot, 1989, p. 35.

supérieur à celui des mots anglais correspondants. Ils s'embarrassent moins des détails de la réalité ».[6] Cette différence se manifeste souvent par la préférence manifeste de l'anglais pour les termes courants, là où le français opte pour un terme technique ou « savant ». Cette constatation se vérifie pour toutes les catégories de mots, verbes, substantifs ou autres : *to break the law* : « enfreindre la loi », *law-breaker* : « malfaiteur », « délinquant », et son antonyme *law-maker* : « législateur », *dead law* : « loi en désuétude », *judge-made law* : « droit jurisprudentiel », « droit prétorien », etc. Les termes français, à l'évidence, apparaissent souvent plus techniques que les termes anglais, qui sont pour leur part plus imagés et métaphoriques : le composé *law-maker* se comprend sans effort, ce qui n'est pas le cas de « législateur », son équivalent français. L'anglais privilégie généralement des verbes simples (*to take to law, to go to law*) et a également souvent recours à la personnification (cf. *dead law*), figure de rhétorique qui consiste à attribuer à des choses inanimées ou à des entités abstraites des sentiments ou des comportements. La préférence de l'anglais pour le plan du réel s'exprime aussi à travers l'expression *to take the law into one's own hands*, plus imagée et plus concrète que son équivalent français, « (se) faire justice soi-même ». Pour autant, le français sait aussi parfois se placer sur le plan du concret et adopter un ton plus familier, moins neutre, comme en témoigne l'expression « faire son droit », plus « colorée » que son équivalent anglais *to study/to read law*.

Moins économique que l'anglais, le français nécessite souvent le recours à la dilution dans la traduction : ainsi, *to enforce the law* se traduira notamment par « faire respecter la loi ». Il est d'ailleurs intéressant de constater, à propos du verbe *to enforce*, que le substantif correspondant, *enforcement*, n'a pas à proprement parler d'équivalent en français, ce qui constitue un exemple de lacune lexicale. Le français et l'anglais n'ayant pas la même vision de la réalité, il est logique que certains mots fassent parfois défaut dans l'une ou l'autre de ces langues. Le traducteur devra donc avoir recours à différentes solutions pour traduire l'expression *law enforcement* : « lutte contre la délinquance » (modulation avec inversion du point de vue), « la police et la justice » (traduction métonymique), « maintien de l'ordre », etc. Dans le cas des composés construits autour de *law enforcement*, qui devient alors *phrasal adjective*, la dilution sera particulièrement importante : *law-enforcement body* : « organisme chargé de l'application de la loi », *law-enforcement authorities* : « autorités chargées de veiller au respect de la loi ». Dans certains cas, une traduction concise est cependant possible : *law-enforcement officer* : « représentant de l'ordre », « agent de la force publique ».

Au vu des quelques exemples cités ci-dessus, il ne fait donc aucun doute que l'anglais et le français ont une approche différente de la réalité. Pour nous en convaincre encore un peu plus, attardons-nous sur quelques particularités ponctuelles. Tout d'abord, on peut constater que dans certains cas, le terme *law* n'est pas repris dans la traduction française du composé original où il apparaît : *brother-in-law*, par exemple, devient simplement « beau-frère » (et *sister-in-law* « belle-sœur »), *attorney-at-law* devient « avocat », *common-law marriage* est rendu par « concubinage » ou « union libre », *common-law husband/wife* par « concubin »/« concubine », etc. Dans d'autres cas, il arrive parfois que deux termes qui semblent a priori se répondre n'aient rien en commun (c'est le phénomène des « faux parallèles ») : *in-laws* (les « beaux-parents »), par exemple, n'est en rien le pendant de *outlaws* (« hors-la-loi ») !

6. *Stylistique comparée du français et de l'anglais*, *op. cit.*, p. 59.

À la frontière des *culture-bound terms*, qui découlent donc des habitudes de vie, et des termes traduisant une certaine conception de la réalité, il est difficile de ne pas citer l'expression *law and order*, connue de tout citoyen américain et britannique mais sans réel équivalent dans la culture française. Les nombreuses traductions que les dictionnaires proposent de cette expression (« ordre public », « maintien de l'ordre », « lutte contre la criminalité ») sont la preuve incontestable qu'elle ne correspond à aucune réalité précise dans la culture d'arrivée. Pour finir, il est intéressant de remarquer que le terme *law* est parfois utilisé sous une forme métonymique pour désigner la profession juridique dans son ensemble (*one may live greatly in the law as elsewhere*) ou la police, comme en atteste cet exemple, proposé par le *Harrap's Slang Dictionary*[7]: *here comes the law!* : « voilà les flics ! ».

Les remarques faites ci-dessus, à propos aussi bien de l'économie lexicale que des lacunes d'une langue par rapport à l'autre ou du positionnement de l'anglais sur le plan du réel et du français sur celui de l'abstraction, tendent donc à prouver que ces deux langues ont une façon différente d'aborder et de concevoir le monde qui nous entoure. Pour autant, il faut se garder de toute généralisation hâtive. Ainsi, Jean Delisle n'hésite pas à remettre en question la « primauté du substantif » dont Vinay et Darbelnet[8] et Henri van Hoof[9] font l'une des principales caractéristiques du français par rapport à l'anglais : « *On aurait tort de croire que le 'style substantif' est une des grandes caractéristiques de la langue française* ».[10] Cela étant, force est de constater que le français n'a souvent d'autre choix que de passer par un substantif là où l'anglais peut choisir un adjectif ou un adverbe (on connaît la grande utilisation faite par cette deuxième langue de la dérivation). Pour traduire l'adjectif *lawless*, par exemple, il faudra le plus souvent avoir recours à des locutions fondées sur des substantifs : (à propos d'une personne) « sans foi ni loi », « qui bafoue la loi », (à propos d'un lieu) « infesté par la criminalité », « livré à l'anarchie/au désordre ». Peut-on pour autant en tirer des conclusions générales, à vocation universelle ? Rien n'est moins sûr. Le plus important est sans doute de reconnaître à chaque langue son génie propre, ses défauts et ses qualités, et ne jamais oublier que lorsqu'une langue semble céder du terrain devant l'autre, c'est le plus souvent pour mieux s'imposer par la suite. Ainsi, si le français ne dispose que du mot « droit » là où l'anglais offre le choix entre *law* et *right*, il dispose en revanche parfois d'outils lexicaux dont l'anglais semble dénué : le traducteur francophone pourra ainsi choisir entre « lois » et « législation » pour rendre *laws* (*legislation* existe en anglais mais jouit dans cette langue d'une popularité assez limitée, qui s'explique peut-être par le côté trop « technique » du terme).

Ce n'est qu'au prix d'une étude approfondie du lexique de chaque langue que le traducteur débutant pourra prendre conscience des différences fondamentales qui opposent le français et l'anglais. Si ces dernières ne se laissent pas facilement observer, ou, en tout cas, moins facilement que les difficultés découlant des termes « culturels »,

7. *Harrap's Slang Dictionary*, 1993, p. 153.
8. « Le rôle prépondérant du substantif en français a été constaté maintes fois, aussi bien par des hommes de lettres que par les linguistes. » (*Stylistique comparée du français et de l'anglais*, *op. cit.*, p. 102).
9. « Langue du raisonnement, le français tendra donc tout naturellement à rendre les états terminés, les formes arrêtées, qui traduisent une prise de position. La rançon d'une telle attitude est un certain statisme, dont les manifestations pratiques vont d'une prédilection pour le substantif à l'emploi statique de certains verbes de mouvement. » (*Traduire l'anglais*, *op. cit.*, p. 62).
10. Jean Delisle, *La traduction raisonnée*, Presses de l'Université d'Ottawa, 1993, p. 341.

c'est parce qu'elles découlent des habitudes de pensée, habitudes dont nous nous souvenons qu'elles transparaissent « de façon moins évidente » dans la langue et le lexique que les habitudes de vie, plus immédiatement perceptibles. Jean Tournier résume parfaitement, en quelques lignes, tout l'intérêt que présente l'étude comparée des cultures et des langues qui en sont l'expression : « *L'étude comparée de deux ou plusieurs cultures, fondée sur l'étude comparée de langues en général et de lexiques en particulier, a une grande valeur éducative. Elle permet de prendre pleinement conscience du fait qu'il y a plusieurs façons de considérer la réalité, toutes aussi valables l'une que l'autre, puisque, quelle que soit la langue et la vision du monde qu'elle reflète, celle-ci remplit aussi correctement sa fonction de communication* [...]. *L'étude comparée du lexique est une école de tolérance, en même temps qu'un facteur d'enrichissement personnel.* »[11]

11. *Structures lexicales de l'anglais*, *op. cit.*, p. 47.

TROISIÈME PARTIE

TEXTES TRADUITS ET ANNOTÉS

Les textes qui suivent constituent le volet pratique de l'ouvrage et sont destinés aussi bien à l'étudiant, qui pourra s'entraîner à les traduire, qu'au traducteur professionnel, qui y trouvera sans doute, sinon des réponses, au moins des indices susceptibles de l'aider dans son travail. Les textes sont accompagnés de notes mettant l'accent sur des faits linguistiques ou culturels, ou apportant des précisions sur les procédés de traduction mis en œuvre. Compte tenu de l'importance, en traduction, de la qualité de la langue d'arrivée, certaines notes sont par ailleurs complétées par des précisions sur des expressions françaises susceptibles de poser problème.

L'auteur a souhaité donner, à travers la sélection qui suit, une illustration fidèle de la double réalité à laquelle est confronté le traducteur juridique : celui-ci est en effet le plus souvent amené à traduire des documents non seulement très différents les uns des autres mais également de longueur variable. Le lecteur aura donc le choix entre des textes courts et des documents plus longs, des textes intégraux et des extraits de documents divers.

Les textes sont classés en trois grandes catégories : textes institutionnels, textes contractuels et textes divers. Cette classification, bien entendu, reste arbitraire et l'on pourra trouver sans peine des textes ne rentrant dans aucune de ces trois catégories, voire se trouvant à cheval entre deux catégories (c'est le cas notamment des contrats passés entre organismes internationaux, qui relèvent aussi bien de la première catégorie que de la deuxième). Pour autant, nul ne pourra contester que la plupart des textes traduits en situation professionnelle tombent dans l'une ou l'autre des catégories retenues.

Pour finir, il convient de préciser que les traductions proposées sont dans certains cas des traductions officielles, reproduites avec l'autorisation des personnes concernées, et dans d'autres des traductions originales de l'auteur, émanant de sa pratique professionnelle.

Texte 1

Le texte qui suit est composé d'extraits de la Convention des Nations Unies sur le Transport de Marchandises par Mer, qui date de 1978. Ce texte, plus connu sous le nom de « Règles de Hambourg », émane de la Commission des Nations Unies pour le droit commercial international (CNUDCI) et régit les droits et obligations des chargeurs, transporteurs et destinataires.

Les passages choisis, extraits des articles 5, 19, 20 et 23, portent sur la responsabilité du transporteur, les droits et actions des parties, et les clauses des contrats de transport.

Le texte permet d'aborder à la fois des termes de base du vocabulaire juridique (cf. *claim*) et des difficultés de traduction ponctuelles : disjonction exclusive, problèmes posés par les adverbes composés (cf. *thereof*), les tautologies, etc.

La traduction qui suit l'original est la traduction officielle.

Article 5. Basis of liability

1. The carrier is liable for loss resulting from loss[1] of or damage to the goods, as well as from delay in delivery, if the occurrence which caused the loss, damage or delay took place while the goods were in his charge as defined in article 4, unless the carrier proves that he[2], his servants[3] or agents took all measures that could reasonably[4] be required to avoid the occurrence and its consequences.

2. Delay in delivery occurs when the goods have not been delivered at the port of discharge provided for in the contract of carriage by sea within the time expressly agreed upon or, in the absence of[5] such agreement, within the time which it would be reasonable to require of a diligent[6] carrier, having regard to the circumstances of the case.

3. The person entitled to make a claim for the loss of goods[7] may treat the goods as lost if they have not been delivered as required by article 4 within 60 consecutive days following the expiry of the time for delivery according to paragraph 2 of this article.

4. (*a*) The carrier is liable

(i) for loss of or damage to the goods or delay in delivery caused by fire, if the claimant[8] proves that the fire arose from fault or neglect[9] on the part of the carrier, his servants or agents;

(ii) for such loss, damage or delay in delivery which is proved by the claimant to have resulted from the fault or neglect of the carrier, his servants or agents in taking all measures that could reasonably be required to put out the fire and avoid or mitigate its consequences.

(*b*) In case of fire on board the ship affecting the goods, if the claimant or the carrier so desires, a survey in accordance with shipping practices must be held into the cause and circumstances of the fire, and a copy of the surveyors report shall be made available on demand to[10] the carrier and the claimant.

5. With respect to live animals[11], the carrier is not liable for loss, damage or delay in delivery resulting from any special risks inherent in that kind of carriage. If the carrier proves that he has complied with any special instructions given to him by the shipper respecting the animals[12] and that, in the circumstances of the case, the loss, damage or delay in delivery could be attributed to such risks, it is presumed that the loss, damage or delay in delivery was so caused, unless there is proof that all or a part of the loss, damage or delay in delivery resulted from fault or neglect on the part of the carrier, his servants or agents.

[…]

PART V. CLAIMS[13] AND ACTIONS

Article 19. Notice of loss, damage or delay

1. Unless notice of loss or damage, specifying the general nature of such loss or dam-

TRADUCTION

Article 5. – Fondement de la responsabilité

1. Le transporteur est responsable du préjudice résultant des pertes ou dommages subis par les marchandises ainsi que du retard à la livraison, si l'événement qui a causé la perte, le dommage ou le retard a eu lieu pendant que les marchandises étaient sous sa garde au sens de l'article 4, à moins qu'il ne prouve que lui-même, ses préposés ou mandataires ont pris toutes les mesures qui pouvaient raisonnablement être exigées pour éviter l'événement et ses conséquences.

2. Il y a retard à la livraison lorsque les marchandises n'ont pas été livrées au port de déchargement prévu par le contrat de transport par mer, dans le délai expressément convenu ou, à défaut d'un tel accord, dans le délai qu'il serait raisonnable d'exiger d'un transporteur diligent compte tenu des circonstances de fait.

3. L'ayant droit peut considérer les marchandises comme perdues si elles n'ont pas été livrées comme il est prescrit à l'article 4 dans les 60 jours consécutifs qui suivent l'expiration d'un délai de livraison conforme au paragraphe 2 du présent article.

4. (*a*) Le transporteur est responsable :

(i) des pertes ou dommages aux marchandises ou du retard à la livraison causés par l'incendie, si le demandeur prouve que l'incendie résulte d'une faute ou d'une négligence du transporteur, de ses préposés ou mandataires ;

(ii) des pertes, dommages ou retard à la livraison dont le demandeur prouve qu'ils résultent de la faute ou de la négligence du transporteur, de ses préposés ou mandataires en ce qui concerne les mesures qui pouvaient raisonnablement être exigées pour éteindre l'incendie et éviter ou atténuer ses conséquences.

(*b*) Dans le cas où un incendie à bord du navire porte atteinte aux marchandises, si le demandeur ou le transporteur le désire, une enquête sera menée, conformément à la pratique des transports maritimes, afin de déterminer la cause et les circonstances de l'incendie, et un exemplaire du rapport de l'expert sera mis, sur demande, à la disposition du transporteur et du demandeur.

5. En cas de transport d'animaux vivants, le transporteur n'est pas responsable des pertes, dommages ou retards à la livraison qui tiennent aux risques particuliers inhérents à ce genre de transport. Si le transporteur établit qu'il s'est conformé aux instructions concernant les animaux qui lui ont été données par le chargeur et que, dans les circonstances de fait, la perte, le dommage ou le retard peut être imputé à ces risques particuliers, la perte, le dommage ou le retard est présumé avoir été ainsi causé, à moins qu'il ne soit prouvé que la perte, le dommage ou le retard résulte, en totalité ou en partie, d'une faute ou d'une négligence du transporteur, de ses préposés ou mandataires.

[...]

CINQUIÈME PARTIE. – DROITS ET ACTIONS

Article 19. – Avis de perte, de dommage ou de retard

1. A moins que le destinataire ne donne par écrit au transporteur un avis de perte ou de

age, is given in writing by the consignee to the carrier not later than the working day after the day when the goods were handed over to the consignee, such handing over is *prima facie* evidence[14] of the delivery by the carrier of the goods as described in the document of transport or, if no such document has been issued, in good condition.

2. Where the loss or damage is not apparent, the provisions of paragraph 1 of this article apply correspondingly if notice in writing is not given within 15 consecutive days after the day when the goods were handed over to the consignee.

3. If the state of the goods at the time they were handed over to the consignee has been the subject of a joint survey or inspection[15] by the parties, notice in writing need not be given of loss or damage ascertained during such survey or inspection.

4. In the case of any actual or apprehended loss or damage, the carrier and the consignee must give all reasonable facilities[16] to each other for inspecting and tallying the goods.

5. No compensation[17] shall be payable for loss resulting from delay in delivery unless a notice has been given in writing to the carrier within 60 consecutive days after the day when the goods were handed over to the consignee.

6. If the goods have been delivered by an actual carrier, any notice given under this article to him shall have the same effect as if it had been given to the carrier; and any notice given to the carrier shall have effect as if given to such actual carrier.

7. Unless notice of loss or damage, specifying the general nature of the loss or damage, is given in writing by the carrier or actual carrier to the shipper not later than 90 consecutive days after the occurrence of such loss or damage or after the delivery of the goods in accordance with paragraph 2 of article 4, whichever is later,[18] the failure to give such notice is *prima facie* evidence that the carrier or the actual carrier has sustained no loss or damage due to the fault or neglect of the shipper, his servants or agents.

8. For the purpose of this article,[19] notice given to a person acting on the carriers or the actual carriers behalf, including the master or the officer in charge of the ship, or to a person acting on the shippers behalf is deemed to have been given[20] to the carrier, to the actual carrier or to the shipper, respectively.

Article 20. Limitation of actions

1. Any action relating to carriage of goods under this Convention is time-barred[21] if judicial or arbitral proceedings have not been instituted within a period of two years.

2. The limitation period commences on the day on which the carrier has delivered the goods or part thereof[22] or, in cases where no goods have been delivered, on the last day on which the goods should have been delivered.

3. The day on which the limitation period commences is not included in the period.

4. The person against whom a claim is made[23] may at any time during the running of the limitation period extend that period by a declaration in writing to the claimant.[24] This period may be further extended by another declaration or declarations.

5. An action for indemnity[25] by a person held liable may be instituted even after the

dommage spécifiant la nature générale de cette perte ou de ce dommage au plus tard le premier jour ouvrable suivant le jour où les marchandises lui ont été remises, cette remise constitue une présomption, sauf preuve contraire, que les marchandises ont été livrées par le transporteur telles qu'elles sont décrites dans le document de transport ou, si aucun document de transport n'a été remis, qu'elles ont été livrées en bon état.

2. Lorsque la perte ou le dommage n'est pas apparent, les dispositions du paragraphe 1 du présent article ne deviennent applicables que si l'avis n'est pas donné par écrit dans un délai de 15 jours consécutifs à compter de la date à laquelle les marchandises ont été remises au destinataire.

3. Si l'état des marchandises a fait l'objet d'une inspection contradictoire au moment où celles-ci ont été remises au destinataire, il n'est pas nécessaire de donner avis par écrit de la perte ou du dommage constaté pendant ladite inspection.

4. En cas de perte ou de dommage certain ou présumé, le transporteur et le destinataire doivent se donner réciproquement toutes les facilités raisonnables pour procéder à l'inspection des marchandises et à la vérification du nombre des colis.

5. Aucune réparation n'est due pour le préjudice résultant du retard à la livraison à moins qu'un avis n'ait été donné par écrit au transporteur dans un délai de 60 jours consécutifs à compter de la date à laquelle les marchandises ont été remises au destinataire.

6. Si les marchandises ont été livrées par un transporteur substitué, tout avis qui lui est donné en vertu du présent article a le même effet que s'il avait été donné au transporteur et tout avis donné au transporteur a le même effet que s'il avait été donné au transporteur substitué.

7. Si un avis de perte ou de dommage, spécifiant la nature générale de la perte ou du dommage, n'est pas donné par écrit au chargeur par le transporteur ou le transporteur substitué dans les 90 jours consécutifs suivant la plus éloignée des deux dates ci-après : celle à laquelle la perte ou le dommage s'est produit ou celle à laquelle la livraison des marchandises a été effectuée conformément au paragraphe 2 de l'article 4, il est présumé, sauf preuve contraire, que le transporteur ou le transporteur substitué n'a subi aucune perte ni dommage dû à une faute ou à une négligence du chargeur, de ses préposés ou mandataires.

8. Aux fins du présent article, un avis donné à une personne agissant au nom du transporteur ou du transporteur substitué, y compris le capitaine ou l'officier ayant la charge du navire, ou à une personne agissant au nom du chargeur, est réputé avoir été donné au transporteur, au transporteur substitué ou au chargeur, respectivement.

Article 20. – Prescription des actions

1. Toute action relative au transport de marchandises par mer en vertu de la présente Convention est prescrite si une procédure judiciaire ou arbitrale n'a pas été introduite dans un délai de deux ans.

2. Le délai de prescription court à partir du jour où le transporteur a livré les marchandises ou une partie des marchandises, ou lorsque les marchandises n'ont pas été livrées, à partir du dernier jour où elles auraient dû l'être.

expiration of the limitation period provided for in the preceding paragraphs if instituted[26] within the time allowed by the law of the State where proceedings are instituted. However, the time allowed shall not be less than 90 days commencing from the day when the person instituting such action for indemnity has settled the claim or has been served with process[27] in the action against himself.

[…]

PART VI. SUPPLEMENTARY PROVISIONS

Article 23. Contractual stipulations[28]

1. Any stipulation in a contract of carriage by sea, in a bill of lading, or in any other document evidencing[29] the contract of carriage by sea is null and void[30] to the extent that it derogates, directly or indirectly, from the provisions of this Convention. The nullity of such a stipulation does not affect the validity of the other provisions of the contract or document of which it forms a part. A clause assigning benefit of insurance of goods in favour of the carrier, or any similar clause, is null and void.

2. Notwithstanding the provisions of paragraph 1 of this article, a carrier may increase his responsibilities and obligations under this Convention.

3. Where a bill of lading or any other document evidencing the contract of carriage by sea is issued, it must contain a statement that the carriage is subject to the provisions of this Convention which nullify any stipulation derogating therefrom[31] to the detriment of the shipper or the consignee.

Notes

1. loss resulting from loss : on notera ici que le français évite la répétition en utilisant les termes « préjudice » et « perte ». On retrouve le terme « préjudice » dans l'expression « sans préjudice de », « *couramment employée dans les textes de loi pour indiquer que la règle posée laisse intégralement subsister telle autre disposition.* » (G. Cornu, *Vocabulaire juridique*).
Dans le contexte des assurances, *loss* se traduit généralement par « sinistre ».

2. he, his servants or agents : on notera ici l'étoffement du pronom *he* dans la traduction (« lui-même »).

3. servants : attention à ce faux ami. Dans les textes juridiques, *servant* se traduit presque toujours par « préposé », excepté dans le cas de la collocation *civil servant*, qui se traduira par « fonctionnaire ». L'expression *master and servant*, aujourd'hui obsolète, s'emploie encore parfois pour désigner l'employeur et son employé.

4. reasonably : il est à noter que cet adverbe est souvent présent dans les conventions internationales, malgré les difficultés que représente son interprétation. L'adjectif correspondant, *reasonable*, appelle de multiples traductions (voir note 16).

5. in the absence of : la forte teneur juridique de l'expression « à défaut de » explique que celle-ci soit souvent utilisée au lieu de « en l'absence de ».

6. diligent : le sens de ce terme passe-partout n'est pas facile à cerner. En français, une personne diligente est « prompte », « rapide », ou bien « appliquée ». Le terme anglais ne s'utilise que dans le deuxième sens.

7. the person entitled to make a claim for the loss of goods : on notera ici que la version française est beau-

3. Le jour indiqué comme point de départ du délai de prescription n'est pas compris dans le délai.

4. La personne à qui une réclamation a été adressée peut à tout moment pendant le délai de prescription prolonger ce délai par une déclaration adressée par écrit à l'auteur de la réclamation. Le délai peut être de nouveau prolongé par une ou plusieurs autres déclarations.

5. Une action récursoire d'une personne tenue responsable pourra être exercée même après l'expiration du délai de prescription prévu aux paragraphes précédents, si elle l'est dans le délai déterminé par la loi de l'Etat où les poursuites sont engagées. Toutefois, ce délai ne pourra être inférieur à 90 jours à compter de la date à laquelle la personne qui exerce l'action récursoire a réglé la réclamation ou a elle-même reçu signification de l'assignation.

[…]

SIXIÈME PARTIE. – DISPOSITIONS SUPPLÉMENTAIRES

Article 23. – Clauses contractuelles

1. Toute stipulation figurant dans un contrat de transport par mer dans un connaissement ou tout autre document faisant preuve du contrat de transport par mer est nulle pour autant qu'elle déroge directement ou indirectement aux dispositions de la présente Convention. La nullité d'une telle stipulation n'affecte pas la validité des autres dispositions du contrat ou document où elle figure. Une clause cédant au transporteur le bénéfice de l'assurance des marchandises, ou toute autre clause similaire, est nulle.

2. Nonobstant les dispositions du paragraphe 1 du présent article, le transporteur peut assumer une responsabilité et des obligations plus lourdes que celles qui sont prévues par la présente Convention.

3. Lorsqu'un connaissement ou tout autre document faisant preuve du contrat de transport par mer est émis, ce document doit contenir une mention selon laquelle le transport est soumis aux dispositions de la présente Convention qui frappent de nullité toute stipulation y dérogeant au préjudice du chargeur ou du destinataire.

---

coup plus économique (économie syntaxique) : « l'ayant droit » (*plur.* « ayants droit ») suffit en effet à réexprimer l'idée contenue dans ce long développement.

8. claimant : ce terme, rendu ici par « demandeur », peut aussi dans d'autres contextes se traduire par « requérant » ou « partie requérante ». *Claimant* a remplacé en avril 1999 le terme *plaintiff* dans la procédure civile anglaise. Voir aussi note 24.

9. fault or neglect : ces deux termes apparaissent assez rarement dans les textes juridiques, où il est beaucoup plus souvent question de *negligence* et de *misconduct*. Ces deux derniers termes se traduisent généralement par « faute », « manquement », ou « manque de précaution ». *Negligence* se traduit aussi parfois par « négligence », même si l'emploi de ce terme en français est contestable.

10. shall be made available on demand to : ce passage est traduit par transposition : l'adjectif *available* est remplacé par un nom : « (à la) disposition (de) ». En contexte juridique, *available* est souvent traduit par « ouvert » : *this remedy is available* : « ce recours est ouvert ». L'adjectif est également souvent utilisé pour désigner les droits qu'une partie peut exercer ou dont une partie peut se prévaloir.
On remarquera également ici que la collocation *on demand* devient en français « sur demande », malgré le sens courant du terme anglais (« exigence »).

11. with respect to live animals : au risque de paraître maladroite, la version française est ici plus explicite : « En cas de transport d'animaux vivants, […] inhérents à ce genre de transport ». Dans la version anglaise, la notion de transport est seulement sous-entendue au début du paragraphe.

12. with any special instructions given to him by the shipper respecting the animals : on pourra s'étonner ici de la construction de la phrase française, quelque peu maladroite : « … qu'il s'est conformé aux instructions concernant les animaux qui lui ont été données par le chargeur ».

13. Claims and actions : dans la mesure où il ne peut être rendu ici par « actions », compte tenu de son cooccurrent (*actions*), le terme *claims* est ici traduit par « droits », terme générique par excellence. D'un usage très fréquent dans les textes juridiques, le terme *claim* est d'autant plus difficile à traduire qu'il recouvre une multitude de sens : « demande », « réclamation » (voir note 23), « requête », « revendication », etc.

14. *prima facie* evidence : il est à remarquer que la locution latine *prima facie* est traduite ici (« constitue une présomption, sauf preuve contraire »), ce qui n'est pas toujours le cas. Voir aussi note 4(23).

15. a joint survey or inspection : le français apparaît ici plus technique, plus savant que l'anglais : l'expression « inspection contradictoire » apparaît en effet quelque peu opaque pour le non-initié, qui comprendra plus facilement *joint survey or inspection by the parties*. L'adjectif « contradictoire » fait partie des termes de double appartenance dont le sens juridique est inintelligible à partir du sens courant.

16. all reasonable facilities : *reasonable* est un adjectif passe-partout dont les traductions les plus courantes sont : « raisonnable » (doute, délai, demande, réclamation, condition), « acceptable » (qualité, solution, proposition), « justifié » (retard) ou encore « valable » (droit d'action).

17. No compensation : « compensation », en français, est sans doute moins utilisé que l'anglais *compensation*, qui peut avoir le sens de « rémunération » (dans un contrat de travail), de « dédommagement », d'« indemnité », etc.

18. whichever is later : cette disjonction exclusive est traduite ici par inversion : « dans les 90 jours consécutifs suivant la plus éloignée des deux dates ci-après : celle à laquelle la perte… ».

19. For the purpose of this article : synonyme de « en vue de », l'expression juridique « aux fins de » peut s'utiliser à la fois avec des noms (comme ici, « aux fins du présent article ») et avec des verbes : « aux fins d'exécuter le présent contrat ».

20. is deemed to have been given : « réputé », qui traduit ici *deemed*, est un terme de double appartenance qui prend un sens particulier dans le langage juridique : « *'Réputé', sans complément, se dit, entre autres, d'un bon vin. Suivi d'un attribut, c'est un terme juridique équivalent à considéré (comme). Ainsi un témoin peut être réputé de bonne foi.* » (Jean Darbelnet, *Niveaux et réalisations du discours juridique*, in *Langage du droit et traduction*, Linguatech/Conseil de la langue française, 1982, p. 56).

21. time-barred : cet adjectif composé, de type nom + verbe au participe passé, est plus transparent que son équivalent français, « prescrit », dans la mesure où il fait explicitement référence à la notion de temps. *Time-barred* présente cependant l'inconvénient de ne pas pouvoir se décliner en une forme substantivale, ce qui rend obligatoire le recours à d'autres noms (cf. le titre de l'article 20, *Limitation of actions*). « Prescription » s'entend du « *mode d'acquisition ou d'extinction d'un droit, par l'écoulement d'un certain laps de temps (d'un délai)* » (G. Cornu, *Vocabulaire juridique*).

22. the goods or part thereof : l'adverbe composé *thereof* est traduit par étoffement, avec répétition du nom de référence : « les marchandises ou une partie des marchandises ».

23. The person against whom a claim is made : *claim* est ici rendu par un terme plus précis, « réclamation ». Voir note 13.

24. the claimant : ce terme est ici traduit à la lumière du contexte : « l'auteur de la réclamation ». Il est rendu, à un autre endroit, par « demandeur » (voir note 8).

25. An action for indemnity : l'anglais apparaît ici aussi plus transparent que le français : « action récursoire » est manifestement plus technique que *action for indemnity*. Les adjectifs « savants », comme « récursoire » ou « contradictoire » (voir note 15), sont monnaie courante dans le vocabulaire juridique français. Certains, à l'image de « récursoire », appartiennent exclusivement à ce dernier, tandis que d'autres, comme « contradictoire », se rencontrent également, avec des sens souvent différents, dans le vocabulaire courant.

26. if instituted : cette ellipse du sujet (*action for indemnity*) est impossible en français, d'où l'étoffement dans la traduction : « si *elle* l'est ».

27. or has been served with process : en contexte juridique, *process* est un faux ami qui a généralement le sens d'« acte de procédure », de « pièce de procédure », ou d'« acte judiciaire ». On retrouve le terme dans une expression d'usage fréquent aux Etats-Unis, *due process (of law)*, qui peut se traduire de différentes manières : « procédure régulière », « garanties d'une procédure régulière », « application régulière de la loi », ou, par modulation, « droits de la défense ».
Les composés *service of process* et *process server* peuvent se traduire respectivement par « signification d'actes de procédure » et « huissier de justice ».

28. stipulations : attention, en français, à ne pas confondre « stipulation », clause de nature contractuelle, et « disposition », condition imposée par une convention, une loi. L'anglais *stipulation* apparaît assez rarement dans les contrats anglo-saxons, où l'on rencontre plus fréquemment *provisions, terms* ou *conditions*. Il est à remarquer que le terme est d'abord traduit par « clauses » (titre de l'article 23), puis par « stipulation ».

29. evidencing : le verbe *to evidence* accepte plusieurs traductions : « faire preuve de », « attester » (verbe transitif, pouvant s'utiliser avec « que »), « justifier de », « constater ». *To be evidenced by* peut se traduire notamment par « être constaté par » : *evidenced by an authentic act* : « constaté par un acte authentique ».

30. null and void : simplement rendue par « nulle » ici, cette tautologie, ou *legal pair*, se traduit aussi souvent par « nul et de nul effet » ou « nul et non avenu ».

31. derogating therefrom : l'adverbe composé *therefrom* est ici traduit par le pronom adverbial « y » : « toute stipulation y dérogeant ». « En », autre pronom adverbial, peut aussi être utilisé, dans certains contextes, pour traduire les adverbes composés comme *therefrom, thereof*, etc.

Texte 2

Le communiqué de presse qui suit émane de la Cour internationale de justice (CIJ) et concerne l'introduction d'une instance par le Pakistan au sujet de la destruction d'un de ses appareils par les forces aériennes indiennes.

Il s'agit d'un texte « parajuridique », sans réelle valeur juridique, dont le contenu est essentiellement narratif, comme en témoigne l'utilisation importante de l'imparfait. On y trouve cependant plusieurs termes juridiques essentiels, comme *claim* ou *jurisdiction*.

Ce communiqué ainsi que sa traduction sont disponibles sur le site Web de la CIJ (www.icj-cij.org).

Pakistan institutes proceedings against India concerning the shooting down of a Pakistani aircraft[1]

THE HAGUE, 22 September 1999. The Islamic Republic of Pakistan has instituted proceedings[2] against India before the International Court of Justice (ICJ) concerning the shooting down of a Pakistani aircraft by Indian air force planes on 10 August 1999.

In its Application[3] filed in the Registry[4] on 21 September 1999 Pakistan contends that the "unarmed Atlantique aircraft of the Pakistan navy was on a routine training mission with sixteen personnel on board" when "while flying over Pakistan air space it was fired upon with air to air missiles by Indian air force planes, without warning", resulting in the death of all 16 personnel, "mostly young naval trainees". It maintains that the aircraft, when shot down, was in an area situated approximately 70 to 90 miles east of Karachi and that it was "carrying out various training exercises and manoeuvres of instrument". According to Pakistan, after radar contact was lost[5] with the aircraft at 10.55 a.m, an intensive search was undertaken by Pakistani aircraft and helicopters and the wreckage was discovered around 2.55 p.m. 2 kilometres inside Pakistan territory.

Pakistan further maintains that in the two and a half hours which elapsed between the shooting down and the discovery of the wreckage, "Indian helicopters sneaked into Pakistan's territory to pick up a few items from the debris in order to produce 'evidence' for India's initial claim[6] that the Atlantique had been shot down over Indian air space". However, according to Pakistan, because of the "overwhelming evidence[7] Indian officials[8] were obliged to admit that the Atlantique had indeed been shot down over Pakistan's air space".

In its Application, Pakistan states that the above-mentioned acts constitute breaches of the obligation[9] to refrain from the threat or use of force under Article 2[10], paragraph 4, of the Charter of the United Nations; of the provisions of the Agreement of 6 April 1991 between Pakistan and India on Prevention of Air Space Violations; and of the obligations under customary international law not to use force and not to violate the sovereignty of another State.

Pakistan therefore requests the Court to judge and declare[11] that "the acts of India constitute breaches of the various obligations for which India bears exclusive legal responsibility" and that "India is under an obligation to make reparations to Pakistan[12] for the loss of the aircraft and as compensation to the heirs of those killed".

As a basis for the Court's jurisdiction[13], Pakistan invokes the declarations by which both States have accepted the compulsory jurisdiction[14] of the Court[15].

TRADUCTION

Le Pakistan introduit une instance contre l'Inde au sujet de la destruction d'un avion pakistanais

LA HAYE, le 22 septembre 1999. La République islamique du Pakistan a introduit une instance contre l'Inde devant la Cour internationale de justice (CIJ) au sujet de la destruction, le 10 août 1999, d'un avion pakistanais par des appareils des forces aériennes indiennes.

Dans la requête qu'elle a déposée au Greffe le 21 septembre 1999, la République du Pakistan soutient que l'appareil, « un avion de type Atlantique de la marine pakistanaise, non armé, effectuait une mission d'entraînement de routine avec seize personnes à bord » lorsqu'« il a été abattu dans l'espace aérien pakistanais par des missiles air-air tirés, sans sommation, par des avions des forces aériennes indiennes », ce qui a entraîné la mort des seize personnes à bord, « pour la plupart de jeunes recrues de la marine ». Le Pakistan affirme que l'avion, au moment où il a été abattu, se trouvait dans une zone située à environ 130 kilomètres à l'est de Karachi et qu'il « se livrait à divers exercices d'entraînement et à des manœuvres aux instruments ». Selon le Pakistan, des avions et des hélicoptères pakistanais ont entrepris des recherches intensives après la perte du contact radar avec l'avion à 10h55 et les débris de celui-ci ont été découverts vers 14h55, deux kilomètres à l'intérieur du territoire pakistanais.

Le Pakistan affirme en outre qu'au cours des deux heures et demie qui se sont écoulées entre la destruction de l'appareil et la découverte des débris, « des hélicoptères indiens sont entrés subrepticement en territoire pakistanais afin de retirer quelques objets des débris dans le but de produire 'des preuves' à l'appui de l'argumentation initiale de l'Inde selon laquelle l'Atlantique aurait été abattu dans l'espace aérien indien ». Toutefois, selon le Pakistan, « devant les preuves accablantes qui ont pu être réunies, les responsables indiens ont été obligés d'admettre que l'Atlantique avait effectivement été abattu alors qu'il se trouvait dans l'espace aérien pakistanais ».

Dans sa requête, le Pakistan indique que les actes susmentionnés constituent des violations de l'obligation de s'abstenir de recourir à la menace ou à l'emploi de la force telle qu'elle est formulée à l'article 2, paragraphe 4, de la Charte des Nations Unies, des dispositions de l'accord du 6 avril 1991 entre le Pakistan et l'Inde sur la prévention des violations de l'espace aérien, et des obligations prévues par le droit international coutumier de ne pas recourir à l'emploi de la force et de ne pas violer la souveraineté d'un autre État.

Pour ces raisons, le Pakistan demande à la Cour de dire et juger que « les actes de l'Inde constituent des violations des diverses obligations dont l'Inde porte la responsabilité juridique exclusive » et que « l'Inde doit réparation au Pakistan pour la perte de l'avion et au titre de l'indemnisation des héritiers des personnes décédées ».

Pour fonder la compétence de la Cour, le Pakistan invoque les déclarations par lesquelles les deux États ont accepté la juridiction obligatoire de la Cour.

Notes

1. the shooting down of a Pakistani aircraft : l'anglais, qui se place sur le plan du réel, éprouve le besoin de décrire l'action (*shooting down*) alors que le français privilégie un certain recul et se contente de constater le résultat final (« la destruction »). Ce passage constitue un exemple de présupposé extradiscursif dans la mesure où le lecteur français n'a pas besoin d'une description de l'action pour comprendre comment l'avion a été détruit.

2. has instituted proceedings : l'expression *to institute (legal) proceedings* peut se traduire de différentes façons : intenter une action en justice, intenter un procès, engager/exercer des poursuites, engager/ouvrir une procédure, ester en justice, saisir les tribunaux, introduire une instance, etc. Lorsque l'expression est utilisée en construction absolue, c'est-à-dire sans complément introduit par *against*, « ester en justice » en constitue sans doute la traduction la plus pratique : *The Organization shall possess the capacity to institute legal proceedings* : « L'Organisation a la capacité d'ester en justice ».
Le singulier *proceeding* est également parfois utilisé (voir 5(9)).

3. Application : en contexte juridique, ce terme se traduit le plus souvent par « requête » (*on application of* : « sur requête de »). On remarquera ici l'utilisation du verbe *to file*, qui est l'un des principaux cooccurrents de *application*.

4. Registry : attention aux paronymes *registry* (« greffe »), *register* (« registre », « répertoire », « rôle ») et *registrar* (« secrétaire du tribunal », « greffier », etc.). On appelle « greffe » l'ensemble des services administratifs d'un tribunal.

5. after radar contact was lost : la transposition participe passé → nom est ici indispensable : « après la perte du contact radar ».

6. India's initial claim : *claim*, traduit ici par « argumentation », est un mot générique qui se traduit généralement par un terme plus précis (technique de l'« hyponymisation ») : « demande », « réclamation », etc. Voir aussi 5(10).

7. overwhelming evidence : dans certaines collocations, l'adjectif *overwhelming* peut se traduire par transposition : *overwhelming choice* : « l'embarras du choix » (l'adjectif devient substantif). L'expression *overwhelming evidence* appelle en français la collocation « preuves accablantes ».

8. Indian officials : *official* est un faux ami qui doit se traduire par « fonctionnaire », « responsable », ou « dirigeant ». Contrairement à « fonctionnaire », qui peut parfois prendre une connotation péjorative, « responsable » a l'avantage d'une certaine neutralité.

9. breaches of the obligation : parmi les principales traductions de *breach*, citons « violation » (d'un accord, d'une loi), « manquement » (à une obligation), « inexécution » (d'un contrat, d'une obligation), « méconnaissance » (d'un règlement), ou encore « non-respect » (d'un engagement). On retrouve le terme dans l'expression *to be in breach of*, qui peut s'appliquer aussi bien aux actes (« contraire à ») qu'aux personnes (« manquer à ses obligations »).

10. under Article 2 : on constate ici l'étoffement, indispensable, de la préposition *under* : « l'obligation [...] *telle qu'elle est formulée à* l'article 2 ». Même remarque un peu plus loin : *the obligations under customary international law* : « obligations *prévues* par le droit international coutumier ».

11. to judge and declare : ce doublet, traduit par « dire et juger », est assez fréquent dans les requêtes déposées devant la CIJ.

12. is under an obligation to make reparations to Pakistan : le français fait ici preuve d'économie syntaxique : « doit réparation au Pakistan ».

13. As a basis for the Court's jurisdiction : la locution prépositionnelle *as a basis for* doit être étoffée : « Pour fonder la compétence de la Cour ».

14. jurisdiction : ce terme polysémique a deux sens principaux : 1) « compétence » (pouvoir de juger, de rendre la justice), « juridiction » s'emploie parfois en français dans ce sens, 2) « juridiction » (tribunal, ensemble des tribunaux de même catégorie, de même degré). Il est intéressant, ici, de constater que le terme apparaît deux fois dans la phrase originale et qu'il est traduit par deux termes différents, « compétence » puis « juridiction ». Ces deux termes, peut-être utilisés pour éviter la répétition, ont ici le même sens (ils semblent d'ailleurs être utilisés de manière interchangeable dans les textes constitutifs de la CIJ).

15. the Court : « Cour », qui s'utilise aussi par métonymie pour désigner les magistrats eux-mêmes, s'emploie généralement à propos d'un tribunal spécifique, souvent de degré supérieur : la Cour de cassation, la Cour d'appel de Paris, etc. (ici, *the Court* renvoie à la CIJ). Dans un sens plus générique, on parlera de « tribunal » (ou de « tribunaux »), comme en témoignent les expressions suivantes : « traîner qqn devant les tribunaux », « porter une affaire devant les tribunaux », etc. (dans ces expressions, on ne sait pas de quel « tribunal » il s'agit).

Texte 3

Le texte qui suit reprend l'essentiel d'une requête introduite par le Paraguay devant la Cour internationale de justice.

Le texte, dans lequel on retrouve toutes les rubriques propres à une requête introductive d'instance, met en évidence les différences culturelles existant entre les systèmes juridiques et les conséquences que celles-ci peuvent avoir sur une procédure pénale internationale, et donne un aperçu du fonctionnement de l'appareil judiciaire américain.

Le texte contient plusieurs latinismes (*restitutio in integrum*, *habeas corpus*) ainsi que des termes propres à la procédure américaine, qui nécessitent la mise en œuvre de procédés de traduction spécifiques.

Le texte original et sa traduction sont disponibles sur le site Web de la CIJ (www.icj-cij.org).

APPLICATION OF THE REPUBLIC OF PARAGUAY

On behalf of the Republic of Paraguay and in accordance with Article 40, paragraph 1, of the Statute[1] of the Court and Article 38 of the Rules of the Court, I respectfully submit this Application instituting proceedings in the name of the Government of the Republic of Paraguay against the Government of the United States of America for violations of the Vienna Convention on Consular Relations (done on 24 April 1963) (the "Vienna Convention"). The Court has jurisdiction pursuant to Article I of the Vienna Convention's Optional Protocol concerning the Compulsory Settlement of Disputes.

Preliminary Statement

1. Article 36, subparagraph 1 *(b)*,[2] of the Vienna Convention requires the competent authorities of a State party to advise, "without delay," a national of another State party whom such authorities arrest or detain of the national's right to consular assistance guaranteed by Article 36.

> "[I]f he so requests, the competent authorities of the receiving State shall, without delay, inform the consular post of the sending State if, within its consular district, a national of that State is arrested or committed to prison or to custody pending[3] trial or is detained in any other manner." *(Ibid.)*

[...]

3. In 1992, the authorities of the Commonwealth of Virginia,[4] one of the federated states comprising the United States, detained a Paraguayan citizen named Angel Francisco Breard. Without advising Mr. Breard of his right to consular assistance, or notifying Paraguayan consular officers of his detention, as required by the Vienna Convention, such authorities tried[5] and convicted Mr. Breard and sentenced him to death.

4. These actions violated the obligations owed by the United States to Paraguay under the Vienna Convention. As a result of the breach, Paraguay is entitled to *restitutio in integrum*:[6] the re-establishment of the situation that existed before the United States failed to provide the notifications and permit the consular assistance required by the Convention.

I. The Facts

Municipal Court Proceedings[7] concerning Mr. Breard

5. On 1 September 1992, law enforcement authorities of Virginia arrested Mr. Breard on suspicion of murder.[8] Although aware of Mr. Breard's Paraguayan nationality, the authorities at no time informed Mr. Breard of his rights to consular assistance under Article 36, subparagraph 1 *(b)*, of the Vienna Convention. Nor did the authorities ever advise Paraguayan consular officers of Mr. Breard's detention. Unaware of, and not

TRADUCTION

REQUÊTE PRÉSENTÉE PAR LA RÉPUBLIQUE DU PARAGUAY

Au nom de la République du Paraguay et conformément au paragraphe 1 de l'article 40 du Statut de la Cour, ainsi qu'à l'article 38 de son Règlement, j'ai l'honneur de soumettre respectueusement, au nom du Gouvernement de la République du Paraguay, la présente requête introductive d'instance contre le Gouvernement des Etats-Unis d'Amérique en raison de violations de la convention de Vienne sur les relations consulaires du 24 avril 1963 (ci-après dénommée «la convention de Vienne»). La Cour est compétente en vertu de l'article premier du protocole de signature facultative à la convention de Vienne sur les relations consulaires, concernant le règlement obligatoire des différends.

Exposé préliminaire

1. L'alinéa *b)* du paragraphe 1 de l'article 36 de la convention de Vienne impose l'obligation aux autorités compétentes d'un Etat partie d'«avertir sans retard» un ressortissant d'un autre Etat partie, que lesdites autorités ont arrêté ou placé en détention, du droit dudit ressortissant à bénéficier de l'assistance consulaire que garantit l'article 36 ainsi libellé :

> «Si l'intéressé en fait la demande, les autorités compétentes de l'Etat de résidence doivent avertir sans retard le poste consulaire de l'Etat d'envoi lorsque, dans sa circonscription consulaire, un ressortissant de cet Etat est arrêté, incarcéré ou mis en état de détention préventive ou toute autre forme de détention.» (*Ibid.*)

[...]

3. En 1992, les autorités de l'Etat de Virginie, l'un des Etats fédérés qui composent les Etats-Unis d'Amérique, ont placé en détention un citoyen du Paraguay dénommé Angel Francisco Breard. Sans informer M. Breard de son droit à bénéficier de l'assistance consulaire, ni notifier sa détention aux fonctionnaires consulaires du Paraguay, comme l'exige la convention de Vienne, ces autorités ont jugé et déclaré coupable M. Breard et l'ont condamné à la peine capitale.

4. Ces actes ont violé les obligations auxquelles les Etats-Unis sont tenus envers le Paraguay en vertu de la convention de Vienne. Il résulte de cette violation que le Paraguay a droit à une *restitutio in integrum* : le rétablissement de la situation qui existait avant que les Etats-Unis n'omettent de procéder aux notifications requises et de faire en sorte que l'assistance consulaire puisse être accordée, comme le prescrit la convention.

I. Les Faits

Procédures devant les juridictions nationales concernant M. Breard

5. Le 1er septembre 1992, les autorités de police de Virginie ont arrêté M. Breard qui était soupçonné d'homicide volontaire. Bien qu'elles aient eu connaissance de la nationalité paraguayenne de M. Breard, les autorités n'ont, à aucun moment, informé celui-ci de son droit à bénéficier de l'assistance consulaire en vertu de l'alinéa *b)* du paragraphe 1 de l'article 36 de la convention de Vienne. Lesdites autorités n'ont pas davantage

having been apprised of, these rights, Mr. Breard could not and did not exercise them before his trial.

6. Had Mr. Breard been properly informed of his rights under the Vienna Convention, he would have communicated with his Consul, seeking the assistance provided for in Article 36. In turn, Paraguay would have rendered that assistance.

7. The failure to provide the notification required by the Vienna Convention thus precluded Paraguay from protecting its interests in the United States as provided for in Articles 5 and 36 of the Vienna Convention. Among other things, Paraguay could not contact its national, assist in the defence of its national (as described in paragraphs 8 and 10 below), monitor the conditions of its national's detention, or ensure that international legal norms were respected in the treatment of, and proceedings against, its national.[9]

8. The failure to provide the required notification also precluded Paraguay from protecting its national's interests in the United States as provided for in Articles 5 and 36 of the Vienna Convention. The authorities of Virginia effectively prevented Paraguayan consular officers from arranging for appropriate legal representation of Mr. Breard. Instead, the authorities themselves arranged for Mr. Breard to be represented by court-appointed counsel[10] who were unfamiliar with Paraguayan culture and with the preconceptions concerning the criminal justice system that a Paraguayan national might be expected to have.

9. As a result of the lack of consular assistance, Mr. Breard made a number of objectively unreasonable decisions during the criminal proceedings against him,[11] which were conducted without translation. He refused to accept the authorities' offer of life in prison in exchange for his pleading guilty to the crime. Instead, Mr. Breard insisted on risking a death sentence and confessing and denouncing his past criminal conduct at trial. Mr. Breard took these highly detrimental steps because — in the absence of advice from his consulate — he did not comprehend the fundamental differences between the criminal justice systems of the United States and Paraguay. Whereas Mr. Breard believed his confession and denunciation would appeal to the mercy of the American court, as he understood they would a court in Paraguay,[12] in reality these acts virtually assured Mr. Breard's conviction and death sentence.

[…]

11. On 24 June 1993, Mr. Breard was convicted of murder. On 22 August 1993, the trial court[13] imposed a death sentence. Mr. Breard's direct appeals of the conviction and sentence[14] were denied, as was his petition to the state courts for a writ of *habeas corpus*,[15] a collateral proceeding seeking relief from unlawful detention.

12. In the spring of 1996, Paraguay, without benefit of information from the authorities of Virginia and the United States, finally learned that Mr. Breard was imprisoned in the United States and awaiting execution. Immediately upon learning of his situation, Paraguay, through its embassy and consulate, began rendering assistance, both legal and otherwise, to Mr. Breard. Until contacted by the Paraguayan consular representatives at that time, Mr. Breard had been entirely unaware of his rights under the Vienna Convention.

13. On 30 August 1996, with the assistance of Paraguayan consular officers, Mr. Breard

averti les fonctionnaires consulaires du Paraguay de la détention de M. Breard. Dans l'ignorance de tels droits et sans qu'il lui en ait été donné connaissance, M. Breard ne pouvait les exercer avant de passer en jugement et ne les a pas exercés.

6. Si M. Breard avait été dûment informé des droits que lui reconnaît la convention de Vienne, il serait entré en relation avec son consul et aurait sollicité l'assistance prévue à l'article 36 de ladite convention, et le Paraguay aurait alors accordé cette assistance.

7. La notification requise par la convention de Vienne n'ayant pas été faite, le Paraguay s'est trouvé dans l'impossibilité de protéger ses intérêts aux Etats-Unis, ainsi qu'il est prévu aux articles 5 et 36 de ladite convention. Notamment, le Paraguay n'a pas pu entrer en relation avec son ressortissant, aider celui-ci dans sa défense (comme il est indiqué aux paragraphes 8 et 10 ci-dessous), surveiller les conditions de détention de son ressortissant, ni, s'agissant du traitement de son ressortissant et de la procédure engagée contre lui, veiller à ce que les normes de droit international soient respectées.

8. La notification requise n'ayant pas été faite, le Paraguay s'est aussi trouvé dans l'impossibilité de protéger les intérêts de son ressortissant aux Etats-Unis, ainsi qu'il est prévu aux articles 5 et 36 de la convention de Vienne. Les autorités de Virginie ont en fait empêché les fonctionnaires consulaires du Paraguay de prendre les dispositions nécessaires pour que M. Breard bénéficie d'une représentation en justice appropriée. Au lieu de cela, lesdites autorités ont pris elles-mêmes des mesures pour que la représentation de M. Breard soit assurée par des conseils commis par les tribunaux, qui connaissaient mal la culture paraguayenne et les idées préconçues sur le système de justice pénale que pouvait sans doute avoir un ressortissant paraguayen.

9. En raison de cette absence d'assistance consulaire M. Breard a pris un certain nombre de décisions d'un caractère objectivement déraisonnable tout au long de la procédure pénale engagée contre lui, qui a été menée sans traduction. Il a refusé d'accepter la proposition que lui faisaient les autorités d'être condamné à une peine de réclusion à perpétuité, s'il acceptait, en contrepartie, de se reconnaître coupable du crime dont il était accusé. Au lieu de cela, M. Breard a préféré prendre le risque d'être condamné à la peine de mort, en avouant et en révélant lors du procès ses antécédents criminels. M. Breard a pris ces initiatives, qui étaient pour lui extrêmement préjudiciables, parce que, faute de bénéficier des conseils de son consulat, il n'avait pas compris les différences fondamentales qui existent entre les systèmes de justice pénale aux Etats-Unis et au Paraguay. M. Breard a cru que le fait d'avouer et de révéler ses antécédents judiciaires le ferait bénéficier de la clémence du tribunal américain, comme il pensait que cela serait le cas devant un tribunal au Paraguay, mais en réalité les actes de M. Breard ont presque certainement été à l'origine de sa déclaration de culpabilité et de sa condamnation à la peine capitale.
[…]

11. Le 24 juin 1993, M. Breard a été déclaré coupable d'homicide volontaire. Le 22 août 1993, le tribunal qui l'a jugé l'a condamné à la peine capitale. Les appels directement interjetés par M. Breard en ce qui concerne sa déclaration de culpabilité et sa condamnation ont été rejetés, de même que la requête qu'il a adressée aux tribunaux de l'Etat qui visait à obtenir en sa faveur une ordonnance d'*habeas corpus*, procédure subsidiaire qui constitue un recours contre une détention illégale.

12. Au printemps de 1996, le Paraguay, alors qu'il n'avait reçu aucune information de la part des autorités de Virginie et des Etats-Unis, a fini par apprendre que M. Breard était incarcéré aux Etats-Unis et devait être exécuté. Dès qu'il a pris connaissance de

took the final step available to him for challenging his conviction and sentence by filing a petition to[16] the federal court of first instance[17] for a writ of *habeas corpus*. For the first time, Mr. Breard claimed violations of the Vienna Convention. That court rejected the assertion of this and other claims based on a municipal law doctrine of "procedural default"[18] (*Breard* v. *Netherland*, 949 F. Supp. 1255 (E.D. Va. 1996)). Applying this doctrine, the court decided that, because Mr. Breard had not asserted his rights under the Vienna Convention in his previous legal proceedings, he could not assert them in the federal *habeas* proceeding. This municipal law doctrine was held to bar such relief even though, first, Mr. Breard was unaware of his rights under the Convention at the time of the earlier legal proceedings, and second, he was unaware of his rights precisely because the local authorities failed to comply with their obligations under the Convention promptly to inform him of those rights. The intermediate federal appellate court[19] affirmed.[20] (*Breard* v. *Pruett*, 134 F. 3d 615 (4th Cir. 1998).) Mr. Breard's appeal to the intermediate federal appellate court was the last means of legal recourse in the United States available to him as of right.

14. In light of the federal appellate court's affirmance of the federal trial court's denial of Mr. Breard's *habeas* petition, the Virginia court that sentenced Mr. Breard has set an execution date of 14 April 1998. Absent intervention,[21] officials[22] of Virginia will then, in the words of the authorizing statute,"cause the prisoner under sentence of death to be electrocuted or injected with a lethal substance until he is dead" (*Va. Stat. Ann.* Section 53.1-234).

15. By petition for a writ of *certiorari*,[23] Mr. Breard has now requested that the United States Supreme Court exercise its discretionary authority to review the lower federal courts' decision against him and grant a stay of his execution[24] pending that review. The Supreme Court grants[25] less than 5 per cent of all *certiorari* petitions submitted to it. Moreover, in cases, such as Mr. Breard's, involving an imminent execution and submitted on an expedited basis, the Court frequently does not rule on the petition and accompanying request for interim relief until days, or even hours, before the scheduled execution.

Paraguay's Efforts To Secure Relief In The United States

16. On 16 September 1996, the Republic of Paraguay filed its own civil lawsuit in a federal court of first instance against the municipal officials responsible for Mr. Breard's arrest, conviction, continuing imprisonment, and pending execution, alleging violations of the Vienna Convention. Paraguay sought, among other relief, an order vacating Mr. Breard's conviction, barring the municipal officials from taking any future actions based on that conviction, including refraining from putting Mr. Breard to death, and requiring those officials to afford Paraguay its rights under the Convention in any future proceedings should Virginia, as Paraguay would expect, seek to prosecute[26] Mr. Breard anew.

[…]

18. On 27 November 1996, without having considered the merits[27] of Paraguay's claim, the federal court of first instance held that it could not take jurisdiction of the case because it was barred by a municipal doctrine providing sovereign immunity to the several states that comprise the United States (*Paraguay* v. *Allen*, 949 F. Supp. 1269 (E.D. Va. 1996)). Paraguay appealed the decision, which was affirmed (*Paraguay* v.

cette situation, le Paraguay, par l'intermédiaire de son ambassade et de son consulat, a commencé à prêter à M. Breard une assistance notamment juridique. Jusqu'à ce que les représentants consulaires du Paraguay entrent en relation avec lui, M. Breard n'avait eu aucune connaissance des droits que lui reconnaît la convention de Vienne.

13. Le 30 août 1996, avec l'aide des fonctionnaires consulaires du Paraguay, M. Breard a engagé le dernier recours qui s'offrait à lui aux fins de contester sa déclaration de culpabilité et la peine qui lui avait été infligée, en déposant une requête devant le tribunal fédéral de première instance afin d'obtenir une ordonnance d'*habeas corpus*. Pour la première fois, M. Breard a allégué des violations de la convention de Vienne. Le tribunal saisi a rejeté le moyen ainsi présenté de même que d'autres demandes en se fondant sur la doctrine de droit interne dite de la «carence dans la procédure» *(procedural default)* (*Breard* v. *Netherland*, 949 F. Supp. 1255 (E.D. Va. 1996)). Appliquant cette doctrine, le tribunal a décidé que, étant donné que M. Breard n'avait pas fait valoir les droits qu'il tenait de la convention de Vienne lors de la procédure judiciaire antérieure engagée à son encontre, il ne pouvait les invoquer dans la procédure fédérale d'*habeas corpus*. La doctrine de droit interne dont il s'agit, a conclu le tribunal, excluait un tel recours, même si, en premier lieu, M. Breard n'avait pas connaissance des droits qu'il tenait de la convention lors de la procédure antérieure et si, en second lieu, il n'avait pas connaissance de ses droits précisément parce que les autorités locales avaient manqué au devoir, qui leur incombait en vertu de la convention, de l'informer sans tarder desdits droits. La cour d'appel fédérale de première instance a confirmé la décision (*Breard* v. *Pruett*, 134 F.3d 615 (4e cir. 1998)). L'appel interjeté par M. Breard devant la cour d'appel fédérale de première instance a constitué l'ultime recours judiciaire dont il disposait aux Etats-Unis de plein droit.

14. La cour d'appel fédérale ayant confirmé le rejet de la requête d'*habeas corpus* de M. Breard par la cour de première instance fédérale, la juridiction de Virginie qui avait condamné M. Breard a fixé la date de l'exécution au 14 avril 1998. A défaut de la survenance d'un fait nouveau, les fonctionnaires de Virginie vont donc, selon les termes de la loi d'habilitation, «faire exécuter le détenu condamné à mort par électrocution ou par injection d'une substance mortelle jusqu'à ce que mort s'ensuive» (*Va. Stat. Ann.* section 53.1-234).

15. En lui demandant de rendre une ordonnance de *certiorari*, M. Breard a maintenant invité la Cour suprême des Etats-Unis à exercer son pouvoir discrétionnaire de réexaminer la décision prononcée contre lui par les juridictions fédérales inférieures et de décider qu'un sursis à son exécution lui sera accordé pendant cet examen. La Cour suprême ne fait droit qu'à moins de cinq pour cent de toutes les requêtes tendant à obtenir une ordonnance de *certiorari* qui lui sont adressées. De plus, dans des cas tels que celui de M. Breard, où il s'agit d'une exécution imminente et où la requête a été présentée par la voie d'une procédure d'urgence, il arrive souvent que la Cour ne statue sur la requête et la demande jointe de mesures conservatoires que quelques jours, voire quelques heures, avant la date prévue de l'exécution.

Les efforts déployés par le Paraguay pour obtenir une protection aux Etats-Unis

16. Le 16 septembre 1996, la République du Paraguay a introduit elle-même une instance civile devant un tribunal fédéral de première instance contre les fonctionnaires de l'Etat responsables de l'arrestation de M. Breard, de sa condamnation, de son maintien en détention et de son exécution imminente, en alléguant des violations de la convention de Vienne. Le Paraguay a sollicité notamment une ordonnance qui annule la condamnation de M. Breard, interdise aux fonctionnaires de l'Etat de prendre de nou-

Allen, 134 F. 3d 622 (4th Cir. 1998)). During the appellate proceedings, the United States took the position that although the Vienna Convention is of great importance to United States nationals abroad, the issue of its own violation of the Convention was not justiciable in the courts[28] of the United States in an action brought by another State party to the Convention.

19. Paraguay has filed a petition for a writ of *certiorari* in the United States Supreme Court seeking review of the appellate decision. As explained above, a petition for *certiorari* is a matter of the Supreme Court's discretion and is rarely granted.

[...]

II. The Jurisdiction of the Court

[...]

III. The Claims of the Republic of Paraguay

24. The Government of the Republic of Paraguay claims that:

> *(a)* Pursuant to Article 36, subparagraph 1 *(b)*, of the Vienna Convention, the United States is under the international legal obligation to Paraguay, a State party to the Convention, to inform "without delay" any Paraguayan national, such as Mr. Breard, who is "arrested or committed to prison or to custody pending trial or is detained in any other manner" of his rights under that subparagraph.
>
> [...]
>
> The United States has violated and is currently violating the foregoing obligations.
>
> *(b)* Pursuant to Article 36, subparagraph 1 *(b)*, of the Vienna Convention, the United States is under the international legal obligation to an arrested national of Paraguay, such as Mr. Breard, to inform him "without delay" of his rights under that subparagraph.
>
> [...]
>
> The United States has violated and is currently violating the foregoing obligations with respect to Mr. Breard.
>
> [...]

IV. The Judgment Requested

25. Accordingly, the Republic of Paraguay asks the Court to adjudge and declare:

> (1) that the United States, in arresting, detaining, trying, convicting, and sentencing Angel Francisco Breard, as described in the preceding statement of facts, violated its international legal obligations to Paraguay, in its own right and in the exercise of its right of diplomatic protection of its national, as provided by Articles 5 and 36 of the Vienna Convention;
>
> (2) that Paraguay is therefore entitled to *restitutio in integrum*;

velles mesures fondées sur cette condamnation et, à ce titre, leur ordonne de s'abstenir d'exécuter M. Breard, et enjoigne à ces fonctionnaires d'accorder au Paraguay le bénéfice des droits qu'il tient de la convention dans toute procédure ultérieure, dans l'hypothèse où la Virginie, comme le Paraguay le suppose, chercherait à engager de nouvelles poursuites contre M. Breard.

[...]

18. Le 27 novembre 1996, sans avoir examiné la demande du Paraguay sur le fond, la juridiction fédérale de première instance a jugé qu'elle ne pouvait pas se déclarer compétente en l'affaire, car elle en était empêchée par une doctrine de droit interne qui accorde l'immunité de l'Etat souverain aux divers Etats qui forment les Etats-Unis (*Paraguay* v. *Allen*, 949 F. Supp. 1269 (E. D. Va. 1996)). Le Paraguay a interjeté appel de la décision, qui a été confirmée (*Paraguay* v. *Allen*, 134 F. 3d 622 (4e cir. 1998)). Lors de la procédure d'appel, les Etats-Unis ont soutenu que, bien que la convention de Vienne revête une grande importance pour les ressortissants des Etats-Unis à l'étranger, la question des violations de cette convention que les Etats-Unis pourraient commettre eux-mêmes ne relevait pas de la compétence des tribunaux des Etats-Unis dans le cadre d'une action intentée par un autre Etat partie à la convention.

19. Le Paraguay a déposé une requête devant la Cour suprême des Etats-Unis tendant à ce qu'elle rende une ordonnance de *certiorari* aux fins du réexamen de la décision d'appel. Comme il a été expliqué plus haut, une telle requête est tranchée par la Cour suprême en vertu de son pouvoir discrétionnaire et elle est rarement accueillie par celle-ci.

[...]

II. La compétence de la Cour

[...]

III. Les demandes de la République du Paraguay

24. Le Gouvernement de la République du Paraguay soutient ce qui suit :

> *a)* Conformément à l'alinéa *b)* du paragraphe 1 de l'article 36 de la convention de Vienne, les Etats-Unis ont envers le Paraguay, Etat partie à la convention, l'obligation juridique internationale d'avertir «sans retard» tout ressortissant paraguayen, tel que M. Breard, qui est «arrêté, incarcéré ou mis en état de détention préventive ou toute autre forme de détention» des droits qu'il tient de cet alinéa.
>
> [...]
>
> Les Etats-Unis ont violé et violent actuellement les obligations susmentionnées.
>
> *b)* Conformément à l'alinéa *b)* du paragraphe 1 de l'article 36 de la convention de Vienne, les Etats-Unis ont, envers un ressortissant détenu du Paraguay, tel que M. Breard, l'obligation juridique internationale de l'informer «sans retard» de ses droits en vertu dudit alinéa.
>
> [...]
>
> S'agissant de M. Breard, les Etats-Unis ont violé et violent actuellement les obligations susmentionnées.
>
> [...]

(3) that the United States is under an international legal obligation not to apply the doctrine of "procedural default" or any other doctrine of its internal law, so as to preclude the exercise of the rights accorded under Article 36 of the Vienna Convention;

[…]

and that, pursuant to the foregoing international legal obligations,

(1) any criminal liability imposed on Angel Francisco Breard in violation of international legal obligations is void,[29] and should be recognized as void by the legal authorities of the United States;

(2) the United States should restore the *status quo ante*,[30] that is, re-establish the situation that existed before the detention of, proceedings against, and conviction and sentencing of Paraguay's national in violation of the United States' international legal obligations took place; and

(3) the United States should provide Paraguay a guarantee of the non-repetition[31] of the illegal acts.[32]

V. Judge *Ad Hoc*[33]

26. In accordance with the provisions of Article 31 of the Statute and Article 35, paragraph 1, of the Rules, the Republic of Paraguay declares its intention to exercise its right to name a judge *ad hoc*.

VI. Reservation of Rights

27. The Republic of Paraguay reserves the right to modify and extend the terms of this Application, as well as the grounds invoked.

[…]

* *

I have the honour to reassure the Court of my highest esteem and consideration.

Brussels, 3 April 1998

(*Signed*) Manuel María Cáceres

Ambassador of the Republic of Paraguay
to the Kingdom of Belgium and the Kingdom of the Netherlands

IV. La décision demandée

25. En conséquence, la République du Paraguay prie la Cour de dire et juger que :

1) en arrêtant, détenant, jugeant, déclarant coupable et condamnant M. Angel Francisco Breard, dans les conditions indiquées dans l'exposé des faits qui précède, les Etats-Unis ont violé leurs obligations juridiques internationales envers le Paraguay, en son nom propre et dans l'exercice du droit qu'a cet Etat d'assurer la protection diplomatique de son ressortissant, ainsi qu'il est prévu aux articles 5 et 36 de la convention de Vienne;

2) le Paraguay en conséquence a droit à la *restitutio in integrum*;

3) les Etats-Unis ont l'obligation juridique internationale de ne pas appliquer la doctrine dite de la «carence dans la procédure» *(procedural default)*, ni aucune autre doctrine de son droit interne, d'une manière qui ait pour effet de faire obstacle à l'exercice des droits conférés par l'article 36 de la convention de Vienne;

[...]

et, conformément aux obligations juridiques internationales susmentionnées :

1) toute responsabilité pénale qui ait été attribuée à M. Angel Francisco Breard en violation d'obligations juridiques internationales est nulle et doit être reconnue comme nulle par les autorités légales des Etats-Unis;

2) les Etats-Unis doivent restaurer le *statu quo ante*, c'est-à-dire rétablir la situation qui existait avant les actes de détention, de poursuite, de déclaration de culpabilité et de condamnation du ressortissant du Paraguay commis en violation des obligations juridiques internationales des Etats-Unis;

3) les Etats-Unis doivent donner au Paraguay la garantie que de tels actes illicites ne se reproduiront pas.

V. Juge *ad hoc*

26. Conformément aux dispositions de l'article 31 du Statut et du paragraphe 1 de l'article 35 du Règlement, la République du Paraguay déclare qu'elle a l'intention d'exercer son droit de désigner un juge *ad hoc*.

VI. Réserve de droits

27. La République du Paraguay se réserve le droit de modifier et de compléter les termes de la présente requête, ainsi que les fondements invoqués.

[...]

* *

J'ai l'honneur de prier la Cour de bien vouloir croire à l'assurance de mon estime et de ma plus haute considération.

Bruxelles, le 3 avril 1998.

L'Ambassadeur de la République du Paraguay
auprès du Royaume des Pays-Bas,

(Signé) Manuel María Cáceres.

Notes

1. Statute : ce terme, traduit habituellement par « loi (écrite) », désigne ici le Statut de la Cour internationale de justice (le terme est également utilisé dans ce sens au sein du Conseil de l'Europe et de la CJCE).

2. Article 36, subparagraph 1 *(b)* : les références ne sont pas présentées de la même façon en anglais et en français : « l'alinéa *b)* du paragraphe 1 de l'article 36 ».

3. pending : *pending* peut être utilisé à la fois comme adjectif (« en instance », « en cours », « pendant ») et comme locution prépositive (« dans l'attente de », « en attendant »). Un litige est dit « pendant » lorsqu'il n'a pas encore été tranché par la juridiction devant laquelle il a été porté (« affaire pendante devant le tribunal »).

4. the Commonwealth of Virginia : le terme *Commonwealth*, qui désigne le plus souvent la communauté d'États constituée autour de la Grande-Bretagne au début du 19ème siècle, est aussi utilisé aux États-Unis dans la dénomination de quatre États : la Virginie, le Massachusetts, la Pennsylvanie et le Kentucky.

5. such authorities tried : attention au verbe *to try* (sub. *trial*) qui, en contexte juridique, a le sens de « juger ».

6. *restitutio in integrum* : il est à noter que cette expression latine est généralement traduite en français (« réparation intégrale », « réparation en nature »), même si ce n'est pas le cas ici.

7. Municipal Court Proceedings : *municipal* constitue un faux ami partiel qui a parfois le sens de « national » (*municipal court* : « tribunal national ») ou d'« interne » (*municipal law* : « droit interne » ; « droit municipal »).

8. murder : dans le contexte juridique, ce terme doit se traduire par « homicide volontaire », qui en constitue la traduction technique. « Meurtre » relève du langage courant. On a coutume d'opposer *murder* – « homicide volontaire » – et *manslaughter*, « homicide involontaire ».

9. the treatment of, and proceedings against, its national : cette rupture de construction avec double préposition induit la répétition du complément dans la traduction, sous la forme du pronom personnel « lui ».

10. court-appointed counsel : le terme *counsel*, que l'on peut traduire par « avocat » ou « conseil », est à la fois un singulier et un pluriel (« des conseils commis par les tribunaux »). *Court-appointed counsel* aurait sans doute pu se traduire ici par « avocat commis d'office », même si ce terme est propre au système judiciaire français.

11. the criminal proceedings against him : à noter ici l'étoffement, par un participe, de la préposition *against* : « la procédure pénale *engagée* contre lui ». Moins elliptique que l'anglais, le français éprouve souvent le besoin d'exprimer explicitement ce que l'anglais se contente de sous-entendre (cf. le titre du document : *Application of the Republic of Paraguay* : « Requête *présentée par* la République du Paraguay »).

12. as he understood they would a court in Paraguay : cette relative constitue un exemple de zeugme, dans la mesure où une partie du texte est sous-entendue : *as he understood they would (appeal to the mercy of) a court in Paraguay.*

13. trial court : ce terme désigne généralement un tribunal jugeant au fond (« tribunal du fond ») ou un tribunal de première instance. Il peut être fait appel des décisions des *trial courts* devant les *appellate courts* ou *courts of appeals.*

14. Mr. Breard's direct appeals of the conviction and sentence : ce passage est traduit par étoffement : « les appels *directement interjetés par* M. Breard en ce qui concerne sa déclaration de culpabilité et sa condamnation ». Le verbe « interjeter » ne s'utilise que dans la locution « interjeter appel » (exemple de collocation nécessaire).

15. writ of *habeas corpus* : l'*habeas corpus* protège l'individu contre l'emprisonnement arbitraire et constitue à ce titre l'un des principaux fondements des libertés individuelles aux États-Unis et en Grande-Bretagne. Ce latinisme doit être conservé dans la traduction (on notera qu'il est accompagné ici d'une note explicative dans le texte original).

16. by filing a petition to : attention à la préposition utilisée en français : « en déposant une requête *devant* le tribunal fédéral ».

17. the federal court of first instance : *court of first instance* n'est le nom d'aucune juridiction spécifique aux États-Unis (ce sont essentiellement les *district courts* qui remplissent, au niveau fédéral, le rôle de « tribunaux de première instance »). L'expression, choisie pour son caractère générique et sa neutralité, est sans doute utilisée pour souligner le fait que l'affaire a été portée devant une juridiction fédérale mais n'en est pas encore au stade de l'appel.

18. "procedural default" : cette doctrine relevant du droit interne, le traducteur a choisi de traduire l'expression littéralement et de recourir à l'emprunt : « la doctrine dite de la 'carence dans la procédure' (*procedural default*) ».

19. appellate court : ce terme, utilisé surtout aux États-Unis (les Britanniques utilisent plutôt *appeal courts*), est un terme générique qui désigne toute juridiction ayant compétence au degré d'appel.

20. affirmed : le verbe *to affirm* appartient à la fois à la langue courante et au langage du droit (terme de double appartenance). Dans le contexte juridique, le verbe a le sens de « confirmer » et concerne généralement, comme c'est le cas ici, les jugements frappés d'appel.

21. Absent intervention : *absent* est souvent utilisé par les juristes américains comme préposition, en lieu et place de *in the absence of.* Traductions possibles : « à défaut de », « en l'absence de ».

22. officials : ce terme est souvent un faux ami dans les textes juridiques, où il a généralement le sens de « fonctionnaire », d'« employé », ou de « responsable ».

23. a writ of *certiorari* : l'ordonnance de *certiorari* est l'ordonnance par laquelle la Cour suprême ou toute autre instance d'appel accepte de revoir une décision rendue par une juridiction inférieure.

24. a stay of his execution : le verbe *to stay* a, dans le contexte juridique, le sens de « suspendre », de « surseoir à ». Les principaux cooccurrents du substantif correspondant, *stay*, sont *execution* et *proceedings* : *stay of execution* : « sursis à exécution », *stay of proceedings* : « sursis à statuer » (« *décision d'une juridiction remettant à une date ultérieure le jugement d'une affaire pour des motifs de compétence ou de procédure* », G. Cornu, *Vocabulaire juridique*) ; « arrêt des poursuites » (en droit pénal).

25. grants : on notera ici l'utilisation, dans la traduction, de l'expression « faire droit à », dont Gérard Cornu propose la définition suivante : « *Pour un juge statuant au fond, accueillir la prétention d'un plaideur en la déclarant bien fondée* » (*Vocabulaire juridique*). Le verbe « accueillir » aurait aussi pu être utilisé ici (cf. fin du paragraphe 19).

26. to prosecute : ce verbe s'utilise uniquement en droit pénal (« engager des poursuites contre », « intenter un procès contre »). Son équivalent, en droit civil, est *to sue*. On rencontre également parfois, en français, le verbe « actionner », qui signifie intenter une action en justice.

27. the merits : ce terme de double appartenance a, dans la langue courante, essentiellement deux sens : 1), avantage, bienfait, 2) bien-fondé, validité. En droit, où il est généralement utilisé au pluriel, le terme désigne le « fond » d'une affaire, par opposition à la forme. *On the merits* se traduit habituellement par « au fond » : *to plead on the merits* : « conclure au fond », *trial on the merits* : « jugement au fond ».

28. was not justiciable in the courts : l'adjectif « justiciable », en anglais comme en français, signifie « relevant de la compétence des tribunaux » ou « punissable devant les tribunaux ». Lorsqu'il est utilisé en français, l'adjectif se construit avec la préposition « de » et s'emploie uniquement à propos de personnes : « criminel justiciable des tribunaux français ».

Le substantif « justiciable », qui désigne toute personne relevant de la compétence d'un tribunal ou de la justice d'un État, n'a pas d'équivalent direct en anglais : « *person subject to a particular jurisdiction, person subject to the law* » (*Dictionnaire de l'anglais économique et juridique, Le Livre de Poche*).

29. void : attention à ne pas confondre *void*, « nul », « frappé de nullité », et *voidable*, « frappé/entaché de nullité relative ». On retrouve ce terme dans le doublet *null and void*, l'un des rares à se traduire par deux mots en français (« nul et de nul effet », « nul et non avenu »).

30. the *status quo ante* : on notera, dans la traduction, la disparition du « s » de *status*. Le terme *statu quo*, également utilisé dans la langue courante pour désigner une situation d'attente, est en fait l'ellipse de la locution *in statu quo ante*, qui signifie littéralement « dans l'état où auparavant (étaient les choses) ». La signification de cette locution est d'ailleurs précisée ici.

31. the non-repetition : à noter ici la transposition nom → verbe au futur : « ne se reproduiront pas ».

32. illegal acts : il existe une légère nuance de sens entre « illégal », qui désigne ce qui est contraire à la loi, et « illicite », qui désigne ce qui est contraire à un texte (pas forcément de loi) ou à l'ordre public. Le substantif correspondant à « illicite » est « illicéité ».

33. Judge *Ad Hoc* : le latinisme *ad hoc*, qui signifie littéralement « pour cela », « à cet effet », est très courant à la fois en français et en anglais et doit être importé tel quel dans la traduction. *Ad hoc* s'utilise à la fois comme adverbe (ou dans des locutions adverbiales : *on an ad hoc basis*, « au cas par cas ») et comme adjectif (*ad hoc committee, judge ad hoc*).

Texte 4

Le texte qui suit est extrait de l'exposé en réponse du Royaume-Uni dans l'affaire de l'usine MOX, portée devant le Tribunal international du droit de la mer (TIDM) par l'Irlande en novembre 2001. Dans ce document, le Royaume-Uni répond aux arguments avancés par l'Irlande, qui prétend que la mise en service d'une nouvelle usine de retraitement de déchets nucléaires dans la région de Cumbria, dans le nord de l'Angleterre, risque de se traduire par une pollution accrue de la mer d'Irlande.

Au point de vue d'une partie s'oppose celui de l'autre. Il est donc logique de trouver dans le texte de nombreux verbes d'argumentation comme *to assert*, *to contend*, ou *to submit*, lesquels côtoient des termes juridiques essentiels tels que *relevant* (et ses dérivés) ou *case*.

La traduction qui suit l'original est celle du Greffe du Tribunal. Il est à préciser que ce type de traduction doit être réalisé dans des délais très courts, en faisant souvent appel à plusieurs traducteurs travaillant à distance sur différentes parties du même texte. Il s'agit d'une traduction préliminaire, ce qui peut expliquer les quelques erreurs de forme et de fond qu'elle contient.

Les deux textes, dont les notes de bas de page ont été supprimées pour des raisons pratiques, sont disponibles dans leur intégralité sur le site Internet du TIDM (www.itlos.org).

C. The weakness of Ireland's case[1]

13. Even a cursory review of Ireland's arguments reveals their weakness:

1) Ireland relies on[2] the duty of cooperation under Article 197 of UNCLOS. This requires States to cooperate on a global and, as appropriate, regional basis in formulating international rules, standards, practices and procedures for the protection and preservation of the marine environment. This is precisely what the United Kingdom has done, *inter alia*,[3] through its ratification of the *OSPAR Convention* and also in its role as a Member State of the European Community and *Euratom*. Even without a close examination of the facts, there can be no question of breach of Article 197 by the United Kingdom. Precisely the same point may be made in respect of Article 123 of UNCLOS on which Ireland also relies (insofar as this is applicable).

2) Ireland relies on the duty to assess the potential impacts of activities on the marine environment under Article 206 of UNCLOS. This requires States[4] to carry out such assessments where they "have reasonable grounds for believing that planned activities under their jurisdiction or control may cause substantial pollution of or significant and harmful changes to the marine environment".[5] As appears from Part II below, there are no such "reasonable grounds" with respect to the operation of the MOX Plant. Its impacts are negligible. It has scarcely been suggested otherwise. In any event, an *Environmental Assessment* has been carried out in accordance with the applicable EC Directive.

   […]

14. In order to advance these submissions[6] under UNCLOS, Ireland contends that[7] there is a risk of discharges from the MOX Plant to the Irish Sea. It is, however, important to bear in mind that the MOX Plant is essentially a dry process […].

[…]

16. Ireland expresses a fear of "serious harm to the marine environment" arising from the shipping of materials to and from the MOX Plant, asserting that[8] "[t]he operation of the plant will result in a large number of international movements of large quantities of highly radioactive nuclear materials, including plutonium, into and out of the United Kingdom, in and around the Irish Sea". As has been explained, there are to be no relevant marine transportations[9] at all in the period pending the constitution of the Annex VII Tribunal. Thereafter, exports from the MOX Plant will not be of separated plutonium dioxide powder but of MOX fuel containing plutonium in ceramic form. The point is therefore without relevance,[10] but the United Kingdom wishes to assure ITLOS that sea transports undertaken by BNFL are carried out in full compliance with international regulations in force on the international transport of nuclear materials by sea […].

17. In so far as Ireland relies on[11] security risks, the United Kingdom has in place very extensive security precautions (and has reviewed those precautions since 11 September 2001). As ITLOS will, however, appreciate, the details of these arrangements cannot responsibly be disclosed.

[…]

TRADUCTION

C. La faiblesse des moyens produits par l'Irlande

13. Même un examen hâtif des arguments de l'Irlande laisserait en apparaître la faiblesse :

1) L'Irlande se prévaut de l'obligation de coopérer prescrite à l'article 197 de la Convention sur le droit de la mer. Cette prescription requiert des Etats qu'il coopèrent au plan mondial et, le cas échéant, au plan régional à la formulation et à l'élaboration de règles et de normes, ainsi que de pratiques et procédures pour la protection et la préservation du milieu marin. C'est précisément là ce que le Royaume-Uni a fait, notamment en ratifiant la *Convention OSPAR* et aussi par son rôle en tant qu'Etat membre de la Communauté européenne et de l'*Euratom*. Même sans procéder à un examen approfondi des faits, il ne saurait être question d'une violation de l'article 197 par le Royaume-Uni. Le même point peut être souligné à propos de l'article 123 de la Convention sur le droit de la mer dont se prévaut également l'Irlande (pour autant que ledit article soit applicable).

2) L'Irlande se prévaut de l'obligation de procéder à l'évaluation des effets potentiels des activités sur le milieu marin prescrite à l'article 206 de la Convention sur le droit de la mer. Cette obligation requiert des Etats qu'ils procèdent à de telles évaluations, lorsqu'« [...ils] ont de sérieuses raisons de penser que des activités envisagées relevant de leur juridiction ou de leur contrôle risquent d'entraîner une pollution importante ou des modifications considérables et nuisibles au milieu marin ». Comme cela apparaît dans la deuxième partie ci-dessous, il n'existe pas de « sérieuses raisons » de penser cela à propos de la mise en service de l'usine MOX. Ses effets sont négligeables. Le contraire a été rarement affirmé. Quoi qu'il en soit, une *déclaration relative à l'impact sur l'environnement* a été établie conformément à la directive applicable de la CE.

   [...]

14. Pour pouvoir avancer de telles assertions en invoquant la Convention sur le droit de la mer, l'Irlande affirme qu'il existe un risque de rejets provenant de l'usine MOX dans la mer d'Irlande. Il est, cependant, important de ne pas perdre de vue que le procédé qui sera mis en œuvre dans l'usine MOX est un procédé de travail essentiellement à sec [...].

[...]

16. L'Irlande exprime une crainte de « graves dommages à l'environnement marin » résultant du transport par mer des matières radioactives à destination et en provenance de l'usine MOX, en affirmant que « [l]es opérations de l'usine donneront lieu à un nombre élevé de transferts internationaux de quantités importantes de matières nucléaires hautement radioactives, y compris le plutonium, à destination et en provenance du Royaume-Uni, à travers la mer d'Irlande et autour de celle-ci. » Comme cela a été expliqué, il n'y aura aucun transport par mer au cours de la période concernée, en attendant la constitution du tribunal prévu à l'annexe VII. Après cela, les exportations à partir de l'usine MOX ne porteront pas sur de la poudre de dioxyde de plutonium séparé, mais sur du combustible MOX contenant du plutonium sous forme céramique. Ce point est, par conséquent, sans objet, mais le Royaume-Uni voudrait donner l'assurance au TIDM que les transports par mer effectués par la BNFL le sont dans le respect total des

E. The measures sought are not conservatory

20. Ireland asks ITLOS, first, to restrain the United Kingdom from authorising the commissioning of the MOX Plant. A "provisional" measure in that form is likely to result in the loss of commercial business for the MOX Plant amounting to approximately £10 million as a minimum, with the real prospect of further losses of business valued at several tens of millions of pounds. The maintenance of the MOX Plant in a state of operational readiness will also carry a further cost of approximately £385,000 per week. There will also be less tangible, but nevertheless real, damage caused to BNFL's competitive position by continuing delay. Far from preserving the *status quo pendente lite*,[12] the measures sought by Ireland would have the reverse effect.

21. Ireland next asks ITLOS to restrain shipping "associated" with the MOX Plant. In this context, the word "associated" is dangerously imprecise. Ireland has long made public its objection to the Sellafield site generally and, in particular to the THORP Plant. The reprocessing of spent fuel at Sellafield (in THORP or otherwise) is a completely separate industrial process which has been conducted at Sellafield for some thirty years, during which time spent fuel deliveries to Sellafield have been on-going. The THORP Plant itself has operated since 1994 in accordance with authorisations granted by the relevant United Kingdom regulators in accordance with the relevant provisions of European law.[13]

22. The subject of the present dispute[14] is not, however, the THORP Plant but the MOX Plant (which is not a reprocessing facility at all). Throughout the Irish *Statement of Claim* and *Request for Provisional Measures*, references are made to transportation of plutonium. The reference should in fact be to spent nuclear fuel, of which 1% in volume is plutonium. Further, such spent fuel is not destined for the MOX Plant but, rather, for the THORP Plant. A measure restricting transportation of materials to the THORP Plant would not conserve the rights of the parties in the present dispute. It would restrain the conduct of persons subject to the United Kingdom's control in respect of a matter falling outside the jurisdiction of the Annex VII Tribunal.

23. There would also be a social cost to the United Kingdom from a provisional measures order of the kind requested by Ireland. The *Decision* of 3 October 2001 by the United Kingdom Secretaries of State that the manufacture of MOX fuel is justified notes that the operation of the MOX Plant is likely to support up to 480 jobs in West Cumbria, an area of high unemployment.

[...]

25. These issues are addressed in detail in this *Response*[15] as follows. In **Part II**, the United Kingdom sets out the facts of the case.[16] In **Part III**, the United Kingdom addresses a large number of misapprehensions disclosed in the Irish *Statement of Claim*[17] of 25 October 2001 and its *Statement of Case* of 9 November 2001. In **Part IV**, the United Kingdom addresses the procedural framework and law applicable[18] to the prescription of provisional measures. **Part V**, which deals with the application of the law to the circumstances of this case,[19] comprises five chapters dealing respectively with: jurisdiction, urgency, irreparable prejudice to Ireland's rights and serious harm to the marine environment, evidentiary burden, and conservatory measures. **Part VI** contains the United Kingdom's submissions.

[...]

réglementations internationales en vigueur en matière de transferts internationaux de matières nucléaires par mer [...].

17. Puisque l'Irlande invoque des risques en matière de sécurité, il convient de savoir que le Royaume-Uni a mis en œuvre sur place des mesures de sécurité très importantes (et a revu lesdites mesures après le 11 septembre 2001). Comme pourra l'apprécier le TIDM, les détails de ces mesures ne sauraient être révélés, si l'on doit faire preuve de responsabilité.

[...]

E. Les mesures sollicitées ne sont pas de nature conservatoire

20. L'Irlande prie le TIDM, premièrement, d'empêcher que le Royaume-Uni accorde une autorisation pour la mise en service de l'usine MOX. Une mesure « conservatoire » de cette nature est susceptible d'aboutir à la perte de contrats commerciaux par l'usine MOX s'élevant à environ 10 millions de livres sterling, avec la perspective réelle d'autres pertes de contrats qui s'évaluent en plusieurs dizaines de millions de livres sterling. Le maintien de l'usine MOX dans un état d'aptitude à fonctionner comportera à son tour un coût additionnelle d'environ 385.000 livres sterling par semaine. Il y aura également un préjudice, moins tangible, mais néanmoins réel, pour la BNFL, en termes de compétitivité, avec la répétition de retards. Loin de préserver le *statut quo pendente lite*, les mesures sollicitées par l'Irlande aboutiraient à un effet contraire.

21. L'Irlande prie ensuite le TIDM d'empêcher les transferts par mer « liés » à l'activité de l'usine MOX. A ce propos, le terme « liés » manque dangereusement de précision. De longue date, l'Irlande a fait publiquement connaître son opposition au site de Sellafield en général, et, en particulier, à l'usine THORP. Le retraitement de combustibles usés à Sellafield (à l'usine THORP ou ailleurs) constitue une activité industrielle totalement indépendante, qui est menée à Sellafield depuis quelque trente années, au cours desquelles des livraisons de combustibles usés à Sellafield ont été régulièrement effectuées. L'usine THORP elle-même fonctionne depuis 1994, conformément aux autorisations accordées par les instances de régulation compétentes du Royaume-Uni et conformément aux dispositions pertinentes de la législation européenne.

22. L'objet de la présente espèce n'est, toutefois, pas l'usine THORP, mais l'usine MOX (qui n'est aucunement une installation de retraitement). Tout au long de l'*exposé des conclusions* et de la *demande en prescription de mesures conservatoires* de l'Irlande, des références sont faites au transport du plutonium. La référence devrait en fait viser des éléments de combustibles nucléaires usés, dont 1 % du volume est constitué de plutonium. En outre, de tels éléments de combustibles usés ne sont pas destinés à l'usine MOX, mais plutôt à l'usine THORP. Une mesure de restriction portant sur les transferts de matières à destination de l'usine THORP ne préserverait pas les droits des parties à la présente espèce. Elle imposerait une restriction sur la conduite de personnes relevant du contrôle du Royaume-Uni au sujet d'une question qui ne relève pas de la compétence du tribunal prévu à l'annexe VII.

23. Il y aurait également un coût social imposé au Royaume-Uni, si des mesures conservatoires telles que celles sollicitées par l'Irlande étaient accordées. La *décision* prise le 3 octobre 2001 par les ministres du Royaume-Uni, suivant laquelle la fabrication de combustible MOX est justifiée, note que la mise en service de l'usine MOX est susceptible de créer 480 emplois à West Cumbria, une région frappée par un taux élevé de chômage.

[...]

95. Without prejudice to the above,[20] and on the assumption that Ireland will rely on the allegations of fact in the *Statement of Case* of 9 November 2001, these are now considered in order.

I. Ireland's allegations relating to the impacts of nuclear activities at Sellafield on the Irish Sea (paragraphs 9-13 of the *Statement of Case*)

96. The generalised impacts of activities at Sellafield on the Irish Sea (or indeed the impacts of activities at La Hague in France) are wholly irrelevant to this case[21] and to the provisional measures request […].

[…]

I. Article 282 of UNCLOS: Agreements to submit the dispute to a different procedure

162. Article 282 of UNCLOS provides that, where States Parties to UNCLOS have agreed that disputes are to be submitted to some other procedure entailing a binding decision, that procedure shall apply *in lieu* of procedures[22] under UNCLOS. The matters of which Ireland seeks to seise the Annex VII Tribunal, and on the basis of which it seeks provisional measures from ITLOS, are matters in respect of which the Parties have agreed to seek settlement by alternative means of their own choice. They are alleged breaches of obligations under regional agreements, and the disputes in respect of them have been, or are about to be, submitted to other tribunals. The Annex VII Tribunal does not, accordingly, even *prima facie*,[23] have jurisdiction to address the merits of this case.[24]

[…]

166. As regards other aspects of Ireland's present complaint, these are governed by Directives made pursuant to the *Euratom* and *EC Treaties*. Those Treaties also constitute regional agreements providing for alternative binding dispute resolution provisions. The European Court of Justice ("ECJ") has powers pursuant to both Treaties to afford interim relief.[25] Both the *Euratom* and *EC Treaties* also provide in express terms:

> "Member States undertake not to submit a dispute concerning the interpretation or application of this Treaty to any method of settlement other than those provided for therein".

167. Moreover, the Member States of Euratom and the European Community have agreed to invest[26] the Community institutions, including the ECJ, with exclusive jurisdiction to resolve disputes between them concerning any alleged failure to comply with the obligations incumbent on them, by reason of Directives made pursuant to those Treaties. Ireland has made public its intention to raise before the ECJ the matters on which it now seeks to rely before the Annex VII Tribunal. In these circumstances, it would not only be inappropriate[27] for the Annex VII Tribunal to interpret Community law, but it has no jurisdiction to do so. The United Kingdom accordingly goes little further into the questions of European Community law, including *Euratom* law, raised in the Irish *Statement of Claim*, beyond drawing attention to the wording of Article 6 of *Council Directive 96/29/Euratom*, which provides that:

> "Member States shall ensure that all new classes or types of practice resulting in exposure to ionizing radiation are justified in advance of being first adopted

25. Ces questions sont traitées dans le détail, dans l'*exposé en réponse*, comme suit. La **première partie** contient un exposé des faits de la cause. Dans la **deuxième partie,** le Royaume-Uni examine un très grand nombre d'erreurs d'appréciation qui apparaissent dans l'*exposé des conclusions* en date du 25 octobre 2001 et dans la *demande en prescription de mesures conservatoires* en date du 9 novembre 2001. Dans la **quatrième partie**, le Royaume-Uni traite du cadre procédural et du droit applicable en matière de prescription de mesures conservatoires. La **cinquième partie**, qui traite de l'application des dispositions législatives aux circonstances de la présente espèce, contient cinq chapitres qui traitent respectivement de : la compétence, l'urgence, le préjudice irréparable aux droits de l'Irlande et les dommages graves au milieu marin, la charge de la preuve, et les mesures conservatoires. La **sixième partie** contient les conclusions du Royaume-Uni.

[...]

95. Sans préjudice de ce qui précède, en supposant que l'Irlande se prévale des allégations qu'elles a présentées dans la *demande* du 9 novembre 2001, celles-ci vont maintenant être examinées l'une après l'autre.

I. Les allégations de l'Irlande relatives aux effets sur la mer d'Irlande des activités nucléaires menées à Sellafield (paragraphes 9 à 13 de la *demande*)

96. Les effets qu'ont, sur un plan général, sur la mer d'Irlande les activités menées à Sellafield (ou de même, les effets des activités menées à La Hague, en France) sont absolument sans pertinence en l'espèce et pour la demande en prescription de mesures conservatoires [...].

[...]

I. Article 282 de la Convention : accord de soumettre le litige à une procédure différente

162. L'article 282 de la Convention stipule que lorsque les Etats Parties à la Convention ont accepté que leurs différends soient soumis à certaines autres procédures aboutissant à une décision obligatoire, cette procédure s'applique *au lieu* de celles prévues dans la Convention. Or, les questions dont l'Irlande cherche à saisir le tribunal prévu à l'annexe VII, et sur la base desquelles elle sollicite des mesures conservatoires auprès du TIDM, sont des questions pour lesquelles les parties ont convenu de chercher un règlement par d'autres moyens de leur choix. Il s'agit de manquements allégués à des obligations en vertu d'accords régionaux et des différends les concernant ayant été ou sur le point d'être soumis à d'autres tribunaux. En conséquence, le tribunal prévu à l'annexe VII n'a pas *prima facie* compétence pour connaître du fond de cette affaire.

[...]

166. En ce qui concerne les autres aspects de la présente demande de l'Irlande, ceux-ci sont régis par des dispositions découlant des *Traités de l'Euratom* et *de la CE*. Ces traités constituent également des accords régionaux comportant des stipulations obligatoires sur le règlement des différends. La Cour européenne de justice (« CEJ ») dispose, en vertu de ces deux types de traités, du pouvoir de statuer provisoirement. Les *Traités de l'Euratom* et *de la CE* stipulent également expressément :

> « les Etats membres s'engagent à ne soumettre un différend concernant l'interprétation ou l'application de ce Traité à aucune autre méthode de règlement que celles prévues dans ce dernier ».

or first approved, by their economic, social or other benefits in relation to the health detriment they may cause."

168. This provision refers expressly to "classes or types of practice". Before the appropriate court, the United Kingdom will submit that[28] Ireland's contentions about the specific justification of the MOX Plant at Sellafield are beside the point. What has to be justified is a new class or type of practice. Indeed, this point was argued,[29] on behalf of the Secretaries of State,[30] in the judicial review proceedings[31] in the High Court[32] in London which concluded in 15 November 2001. The Judge, it will be recalled, upheld the *Decision*[33] of the Secretaries of State. Besides this, it must be borne in mind that the European Community is itself a party to UNCLOS and insofar as the obligations arising from UNCLOS are matters of Community competence, Member States are under an obligation to submit any disputes that they may have with one another in respect of such matters exclusively to the means of settlement provided by Community law.

Notes

1. Ireland's case : au sens large, *case* peut se traduire par « action », « litige », « procès », « affaire », « recours », etc. Lorsque le terme s'applique à une partie, comme c'est le cas ici, il faut le traduire par « arguments », « thèse », « position », ou « moyens », ce dernier terme désignant les arguments mis en avant par une partie pour défendre son point de vue. Parmi les innombrables expressions construites autour de *case*, citons : *to present one's case* : « faire valoir ses moyens/ses arguments », *examination of the case* : « examen du dossier/de l'affaire », *pending case* : « litige en instance », *to have a case* : « avoir un moyen de défense valable », « avoir un grief légitime ».
On notera ici le recours à l'étoffement (par un participe) : « les moyens *produits* par l'Irlande ». Voir aussi, à propos de *case*, les notes 16 et 19.

2. Ireland relies on : le verbe *to rely on* a, dans le contexte juridique, un champ sémantique beaucoup plus large que dans la langue courante. On pourra le traduire par « se prévaloir de », « invoquer », « se fonder sur », « faire état de » (preuves, arguments, pièces), « soulever », « opposer », « articuler » (moyens), ou encore « exciper de », qui signifie invoquer quelque chose pour sa défense.
Le substantif correspondant, *reliance*, pourra pour sa part se rendre, dans certains cas, par transposition verbale : *The court need not to consider the applicant's reliance on subsection 30(i)* : « Il n'est pas nécessaire d'examiner le moyen que le demandeur tire de l'alinéa 30i) ».

3. *inter alia* : ce latinisme doit toujours être traduit en français : « notamment », « entre autres (dispositions) ».

4. This requires States : par souci de clarté, le traducteur francophone a souvent tendance à traduire le déictique *this* par étoffement, en utilisant le nom auquel cette charnière se substitue, précédé d'un adjectif démons-

167. De plus, les Etats membres de l'Euratom et de la Communauté européenne ont convenu de conférer aux institutions communautaires, y compris la CEJ, le pouvoir exclusif de résoudre les différends qui les oppose au sujet de tout manquement allégué aux obligations qui leur incombent, en vertu de directives adoptées en application de ces traités. Or, l'Irlande a rendu publique son intention de soulever devant la CEJ les questions qu'elle cherche à présent à invoquer devant le tribunal prévu à l'annexe VII. Dans une telle situation, non seulement il n'est pas du ressort du tribunal prévu à l'annexe VII d'interpréter les lois communautaires, mais de plus ledit tribunal n'a aucune compétence pour ce faire. De ce fait, le Royaume-Uni ne voudrait pas s'étendre plus loin sur la question des lois communautaires, si ce n'est pour appeler l'attention sur le libellé de l'article 6 de la *Directive 96/29/Euratom du Conseil*, qui stipule que :

> « les Etats Membres veillent à ce que toutes les nouvelles catégories ou types de pratiques entraînant une exposition à des radiations ionisantes soient, avant leur première adoption ou leur première approbation, justifiées par les avantages économiques, sociaux ou autres qu'elles apportent par rapport aux inconvénients au point de vue santé qu'elles peuvent présenter. »

168. Cette disposition se réfère expressément aux « catégories ou types de pratiques ». Le Royaume-Uni plaidera devant le tribunal approprié que les objections de l'Irlande à la justification spécifique en ce qui concerne l'usine MOX à Sellafield n'ont rien à voir avec la question. Le point qui doit être justifié est une nouvelle catégorie ou type de pratique. C'est d'ailleurs sur ce même point qu'a porté la plaidoirie présentée au nom des ministres britanniques lors des débats de la *High Court* de Londres portant sur la refonte de la législation afférente, débats qui se sont terminés le 15 novembre 2001. On se souviendra que dans ce cas, le juge a confirmé la décision des ministres. D'autre part, le Royaume-Uni rappelle que la Communauté européenne a ratifié la Convention sur le droit de la mer, et donc que, dans la mesure où les obligations découlant de cette Convention relèvent de la compétence de la Communauté, ses Etats membres sont obligés de ne soumettre tout différend entre eux concernant de telles questions qu'aux moyens de règlement prévus par les lois communautaires.

---

tratif : ici, « cette obligation ». Cette technique trouve plusieurs illustrations dans le texte (cf. début du paragraphe 13.1) : *This* requires States… : « *Cette prescription* requiert des États… »).

5. may cause substantial pollution of or significant and harmful changes to […] : exemple de rupture de construction à double préposition (*of* et *to*). Ce type de structure nécessite le plus souvent une traduction par étoffement.

6. these submissions : traduit ici par « assertions », *submission* peut aussi, dans d'autres cas, se rendre par « plaidoirie » (exposé verbal, à l'audience, des prétentions et arguments des parties) ou « conclusions » (acte de procédure par lequel le demandeur expose ses chefs de demande, le défendeur ses moyens de défense).
Le terme « plaidoirie » doit être manié avec une précaution particulière : il désigne toujours une intervention orale et ne doit par conséquent jamais être surtraduit (*oral pleadings* se rendra ainsi simplement par « plaidoiries » et non par « plaidoiries orales », qui constitue un pléonasme).

7. Ireland contends that : verbe d'argumentation, *to contend (that)* peut se traduire par « affirmer » ou « soutenir que ».

8. asserting that : autre verbe d'argumentation, *to assert* a aussi le sens d'« affirmer », de « soutenir », de « prétendre (que) », mais a un champ d'utilisation un peu plus large que *to contend* : *to assert one's authority* : « imposer son autorité » ; *to assert one's rights* : « faire valoir ses droits ».

9. no relevant marine transportations : l'adjectif *relevant* est un mot passe-partout qui accepte de nombreuses traductions, dont la plus fréquente – dans le contexte des procédures contentieuses – est sans doute « pertinent ». Le substantif correspondant, *relevance*, se rend le plus souvent par « pertinence », terme qui se définit comme « *l'adéquation des moyens à l'objet du litige* » (*Lexique Dalloz des termes juridiques*). Il est à noter, comme le fait judicieusement Louis Beaudoin dans *Les mots du droit* (Éditions Yvon Blais Inc., 2000, p. 108), que l'adjectif « pertinent » « ne peut se construire avec un complément d'objet indirect, contrairement à son équivalent anglais *relevant*, qui se construit souvent avec *to*. Ainsi, la construction [faits pertinents au litige], calque de l'anglais *facts relevant to the issue*, est incorrecte. Il faut dire plutôt : 'faits connexes' ou 'faits pertinents en l'espèce', 'faits pertinents dans la cause' ». Cette remarque vaut également pour l'antonyme de *relevant*, *irrelevant*, qui se traduit généralement par « sans rapport avec », « sans intérêt », « non pertinent (en l'espèce) », « sans pertinence (en l'espèce) », ou « étranger à (l'espèce) ». Voir aussi note 21.

10. The point is therefore without relevance : à noter ici la traduction de *without relevance*, « sans objet », qui peut aussi s'utiliser pour l'adjectif *irrelevant*, lorsque celui-ci qualifie un argument.

11. In so far as Ireland relies on security risks : le verbe *to rely on* est ici traduit par « invoquer » (voir note 2).

12. the *status quo pendente lite* : cette locution latine, conservée en l'état dans la traduction, est composée de deux locutions autonomes : *status quo* (« statu quo » en français, et non « statut quo », comme on peut le lire dans la traduction) et *pendente lite*. Cette dernière expression, que l'on pourrait traduire par « pendant que l'action est en cours », est la version participiale de *lis pendens* (« l'action en cours »).

13. the relevant provisions of European law : il est à noter que l'adjectif passe-partout *relevant* est traduit dans cette phrase par deux termes différents : « les instances de régulation *compétentes* », et les « dispositions *pertinentes* de la législation européenne ». Ces deux traductions témoignent de la grande importance que prennent les cooccurrents d'un mot.

14. the present dispute : le terme « espèce », choisi ici pour traduire *dispute*, désigne un « *cas soumis au juge (en l'espèce, dans la présente espèce) considéré dans l'ensemble de ses éléments de fait et de droit, et en insistant volontiers sur sa singularité (particularités de l'espèce)* » (G. Cornu, *Vocabulaire juridique*). « Espèce » est aussi souvent utilisé pour traduire *case*.

15. in this *Response* : on notera ici la dilution en français : « exposé en réponse » (on peut aussi rencontrer « conclusions en réponse »).

16. the facts of the case : *case* est ici traduit par « cause », terme qui fait référence au litige soumis au tribunal. Voir aussi notes 1 et 19.

17. *Statement of Claim* : « demande initiale », « demande introductive d'instance », « requête initiale » sont d'autres traductions possibles de ce composé de type roman, rendu ici par « exposé des conclusions ».

18. law applicable : il ne faut pas oublier que *law* peut se traduire, selon les contextes, par « loi », « droit », ou encore « législation » (ensemble des lois). Voir, à ce propos, *Le français et l'anglais juridiques : une question de point de vue*, en deuxième partie d'ouvrage.

19. the circumstances of this case : *case* est ici rendu par « espèce » (voir notes 1 et 16). A noter également l'étoffement du déictique *this* : « *la présente* espèce ».

20. Without prejudice to the above : cette expression, très fréquente dans les textes juridiques, indique que la clause ou la disposition qui suit ne porte en rien atteinte aux clauses ou dispositions précédentes. A ne pas confondre avec l'expression *notwithstanding the above* (« nonobstant ce qui précède », « par dérogation à ce qui précède »), qui indique que la clause ou la disposition qui suit s'applique indépendamment de ce qui précède.

21. are wholly irrelevant to this case : ce passage est traduit par transposition nominale : « sont absolument *sans pertinence* en l'espèce ». Il est à rappeler que l'adjectif « pertinent » ne peut se construire avec un complément, contrairement à l'anglais *relevant* (*to*). Voir note 9.

22. shall apply *in lieu* of procedures : d'origine française, la locution *in lieu of* est d'un usage fréquent dans les textes juridiques anglo-saxons. Au dire de certains, elle remplace souvent avantageusement *instead of*. On la trouve non seulement dans les documents de procédure mais aussi dans les contrats, comme en témoigne cette clause : *It is expressly agreed that this warranty shall be in lieu of all warranties of fitness.*

23. does not, accordingly, even *prima facie* : la locution latine *prima facie* est pratiquement toujours traduite, même si ce n'est pas le cas ici. Sa traduction varie en fonction de ses cooccurrents, dont les plus fréquents sont *case* et *evidence* : *There is a prima facie case* : « L'action paraît fondée de prime abord » ; *There is prima facie evidence that* : « Tout porte à croire que ». L'expression peut être utilisée à la fois en position adjectivale (cf. exemples ci-dessus) et adverbiale, comme ici : « The Annex VII Tribunal does not, accordingly, even *prima facie*, have jurisdiction… ». (Voir aussi l'encadré intitulé « Le cas particulier de *prima facie* », dans le chapitre 2, « Les locutions latines »).

24. to address the merits of this case : la construction verbale « connaître de », utilisée ici pour rendre *to address*, est spécifique au langage juridique, dans lequel elle signifie « avoir compétence pour juger » (« avoir compétence pour connaître d'une affaire » est donc pléonastique).

25. to afford interim relief : le verbe « statuer », utilisé dans la traduction, peut s'employer à la fois en construction absolue (« demander au tribunal de statuer », autrement dit, lui demander de rendre une décision, de juger) et sous forme transitive indirecte (« statuer sur une demande », « statuer sur le fond »).

26. to invest : rendu ici par « conférer » (« aux institutions… le pouvoir exclusif de résoudre… »), ce verbe peut aussi, dans ce contexte, se traduire par « investir » (une personne, une institution, de pouvoirs). *To invest* est à l'évidence moins fréquent, dans cette acception, que *to vest* (*sth in so* ou *so with sth*), verbe aux traductions multiples : « mettre qqn en possession (d'un bien) », « investir qqn (d'un droit, d'une fonction, d'un pouvoir) », « conférer (des pouvoirs) à qqn », etc. *Vested in* pourra se traduire par « dévolu », « conféré », ou « attribué à ».

Exemples d'utilisation en contexte :

Copyrights and other ownership rights are vested in the Food and Agriculture Organization of the United Nations : « Les droits d'auteur et autres droits relatifs au manuscrit sont dévolus à l'Organisation des Nations Unies pour l'alimentation et l'agriculture » ; *The Trustees may delegate the exercise of any or all powers and discretions vested in the Trustees under this trust* : « Les trustees peuvent déléguer l'exercice de certains ou de tous les pouvoirs et discrétions qui leur ont été conférés dans le cadre de ce trust » ; *The Board proposes to vest more responsibility in some company employees* : « Le conseil d'administration propose de donner des responsabilités accrues à certains salariés ».

27. it would not only be inappropriate : la tournure impersonnelle « il n'est pas du ressort du tribunal de » est ici utilisée à mauvais escient, dans la mesure où l'anglais met simplement l'accent sur le caractère « inopportun » de l'action. La question de la compétence du tribunal est d'ailleurs traitée plus loin dans la même phrase. Le terme « ressort » « *précise l'étendue de la compétence d'une juridiction, soit au point de vue géographique, soit en ce qui concerne la valeur du litige* » (*Lexique Dalloz des termes juridiques*).

28. the United Kingdom will submit that : autre verbe d'argumentation, *to submit*, rendu ici par « plaider », peut aussi se traduire par « affirmer », « soutenir », « faire valoir que », ou « faire observer que ». A propos du substantif *submission*, voir la note 6.

29. this point was argued : le verbe *to argue* est ici traduit par transposition nominale : « C'est d'ailleurs sur ce même point qu'a porté *la plaidoirie* ». Le substantif *argument* rentre dans la catégorie des faux amis partiels, dans la mesure où il peut se traduire à la fois par « argument/argumentation » ou « plaidoirie » (notamment dans le contexte juridique), et par « querelle » ou « dispute » (généralement dans le langage courant).

30. Secretaries of State : dans le contexte britannique, un *Secretary of State* est simplement un ministre (*Secretary of State for Health* : ministre de la santé), alors qu'aux États-Unis, le *Secretary of State* est le secrétaire d'État, autrement dit le ministre des affaires étrangères.

31. judicial review proceedings : l'expression *judicial review* peut généralement se traduire par « contrôle judiciaire » ou « examen judiciaire » (d'une décision rendue par un tribunal ou une autorité administrative), ou, dans le contexte américain, par « vérification de la constitutionnalité des lois ».

32. High Court : on notera que ce terme est conservé dans la traduction, où il apparaît donc comme emprunt. Même si ce n'est pas le cas ici, il est à remarquer que les termes à fort contenu culturel – comme *High Court* – sont souvent accompagnés, dans les traductions où ils apparaissent, de notes explicatives permettant au lecteur de mieux en saisir le sens. Les dictionnaires proposent parfois eux-mêmes des explications sur les termes culturels : dans le *Dictionnaire économique et juridique* du Livre de Poche, on trouve ainsi, à *High Court of Justice*, « (*UK*) Haute Cour *f* de Justice (*équiv.* tribunal de grande instance) ». Les « équivalents » doivent toutefois être maniés avec la plus grande précaution, comme nous le rappelle Sylvaine Poillot-Peruzzetto : « Une traduction plus que grossière du terme *High Court* pourrait être 'tribunal de grande instance'. En effet, la *High Court* s'oppose à la *County Court* de la même manière que le tribunal de grande instance s'oppose au tribunal d'instance. Cependant, ici s'arrête le parallèle et il serait faux d'assimiler ces deux juridictions dont les règles d'organisation et de compétence n'ont strictement rien à voir. C'est pourquoi il est préférable de conserver l'expression anglaise *High Court*. » (*Guide pratique de la procédure civile anglaise*, Litec, 1989, pp.11-12).

33. upheld the *Decision* : le verbe *to uphold* a deux sens principaux : confirmer (un jugement frappé d'appel, une décision rendue par une juridiction inférieure), et reconnaître le bien-fondé d'un grief, d'une plainte. Dans cette deuxième acception, on pourra aussi utiliser les verbes « accueillir » (reconnaître le bien-fondé d'une demande) et « faire droit à (une demande) ».

Texte 5

L'arrêt qui suit émane du tribunal de première instance de la Cour de justice des communautés européennes (CJCE). On pourra y observer l'emploi d'une phraséologie et d'une terminologie particulières, propres à ce type de document : « La requérante conclut à ce qu'il plaise au tribunal… », « Le tribunal rend le présent arrêt », « Pour ces motifs », etc.

Le texte contient également de nombreux exemples de termes courants pris dans une acception juridique (*head*, *ground*) ainsi que plusieurs latinismes, dont *inter alia*.

La structure du document est classique et l'on y retrouve la plupart des rubriques propres à ce genre de texte : exposé du litige, conclusions des parties, examen de la recevabilité de la requête, examen au fond et appréciation du tribunal (« motifs »), puis dispositif (décision de la juridiction).

Il convient de préciser que le texte n'est pas reproduit dans son intégralité : certaines parties, qui n'ajouteraient rien au propos, ont en effet été supprimées. Le texte original intégral ainsi que sa traduction, dont une partie est reproduite ici, sont toutefois disponibles sur le site Web de la CJCE (www.curia.eu.int).

JUDGMENT[1] OF THE COURT OF FIRST INSTANCE (Second Chamber)

31 January 2001

[…]

In Case T-24/00,

The Sunrider Corporation, having its registered office in Torrance, California, United States of America, represented by […], with an address for service in Luxembourg at the Patent and Trademark Office of […],

applicant,

v

Office for Harmonisation in the Internal Market (Trade Marks and Designs) (OHIM), represented by […], Head of the Service for the Administration of the Trade Marks Register, and […], of the same service, acting as Agents, with an address for service[2] in Luxembourg at the office of […], of the Legal Service of the Commission, Wagner Centre, Kirchberg,

defendant,

APPLICATION brought[3] against the decision of the Second Board of Appeal of the Office for Harmonisation in the Internal Market (Trade Marks and Designs) of 26 November 1999 (Case R 137/1999-2) concerning the registration of the term VITALITE as a Community trade mark,

THE COURT OF FIRST INSTANCE OF THE EUROPEAN COMMUNITIES (Second Chamber),

composed of : […]

having regard to the application lodged at the Registry of the Court of First Instance on 9 February 2000,

having regard to the response lodged at the Registry of the Court of First Instance on 9 June 2000,

further to the hearing on 27 September 2000,

gives the following[4]

Judgment

Background to the dispute

1. On 1 April 1996, the applicant filed, under Council Regulation (EC) No 40/94 of 20 December 1993 on the Community trade mark (OJ 1994 L 11, p. 1), as amended, an application for a Community word mark at the Office for Harmonisation in the Internal Market (Trade Marks and Designs) (OHIM) (the "Office").

TRADUCTION

ARRÊT DU TRIBUNAL DE PREMIÈRE INSTANCE (deuxième chambre)

31 janvier 2001

[...]

Dans l'affaire T-24/00,

The Sunrider Corporation, établie à Torrance, Californie (États-Unis d'Amérique), représentée par [...], ayant élu domicile à Luxembourg,

partie requérante,

contre

Office de l'harmonisation dans le marché intérieur (marques, dessins et modèles) (OHMI), représenté par [...], chef du service de l'administration du registre des marques, et [...], membre du même service, en qualité d'agents, ayant élu domicile à Luxembourg,

partie défenderesse,

ayant pour objet un recours formé contre la décision de la deuxième chambre de recours de l'Office de l'harmonisation dans le marché intérieur (marques, dessins et modèles) du 26 novembre 1999 (affaire R 137/1999-2) concernant l'enregistrement du vocable VITALITE comme marque communautaire,

LE TRIBUNAL DE PREMIÈRE INSTANCE DES COMMUNAUTÉS EUROPÉENNES (deuxième chambre),

composé de [...]

vu la requête déposée au greffe du Tribunal le 9 février 2000,

vu le mémoire en réponse déposé au greffe du Tribunal le 9 juin 2000,

à la suite de la procédure orale du 27 septembre 2000,

rend le présent

Arrêt

Antécédents du litige

1. Le 1er avril 1996, la requérante a présenté, en vertu du règlement (CE) n°40/94 du Conseil, du 20 décembre 1993, sur la marque communautaire (JO 1994, L 11, p. 1), tel que modifié, une demande de marque verbale communautaire à l'Office de l'harmonisation dans le marché intérieur (marques, dessins et modèles) (OHMI) (ci-après l'« Office »).
2. La marque dont l'enregistrement a été demandé est VITALITE.
3. Les produits pour lesquels l'enregistrement a été demandé relèvent des classes 5, 29 et 32 au sens de l'arrangement de Nice concernant la classification internationale des

2. The trade mark in respect of which registration was sought is VITALITE.

3. The goods in respect of which registration was sought come within Classes 5, 29 and 32 for the purpose of the Nice Agreement concerning the International Classification of Goods and Services for the Purposes of the Registration of Marks of 15 June 1957, as revised and amended.

4. By decision of 19 January 1999, the examiner refused the application under Article 38 of Regulation No 40/94.

5. On 17 March 1999, the applicant appealed to the Office, under Article 59 of Regulation No 40/94, against the examiner's decision.

6. The appeal was submitted to the examiner for interlocutory revision under Article 60 of Regulation No 40/94.

7. It was subsequently remitted to the Board of Appeal.

8. By decision of 26 November 1999 ("the decision"), the Board of Appeal partially annulled the examiner's decision. It dismissed the appeal in so far as the application for a trade mark related to the following goods: "medicaments, pharmaceutical preparations; dietetic substances and nutritional replacement adapted for medical use; food for babies; [...]; herbal and vitamin beverages, mineral and aerated waters and other non-alcoholic drinks," in Class 32. In substance, the Board of Appeal found that, since capital letters do not usually carry accents in French, the sign VITALITE could, in that language, be read as "vitalité". Having drawn attention to the meaning of that term, it inferred that Article 7(1)(b) and (c) of Regulation No 40/94 precluded its registration as a Community trade mark.

Forms of order sought by the parties

9. The applicant claims that the Court should:[5]
   – annul the decision in so far as it dismissed the applicant's appeal;
   – order the defendant to pay the costs.[6]

10. At the hearing, the applicant also claimed that the Court should, in the alternative, alter the decision, and sought application of Article 38(2) of Regulation No 40/94. Finally, it introduced some documentary evidence[7] intended to prove its assertions in the application.

11. The Office contends that the Court should:
   – dismiss the application;
   – order the applicant to pay the costs.[8]

Admissibility

12. Under Article 19 of the EC Statute of the Court of Justice and Article 44(1)(c) and (d) of the Rules of Procedure of the Court of First Instance, the application must state the subject-matter of the proceedings[9] and the forms of order sought by the applicant. It follows that claims put forward at the hearing, even if they are characterised as alternative to those mentioned in the application, must be rejected as inadmissible (Case T-398/94 *Kahn Scheepvaart* v *Commission* [1996] ECR II-477, paragraph 20).

13. In addition, under Article 135(4) of the Rules of Procedure, the parties' pleadings

produits et des services aux fins de l'enregistrement des marques, du 15 juin 1957, tel que révisé et modifié.

4. Par décision du 19 janvier 1999, l'examinateur a rejeté la demande au titre de l'article 38 du règlement n°40/94.

5. Le 17 mars 1999, la requérante a formé un recours auprès de l'Office, au titre de l'article 59 du règlement n°40/94, contre la décision de l'examinateur.

6. Le recours a été soumis à l'examinateur pour révision préjudicielle au titre de l'article 60 du règlement n°40/94.

7. Il a ensuite été déféré à la chambre de recours.

8. Par décision du 26 novembre 1999 (ci-après la « décision »), la chambre de recours a partiellement annulé la décision de l'examinateur. Elle a rejeté le recours pour autant que la demande de marque portait sur les produits suivants: « médicaments, produits pharmaceutiques; substances diététiques et substituts nutritionnels à usage médical ; aliments pour bébés ; [...] ; boissons à base d'herbes et de vitamines; eaux minérales et gazeuses et autres boissons non alcooliques », relevant de la classe 32. En substance, la chambre de recours a considéré que, les lettres capitales n'étant généralement pas accentuées en langue française, le signe VITALITE pouvait, dans cette langue, se lire « vitalité ». Ayant rappelé le sens de ce terme, elle en a déduit que l'article 7, paragraphe 1, sous b) et c), du règlement n°40/94, s'opposait à son enregistrement comme marque communautaire.

Conclusions des parties

9. La requérante conclut à ce qu'il plaise au Tribunal :
– annuler la décision, en ce qu'elle n'a pas fait droit à ses prétentions ;
– condamner le défendeur aux dépens.

10. À l'occasion de la procédure orale, la requérante a également conclu à ce qu'il plaise au Tribunal, à titre subsidiaire, réformer la décision, en demandant l'application de l'article 38, paragraphe 2, du règlement n°40/94. Elle a enfin produit certaines pièces destinées à prouver ses affirmations contenues dans la requête.

11. L'Office conclut à ce qu'il plaise au Tribunal :
- rejeter le recours ;
- condamner la requérante aux dépens.

Sur la recevabilité

12. Aux termes de l'article 19 du statut CE de la Cour et de l'article 44, paragraphe 1, sous c) et d), du règlement de procédure du Tribunal, la requête doit contenir l'objet du litige et les conclusions de la partie requérante. Il en résulte que des conclusions soulevées à l'audience, fussent-elles qualifiées de subsidiaires par rapport à celles mentionnées dans la requête, doivent être rejetées comme irrecevables (arrêt du Tribunal du 5 juin 1996, Kahn Scheepvaart/Commission, T-398/94, Rec. p. II-477, point 20).

13. De surcroît, aux termes de l'article 135, paragraphe 4, du règlement de procédure, les mémoires des parties déposés devant le Tribunal ne peuvent modifier l'objet du litige devant la chambre de recours. Or, il ne ressort pas du dossier que la requé-

lodged before the Court of First Instance may not change the subject-matter of the proceedings before the Board of Appeal. It is not clear from the documents before the Court that the applicant submitted a similar claim[10] to the Board of Appeal. It is therefore inadmissible also on that ground.[11]

14. As regards the evidence[12] which the applicant wished to introduce at the hearing, the Court finds that, as evidence which was intended to support the assertions put forward in the application, it was submitted out of time, without any reason being given. When the applicant had in fact offered no evidence in its application, that belated introduction of evidence is in breach of[13] the principle of *audi alteram partem*[14] and the rights of the defence (see Articles 44(1)(e) and 48(1) of the Rules of Procedure). The evidence in question must consequently be rejected as inadmissible.

Substance

[…]

The plea[15] *of prior registration of the mark*

Arguments of the applicant

31. The applicant claims that the Board of Appeal should have taken account of the fact that the word VITALITE has been registered as a trade mark in 15 European States, 12 of which are members of the European Union and some of which have, *inter alia*,[16] French as an official language in their national office for the registration of trade marks.

32. In refusing to register a mark which has been accepted in 12 of the 15 Member States, the Office, the only body responsible for issuing trade marks which are valid throughout the Community, adversely affects the free movement of goods. It thereby contravenes[17] the spirit of First Council Directive 89/104/EEC of 21 December 1988 to approximate the laws of the Member States relating to trade marks (OJ 1989 L 40, p. 1), as evidenced by the seventh and eighth recitals in the preamble thereto.[18]

Findings of the Court

33. Registrations already made in the Member States are only one factor which, without being given decisive weight, may merely be taken into consideration for the purposes of registering a Community trade mark (Case T-122/99 *Procter & Gamble* v *OHIM* (soap bar shape) [2000] ECR II-265, paragraph 61). Accordingly, the Board of Appeal did not err in law[19] merely because it refused to register a sign although that sign had been previously registered in a number of European States.

34. Moreover, most of the registrations in French-speaking countries on which the applicant relies relate to a figurative mark in which the word "vitalite" is written in lower case, in a special font and with the first letter in a particular form (Benelux, Monaco and Switzerland), which distinguishes it from the sign at issue[20] in this case.[21] Furthermore, such registrations relate to goods which are totally (France, Monaco and Benelux) or essentially (Switzerland) different from those referred to in the applicant's application. In addition, a number of those registrations were made in non-Member States of the European Union (Switzerland, Monaco) or at a

rante ait présenté une demande similaire à la chambre de recours. Elle est donc irrecevable également à ce titre.

14. S'agissant des preuves que la requérante a souhaité produire à l'audience, le Tribunal constate que, destinées à appuyer les propos formulés dans la requête, elles ont été avancées tardivement, sans qu'aucun motif ne soit invoqué. Cette production tardive, alors que la requérante n'avait par ailleurs présenté aucune offre de preuve dans sa requête, méconnaît le principe du contradictoire et les droits de la défense [voir les articles 44, paragraphe 1, sous e), et 48, paragraphe 1, du règlement de procédure]. Les pièces en cause doivent en conséquence être rejetées comme irrecevables.

Sur le fond

[...]

Sur le moyen tiré de l'enregistrement préalable de la marque

Arguments de la requérante

31. La requérante fait valoir que la chambre de recours aurait dû tenir compte du fait que le mot VITALITE a été enregistré comme marque dans quinze États européens, dont douze sont membres de l'Union européenne et dont certains ont, notamment, le français comme langue officielle dans leur Office national d'enregistrement des marques.

32. En rejetant l'enregistrement d'une marque qui a été admise dans douze des quinze États membres, l'Office, seul organisme responsable de la délivrance d'une marque valable sur l'ensemble du territoire communautaire, porte atteinte à la libre circulation des marchandises. Il méconnaît ainsi l'esprit de la directive 89/104/CEE du Conseil, du 21 décembre 1988, rapprochant les législations des États membres sur les marques (JO 1989, L 40, p. 1), tel qu'il ressort de ses septième et huitième considérants.

Appréciation du Tribunal

33. Les enregistrements d'ores et déjà effectués dans des États membres ne constituent qu'un élément qui, sans être déterminant, peut seulement être pris en considération aux fins de l'enregistrement d'une marque communautaire [arrêt du Tribunal du 16 février 2000, Procter & Gamble/OHMI (forme d'un savon), T-122/99, Rec.p. II-265, point 61]. Dès lors, la chambre de recours n'a pas commis d'erreur de droit du seul fait qu'elle a rejeté l'enregistrement d'un signe, alors que celui-ci avait été enregistré au préalable dans certains États européens.

34. Au demeurant, les enregistrements dans des pays francophones dont se prévaut la requérante concernent le plus souvent une marque figurative dans laquelle le mot « vitalite » est écrit en lettres minuscules, dans une police de caractère spéciale, et comportant une initiale sous une forme particulière (Benelux, Monaco et Suisse), ce qui la distingue du signe en cause en l'espèce. En outre, de tels enregistrements portent sur des produits totalement (France, Monaco et Benelux) ou essentiellement (Suisse) différents de ceux visés dans la demande de la requérante. De surcroît, certains d'entre eux ont été effectués dans des États tiers par rapport à l'Union européenne (Suisse, Monaco) ou à une époque à laquelle il n'existait pas d'examen

time when there was no examination prior to registration on the basis of absolute grounds of refusal (Benelux).

35. Finally, the argument based on the infringement of the recitals in the preamble to Directive 89/104 is unfounded. The validity of the Board's decision must be examined only in the light of the relevant provisions, namely, in this case, Article 7(1)(b) and (c) of Regulation No 40/94.

36. It follows that this plea must be rejected.

Costs

37. Under Article 87(3) of the Rules of Procedure of the Court of First Instance, the Court may order that the costs be shared where[22] each party succeeds on some[23] and fails on[24] other heads.[25] In the present case, since the applicant's application has been granted only in respect of a limited number of goods, the applicant must be ordered to bear its own costs and to pay one half of the defendant's costs.

On those grounds,

THE COURT OF FIRST INSTANCE (Second Chamber)

hereby:[26]

1. **Annuls the decision of the Second Board of Appeal of the Office for Harmonisation in the Internal Market (Trade Marks and Designs) of 26 November 1999 (Case R 137/1999-2) in respect of the following goods: "food for babies" and "mineral and aerated waters";**
2. **Dismisses the application as to the remainder;**
3. **Orders the applicant to bear its own costs and to pay one half of the defendant's costs; orders the defendant to bear the other half of its own costs.**

[…]

Delivered in open court in Luxembourg on 31 January 2001.

Notes :

1. Judgment : comme toutes les hautes juridictions, le tribunal de première instance de la CJCE rend des arrêts et non des jugements. Il est intéressant à ce propos de constater que le français dispose de deux mots (« jugement » et « arrêt ») là où l'anglais n'en a qu'un (*judgment*).

2. of the same service, acting as Agents, with an address for service : cette phrase constitue une antanaclase involontaire puisque l'on y trouve un même terme, *service*, dans deux acceptions différentes. À sa deuxième occurrence, le terme a le sens de « notification » et renvoie, en français, à la notion d'élection de domicile, ce qui explique la traduction retenue.

3. Application brought : « recours » admet dans ce contexte plusieurs cooccurrents : « former » (cf. dans la traduction), mais aussi « exercer ».

4. gives the following judgment : l'anglais utilise ici un verbe générique, *to give*, qu'il est impératif de rendre par un terme plus précis en français (traduction par particularisation) : « Le tribunal *rend* le présent arrêt ».

5. claims that the Court should : on notera la formule figée utilisée pour traduire ce passage : « … conclut à ce qu'il plaise au Tribunal ». On remarquera par ailleurs l'absence de la conjonction « de » avant le verbe qui suit cette expression (« plaise au Tribunal annuler »).

6. order the defendant to pay the costs : le français fait ici preuve d'économie syntaxique puisque *order to pay* est rendu simplement par « condamner (aux dépens) ».

7. documentary evidence : on notera ici l'économie lexicale du français (« pièces »).

préalable à l'enregistrement sur la base de motifs absolus de refus (Benelux).

35. Enfin, l'argument tiré de la violation des considérants de la directive 89/104 est dénué de fondement. En effet, la validité de la décision de la chambre ne doit être examinée qu'à la lumière des dispositions pertinentes, à savoir en l'espèce l'article 7, paragraphe 1, sous b) et c), du règlement n°40/94.

36. Il s'ensuit que le présent moyen doit être rejeté.

Sur les dépens

37. Aux termes de l'article 87, paragraphe 3, du règlement de procédure, le Tribunal peut répartir les dépens si les parties succombent respectivement sur un ou plusieurs chefs. En l'espèce, la demande de la requérante n'étant accueillie que pour un nombre limité de produits, il y a lieu de décider que la requérante supportera ses propres dépens et la moitié des dépens de la partie défenderesse.

Par ces motifs,

LE TRIBUNAL (deuxième chambre)

déclare et arrête :

1) La décision de la deuxième chambre de recours de l'Office de l'harmonisation dans le marché intérieur (marques, dessins et modèles) du 26 novembre 1999 (affaire R 137/1999-2) est annulée, en ce qui concerne les produits suivants : « aliments pour bébés » et « eaux minérales et gazeuses ».

2) Le recours est rejeté pour le surplus.

3) La partie requérante supportera ses propres dépens et la moitié des dépens de la partie défenderesse. Cette dernière supportera l'autre moitié de ses dépens.

[...]

Ainsi prononcé en audience publique à Luxembourg, le 31 janvier 2001.

---

8. costs : dans les jugements, *costs* est rendu le plus souvent par « dépens », terme que l'on retrouve dans une expression passée dans la langue courante, « aux dépens de ».

9. proceedings : rendu ici par « litige », ce terme se traduit généralement par « instance », « procédure », « poursuites » ou encore « procès ». S'agissant de la distinction entre *proceeding* et *proceedings*, il est à noter que « s'il est certain que pour certaines acceptions [...], 'proceeding(s)' doit être au pluriel, il ne semble pas que le nombre conditionne rigoureusement le sens. Ainsi, le mot, employé comme entrée, est au singulier dans *Black*, alors qu'il est au pluriel dans *Webster*. Le sens indiqué est pourtant le même. Les deux nombres sont donc employés indistinctement, selon les textes, sans incidences sémantiques. Aussi serait-il périlleux, semble-t-il, de faire du nombre de 'proceeding' une norme pour la traduction. On peut néanmoins constater une tendance à l'emploi du pluriel en anglais, et au contraire une nette préférence pour le singulier en français, le mot 'procédure' ayant déjà en soi un sens générique et par conséquent pluriel. » (Raynald Boult et Bernard Méchin, *Proceeding(s) : Procédure(s) ou non ?*, Meta 28-2, 1983, pp. 172-173)

10. claim : ce terme hyperonymique doit généralement être rendu par un terme plus précis en français et donc, traduit par hyponymisation : « demande, « requête », « réclamation », « revendication », « recours », « déclaration de sinistre » sont quelques-unes de ses traductions possibles.

11. on that ground : la traduction de cette locution, « à ce titre », ne doit pas faire oublier les autres acceptions, en contexte juridique, du terme *ground*, qui a souvent le sens de « motif » (*on those grounds* : « par ces motifs »).

12. evidence : dans ce paragraphe, on peut remarquer qu'un même terme apparaissant plusieurs fois dans le même sens est traduit de deux manières différentes : « s'agissant des *preuves* » puis « les *pièces* en cause », à la fin du paragraphe.

Il est à noter que *evidence* peut aussi avoir le sens de « témoin » ou de « témoignage », comme dans les locutions *to call evidence* (« faire citer un témoin ») ou *to hear evidence* (« entendre un témoin »).

13. is in breach of : on constatera dans la traduction l'emploi du verbe « méconnaître », qui s'applique en règle générale aux personnes mais qui est ici utilisé pour qualifier une action (la production tardive des preuves), ce qui constitue une forme d'animisme. *Le Robert* en donne la définition suivante : « *refuser d'admettre, d'accepter, de tenir compte de (qqch)* ».

14. the principle of *audi alteram partem* : comme la plupart des latinismes, cette expression doit être traduite dans le texte d'arrivée : « le principe du contradictoire ». On remarquera à ce propos que cette notion n'existe pas en tant que telle dans le droit anglo-saxon, comme en témoigne cette explication, extraite du *Dictionnaire de l'anglais économique et juridique* (*Le Livre de Poche*) : « *Principle governing all court hearings and giving to parties the right to a fair hearing, including the right to a defense and the right to be confronted, in open court, with all evidence and witnesses used by the other party* ».

15. plea : en droit civil, *plea* doit généralement se traduire par « moyen (de défense) », terme qui désigne la réponse du défendeur aux prétentions du demandeur. En droit pénal, il introduit la stratégie de défense adoptée par l'accusé : *to enter a plea of guilty/not guilty* : « plaider coupable/non coupable ».

16. *inter alia* : ce latinisme, très courant dans les textes anglo-saxons, doit être traduit en français : « notamment » et « entre autres » en constituent deux traductions possibles.

17. It thereby contravenes : le verbe « méconnaître » est ici appliqué à l'une des parties au litige (voir note 13). Le verbe *to contravene* peut aussi se traduire par « être en contradiction avec », « être contraire à », ou « enfreindre ».

18. the seventh and eighth recitals in the preamble thereto : à noter ici l'utilisation en français d'un participe présent substantivé très fréquent en contexte juridique : « les considérants ».

19. did not err in law : sans complément, le verbe *to err* a le sens de « commettre une erreur », « se tromper ». Ce verbe, assez fréquent dans les textes juridiques, est peu utilisé dans la langue courante, où il est remplacé par des locutions ou des verbes équivalents, comme *to make a mistake*.

20. at issue : *issue*, terme passe-partout par excellence, peut se traduire par un certain nombre de termes génériques en français : « question », « problème », « point », « considération ». La locution *at issue*, traduite ici par « en cause », peut aussi dans certains cas se rendre par « litigieux » (*the decision at issue* : « la décision litigieuse »).

21. in this case : autre mot passe-partout, *case* se retrouve dans de nombreuses expressions juridiques, dont *as the case may be* (« selon le cas »). Il correspond souvent au terme français « espèce », qui désigne une « *situation de fait et de droit soumise à une juridiction, un point spécial en litige* » (*Le Robert*). On appelle « cas d'espèce » un cas « *qui ne rentre pas dans la règle générale, qui doit être étudié spécialement* » (*Le Robert*).

22. where : comme souvent dans les textes juridiques, l'adverbe *where* sert ici à introduire une proposition hypothétique et a le sens de « si », « dans le(s) cas où ».

23. succeeds on some and fails on other heads : ce passage constitue un exemple d'ellipse dans la mesure où *heads* n'est que sous-entendu après *some*.

24. fails on : ce verbe est traduit par le verbe français « succomber », qui appartient également à la langue courante mais qui, en contexte juridique, a le sens de « perdre son procès ».

25. heads : ce terme appartenant aussi à la langue courante doit se traduire ici par « chef », mot juridique dont Gérard Cornu donne la définition suivante : « *élément distinct d'une demande en justice groupant plusieurs prétentions* » (*Vocabulaire juridique*). « Chef » prend parfois, dans la langue courante, le sens de « tête », mais seulement dans certaines collocations : « couvre-chef », « opiner du chef ».

26. hereby annuls : le doublet « déclare et arrête » apparaît ici comme explicitant l'adverbe *hereby*. Le recours à cette expression entraîne l'utilisation de la voix passive dans la traduction : *annuls the decision* : « la décision est annulée », *dismisses the application* : « le recours est rejeté », etc.

Texte 6

Ce texte, qui émane de la Cour internationale d'arbitrage (organe rattaché à la Chambre de commerce internationale), énumère les différents avantages de l'arbitrage, considéré comme le « mode de règlement extrajudiciaire des différends le plus utilisé ».

Ce document permet, d'une part, de se familiariser avec la terminologie propre à l'arbitrage (*ADR*, *arbitral awards*, etc.), et, d'autre part, de constater que l'anglais a beaucoup plus facilement recours aux répétitions que le français : le traducteur semble en effet avoir privilégié, à plusieurs reprises, l'utilisation de certains pronoms ou de tournures elliptiques pour éviter de répéter certains termes.

La traduction présentée est la traduction officielle du texte anglais. Le document, dont seulement une partie est reproduite ici, est disponible dans son intégralité sur le site Web de la CCI (www.iccwbo.org).

Advantages of arbitration

Among the available dispute resolution alternatives[1] to the courts, arbitration is by far the most commonly used internationally. The reasons for this are clear:

Final,[2] binding[3] decisions[4]

While several mechanisms can help parties reach an amicable settlement[5] - for example through mediation under the ICC ADR Rules - all of them depend, ultimately, on the goodwill and cooperation of the parties. A final and enforceable decision can generally be obtained[6] only by recourse to the courts or by arbitration. Because arbitral awards are not subject to appeal,[7] they are much more likely to be final than the judgements of courts of first instance.[8] Although arbitral awards may be subject to being challenged[9] (usually in either the country where the arbitral award is rendered or where enforcement[10] is sought), the grounds of challenge available against arbitral awards[11] are limited.

International recognition of arbitral awards

Arbitral awards enjoy much greater international recognition than judgements of national courts. Over 130 countries have signed the 1958 United Nations Convention on the Recognition and Enforcement of Foreign Arbitral Awards, known as the "New York Convention". The Convention[12] facilitates enforcement of awards in all contracting states.[13] There are several other multilateral and bilateral arbitration conventions that may also help enforcement.

Neutrality

In arbitral proceedings, parties can place themselves on an equal footing in five key respects: place of arbitration, language used, procedures or rules of law applied, nationality, and legal representation.

Arbitration may take place in any country, in any language and with arbitrators of any nationality. With this flexibility, it is generally possible to structure a neutral procedure offering no undue advantage to any party.

Specialized competence of arbitrators

Judicial systems do not allow the parties to a dispute[14] to choose their own judges. In contrast, arbitration offers the parties the unique opportunity to designate persons of their choice as arbitrators, provided[15] they are independent. This enables the parties to have their disputes[16] resolved by people who have specialized competence in the relevant field.[17]

Speed and economy

Arbitration is faster and less expensive than litigation[18] in the courts. Although a complex international dispute may sometimes take a great deal of time and money to resolve, even by arbitration, the limited scope for challenge against arbitral awards, as compared with court judgements, offers a clear advantage.[19] Above all, it helps to ensure that the parties will not subsequently be entangled in a prolonged and costly

TRADUCTION

Avantages de l'arbitrage

L'arbitrage est de loin la voie de règlement extrajudiciaire des différends internationaux la plus utilisée. Les raisons en sont simples :

Décisions définitives et obligatoires

Si plusieurs mécanismes peuvent aider les parties à régler leur différend à l'amiable – par exemple conformément au Règlement ADR de la CCI –, tous dépendent en fin de compte de la bonne volonté et de la coopération des intéressés. En général, seul le recours aux tribunaux étatiques ou à l'arbitrage permet d'obtenir une décision définitive et exécutoire. N'étant pas susceptibles d'appel, les sentences arbitrales ont en outre plus de chances d'être définitives que les décisions des tribunaux de première instance. La sentence arbitrale peut certes être contestée (principalement dans le pays où elle a été rendue ou dans celui où elle doit être exécutée), mais les motifs de recours sont strictement limités.

Reconnaissance internationale des sentences

La reconnaissance internationale des sentences arbitrales est bien mieux assurée que celle des décisions judiciaires nationales. Plus de 130 Etats ont adhéré à la convention des Nations unies de 1958 pour la reconnaissance et l'exécution des sentences arbitrales étrangères, dite « Convention de New York ». Celle-ci facilite l'exécution des sentences dans tous les pays signataires. Il existe en outre plusieurs autres conventions multilatérales ou bilatérales produisant des effets similaires.

Neutralité

Dans l'arbitrage, les parties sont libres de se placer sur un pied d'égalité dans cinq domaines essentiels de la procédure : le lieu de l'arbitrage, la langue utilisée, les règles de procédure et les règles de droit applicables, la nationalité des arbitres, et la représentation juridique.

L'arbitrage peut se dérouler dans tout pays, en toute langue et sous la conduite d'arbitres de toute nationalité. Cette souplesse permet, dans la plupart des cas, de mettre en œuvre une procédure neutre ne favorisant pas une partie plus que l'autre.

Spécialisation des arbitres

Contrairement aux systèmes judiciaires, qui ne permettent pas aux justiciables de choisir leurs juges, l'arbitrage offre aux parties la possibilité de désigner comme arbitres les personnes de leur choix, sous réserve qu'elles soient indépendantes. Les différends peuvent ainsi être tranchés par des spécialistes du domaine concerné.

Rapidité et économie

L'arbitrage est plus rapide et moins onéreux qu'une action en justice. Même si la solution d'un litige international complexe exige parfois beaucoup de temps et d'argent, il n'en demeure pas moins que la portée limitée des recours contre les sentences arbitrales procure un avantage indéniable à l'arbitrage par rapport aux procédures judiciaires. Les parties ont avant tout l'avantage de ne pas s'enliser dans des appels successifs,

series of appeals. Furthermore, arbitration offers the parties the flexibility to set up proceedings that can be conducted as quickly and economically as the circumstances allow. In this way, a multi-million dollar ICC arbitration was once completed in just over two months.

Confidentiality

Arbitration hearings are not public, and only the parties themselves receive copies of the awards.

Notes

1. dispute resolution alternatives : l'expression *alternative dispute resolution* (« ADR »), beaucoup plus fréquente, peut se traduire de multiples façons : règlement extrajudiciaire des différends (ou des litiges), règlement amiable des différends, solutions de rechange au règlement judiciaire des différends.
2. final : lorsqu'il s'applique aux sentences arbitrales et aux jugements, ce terme devient un faux ami et doit se rendre par « définitif » et non par « final ». Ce terme est souvent associé au cooccurrent *conclusive*, le doublet *final and conclusive* appelant « définitif et sans appel » en français.
3. binding : cet adjectif, très fréquent dans les textes juridiques, peut se traduire de manière plus ou moins concise selon ce qu'exige le contexte. Ici, le terme apparaît dans un titre, il est donc rendu par un seul terme en français (« obligatoire »). Parmi ses autres traductions concises, citons « contraignant », « impératif », « exécutoire » (contrat, décision, jugement), « constant » (jurisprudence). *To be binding on* peut se traduire par « s'imposer à », « lier », ou « engager » : *The ruling is binding on both parties* : « La décision s'impose aux deux parties (lie les deux parties) ».
4. decisions : ce terme a ici plus ou moins le même sens qu'*award* et peut également se rendre par « sentence (arbitrale) ».
5. amicable settlement : ce composé peut se traduire de deux façons différentes selon le niveau de langue : « règlement à l'amiable », dans le contexte de la langue courante, « règlement amiable », dans le contexte juridique.
6. A final and enforceable decision can generally be obtained : l'inversion de cette phrase permet au traducteur de rétablir la voix active, plus conforme au génie du français. Cette technique permet en outre d'évoquer la cause avant l'effet : « Seul le recours aux tribunaux étatiques… permet d'obtenir une décision définitive et exécutoire ». L'anglais, plus pragmatique, privilégie généralement le résultat, pour ensuite remonter à la cause.
7. not subject to appeal : il est également parfois question de décisions ou d'ordonnances « insusceptibles d'appel » ou « insusceptibles de recours ». L'expression « sans appel », qui désigne aussi une décision contre laquelle aucun recours n'est possible, est également utilisée dans la langue courante, où elle prend le sens d'« irrémédiable » : « ma décision est sans appel ».
8. courts of first instance : il est à noter que cette expression est rarement utilisée dans les pays anglo-saxons, où l'on aura recours à une terminologie plus spécialisée pour désigner ce genre d'institutions. Ainsi, les tribunaux de première instance américains sont connus sous le nom de *trial courts*. L'expression hyperonymique *court of first instance*, qui permet de regrouper tous les types de tribunaux de niveau inférieur, est souvent utilisée dans le contexte des institutions internationales (cf. *Court of First Instance of the European Communities*), où les références trop marquées à un système juridique particulier sont évitées.
9. to being challenged : en traduction juridique, le verbe *to challenge* se traduit souvent par « faire appel de » ou « attaquer » (un jugement). « Contester » constitue une traduction plus générale. Le verbe peut aussi avoir le sens de « récuser » (un arbitre, par exemple).
10. enforcement : dans d'autres contextes, ce terme peut avoir le sens d'« application (de la loi) ». Ainsi, un *law enforcement officer* est un « agent de la force publique », un « représentant de l'ordre ».
11. against arbitral awards : on peut remarquer ici que le terme *arbitral awards* apparaît trois fois dans la même phrase. Les répétitions, à l'évidence, paraissent moins naturelles en français, langue qui offre de nombreuses alternatives à cette technique discursive : pronoms personnels, propositions relatives, tournures elliptiques, pronoms adverbiaux « en » et « y » (qui n'existent pas en anglais), etc. Conscient de cette différence stylistique, le traducteur a préféré utiliser le pronom personnel « elle », puis l'ellipse (« les motifs de recours »), pour ne pas avoir à répéter « la sentence arbitrale ». On notera par ailleurs l'utilisation du singulier – « la sentence arbitrale » – dans la traduction, pour rendre un pluriel, *arbitral awards* : ce choix est révélateur de la préférence que semble avoir le français pour le général, l'abstrait, là où l'anglais, collant plus à la réalité, préconise de décrire cette dernière dans toute sa diversité.

toujours longs et coûteux. L'arbitrage leur permet de choisir des procédures pouvant être conduites aussi vite et à aussi peu de frais que les circonstances l'autorisent. C'est ainsi que l'on a pu voir régler en à peine plus de deux mois un arbitrage de la CCI mettant en jeu plusieurs millions de dollars.

Confidentialité

Les audiences des tribunaux arbitraux ne sont pas publiques, et seules les parties reçoivent communication de la sentence.

---

12. The Convention : le traducteur évite une nouvelle fois la répétition en ayant recours cette fois au pronom démonstratif « celle-ci », qui remplit une fonction déictique. L'utilisation de cette charnière permet en outre de lier les phrases, de faire ressortir l'articulation logique du texte.
13. contracting states : cette expression peut paraître surprenante dans le contexte. On aurait plutôt attendu *all signatories* ou *all signatory states*. Le traducteur l'a bien compris en traduisant l'expression par « tous les pays signataires » et non « tous les pays contractants », que l'on réservera à un contexte contractuel.
14. parties to a dispute : on notera, dans la traduction, l'utilisation du terme « justiciable », qui désigne « *l'individu en tant qu'il peut être entendu ou appelé en justice pour y être jugé* » (G. Cornu, *Vocabulaire juridique*). Le terme « justiciable », lorsqu'il est adjectif, se construit avec la préposition « de » : « criminel justiciable des tribunaux français ».
15. provided : en contexte juridique, cette locution se rend souvent par « sous réserve que », plutôt que par « à condition que ».
16. disputes : *dispute* est un faux ami qui peut se traduire indifféremment par « litige » ou « différend ».
17. This enables the parties to have their disputes resolved [...] in the relevant field : le français fait preuve ici d'économie syntaxique : *people who have specialized competence* devient ainsi simplement « des spécialistes » et le titre de la rubrique, *Specialized competence of arbitrators*, est simplifié en « Spécialisation des arbitres ».
18. litigation : « action en justice » ou « procédure judiciaire » est le sens le plus courant de ce terme, qui peut aussi s'entendre comme l'ensemble des litiges auxquels une société peut être confrontée : le *litigation department* sera ainsi le « service du contentieux ».
19. the limited scope for challenge... offers a clear advantage : on notera, dans la traduction, la tournure impersonnelle négative « il n'en demeure pas moins que », qui permet au traducteur de prendre un certain recul et d'articuler le texte. Il est important de rappeler, à ce propos, que le français est une langue qui semble privilégier les tournures négatives ou semi-négatives, comme le remarque notamment Jean Delisle : « *Les textes français renferment, en effet, un plus grand nombre de tours grammaticalement négatifs que les textes anglais, qui privilégient pour leur part les constructions affirmatives* [...]. *La forte récurrence des tours négatifs en français nous force donc à admettre que le discours français est, pour ainsi dire, imprégné de cette façon d'envisager le monde.* » (*La traduction raisonnée*, Presses de l'Université d'Ottawa, 1993, p. 313). D'autres spécialistes semblent partager ce point de vue : « *J'ai toujours été surpris de la propension de la langue juridique à la 'tournure négative' et à la double négation.* » (Michel Sparer, *Pour une dimension culturelle de la traduction juridique*, *Meta* XXIV, 1979, p. 88).

Texte 7

Le texte qui suit reprend l'essentiel du contrat de travail d'un expatrié français travaillant pour une chaîne britannique de bars et de restaurants.

On y trouve beaucoup de clauses propres à ce genre de contrat : salaire, confidentialité, congés, préavis, etc.

Ce texte contient en outre plusieurs termes qui tendent à prouver la préférence que semble avoir l'anglais pour l'hyperonyme (terme générique) là où le français privilégie l'hyponyme (terme spécifique) : le générique *employment* appelle ainsi plusieurs traductions en français, selon les cooccurrences, *employee* correspond à la fois à « employé » et « salarié », *notice* se traduit ici par « préavis » mais a beaucoup d'autres sens, tout comme *holidays (*traduit ici par « congés »), etc.

La traduction qui suit l'original est celle de l'auteur.

TERMS AND CONDITIONS OF EMPLOYMENT[1]

Name of employing Company: ....

Name of Employee:[2] ....

Job title: ....Barback ....

Location: ....London ....

[...]

1. HOURS OF WORK

The working week runs from Monday to Sunday. You are employed to work up to 48 hours per week, or as designated by your Head of Department, which may include normal Bank and Public Holidays[3] and usually allow for 2 days off per week. However we reserve the right to reduce the number of hours worked, in the short term, in the event of a fall in the level of business.

You may be asked occasionally by the Company to perform other duties which are outside of your contracted position.[4]

You may not without written prior consent of the Company engage in any business which is similar or competitive to the business[5] of the Company or which could or might reasonably be considered by the Company to impair your ability to act at all times in the best interests of the Company[6] outside your hours of work for the Company.

2. SALARY[7]

Your basic salary will not be less than £4.50 per hour. Your salary will be paid weekly, one week in arrears into your nominated bank account. Please provide us with these details and your P45[8] on your first day.

[...]

3. HOLIDAYS[9]

[...]

In your first complete year of service you will be entitled to[10] three weeks holiday (15 days). Holiday entitlement excludes Bank holidays and Public holidays. Your second and subsequent years of employment[11] you will be entitled to four weeks (20 days) paid holiday per full year.

Unused holidays cannot be carried over from one year to the next. Our holiday year runs in conjunction with the TAX year (April 1st - March 31st). On termination of employment[12] unused holiday will be paid through the final salary or you shall be required to repay to the company any holidays taken in excess of your holiday entitlement, whichever is applicable.[13]

TRADUCTION

CONTRAT DE TRAVAIL

Nom de l'Employeur : ....

Nom du Salarié : ....

Poste : ....Barman ....

Lieu : ....Londres ....

[...]

1. HEURES DE TRAVAIL

La semaine de travail va du lundi au dimanche. Vous êtes recruté pour travailler jusqu'à 48 heures par semaine, ou le nombre d'heures indiqué par votre Chef de Service. Vous pouvez être amené à travailler les jours fériés et avez normalement droit à deux jours de repos par semaine. Nous nous réservons toutefois le droit de réduire le nombre d'heures de travail, à court terme, dans le cas d'une baisse d'activité.

La Société peut occasionnellement vous demander d'effectuer des tâches autres que celles pour lesquelles vous avez été engagé.

Vous ne pouvez pas, sans l'accord écrit préalable de la Société, exercer des activités qui sont similaires à celles de la Société ou en concurrence avec elles, ou que la Société pourrait raisonnablement considérer comme affectant votre capacité à agir à tout moment dans l'intérêt de la Société en dehors de vos heures de travail pour la Société.

2. SALAIRE

Votre salaire de base ne sera pas inférieur à 4,50 £ de l'heure. Votre salaire sera payé chaque semaine, avec un décalage d'une semaine, par virement sur votre compte bancaire. Veuillez nous fournir vos coordonnées bancaires ainsi que votre P45 dès votre premier jour.

[...]

3. CONGÉS

[...]

La première année complète, vous aurez droit à trois semaines de congés (15 jours). Les congés ne comprennent pas les jours fériés. À partir de la deuxième année, vous aurez droit à quatre semaines (20 jours) de congés payés par année entière.

Les congés qui n'ont pas été pris ne peuvent être reportés d'une année sur l'autre. En ce qui concerne les congés, l'année de référence est l'année fiscale (1er avril au 31 mars). À la fin de votre contrat, les congés qui n'auront pas été pris vous seront payés avec votre dernier salaire, ou vous devrez rembourser à la société tous congés pris en trop, selon le cas.

All holiday and planned time off must be requested and authorised through your head of department on the company holiday request forms.

Your right to payment of holiday entitlement will be forfeited[14] should you be dismissed for an instance of gross misconduct[15] or if you fail to provide the company with the appropriate notice period.

[…]

4. SICK PAY ENTITLEMENT

Statutory sick payment[16] is paid after the first three months of employment.[17] If you are prevented from working due to illness, accident or other incapacity you must report this to the company as soon as is practicable by telephoning your manager. If they are not available when you telephone,[18] you must call back. If you cannot make this call, you should ask someone to do so and then telephone yourself when you are able. For any absence longer than seven working days you must provide a certificate obtained from your doctor. Statutory sick pay will not be paid unless a SSP form[19] is completed or a doctors certificate is provided.

In the event of a death within your family, the Company may grant you compassionate leave, application should be made through your manager. The amount of leave remains at the discretion[20] of the company.

5. RULES AND PROCEDURES

The general rules and procedures governing your employment[21] are set out in the Staff Handbook. If you ever have a grievance[22] about any aspect of your employment, you should first contact your manager who will be pleased to help. If you need any help or advice in general about Company Rules and Procedures also feel free to contact the Unit Manager.

6. CONFIDENTIAL INFORMATION

The company is particularly concerned to protect confidential information about any aspect of its present or future business interest and misuse[23] of such information will in all cases be treated as Gross Misconduct. The company will take legal action against past employees who retain possession, without authority, of any confidential documents or information in any other form after their employment ends or who misuse information gained during their employment in a way which harms the company's reputation or business interests.

7. NOTICE PERIOD[24]

The minimum period of notice required to be given by either you or the company is one week. Notice must be submitted in writing. Failure to work the required notice period may result in the loss of outstanding bonus payments.

The company may pay wages in lieu of notice[25] and reserves the right to dismiss[26] without notice, or payment for acts of gross misconduct. The right of all or part of the notice may be waived[27] by mutual consent.

On termination of your employment, you must return to the company all documents and other company property,[28] which may have been allocated to you.

Tous les congés et jours de repos prévus doivent faire l'objet d'une demande déposée auprès de votre chef de service, au moyen des formulaires prévus à cet effet, et doivent être autorisés par ce dernier.

Votre droit au paiement des congés non pris sera perdu si vous êtes licencié pour faute grave ou si vous ne respectez pas le délai de préavis.

[...]

4. INDEMNITÉS DE MALADIE

Les indemnités de maladie sont payées après les trois premiers mois de travail. S'il vous est impossible de travailler en raison d'une maladie, d'un accident ou d'un autre empêchement, vous devez le signaler à la société dès que possible en téléphonant à votre responsable. Si ce dernier n'est pas joignable, vous devez le rappeler. Si cela est impossible, vous devez demander à quelqu'un de téléphoner pour vous et ensuite téléphoner vous-même dès que vous le pouvez. Pour toute absence supérieure à sept jours de travail, vous devez fournir un certificat de votre médecin. Les indemnités de maladie ne peuvent être payées que sur présentation d'un formulaire SSP ou d'un certificat médical.

En cas de décès dans votre famille, la Société peut vous accorder un congé pour raisons personnelles, dont la demande doit être faite à votre responsable. La durée de ce congé reste à l'appréciation de la société.

5. RÈGLES ET PROCÉDURES

Les règles et procédures générales qui régissent votre emploi sont définies dans le Manuel de l'Employé. Si un quelconque aspect de votre travail vous pose problème, vous devez d'abord en parler à votre responsable, qui se fera un plaisir de vous aider. Si vous avez besoin d'aide ou de conseils d'ordre général sur les Règles et Procédures de la Société, n'hésitez pas à vous adresser au Responsable d'Unité.

6. INFORMATIONS CONFIDENTIELLES

La société tient tout particulièrement à protéger les informations confidentielles relatives à tout aspect de ses intérêts commerciaux présents ou futurs et toute utilisation impropre de ces informations sera traitée comme une faute lourde. La société poursuivra en justice les anciens salariés qui conserveraient, sans y être autorisés, tous documents confidentiels ou informations confidentielles sous toute autre forme après la fin de leur contrat ou qui utiliseraient des informations obtenues pendant la durée de celui-ci d'une manière portant atteinte à la réputation ou aux intérêts commerciaux de la société.

7. DÉLAI DE PRÉAVIS

Le préavis minimum, pour les deux parties, est d'une semaine. Le préavis doit être donné par écrit. La non-observation du préavis peut entraîner la perte des primes non encore versées.

La société peut vous verser une indemnité compensatrice de préavis et se réserve le droit de vous licencier sans préavis ni indemnité en cas de faute lourde. Il peut être renoncé en tout ou en partie au droit au préavis d'un commun accord.

À la fin de votre contrat, vous devez restituer à la société tous les documents et autres biens de la société qui pourront vous avoir été confiés.

In the instance of dismissal for gross misconduct we are not required to give any notice or payment in lieu of notice.

8. RIGHT OF SEARCH

It is a requirement of this company that you submit to a personal search and a search of all baggage, personal items, lockers, cars, etc. when required to do so[29] by a manager or an authorised representative of the Management.

Anyone caught in possession of Company property, property of an Employee or property belonging to a third party[30] will be suspended immediately and will be subject to[31] a further investigation which may lead to serious disciplinary action.

9. EQUALITY OF OPPORTUNITY[32]

It is the Company's policy not to discriminate on the grounds of race, colour, nationality, creed, sex, marital status or ethnic origin. It is the responsibility of individual employees[33] to adhere to the policy and senior managers are required to uphold it in their areas of responsibility.

10. IMMIGRATION AND ASYLUM ACT

Under the "Immigration & Asylum Act 1996"[34] we are obliged to confirm that you have the legal right to work in the United Kingdom.

Your employment will be terminated if at any stage you lose your right to work in the United Kingdom.

11. GRIEVANCE / DISCIPLINARY PROCEDURES

The company Grievance and Disciplinary procedure is laid out in the staff handbook. Whilst the procedure will be covered during induction[35] it will be your responsibility to ask any questions that you do not undestand.

12. VARIATIONS

In general, the company reserves the right to amend, update and improve or withdraw particular provisions of any employees contract of employment by giving due notice. Any variations will be made on a reasonable basis in line with business needs.

[…]

Signed on behalf of the Company: ....

Position: ....

Dated: ....

Signed by the Employee: ....

Dated: ....

En cas de licenciement pour faute lourde, nous ne vous devons aucun préavis ni aucune indemnité compensatrice de préavis.

8. DROIT DE FOUILLE

Vous devez accepter d'être fouillé personnellement et que vos sacs, affaires personnelles, casiers, véhicule, etc. soient fouillés lorsque la demande vous en est faite par un responsable ou un représentant dûment mandaté de la Direction.

Quiconque est pris en possession de biens de la Société, de biens d'un Salarié ou de biens appartenant à un tiers sera suspendu sur-le-champ et fera l'objet d'une procédure pouvant donner lieu à des sanctions disciplinaires lourdes.

9. ÉGALITÉ DES CHANCES

La Société a pour politique de ne pratiquer aucune discrimination fondée sur la race, la couleur, la nationalité, la religion, le sexe, l'état civil ou l'origine ethnique. Il incombe à chaque salarié d'observer cette politique et les responsables doivent eux-mêmes la faire respecter dans leurs domaines de responsabilité.

10. LOI SUR L'IMMIGRATION ET LE DROIT D'ASILE

Aux termes de la loi de 1996 sur l'immigration et le droit d'asile (*Immigration & Asylum Act 1996*), nous sommes dans l'obligation de confirmer que vous avez le droit de travailler au Royaume-Uni.

Il sera mis un terme à votre contrat si, à tout moment, vous perdez le droit de travailler au Royaume-Uni.

11. PROCÉDURE DE RÈGLEMENT DES LITIGES, PROCÉDURE DISCIPLINAIRE

La procédure de règlement des litiges et la procédure disciplinaire de la société sont décrites dans le manuel de l'employé. Ces procédures seront couvertes lors de votre accueil mais il vous appartient de poser toutes les questions nécessaires sur les points que vous ne comprenez pas.

12. MODIFICATIONS

D'une manière générale, la société se réserve le droit de modifier, de mettre à jour et d'améliorer ou de supprimer toute clause particulière de tout contrat de travail d'un salarié sous réserve d'en donner préavis. Toute modification sera apportée d'une manière raisonnable, en tenant compte des besoins de la société.

[...]

Signé pour le compte de la Société : ....

Fonction : ....

Date : ....

Signé par le Salarié : ....

Date : ....

Notes

1. Employment : *employment* est un hyperonyme (terme générique) qui n'a pas d'équivalent exact en français et qui, par conséquent, doit le plus souvent être traduit par un terme plus précis, dit « hyponyme » (technique de l'« hyponymisation »), qu'il apparaisse seul (« travail », « emploi », « recrutement », « fonction », etc.) ou en cooccurrence avec un autre terme : *employment agency* : « cabinet de recrutement » ; *employment relations* : « relations du travail », *employment record* : « antécédents professionnels », etc.

2. Name of Employee : l'anglais *employee* correspond à la fois à « employé » et « salarié » en français. Le terme « salarié » désigne toute personne qui reçoit un salaire, tandis qu'« employé » désigne généralement une personne affectée à des tâches intellectuelles plutôt que manuelles, s'opposant en ce sens à « ouvrier ». Il sera donc préférable, dans la plupart des cas, d'utiliser le terme de « salarié », plus général qu'« employé » (ce dernier terme ne peut d'ailleurs qualifier une personne ayant un rôle d'encadrement ou de direction).

3. Bank and Public Holidays : le composé *bank holidays* désignait à l'origine le jour de fermeture des banques. On peut aujourd'hui traduire ce terme, tout comme *public holidays*, par « jours fériés » ou « fêtes légales ».

4. duties which are outside of your contracted position : traduction par modulation syntaxique : « des tâches autres que celles pour lesquelles vous avez été engagé ».

5. or competitive to the business : *competitive* est ici traduit par transposition : « en concurrence avec elles ». L'adjectif *competitive* est souvent employé, en anglais, comme adjectif de relation, auquel cas il doit être traduit par une locution : *competitive edge* : « avantage sur la concurrence/les concurrents », et non « avantage concurrentiel ».

6. in the best interests of the Company : attention à ne pas surtraduire cette expression : « dans l'intérêt de » suffit.

7. Salary : l'anglais fait la distinction – non respectée ici – entre *salary*, « *the amount of money which is paid monthly to a white-collar worker, a teacher or any public or civil servant* », et *wages*, « *the amount of money which is paid monthly by an employer to a worker* » (*A Glossary of British and American Institutions*, Armand Colin, 1997).
Il est à remarquer que le français a recours tantôt à l'adjectif « salarial », tantôt à la locution adjectivale « de salaire », en fonction des composés : *wage round* : « négociations salariales » mais *wage hike* : « augmentation de salaire ».

8. your P45 : le « P45 » est un document délivré par la direction des impôts britannique (*Inland Revenue*) que l'employeur doit remettre au salarié lorsque celui-ci quitte son emploi. Ce formulaire, qui indique – entre autres – le montant total des impôts prélévés sur le salaire sur une période donnée (rappelons qu'en Grande-Bretagne, les salariés sont imposés à la source), doit ensuite être remis à l'employeur suivant, qui peut ainsi prendre connaissance du code d'imposition du salarié et s'assurer que celui-ci a bien payé ses impôts.
Cette explication pourra le cas échéant être ajoutée à la traduction, même si le traducteur n'y est pas obligé.

9. Holidays : ce générique doit ici être traduit par un hyponyme, terme plus précis : « Congés ».

10. you will be entitled to : l'expression *to be entitled to*, très fréquente dans le contexte juridique, fait généralement référence à un droit reconnu dans le cadre d'un contrat ou d'un accord spécifique, tandis que *to have the right to* renvoie à un droit reconnu par la loi.
L'expression *to be entitled to* peut se construire indifféremment avec un verbe (*you are entitled to take your holidays...*) ou avec un nom, comme ici.

11. Your second and subsequent years of employment : exemple de concision : « À partir de la deuxième année ».

12. On termination of employment : *employment* est ici rendu par un terme plus précis, faute d'un générique équivalent en français : « À la fin de votre contrat ».

13. whichever is applicable : très fréquente en contexte juridique, cette expression est généralement utilisée lorsqu'une alternative se présente aux parties. Les dictionnaires en proposent parfois des traductions inélégantes et lourdes (ex. « selon que l'un ou l'autre est applicable »), auxquelles on préférera d'autres expressions plus concises, comme « selon le cas ».

14. will be forfeited : autres traductions possibles du verbe *to forfeit* : « être déchu de » (ses droits), « se voir confisquer ».

15. gross misconduct : de nombreux termes commençant par le préfixe *mis-* occasionnent une certaine dilution dans la traduction, ce qui n'est pas le cas de *misconduct*, qui devient « faute » en français (voir aussi note 23).

16. Statutory sick payment : dans ce composé, l'adjectif *statutory* ne se traduit pas : « indemnités (de) maladie » (attention donc à la surtraduction). *Statutory* est un faux ami partiel qui peut se traduire, selon les cooccurrences, par « légal » (*statutory provisions* : « dispositions légales »), « réglementaire », « statutaire » (*statutory reserve* : « réserve statutaire »), ou « législatif » (*statutory grant* : « subvention législative »).

17. after the first three months of employment : *employment* est ici traduit par « travail » (voir notes 1, 12 et 21).

18. If they are not available when you telephone : exemple de concision : l'adjectif « joignable » permet d'éviter le long développement « Si ce dernier n'est pas disponible au moment où vous appelez ».

19. SSP form : le *SSP form* (pour *statutory sick payment*) est le formulaire que doit remplir le salarié pour pouvoir bénéficier des indemnités maladie. Le traducteur peut décider d'apporter ou non cette précision dans la traduction, sous forme de note explicative (voir aussi note 8).

20. remains at the discretion of the company : éviter de traduire le faux ami *discretion* par « discrétion » : « reste à l'appréciation de la société ».

21. governing your employment : une autre traduction est retenue ici pour rendre *employment* : « qui régissent *votre emploi* » (voir notes 1, 12 et 17).

22. If you ever have a grievance : dans le contexte du droit du travail, *grievance* a généralement le sens de « litige », de « différend ». L'étymologie de ce terme n'est pas sans rappeler le français « grief », terme souvent employé dans le contexte juridique dont on peut donner la définition suivante : « *Préjudice d'ordre patrimonial ou extrapatrimonial qui donne à celui qui s'en plaint intérêt à agir, par ex. à poursuivre l'auteur du dommage* [...]. » (G. Cornu, *Vocabulaire juridique*).

23. misuse : le préfixe *mis-* se retrouve dans de nombreux termes juridiques, qu'il est souvent nécessaire de traduire par dilution : *misuse* : « utilisation abusive », *misrepresentation* : « déclaration inexacte », « fausse déclaration », *mistrial* : « erreur judiciaire », « jugement vicié », etc. Certains termes font toutefois exception à la règle : *misconduct* : « faute » (voir note 15).

24. Notice Period : généralement traduit par « préavis » dans les contrats de travail, *notice* est un terme polysémique qui, en contexte juridique, a beaucoup d'autres sens : « avis » « notification » (acte de notifier et résultat de l'acte), « mise en demeure », « sommation », « interpellation », etc. Pris dans le sens de « préavis », le terme est souvent accompagné de l'adjectif *advance* ou *prior*, le composé *advance/prior notice* permettant d'éviter toute ambiguïté.

25. wages in lieu of notice : la locution *in lieu of* est très fréquente dans les textes juridiques anglo-saxons. Souvent traduite par « au lieu de », ou « en lieu et place de », elle peut aussi parfois appeler d'autres traductions, comme ici, « indemnité *compensatrice* de préavis » ; *payment in lieu of payroll tax* : « versement *représentatif* de la taxe sur les salaires », etc.

26. dismiss : dans le contexte du droit du travail, le verbe *to dismiss* a généralement le sens de « congédier », « licencier », « révoquer ». Le verbe est aussi largement utilisé dans la procédure, où il a le sens de « rejeter une prétention », « déclarer une action mal fondée », « débouter » (un demandeur) ou « acquitter » (un prévenu).

27. may be waived : malgré son caractère transitif, le verbe *to waive* peut facilement s'utiliser au passif, ce qui n'est pas le cas de sa traduction, « renoncer à », verbe intransitif. On notera donc l'utilisation d'une tournure impersonnelle : « Il peut être renoncé en tout ou en partie à... ».

28. company property : *property* est un faux ami partiel qu'il faut généralement éviter de traduire par « propriété » (sauf dans des composés comme *private property* ou *intellectual property*). Le terme a en effet le plus souvent le sens de « biens » (mobiliers ou immobiliers) ou de « patrimoine ». Dans un certain nombre de composés, *property* se traduit par « immobilier » : *property agent* : « agent immobilier », *property company* : « société immobilière », *property market* : « marché immobilier », etc.

29. when required to do so : cette ellipse du groupe sujet (*when* [*you are*] *required to do so*) nécessite le recours à l'étoffement dans la traduction : « lorsque la demande vous en est faite ».

30. a third party : à noter ici l'économie lexicale du français : « un tiers ».

31. subject to : en début de phrase, *subject to* se traduit généralement par « sous réserve de » : *Subject to Article 4* : « Sous réserve de l'article 4 ». L'adjectif *subject*, suivi de la préposition *to*, pourra pour sa part se rendre de différentes façons, selon le contexte : *judgement subject to appeal* : « jugement susceptible d'appel » ; *subject to legal proceedings* : « passible de poursuites judiciaires » ; *extradition shall be subject to the other conditions provided by law* : « l'extradition est subordonnée aux autres conditions prévues par la loi ».
Autres exemples, tirés de la Convention sur les opérations financières des initiés :
Each Party may [...] *undertake to provide other Parties, subject to reciprocity, with...* : « Chaque Partie peut [...] s'engager à accorder aux autres Parties, sous réserve de réciprocité,... » ; *This Convention* [...] *shall be subject to ratification, acceptance or approval* : « La présente Convention [...] sera soumise à ratification, acceptation ou approbation ».

32. Equality of Opportunity : « opportunité », dans le sens d'occasion à saisir, est généralement considéré comme un calque de l'anglais *opportunity* et devra de préférence se traduire par « possibilité », « perspective », « occasion », « chance », etc.
Le composé *equal opportunity*, que l'on traduira par « égalité des chances » et que l'on retrouve dans le surcomposé *equal opportunity employer* (« employeur garant de l'égalité des chances »), fait référence à la politique de non-discrimination pratiquée par les grandes entreprises et les organisations internationales.

33. It is the responsibility of individual employees to : les formules impersonnelles permettant d'attribuer des responsabilités à telle ou telle partie ne manquent pas dans le langage juridique : « il incombe à... de », « il revient à... de », « il appartient à... de », etc. Ces tournures permettent de mettre en avant les responsabilités assumées et de reléguer au second plan les parties qui en ont la charge.

34. "Immigration & Asylum Act 1996" : les noms de loi, qui suivent toujours le même schéma (champ d'application + *Act* + année d'entrée en vigueur), font partie des termes à fort contenu culturel. Il convient généralement de les conserver tels quels dans la traduction tout en en proposant une traduction explicative : « la loi de 1996 sur l'immigration et le droit d'asile (*Immigration & Asylum Act 1996*) ».

35. during induction : le terme *induction* désigne spécifiquement la procédure par laquelle le salarié est informé, au début de son contrat, de tous les points importants de son emploi. Il est parfois question en français de « procédure d'accueil ».

Texte 8

Le texte qui suit est extrait d'un contrat de licence de logiciel. On y retrouve des clauses propres à ce genre de contrat (ex. *Grant of License*) mais aussi des clauses d'ordre général, comme *Termination*, *Governing law*, *Waiver and Severability*, etc.

Ce contrat s'adresse directement à l'utilisateur du logiciel et privilégie donc un style direct, comme en témoigne l'utilisation systématique du pronom *you*.

Il convient de préciser que le texte n'est pas reproduit dans son intégralité. La traduction qui suit l'original est celle de l'auteur.

ACL Software License Agreement

THIS DOCUMENT IS A LEGAL AGREEMENT BETWEEN YOU AND ACL SERVICES LTD. ("ACL"). PLEASE CAREFULLY READ THE TERMS OF THIS ACL SOFTWARE LICENSE AGREEMENT ("AGREEMENT") BEFORE YOU CLICK ON THE "YES" BUTTON TO ACCEPT THIS AGREEMENT.

In the event of any conflict between this English language version[1] and any other language version of this Agreement, the English language version shall prevail.[2]

Acceptance of this Agreement. Subject to the next section entitled "Group Agreement", ACL is willing to license[3] the Software and accompanying documentation ("Software") to you only if you agree to and accept[4] all the terms of this Agreement. If you agree to all of the terms of this Agreement, then you may install the Software and your use of the Software[5] will be governed by this Agreement. If you do not agree to all of the terms of this Agreement, then do not install the Software, but instead return the uninstalled Software and your dated proof of purchase to ACL within thirty (30) days of your purchase for a full refund of the license fees[6] paid by you for the Software. You acknowledge and agree[7] that any terms contained in your purchase order or any other ordering document do not apply.

Group Agreement. If the Software is provided to you under a Group Agreement, then the terms of such Group Agreement shall replace the terms of this Agreement and govern your use of the Software. In all other cases, the terms of this Agreement shall govern your use of the Software. To install the Software you must still click on the "Yes" button, however the terms of this Agreement will be superseded by those of the Group Agreement. When used in this Agreement,[8] the term "Group Agreement" means a separate software license agreement with ACL[9] by which the Software is licensed for use[10] by a group of authorized users. If you are unsure whether you have received the Software under a Group Agreement, then you must contact whoever procured the Software from ACL for you to determine how it was provided. You acknowledge that ACL relies on you to determine whether the Software was provided under a Group Agreement and agree that, if this is not the case, then the terms of this Agreement shall apply.

Grant of License.[11] If the product supplied to you is identified as a single-user product, then this Agreement gives you[12] the personal, non-exclusive, non-transferable, non-assignable and perpetual right[13] to use the Software on a single computer at any particular time. If the product supplied to you is identified as a multi-user product, then this Agreement gives you the personal, non-exclusive, non-transferable, non-assignable and perpetual right to use the Software on a single computer network for a designated number of users as indicated on the invoice from ACL. You shall not permit more than the designated number of users to use the multi-user product version of the Software at any time.

TRADUCTION

Contrat de Licence de Logiciel ACL

LE PRÉSENT DOCUMENT EST UN CONTRAT ENTRE VOUS ET LA SOCIÉTÉ ACL SERVICES LTD (« ACL »). VEUILLEZ LIRE ATTENTIVEMENT LES CONDITIONS DU PRÉSENT CONTRAT DE LICENCE DE LOGICIEL ACL (« CONTRAT ») AVANT DE CLIQUER SUR LE BOUTON « OUI » POUR ACCEPTER LE PRÉSENT CONTRAT.

En cas de divergence entre la version en anglais et toute autre version du présent Contrat dans une autre langue, la version en anglais prévaudra.

Acceptation du présent Contrat. Sous réserve de la rubrique suivante, intitulée « Contrat de Groupe », ACL accepte de vous concéder sous licence le Logiciel et la documentation qui l'accompagne (« Logiciel ») uniquement si vous approuvez et acceptez l'ensemble des conditions du présent Contrat. Si vous approuvez l'ensemble des conditions du présent Contrat, vous pouvez installer le Logiciel et l'utilisation que vous en ferez sera régie par le présent Contrat. Si vous n'approuvez pas l'ensemble des conditions du présent Contrat, n'installez pas le Logiciel : renvoyez le Logiciel non installé ainsi que le justificatif d'achat daté à ACL dans les trente (30) jours qui suivent votre achat afin d'obtenir le remboursement intégral des droits de licence que vous avez acquittés pour le Logiciel. Vous reconnaissez et convenez que les conditions figurant dans votre bon de commande ou dans tout autre document valant bon de commande ne sont pas applicables.

Contrat de Groupe. Si le Logiciel vous est fourni en vertu d'un Contrat de Groupe, les conditions de ce Contrat de Groupe remplaceront les conditions du présent Contrat et régiront l'utilisation que vous ferez du Logiciel. Dans tous les autres cas, les conditions du présent Contrat régiront l'utilisation que vous ferez du Logiciel. Pour installer le Logiciel, vous devez toujours cliquer sur le bouton « Oui » ; cependant, les conditions du présent Contrat seront remplacées par celles du Contrat de Groupe. Lorsqu'il est utilisé dans le présent Contrat, le terme « Contrat de Groupe » désigne un contrat de licence de logiciel distinct conclu avec ACL, en vertu duquel une licence est délivrée en vue de l'utilisation du Logiciel par un groupe d'utilisateurs autorisés. Si vous n'êtes pas certain d'avoir reçu le Logiciel en vertu d'un Contrat de Groupe, alors vous devez contacter la personne qui s'est procuré le Logiciel pour vous auprès de ACL afin de déterminer dans quel cadre le Logiciel a été fourni. Vous reconnaissez que ACL s'en remet à vous pour déterminer si le Logiciel a été fourni en vertu d'un Contrat de Groupe et convenez que si tel n'est pas le cas, les conditions du présent Contrat s'appliqueront.

Concession de la Licence. Si le produit qui vous est fourni est identifié comme un produit pour utilisateur unique, alors il vous est concédé, en vertu du présent Contrat, le droit personnel, non exclusif, non transférable, incessible et permanent d'utiliser le Logiciel sur un seul ordinateur à tout moment. Si le produit qui vous est fourni est identifié comme un produit pour utilisateurs multiples, alors il vous est concédé, en vertu du présent Contrat, le droit personnel, non exclusif, non transférable, incessible et permanent d'utiliser le Logiciel sur un réseau informatique unique pour un nombre défini d'utilisateurs, tel qu'il est précisé sur la facture de ACL. Vous ne devrez permettre à

Disclaimer. EXCEPT FOR THE EXPRESS WARRANTIES STATED ABOVE, THE SOFTWARE IS PROVIDED "AS IS" AND YOU ACCEPT THE ENTIRE RISK AS TO THE QUALITY, PERFORMANCE[14] AND RESULTS OF USE OF THE SOFTWARE. EXCEPT AS OTHERWISE RESTRICTED BY LAW,[15] ACL AND ITS LICENSORS[16] DISCLAIM ALL OTHER REPRESENTATIONS, WARRANTIES OR CONDITIONS, EXPRESS OR IMPLIED, BY STATUTE OR OTHERWISE, REGARDING THE SOFTWARE, INCLUDING, BUT NOT LIMITED TO, ITS FITNESS FOR A PARTICULAR PURPOSE, MERCHANTABILITY,[17] QUALITY OR ITS NON-INFRINGEMENT. NO ORAL OR WRITTEN INFORMATION OR ADVICE GIVEN BY ACL, ITS LICENSORS, OR THEIR RESPECTIVE EMPLOYEES, OFFICERS, DIRECTORS, CONTRACTORS, DISTRIBUTORS OR AGENTS,[18] SHALL INCREASE THE SCOPE OF SUCH REPRESENTATIONS, WARRANTIES OR CONDITIONS, OR CREATE ANY NEW WARRANTIES. IN ANY EVENT, THE LIABILITY OF ACL OR ITS LICENSORS UNDER ANY REPRESENTATIONS, WARRANTIES OR CONDITIONS IS LIMITED TO THE AMOUNT OF THE LICENSE FEES PAID BY YOU FOR THE SOFTWARE. Some jurisdictions[19] do not allow the exclusion of implied warranties, so the foregoing exclusions may not apply to you. In that event, any implied warranties are limited in duration to the Warranty Period.

Termination. This Agreement becomes effective[20] on the date you legally acquire[21] the Software and shall remain in force until terminated. This Agreement shall automatically[22] terminate if you breach any of its terms. You may terminate[23] this Agreement at any time by destroying the original and all copies of the Software. Upon termination of this Agreement, you must destroy the original and all copies of the Software and cease any use of the Software.

Governing Law. This Agreement is governed and construed[24] under the laws of the Province of British Columbia and the federal laws of Canada, excluding conflict of laws provisions, and shall be treated in all respects as a contract executed and performed entirely in British Columbia. You agree to submit to the non-exclusive jurisdiction of the courts of British Columbia. The application of the United Nations Convention on Contracts for the International Sale of Goods[25] is expressly excluded.

Waiver and Severability. No waiver of[26] any right under this Agreement is effective unless in writing and signed by a duly authorized representative[27] of the party to be

aucun moment l'utilisation de la version « utilisateurs multiples » du Logiciel par un nombre d'utilisateurs supérieur à celui qui est indiqué.

Dégagement de Responsabilité. EXCEPTION FAITE DES GARANTIES EXPRESSES STIPULÉES CI-DESSUS, LE LOGICIEL EST FOURNI « EN L'ÉTAT » ET VOUS ACCEPTEZ L'ENSEMBLE DES RISQUES RELATIFS À LA QUALITÉ, AUX PERFORMANCES ET AUX RÉSULTATS DE L'UTILISATION DU LOGICIEL. SAUF RESTRICTION LÉGALE CONTRAIRE, ACL ET SES CONCÉDANTS DE LICENCE EXCLUENT TOUTE AUTRE DÉCLARATION, GARANTIE OU CONDITION RELATIVE AU LOGICIEL, QU'ELLE SOIT EXPRESSE OU IMPLICITE ET QU'ELLE DÉCOULE OU NON D'UNE LOI, Y COMPRIS, SANS QUE CELA SOIT LIMITATIF, TOUTE GARANTIE RELATIVE À L'ADÉQUATION DU LOGICIEL À UN USAGE PARTICULIER, À SA VALEUR MARCHANDE, À SA QUALITÉ OU À L'ABSENCE DE CONTREFAÇON. AUCUN RENSEIGNEMENT OU CONSEIL, VERBAL OU ÉCRIT, FOURNI PAR ACL OU SES CONCÉDANTS DE LICENCE, OU PAR LEURS EMPLOYÉS, DIRIGEANTS, ADMINISTRATEURS, SOUS-TRAITANTS, DISTRIBUTEURS OU AGENTS RESPECTIFS, N'ÉLARGIRA LE CHAMP D'APPLICATION D'UNE TELLE DÉCLARATION, GARANTIE OU CONDITION, NI NE DONNERA NAISSANCE À DE NOUVELLES GARANTIES. DANS TOUS LES CAS, LA RESPONSABILITÉ DE ACL OU DE SES CONCÉDANTS DE LICENCE AUX TERMES DE TOUTE DÉCLARATION, GARANTIE OU CONDITION EST LIMITÉE AU MONTANT DES DROITS DE LICENCE QUE VOUS AVEZ ACQUITTÉS POUR LE LOGICIEL. Certains pays ne permettent pas l'exclusion des garanties implicites, il est donc possible que les exclusions qui précèdent ne vous soient pas applicables. Dans ce cas, toute garantie implicite a une durée limitée, qui correspond à la Période de Garantie.

Résiliation. Le présent Contrat prend effet à la date à laquelle vous faites légalement l'acquisition du Logiciel et restera en vigueur jusqu'à sa résiliation. Le présent Contrat prendra fin de plein droit si vous ne respectez pas l'une quelconque de ses conditions. Vous pouvez résilier le présent Contrat à tout moment en détruisant l'exemplaire original du Logiciel et toutes les copies qui en ont été faites. À la résiliation du présent Contrat, vous devrez détruire l'exemplaire original du Logiciel ainsi que tous les copies qui en auront été faites et mettre fin à toute utilisation du Logiciel.

Droit applicable. Le présent Contrat est régi par les lois de la Province de la Colombie-Britannique et les lois fédérales du Canada (à l'exclusion des dispositions relatives au conflit de lois), et sera interprété conformément à celles-ci. Le présent Contrat sera à tous égards considéré comme un contrat signé et exécuté intégralement en Colombie-Britannique. Vous reconnaissez la compétence non exclusive des tribunaux de la Colombie-Britannique. L'application de la Convention des Nations Unies sur les Contrats de Vente Internationale de Marchandises est expressément exclue.

Renonciation et Divisibilité. Aucune renonciation à un quelconque droit découlant du présent Contrat ne sera valable si elle n'est pas écrite et signée par un mandataire

bound. No waiver of any past or present right arising from any breach or failure to perform shall be deemed to be a waiver of any future right arising under this Agreement. If any provision[28] of this Agreement is unenforceable, that provision will be construed, limited, modified or, if necessary, severed to the extent necessary[29] to eliminate its unenforceability[30] and the other provisions of this Agreement will remain in full force.

Notes

1. this English language version : le déictique *this* désigne la version anglaise du contrat et ne peut donc être traduit littéralement (« cette version »), ni même être étoffé (« la présente version »), dans la mesure où le lecteur francophone lira la version française du document.

2. shall prevail : le verbe *to prevail* accepte plusieurs traductions : « prévaloir (sur) », « l'emporter (sur) », « primer ». Il est à noter que le verbe « primer » est transitif : *the provisions of the regulation prevail over national law* : « les dispositions du règlement priment le droit national » (éviter « primer sur »).

3. to license : le verbe français « licencier » a essentiellement le sens de priver quelqu'un de son emploi, de sa fonction. Il est donc nécessaire ici d'étoffer l'original (« concéder sous licence ») pour rendre l'idée.

4. agree to and accept : ce doublet n'est peut-être pas l'un des plus récurrents de l'anglais juridique mais il est possible de rendre la nuance qu'il contient en utilisant l'expression « approuver et accepter », composée de deux verbes transitifs.

5. your use of the Software : l'étoffement est ici indispensable (introduction d'une relative introduite par « que »).

6. license fees : *fee* est un terme polysémique que l'on retrouve souvent dans les textes juridiques. Il peut aussi se rendre, dans d'autres contextes, par « redevance », « droit », « taxe », « commission » ou encore « honoraires » (ce dernier terme ne s'emploie qu'au pluriel).

7. acknowledge and agree : cet autre doublet n'est pas spécifique à la terminologie juridique mais peut se rendre par « reconnaître et convenir que ».

8. When used in this Agreement : tournure elliptique qui appelle le sujet : il faut lire « *When (it is) used in this Agreement, the term...* ».

9. a separate agreement with ACL : le verbe « conclure » est sous-entendu dans l'anglais, langue dont on connaît le caractère elliptique, mais doit être réintroduit dans la traduction.

10. by which the Software is licensed for use : compte tenu de la préposition utilisée avec le verbe *to license (for)*, ce passage est traduit par modulation syntaxique (« licence » devient le sujet).

11. Grant of License : le terme *grant* peut parfois se rendre par « octroi » ou « attribution ». Ici, il convient de le traduire par « concession » (de la licence).

12. this Agreement gives you : cette expression constitue un exemple d'animisme : bien entendu, ce n'est pas le contrat qui concède mais bien la société qui propose ses produits. Afin d'éviter cet effet en français, on peut avoir recours à une tournure impersonnelle introduite par « il » : « il vous est concédé, en vertu du présent Contrat... ».

13. the personal, non-exclusive, non-transferable [...] and perpetual right : comme dans toute série, il importe ici de déterminer la présence d'éventuelles redondances. Dans cette série, chaque terme a un sens distinct, il faut donc respecter les nuances dans la traduction.

14. performance : dans le contexte juridique, ce terme a le plus souvent le sens d'« exécution » (*to perform a contract* : « exécuter un contrat »), mais il peut aussi désigner les obligations contractuelles elles-mêmes. Dans le langage courant, « performance » a deux sens principaux : 1) résultat chiffré obtenu dans une compétition, 2) résultat optimal qu'une machine peut produire.

15. Except as otherwise restricted by law : les phrase introduites par *except* et *unless* appellent généralement une transposition nominale (« Sauf restriction légale contraire »). L'adjectif « légal », qui traduit ici la locution *by law*, a de nombreux sens en français : qui a valeur de loi, qui est conforme à la loi, qui est défini ou fourni par la loi, etc.

16. licensors : ce terme se rend le plus souvent par « concédants de licence » dans ce type de contrat (« bailleur de licence » constitue une autre possibilité).

17. its fitness for a particular purpose, merchantability [...] : les garanties de *fitness for a particular purpose* et de *merchantability* sont les deux principales garanties implicites prévues par le Uniform Commercial Code américain pour les contrats de vente de marchandises : elles sont la garantie, par le vendeur, que les marchandises objet du contrat sont adaptées à l'utilisation spécifique qui doit en être faite. Les dictionnaires proposent diverses traductions pour ces termes : « adaptabilité à un usage spécifié » et « qualité des marchandises qui sont adaptées à la commercialisation » (*Dictionnaire de l'anglais économique et juridique* du Livre de Poche), « adaptation à une fonction particulière » et « qualité marchande » (*Le droit commercial aux Etats-Unis*, Ensam), etc.

18. employees, officers, [...], distributors or agents : cette autre série nominale ne comporte pas de redondances. Il importe donc de traduire chacun des six termes qui la composent (*officers* ayant ici le sens de « dirigeants », on peut supposer que *directors* désigne les « administrateurs »).

dûment habilité de la partie devant être liée. Aucune renonciation à un quelconque droit passé ou présent découlant de quelque manquement que ce soit ne sera considérée comme une renonciation à tout droit futur découlant du présent Contrat. Si l'une quelconque des clauses du présent Contrat est nulle, cette clause sera interprétée, limitée, modifiée ou, le cas échéant, supprimée dans la mesure où cela s'avère nécessaire afin d'éliminer cette nullité, et les autres clauses resteront en vigueur et de plein effet.

---

19. jurisdictions : la traduction de ce terme de base du vocabulaire juridique donne régulièrement lieu à des débats passionnés entre les spécialistes. À noter cet intéressant commentaire d'Olivier Kaiser, juriste d'entreprise : « Je ne comprends pas pourquoi certains juristes refusent l'emploi du terme "juridiction" en français pour désigner un territoire. Je l'ai moi-même souvent vu employé dans ce sens, et pas seulement dans des traductions de l'anglais. Dans le *Dictionnaire de la Terminologie du Droit International* (Union Académique Internationale, Éditions Sirey, 1960), on trouve à l'article "juridiction" : "Terme employé parfois pour désigner l'espace relevant de l'autorité d'un État", et il est mentionné, dans le même sens, l'expression "eaux juridictionnelles" (bien qu'aujourd'hui on parle surtout d'eaux "territoriales"). Le *Dictionnaire Historique de la Langue Française* (Robert) indique que le mot "juridiction", à l'origine "pouvoir de dire le droit", a été étendu, par métonymie, au ressort de ce pouvoir, c'est-à-dire au territoire sur lequel s'exerce ce pouvoir, avant d'être appliqué au tribunal lui-même ou à l'ensemble des tribunaux de même degré. On peut très bien aujourd'hui, par exemple, se situer "en dehors de la juridiction" de tel ou tel pays. Éventuellement, le terme de "circonscription" peut également être utilisé pour traduire "jurisdiction", mais pas dans tous les contextes. Le mot "ressort" aussi est utile selon les contextes, dans son sens géographique ». Dans le contexte précis de cette clause de *disclaimer*, *jurisdictions* pourra se traduire par « pays », « territoires », ou « juridictions ».

20. becomes effective : cette expression se traduit différemment selon qu'elle s'applique à un contrat (« prendre effet ») ou à une loi ou un règlement (« entrer en vigueur »).

21. on the date you legally acquire : le verbe *to acquire* peut bien sûr se traduire par « acquérir », mais il est également possible de le rendre par une locution construite sur un substantif : « faire l'acquisition (de) ». Certains verbes, comme *to jeopardize* (« mettre en danger »), *to collide* (« entrer en collision »), ou *to retire* (« prendre sa retraite »), ne peuvent se traduire autrement que par une locution verbale.

22. automatically : « automatiquement » n'est pas à proprement parler faux, même si on préférera ici « (prendra fin) de plein droit », expression plus typiquement juridique.

23. You may terminate : le verbe *to terminate* est à la fois transitif et intransitif. Dans le premier cas, il doit se traduire par « résilier » ou « dénoncer » (un contrat). Dans le second, il faudra préférer « prendre fin » ou « s'achever » (cf. *This Agreement shall automaticallty terminate*).

Le substantif *termination*, pour sa part, peut se rendre de différentes façons : « résiliation », « dénonciation », « résolution », « extinction », « dissolution », etc. « Résiliation » et « dénonciation » semblent être utilisés de manière interchangeable dans les contrats français, malgré les nuances qui existent entre les deux termes (contrairement à la dénonciation, qui intervient dans le cours normal du contrat, la résiliation suppose qu'il y a eu inexécution, par l'une des parties, de l'une de ses obligations).

24. governed and construed : si le premier de ces termes est valable dans l'absolu, le second implique nécessairement une projection dans le temps : le contrat *est* régi par les lois fédérales canadiennes, mais *sera* interprété conformément à celles-ci, en cas de litige notamment. La réorganisation de la phrase est donc indispensable dans la traduction.

25. the United Nations Convention on Contracts for the International Sale of Goods : il est important ici d'utiliser le nom officiel de la version française de cette convention.

26. waiver of : le terme *waiver* se construit avec la préposition *of*, tandis que « renonciation », sa traduction française, appelle la préposition « à ». *Waiver* peut également, dans d'autres contextes, avoir d'autres sens comme « levée » (*waiver of immunity* : « levée de l'immunité ») ou « dispense » (*waiver of notice* : « dispense de convocation », dans les statuts de société).

Toujours transitif, le verbe *to waive* accepte plusieurs traductions : « renoncer à », « abandonner », « lever », « déroger à », « se désister de », etc.

27. duly authorized representative : plusieurs possibilités : « mandataire dûment habilité », « représentant dûment mandaté ». On trouve également parfois « représentant dûment autorisé ».

28. provision : dans le cas d'un contrat, on parlera de « clause » ou de « stipulation » plutôt que de « disposition », terme que l'on réservera aux lois et aux règlements.

29. if necessary, severed to the extent necessary : afin d'éviter la répétition de « nécessaire », on peut avoir recours aux différentes traductions possibles de *if necessary* : « s'il y a lieu », « le cas échéant », etc.

30. unenforceability : ce terme est révélateur de la grande souplesse de l'anglais, qui, à partir d'une base simple (*enforce*), peut produire un grand nombre de termes : *enforceable*, *enforceability*, *unenforceable*, *unenforceability*.

Le processus de la dérivation étant moins productif en français, la traduction de termes complexes comme *unenforceability* pose souvent problème : les dictionnaires proposent « inexécutoire » ou « privé d'effet » pour l'adjectif *unenforceable*, mais sont muets quant au substantif correspondant. On notera ici l'utilisation de l'adjectif « nul », synonyme de « privé d'effet », qui a l'avantage de se décliner en une forme substantivale, « nullité », et qui permet d'éviter le recours à des traductions plus lourdes, comme « caractère non exécutoire ».

Texte 9

Le texte qui suit est extrait d'un contrat de fourniture destiné à régir les relations entre une entreprise (*the Company*) et l'un de ses fournisseurs (*Contractor*), qui s'est engagé à réaliser un certain nombre de prestations (*Work*).

Le contrat est constitué d'une série de conditions générales (*General Conditions*, ou *GC*), dont trois sont reprises ici : *Company's obligations*, *Company provided equipment and facilities*, et *Documentation supplied by Company*.

Il convient de préciser que le texte n'est pas reproduit dans son intégralité. La traduction qui suit l'original est celle de l'auteur.

GC-10 COMPANY'S OBLIGATIONS

Company Representation

10.1.1 The Company shall be represented in this Contract by the Company Representative, who shall have responsibility and authority to act[1] on all matters relating to the Company in connection with this Contract.

10.1.2 All instructions from the Company to the Contractor relating to the Work shall be issued or made through the Company Representative.

10.1.3 All communications and submissions from the Contractor shall be made through the Company Representative.

10.1.4 The Company Representative shall have the authority to establish reporting procedures[2] consistent with the Contract, to be followed by the Contractor, and to call meetings[3] to be attended by the Contractor (or sub-contractors and sub-suppliers where appropriate[4]) throughout the term of this Contract[5].

10.1.5 The name of the Company Representative shall be notified to the Contractor[6] prior to the commencement of the Contract (see Schedule 12).

10.1.6 The Company may from time to time delegate any of its duties to a Supervisor. Any such delegation shall be in writing and shall not be effective[7] until delivered to the Contractor. References to the Company and the Supervisor in the Contract shall include to whom delegated authority has been given.

Company Responsibilities

10.2.1 The Company shall provide the Contractor with copies of all relevant[8] documentation which the Company considers necessary for the completion of the Work in accordance with GC-12[9].

10.2.2 The Company shall provide all reasonable[10] assistance to obtain any other relevant data or information that may be reasonably requested in writing by the Contractor.

10.2.3 Any building, structure, foundation or means of access to the Site or any particular testing facility shall be provided by the Company in due time[11] consistent with[12] the requirements[13] of the Contract Programme.

10.2.4 Wherever under the Contract, the Company, its nominated representative or agent is required or allowed to exercise its discretion[14], giving an opinion or consent or expressing approval or satisfaction or otherwise taking action which may affect the rights and obligations of either of the Parties, the Company, its nominated representative or agent shall exercise such discretion fairly, having regard to all the circumstances.

TRADUCTION

GC-10 OBLIGATIONS DE LA SOCIÉTÉ

Représentation de la Société

10.1.1 La Société sera représentée dans le présent Contrat par le Représentant de la Société, qui aura pour responsabilité et pour mandat d'agir au nom de la Société dans toutes les questions qui la concernent dans le cadre du présent Contrat.

10.1.2 Toutes les instructions de la Société relatives aux Prestations et destinées au Contractant seront délivrées ou communiquées par l'intermédiaire du Représentant de la Société.

10.1.3 Toutes les communications et remises de documents par le Contractant seront effectuées par l'intermédiaire du Représentant de la Société.

10.1.4 Le Représentant de la Société sera habilité à établir des procédures de compte rendu conformes au Contrat, lesquelles devront être suivies par le Contractant, et à organiser pendant toute la durée du présent Contrat des réunions auxquelles le Contractant (ou ses sous-traitants et fournisseurs, le cas échéant) devra assister.

10.1.5 Le nom du Représentant de la Société sera notifié au Contractant avant le début du Contrat (voir Annexe 12).

10.1.6 La Société pourra déléguer occasionnellement l'une quelconque de ses responsabilités à un Superviseur. Cette délégation devra se faire par écrit et n'entrera en vigueur qu'après avoir été notifiée au Contractant. Toute référence, dans le Contrat, à la Société et au Superviseur emporte référence à toute personne à laquelle des responsabilités ont été déléguées.

Responsabilités de la Société

10.2.1 La Société fournira au Contractant des copies de tous les documents pertinents que la Société estime nécessaires pour l'exécution des Prestations conformément à la Condition Générale GC-12.

10.2.2 La Société fournira au Contractant toute l'assistance qu'il est raisonnable de lui accorder en vue de l'obtention de toute autre donnée ou information pertinente que le Contractant pourra raisonnablement demander par écrit.

10.2.3 Tout bâtiment, toute structure ou fondation, tout moyen d'accès au Site ou toute installation d'essai spécifique sera fourni par la Société en temps voulu conformément aux stipulations du Programme du Contrat.

10.2.4 Lorsqu'il est demandé, ou permis, à la Société, à son représentant désigné ou à son mandataire, dans le cadre du Contrat, de faire usage de son pouvoir d'appréciation, en donnant son opinion ou son accord ou en exprimant son approbation ou sa satisfaction ou en prenant toute autre mesure susceptible d'affecter les droits et les obligations de l'une ou l'autre des Parties, la Société, son représentant désigné ou son mandataire fera usage de ce pouvoir en toute impartialité, en tenant compte de l'ensemble des circonstances.

GC-11 COMPANY PROVIDED EQUIPMENT AND FACILITIES

Equipment and Facilities provided

11.1 The Company will provide the Equipment and Facilities for the performance of the Work only to the exent, in the manner, at the time and at the cost specifically defined in the Contract. The Contractor shall provide all such equipment and facilities not identified in the Contract as being supplied by the Company and which are required for the performance of the Work in accordance with the Contract.

Availability

11.2.1 The Company shall provide to the Contractor such Equipment and Facilities as the Contract shall define, at the times defined within the Contract Programme.

11.2.2 The Contractor shall hold the Company harmless[15] against any damages[16] or claims[17] that may arise from the Contractor's use of the Equipment and Facilities.

Transfer of risk

11.3 The Contractor shall be responsible for and shall bear any risk of loss of or damage to[18] the Equipment and Facilities, including Company provided Equipment and Facilities, until completion of the Work and/or return of the said Equipment[19] and Facilities to the Company in accordance with the Contract.

Use of Company Equipment & Facilities

11.4.1 The Contractor shall use such Equipment and Facilities solely in connection with the Contract and only for purposes directly relating to the completion of the Work.

11.4.2 The Contractor shall be fully responsible for the custody and care[20], preservation, protection, maintenance and repair of the Equipment and Facilities as long as they are in the Contractor's possession. In addition, the Contractor shall not make any alterations to the Equipment and Facilities without the prior written consent of the Company.

GC-12 DOCUMENTATION SUPPLIED BY COMPANY

Documentation

12.1 The Company shall provide all reasonable documentation[21] and information to the Contractor which shall only be used for the purposes of this Contract.

Ownership of documentation

12.2.1 The title and copyright in documentation[22] provided by the Company to the Contractor shall remain with the Company. The Contractor is licensed to make[23] (at its own expense) such copies as he may require for the purpose of the Contract.

12.2.2 The title and/or copyright in all information provided by the Company under the Contract shall, except where expressly provided otherwise in the Contract, be vested in the Company.

GC-11 MATÉRIEL ET INSTALLATIONS FOURNIS PAR LA SOCIÉTÉ

Matériel et installations fournis

11.1 La Société fournira le Matériel et les Installations pour l'exécution des Prestations seulement dans la mesure, selon les procédures, au moment et à hauteur des coûts spécifiquement définis dans le Contrat. Le Contractant fournira tout le matériel et toutes les installations qui ne sont pas définis dans le Contrat comme étant fournis par la Société et qui sont nécessaires à l'exécution des Prestations conformément au Contrat.

Disponibilité

11.2.1 La Société fournira au Contractant le Matériel et les Installations définis dans le Contrat, aux moments définis dans le Programme du Contrat.

11.2.2 Le Contractant dégagera la Société de toute responsabilité en cas de dommage ou de réclamation découlant de l'utilisation faite par le Contractant du Matériel et des Installations.

Transfert du risque

11.3 Le Contractant supportera tous les risques de perte et de dommage auxquels sont exposés le Matériel et les Installations, y compris le Matériel et les Installations fournis par la Société, ce jusqu'à la fin des Prestations et/ou restitution dudit Matériel et desdites Installations à la Société conformément au Contrat.

Utilisation du Matériel et des Installations de la Société

11.4.1 Le Contractant utilisera ce Matériel et ces Installations exclusivement dans le cadre du Contrat et uniquement à des fins directement liées à l'exécution des Prestations.

11.4.2 Le Contractant sera entièrement responsable de la garde, de la préservation, de la protection, de l'entretien et de la réparation du Matériel et des Installations tant que ceux-ci se trouvent en sa possession. En outre, le Contractant n'apportera aucune modification au Matériel et aux Installations sans l'accord écrit préalable de la Société.

GC-12 DOCUMENTATION FOURNIE PAR LA SOCIÉTÉ

Documentation

12.1 La Société fournira toute la documentation et toutes les informations nécessaires au Contractant, lesquelles seront utilisées uniquement aux fins du présent Contrat.

Propriété de la documentation

12.2.1 La propriété de la documentation fournie par la Société au Contractant ainsi que le droit d'auteur y afférent resteront acquis à la Société. Le Contractant est en droit d'en faire, à ses frais, toutes les copies dont il pourrait avoir besoin aux fins du Contrat.

12.2.2 Sauf stipulation expresse contraire du Contrat, la propriété de l'ensemble des informations fournies par la Société aux termes du Contrat ainsi que le droit d'auteur y afférent reviendront à la Société.

12.2.3 All documentation provided by the Company and all copies thereof[24] shall be returned to the Company on completion or earlier termination of the Contract[25].

12.2.4 All documentation so provided by the Company shall be free of any encumbrances[26] as to the future use of such documentation by the Contractor for the purposes of the Contract.

Interpretation

12.3.1 The Contractor shall be responsible for any conclusions it may draw from any Contract documents or other information given to him by the Company.

12.3.2 The Contractor shall promptly on receipt of documents, written instructions or other information of the Company check for any conflicts[27], discrepancies, errors or omissions. In the event of conflict, discrepancies, errors or omissions, the matter shall be submitted to the Company promptly upon its discovery.

12.3.3 Any Work affected by such conflicts, discrepancies, errors or omissions which is performed prior to the Company's decision shall be at the Contractor's risk. The Contractor shall be solely responsible for the timely review of documents[28], written instructions or other information supplied by the Company and for requesting instructions from the Company.

12.3.4 The Contractor shall be solely liable for any direct costs and expenses, incurred by the Company, arising from the Contractor's failure to comply with the requirements[29] of this General Condition.

Notes

1. authority to act : *to have authority to* se traduit généralement par « être mandaté pour », « être habilité à », ou « avoir qualité pour ». L'expression « ès qualités » signifie « en tant qu'exerçant la fonction dont on est investi (et non à titre personnel) » (*Le Robert*).
Le terme *authority* renvoie généralement à la notion de pouvoir(s) (ou de mandat) mais peut aussi avoir le sens de « précédent » : *a previous judgement was cited as an authority for deciding the case* : « un jugement antérieur a été invoqué pour trancher l'affaire » ; *citation of authorities* : « référence à la jurisprudence », etc. Dans d'autres contextes, *authority* peut aussi bien sûr désigner une « autorité », au sens d'institution investie de pouvoirs.

2. reporting procedures : le terme *reporting* n'a pas d'équivalent exact en français, d'où les difficultés de traduction qu'il pose. Dans le contexte financier, où il peut être traduit, en fonction des cas, par « reddition de comptes » ou « établissement des états financiers », le terme est souvent utilisé en l'état et constitue donc un emprunt. Ici, il désigne plus simplement les échanges d'informations qui ont lieu entre les parties.

3. to call meetings : pour rendre cette expression idiomatique en français, il est indispensable de la développer quelque peu : « convoquer [qqn à] une assemblée » en constitue la traduction la plus fréquente. On notera que le verbe « convoquer » est transitif (« convoquer une assemblée pour telle date »).

4. where appropriate : cette locution peut se traduire de différentes façons : « le cas échéant », « s'il y a lieu », « si besoin est ». Dans les textes juridiques, l'adverbe *where* a souvent le sens de « lorsque » (« dans les cas où »).

5. the term of this Contract : attention au faux ami que constitue *term*, mot qui a le sens de « durée » et non de « terme ».

6. shall be notified to the contractor : attention à la construction du verbe « notifier » en français ; deux possibilités existent : « notifier quelque chose *à* quelqu'un » ou « notifier quelqu'un *de* quelque chose ».

7. effective : cet adjectif, très fréquent dans les textes juridiques, peut généralement se traduire par « en vigueur ». La collocation *effective date* se traduira par « date d'entrée en vigueur » (dans le cas d'une loi ou d'un règlement) ou « date de prise d'effet » (dans le cas d'un contrat). On remarquera dans cette expression la préférence du français pour le substantif (« entrée en vigueur ») là où l'anglais utilise un adjectif (*effective*).
Effective peut également avoir le sens d'« opposable » (*to be effective against*), ou appeler « à compter de » (*effective Jan. 1* : « à compter du 1er janvier »).

12.2.3 Toute la documentation fournie par la Société ainsi que toutes les copies qui en auront été faites seront restituées à la Société au moment de la survenance du terme ou de la résiliation du Contrat.

12.2.4 La documentation ainsi fournie par la Société sera libre de tous droits qui pourraient en empêcher l'utilisation future par le Contractant aux fins du Contrat.

<u>Interprétation</u>

12.3.1 Le Contractant assumera la responsabilité de toutes les conclusions qu'il pourra tirer des documents contractuels ou des informations qui lui auront été communiqués par la Société.

12.3.2 Le Contractant devra, à la réception de documents, d'instructions écrites ou d'autres informations de la Société, s'assurer dans les meilleurs délais de l'absence de contradictions, de divergences, d'erreurs et d'omissions. En cas de contradictions, de divergences, d'erreurs ou d'omissions, le problème sera soumis à la Société dans les meilleurs délais suivant son apparition.

12.3.3 Toute partie des Prestations affectée par ces contradictions, divergences, erreurs ou omissions qui serait exécutée avant que la Société ne prenne une décision le sera aux risques du Contractant. Il est de la seule responsabilité du Contractant d'examiner en temps utile les documents, instructions écrites et autres informations fournis par la Société et de demander des instructions à la Société.

12.3.4 Le Contractant supportera l'intégralité des coûts et des dépenses directs encourus par la Société du fait du non-respect, par le Contractant, des stipulations de la présente Condition Générale.

---

8. relevant : les très nombreuses traductions possibles de ce mot « passe-partout » se regroupent en deux grandes familles : 1) « pertinent », « approprié », « adéquat » et leurs synonymes ; 2) « applicable », « utile », « nécessaire », « requis », etc. Voir 4(9, 13).

9. GC-12 : pour déterminer la signification de ce passage, il suffit d'avoir recours à l'inférence contextuelle : le sigle « GC », qui apparaît en titre de chaque article, désigne de toute évidence les *General Conditions*.

10. reasonable : cet adjectif, qui fait partie des mots « passe-partout », est beaucoup plus utilisé que son homologue français « raisonnable ». Voir 1(16).

11. in due time : « en temps utile » et « en temps voulu » constituent les deux principales traductions de cette locution de temps.

12. consistent with : l'adjectif *consistent* véhicule le plus souvent l'idée de cohérence, de compatibilité, de conformité. Il est ici utilisé, à tort, dans une position adverbiale (il faut lire : *in a manner consistent with*).

13. requirements : lorsqu'il se rapporte à un document contractuel, comme ici, ce terme en désigne généralement les clauses, les stipulations.

14. to exercise its discretion : il est préférable ici d'éviter le terme « discrétion » en français. *Discretion* désigne le « pouvoir d'appréciation » (ou « pouvoir discrétionnaire ») qui est laissé à quelqu'un. Exemples de traduction (extraits du *Lexique anglais-français* du Conseil de l'Europe) : *the court's discretion* : « la liberté d'appréciation du tribunal » ; *to confer a discretion to the Home Secretary* : « conférer un pouvoir discrétionnaire au Ministre de l'Intérieur » ; *to leave to the discretion of somebody* : « laisser qqn apprécier, laisser à l'appréciation de qqn ». *At his discretion* pourra se traduire par « s'il le juge utile », « comme il l'entend », « à son gré », etc.

15. shall hold the Company harmless : cette locution se traduit généralement par « dégager qqn de toute responsabilité » et est souvent associée au verbe *to indemnify*, qui en constitue le cooccurrent le plus fréquent.

16. damages : ce terme a ici le sens de « dommages » et non de « dommages et intérêts », qui est cependant le sens habituel du terme *damage* lorsqu'il prend un 's'.

17. claims : ce terme générique, très fréquent dans les textes juridiques, doit être rendu par un terme plus précis en français (« demande », « réclamation », « revendication », « droit », etc.).

18. shall be responsible for and shall bear any risk of loss of or damage to : associé au substantif *risk*, l'adjectif *responsible for* a le sens de « supporter » et est donc synonyme de *to bear*, d'où la simplification dans la traduction.

19. the said Equipment : *said* renvoie généralement à un terme qui vient d'être cité et doit se traduire par « ledit », « lesdits », etc. (la particule « dit » doit toujours être collée à l'article). *Said* est généralement considéré comme un article à part entière et pour cette raison, est souvent utilisé sans l'article défini *the*. Voir aussi le chapitre 4, « Les adverbes composés et les pronoms *said*, *such* et *same* ».

20. custody and care : les phraséologismes dans lesquels apparaissent ces termes appellent souvent des traductions différentes : *to take into custody* : « arrêter », *to go into care* : « être placé ». Ici, *custody* et *care* sont tous deux à prendre dans le sens de « garde ».

21. reasonable documentation : exemple d'expression où « raisonnable » ne convient pas en français. On parlera donc, par exemple, de la « documentation nécessaire ».

22. title and copyright in documentation : il est impossible d'utiliser en français une seule et même préposition pour les deux termes, d'où l'étoffement dans la traduction.

23. is licensed to make : il ne faut pas voir dans cette expression autre chose que l'idée d'« avoir le droit de », ou d'« être en droit de ».

24. all copies thereof : l'adverbe *thereof*, qui renvoie ici à *documentation*, doit nécessairement être étoffé dans la traduction : « toutes les copies qui en auront été faites » (on remarquera ici l'utilisation du pronom adverbial anaphorique « en »). Voir aussi le chapitre 4, « Les adverbes composés et les pronoms *said*, *such* et *same* ».

25. on completion or earlier termination of the Contract : l'adverbe *early*, utilisé ici à la forme comparative, ne doit pas être repris dans la traduction. En effet, toute résiliation du contrat intervient nécessairement avant son terme et il n'est donc pas utile d'en préciser le caractère prématuré.

26. encumbrances : en matière immobilière, *encumbrance* a le plus souvent le sens de « sûreté » ou d'« hypothèque ».

27. check for any conflicts : le verbe prépositionnel *to check for* doit se traduire par étoffement : « s'assurer de l'absence de ».

28. the timely review of documents : *timely* est souvent utilisé en tant qu'adjectif, comme ici, mais il peut aussi apparaître dans une position adverbiale (comme dans la locution *in a timely manner*). En position adjectivale, le terme nécessite souvent un certain étoffement : « disponible en temps utile », « diffusé au moment voulu » (à propos d'informations).

29. Contractor's failure to comply with the requirements : le terme *failure* peut se traduire de différentes façons : 1) par l'introduction de la particule « non » devant le nom considéré (*failure to comply with* : « le non-respect de »), 2) par « le défaut de » (*failure to appear* : « défaut de comparution »), 3) lorsque le verbe original ne peut être nominalisé, par « manquement à l'obligation de » (*contractor's failure to provide* : « manquement du contractant à son obligation de fournir »).

L'expression *failure to comply with* peut aussi se rendre par « l'inobservation » ou « la méconnaissance de ».

Texte 10

Le texte qui suit est extrait d'un accord de consortium conclu entre différentes sociétés qui ont choisi de mettre en commun leurs capacités et leurs compétences en vue de réaliser ensemble un certain nombre d'opérations.

Les articles relatifs aux informations confidentielles, à la force majeure et à la cession des droits et obligations des parties sont très courants dans les documents contractuels.

La traduction qui suit l'original est celle de l'auteur.

CONSORTIUM AGREEMENT

Dated: .... 199...

Between:

................., a company organised and existing under the laws of[1]..................... whose registered office is at ...., ... (« **X** »)

................., a company organised and existing under the laws of .... whose registered office is at .... (« **Y** »)

[...]

NOW, THEREFORE IT IS HEREBY AGREED as follows:

ARTICLE 1 – DEFINITIONS

In this Agreement, the following words and expressions shall have the meanings hereby assigned to them unless the context otherwise requires:

"Affiliate"[2] means a company or firm which, in relation to the specified party in question, is:

(i) a company or firm in which at least fifty percent (50%) of the share capital or voting interests are owned or held directly or indirectly by that party;

(ii) a company or firm which directly or indirectly owns or holds more than fifty percent (50%) of the share capital or voting interests of that party; or

(iii) a company or firm in which at least fifty percent (50%) of the share capital or voting interests are owned or held directly or indirectly by a company or firm falling within sub-paragraph (ii) above;

"Contract" means[3] the contract to be concluded with the Customer for the execution of the Project. The existing draft of the Contract is annexed to this Agreement as Annex A;

"Contract Price" means the total price payable by the Customer for the Works in accordance with the Contract;

"Customer" means .... ;

"Leader"[4] means the Member appointed by all the other Members to act as leader of the Consortium (being in this case ....);

"Member(s)" means any or all of .... ;

"Offer Price" means the price quoted for the proposal by any individual Member for its Scope of Work;

"Project" means the project defined in Article 2 below;

"Scope of Work"[5] means the particular part or parts of the Works for which any individual Member is to be respectively responsible. The anticipated Scope of Work of each Member on the basis of the existing draft of the Contract is set out in Schedule 1

TRADUCTION

ACCORD DE CONSORTIUM

En date du : .... 199...

Entre :

.........................., société de droit .... dont le siège social est situé ...., ... (« **X** »)

.........................., société de droit .... dont le siège social est situé ...., ... (« **Y** »)

[...]

CECI ÉTANT EXPOSÉ, IL EST CONVENU CE QUI SUIT :

ARTICLE 1 – DÉFINITIONS

Dans le présent Accord, les mots et expressions qui suivent ont le sens qui leur est attribué ci-dessous, sauf interprétation contraire rendue nécessaire par le contexte :

« Société Liée » s'entend d'une société ou d'une entreprise qui, par rapport à la partie dont il est question, est :

(i) une société ou une entreprise dont au moins cinquante pour cent (50 %) du capital social ou des droits de vote sont détenus directement ou indirectement par cette partie ;

(ii) une société ou une entreprise qui détient directement ou indirectement plus de cinquante pour cent (50 %) du capital social ou des droits de vote de cette partie ; ou

(iii) une société ou une entreprise dont au moins cinquante pour cent (50 %) du capital social ou des droits de vote sont détenus directement ou indirectement par une société ou une entreprise entrant dans le champ d'application de l'alinéa (ii) ci-dessus ;

« Contrat » s'entend du contrat devant être conclu avec le Client en vue de l'exécution du Projet. La version préliminaire existante du Contrat est jointe au présent Accord, dont elle constitue l'Annexe A ;

« Prix du Contrat » s'entend du prix total payable par le Client pour les Prestations conformément au Contrat ;

« Client » s'entend de .... ;

« Chef de File » s'entend du Membre désigné par l'ensemble des autres Membres pour agir en qualité de chef de file du Consortium (il s'agit, dans le cas présent, de ....) ;

« Membre(s) » s'entend de tout ou tous .... ;

« Prix Proposé » s'entend du prix proposé par tout Membre individuel pour sa Part des Prestations ;

« Projet » s'entend du projet défini à l'Article 2 ci-dessous ;

to this Agreement. Schedule 1 may be amended from time to time[6] with the consent in writing of all of the Members;

"Works"[7] means the entire services, work and supplies to be performed or provided by the Consortium under the terms of the Contract (including any additions or variations made in accordance with the terms of the Contract or any amendments thereto).

ARTICLE 2 – OBJECT OF THE CONSORTIUM

2.1 The sole object of the Consortium is to make a joint proposal for the performance of the Works (hereinafter called the "Project"[8]) and to perform the Contract if awarded to the Consortium[9].

2.2 The Members shall fully co-operate with each other with respect to the Project during the term of this Agreement[10] and act at all times in such a way as to further the common interests of the Members as members of the Consortium. Without limiting the foregoing:

(a) no Member shall, either directly or indirectly, tender for the Project[11] separately or in combination with any third party outside the Consortium without prior written consent of all the other Members; and

(b) no Member shall, without prior written consent of all the other Members, prior to the award of the Contract, agree to subcontract any of its Scope of Work[12] to any third party which, individually or in association with any other person, intends to submit a tender for the Project.

[…]

ARTICLE 13 – CONFIDENTIAL INFORMATION

13.1 Each Member shall use its best efforts[13] to keep in strict confidence, and shall bind all of its employees and agents[14] to keep in strict confidence, all commercial and technical information in whatever form acquired by it (whether directly or indirectly) from or concerning any other Member under this Agreement or in connection with the performance of the Contract (hereinafter called "Confidential Information"). No Member shall utilise such Confidential Information for any purposes other than those contemplated[15] in this Agreement or in the Contract. Further, no Member shall at any time disclose any Confidential Information to any third party for any purposes other than those contemplated in this Agreement or in the Contract without the prior written consent of all the Members. The following information shall be excluded from the foregoing scope of Confidential Information:

a) information which at the time of disclosure is generally available to the public[16];

« Part des Prestations » s'entend de la partie ou des parties spécifiques des Prestations dont chaque Membre sera respectivement responsable. La Part des Prestations prévue pour chaque Membre, sur la base de la version préliminaire existante du Contrat, est indiquée à l'Appendice 1 du présent Accord. L'Appendice 1 peut être modifié à tout moment avec l'accord écrit de l'ensemble des Membres ;

« Prestations » s'entend de l'ensemble des services, travaux et fournitures devant être assurés, exécutés ou fournies par le Consortium aux termes du Contrat (y compris tout ajout ou toute modification opérés conformément aux termes du Contrat ou toute modification apportée à celui-ci).

ARTICLE 2 – OBJET DU CONSORTIUM

2.1 Le Consortium a pour seul et unique but de présenter une proposition commune en vue de l'exécution des Prestations (ci-après le « Projet ») et d'exécuter le Contrat si celui-ci est attribué au Consortium.

2.2 Les Membres devront pleinement coopérer les uns avec les autres en ce qui concerne le Projet pendant la durée du présent Accord et devront à tout moment agir au mieux des intérêts communs des Membres en leur qualité de membres du Consortium. Sans que cela limite ce qui précède :

(a) aucun Membre ne devra, que ce soit directement ou indirectement, soumissionner pour le Projet à titre individuel ou en collaboration avec un quelconque tiers étranger au Consortium sans l'accord écrit préalable de l'ensemble des autres Membres, et

(b) aucun Membre ne devra, sans l'accord écrit préalable de l'ensemble des autres Membres, préalablement à l'attribution du Contrat, accepter de sous-traiter une quelconque partie de sa Part des Prestations à un quelconque tiers qui, individuellement ou en association avec toute autre personne, a l'intention de soumissionner pour le Projet.

[…]

ARTICLE 13 – INFORMATIONS CONFIDENTIELLES

13.1 Chaque Membre devra tout mettre en œuvre pour préserver le caractère confidentiel de l'ensemble des informations commerciales et techniques qu'il aura acquises sous quelque forme que ce soit, directement ou indirectement, de tout autre Membre ou concernant tout autre Membre au titre du présent Accord ou dans le cadre de l'exécution du Contrat (ci-après dénommées « Informations Confidentielles »). Chaque Membre devra en outre soumettre l'ensemble de ses employés et agents à cette même obligation de confidentialité. Aucun Membre ne devra utiliser ces Informations Confidentielles à des fins autres que celles envisagées dans le présent Accord ou dans le Contrat. De plus, aucun Membre ne devra divulguer, à quelque moment que ce soit, des Informations Confidentielles quelles qu'elles soient à un quelconque tiers à des fins autres que celles envisagées dans le présent Accord ou dans le Contrat sans l'accord écrit préalable de l'ensemble des Membres. Les informations qui suivent n'entrent pas dans le cadre des Informations Confidentielles telles qu'elles sont définies ci-dessus :

a) informations qui, au moment de leur divulgation, se trouvent déjà dans le

b) information which after disclosure becomes generally available to the public through no fault of[17] the receiving Member[18];

c) information which the receiving Member can show was in its possession prior to disclosure and which was not acquired directly or indirectly from any other Member; or

d) information which the receiving Member can show was received by it after the time of disclosure from any party outside the Consortium without any obligation of confidentiality and which was not acquired directly or indirectly from any other Member.

13.2 The confidentiality obligations set out in this Article 13 shall survive the termination[19] of this Agreement.

13.3 Each Member shall impose the same confidentiality obligations set out in this Article 13 upon its Affiliates, subcontractors, vendors[20] and other third parties who are in association with it and may have access to[21] any Confidential Information during the term of this Agreement.

13.4 The parties shall keep the existence and the contents of this Agreement strictly confidential and shall make no announcement in relation hereto[22] without the prior written consent of all the other Members.

ARTICLE 14 – FORCE MAJEURE

14.1 No Member shall be considered in default in the performance[23] of its obligations under this Agreement, or be responsible for any delay in the carrying out of such obligations if the performance thereof is prevented or delayed wholly or in part as a consequence whether direct or indirect of war (whether war be declared or not), emergency, strike, industrial dispute[24], accident, fire, earthquake, flood, storm, tempest, any act of God or any other cause beyond the reasonable control of[25] the Member affected.

14.2 If the performance of a particular Member's obligations under this Agreement is in the opinion of that Member hindered, delayed or affected by reason falling within Article 14.1, then the Member so affected shall forthwith notify the other Members in writing.

14.3 In the event that a reason falling within Article 14.1 affects the performance of a Member's obligations for a continuous period of time greater than six (6) months, the unaffected Members may terminate this Agreement by written notice[26].

ARTICLE 15 – ASSIGNMENT

No Member shall have the right to assign or in any way transfer any of its rights or obligations under this Agreement to any other company, firm or person without first obtaining the consent in writing of all the other Members, which consent shall not be unreasonably withheld.

domaine public ;

b) informations qui, après leur divulgation, tombent dans le domaine public sans que cela soit imputable à une faute de la part du Membre qui les a reçues ;

c) informations dont le Membre qui les a reçues peut démontrer qu'elles se trouvaient déjà en sa possession avant leur divulgation et qui n'ont pas été acquises, directement ou indirectement, auprès d'un autre Membre quel qu'il soit, ou

d) informations dont le Membre qui les a reçues peut démontrer qu'elles ont été reçues par lui, après le moment de leur divulgation, d'une partie étrangère au Consortium sans aucune obligation de confidentialité et qui n'ont pas été acquises, directement ou indirectement, auprès d'un autre Membre quel qu'il soit.

13.2 Les obligations de confidentialité stipulées au présent Article 13 resteront en vigueur après le terme du présent Accord.

13.3 Chaque Membre devra imposer les mêmes obligations de confidentialité que celles stipulées au présent Article 13 à ses Sociétés Liées, ses sous-traitants, ses fournisseurs et aux autres tiers qui sont en relation avec lui et qui pourraient avoir accès à toutes Informations Confidentielles pendant la durée du présent Accord.

13.4 Les parties devront observer la plus stricte confidentialité en ce qui concerne l'existence et le contenu du présent Accord et ne feront aucune annonce à ce sujet sans l'accord écrit préalable de l'ensemble des autres Membres.

ARTICLE 14 – FORCE MAJEURE

14.1 Aucun Membre ne sera considéré comme défaillant dans l'exécution de ses obligations au titre du présent Accord, ni tenu pour responsable de tout retard dans l'exécution de ses obligations, si le défaut d'exécution ou le retard est en tout ou en partie la conséquence directe ou indirecte d'une guerre (déclarée ou non), d'une situation d'urgence, d'une grève, d'un conflit du travail, d'un accident, d'un incendie, d'un tremblement de terre, d'une inondation, d'un orage, d'une tempête, d'une catastrophe naturelle ou de tout autre événement indépendant de la volonté du Membre concerné.

14.2 Si l'exécution des obligations d'un Membre spécifique au titre du présent Accord est, de l'avis de ce Membre, entravée, retardée ou affectée par un événement entrant dans le champ d'application de l'article 14.1, alors le Membre concerné devra en avertir immédiatement les autres Membres par écrit.

14.3 Dans le cas où un événement entrant dans le champ d'application de l'article 14.1 affecterait l'exécution des obligations d'un Membre pendant une période ininterrompue d'une durée supérieure à six (6) mois, les Membres qui ne sont pas affectés pourront résilier le présent Accord par notification écrite.

ARTICLE 15 – CESSION

Aucun Membre n'a le droit de céder ou de transférer de quelque manière que ce soit l'un quelconque de ses droits ou l'une quelconque de ses obligations au titre du présent Accord à toute autre entreprise, société ou personne physique sans avoir obtenu au préalable l'accord écrit de l'ensemble des autres Membres, étant entendu que ledit accord ne pourra être refusé sans motif valable.

Notes

1. a company organised and existing under the laws of : cette mention permet de préciser de quel droit relève la société concernée. En français, on préfèrera une formule plus courte : « société de droit… » ou éventuellement, « société régie par le droit… ».
2. affiliate : ce terme peut se traduire de différentes façons : « filiale », « société apparentée », « société liée », « société affiliée », « société du groupe », etc. Ici, les différentes acceptions qui sont reconnues au terme *affiliate* interdisent l'emploi, dans la traduction, d'un terme trop précis tel que « filiale », qui désigne théoriquement une société dont le capital est détenu à au moins 50 % par une autre, dite « société mère » (définition correspondant uniquement à l'alinéa (i)).
Il est intéressant de noter la définition que donne le *Dictionnaire de la comptabilité* de Louis Ménard du terme *affiliated company* : « Société qui contrôle une autre société, est contrôlée par celle-ci ou est placée sous le contrôle de la même personne que l'autre société, généralement du fait d'un lien de participation direct ou indirect entre chacune d'elles ou par l'intermédiaire de leurs actionnaires, ou encore société qui a une relation avec une autre société, permettant une influence notable directe ou indirecte de l'une sur l'autre. »
Ce lien proposé par l'Ordre des comptables agréés du Québec contient également d'intéressantes précisions sur les différents équivalents, en français, du terme *affiliate* : http://www.ocaq.qc.ca/terminologie/affichage_bulletin.asp?ID=65.
3. means : ce verbe est systématiquement utilisé pour introduire les définitions dans un contrat. « S'entendre de » en constitue sans doute la traduction la plus fréquente, mais d'autres possibilités existent : « Par "Contrat", il faut entendre le contrat devant être conclu avec le Client…», ou « "Contrat" désigne…». Le verbe peut aussi être sous-entendu : « "Contrat" : le contrat… ».
4. Leader : *leader* est un emprunt que l'on rencontre fréquemment dans la langue courante. Ici, on emploiera de préférence le terme « chef de file », plus conforme à la terminologie employée dans le contexte.
5. Scope of Work : la traduction de ce composé n'est possible qu'après avoir pris connaissance de la définition du dernier terme apparaissant dans cette rubrique, à savoir *Works*. Voir note 7.
6. from time to time : cette locution peut prendre de multiples sens en fonction du contexte. Voir 13(2).
7. Works : ce terme hypéronymique ne peut être rendu par son équivalent le plus direct, « travaux », puisqu'il englobe également les services et les fournitures. On lui préfèrera donc le terme de « prestations », plus générique que « travaux ».
8. hereinafter called the "Project" : le verbe traduisant *called* est ici sous-entendu : « ci-après le "Projet" ».
9. if awarded to the Consortium : pour traduire ce passage, qui constitue un bel exemple d'ellipse, procédé très fréquent en anglais, il est indispensable en français d'introduire le pronom « celui-ci ». *To award* doit ici se rendre par « attribuer » ou « adjuger ».
10. during the term of this Agreement : attention ici au faux ami que constitue *term*, mot qui désigne non pas le « terme » de l'accord mais sa durée.
11. tender for the Project : le verbe *to tender*, très fréquent dans le contexte des marchés publics, se traduit habituellement par « soumissionner ». On retrouve le substantif correspondant, *tender*, dans la collocation *call for tenders*, qui correspond en français à « appel d'offres ».
12. any of its Scope of Work : à noter ici l'étoffement de *any* : « une quelconque partie de sa Part des Prestations ».
13. shall use its best efforts : l'expression *to use one's best efforts* peut se traduire de différentes façons : « faire tout ce qui est en son pouvoir pour », « faire tout son possible pour », « tout mettre en œuvre pour », « faire de son mieux pour », voire, parfois, « faire ses meilleurs efforts pour ». La notion de *best efforts* équivaut au principe de l'obligation de moyens.
14. and shall bind all of its employees and agents : cette proposition relative, enchâssée dans la phrase principale, nécessite de toute évidence une réorganisation syntaxique du texte d'arrivée. Le français ne permet pas une trop grande distance entre le groupe verbal (*shall use…*) et son complément (*all commercial and technical information*). L'information est donc reprise un peu plus loin, dans une phrase autonome.
15. contemplated : attention au faux ami. On attend ici « envisagé », « prévu », et non « contemplé ».
16. generally available to the public : le traducteur doit procéder ici par modulation : « informations se trouvant dans le domaine public ».
17. through no fault of : on notera ici l'étoffement dans la traduction : « sans que cela soit imputable à une faute ».
18. the receiving Member : l'étoffement de ce terme par une relative permet d'éviter « le Membre receveur » (ou « le Membre récepteur »), expression qui aurait pour effet de figer l'action de réception et qui donnerait l'impression que l'on est en présence d'un type particulier de « Membre ».
19. shall survive the termination : attention ici au verbe *to survive*, qui a le sens de « rester en vigueur après ».
20. vendors : le premier sens de ce terme est « vendeur » (*street vendor* : « marchand ambulant »). Dans l'industrie et les services, il désigne généralement les fournisseurs, les sous-traitants des grandes entreprises.
21. and may have access to : la non-répétition du pronom *who* peut prêter à confusion dans l'original et laisser penser que cette relative s'applique à *Each Member*, ce qui n'est manifestement pas le cas. On notera donc la répétition du pronom « qui » en français.
22. in relation hereto : la traduction littérale de l'adverbe *hereto*, « à ceci, à cela », n'est que très rarement utilisée. Sa restitution dépendra en fait de son contexte immédiat : *the parties hereto* : « les parties aux présentes », etc. Ici, on notera l'utilisation de la locution « à ce sujet ».
23. in default in the performance : ce passage est traduit par transposition, l'adjectif « défaillant » se substituant au substantif *default*.
24. industrial dispute : dans cette collocation, *dispute* doit se rendre par « conflit (du travail) » et non par « différend » ou « litige ».
25. beyond the reasonable control of : on constatera que l'adjectif *reasonable* est supprimé dans la traduction.
26. by written notice : le terme *notice*, très fréquent dans les contrats, peut se rendre dans d'autres contextes par « avis » ou « préavis » (*prior notice*). Ici, il convient de le traduire par « notification », terme qui désigne aussi bien l'action que le document qui en résulte.

Texte 11

Le document qui suit permet de mieux comprendre le mécanisme de la cession de créance, acte par lequel une partie A – le cédant – transmet à une partie B – le cessionnaire – la créance qu'elle a accordée à une partie C, traditionnellement appelée le « débiteur cédé » (ici dénommée l'« Emprunteur »).

Ce texte contient plusieurs mots à double lecture (*debt*, *loan*) dits mots « ambivalents », dont la traduction n'est possible qu'à la lumière des renseignements contenus dans le texte (ces derniers constituant le « contexte cognitif »).

Le texte contient par ailleurs plusieurs termes essentiels – *enforce*, *covenant*, ou encore *consideration* – qui sont révélateurs de la forte polysémie du langage juridique.

Il convient de préciser que les noms cités dans le texte original sont fictifs. La traduction de ce document, reproduit dans son intégralité, est celle de l'auteur.

ASSIGNMENT OF DEBT[1]

Dated 22nd of March 2001

BETWEEN:

(1) AB HOLDINGS LIMITED, a Jersey Corporation, with offices at […], Jersey ("Assignor").

(2) FX HOLDINGS LIMITED, a Jersey Corporation, with offices at […], Jersey ("Assignee").

(3) FRANCE S.A., a French limited liability company,[2] with offices at […], Paris, France ("Borrower").

(A) Assignor has made certain advances[3] to Borrower in the amount of US$ 11,430,238 (Eleven Million Four Hundred and Thirty Thousand One Hundred and Thirty Eight[4] United States Dollars) which are recorded in the books of the Borrower as a loan[5] in French francs converted at the rate agreed between the Assignor and the Borrower which the Borrower is obliged to repay in full to Assignor along with interest and costs associated with the advances, (the receivable being created, as a result of such advances,[6] being referred to herein as the "Debt");

(B) Assignor wishes to assign all of its interest in the Debt to Assignee;

(C) Assignee wishes to acquire the Debt.

NOW, THEREFORE, in consideration of the premises[7] and the mutual promises, agreements and covenants contained herein, each of the parties hereto hereby agrees as follows:

1. **Transfer of the Debt**. Assignor hereby sells, assigns and transfers to Assignee, and Assignee hereby purchases and accepts from Assignor,[8] all of Assignor's right, title and interest in and to the Debt,[9] free and clear of any claims, pledges, liens or other encumbrances.[10] Henceforth, from the date of this Assignment, the Assignor shall have no further interest or right in the Debt and the Borrower shall have no further obligation to the Assignor in respect of the Debt, all such rights in the Debt having been transferred to the Assignee and all such obligations in respect of the Debt being due to the Assignee. The Borrower hereby acknowledges the assignment of the Debt by the Assignor to the Assignee.

2. **Consideration[11] for Assignment**. In consideration for the assignment of the Debt to the Assignee, the Assignee hereby agrees to pay[12] to the Assignor the sum of US$ 11,430,238 (Eleven Million Four Hundred and Thirty Thousand One Hundred and Thirty Eight United States Dollars) (receipt of which is hereby acknowledged by the Assignor).[13]

3. **Representations[14] and Warranties[15] of Assignor**. Assignor hereby represents, warrants and covenants to Assignee that immediately prior to the assignment, the

TRADUCTION

CESSION DE CRÉANCE

Date : 22 mars 2001

ENTRE :

(1) AB HOLDINGS LIMITED, société de Jersey ayant son siège [...], Jersey (le « Cédant »),

(2) FX HOLDINGS LIMITED, société de Jersey ayant son siège [...], Jersey (le « Cessionnaire »),

(3) FRANCE S.A., société de capitaux de droit français ayant son siège [...], Paris, France (l'« Emprunteur »).

(A) Le Cédant a consenti certaines avances à l'Emprunteur à hauteur de 11 430 238 US$ (onze millions quatre cent trente mille cent trente-huit dollars américains), lesquelles sont comptabilisées dans les comptes de l'Emprunteur comme un emprunt en francs français, converti au taux convenu entre le Cédant et l'Emprunteur, que l'Emprunteur est tenu de rembourser intégralement au Cédant augmenté des intérêts et des frais afférents auxdites avances (la créance ainsi constituée étant ci-après dénommée la « Créance ») ;

(B) Le Cédant souhaite céder tous ses droits sur la Créance au Cessionnaire ;

(C) Le Cessionnaire souhaite acquérir la Créance.

CECI ÉTANT EXPOSÉ, et en considération de ce qui précède et des conventions, promesses et engagements mutuels contenus dans les présentes, chacune des parties aux présentes convient de ce qui suit :

1. **Transfert de la Créance**. Par la présente, le Cédant vend, cède et transfère au Cessionnaire, qui achète et accepte, tous les droits du Cédant afférents à la Créance, libres de tout nantissement et de tout privilège. De ce fait, à compter de la date de la présente Cession, le Cédant n'aura plus aucun droit sur la Créance et l'Emprunteur ne sera plus redevable d'aucune obligation envers le Cédant en ce qui concerne la Créance, tous les droits afférents à la Créance ayant été transférés au Cessionnaire et toutes les obligations y afférentes étant dues au Cessionnaire. L'Emprunteur reconnaît par les présentes la cession de la Créance par le Cédant au Cessionnaire.
2. **Contrepartie de Cession**. En contrepartie de la cession de la Créance au Cessionnaire, celui-ci accepte de verser au Cédant la somme de 11 430 238 US$ (onze millions quatre cent trente mille cent trente-huit dollars américains), somme dont le Cédant accuse par les présentes réception.
3. **Déclarations et garanties du Cédant**. Le Cédant déclare et certifie par les présentes qu'au moment de la cession, la Créance qu'il détient est libre de tous nantissements et de tous privilèges.

Assignor owns the Debt free and clear of any claims, pledges, liens or other encumbrances.

4. **Procedure for Transfer**. A transfer of the Debt will be effected upon the execution by the parties of this Assignment.

5. **Amendments**[16] **and Waivers**. This Assignment may be amended and the observance of any provision hereof may be waived (either generally or in a particular instance and either retroactively or prospectively) only with the written consent of Assignor, Assignee and the Borrower.

6. **Notices**. All notices, requests, demands, and other communications hereunder shall be in writing[17] and shall be deemed to have been duly given to any party when delivered by hand, when delivered by telecopier or telex and confirmed, or five Business Days after being mailed, first-class postage prepaid, to Assignor, Assignee or Borrower, at the address or telecopy number set forth below its signature below.

7. **Governing Law**. This agreement shall be governed by and construed and enforced[18] in accordance with[19] the Law of Jersey without regard to principles of conflict of laws.

8. **Descriptive Headings**. The descriptive headings in this Assignment[20] are for convenience of reference only and shall not be deemed to alter or affect the meaning or interpretation of any provision of this Assignment.

9. **Entire Agreement**.[21] This Assignment and its exhibit[22] contain the entire agreement of the parties with respect to the assignment of the Debt, and there are no representations, covenants[23] or other agreements except as stated or

10. **Counterparts**. This Agreement may be executed in one or more counterparts, each of which shall be deemed an original and all of which taken together shall constitute one and the same instrument.

IN WITNESS WHEREOF,[24] Assignor, Assignee and the Borrower have duly executed this Assignment by their authorised representatives, effective as of the date first above written.

[*Signed*]

Notes

1. Assignment of Debt : *debt* est un mot ambivalent dont la traduction dépend généralement du contexte cognitif (informations contenues dans le texte à traduire) : le terme peut désigner une « dette » (du point de vue du débiteur), ou une « créance » (du point de vue du créancier).

2. a French limited liability company : la société anonyme est certes une société à responsabilité limitée (ses actionnaires ne sont tenus des dettes sociales qu'à hauteur de leurs apports), mais une traduction trop littérale – « société française à responsabilité limitée » – risquerait ici de prêter à confusion : on pourra donc recourir à l'hyperonymisation, procédé consistant à traduire un terme spécifique par un terme générique (« société de capitaux »).

3. has made certain advances : ce passage est traduit par hyponymisation : le terme français – « a consenti » – est plus précis que le terme anglais, *has made*.

4. One Hundred and Thirty Eight : il est important ici de remarquer que la somme en toutes lettres ne correspond pas à la somme en chiffres précédemment citée (*US$ 11,430,238*). Cette ambiguïté doit être conservée dans la traduction et signalée au client.

4. **Procédure de transfert**. Le transfert de la Créance intervient avec la signature, par les parties, de la présente Cession.

5. **Modifications et renonciations**. La présente Cession ne peut être modifiée et il ne peut être renoncé à toute stipulation des présentes (que ce soit globalement ou dans un cas particulier, et rétroactivement ou à titre préalable) qu'avec l'accord écrit du Cédant, du Cessionnaire et de l'Emprunteur.

6. **Notifications**. Toutes notifications, demandes et autres communications au titre des présentes seront faites par écrit et seront réputées avoir été dûment faites à toute partie au moment de leur remise en mains propres, ou de leur envoi par télécopieur ou par télex (sous réserve de confirmation), ou cinq jours ouvrables après leur envoi par courrier prioritaire, port payé, au Cédant, au Cessionnaire ou à l'Emprunteur, à l'adresse ou au numéro de télécopie indiqué sous sa signature ci-dessous.

7. **Droit applicable**. Le présent accord est régi par le droit de Jersey et sera interprété et exécuté conformément à celui-ci, sans qu'il soit tenu compte des principes de conflit de lois.

8. **Titres**. Les titres figurant dans la présente Cession ne sont donnés qu'afin de faciliter toute référence ultérieure, et ils ne pourront être considérés comme modifiant ou affectant la signification ou l'interprétation de toute stipulation de la présente Cession.

9. **Intégralité de l'accord**. La présente Cession et sa pièce jointe contiennent l'intégralité de l'accord entre les parties en ce qui concerne la cession de la Créance, et il n'existe aucune déclaration ni aucune convention autre que celles stipulées ou visées dans les présentes.

10. **Nombre d'exemplaires**. Le présent Accord peut être signé en un ou plusieurs exemplaires, chacun desquels est considéré comme un original et l'ensemble desquels constitue un seul et même acte.

EN FOI DE QUOI, le Cédant, le Cessionnaire et l'Emprunteur ont dûment signé la présente Cession par l'intermédiaire de leurs mandataires dûment habilités, avec prise d'effet à la date indiquée ci-dessus.

(*Signatures*)

---

5. as a loan : autre mot ambivalent, *loan*, qui peut avoir le sens de « prêt » ou d'« emprunt », ne peut se traduire qu'en fonction du contexte cognitif. On se place ici du point de vue de l'emprunteur (*recorded in the books of the Borrower*), « emprunt » est donc le terme à retenir.

6. the receivable being created, as a result of such advances : le français fait ici preuve de concision : « la créance ainsi constituée ». La charnière de rappel « ainsi » permet de sous-entendre la suite de la phrase (*as a result of such advances*).

Receivables (« compte/créances clients ») est un adjectif substantivé qui appartient au domaine de la comptabilité, au même titre que son antonyme *payables* (« dettes fournisseurs »).

7. in consideration of the premises : *premises* a le plus souvent le sens de « locaux » mais peut aussi avoir d'autres significations dans le contexte juridique : « The word *premises* is sometimes used in the sense of matters (usu. preliminary facts or statements) previously referred to in the same instrument. » (Bryan A. Garner, *A Dictionary of Modern Legal Usage*).

Attention à ne pas confondre, en français, les homophones « prémisse » (fait d'où découle une conséquence ; commencement d'un exposé, d'une démonstration) et « prémices » (nom féminin pluriel ayant le sens de commencement, début).

8. to Assignee, and Assignee hereby purchases and accepts from Assignor : on notera ici la non-répétition en français : « au Cessionnaire, qui achète et accepte, … ».

9. all of Assignor's right, title and interest in and to the Debt : malgré les nuances qui existent entre ces trois termes, *right*, *title* et *interest* peuvent être traduits ici par « droits », terme suffisamment général pour ne pas nuire au propos du texte.
En contexte juridique, *title* a généralement le sens de « droit/titre de propriété », tandis qu'*interest* désigne le plus souvent un droit réel (la propriété étant le droit réel le plus complet).

10. free and clear of any claims, pledges, liens or other encumbrances : la partie à laquelle la créance est cédée veut s'assurer que celle-ci ne fait l'objet d'aucun nantissement, d'où la série *claims, pledges, liens or other encumbrances*. Ces termes sont plus ou moins synonymes, ce qui explique la simplification dans la traduction : « libres de tout nantissement et de tout privilège ».

11. Consideration : la *consideration* est l'un des éléments nécessaires à la validité des contrats en droit anglais. Souvent traduit par « contrepartie », ce terme apparaît aussi parfois en l'état dans les textes français, notamment dans les ouvrages présentant le système juridique anglais. Les locutions où apparaît *consideration* ont généralement une traduction consacrée : *for (valuable) consideration* : « à titre onéreux », *without consideration* : « à titre gracieux », etc.

12. In consideration for the assignment of the Debt to the Assignee, the Assignee hereby agrees to pay : la technique de la pronominalisation, type de transposition qui consiste à traduire un nom par un pronom (ici, un pronom démonstratif), est fréquemment utilisée en traduction juridique, dans la mesure où elle permet d'éviter les nombreuses répétitions dont l'anglais semble friand : « En contrepartie de la cession de la Créance au Cessionnaire, *celui-ci* accepte de verser… ».

13. receipt of which is hereby acknowledged by the Assignor : le rétablissement de la voix active apparaît ici obligatoire : « somme dont le Cédant accuse par les présentes réception ».

14. Representations : ce faux ami est très fréquent dans les textes juridiques anglais et américains, où il a généralement le sens d'« affirmation » ou de « déclaration ». Le dérivé *misrepresentation* se traduira pour sa part par « fausse déclaration » ou « déclaration inexacte ».

15. Warranties : le terme *warranty* est parfois utilisé pour désigner une clause qui ne revêt qu'un caractère accessoire, par opposition aux clauses plus importantes, dites *conditions*. *Warranty* est par ailleurs souvent utilisé comme synonyme de *guarantee* (« garantie »), malgré les nuances qui existent entre les deux termes.

16. Amendments : attention à ce faux ami, qui, dans le contexte des contrats, a généralement le sens de « modifications » (le terme « amendement » est surtout utilisé en politique, pour désigner une modification apportée à un projet de loi).

17. shall be in writing : cette tournure elliptique doit être étoffée en français : « seront *faites* par écrit ». Les deux verbes cooccurrents de « notification » sont « faire » et « donner ».

18. enforced : le verbe *to enforce* est intéressant à plus d'un titre : 1) il n'a pas d'équivalent exact en français (cas de lacune lexicale), comme en témoignent les très nombreuses traductions qu'en proposent les dictionnaires : « exécuter » (jugement), « appliquer », « mettre à exécution », « mettre en œuvre », « veiller à l'application/au respect de », « faire appliquer/observer/exécuter/respecter », « mettre en vigueur, « rendre exécutoire », etc.
2) *to enforce* est un mot ambivalent, qui se traduit différemment selon le point de vue adopté : « faire valoir/respecter (un droit) » ou « exercer (un droit) », du point de vue du plaideur ; « reconnaître exécutoire », « donner effet (à un droit) », du point de vue du tribunal.
3) les dérivés de *to enforce* sont tout aussi difficiles à traduire : les dictionnaires proposent quelques solutions pour les adjectifs *enforceable* et *unenforceable*, mais semblent parfois désemparés devant *enforceability* (traduit tour à tour par « force exécutoire » ou « caractère exécutoire ») et surtout *unenforceability* (voir à ce propos 8(30)).

19. governed by and construed […] in accordance with : cette rupture de construction induit la répétition du complément en français, sous la forme du pronom déictique « celui-ci ».

20. headings in this Assignment : à noter ici l'étoffement de la préposition *in* : « les titres *figurant* dans la présente Cession ».

21. Entire Agreement : très fréquent dans les textes juridiques, ce composé se traduit par transposition nominale : « Intégralité de l'accord/du contrat ». La clause d'*entire agreement* indique que les parties ne sont liées par aucun document autre que le contrat en question.

22. exhibit : au sens large, ce terme désigne toute pièce versée à un dossier. Dans les affaires pénales, *exhibit* désigne en général une « pièce à conviction », « *objet placé sous main de justice à l'effet de servir d'élément de preuve (aidant à la conviction du juge) dans un procès pénal* » (G. Cornu, *Vocabulaire juridique*).

23. covenants : *covenant*, comme *remedy* (voir note 12(11)), est à la fois un nom et un verbe et illustre à ce titre le procédé de la conversion, qui permet à un mot de changer de catégorie grammaticale sans changer de forme. La double appartenance verbo-nominale, à l'évidence, est un phénomène particulièrement répandu en anglais. Le substantif *covenant* a le sens de « convention » ou d'« engagement », tandis que le verbe *to covenant to* correspond à « s'engager à » ou « convenir (par contrat) ». *Covenant* peut aussi avoir le sens de « clause contractuelle » (*covenant not to compete* : « clause de non-concurrence »).

24. In witness whereof : ce phraséologisme figé, généralement suivi d'une virgule, est très fréquent à la fin des contrats et des autres actes juridiques, et doit se traduire par « en foi de quoi » ou, à la rigueur, « en témoignage de quoi » (et non par « devant témoins », comme le proposent certains dictionnaires). On trouve également parfois *in witness thereof*.

Texte 12

Le texte qui suit est extrait d'un contrat d'importation et de distribution conclu entre un producteur français de champagne (« VINS S.A. ») et un importateur américain (« IMPORT USA »).

Ce contrat contient plusieurs clauses types que l'on retrouve dans la plupart des documents contractuels : *Term*, *Termination*, *Insurance and indemnification*, *Jurisdiction*, etc. Il contient en outre plusieurs termes juridiques essentiels, comme *venue* ou *forum*.

Le texte permet par ailleurs d'évoquer les problèmes posés par les lacunes lexicales dans la langue d'arrivée ainsi que les difficultés liées aux allers-retours souvent indispensables entre formes verbales et formes substantivales (et vice-versa).

Il convient de préciser que les noms cités dans le texte original sont fictifs. La traduction qui suit l'original est celle de l'auteur.

2. Grant and Reservation of Rights.[1]

2.1. Appointment. On the terms and conditions contained herein, VINS S.A. hereby appoints IMPORT USA as its sole and exclusive importer for the Products in the Territory as of the date of completion of the Transaction (the "Effective Date"), and IMPORT USA hereby accepts such appointment […].

2.2. Reservation of Rights.

(a) VINS S.A. reserves all rights to[2] the Brand and the Trademarks,[3] except those that are expressly granted to IMPORT USA hereunder, and VINS S.A. may exercise such rights at any time without notice to IMPORT USA.

(b) Nothing contained herein shall be deemed to prevent VINS S.A., its Affiliates or any third party from producing the Products bearing the Brand or other Trademarks in the Territory, provided that, if such Products are distributed in the Territory, they shall be distributed exclusively through IMPORT USA.

(c) IMPORT USA acknowledges that VINS S.A. has granted and/or may grant to Affiliates and/or third parties the right to manufacture, produce, distribute and sell products under trademarks other than the Brand or the other Trademarks, and IMPORT USA is not being granted any rights[4] with respect to such other products or brands except as provided in Section 2.3.

[…]

10. **Term.**

The initial term of this Agreement (the "Initial Term") shall commence on the Effective Date and shall expire on December 31, 2006, subject to earlier termination as provided for in Section 12 hereof. Thereafter, provided that IMPORT USA has complied in all material respects with its obligations hereunder during the expiring term, the term of this Agreement shall be automatically[5] renewed for additional successive periods of three years, unless either party notifies the other at least six months prior to the expiration of the initial term or the then current 3-year renewal term of its intention not to renew, in which case this Agreement shall terminate upon the expiration of such term. Notwithstanding the foregoing, provided that IMPORT USA has not failed to achieve[6] the Minimum Purchase Objectives in any two consecutive years during the Initial Term and has otherwise complied in all material respects with its obligations hereunder during the Initial Term, IMPORT USA may renew this Agreement for one additional three-year period upon notice not less than six months prior to December 31, 2006, even if VINS S.A. gives notice of its intention not to renew the Agreement for such renewal term. Notwithstanding the foregoing, no such renewal shall occur if, at any time during such final six-months of the Initial Term or any successive term, IMPORT USA breaches in any material respect any of its obligations hereunder, which breach remains uncured[7] as of the expiration date of such term; provided, however, that, if the cure period for any such breach under Section 12.1(b) has not yet ended as of such expiration date and IMPORT USA is diligently pursuing such cure, this Agreement shall be renewed subject to the completion of such cure within the applica-

TRADUCTION

2. Concession et réserve de droits.

2.1. Nomination. Dans les conditions contenues dans les présentes, VINS S.A. nomme IMPORT USA importateur exclusif des Produits dans le Territoire à compter de la date de réalisation de la Transaction (la « Date de Prise d'Effet »), et IMPORT USA accepte cette nomination [...].

2.2. Réserve de droits.

(a) Tous les droits afférents à la Marque et aux Marques, exception faite de ceux qui sont expressément concédés à IMPORT USA au titre des présentes, sont réservés par VINS S.A., qui pourra les exercer à tout moment sans en informer IMPORT USA.

(b) Rien, dans les présentes, ne peut être considéré comme empêchant VINS S.A., ses Sociétés Liées ou tout tiers de produire les Produits portant la Marque ou d'autres Marques sur le Territoire, à condition que si ces Produits sont distribués dans le Territoire, ils le soient exclusivement par l'intermédiaire de IMPORT USA.

(c) IMPORT USA reconnaît que VINS S.A. a concédé et/ou peut concéder à des Sociétés Liées et/ou à des tiers le droit de fabriquer, de produire, de distribuer et de vendre des produits sous des marques autres que la Marque ou les autres Marques, et il n'est concédé à IMPORT USA aucun droit sur ces autres produits ou marques à l'exception de ce que prévoit l'article 2.3.

[...]

10. **Durée.**

Le présent Contrat prendra effet à la Date de Prise d'Effet et arrivera à expiration le 31 décembre 2006 (« Durée Initiale »), sauf résiliation conformément à l'article 12 des présentes. Au-delà de cette date, pour autant que IMPORT USA se soit acquitté, pour l'essentiel, de ses obligations au titre des présentes pendant la période arrivant à expiration, le présent Contrat sera renouvelé par tacite reconduction pour des périodes supplémentaires et consécutives de trois ans, à moins que l'une des parties n'informe l'autre partie au moins six mois avant l'expiration de la Durée Initiale ou de la période de reconduction de trois ans alors en cours de son intention de ne pas reconduire le présent Contrat, auquel cas ce dernier prendra fin à l'expiration de cette période. Nonobstant ce qui précède, pour autant que IMPORT USA ait atteint les Objectifs d'Achat Minimums pendant deux années consécutives de la Durée Initiale et se soit autrement acquitté, pour l'essentiel, de ses obligations au titre des présentes pendant la Durée Initiale, IMPORT USA pourra reconduire le présent Contrat pour une période supplémentaire de trois ans, sous réserve d'en informer VINS S.A. au moins six mois avant le 31 décembre 2006, même si VINS S.A. donne notification de son intention de ne pas reconduire le Contrat pour cette période de reconduction. Nonobstant ce qui précède, aucune reconduction ne sera possible si, à tout moment pendant ces six derniers mois de la Durée Initiale ou de toute période successive, IMPORT USA commet un manquement substantiel à l'une quelconque de ses obligations au titre des présentes et s'il n'a pas été remédié à ce manquement à la date d'expiration de cette période ; étant entendu, toutefois, que si le délai accordé pour remédier au manquement, en vertu de

ble cure period and shall immediately terminate if such cure is not completed within such applicable period.

[...]

12. **Termination.**

12.1. Termination By Either Party. This Agreement may be terminated by either party, without prejudice to any other right it may have hereunder, immediately upon notice to the other, upon the occurrence[8] of any one of the following events:

(a) The insolvency; the voluntary appointment of a receiver or voluntary application therefor; the filing (whether voluntary or involuntary) of a petition under bankruptcy or corporate reorganization laws, which petition, if involuntary, is not dismissed within sixty days[9]; the making of an assignment for the benefit of creditors; the cessation of doing business; or the filing of a certificate of dissolution affecting the other party.

(b) The failure by the other party to perform in any material respect any of its obligations under this Agreement, which failure is not remedied within 90 days of notice thereof specifying the failure in sufficient detail to permit remedy; provided that,[10] if such remedy[11] cannot reasonably be accomplished within such 90-day period but is otherwise curable and the defaulting party commences such remedy promptly upon receipt of such notice and diligently pursues the same, such failure may be remedied within 120 days of such notice; provided, however, that the time to remedy any such failure shall be ten days for failure to pay moneys when due, including without limitation if the failure constitutes a breach covered by Section 12.2(f).

12.2. Termination by VINS S.A. IMPORT USA acknowledges that each of the following events constitutes an act or event that is within the control of or originates from action taken by[12] IMPORT USA, or its management or owners, and over which VINS S.A. has no control, but which, when it occurs or takes place, is so contrary to the spirit, nature, purpose objectives of this Agreement, or of specific provisions hereof, as to entitle VINS S.A.[13] at its option to terminate this Agreement upon 90 days prior notice:

(a) The failure of IMPORT USA to achieve the Minimum Purchase Objectives,[14] as defined in Section 4.2 herein, in any two consecutive twelve month periods contemplated hereby.

(b) The suspension of business, liquidation, dissolution or termination of the existence of IMPORT USA; or the condemnation, seizing, attachment or appropriation of all or any substantial portion of the assets[15] of IMPORT USA.

(c) Any actual or attempted sale,[16] transfer or assignment by IMPORT USA of this Agreement or any of the rights or obligations of IMPORT USA hereunder, including any actual or attempted assignment pursuant to Section 22.3(a).

(d) Any actual or attempted sale, transfer or assignment by IMPORT USA of all or substantially all of its assets.

(e) The non-issuance, expiration, revocation, or suspension for a period of thirty

l'article 12.1(b), n'est pas encore arrivé à son terme à cette date d'expiration et que IMPORT USA fait tout son possible pour remédier au manquement, le présent Contrat sera reconduit sous réserve de la réparation du manquement dans les délais impartis et prendra fin immédiatement s'il n'est pas remédié au manquement dans lesdits délais.

[...]

12. **Résiliation.**

12.1. Résiliation par l'une ou l'autre des parties. Le présent Contrat peut être résilié par l'une ou l'autre partie, sans préjudice de tout autre droit susceptible de lui être ouvert au titre des présentes, par préavis avec effet immédiat, dès lors que survient l'un des événements suivants :

(a) insolvabilité ; désignation volontaire d'un administrateur judiciaire ou dépôt volontaire d'une demande dans ce sens ; dépôt, volontaire ou non, d'une requête auprès d'un tribunal en vue d'une mise en redressement ou en liquidation judiciaire, laquelle requête, si elle est involontaire, n'est pas rejetée dans un délai de soixante jours ; exécution d'une cession au profit de créanciers ; cessation d'activité, ou dépôt d'un certificat de dissolution concernant l'autre partie.

(b) manquement substantiel de l'autre partie à l'une quelconque de ses obligations au titre des présentes, auquel il n'est pas remédié dans un délai de 90 jours suivant sa notification, suffisamment détaillée pour en permettre la réparation ; étant entendu que si cette réparation ne peut raisonnablement être accomplie dans ce délai de 90 jours mais s'avère autrement possible, et que la partie défaillante commence à remédier au manquement rapidement après réception de la notification et fait preuve de diligence à cet égard, il pourra être remédié au manquement dans un délai de 120 jours suivant la notification ; étant entendu, toutefois, que le délai de réparation du manquement sera de dix jours en cas de défaut de paiement de sommes dues, y compris, sans que cela soit limitatif, lorsque le manquement entre dans le champ d'application de l'article 12.2(f).

12.2. Résiliation par VINS S.A. IMPORT USA reconnaît que chacun des événements suivants constitue un acte ou un événement qui dépend de IMPORT USA, de sa direction ou de ses propriétaires, ou qui découle d'une mesure prise par IMPORT USA, sa direction ou ses propriétaires, et sur lequel VINS S.A. n'a aucune influence, mais qui, lorsqu'il intervient, est tellement contraire à l'esprit, à la nature et aux objectifs du présent Contrat, ou de certaines de ses clauses, qu'il donne le droit à VINS S.A., à son gré, de résilier le présent Contrat sous réserve d'un préavis de 90 jours :

(a) Non-réalisation, par IMPORT USA, des Objectifs d'Achat Minimums, tels que définis à l'article 4.2 des présentes, pendant deux périodes consécutives de douze mois.

(b) Suspension de l'activité de IMPORT USA, liquidation ou dissolution de IMPORT USA, ou confiscation, saisie ou appropriation de l'ensemble ou d'une partie substantielle des actifs de IMPORT USA.

(c) Toute vente effective ou tentative de vente, tout transfert effectif ou tentative de transfert, ou toute cession effective ou tentative de cession, par IMPORT USA, du présent Contrat ou de tout droit ou obligation de IMPORT USA au titre des présentes, y compris toute cession effective ou tentative de cession au sens de l'article 22.3(a).

days or more,[17] irrespective of the cause or reason therefor,[18] of any licenses, permits, approvals or consents necessary for the sale or distribution of the Products in any material portion of the Territory or otherwise necessary for the substantial performance by IMPORT USA of its obligations hereunder.

[…]

16. **Insurance; Indemnification.**[19]

16.1. Insurance. IMPORT USA and VINS S.A. each shall maintain in force during the term of this Agreement and for five years thereafter general liability insurance with product liability[20] coverage in an amount of at least $1 million, naming the other as an additional insured, protecting both IMPORT USA and VINS S.A. against liability for any claims by third parties arising out of any act or omission relating to the Products. Each party shall provide the other annually with certificates of insurance evidencing such insurance coverage and with appropriate substantiation of due payment of all premiums therefor.

16.2. Indemnification.

16.2.1. VINS S.A. shall indemnify and save harmless[21] IMPORT USA and its Affiliates, agents, representatives, directors, officers and other employees from and against all losses, claims, damages or other costs of any nature or kind whatsoever arising directly or indirectly (i) out of the breach in any material respect of any warranty, representation or agreement by VINS S.A. to IMPORT USA in this Agreement; (ii) from IMPORT USA's use in the Territory of the Trademarks, the Brand or any other intellectual property rights relating to the Products; provided that such use is in accordance with the terms and conditions of this Agreement or that such use is not materially different from a prior approved use (unless such approval has been withdrawn) or from a use approved in a Marketing Plan; (iii) the negligence or intentional misconduct of VINS S.A., its officers, employees, agents, representatives or contractors; or (iv) the conduct of the business of VINS S.A.; or (v) out of a product liability claim against IMPORT USA[22] relating to the quality or condition of or any inherent defect in the Products at the time of shipment by VINS S.A. Such indemnity shall include, but not be limited to, reasonable expenses, attorneys' fees, court costs and other expenses of investigation, litigation and settlement of any such claim.

[…]

18. **Jurisdiction.**

Each party to this Agreement hereby irrevocably and unconditionally consents to submit to the exclusive jurisdiction[23] of the courts of the State of New York and of the United States of America located in or having jurisdiction in the State of New York, for any actions, suits or proceedings arising out of or relating to this Agreement and the

(d) Toute vente effective ou tentative de vente, tout transfert effectif ou tentative de transfert, ou toute cession effective ou tentative de cession, par IMPORT USA, de la totalité ou de la quasi-totalité de ses actifs.

(e) Non-émission, expiration, révocation ou suspension, pendant une période d'au moins trente jours, pour quelque raison que ce soit, de tous permis, accords, licences ou autorisations nécessaires à la vente ou à la distribution des Produits dans toute partie substantielle du Territoire ou autrement nécessaires à l'exécution substantielle, par IMPORT USA, de ses obligations au titre des présentes.

[...]

16. **Assurance, Garantie.**

16.1. Assurance. IMPORT USA et VINS S.A. devront chacun souscrire, pendant la durée du présent Contrat et pendant une durée supplémentaire de cinq ans, une assurance responsabilité civile couvrant la responsabilité du fait des produits à hauteur d'au moins 1 million $, désignant l'autre partie comme assuré supplémentaire et couvrant à la fois IMPORT USA et VINS S.A. en cas de recours exercé par un tiers à la suite de tout acte ou omission relatif aux Produits. Chacune des parties devra fournir à l'autre, chaque année, des certificats d'assurance confirmant cette couverture ainsi que les justificatifs de paiement de toute prime y afférente.

16.2. Garantie.

16.2.1. VINS S.A. garantit IMPORT USA et ses Sociétés Liées, agents, mandataires, administrateurs, dirigeants et autres employés contre tous préjudices, recours, dommages-intérêts ou autres coûts de quelque nature que ce soit découlant directement ou indirectement (i) d'un manquement substantiel de VINS S.A. à toute garantie consentie à IMPORT USA dans le cadre du présent Contrat ou à toute déclaration ou promesse faite à IMPORT USA dans ce cadre, (ii) de l'utilisation faite, par IMPORT USA dans le Territoire, des Marques, de la Marque ou de tout autre droit de propriété intellectuelle afférent aux Produits, à condition que cette utilisation soit conforme aux conditions du présent Contrat ou que cette utilisation ne soit pas fondamentalement différente d'une utilisation antérieure approuvée (à moins que cette approbation n'ait été retirée) ou d'une utilisation approuvée dans un Plan Marketing, (iii) d'une négligence ou d'une faute délibérée de VINS S.A. ou de ses dirigeants, employés, agents, mandataires ou fournisseurs, (iv) de la conduite des affaires de VINS S.A., ou (v) d'une action en responsabilité du fait des produits intentée contre IMPORT USA portant sur la qualité ou l'état des Produits ou sur tout défaut inhérent aux Produits au moment de leur expédition par VINS S.A.. Cette garantie comprend, sans que cela soit limitatif et dans des limites raisonnables, les dépenses, honoraires d'avocat, frais de justice et autres dépenses engagées pour assurer la défense contre l'action et en obtenir le règlement.

[...]

18. **Attribution de compétence.**

Les parties au présent Contrat font irrévocablement et inconditionnellement attribution de compétence exclusive aux tribunaux de l'État de New York et aux tribunaux des États-Unis d'Amérique situés dans l'État de New York ou dont la compétence s'étend à cet État pour tout litige qui surviendrait au sujet du présent Contrat ou des

transactions contemplated hereby (and each party agrees not to commence[24] any action, suit or proceeding relating thereto except in such courts). Each party hereby irrevocably and unconditionally waives any objection to the laying of venue[25] of any action, suit or proceeding arising out of this Agreement or the transactions contemplated hereby, in the courts of the State of New York or of the United States of America located in or having jurisdiction over the State of New York, and hereby further irrevocably and unconditionally waives and agrees not to plead[26] or claim in any such court that any such action, suit or proceeding brought in any such court has been brought in an inconvenient forum.[27]

[…]

20. **Independent Contractor.**

IMPORT USA shall at all times during the term of this Agreement be and act as an independent contractor. This Agreement shall not be deemed[28] to create an employer-employee relationship between IMPORT USA and VINS S.A. nor a joint venture[29] or partnership. Neither party[30] shall have the right or authority to act for or to bind the other[31] in any way, to sign the name of the other, or to represent[32] that the other is in any way responsible for its acts or omissions.

Notes

1. Reservation of Rights : « Reservation » doit ici se traduire par « réserve » et non par « réservation », qui ne s'applique qu'aux places de théatre et de cinéma, billets de train, chambres d'hôtel, etc. Attention par ailleurs au respect des collocations : lorsqu'il se rapporte à *rights*, le terme *grant* se traduit par « concession ».

2. reserves all rights to : l'expression *to reserve the right to do sth* se traduit habituellement par « se réserver le droit de faire qqc ». Ici, le fait que l'expression soit construite avec des noms (*to the Brand and the Trademarks*) explique l'utilisation, dans la traduction, de la voix passive (« tous les droits sont réservés »).

3. to the Brand and the Trademarks : la majuscule que prennent ces deux termes indique qu'ils sont sans doute définis en début de contrat. Il est important de conserver la majuscule dans la traduction pour distinguer *the Brand and the Trademarks* des autres *brands and trademarks* susceptibles d'être évoqués dans le texte. On notera par ailleurs que le français ne dispose que d'un mot, « marque », pour traduire *brand* et *trademark*, ce qui constitue un exemple de lacune lexicale.
Le terme *trademark*, dont la traduction exacte est « marque de fabrique », est souvent sous-traduit dans les contrats (« marque »).

4. is not being granted any rights : on notera ici le recours à une tournure passive impersonnelle : « il n'est concédé aucun droit… ». L'expression *to be granted sth* peut parfois se traduire par « se voir accorder qqch ».

5. automatically : souvent traduit par « automatiquement », cet adverbe appelle aussi parfois des traductions plus précises, dictées par le contexte : *automatically void* : « nul de plein droit », etc. On dira ainsi d'un contrat qui est *automatically renewed* qu'il est « renouvelable par tacite reconduction ».

6. has not failed to achieve : ce passage est traduit par inversion du statut assertif (« pour autant que IMPORT USA ait atteint »), type assez fréquent de modulation qui consiste à rendre une tournure positive par une tournure négative, ou, comme c'est le cas ici, une tournure négative par une tournure positive.

7. remains uncured : le verbe *to cure*, dans le contexte contractuel, a le plus souvent le sens de « remédier à (un manquement) ». Parmi ses synonymes, citons *to correct* ou *to remedy*.

8. upon the occurrence : ce passage est traduit par transposition nom → verbe : « dès lors que *survient* ». Le traducteur a parfois le choix entre la forme verbale et la forme nominale (« dès lors que survient », « dès la survenance »), mais ce n'est pas toujours le cas.

9. the filing […] of a petition […], which petition, if involuntary, is not dismissed… : on dit d'une société qu'elle « dépose son bilan » lorsqu'elle saisit le tribunal compétent en vue de l'ouverture d'une procédure de redressement judiciaire. Cette démarche suppose que la société se trouve en état de cessation des paiements, autrement dit, qu'elle ne soit plus en mesure de faire face à son passif exigible avec son actif disponible.

10. provided that : dans les textes juridiques, *provided that* gagne souvent à être traduit par « étant entendu que » ou « pour autant que » (+ subjonctif).

11. if such remedy : le verbe *to remedy* peut se traduire par « remédier à (un manquement) », mais le substan-

transactions qui y sont envisagées (et les parties acceptent de porter tout litige relatif au présent Contrat devant ces tribunaux). Les parties renoncent irrévocablement et inconditionnellement à s'opposer à ce que tout litige découlant du présent Contrat ou des transactions qui y sont envisagées soit soumis aux tribunaux de l'État de New York ou aux tribunaux des États-Unis d'Amérique situés dans l'État de New York ou dont la compétence s'étend à cet État, et s'interdisent irrévocablement et inconditionnellement de soutenir ou d'affirmer devant l'un quelconque de ces tribunaux que le litige a été porté devant une juridiction incompétente.

[...]

20. **Entreprise indépendante.**

IMPORT USA agira à tout moment, pendant la durée du présent Contrat, en qualité d'entreprise indépendante. Le présent Contrat ne pourra être réputé créer une relation employeur-employé entre IMPORT USA et VINS S.A., ni une joint-venture ou un partenariat. Aucune des parties n'a le droit ni le pouvoir d'agir pour l'autre ou d'engager l'autre de quelque manière que ce soit, de signer le nom de l'autre, ou de déclarer que l'autre est d'une quelconque manière responsable de ses actes ou omissions.

---

tif correspondant, *remedy*, n'a pas d'équivalent direct en français, ce qui pose un problème de traduction. Une possibilité consiste à utiliser le terme « réparation », qui, tout en respectant le sens de *remedy*, constitue un cooccurrent acceptable de « manquement ».

Le substantif *remedy* se traduit habituellement par « recours », « voie de recours » ou « voie de droit ».

12. that is within the control of or originates from action taken by : cette rupture de construction avec double préposition (*of* et *by*) impose la répétition du complément dans la traduction.

13. as to entitle VINS S.A. : la structure *to entitle so. to* peut aussi se traduire par « ouvrir droit, pour qqn, à ».

14. failure [...] to achieve the [...] Objectives : la traduction de la structure *failure to* + verbe suppose généralement une transposition nominale : « Non-réalisation des Objectifs ». Ce passage pose d'ailleurs un problème de substantivation : une fois que des objectifs déterminés ont été « atteints », on doit en effet parler non pas de leur « atteinte » mais de leur « réalisation ». L'écart sémantique qui existe entre le verbe « atteindre » et le substantif correspondant, « atteinte », qui est généralement utilisé dans le sens de dommage matériel ou moral, n'a rien d'exceptionnel : les glissements de sens sont en effet très fréquents entre les formes verbales et les formes nominales correspondantes.

15. the condemnation, seizing, attachment or appropriation of all [...] the assets : dans cette série, *condemnation*, comme *seizing* et *attachment*, a le sens de « confiscation » ou de « saisie », d'où la traduction par seulement deux mots en français. *Appropriation*, qui introduit une légère nuance, doit en revanche être traduit.

16. attempted sale : on notera ici la transposition participe passé → nom : « *tentative* de vente ». Lorsque le participe passé adjectival exprime un procès, une action, il est pratiquement toujours traduit par transposition (on en trouve de nombreux exemples en traduction économique).

17. for a period of thirty days or more : cette expression pourrait se traduire littéralement (« pendant une période de trente jours ou plus »), mais il apparaît plus naturel de la traduire par modulation, avec changement de point de vue : « pendant une période d'au moins trente jours ».

18. or reason therefor : attention à ne pas confondre *therefor* (« pour ceci », « pour cela ») et *therefore* (« aussi », « par conséquent »). Le premier de ces homophones, parfois considéré comme archaïque, n'est pratiquement jamais traduit littéralement (voir aussi fin du paragraphe 16.1).

19. Indemnification : le terme « garantie » est généralement à préférer à « dédommagement » et « indemnisation », qui ont l'inconvénient d'être trop précis.

20. product liability : ce composé, où *product* apparaît comme nom adjectivé, doit impérativement être étoffé en français : « responsabilité du fait du produit/des produits ». Cet exemple est représentatif de la variété et de la complexité des relations sémantiques que permettent d'exprimer les noms composés en anglais, langue où l'implicite et l'ellipse occupent une place prépondérante.

21. indemnify and save harmless : ces deux verbes synonymiques ont le sens de garantir quelqu'un contre quelque chose, de dégager quelqu'un de toute responsabilité dans l'éventualité où certains événements se produiraient. L'expression peut donc se traduire simplement par « garantir contre ». Ce doublet, très fréquent dans

les contrats américains, a de nombreuses variantes : *to indemnify and hold harmless from, to hold free and harmless from, to indemnify, defend and hold harmless from*, etc.

22. out of a product liability claim against IMPORT USA : on remarquera ici l'étoffement de la préposition *against* : « action *intentée contre* IMPORT USA ». On notera également l'utilisation de la préposition « en » dans la traduction du composé *product liability claim* : « action *en* responsabilité du fait des produits » (cf. « action *en* dommages-intérêts », « action *en* responsabilité délictuelle », etc.).

23. consents to submit to the exclusive jurisdiction of : on notera ici l'utilisation, dans la traduction, de l'expression « faire attribution de compétence à », très fréquente dans les contrats français. Le contenu des clauses d'attribution de compétence, aussi appelées « clauses attributives de juridiction », est assez proche de celui des clauses d'« élection de domicile ».

24. agrees not to commence : à noter ici la modulation syntaxique avec inversion du statut assertif : « acceptent de porter tout litige… ». Très largement utilisée dans la traduction des textes juridiques, cette technique permet d'éviter la lourdeur d'une traduction plus proche du texte.

25. the laying of venue : en droit, le terme *venue* désigne le lieu où le procès est intenté. Parmi ses autres traductions possibles, on peut citer « for » ou « ressort » (du tribunal). *To change the venue of a trial :* « changer le lieu du procès », autrement dit, renvoyer l'affaire devant une autre juridiction.

26. waives and agrees not to plead : ce passage constitue un solécisme dans la mesure où *waives* ne correspond à rien dans la suite de la phrase : « *waives not to plead* » est incorrect, de même que « *waives that any such action…* »

27. inconvenient forum : le latinisme *forum* est très largement utilisé en anglais juridique. Le premier sens du terme est « instance », « plate-forme », « tribune », ou encore, « enceinte ». Dans les contrats, comme c'est le cas ici, *forum* a généralement le sens de « tribunal », de « juridiction ». On retrouve le terme dans un certain nombre d'expressions latines, comme *forum conveniens* (« tribunal compétent »), *forum prorogatum* (« prorogation de juridiction »), etc. L'expression *inconvenient forum* rappelle d'ailleurs le latinisme *forum non conveniens.*

28. shall not be deemed : le verbe transitif *to deem* est le plus souvent traduit par « estimer » ou « considérer ». Dans les textes juridiques, la construction *to be deemed* (*to be*) + adjectif ou verbe à l'infinitif est généralement rendue par « être réputé » + adjectif ou verbe à l'infinitif. En contexte juridique, « réputé » a le sens de « tenu pour » ou « considéré comme » et peut également être suivi d'un participe passé : « L'agrément est réputé acquis ».

29. joint venture : largement consacré par l'usage, l'emprunt « joint venture » (ou « joint-venture », les deux orthographes sont admises ; *plur.* « joint-ventures ») est plus fréquent que ses traductions officielles « coentreprise » et « entreprise commune ». L'usage veut que le terme soit souvent utilisé au féminin alors que « joint venture », dans la plupart des dictionnaires, est répertorié comme nom masculin.

30. Neither party : « aucun » permet d'étendre l'application d'une règle à toutes les parties concernées. Ce terme fait partie des marques de généralité, au même titre que « nul », autre marque négative, « tout » et « chaque », marques affirmatives, et « quiconque », marque indeterminée. Il est à noter que « nul » est utilisé à la fois comme pronom (« nul n'est censé ignorer la loi ») et comme adjectif (« nulle chose ne manque »).

31. to act for or to bind the other : les ruptures de construction sont beaucoup plus fréquentes en anglais. Il est préférable, en français, de répéter le complément : « d'agir pour l'autre ou d'engager l'autre ».

32. to represent : dans le contexte des contrats, ce verbe est généralement un faux ami, tout comme le substantif correspondant, *representation* (« déclaration », « affirmation »).

Texte 13

Le texte qui suit est composé d'extraits de statuts de société. Les articles retenus figurent parmi les plus fréquents dans ce type de document : délégation des pouvoirs du conseil d'administration, rémunération des administrateurs, délibérations du conseil, vérification des comptes, etc.

Le texte permet de se rendre compte des multiples utilisations possibles de la conjonction *as*, qui peut avoir le sens de « en qualité de » lorsqu'elle est associée à un nom, mais qui figure aussi dans la construction *such* + complément(s) + *as*, très fréquente dans les statuts de société, ainsi que dans des locutions comme *except as*.

Le texte contient en outre plusieurs latinismes, dont *mutatis mutandis* et *ipso facto*, de nombreux termes polysémiques, comme *office* et *directors*, ainsi qu'un exemple de disjonction exclusive (*whichever is later*).

La traduction qui suit le texte original est celle de l'auteur.

Delegation of powers

(a) The Board of Directors[1] may delegate any or all of its powers to committees, each consisting of one or more persons (who are Directors), and it may from time to time[2] revoke such delegation or alter the composition of any such committee. Any Committee so formed shall, in the exercise of the powers so delegated, conform to any regulations imposed on it by the Board of Directors. The meetings and proceedings of any such Committee of the Board of Directors shall, *mutatis mutandis*[3], be governed by the provisions contained herein.

(b) Without derogating from the provisions of Article 50, the Board of Directors may from time to time appoint a Secretary to the Company, as well as officers, agents, employees and independent contractors, as the Board of Directors deems fit, and may terminate the service of any such person. The Board of Directors may determine the powers and duties, as well as the salaries and emoluments, of all such persons.

(c) The Board of Directors may from time to time, by power of attorney or otherwise, appoint any person, company or firm to be the attorney[4] or attorneys of the Company at law or in fact for such purpose(s) and with such powers, authorities and discretion, and for such period and subject to such conditions, as it deems fit.

Number of Directors

The Board of Directors of the Company shall consist of such number of Directors (not less than three nor more than ten) as may be fixed, from time to time, by Ordinary Resolution of the Company. Unless otherwise determined[5] by the General Meeting[6] of the Company, the number of Directors shall be 4 subject to the provisions of Article 39 herein.

Vacation of Office

(a) The office of a Director shall be vacated, *ipso facto*[7], upon his death, or if he be found lunatic or become of unsound mind, or if he becomes bankrupt, or if the Director is a company upon its winding-up.

(b) The office of a Director shall be vacated by his written resignation. Such resignation shall become effective on the date fixed therein, or upon the delivery thereof to the Company, whichever is later.[8]

Remuneration of Directors

A Director shall not be paid remuneration by the Company for his services as Director out of the funds of the Company unless the Board of Directors so decides and at the rate determined by the Board of Directors.

If a member of the Board of Directors, willing to do so, is called upon to fulfil extra services[9] for any of the company's objects, by travelling abroad or staying there or otherwise, the Company shall pay him a salary at a fixed rate or a percentage of its profits or otherwise as the Board of Directors may decide upon.

TRADUCTION

Délégation de pouvoirs

(a) Le conseil d'administration peut déléguer tout ou partie de ses pouvoirs à des comités, composés dans chaque cas d'une ou plusieurs personnes (qui sont des administrateurs), et il peut s'il y a lieu révoquer cette délégation ou modifier la composition de ces comités. Tout comité ainsi formé se conforme, dans l'exercice des pouvoirs ainsi délégués, à toutes les réglementations qui lui sont imposées par le conseil d'administration. Les réunions et délibérations de tout comité du conseil d'administration sont régies, sous réserve des changements nécessaires, par les stipulations contenues dans les présentes.

(b) Sans déroger aux stipulations de l'article 50, le conseil d'administration peut, selon ce qu'il estime approprié, désigner un secrétaire de la société, ainsi que des dirigeants, des agents, des employés et des entreprises indépendantes, et il peut relever ces personnes de leurs fonctions. Le conseil d'administration peut définir les pouvoirs et les responsabilités ainsi que les salaires et les émoluments de toutes ces personnes.

(c) Le conseil d'administration peut à tout moment, par procuration ou autrement, désigner toute personne, société ou entreprise pour agir en qualité de mandataire de droit ou de fait de la société, et lui conférer à cette fin les pouvoirs et attributions qu'il juge nécessaires, pour la durée et sous réserve des conditions qu'il juge appropriées.

Nombre d'administrateurs

Le conseil d'administration de la société est composé du nombre d'administrateurs (trois au moins et dix au plus) fixé par résolution ordinaire de la société. Sauf décision contraire de l'Assemblée générale de la société, le nombre d'administrateurs est de quatre, sous réserve des stipulations de l'article 39 des présentes.

Vacance de poste

(a) Le poste d'un administrateur devient vacant *ipso facto* dès lors qu'il est décédé, ou s'il est déclaré dément ou s'il perd ses facultés mentales, ou s'il fait faillite, ou, dans les cas où l'administrateur est une société, au moment de sa liquidation.

(b) Le poste d'un administrateur devient vacant du fait de sa démission écrite. Cette démission prend effet à la date qui y est indiquée ou, si la remise de la démission à la société intervient après cette date, au moment de cette remise.

Rémunération des administrateurs

Pour ses services d'administrateur, un administrateur ne perçoit aucune rémunération de la part de la société, qui proviendrait des fonds de la société, à moins que le conseil d'administration n'en décide autrement, auquel cas ce dernier en détermine le montant.

Si un membre du conseil d'administration, qui est disposé à le faire, est appelé à effectuer des missions supplémentaires en vue de la réalisation de l'un quelconque des objets de la Société (déplacements ou séjours à l'étranger ou autres), la société lui verse un salaire à taux fixe ou un pourcentage de ses bénéfices, ou toute autre somme décidée par le conseil d'administration.

Proceedings of the Board of Directors

Quorum

Until otherwise unanimously decided by the Board of Directors, a quorum at a meeting of the Board of Directors shall be constituted by the presence in person or by telephone conference of a majority of the Directors then in office who are lawfully entitled to participate in the meeting. No business[10] shall be transacted at a meeting of the Board of Directors unless the requisite quorum is present (in person or by telephone conference) when the meeting proceeds to business.

Chairman of the Board of Directors

The Board of Directors may from time to time elect one of its members to be the Chairman of the Board of Directors and another of its members to be the Co-Chairman, remove such Chairman and Co-Chairman from office,[11] and appoint others in their place. The Chairman of the Board of Directors shall preside at every meeting of the Board of Directors, but if there is no such Chairman, or if at any meeting he is not present within fifteen (15) minutes of the time fixed for the meeting or if he is unwilling to take the chair,[12] the Co-Chairman shall preside. If both the Chairman and the Co-Chairman are not present or are unwilling to take the chair, the Directors present shall choose one of their number to be the chairman of such meeting.

Minutes[13]

(a) Minutes of each meeting of shareholders and of each meeting of the Board of Directors shall be recorded and duly entered in books provided for that purpose, and shall be held by the Company at its registered office or such other place as shall have been determined by the Board of Directors. Such minutes shall, in all events, set forth the names of the persons present at the meeting and all resolutions adopted thereat.[14]

(b) Any minutes as aforesaid, if purporting[15] to be signed by the chairman of the meeting or by the chairman of the next succeeding meeting, shall constitute *prima facie* evidence[16] of the matters recorded therein.[17]

Accounts

Books of Account

The Board of Directors shall cause accurate books of account to be kept. Such books of account shall be kept at the Registered Office of the Company, or at such other place or places as the Board of Directors may think fit, and they shall always be open to inspection by all Directors. No member, not being a Director, shall have any right to inspect any account or book or other similar document of the Company, except as conferred by law[18] or authorized by the Board of Directors or by Ordinary Resolution of the Company.

Audit

At least once in every fiscal year the accounts of the Company shall be audited and the correctness[19] of the profit and loss account and balance sheet certified[20] by one or more duly qualified auditors.

Délibérations du conseil d'administration

Quorum

Sauf décision contraire du conseil d'administration prise à l'unanimité, le quorum est atteint, lors de toute réunion du conseil d'administration, dès lors que sont présents, en personne ou par liaison téléphonique, la majorité des administrateurs en fonction ayant le droit de participer à la réunion. Aucune question ne peut être traitée lors d'une réunion du conseil d'administration si le quorum n'est pas atteint au moment où l'assemblée entame les débats.

Président du conseil d'administration

Le conseil d'administration peut élire parmi ses membres le président du conseil d'administration et son coprésident, relever le président ou coprésident de ses fonctions, et désigner d'autres membres à leur place. Le président du conseil d'administration préside toutes les réunions de ce dernier, mais s'il n'y a pas de président, ou si celui-ci n'est pas présent à une réunion quinze (15) minutes après le début de celle-ci, ou s'il refuse d'assurer la présidence, le coprésident préside. Si le président et le coprésident sont tous deux absents, ou s'ils refusent tous les deux d'assurer la présidence, les administrateurs désignent l'un des leurs pour qu'il assure la présidence de la réunion.

Procès-verbaux

(a) Les procès-verbaux de chaque réunion des actionnaires et de chaque réunion du conseil d'administration sont enregistrés et dûment consignés dans des registres prévus à cet effet, et sont conservés par la société à son siège social ou en tout autre lieu déterminé par le conseil d'administration. Ces procès-verbaux contiennent dans tous les cas le nom des personnes présentes à la réunion et l'ensemble des résolutions qui y ont été adoptées.

(b) Tout procès-verbal de cet ordre, dans la mesure où il apparaît signé par le président de la réunion ou par le président de la réunion suivante, fait foi, jusqu'à preuve du contraire, des questions qui y sont consignées.

Comptes

Livres comptables

Le conseil d'administration veille à ce que des livres comptables fidèles soient tenus. Ces livres comptables sont conservés au siège social de la société, ou en tout (tous) autre(s) lieu(x) jugé(s) approprié(s) par le conseil d'administration, et ils sont gardés à tout moment à la disposition de l'ensemble des administrateurs à des fins d'inspection. Aucun membre qui n'est pas administrateur n'a le droit d'inspecter un compte ou un livre comptable, ou tout autre document similaire de la société, sauf si ce droit lui est conféré par la loi ou s'il y est autorisé par le conseil d'administration ou par résolution ordinaire de la société.

Vérification des comptes

Au moins une fois par exercice, les comptes de la Société sont vérifiés et l'exactitude du compte de résultat et du bilan est certifiée par un ou plusieurs commissaires aux comptes dûment qualifiés.

Auditors

The appointment, authorities, rights and duties of the auditor(s) of the Company shall be regulated by applicable law; *provided, however*, that in exercising their authority to fix the remuneration of the auditor(s), the members in General Meeting may, by Ordinary Resolution, act to authorize the Board of Directors to fix such remuneration subject to such criteria or standards, if any, as may be provided in such Ordinary Resolution.

Rights of Signature, Stamp and Seal

(a) The Board of Directors shall be entitled to authorize any person or persons (who need not be Directors) to act and sign on behalf of the Company, and the acts and signature of such person(s) on behalf of the Company shall bind the Company insofar as such person(s) acted and signed within the scope of his or their authority.

(b) The Board of Directors may provide for[21] a seal or stamp. If the Board of Directors so provides, it shall also provide for the safe custody thereof. Such seal or stamp shall not be used except by the authority of the Board of Directors and in the presence of the person(s) authorized to sign on behalf of the Company, who shall sign every instrument[22] to which such seal or stamp is affixed.

Notes

1. Directors : *director* est un terme polysémique dont les deux principaux sens, en contexte juridique, sont « dirigeant » (ou « directeur »), et « administrateur » (ou « membre du conseil d'administration »). Dans le contexte de statuts de société, c'est presque toujours le second sens qui est à retenir.

2. from time to time : cette locution est très largement utilisée dans les documents juridiques anglo-saxons. Elle peut être utilisée à des fins purement « décoratives », auquel cas il est déconseillé de la conserver dans le texte français. Dans d'autres cas, elle prend le sens de *as required* et peut alors se traduire par « s'il y a lieu » ou « le cas échéant », ou par « à tout moment », locution de temps qui permet d'introduire une certaine liberté dans l'accomplissement de l'action. Dans tous les cas, il faut étudier la locution en contexte avant de décider de la supprimer ou de la traduire. Dans les statuts, la locution *from time to time* est souvent utilisée en association avec des expressions comme *as the Board of Directors may think fit* ou *as the Board of Directors deems fit*. Etant donné que ces dernières confèrent un pouvoir discrétionnaire au conseil d'administration, il n'est pas utile, dans ces cas précis, de conserver *from time to time*, expression dont le but consiste justement à souligner ce pouvoir. En règle générale, il est préférable d'éviter les traductions littérales comme « de temps à autre » ou « de temps en temps » : ces expressions impliquent en effet une idée de répétition, voire de régularité, que ne contient pas *from time to time*.

3. *mutatis mutandis* : cette locution latine peut se traduire (« compte tenu des changements nécessaires », « sous réserve des changements nécessaires »), mais apparaît également très souvent telle quelle dans les textes en français. Son cooccurrent le plus fréquent est sans doute le verbe *to apply* : *These provisions shall apply mutatis mutandis*.

4. attorney : il ne faut pas oublier que le premier sens d'*attorney* est « mandataire », « fondé de pouvoir », comme dans le composé *power of attorney*, qui se traduit généralement par « procuration » ou « délégation de pouvoir ». Avant même d'être avocat, l'*attorney* a en effet pour mission d'agir au nom et pour le compte de la personne qui l'a choisi comme conseiller (la même remarque vaut pour *lawyer*, qui peut se traduire par « avocat » mais aussi par « conseiller juridique » ou « juriste »).

5. Unless otherwise determined : utilisé en début de phrase, *unless* entraîne souvent une double transposition participe passé/nom (*determined* = « décision »), adverbe/adjectif (*otherwise* = « contraire »). Autre exemple : *unless otherwise specified* : « sauf indication contraire ».

6. General Meeting : l'anglais ne dispose pas, comme le français avec « assemblée », d'un mot qui désigne à la fois la réunion elle-même et les personnes réunies. Le terme *assembly* certes existe mais est réservé à des usages bien précis : on le trouve notamment dans le composé *General Assembly*, nom donné à l'un des principaux organes des Nations Unies (« Assemblée générale »).

7. *ipso facto* : cette locution latine, qui signifie littéralement « par le fait même », est aussi utilisée en français et il n'est par conséquent pas indispensable de la traduire, même si certains dictionnaires entreprennent de le faire (« de plein droit » est parfois proposé comme équivalent).

Commissaires aux comptes

La désignation, les pouvoirs, les droits et les responsabilités du ou des commissaire(s) aux comptes de la société sont régis par la législation applicable, étant entendu, toutefois, que dans l'exercice du pouvoir leur permettant de définir la rémunération du ou des commissaire(s) aux comptes, les membres siégeant en Assemblée générale peuvent, par résolution ordinaire, décider d'autoriser le conseil d'administration à définir ladite rémunération sous réserve des critères ou des règles éventuels stipulés dans ladite résolution ordinaire.

Droits de signature, tampon et sceau

(a) Le conseil d'administration a le droit d'autoriser toutes personnes (qui ne sont pas nécessairement des administrateurs) à agir et à signer pour le compte de la société, et les actes et la signature de ces personnes pour le compte de la société engagent celle-ci dans la mesure où ces personnes ont agi et signé dans le cadre de leurs attributions.

(b) Le conseil d'administration peut prévoir un sceau ou un tampon, auquel cas il lui incombe de s'assurer que celui-ci est conservé en lieu sûr. Ce sceau ou ce tampon ne peut être utilisé qu'avec l'autorisation du conseil d'administration et en présence de la personne ou des personnes autorisée(s) à signer pour le compte de la société, lesquelles signent tout acte sur lequel ce sceau ou ce tampon est apposé.

---

8. whichever is later : le pronom *whichever* introduit généralement une proposition assortie d'une alternative : *whichever is appropriate*, « selon le cas », *whichever is applicable*, « selon que l'un ou l'autre est applicable », etc. Comme toutes les disjonctions exclusives (voir chapitre 8 de la première partie), *whichever is (the) later* nécessite une restructuration de la phrase.

9. to fulfil extra services : le verbe *to fulfil* se construit avec de nombreux cooccurrents et doit se traduire en conséquence : « accomplir » (une tâche), « s'acquitter » (d'une tâche, d'une responsabilité ou d'une obligation), « atteindre » (un but), « exécuter » (une obligation, un contrat). Il est à noter que le français dispose de deux mots pour rendre *services* : « services » et « prestations ». Ce deuxième terme, toutefois, désigne d'abord l'« *action de fournir un bien ou un service contre paiement* » (*Le Robert*), et ne prend le sens de « services » que par métonymie (on désigne l'action pour le résultat). En ce sens, l'expression « exécution des prestations », que l'on trouve dans de nombreux contrats, constitue un abus de langage. Il faut par ailleurs remarquer qu'il n'existe aucun verbe pour le substantif « prestation » (« prester » n'existe pas, sauf en Belgique), ce qui oblige le traducteur, lorsqu'il s'agit de services, à avoir recours à des verbes de substitution comme « exécuter » ou « assurer », même si ce dernier présente l'inconvénient de ne pas avoir de dérivé substantival (« assurance de services » n'existe pas).

10. No business : *business* est un terme polysémique qui s'utilise généralement seul mais qui apparaît aussi dans des locutions lexicalisées comme *to proceed to business* (« entamer les débats », « ouvrir la séance »). Dans le contexte des statuts de société, il est souvent utilisé, comme ici, pour désigner les questions ou les affaires figurant à l'ordre du jour des réunions du conseil d'administration.

11. remove […] from office : il est important ici d'utiliser la collocation attendue en français : « relever de ses fonctions ».

12. to take the chair : cette expression imagée est propre à l'anglais, langue qui a tendance à se placer sur le plan du réel là où le français préfère l'abstraction (« assurer la présidence »). Le terme *chair*, formé par apocope (troncation postérieure), est largement utilisé, aujourd'hui, dans le sens de « président » (d'une réunion) : les supporters du « politiquement correct » le préfèrent en effet à des termes plus connotés tels que *chairman*, *chairwoman*, ou *chairperson*. « Sensitivity to sexism impels many writers to use *chair* rather than *chairman*, on the theory that doing so avoids gender-bias » (Bryan A. Garner, *A Dictionary of Modern Legal Usage*, Oxford University Press, 1995, p. 144).

13. minutes : dans les statuts de société, *minutes* doit se traduire par « procès-verbal » (ou « procès-verbaux »). À ne pas confondre avec le terme français « minute », qui désigne l'« *original d'un jugement ou d'un acte authentique dont le dépositaire ne peut se dessaisir* » (*Le Robert*).

14. all resolutions adopted thereat : moins fréquent que *therein* (voir note 17), *thereby* ou encore *therefor*, l'adverbe composé *thereat* nécessite souvent un certain étoffement mais peut aussi parfois, comme ici, se traduire au moyen du pronom adverbial « y ».

15. purporting : le verbe *to purport* a généralement le sens de « prétendre », « avoir la prétention de », « être censé ». Le substantif *purport* (« signification », « portée ») est plus rarement utilisé.

16. ***prima facie*** **evidence :** la locution latine *prima facie* peut apparaître en position adjectivale ou adverbiale (« de prime abord », « à première vue »). En position adjectivale, elle se construit souvent avec *case* ou *evidence*, qui en sont les deux principaux cooccurrents. Dans tous les cas, cette locution doit être traduite.
17. the matters recorded therein : l'adverbe composé *therein* est ici traduit par « y », tout comme *thereat*, à la fin de l'alinéa (a) (voir note 14). Il est à noter que les adverbes composés sont rarement traduits littéralement (le *Robert & Collins* propose « à cet égard » et « en cela » pour traduire *therein*).
18. except as conferred by law : le caractère fortement elliptique de la conjonction *as* rend ici l'étoffement indispensable : « sauf *si ce droit lui est* conféré par la loi ».
19. correctness : compte tenu de son champ sémantique relativement large, ce terme s'avère souvent difficile à rendre en français : « justesse », « exactitude », « validité » ou « bien-fondé » (dans le cas d'une décision de justice) sont quelques-unes des traductions qu'en proposent les dictionnaires.
20. shall be audited and the correctness [...] certified : cette construction est un exemple de zeugme dans la mesure où *shall be* n'est pas répété avant *certified.*
21. provide for : ce verbe à particule est un *phrasal verb* qui peut avoir le sens de « subvenir aux besoins de », de « pourvoir à », ou simplement, de « prévoir ».
22. instrument : dans le contexte juridique, ce terme a généralement le sens d'« acte ». Il peut aussi, dans certains cas, se traduire par « instrument » (cf. instrument de ratification d'un traité).

Texte 14

Le texte qui suit est extrait de la brochure commerciale du cabinet juridique Alexander Johnson Solicitors. Y sont présentées les activités du cabinet dans différents domaines : droit des sociétés, droit des successions, contentieux, etc.

Ce texte permet d'aborder plusieurs termes juridiques essentiels, qu'il s'agisse de faux amis (*partnership*), de termes culturels (*trust*, *barrister*), ou de termes d'extension étendue (*crime*).

Le texte, disponible sur Internet à l'adresse http://www.london-law.co.uk/francais/firm.htm, est reproduit avec l'autorisation du cabinet Alexander Johnson Solicitors, dont il reste la propriété exclusive. L'auteur adresse ses remerciements à Peter C. Johnson pour sa compréhension et sa collaboration.

Company and Commercial

Our Company and Commercial Department handles a wide ranging corporate client base.[1] Amongst the services provided by this active department are:-

- The acquisition, disposal, re-structuring and mergers of companies.
- The drafting and negotiating of all commercial contracts and agreements including joint-venture agreements,[2] terms and distribution agreements.
- The day to day running of company affairs.
- The dissolution and cessation of companies and business activities.
- The formation, dissolution and day to day running of partnerships.[3]
- Intellectual property law advice including patents and trade marks.
- Entertainment law and computer law.

Providing independent and impartial advice to companies both large and small has earned Alexander Johnson an enviable reputation for care, precision and meticulous attention to detail.

[...]

Crime[4]

Our Criminal Department offers advice and assistance in criminal proceedings[5] of any kind and can attend Police Stations when needed during the day or night. The firm has built up a reputation in white collar crime[6] involving matters of fraud and insider dealing.

Probate[7]

The Probate Departments cover all aspects of work in connection with:-

- The making of Wills[8] and codicils.[9]
- The obtaining of grants of Probate and Letters of Administration.
- The Day to Day administration of trusts[10] and estates.

TRADUCTION

Commerce et sociétés

Notre Département Commerce et sociétés dispose d'une importante base de clients d'entreprises. Ce département propose de nombreux services, parmi lesquels :

- L'acquisition, la cession, la restructuration et la fusion de sociétés.
- La rédaction et la négociation de tous types de contrats et accords commerciaux, y compris les accords de coentreprise, les conditions générales et les accords de distribution.
- L'administration quotidienne des affaires des sociétés.
- La dissolution des sociétés et la cessation d'activités commerciales.
- La création, la dissolution et l'administration quotidienne de sociétés de personnes.
- Conseils en droit de la propriété intellectuelle, au sujet notamment des brevets et des marques.
- Les lois audiovisuelles et informatiques.

Grâce aux conseils indépendants et objectifs fournis aux sociétés quelle que soit leur taille, Alexander Johnson est aujourd'hui reconnu pour son travail d'une qualité et d'une minutie exemplaires.

[...]

Délits

Notre Département Délits propose conseils et assistance pour tous types de procédures pénales et les personnes travaillant dans ce département peuvent se rendre aux commissariats de police pour aider les clients dans leurs démarches, à tout moment du jour ou de la nuit. Notre société s'est forgé une excellente réputation dans le secteur de la criminalité en col blanc (fraudes et délits d'initiés).

Successions

Notre Département Successions couvre tous les aspects en rapport avec :

- La rédaction de testaments et de codicilles.
- L'obtention de droits de succession et les lettres d'administration.
- L'administration quotidienne des trusts et du patrimoine.

Litigation

Our Litigation department recognises that litigation is, more often than not, the means of last resort. For this reason, the firm's policy has always been, where possible (and where appropriate), to negotiate a favourable settlement rather than resort immediately to litigation. This is not to say that we approach litigation in a "softly softly" manner - on the contrary, if we cannot achieve our Clients' aims by negotiation then proceedings are instituted and fought vigorously.

Much of the advocacy at court[11] is carried out "in house" thus avoiding as much as possible the additional costs of hiring a Barrister.[12]

The Litigation Department offers specialist advice in the following areas for both Plaintiff and Defendant[13]:-

- Debt collection (we offer a fully computerised system).
- Insolvency / Bankruptcy.
- Commercial and contractual disputes.
- Building disputes.
- Landlord and tenant.
- Personal injury.[14]
- Consumer activities and services.
- Employment disputes (for both employer and employee).
- Professional negligence.

Notes

1. corporate client base : le français ne dispose pas, comme l'anglais, d'un adjectif aussi pratique que *corporate* pour désigner tout ce qui est relatif aux sociétés ou à l'entreprise (exemple de lacune lexicale). L'adjectif « social » certes existe mais ne recouvre pas exactement la même palette sémantique que *corporate*, dont l'extension est plus étendue, et ne conviendra que dans certains composés, comme *corporate name* (« raison sociale »). Dans les autres cas, *corporate* devra se traduire par modulation ou équivalence : *corporate tax* : « impôt sur les sociétés », *corporate banking* : « services bancaires aux entreprises », *corporate customer* : « entreprise cliente ». L'adjectif, lorsqu'il est associé à un nom de pays, peut aussi désigner les entreprises de ce pays, auquel cas il doit se traduire par transposition nominale : *Corporate America* : « les entreprises américaines ».

2. joint-venture agreements : il est le plus souvent préférable de conserver le terme *joint venture* tel quel dans la traduction, sous forme d'emprunt. Citons toutefois ses deux traductions officielles : « coentreprise », utilisé ici, et « entreprise commune ». Une *joint venture* (avec ou sans tiret) se définit comme une « *association d'entreprises ayant pour objet la réalisation d'un projet commun* » (*Le Robert*).

3. partnerships : le *partnership* britannique est une forme sociale particulièrement adaptée aux petites entreprises familiales et aussi très utilisée par les professions libérales. Il est important de noter que « la notion de *partnership*, souvent traduite par les mots de société de personnes ou société en nom collectif, est mal connue en France […]. Les dictionnaires courants et juridiques proposent généralement de choisir parmi les traductions suivantes : association, société de personnes, société en nom collectif, société en participation. » (O. Moréteau, *Droit anglais des affaires*, Précis Dalloz, 2000, p. 152).
Dans un contexte plus général, le mot a aussi le sens de « partenariat », d'« entreprise commune », ce qui fait de *partnership* un faux ami partiel.

Procès

Très souvent, les procès constituent le dernier recours. C'est pour cette raison que nous avons toujours essayé, dans la mesure du possible, de négocier un règlement à l'amiable plutôt que de recourir immédiatement à un procès. Cela ne veut pas dire que nous ne nous occupons pas des procès ; au contraire, si nous ne parvenons pas à satisfaire nos clients par le biais de négociations, nous engageons des procédures légales et organisons une défense énergique.

La majeure partie de la défense au tribunal est assurée par notre personnel, ce qui permet d'éviter les frais supplémentaires engendrés par un avocat externe à la société.

Notre Département Procès offre des conseils spécialisés dans les secteurs suivants, à la fois pour le plaignant et le défendeur :

- Recouvrement des dettes (notre système est entièrement informatisé).
- Insolvabilité / Faillites.
- Litiges commerciaux et contractuels.
- Litiges immobiliers.
- Propriété et location.
- Dommages corporels.
- Activités et services consommateur.
- Contentieux professionnels (pour l'employeur ou l'employé).
- Fautes professionnelles.

---

4. Crime : ce terme a une extension plus étendue que son homographe français « crime ». Ce dernier mot sert en effet exclusivement, dans le contexte juridique, à désigner les infractions pénales les plus graves, tandis que l'anglais *crime* – traduit ici par « délits » – peut aussi avoir le sens de « criminalité » (cf. *crime rate* : « taux de criminalité ») ou de « délinquance ».

5. criminal proceedings : rappelons que l'anglais « *se sert des qualificatifs comme adjectifs de relation avec une facilité que le français n'a pas encore égalée* » (J.P. Vinay et J. Darbelnet, *Stylistique comparée du français et de l'anglais*, p. 124). Pour preuve, l'adjectif *criminal*, qui, dans certains composés, apparaît comme adjectif de relation : dans *criminal lawyer*, par exemple, *criminal* qualifie non pas *lawyer* mais la discipline de spécialité, à savoir *criminal law*, d'où, en français, « avocat pénaliste/criminaliste ».
Plus généralement, *criminal* devra se traduire, selon ses cooccurrents, par « criminel », « pénal », ou « judiciaire » : *criminal proceedings* : « poursuites pénales », *criminal investigation department* : « police criminelle », *criminal record* : « casier judiciaire ».

6. white collar crime : dans cette collocation, *crime* doit se traduire par « criminalité » : « criminalité en col blanc ». « Col blanc », terme utilisé pour désigner un employé de bureau, constitue un exemple de synecdoque, métonymie consistant à prendre la partie pour le tout.

7. Probate : ce terme, qui, au sens strict, désigne la procédure d'homologation des testaments, est souvent employé dans le sens plus large de « succession(s) », comme dans les composés *probate court* (« tribunal des successions ») et *probate law* (« droit des successions »).

8. The making of Wills : le couple *will - testament* constitue une intéressante illustration de la double filiation de l'anglais : le premier de ces termes est en effet d'origine anglo-saxonne, tandis que le second est d'origine latine.
Si une nuance a longtemps existé entre les deux termes – *will* était au départ réservé aux biens immobiliers (*real property*) et *testament* aux biens mobiliers (*personal property*) –, force est de constater qu'ils sont aujourd'hui

utilisés de manière interchangeable, même si *will* présente une plus grande fréquence d'emploi. Il est à noter que les deux termes apparaissent cote à cote dans l'expression tautologique – et purement « décorative » – *last will and testament*, qui sert généralement à introduire les clauses d'un testament.

9. and codicils : on appelle « codicille » l'acte qui modifie, complète ou annule un testament.

10. trusts : il est généralement préférable de conserver ce terme tel quel dans la traduction – et donc, de l'utiliser comme emprunt –, dans la mesure où il désigne une institution propre au droit anglo-saxon, qui ne partage que certaines des caractéristiques de la fiducie, souvent présentée comme son équivalent. Ce dernier terme est largement utilisé au Québec mais reste rare dans le contexte français (bien qu'il figure dans les recommandations officielles de la Commission de terminologie, cf. arrêté du 30/09/91).

Il est à noter que certains dictionnaires spécialisés semblent hésiter devant les différentes traductions possibles de *trust* : le *Lexique* du Conseil de l'Europe propose ainsi « fiducie parfaite » pour *absolute trust*, mais « constituant d'un trust » pour *grantor of a trust*. « Fidéicommis », terme parfois qualifié d'archaïque, constitue une autre traduction possible.

Ajoutons que « la notion de *trust*, inconnue des droits romano-germaniques, est une notion fondamentale du droit anglais et la création la plus importante de l'equity. Le trust repose, de façon générale, sur le schéma suivant : une personne, le constituant du trust (*settlor of the trust*), stipule que certains biens seront administrés par un ou plusieurs *trustees* dans l'intérêt d'une ou plusieurs autres personnes, le ou les *cestuis que trust* ou bénéficiaires. » (René David et Camille Jauffret-Spinosi, *Les grands systèmes de droit contemporains*, Précis Dalloz, 1992, p. 284).

11. Much of the advocacy at court : le terme *advocacy* désigne à la fois la profession d'avocat et l'art de la plaidoirie. Il peut aussi parfois se traduire, comme ici, par « défense (en justice) » : « La majeure partie de la défense au tribunal ». Dans d'autres cas, la transposition peut s'imposer comme la meilleure solution : *Advocacy is the primary function of a barrister* : « La fonction première d'un avocat est de plaider » (*L'anglais juridique*, Pocket, p. 76).

12. hiring a Barrister : rappelons que la profession juridique britannique est divisé en deux branches avec, d'un côté, les *solicitors*, et, de l'autre, les *barristers*.

De nos jours, la rédaction d'actes et le règlement de successions constituent l'essentiel du travail du *solicitor*, ce qui l'amène à être souvent assimilé au notaire français, mais il ne faut pas oublier que le *solicitor* est aussi, comme le rappelle O. Moréteau, « *le conseil juridique que l'on viendra consulter sur tout problème juridique, contentieux ou non contentieux, de droit public ou de droit privé, de droit civil, pénal ou commercial* » (*Droit anglais des affaires*, p. 63). Le *barrister*, pour sa part, a pour principale activité la plaidoirie, ce qui explique que le terme soit souvent traduit par « avocat ».

Les termes *solicitor* et *barrister* font partie des termes à fort contenu culturel et, à ce titre, doivent être maniés avec précaution : dans certains cas – notamment lorsqu'il est important de faire ressortir la singularité du système britannique –, il pourra s'avérer préférable de les conserver en l'état dans la traduction, accompagnés le cas échéant d'une note explicative, entre parenthèses ou en bas de page.

13. for both Plaintiff and Defendant : le terme *plaintiff*, qui peut se traduire par « demandeur », « (partie) demanderesse » ou « requérant » (ou « partie requérante »), a été remplacé en avril 1999 par *claimant* dans la procédure civile anglaise. Ce dernier terme a l'avantage de pouvoir s'utiliser en association avec d'autres mots partageant la même racine (*a claim*, *to claim*, etc.), ce qui n'est pas le cas de *plaintiff*, terme issu du vieux français.

14. Personal injury : terme de double appartenance, *injury* doit se traduire, dans le contexte juridique, par « dommage » ou « préjudice ». Le composé *personal injury* est repris, comme *phrasal adjective*, dans le surcomposé *personal-injury lawyer*, que l'on pourra traduire par « avocat spécialisé dans les dommages corporels ».

Texte 15

Extrait d'un ouvrage entièrement bilingue intitulé *Le droit anglo-américain des contrats* (Edward Errante, E.J.A.-L.G.D.J., 1995), le texte qui suit présente un double intérêt : il permet à la fois de découvrir les différents types de dommages-intérêts prévus par le droit américain en cas de rupture de contrat (notamment les *punitive damages*), et de s'arrêter sur le terme *damages*, qui pose souvent problème au traducteur malgré son sens a priori sans équivoque.

Le texte contient en outre des termes juridiques de base, tels que *breach*, *relief*, *trial*, ou encore, *litigation*.

Le texte est extrait du chapitre 8 de l'ouvrage, qui porte sur les *remedies*, et est reproduit avec l'autorisation de l'éditeur. Il est à noter qu'une deuxième édition du *Droit anglo-américain des contrats* est parue en 2001.

CHAPTER 8

REMEDIES

When a party fails to perform a duty owed under a contract, and the duty of performance has not been excused or discharged, there is a **breach of contract**.[1] The nonbreaching party[2] has the right to bring an action[3] against the breaching party[4] to recover a remedy. Remedies are designed to provide compensation or some other relief[5] to the nonbreaching party for the injuries suffered due to the breach of contract.

The most common remedy is an award of **damages**.[6] However, in some cases, damages may not be appropriate to redress the injuries of the nonbreaching party. In such cases, the courts may turn to other remedies, such as **restitution**, **specific performance**[7] or **injunction**.

I. DAMAGES

The remedy of damages involves a payment of money to the nonbreaching party. When a contract has been breached, the injured party always has the right to sue for damages. This is not true of other remedies, such as restitution or specific performance, which are available only in the discretion of the court[8] or if certain conditions are met.

There are several types of damages. The most common type of damages are those designed to compensate the injuries resulting from the breach of contract, to the extent money can do so. These are called **compensatory damages**. In addition, there are two types of noncompensatory damages: **nominal damages**[9] and **punitive damages**.[10] These will be discussed first.

8.1 Nominal Damages

Every breach of contract, no matter how minor, entitles the nonbreaching party to sue for damages. In cases where no financial loss can be proved, the nonbreaching party is nevertheless entitled to recover nominal damages. Nominal damages are token damages, for example, one dollar or some other small amount. The purpose is to sanction a breach of contract, even if the sanction is mainly symbolic.

The following example illustrates the principle of nominal damages. Assume that Acme Automobile Manufacturers enters into a contract with Mitchelling Tires whereby Mitchelling agrees to supply tires for automobiles. The contract calls for a delivery of 10,000 tires to be made on April 15, and the price per tire is established at $20. On April 1, Mitchelling informs Acme that it will not perform as promised.[11] Faced with this anticipatory breach of the contract, Acme sets out to protect its rights, and contracts with[12] Goodday Tires, a competitor of Mitchelling. Goodday agrees to provide the 10,000 tires which Acme needs at a price of $15 per tire. In this example, Mitchelling has clearly breached the contract.[13] Acme, however, does not suffer any financial loss as a result of the breach of contract; in fact, Acme reaps a financial benefit from

TRADUCTION

CHAPITRE 8

LES RECOURS

Lorsqu'une partie n'exécute pas son obligation, et que cette inexécution n'a pas été « excusée » ou que cette partie n'a pas été libérée de son obligation, il y a **rupture du contrat**. La partie qui n'a pas rompu le contrat a le droit d'intenter une action contre la partie qui n'a pas exécuté son obligation afin d'obtenir un recours. Les recours ont pour objet de fournir une compensation ou toute autre forme de réparation pour le préjudice subi à la partie qui n'a pas rompu le contrat.

L'obtention de **dommages-intérêts** constitue le recours le plus utilisé. Dans certains cas, des dommages-intérêts ne sont pas appropriés pour réparer le préjudice subi par la partie lésée. En ce cas, les tribunaux peuvent accorder d'autres recours, tels que la **restitution**, **l'exécution en nature** ou **l'injonction**.

I. LES DOMMAGES-INTERETS

Les dommages-intérêts consistent en un paiement d'une somme d'argent versée à la partie lésée. Lorsqu'un contrat a été rompu, la partie lésée a toujours le droit d'intenter une action en dommages-intérêts. Ce n'est pas le cas pour d'autres types de recours, tels que la restitution ou l'exécution en nature, qui sont accordés seulement à la libre appréciation du tribunal ou si certaines conditions sont remplies.

Il y a plusieurs types de dommages-intérêts. Les plus fréquents sont ceux qui ont pour objet d'indemniser le préjudice dû à une rupture du contrat, dans la mesure où une somme d'argent peut le faire. Ils sont dénommés **dommages-intérêts compensatoires**. De plus, il existe deux autres types de dommages-intérêts : les **dommages-intérêts symboliques** et les **dommages-intérêts punitifs**. Nous nous intéresserons d'abord à ceux-là.

8.1 Les dommages-intérêts symboliques

Toute rupture de contrat, quelle que soit son importance, accorde à la partie lésée le droit d'intenter une action pour obtenir des dommages-intérêts. Dans le cas où aucun préjudice financier ne peut être prouvé, la partie lésée a néanmoins droit à des dommages-intérêts symboliques. Ces dommages-intérêts ont une valeur symbolique, par exemple, un dollar ou un autre petite somme. L'objectif est de sanctionner une rupture du contrat, même si la sanction est plutôt symbolique.

L'exemple suivant illustre les dommages-intérêts symboliques. Supposons que l'Acme Automobile Manufacturers conclut un contrat avec la Mitchelling Tires par lequel Mitchelling s'engage à fournir des pneus pour des voitures. Le contrat spécifie que 10 000 pneus doivent être livrés le 15 avril, le prix de chaque pneu étant fixé à 20 dollars. Le 1er avril, Mitchelling informe Acme qu'il ne pourra pas exécuter le contrat comme prévu. Face à cette résolution anticipée du contrat, Acme tente de protéger ses intérêts, et conclut un contrat avec la Goodday Tires, un concurrent de Mitchelling. Goodday promet de fournir les 10 000 pneus dont Acme a besoin pour un prix de 15

Mitchelling's breach. Nevertheless, Acme is entitled to bring an action for damages as a result of the breach of contract, although Acme will recover only nominal damages.

Occasionally, parties will undertake the expense of litigation[14] although a breach of contract has resulted in no financial loss in order to establish a principle. More frequently, a party will bring an action believing he is entitled to substantial damages. At trial,[15] that party may prove the breach of the contract but fail to prove any actual damages. The party will, therefore, receive an award of nominal damages.[16]

8.2 Punitive Damages

Punitive damages are awarded to punish intentional or malicious misconduct. In addition to punishing wrongdoers,[17] punitive damages serve to discourage others from engaging in similar reprehensible conduct. For that reason, punitive damages are sometimes also called **exemplary damages**.

As a general rule, punitive damages are not recoverable in an action for breach of contract, even if the contract has been breached intentionally and with the purpose of making a profit from the breach. Punitive damages have traditionally been awarded in tort litigation, where the defendant has injured the plaintiff in an intentional or malicious manner. In some cases involving outrageous conduct, the misdeed of the defendant may be not only a breach of contract, but also a tort.[18] In such cases, the plaintiff can sue for compensatory damages to redress the resulting financial loss, and also for punitive damages to punish the defendant. For example, intentional misrepresentation[19] renders a contract voidable, but it is also a tort. Therefore, the innocent party can seek contractual damages to compensate for any loss suffered as a result of the fraud,[20] but he can also sue in tort and recover punitive damages.[21] However, apart from those exceptional situations where a contractual cause of action can be coupled with a tort cause of action, punitive damages cannot be recovered in a lawsuit for breach of contract.

The English courts will award punitive damages in a more limited range of cases than will American courts. In the United States, courts will award punitive damages if, in their discretion,[22] the conduct of the defendant is such as to deserve punishment. The English courts, on the other hand, limit awards of punitive damages to cases where such damages are authorized by statute,[23] where there has been improper action by employees of the State, or where the defendant has acted with the intent to make a profit from his wrongful conduct. An example of the latter situation is a case where a book publisher intentionally publishes a book containing defamatory statements about the plaintiff in order to increase sales.

[…]

8.3 Compensatory Damages

Compensatory damages, as the name indicates, are intended to compensate the nonbreaching party for losses resulting from a breach of contract. The goal of compensatory damages is to place the injured party in the same economic position he would have had if the contract had been fully performed.

[…]

dollars pièce. Dans cet exemple, il est évident que Mitchelling a rompu le contrat. Pourtant, Acme ne subit aucun préjudice financier dû à la rupture du contrat ; en fait, Acme tire profit de l'inexécution de Mitchelling. Néanmoins, Acme a le droit d'intenter une action pour obtenir des dommages-intérêts pour rupture du contrat, même si ce ne sont que des dommages-intérêts symboliques.

Parfois, des parties entreprendront par principe une action en justice même si la rupture du contrat n'a occasionné aucun préjudice financier. Plus fréquemment, une partie intentera une action croyant qu'elle a droit à des dommages-intérêts importants. Lors du procès, la partie peut prouver qu'il y a effectivement rupture du contrat mais ne peut prouver aucun préjudice. Il lui sera donc accordé des dommages-intérêts symboliques.

8.2 Les dommages-intérets punitifs

Des dommages-intérêts punitifs sont accordés afin de sanctionner une faute faite intentionnellement ou avec malveillance. Ces dommages-intérêts sanctionnent ceux qui enfreignent la loi, mais sont destinés également à décourager ceux qui veulent agir de façon répréhensible. Pour cette raison, des dommages-intérêts punitifs sont aussi désignés sous le nom de **dommages-intérêts exemplaires**.

En règle générale, des dommages-intérêts punitifs ne peuvent pas être accordés en cas de rupture du contrat, même si une partie refuse d'exécuter le contrat intentionnellement afin d'en tirer profit. Des dommages-intérêts punitifs sont traditionnellement accordés dans des affaires de délits civils, lorsque le défendeur a porté préjudice au demandeur intentionnellement ou avec malveillance. Dans certains cas de conduite fautive, la faute du défendeur peut consister non seulement en une rupture du contrat, mais aussi en un délit civil. Dans ce cas, le demandeur peut réclamer des dommages-intérêts compensatoires pour être indemnisé de son préjudice financier, mais aussi des dommages-intérêts punitifs pour sanctionner le défendeur. Par exemple, une fausse affirmation intentionnelle rend un contrat annulable, mais elle peut constituer aussi un délit civil. La partie lésée peut donc agir en responsabilité contractuelle pour obtenir des dommages-intérêts afin de réparer son préjudice résultant d'un dol, mais elle peut aussi agir en responsabilité délictuelle pour obtenir des dommages-intérêts punitifs. Cependant, à part ces situations exceptionnelles où une action en responsabilité contractuelle peut être jointe à une action en responsabilité délictuelle, des dommages-intérêts punitifs ne peuvent pas être accordés pour rupture du contrat.

Les tribunaux anglais accordent des dommages-intérêts punitifs dans des cas plus limités que les tribunaux américains. Aux Etats-Unis, les tribunaux accordent des dommages-intérêts punitifs si, selon leur appréciation, la conduite du défendeur est telle qu'elle mérite une sanction. Par contre, les tribunaux anglais accorderont des dommages-intérêts punitifs seulement dans les cas autorisés par la loi, dans des cas de faute des agents de l'Etat, ou lorsque le défendeur a agi avec l'intention de tirer profit de sa conduite fautive. Un exemple de cette dernière situation serait un cas où un éditeur publie intentionnellement un livre contenant des propos diffamatoires sur le demandeur afin d'augmenter les ventes.

[...]

8.3 Les dommages-intérêts compensatoires

Des dommages-intérêts compensatoires, comme leur nom l'indique, ont pour objet d'indemniser la partie lésée pour le préjudice dû à une rupture du contrat. L'objet des

Both the American and the English law recognize that in certain situations where the buyer breaches the contract,[24] the traditional measure of damages (i.e., the difference between the contract price and the market price) provides an inadequate remedy because the seller will not be placed in as good an economic position as if the contract had been performed. Therefore, in certain circumstances, the law permits the injured seller to recover his **lost profits**[25] – the amount of profit the seller would have made if the contract had been performed.

This is typically the case in contracts where the seller is a dealer, a person who is in the business of selling a particular good. The situation is exemplified by cases involving automobile dealers, where the buyer repudiates[26] a contract to purchase a car. Under the traditional measure of damages, the automobile seller would receive the difference between the contract price and the market price of the car. However, because of the competitive nature of the industry, the contract price typically is the same as the market price. The traditional measure of damages would leave the seller with nothing (except nominal damages). Nevertheless, the seller has suffered an economic harm due to the breach of contract, namely the profit lost on the sale. It is this economic harm which is compensated by this alternative measure of damages which permits the seller to recover the lost profits which would have been earned on the sale.

[…]

When there is a breach of a contract for the sale of goods, additional costs may be incurred which are not compensated under the standard damage formula (difference between the contract price and the market price). These extra costs, called **incidental damages**,[27] include such items as the cost of telephone calls made in order to find substitute goods, the cost to the seller of storing goods which have been wrongfully[28] rejected by the buyer, or the cost to the buyer of shipping defective goods back to the seller. The Uniform Commercial Code provides that[29] both sellers (section 2-710) and buyers (section 2-715(1))[30] are entitled to receive reimbursement for such extra expenditures, provided they are reasonably incurred. Incidental damages are awarded in addition to other compensatory damages.

Notes

1. there is a breach of contract : parmi les traductions les plus courantes de *breach*, citons « violation » (d'un accord, d'une loi), « infraction » (à une loi, à un règlement), « inexécution » (d'un contrat), ou encore « manquement ». Ce dernier terme se retrouve notamment dans les composés suivants : *breach of duty* : « manquement à une obligation », *breach of security* : « manquement aux consignes de sécurité ». Dans les autres composés, *breach* devra se traduire en fonction de son cooccurrent : *breach of the peace* : « atteinte à l'ordre public », *breach of faith* : « abus de confiance », *breach of warranty* : « rupture de garantie », etc.
Breach apparaît également dans l'expression *to be in breach of*, qui se traduira différemment selon qu'elle s'applique à un acte (« être contraire à ») ou à une personne (« manquer à (ses obligations) », « commettre une infraction à »).

2. The nonbreaching party : faute d'un équivalent direct en français, l'adjectif *nonbreaching* est traduit ici par dilution, avec insertion d'une proposition relative : « La partie qui n'a pas rompu le contrat ». Dans le paragraphe suivant, *the nonbreaching party* est traduit par modulation, la partie « qui n'a pas rompu le contrat » devenant « la partie lésée ».

dommages-intérêts compensatoires est de placer la partie lésée dans la même position financière que celle qu'elle aurait obtenue si le contrat avait été complètement exécuté.

[...]

Le droit américain et le droit anglais reconnaissent que dans certains cas lorsque l'acheteur n'exécute pas le contrat, le mode de calcul traditionnel des dommages-intérêts (c'est-à-dire, la différence entre le prix fixé par le contrat et le prix du marché) fournit un recours insuffisant parce que le vendeur ne sera pas placé dans la situation économique qu'il aurait obtenue si le contrat avait été exécuté. Dans certaines circonstances, par conséquent, la loi autorise la partie lésée à recouvrer le manque à gagner, c'est-à-dire le montant du profit qu'elle aurait touché si le contrat avait été exécuté.

Ceci est typiquement le cas des contrats où le vendeur est un commerçant, personne dont le métier est de vendre un type de marchandises. L'exemple type est le revendeur de voitures, où l'acheteur résilie le contrat d'achat. Selon le mode d'évaluation traditionnel des dommages-intérêts, le revendeur de voitures aurait droit à la différence entre le prix contractuel et le prix du marché. Pourtant, en raison du caractère compétitif de ce secteur, le prix fixé par le contrat est normalement le même que le prix du marché. Le mode d'évaluation traditionnel des dommages-intérêts n'accorderait rien au vendeur (excepté des dommages-intérêts symboliques). Cependant, le vendeur a subi un préjudice économique dû à la rupture du contrat, c'est-à-dire, la perte de son bénéfice sur la vente. C'est ce préjudice économique qui est indemnisé par cet autre mode d'évaluation des dommages-intérêts, permettant au vendeur d'être indemnisé pour son manque à gagner.

[...]

Dans des cas de rupture de contrat de vente de marchandises, il se peut que des dépenses supplémentaires soient nécessaires mais qui ne sont pas indemnisées par le mode d'évaluation traditionnel (la différence entre le prix fixé par le contrat et le prix du marché). Ces dépenses supplémentaires, dénommées des **préjudices accessoires**, comprennent des frais tels que le coût des communications téléphoniques faites pour trouver des biens de substitution, le coût du stockage à la charge du vendeur pour les marchandises refusées sans raison par l'acheteur, ou le prix payé par l'acheteur pour renvoyer des biens défectueux au vendeur. Le Code de Commerce Uniforme dispose que le vendeur (article 2-710) et l'acheteur (section 2-715(1)) peuvent obtenir le remboursement de ces dépenses supplémentaires, pourvu qu'elles soient raisonnables. Des dommages-intérêts accessoires sont accordés en plus des autres dommages-intérêts.

---

3. to bring an action : cette expression témoigne de la préférence que semble avoir l'anglais pour les verbes simples, souvent monosyllabiques, d'origine germanique (c'est le cas de *bring*, qui fait penser à l'allemand *bringen*), là où le français a plutôt recours à des verbes savants, d'usage plus restreint : le verbe « intenter » ne se rencontre en effet guère que dans le contexte juridique, dans les expressions « intenter une action (en justice) » et « intenter un procès ».

4. the breaching party : ce terme aurait pu se traduire par « la partie en faute » ou « la partie défaillante », malgré la dilution observée ici : « la partie qui n'a pas exécuté son obligation ».

5. some other relief : dans ce contexte, *relief* se traduit généralement par « réparation », y compris dans l'expression *to seek/apply for relief* : « demander réparation ». Le terme peut toutefois aussi avoir le sens d'« allègement » ou de « dégrèvement », comme dans *tax relief*. A noter également le composé *injunctive relief*, que l'on pourra traduire par « injonction ».

6. damages : rappelons que *damages* a généralement le sens de « dommages-intérêts », ou d'« indemnités », tandis que *damage* désigne le préjudice lui-même. Cette règle n'est toutefois pas toujours respectée par les rédacteurs, qui utilisent parfois l'un des deux termes à la place de l'autre, ce qui occasionne d'importants problèmes d'interprétation.

Certains dictionnaires – et non des moindres – ajoutent parfois eux-mêmes à la confusion : dans le *Black's Law Dictionary*, par exemple, *compensatory damages* s'entend d'un type de dommages-intérêts (« *compensatory damages are such as will compensate the injured party for the injury sustained, and nothing more* »), tandis que *consequential damages* est défini comme « *such damage, loss or injury as does not flow directly and immediately from the act of the party, but only from some of the consequences or results of such act* ».
Il arrive, dans certains cas, que *damages* soit utilisé à la fois dans le sens de « dommages-intérêts » et de « dommages », comme dans la série suivante, extraite d'un contrat de licence : « *Except for damages arising under Section 14 (Confidentiality), in no event will either party be liable for any punitive, incidental or consequential damages in any action arising from or related to this Agreement* [...]. »
Ici, *incidental or consequential* qualifie à l'évidence des dommages, mais *punitive* qualifie des dommages-intérêts (on peut d'ailleurs s'étonner ici de l'exclusion des *punitive damages*, qui ne relèvent pas de la responsablité contractuelle), ce qui place le traducteur devant l'alternative suivante : étoffer l'original en évoquant d'une part les dommages-intérêts punitifs et d'autre part les dommages indirects ou accessoires, ou recourir à l'ellipse en parlant de « dommages indirects, accessoires ou punitifs ».

7. specific performance : la *specific performance* est l'un des principaux recours prévus par l'*equity* pour compléter les recours traditionnels de la *common law* (dont les dommages-intérêts). Traductions possibles : « exécution en nature » ou « exécution forcée ».

8. only in the discretion of the court : dans ce contexte, *discretion* est un faux ami qui renvoie à la notion de libre appréciation : « qui sont accordés seulement à la libre appréciation du tribunal ».

9. nominal damages : dans ce composé, *nominal* a le sens de « peu élevé » ou « modique », d'où « dommages-intérêts symboliques ». L'équivalence « franc symbolique », proposée par certains dictionnaires, peut paraître incongrue dans la traduction d'un texte américain et doit donc être évitée.

10. punitive damages : ce terme propre au droit américain n'a pas de réel équivalent dans le système français, comme le confirment ces quelques lignes extraites du site www.paris-law.com : « Il arrive que des jurys populaires condamnent l'entreprise à des dommages et intérêts de plusieurs millions de dollars, soit à titre compensatoire, soit à titre de sanction (les "*punitive damages*", notion inconnue du droit français de la responsabilité civile, lequel interdit par principe une réparation supérieure au dommage subi par la victime et n'a pas pour fonction d'infliger une sanction au responsable). »
Sous réserve de ce qui précède, *punitive damages* peut se traduire de différentes façons : « dommages-intérêts punitifs », « dommages-intérêts à caractère répressif/dissuasif », « dommages-intérêts à titre de sanction ».

11. it will not perform as promised : lorsqu'il est utilisé en construction absolue (sans complément), le verbe *to perform* a le sens de « remplir ses obligations contractuelles ». Faute d'un verbe aussi elliptique en français, le traducteur n'a souvent d'autre choix que d'avoir recours à l'étoffement, comme ici : « il ne pourra pas exécuter le contrat comme prévu ».

12. and contracts with : le verbe *to contract with* peut se traduire de deux façons : par une locution construite sur un substantif, « conclure un contrat avec », ou par le verbe « contracter ».

13. Mitchelling has clearly breached the contract : transposition adverbe → adjectif, avec insertion d'une tournure impersonnelle : « il est évident que Mitchelling a rompu le contrat ».

14. the expense of litigation : le terme *litigation* peut désigner une action en justice en particulier, ou prendre un sens collectif, comme dans le composé *litigation department*, que l'on traduira par « service du contentieux ». Le terme « contentieux » désigne l'ensemble des litiges susceptibles d'être soumis aux tribunaux, ou, par ellipse, le service d'une entreprise chargé des litiges.

15. At trial : généralement traduit par « procès », le terme *trial* peut aussi appeler d'autres traductions dans certaines expressions figées : *to put on trial* : « traduire en justice », *to stand trial* : « passer en jugement », *to bring to trial* : « traduire en justice », etc.
Il est à noter que le terme *trial* appartient à une importante famille de mots partageant la même racine : citons le verbe *to try* (« juger »), le substantif *mistrial* (« procès nul », « procès entaché d'un vice de procédure »), ou encore l'adjectif *triable*, qui occasionne une certaine dilution en français (*triable issue* : « question relevant de la compétence des tribunaux », « question susceptible d'être tranchée par la justice »).
Le terme « procès », qui s'entend de tout litige susceptible d'être soumis à une juridiction, fait partie des termes de double appartenance : utilisé dans des locutions courantes comme « faire le procès de qqn/qqc », on le retrouve également dans l'expression d'origine juridique « sans autre forme de procès », qui, en droit comme dans le langage courant, signifie « sans autre formalité », « de façon expéditive ».

16. will, therefore, receive an award of nominal damages : le substantif *award*, lorsqu'il se rapporte à des dommages-intérêts, peut théoriquement se traduire par « octroi ». Force est toutefois de constater que ce terme n'a pas une extension aussi large que *award*, qui peut désigner – outre l'action d'attribuer des dommages-intérêts – les dommages-intérêts eux-mêmes. Ceci explique le recours quasi systématique à l'étoffement dans la traduction de *award* (s'agissant de dommages-intérêts) : *Jury awards are more and more outrageous* : « Le montant des dommages-intérêts octroyés par les jurys sont de plus en plus exorbitants. » (*Guide anglais-français de la traduction* de René Meertens). Ici, on remarquera que le traducteur a opté pour une tournure impersonnelle, avec transposition verbale : « Il lui sera donc accordé des dommages-intérêts symboliques. »

17. wrongdoers : la lacune lexicale en français explique le recours à la dilution dans la traduction : « ceux qui enfreignent la loi ».

18. tort : ce faux ami dérivé du *Law French* ne doit jamais se traduire par « tort ». Il désigne le plus souvent un « délit civil » ou, plus largement, un « acte dommageable », et peut aussi avoir le sens de « responsabilité civile », comme dans le composé *law of torts* (droit de la responsabilité civile). Parmi ses principaux dérivés, citons *tortfeasor* (auteur d'un délit civil) et *tortious* (« dommageable », cf. *tortious act*).
Le terme est également parfois traduit par « quasi-délit », nom donné à tout « *fait dommageable illicite non*

intentionnel (accompli par négligence ou imprudence, sans intention de causer un dommage), par opposition à délit » (G. Cornu, *Vocabulaire juridique*).

19. misrepresentation : à noter ici la dilution dans la traduction : « fausse affirmation ». Autres traductions possibles : « déclaration inexacte », « fausse déclaration », « affirmation mensongère », « déclaration dolosive ». Olivier Moréteau apporte, à propos de ce terme, les précisions suivantes : « Le mot *misrepresentation* désigne une fausse déclaration, une fausse affirmation. Il est constitué du mot *representation* auquel est ajouté le préfixe *mis*, contraction de *amiss*, qui désigne ce qui est faux, peu approprié, mauvais, défavorable. On le retrouve dans *misadventure*, *misconduct*, *misappropriation* et bien d'autres termes. Toutefois, c'est davantage sur le radical *representation* qu'il faut insister. Car ce mot est ce qu'on appelle un faux ami [...]. Dans le contexte du droit des contrats, le terme *representation* désigne toute assertion écrite ou orale, ou inférée de la conduite d'une personne. » (*Droit anglais des affaires*, Dalloz, 2000, p. 292).

20. fraud : ce terme est ici rendu par « dol », terme que l'on peut définir, au sens large, comme désignant des « *manœuvres frauduleuses, agissements destinés à surprendre et tromper une personne pour lui faire prendre un engagement qu'elle n'aurait pas pris* » (*Le Robert*). Toute manœuvre qui tient du dol est dite « dolosive ».

21. he can also sue in tort and recover punitive damages : cette phrase constitue un bon exemple de la préférence que semble avoir le français pour la subordination, là où l'anglais privilégie la coordination, marquée par *and* : « elle peut aussi agir en responsabilité délictuelle *pour* obtenir des dommages-interêts punitifs. »

22. if, in their discretion : attention au faux ami *discretion* : « si, selon leur appréciation » (voir aussi note 8).

23. statute : attention à ce faux ami, qui a le sens de « loi », de « texte législatif ». Parmi ses dérivés, citons *statute law* : « droit législatif », *statute-barred* : « prescrit », *statute of limitations* : « prescription ».

24. where the buyer breaches the contract : modulation par négation du contraire : « lorsque l'acheteur n'exécute pas le contrat ».

25. lost profits : modulation avec inversion du point de vue : « le manque à gagner ».

26. repudiates : lorsqu'il est associé à *contract*, il faut éviter de traduire ce verbe par « répudier », la « répudiation » étant la « *rupture du mariage par la volonté libre et unilatérale d'un époux* » (G. Cornu, *Vocabulaire juridique*) ou la renonciation à un droit acquis. Le verbe a en fait le sens de « résilier » ou de « dénoncer ».

27. incidental damages : ce composé constitue une bonne illustration du comportement parfois déroutant du terme *damages*, qui désigne théoriquement des dommages-intérêts mais qui est aussi parfois utilisé – à tort, selon certains – dans le sens de « dommage(s) » ou de « préjudice(s) », ce qui est le cas dans cette phrase, où *damages* se rapporte à *costs*. A la fin de ce même paragraphe, le même composé est utilisé dans le sens de dommages-intérêts : « *Incidental damages are awarded in addition to other compensatory damages.* »

28. wrongfully : la dérivation adverbiale étant moins souple en français, le traducteur n'a souvent d'autre choix que d'avoir recours à une locution adverbiale construite sur un substantif, comme ici : « (refusées) sans raison ». Le *Lexique juridique* du Conseil de l'Europe propose pour sa part de traduire *wrongfully* par « sans cause juste ».

29. provides that : le verbe « disposer » est théoriquement réservé aux textes de loi. Dans le cas d'un contrat, on utilisera de préférence « stipuler » ou « prévoir » pour traduire le verbe *to provide (that)*.

30. both sellers and buyers : ce passage est révélateur de l'approche de l'anglais, qui préfère généralement se placer sur le plan du réel là où le français privilégie le conceptuel, voire l'abstraction : la version anglaise se contente en effet ici de décrire la réalité – il existe bien des vendeurs et des acheteurs – alors que la version française préfère retenir la fonction des intervenants, en l'individualisant : « le vendeur et l'acheteur ».

Texte 16

Le texte qui suit reprend l'essentiel d'un jugement par lequel une *district court* américaine prononce la dissolution de la relation parentale entre une mère et son enfant et ordonne la prise en charge de ce dernier par une agence d'adoption.

Ce document contient à la fois des termes culturels – ex. *district court* – et des termes de base du vocabulaire juridique anglais : *waiver*, *case*, *termination*, *jurisdiction*, etc.

Il permet également d'aborder plusieurs latinismes, utilisés de manière autonome (*affidavit*) ou en postposition (*guardian ad litem*), et de s'arrêter sur le verbe *to find*, très courant dans les jugements.

Il est à préciser que tous les noms cités sont purement fictifs. La traduction qui suit l'original est celle de l'auteur.

CAUSE No. ____________

IN THE INTEREST OF:	*	IN THE DISTRICT COURT[1]
[*Name*]	*	______ JUDICIAL DISTRICT
A CHILD	*	_____ COUNTY, [*State*]

DECREE OF TERMINATION[2]

ON THE ______ day of _________, 2001 the Court heard this case.[3]

Petitioner[4] ASSOCIATES, a licensed child placing agency, appeared in person and by their attorney of record[5] and announced ready for trial.

Respondent,[6] MARY SMITH, social security # […], drivers licence # […] waived issuance[7] and service of citation by waiver duly filed[8] and did not otherwise appear.

Respondent, RICHARD JONES, social security # […], drivers licence # […] waived issuance and service of citation by waiver duly filed and did not otherwise appear.

The Court, after examining the records and hearing the evidence and argument of counsel, finds that it has jurisdiction of this case[9] and of all the parties and that no other court has continuing, exclusive jurisdiction of this case. All persons entitled to citation were properly cited.

A jury was waived, and all questions of fact and of law were submitted to the Court.

The making of a record of testimony was waived by the parties[10] with the consent of the Court.

[…]

The Court finds that the following child is the subject of this suit:[11]

Name: ________________

Sex: _____________

Birthdate: ____________

Birthplace: ____________

The Court finds by clear and convincing evidence[12] that MARY SMITH […] executed an unrevoked or irrevocable affidavit[13] of relinquishment of parental rights as provided for by chapter […] of the [*State*] Family Code.

The Court also finds by clear and convincing evidence that termination of the parent-child relationship between MARY SMITH and the child the subject of this suit is in the best interest of the child.

TRADUCTION

AFFAIRE N° ____________

Dans l'intérêt de :	*	Tribunal de district
[*Nom*]	*	_______ circonscription judiciaire
Un enfant	*	Comté de _____, [*État*]

JUGEMENT DE DISSOLUTION

Le Tribunal a entendu la présente affaire le ______________ 2001.

Le demandeur ASSOCIATES, agence agréée de placement d'enfants, a comparu en personne et par l'intermédiaire de son avocat, et a annoncé qu'il était prêt pour l'audience.

Le défendeur, MARY SMITH, numéro de sécurité sociale [...], permis de conduire N° [...], a renoncé à la délivrance et à la signification de la citation par une renonciation dûment déposée, et n'a pas autrement comparu.

Le défendeur, RICHARD JONES, numéro de sécurité sociale [...], permis de conduire N° [...], a renoncé à la délivrance et à la signification de la citation par une renonciation dûment déposée, et n'a pas autrement comparu.

Le Tribunal, après avoir examiné le dossier et entendu les preuves et les arguments de l'avocat, se déclare compétent en l'espèce et rejette la compétence continue et exclusive de tout autre tribunal. Toutes les personnes ayant droit à être citées ont été dûment citées.

Il a été renoncé à la constitution d'un jury, et toutes les questions de fait et de droit ont été soumises au Tribunal.

Les parties ont renoncé, avec l'accord du Tribunal, à ce qu'il soit dressé procès-verbal des témoignages.

[...]

Le Tribunal prend acte que l'enfant qui fait l'objet de la présente procédure est :

Nom : ______________

Sexe : ____________

Date de naissance : ____________

Lieu de naissance : ____________

Le Tribunal constate, au regard de preuves claires et convaincantes, que MARY SMITH [...] a signé une déclaration non révoquée ou irrévocable de renonciation aux droits parentaux conformément au chapitre [...] du Code de la famille de [*Etat*].

Le Tribunal estime en outre, au regard de preuves claires et convaincantes, que la dissolution de la relation parentale entre MARY SMITH et l'enfant qui fait l'objet de la présente procédure est dans l'intérêt de l'enfant.

IT IS THEREFORE ORDERED[14] that the parent-child relationship between MARY SMITH and the child the subject of this suit is terminated.

The Court finds by clear and convincing evidence that the parent-child relationship between the child the subject of this suit and the alleged father, RICHARD JONES, does not exist in law or in fact and that he has executed an affidavit of waiver of interest as to the child, including a waiver of notice and of service of citation, which affidavit is filed in this case, and it is therefore ORDERED that he has no interest whatsoever in or to the child.[15]

The Court finds that the interests of the child were adequately represented by ASSOCIATES, a licensed child placing agency, and were not adverse to that of Petitioner, and that an Attorney Ad Litem or Guardian Ad Litem[16] for the child was not necessary and was waived by the Court.[17]

[…]

IT IS ORDERED that ASSOCIATES is appointed Managing Conservators[18] of the child the subject of this suit, the Court finding this appointment to be in the best interest of the child.

IT IS ORDERED that costs of court are to be borne by the party who incurred them.

IT IS ORDERED that all papers and records in this case,[19] including the minutes, be SEALED.[20]

IT IS ORDERED that all relief requested in this case and not expressly granted is denied.

SIGNED this _____ day of ______________, 2001.

[*Signature*]
JUDGE PRESIDING

[…]

Notes

1. District Court : généralement présidées par un juge unique, les *district courts* sont les tribunaux de première instance du système judiciaire fédéral américain : « *The district courts are federal trial courts with general federal jurisdiction. There is at least one district in each state, while some larger states have as many as four. There are in all 92 federal district courts in the 50 states plus one in the District of Columbia and one in Puerto Rico.* » (*Merriam Webster's Dictionary of Law*).
Cette institution spécifiquement américaine est sans réel équivalent en France et il est préférable, dans la traduction, d'éviter les équivalents directs tels que « tribunal de police » ou « tribunal d'arrondissement », qui apparaîtraient quelque peu incongrus dans le contexte. Parmi les solutions possibles figurent le calque – « tribunal de district » (ou « de circonscription ») – et l'emprunt, accompagné le cas échéant d'une note explicative (voir aussi, à propos des termes culturels, le chapitre 6 de la première partie, *Classification des termes juridiques du point de vue de la traduction*, et le chapitre 1 de la deuxième partie, *La traduction des termes à fort contenu culturel : une étude de cas*).

2. Decree of Termination : le terme *decree* entre dans la catégorie des faux amis partiels : le terme peut bien

Par conséquent, le Tribunal ordonne la dissolution de la relation parentale entre MARY SMITH et l'enfant qui fait l'objet de la présente procédure.

Le Tribunal estime, au regard de preuves claires et convaincantes, que la relation parentale entre l'enfant qui fait l'objet de la présente procédure et le père présumé, RICHARD JONES, n'existe ni au regard de la loi ni de fait, et constate que ce dernier a signé une déclaration de renonciation à ses droits sur l'enfant, y compris une renonciation aux notifications et à la signification de la citation, laquelle déclaration a été versée au dossier ; par conséquent, le Tribunal estime que RICHARD JONES n'a aucun droit sur l'enfant.

Le Tribunal estime que les intérêts de l'enfant étaient adéquatement représentés par ASSOCIATES, agence agréée de placement d'enfants, et qu'ils n'étaient pas contraires à ceux du Demandeur, et qu'un mandataire ad litem ou un tuteur ad litem n'était pas nécessaire pour l'enfant (le Tribunal y a donc renoncé).

[...]

Le Tribunal ordonne que ASSOCIATES soit nommé tuteur de l'enfant qui fait l'objet de la présente procédure, le Tribunal jugeant cette nomination dans l'intérêt de l'enfant.

Le Tribunal ordonne que les dépens soient supportés par la partie qui les a engagés.

Le Tribunal ordonne que toutes les pièces du dossier, y compris les procès-verbaux, soient scellées.

Toutes les demandes présentées dans la présente procédure qui ne sont pas expressément accueillies sont rejetées.

Signé ce jour, le ____________________ 2001.

[*Signature*]____________________
Le Président

[...]

---

sûr avoir le sens de « décret » (ou d'« ordonnance » ou d'« arrêté »), mais peut aussi désigner, comme ici, un « jugement » (rendu par une *court of equity*).
Le terme apparaît dans de nombreux composés – ex. *decree for specific performance* : « ordonnance d'exécution forcée (d'un contrat) » – dont certains comprennent un latinisme en postposition : *decree in rem* : « jugement opposable aux tiers », *decree nisi* : « jugement de divorce provisoire ».

3. the Court heard this case : comme *waiver* et *termination*, *case* figure parmi les termes de base du vocabulaire juridique anglais. Sa forte polysémie explique la multitude de traductions possibles : « cause », « espèce », « affaire », « litige », « procès », « instance », « dossier », etc. (voir notes 4(1, 16, 19), 5(21)).

4. Petitioner : le *petitioner* est la partie qui dépose une *petition*, une « requête » (ou une « demande »), d'où ses traductions : « requérant(e) », « demandeur » ou « demanderesse ».

5. their attorney of record : l'*attorney of record* est l'avocat chargé d'un dossier en particulier, d'où la traduction explicative proposée par certains dictionnaires : « avocat chargé du dossier/de l'affaire » (*Dictionnaire de l'anglais économique et juridique*, Le Livre de Poche). Cette traduction reste cependant difficile à utiliser en contexte et « avocat » suffira dans la plupart des cas. La traduction « avocat occupant » est surtout utilisée dans le contexte canadien.

6. Respondent : ce terme, traduit par « défendeur », est propre aux instances introduites par *petition*.

7. waived issuance : le verbe *to waive* est transitif, contrairement à sa principale traduction, « renoncer à ». Parmi ses autres traductions possibles, citons « abandonner », « déroger à » ou « se désister de (ses droits) ». Très courant dans le contexte juridique, dans lequel il a pris un sens spécialisé, le verbe *to waive* est synonyme de *to relinquish* : « Originally, *waive* was just as broad as *abandon*. In general usage today, *waive* means "to relinquish something that one has the right to expect" [...]. And in legal usage, the word ordinarily means "to relinquish a legal right" <the company waived that defense>. » (Bryan A. Garner, *A Dictionary of Modern Legal Usage*, Oxford University Press, 1995, pp. 922-923).

8. by waiver duly filed : le substantif *waiver* se construit avec la préposition *of* : *waiver of a right* (« renonciation à un droit », « abandon d'un droit »). Le terme peut aussi avoir le sens de « dérogation », de « dispense », de « levée » (de l'immunité, par exemple) ou de « décharge » (dans le contexte médical).

9. finds that it has jurisdiction of this case : le terme polysémique *jurisdiction* est ici traduit par transposition adjectivale : « (Le Tribunal) se déclare *compétent* en l'espèce ».
Jurisdiction est un terme de base du vocabulaire juridique anglais qui se traduira différemment selon les cooccurrents et les contextes : *lack of jurisdiction* : « incompétence », *to fall within the court's jurisdiction* : « relever de la compétence du tribunal », *first-instance jurisdiction* : « compétence du premier degré », etc.
Le terme se rencontre également dans des composés mixtes avec latinisme postposé : *jurisdiction ratione loci* : « compétence territoriale », *jurisdiction ratione materiae* : « compétence d'attribution/matérielle ».
« Juridiction » est généralement à éviter en français dans le sens de « compétence », même si certains reconnaissent cette acception au terme : « *Juridiction* est le terme générique pour désigner les organes chargés de juger, de dire le droit : les tribunaux, cours et conseils. *Juridiction* s'emploie aussi comme synonyme de *compétence*. On parle par exemple de la *juridiction* d'un tribunal. » (Sébastien Bissardon, *Guide du langage juridique*, Editions du Juris-Classeur, 2002, p. 204) (voir aussi 2(14), 8(19), 12(23)).

10. The making of a record of testimony was waived by the parties : le verbe « renoncer à » étant intransitif, il est nécessaire ici d'introduire un passif impersonnel dans la traduction : « Les parties ont renoncé [...] à ce qu'il soit dressé procès-verbal des témoignages. »

11. The Court finds that the following child is the subject of this suit : très fréquent dans les jugements, le verbe *to find*, qui s'applique généralement au tribunal, peut introduire une opinion ou une constatation : dans le premier cas, on pourra le traduire par « estimer », « juger » ou « considérer », dans le second, par « constater », « prendre acte (de/que) » ou « relever ».
Le verbe se rencontre également dans de nombreuses expressions figées : *to find a verdict* : « rendre un verdict », *to find guilty* : « déclarer coupable », *to find for the plaintiff* : « accueillir la prétention du demandeur », etc.
Le dérivé substantival *finding*, pour sa part, pourra se rendre par « constatation », « conclusion », « observation », ou « appréciation », selon le cas (voir texte 5).

12. clear and convincing evidence : « *evidence showing a high probability of truth of the factual matter at issue* » (*Merriam Webster's Dictionary of Law*). « Preuves claires et convaincantes » n'est pas la seule traduction possible de cette expression, comme en témoigne cet extrait d'une décision de la Chambre de recours de l'Office européen des brevets :
The deciding body has to be satisfied on the basis of clear and convincing evidence that the law has been circumvented by abuse of process : « L'existence d'un contournement abusif de la loi doit être établie sur la base d'une preuve claire et sans équivoque, qui emporte la conviction de l'instance appelée à statuer. »

13. affidavit : ce latinisme doit généralement se traduire (« déclaration sous serment »), même s'il est connu du juriste français : « terme latin (troisième personne du singulier du passé du v. *affido*, lat. médiév., faire foi, attester, affirmer) signifiant litt. « Il a affirmé », parfois employé pour désigner une déclaration faite sur la foi du serment. » (G. Cornu, *Vocabulaire juridique*).

14. It is therefore ordered : il apparaît plus naturel ici d'avoir recours à la voix active en français : « Par conséquent, le Tribunal ordonne... ». On rencontre parfois, dans les jugements, le triplet *ordered, adjudged, and decreed*, mais celui-ci est généralement considéré comme redondant.

15. he has no interest whatsoever in or to the child : la double préposition *in or to* ne peut être conservée dans la traduction, d'où la simplification : « ... n'a aucun droit sur l'enfant ».

16. Guardian Ad Litem : le latinisme *ad litem*, qui apparaît généralement en postposition, signifie littéralement « aux fins du procès », « pour les besoins du procès », et peut être conservé dans la traduction : « tuteur ad litem ». Parmi les autres composés dans lesquels apparaît le terme (toujours en postposition), citons « mandat ad litem » et « juge ad litem ». A noter cette définition : « L'expression *ad litem* [...] est employée pour désigner ce qui n'existe qu'en vue d'un procès déterminé. Ainsi, le mandat *ad litem* (ou *mandat de représentation en justice*) est l'acte par lequel une personne donne à un avocat ou à un avoué mission de la représenter en justice, c'est-à-dire d'accomplir en son nom les actes de la procédure. » (Sébastien Bissardon, *Guide du langage juridique*, Editions du Juris-Classeur, 2002, p. 69).

17. and was waived by the Court : cette tournure passive ne peut être conservée dans la traduction : « le Tribunal y a donc renoncé ».

18. Managing Conservators : le terme *managing conservator* désigne généralement le parent qui a la garde de l'enfant.

19. all papers and records in this case : exemple d'économie syntaxique : « toutes les pièces du dossier ». Dans le contexte juridique, « pièce » a le sens de « *document, écrit, papiers ; spécialement, documents produits devant une juridiction par les parties à l'appui de leurs prétentions* » (G. Cornu, *Vocabulaire juridique*).

20. be sealed : en ordonnant que les pièces du dossier soient « scellées », le tribunal indique que ces dernières ne devront pas être accessibles au public.

Index des termes et expressions juridiques

Cet index reprend les termes et expressions juridiques abordés dans les notes des traductions proposées en troisième partie. Le premier numéro renvoie au texte, le second à la note elle-même.

Glossaire des termes techniques

Cet index reprend les termes utilisés dans les notes des traductions commentées et dans certains chapitres de la première partie de l'ouvrage. Ces termes, agrémentés d'une définition succincte, relèvent de différents domaines d'étude : techniques de traduction, terminologie, rhétorique, linguistique, ou plus simplement, grammaire.

Le premier numéro renvoie au texte, le second à la note elle-même.

Les définitions proviennent pour la plupart des ouvrages suivants : *Stylistique comparée du français et de l'anglais* (J.P. Vinay et J. Darbelnet, Didier, 1977), *La traduction raisonnée* (Jean Delisle, Presses de l'Université d'Ottawa, 1993), *La traduction de l'anglais au français* (Michel Ballard, Nathan, 1987), *Structures lexicales de l'anglais* (Jean Tournier, Nathan, 1991), *Lexicologie contrastive anglais-français* (Michel Paillard, Ophrys, 2000), *Le Petit Robert - Dictionnaire de la langue française* (édition 2000).

adjectif de relation
déterminant du substantif qui n'exprime pas une qualité inhérente de l'être ou de l'objet désigné par le déterminé, mais un lien relationnel de dépendance, d'appartenance ou d'exclusion. Note : en français, cette relation prend habituellement la forme d'un complément déterminatif articulé au moyen d'une préposition. Ex. : « *A postal employee* : un employé des postes » ; 14(5). Voir aussi *L'apport de la lexicologie dans le travail du traducteur juridique*.

ambivalent
se dit de mots qui peuvent exprimer deux directions contraires, soit au sens propre (mouvement), soit au sens figuré (échange, rapport). Ex. : *loan* peut être « prêt » ou « emprunt », selon le point de vue ; 11(1, 5, 18).

amphibologie
il y a amphibologie lorsque, dans un texte, un terme polysémique est utilisé par le locuteur de telle manière qu'il crée pour le récepteur l'équivoque, c'est-à-dire le doute et l'hésitation sur celui des sens dans lequel il faut alors prendre le terme (Voir Chapitre 12, 1ère partie).

anaphore
reprise par un segment d'un autre segment du discours ; 9(24). Voir aussi Chapitre 4, 1ère partie.

animisme
démarche de la langue qui tend à donner aux choses le comportement des personnes ; 5(13), 8(12).

antanaclase
figure de style consistant à jouer sur la polysémie des mots, c'est-à-dire jouer, dans une même phrase, sur les différents sens d'un même mot ; 5(2).

antonyme
mot, syntagme, qui, par le sens, s'oppose directement à un autre ; 4(9), 11(6).

apocope
forme particulièrement répandue de troncation (voir ce mot) qui consiste à supprimer la partie postérieure d'un mot ; 13(12).

calque
emprunt d'un syntagme étranger avec traduction littérale de ses éléments ; 7(32), 16(1).

collocation
association syntagmatique, dans un même énoncé, de deux ou plusieurs unités lexicales distinctes et habituellement liées ; 1(3, 10), 2(7), 3(14), 5(25), 9(7), 10(11, 24), 12(1), 13(11).

compléments cognitifs
connaissances extralinguistiques mobilisées par le traducteur au moment où il cherche une équivalence. Les compléments cognitifs, essentiels à la constitution du sens, comprennent, entre autres, les renseignements concernant l'auteur et le destinataire du texte, le contexte cognitif, les présupposés extradiscursifs et les connaissances thématiques pertinentes.

concision
procédé relevant des techniques de rédaction qui consiste à exprimer une idée dans le texte d'arrivée en moins de mots que le texte de départ. La concision résulte habituellement de l'élimination des lourdeurs, des répétitions inutiles, des pléonasmes ou de toutes autres maladresses de style ; 7(11, 18), 11(6).

connotation
éléments subjectifs, affectifs et variables de la signification d'un mot. Cette charge affective se superpose à la dénotation ; 2(8).

contexte cognitif
informations cumulatives emmagasinées par le traducteur au fur et à mesure qu'il lit et analyse le texte de départ et dont dépend sa compréhension ; 11(5).

conversion
procédé qui permet à un mot de changer de catégorie grammaticale sans changer de forme. Le phénomène est particulièrement répandu en anglais en ce qui concerne la double appartenance verbo-nominale, pour des notions aussi diverses que : *attempt*, *board*, *bus*, *drink*, *experience*, etc. ; 11(23).

cooccurrence
présence dans un même énoncé de deux ou plusieurs unités lexicales distinctes, consécutives ou non, et formant une unité de signification. L'usage privilégie certaines cooccurrences (voir « cooccurrent ») ; 7(1, 16).

cooccurrent
chacune des unités lexicales coexistant dans un même énoncé et qui sont liées par le sens (voir « cooccurrence ») ; 1(13), 2(3), 3(24), 4(13, 23), 5(3), 6(2), 9(15), 11(17), 12(11), 13(3, 9, 16), 14(5), 15(1), 16(9).

déictique
mot ou expression qui semble montrer les objets du doigt et dont le sens ne peut être précisé que par renvoi à la situation ou au contexte ; 4(4, 19), 6(12), 8(1), 11(19).

dilution
répartition d'un signifié sur plusieurs signifiants ; 4(15), 7(15, 23), 15(2, 4, 17, 19).

disjonction exclusive
proposition qui renferme un choix assorti d'une condition. On distingue les disjonctions d'antériorité (ex. *whichever is* (*the*) *earlier*), de postériorité, d'infériorité et de supériorité ; 1(18), 13(8).

économie
procédé de traduction relevant des techniques de rédaction qui consiste à reformuler un énoncé en utilisant moins de mots que le texte de départ. On distingue l'économie syntaxique et l'économie lexicale ; 1(7), 2(12), 5(6, 7), 6(17), 7(30).

ellipse
procédé par lequel on sous-entend un terme ou un syntagme cité précédemment. Ce procédé est beaucoup plus fréquent en anglais qu'en français ; 1(26), 3(11), 5(23), 7(29), 8(8, 9), 10(9), 11(17), 15(14).

emprunt
mot qu'une langue emprunte à une autre sans le traduire ; 3(18), 4(32), 9(2), 10(4), 12(29), 14(2, 10), 16(1).

équivalence
procédé de traduction qui consiste à rendre compte d'une situation exprimée dans le texte de départ en ayant recours à une formulation entièrement différente.

étoffement
procédé de traduction consistant à employer plus de mots que la langue de départ pour exprimer une idée ou pour renforcer un mot du texte de départ (une préposition, par exemple) dont le correspondant en langue d'arrivée n'a pas la même autonomie ; 1(2, 11, 22, 26), 2(10, 13), 3(11, 14), 4(1, 4, 19), 7(29), 8(3, 5), 9(22, 24, 27, 28), 10(12, 17, 18), 11(17, 20), 12(20, 22), 13(18), 15(11, 16) ; étoffement du pronom : 1(2).

faux amis
mots de langues différentes qui se correspondent par la morphologie mais qui, ayant évolué dans deux systèmes linguistiques séparés, voire dans deux civilisations distinctes, ont acquis des significations différentes ; 1(3, 27), 2(8), 3(7, 22), 4(29), 6(2, 16), 7(16, 20, 28), 9(5), 10(10, 15), 11(14, 16), 12(32), 14(3), 15(8, 18, 19, 22, 23), 16(2). Voir aussi Chapitre 9, 1ère partie.

générique
terme assez général pour servir d'étiquette commune à des mots dont l'extension est plus restreinte. Voir « hyperonyme » ; 1(13), 2(6), 3(17, 19), 5(4, 20), 7(1, 9), 9(17).

homographes
se dit des mots qui ont la même orthographe ; 14(4).

homophones
mots dont la prononciation est identique mais dont l'orthographe est différente ; 11(7), 12(18).

hyperonyme
terme assez général pour servir d'étiquette commune à des mots dont l'extension est plus restreinte. Un hyperonyme englobe sous un même genre plusieurs espèces différentes. Le mot « animal », par exemple, est l'hyperonyme de « chien », « chat », « cheval », qui sont eux des hyponymes ; 5(10), 6(8), 7(1), 10(7).

hyperonymisation
technique consistant à rendre un hyponyme, terme spécifique, par un hyperonyme, terme générique ; 11(2).

hyponyme
désigne un mot en ce qu'il représente un objet ou un concept particulier (on parle de terme « spécifique ») par rapport à un autre mot qui désigne la classe générale de ces objets ou de ces concepts (on parle de terme « générique ») ; 7(1, 9).

hyponymisation
technique consistant à rendre un hyperonyme, terme générique, par un hyponyme, terme spécifique (synonyme de « particularisation », voir ce mot) ; 2(6), 5(10), 7(1), 11(3).

inférence contextuelle
procédé consistant à déduire le sens le plus probable d'un terme ou d'une expression à partir de son contexte ; 9(9).

lacune lexicale
absence, dans la langue d'arrivée, d'un mot, d'une tournure ou d'une situation existant dans la langue de départ ; 5(1), 11(18), 12(3), 14(1), 15(17).

métaphore
figure de style consistant en une comparaison elliptique fondée sur l'analogie existant entre deux objets, deux notions, deux situations présentant un caractère commun.

métonymie
figure de rhétorique, procédé de langage par lequel on exprime un concept au moyen d'un terme désignant un autre concept qui lui est uni par une relation nécessaire (la cause pour l'effet, le contenant pour le contenu, le signe pour la chose signifiée). Ex. « boire un verre » (le contenu), « ameuter la ville » (les habitants) ; 2(15), 8(19), 13(9), 14(6).

modulation
variation obtenue en changeant de point de vue, d'éclairage, et très souvent de catégorie de pensée ; 1(27), 7(4), 8(10), 10(16), 12(6, 17, 24), 15(2, 24, 25).

négativation du discours
caractéristique du discours français qui, comparé au discours anglais, semble privilégier les tournures grammaticalement négatives, le discours anglais favorisant une démarche plus affirmative ; 6(19).

nom adjectivé
se dit d'un nom qui remplit la fonction d'adjectif (les noms adjectivés sont beaucoup plus nombreux en anglais qu'en français) ; 12(20).

nominalisation
type de transposition consistant à traduire un verbe ou un adjectif par un nom ; 9(29).

paronymes
mots d'une même langue, formés habituellement à partir de la même racine, et de forme suffisamment voisine pour être pris pour des équivalents, alors qu'ils ont des sens différents. Ex. : « conjecture » et « conjoncture », « éminent » et « imminent » ; 2(4).

particularisation
traduction d'un terme générique, hyperonyme, par un terme spécifique, hyponyme (synonyme d'« hyponymisation », voir ce mot) ; 5(4).

phraséologisme
unité lexicale figée (peut être une locution, une expression, etc.) ; 9(20), 11(24).

pléonasme
terme ou expression qui ne fait qu'ajouter une répétition à ce qui vient d'être énoncé ; 4(6, 24).

polysémie
fait qu'un même mot possède plusieurs significations ou s'applique à plusieurs concepts ou objets de la réalité. De fait, la présence de mots polysémiques dans un texte (par exemple, dans une phrase) est souvent une source de confusion dans l'interprétation du texte (on parle aussi d'« ambiguïté ») ; 2(14), 7(24), 8(6), 13(1, 10), 16(9). Voir aussi Chapitre 12, 1ère partie.

présupposé extradiscursif
information extralinguistique ou situationnelle apparaissant comme une évidence pour les locuteurs de la langue d'arrivée et qu'il est par conséquent superflu d'exprimer explicitement dans la traduction ; 2(1).

pronominalisation
type de transposition consistant à remplacer, dans la traduction, un nom par un pronom ; 11(12).

restructuration
opération relevant des techniques de rédaction et consistant à modifier l'ordre des unités d'un énoncé afin de respecter les contraintes syntaxiques ou idiomatiques de la langue d'arrivée ; 13(8).

solécisme
faute de langue due à une construction syntaxique erronée, de formes par ailleurs existantes ; 12(26).

sous-traduction
omission volontaire ou non d'une nuance ou d'un élément de sens contenu dans le texte de départ. Lorsqu'elle est volontaire, la sous-traduction est généralement dictée par le contexte

de communication. Ex. *trademark* (« marque de fabrique ») est souvent sous-traduit, notamment dans les composés : *registered trademark* : « marque déposée » ; 12(3).

spécifique
par opposition à générique, mot dont l'extension est plus restreinte que celle de son générique, c'est-à-dire qu'il sert à dénommer une classe d'objets moins étendue. Voir « hyponyme ».

surtraduction
faute de traduction consistant à voir deux unités de traduction là où il n'y en a qu'une ; 4(6), 7(6, 16).

synecdoque
type de métonymie (voir ce mot) consistant à prendre la partie pour le tout ou inversement ; 14(6).

tautologie
fait d'utiliser, au sein d'un même syntagme ou d'une même locution, deux ou plusieurs termes de sens proche. La tautologie est proche du pléonasme ; 1(30), 14(8). Voir aussi Chapitre 10, 1ère partie.

transposition
procédé de traduction par lequel un signifié change de catégorie grammaticale ; 1(10), 2(5, 7), 3(31), 4(2, 21, 29), 7(5), 8(15), 10(23), 11(21), 12(8, 14, 16), 13(5), 14(1, 11), 15(13), 16(9).

troncation
procédé qui consiste à réduire le signifiant d'un mot en en supprimant une partie ; 13(12).

zeugme
construction qui consiste à ne pas énoncer de nouveau, quand l'esprit peut les rétablir aisément, un mot ou un groupe de mots déjà exprimés dans une proposition immédiatement voisine. (*Le Petit Robert*) ; liaison, généralement abusive, qui coordonne ou juxtapose des termes ou des propositions exigeant des constructions différentes (Jean Delisle) ; 3(12), 13(20).

Bibliographie

Organisée en sous-rubriques, la bibliographie qui suit recense essentiellement des ouvrages ayant trait au langage du droit ou à la traduction juridique, dont certains sont cités dans le présent guide, notamment dans les deux premières parties.

Cette bibliographie ne prétendant nullement à l'exhaustivité, le lecteur devra se tenir régulièrement informé des parutions les plus à même de l'intéresser dans son ou ses domaines de prédilection.

Dictionnaires juridiques unilingues

BLACK, Henri, *Black's Law Dictionary*, St. Paul, Minn., West Publishing Co, 1990 [sixième édition].

Merriam-Webster's Dictionary of Law, Springfield, Mass., Merriam-Webster, 1996.

CORNU, Gérard, *Vocabulaire juridique*, Paris, Presses Universitaires de France, 1994 [existe aussi en format de poche, aux éditions Quadrige/PUF].

GUILLIEN, Raymond et VINCENT, Jean, *Lexique des termes juridiques*, Paris, Dalloz [13ème édition parue en juillet 2001].

PICOTTE, Jacques et coll., *Juridictionnaire : recueil des difficultés et des ressources du français juridique*, Tomes 1 et 2, Centre de terminologie juridique, École de droit, Université de Moncton, 1991.

ROLAND, Henri et BOYER, Laurent, *Dictionnaire des expressions juridiques*, Lyon, L'Hermès, 1991 [2e édition].

Dictionnaires juridiques bilingues

AGLION, Raoul, *Dictionnaire juridique anglais-français*, New-York/Paris, Brentano's, 1947.

BALEYTE, Jean, KURGANSKY, Alexandre et LAROCHE, Christian *(d'après les travaux de Th. Quemner)*, *Dictionnaire juridique français-anglais/anglais-français*, Paris, Éditions de Navarre, 1977 [réédité en 2000 chez L.G.D.J.].

BEAUDOIN, Louis, *Les mots du droit*, Cowansville (Québec), Éditions Yvon Blais Inc., 2000.

Conseil de l'Europe, *Lexique anglais-français (principalement juridique)*, Bruxelles, Éditions du Conseil de l'Europe, 1993 [existe aussi dans le sens français-anglais].

DEYSINE, Anne, *Dictionnaire de l'anglais économique et juridique*, Paris, Le Livre de Poche, 1996.

MATZNER, Elsa, *Lexi-Loi, lexique juridique français/anglais-anglais/français*, Presses Universitaires de Perpignan, 1997.

SAINT DAHL, Henry, *Dictionnaire juridique Dahl/Dahl's Law Dictionary, français-anglais/anglais-français*, Buffalo/Paris, Hein-Dalloz, 1995.

Vocabulaire juridique et langage du droit

BROSTOFF, Teresa & SINSHEIMER, Ann, *Legal English: An Introduction to the Legal Language and Culture of the United States*, Oceana Publications, 2000.

GIBBONS, J. (ed.), *Language and the Law*, London, Longman, 1994.

KLINCK, Dennis R., *The Word of the Law*, Carleton University Press, 1992.

MELLINKOFF, David, *The Language of the Law*, Boston, Little, Brown & Co, 1963.

MORAWETZ, Thomas, *Law and Language*, Ashgate/Dartmouth, 2000.

ROSSINI, Christine, *English as a Legal Language*, Kluwer Law International, 1998.

BEAUDOIN, Louis et MAILHOT, Madeleine, *Expressions juridiques en un clin d'œil*, Cowansville (Québec), Éditions Yvon Blais Inc., 1997.

BISSARDON, Sébastien, *Guide du langage juridique : les pièges à éviter*, Paris, Litec, 2002.

BREILLAT, Dominique et de LAMBERTERIE, Isabelle (dir.), *Le français langue du droit*, Actes du colloque international, Poitiers, 6 et 7 novembre 1997, Presses Universitaires de France, 2000.

CORNU, Gérard, *Linguistique juridique*, Paris, Domat droit privé/Montchrestien, 2000 (*2e édition*).

GÉMAR, Jean-Claude et Vo HO-THUY, *Difficultés du langage du droit au Canada*, Cowansville (Québec), Éditions Yvon Blais Inc., 2e éd., 1997.

INGBER, Léo et VASSART, Patrick, *Le langage du droit : études*, Bruxelles, Éditions Némésis, 1991.

MIMIN, Pierre, *Le style des jugements*, Paris, Librairies Techniques, 1978.

MOLFESSIS, Nicolas (dir.), *Les mots de la loi*, Paris, Economica, collection Études Juridiques, 1999.

ROBIN, Cécile, *La langue du procès*, Nouvelle bibliothèque de thèses, LGDJ/Fondation Alexandre Varenne, 2000.

SCHMIDT, Christine, *Introduction à la langue juridique française*, Baden-Baden, Nomos Verlag, 1997.

SCHROEDER, François-Michel, *Le nouveau style juridique*, Paris, Dalloz, 1978.

SNOW, Gérard et VANDERLINDEN, Jacques (dir.), *Français juridique et science du droit*, actes du deuxième colloque international du Centre international de la common law en français (CICLEF), Bruxelles, Bruylant, 1995.

SOURIOUX, Jean-Louis et LERAT, Pierre, *Le langage du droit*, Paris, Presses Universitaires de France, 1975.

Droit et langue

BOUSCAREN, Christian et GREENSTEIN, Rosalind, *Les bases du droit anglais*, Paris, Ophrys, 1993.

CAIRNS, Walter et McKEON, Robert, *Introduction to French Law*, London, Cavendish Publishing Limited, 1995.

COSTA, Francisque, *L'anglais juridique*, Paris, Armand Colin, 1984.

DAMBOURNET D., DAMBOURNET P. et DEMAZET B., *Le droit commercial aux États-Unis/American commercial law*, Paris, Éditions Communications Actives, Collection ENSAM, 1986.

DHUICQ, Bernard et FRISON, Danièle, *L'anglais juridique*, Paris, Pocket Langues pour tous, 1993.

MORÉTEAU, Olivier, *Le droit anglais des affaires*, Paris, Dalloz, 2000.

SÉROUSSI, Roland, *Introduction aux droits anglais et américain*, Paris, Dunod, 1994.

WAGNER, Anne, *La langue de la common law*, Paris, L'Harmattan, 2002.

Rédaction juridique

DOONAN, Elmer, *Drafting*, London, Cavendish Publishing Limited, 1995.

GARNER, Bryan A., *A Dictionary of Modern Legal Usage*, New York/Oxford, Oxford University Press, 1987 [réédité en 1995].

RYLANCE, Paul, *Legal writing & drafting*, London, Blackstone Press, 1994.

WEIHOFEN, Henry, *Legal writing style*, St Paul (Minn.), West Publishing Co., 1980.

BERGEAL, Catherine, *Savoir rédiger un texte normatif*, Paris, Berger-Levrault, 2000.

Traduction juridique

ATA, Actes du colloque international *Legal translation: Raising the bar*, Jersey City, 2-4 mai 2003 [disponible auprès de l'ATA].

BOCQUET, Claude, *Pour une méthode de traduction juridique*, Prilly, Éditions CB, 1994.

ETI-ASTTI, Actes du colloque *La traduction juridique : Histoire, théorie(s) et pratique* (Université de Genève, 17-19 février 2000), 2000.

GÉMAR, Jean-Claude (dir.), *Langage du droit et traduction*, Montréal, Linguatech/Conseil de la langue française, 1982.

META, numéro spécial, *La traduction juridique*, vol. 24, N°1, 1979 [disponible gratuitement par téléchargement sur le site de META : www.erudit.org/revue/meta/1979/v24/n1/index.html]

META, numéro spécial, *Traduction et terminologie juridiques*, vol. 47, N°2, juin 2002.

SARCEVIC, Susan, *New Approach to Legal Translation*, The Hague, Kluwer Law International, 1997.

Contrats

BOYÉ, Éric, *L'anglais des contrats internationaux*, Paris, Dunod, 1988 [réédité en 2001 chez Litec].

d'AUZON, Olivier, *Modèles de contrats en anglais*, Paris, Éditions d'Organisation, 2002.

DEMAN, Myriam et MATZNER, Elsa, *Guide pratique pour la lecture des contrats anglais*, Presses universitaires de Perpignan, 1997.

HOUBERT, Frédéric, *Dictionnaire des difficultés de l'anglais des contrats*, Paris, La Maison du Dictionnaire, 2000.

LECLERCQ, Xavier, *Les contrats commerciaux business to business*, Paris, Top Éditions, 1999.

SOURIOUX, Jean-Louis et LERAT, Pierre, *Dictionnaire juridique - Terminologie du contrat (français-anglais-allemand)*, Paris, Conseil international de la langue française, Presses Universitaires de France, 1994.

Articles

de DAX, Françoise, *La spécificité de la traduction juridique*, Le journal du traducteur, n°17, mai 1996.

DE LEO, Davide, *Pitfalls in legal translation*, The Translation Journal, Vol. 3, No. 2, www.accurapid.com/journal.

EXELL PIRRO, Deirdre, *La traduzione giuridica*, The Translation Journal, Vol. 5, No. 3.

GÉMAR, Jean-Claude, *Réflexions sur le langage du droit : problèmes de langue et de style*, META, vol. 26, N°4, 1981.

GÉMAR, Jean-Claude, *Terminologie, langue et discours juridiques. Sens et signification du langage du droit*, META, vol. 36, N°1, 1991.

GREENSTEIN, Rosalind, *Sur la traduction juridique*, Traduire n°171, 1997.

GREENSTEIN, Rosalind, *Vol au-dessus d'un nid de casquettes ou tout ce que vous avez toujours voulu savoir sur les pièges de la traduction juridique*, in *Variations autour d'un droit commun*, Unité mixte de recherche de droit comparé de Paris, Société de législation comparée, 2001.

HOUBERT, Frédéric et KAISER, Olivier, *Ces mots et expressions qui font la loi*, bulletin de terminologie juridique (sept numéros parus à ce jour), Juripole, www.juripole.u-nancy.fr.

MIKKELSON, Holly, *Awareness of the Language of the Law and the Preservation of Register in the Training of Legal Translators and Interpreters*, www.acebo.com/papers.

Sélection de sites Web susceptibles d'intéresser le traducteur juridique

Lexiques, glossaires et autres ressources terminologiques :

- www.uottawa.ca/associations/ctdj/lexfed/calefed.htm

Lexique juridique très complet, composé de termes et d'expressions issus des lois fédérales canadiennes (disponible dans les combinaisons anglais-français et français-anglais).

- www.oqlf.gouv.qc.ca/ressources/gdt_bdl2.html

Ressource terminologique canadienne, très riche en termes juridiques.

- http://europa.eu.int/eurodicautom/login.jsp

La base de données terminologique incontournable de la Commission européenne.

- http://perso.club-internet.fr/sbraudo/dictionnaire/cadre.html

Dictionnaire du droit privé de Serge Braudo, conseiller honoraire près la Cour d'appel de Versailles.

- http://www.murielle-cahen.com/lexique.asp

Lexique de termes juridiques proposé par un avocat près la cour d'appel de Paris.

Divers :

- www.ustboniface.mb.ca/cusb/institut

Site permettant d'accéder au *Juricourriel*, service lancé par l'Institut Joseph-Dubuc

« pour sensibiliser les juristes d'expression française de l'Ouest canadien à diverses difficultés ou subtilités du français juridique en contexte de common law ». Pour s'abonner gratuitement au *Juricourriel*, envoyer un message à institut@ustboniface.mb.ca.

- www.contracts.corporate.findlaw.com
Base de données proposant des centaines de contrats (en anglais).

- http://juripole.u-nancy.fr/
Serveur juridique de l'Université de Nancy 2.

- http://www.jurisint.org
Base de données proposée par le Centre du Commerce international CNUCED/OMC et le Juripole de Nancy (modèles de contrats internationaux, instruments juridiques internationaux, etc.).

- http://globegate.utm.edu/french/globegate_mirror/law.html
Sélection de liens sur le système juridique français et, plus largement, la « francophonie juridique ».

- www.village-justice.com/journal/articles/traduction
Sélection d'articles sur la traduction juridique.

- http://www.droit.fundp.ac.be/langues/com/tja.html
Exercices corrigés de terminologie juridique anglaise (Université de Liège).

- http://www.ac-montpellier.fr/ressources/99/99jf_cadres.html
Série de questions-réponses sur la justice française.

- http://intec.cnam.fr/intec/cp/uv200/index.htm
Cours de droit des sociétés, accompagné de documents divers : spécimen de statuts d'une société anonyme, statuts de la société L'Oréal, convocation des actionnaires, etc.

- http://www.upmf-grenoble.fr/cours/droitcomp
Cours complet de droit comparé, avec présentation des systèmes juridiques anglais et américain (Université de Grenoble).

- http://www.plainenglish.co.uk
Site de l'association Plain English Campaign, proposant lexiques, articles et guides de style.

- http://www.library.uu.nl/publarchief/jb/congres/01809180/15/b2.pdf
Article d'un professeur néerlandais de droit comparé sur les relations entre langue et droit (*Language and Law*).

- www.droitanglais.org
Le « premier portail francophone consacré au droit anglais ». Propose une sélection de liens classés par rubriques : actualités juridiques, formations en droit anglais, jurisprudence, procédure civile, revues juridiques et éditeurs, etc.

- http://www.legifrance.gouv.fr/html/codes_traduits/liste.htm
Traduction, en anglais et en espagnol, des principaux codes français : code de procédure civile, code du commerce, code des marchés publics, code des assurances, code pénal, etc. Les traductions sont accompagnées de glossaires avec explication des termes en anglais.

- www.unidroit.org
Site officiel de l'Institut international pour l'unification du droit privé, proposant diver-

ses rubriques : principes d'Unidroit relatifs aux contrats du commerce international, principes et règles de procédure civile transnationale, conventions d'Unidroit, etc.

Forum de discussion

Le site du village de la justice (www.village-justice.com/forum/index/html) propose un certain nombre de forums de discussion, dont un porte spécifiquement sur la traduction juridique. Les traducteurs juridiques peuvent y poser des questions sur les problèmes de traduction qu'ils rencontrent ou apporter leurs propres réponses à tel ou tel problème terminologique.

Exemple d'échange :

Question : « Comment traduiriez-vous l'expression "Common law", sous réserve qu'une traduction soit possible ? Les réponses : "droit commun" ou "droit coutumier" me sont connues. Merci. »

Réponse 1 : « La solution que j'ai personnellement adoptée consiste à reprendre le terme common law en italiques, quitte à l'expliquer dans une note de bas de page. Cette solution permet de bien mettre en évidence la spécificité du concept. »

Réponse 2 : « Il me semble qu'en droit français contemporain, le terme Common Law n'a plus besoin d'être traduit. Depuis les travaux des professeurs Carbonnier et Fromont, ce terme est depuis considéré comme un anglicisme. Alors, la seule précaution qui demeure c'est la majuscule Common Law, et si l'on veut, les italiques. »

Réponse 3 : « Je crois que le terme Common Law est connu et consacré. La question est de savoir s'il s'emploie au masculin ou féminin. Le féminin semble plus naturel et plus fréquent ; je ne saurais pas vous dire pourquoi. »

Réponse 4 : « Le terme Common Law ne change pas en français. Il désigne le système juridique, par opposition au droit civil. Il reste common law, est féminin (la c.l). Du moins c'est l'usage consacré au Canada où existent en parallèle les deux systèmes. Le droit civil au Québec et la common law dans les provinces anglophones. D'autre part, les minorités de langues officielles (francophone en anglophonie, anglophone en francophonie) formulent depuis plus d'une vingtaine d'années une terminologie française de la common law (CLEF = common law en français et DCA = droit civil en anglais). Terminologie normalisée et utilisée dans les lois, etc. »

Liste de diffusion

La liste *Legal Translators*, proposée par Yahoo! Groups, est exclusivement consacrée à la traduction juridique. Les traducteurs spécialisés peuvent y poser des questions sur les problèmes terminologiques qu'ils rencontrent ou apporter eux-mêmes des éléments de réponse.

Pour s'y abonner, envoyer un message vierge à legaltranslators-subscribe@yahoogroups.com.

Exemple d'échange :

Question : « Pourriez-vous me suggérer, tous contextes confondus, une bonne traduction française pour "contingency fee" ? Les traductions proposées par les dictionnaires juridiques sont utiles, mais difficilement utilisables en contexte : ex. "honoraires proportionnels aux indemnités obtenues". Auriez-vous une traduction plus "compacte" ? »

Réponse 1 : « A contingency fee is a fee which is based on the outcome of a lawsuit, as opposed to payment for hours billed. »

Réponse 2 : « "contingency fee system" = régime d'honoraires conditionnels (d'après Termium) et "contingency-fee arrangement" = détermination des honoraires en fonction des résultats (encore Termium). »

Réponse 3 : « Désolé de ne pas avoir répondu plus tôt, mais ce message réveille un souvenir en moi : je pense en effet que le terme 'contingency' porte davantage sur la conditionnalité des honoraires (le principe 'no cure no pay') que sur leur proportionalité. »

Notes

Notes

OLD AND NEW WORLDS

THE SOCIETY FOR POST MEDIEVAL ARCHAEOLOGY
THE SOCIETY FOR HISTORICAL ARCHAEOLOGY

Old and New Worlds

Historical/Post Medieval Archaeology Papers from the Societies' joint conferences at Williamsburg and London 1997 to mark thirty years of work and achievement

Edited by
Geoff Egan for SPMA and R. L. Michael for SHA

Oxbow Books
1999

Published by
Oxbow Books, Park End Place, Oxford OX1 1HN

ISBN 1 900188 92 9

This book is available direct from

Oxbow Books, Park End Place, Oxford OX1 1HN
(Phone: 01865–241249; Fax: 01865–794449)

and

The David Brown Book Company
PO Box 511, Oakville, CT 06779, USA
(Phone: 860–945–9329; Fax: 860–945–9468)

or from our website

www.oxbowbooks.com

Printed in Great Britain at
The Short Run Press
Exeter

Contents

Presidents' Foreword

The year 1997 witnessed the thirtieth anniversaries of two leading professional societies – the Society for Post Medieval Archaeology and The Society for Historical Archaeology. Since their foundation, these two related groups have vigorously pursued their common goal of promoting the archaeological study of the period following the reformation in Europe and the opening up of the New World by Europaeans and Africans. In essence, this is the archaeology of the modern world. The Societies' success in this endeavour is reflected in the pages of their outstanding journals, *Post Medieval Archaeology* and *Historical Archaeology,* in growing international memberships, and in the general acceptance of the subject area into the mainstream of archaeological thought and practice. Consequently, the two societies have good reason to celebrate their thirtieth birthdays and a major joint meeting seemed the appropriate way in which to mark the occasion.

The present volume is the result of this joint meeting. This was held in two stages, at separate venues – the first at Colonial Williamsburg in April 1997, and the second in London in November of the same year. These proved to be extremely successful, and demonstrated that the two Societies are healthier than ever, and looking forward to continued growth and contributions well into the next millenium. A total of 240 delegates attended the United-States leg of the meeting, hosted by Colonial Williamsburg and the College of William and Mary, with twenty-four papers presented. The London meeting, hosted jointly by the Museum of London and the British Museum, attracted almost two-hundred delegates with twenty-eight speakers. The conference organisers have good reason to be satisfied by the attendance and should feel gratified by the excellent quality of the papers. These presentations and the papers in this voluime are evidence of the outstanding scholarship occurring on both sides of the Atlantic.

Historical Archaeology/Post Medieval Archaeology is alive and well, and on the basis of the joint meeting of 1997, we can confidently expect a significant growth in the subject in all areas. The contributions in this volume demonstrate the diversity and breadth of research being conducted on the archaeology of the modern world. The present volume will certainly stimulate this growth, for not only is this a celebration of thirty years of archaeological achievement, but the papers form a sound basis for future research. It is with great pleasure, therefore, that we write this foreword, on behalf of the Society for Post Medieval Archaeology and The Society for Historical Archaeology, to a volume which will for years to come be regarded as a landmark publication in the field.

David Barker
President, Society for Post Medieval Archaeology

Henry M. Miller
President, The Society for Historical Archaeology

Conference Organisers' Introductions

The joint meetings of The Society for Historical Archaeology and the Society for Post Medieval Archaeology held in 1997 had three goals in mind: to celebrate the thirtieth anniversary of the founding of both SHA and SPMA, to show the range of research being carried out in North America and Europe, and to demonstrate the diversity yet similarity of approaches to archaeology on both sides of the Atlantic.

The joint meetings, held both in Williamsburg and London were quite successful in reaching these goals, as this volume illustrates. Numerous excellent papers were presented to well attended sessions. Equally important, members from both Societies were able to exchange views on a face-to-face basis and to observe first-hand various sites and exhibits.

Many people on both sides of the Atlantic worked long and tedious hours to produce the conferences. I would like to particularly acknowledge several individuals: Geoff Egan, SPMA Conference Chair, with whom I exchanged volumes of faxes; Marley Brown III, who organised an excellent program in Williamsburg and contributed in many ways to the success of the conferences; Kate Meatyard, for her role as local arrangements chair for Williamsburg; and Henry Miller, then President of SHA.

I look forward to the next joint meeting of both Societies.

Norman F. Barka,
(SHA Joint Conference Chair)

It seemed remarkable, when in 1995 my co-organiser Norm Barka and I first began planning for 1997, that two Societies founded within months of each other (and therefore both soon to celebrate thirty years of existence) and having a common interest in the archaeology of the same period, should have taken a generation to arrange any event intended as a full, joint session. There had, inevitably, been many individual links across the Atlantic built up and sustained since the 1960s, but the paired conference at which the papers in this volume were originally presented specifically to mark the milestone anniversaries provided a fresh and more direct contact for many of the delegates than had previously been feasible.

There are, as is evident from some of the papers in this volume, significant differences in emphasis and sometimes in approach as practised by the broad churches of SPMA and SHA, both in the academic and the organisational spheres. Encouragingly, following the joint confererence, there are now even more members subscribing to both organisations. SPMA was originally formed from a ceramics group, and that interest continues to be an important aspect of our efforts, as does the basic, scholarly publication of primary excavated evidence. A number of the papers that follow, from both sides of the Atlantic, are review articles intended to give a broad picture for the benefit of colleagues across the water as much as to inform close co-workers. Special thanks go to Paul Mackie for help fighting the beast during editing.

It is appropriate here to note the appreciation of the SPMA delegation for the very warm welcome and the generous hospitality we were shown in the course of our visit, during and each side of the Williamsburg meeting, particularly to the Colonial Williamsburg Foundation for financial help towards travel to the U.S., and also to record my thanks to all those who helped make events a success at both parts of the conference, notably to Norm Barka and also toMarley Brown. On a personal note, I wish to record my thanks to Ivor Noël Hume and Carole, and to the APVA Jamestown Rediscovery team and Taft Kiser for looking after several of us from Britain in various ways prior to the conference.

One of the abiding memories of the visit to the U.S. is of the good humour – occasionally the laughter became difficult to control – with which the British television documentary *The Time Team* was greeted when it was run on the coach video back from the excursion to St Mary's City. It was an excellent choice for for the occasion, as the particular episode then relayed to members of both Societies featured not only the remarkable site we had just visited, but also a pointed commentary from the programme's (UK) front man, and a series of notable asides from the local excavation team and from an imported British one on the differing styles of fieldwork they were engaged in, sometimes it seemed within in the same trench. Hopefully, some of the historical reasons for differences evident after fieldwork is done will be appreciated from reading the papers that follow, and as the two Societies keep building on the achievements of the first generation, we will continue to be more united than divided by our shared interest in what is, in many important respects, a common archaeology.

Geoff Egan
(Conference Organiser, SPMA)

Editorial Note: *Texts originating both from SHA and SPMA contributors retain a few conventions (including spelling variants) idiosyncratic to their respective sides of the Atlantic and the respective Societies' regular usages.*

1 'Different Strokes for Different Folks': The TransAtlantic Development of Historical and Post Medieval Archaeology

Paul Courtney

American Dreams

> 'America is rather like life. You can usually find in it what you look for...' (E. M. Forster, 'Impressions of America', *The Listener*, Sept. 4, 1947)

American historical archaeology had its first real professional beginnings in the decades either side of World War II. Crucial to its early development was a series of excavations carried out on monuments within the National Park Service as part of restoration schemes. Notable excavations include those by 'Pinky' Harrington and later John Cotter (1958) at Jamestown, Virginia's first capital, and by Harrington (1949 and 1957) on earth and timber forts at Roanoke Island in North Carolina and Fort Necessity in Pennsylvania. The important series of mostly small-scale urban excavations in Philadelphia was also initiated by the park service with their work in the Independence National Historic Park in the late 1950s (Cotter et al. 1992).

In 1957 Ivor Noël Hume left London, where he had been a pioneer of post-medieval archaeology, to take up an appointment at the Colonial Williamsburg foundation. There has been a long series of excavations under Noël Hume and now Marley Brown III associated with Colonial Williamsburg's preservation and restoration programme. The arrival of Ivor and Audrey Noël Hume marked a brief period of fusion of American and British traditions with the Humes' strong interest in documents and artefacts. Ivor Noël Hume's (1969b) *Guide to the Artifacts of Colonial America* proved itself as the bible of finds researchers in America and far beyond. Indeed it has perhaps been too successful in that it may have inadvertently discouraged many from trawling their way through the great wealth of literature on British artefacts which has emerged in the last quarter century. Other series of excavations at heritage sites in this formative period included Stanley South's work at 18th-century Brunswick Town in North Carolina with its emphasis on artefact distributions. It has a prominent place among the examples in South's *Method and Theory in Historical Archaeology* (1977) which applied the methods of the New Archaeology, with its emphases on sampling, statistics and environmental determinism, to the colonial period.

Deetz and Dethlefson's (1965) pioneering theoretical approach to New-England cemeteries which treated the changing symbolism of the tombstones as a manifestation of wider ideological and cultural change. James Deetz developed this approach further in his classic book, *In Small Things Forgotten* of 1977. Influenced by the work of the folklorist and architectural historian Henry Glassie, he applied a structuralist approach to the historical archaeology of New England, notably in his analysis of the mid 18th-century impact of scientific humanism on a 'medieval' folk culture. Deetz's conception of the Georgian 'world view' remains controversial, especially beyond the perspective of relatively homogenous puritan New England. Nevertheless, his attempt to integrate developments in house plans and facades, gravestones, table settings and rubbish disposal as reflecting wider ideological change marked a major step forward in the history of the discipline.

The 1960s saw the first university courses such as Cotter's at Philadelphia and the founding of SHA in 1967. However, it was in the 1970s and 1980s that historical archaeology in the USA really began to grow significantly with an increasing number of university and public sector appointments. In addition, legislation passed during the period 1966–1974 provided a legally binding framework for historic preservation on federal lands and projects. This led to the creation of many posts in cultural resource management (CRM), both in the public and private sectors. The growth of university courses also allowed a stream of young archaeologists with MAs and PhDs in historical archaeology to find work in these expanding fields and apply their specialist skills. American archaeology has been very strong in the attention paid to diverse ethnic traditions including work on Spanish, African, Dutch and Chinese cultures (limitation of space forbids an adequate discussion in this article). In addition, one of the most notable achievements of American historical archaeology has been its pioneering work on the archaeology and material culture of the 19th century both in urban and rural contexts. Bernard Fontana's (et al. 1962) report on a late 19th-century ranch in Arizona was an important early example.

Excavation techniques in historical archaeology have been strongly influenced by work on native American sites. America had already developed its own brand of stratigraphic excavation in the inter-war years on pueblo sites in the south-west, However, Noël Hume's influential textbook *Historical Archaeology* (1969a) illustrated his introduction to the USA of the 'Wheeler-Kenyon method' (though see the Wheeler-influenced drawings in Harrington 1957). This method was a section-orientated style of excavation and recording developed in the 1920s-40s by British archaeologists, notably Sir Mortimer Wheeler and Dame Kathleen Kenyon, based on their experience of excavating sites with complex stratigraphy such as Iron Age hill forts and Romano-British towns.

Machine stripping was widely used on salvage sites, including some 19th-century forts and trading-posts, in the federally-funded River Basin Survey, which attempted to record sites ahead of massive post-World War II dam schemes in the Missouri valley. An example was Fort Berthold I and II in North Dakota excavated in 1956 by Hubert Smith (1972). However, 'salvage' archaeology became anathema to the new 'scientific' approach of 1960s new archaeologists. Increasingly fieldwork was characterised by small-scale excavations with a strong emphasis on plough-soil archaeology, detailed recording of artefact distribution and extensive use of sieving. An excellent recent example of artefact mapping is Denis Pogue's work (1988) on a 17th-century farmstead at King's Reach in Maryland. However, partly reflecting European influence, an increasing number of open-area excavations have taken place since the 1970s, for example at Martin's Hundred and Kingsmill Plantation on the sands of coastal Virginia (Noël Hume 1982 and Kelso 1984). Nevertheless, the use of machine stripping as opposed to topsoil sieving remains an area of fierce controversy.

This different American emphasis in part reflects a philosophical bias towards the study of behavioural patterns in anthropologically-led archaeology. However, more practical factors have also encouraged development in this area. One can mention the relative rarity of artefacts in early colonial contexts, the presence of many abandoned rural and urban sites and a strong research element in historical excavations. Research-, as opposed to salvage archaeology in the early-modern period, has been virtually non-existent in Britain. Totally abandoned post-medieval sites are also a relative rarity in the countryside, especially in the lowland zone where the greatest development takes place. British archaeologists are also faced with deeply stratified multi-period urban sites, awash with thousands of sherds, often disturbed and with heavy residuality from earlier periods, and which have to be excavated according to impossibly tight deadlines. Nevertheless, we do have sites, for instance, upland farmsteads, which cry out for the type of approach seen in American-style research excavations.

There has been some well known work on artefacts in the States especially by the generation of pioneers, for instance, John Goggin's on Spanish ceramics, George Quimby and Roderick Sprague's contributions on beads and other trade goods and Stanley South's work on buttons. However, basic artefact research is an area in which the USA has perhaps been a little backward in recent years, presumably because of its lack of glamour in a theoretically orientated discipline. Parks Canada through the work of Karlis Karklins on beads, Olive Jones on glass and

Lynn Sussman on ceramics, to name but a few, have been particularly active in this field. Kathleen Deagan's (1995) book on Spanish American artefacts is also a useful, and welcome, recent synthesis from the States.

British archaeologists are, however, generally driven to distraction by the refusal of their Chesapeake colleagues to publish artefact assemblages in any detail. Alain Outlaw's monograph (1990) on the 17th-century farmstead of *Governor's Land* is a notable exception. By contrast archaeologists in the Northern borderlands of the USA, for example those working on 18th-century English and French forts, have a better record of publishing ceramic and artefact assemblages. An excellent example is the Faulkners' volume (1987) on the French fort at Pentagoet in Maine. The high degree of regionalism in approach to American historical archaeology generally comes as a shock to those of us from tiny-island Britain, though it is hardly surprising given the USA's size and diversity.

The area of finds research where North American archaeologists, as well as workers in related disciplines such as folklore and museology, have led the world, is in material culture studies. To cite Brooke Hindle (1983), a historian of technology, 'It is the spatial and analytical understanding offered by artefacts, not the things themselves that is the historian's goal. He has to see through the objects to the historical reality to which they relate'. Certainly there has been some outstanding work, often linking documents and artefacts, for instance, George Miller's pioneering work (1980) on establishing price indices for industrial ceramics. A wide range of scholarship has shed light on the complex patterns of consumption in North America both in space and time. The outstanding collection of papers from *Historical Archaeology* reprinted in Miller et al. (1991) is to be highly recommended. Among the numerous delights in this collection are Anne Martin's use (1989) of inventories to study competition between pewter and creamware and the internationally significant Chesapeake ceramic typology (Beaudry et al. 1983).

Outside the New World the close association of archaeology and anthropology, which most Americans take for granted, is less obvious. Anthropology has certainly given historical archaeology in America a distinctive character. Among its positive traits one could particularly single out an abiding interest in using material remains to elucidate human behaviour and culture in its widest sense. However, some of the weaknesses in the early development of historical archaeology also reflected traditional problems within anthropology. Its insight into the horizontal organisation of society was not always matched by equal concern with chronological change. There was also often an emphasis on social coherence rather than conflict. Slavery was a notable exception but early approaches were perhaps dominated to an unhealthy degree by a concern with ethnicity and particularly the study of African survivals such as house and pottery types. This work on ethnicity was both important and interesting but the political, economic and regional aspects of plantation archaeology were relatively ignored.

Certainly, the intellectual history of historical archaeology over the past two decades could be seen as the resolution of these central problems (see Orser & Fagan 1995 for a recent overview). Indeed it also reflects changing emphasis within anthropological research. Anthropologists, partly for practical reasons as the subject expanded, have become more concerned with the study of industrialised societies closer to home. They have also become more aware of the need for a historical dimension when studying present-day societies. American historical archaeologists have increasingly tackled questions of social division and class and offered diverse approaches. The Annapolis school have stressed the significance of dominant ideologies, that is, the manipulation of cultural values by élites. This approach is exemplified by Mark Leone's (1984) well-known study of William Paca's garden in Annapolis. Others, while excepting the role of dominant ideologies, have also stressed ideologies of resistance (Beaudry et al. 1991). Within plantation archaeology the study of ethnicity and acculturation still has a major role but scholars such as Dell Upton (1985), Orser (1988) and Anne Yentsch (1994) have stressed the necessity of also seeing slavery in terms of political and economic power. One can point to studies of the spatial organisation of plantations as an example of new directions. Recent work by such scholars as Kathleen Deagan (1983 & 1995), Leland Ferguson (1992) and Dan Mouer (1993) on creolisation has broken new ground by demonstrating the ethnically diverse roots of colonial American cultures.

A central problem for all archaeologists working in periods with rich documentation is their relationship to history and historians, not the same thing by any means, This is perhaps particularly an acute problem for Americans whose anthropological training may mean they have no more than a fleeting experience of the work of historians. One should also add that far too few historians on either side of the Atlantic show any awareness whatsoever that archaeological and material evidence exists, never mind the reality that it can radically affect historical interpretation. For Noël Hume, the close relationship of history and archaeology was never in doubt, but as a non-anthropologist he did not represent the mainstream of American development in this regard. Within the mainstream one could point out the pivotal role of James Deetz, who, whilst always first and foremost an anthropologist, saw the importance both of reading contemporary historians and of encouraging his students to work on documents. In particular a number of his early students, for example, Marley Brown III and Mary Beaudry, did pioneering work on probate inventories from an anthropological and archaeological perspective (see papers in Beaudry 1988). American archaeologists are also increasingly using other sources, for instance store ledgers, to study consumption patterns.

Among recent publications, Anne Yentsch's book, *A Chesapeake Family and their Slaves* (1994) marks a high point in its sophisticated joining of archaeological and historical sources and its depth of knowledge of the work of both anthropological theorists and historians. Certainly, there is much to be said for archaeologists acquiring the skills to tackle primary documents. Notably it prompts them to ask fresh questions compared to those normally asked by their historical colleagues. However, to be successful this approach requires a degree of specialisation and a commitment to gaining enough general historical knowledge not to be misled by sources which cannot always be taken at face value. Another way forward is active cooperation between historians and archaeologists. An outstanding recent example of such work is that presented in Kathleen Deagan's monograph (1995) on the research project on Puerto Real in Haiti. Particularly impressive is the way that the historians and archaeologists on the project appear to have communicated and absorbed something of each others' perspective.

British Realities

> 'It is no ideal framework, it is an old pile built in different ages, with repairs, additions and makeshifts.' (Ralph Waldo Emmerson, *English Traits*, 1856)

Unlike North America, the roots of British and European archaeology lie in a tradition which has closer links to history than anthropology. That is not say that archaeologists necessarily have much awareness of the historical background against which they study. Indeed most archaeologists with a formal training have received it in departments where archaeology is taught as a stand-alone subject. However, classical scholars and historians have had an important influence on the archaeology of Roman and later periods. Of the three people who taught the author Roman, Saxon and Medieval archaeology as an undergraduate at Cardiff in the 1970s, two had first degrees in history and the third a joint degree in history and archaeology.

Post-medieval archaeology also has very close links with medieval archaeology, an area which was slightly more successful in gaining a few university posts in the 1960s and 1970s. There has been a strong tradition of historians being involved in medieval archaeology and one of the most important centres in its intellectual development has been at Birmingham where the subject has been taught within the history department. Probably the majority of people with a professional involvement in post-medieval archaeology also work on the medieval period, a reflection both of their training and economic necessity.

History, like many other subjects, went through its own intellectual revolution in the 1960s and 1970s. This period saw the growth of interest in social, cultural and intellectual history. New influences were absorbed from other disciplines, for example, many historians made use of anthropological ideas alongside more established influences such as sociology. The 1980s saw an important shift in economic history with a move away from the dominance of supply-side theory with its preoccupations with capital, production, economic organisation and science-led innovation. New work, while still acknowledging the role of supply-side factors, has also taken into account the demand side of the equation, that is the study of consumption and the social and culture context of the economy. This shift has opened up the possibilities of new and exciting links between the 'new' social history and archaeologists and other scholars of material culture. For, example the traditional view of British economic historians that the Industrial Revolution owed little or nothing to colonialism is being increasingly rejected – for instance in Robin Blackburn's book (1997) on the history of new world slavery.

In contrast to America, post-medieval archaeology in Britain and in mainland Europe has always been marginalised in academia. Until recently the only way of gaining any academic training in the subject has been by undertaking post-graduate research. Indeed the subject has tended to lack a distinctive identity and has suffered from problems of fragmentation between different special interest groups such as ceramics or vernacular architecture. Only a small number of people consider themselves to be post-medievalists in the sense that they interests encompass a wide range of subject areas. Specialist subject areas have had their own distinct identities. Often enthusiastic amateurs or in the case of artefacts, serious collectors, have played a key role in their development with marginal involvement from specialist academics. Specialist areas have thus not surprisingly tended to be very strong in the area of basic data collection, technical analysis and publication but often weak on wider academic interpretation, that is in seeing their subject in a wider cultural framework.

The development of post-medieval archaeology in the professional arena has been led from the field rather than academia. The origins of medieval and post-medieval archaeology in Britain owe much to the urban destruction caused by the Luftwaffe in World War II. It was in post-war excavations on bombed sites scheduled for redevelopment, notably fieldwork by Ivor Noël Hume and Adrian Oswald in London, that British medieval and post-medieval archaeology first started to be recorded seriously (Noël Hume 1978). Archaeologists increasingly felt they should at least record later archaeology and especially try to characterise, provenance and date the large amounts of ceramics that urban excavations produced. Nevertheless, urban archaeology remained targeted on the Roman period. This factor, along with destruction by Victorian and later cellars, meant that it was often the back yards of medieval and post-medieval houses, with their wells, rubbish and cess pits, which were being excavated rather than the houses themselves.

When urban archaeology took off in a much bigger way in the 1960s and especially the 1970s, it was the need for ceramics specialists which created many of the posts for medieval and post-medieval archaeologists. Indeed the origin of the Society for Post-medieval archaeology was initially as the Post-medieval Ceramics Research Group, and ceramics and finds research has always been an area of strength in Britain. British post-medievalists, notably John Hurst and Ken Barton, also did a great deal of pioneering work in elucidating the medieval and post-medieval ceramics of other western European countries. Hurst, Neal and van Beuningen's, *Pottery Produced and Traded in North-West Europe 1350–1650* (1986) illustrates the fruits of this pioneering work.

In the 1970s there was a huge explosion in the growth of rescue or salvage archaeology in Britain, funded mainly by a combination of local and central government. Many local authorities appointed full-time teams of field archaeologists for the first time. The next 20 years saw the unprecedented collection of large amounts of archaeological data by excavation, though post-medieval archaeology was largely confined to urban centres. The new professionalism led to rapid developments in excavation and recording techniques. At its best we had centres of excellence, such as Norwich, where an interdisciplinary approach tackled documentary research and recording of standing buildings alongside rescue archaeology. One of the highlights of urban post-medieval archaeology was the publication of the Pottergate site in Norwich, a series of undisturbed merchant houses burnt down in the 1507 (Evans and Carter 1985). A balance between rescue and research is also exemplified by John Allan's volume (1984) on the medieval and post-medieval finds from Exeter where he combined publication of major ceramic and other artefact groups with his documentary researches on consumption and trade.

The growth of rescue excavation in Britain was also associated with the new dominance of open-area excavation techniques. This method was developed by Profs. Hatt and Steensburg on rural sites in Denmark and introduced to Britain by Jack Golson and John Hurst via the deserted medieval village excavations at Wharram Percy. It was soon also widely used on deeply stratified urban sites. The system had the advantages of better allowing the interpretation of complex structures and stratigraphy. Sections could still be drawn from temporary baulks or by using levelled plans. The large-scale urban and rural excavations of the 1970s and 1980s saw many technical developments in excavation and recording. One example was the Harris matrix, developed in Winchester and now widely used used to interpret stratigraphy, for instance in Colonial Williamsburg. An example of diffusion in the opposite direction has been growing British interest in American methods of landscape sampling, such as shovel testing. For reasons mentioned above, there has been less work on plotted artefact distribution undertaken in Britain than in America. British ceramicists have tended to concentrate more on taphonomy, that is the study of breakage and dispersal patterns of individual pots (see Moorhouse 1986). This may partly reflect European interests in both stratigraphy and pots as complete objects rather than sherd assemblages. However, taphonomy is much easier to study on large-scale, open-area excavations.

Rural post-medieval archaeology in Britain has been less prominent, reflecting the continuity of most settlements. A few deserted villages most have been excavated which were not abandoned until the 17th or 18th century, most notably West Whelpington in Northumberland where 80% of the village was excavated under the direction of the late Prof. Michael Jarrett (Evans et al. 1987–8). A few abandoned upland farmsteads have also been dug, such as the 16th-century site of Brenig in the Welsh mountains dug by Dave Allen (1979), ahead of a new reservoir. Large-scale excavation at Brenig succeeded in uncovering the settlement's rubbish middens, a feature generally missed by small-scale excavation. Heritage development associated with restorations schemes have also led to a number of excavations in recent years, notably of industrial sites and historic gardens (see Crossley 1990). Restoration-linked excavation at castles, such as those at Pontefract, Sandal, Beeston, Basing and Dudley, has produced evidence of Civil-War refortification and important groups of artefacts which can be closely dated to the 1640s (e.g. Ellis 1993). These finds include weaponry – a rarity on British sites, in marked contrast to contemporary sites on the eastern seaboard of America. There have been a number of excavations on royal palace sites, mostly unprocessed let alone published, though publication of Martin Biddle's monograph on his important 1950s excavations at Nonsuch is now imminent. Coastal fortifications have also attracted much research, but apart from Scotland, with its Jacobite rebellion, and Northern Ireland, Britain effectively lost much of its army archaeology from 1776 onwards along with its former colonies (Saunders 1989). An important project currently underway is the 'Defence of Britain' scheme to record Britain's 20th-century military remains.

There were a number of downsides to the period of archaeological expansion in the 1970s and 80s. Certainly I would argue that it was mistake not to have developed a national state-archaeology service with its prospect of proper career structures, training and specialist provision, though this was clearly unobtainable for political reasons. Also, a problem of non publication quickly arose, especially in urban archaeology, though later on firmer management from those dispensing government funds was considerably to improve matters. However, as funding has contracted there seems relatively little prospect of many major post-medieval excavations from such crucial centres as Bristol or London seeing the light of day in the near future. A major problem for post-medieval archaeology in towns has also been the multi-period nature of British sites. This, allied with the lack of specific formal training, has meant that post-medieval archaeology has often been excavated and published by non-specialists without a coherent academic background in the subject, and, more crucially, with little interest, in the period. The result has often been technically proficient monographs with admirable specialist reports, let down by a lack of overall interpretation.

The academic development of post-medieval archaeology has inevitably been stunted by a lack of academic posts, though there has long been a small trickle of master's and doctoral theses. Landscape history has been one area of strength. However, work on post-medieval landscapes has often been only one element of projects covering much longer time scales. The work of historians like the late WG Hoskins of Leicester University's Local History department, and the *Annales* school of French historians with their emphasis on 'total history' and *la longue durée* (long-term history) have been important influences. Landscape historians may see themselves primarily as archaeologists, geographers or historians according to background or fancy. Work on artefacts, especially ceramics, has been another central area of research, often originating from experience in the field rather than academia. Early concerns were with the identification of pottery, technology of production and regional and international trade patterns. However, there has been a marked shift in the past decade towards a new emphasis on the material culture of ceramics. The festschrift to John Hurst, *Everyday and Exotic Pottery from Europe, c.650–1900* (Gaimster & Redknap 1992), David Barker's study of the Staffordshire potter, William Greatbach (1992), and David Gaimster's monograph on German stoneware (1997) represent recent highlights.

The 1990s saw an end to the great spate of rescue excavation in Britain as spiralling costs and reduced funding began to bite. There has been a shift to our own version of cultural resource management as exemplified by the famous 1990 document, the Department of the Environment's *Planning and Policy Guidance Note no. 16* (or 'PPG sixteen' as it is better known). This placed an onus on developers to protect sites or pay for archaeological excavation, and unlike equivalent American legislation extends to private as well as public land. The use of concrete rafting and piling has reduced urban archaeology in particular to a trickle. Field archaeologists now spend most of their time assessing potential damage and devising 'mitigation strategies'. This approach has its critics, notably Martin Biddle (1994), who has pointed out the severe damage piling causes, for instance, by bending strata and affecting waterlogging. There has also been a notable loss of specialists such as documentary historians, and ceramics and artefact analysts, which has hit post-medieval archaeology particularly hard.

There are, however, also some signs of optimism for post-medieval archaeology and allied disciplines such as industrial archaeology. There are is now a small number of university departments offering some undergraduate or MA teaching in the period (cf. O'Sullivan this volume), though sadly still woefully few. After decades of total neglect, some interest is at last being being shown in the non-industrial archaeology of the 19th century, though it has yet to gain mainstream respectability. The publication of two general text books in recent years has helped enliven debate on the direction of post-medieval archaeology. David Crossley's *Post-medieval Archaeology in Britain* (1990) reflected his background as an economic historian with a supply-side emphasis on technology and innovation. Matthew Johnson's *The Archaeology of Capitalism* (1996) presented his own brand of post-processual theory, with influences from the Annapolis school, and an emphasis on mentalities. David Gaimster's overview article of British material-culture studies (1994) is also to be recommended. Several recent Society for Post-Medieval Archaeology proceedings of conferences held jointly with other groups have also been notable for both their international perspective and the wide range of both traditional and innovative approaches applied to the period (Hook & Gaimster 1995; Redknap 1997, Gaimster & Stamper 1997).

Into the Future

> 'How can you get onto Route 66 when you live off the M1?' (Jarvis Cocker, of 'Britpop' band Pulp, interviewed in the *Observer*)

With the growth of the global economy and communications network the world is becoming a smaller place. It is time for British and American archaeologists to renew and strengthen links. This paper has tried briefly to assess the different historical trajectories of British post-medieval and American historical archaeology. I have outlined some of our methodological and theoretical differences, not to exacerbate divisions but as a necessary first step to the reaching out of hands in our mutual project, the understanding of the past. Obviously many of our priorities will be different. British and European archaeologists are inevitably more aware of the continuities from the medieval period, while colonialism and slavery seem more abstract than in the former colonies with their more obviously stark legacy. Nevertheless it is clear that one cannot even begin to understand the development of the modern world through insularity.

Certainly, I have personally gained much from my acquaintance with American archaeology and archaeologists, both academically and in terms of friendship. I wish to proclaim my admiration for the American achievement whilst remaining proud of my own intellectual and cultural roots in a European historical tradition, yet hopefully I remain critical of both! The following decades will, I hope, bring increased cross fertilisation between both our national traditions and the inexorably inter-linked disciplines of anthropology, history and archaeology. However, friendly debate and variety in the way we approach the past should also be seen as strengths to be cherished as we go forward into the next millennium.

References

Allan, J. P. 1984, *Medieval and Post-Medieval Finds from Exeter, 1971–1980*, Exeter

Allen, D. 1979, 'Excavations at Hafod y Nant Criafolen, Brenig Valley, Clwyd, 1973–4', in *Post Medieval Archaeology* 13, 1–59

Barker, D. 1991, *William Greatbatch: A Staffordshire Potter*, London

Beaudry, M. C. (ed.) 1988, *Documentary Archaeology in the New World*, Cambridge (UK)

Beaudry, M. C., Cook, L. J. & Mrozowski, S. A. 1991, 'Artifacts and active voices: Material culture as social discourse', in McGuire, R. H. & Paynter, R. (eds.), *The Archaeology of Inequality*, Oxford, 150–90

Beaudry, M. C., Long, J., Miller, H. M., Neiman, F. D. & Stone, G. W. (eds.) 1983, 'A vessel typology for early Chesapeake ceramics: The Potomac typological system', in *Historical Archaeology* 17.1, 18–42

Biddle, M. 1994, *What Future for British Archaeology? Opening Address at the 8th Annual Conference of the Institute of Field Archaeologists*, Oxford

Blackburn, R. 1997, *The Making of New World Slavery: From the Baroque to the Modern 1492–1800*, London

Cotter, J. L. 1958, *Archaeological Excavations at Jamestown, Virginia*, Washington (reprinted 1994)

Cotter, J. L., Roberts, D. G. & Parrington, M. 1992, *The Buried Past: An Archaeological History of Philadelphia*, Philadelphia

Crossley, D. 1990, *Post Medieval Archaeology in Britain*, Leicester

Deagan, K. 1983, *Spanish St Augustine: The Archaeology of a Colonial Creole Community*, New York.

Deagan, K. 1987, *Artifacts of the Spanish Colonies of Florida and the Caribbean 1: Ceramics, Glassware and Beads*, Washington

Deagan, K. 1995, *Puerto Real: The Archaeology of a 16th century Spanish Town in Hispaniola*, Gainesville

Deetz, J. 1977, *In Small Things Forgotten: The Archaeology of Early American Life*, Garden City (2nd edn. 1996)

Deetz, J. & Dethlefsen, E. S. 1965, 'The Doppler effect and archaeology: A consideration of the spatial aspects of seriation', in *Southwestern Jnl. of Anthropology* 21, 196–206

Ellis, P. (ed.) 1993, *Excavations at Beeston Castle, Cheshire 1969–85*, London

Evans, D. H. & Carter, A. 1985, 'Excavations at 31–51 Pottergate', in Atkin, M., Carter, A. & Evans, D. H., *Excavations in Norwich 1971–8*, 2 (East Anglian Archeology 26), 9–86

Evans, D. H., Jarrett, M. G. & Wrathmell, S. 1987 & 1988, 'The deserted village of West Whelpington: Third report' parts 1 and 2, in *Archaeologia Aeliana* 15, 199–308 & 16, 129–92

Faulkner, A. & Faulkner, G. 1987, *The French at Pentagoet 1635–1674: An Archaeological Portrait of the Acadian Frontier*, Augusta & St John

Ferguson, L. 1992, *Uncommon Ground: Archaeology and Early African America 1650–1800*, Washington

Fontana, B. L., Greenleaf, J. C., Ferguson, C., Wright, R. & Frederick, D. 1962, 'Johnny Ward's ranch: A study in historic archaeology', in *The Kiva* 28, i–ii, 1–115

Gaimster, D. R. M. 1994, 'The archaeology of post medieval society, c.1450–1750: Material culture studies in Britain since the war', in Vyner, B. (ed.), *Building on the Past: Papers Celebrating 150 years of the Royal Archaeological Institute*, London, 283–312

Gaimster, D. R. M. 1997, *German Stoneware 1200–1900*, London.

Gaimster, D. R. M. & Redknap, M. (eds.) 1992, *Everyday and Exotic Pottery from Europe c.650–1900*, Oxford

Gaimster, D. R. M. & Stamper, P. (eds.) 1997, *The Age of Transition: The Archaeology of English Culture 1400–1600*, Oxford

Harrington, J. C. 1949, 'Archaeological explorations at Fort Raleigh national historic site', in *North Carolina Historical Review* 26.2, 127–49

Harrington, J. C. 1957, *New Light on Washington's Fort Necessity*, Richmond (US)

Hindle, B. 1983, 'Technology through the 3-D time warp' in *Technology and Culture* 24.3, 450–64

Hook, D. R. & Gaimster, D. R. M. (eds.) 1995, *Trade and Discovery: The Scientific Study of Artefacts from Post Medieval Europe and Beyond* (British Museum Occasional Paper 109), London

Hurst, J. G., Neal, D. S. & van Beuningen, H. J. E. 1986, *Pottery Produced and Traded in North-West Europe 1350–1650* (Rotterdam Papers 6), Rotterdam (Netherlands)

Johnson, M. 1996, *The Archaeology of Capitalism*, Oxford

Kelso, W. M. 1984, *Kingsmill Plantations 1619–80: Archaeology of Country Life in Virginia*, San Diego & London

Leone, M. P. 1984, 'Interpreting ideology in historical archaeology: Using the rules of perspective in the William Paca garden, Annapolis, Maryland', in Miller, D. & Tilly, C. (eds.), *Ideology, Power and Prehistory*, Cambridge (UK), 25–35

Martin, A. S. 1989, 'The role of pewter as missing artefact: Consumer attitudes towards tablewares in late 18th century Virginia', in *Historical Archaelogy* 23.2, 1–27

Miller, G. L. 1980, 'Classification and economic scaling of 19th century ceramics', in *Historical Archaeology* 14.1, 1–40

Miller, G. L, Jones, O. R. & Majewski, T. (eds.) 1991, *Approaches to Material Culture Research for Historical Archeology*, Society for Historical Archaeology

Moorhouse, S. 1986, 'Non dating uses of medieval pottery', in *Medieval Ceramics* 10, 85–124

Mouer, L. D. 1993, 'Chesapeake Creoles: The creation of folk culture in colonial Virginia', in Reinhart, T. R. & Pogue, D. J. (eds.), *The Archaeology of 17th Century Virginia*, Charlottesville, 105–66

Noël Hume, I. 1969a, *Historical Archaeology*, New York

Noël Hume, I. 1969b, *Guide to Artifacts of Colonial America*, New York

Noël Hume, I. 1978, 'Into the jaws of Death – walked one', in Bird, J. et al. (eds.), *Collectanea Londiniensia* (London & Middlesex Archaeological Soc. Special Paper 2), 7–22

Noël Hume, I. 1982, *Martin's Hundred*, London & New York

Orser, C. E. 1988, 'The archaeological analysis of plantation society: Replacing status and caste with economics and power', in *American Antiquity* 53, 735–51

Orser, C. E. & Fagan, B. M. 1995, *Historical Archaeology*, New York

Outlaw, A. 1990, *Governor's Land: Archaeology of early 17th century Virginia Settlements*, Charlottesville

Pogue, D. 1988, 'Spatial analysis of the King's Reach plantation homelot ca. 1690–1715', in *Historical Archaeology* 22.2, 40–56

Redknap, M. (ed.) 1997, *Artefacts from Wrecks*, Oxford

Saunders, A. 1989, *Fortress Britain: Artillery Fortification in the British Isles and Ireland*, Liphook

Smith, G. H. 1972, *Like-a-Fishhook Village and Fort Berthold, Garrison Reservoir, North Dakota*, Washington

South, S. 1977, *Method and Theory in Historical Archaeology*, New York

Upton, D. 1985, 'White and Black landscapes of 18th century Virginia', in *Places* 2.2, 59–72 (reprinted in St George, R. B. (ed.), *Material Life in America 1600–1860*, Boston 1988, 357–70)

Yentsch, A. E. 1994, *A Chesapeake Family and their Slaves: A Study in Historical Archaeology*, Cambridge (UK)

Paul Courtney
20 Lytton Road
Clarendon Park, Leicester
LE2 1WJ

2 The Centrality of Post-Medieval Studies to General Historical Archaeology

Robert L. Schuyler

Abstract

Although Post-Medieval archaeology in Europe and Americanist historical archaeology in the New World emerged almost simultaneously as new research areas, with The Society for Historical Archaeology and the Society for Post-Medieval Archaeology both forming in 1967, these two divisions of general historical archaeology have continued as somewhat separate endeavors. An evolutionary-global perspective helps draw these separate subfields together by centering Post-Medieval archaeology within the broader discipline. Post-Medieval studies in Europe focus on the three centuries between 1400 and 1700 (or in England the rise of the Tudor Dynasty and industrialization). This period and its archaeology is crucial to world cultural evolution. Looking backwards this Early Modern Period may be seen as a culmination of major technological innovations and powerful culture contact within and across Eurasia and North Africa postdating A.D. 1000, while after 1400 an internal and prospective view, in contrast, differentiates and sets Western Europe off form the rest of Old World civilization. Overseas contact and colonization, and their archaeology, are vital but secondary phenomena understandable only in reference to the growing centrality of western Europe.

During a brief five year period between 1965 and 1970 the global emergence of historical archaeology as a discrete discipline was demonstrated by the rapid establishment of three major scholarly organizations--the Society for Post-Medieval Archaeology (SPMA) in Western Europe, The Society for Historical Archaeology (SHA) in North America, and the Australian [currently Australasian] Society for Historical Archaeology (ASHA) in Oceania. One of these, the SHA, always had a global as well as a regional orientation.

In North America a sequence of informal discussions among researchers, most of whom were prehistoric archaeologists who had moved onto historic sites between 1935 and 1957, were held at various anthropological and archaeological conferences since the late 1950s. Finally in 1967 over 100 scholars attended an "International Conference on Historic Archaeology" hosted by Edward B. Jelks and Kathleen Gilmore at Southern Methodist University in Dallas, Texas. Most of the leading experts on the subject in America, including, among others, Louis Caywood, Charles Cleland, John Cotter, Charles Fairbanks, Bernard Fontana, J. C. Harrington, Ivor Noël Hume, Ed Jelks, Arnold Pilling, Paul Schumacher, the Smiths – Carlyle Smith, Hale G. Smith, and Hubert G. Smith – Stanley South, Roderick Sprague, and Arthur Woodward were present. Only a very few key figures, such as James Deetz, Kenneth Kidd, George Quimby, and Malcolm Watkins, were unable to attend. Some arrived early on 5 January but by Friday 6 January 1967 the full conference was in session (Pilling 1967:1–12). When the meeting adjourned two days later The Society for Historical Archaeology had been so successfully established that only size separates SHA in 1967 (207 members) from SHA in 1997 (2,000 members). All younger researchers in this field owe a great debt to this pioneer generation as the members of the Society for Post-Medieval Archaeology do to their founders. The current SHA leadership; however, should get equal credit for creativity. For example, in 1967 an individual membership in the SHA cost $7.50. To commemorate this fee the leadership simply moved the decimal point one place making the membership for 1998 $75.00. Many of you here in Europe probably thought this increase was a clever ploy to get America's World War I allies to pay off their outstanding war debts – but, no, it is a clear anniversary not for 1917 but in recognition of 1967.

During the Dallas conference; which was attended primarily by archaeologists but with a scattering of historians, ethnohistorians, and material culture experts; there was some confusion and debate over nomenclature – "historical archaeology" as a title won over both "historic sites archaeology" and "historic archaeology." There was, at the same time, a more significant and only partially resolved discussion concerning subject matter. For example, on a very concrete level J. C. Harrington asked if "data from Spanish missions in Arizona would help him in Virginia sites of the 18th century?" Stanley South answered "yes" because specific artifact types, such as Chinese trade ceramics, were found on sites widely separated by time and geography. Others also noted the wide geographical distribution of other specific artifact types (Pilling 1967:2–3). Such comments led at the end of the first day to the establishment of a committee consisting of John Cotter, Ivor Noël Hume, and Edward Larrabee to draw up a statement of purpose for the society and by implication for the discipline.

The reports of this committee and the larger "Special Committee," which had met on 5 January, were presented to the entire conference at an open Business Meeting on 6 January. The Cotter-Hume-Larrabee statement repeated a basic confusion, which persists to this day, by concluding that "Historical Archaeology is the application of archaeological method to the study of History" but also in the same paragraph limiting the field to a study of "the following periods: Exploration and Settlement; Contact Aboriginal; National Development; and Modern. It is further concerned with the acculturation throughout these periods" (Pilling 1967:6).

This "Statement of Purpose," in effect a definition of the field's subject matter, provoked a complex debate on the floor of the Business Meeting. A basic problem was that of temporal and spatial boundaries. Some speakers favored limiting the field to the New World but others, including John Cotter, Leif Landberg, and William Mayer-Oakes urged a world-wide society and discipline. Paul J. F. Schumacher, for example, suggested "that Africa was too far removed to be meaningful." Ivor Noël Hume countered with the observation that "there was comparability of artifacts between East Africa and Virginia" with John Cotter observing the same for west Africa. The problem was partially circumvented by an attempt to delete specific references to periods and geographical regions.

Ivor Noël Hume (1968:104–105) reported the founding of the SHA to his English colleagues in the "Notes and News" section of the first volume (1967) of *Post-Medieval Archaeology* in which he contrasted the SHA and the SPMA: "Unlike the Society for Post-Medieval Archaeology its sphere is limited by culture rather than time, and for that reason the organization's name is simply The Society for Historical Archaeology. While its members will undoubtedly devote more of their efforts to the excavation and study of sites within the Americas, it naturally does not preclude interrelated research in the Old World."

At the close of the Dallas meeting 2,000 copies of a "News Release" were issued that contained a quite clear and logical statement and definition for both the SHA and its subject matter (Papers of The Society for Historical Archaeology).

> This new organization will bring together persons interested in scholarship on specific historic sites, as well as the development of generalizations concerning historic periods and culture dynamics, as these may emerge through the techniques of archaeological excavation and analysis, and the study of documents. The main focus of the Society will be the era since the beginning of the exploration of the non-European world by Europeans. The geographical areas of prime concern will be within the Western Hemisphere, but consideration of Oceanic, African, and Asian archaeology of these relatively late periods will also be appropriate, as well as the archaeology of sites in Europe which have direct bearing upon the archaeological problems in those parts of the world outside of Europe.

In 1970 an attempted was made (Schuyler 1970) to

clarify the duo-definitional problem by differentiating between "historical archaeology as the archaeology of any historic period" or culture and "historic sites archaeology" (J. C. Harrington's earlier term) as "the study of the expansion of European culture into the non-European world starting in the 15th century and ending with industrialization or the present depending on local conditions." It was also added; however, that "Historic Sites Archaeology has temporal and geographical boundaries because a complex of fundamental underlying patterns and processes creates the historical entity it is studying. These are European in origin and include such factors as the rise of mercantile capitalism, the emergence of national monarchies, and the development of major technological innovations, and the impact of these factors outside of Europe" (Schuyler 1970:83–89). In 1977, Deetz repeated a somewhat simplified version of this definition – "the archaeology of the spread of European culture throughout the world since the fifteenth century and its impact on indigenous peoples" (Deetz 1977:5). Thus ten years after the founding conference in Dallas, historical archaeology had a well established society and a defined subject matter. The emphasis clearly was exterior to Europe.

The parallel history of the Society for Post-Medieval Archaeology in England is somewhat different from the American sequence. As this history will be covered and clarified in a following paper, the focus will be on definitions and subject matter.

The SPMA, unlike its American counterpart, evolved directly and purposely out of an earlier and more specialized organization – the Post-Medieval Ceramic Group (Barton 1968:102–103). Such an ancestry in the United States might not be the informal discussions held at various meetings between 1958 and 1966 but rather Stanley South's Conference on Historic Site Archaeology founded in 1960 as an adjunct to the long-established Southeastern Archaeological Conference (1938). South's Conference, however, was not specialized either geographically, chronologically, or by artifact categories and it ran parallel with and somewhat in competition with SHA for over a decade after Dallas.

The Post-Medieval Ceramic Group simply evolved into the SPMA by expanding its interests beyond ceramics to include all of post-medieval material culture while maintaining its original purpose and subject matter. This expansion, which included an invitation for other scholars, non-archaeologists, to join was finalized at the Chester Meeting in November 1966. There is no published record for the selection of the somewhat odd title of "Post-Medieval" – a bit like archaeologists studying the Roman Empire referring to their research as Post-Etruscan Studies – but the simplicity of this nomenclature has worked. Indeed, there are only two titles out of the many suggested in the 1960s which survive today – "Historical Archaeology" and "Post-Medieval Archaeology."

The Post-Medieval Ceramic Group (PMCG) carefully bracketed its subject between 1450 and 1750 because at the earlier date "medieval influence in pottery was in rapid decline and imported wares were having noticeable effects on home products" while 1750 saw "the manufacture of porcelain in England and its subsequent effects on traditional products" (Barton 1968:102). When the PMCG expanded into the SPMA these dates were maintained and the key indicators were simply elevated to a broader and higher order of political and economic factors such as the rise of national monarchies (especially the Tudor Dynasty). Attention was also given to British overseas expansion. Events such as Josiah Wedgewood's opening of his factory at Etruria, all signs of industrialization, cap the other chronological end.

The SHA and the SPMA arrived at the same definitions of subject matter but one looked out from Europe and the other took a global view with a nod toward Europe. By the 1970s two major organizations, soon to be joined by the Australian Society for Historical Archaeology and various groups concerned with industrial archaeology, represented a new and potentially important but somewhat poorly grounded field of scholarly research. Conditions in North America were, and continue to be, much better because of the long successful support of historical archaeology by the governmental structures of both the United States and Canada. Another source of support came from the early movement of the field into the academic world, a process only now underway in England.

The SHA and the SPMA were logically parallel organizations as seen in the significant sharing of Ivor Noël Hume – a SPMA Vice President and SHA Board

Member in 1967. Indeed, as mentioned, Noël Hume supplied a somewhat critical assessment of the SHA and American historical archaeology for the readers of the first 1967 volume of *Post-Medieval Archaeology*. Nevertheless, for a number of reasons both societies have run in parallel but somewhat separate courses for most of their histories. The new SHA membership fee may guarantee the continuation of this tradition. A significant difference, of course, is the presence of an anthropological housing in North America and its absence in Europe.

This anthropological tradition of American researchers has probably developed a broader and more cultural approach than among their colleagues in England. Yet both groups have equally advanced and worked within historicalist definitions. Specific events ranging from the appearance of local porcelain to the expansion of Europe were the definitional keys. By the 1980s some historical archaeologists in North America had started to move away from such definitions for both scholarly and political reasons (Schuyler 1991). The political push – worrying about Eurocentrism is, of course, a temporary problem – but even as a perception this issue is inadvertently resolved by this shift in definition. Americanists have begun to define historical archaeology as a specialization within general archaeology which studies the emergence, transformation, and nature of the Modern World. This change in definitions shifts attention from specific historic events and locations to underlying cultural patterns and processes. The emergence of modern civilization, the first truly global civilization, is the context within which European societies, like all other societies in the world, had to and continue to have to adapt and maintain themselves. Post-Medieval archaeologists have not explicitly shown such a definitional shift, at least not until Matthew Johnson published *An Archaeology of Capitalism* in 1996.

If the new definition of historical archaeology is an attempt to move beyond the specificity of history to underlying patterns and processes how do we as archaeologists get behind specific events and descriptions of events – keeping in mind that the greatest contribution of archaeology is its data, all of which are specific, not their changing interpretations. How do we move to a deeper and more processual level which is, by definition, global?

One approach is to define historical archaeology as "the archaeology of capitalism" (Leone and Potter 1994:14–15). Mark Leone and his students in America and to some degree Matthew Johnson in England have taken this route. Leone's inconsistencies and eclecticism confuse this position. Nevertheless, their definitions are fundamentally mentalistic – new ways of thinking about and organizing nature and humanity as commodities in a market system. This is an interesting and positive advance but is also, in my opinion, wrong-headed. Under such a definition capitalism is expanded and expanded so that it eventually equals modernization thus making it difficult to operationalize any research design. If capitalism, in contrast, is seen as an economic system then its primacy in the rise of Early Modern Europe is open to debate. Equal significance must be given to the political subsystem, as seen in the rise of national monarchies in the West and similar but smaller units in central Europe and Italy; indeed, such political units may have served as wet nurses to early market relationships rather then the reverse. The social subsystem must also be given attention, especially the rise of new classes which is only in part an economic offspring. The ideological subsystem with the great shifts in world view seen in the Renaissance and the Scientific Revolution are also fundamental as are technological factors. How these patterns are interrelated historically either in Europe or outside in the world is not clear if, truly, they are even parts of one phenomenon at all.

There are alternative general approaches one of which is cultural evolutionism. For such a definition we must turn to the two Whites. The first, Leslie White (1949, 1975), was an anthropologist who was one of the pioneers in seeing culture as an energy system but one set off from biological and physical systems because it was based on the uniquely human ability to make and use tools and to communicate symbolically. The second, Lynn White, Jr. (1962), who for many years was a professor at University of California, Los Angeles, was a leading medieval historian. I know that almost all of Lynn White's specific hypotheses are flawed – not to mention that he probably never rode a horse – but I am more interested in his overall approach. Not only does he remain an unusual example of a historian who willingly, and equally uses, archaeological and illustrative data along with traditional archival sources but his emphasis (along with that of scholars like William McNeill) on cultures seeking energy sources and his recognition of broadly based interactions across the Eurasian landmass are powerful tools.

If we take a cultural evolutionary approach a basic, and as yet unanswered, question is what is qualitatively different about modern society when contrasted with traditional civilizations. Is market mentality and commodification new or did Roman society, and it is only one example, carry out market transactions and establish capitalistic relations? Is the removal of the producer from the means of production a key or is this separation simply growing specialization and compartmentalization found across the entire time line of world civilization?

According to Leslie White it is the cultural discovery of new energy sources or, secondarily, greater efficiency in using known sources that separates evolutionary stages. Lynn White, who was strongly influenced by anthropology, sees the period between A.D. 1000 and 1500 all across Eurasia and North Africa as a crucial era of cultural interaction and experimentation with old and radically new energy sources. Wind and water power on an unprecedented scale is soon joined by new sources as seen in gunpowder and its enormous impact on warfare. The cannon, pace White, is the first one cylinder engine.

Lynn White in *Medieval Technology and Social Change* (1962) offers a set of word-maps showing, but sometimes overextending, the diffusion of such traits. It is not clear, for example, if wind mills can be traced back to 9th Century Tibetan prayer wheels or, as even White must concede, are an independent invention of 12th Century Europe. In our research, nevertheless, it would not hurt to revive an old English archaeological device – the distribution map. Maps, based on written and archaeological information, showing the spread, sharing, or independent invention of water and wind devices and their application to different industries, or new military defensive and offensive technologies, or new navigational combinations in the Early Modern Period would be of great interest to a holistic historical archaeology.

For example, Eugene Rice's 1970 map of "The Spread of Printing [and book production] in Renaissance Europe" shows a 1450 origin in Germany, arrival in London by 1492, earlier in Rome by 1467, Seville 1470, Vienna 1482, and Stockholm 1483 but not in Dublin until 1551 (Rice 1970:7). What about a global map? When did printing presses and book production arrive in Mexico City or New England, or much more telling in Ottoman Constantinople, India, or China? It is certainly possible to start to construct a similar map, strongly dependent on archaeological as well as documentary data, for the distribution of navigational technological combinations in the Early Modern Period and later eras because of the impressive advances in Nautical Archaeology.

An evolutionary approach not only broadens our geographical horizons but it also reunites all the subfields of general historical archaeology. It is not possible to ultimately separate the period the Society for Post-Medieval Archaeology has selected (1450 to 1750) from industrial archaeology. The Modern World has three major but interconnected internal phases:

(1) 1400–1600 – the Early Modern Period when several different Eurasian civilizations were experimenting with new technologies and energy sources;
(2) 1600–1800 – the period selected for this Conference, when parts of Western Europe underwent modernization to a degree that they moved ahead of all other world cultures; and
(3) 1800–2000 – when the Industrial Revolution in sequential early 19th century and early 20th century energy jumps decisively pushed European type cultural systems onto world domination resulting in economic, military, and cultural hegemonies which last to this day.

It is not Eurocentrism to both note the many centers of early modern experimentations between 1400 and 1600 with Europe being only one, and politically a small one at that, and to simultaneously recognize the engine behind the Modern World after 1600 as being European. An evolutionary perspective also recenters western Europe within the subject matter of historical archaeology.

Post-Medieval archaeologists with their concentration on the period 1450 to 1750 and their colleagues in European Industrial Archaeology extending the range up to the 19th and 20th centuries are studying the center of the Modern World. Thirty years of intensive research on such historic sites have produced enough data or directions toward future data to clearly add to the overall scholarly picture of this 600 year long evolutionary process. In 1967 K. J. Barton, as editor of *Post-Medieval Archaeology*, made one of those in-print statements, of which all authors can count several examples, which come back to haunt us. "It may well be that no single event in the third quarter of the 18th century will satisfy all approaches to this subject. Instead the publication of (or the survival of) trade pattern books and architectural plans, and the parallel work of the Encyclopaedists in France removes from archaeology much of its value in supplying information otherwise incapable of or difficult of recovery" (Barton 1968:1–2). This statement must be rejected in 1997 not only because it would put hundreds of CRM archaeologists into unemployment in North America but also because within a cultural perspective – *people* living at specific points in time and place – it has clearly been demonstrated to be wrong.

Europe is the center for two of the three phases of the Modern World and an equal, perhaps more than equal, player in the third, initial phase. These phases must be treated separately for internal comparisons between 1400 and 2000 but at the same time treated as a whole when contrasted with earlier, traditional civilizations.

How can archaeologists explore the patterns and processes behind this Great Transformation? When it is stated that post-medieval English ceramics show a break with the medieval past "an introduction of Renaissance ideas into medical pottery" – what does this mean? Are early modern European ceramics only stylistically different from their precursors or are there significant differences in production, distribution, and use and meaning that set them off from both medieval and classical assemblages?

The 1326 image of a crude gun plus BIG arrow preserved at Oxford and a similar contemporary Chinese picture are first and precious manuscript indicators of only one but of a crucial change in technology (White 1962:99). Sultan Mohammed besieged Constantinople in 1453 with great bombards although the technology and expertise were central European. Guns were critical in ending the Hundred Years War, also in 1453. In 1509 the Portuguese, thousands of miles from their home base, sank the international Mamluke-Gugarati fleet at Diu in the Indian Ocean while in 1516 the Ottoman army used field artillery to overthrow and absorb Mamluke Egypt. In the same early 16th century period the Portuguese were in turn defeated when they tried to force entradas into Chinese coastal waters.

Archaeologically retrieved data on the impact of such new military technology, offensive and defensive, on site plans, and over-all settlement patterns is beginning to emerge although the best example is probably from North Africa (Redman 1986). Underwater archaeologists are, in turn, building up a much more complete view of the rise and transformation of modern navigational technologies.

The only major interpretative and partially archaeological land-based pattern, or at least the only famous example, however, concerns house form and internal layout. The Deetz-Glassie model posits a shift from a "medieval" (actually in the New World, Stuart period) asymmetrical, simple one or two room pattern to an elaborate Georgian form (Deetz 1977). Leone has extended this pattern from houses to formal gardens to tableware to 18th century music (Leone 1984) and Deetz has more recently found it or introduced it to South Africa. Matthew Johnson (1993, 1996) offers a more limited and convincing and contextualized exploration of such changes – enclosure not simply of land but internally of houses – in his 1993 and 1996 books.

Yet it must be asked if a change from a simple, open one-room, or few roomed, house to a divided, compartmentalized multi-functional structure is a hallmark of early modernization or rather the product of any maturing civilization? Would an examination of early to late Roman villas and town houses also reveal an evolution from generalized and mixed functions to compartmentalized and specialized functions. More rooms. More set off separate rooms. Indeed, even the stylistic specializations of Georgian tri-partite symmetry, which is, of course, specific to time and place, may have its equivalency in added Greek or other elements in the organization of Roman households or estates. What of the internal house-estate history of any given, long-lived Chinese dynasty or, to take the Modern Period, the Ottoman Empire between 1453 and 1900.

The most basic anthropological question concerning historical archaeology and its subfield Post-Medieval archaeology is the evolutionary nature of the modern world. Almost all researchers accept the Industrial Revolution as a major watershed equivalent to the Neolithic Revolution, the rise of primary civilizations and the succeeding rise of major traditional civilizations. Is the first phase of the Modern World between 1400 and 1600 or the second but still preindustrialized phase (1600–1800) a similar evolutionary break, a watershed in human culture history? Only archaeological field-work and the excavation and analysis of contextualized assemblages added to archival research will approach an answer.

An evolutionary perspective only assumes the most basic framework, not the details and tests which archaeology and written sources can add. An evolutionary approach also reunifies all of historical archaeology as the archaeology of the Modern World and place one of its subfields – Post-Medieval Archaeology – at the center of this research endeavor. Research has greatly advanced since 1966–1967 but historical archaeologists now need an expanded research framework to continue to move forward.

References

Barton, K. J. 1986a, The Origins of the Society for Post-Medieval Archaeology. *Post-Medieval Archaeology 1967* 1:102–103.

Barton, K. J. 1986b, Editorial. *Post-Medieval Archaeology 1967* 1:1–2.

Deetz, James 1977, *In Small Things Forgotten: The Archaeology of Early American Life.* Anchor/Doubleday, New York

Noël Hume, Ivor 1968, Historical Archaeology in America. *Post-Medieval Archaeology 1967* 1:104–105.

Johnson, Matthew 1993, *Housing Culture: Traditional Architecture in an Early English Landscape.* University College London Press, London.

Johnson, Matthew 1996, *An Archaeology of Capitalism.* Blackwell, Oxford.

Leone, Mark P. 1984, Interpreting Ideology in Historical Archaeology: the William Paca Garden in Annapolis, Maryland. In *Ideology, Power and History,* edited by D. Miller and C. Tilley, pp. 25–35. Cambridge University Press, Cambridge.

Leone, Mark P., and Parker B. Potter, Jr. 1994, Historical Archaeology of Capitalism. *Bulletin of the Society for American Archaeology* 12 (4):14–15.

Pilling, Arnold 1967, Beginnings. *Historical Archaeology 1967* 1:1–22.

Papers of The Society for Historical Archaeology 1967, News Release on 1967 Founding Meeting (John Cotter, Ed Jelks, and J. Glenn Little). Papers of the Society for Historical Archaeology, National Anthropological Archives, Smithsonian Institution, Washington.

Redman, Charles L. 1986, *Qsar es-Seghir: An Archeological View of Medieval Life.* Academic Press, New York.

Rice, Eugene F., Jr. 1970, *The Foundations of Early Modern Europe 1460–1559.* W. W. Norton and Company, New York.

Schuyler, Robert L. 1970, Historical and Historic Sites Archaeology as Anthropology: Basic Definitions and Relationships. *Historical Archaeology* 4:83–89.

Schuyler, Robert L. 1991, A "Complete" Curriculum: Historical Archaeology on the Undergraduate Level. In Archaeology and Education: The Classroom and Beyond, edited by K. C. Smith and Francis P. McManamon. *Archaeological Assistance Study* 2:33–40. National Park Service, Washington.

White, Leslie 1949, *The Science of Culture.* Farran & Straus, New York.

White, Leslie 1975, *The Concept of Cultural Systems: A Key to Understanding Tribes and Nations.* Columbia University Press, New York.

White, Lynn, Jr. 1962, *Medieval Technology and Social Change.* Oxford University Press, London.

Robert L. Schuyler
University of Pennsylvania Museum
University of Pennsylvania
Philadelphia, PA 19104–6398

3 The New Postmedieval Archaeology

Matthew H. Johnson

This paper is a selective review and commentary on some recent trends within the archaeological study of the period 1500–1800. It hopes to be relevant to both a British and an American readership. As such, it faces two problems: a problem of audience and a problem of scope.

The problem of audience is simple enough. Much as scholars on both sides of the Atlantic stress unity in their concerns, I feel this paper addresses two different groups of readers. This should not be the case. If nothing else, we work on the same period, and we should be working on the same questions if on both sides of the Atlantic we rightly consider our work to be international in scope. We are not necessarily, however, working on the same problems or working in similar ways. The problem is that many of the points made in this paper below have already been put into practice by many North American historical archaeologists. Indeed, after reading many of the papers in this volume one might conclude that North American scholarship is showing the way forward for British postmedieval archaeology.

The second problem of scope relates to a paradox. The core of my thesis in this paper is twofold: that *we should pay more attention to particularities and to close contextual detail*, and at the same time that *we should be more wide ranging in our arguments*. The key to a world historical archaeology lies in very small things forgotten, if you like. If we want to construct a world historical archaeology, to be wide-ranging and innovative, we have to return to the particular and the traditional – the tortured phenomenological world of the artefact in its context.

This paradox of scope relates in part to our object of study. The one proposition that occasionally unites all archaeological studies of the period after c.1500 is that we study the rise of the modern world. This world is above all global; its constitution and origins lie in the creation of global networks of trade, population movements, mentalities. And yet we try to talk about that global world through tiny fragments – artefacts, particular sites, local contexts. How do we do this?

This is where archaeological studies on both sides of the Atlantic have in the past gone astray. I would argue that in practice our methods and presentation tend to hamstring our archaeological enquiries from the start; we see material things as secondary or peripheral to other non-material things. Take the study of clay pipes as an example. Clay pipes are treated as evidence for something else. They are either used as an index to establish a closer chronology for a site, or they are used as evidence to build up a picture of changing production patterns. Thus, non-specialists most commonly encounter clay pipes in publications when they are asking 'what date is this site?' or 'what do we know of changing patterns of production in the 17th century?'. So the clay pipe is secondary to a chronology, or to a production pattern. Now we treat chronology and production pattern as real, though both are patently not: both are non-material things that only exist as abstract concepts in the archaeologist's mind.

Somewhere within this standard archaeological practice the material form and function of clay pipes is lost. The pipe is an artefact of consumption of tobacco. When I hold such an artefact in my hand, I think of a yeoman or husbandman farmer holding it. I see him sitting in the alehouse with a pot of beer and a few friends. My picture of his activities is materially grounded. I look to furniture specialists for the stool or settle he is seated at and the table he rests his beer on; I look to Gaimster (1997) for the stoneware tankard that contains his beer. I look to the study of vernacular architecture for an understanding of the structure and the organisation of space that constitutes the alehouse.

The clay pipe leads to other terrains, very far from the noise and disorder of the English alehouse. I think of the tobacco being enjoyed, of the many steps that have led from its cultivation in Virginia to its combustion and disappearance in a puff of smoke. Of the indentured servants and slaves who laboured in its production, of the changing layout and architecture of the plantation whence it came. I also think of the wife of the husbandman, enjoined by regular and tedious Sunday sermons to stay away from the alehouse, working at home on the production of cheese and butter, again using well known pottery forms and within a three-room dwelling that still stands. And I think of the husbandman's walk home, along a street and past a church and common that postmedievalists rarely talk about because they are 'medieval in date', but which are material and enduring and which structured the everyday life of the 17th-century village.

Material things, then, are absolutely central to the constitution of the patterns and the rhythms of everyday life. And those patterns and rhthyms are central to an understanding of larger-scale processes that make up the themes of early-modern social, economic and cultural history. For example, 'colonialism' is not a process that was conjured out of thin air; it was constituted by thousands if not millions of individual actions ranging from puffing on a pipe to the sale of a slave to the writing of a moral tract on enclosure. Other current favourites, the 'rise of consumption' or of 'competitive emulation', do not exist outside of millions of individual actions, all varying one from another and all involving the very stuff of archaeology, material things.

In short, pots are not made by processes; they are made by people. And pots make people in their turn. Such a view has quite radical implications for the way we practise and write postmedieval archaeology. I shall rather arbitrarily separate out four:

1. Our writing of the past must be at a human scale of time and space. Many of us have been taught by the Annales School to view time in terms of different rhythms from the event to the *longue durée*, and thus implicitly to regard the human scale as secondary or peripheral to deeper processes (though such an implication does not necessarily follow from the core of such thought). I suggest that Annales thinking was an advance on notions of time in traditional political history, but that it had the unfortunate consequence of tempting us to view long-term cycles such as population, climatic and economic change as somehow having an objective existence, independent of the human actions through which they were constituted. What is true of time is true of space. Views of and movement through the landscape at different levels, from domestic space to the world beyond, is central to human experience. And yet archaeological depictions of that landscape have almost nothing to do with the way it would be experienced at an everyday level in the past. For an objective demonstration of this point, count the number of plan views relative to the number of surface views in most English Royal Commission surveys.
2. We need to respect the views of the economy and the environment held by people in the past. This means a move beyond formalist economic models in the interpretation of archaeological data. Such models tend to assume an unproblematic supply-and-demand equation, and to treat economic processes as somehow separate from the transient assumptions of social and cultural life. To say that we should be looking at the demand side of the equation as well as the supply side (*pace* Courtney, this volume) is simply inadequate, since there is no *a priori* reason to believe that a simple supply-and-demand model of this kind is applicable to pre-industrial societies. It was Richard Tawney (1926) who pointed out that pre-capitalist markets were suffused with moral ideas of the fair price, and E. P. Thompson who explored how such ideas were articulated and mobilised through the moral

economy of the crowd. It is inappropriate to use demand/supply models without further thought, since these presuppose a set of economic relations that only painfully and slowly, and amid much human conflict came into being in the later 18th century (this is a larger point that many economic historians have yet to take on board, with the striking exception of Tribe 1978).

3. We should think more imaginatively about the nature of archaeological materials. In particular, we should wrest control of the territory of the historian by exploring how texts and printed sources are constituted spatially. For example, postmedievalists should read Tribble's *Margins and Marginality* (1993), which explores the layout of printed books. We should insist that students of the past, whether they call themselves historians or archaeologists, cannot consider words out of context of their material conditions of production.
4. In many ways the larger potential of archaeology in this period is to take up the challenge of Michel Foucault's metaphor of archaeology. Foucault set intellectuals the task of excavating below the surface of documented history, to question and to investigate what underlay modern divisions between discourses of economics, society, trade by looking historically at the genealogy of those divisions, that is, where those divisions came from.

Now the discipline of archaeology is uniquely suited to take up Foucault's challenge as the objects of its study manifestly do not fit into one or other discursive box. A clay pipe is not purely economic, or social, or cultural: its very materiality denies the constructions we put on it.

Issues of central importance here include Daniel Miller's work on the changing nature of material culture under capitalism (1987); different definitions of class, and the archaeology of inequality (McGuire & Paynter 1991); the archaeology of gender and everyday experience of space; the creation of ideas of public and private space and the realm of the domestic; and the archaeology of the body. Again, many of these themes are familiar from North American historical archaeology; but I would argue in parallel with Schuyler (this volume) that British postmedieval studies are central to an exploration of these problems. Where, after all, did the Georgian Order come from? I argue elsewhere that one of the central contributions postmedieval studies can offer is an exploration of the particular material circumstances in which the Georgian Order was constituted, for example through the changing relationship of polite and vernacular architectural styles in late 17th and early 18th century England (Johnson forthcoming).

If traditions of British postmedieval enquiry are critical in an empirical sense to an understanding of our period, traditions of intellectual and cultural thought offer an equally fruitful source of new ideas and theories. For example, if we want to ask about how ideas and subjectivities of class are created and constituted, we cannot escape the parameters laid down by E. P. Thompson's *The Making of the English Working Class* and the subsequent development of that work by Raymond Williams (Thompson 1963; Williams 1973). I feel that this work in particular represents a cluster of Marxist and non-Marxist radical theoretical traditions that explore questions of inequality that offer a fruitful 'middle' ground between the structuralist denial of class and the undue reification of the concept.

Now I would call the approach I have sketched out here a truly scientific and anthropological one, one that takes up the challenge of the original New Archaeology to move away from what David Clarke called 'the murky exhalation that passes for interpretive thinking' towards the use of explicit concepts and generalisations.

Archaeology and History

It is also an approach which is more truly historical. It rejects the positivism and particularism of traditional history and instead shows a critical awareness of recent developments in historical practice. Recent historical work exhibits precisely the same interpretative tensions between generations of scholars as does archaeology. We need to build alliances with interdisciplinary work in social and cultural history, with the New Historicism of North America. The related, though rather confusingly named Cultural Materialism of British literary studies, takes on similar themes but has more of an explicitly radical edge to it.

With such alliances come additional responsibilities. New stress on subjective experience, on everyday life, and on the importance of material things that is the hallmark of recent cultural history gives postmedieval archaeology the potential to be central to critical interdisciplinary enquiry into the Renaissance and early modern periods. Sadly, up to now we have not taken up this challenge. In the recent three-volume work on *Culture and Consumption* (1995 & 1997) there is not a single paper by an archaeologist. Now this is our fault. Many – not all – postmedievalists are working on consumption but are using models of supply and demand and of an untheorised competitive emulation of the sort that are rightly rejected by modern cultural historians for the reasons discussed above.

I am stressing this point because such new approaches are often misrepresented as a rejection of history. It is a rejection of more traditional forms of history; but in fact, we have as many potential friends as enemies within contemporary historical practice. Just as the New Archaeology was paralleled by the New Geography and the New History, so these new developments have as many allies as opponents within other disciplines.

If it is also not a rejection of history, it is also not a rejection of the stuff of our research – the minutiae of the archaeological record. Artefacts, excavated contexts and material things are important. There has been a partly implicit criticism of recent approaches that they are simply social-history-plus-artefacts, and I think that this criticism is in part justified and needs to be responded to constructively. It is a criticism that has come among others from three very diverse sources: in Bob Schuyler's review of my own book in which he rightly takes me to task for paying too little attention to excavated assemblages, in Chris Tilley's review of the *Archaeology of Inequality* volume (1993), and in David Gaimster's response as an artefact specialist to the call for new approaches (1995).

Now many of these points could be characterised as broadly in-line with what is called 'postprocessual archaeology'. I would resist such a label. In the first place, they owe as much to North-American scholars, who I am sure would dislike being so designated, as they do to prehistorians. Second, I would place at the centre of this new postmedieval archaeology feminist and gender concerns; many working in this field are suspicious of an easy equation between what they do and postprocessual archaeology (Wylie 1992 offers a definitive discussion of this issue). Third and perhaps most importantly, this is a loose cluster of concerns too easily oversimplified by its opponents, put in a box labelled 'postprocessual archaeology' and thus marginalised from 'mainstream' archaeological thought without any real engagement with the issues; indeed, whenever I hear the phrase 'the post processualists think that...' I expect some gross overgeneralisation to follow, and I am rarely disappointed.

It is certainly true that the philosophical and theoretical basis of the new post-medieval archaeology that I have sketched out is very different from, and in many ways diametrically opposed to, that of Clarke's New Archaeology. It is a favourite intellectual parlour game to speculate on what Clarke would be thinking were he alive today; a popular view is that he would have travelled the same route as Ian Hodder, via spatial models and computer simulation to post-processual archaeology.

It is in this spirit that I title this paper the New Postmedieval Archaeology. The New Archaeology of the 1960s was always much more diverse than some retrospective histories allow; it is difficult to specify any one concrete proposition that all its adherents would subscribe to other than a sense that archaeology was stagnating, and that change was needed. If we go back to David Clarke's seminal *Antiquity* paper 'Archaeology: The loss of innocence', proclaiming the birth of the New Archaeology, a few word changes would produce an accurate description of the state of post-medieval archaeology today. Consider also the opening words of Clarke's analytical archaeology:

> Now here, you see, it takes all the running you can do, to keep in the same place. (the Queen to Alice, *Through the Looking Glass*, chapter 2, Lewis Carroll, 1832–98)

> Every year produces a fresh crop of archaeological excavations, a new harvest of prehistoric artefacts ... The archaeologists come and go, new names and sites outshine the old, while hundreds of years of collected material overflows and submerges our museum storerooms. At the same time a relentless current of articles and books describe and label the new material so that the intrepid archaeologist, by dint of furious activity, can just maintain his status quo against the constant stream of data.

> However, the nebulous doubt arises in our minds that a modern empirical discipline ought to be able to aim at more rewarding results than the maintenance of a relative status quo and a steady flow of counterfeit history books. (Clarke 1968, 3)

Similarly, Lewis Binford's paper 'Archaeology as Anthropology' (1962) makes interesting re-reading over three decades later. Change the dates and a little of the jargon and many of his points sound like a clarion call for British postmedievalists in the 1990s. We must adopt a rigorous and robust methodology; we cannot just go on collecting data without a more incisive questioning of what this data actually tells us about cultural dynamics in the past. We must reject an aquatic view of culture in which cultural and stylistic traits spread out like ripples; instead, we should try to generalise, to be more wide-ranging. And perhaps most importantly, we must be anthropological: we must move beyond dry descriptions of pottery types and wares in which decorative styles or innovations seem not be be transmitted by human beings, but to have developed little legs and walk about on their own. Instead, we must talk about the people that made the pots and houses.

Now the analogy between the state of prehistoric archaeology in the 1960s and British postmedieval archaeology in the late 1990s clearly breaks down when we consider the subsequent development of New Archaeology, but I do sense the same spirit of excitement and change in the air today. And I predict that over the next few years we are going to see a parallel mushrooming of different theoretical and methodological views, a diversity of different postmedieval archaeologies, different possible ways forward. I certainly see this diversity in the contemporary work of North-American historical archaeologists. And I sense that the much greater intellectual strength of North-American historical archaeology when compared with Britain derives in part from this diversity. Debate between different schools is a sign of the intellectual maturity of a discipline.

Why now? What are the origins of this new postmedieval archaeology? It is difficult to point to changing disciplinary alliances. As we have seen, the new postmedieval archaeology is not a rejection of history. Schuyler's reader *Historical Archaeology* (1978) discussed the beginnings of 'new archaeology' in historical archaeology: it was at least partly concerned with the configuration of disciplines and very much under the shadow of Walter Taylor. British archaeology has, I think, been largely uninfluenced by Taylor, and uninfluenced by the discipline of anthropology as a whole; outside Cambridge, few archaeology degrees offer any background anthropological training. Put even more crudely, there are very few copies of *A Study of Archeology* around: the volume simply does not appear on university reading lists. As a result, it is difficult to point to parallel concerns with the configuration of disciplines.

I think that in part the origins of this new postmedieval archaeology are actually very simple, and need not be traced in minute detail. The teaching of both medieval archaeology and of archaeological theory in university courses in this country is relatively recent. As a result, it is only in the mid 1990s that a generation of research students is coming through that has the necessary building blocks in their education, namely three: an empirical training in the archaeology of documented periods; a healthy disrespect for the authoritative pronouncements of traditional historians; and an explicitly theoretical commitment of whatever philosophical stripe.

For many, further progress is hamstrung by lack of resources and of training in postmedieval themes, or in the currently marginal position of postmedieval studies in academe. This is the counsel of despair. It is not enough to bemoan the lack of opportunity or the lack of academic posts. When I argue for lecturing posts or fellowships to be targeted on the postmedieval period, the response that always comes from prehistorian and Romanist colleagues is: 'Do you really think there is a good pool of young scholars out there producing exciting, wide-ranging stuff that speaks to the whole archaeological and interdisciplinary community and not just other post-medievalists?'. Harsh words, and I stress that they come from colleagues, not from me; but what I would really like to do is render them speechless by rattling off a long list of names of people who have published really exciting and wide-ranging things. The list is getting longer; I refer those interested to Sarah Tarlow and Susie West's edited volume *The Familiar Past?*, in which a collection of scholars address the problems and potential of a theoretically informed postmedieval archaeology. One of the encouraging features of this volume is the way it combines the work of junior scholars with more senior figures in the discipline exploring new approaches.

Such a contrast is particularly acute when we look across the Atlantic. We still have not produced anything like Yentsch (1995) or the work of the Annapolis school. When I teach historical archaeology to first-year students, it is James Deetz's *In Small Things Forgotten*, and Mrozowski, Ziesling and Beaudry's *Living on the Boott* that grip their imagination. Books of this nature do not just grow on trees; they require us to go out and write them.

If we want a bottom-up view of postmedieval society, we must also have a bottom-up view of our discipline. It is difficult to encourage motivated research students to enter a field which they consider to be dominated by a narrow range of approaches. In particular, we should take care to ensure that the format and style of our conferences and publications encourages the proliferation of new approaches. Many of these new ideas have been discussed by a variety of postmedieval scholars, but only within the cloistered recesses of the Theoretical Archaeology Group.

Conclusion

The new postmedieval archaeology has a long way to go, many intractable issues to explore. Its ultimate prize, however, is an integral role within a modern discipline at the forefront of the human sciences, contributing to wide-ranging questions such as the rise of the individual or the Georgian Order or the origins of capitalism or the workings of colonialism, and with these, investigating the nature of modern life, its archaeology, its genesis.

My central point in this paper is that recent theoretical stress on the material and the everyday has led us to locate these very large-scale processes within the smoking of a pipe at an alehouse, the reading of a pocket Bible by a fireside in a newly improved house, the clatter of pots and pans in a kitchen. And with this location comes the opportunity and the challenge of postmedieval archaeology. We may differ over how to reach our goals, but we must not duck that opportunity and that challenge. The prize is too great, the alternatives too unpalatable.

References

Binford, L. R. 1962, 'Archaeology as anthropology', in *American Antiquity* 11, 198–200

Culture and Consumption – Bermingham, A. & Brewer, J. (eds.), *The Consumption of Culture, 1600–1800: Image, Object, Text*, London 1995; Brewer, J. & Porter, R. (eds.) 1997, *Consumption and the World of Goods*, London; Brewer, J. & Staves, S. 1995, *Early Modern Conceptions of Property*, London

Deetz, J. 1972, *In Small Things Forgotten*, Garden City

Gaimster, D. 1995, 'Writing home: A British perspective on post-medieval material culture studies in Sweden', in *Meta: Medeltidsarkeologisk Tidskrift* 95.3, Lund (Sweden), 51–64

Gaimster, D. 1997, *German Stoneware 1400–1800*, London, British Museum

Johnson, M. H. forthcoming, 'Genealogies of the Georgian Order' in *Historical Archaeology*

McGuire, R. H. & Paynter, R. (eds.) 1991, *The Archaeology of Inequality*, Oxford

Miller, D. 1987, *Material Culture and Mass Consumption*, Oxford

Mrozowski, S., Ziesling, G. H. & Beaudry, M. C. 1996, *Living on the Boott*, Amherst

Pitock, J. H. & Wear, A. 1991, *Interpretation and Cultural History*, London

Schuyler, R. J. (ed.) 1978, *Historical Archaeology: A Guide to Substantive and Theoretical Contributions*, New York

Tarlow, S. & West, S. 1999, *The Familiar Past? Archaeologies of Late Historical Britain*, London

Tawney, R. H. 1926, *Religion and the Rise of Capitalism*, London

Thompson, E. P. 1963, *The Making of the English Working Class*, London

Tilley, C. 1993, review of McGuire & Painter 1991, in *Antiquity* 67.254, 178–9

Tribble, E. B. 1993, *Margins and Marginality: The Printed Page in early Modern England*, London, University Press of Virginia

Tribe, K. 1978, *Land, Labour and Economic Discourse*, London

Williams, R. 1973, *The Country and the City*, London

Wylie, A. 1992, 'The interplay of evidential constraints and political interests: Recent archaeological research on gender', in *American Antiquity* 57, 15–35

Yentsch, A. 1995, *A Chesapeake Family and Their Slaves*, Cambridge (UK)

Matthew H. Johnson
Dept. of Archaeology
University of Durham
South Road, Durham
DH1 3LE

4 The Practice of American Historical Archaeology: A Williamsburg Perspective

Marley R. Brown III

Abstract

The relationship between data and theory in the practice of American historical archaeology is examined in light of recent discoveries made by the archaeological research program at the Colonial Williamsburg Foundation. New insights regarding the appearance of architectural "permanency" within the Chesapeake, the development of towns, and the rise of economic and social inequality within this region are derived from both recent field discoveries and re-analysis of previously excavated data from Williamsburg-area sites. These insights demonstrate that the practice of American historical archaeology benefits from long-term perspectives toward complex historical and interpretive issues, and from the "objective" recognition of patterning in the archaeological record; a data-set whose cumulative nature is one of its great strengths.

Introduction

Few places of recent origin anywhere can boast of an unbroken history of archaeological study since 1928. That year restoration architects hired by John D. Rockefeller, Jr. began their exploration of the burned-out Royal Governor's Palace in Williamsburg, Virginia. This nearly seventy years of digging by the Colonial Williamsburg Foundation spans the period between when building footprints were the only object of inquiry and the rough and ready techniques used to find them – most dramatically the cross-trench – were ruthlessly applied in the name of efficiency, to the introduction of careful stratigraphic excavation on Williamsburg sites by English archaeologist Ivor Noël Hume (1994 [1963:68–114]) in the early 1960s.

The latter's tireless advocacy of an historically-informed and publicly-oriented practice of historical archaeology, one not bound to any one discipline but open to amateur and professional alike, was also well exemplified by his archaeological work at Williamsburg (Noël Hume 1994: 309–332). More recently; however, Colonial Williamsburg's archaeological research program has emphasized the improvement of the practice of historical archaeology as an anthropologically-oriented yet technically sophisticated endeavor. This brief essay will review some of the major contributions of this approach in light of more general developments in American historical archaeology.

Observing and Recording the Archaeological Record

Opportunities to uncover slowly and with care large areas of archaeological sites possessing complex stratigraphy are rare in the United States. Beginning with the excavation of the Peyton Randolph yard and outbuildings between 1982 and 1985 and continuing on several other large holdings during the rest of the 1980s, archaeological field work within Williamsburg's Historic Area was allowed to proceed in this way. As a result several important innovations were incorporated in the recording and interpretation of large-scale open-area excavations that were being developed on both urban and rural sites in Britain. Of particular importance to us has been the careful phasing of stratigraphy so that the resulting period interfaces could be linked with historically known households living on the properties in question and the application of geographic information system technology to the task of data management (Brown and Muraca 1993; Brown and Samford 1994).

It was also possible to experiment with the recovery and analysis of many categories of data that often do not receive the attention they deserve because money and time are simply unavailable. For instance, encouraged by Dominic Powlesland's (1984) example from his long-term Heslerton Parish project in North Yorkshire the plowzone was piece-plotted above one of the later Martin's Hundred houselots in order to compare the resulting distribution with those produced by sampling and computerized randomization (Edwards 1994). Inspired by German zooarchaeologist Hans Peter Uerpmann's work with the measurement of diversity in faunal assemblages (Grayson 1984: 132–167), 100% of the contents of root cellars associated with an 18th-century slave quarter were floated to examine potential redundancy in the occurrence of microfauna and plant macrofossils, and to evaluate the recovery of those very small but potentially meaningful artifacts like beads often identified with slave sites.

Since the early 1980s archaeological research efforts at Colonial Williamsburg have thus substantially expanded the basic principles of archaeological practice put in place there by Ivor Noël Hume during the 1960s, and have given them an explicitly experimental bent insofar as methodology is concerned. But the fact remains that most of the sites where these approaches have been applied exist within a very restricted universe, one comprised of properties being considered for economic or educational development by the Foundation. Archaeology at Colonial Williamsburg is still very much in the service of museum restoration and reconstruction and this *raison d'être* has served to focus intellectual inquiry on one group of interrelated subjects concerning the nature of Williamsburg's 18th-century built environment, and the everyday domestic and productive activities of its citizens.

At the same time, work at Carter's Grove Plantation on the settlement of Martin's Hundred and the 18th-century slave quarter, research undertaken in cooperation with the National Park Service at Jamestown, and rescue excavations on properties where development has threatened significant archaeological sites, have broadened the temporal scope and subject matter of Colonial Williamsburg's archaeological program. By examining more closely several areas where research has been most productive, and where cumulative findings have contributed to larger issues, this paper will offer new insights to issues of long-standing interest to historical archaeologists.

The Question of Permanency

One of the most enduring research issues for historical archaeologists who work in the Chesapeake region of the United States concerns the nature of settlement itself and its relationship to the question of "permanency." Within this region, the concept of permanency has been applied to different components of the overall settlement pattern both as a measurable attribute of physical reality and as a matter of cultural perception or attitude. For example, the discovery of large numbers of earthfast frame buildings during the 1970s, together with the apparent rarity of houses supported on continuous sills, sent archaeologists and historians in search of explanations. The first attempt to account for the prevalence of such a building type (now labeled "impermanent") saw it as well-suited to settlers who did not plan to stay long and who needed to husband their capital in order invest in tobacco production. These structures appeared to give way to more durable forms of house construction, especially in brick, as the agricultural economy diversified by the turn of the 18th century (Carson et al. 1981). More recent interpretations have stressed social processes over purely economic factors (St. George 1983; Deetz 1993; Shackel 1994).

In recent discussions of this problem, the explanatory approach has varied, based on theoretical perspective, while the near total dominance of post-built houses in the Chesapeake's 17th-century archaeological record has been taken as a given. The assumption is that the "pattern has been recognized," it simply has not been satisfactorily understood. To some extent the same may be said for other aspects of the region's settlement pattern, an apparent general instability in early settlements related primarily to demography, and the near absence of towns in favor of dispersed plantations (Edwards and Brown 1993).

One of the advantages of working in the Chesapeake is the size and persistence of the community of historical archaeologists working there. The result is that it is not simply the theory that changes while the archaeological data remain essentially the same. In fact, important discoveries are made every year, and recently work at Colonial Williamsburg has yielded new insights regarding the question of permanency as measured in terms of building type, settlement stability, and town growth, and upon the occurrence of economic diversification in the form of craft and industrial development.

Recent work has been aided by a simple yet powerful discovery tool, first described by our society's founding father, J. C. (Pinky) Harrington (1954), and applied most creatively to describing Chesapeake settlement patterns by James Deetz in a case study from Flowerdew Hundred. Site occupation spans at Flowerdew, constructed from pipestems found in plowzone survey, exhibited a distinctive pattern that Deetz believed reflected the economic cycles of the tobacco economy, the desire of some later immigrants to remain in the Chesapeake, and finally, the establishment of the slave-based plantation system towards the end of the century (Deetz 1987; 1993:4–10).

Renewed study of Martin's Hundred some years ago revealed a much larger settlement than had been previously defined, whose temporal characteristics in terms of duration of site occupation shared much in common with Flowerdew Hundred. Both settlements revealed the expansion of small-holders whose fortunes were tied to the price of tobacco and who shared the land with a group who persisted after the former chose or were forced to abandon their small tobacco plots. Although the Martin's Hundred community had disappeared before the final phase of occupation reflected in the histogram evidence from Flowerdew Hundred, this property underwent the same kind of consolidation into a single large plantation by the end of the 17th century (Edwards and Brown 1993; Muraca 1993b).

The similarity between the temporal structure of these two rural settlement patterns helps to frame the debate over the meaning of earthfast building, inasmuch it is clear that not everyone came to prosper and leave. Still, even these immigrants tended to build "impermanently" as it were. But how does the settlement pattern evident on the "Hundreds" compare to the other kinds of communities that grew up in the 17th century. Using this same approach to pattern recognition in our recent archaeological assessment of Jamestown, undertaken in cooperation with the National Park Service, three basic phases were defined in the development of the town, phases that reflect somewhat different forces than do those evident at Flowerdew and Martin's Hundred (Brown 1994; Horning 1995a, 1998).

At Jamestown most of the buildings and structures in active use during the third decade of the century are related to the entrepreneurial activities of settlers encouraged by the policies of the then-Governor, John Harvey, who was in office from 1630 to 1635 and 1637 to 1639 (Horning 1995b). On land he owned, a number of early craft and industrial enterprises were established, including a brewhouse (Structure 110), and the Jamestown pottery (Structure 111), both excavated under the direction of John Cotter in the 1950s (1958:102–112). By mid-century this entrepreneurial zone had been abandoned and occupation of the town had shifted to the southeast where a conscious program of building was stimulated by a 1662 act that offered 10,000 lbs (4500 kg) of tobacco to any man who completed an appropriate brick structure.

Re-analysis of two townhouse structures, Structure 17 and Structure 115, shows that far from being evidence of an impressive and fashionable brick architecture current with what was being erected at the same time in Britain (they look more like modern condos in the Sidney King paintings used to interpret them), these townhouses quickly took on the qualities of badly planned public housing. Historical evidence indicates that they changed hands frequently. Absentee landholders like Phillip Ludwell, who at one time owned a piece of both Structure 17 and 115, allowed these buildings to degrade, much in the way a modern slumlord does in the inner city. Before they fell down altogether, these two buildings looked much more like this than they did the crisp edifices shown in the 1950s artwork commissioned by the National Park Service (Horning 1994, 1995a:246–324, 1998).

But despite their rundown condition, these structures and others like them at Jamestown were "permanent," as were the houses that people like Ludwell began to build for themselves outside of Jamestown as early as the 1630s. Although it is Greensprings that is often brought to mind when calling up the few such buildings heretofore recognized in this area of the 17th-century Tidewater, at Rich Neck plantation near the present site of Williamsburg, Ludwell himself acquired and substantially remodeled a good-sized brick house built by Richard Kemp in 1642. In the process, he took a lobby-entrance plan and converted it to a hall-chamber house with end chimneys, a pattern of remodeling that has also been observed in Jamestown, and one which has most recently been attributed to the perceived need for increased security on the part of an incipient planter class worried about the reliability of their newly enslaved African workers (Muraca and McFaden 1997; Neiman 1993).

Excavation of Rich Neck plantation over the past four years has revealed this change as well as the increased compartmentalization and specialized use of plantation space that has been seen on many other Chesapeake sites. Here, as laborers are separated into a near quarter on the other side of a major two room dependency with elaborate tiled cellars, a formal garden may have been erected in the courtyard (Muraca and McFaden 1997). All of this was wrought between 1660 and 1662, the same time when John Page, a large landholder in this community known as Middle Plantation, chose to build his dream house on his 300 acre (120 ha) tract just northeast of Ludwell's 4000 acres (1600 ha) (Fig 4.1). Discovered in the course of road-building, this house is almost identical to the only 17th-century house in Virginia surviving above ground, Bacon's Castle in Surry County (Pickett 1996; Metz et al. 1998).

Adjacent to Bacon's Castle, built three years later than the Page house, was a most impressive formal garden (Luccketti 1990). Next to his house, Page built a brick and tile kiln that produced the building materials not only for his house, but for many other buildings within Middle Plantation. Recent survey of our collections indicated that a large number of buildings were roofed with flat tiles similar to wasters found at the Page kiln site (Fig 4.2). This kiln, which we believe

Fig 4.1 Reconstruction of the Page House. (Drawing by Dave Brown.)

was operating for no more than a very few years in the 1660s, provided the flat-tile roofing for a number of Middle Plantation structures and at least one house in Jamestown (Metz 1995) The concentration of these tile-roofed structures, or nucleation in settlement pattern terms, allows us to see a town before a town, if you will; to establish the fact that Middle Plantation had become a settlement that not only rivaled Jamestown in "permanency" but exceeded it by the 1660s (Muraca 1994, 1995; Metz et al. 1998).

Although the Kemp/Ludwell complex at Rich Neck and the Page house are newly excavated, we have now determined that permanent architecture was a common form of building in Middle Plantation, beginning in the 1640s and certainly dominating the landscape by the 1660s. Based on other recent interpretations of the transition from earthfast to brick building in the Chesapeake, such as one offered from the perspective of Annapolis, Maryland, this would mean that the residents of Middle Plantation began to think better of themselves well before such social distancing occurred elsewhere. In fact, we suspect that this is true, although not in the sense of a dramatic transformation in social relations or movement toward individuality that may have characterized 18th-century Annapolis (Shackel 1994).

It can be argued that Middle Plantation's property owners and residents were consciously beginning the quest for relocation of the colony's capital from Jamestown to their fair settlement, a quest that became clearer with the construction of the first Bruton Parish church and the founding of the College of William and Mary. Building in brick was part of that strategy, a strategy not restricted only to the wealthy. At

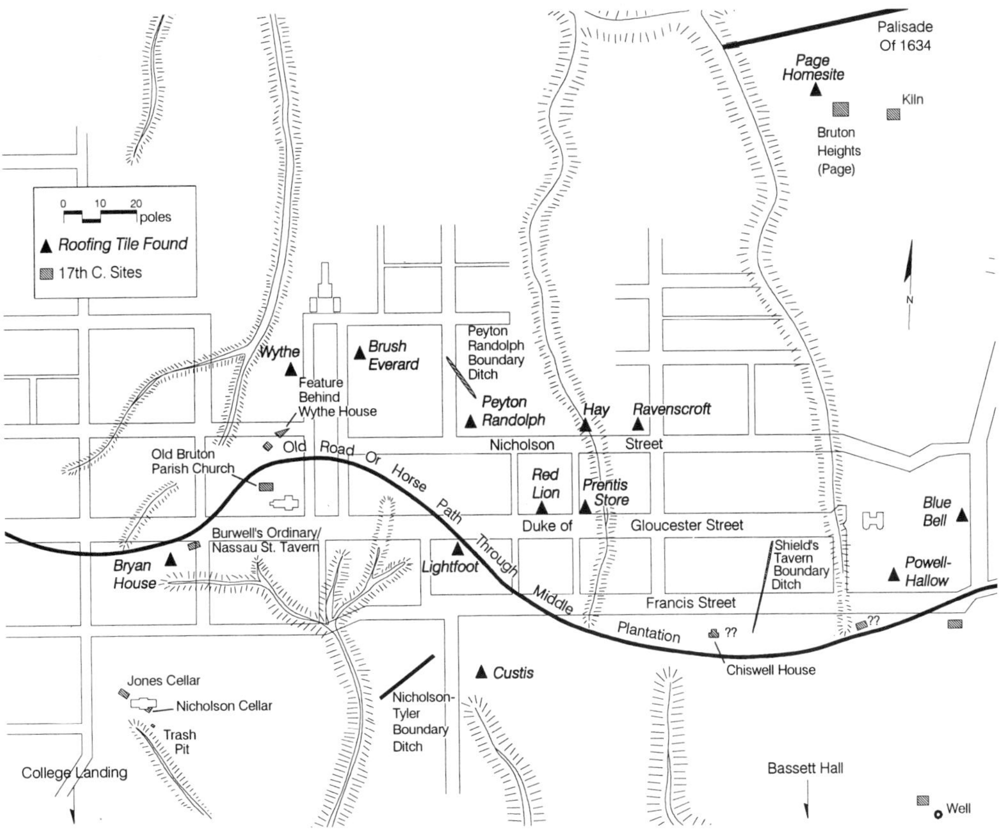

Fig 4.2 Middle Plantation features shown in relation to Colonial Williamsburg street plan.

Jamestown, during the same period, our phasing of the town indicates that there were indeed a few buildings rebuilt after the destruction of the town during Bacon's Rebellion in 1676, of which one, Structure 112, which started out as a modest frame house constructed by the 1620s. It was to be rebuilt twice, the second time after Bacon's Rebellion, and there is good evidence to suggest that it many have served as both the second and third statehouse (Horning 1995a:234–244). Although Jamestown continued to be inhabited after the establishment of Williamsburg in 1699, the action in the 18th century' turned to the area of the Ambler Mansion, whose construction in the mid-18th century required the destruction of several standing structures.

Of course, in many people's minds the excavations at Jamestown have only just begun (Kelso 1995, 1996; Kelso et al. 1997), but the historical development of much of the settlement is now well understood, a result of careful historical research, very selective test excavation and collections reanalysis, and explicit comparison to the town-building efforts occurring in Britain at about the same time. The effect of competition on Jamestown's future is also now better known as the true nature of Middle Plantation, its early "permanency," is established by excavation of new sites such as the Kemp-Ludwell and Page houses and through reevaluation of what was found by Williamsburg's earlier generation of excavators.

The Growth of a Regional Economy and Market Dependency

In the transactions that moved the products of John Page's kiln over the landscape of Middle Plantation during the 1660s we may wish to see the origins of market-mediated social relations in the community that would become Williamsburg. Others argue that such relations are not present until later. One observer suggests (Shackel 1994: 94), for example, that "early Chesapeake settlers probably did not differentiate between social and economic exchange until at least the early eighteenth century." Coming in a concluding section of an essay that contains little evidence other than summarized probate material, this statement appears to be highly speculative. Such a generalization can be achieved by applying well-rehearsed social theory to little or no physical data, an interpretive practice that continues to gain currency in American historical archaeology. We may ask how more definitive statements can be made using the results of actual archaeological excavation. Perhaps, such questions about inequality, when posed by historical archaeologists, can be most productively pursued using a large body of comparative data, whose analysis has been standardized in a meaningful way, and for which time, space, and household affiliation are well-controlled (an approach still not practiced nearly as often as it should be in contemporary research).

Ten years ago we would have posed such a problem in terms of artifacts like ceramics, about which we have come to know a great deal thanks in part to Colonial Williamsburg's sponsorship during the 1980s of an intensive multi-year study of *English Ceramics in America*. One result of that research, funded in part by the National Endowment for the Humanities, is that it is now possible to closely account for economic differences in ceramic ownership and use within 18th-century communities like Williamsburg (Martin 1994). But it turns out that animal bone (faunal remains more properly) from Williamsburg sites hold the key to the question of exchange relations, the rise of inequality, and related issues.

With support from another NEH grant, Colonial Williamsburg curator of zooarchaeology, Joanne Bowen (1994), in collaboration with many other members of the Foundation's Research Division, has been able to digest a large body of faunal data accumulated from Williamsburg sites to establish dietary differences between Williamsburg households of different social rank. She compared kill-off patterns, based on long-bone fusion, and bone element distributions in over 13 household assemblages from Williamsburg. These assemblages span the period 1700 to 1775 and can be associated with craftsmen, professionals, and the elite.

Bones recovered from a dense midden salvaged during construction of a restaurant in 1983 turned out to be 1740s butchering waste generated by the shop of Benjamin Hanson. Bowen's re-analysis of Hanson's butchering waste showed the appearance of a "commercialized" pattern of husbandry in the long-bones of all popular livestock, but especially in sheep. Hanson was producing lamb for the Williamsburg market, and discarding the portions of the animal that could not be sold on site. Interestingly, when compared to household assemblages in Williamsburg, the market dependency of craftsmen like blacksmith and farrier John Draper is in marked contrast to the independence of Thomas Everard, who during his 36 year career as Clerk of York County accumulated 2 plantations, 1 of 100 acres (40 ha) in James City County. The distribution of body parts in his assemblage mirrors that of those of nearby planters (Brown and Bowen 1995; Walsh et al. 1997:73–82).

In this short essay there is not enough space to go through the details of this just completed study, but the careful comparison of over twenty faunal assemblages from the Chesapeake has shown that urban professionals, medical doctors and lawyers among others, are the first to become dependent on a commercialized market, and become so before mid-century. Craftsmen appear to retain greater self-sufficiency in meat production throughout the 18th century, and members of the elite maintain their distance from the market throughout this period. By using data from the Calvert and Green sites, excavated under the auspices of Historic Annapolis, Bowen is able to show the arrival of this pattern of differentiation earlier for Maryland's capital, although she was hampered in this comparison by too few samples from Annapolis that met her data requirements. She concludes that even though Williamsburg's provisioning system was complex and varied, it is possible to clearly see different degrees of market dependency in bone element distributions and such variation is an excellent measure of the impact of urbanizing economies on specific groups of people (Walsh et al. 1997:82).

Bowen and I (Brown and Bowen 1995) have argued elsewhere that such dependency may be viewed as one indicator of a growing inequality in the 18th century, one that ultimately affects peoples lives in a much more profound way than the choice of what kind of pot to buy. As more data are generated for other colonial-era towns and cities, and equivalent comparative work is undertaken, significant variation in the provisioning systems of early America can be established and the nature of inequality within the larger society better understood.

Conclusion

Other areas of research at Colonial Williamsburg planned for discussion in this brief essay include recent discoveries made by the program of African American archaeology which is under the direction of black scholars and which has been consciously undertaken to encourage participation of the local African American community (Edwards-Ingram 1997; Franklin 1997). It was also planned to share briefly recent results of the analysis of garden landscapes. For two years Colonial Williamsburg has been operating an environmental laboratory dedicated to the interpretation of phytoliths and other microconstituents of the soil, where systematic analysis is beginning to reveal more complex patterns relating to the content of historic gardens within Williamsburg and at other historic sites at a time when it is their structure that is best understood by techniques of garden archaeology presently in use (Brown and Chappell 1997).

But it is necessary to conclude with a few general observations about how archaeological research at Colonial Williamsburg relates to what should be expected of the practice of American historical archaeology today. At a time when many archaeologists appear to suffer from attention deficit disorder, it is important to consider the benefits of long-term research aimed at solving complex historical problems. Debate over the nature of colonial communities and the character of their changing social fabric will continue with or without answers to more immediate questions about settlement pattern dynamics in early Virginia, or the timing and effect of market dependency and urbanized economies within the Chesapeake region. But these are matters about which archaeological data have much to tell for so long as their collection and interpretation are understood to be part of a cumulative practice; a practice marked by proper respect for the role of theory, whether it be of the moment or more enduring, but one which privileges the discovery of real and significant patterning in the archaeological record.

Many archaeologists would agree with Michael Shanks and Randall McGuire (1996:79) when they argue in their recent discussion of archaeology as a craft that archaeological knowledge is made not discovered. It is known that this is true having gone to some lengths to assemble much of what is presented here. But recognizing the importance of archaeological knowledge as the result of a practice which is engaged with and therefore influenced by the society in which we live, does not negate the importance of the discovery process. More importantly, this recognition does not sever the relationship between data and interpretation (Brumfield 1996).

Such discovery, or "rediscovery" in many cases, requires practitioners, or archaeological "craftworkers," who are capable of "creating the facts of archaeological knowledge from observations of reality" a capability that requires "good technical understanding of the past and a respect for material objectivity" (Shanks and McGuire 1996:80). At places like Colonial Williamsburg, where there is long-term commitment to the practice of archaeology, it is possible to both develop the requisite skills as well as savor the results of discoveries, some clearly the product of serendipity, others revealed through sustained quantitative interrogation. The importance of these discoveries is not solely dependent on theoretical spin or the "political" position of the archaeologist. Their impact derives from how they revise our understandings of what we thought we knew.

Acknowledgments

The ideas and evidence presented in this essay were arrived at collectively by the very talented staff of archaeologists associated with Colonial Williamsburg's Department of Archaeological Research. I am especially indebted to the work of Joanne Bowen, Ann Smart Martin, David Muraca, Audrey Horning, Andy Edwards, John Metz, Dwayne Pickett, Jennifer Jones, Greg Brown, David Brown, Leslie McFaden, Ywone Edwards-Ingram, Maria Franklin, Kate Meatyard, and Lisa Kealhofer. I thank Greg Brown, Heather Harvey, and Liz Grzymala for help in preparing this manuscript. And I especially appreciate the help and support of Kathleen Bragdon.

References

Brown, Gregory J., and David F. Muraca 1993, Phasing Stratigraphic Sequences at Colonial Williamsburg. In *Practices of Archeological Stratigraphy*, edited by Marley R. Brown III, Edward Harris, and Gregory J. Brown, pp. 155–166. Academic Press, New York.

Brown, Marley R. III 1994, An Update on the Status of the Jamestown Assessment. *Jamestown Archaeological Assessment Newsletter* 1(2/3): 1, 22–24.

Brown, Marley R. III, and Joanne Bowen 1995, An Archaeological Perspective on the Material Life of Williamsburg's Artisan Community. In *Common People and Their Material World; Free Men and Women in the Chesapeake, 1700–1830*, edited by David Harvey and Gregory Brown, pp. 55–64. The Dietz Press, Richmond.

Brown, Marley R. III, and Edward A. Chappell 1997, Archaeology and Garden Restoration at Colonial Williamsburg. *Journal of Garden History* 17(1):70–77.

Brown, Marley R. III, and Patricia Samford 1994, Current Archaeological Perspectives on the Growth and Development of Williamsburg. In *Historical Archaeology of the Chesapeake*, edited by Paul A. Shackel and Barbara J. Little, pp. 231–245. Smithsonian Institution Press, Washington.

Brumfield, Elizabeth M. 1996, The Quality of Tribute Cloth: The Place of Evidence in Archaeological Argument. *American Antiquity* 61(3):453–462.

Carson, Cary, Norman F. Barka, William M. Kelso, Garry Wheeler Stone, and Dell Upton 1981, Impermanent Architecture in the Southern American Colonies. *Winterthur Portfolio* 16(2/3):135–96.

Cotter, John L. 1958, Archaeological Excavations at Jamestown, Virginia. *National Park Service Archaeological Research Series* 4. Washington.

Deetz, James 1987, Harrington Histograms versus Binford Mean Ceramic Dates as a Technique for Establishing the Occupational Sequence of Sites at Flowerdew Hundred, Virginia. *American Archaeology* 6(1):62–67.

Deetz, James 1993, *Flowerdew Hundred: The Archaeology of Early American Life.* The University Press of Virginia, Charlottesville.

Edwards, Andrew C. 1994, Archaeology of an Early Seventeenth-Century House Lot at Martin's Hundred, Virginia. Unpublished M.A. thesis, Department of Anthropology, College of William and Mary, Williamsburg, VA.

Edwards, Andrew C., and Marley R. Brown III 1993, Seventeenth-Century Chesapeake Settlement Patterns: A Current Perspective from the Tidewater. In *The Archaeology of Seventeenth-Century Virginia*, edited by Theodore R. Reinhart and Dennis J. Pogue, pp. 285–309. The Dietz Press, Richmond, VA.

Edwards-Ingram, Ywone 1997, Toward "True Acts of Inclusion": The "Here" and the "Out There" Concepts in Public Archaeology. *Historical Archaeology* 31(3):27–35.

Franklin, Maria 1997, "Power to the People": Sociopolitics and the Archaeology of Black Americans. *Historical Archaeology* 31(3):36–50.

Grayson, Donald 1984, *Quantitative Zooarcheology*. Academic Press, New York.

Harrington, J. C. 1954, Dating Stem Fragments of Seventeenth and Eighteenth Century Clay Tobacco Pipes. *Archaeological Society of Virginia, Quarterly Bulletin* 9(1):10–14.

Horning, Audrey J. 1994, A Row of Fayre Houses: Jamestown's Terraced Buildings. *Jamestown Archaeological Assessment Newsletter* 1(2/3):16–18.

Horning, Audrey J. 1995, *"A Verie Fit Place to Erect A Citie," Comparative Contextual Analysis of Archaeological Jamestown*. Ph.D. dissertation, Department of Anthropology, University of Pennsylvania, Philadelphia. University Microfilms International, Ann Arbor, MI.

Horning, Audrey J. 1995, "The Greatest Hope of the Colony": John Harvey and the "Industrialization" of Jamestown. *Jamestown Archaeological Assessment Newsletter* 2(1):1,21–23.

Horning, Audrey J. 1998, Journey to Jamestown. *Archaeology* 51(2).

Kelso, William 1995, *Jamestown Rediscovery I, Search for 1607 James Fort*. Association for the Preservation of Virginia Antiquities, Richmond, VA.

Kelso 1996, *Jamestown Rediscovery II*. Association for the Preservation of Virginia Antiquities, Richmond, VA.

Kelso, William, Nicholas Luccketti, and Beverly Straube 1997, *Jamestown Rediscovery III*. Association for the Preservation of Virginia Antiquities, Richmond, VA.

Luccketti, Nicholas 1990, Archaeological Excavations at Bacon's Castle, Surry County, Virginia. In *Earth Patterns; Essays in Landscape Archaeology*, edited by William M. Kelso and Rachel Most, pp. 23–42. The University Press of Virginia, Charlottesville.

McFaden, Leslie 1993, Archaeological Survey at Holly Hills. Report, Department of Archaeological Research, Colonial Williamsburg Foundation, Williamsburg, VA.

Martin, Ann Smart 1994, "Fashionable Sugar Dishes, Latest Fashion Ware." The Creamware Revolution in the Eighteenth-Century Chesapeake. In *Historical Archaeology of the Chesapeake*, edited by Paul A. Shackel and Barbara J. Little, pp. 169–187. Smithsonian Institution Press, Washington.

Metz, John 1995, Exploring the Production and Distribution of Ceramic Roofing Tiles Through Acid Extraction. *Jamestown Archaeological Assessment Newsletter* 2(1):16–20.

Metz, John, Jennifer Jones, Dwayne Pickett, and David Muraca 1998, "Upon the Palisado" and Other Stories from Bruton Heights. Colonial Williamsburg Research Publications. The Dietz Press, Richmond, VA.

Muraca, David F. 1993, Martin's Hundred: A Settlement Study. Unpublished M.A. thesis, Department of Anthropology, College of William and Mary, Williamsburg, VA.

Muraca, David F. 1993, Archaeological Testing at Richneck. Report, Colonial Williamsburg Foundation's Department of Archaeological Research, Williamsburg, VA.

Muraca, David F. 1994, The Development of Middle Plantation: The Community that Preceded Williamsburg. Paper presented at the annual Council for Northeast Historical Archaeology meetings, Williamsburg, VA.

Muraca, David F. 1995, The Aspirations, Ambiance, and Actualities of Middle Plantation. Paper presented at the 28th annual Society for Historical Archaeology Conference, Washington.

Muraca David F., and Leslie McFaden 1997, Arranging Domestic Space: Changes in Room Function Through Time at Rich Neck. Paper presented at the 30th annual Society for Historical Archaeology Conference, Corpus Christi, TX.

Neiman, Fraser D. 1993, Temporal Patterning in House Plans from the 17th-Century Chesapeake. In *The Archaeology of Seventeenth-Century Virginia*, edited by Theodore R. Reinhart and Dennis J. Pogue, pp. 251–283. The Dietz Press, Richmond, VA.

Noël Hume, Ivor 1994, *Here Lies Virginia*. Reprint of 1963 edition. The University Press of Virginia, Charlottesville.

Pickett, Dwayne 1996, The John Page House Site: An Example of the Increase in Domestic Brick Architecture in Seventeenth-Century Tidewater Virginia. Unpublished M.A. thesis. Department of Anthropology, The College of William and Mary, Williamsburg, VA.

Powlesland, Dominic 1984, Pots, Pits and Portables. *Practical Computing* 6(6):144–146.

Reinhart, Theodore R., and Dennis J. Pogue 1993, *The Archaeology of 17th-Century Virginia*. The Dietz Press, Richmond, VA.

St. George, Robert Blair 1983, Maintenance Relationships and the Erotics of Property in Historical Thought. Manuscript.

Shackel, Paul A. 1994, Town Plans and Everyday Material Culture: An Archaeology of Social Relations in Colonial Maryland's Capital Cities. In *Historical Archaeology of the Chesapeake*, edited by Paul A. Shackel and Barbara J. Little, pp. 85–100. Smithsonian Institution Press, Washington.

Shackel, Paul A., and Barbara J. Little (editors) 1994, *Historical Archaeology of the Chesapeake*. Smithsonian Institution Press, Washington.

Shanks, Michael, and Randall H. McGuire 1996, The Craft of Archaeology. *American Antiquity* 61(1):75–88.

Walsh, Lorena S., Ann Smart Martin, and Joanne Bowen
1997, Provisioning Early American Towns. The Chesapeake: A Multidisciplinary Case Study. Report prepared by the Research Division, Colonial Williamsburg Foundation, under Grant RO-22643–93. Submitted to the National Endowment for the Humanities, Washington.

Marley Brown III
Department of Archaeological Research
Colonial Williamsburg Foundation
PO Box 1776
Williamsburg, VA 23187–1776

5 Teaching and Learning Post Medieval Archaeology in Britain

Deirdre O'Sullivan

It may or may not be fair to tar contemporary archaeology with the old saw 'those who can do, and those who cannot teach', but the absence until recently of much formal teaching of the archaeology of the centuries after 1500 reflects to a degree the fact that most major research in the subject is either seen as cultural, social or economic history, or the product of those employed in practice, rather than within the formal structure of academic archaeology.

This paper is a pragmatic rather than a philosophical exploration of the present and potential place of the archaeology of the post-medieval centuries in the teaching curricula of UK universities. In no sense is it an attempt to survey the academic state of post-medieval archaeology as such; there are others far better qualified to do so. In the context of recent and ongoing changes to the structure of higher education and the dynamics of teaching and learning at the end of the second millennium it offers a discussion and an appraisal of resources, needs and niches. It is to be hoped that this has a bearing on the overall direction of post-medieval studies, but as will become clear, the framework is established without much reference to research agendas in any discipline.

As many other contributors comment, the phenomenon of post-medieval archaeology is a relatively recent one in Britain, and its status as a subject within academic archaeology has been fairly low. This situation is partly purely historical: UK archaeology departments have been long dominated by individuals with other preoccupations. However, awkward relationships with historians, rather than hostility from other archaeologists, is also partly responsible; jealous of the primacy of written texts, historians have defended their intellectual territory, often with broadside dismissal. Medieval archaeology was notoriously described as simply an expensive way of telling us what we already know (Sawyer 1971), and post-medieval archaeology was widely perceived as the un- or even anti-intellectual pursuit of information about trivia.

In practice, the study of the material culture of the modern, post-1500 world was well advanced. However, for various reasons, this activity was rarely embraced as archaeology. Since the 19th century, objects, including buildings, were most usually studied within the framework of aesthetics, as fine and decorative arts. Such approaches naturally tended to avoid the everyday, the basic and the pedestrian, which are the bread and butter of archaeology. The complex social dimensions of visual representations of material culture in engravings and paintings were approached as formal models by art historians, keen to explore the relationships between different painters and styles; but the rich documentation for day-to-day material constructs provided by these still-life and interior images of the 17th and 18th centuries was usually just quarried by object specialists for dating evidence.

On the history front, things are arguably even less logically ordered. The fragmentation of the discipline of history, in which a separation is maintained between political and social and economic history, is still a part of the UK academic tradition. Material culture is a developed field within social and economic history, and the history of industrialisation is dealt with as part of the latter, but the strong influence of economic theory has resulted in great emphasis on the process of innovation and the testing of specific economic models of production in the construction of teaching programmes.

A third location is within cultural studies, newly recognised as a specific subject area and widely taught within the new UK universities. While theoretical and contemporary concerns dominate the academic agenda in this field, time depth is often provided for the study of modernity and post modernity by recourse to material objects of the 18th and 19th centuries, viewed as earlier forms of popular culture and consumption. Such approaches are reflected in a number of collections which link cultural theory with history (e.g. Appadurai 1986, de Grazie & Furlough 1996, Lubar & Kingery 1993).

Much of this fragmentation of discourse stems, rather ironically, from an overall academic structure which attempted to hold the discipline of archaeology itself together within a single unifying framework, almost wholly dominated by prehistoric and classical studies. As the various histories of British archaeology explain (Daniel 1967 & 1975, Bahn 1996) three interrelated discourses contributed in the 19th century to the construction of academic archaeology. The best studied is the antiquarian tradition of fieldwork, represented by such figures as Stukely, Cannington and Colt Hoare. The classical tradition, reflected in the collections of antiquities amassed by the upper classes in the same period, was part of a well established educational forum for the production of gentlemen in universities which emphasised the didactic merits of classical aesthetics (Jenkins 1996). The scientific tradition, linked to a broad polymath agenda, addressed the key issues of human origins and early technologies. Within universities in the 19th century such studies were broadly perceived as natural sciences. Classical archaeology was included within classical studies, and the early chairs of archaeology in the 19th and early 20th centuries were all in prehistory. Medieval archaeology was popular at the level of antiquarian societies but lacked a firm academic base. Post-medieval archaeology basically did not exist as an academic study.

This is no longer the case. At the end of the millennium, toeholds have become footholds, and post-medieval archaeology is now taught as an element in undergraduate curricula in about 20% of the c.25 UK universities which teach archaeology. The types of course on offer vary, and include period-based, thematic and theoretical directions, which are generally popular in spite of the marginalisation of the subject within the academic hierarchy in the UK. It is mostly younger scholars who are engaged in this teaching, and there nothing that could as yet be described as a distinctive school or tradition; approaches are diverse.

One force pushing for progress was pragmatic change in the nature of archaeological practice and employment which put post-medieval material culture on the archaeological agenda, and ultimately on the academic agenda. Redevelopment after the Second World War was to transform the whole structure of British archaeology. For the first time large areas of the urban landscape were available for excavation, and once the threat to these deposits was recognised, rescue archaeology developed apace. Initially, a tendency to bulldoze the latest deposits was widespread, but concomitant on a growing appreciation of the complexities of urban stratigraphy, was the realisation that some understanding of the taphonomic processes of site formation was necessary. This was in turn predicated on at least recognising the existence of later intrusions; and their contents, full of clay pipes, factory-produced ceramics and bigger breeds of domestic animals, needed to be identified and understood.

Although post-medieval levels were and are often still bulldozed away, this work was tactically justified in the context of new philosophies about excavation methodology. What might be called the 'Barker school' of archaeological practice (Barker 1981) emphasised the need to record all data meticulously, including that which had no perceived significance at the time, because excavation was destruction and could only be justified if the record of what was removed was complete. As the processing of excavated data became increasingly mechanistic, people started to look at 'everything'. In the absence of formal archaeological studies of this material; collectors' manuals on various types of ceramics, bottles, clay pipes etc. enjoyed a new vogue (e.g. Mountford 1971, Garner & Archer 1972, Towner 1957, Askey 1981, Oswald 1975). Expertise in the archaeological study of post-medieval material culture has therefore developed within the framework of fieldwork and museums, and in response to the urgencies of rescue archaeology. The range of finds has necessitated an international research agenda, linked especially with Northern Europe and North America (e.g. Noël Hume 1969, Barker & Halfpenny 1990, Gaimster & Hook 1995, Redknap 1997). The scope and interest of this work is appreciated outside the UK, and by collectors and enthusiasts within it, but has yet to make great impact on university curricula. However, projects such as the raising of the Mary Rose (Rule 1983) the clearance of the Spitalfields crypt (Reeve & Adams 1993, Molleson & Cox 1993) and the excavation of the Rose Theatre (Wilson 1995) have received a high profile initially simply because they caught the popular imagination, and more-general research agendas are gradually emerging in other fields, such as animal husbandry (e.g. Albarella 1997).

The framework of UK higher education, and the changes which have taken place there in the course of the past couple of decades deserve some consideration, before turning to the specifics of teaching archaeology, and, more specifically, that of the post-medieval period, within it. Higher education in the UK has experienced a number of dramatic changes, and whilst in the short term only some of these have a visible effect on the subject at issue, longer-term consequences still lurk behind the arras.

As an overall proportion of school leavers, student numbers remained low in British universities in relative terms until the 1960s, which was the first decade to experience a large expansion of the higher-education system in response to government policy. Archaeology benefited from this substantially, and the majority of the departments which are now around owe their origins to appointments made at that time, often within History or Classics departments.

The early 1980s saw the first round of cut backs under the Thatcher government. Student places were reduced, and the scaling down of the system to meet this reduced demand involved the shrinkage, merging and closure of departments. Archaeology did not fare too badly out of this; partly because of their relatively recent employment, the age profile of staff put relatively few in the early-retirement category. Of the four archaeology departments fingered nationally, only two, at Leeds and Lancaster, were actually shut down (Austin 1987); as a comparison, half of the Classics departments were closed. The atmosphere of uncertainty generated much short termism, but also saw the emergence of a national debate about the scope of archaeology in higher education.

In the mid 1980s, a rating system, now known as the RAE (Research Assessment Exercise) was introduced, which graded departments on a sliding scale – initially one to four, now one to five. Originally this simply advised the uninformed about the general research standing of a department. However, the most recent rounds have directly affected the proportion of funds from central government which the institution will obtain, and the stakes are therefore considerably raised. Staff are under strong pressure to publish, although the use of quite specific ratings for journals means that the emphasis is on quality rather than quantity. They are also expected to raise money from external sources, and there is an additional expectation that research efforts should have an international standing, which crudely translated into British terms usually means working abroad. Parallel with the RAE, a system to evaluate teaching has more recently been introduced, the TQA (Teaching Quality Assessment) although archaeology is not due for evaluation until the year 2000/1.

The mid 1990s saw a reversal of government policy and a massive increase in student numbers. The teaching of archaeology specifically has expanded dramatically, although without much increase in staffing levels. In my own institution I can compare figures in 1979, when we had a total of c.120 students in four degree combinations, the majority of these only taking archaeology for one year, with the present situation, where we have nearly 400 students at undergraduate level, the majority taking the subject for three years as part of a joint degree combination.

The process of radical development is ongoing. The abolition in 1992 of the distinction between universities and polytechnics (henceforth 'new universities') did not immediately affect archaeology much, principally because it had a very small base in the polytechnic sector; however, the introduction of modularisation and a two-semester year at most though not all UK universities has had a major impact on degree-course structure. The combination of greatly increased student numbers and modularisation has tended to enhance the trend towards increasingly compartmentalised course units, usually associated with a decline in the teaching of practical aspects of archaeology. The scheme may have advantages but both practically and academically there are major problems.

Practically, the major problem is trying to ensure that students actually cover a coherent group of courses over three years. Assessments have been broken down into very small units, and students have been given a very wide choice. The result is usually a patchwork of courses which may not form a coherent basis of study. Within my own department, students may opt to do all prehistory, or all Roman, or all medieval courses, or a mixture of thematic and period-based ones. Each course may contain students from six or seven different degree paths, each of which has different core elements. Academically, this means that it is very difficult to teach anything above an introductory level, even to third-year students. The specific spin off of this in terms of post-medieval archaeology has probably been an increased take up of courses, but by students with very different backgrounds, and it is difficult to make any assumptions about what they do or do not already know.

Modularisation is not all: 1998 saw the introduction of a new funding mechanism for universities, enshrined in the recommendations of the Dearing report on higher education (Dearing 1997). A major change is the introduction of fees for UK students. This has already resulted in much greater parental involvement in student choice about university courses, and a tendency to view universities as places where educational products are on offer within a market place. Students themselves are increasingly burdened with debt, and are frequently so involved in dealing with this that they have relatively little time to devote to their studies.

A further expectation of the Dearing report is that university teaching will be directed even further away from traditional teaching methods, which involve a high degree of interactive contact between staff and students, and down an alternative route involving much greater use of information technology, for which considerable pump-priming resources have already been made available. This trend is popular with many students, who like the idea of being able to make independent use of material provided by course tutors – slides, commentaries etc. – on the Web. However it has definite negative consequences for archaeology, acting as a substitute for the study of real sites and finds. The new system produces students who are much more computer literate than a generation ago, and who will have had exposure to a wide choice in terms of courses and options, and are therefore able to follow their own interests. On the downside, however, their direct experience of hands-on archaeology and of in-depth study will have been severely curtailed.

Another consequence of the changes at undergraduate level is the proliferation of new masters programmes, especially in the field of Heritage Studies, where literally dozens of courses have appeared over the past decade; however, funding for these courses is normally only available for the very top band of students with first-class degrees.

It would be possible here to enter into a further, broad digression on the breaking down of discipline boundaries and the coming together of research agendas, but it is clear from the nature of organisational reconstruction that teaching and research are increasingly separate agendas within universities. This rather long preamble hopefully provides some framework within which to address the major questions of this essay: what are the real options and what is the place of post-medieval archaeology within the university teaching framework?

I see here two potential agendas, arguably complementary, each with their own set of ancillary frameworks. Post-medieval archaeology has two obvious potential niches: as a narrative, historically-based study of material culture, analogous to prehistoric, Roman or medieval studies, or within the field of social theory, as providing potential case studies which can be explored at different levels and from different viewpoints. Although the former may at first seem the obvious direction, I think it can be argued that it is probably the latter which may prove the most successful in the specific context of the emerging educational structures of the next century. The social theory agenda is potentially enormous, and for this paper I will limit my discussion to a case study.

Viewed as an historical narrative, the first issue faced by teachers could simply be termed the 'history problem'. As academics we may debate the primacy of documents versus material culture but this problem is much more simple and basic: how much 'history' of whatever variety does a student need to know in order to tackle the study of contemporary material culture?

The nature and complexity of historical processes in Britain in the period from 1500- 1850 is a major concern here. Three traditional epistemological chestnuts dominate the post-medieval centuries: the transition from feudalism to capitalism in town and country, the construction of colonial empires and the industrial revolution. To a degree British historians claim to 'own' the origins of at least two of these phenomena, and it is deemed axiomatic that the British experience is pivotal.

It would be a brave archaeologist who took issue with the global parameters of this framework in our current state of knowledge, but this makes it all the more vital to keep in touch with contemporary debates in economic and social history, which have deconstructed these grand narratives. As far as students are concerned, the type of historical information which they need is closely bound up with major global transformations, which are intellectually taxing to address, covered by a vast literature, form the focus of major debates in social and economic theory, and are also closely engaged with contemporary political agendas. This should, of course, make teaching the archaeology of the early-modern period more attractive – it is surely a good thing that students are intellectually engaged in major issues – but it is not easy to do well at a superficial or introductory level with students who have little basic background knowledge. It is an exciting agenda, but it is a big agenda.

Unfortunately, the academic background of the majority of undergraduate students does not equip them particularly well to deal with it. British archaeology students come from very diverse school backgrounds but the 'standard' entry pattern usually restricts them to three subjects at Advanced Level. Probably the majority of the archaeology intake will have dropped all historical studies by age 16, and many others will have done so at an earlier stage. Exam howlers are not necessarily the fairest comment on general knowledge, but they do show up the kind of chronological confusion which is possible, and within my own experience there are some pretty basic gaps. One dramatic misunderstanding was offered by two archaeology/ geography students clearly sharing badly transcribed notes, who honoured Charles de Gaulle rather than Charles the Bald with the construction of a series of coastal fortifications against the Vikings. This is potentially topped by the emergence of a hitherto-unknown king Tom II of England, celebrated in Staffordshire slipware of the 17th century.

If not-necessarily unintelligent students are capable of ascribing to a major figure in 20th-century history work actually carried out a millennium before, something pretty vital is being missed, but in the busy and fragmented structure of a contemporary teaching environment such holes are not always easily spotted or plugged at the appropriate stage. The two UK textbooks available on post-medieval archaeology (Crossley 1990, Johnson 1996) offer useful introductions from very different standpoints, but both understandably make assumptions about basics.

Beyond the general introductory level, there is a lack of published middle-range discussion of archaeological issues. Textbooks are useful things for both staff and students, but most degree programmes require students to engage with the material culture itself. As Courtney comments (this volume) there is no shortage of descriptive data on such topics as ceramics and buildings of most types, especially fortifications, but published discussion which relates primary archaeological data to broad questions is in relative short supply, although the publication of a number of recent conferences has helped in this respect (Gaimster & Hook 1995, Redknap 1997, Gaimster & Stamper 1997, Tarlow & West 1998). There is still a big gap between the 'classic' excavation report aimed at those already possessing archaeological expertise, and the generalised historical text on early-modern Britain which makes no mention at all of material culture. If one compares the available literature on the archaeology of the transition to farming with that on the transition to capitalism, for example, one can easily spot the sort of material which is not available.

There are a growing number of period-based, post-medieval archaeology courses, but at present post-medieval archaeology probably makes more impact in theory-centred courses, where it is finding a broadening niche. The study of material culture in the context of documented early modern societies can potentially replace and certainly supplement earlier modes of explanation, which were dominated by prehistorians and relied heavily on ethnographic analogy. There are many applications of social theory in archaeology which could be considered in this light, but I will take as my case study the archaeology of gender.

In their preface to *Engendering Archaeology,* Conkey and Gero state that in organising their pioneering seminar in 1986 (which formed the basis of the book)

> the emphasis was deliberately placed on *prehistoric* analyses rather than ethnoarchaeological, historic, or ethnohistoric studies since prehistoric contexts presented the greatest methodological challenges to our androcentric thinking (1991, xiii).

If this is so, one might reasonably enquire why was it such a good place to start?

Arising from its American processualist roots in prehistoric studies, though in many ways a reaction to them, the study of gender in archaeology has been conceived as primarily a theoretical problem for prehistorians (Conkey & Spector 1984). This is a notion that needs challenging, as it is far from the simple axiom that many scholars have perceived.

Within historical studies, the most obvious impact of feminist thought has been within the field of women's history, where there has been an explosion of new research in the past twenty years. Interestingly, feminist historians seem mostly to have perceived their problem as one of *data.* Put crudely, it was difficult to reconstruct non-androcentric historical processes because women had been 'written out of history' and could only be studied through the writings of men. The increasing use of non-traditional sources of data such as oral history and popular culture soon demonstrated, however, that this was simply not true. For the most recent historical times there is abundant data, and even for earlier periods, when the nature of the record was restricted to more-traditional sources of historical record, it was still possible to reconstruct something of the pattern of women's lives, when the nature of androcentric bias in the sources could be addressed. Even here, there was often much more useful material than had hitherto been appreciated. There were certainly periods where material was very thin on the ground and it was always easier to learn more about aristocratic or exceptional women, but there was no difficulty in entering into general debate about the relationship of gender to major issues of power and authority, freedom and control, and the social institutions of work, family, marriage and childhood. The complexity and diversity of gender in historical studies could be made visible. The subject of women's history in the UK is now a major area of academic study, assisted by a large network, annual national and regional conferences, and a number of substantial journals.

The lack of archaeological interest in this work has done the discipline no service. At one's most cynical, it could be argued that prehistorians are keen to present gender research as primarily an area for theoretical endeavour because prehistoric data are frequently too poor to reconstruct patterns of gendered culture in any detail. This in itself encourages essentialist, universalising assumptions about gender split on binary divides into the categories of male/female, public/private, hunter/gatherer etc. (e.g. Watson & Kennedy 1991) – a position which mainstream feminist theory has now abandoned (e.g. Landry & MacLean 1993, 62–80).

The main problem with universalising assumptions is that they impede our capacity to recognise historic process and transformation within the sphere of gender relations. If archaeologists are intellectually honest, they must face up to the fact that their data, taken on its own, may frequently actually offer no insight into forms of social organisation. I do not see, for example, how the study of flint debitage, however carefully collected, measured and described, can be specifically used to 'engender' specific prehistoric hunter-gatherer groups. Discussions about the gendered division of labour in such contexts simply rely on decontextualised analogies with modern societies using simple technologies. The perceived need to separate totally the study of pre-industrial and industrial societies is an awkward inheritance from Marxism. Ironically for a discipline which was formerly so obsessed with chronology, this encourages the homogenisation of vast tracts of the pre-industrial past, taking social relations as constants within pre-ordained time periods, defined by different types of production.

The huge advantage of working within historically documented periods is not that we have 'more' data, still less that we have 'more' in common with historical societies. It is simply that we can contextualise our material much more specifically within an historical trajectory. The main advantage of working with (not necessarily within) an historical framework is that the complexity of the past is more easily apparent, as are the contradictions in the evidence.

It is perhaps not surprising that some of the more-interesting work on gender and material culture has been done within the framework of museum studies. The pragmatic need to contextualise objects for contemporary audiences is at last giving rise to extensive debate about the representation of gender in museum displays (Devonshire & Wood 1996). There is also a growing body of empirical research on how collections are formed, demonstrably a highly gendered practice (Pearce 1995 & 1998, 125–51). There is increasing recognition of the possibility of multivocal presentations, in which different interpretations of the same material are made available; museum authority is lent to a number of opposing or different viewpoints which have competing, but not alternative validity.

This can allow for a much more finely nuanced approach to archaeological artefacts, in which it is recognised that all types of data contribute to a more subtle and theoretically informed understanding. For example, the insights into household organisation offered by a 17th-century interior painting need to be understood in a framework which addresses patronage and models as well as content, in the same way as material from a 17th-century rubbish pit must be perceived as a product of site taphonomy as well as cultural production. But the painting may engender the contents of the pit, not just date them. Post-medieval artefact research has used such sources unselfconsciously (e.g. Henkes 1994, Ruempol & van Dongen 1991); there is clearly great scope for a more explicit engagement.

At present there is no overriding consensus as to how archaeologists should engender material culture, and given the diversity of existing approaches there is room for scepticism as well as optimism on the agenda. Whether they are posed as grand narratives or old chestnuts, the three big historical questions of the centuries after 1500 all engage with the relationships between gender, power and material culture on a major scale. There is a huge potential here for our subject.

So where does this leave us, in the overall context of archaeology as an undergraduate learning experience? I have emphasised that the system is in a state of constant, even chronic, change and any predictions must take on board the fact that long-term academic planning is a thing of the past. Post-medieval archaeology stands to gain in terms of the international interest of much of the material, which in a just world should earn brownie points on the research agenda. It should also make gains in the field of heritage studies: the overwhelming majority of such experiences in the UK are concerned with the production of authentic things from the relatively recent past (Walsh 1992). The increasing need for field staff with post-medieval expertise may also act as another lever, although it can be said that this has not heretofore provoked much response.

Undergraduates of the next millennium will carry a wide range of intellectual baggage, and very few assumptions can now be made about what now constitutes 'common' knowledge. They will also have very little first-hand experience of primary data. However, they will be more adventurous in their use of multimedia, and they will probably draw a much softer line between experience and knowledge, theory and data. Post-medieval archaeology is making ground within the university curriculum, but it is as likely to feature in a theory course as in a period-based entity. This reflects both an opening out of archaeology as a discipline in terms of the specifics of course content, but perhaps more significantly, a long-overdue appreciation of the contribution which the study of the material culture of the relatively recent past can make to broader theoretical approaches, within and without archaeology.

References

Albarella, U. 1997, 'Size, power, wool and veal: zooarchaeological evidence for late medieval innovations', in de Boe, G. & Verhaege, F. (eds.) *Environment and Subsistence in Medieval Europe* (Papers of the Medieval Europe Brugge 1997 Conference 9), Zellik (Belgium),19–30

Appadurai, A. 1986, *The Social Life of Things: Commodities in Cultural Perspective,* Cambridge (UK)

Askey, D. 1981, *Stoneware Bottles from Bellarmines to Ginger Beers 1500–1949,* Brighton

Austin, D. 1987, 'The future of archaeology in British universities', in *Antiquity* 61, 227–36

Bahn, P. (ed.) 1996, *The Story of Archaeology*, London

Barker, D. & Halfpenny, P. 1990, *Unearthing Staffordshire: Towards a New Understanding of 18th Century Ceramics*, City of Stoke on Trent Museum and Art Gallery

Barker, P. 1981, *Techniques of Archaeological Excavation*, London

Conkey, M. & Gero, J. (eds.) 1991, *Engendering Archaeology: Women and Prehistory*, Oxford

Conkey, N. & Spector, J. 1984, 'Archaeology and the Study of Gender', in *Advances in Archaeological Method and Theory* 7, 1–38

Crossley, D. 1990, *The Archaeology of Post Medieval Britain*, Leicester

Daniel, G. 1967, *The Origins and Growth of Archaeology*, Harmondsworth

Daniel, G. 1975, *One Hundred and Fifty Years of Archaeology*, Harmondsworth

Dearing, R. 1997, *Higher Education in the Learning Society*, National Committee of Enquiry into Higher Education, London

de Grazie, A. & Furlough, E. (eds.) 1996, *The Sex of Things: Gender and Consumption in Historical Perspective*, Berkeley

Devonshire, A. & Wood, B. (eds.) 1996, *Women in Industry and Technology from Prehistory to the Present Day*, Museum of London, London

Gaimster, D. & Stamper, P. (eds.) 1997, *The Age of Transition: The Archaeology of English Culture 1400–1600* (Society for Medieval Archaeology Monograph 15/Oxbow Monograph 98), Oxford

Gaimster, D. R. M. & Hook, D. R. (eds.) 1995, *Trade and Discovery: The Scientific Study of Artefacts from Post Medieval Europe and Beyond* (British Museum Occasional Paper 109), London

Garner, F. H. & Archer, M. 1972, *English Delftware* (2nd edn.), London

Henkes, H. E. 1994, *Glass without Gloss: Utility Glass from Five Centuries Excavated in the Low Countries 1300–1800* (Rotterdam Papers 9), Rotterdam (Netherlands)

Jenkins, I. 1996, *Archaeologists and Aesthetes at the British Museum*, London

Johnson, M. 1996, *An Archaeology of Capitalism*, Oxford

Landry, D. & MacLean, G. 1993, *Materialist Feminisms*, Oxford

Lubar, S. & Kingery, W. D. (eds.) 1993, *History from Things : Essays on Material Culture*, Washington & London

Molleson, T. & Cox, M. 1993, *The Spitalfields Project 2 The Middling Sort* (Council for British Archaeology Research Report 86), York

Mountford, A. 1971, *The Illustrated Guide to Staffordshire Salt Glazed Stoneware*, London

Noël Hume, I. 1969, *A Guide to Artefacts of Colonial America*, New York

Oswald, A. 1975, *Clay Pipes for the Archaeologist* (British Archaeological Reports British Series 14), Oxford

Pearce, S. 1995, *On Collecting: An Investigation into Collecting in the European Tradition*, London

Pearce, S. 1998, *Collecting in Contemporary Practice*, London

Redknap, M. (ed.) 1997, *Artefacts from Wrecks: Dated Assemblages from the Late Middle Ages to the Industrial Revolution* (Oxbow Monograph 84), Oxford

Reeve, J. & Adams M. 1993, *The Spitalfields Project 1. The Archaeology: Across the Styx* (Council for British Archaeology Research Report 85), York

Ruempol, A. P. E. & van Dongen, A. G. A. 1991, *Pre Industrial Utensils 1150–1800* Museum Boymans van Beuningen, Rotterdam (Netherlands)

Rule, M. 1982, *The Mary Rose: The Excavation and Raising of Henry VIII's Flagship*, Leicester

Sawyer, P. H. 1971, *The Age of the Vikings*, London (2nd edn.)

Tarlow, S. & West, S. (eds.) 1998, *The Familiar Past? Archaeologies of Late Historical Britain*, London

Towner, D. 1957, *English Cream Coloured Earthenware*, London

Walsh 1992, *The Representation of the Past: Museums and Heritage in the Post Modern World*, London

Watson, P. J. & Kennedy, M. C. 1991, 'The development of horticulture in the eastern woodlands of North America: Women's role', in Conkey & Gero, 255–75

Wilson, J. 1995, *The Archaeology of Shakespeare : The Material Legacy of Shakespeare's Theatre*, Stroud

Deirdre O'Sullivan
School of Archaeological Studies
University of Leicester
University Road
Leicester
LE1 7RH

6 Row and Terrace – Urban Housing in the 17th and 18th Century English City

Roger H. Leech

With the Industrial Revolution of the 18th and 19th centuries, England became an urban nation. To historians, seeking to understand and explain the emergence of the modern world, the growth of its cities, in these and the preceding centuries, has been a subject of great interest. The researches of historians have not though, in general, extended to the material evidence for the changing or not-so-changing world in which these expanding urban populations lived and worked. Even historians directly concerned with areas of interest with an intimate nexus to the material world, such as living conditions, consumer behaviour and social class, have been reluctant to extend their gaze beyond the written or printed word. Writing on living conditions in the 18th and 19th-century city, John Rule has drawn principally on contemporary comments or observations, often anecdotal in character: in the 18th century 'the poorer working-class districts began to display all too vividly an undesirable aspect, so the better-off segregated themselves and avoided by evasion the problems of modern urban living, as they have ever since continued to do' (Rule 1986, 90); do we really believe that there were no working class districts in the city of before 1700? Examining housing conditions in 17th and 18th-century England and America, Carole Shammas eschewed anecdote in favour of regressions, coefficients and significance levels. Making good use of the material evidence for changing rural lifestyles on both sides of the Atlantic, her conclusions on towns were nevertheless based largely on the data drawn from probate inventories (Shammas 1990, 163–4). In contrast, Peter Earle, in writing on the making of the middle class in London, related the evidence from inventories much more directly to individuals, discussing the organisation of space within their houses, but grounded this only in the documented and not the material record (Earle 1989, 206–12).

My concern here is therefore to examine some ways in which the study of the material evidence for urban housing might contribute to the wider debate on the emergence of the early-modern city. It has been said that 'life styles are ... the systematic product of *habitus*' – 'different conditions of existence produce different *habitus*' (Bourdieu 1989, 170–2). If we are concerned with taste, with consumption, and with living conditions, there is much to be learnt of the social arena, of the household or the city in part or as a whole, from the material record of the house, its location and arrangement. The citizens of the early-modern city, like the inhabitants of pre Revolutionary Virginia (Upton 1986), lived, worked and moved within a processional landscape, an urban odyssey of almost infinite complexity (Corfield 1989).

The Early Modern City in England

In 1600 the population of London had reached 250,000. Norwich and Bristol, the next largest cities, were much smaller, with populations of 15,000 and 12,000. By 1700 London was the fourth largest city in the world, its population about half a million. Other cities in England were much smaller, the two largest still being Norwich and Bristol, with populations of 30,000 and

20,000 respectively (Earle 1989, 17). A hundred years later, London remained England's largest city, but the position of others was much changed. The second largest city was now Liverpool, followed by Manchester and Birmingham; these were the new cities of the Industrial Revolution, places of only local importance before the 18th century (Chalklin 1974, 32–54).

In comparison with the older cities, little work has been undertaken in examining the material evidence for the housing of the new cities of the 18th century. Notable works by economic historians have included those by Chalklin, on *The provincial towns of Georgian England* (ibid.), and by Beresford on the east and west ends of Leeds (Beresford 1988). The photographs of the exteriors of 18th-century houses in Liverpool, Manchester, Birmingham and Leeds offer tantalising glimpses of what might be studied more comprehensively in the future. Many houses in these cities have been individually recorded, most notably in Liverpool, and particularly through the threatened-building recording of the Royal Commission on the Historical Monuments of England. Studies drawing on the material evidence for 18th-century domestic life in these cities are yet to be undertaken, though much of the available information may be drawn upon by Bernard Herman in his forthcoming work on town houses in the 18th and early 19th centuries on both sides of the Atlantic.

The older cities, Norwich, Bristol and London, have been much more closely studied. In Norwich during the 1970s all pre-1830 domestic buildings within the city walls were investigated as part of the Norwich Survey, but following the sad deaths of those most closely involved, much of what might have emerged in print remains for the time being in the archive. Only the buildings of before 1700, 214 of which survived, have been discussed in print, by Robert Smith and Alan Carter (1983), almost entirely with reference to the 16th century and earlier. The discussion of the data from probate inventories, by Priestley and Corfield (1982), and re-assessed by Shammas (1990, 163–4), provided more insights into Norwich's housing in the 17th and early 18th centuries, but was also a highly structuralist approach, almost entirely unconnected to the surviving material evidence, a point to which I will return. My remaining comments draw principally therefore on the evidence from Bristol and London.

Bristol

Research in the last thirty years has provided a considerable body of information on the changing and characteristic forms of the urban house in south-west England. An early and significant contribution was Taylor's study of the town house in Taunton (Taylor 1974). The evidence from Devon towns has been summarised in two papers in *Devon Building*, and Totnes has been the subject of a particularly important paper (Laithwaite 1995; Thorp 1995; Laithwaite 1984). All of this work provides a context for a project studying housing and social change in Bristol. I would like to explore two ways in which interpretations drawing on the evidence of urban housing in Bristol during the 17th and 18th centuries might be remarkably revealing of changing social attitudes and experiences.

The first draws on the notion that successive changes made to a building are to the historical archaeologist as important as its original form and construction. This is a truism, but nevertheless merits repeating, because it has often been disregarded. Very often, especially in studies of vernacular architecture in England, research has focussed on the first appearance of particular forms of architecture, particular forms of roof construction or of plan, to give but two instances.

A study of early industrial housing in Frome, Somerset, will serve as an example (Leech 1981). Frome was a town which was expanding very rapidly in the early 18th century, so much so that Defoe likened its growth to that of Manchester. The research in Frome focussed on the nature of the housing being built at that time (Fig. 6.1), a period of rapid growth that had begun in the 1660s, providing an insight more generally into what has long since vanished on any scale in the longer-lived, new industrial cities such as Manchester. The changes that successive generations of inhabitants made to these houses in the 18th and later centuries received much less attention. With hindsight, the material evidence for these alterations, for which there is much information in the archive, would have provided many insights into the constancies and changes in the social awareness and aspirations of the inhabitants of this industrial suburb over 100 or more years.

In this context Bristol's waterfront has afforded a useful opportunity to exploit more fully the material evidence for alteration, to observe changing and

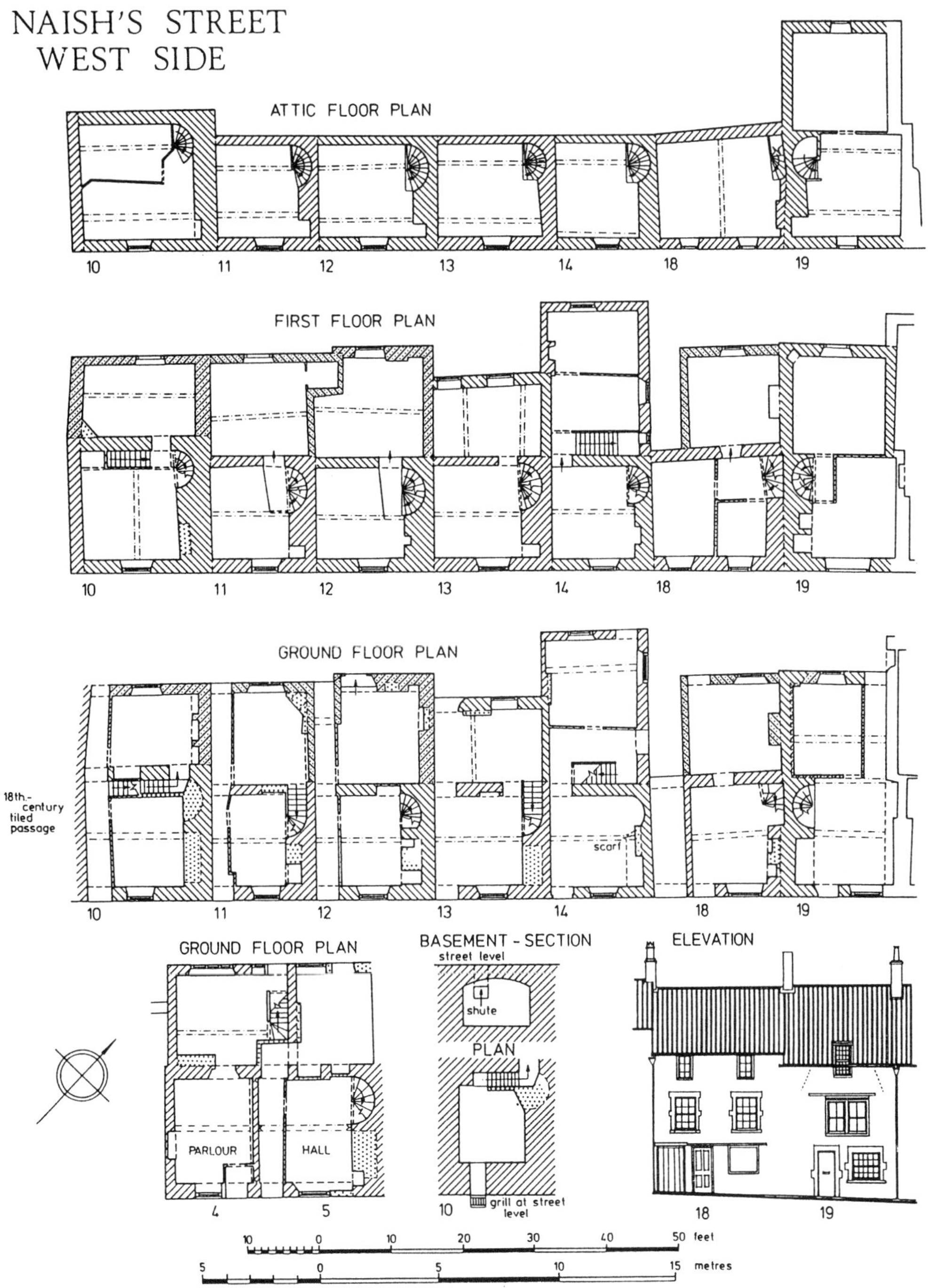

Fig. 6.1 Naish's Street, Frome, Somerset, one-room plan houses built for cloth workers, c.1690–1706, © RCHM(E) (see Leech 1981)

unchanging merchant attitudes in specific historical situations of the 17th and 18th centuries. John Langton's house, on the Avon Back, was built in 1623 and faced on to the waterfront, one of the main foci of his working life. His attitude in this respect can have been little different from that of Richard Spicer, whose house built in the 1370s still stood a few doors to the north, its upper chambers looking out on to the bustle of the waterfront and bridge. The long line of merchants' houses built on the site of the former town wall alongside the Frome quayside afforded a similar outlook. On these quaysides, there was a direct nexus between the domestic and business worlds of the merchant community (Leech 1997, 167–8 and forthcoming).

In the 18th century, the quotidian of domestic life was rapidly separated from the world of commerce and the quaysides. Bristol's Queen Square was the first large square built in any English city outside London, set out in 1700. The inhabitants of the new houses in the square, and soon their neighbours in the new or rebuilt houses in Prince Street, looked inward, away from commerce and across the piazza or street to the elegant frontages of citizens of similar mind (Ison 1952, 140–64). Access to the quaysides was now from the backs of the houses, beyond the servants' quarters and warehouses placed behind the principal residences. It has been argued that Bristol's fortunes in the 18th century were adversely affected by its merchants turning increasingly from commerce to the delights of consumption (Morgan 1993, 222). In the planning of Queen Square and the replanning of Prince Street the changing attitudes of merchant culture were encoded in the changed disposition of house and quayside.

In another respect, merchant mentality remained remarkably constant. In John Langton's forestreet chamber, a new doorcase was an addition of 1628. This was the year in which Langton was Lord Mayor, and this room would have been central to much of the entertaining which he would have undertaken in his period of office. Embellished with exotic inlays, this new main entry from the stairs attested to Langton's trading connections and wealth (Gomme, Jenner & Little 1979, 79).

One hundred and fifty years later, Richard Bright, the resident of no. 29 Queen Square, was similarly moved to put on the best possible show for his year as Master of the Merchant Venturers. Number 29 was one of the larger houses in the square, of four rooms on each floor. Bright can be held responsible for bringing together the east and centre rooms on the first (US second) floor, to form one large area for entertainment and reception. The grand entry to this room was to be part of the same scheme. The main stairs were altered to finish at this floor, the former stair well to the floors above now ceiled from sight. In Bright's alterations the general impression was of overriding importance. The shoddy finish of the altered stairs and the inconvenience of the changed access to the upper floors, tell us much of the relative importance which he placed on entertainment, domestic comfort and architectural quality (Leech forthcoming).

These insights come to us as historical archaeologists, privileged to know the identities of the occupants of these houses through the documented past. If we step beyond individual biographies to become onlookers of the deceased's possessions, a much wider body of data for changing social attitudes and experiences becomes available to archaeological interpretations drawing also on the material evidence for houses recorded above or below ground.

The wartime destruction of the greater number of probate inventories for Devon and Somerset has been a serious impediment to understanding the social context of urban housing in the towns of south-west England during the 17th and 18th centuries, in places such as Taunton and Totnes, Barnstaple, Dartmouth, Exeter, and Topsham. For Totnes, Michael Laithwaite was able to locate only one surviving probate inventory for the entire town. In Frome, it was possible to study only a few inventories belonging to the wealthiest inhabitants. In contrast, over 6,000 inventories for Bristol have survived.

For Bristol it has, moreover, been possible to identify in excess of 100 inventories as relating to structures which have been recorded either in the past or in the course of the present project. Those undertaking research into North-American communities, usually with access to early registers of deeds and title, might be surprised at the difficulties involved in identifying who lived where in the English city before the advent of the street directory. For English towns, the reconstruction of earlier tenement histories has been described as a 'painstaking and elaborate exercise', the 'very bulk' of the available evidence inhibiting systematic enquiry (Keene 1985a, 442). For a large part of Bristol, as in a few other places, notably Winchester, Oxford, and Cheapside in London, this work has now been undertaken, enabling inventories to be identified with specific locations (ibid., Salter 1960 & 1969; Keene 1985b).

This in turn has enabled research to move away from approaches using sampling techniques and statistics to those that are more concerned with the real lives of individual men and women. Knowing the location and context of a number of inventories for Bristol, we can begin from the material evidence to identify distinct life styles, hinted at in Earle's study (1989) of the life styles of the middle classes in Augustan London. As might be anticipated these were most clearly different from one another when fundamentally opposed.

We might look briefly at the domestic lives of two households, each distinct in its arrangements from John Langton's house on the Avon waterfront (both discussed more fully in Leech forthcoming, of which the following is a summary). In Small Street the merchant Sir Henry Creswick lived in a house with an open hall at its centre, used not for everyday living but to underline the antiquity and status of his family. Architectural records of the open hall show it to have been unheated, at least not by a visible chimney stack and fireplace. The inventory of his possessions made in 1668 shows that it was furnished with weapons, bucks' horns, pictures, tables and chairs or forms, but little else. On the wall, the arms of Elizabeth served either to gloss over Sir Henry's father's apprenticeship in hardware, begun five years before the death of the late queen, or as a reminder of earlier gentry connections in far-off Yorkshire. Weapons and trappings of antiquity helped to provide some legitimacy to a very new-founded urban dynasty (McGrath 1968, 92–7; Latimer 1900, 183; Leech 1997, 158–9).

Creswick's life style could be contrasted with that of the inhabitants of the new and substantial three-and-a-half storey houses in Castle Street, recently built, or constructed in that same decade. These houses were without 'halls', open or otherwise. Typical in its organisation was no. 59, the house of the tobacco-pipe maker Flower Hunt and his family. Here the accommodation was more compact, the ground floor a shop and kitchen, the rooms above used as chambers. In his will Flower Hunt's principal concern was that the tools of his craft be passed on appropriately to his sons (Bristol Records Office inventory 1672/26 and will).

Living in a house with an open hall at its centre, used not for everyday living but for the assertion of position and legitimacy, living over the shop and with the tools of one's trade, or like the wealthy merchant/mayor John Langton living over the warehouse on the waterfront, are three of a number of different life styles evident in the data from Bristol, some more precisely definable than others. Grounded in real lives, interpreted through both the material and the documentary record, and distinguished by age and gender, these differences provide a new level of complexity to the urban map of the 17th-century city, one that will need to be examined against the claims made by historians, working almost entirely from documents, for the ways in which the social topography of Bristol changed between the 16th and the 18th centuries (for instance Sacks 1991, 146–9 & 356–7; Barry 1985, 79–80).

These distinctions also throw new light on some of the conclusions of the Norwich analysis: it was said that, after 1655, 'halls are found less often in the inventories of small houses, until, after 1705, no inventory of a house with less than five rooms mentions a hall, and 71% of halls are found in houses of ten rooms or more' (Priestley & Corfield 1982, 105). The correlation of individuals with identified houses might show that, as in Bristol, these distinctions between buildings with or without halls were not simply ones of degree related to numbers of rooms, but clear and significant differences between distinct life styles, with their own separate and peculiarly urban genealogies (which would require more space for discussion than is available here). It may be that in respect of the larger towns and cities, the sampling and statistical approaches generally adopted for the study of inventories have failed to reveal quite real differences in life style between social groups.

London

In 17th-century London, such differences are less easily discernible. In the last thirty years until recently, most writing on London housing has been within the two well worn paradigms firmly established by Summerson (1969). To architectural historians such as Cruikshank and Burton, and Downes, the origins of Georgian London have therefore been seen to reside, first in Inigo Jones and the building of Covent Garden, England's first Palladian piazza, but above all in the rebuilding of London after the Great Fire of 1666 (Cruickshank & Burton 1990, xiii–v; Downes 1979, 8–9).

An important paper by Kelsall (1974) demonstrated however that the post-Fire designs of houses might have owed more to earlier practice than had been appreciated. From the examination of the plans of a number of later 17th-century town houses, he was able 'to demonstrate a form of small house plan which appears to be common in the period 1660 to 1680, and which differs from the typical plan of later years' (ibid., 80). His conclusions include that the post-1680 plan, with the staircase placed at the rear rather than in the centre, was 'more economical in both space and materials ... attractive to the cost-conscious speculator'. The question of the origins of the earlier plan, with centrally placed staircase, was more complex, but developments in other towns as early as the late 16th century indicated that it was perhaps incorrect to see the houses of 1660–80 'only as precursors of Georgian London'; the answer would have been found in 'the now missing examples of urban vernacular architecture in 17th-century London' (ibid., 88–9).

John Schofield's research has now produced abundant evidence for the plans of houses existing in London by the early 17th century (1984; 1987; 1989; 1994). Houses built to the central-stairs plan noted by Kelsall have now been identified in considerable numbers, both in Southwark (see Schofield 1987, 138–9), and in suburban streets on the north side of the city, for instance nos. 61–5 Grays Inn Lane built in 1595, and nos. 181–4 Bishopsgate built between 1581 and 1627 (Leech 1996, 218–24). The houses excavated in Aldgate (Fig. 6.2) must also have been of this plan (Thompson, Grew & Schofield 1984).

Recent research has also shown that other aspects of later 17th- and 18th-century speculative building were firmly established before the construction of Covent Garden in the 1630s, having a genealogy reaching back to the medieval period (Leech 1996). The development for housing of St Bartholomew's fairground, to the east of what was Smithfield Market, was one of the largest such projects to have been completed since the 13th century, some 175 houses being built between 1598 and 1612; fieldwork has shown that three of these houses still survive, one a jettied house of c.1598, recorded as of the 18th century in the official lists, two built in brick c.1612 and subsequently much altered. By 1612, complete rows of houses were being built in brick, a small number of these of back-to-back plan (Fig. 6.3). At least 140 houses were constructed to the same one-room deep plan, with a shop on the ground floor, a cellar below, chambers and a garret on the three upper floors (ibid.).

Gilbert Thacker was the surveyor to Sir Henry Rich, the owner of the St Bartholomew estate. Thacker's survey of the new streets, made in 1616, reveals his thinking on what might enable higher rents to be charged for particular properties on the estate. Houses were considered to have an enhanced value if in a favourable situation, such as being within a small square, having a pump of good water nearby in the centre of the street or in a shared court, or being possessed of a pleasant prospect. This concern for amenity would have been equally well placed in the 18th century or today (ibid.).

Recent research has also shown, as Kelsall anticipated, that elements of the pre-Fire planning of the larger, two-room deep houses, with central stairs, certainly continued to be employed in London in the 1670s and into the 18th century. Houses of this plan were built in some of the areas devastated by the Fire, for instance in Thames Street and in Great Woodstreet. Outside London, research (by colleagues from the Colonial Williamsburg Foundation and the writer) has shown that houses were constructed to this plan in a number of towns in south-east England, for instance Canterbury, Gravesend, Gosport and Ipswich (unpublished field-survey notes, Colonial Williamsburg Foundation). The building of urban rows of this type in Jamestown, the capital of 17th-century Virginia, has been described as 'the triumph of hope over reality' (Horning 1994).

There is a temptation for those who are concerned to analyse the form of buildings, as a means of understanding their function, to focus on groups which constitute a particular plan type. It is worth emphasising that the plans of the larger houses being

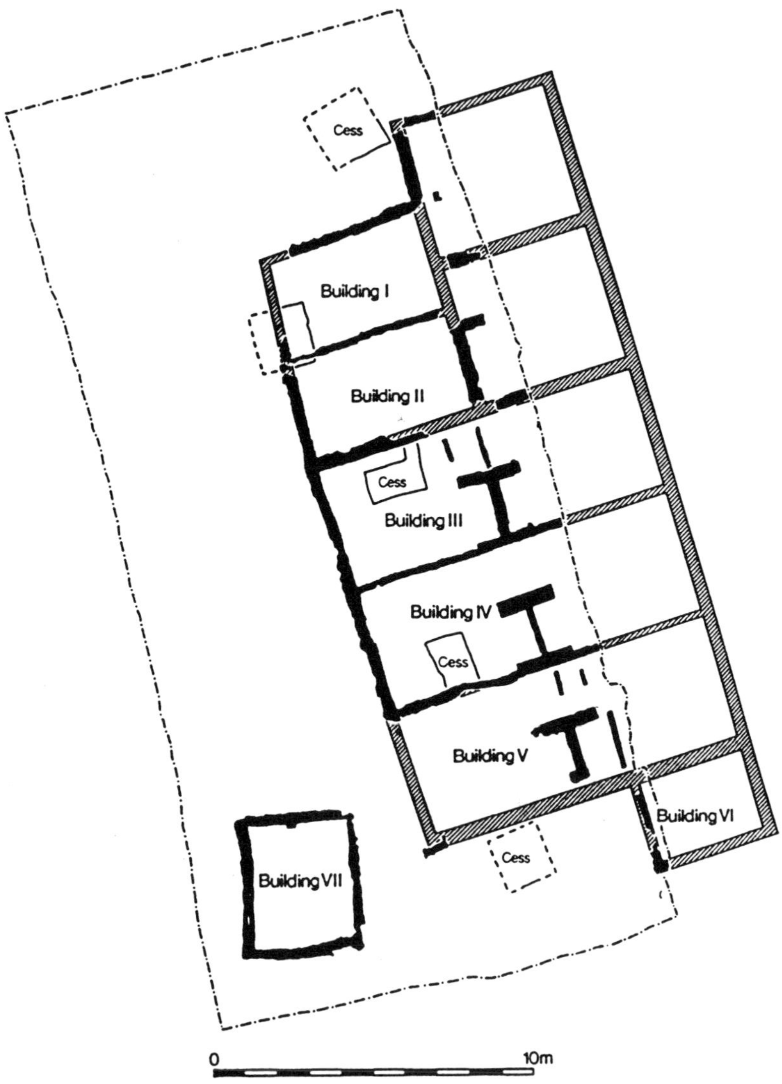

Fig. 6.2 Aldgate, London, excavations of 1974, houses of two rooms in depth with centre chimney stacks, the most extensive excavation of a row of 17th century houses (from Thompson et al., 1984, 9; reproduced by permission of SPMA)

built in the decade following the Fire in London, those with two or more rooms on each floor, show considerable variety, indicating that this was a period of considerable experimentation in the planning of town houses.

The one-room plan, characteristic of the houses of St Bartholomew's fairground, continued to be used for large numbers of houses built after the Fire. One row of such houses was nos. 3 to 5 Wardrobe Place (records in the National Monuments Record for England). In a courtyard behind Thames Street and close to the junction with Trig Lane, at least seven houses of this plan had been built by 1679 (London Guildhall Library Mss). Little different in plan were the new houses being built in Elder Street in the 1720s, noted by Cruikshank and Burton (ibid., 209–20). The courtyard schemes, themselves informative of the widely varying strategies employed by developers, are

Fig. 6.3 Numbers 20–1 Middle Street, St Bartholomew's, London, of back-to-back plan with nos. 5–6 East Passage, built in brick by 1612, demolished before 1930, note the small windows lighting the stairs, © RCHM(E) (see Leech 1996)

a reminder that a feature of the 17th- and 18th-century city was that, in the central areas, the wealthier and the poor continued to live in close proximity.

For any wider study of the social context of the city house in later 17th- and 18th-century London, there will be much to draw upon in the publications of the Survey of London, in the last thirty years greatly adding to our knowledge of Spitalfields, the parishes of St James's (Westminster) and of St Anne's (Soho) being of particular importance. The social context of the Georgian town house so admirably set out by Cruikshank and Burton has drawn extensively on this work. But, Spitalfields apart, the poorer suburbs to the east of the city have been less well studied, the excavations off Aldgate Street, and Anthony Quiney's study of Thomas Lucas, the developer of Albury Street in Deptford, being significant exceptions (Quiney 1979).

Research in progress, to contribute to the publication of the re-assessment of the Jamestown rows, is intended to provide much more information on the social context of the city house in the 17th century. Identified and located houses can be linked to data on occupancy and use, drawn particularly from late 17th-century tax assessments and from probate inventories. The making of the English middle class, 1660–1730, so eloquently researched and expanded upon by Earle (1989), still needs to be grounded in the realities of the material world. With particular reference to London's East End, another historian has said that 'we know too little of the merchants and craftsmen who lived in the towns, to worry overmuch about mean streets and obscure people on the periphery' (Power 1978, 29). Looking specifically at Shadwell, he concluded that 'very little direct evidence survives of the wealth and style of life of east Londoners at this period, certainly to rank different occupation groups in a pecking order' (idem 1990, 113). As historical archaeologists, we might consider that the physical evidence for how the citizens of this rapidly expanding city engaged with the material world in their domestic and working lives might be central to understanding social change and continuum in the centuries of or preceding the Industrial Revolution.

Historians and archaeologists have very often focussed their attention on change. Continuity may be equally important, the more so in cities, which even in medieval times might be described as little islands of capitalism. We tend to search the record for 'evidence of the onset of modern conditions', but in many aspects the early-modern city changed remarkably little over several centuries (Friedrichs 1995, 9).

One example would be living over the shop. In the 1790s the tenants of nos. 27–33 Leadenhall Street, London, a 'frame of three fayre houses' built c.1590, still lived over their shops (Metcalf 1984). In 1472 Stephen Morgan, a carpenter, agreed with Alson Chestre of Bristol to build a new house consisting of a shop, a hall above the same with an oriel, a chamber above the hall with an oriel and another chamber above that. A photograph of before 1858 shows the house described in the building contract of 1472, as raised by an additional storey in the 16th century, by 1705 the home of William Fry, a haberdasher. He too lived over the shop, the arrangements of his house described in detail in the probate inventory of his possessions. By 1851 this was the home of the Peacock family, fishmongers, listed in the census for that year. They too lived over the shop (Leech forthcoming).

Another example would be the construction of urban houses in rows or terraces. Architectural historians have tended to treat the 18th-century terrace as an innovation of the classical world, an import into the English city of Inigo Jones and English Palladianism. They have disregarded that such streets were known to contemporaries even in the early 18th century as 'rows'. The genealogy of this building form can be traced back to the medieval row, in London via Covent Garden and the rows of St Bartholomew's Fairground, to those known to us principally from medieval building contracts (Leech 1996). This has left North American colleagues, familiar with row houses in a post-medieval context, sufficiently puzzled to wonder if there was in fact a break between the building of 'rows' in medieval times and the building of 'terraces' in post-Fire London and other towns, to the extent that Structure 17 at Jamestown has now been named variously a 'terrace' and a 'terrace row' (Horning 1994, 17). The attribution of the term 'terrace' to medieval rows, 'a Terrace of Crucks at Much Wenlock' (Moran 1994, 34), will presumably have caused even greater bewilderment (see also Charles 1978–9, 93; Quiney 1995; Williams 1979, 145).

These examples of the continuity present in the ways of living in cities remind us also of the relationship between archaeology and history. The world of urban history is still distant from that of archaeology. Christopher Friedrichs' recent *The Early Modern City 1450 -1750* starts with Margereta Toll's walk through Munich one day late in the 16th century (Friedrichs 1995). Reading these opening pages one could become quite excited. The historian's account begins by looking at the individual houses of Toll's neighbours, weavers, brewers and even the city hangman. Friedrichs poses the question 'how do we know all these things about Margareta Toll's neighbourhood?'. The historical archaeologist might anticipate that the answer lies in the numerous volumes of *Das Deutsche Bürgerhaus* and the many archaeological excavations undertaken in German cities. Friedrichs' source is in fact a painstakingly constructed, detailed model of Munich dating from 1572. Archaeological recording and architectural survey have the not inconsiderable advantage over a model of offering insights into how citizens lived inside their houses. Historians remain reluctant to draw on the physical evidence for how the people of the past engaged with the material world. Historical archaeologists have a unique opportunity to contribute to the historical debate on life in the early-modern city.

References

Barry, J. 1985, 'Popular culture in 17th century Bristol', in Reay, B. (ed.), *Popular Culture in 17th Century England*, London, 59–90

Beresford, M. W. 1988, *East End, West End: The Face of Leeds during Urbanisation, 1684–1842*, Leeds (Thoresby Society)

Bourdieu, P. 1989 (translated Nice, R.), *Distinction: A Social Critique of the Judgement of Taste,* London

Chalklin, C. W. 1974, *The Provincial Towns of Georgian England: A Study of the Building Process 1740–1820*, London

Charles, F. W. B. 1978–9, 'Timber framed houses in Spon Street, Coventry', in *Trans. Birmingham & Warwickshire Archaeol. Soc.* 89, 91–122

Corfield, P. J. 1989, 'Walking the city streets: The Urban Odyssey in 18th century England', in *Journal of Urban History* 16, 132–74

Corfield, P. J. & Keene, D. (eds.) 1990, *Work in Towns 850–1850*, Leicester University Press

Cruickshank, D. & Burton, N. 1990, *Life in the Georgian City*, London

Downes, K. 1979, *The Georgian Cities of Britain,* Oxford

Earle, P. 1989, *The Making of the English Middle Class: Business, Society and Family Life in London, 1660–1730*, London

Friedrichs, C. R. 1995, *The Early Modern City 1450–1750*, London & New York

Gomme, A., Jenner, M. & Little, B. 1979, *Bristol, an Architectural History*, London

Horning, A. J. 1994, 'A row of fayre houses: The role of town planning and real estate speculation in the construction and destruction of Jamestown's terraced houses', in *Jamestown Archaeological Assessment Newsletter* 1.2/3, 16–8

Ison, W. 1952, *The Georgian Buildings of Bristol*, London

Keene, D. 1985a, *Survey of Medieval Winchester i & ii* (Winchester Studies 2), Oxford

Keene, D. J. 1985b, *Cheapside before the Great Fire*, London (Economic & Social Research Council)

Kelsall, A. F. 1974, 'The London house plan in the later 17th century', in *Post Medieval Archaeology* 8, 80–91

Laithwaite, M. 1984, 'Totnes houses 1500–1800', in Clark, P. (ed.), *The Transformation of English Provincial Towns*, London, 62–98

Laithwaite, M. 1995, 'Town houses up to 1660', in Beacham, P. (ed.), *Devon Building: An Introduction to Local Traditions*, Tiverton, 95–116

Latimer, J. 1900, *The Annals of Bristol in the 17th Century*, Bristol

Leech, R. 1981, *Early Industrial Housing: The Trinity Area of Frome, Somerset* (Royal Commission on Historical Monuments Supplementary Series 3), London

Leech, R. 1996, 'The prospect from Rugman's Row: The row house in late 16th and early 17th century London', in *Archaeological Journal* 153, 201–42

Leech, R. 1997, *The Topography of Medieval and Early Modern Bristol 1: Property Holdings in the Early Walled Town and Marsh Suburb North of the Avon* (Bristol Record Society 48)

Leech, R. forthcoming, A study of the city house and tenement in Bristol (for Royal Commission for Historic Monuments, England)

McGrath, P. V. (ed.) 1968, *Merchants and Merchandise in 17th Century Bristol* (Bristol Record Society 19 – 2nd edn.)

Metcalf, P. 1984, 'Living over the shop in the City of London', in *Architectural History* 27, 96–103

Moran, M. 1994, Shropshire dendrochronological project: Phase two', in *Vernacular Architecture* 25, 31–6

Morgan, K. 1993, *Bristol and the Atlantic Trade in the 18th Century*, Cambridge (UK)

Power, M. 1978, 'Shadwell: The development of a London suburban community in the 17th century', in *London Journal* 4.1, 29–46

Power, M. 1990, 'The East London working community in the 17th century', in Corfield & Keene, 103–20

Priestley, U. & Corfield, P. J. 1982, 'Rooms and room use in Norwich housing, 1580–1730', in *Post Medieval Archaeology* 16, 93–123

Quiney, A. 1979, 'Thomas Lucas, bricklayer, 1662–1736', in *Archaeological Journal* 136, 269–80

Rule, J. 1986, *The Labouring Classes in Early Industrial England 1750–1850*, London

Sacks, D. H. 1991, *The Widening Gate, Bristol and the Atlantic Economy*, Berkeley, University of California Press

Salter, H. E. 1960 & 1969, *Survey of Oxford* (two parts), Oxford Record Society

Schofield, J. 1984, *The Building of London from the Conquest to the Great Fire*, London

Schofield, J. (ed.) 1987, *The London Surveys of Ralph Treswell* (London Topographical Society Publication 135)

Schofield, J. 1989, *Secular Building in the City of London, c.1200-c.1600* (unpublished Ph.D thesis, University of London)

Schofield, J. 1995, *Medieval London Houses,* New Haven & London, Yale University Press

Shammas, C. 1990, *The Pre Industrial Consumer in England and America*, Oxford

Smith, R. & Carter, A. 1983, 'Function and site: Aspects of Norwich buildings before 1700, in *Vernacular Architecture* 14, 5–18

Summerson, J. 1969, *Georgian London*, London (1945, revised 1962)

Taylor, R. 1974, 'Town houses in Taunton 1500–1700', in *Post Medieval Archaeology* 8, 63–79

Thompson, A., Grew, F. & Schofield, J. 1984, 'Excavations at Aldgate, 1974', in *Post Medieval Archaeology* 18, 1–148

Thorp, J. 1995, 'Town houses of the late 17th and early 18th centuries', in Beacham, P. (ed.), *Devon Building: An Introduction to Local Traditions*, Tiverton, 117–28

Upton, D. 1986, *Holy Things and Profane: Anglican Churches in Colonial Virginia*, Cambridge (Mass.)

Williams, J. H. 1979, *St Peter's Street, Northampton: Excavations 1973–1976*, Northampton Development Corporation

Roger H. Leech
Dept. of Archaeology
University of Southampton
Highfield
Southampton

7 Lord Baltimore and the Meaning of Brick Architecture in Seventeenth-Century Maryland

Julia A. King and Edward E. Chaney

Abstract

Although most colonists in the Chesapeake Tidewater during the 17th century built and occupied impermanent earthfast dwellings, increasing evidence suggests that a significant number of buildings were constructed completely or partially of brick. Preliminary analyses of these masonry structures and their place in the cultural landscape suggests that brick houses served as physical manifestations of social boundary markers for an emerging class of elite Chesapeake planters. We examine the brick dwellings of, and the relationship between, two wealthy, politically connected men in Maryland: Governor Charles Calvert, the third Lord Baltimore, and his uncle Philip Calvert. While both men were members of the same upper-class group that ran Maryland, they were also social and political rivals. This complicated relationship is reflected in the houses each built.

Introduction

One of the most important points about colonial architecture in the 17th-century Chesapeake Tidewater is the fact that very little of it survives in the modern landscape. This is a dramatic reflection of the impermanent character of these structures. Although tens of thousands of colonists emigrated to Maryland and Virginia between 1607 and 1700, only six standing buildings dating to the 17th century have been located, despite an extensive search. Nearly all of these surviving structures were built in the last quarter of the century.

This architectural impermanence is the result of an almost universal reliance on earthfast construction, documented by both archaeologists and historians. Lord Baltimore described these earthfast structures as "very mean and little and generally after the manner of the meanest farm houses in England" (Archives of Maryland [Archives] 1883, 5:265–266). Framed on wooden posts set in the ground, sheathed in wooden siding, roofed with wooden clapboards, and often heated with wooden chimneys, these buildings were no match for the humid, pest-ridden Chesapeake environment. Some lasted less than a decade, and few survived longer than 30 years.

In an important early essay on 17th-century housing in the Chesapeake, Carson and his colleagues (Carson et al. 1981) argued that this impermanent building tradition emerged as an adaptation of English architectural competence to the environmental, economic, and social conditions found in the Tidewater region. This building tradition was so well adapted, and became so widespread, that even the richest colonists constructed and occupied impermanent earthfast houses. Only at the very end of the 17th century did the beginnings of a major rebuilding campaign emerge in the Chesapeake, a process that took as long as one hundred years or more to complete in many areas.

In the nearly two decades since the publication of the study by Carson and his colleagues (Carson et al. 1981), archaeologists examining an unprecedented number of sites have documented scores of earthfast dwellings built in the 17th-century Chesapeake. This ever-increasing database has revealed details unavailable to Carson and his colleagues about 17th-century buildings in general. In particular, considerable evidence for the use of brick construction in the 17th century, especially in Virginia, has been uncovered. Nearly two dozen such sites have been identified in Virginia outside of Jamestown, including Bacon's Castle, the John Page House, Arlington, Rich Neck, and Greenspring (Pickett 1996:3). In Maryland, a brick house was standing as early as 1640 (Forman 1942:137). Sometime between 1666 and 1672, Governor Charles Calvert built a "fair house of brick and timber" at his manor on the Patuxent River (Ogilby 1671:189). By the fourth quarter of the 17th century, a number of brick buildings were standing in the colonial capital at St. Mary's City, including the State House, the Catholic chapel, a prison, and St. Peter's, the substantial dwelling of Chancellor Philip Calvert. These new findings pose interesting problems for students of 17th-century Chesapeake architecture.

The growing evidence of a masonry tradition in the 17th-century Chesapeake is still difficult to measure precisely. Most researchers would agree that earthfast wooden houses dominated the 17th-century landscape (cf. Stone 1982:210), yet the extent of brick construction remains unclear. In a study of house form in the colonial Chesapeake, Neiman (1993) was able to assemble plans for 65 houses dating between 1607 and 1720, the majority of which were presumably earthfast. In an analysis of masonry architecture in Virginia, Pickett (1996:3) identifies 21 brick dwellings in that colony built between 1607 and ca. 1700, and he suggests that nine additional structures require further examination. These numbers, while admittedly far from precise, nonetheless suggest that brick architecture was more prevalent in the Chesapeake landscape than previously believed.

Pickett (1996:66–76) attributes the increase in domestic brick architecture after ca. 1650 to the newly-arrived "second sons" of the English gentry. These younger sons built brick houses to distinguish themselves from the middling and lower classes of Virginia society. While some wealthy Virginians continued to build and occupy earthfast houses, Pickett argues that these families lacked the political and social connections enjoyed by the newly-arrived planters who were building in brick. These political and social ties gave the latter families a competitive edge and, with the depression in the tobacco economy in the 1680s, planters without the right connections could no longer compete, so their names – and their houses – disappeared from the colonial landscape.

Pickett suggests that the brick houses appearing in the mid- to late 17th-century Virginia landscape were tangible markers of this emerging elite group, and that brick construction was used to define group boundaries and exclude those without the proper connections. Pickett's work is important because it is a first attempt to deal with this issue. More research is needed to evaluate the relationships between earthfast and brick construction, and between the planters who built these houses. The significance of regional as well as chronological variation in the distribution of house types, the individual histories of the planters who built them, and the nature of intraregional variability in the Chesapeake economy and society all need to be investigated. For, while we agree that these houses may have contributed to a kind of boundary maintenance, the builders of these dwellings and their class were not a seamless whole. Our own research in Maryland, for example, suggests that intragroup competition, negotiation, and compromise were as important for defining boundaries as was a sense of group identity, and that these tensions played an important role in the shaping of the domestic landscape.

In this work, we present a preliminary historical and architectural analysis of Mattapany, the plantation dwelling of Charles Calvert, third Lord Baltimore and proprietor of Maryland. Archaeological investigations at Mattapany have revealed the remains of a substantial building, with unusually thick brick foundations and walls, a full raised basement, and a pantile roof. Decorative and imported brick, painted fireplace tile, plastered walls, and glass windows indicate the dwelling was finely appointed. Built sometime between 1666 and 1672, Baltimore's house also appears to have been fortified by a log palisade.

Although Calvert was at the center of government in 17th-century Maryland, he deliberately chose to build his impressive dwelling outside of the colonial capital. He was the first and only prominent Calvert in the 17th century to make his primary residence away from St. Mary's City. We believe that at least part of the reason for this can be found in Charles Calvert's relationship with his uncle, Philip Calvert, who also lived in Maryland and was involved in the governing of the colony. Charles built the house he did, when he did, and where he did, to send a clear message to the inhabitants of his colony, including the uncle with whom he often disagreed. Similarly, Philip's impressive dwelling in St. Mary's City is more productively understood in the context of Charles's house at Mattapany.

Background

Governor Charles Calvert, the eldest son of the second Lord Baltimore, arrived in Maryland in 1661. At 24, Charles was ready to become actively involved in the family's colonial enterprise. He joined a government whose members had political, social, and kinship ties to his family, and Calvert similarly surrounded himself with relatives and friends in his own administration of the colony. Calvert initially took up residence in the capital of St. Mary's City, but in 1666 he moved to Mattapany, his new wife's manor near the mouth of the Patuxent River.

Calvert began to develop Mattapany as an important governmental center in its own right. He established the colonial armory there, probably in a separate building where stores of arms and ammunition were kept. Both the Provincial Council and the Provincial Court met at Mattapany from time to time, and prisoners were sometimes even kept there. Merchant ships in the Patuxent were required to stop at Mattapany, which had been designated an official port of entry. Guards of up to 40 men were periodically posted at the manor "for the Safety of his L[ordship's] house" (Archives 1883, 15:125). These official functions, combined with the residency of the chief executive of the colony, resulted in Mattapany's emergence as an important symbol of proprietary government. Metaphorically, it was analogous in many ways to the White House today. Indeed, the manor became so politically significant that when Baltimore's government was overthrown by a Protestant insurrection in 1689, the rebels had to seize both the State House at St. Mary's City and Mattapany before realizing their victory.

Charles and Philip Calvert were the closest relatives of Cecil Calvert, the second Lord Baltimore, living in Maryland. Philip, Cecil's younger half-brother, had been raised in his elder brother's household following the death of their father when Philip was just five years old. Ten years older than Charles, Philip was probably more like a brother than an uncle. Philip had sailed for Maryland five years prior to Charles, acting as chief proprietary councillor until his death in 1682. He was serving as governor when Charles arrived to replace him in 1661.

Although Charles and Philip maintained a working relationship in the governing of Maryland, enough evidence survives to suggest a certain rivalry between the two kinsmen, possibly instilled at an early age (Papenfuse 1995:7–10). Both had received a Jesuit schooling and, as part of a "total education," the Jesuits strongly encouraged competition, rivalry, and even spying among their students (Good and Teller 1969:157–158). The rivalry between Charles and Philip may have had an even deeper psychological underpinning. Given Philip's young age when his father died, he may well have seen Cecil Calvert as a father figure, and if so, the two boys might have vied for Cecil's attention and affections. While growing up, Philip probably acted like an older brother to Charles, possibly breeding resentment in the younger child. Eventually, however, Charles would outrank Philip in the political affairs of Maryland, since, as Cecil's eldest son, Charles was in line to inherit the majority of the Calvert family wealth as well as the title of Lord Baltimore. Knowing this may have been a source of aggravation for Philip.

In Maryland, Charles and Philip's strained relationship probably began with Charles's replacement of his uncle as governor. Charles was soon complaining to his father about Philip's "intrigues" and Philip's attempts to steer the population's loyalty away from Charles (Papenfuse 1995:7). In one case, Charles felt that his uncle and another colonist had unfairly accused the secretary of the colony – Charles's best friend – of uttering ill words against Lord Baltimore (Maryland Historical Society [MHS] 1889:240). Charles wrote to his father, strongly defending the secretary and stating he had no reason to believe the accusations were true. Later, when Charles was courting his second wife, Jane Lowe Sewall, Philip was certainly one of Charles's "Relations . . . here [in Maryland who were] much afflicted" by the romance. "Many persons in Maryland know but to well," Charles wrote his son years later, "that shee and I were Whore and Rogue together long before I played the weake Man, and married her" (Hall 1960:362).

Under direction from Lord Baltimore to "get along,"Charles and Philip settled into a "long, uneasy truce" (Papenfuse 1995:7). The need for solidarity in the face of threats to the Calvert family's rule of Maryland superseded personal differences. Late in his life, Philip even married Charles's teenage stepdaughter. Nevertheless, Charles and Philip seem to have had relatively little social contact for two men who grew up together and now lived just a few miles apart. Other relatives, friends, and neighbors of Charles appeared frequently in documents concerning Mattapany, but his interactions with Philip seemed more confined to the political arena. Even here, Charles gave his uncle little ground in the running of Maryland. Although Philip had served as acting governor for over a year prior to his nephew's arrival, Charles never trusted Philip to again serve as the colony's chief executive. On those occasions when Charles traveled to England, he would appoint one of his minor sons as acting governor, rather than his uncle. Even when Charles became Lord Baltimore and proprietor of the colony in 1676, he retained his position as governor rather than name a successor.

After Philip's death in 1682, Charles moved to diminish the vestiges of his late uncle's influence in the colony's governing affairs. Philip's close friend Henry Coursey was removed from the Provincial Council, and Charles "expressed considerable anger . . . over the Council's continued kindnesses to Coursey" (Carr and Jordan 1974:43). Charles also made it clear that, unlike Philip, he had no special attachment to the capital at St. Mary's City and would entertain any offers to move the seat of government, an idea he had considered since at least 1674 (Archives 1883, 2:371; Papenfuse 1995:10). He probably would have moved the capital if he had not been suddenly faced with a threat to Maryland's northern boundary posed by William Penn.

Charles and Philip Calvert were both members of Maryland's founding dynasty, and they shared the economic and social status of a family considered part of England's minor nobility. In Maryland, both men owned large tracts of land, servants, and slaves, and both participated in the governing of the colony. Yet, Charles and Philip did not enjoy an amicable relationship, and their actions in Maryland betray the competition which existed between the two kinsmen. In this context, the substantial, even grand houses the two men built reveal not just a shared status, but the intense rivalry they felt while in Maryland.

Lord Baltimore's Dwelling at Mattapany

Documentary evidence concerning the appearance of Mattapany in the 17th century is limited, underscoring the value of archaeological research for documenting the 17th-century landscape. Only two descriptions of the manor survive, and both of these were based on secondhand sources. John Ogilby (1671) described Calvert's dwelling as a "fair house of brick and timber," but Ogilby had never been to Maryland. In the early 18th century, Oldmixon (1741) described Mattapany as a "handsome house, tho' more for Convenience than Magnificence." The lack of contemporary descriptions, as well as Oldmixon's report, suggest the house was not particularly special, at least not by English standards.

Nonetheless, Mattapany was more substantial and more well built than most Maryland dwellings. The house was occupied for about 70 years, and, following its abandonment, the ruins remained visible into the early part of the 20th century (King 1994:297). The ruins were widely recognized throughout Maryland for their proprietary association, and were described by travelers to southern Maryland in the 19th and 20th centuries. The most detailed description reports that the ruined foundation measured 30 x 60 ft., with a "capacious wing" and a "cemented cellar" (Thomas 1913:352).

The ruins were dismantled and buried sometime after 1942, when the U.S. Navy acquired the old plantation and an additional 5,000 acres for the newly-established Patuxent River Naval Air Station. The location of Lord Baltimore's dwelling in the landscape vanished from local memory. By the 1970s, when renewed interest in the first century of English colonization in North America was focusing attention on the 17th-century settlement at St. Mary's City, the location of Mattapany had largely been forgotten.

Limited archaeological investigations at Mattapany in the 1980s located a 17th-century site now recognized as the colonial magazine (Pogue 1987; Chaney and King 1992). Investigations were resumed in 1991, and, in 1992, the site of Lord Baltimore's dwelling was tentatively identified. Excavations conducted in 1993 and 1994, and again in 1997, uncovered the massive foundations of the dwelling and generated thousands of architectural artifacts. Although these later excavations were fairly limited (approximately 8% of the site was tested), analysis of the foundation and the associated artifacts provides a preliminary picture of Charles Calvert's house.

The most striking feature about the foundation of Lord Baltimore's dwelling is its size (Fig. 7.1). The building measured 25 x 50 ft., representing one of the largest ground floor plans yet documented in early Maryland. The house was supported by a particularly wide foundation, approximately 2 ft. thick and well-laid in English bond. Although foundation width is not always a reliable guide to building height, the size of the foundation at Mattapany suggests at least a second floor and possibly a third one. An Act of Parliament, passed after the Fire of London in 1666, specified that three-story houses in London were to have foundations and first floor walls two and one-half bricks in thickness, the size of the foundation walls at Mattapany (Moxon 1994[1703]:263). Bacon's Castle, a ca. 1655 brick dwelling still standing in Virginia, is a full two stories in height on foundations measuring 1.75 ft., or two bricks, in width. Mattapany appears to have had a minimum of 2,500 ft.^{2} of interior living space, and possibly as much as 3,750 ft.^{2}.

Although only a portion of the foundation at Mattapany has been exposed, the dwelling's first floor plan probably consisted of two or three rooms with a central chimney and a lobby entrance. One of these rooms was described by Calvert as the "parlor," where he hung a painting of his mother, Ann Arundell (MHS 1889:285). This is precisely the floor plan Charles

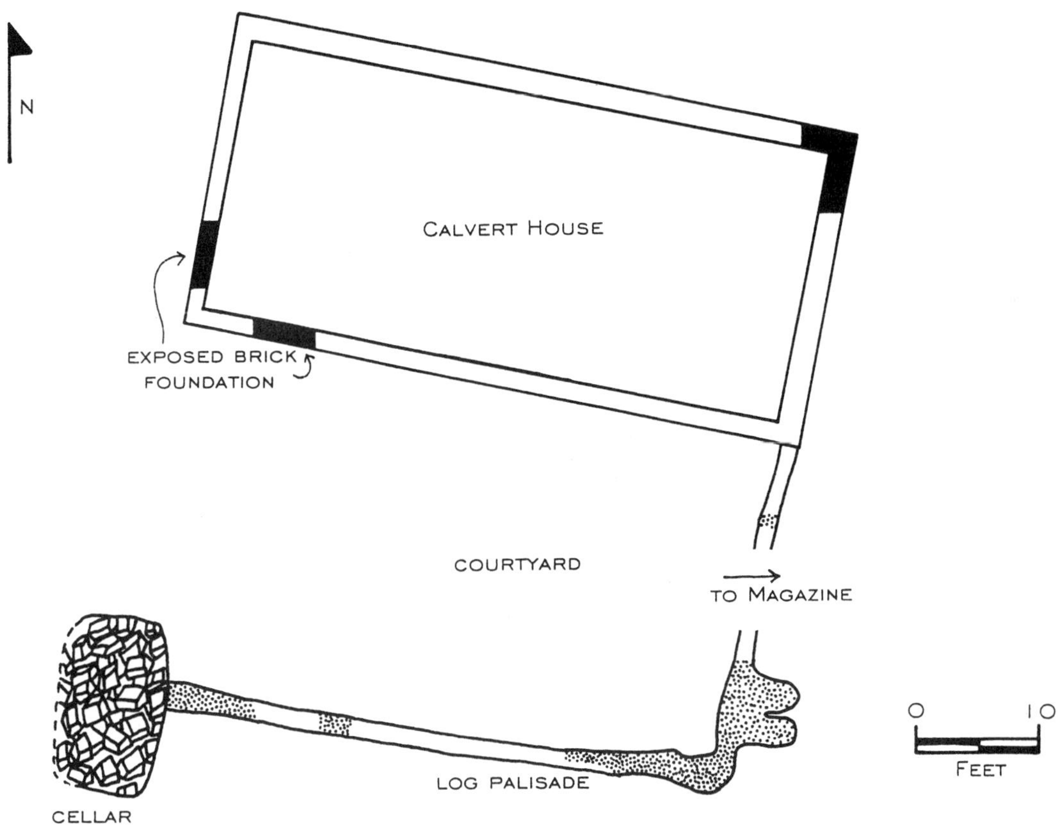

Fig. 7.1 Plan of Charles Calvert's Mattapany house.

Calvert directed for the renovations at St. John's, the plantation near St. Mary's City which was his residence when he first arrived in Maryland. Although the central chimney has not yet been located in the Mattapany dwelling, excavations along the east gable wall generated no evidence of either an interior or exterior end chimney.

Baltimore's dwelling appears to have had a full basement, raised as much as 2 or 3 ft. above the 17th-century ground surface. The basement was probably lit by windows similar to those in the cellar at Bacon's Castle. The basement floor was initially dirt, but at some time, possibly in the 1670s, Baltimore had square tile pavers installed. These pavers measured 8.5 x 8.5 x 2 in., and were placed on a carefully laid bed of mortar overlying the original basement floor. The tile floor and foundation interior were whitewashed for better reflection of light. A gap was purposely left between the west cellar wall and the tile floor. A post mold found within this gap suggests that wooden shelving was located against the wall.

Testing in the yard surrounding Calvert's dwelling uncovered traces of a second building, identified when a rubble-filled cellar was excavated. This second cellar had earthen walls and a brick floor, and the building above it had a plastered interior. No traces of brick or earthfast foundations were encountered which could be associated with this cellar, so the kind of building and its precise orientation and relation to the Calvert dwelling remain unknown.

A particularly important feature in terms of the dwelling's landscape was the discovery of a substantial palisade in the yard. This palisade consisted of a trench nearly 2 ft. in width, into which had been set logs up to 1 ft. in diameter. The palisade stood approximately 40 ft. south of the dwelling and paralleled the house for 50 ft. before turning north. At this corner, a large feature associated with the palisade may represent a bastion-like configuration. The palisade ditch was unusually shallow for logs of this size: profiles of the post molds indicate that the logs had been placed no deeper than 2 ft. into the ground. The palisade may have been erected hastily, and most certainly after the site had been occupied for some time, as domestic artifacts were found in the ditch fill. The palisade may represent an effort on the part of Baltimore to enclose in a richly symbolic manner the yard immediately surrounding his house (cf. St. George 1990), or it may have been erected when Baltimore's manor was seized during the 1689 Protestant uprising.

Architectural artifacts, critical to the interpretation of Mattapany's above-ground appearance, include plaster, daub, pantile, paving tile, fireplace tile, hearthstone, window leads, window glass, nails, and hundreds of pounds of brick, brick fragments, and mortar. Analysis of these materials and their associations with the architectural features at the site indicate that Mattapany was initially built between 1666 and 1672, and renovated in the mid- to late 1670s, probably soon after Charles Calvert became the third Lord Baltimore.

Fragments of pantile, a Dutch roofing tile, were recovered from both the plow zone and cellar fill, although not in especially large amounts. In 1678, Calvert had directed that the roof on his plantation at St. John's be tiled, and it is likely that the roof at his principal residence was also tiled (Stone 1982:312). Archaeological evidence indicates that the magazine, which was situated approximately 300 ft. east of Calvert's house, had a pantile roof as well. The relatively small quantity of pantile at Mattapany may be the result of later recycling activities. Extensive survey elsewhere on the property indicates that this pantile was reused on the roofs of other manor buildings well into the 18th century.

Only a few tin-glazed fireplace tiles were recovered from Mattapany, possibly because the dwelling's chimney base remains unexcavated. One tile type is blue on white and probably of 18th-century date. A second type has a geometric design, purple spatter on white. This distinctive tile has been found at five sites in St. Mary's City, in contexts dating ca. 1675 (Stone 1986). Stone (1986:13) suggests these fragments may represent a single large parcel of tiles brought to St. Mary's sometime around 1675. If the tile fragment at Mattapany were a part of this shipment, it may derive from renovations made to the house following Calvert's inheritance of the title Lord Baltimore. The probable 18th-century tile fragment suggests that changes continued to be made to the dwelling long after Baltimore's death.

Perhaps the most important artifact recovered from Mattapany for architectural interpretive purposes was the humble brick. More than 200,000 brick fragments came from the excavated plow zone units and feature fills at the site. Both the cellar fill under the main house and the cellar fill associated with the outbuilding were packed with brick bats and fragments. These fragments range in size from less than 1 in. in diameter to whole bricks, although whole bricks are comparatively rare. The vast majority are broken, no doubt when the building's ruin was mined for brick to be used elsewhere on the plantation. Each brick and brick fragment, no matter how small, was carefully inspected by archaeologists and by an expert in colonial masonry, then measured, counted, and weighed. All diagnostic bricks were retained, and a sample comprising nearly 40 ft.[3] was saved; the remainder was discarded on site.

Although some fragments of Dutch yellow brick were recovered, the overwhelming majority of the assemblage consists of locally-made brick. At least two methods of manufacture are evident among these local bricks. The most common type was clearly produced in a hurry: the clay had been thrown into a wooden mold, but the mold was then removed so it could be used again. These raw bricks were moved about by hand before firing. Consequently, they have numerous imperfections, including cracks, bowing, and fingerprint impressions. Although these bricks are somewhat irregular and flawed, surviving evidence of scored mortar joints indicates they were used in readily apparent areas.

The second type of brick is less abundant and was obviously handled with greater care. These bricks were moved about while still in their protective wooden molds, and thus retain a uniform shape and a cleaner face. None of these bricks were observed in situ, so precisely where they were used remains unknown.

One of the most interesting discoveries at Mattapany is the presence of a number of rubbed and gauged bricks. These bricks were cut and then ground to attain a lustrous finish, then set in place using a lime putty. The uniformity of color and the thinner mortar joints created a visually distinctive effect. Gauged brick was first used in England in 1631 at Kew Palace, north of London (Lynch 1994:45–46) and, by 1703, the use of gauged brick was common enough that Moxon (1994[1703]:245–246) included a discussion of them in his *Mechanick Exercises*. Still, there are almost no reported examples of gauged bricks from 17th-century sites in the Chesapeake. Rubbed and gauged bricks have only been found at Mattapany and at Nathaniel Bacon's Curles plantation (Mouer 1997, pers. comm.). The examples at Mattapany were probably used in a "straight arch," or jackarch, over a door or window (Fig. 7.2).

One of the more interesting questions about Mattapany's above-ground appearance is whether the house was frame, brick, or a combination thereof. John Ogilby's description of Mattapany as a "fair house of brick and timber" suggests at least a portion of the house was wood, but Ogilby's sources were secondhand. If the house were frame supported by brick foundations, the size of the foundations are unusual. More importantly, fragments of decorative brick were recovered from the cellar fill, suggesting that at least two, and possibly all, walls were of masonry construction.

In a landscape dominated by earthfast buildings, Mattapany surely represented the wealth and power of the governor in a striking fashion. That this mattered to Calvert is shown by his 1674 request to

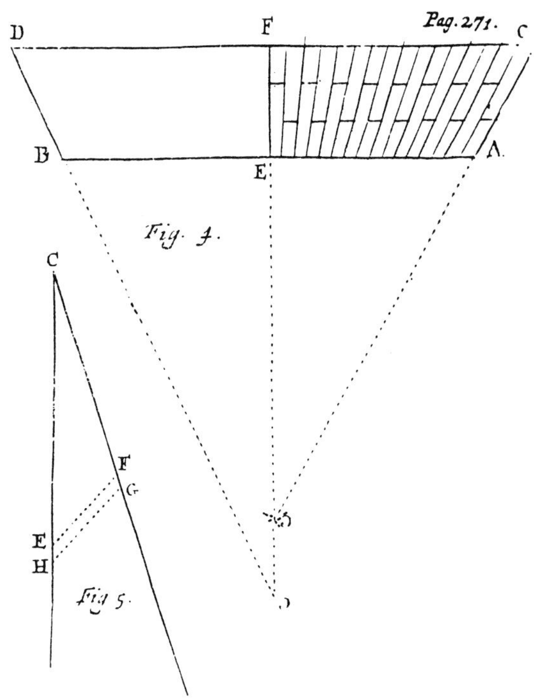

Fig. 7.2 Jackarch from an early 18th-century book of trades (Moxon 1994[1703]:245–246).

the colonial assembly that it build "a Convenient dwelling house of Brick" for his use while the government was in session at St. Mary's City. Although the house was never built, the fact that it was to be made specifically of brick suggests that Maryland's leaders were well aware of the symbolism conveyed by architecture (Archives 1883, 2:371; Stone 1974: 166). This symbolism, however, came at a political cost; one angry diatribe written in 1676 complained of the high fees levied on the populace to "maintain my lord a prince," when he was in fact "but an inferior Irish Lord" (Archives 1883, 5:140, 144).

How does Charles Calvert's dwelling at Mattapany compare with his uncle's house in St. Mary's City, and what can be said about the relationship between the two Calverts from a consideration of their residences? Extensive archaeological excavations were carried out at St. Peter's in 1940 by architectural historian Henry Chandlee Forman (1942). These excavations were focused almost exclusively on documenting the building itself, and consisted of exploratory trenches and the complete excavation of the dwelling's cellar (Fig. 7.3). A ground-penetrating radar survey and limited testing conducted in 1996 by Historic St. Mary's City relocated the site of St. Peter's (Riordan 1996, pers. comm.).

St. Peter's was begun in 1678 and completed in 1679, at least 6 to 12 years after Charles Calvert built his house at Mattapany. At about the same time, Charles was renovating both his tenant's dwelling at St. John's and his personal residence at Mattapany. But whereas Charles was updating two older structures, Philip was building something entirely different. Forman's drawing of the St. Peter's floor plan depicts an enormous building measuring 54 x 54 ft., more than twice the size of Mattapany. The house is enclosed within a brick-walled compound. Although the precise details of Forman's drawings remain unconfirmed, recent remote sensing has verified the overall dimensions, as well as the existence of the brick wall (Riordan 1996, pers. comm.). Based on the location of foundation walls and fireplaces, Forman concluded that the ground floor plan of St. Peter's consisted of two large rooms heated by large, central fireplaces and four smaller corner chambers, each heated by a single fireplace. This configuration would have required a sophisticated system for connecting the chimneys.

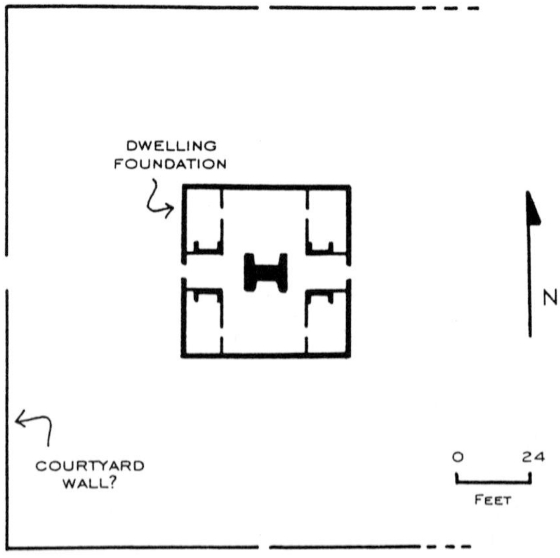

Fig. 7.3 Plan of Philip Calvert's house, St. Mary's City, Maryland (after Forman 1942:139).

Edward Papenfuse (1995, pers. comm.) has suggested that Philip's desire to build such a grand and imposing dwelling was motivated by his nephew's striking dwelling at Mattapany, as well as Charles's lackluster interest in promoting St. Mary's City. Although Philip had been in Maryland since 1656, it was not until the late 1670s that he set about building the mansion at St. Peter's. This was not a simple "Virginia house" (Stone 1982) of wood or even brick, but a hybrid structure drawing on principles of Georgian architecture. St. Peter's represented a substantial investment in the permanence of St. Mary's City. As much as Mattapany reflected Charles Calvert's sense that the future of Maryland lay northward, St. Peter's embodied Philip's deep commitment to the 17th-century capital.

That commitment may also be reflected in the possible development of a design plan for St. Mary's City (Miller 1988), and in the construction of the town's brick chapel, prison, and State House, activities with which Philip undoubtedly was intimately involved. The fact that Philip chose to be buried in the chapel at St. Mary's City, rather than returned to England like many of the colony's other leaders, further suggests his attachment to the place. But in addition to being a reflection of Philip's vision for St. Mary's, was St. Peter's also a statement to Charles Calvert? And, if so, what message was being sent? On the one hand, St. Peter's could be viewed as a final act of one-upmanship by an "older brother" who would always be inferior in social status to his nephew. Alternatively, the house could be a legacy, a gesture of conciliation by a 51-year-old man with no heirs other than Charles, who would inherit it. Unfortunately, on this family matter history is mute.

When Philip died in 1682, he "may . . . have been dreaming of St. Mary's as the grand city of Maryland, . . . [but] his nephew nurtured no such dream" (Papenfuse 1995:10). Charles Calvert inherited St. Peter's, but he maintained his primary residence at Mattapany. In 1684, Charles left Maryland for England and never returned to the colony.

Later authors, including Forman, have romanticized the dwelling of St. Peter's as the "Castle," a description never used in the 17th century. Forman was fascinated by what he saw as an extraordinary, almost incomparable floor plan, and he interpreted the dwelling as a kind of prototype for the Governor's Palace in Williamsburg, Virginia. While the precise relationship between St. Peter's and the Governor's Palace remains undocumented, Philip Calvert could not have known of the future Williamsburg building. Instead, Philip and Charles Calvert shaped their domestic landscapes with reference to more immediate issues: their economic and social status, their experiences in Maryland, and their personal relationship with one another.

Acknowledgments

The excavations at Mattapany were funded by a generous grant from the Department of Defense's Legacy Resources Program to the Patuxent River Naval Air Station (PRNAS). We are especially grateful to the personnel of PRNAS for their support of the project and for their dedication to the management of archaeological resources aboard the facility. In particular, we wish to recognize Douglas Lister, Cultural and Natural Resources Specialist, for his outstanding commitment to archaeological preservation at PRNAS, and Theresa Hopkins of the Public Affairs Office for her promotion of the project. We are also very grateful to Christy Leeson and Ruth Mitchell, who served consecutively as Project Archaeologists and ran the day-to-day operations of the project with professionalism and humor. Raymond J. Cannetti led the identification and analysis of bricks from the site, and first recognized the presence of rubbed and gauged bricks at Mattapany. We also wish to thank David Brown, Phil Levy, Jennifer McIntosh, John Metz, David Muraca, Edward Papenfuse, Dwayne Pickett, Orlando Ridout V., David Riggs, Timothy Riordan, Camille Wells, and Mark Wenger for their insights regarding brick architecture in the 17th-century Chesapeake.

References

Archives of Maryland [Archives] 1883, *Archives of Maryland*, Vols. 1–72, edited by William Hand Browne. Maryland Historical Society, Baltimore.

Carr, Lois Green, and David William Jordan 1974, *Maryland's Revolution of Government 1689–1692.* Cornell University Press, Ithaca, NY.

Carson, Cary, Norman F. Barka, William M. Kelso, Garry Wheeler Stone, and Dell Upton 1981, Impermanent Architecture in the Southern American Colonies. *Winterthur Portfolio* 16(2–3):135–178.

Chaney, Edward E., and Julia A. King 1992, "His Lordship's Manor": The Search for Lord Baltimore's Maryland Dwelling and Powder Magazine. Paper presented at the Annual Jamestown Conference on Archaeology, Jamestown, VA.

Forman, Henry Chandlee 1942, The St. Mary's City "Castle," Predecessor of the Williamsburg "Palace." *William and Mary Quarterly* 22(2):136–143.

Good, Harry G., and James D. Teller 1969, *A History of Western Education.* Macmillan, London.

Hall, Michael G. 1960, Some Letters of Benedict Leonard Calvert. *William and Mary Quarterly* 17(Series 3):358–370.

King, Julia A. 1994, Rural Landscape in the Mid-Nineteenth Century Chesapeake. In *Historical Archaeology of the Chesapeake,* edited by Paul A. Shackel and Barbara J. Little, pp. 283–299. Smithsonian Institution Press, Washington.

Lynch, Gerard 1994, *Brickwork: History, Technology, and Practice*, Vol. 1. Donhead, London.

Maryland Historical Society (MHS) 1889, The Calvert Papers 1. *Fund Publication* 28. Maryland Historical Society, Baltimore.

Miller, Henry M. 1988, Baroque Cities in the Wilderness: Archaeology and Urban Development in the Colonial Chesapeake. *Historical Archaeology* 22(2):57–73.

Moxon, Joseph 1994, *Mechanick Exercises, or the Doctrine of Handy-Works.* Reprint of 1703 edition. Astragal Press, Mendham, NJ.

Neiman, Fraser D. 1993, Temporal Patterning in House Plans from the 17th-Century Chesapeake. In *The Archaeology of 17th-Century Virginia,* edited by Theodore R. Reinhart and Dennis J. Pogue, pp. 251–284. The Archeological Society of Virginia, Richmond.

Ogilby, John 1671, *America: Being the Latest and Most Accurate Description of the New World.* N.p., London.

Oldmixon, John 1741, *The British Empire in America,* Vol. 1. N.p., London.

Papenfuse, Edward 1995, *"Doing Good to Posterity:" The Move of the Capital of Maryland From St. Mary's City to Ann Arundell Towne, Now Called Annapolis.* The Maryland State Archives and The Maryland Historical Trust, Annapolis.

Pickett, Dwayne W. 1996, The John Page House Site: An Example of the Increase in Domestic Brick Architecture in Seventeenth-Century Tidewater, Virginia. Unpublished M.A. thesis, Department of Anthropology, College of William and Mary, Williamsburg, VA.

Pogue, Dennis J. 1987, Seventeenth-Century Proprietary Rule and Rebellion: Archeology at Charles Calvert's Mattapany-Sewall. *Maryland Archeology* 23(1):1–37.

St. George, Robert Blair 1990, Bawns and Beliefs: Architecture, Commerce, and Conversion in Early New England. *Winterthur Portfolio* 25(4):241–287.

Stone, Garry Wheeler 1974, St. John's: Archaeological Questions and Answers. *Maryland Historical Magazine* 69(2):146–168.

Stone, Garry Wheeler 1982, *Society, Housing, and Architecture in Early Maryland: John Lewger's St. John's.* Ph.D. dissertation, Department of American Civilization, University of Pennsylvania, Philadelphia. University Microfilms International, Ann Arbor, MI.

Stone, Garry Wheeler 1986, Seventeenth-Century Wall Tile from St. Mary's City Excavations, 1971–1985. *St. Mary's City Research Series* 3. Historic St. Mary's City, St. Mary's City, MD.

Thomas, James Walter 1913, *Chronicles of Colonial Maryland.* Eddy Press, Cumberland, MD.

Julia A. King and Edward E. Chaney
Maryland Archaeological Conservation Laboratory
Jefferson Patterson Park and Museum
10515 Mackall Road
St. Leonard, MD 20685–2489

8 London, Axis of the Commonwealth? An Archaeological Review

Geoff Egan

Introduction

The reason for the question mark in the title of this paper is that, although in historical terms by the mid 16th century London was without any doubt the political and commercial capital of England, it is by no means well known even among practicing archaeologists in Britain to what extent buried, post-medieval evidence in the metropolis, both recovered and still to be investigated, actually reflects this status. In drawing together briefly what is in the main evidence already brought out of the ground, this paper considers how closely the picture given by historians corresponds in some of the more obvious aspects with one that archaeologists can present. In doing so, it looks briefly at the range of evidence available, indicates something of the changing emphases in the archaeological study of post-medieval London, and gives a summary assessment of how excavated evidence reflects aspects of the development from the Tudor capital to the main city of a world-wide empire.

The metropolitan heart of London, most particularly the City's square mile together with Southwark and Lambeth across the River Thames, is for the post-medieval period probably the urban area most intensively investigated by archaeological fieldwork anywhere in the world (it is not simply a matter of chance – or of close contact on the part of the present writer – that contributions on London figure prominently among the British papers in this volume). In the 1990s this latest period produced a far higher number of archaeological 'results' of some sort on sites in the London boroughs than any earlier period back to the palaeolithic, and overall it accounted for more than 38% of the total of positive recordings from all periods together – i.e. presence (as opposed to absence) of evidence (McCracken & Philpott 1995, 68–73 – figures for 1992 & 1993). This remarkable concentration of effort has not, however, seen a commensurate emphasis in assimilation, or in publication and other presentations to the public. A mass of key information that would be of wide interest is currently very difficult to track down, because it is either widely scattered in specialist literature or concealed amongst material of all periods in archive stores so dauntingly complicated that, at the time of writing, it is almost impossible to establish the significance of what is there, and it is extremely difficult even for the small number of professional archaeologists in a position to know of some of this material to get to it (cf. Gaimster 1997; a series in preparation of guides to the Museum of London's archive will form an introduction to material relating to excavations up to the 1990s).

Patterns of Survival and Other Parameters

There are several striking emphases in the archaeology of early-modern London that are not evident when investigating earlier periods. Firstly, the survival of the uppermost deposits is inevitably more immediately constrained by large-scale, modern redevelopments than that of earlier, lower strata. Over the past four centuries cellaring and underground service provision became intensive, resulting in the central city area in a dramatic curtailment particularly of 16th-century survival – to the point where almost no horizontal deposits are left and even cut features such as foundations, cellars, pits and wells of that date are sparse in the extreme. The acute vulnerability of buried Tudor-period evidence is tellingly illustrated by a simple comparison using work on dress accessories from c.1150 to c.1600 – whereas the total of buckles datable between 1150 and 1450 recovered from major City sites excavated between 1972 and 1983 is almost 500, fewer than 20 are attributable to the next 150 years (Egan & Forsyth 1997, 215) and only one of these is 16th-century. A similar point could be made for excavated buildings, pottery etc. Secondly, despite great improvements in the past decade, there remain considerable problems with a widespread lack of recognition of an archaeological imperative to devote limited resources to the field investigation and analysis of remains from the latest period (this arises largely from the lack of university teaching of post-medieval archaeology at the time most archaeologists now in post were at college – see O'Sullivan this volume for the currently improving picture – and from a consequent uncertainty as to any useful agenda for fieldwork when faced with evidence of this date). The most fully published post-medieval site in London, at Aldgate (Thompson et al. 1984; cf. Leech this volume, Fig. 6.2), was undertaken to investigate *only* a Roman cemetery – which in the event was not located. If this site had come up today with a similar pre-fieldwork brief it is unlikely that any of the post-medieval deposits would have been looked at on the way down. Whereas 16th and usually 17th-century levels are now regularly investigated, those from the 18th century still get hit-or-miss treatment, and those from the 19th and 20th centuries only exceptionally receive any attention at all.

Manufactures and Trade

Over the past thirty years in London there has been a steadily growing literature on excavated ceramics from c.1500 onwards (long the mainstay of post-medieval studies, and actually the *primum mobile* of the British period society) and there is a continuing emphasis on production sites. For stonewares, which had ten known factories in London by the late 18th century, investigations at John Dwight's important Fulham factory from the 1670s have been published (Green 1999; Christophers et al. 1974 and Horne 1992 provide interim reports), while work goes ahead on 18th and 19th-century assemblages from Lambeth. For tinglazed ('delft') wares (for which Britton's 1987 overview already seems dated) fourteen of the nineteen known factories in the London area from between the 1570s and 1846 have now been examined in the field, though not all of them have furnished the same level of information (see Stephenson this volume for investigations by the Museum of London, and Edwards 1984 for Vauxhall). The ones that have so far received detailed attention in print are the minority – the late 16th-century 'Aldgate potter' (in Noël Hume 1977), the Pickleherring/Montague Close complex, Norfolk House (Bloice 1971), and Vauxhall has produced a staggering twenty tons of material (Edwards 1984). Recent results from the Hermitage and Rotherhithe factories and several waste assemblages from along the Albert Embankment in Lambeth are so far very little known, and much smaller groups have been recovered further into the western industrial hinterland by the riverside at Mortlake and Isleworth. Porcelain production sites, to which professional archaeologists were slow to turn their attention, are now being excavated as a part of mainstream efforts (the Chelsea factory site was investigated by amateurs when opportunities arose in the mid 19th century – within 100 years of its originally being opened for business; individual enthusiasts from the collecting fraternity were similarly active intermittently over the years at the Bow production site; a tradition of active interest from this sector continued, without any sustained response from professional groups until about a decade ago). The turning point came with the Limehouse factory investigation, some of the results of which which were published, in a hardback volume, less than three years after being tackled by archaeologists (Drakard 1993) – this unwonted promptness in getting excavation results into print in a relatively lavish format is no accident, but a clear indicator of a sustained, keen – and moneyed – interest on the part of the salerooms and collectors in getting a reliable context for their material (it has been estimated that the market price of collectors' vessels that can now be confirmed from the recent finds as authentic Limehouse ware has been increased tenfold by this new, archaeological legitimisation). In fact the first-ever pro-active programme of research goals for post-medieval fieldwork in the London area was formulated from this sector, over fifty years ago (Garner 1946; this was long before any attempt was made to produce excavation-research agendas for Roman or medieval London). Excavated waste material from porcelain factories at Lambeth and Vauxhall too now awaits full publication.

Very important industrial evidence has also been forthcoming for glassmaking, but little of what has been retrieved from the ground is available in print yet, apart from in very cursory, preliminary form in the annual fieldwork summaries in *Post Medieval Archaeology*. For London's glass production in the early-modern period the only full survey was written over 70 years ago – from a technical and historical perspective, and without the benefit of systematic archaeological investigation (Powell 1923, who recognised some twenty glasshouses in London by the mid 18th century). The earlier part of the period (including the time when London was the only certain location of the manufacture of the new crystal glass in England) is well-served, but again primarily from the documentary side, by Godfrey's work (1975). The time is now ripe for a major re-assessment, drawing on a mass of fresh evidence that is of national significance in this subject. Chemical analysis of material from production sites should put the subject on a completely new footing. At least half a dozen factories from the 17th and 18th centuries (not counting subsequent enterprises on the same sites) are now represented by waste assemblages – Robert Mansell's Broad-Street enterprise, Winchester Palace, the Bear Garden, (?)Falcon Stairs across the Thames from Blackfriars, Ratcliffe and Vauxhall (plant uncovered at the last fills a gap in the national picture of developing glassmaking technology). The London production assemblage most fully available in print to date is thought to derive from the otherwise rather obscure factory of Cetti, Green & Co. from the late 19th century (Dawson 1972). A few publications of glass vessels from the earlier period, excavated in London in a previous generation, remain of key importance to researchers (Noël Hume 1962 & 1968; Oswald & Phillips 1949 – a brief account of a late 17th-century assemblage comprising hundreds of vessels, which now need full publication). These early papers, of course, give no hint of the range of material subsequently recovered in the capital (e.g. Fig. 8.3).

Clay pipes have generated great, in some quarters almost obsessive, interest. The work already in print includes a thesis on the industry of a single parish in Southwark (Tatman 1994) – this mainly historical investigation could be emulated many-fold across a number of parishes on the eastern side of the capital, several of which have produced far more excavated pipes than Stoke Newington, which is the subject of that particular investigation. More crucially, excavated kiln assemblages, such as those from Arcadia Buildings in Southwark (the kiln is currently displayed in the Museum of London) and Bull Wharf in the City currently remain unpublished (the evidence of an illicit industry at Aldgate that is in print – Thompson et al. 1984, 30–2 & 74–84 – is limited, both structurally and artefactually). An updated synthesis on pipes from closely dated sequences now available in London is needed to replace the key works from a generation ago, to which there is still constant recourse (e.g. Atkinson & Oswald 1969) even if some of these give what is in particular respects – inevitably after almost three decades of further detailed work – now realised to be a misleading picture (see Higgins this volume).

Other aspects of trades and industries lag further behind, though here too publications are in the pipeline. Metalworking evidence in the form of slag, sheet offcuts or lead runnels is virtually ubiquitous, but there are relatively few assemblages of significant size or range to focus on specific products together with waste and plant (Egan 1996c & forthcoming c). Almost every site in central London produces at least one item of evidence for local bone or ivory working. There are extensive waste assemblages from making cutlery handles and occasionally dice, and even one dump from a 17th-century fanmaker who was working with both materials and also tortoiseshell. The archaeological ubiquity of ivory combs from the early 1600s, continuing for almost two centuries, testifies to a massive slaughter of elephants in India/Africa, which brought a sudden availability of a new material for this basic grooming accessory. The sheer numbers of ivory combs excavated in the capital show that they were a standard line rather than luxury items.

Trade in textiles, in mainstream economic terms the single most important commodity during the crucial

16th and early 17th-century development of London, has a mass, not only of excavated pieces of actual fabric (Pritchard 1992), but a whole new databank of information from thousands of regulatory lead seals (Fig. 8.1) found particularly along the Thames waterfront (Egan 1995a & b and forthcoming b). These give a profile, with much specific detail, of this pivotal trade through the period – they are not a random sample of urban consumption, but a picture focussed on a specific facet of London's increasing skills base – the dyeing trade, since the majority of the finds seem to relate to cloths being coloured at riverside dyehouses. The finds are revealing the unsuspected importance to national and international trade of one of the capital's industries that is not particularly well served by documentary evidence.

Some fairly obscure trades are also known from recently excavated evidence – such as the manufacture of small arms within the Tower of London (Egan 1987, 287–8), and sugar refining (e.g. Schwab & Nurse 1971) – the last being particularly widely represented by processing vessels. The soil of London has already furnished the core physical evidence, in the shape of extensive series of finds, for a number of basic material-culture studies that are of significance nationally and beyond for the early-modern period – exemplified by Noël Hume's 1970 *A Guide to Artefacts of Colonial America*, which, despite its title, includes several London finds

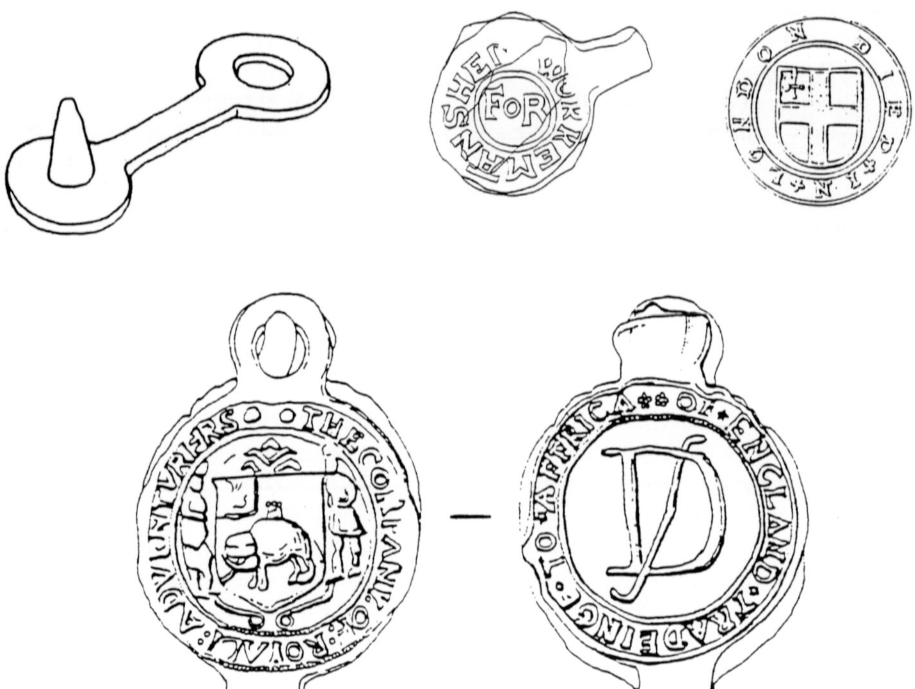

Fig. 8.1 Cloth seals found in London (1:1): a) Unused seal blank, probably 16th/17th century (drawing Nick Griffiths). These were put on individual, newly manufactured textiles as part of a system of quality control in the cloth industry; thousands of used seals have been found along London's waterfront, along with tens of unused ones and a couple of the stone moulds in which the blanks were cast. This mass of data is primarily industrial evidence for the important cloth finishing processes carried on at the side of the River Thames. b) Cloth seal stamped FOR WORKEMANSHEP, indicating one of the processes was satisfactory; 17th century (Museum of London collection acc. no. 88.427/8; drawing Helen Bridson). c) 'Died in London' with City of London arms – seal of the Dyers' guild of the City, 17th century (drawing Lisa Reardon). d) Cloth seal of the Africa Company, found in the Thames; from a cloth intended for the West African trade, late 17th century (drawing Jane Stone).

(after a quarter of a century this work remains an indispensible textbook for regular first resort on a range of basic artefact queries). More-specific studies which draw almost exclusively or very heavily on London finds include key works on pewter spoons (Hilton Price 1908), weights (Biggs 1992), tokens and jettons (Mitchiner & Skinner 1984, Mitchiner 1988 &1998 – a short paper, Gilbert 1987, shows the potential for one particularly informative series from the 17th century), and pewterware (Homer & Shemell 1983, Hornsby et al. 1989). The 'Cheapside Hoard' of late Tudor and early Stuart jewellery furnished the first publication devoted entirely to any aspect of London's post-medieval archaeology (London Museum 1928) – it is ironic that this spectacular find has, despite the intensity of fieldwork over the intervening years, scarcely a handful of directly comparable items from excavations to give it a fuller context than it had when it was first discovered in 1912. Early toys, which twenty years ago were virtually unknown from the 16th and 17th centuries, are now clearly seen, entirely from excavated finds (Fig. 8.2), to have been another thriving facet of early mass production, with an international trade – and for social historians there is a fresh body of evidence to assimilate, which shows that children then did indeed enjoy a childhood with the same kind of miniature playthings that are familiar today (Egan 1996a).

The potential contribution of an archaeology of regulation is becoming clear from quality-control marks on a wide variety of good. These range from metal ingots, imported German thimbles (Holmes undated), through window leads (London has produced the names or initials of over twenty different makers since the last review – Egan et al. 1986), pewterware, glassware and the much-studied clay pipes, to ceramic butterpots (Fig. 8.3; Egan 1992), and there are also the lead seals mentioned above for cloths (Fig. 8.1) along with others for cereal products, tobacco, imported wire, kosher meats, and by the mid 18th century a range of Russian products. The fresh evidence from excavated finds makes this an entire new field of study for several of these categories.

Buildings and Defences

Good progress has been made in defining the changing building materials – the stones, bricks and mortars – of post-medieval London from excavated evidence (e.g. Betts et al. 1991). Renaissance-style terracotta building blocks from moulds (multiply produced sculpture for the 16th-century's new élite) have been excavated on a number of sites and they are now beginning to receive due attention. The factory of the best known maker of artificial building stone in the 18th/19th centuries, Coadstone, has also been investigated and a number of important finds examined in detail (Newbery 1978). The study of excavated buildings is, however, considerably hampered right across the metropolitan area by the intensity of successive redevelopments, and the main progress in the study of vernacular architecture here in recent years has been from standing structures and on the documentary side (e.g. Schofield 1987 – at the sole site investigated in the field for which this study of Treswell's detailed early 17th-century London house plans was of potential relevance, corresponding survival in the ground was limited to the outline shape of the modern redevelopment plot, one small area of cellar flooring, a single short length of wall, and a well – certainly not enough for a fruitful comparison of the complexities of the history of the various tenements as shown on the paper plan).

Several churches have been investigated, providing insights into rebuilding and alterations (by Inigo Jones and Wren among others) but the main focus for ecclesiastical archaeology in London in this period has been on a series of major religious houses around the periphery of the city and beyond. All of these medieval institutions were dissolved as a result of the Reformation and the ways in which considerable tracts of urban and suburban land made available from the mid 16th century for magnates and speculators is one of the main themes of a projected series of publications of the results of excavations (Thomas et al. 1997 is the first of these). Royal palaces are exceptional sites, and the five in central London which have been excavated intermittently over more than half a century have given specific information that usefully supplements abundant pertinent written sources (e.g. Gadd & Dyson 1981; Green & Thurley 1987 – Thurley 1993 gives an overview). The excavation of parts of two famous Shakespearean theatres in Southwark from the end of the 1980s gave a new interest to a very wide public, with an ensuing flurry

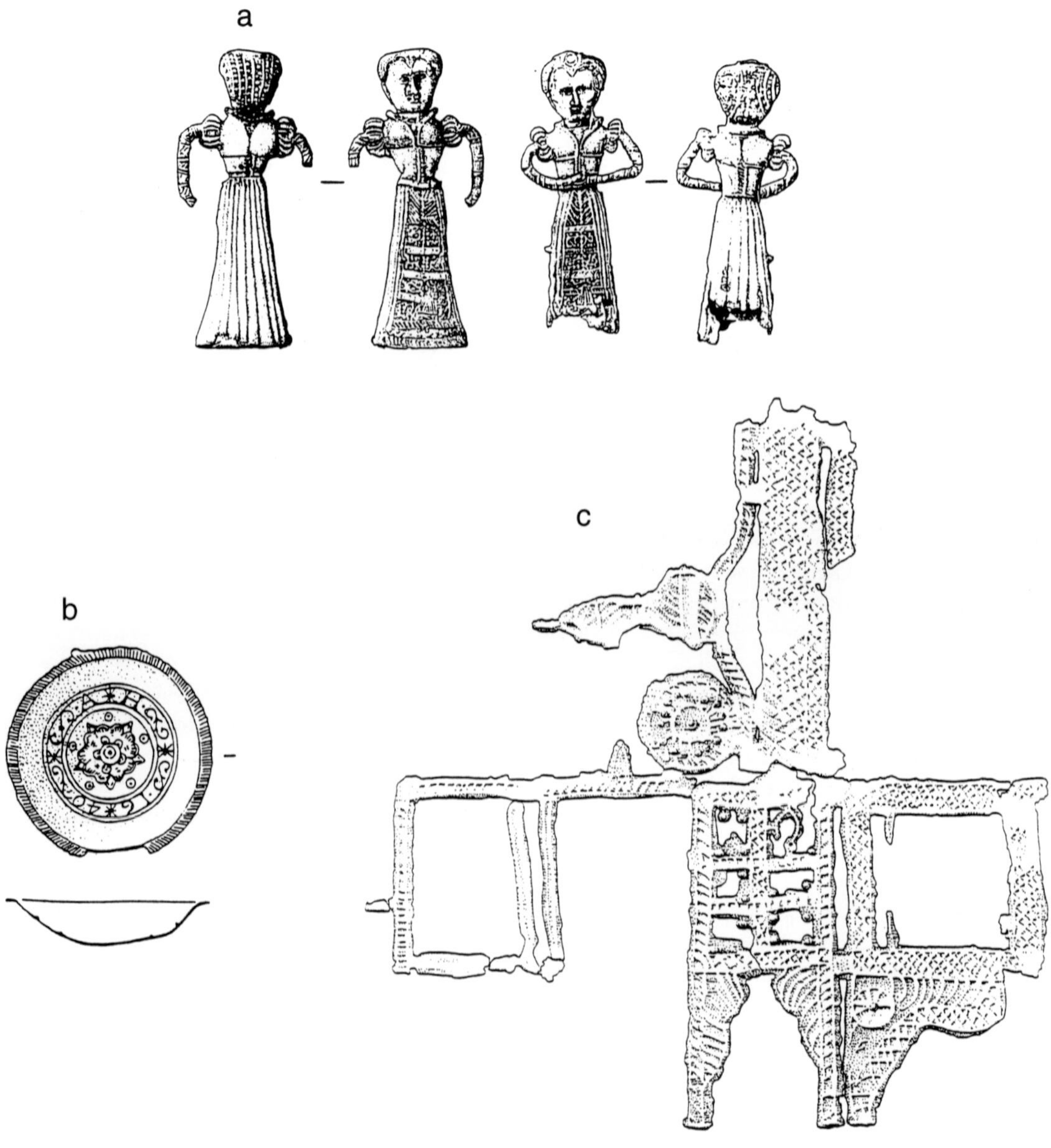

Fig. 8.2 Sixteenth and 17th century lead/tin toys found in London (Museum of London acc. no. 98.2 apart from second in a): a) Female 'babies' (dolls) in late 16th century dress (right private collection; drawings Terry Shiers, 1:2) b) Plate with maker's initials AH and dated 1640 (drawing Nick Griffiths, 1:1) c) Part of a miniature cupboard (found flat but would have been folded) – half of front (with aperture having pins for hinged door) and back attached to side, and plate and ewer displayed on the top (drawing Helen Bridson, 1:1)

of books and papers, both academic and more popular, from a variety of viewpoints (Eccles 1990, Wilson 1995, Blatherwick 1997 and Bowsher 1998 to cite just four of the most notable ones). While the long-discussed issue of the precise location of these structures has finally been settled, there is clearly scope with the new evidence for increased debate about significant details.

Fig. 8.3 a) Glass wine bottle seal dated 1650 – the earliest so far recorded; found in London (drawing Anne Jenner, 1:1) b) Potter's name stamp in side of Staffordshire butterpot found in London, mid 17th century (Museum of London NEB87 site acc. no. 264; drawing Jane Stone, 1:2)

The structural defences of London, rarely called on for military use in the period considered, saw a brief flurry of concentrated activity in the Civil War in the mid 17th century. Although recuttings from this period of the last line of defence, the City Ditch, have occasionally been uncovered, there has been little opportunity in recent years to elucidate any of the many unknown details of the outer defensive circuit of the 1640s (cf. Sturdy 1975).

The Environment

Environmental studies, which have considerable potential in a well-documented period (Giorgi this volume), came relatively late for post-medieval London, depending at first on the enthusiasm of one individual for the latest period (Armitage's 1987 summary provides a useful synthesis of the work he was responsible for getting done), and one of the subsequent investigations has recently reached readers of *Historical Archaeology* (West 1995). The study of the human populations of the past five centuries (cf. Mays this volume) was given a great boost in archaeological circles across Britain by the publication of results of the Spitalfields Project, which recorded burial practices and the physical anthropology of an East-London population in the 18th to early 19th centuries (Reeve & Adams 1993, Molleson et al. 1993; Cox 1996). The importance of a comparable set of data recorded in the 1950s from excavations at St Bride's church just west of the City has apparently been appreciated only within the medical profession until very recently (Bowman 1997, 93–6), while an important opportunity for examining a sample of late 16th/17th-century Londoners from the New Cemetery in the City (excavated in 1989 – see Hunting & Malt 1991, 31–7) has yet to be taken to fill what is, in national terms, a serious gap in knowledge.

Events and Individuals

Occasionally evidence associated with known individuals is identified archaeologically in London, but such instances are surpisingly few and so far of very limited significance. There seems to be more scope with specific historical events. The Great Fire of 1666 has left very clear evidence on several sites, but while these traces can be very vivid and of compelling interest to a wide public (Milne 1986 – cf. Fig. 8.4), they have added little if anything to the received wisdom about this well documented event. Traces of the devastating fire in Southwark in 1676 may have been observed during fieldwork, but they have seemingly received no special mention in excavation records or publications (this despite the obvious potential for comparing assemblages a decade later than ones from the debris of the City's conflagration). One looks in vain in the archaeological archives for evidence relating to the catastrophic bombing from either World War – here the potential for useful additions to knowledge is untested.

The Hinterland

Beyond the City, the market gardens, farms and estates in the hinterland have, in archaeological terms, so far produced little of more than parochial interest, despite the great scope for broad studies. To the east, the docklands of developing empire have a rich archaeological potential, which is beginning to be considered. Several sites now furnish series of re-used or discarded ships' timbers to add to the few but important finds of a variety of wrecked craft in the London area (Marsden 1996, Goodburn this volume) and the survival from the 17th century onwards of wharf structures on a very large scale is surprisingly extensive. Finds assemblages in East London occasionally mirror expanding commercial interests, as at Victoria Wharf, where Iberian and Caribbean coins were accompanied by pieces of coral from the Gulf of Mexico and ceramics for local sugar processing near the site.

Fig. 8.4 Cellar in Pudding Lane with remains of barrels burnt in the Great Fire of 1666 – the property was a neighbouring one to that in which the conflagration is thought to have started (PEN81 site – photograph Museum of London)

Conclusion – The Potential

Archaeologically, post-medieval London is clearly a unique phenomenon. It has already furnished more evidence (oblique and difficult to assimilate though this often is) for many aspects of urban living currently at the forefront of research efforts on the 16th to 18th centuries than is available elsewhere in the rest of Britain put together. This is surely no more than the potential that would have been expected from the developing nation's capital. Where else would it be possible to recover prime, detailed evidence about the cloth trade or about the physical state of the population right through this period, or again for 16th and 17th-century toys, or indeed about 19th-century imported ceramic porngraphy (Egan 1996b), to give just a few examples? What London tends to lack so far (with the honourable exceptions of some of the recent burial studies and examinations of the broad picture of development of new communities on the sites of the dissolved religious houses) is any concerted focus on social groups. A great many post-medieval building remains and artefact assemblages are available in archive for new studies – at the level of the single household, for example (Vince & Egan 1979 is a published exception, which could readily be added to – and bettered in scope after almost twenty years). Pearce 1998 on the archaeology of an 18th-century Jewish household points the way to further investigations of other documented minorities, not least the many immigrant communities.

There is, in short, a kaleidoscopic variety of new evidence which allows a broad range of themes to be explored afresh. The raw excavated evidence, which sometimes seems dauntingly prolific, challenges the ingenuity and perceptiveness of what is up to now a limited academic response – but in a genuine sense this material forms a main axis for a number of post-medieval studies. It will hopefully be possible, in making use of this resource, both to do it justice by gaining new insights into early-modern London, and to encourage colleagues elsewhere in Britain and beyond to draw on it for their own interests.

References

Armitage, P. L. 1987, 'Environmental archaeology in London, a review', in Keeley, H. (ed.), *Environmental Archaeology, A Regional Review 2* (Historic Buildings and Monuments Commission (England) Occasional Paper 1), 252–331

Atkinson, D. & Oswald, A. 1969, 'London clay tobacco pipes', in *Jnl. British Archaeological Assoc.* 32, 171–227

Betts, I. et al. 1991, 'Recent work on medieval and later building materials in London', in *Medieval Ceramics* 15, 37–41

Biggs, N. 1992, *English Weights, An Illustrated Survey*, Egham

Blatherwick, S. 1997, 'The archaeological evaluation of the Globe Playhouse', in Mulryne, J. R. & Shewring, M., *Shakespeare's Globe Rebuilt*, Cambridge, 67–80

Bloice, B. J. 1971, 'Norfolk House, Lambeth, excavations at a delftware kiln site 1968', in *Post Medieval Archaeology* 5, 99–159

Bowman, J. 1997, 'Documented skeleton collection', in Milne, G. et al., *St Bride's Church London, Archaeological Research 1952–60 and 1992–5* (English Heritage Report 11), London, 93–5

Bowsher, J. 1998, *The Rose Theatre, An Archaeological Discovery*, Museum of London

Britton, F. 1987, *London Delftware*, Jonathan Horne, London

Christophers, V. R. et al. 1974, *The Fulham Pottery, A Preliminary Account* (Fulham and Hammersmith Historical Soc. Archaeology Section Occasional Paper 1, revised edn.)

Cox, M. 1996, *Life & Death in Spitalfields 1700 to1850*, Council for British Archaeology, York

Dawson, G. 1972, 'Excavation of a glasshouse at Norfolk House, Lambeth', in *Surrey Archaeological Soc. Research vol.* 1, Guildford, 65–74

Drakard, D. (ed.) 1993, *Limehouse Ware Revealed*, English Ceramic Circle, Milton Keynes

Eccles, C. 1990, *The Rose Theatre*, London

Edwards, R. 1984, 'An 18th century waste deposit from the Vauxhall Pottery', in *Transactions of English Ceramic Circle* 12.1, 45–56

Egan, G. (ed.) 1987, 'Post medieval Britain in 1986', in *Post Medieval Archaeology* 21, 267–93

Egan, G. 1992, 'Marks on butterpots', in Gaimster, D. & Redknap, M., *Everyday and Exotic Pottery from Europe c.650–1900*, Oxford, 97–100

Egan, G. 1995a, *Lead Cloth Seals and Related Items in the British Museum* (British Museum Occasional Paper 93), London

Egan, G. 1995b, 'England's post medieval cloth trade: A survey of the evidence from cloth seals', in Hook, D. & Gaimster, D. R. M., *Trade and Discovery: The Scientific Study of Artefacts from Post Medieval Europe and Beyond* (British Museum Occasional Paper 109), 315–26

Egan, G. 1996a, *Playthings from the Past*, Jonathan Horne, London

Egan, G. 1996b, 'The London that records fail to show', in *British Archaeology* 16 (July), (Council for British Archaeology), 8–9

Egan, G. 1996c, 'Some archaeological evidence for metalworking in London c.1050AD-c.1750AD', in *Historical Metallurgy* 30.2, 83–94

Egan, G. forthcoming a, *The Archaeology of Early Modern London*

Egan, G. forthcoming b, *Excavated Textile Manufacturing Evidence from London c.1150-c.1750*

Egan, G. forthcoming c, report on finds from Battlebridge Lane site (BAB95)

Egan, G. & Forsyth, H. 1997, 'Wound wire & silver gilt', in Gaimster & Stamper, 215–38

Egan, G., Hanna, D. & Knight, B. 1986, 'Marks on milled window leads', in *Post Medieval Archaeology* 20, 303–9

Gadd, D. & Dyson, T. 1981, 'Bridewell Palace: Excavations at 9–11 Bridewell Place and 1–3 Tudor Street, City of London, 1978', in *Post Medieval Archaeology* 15, 1–79

Gaimster, D. 1997, 'London's Tudor palaces revisited: A guide to the backlog', in *London Archaeologist* 8.5, 122–6

Gaimster, D. R. M. & Stamper, P. S. (eds.), *The Age of Transition 1400–1600: The Archaeology of English Culture*, Oxford

Garner, F. H. 1946, 'London Pottery Sites', in *Transactions of English Ceramic Circle* 9.2, 179–87

Giorgi, G. 1997, 'Diet in late medieval and early modern London: The archaeological evidence', in Gaimster & Stamper, 197–213

Gilbert, J. R. 1987, 'Seventeenth century trade tokens from the River Thames 1981–86', in *Seaby's Coin and Medal Bulletin* 822, 191–9

Godfrey, E. S. 1975, *The Development of English Glassmaking, 1560–1640* , Oxford

Green, C. 1999, *Excavations at John Dwight's Fulham Pottery, 1971–1979*, London

Green, H. J. M. & Thurley, S. J. 1987, 'Excavations on the west side of Whitehall 1960–62:' 1 'From the Building of the Tudor palace to the construction of the modern Offices of State' in *Transactions of London and Middlesex Archaeological Soc.* 38, 59–130

Hilton Price, F. G. 1908, *Old Base Metal Spoons*, London

Hinton, P. (ed.) 1988, *Excavations in Southwark 1973–76, Lambeth 1973–79* (London and Middlesex Archaeological Soc. / Surrey Archaeological Soc. Joint Paper 3)

Holmes, E. n.d., *Sewing Thimbles* (Finds Research Group 700–1700 Datasheet 9), Oxford

Homer, R. F. & Shemell, S. 1983, *Petwer, A Handbook of Tudor and Stuart Pieces*, Pewter Soc./ Museum of London, London

Horne, J. 1992, *John Dwight*, London

Hornsby, P. R. G. et al. 1989, *Pewter, A Celebration of the Craft 1200–1700*, Museum of London

Hunting, P. & Malt, D. 1991, *Broadgate and Liverpool Street Station*, Rosehaugh Stanhope Developments, London

London Museum 1928, *The Cheapside Hoard of Elizabethan and Jacobean Jewellery* (London Museum Catalogue 2), London

Marsden, P. 1996, *Ships of the Port of London 2, 12th to17th Centuries AD* (English Heritage Archaeological Report 5)

McCracken, S. & Philpotts, C. 1995, *Archaeology and Planning in London: Assessing the Effectiveness of PPG16*, Standing Conference on London Archaeology

Milne, G. 1986, *The Great Fire of London*, New Barnet

Mitchiner, M. 1988, *Jettons, Medalets and Tokens 1: The Medieval Period and Nuremberg*, London

Mitchiner, M. 1998, *Jettons, Medalets and Tokens 3: British Isles circa 1558 to 1830*, London

Mitchiner, M. & Skinner, A. 1984, 'English tokens c.1425–1674', in *British Numismatic Jnl.* 54, 86–163

Molleson, T. et al. 1993, *The Spitalfields Project 2, The Anthropology: The Middling Sort* (Council for British Archaeology Research Paper 85.2)

Newbery, C. 1978, 'Coade artificial stone: finds from the site of the Coade manufactory at Lambeth', in Bird, J. et al. (eds.), *Collectanea Londiniensia* (Studies Presented to Ralph Merrifield – London and Middlesex Archaeological Soc. Special Paper 2), 376–87

Noël Hume, I. 1956, *Treasure in the Thames*, London

Noël Hume, I. 1962, 'Tudor and early Stuart glasses found in London', in *Connoisseur* 150, 269–73

Noël Hume, I. 1968, 'A find of Elizabethan ale glasses', in *Connoisseur* 169, 259–61

Noël Hume, I. 1970, *A Guide to Artefacts of Colonial America*, New York

Noël Hume, I. 1977, *Early English Delftware from London and Virginia* (Colonial Williamsburg Occasional Paper in Archaeology 2), Williamsburg

Oswald, A. & Phillips, H. 1949, 'A Restoration glass hoard from Gracechurch Street, London', in *Connoisseur* 124, 30–6

Pearce, J. 1992, *Border Wares* (Post Medieval Pottery in London 1500–1700, 1), London

Pearce, J. 1998, 'A rare delftware Hebrew plate and associated assemblage from an excavation in Mitre Street, City of London', in *Post Medieval Archaeology* 32, 95–112

Powell, H. J. 1923, *Glass Making in England*, Cambridge (UK)

Pritchard, F. 1992, 'Dyes on some 16th and 17th century textiles excavated in London', in *Dyes in History and Archaeology* 10, Textile Associates, York, 38–41

Reeve, J. & Adams, M. 1993, *The Spitalfields Project 1, The*

Archaeology: Across the Styx (Council for British Archaeology Research Paper 85.1)

Schofield, J. (ed.) 1987, *The London Surveys of Ralph Treswell* (London Topographical Soc. 127)

Schwab, I. & Nurse, B. 1977, 'Butcher Row, Ratcliff E14', in *Transactions of London and Middlesex Archaeological Soc.* 28, 215–51

Sturdy, D. 1975, 'The Civil War defences of London', in *London Archaeologist* 2.13, 334–8

Tatman, C. A. 1994, *The Clay Tobacco Pipe Industry in the Parish of Newington, Southwark, London* (British Archaeological Report 239), Oxford

Thomas, C. et al. 1997, *Excavations at the Priory and Hospital of St Mary Spital, London* (MOLAS Monograph 1), Museum of London Archaeological Service, London

Thompson, A., Schofield, J., Grew, F., Orton, C. et al. 1984, 'Excavations at Aldgate 1974', in *Post Medieval Archaeology* 18, 1–148

Thurley, S. 1993, *The Royal Palaces of Tudor England*, London

Vince, A. G. & Egan, G. 1981, 'The contents of a late 18th century cesspit at Crosswall, City of London', in *Transactions of London and Middlesex Archaeological Soc.* 32, 159–82

West, B. 1995, 'The case of the missing victuals', in *Historical Archaeology* 29.2 (US), 20–42

Wilson, J. 1995, *The Archaeology of Shakespeare*, Stroud

Geoff Egan
Museum of London Specialist Services
46 Eagle Wharf Road
London N1 7EE

9 Archaeology and Town Planning in Early British America

Henry M. Miller

Abstract

Founding new colonies also involves establishing new towns and cities. How these communities were designed conveyed meaning about the ideas, aspirations, and beliefs of the founders and influenced future development. British town planning in North America during the 17th century is reviewed and archaeological information presented about the little known designs of two significant colonial cities – Jamestown, Virginia and St. Mary's City, Maryland. New archaeological evidence for the unexpected application of Baroque planning concepts in early Maryland is discussed. The likely circumstances which prompted this usage, particularly the role of religion and religious oppression in shaping cultural perspectives, are briefly considered.

Introduction

Cities and towns have long occupied an important place in human experience. Urban places are among the largest and most complex "artifacts" created by humans. Cities and towns, because of their significance, merit scholarly investigation from many different perspectives, including that of archaeology. In this paper, the cities created by European colonization in North America are investigated with specific attention given to their overall form.

Form is a crucial variable in the creation of cities, having long term effects on the lives of the residents. As urban scholar Dorothy Fries (1977:207) has stated, we "... can regard the town plan in the same way that we have come to regard language in the history of ideas. Certain designs, like certain vocabularies, will have special connotations derivative of the contexts in which they occur. The task then becomes one of uncovering those contexts and only then attempting to ascertain the elocutionary, or symbolism as well as practical intent of a given plan." City design takes into account not only the natural setting and functional needs of a community but also includes non-verbal communication which relays messages about a particular society (Rapaport 1982, 1990). City form thus has great relevance for unraveling the cultural models and the as-built realities of the urban experience in the past. The cultural context of city layout is considered here as well as the way in which some colonial urban layouts may have relayed cultural messages.

Study of long established urban places is often challenging because of the presence of complex, overlapping development phases. Newly established cities, on the other hand, offer a far more direct opportunity to observe and study the concepts and processes which initially shape urban places. During the Post-Medieval period in Europe, few completely new cities were created, although many older communities underwent extensive modification (Benevolo 1993). Fortunately, the founding of new colonies in North America since the 16th century provides a valuable opportunity to evaluate the nature of European ideas regarding urban design and planning during the early modern period. These colonial cities contain an important record of how different national and ethnic groups viewed and attempted to create urban places. Due to the scale and complexity of this subject, the current paper is limited to a consideration of the urban efforts of one of these colonizing groups – the British in 17th-century eastern North America. Cartographic and written records along with archaeological evidence are utilized in this study to address questions including: What were the preferred forms of these cities? How were the streets, public buildings, and private lots arranged? Is there variation in city form between the colonies? Do they differ from the home country and if so, why? Before addressing these questions, it is important to briefly consider the cultural context from which these early cities derived.

British Urban Design

Town planning was not widely practiced in Britain before the late 17th century. In an impressive study of this subject, Peter Borsay (1989) found that while the Roman occupation established the grid plan tradition in Britain, it was not always followed. Generally, medieval towns were unplanned, congested, and displayed little regularity. Some use of grid planning, however, did endure (Barley 1976). The capital of London began with a Roman grid but its later growth was largely unplanned, resulting in congested, curving streets with few straight thoroughfares. Some design effort was made during the Tudor and early Stuart periods, especially in London. Under Charles I, planning is indicated by the careful laying out of Covent Garden and its piazza by Inigoe Jones (Borsay 1989:75). Particularly relevant are English colonial activities in Ireland during the late 16th and early 17th centuries. New towns established there were principally of a grid form with a central square, as exemplified by Londonderry; others displayed a less regimented shape (Butlin 1977). The Irish experience clearly had a significant influence on early English colonizing activities in North America (Garvan 1951; Horning 1995:109–120).

After the restoration of Charles II in 1660, the concept of urban design began to receive greater attention. This was most clearly expressed in the novel designs proposed for London after the Great Fire in 1666 (Rasmussen 1937). Plans submitted by Robert Hooke and William Newmann imposed a grid over the city, with public squares located in a regular pattern. Even more innovative were the designs of Christopher Wren and John Evelyn. They proposed the use of continental Baroque ideas for the layout of Britain's capital (Reps 1965, 1972; Borsay 1989). While improvements were made and strict building codes developed, a variety of factors prevented implementation of these innovative plans. These ideas had emerged from the Italian Renaissance, when models of the ideal city were proposed and discussed by intellectuals such as Alberti, Ballista, Filarete, and Palladio (Benevolo 1993). Emphasis was placed upon geometric relationships, symmetry, uniformity, and symbolism. In the later Baroque period, the use of visual perspective was incorporated with these design concepts. Wren's and Evelyn's designs were the first proposals for large scale application of Continental urban concepts in England but circumstances inhibited any major application in Britain for several decades.

During the last quarter of the 17th century, the pace of new urban development in England quickened. Inspired by commercial opportunities, cities like Whitehaven and Liverpool began to grow from their village beginnings. Regular grid plans were devised for these cities in the 1680s and 1690s, with development strictly controlled by John Lowther in Whitehaven and Edward Moore in Liverpool. These designs included wide, straight avenues, the development of public areas, and building codes (Chalkin 1974b). Such initiatives reflect a significant change from viewing urban places as clusters of many individual parts to perceiving them as integral bodies (Borsay 1989:80). During this same time, fires in Northampton (1675) and Warwick (1694), allowed improved plans to be devised for these older cities (Borsay 1989:18, 46, 90). In each case, more control was exercised over streets, building locations, and architectural form. By the early 18th century, the English Urban Renaissance, as defined by Peter Borsay (1989), was in full swing. This featured greater uniformity and the use of Classical and Baroque concepts including terraces, formal squares, and crescents, as exemplified in the expanding towns of Turnbridge Wells and Bath (Chalkin 1974a).

North American Cities

As English colonization began in North America, efforts to establish urban centers were also initiated. Most early colonies initially required defensive works for protection. From these early forts, the first English towns in America began to grow. Many of the early settlements were depicted in maps or described in writing and where these sources survive, they provide some perspective on the nature of these cities. In New England, first settled in the 1620s, towns take one of two forms. Grid plans were used in New Haven, Connecticut; Cambridge, Massachusetts; and many other places throughout New England. Anthony Garvan (1951:45–46) has suggested that these derived from Roman plans. Sylvia Fries (1977), on the other hand, argues that the plan of a town like New Haven cannot be understood without considering the religious context of its establishment. New Haven was laid out in a series of concentric squares around a central square. She suggests that this town and other Puritan townships represent the specific application of a model derived from biblical precedents, primarily Old Testament concepts of Jerusalem (Fries 1977:64–68). Given the powerful religious basis of the first New England settlements, such an interpretation has merit. The other common form of New England towns was unplanned layouts, often conforming to the natural topography. Best known of these are Boston and Salem, Massachusetts, but there are other examples (Reps 1965; Fries 1977). Communities with similar unplanned shapes could be found throughout Medieval and Post-medieval Britain, reflecting a long established tradition.

Grid plans tended to predominate in the other British colonies, although unplanned towns were also present. Pennsylvania's capital of Philadelphia was established in 1682 and had a sophisticated grid plan with regularly placed squares. Although attributed to William Penn, historical research indicates that the city was actually planned and laid out by Penn's Surveyor General Thomas Holmes. Holmes had lived and worked in Northern Ireland and was familiar with the grid plans of the Irish "New Towns" in Ulster and at Londonderry. Fries (1977:89–92) suggests that these Irish towns strongly influenced Holmes in the layout of Philadelphia. The capitals of most of the other colonies also displayed grid plans including Dover, Delaware (Sammack and Winslow 1967); Charleston, South Carolina (Reps 1965); and to some extent, Port Royal, Jamaica (Smith and Gray 1984). Unlike New England, these grid plan cities appear to relate to British precedent, efficiency, or expediency, not religious motives.

In the Chesapeake Bay region, there are data about the late 17th-century and early 18th-century towns in Virginia and Maryland. These include Tappahannock and West Point in Virginia and Chestertown, Upper Marlborough, and St. Leonard in Maryland (Reps 1972). All of these communities had simple grid plans. Of all the colonial cities depicted in maps, Maryland's second capital of Annapolis is the most unusual. Designed in 1695 by Royal Governor Sir Francis Nicholson, the Annapolis plan utilized Baroque concepts of urban planning with two adjoining circles and streets radiating from those circles. John Reps (1972:121–128) suggested that Annapolis represents the first application of these European Baroque concepts in the British world, perhaps inspired by the proposals for London three decades earlier.

For the first cities in these colonies – Jamestown, Virginia and St. Mary's City, Maryland – virtually no documentary information survives about their urban plans. In this situation, archaeology is the only reliable source of evidence regarding these earliest town plans. Given the size and complexity of even small towns, however, a large mass of reliable data must first be collected. Fortunately, both Jamestown and St. Mary's City have been the subjects of numerous archaeological projects over many years and an assessment of their urban forms is now possible.

Jamestown

Founded in 1607, Jamestown was the first successful English settlement on North American soil. Virginia began as a commercial venture through the Virginia Company but, due to a variety of problems, was made a Royal colony in 1624 (Morgan 1975). Jamestown started as a fort but by the 1620s, the community had expanded beyond it and "New Town" was established. Jamestown became the most prominent community in early Virginia and served as the colonial capital until 1699 when the government moved to Williamsburg (Morgan 1975). The town rapidly declined and is today a well preserved archaeological site. Due to the site's significance, it is owned by the National Park Service and the Association for the Preservation of Virginia Antiquities. Archaeological and architectural research at Jamestown began at the end of the 19th century. The National Park Service conducted major excavations in the 1930s and again in the mid 1950s (Cotter 1958). Reevaluation of these data (Bragdon et al. 1993) and new research in the town area was conducted by the Colonial Williamsburg Foundation in the 1990s, with financial support from the National Park Service. Through these efforts, much evidence is now available and some of the most significant new insights are presented by Audrey Horning (1995).

Jamestown underwent a series of development efforts during the 17th century but documentary information shows that these occurred at irregular intervals, punctuated by destruction from rebellion or accidental fire. From an archaeological base map prepared by John Cotter (1958) and evidence presented by Horning (1995), it appears that Jamestown was laid out in a rough grid form with one street described as the "Highway along River Bank" (Horning 1995:148). Running generally parallel to it down the center of the island was "Back Street." These two streets were connected by several perpendicular roads including the "Highway to Back Street" and the "Road to River."

There is some historical evidence regarding city planning efforts at Jamestown. Surveyor General William Claiborne may have established the streets when he laid out lots for "New Town" in 1623 (Horning 1995:138). Perhaps the greatest attempt at town design was in 1662, when Charles II called for the construction of 32 brick houses arranged around a large square. While some of these houses were apparently erected, there is little indication that such a formal arrangement ever materialized (Horning 1995:215).

Colonial governors made numerous attempts to generate commercial and industrial development in the town. Nevertheless, Jamestown failed to grow as a center of commerce, industry, or population, despite repeated efforts. Urban development was an unresolved problem throughout the Chesapeake region during the 17th and early 18th centuries, due to a variety of factors including the economy, settlement pattern, and topography (Rainbolt 1972; Carr 1974). Documents imply that Jamestown lacked a large population and consisted primarily of ordinary keepers and government related personnel. Horning (1995:24) suggests that it never had a permanent population of more than 200 people. The primary purpose it served was as the political capital, not an economic center.

St. Mary's City

Maryland offers an excellent comparative case with Virginia. Founded in 1634 in a similar geographic, economic, and demographic context, Maryland differed from Virginia in that it was a proprietary colony, owned by Cecil Calvert, Lord Baltimore. One of the most distinctive features of early Maryland is that its owner was a Roman Catholic at a time when Catholics were being actively oppressed and persecuted in England. In a rare social experiment, Calvert established Maryland with a strong policy of religious toleration for Christians and the official separation of church from state. The colonial population was predominately Protestant and these policies caused social unrest. They contributed to the overthrow of Lord Baltimore's rule in 1689, during an uprising associated with England's "Glorious Revolution" (Carr and Jordan 1974).

The founding site and first capital of Maryland is St. Mary's City. It served as the center of government from 1634 until 1695, when the capital was moved to Annapolis. With this change, St. Mary's was largely abandoned, rapidly decayed, and all above ground evidence of the city had disappeared by the mid-19th century. The State of Maryland acquired the site of the former capital for its protection because of the historical significance and excellent archaeological preservation.

Little historical documentation about St. Mary's City survives. No maps, sketches, or reliable descriptions of the city are known to exist and many of the land records were destroyed. Records do tell that St. Mary's began as a fort and the city slowly developed beyond it. After a strong start, however, the English Civil Wars had a devastating impact upon Maryland, nearly destroyed the young colony and prevented development during the 1640s and 1650s (Carr 1974; Riordan 1997). Only with the restoration of Charles II in 1660 did political and social stability return and sustained growth of St. Mary's City resume. By the fourth quarter of the 17th century, a town had developed at St. Mary's but it is unlikely that the number of permanent residents in St. Mary's City exceeded 250 people (Miller 1986). As at Jamestown, commercial development efforts met limited success and St. Mary's consisted largely of public inns and government related structures. Based upon the sparse documentary data, it had been suggested that St. Mary's City was an unplanned, scattered settlement (Carr 1974).

Understanding the nature of this early colonial city can only come from archaeology. Small scale excavations were conducted in the 1930s and 1940s at the site with systematic archaeological research beginning in 1969. Nearly three decades of almost continuous excavation, survey, and rescue archaeology have produced a large and reliable archaeological data base. Synthesis of the data available in 1986 permitted the first relatively accurate map of the city to be created. Study of the distribution of key structures revealed unexpected regularities in their spatial placement. Further analysis suggested that there was intentional planning. These findings prompted the author to propose that St. Mary's was actually a planned city with an unusual geometric layout (Miller 1986, 1988). The data implied that Baroque design concepts were used.

The proposition that St. Mary's City not only had a planned layout but featured advanced design concepts did not fit expectations regarding early Chesapeake communities. As a result, other explanations for the apparent regularities and patterns have been suggested, such as topographic constraints, inaccurate data, or pure chance. Due to the almost total absence of documentary data about the city, only the collection of additional physical evidence could permit the hypothesis to be adequately evaluated.

Since 1987, archaeologists have conducted a full decade of intensive research at St. Mary's City. These efforts include large scale survey and testing projects, numerous mitigation and rescue excavations, additional aerial photographic analysis, and the full excavation of structures such as the 1667 Chapel. It is appropriate to review this new evidence and determine whether it supports or refutes the hypothesis of a sophisticated city plan.

The first suggestion of any planning came from the arrangement of the principal structures in the center of the town. There were four major buildings here and their nearest corners were approximately the same distance apart, suggesting intentional placement so as to form a rough square (Fig. 9.1a). The 1994 excavation of one of these buildings, Cordea's Hope, revealed that the structure thought to have been Cordea's was actually of 18th-century date. Partially underlying this building was the actual 1674 structure. When its location was accurately plotted, the irregularities in the shape of the central square were virtually eliminated (Fig. 9.1b), implying that these structures were intentionally placed in a true square arrangement relative to each other. This square is where the major streets of the city intersected.

Archaeologists previously knew that the most impressive buildings in the city – the 1667 Catholic Chapel and the 1676 Statehouse – were one half a mile apart and ca. 1400 feet from the center of the town square. Both of these were large, two story brick structures with cruciform ground plans. A brick jail near the Statehouse and an unknown structure at the opposite end of the town (possibly a school) stood at about this same distance from the square. Excavations in 1994 and 1997 provided new data on the jail, revealing that it too was ca. 1400 feet from the town center. Additional study and remapping of data from the location of the unknown building indicates that it stood between 1365 and 1415 feet from the center point. Since only limited archaeology has been conducted on this site, the placement of the building is not yet precise. Even given this slight uncertainty, these four structures were symmetrically placed in relation to the town center so as to form two isosceles triangles (Fig. 9.2). Measurement of the lengths of their sides and the angles of these triangles shows that they are indeed symmetrical. This again suggests some intention, not just chance.

While lines can be drawn between any selection of buildings, what gives these lines great significance is that the major roads of the city actually follow them quite closely (Fig. 9.3). In fact, the key public structures were located near the nodes in the street system. Evidence regarding road locations derives from historical documents, archaeology, and aerial photographs. Reanalysis of a 60 year series of aerial photographs beginning in 1933 indicates that 3 of the major roads have left signatures on the land. Among the best represented are Middle Street and the Mill Road, with the likely route of the Chapel Road also suggested by crop marks. The fourth main route, Aldermanbury street, is not clearly indicated on aerial views, probably because it ran along the river bank. Recent archaeology has confirmed the location and orientation of Middle Street, providing more data regarding the Mill Road and producing evidence about a connector road at the northern end of town called North Street. Excavations near the 1676 prison site and a survey in the vicinity of the 1676 Statehouse yielded two significant findings. First, Middle Street was placed so as to run directly toward or very near the prison structure. Second, Aldermanbury Street was also oriented at or very near the brick Statehouse along most of its route. Furthermore, study of aerial photographs and other evidence suggest that the Chapel road ran near or was pointed directly at the Brick Chapel. While the exact location of the unidentified building is still uncertain, photographs and artifact distribution maps show that the Mill Road also runs directly toward the site.

This new information about the roads is of much relevance regarding the city plan. At least three of the main streets were wide, straight routes, a new concept in the late 17th century (Borsay 1989:62–65). Aldermanbury Street curved near the town center because of preexisting cultural features but it apparently straightened out as it ran toward the Statehouse. Even more notable are data on the relationship between the roads and major buildings. These show that the major structures of undeniable political and social significance were placed to be within the sightline of travelers along these routes. Discovery of a relationship between culturally significant buildings and major streets is of great importance. This is one of the hallmarks of Baroque planning in which the concept of visual perspective is consciously applied to urban design (Benevolo 1993). Such a relationship is not a feature of medieval cities or in most post-medieval urban plans. The conscious integration of visual perspective into the urban setting was first employed in Italy, particularly in Rome, and was later used in many other European cities.

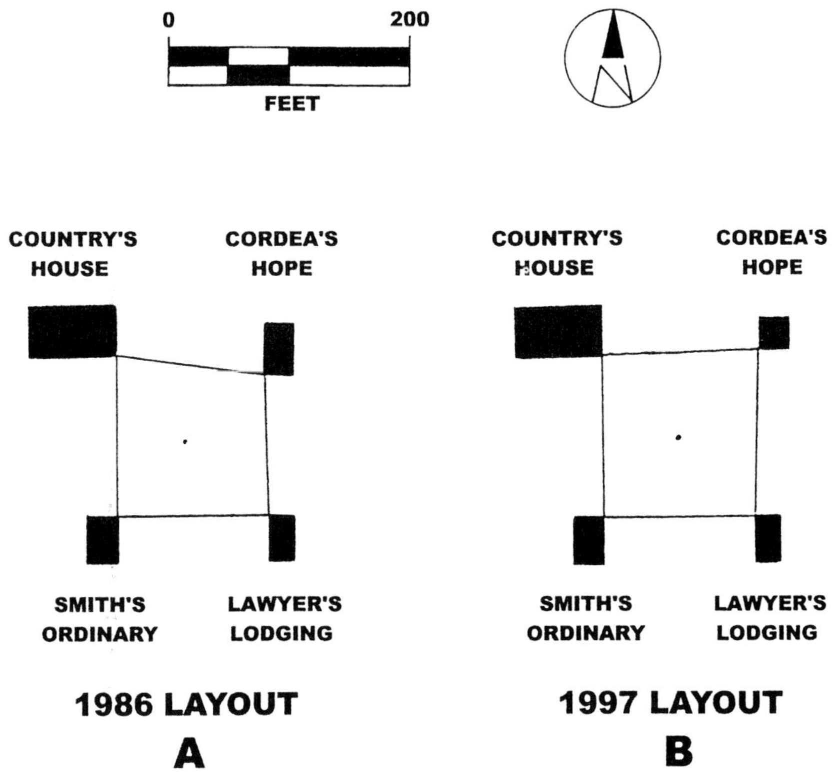

Fig. 9.1 Initial and revised placement of buildings in the town square.

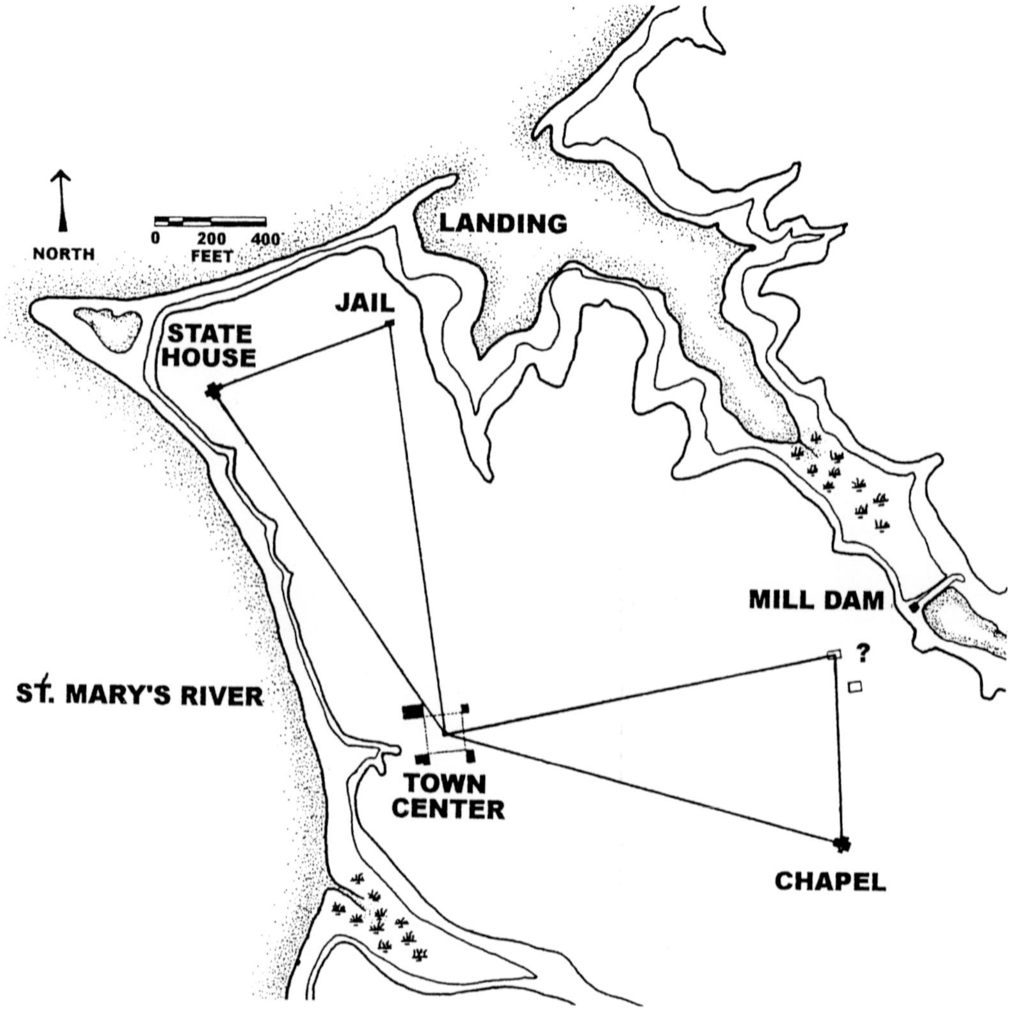

Fig. 9.2 Major buildings and their geometric arrangement, St. Mary's City, MD.

The new data support the hypothesis that the St. Mary's City layout displays the key features of Baroque urban form. While the accidental placement of a few structures in some type of relationship could be fortuitous, the location of at least three culturally significant buildings and possibly a fourth at the same distances and in an observable geometric relationship to each other is difficult to attribute to chance. It is even more significant that the main streets in the city conform to these same symmetrical triangles. This is perhaps the strongest evidence that this plan had physical reality. Discovery that the streets were visually focused upon these key buildings is also difficult to explain as fortuitous. Regular distances, a geometric pattern of isosceles triangles, a central square, and straight roads focused upon the most important buildings in the city all point to human intention, not chance. While such a plan was not apparent initially, it is only the slow, systematic accumulation of archaeological evidence from multiple sites that allows a complex cultural construction such as a vanished city plan to be identified.

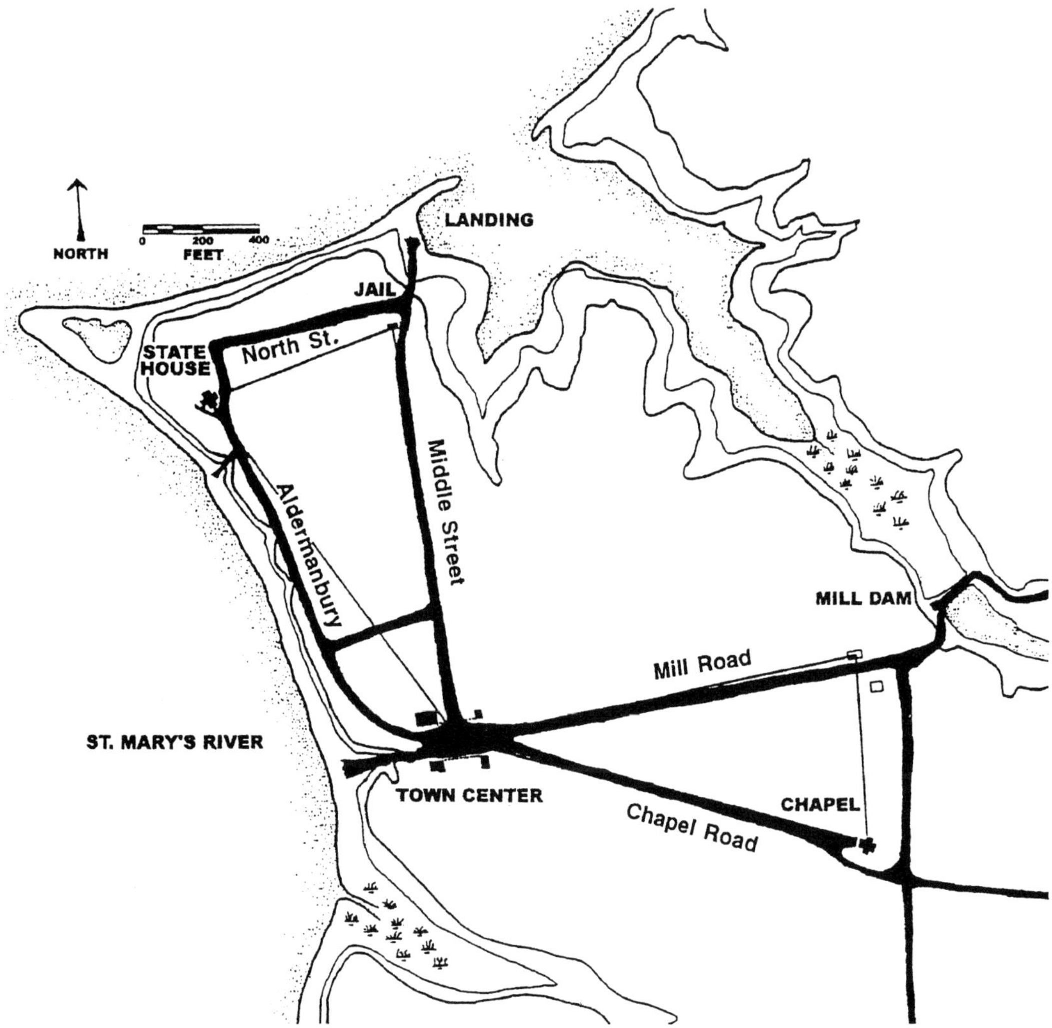

Fig. 9.3 City plan, streets and major structures at St. Mary's City, MD, ca.1676.

The St. Mary's City design differs greatly from that of other 17th-century cities in British North America, with the exception of Annapolis, Maryland. Annapolis is widely recognized as a Baroque planned city, originally believed to be the earliest known example in the English world (Reps 1965, 1972). Its key features are still visible because Annapolis remains Maryland's capital, which allowed the 1695 plan to fully develop. Virginia's second capital of Williamsburg was laid out around 1700 but does not feature a comparable geometric arrangement. Instead, it has a grid plan which incorporates Baroque ideas of perspective in the siting of major structures and streets (Reps 1972). Both of these city plans are apparently the work of one skilled English administrator – Sir Francis Nicholson. He was no doubt aware of contemporary trends regarding urban design in England and used his knowledge and power to create impressive capitals for each colony. How is it that St. Mary's City incorporated these same advanced urban concepts three decades before their use in another colonial city?

Current information indicates that the St. Mary's

City plan must have been implemented by 1667. Two key structures in the plan – the Brick Chapel and Smith's Ordinary in the Town Center – were under construction at that time. In 1668, St. Mary's was officially incorporated by Lord Baltimore and he appointed a group to oversee development of the city. Led by Philip Calvert, son of the first Lord Baltimore, the eight-person city council was an unusual group of men. What is particularly notable are the origins and education of these persons. Two of them were of non-English origin – Garrett Van Sweringen came from the Netherlands and Mark Cordea from France. Six were Catholic. As Table 9.1 shows, only three of the eight were educated in England. The other five received their training in five different European countries. Such diversity on a city council is unusual and may be unique in Colonial America.

Person and Title	Place of Education
Philip Calvert, Esquire (Mayor)	Lisbon, Portugal
William Calvert, Esquire	Flanders
Mark Cordea, Gentleman	Normandy, France
Thomas Cosden, Gentleman	England
Daniel Jenifer, Gentleman	England
John Moorecroft, Gentleman	England
Garrett Van Sweringen	The Netherlands
Jerome White, Esquire	Rome, Italy

Table 9.1 Locations where St. Mary's City Council Members (1667–1671) were educated.

But why did St. Mary's City have leaders with such diverse European education and experiences? The answer relates directly to religion. This colony was owned by a Roman Catholic proprietor. Catholics in England were an oppressed minority. As a result, the children of Catholic nobility and gentry were forbidden to attend English schools and colleges. Instead, they were sent to countries in Catholic Europe for education and taught to look to Rome for spiritual guidance (Beales 1963; Williams 1968; Bossy 1975). This practice had a significant effect upon the educational background and worldview of many of the individuals who led Maryland and provided the opportunity for the direct transfer of the most fashionable ideas from Europe to America. It was in this context that the form of St. Mary's City was conceived and implemented.

Who among this group would have been responsible for devising the St. Mary's City plan? In other colonies, the Surveyor General was the individual assigned this task. On the St. Mary's City Council was Mr. Jerome White, the Surveyor General of Maryland from 1661 to 1670. White was English born but raised and educated in Rome. He possessed artistic and mathematical knowledge and evidence suggests he worked for the nobility in Europe and England. Of all the individuals in British America during the 17th century, it is unlikely that any person had more direct experience with the Italian Baroque than Jerome White.

The choice of Baroque design may be explained by it being both fashionable and a tool for expressing ideas. Baroque planning allows the creation of memorable and monumental urban settings and "lays the groundwork for public symbolism" (Lynch 1981:281). These methods allow physical space and structures to be intentionally arranged for the display and reinforcement of the social and political order. Not surprisingly, this method was widely use, particularly in capital cities like Rome, Paris, Berlin, and Washington, D. C. In terms of symbolism, there can be no doubt that the key buildings defining the St. Mary's City plan possessed cultural meaning. One of the more interesting aspects of that plan is the location of the Church and Statehouse. They are placed in equivalent positions, but at opposite ends of the city. Such a plan serves to visually focus upon the power and Catholic faith of the proprietor. At the same time, the church is distinctly separated from the seat of government. This can be seen as symbolizing the separation of religion from government which Lord Baltimore sought to implement. After the Revolution of 1689, Governor Nicholson utilized the same Baroque methods to demonstrate the new social and political order with his Annapolis plan (Fig. 9.4). There, the Anglican church and Statehouse were placed upon the highest land, side by side within adjoining circles and streets radiating outward from the circles. In this way, the status of both the Royal government and the established church in 18th-century Maryland were visually displayed to all. The plans of both St. Mary's City and Annapolis can be seen as containing non-verbal messages about the nature of society, power, and religion in colonial Maryland. The appearance of Baroque design in two directly related

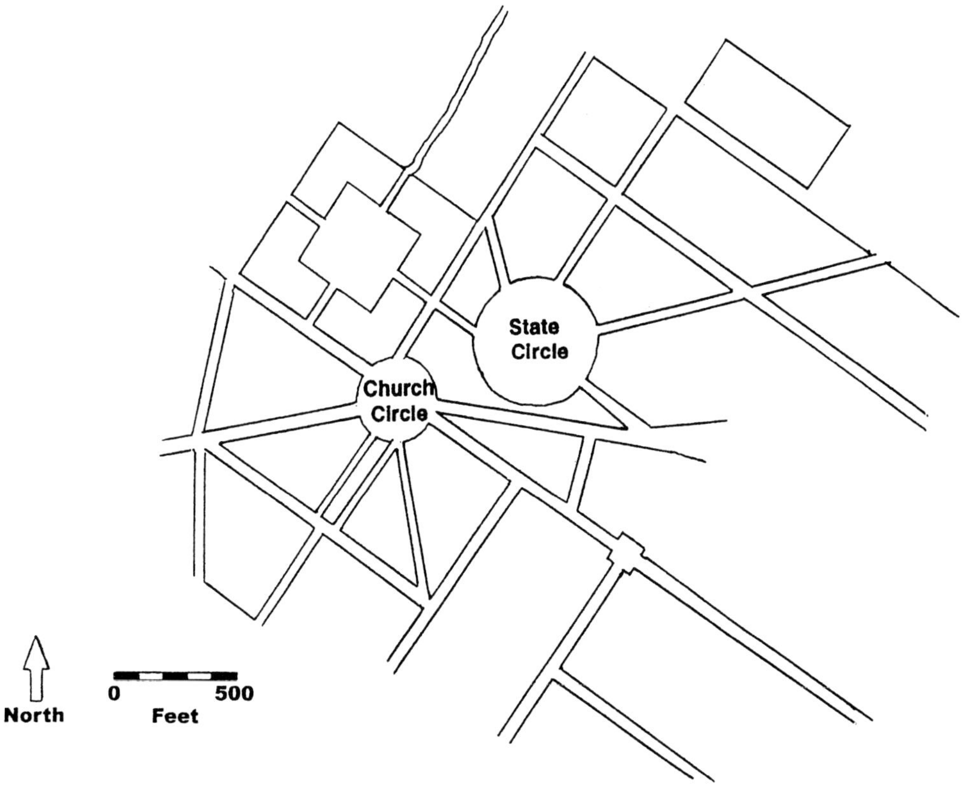

Fig. 9.4 Plan of Annapolis, MD, ca. 1695. (From James Stoddert 1714 [1784], Mary Hall of Records, Md. HR G 1213–34.7)

cities seems more than coincidence. It suggests that this concept's ability to convey cultural meaning was recognized by the Calverts and Nicholson and intentionally employed by them for this purpose.

Summary

Evidence regarding city form in early colonial America reveals that the grid and unplanned forms predominate. Within the grid plans, however, there were important variations. These range from very simple grids to sophisticated plans with wide avenues and public squares. Some of these may represent expediency although with others, the sense of order conveyed by grid plans could have influenced their use. Other grid plans may represent a deliberate effort to replicate biblical city forms (Fries 1977). It is also notable that the grid form had a long tradition in Britain and had been actively employed in colonization efforts in Ireland. A third city type with Baroque design is rare. This rarity may reflect the unfamiliarity of colonial planners with this concept or their selection of more easily surveyed and administered plans.

One intriguing finding is the difference between the plans of Jamestown and St. Mary's City. Since these colonies shared very similar physical, economic, and social conditions, one would not necessarily expect such a difference in the capital cities. As Fries (1977) observes; however, one must first evaluate the context in which each city was founded and developed before the designs can be adequately interpreted. It is likely that the differences between a Royal and Proprietary colony, their leaders, and specific cultural factors all influenced the nature of the respective capitals.

Proprietary power was crucial in the planning of St. Mary's City but Royal authority was just as strong in Virginia. Power makes the imposition of designs on a community possible but it does not account for the ideas. In this situation, it may be the religious faith of the Proprietor and many of the Maryland leaders which is of special relevance. Oppression of the Catholic religion in England resulted in Catholic nobility and the gentry having greater familiarity and experience with contemporary trends in European thought and practice (Beales 1963; Bossy 1975). This likely influenced the design choice for Lord Baltimore's capital. There were other proprietary colonies during the 17th century but Baroque plans were only utilized in Maryland. It is crucial to recognize that religion was a central subject of life during the 1600s and deeply influenced individuals and their actions. In the materialist societies of the late 20th century, the centrality and power of religious belief for past peoples is easily dismissed. This is a serious oversight. In viewing them only as consumers or power manipulators, entire realms of past life are ignored or deemed irrelevant. A cursory examination of the historical record reveals the important role of religion in Medieval and Post-Medieval life. It was a source of violent conflict, social unity, civil unrest, and community action. By ignoring such crucial elements of past life, our understanding of those times and places is severely distorted.

To conclude, archaeological research has discovered a previously unknown application of Baroque city design in early Colonial America. It represents a significant innovation in British urban design and provides a new perspective on the cultural influences that shape cities. This finding demonstrates the valuable insights archaeology can provide but also highlights the need to fully consider the complexity, diversity, and context of the colonial experience. Much of archaeology is focused upon domestic life and economics. Both are essential but other aspects of material culture, such as city design, also allows us to gain insights into the non-material – the realm of ideas and beliefs. Whether they are medieval villages, post-medieval towns, or colonial cities, the form and appearance of human communities are subjects rich in cultural meaning. Continued study will undoubtedly provide a deeper understanding of the early modern world.

Acknowledgements

The author would like to thank the many individuals who assisted with this article, especially Ilene Frank, Ruth Mitchell, Silas Hurry, Timothy Riordan, and Don Winter. Their assistance and comments were crucial. Appreciation is also deeply deserved by the agencies that funded much of the archaeological research at St. Mary's City, including the National Endowment for the Humanities through Grants RO-1244–81 and RO-22102–90, and the State of Maryland, through the Department of Housing and Community Development. Special thanks are due to the Society of Post-Medieval Archaeology for hosting the conference in London at which this paper was given, particularly the efforts of Geoffrey Egan, David Gaimster, David Barker, and Jonathan Horne. Finally, I wish to acknowledge the many contributions of Lois Green Carr and Garry Wheeler Stone. Without their decades of effort, we would know very little about early Maryland or St. Mary's City. The assistance of all of these fine individuals and organizations is greatly appreciated.

References

Barley, M. W. (editor) 1976, The Plans and Topography of Medieval Towns in England and Wales. *Council for British Archaeology, Research Report* 14. London.

Beales, A. C. F. 1963, *Education Under Penalty: English Catholic Education From the Reformation to the Fall of James II.* University of London, The Athlone Press, London.

Benevolo, Leonardo 1993, *The European City.* Blackwell Publishers, Oxford.

Borsay, Peter 1989, *The English Urban Renaissance.* Clarendon Press, Oxford.

Bossy, John 1975, *The English Catholic Community 1570–1850.* Darten, Longman and Todd, London.

Bragdon, Kathleen J., Edward Chappell, and William Graham 1993, A Scant Urbanity: Jamestown in the 17th Century. In The Archaeology of 17th-Century Virginia, edited by Theodore R. Reinhart and Dennis J. Pogue. Archaeological Society of Virginia, *Special Publication* 30:223–250. Richmond.

Butlin, R. A. (editor) 1977, *The Development of the Irish Town.* Croom Helm. London.

Carr, Lois Green 1974, The Metropolis of Maryland: A

Comment on Town Development Along the Tobacco Coast. *Maryland Historical Magazine* 69:124–145.

Carr, Lois Green, and David W. Jordan 1974, *Maryland's Revolution of Government, 1689–1692.* Cornell University Press, Ithaca, NY.

Chalkin, Christopher 1974a, *The Provincial Towns of Georgian England.* London.

Chalkin, Christopher 1974b, The Making of Some New Towns, In *Rural Change and Urban Growth 1500–1800*, edited by Christopher Chalkin and Michael Havinden, pp. 229–251. London.

Cotter, John 1958, Archaeological Excavations At Jamestown Colonial National Historical Park, Virginia. *National Park Service Archaeological Research Series* 4. Washington.

Fries, Sylvia Doughty 1977, *The Urban Idea in Colonial America.* Temple University Press, Philadelphia.

Garvan, Anthony 1951, *Architecture and Town Planning in Colonial Connecticut.* Yale University Press, New Haven.

Horning, Audrey J. 1995, *"A Verie Fit Place to Erect a Great Cittie": Comparative Contextual Analysis of Archaeological Jamestown.* Ph.D. dissertation. Department of American Civilization, University of Pennsylvania, Philadelphia. University Microfilms International, Ann Arbor, MI.

Lynch, Kevin 1981, *A Theory of Good City Form.* The M.I.T. Press, Cambridge, MA.

Miller, Henry M. 1986, Discovering Maryland's First City: A Summary Report on the 1981–1984 Archaeological Excavations in St. Mary's City, Maryland. *St. Mary's City Archaeological Series* 2. St. Mary's City, MD.

Miller, Henry M. 1988, Baroque Cities in the Wilderness: Archaeology and Urban Development in the Colonial Chesapeake. *Historical Archaeology* 22 (2):57–73.

Morgan, Edmund S. 1975, *American Slavery American Freedom: The Ordeal of Colonial Virginia.* W. W. Norton and Company, New York.

Rainbolt, John C. 1972, The Absence of Towns in Seventeenth-Century Virginia. In *Cities in American History*, edited by Kenneth T. Jackson and Stanley K. Schultz, pp. 50–65. Alfred A. Knopf, New York.

Rapoport, Amos 1982, *The Meaning of the Built Environment: A Nonverbal Communications Approach.* Sage, Beverly Hills, CA.

Rapoport, Amos 1990, *History and Precedent In Environmental Design.* Plenum Press, New York.

Rasmussen, Steen Eiler 1937, *London: The Unique City.* The M. I. T. Press, Cambridge, MA.

Reps, John W. 1965, *The Making of Urban America: A History of Town Planning in the United States.* Princeton University Press, Princeton, NJ.

Reps, John W. 1972, *Tidewater Towns: City Planning in Colonial Virginia and Maryland.* Colonial Williamsburg Foundation, Williamsburg.

Riordan, Timothy B. 1997, The Plundering Time: Maryland in the English Civil War, 1642–1650. Ms., Department of Research, Historic St. Mary's City, St. Mary's City, MD.

Sammak, Emil G, and Don C. Winslow 1967, *A Brief History of Dover, Delaware.* The City of Dover, DE.

Smith, Franklyn, and Dorrick Gray 1984, *A Visitor Guide to Port Royal.* Creative Communications, Kingston, Jamaica.

Williams, J. Anthony 1968, *Catholic Recusancy in Wiltshire 1660–1791.* Catholic Record Society, London.

Henry M. Miller
Department of Research
Historic St. Mary's City
PO Box 39
St. Mary's City, MD 20686

10 Ethnohistory, Historical Archaeology, and the Rise of Social Complexity In Native North America: Case Studies from Southern New England

Kathleen J. Bragdon

Abstract

Recent research on the rise of chiefdoms in native eastern North America and the contributions that historical archaeology and ethnohistory can make to the study of this process is reviewed. Case studies from southern New England include contact period cemeteries and fortified sites. These sites are best understood as reflecting responses of already established chiefly societies to early European contact and settlement.

Introduction

While historical archaeologists in the United States generally define themselves as the archaeologists of European colonial expansion, and not of the indigenous inhabitants of colonized territories, it is precisely the way in which historical archaeology attempts to "weld the methodologies of archaeology and historical research within the framework of anthropological theory to produce a view of the past not solely dependent on the biases of one" (Wilson and Rogers 1993:7) that makes its perspectives crucial to the understanding of the contact period as far as possible from the native point of view. Ethnohistory, which does concern itself with the colonized, especially Native Americans, has similar goals, and is most effective when incorporating archaeologically derived data, free from the bias of early exploratory or colonial reports, and encompassing the periods before, during, and after the European invasion of native territories. In this, ethnohistory overlaps with historical archaeology, and the issues raised in the study of the contact period provide a true opportunity to consider issues of interest to both historical archaeologists and prehistorians.

A case in point is recent research concerning the rise of social complexity in Native North America, specifically, the origin, development, and expansion of chiefdoms. While much of the research on chiefdoms in recent years has focused on the great Mississippian societies and their Southeastern descendants (Smith and Hally 1992; Pauketat 1994), it is clear from recent ethnohistorical and archaeological work along the Atlantic seaboard, that many native societies there were evolving towards or had already reached a level of chiefly organization (Potter 1993), and in the case of the Powhatans of Tidewater Virginia, a Paramount chieftaincy (Rountree and Turner 1998).

The Powhatan case is particularly instructive, as the primary source of information regarding the nature of Powhatan society is documentary; there are very few archaeological data of the sort expected to reflect a chiefly level of organization that can be connected to the Powhatan of the early 17th century. No elaborate burials, monumental architectural remains, or features that might have been used for the storage of accumulated good acquired through tribute have been identified in the late prehistoric Tidewater region (Rountree and Turner 1998:451–456). The Powhatan paramount chiefdom was primarily the construction of Powhatan himself, with social constriction, population stress, and the concomitant escalation of warfare contributing to its evolution (Potter 1998:478).

I have recently argued that similar processes were also operating in southern New England (Bragdon

1996:77–78), and were likewise uncorrelated with archaeological data (especially for mortuary ceremonialism) of the sort which marked the Ohioan and Mississippian chiefdoms. In fact, as William Turnbaugh (1993:148) notes, mortuary ceremonialism had been in decline in southern New England for centuries prior to the first recorded contact between the Native peoples of the region and European explorers, traders, and fishermen in the early 16th century.

Archaeological sites dating to the first half century (that is, roughly A.D. 1580–1630) of sustained contact between Europeans and the Native people of southern New England reveal many of just those characteristics traditionally said to mark chiefdoms; including evidence of palisading or fortification, and a marked increased in the quantity and (presumably) quality of grave furniture, as well as evidence for the nonrandom and gender and age specific distribution of grave goods (Simmons 1970; Tuma 1985; Brenner 1988; McBride 1990; Turnbaugh 1993).

Such data have led some archaeologists, notably the late Lynn Ceci, to argue that contact with Europeans was largely responsible for the origins of complex society in southern New England, that prior to the regular visits of Dutch, French, and English traders beginning in the late 16th century, Native peoples of the region were organized into small, mobile bands without centralized authority or marked internal social differentiation (Ceci 1990). Ceci has argued for example, that the developing wampum trade transformed coastal societies both socially, and in the increased emphasis on maize horticulture required by their continuous presence at the seaside, as part of their increasing involvement in and dependence on the wampum/fur/European triangle trade" established by the Dutch in the last quarter of the 17th century (Ceci 1990:2–3; McBride 1994).

The evidence for the presence of chiefdoms in early 17th century native society comes from a variety of sources, including English and Dutch descriptions, native statements, and linguistic data. Most early accounts agree that southern New England was occupied by five principal "nations," each with its own language, including Pawtucket, Massachusett, Nipmuck, Narragansett, and Pequot-Mohegan. These groups shared many features, including a common linguistic heritage (all spoke languages of the eastern branch of the Algonquian language family), a lithic and ceramic technology, and subsistence largely dependent on fish, game, and native greens, legumes, fruits, and nuts.

Yet for all that, southern New England in the early 17th century was a mosaic of differing levels of social and political integration, with the specific sociopolitical configuration of each group closely connected to ecological as well as historical and structural factors. The interior peoples, for example, known to French missionaries working in the upper reaches of the Connecticut River as Loups, were mobile bands, with leaders having little more than advisory authority, while coastal polities were markedly hierarchical (Bragdon 1996:77–78).

Three factors appear to have led to these contrasting developments; access to marine resources, particularly certain species of shellfish; occupation of "edge" environments, especially fresh and saltwater estuaries which provided the greatest variety and abundance of food sources; and the expansion of rival, contiguous communities, creating the conditions for what Robert Caneiro (1970) has called "social circumscription." There is also evidence in the early Woodland period for the emergence of social complexity; late Woodland complex societies might then also be understood as the reemergence of earlier complex forms as part of the "cycling" of social order documented in many chiefly societies (Golson and Gardner 1990).

The rich natural abundance of estuarine localities permitted a limited sedentism among coastal groups, who moved frequently but within a restricted territory, and returned seasonally to the same localities. Theirs was a sedentism without architectural permanence; even their most elaborate structures could be dismantled within hours. Most of their material goods were easily portable, pottery being the most fragile and cumbersome, and accumulated wealth was found in three forms; what one could wear on one's own person, the wives one could support, and what was "invested" in relations with the supernatural. As in other chiefdoms, the ruling sachems in southern New England were distinguished by their hereditary rights to office, their command of a military elite, control of surplus acquired through tribute, polygynous marriage, and the special deference they were accorded by their subjects.

The vexed question for prehistorians in the Eastern United States concerns the origins of this social differentiation, which is increasingly believed to have characterized many non-state Eastern societies previously labeled "tribal." Interestingly, many such chiefdoms were still in the process of formation in the 14th through the 16th centuries. A second issue is thus the effect that the arrival of European explorers, traders, and settlers had on these emerging chiefly societies.

In contrast to Ceci, I argue that previously established promises of chiefly organization in southern New England, the intrusion of Europeans into that region merely accelerated the chiefly trajectory, rather than initiating it, and that through the examination of archaeological remains from the first several decades of the contact period there, we can learn more about the nature of precontact native society, as well as about the processes of social differentiation and change. Two types of sites, historic period cemeteries and fortified settlements, will be examined in illustration of this point.

Contact Period Cemeteries

Late prehistoric burials in southern New England are simple, isolated, and relatively sparsely furnished. Within shallow, circular pits, bodies were flexed, oriented toward the southwest, and often located in or near refuse heaps or, in coastal areas, shell middens. Dramatic changes in mortuary practice are evident, however, in the relatively sudden appearance of native cemeteries, all dating to the 17th and early 18th centuries, and clustered in coastal localities where the most hierarchical of native southern New England societies were said to dwell: Massachusetts Bay, the Taunton River drainage and Narragansett Bay, and the estuaries of the Thames and Mystic rivers, and eastern Long Island, within the territories of the Massachusett, Narragansett and Niantic, and Pequot, respectively (Fig. 10.1).

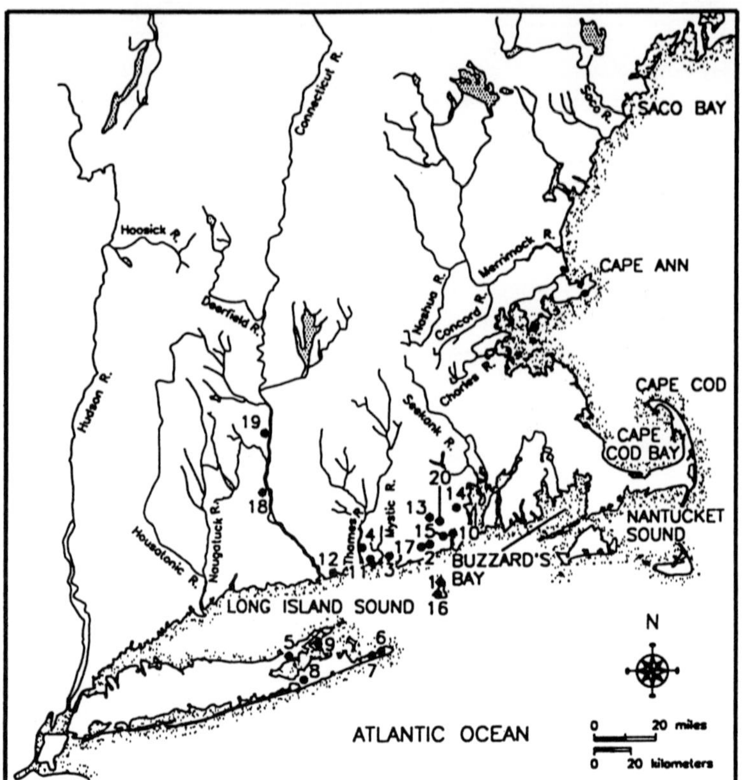

Fig. 10.1 Map of southern New England showing the locations of early historic period native cemeteries.

At least eight such cemeteries have been excavated, including: (1) Pantigo at East Hampton, Long Island; (2) Burr's Hill in Warren, Rhode Island; (3) the West Ferry site on Conanicut Island in Narragansett Bay; (4) the RI 1000 site near North Kingstown, Rhode Island; (5) Long Pond, and (6) Crescent Beach near the mouth of the Thames River in southeastern Connecticut; (7) Burial Hill in Charlestown; and (8) the Titicut burials near Taunton, Massachusetts, excavated by Maurice Robbins in 1958. Other possible cemeteries include the cluster of historic period graves at Natick 17 mi. (27 km) west of Boston, excavated in the mid-19th century and the 10 or more interments found on the north shore of Boston Harbor at Winthrop, Massachusetts, investigated by the Peabody Museum of Harvard University in 1888 (Willoughby 1935:238) (Fig. 10.2).

Unique to these cemeteries is the clustering of individual primary burials, in some cases numbering between fifty and a hundred individuals. Not since the early Late Woodland period, (ca. A.D. 1200) when several ossuary burials were also clustered in the same vicinity (Bradley 1989), have native group interments been found with such frequency. Also unique to these interments is the quantity and richness of grave goods, and the incorporation of European goods into mortuary offerings.

The West Ferry site, probably the earliest of these cemeteries, dating from ca. A.D. 1620 to 1660, was discovered and disturbed in 1936; 59 historic interments were studied in 1976 by William Simmons, and in 1988, dozens of additional graves were located, but left unexcavated. The West Ferry interments were flexed primary burials, almost all oriented southwest where the Naragansett's great god Cautanntowwit was said to dwell, and placed in shallow, circular or oval pits. The entire orientation of the cemetery itself was also towards the southwest as well. Slightly more than half of the individuals were accompanied by grave goods. Of these, the three containing the most lavish grave goods, including the most exotic European goods were of mature males. One man who died in his late fifties or sixties was accompanied by a large decorative trunk with brass fittings, a long English flintlock musket, eight pewter powder flasks, two brass kettles, and several hundred unfinished pieces of the most valuable purple wampum. William Simmons (1970:84) has speculated that this may be the grave of Mixanno, the sachem of Conanicut island, who is known to have died before 1658. Young children and adolescents were also often accompanied by grave goods at this site. Mature women were less likely to be provided with grave goods of any kind (Simmons 1970).

The lavishness of grave goods and the number of goods of European origin increased through time at other contact period cemeteries. At the RI 1000 site, dating from 1650 to 1675, for example, the European goods outnumber the native-made goods by a significant margin. According to William Turnbaugh, the graves were also differentially marked, with some having more lavish offerings. Young adult males and children received the largest quantities and adult females the fewest. Turnbaugh (1993:156–157) also believes that high status individuals were marked in

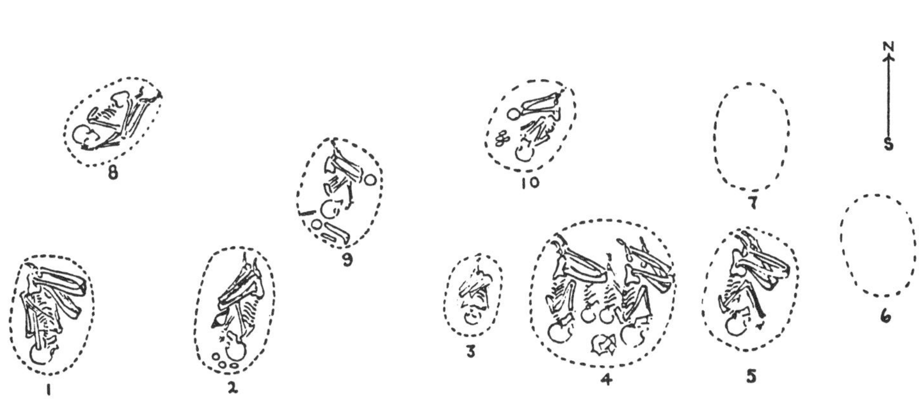

Fig. 10.2 Historic period interments from Winthrop, MA. (After Willoughby 1935.)

death, as in life, with the richest material ornaments, especially woven belts, sashes, and headbands of wampum. Although the Buff's Hill cemetery, dating to third quarter of the 17th century, was not systematically excavated, its burials appear to contain nearly three to four times as many grave goods as West Ferry. The majority are European manufactured goods, including ceramics, glass bottles, spoons and cutlery, axe and hatchet heads, hoes, gun parts, furniture hardware, wooden boxes, and glass beads, as well as thousands of discoidal shell and wampum beads and blanks (Gibson 1980:22; Billings 1980). Like the RI 1000 site, a significantly larger number of individuals are also accompanied by grave goods than was true at the earlier West Ferry site, although, as at all the cemeteries, some individuals were singled out for extraordinary treatment, particularly adult males (Gibson 1980:16). In addition to these remarkable cemeteries, there were many single interments, dating to the early historic period, some of which have been excavated or looted, and for which descriptions are available (e.g. Willoughby 1935:232–242). These too were flexed, primary burials, accompanied by goods of native and European origin, including objects of brass, copper, and shell.

Fortified Villages, Defensive Locations, and Wampum Production Centers

Another significant development in southern New England in the early decades of the contact period is the appearance of fortified villages, defensive locations, and wampum production centers. Charles Willoughby noted (1935:287), at the time of his work, that over twenty such sites were known archaeologically or mentioned in historical records for the southern New England region, and several more have been located since that time, in areas extending northwards as far as Natick, and south to Long Island, as well as several along the middle and upper Connecticut River. Recent excavations by Kevin McBride on Block Island and on the Mashantucket Pequot Reservation near Ledyard, Connecticut (1994) indicate that several of these defensive locations were linked to King Phillip's war of 1675–1676, but others were considerably earlier, and are most likely associated with the developing fur and wampum trade probably initiated by the Dutch in the late 16th and early 17th centuries. English observers noted with envy that the Dutch were taking about 10,000 skins a year in the trade on the Connecticut and with the "French Indians" to the north, which they acquired with wampum purchased from the coastal wampum producers, especially the Pequots. Dutch entrepreneurs were probably largely responsible for transforming wampum from a ceremonial and religious substance to a currency. Their introduction of iron drills enabled wampum makers to vastly increase the quantities they produced. Dutch traders plying small sloops along coastal routes purchased wampum at native wampum producing stations in return for iron goods, beads, and especially cloth. Dutch trading posts, established in several locations west of Narragansett Bay, and especially on the Connecticut River, then became centers for the receipt of furs trapped further north. The Pequots, the powerful middlemen, controlled much of the wampum production and access to the interior fur-producing tribes as well. The English desire to control this trade contributed to the destruction of the Pequot hegemony in 1637, when English forces and their Indian allies destroyed the Pequot fort at Mystic and executed, sold, or ransomed a large number of surviving Pequot men, women, and children effectively eliminating the Pequot and Dutch monopolies.

McBride (1994:44) argues that native fortifications did not exist in the coastal regions of southern New England prior to the early 17th century and that the presence of such fortifications indicates increasing conflict between native groups during this period. Early historic period fortified villages include Fort Shantok on Long Island, Weinshauks, and the Mystic Fort on the mainland. Other early 17th century fortified locations include Fort Corchaug on Long Island, Fort Ninegret at the mouth of the Thames River, and Fort Island on Block Island (Goodwin 1932; Solecki 1950; Salwen 1966; Williams 1972; McBride 1990). McBride (1994:48) suggests that Pequot attempts to control the wampum trade were largely militaristic, their strategy to control all those territories where wampum was produced and to subject all surrounding peoples to tributary status. Their hold on the area was broken after the Pequot war but conflicts among Indian groups, including the remaining dominant powers, the Mohegan and Narragansett, continued throughout the 17th century.

Discussion

It is obvious that European intervention in the form of trade, settlement, and military aggression had an impact on native society and culture in southern New England in the 17th century. Aside from numerous written accounts, objects found in contact period interments include European goods, fortified settlements, wampum production stations, and defensive locations all testify to the turmoil of the region coinciding with the European arrival. Whether this influence is necessary or sufficient to explain the chiefly level of organization documented for several of the coastal native societies in the earliest periods of colonization is less clear.

The majority of research on post-contact cemeteries has focused on the primary meaning of the grave goods which accompanied the deceased. Many scholars argue, for example, that bodies were buried with objects appropriate to their "role and status" (Simmons 1970:44). Another common argument states that European objects appeared with greater frequency as burial goods because they were "deemed to be in great favor and short supply" in the afterlife (Simmons 1970). The function and distribution of the goods is thus thought to reflect the social organization of the living community, including the relative status of individuals and the division of labor by gender (Binford 1972; Brenner 1988:148). Such contrasts in the grave furniture of men and women are in fact most marked in the early 17th century graves in southern New England (Simmons 1970; Tuma 1985).

A contrasting approach, associated with the work of Ian Hodder (1982:10), argues that burial patterns do not directly reflect social patterns, but instead, are ordered ideologically and can thus reflect the legitimization, masking, or marking of political relations of inequality. In southern New England in the early contact period, argues Elise Brenner, for example, the "political instability" engendered by European settlement led to a need for "status re-ordering and consolidation of new social positions" (Brenner 1988:150). Political actors and entrepreneurs in her view, sought status and power through the possession and strategic manipulation of European commodities (Thomas 1979, 1985:139, 148). These so-called "big men" (Sahlins1963) were forced to redistribute wealth to maintain and add to their following (Brenner 1988:152). According to a number of authors, when a community distributes goods in graves, "as a strategy to mark political differentiation," it prevents the prestige of certain scarce items from becoming "diluted" (Brenner 1988:152). In opposition to Simmons (1970) Brenner (1988:152) suggests that wealth was put out of circulation not to provide people with status in the afterlife, or merely to mark their status among the living, but rather to maintain new (and non-traditional) "relations of power" within the living community.

Robinson et al. (1985) have suggested that at the RI 1000 sites, the inclusion of native manufactured goods, beads, wampum, and other symbolically significant objects are both a kind of resistance to the European presence and a reaffirmation of traditional beliefs (Turnbaugh 1988). The increasing number of grave goods found in burial grounds in southern New England in the mid-17th century has in a related way been attributed to an increasing need for the "social marking" associated with ethnicity. Ethnicity, commonly associated with the intrusion of a state society (Comaroff and Comaroff 1992) becomes marked as social boundaries harden, and as cultural values are contested. Paul Robinson (1990:108) suggests that Narragansett burials dating to before 1640 show less evidence of "social marking" than graves dating 1640 to 1675 when Narragansett assertions of hegemony were challenged and in many cases, ignored.

Basing his argument on documentary sources, James Axtell (1980) too suggests that burial ritual became increasingly important as an expression of northeastern native identity vis a vis the European invaders. As the most private of rituals, burials came to represent all that was important about native culture, and the rights to native style burial were among those most energetically defended by Native people in southern New England.

Other approaches also focus on mortuary ritual. Both Michael Nassaney (1989) and Paul Robinson (1990) argue that ritual as reflected at the West Ferry and RI 1000 sites was both conservative and transformational. Nassaney suggests that burial goods be understood as accomodation to changing social conditions and efforts to maintain group identity through affiliation with only those Englishmen who aligned themselves against the Narragansett's Pokanoket rivals (Nassaney 1989:87). Such processes would have been reflected in the organization of burial grounds, and in the grave furniture itself, documenting both the impact of European control, the rise of native "entrepreneurs," and resistance in the form of symbolically charged objects of native origin or import (Nassaney 1989). Robinson (1990:232) suggests further that mortuary ritual "marked" and reaffirmed the Narragansett social order, as an attempt to reassert political dominance among former allies and tributary groups.

Mortuary ritual might also be understood as a response to disastrous events such as the epidemics that ravaged southern New England in 1616 to 1619 and in 1633 (Stama 1992:515). The increasing quantities of grave goods found in 17th century burial grounds is evidence for an increasing emphasis on ritual, associated with the effects of European disease and the perceived lack of efficacy of native curing techniques (Robinson et al. 1984). The systematization and intensification of mortuary ritual is also interpreted as means of revitalizing a rapidly changing (perhaps declining) set of beliefs (Nassaney 1989:88).

Burial goods also reflect the ideological aspects of late Woodland period belief systems, which appear to have remained intact. As George Hammell argues, the Indians' response to Europeans and European trade goods was both ideationally premised and aesthetically motivated. It appears that traditional "mythical reality" and its dependent social, exchange, mortuary, and ritual subsystems were initially reified by European contact and European trade goods (Hammell 1987:71). According to Hammell, "the preferential disposal of European trade goods in protohistoric mortuary contexts and the differential distribution of European trade goods within a cemetery . . . suggests that European trade goods functioned not only as traditional status . . . goods, but also as substantial metaphors of traditional cultural value" (Hammell 1987). In support of this argument, Hammell notes that analogous native goods frequently accompany such European trade goods in these mortuary contexts. He concludes that native shell, stones, and metals, comprise the greater part of middle Woodland mortuary ceremonialism and that the quantitatively significant reappearance of these goods in protohistoric mortuary contexts along with analogous European trade goods, further suggests that European contact initially reified the native mythical reality of which this mortuary behavior was an empirical expression and energized and/or reactivated other interrelated cultural subsystems, which had been relatively dormant since the end of the Middle Woodland (Hammell 1987:82). Burial goods may also have functioned as "sacrifices" which were designed to promote renewal, particularly in light of the obvious changes taking place in the native world. Burial of goods was an offering consistent with notions of destruction and renewal – and with the native conception that the greater the sacrifice, the greater the social honor and the spiritual gain of the individual and his/her family. The families who "sacrificed" wealth in the form of grave goods were seen to act in a socially beneficial way – and their sacrifices were greater as the perceived crisis in the human world, an artifact of the contact period, intensified (Bragdon 1996:240).

Fortified settlements and wampum production centers also appear to be artifacts of the contact period, and their distribution mirrors that of the cemeteries just discussed (Fig. 10.3). Kevin McBride suggests, following Ceci, that such sites were part of the way in which coastal peoples of southern New England were doubly linked to the fur trade, as "middlemen" between the fur-producing peoples of the northern and interior regions of the Northeast, and as "coiners" of the wampum which in turn became the currency for which Europeans traded directly for furs (Ceci 1977, 1989; McBride 1994). Fortified wampum production sites, McBride suggests, were easily visited by small coastal sloops and yachts that English and Dutch traders employed to collect the wampum they then transported to inland trading posts (McBride 1994:43). Fortification also signified the increasing tendency to achieve dominance in the fur trade through military means. The Pequots in particular chose warfare as a means of increasing their influence, acquiring tribute, and controlling the production and distribution of wampum (McBride 1994:48).

Yet the form and function of fortified sites and wampum production centers in southern New England

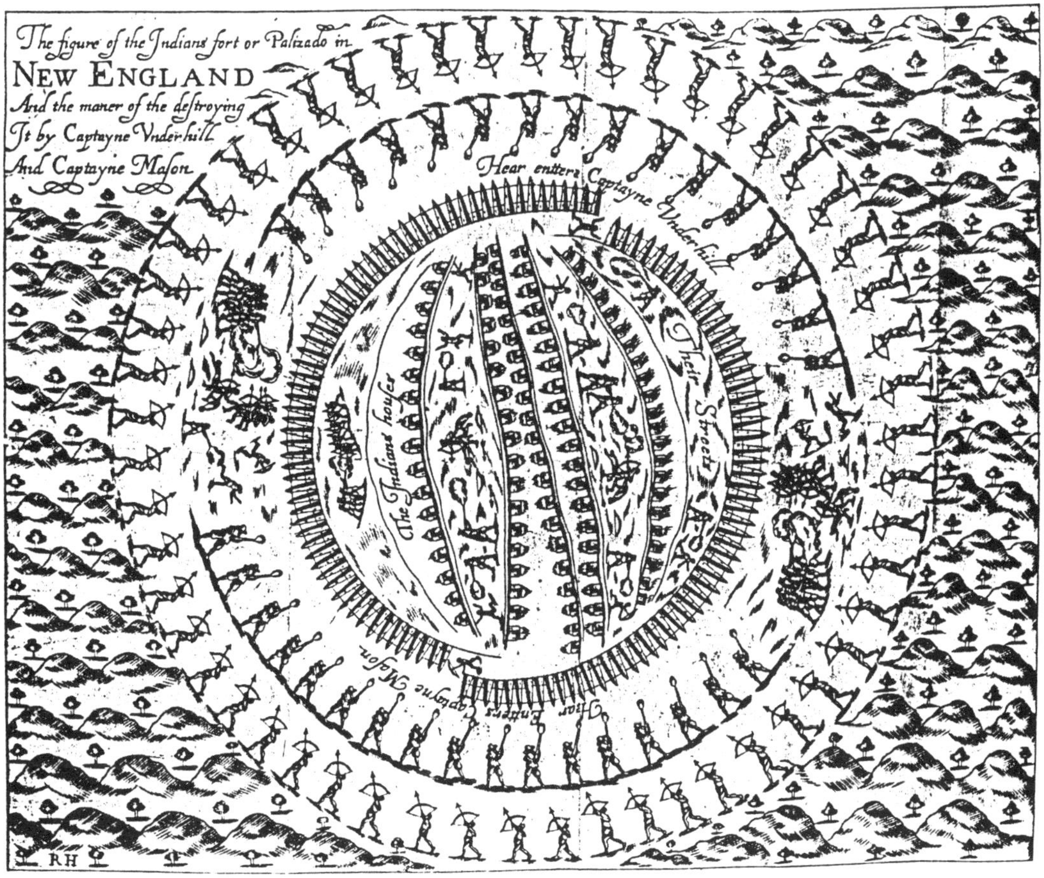

Fig. 10.3 The Pequot Fort at Mystic. (From Underhill [1902 (1638)], reproduced courtesy of Department of Rare Books and Manuscripts, College of William and Mary, Williamsburg, VA.)

also hearken back to late prehistoric and protohistoric premises. McBride has noted the distinctive form of the native built forts, which were circular, with overlapping entranceways, ditched and palisaded, and often located on a hill or promontory (McBride 1990:101–102; 1994:46)(Fig. 10.4). Dwellings or other structures were often erected within these fortifications; John Mason estimated that there were 60–70 wigwams enclosed within the walls of the fort at Mystic, destroyed by the English and their Narragansett allies on 26 May 1637 (Orr 1897:105–106).

Their obvious defensive function aside, palisades also reference native ideas about the relations to supernatural, the use of cut and living trees for the construction of "courts" or other large dwellings for paramount sachems, and the form of sacred ceremonial structures or "arbors" described for all Native peoples of southern New England, and widespread in the Eastern Woodlands as well (Witthoft 1949; Bragdon 1996:219–220).

Some cemeteries were palisaded as well. In 1620, near Welffleet Bay, on Cape Cod, Pilgrim explorers came upon a fortified burial ground:

> we found a great burying place, one part whereof was encompassed with a large palisade,. like a churchyard, with young spires four or five yards long, set as close one by another as they could, two or three foot in the ground: within it was full of graves, some bigger, and some less, some were also paled about, & others had like an Indian-house made over them, but not matted: those graves

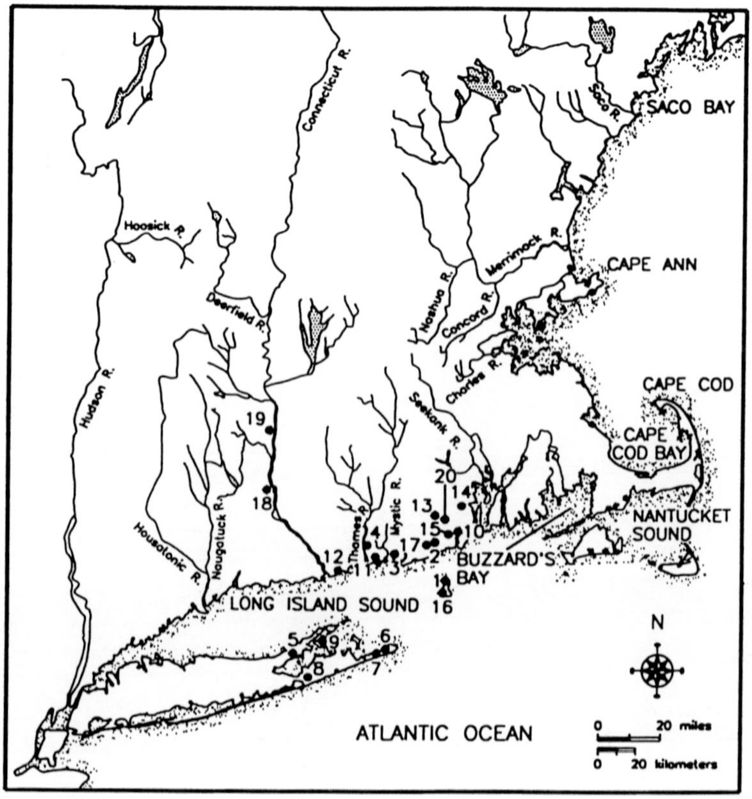

Fig. 10.4 Map of southern New England showing locations of early historic period native fortification.

> were more sumptuous than those at Cornhill, yet we digged none of them up, but only viewed them, and went our way; without the palisade were graves also, but not so costly (Heath 1963:34).

The continuities in architectural form and symbolic systems reflected in the fortified sites and native cemeteries of the early 17th century are not in themselves evidence for a pre-existing chiefly level of social complexity among the coastal societies of native southern New England, but their appearance in the early period of contact with Europeans argues for the presence of social forms and mechanisms that are not characteristic of band-level societies.

First, like all elaborate structures with public functions, fortified sites required the mobilization of significant numbers of laborers, generally only possible when the mechanisms for tribute labor are already in place, as is well-documented among the coastal native societies in the early 17th century (Bragdon 1996:148). Secondly, the location and unique sized of these sites implies a social hierarchy that was marked spatially. According to Kevin McBride (1990:102):

> because the two fortified Pequot villages are different in form, size, and function from any of the other tribal villages, scholars can infer a village hierarchy and, by implication, a political and social hierarchy. . . . The Pequots appear then, to have had a settlement pattern comprising two fortified villages . . . and an undetermined number of secondary villages, mostly located along estuaries and tidal marshes.

It may also be the case that cemeteries were hierarchically situated, as there continued to be many isolated interments as well as those located "without" the palisaded or otherwise marked boundaries of the historic period cemeteries.

The distribution of these cemeteries also suggests,

as Paul Robinson (1990:272) has argued, that they functioned to mark ethnic or territorial boundaries and the coalescence of social groups vis-a-vis one another. That cemeteries often reflect such ethnic or territorial awareness is well-documented cross-culturally (Bloch 1971; McGuire 1988). In particular, the mobilization of a preexisting kind of segmentary lineage organization in response to increased native warfare and European aggression in southern New England is suggested by the close genetic relationships documented among the individuals at the RI 1000 site (Paul Robinson 1998, pers. comm.).

Recent scholarship on the emergence of complex chiefdoms suggests that power asymmetries are already present in simple chiefly formations (Pauketat 1994:25), and that the consolidation of these into complex chiefdoms can be precipitated by internal or external factors. In particular, Robert Caneiro (1970: 737–738) favors "social circumscription" and warfare as factors leading to regional coalescence and centralization of power. Contact period archaeology in southern New England appears to document just such a trajectory, in which the processes of social differentiation and regional centralization already characteristic of social relations among the chiefly polities of the coastal regions were accelerated by the arrival of Europeans in the early 17th century. The ritual elaboration, the prominent locations, the palisading, and the clustering of bodies characteristic of historic period cemeteries all are evidence of a marked sense of community, albeit one with internal divisions. The regional patterning of these cemeteries, coinciding as they do with the distribution of fortified settlements, defensive locations, and locations of wampum production also suggests that the interplay of economics, ideology, and the specifics of each group's relationship with the competing European colonial powers led to an acceleration of processes of stratification already established in the late prehistoric period. It was the fate of the Native people of southern New England to reach or return to this stage of development at a time coinciding with European expansion, for that reason, we are witness, through the documentary and archaeological record, to the complexity of the process in southern New England and to the multifarious responses of chiefly societies to the contingent events of history.

Acknowledgments

I would like to thank Kevin McBride, Paul Robinson, Edward Harris, and Marley Brown III for their information, comments, and suggestions. All errors are those of the author.

References

Axtell, James 1985, *The Invasion Within: The Contest of Cultures in Colonial North America.* Oxford University Press, Oxford.

Billings, Katherine 1980, Beads of Shell and Glass. In Burrs Hill, a 17th Century Wampanoag Burial Ground in Warren, Rhode Island, edited by Susan Gibson, pp. 118–127. *Brown University Studies in Anthropology and Material Culture,* 2. Haffenreffer Museum of Anthropology, Providence, RI.

Binford, Lewis R. 1972, Mortuary Practices: Their Study and Their Potential. In *An Archaeological Perspective,* edited by Lewis Binford, pp. 208–243. Seminar Press, New York.

Bloch, M. 1971, *Placing the Dead: Tombs, Ancestral Villages, and Kinship Organization in Madagascar.* Seminar Press, London.

Bradley, James 1989, The Grove Field Ossuary. *Bulletin of the Massachusetts Archaeological Society* 50(1):19.

Bragdon, Kathleen J. 1996, *Native People of Southern New England 1500–1650.* University of Oklahoma Press, Norman.

Brenner, Elise 1988, Sociopolitical Implications of Mortuary Ritual Remains in 17th Century Native Southern New England. In *The Recovery of Meaning: Historical Archaeology in the Eastern United States,* edited by Mark Leone and Parker B. Potter, Jr., pp. 147–182. Smithsonian Institution Press, Washington.

Caneiro, Robert 1970, A Theory of the Origin of the State. *Science* 169:733–738.

Ceci, Lynn 1977, *The Effect of European Contact and Trade on the Settlement Pattern of Indians in Coastal New York, 1524–1665: The Archaeological and Documentary Evidence.* Ph.D. dissertation, Department of Anthropology, City University of New York, New York. University Microfilms International, Ann Arbor, MI.

Ceci, Lynn 1990, Native Wampum as a Peripheral Resource in the 17th-Century World System. In *The Pequots in Southern New England: The Fall and Rise of an American Indian Nation,* edited by Laurence Hauptman and James Wherry, pp. 48–63. University of Oklahoma Press, Norman.

Comaroff, Jean, and John Comaroff 1992, Of Totemism

and Ethnicity. In *Ethnography and the Historical Imagination*, edited by Jean Comaroff and John Comaroff, pp. 49–68. Westview Press, Boulder.

Fried, Morton 1967, *The Evolution of Political Society: An Essay in Political Anthropology*. Random House, New York.

Gibson, Susan (editor) 1980, Burr's Hill: A 17th Century Wampanoag Burial Ground in Warren, Rhode Island. *Brown University Studies in Anthropology and Material Culture* 2. Haffenreffer Museum of Anthropology Providence, RI.

Golson, J., and Gardner, D. S. 1990, Agriculture and Sociopolitical Organization in New Guinea Highlands Prehistory. *Annual Review of Anthropology* 19:395–417.

Goodwin, William 1932, Notes Regarding the Origin of Fort Ninigret in the Narragansett Country at Charlestown. *Rhode Island Historical Society Collections* 25(1):1–16.

Hammell, George. 1987, Mythical Realities and European Contact in the Northeast During the Sixteenth and Seventeenth Centuries. *Man in the Northeast* 3(3):63–87.

Heath, Dwight (editor) 1963, *A Journal of the Pilgrims at Plymouth: Mourt's Relation*. Corinth Books,

Hodder, Ian 1982, Theoretical Archaeology: A Reactionary View. In *Symbolic and Structural Archaeology* edited by Ian Hodder, pp. 1–16. Cambridge University Press, Cambridge, England.

McBride, Kevin 1990, The Historical Archaeology of the Mashantucket Pequot In *The Pequots in Southern New England. – The Fall and Rise of an American Indian Nation*, edited by Laurence M. Hauptman and James D. Wherry, pp. 96–116. University of Oklahoma Press, Norman.

McBride, Kevin 1994, The Source and Mother of the Fur Trade: Native-Dutch Relations in Eastern New Neterland. In *Enduring Traditions: Native Peoples of New England*, edited by Laurie Weinstein, pp. 31–51. Bergin & Garvey, Westport, CT.

McGuire, Randall 1988, Dialogues with the Dead: Ideology and the Cemetery. In *The Recovery of Meaning: Historical Archaeology in the Eastern United States*, edited by Mark Leone and Parker P. Potter, pp. 435–480. Smithsonian Institution Press, Washington.

Nassaney, Michael 1990, An Epistemological Enquiry into Some Archaeological and Historical Interpretations of 17th Century Native American-European Relations. In *Archaeological Approaches to Cultural Identity*. edited by S. Shennan. pp. 76–91. Unwin-Hyman, London.

Orr, Charles (editor) 1897, *History of the Pequot War*. Helman-Taylor, Cleveland, OH.

Pauketat, Timothy R. 1994, *The Ascent of Chiefs: Cahokia and Mississippian Politics in Native North America*. University of Alabama Press, Tuscaloosa.

Potter, Stephen 1993, *Commoners, Tribute, and Chiefs: The Development of Algonquian Culture in the Potomac Valley*. University Press of Virginia, Charlottesville.

Robinson, Paul 1990, *The Struggle Within: The Indian Debate in Seventeen-Century Narragansett Country*. Ph.D. dissertation, Department of Anthropology, State University of New York, Binghampton. University Microfilms International, Ann Arbor, MI.

Robinson, Paul, Marc Kelly, and Patricia E. Rubertone 1985, Preliminary Biocultural Interpretations from a Seventeenth-Century Narragansett Indian Cemetery in Rhode Island. In *Cultures in Contact: The European Impact on Native Cultural Institutions in Eastern North America, A.D. 1000–1800*, William Fitzhugh, editor, pp. 107–130. Smithsonian Institution Press, Washington.

Rogers, J. Daniel, and Samuel M. Wilson 1993, "Introduction" In *Ethnohistory and Archaeology: Approaches to Postcontact Change in the Americas* edited by J. Daniel Rogers and Samuel M. Wilson, pp. 3–15. Plenum Press, New York..

Rountree, Helen C., and E. Randolph Turner 1998, The Evolution of the Powhatan Paramount Chiefdom. In *Chiefdoms and Chieftaincy: an Integration of Archaeological, Ethnohistorical and Ethnographic Paradigms* edited by E. Redmond, pp. 449–501. University Press of Florida, Gainesville.

Sahlins, Marshall 1963, Poor Man, Rich Man, Big Man, Chief Political Types in Melanesia and Polynesia. *American Ethnological Society Monograph* 29, Seattle.

Salwen, Bert 1966, European Trade Goods and the Chronology of the Fort Shantock Site. *Bulletin of the Archaeological Society of Connecticut* 1:2–3.

Simmons, William S. 1970, *Cautantowwit's House: An Indian Burial Ground on the Island of Conanicut in Narragansett Bay*. Brown University Press, Providence, RI.

Smith, Marvin T., and David J. Hally 1992, Chiefly Behavior: Evidence from Sixteenth Century Spanish Accounts. In Lords of the Southeast: Social Inequality and the Native Elites of Southeastern North America, edited by A. W. Barker and T. R. Pauketat, pp. 99–109. *American Anthropological Association Archaeological Papers* 3. Washington.

Solecki, Ralph 1950, The Archaeological Position of Historic Fort Corchaug and Its Relations to Contemporary Forts. *Bulletin of the Archaeological Society of Connecticut 24:3–40.*

Stama, William 1992, The Biological Encounter Disease and the Ideological Domain. *The American Indian Quarterly* 16(4):511–519.

Thomas, Peter 1979, *In the Maelstrom of Change: The Indian Trade and Cultural Process in the Middle Connecticut River Valley 1635–1665*. Ph.D. dissertation, Department of Anthropology, University of Massachusetts, Amherst,

MA. University Microfilms International, Ann Arbor, MI.

Thomas, Peter 1985, Cultural Change on the Southern New England Frontier, 1630–1665. In *Cultures in Contact: The European Impact on Native Cultural Institutions in Eastern North America, A.D. 1000–1800,* edited by William Fitzhugh, pp. 131–162. Smithsonian Institution Press, Washington.

Tuma, Stuart John, Jr. 1985, Contact Period (1500–1675) Burials in Southeast New England. Unpublished M.A. thesis, Department of History and Historical Archaeology, University of Massachusetts, Boston.

Turnbaugh, William 1993, Assessing the Significance of European Goods in Seventeenth-Century Narragansett Society. In *Ethnohistory and Archaeology: Approaches to Postcontact Change in the Americas,* edited by J. Daniel Rogers and Samuel M. Wilson, pp. 133–162. Plenum Press, New York.

Underhill, John 1902, *News from America.* Originally published in 1638. Underhill Society of America, New York.

Williams, Lorraine 1972, *A Study of 17th Century Culture Contact in the Long Island Sound Area.* Ph.D. dissertation, Department of Anthropology, New York University, New York. University Microfilms International, Ann Arbor, MI.

Willoughby, Charles C. 1935, *Antiquities of the New England Indians with Notes on the Ancient Cultures of the Adjacent Territory.* Peabody Museum of American Archaeology and Ethnology, Harvard University, Cambridge, MA.

Wilson, J. Daniel, and Samuel M. Rogers 1993, Historical Dynamics in the Contact Era. In *Ethnohistory and Archaeology: Approaches to Postcontact Change in the Americas,* edited by J. Daniel Wilson and Samuel M. Rogers, pp. 3–15. Plenum Press, New York.

Witthoft, John 1949, Green Corn Ceremonialism in the Eastern Woodlands. *Occasional Contributions from the Museum of Anthropology of the University of Michigan* 13:31–77. Ann Arbor, MI.

Kathleen J. Bragdon
Department of Anthropology
College of William and Mary
PO Box 8795
Williamsburg, VA 23185–8795

11 Archives and Archaeology: The Ulster Plantations in the Landscape

Nick Brannon

In late 16th-century England it was already an 'old Prophesie' that 'He that will England winne, Must with Ireland first beginne' (Moryson 1908 vol. 2, 170). On the edge of the Old World, Ireland was seen as a possible staging post for a Spanish, Catholic conquest of Protestant England. Spaniards fleeing their 1588 Armada defeat re-grouped in Ireland or lost their lives on its western and northern shores. The Spanish landing and defeat at Kinsale, on the south coast in 1601, was an intervention in the Nine Years War (1594–1603) between English and Irish which saw the defeat of O'Neill, the Ulster-based opponent of English rule. O'Neill's submission in 1603, and his flight to continental Europe with his followers in 1607, led to the confiscation of lands and the replacement of Elizabeth I's military strategy with James I's civilian colonisation.

Apart from coastal enclaves and garrisons, late 16th-century Ulster (particularly lands west of Lough Neagh) was the stronghold of Gaelic resistance to English rule. During the closing years of the Nine Years War, everyday events and correspondence covering the English campaign, headed by Lord Deputy Mountjoy and involving a three-pronged offensive on O'Neill's heartlands in Co. Tyrone from the south (the Blackwater valley, by Mountjoy out of Newry), the east (across Lough Neagh, by Sir Arthur Chichester out of Carrickfergus) and the north (by Sir Henry Dowcra out of Derry), were recorded by Mountjoy's secretary Fynes Moryson (Moryson 1908; Falls 1950). Picture-maps of campaigns and military engagements were drawn by a military cartographer (probably Nicholas Bartlett, perhaps the spy beheaded by O'Neill's forces, which may explain the unlettered caption boxes on his images). The picture-maps show the devastated Armagh city, the Blackwater valley campaign landscape, horse, foot and artillery attacks on crannogs (island dwellings), the stronghold Inisloughan Fort, and the re-fortification of an Early Christian period earthwork rath (attributed to 'Danes') at Mount Norris. These can be correlated with Ordnance Survey maps to identify site locations, including temporary, tented encampments, within the late medieval landscape, revealing its agriculture, forests and antiquities (Hayes McCoy 1964; Gowen 1980; Loeber 1991).

O'Neill's submission and exile cleared the way for James I to plant Ulster with British settlers, their role to remove the Irish from their lands, to introduce defensible, nucleated settlements with English architecture, to reform agricultural practice and yields, and to replace the Catholic with the Protestant faith. James led the way with land grants to Scots planters on the east coast, and settlements are recorded from 1605. With the formal 'Plantation' agreed (and the creation of the county of Londonderry, with settlements and land reform funded by the major livery companies of London), there began a period of grants, colonisation, settlement and building which was monitored from 1608, through detailed rural and urban site surveys of 1611, 1613, 1619, and 1622. Most of these surveys have been transcribed, published and studied; the 1622 surveys are particularly enlivened by picture-maps by cartographer Thomas Raven (Hill 1877; Moody 1939;

Treadwell 1960/64; Robinson 1979; Gillespie 1981; Curl 1986; Klein 1995).

One of the earliest post-medieval archaeological references is the 1938 publication of a bellarmine stoneware jug found in the city of Londonderry (Logan 1938), and between then and 1990 the *Ulster Journal of Archaeology* carried some fifty-two articles of post-medieval relevance, thus averaging one per year. Many were historical-architectural studies of Plantation sites and monuments, particularly in the two decades following the 1950 establishment of the Archaeological Survey, the first state archaeological service in Northern Ireland (from which descends the Built Heritage directorate of the Environment & Heritage Service).

Studies produced during this period included architectural analyses of buildings such as Castle Caulfield, Co. Tyrone, built by Sir Toby Caulfield between 1611–19 on the site of a medieval fort. Three stories high, originally of half-H plan but surviving as an L-plan ruin, this 'English' building was burned by O'Donnelly in the 1641 Rebellion but was repaired and re-occupied until the 1660s (Jope 1958a) – (Fig. 11.1 left). At Castle Balfour, Co. Fermanagh, built c.1618 by the Scottish planter Sir James Balfour, there is clear Scottish influence in the ground plan and architectural details (Jope 1951, 42). The site was damaged in 1689 but continued in occupation into the 19th century (Waterman 1968).

Jope's seminal 'fortification to architecture' article, where he highlighted 'a deep-seated conflict between the fortified aspect (of manor house construction) and its deliberate rejection in the southern (Italian) conception of a building for civilized living' and argued that 'colonists and their successors were determined to be seen to live like gentlemen whatever the risk', examined several buildings for his thesis (Jope 1960). At Castleraw, Co. Armagh, under construction by Sir Anthony Cope, an Oxfordshire Planter, in 1611 and described in 1622, stood a cruciform building of which only the stump of one wing survives (Fig. 11.1 right – see Jope 1953 & 1960). Waterman (1961, 262) described the 'meanness of fenestration' of the building as a local, defensive adaptation.

Rich documentation provides five 'snapshots' of Cope's landholdings in Co. Armagh between 1610 and 1622, from grant to quarrying and construction, collapse and reconstruction (Brannon 1980). Cope's two estates of *Dirrichreeny* and *Dromully* can be mapped (Fig. 11.2) from the townlands listed in his 1610 grants (Fig. 11.3). Albeit no longer visible on the landscape,

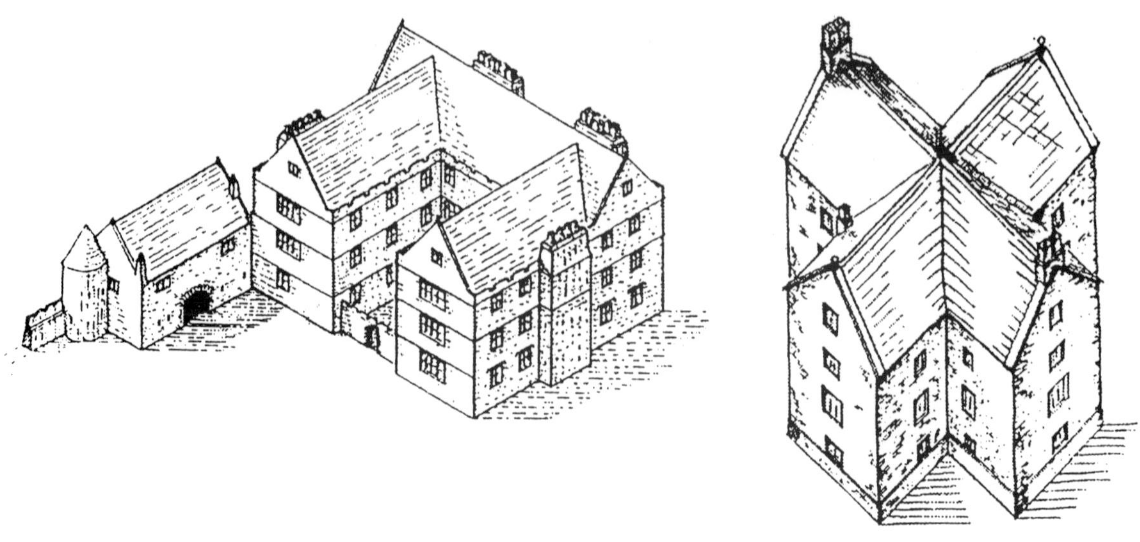

Fig. 11.1 Reconstruction drawings of Castle Caulfield (left) and Castleraw (right). Sources: Jope 1958a & 1960)

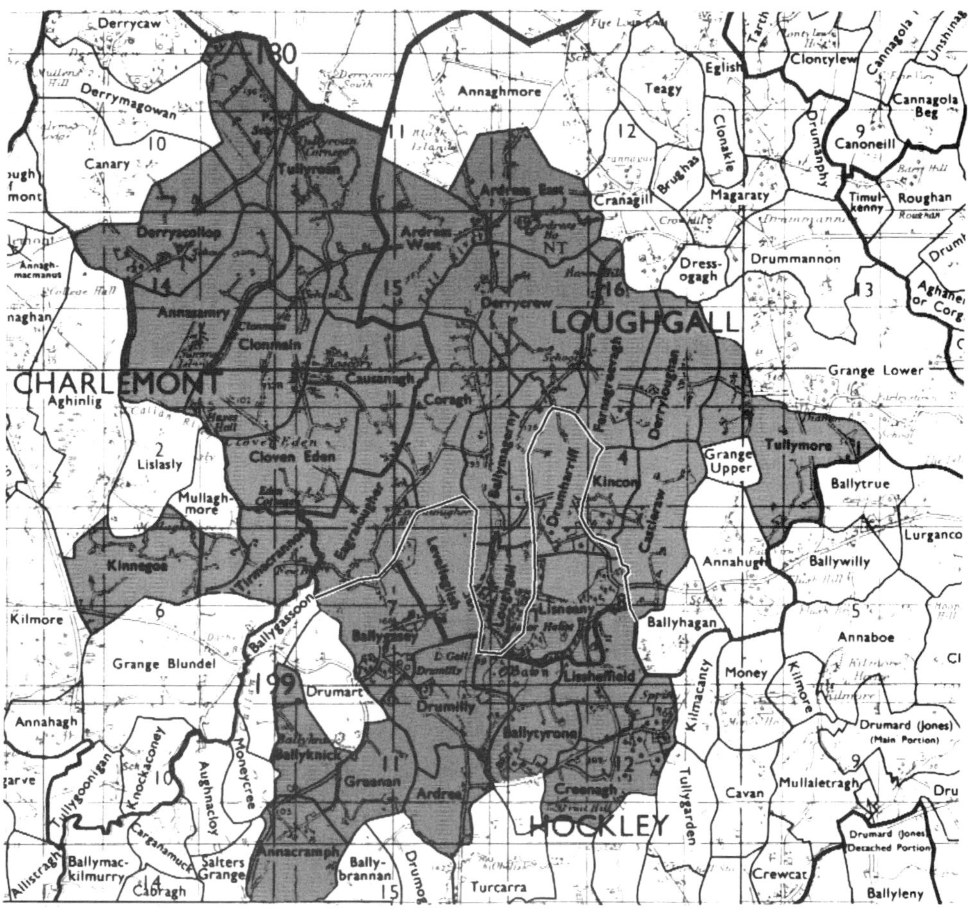

Fig. 11.2 Townland map highlighting Cope's Dirrichreeny *(north) and* Dromully *(south) estates in County Armagh.*

the archaeological remains of his 23 English undertenants and 40 Irish families, and a windmill, lie somewhere on these lands (Treadwell 1960, 130) – (Fig. 11.4). Estate analyses such as this, the cutting and pasting together of early 17th-century surveys, mapping lands and correlating with landscape, have been made for Plantation holdings in four of the six Northern Ireland counties, the data lodged in the publicly-accessible Monuments and Buildings Record, maintained by Environment & Heritage Service in Belfast. The Co. Armagh researches are to be published by 2001.

Horning (1995, 109) cited long-held American interest in the Ulster Plantation, but noted that many fewer colonial sites have been excavated in Ulster than in the Chesapeake. It was not until the mid- to later-1970s rescue urban excavations (often in advance of redevelopment following terrorist bombings) by Delaney (1977) and Simpson in Carrickfergus, Lacy (1981) in Londonderry and Lynn in Armagh, with Brannon in Coleraine and Belfast (Hamlin & Lynn 1988; also see annual, summary excavation reports in *Post Medieval Archaeology*, from 1983) that the material culture of the Plantation was revealed through excavated architectural remains, domestic artifacts and well-stratified deposits.

Hands-on American interest in the parallels between Ulster and the American colonies began with Blades' 1980–81 Fullbright scholarship, with a study of the Londoners' village plans, their 'English' architecture

1610 grant placename	modern townland name	parish	OS 6in. map Co. Armagh
Loughgall *(Dirrichreeny)* estate			
Tullywonan	Tullymore	Kilmore	9
Faghert	Tullymore (Faughert Hill)	Kilmore	9
Donalaghan	Derrlyloughan	Kilmore	9
Dromart	Drumart	Loughgall	8
Ballirath	Castleraw	Kilmore	9
Kencon	Kincon	Kilmore	9
Tirregrenagh	Fernagrenagh?	Loughgall	8,9
Lissnenany	Lisneany	Loughgall	8,9
Ballivickern	Ballymagerny?	Loughgall	8
Dirrichreeny	Loughgall	Loughgall	8
Ballincora	Coragh	Loughgall	8
Agherielagh	Eagralougher	Loughgall	8
Clone-Inediny	Cloven Eden	Loughgall	8
Balme-Cousame	Causanagh	Loughgall	8
Clonean	Clonmain	Loughgall	8
Annaghsawre	Annasamry	Loughgall	4,8
Kynnerie	Kinnegoe?	Loughgall	8
Tirescolloib	Derryscollop	Clonfeacle	4,8
Tulliroan	Tullyroan	Clonfeacle	4,8
Tardreske	ArdressEast/West	Loughgall	4,8
Tiremickgowne	Tirmacrannon	Loughgall	8
Drumilly *(Dromully)* estate			
Anagrawth	Annacramph	Grange	8,12
Grenan	Greenan	Grange	8
Balliknoick	Ballyknick	Grange	8
Balliogassie	Ballygasey	Loughgall	8
Levallyeglish	Levalleglish	Loughgall	8
Lisnemamy	Lisneany	Loughgall	8,9
Dromully	Drumilly	Loughgall	8
Ardrea	Ardrea	Loughgall	8
Lisseffell	Lissheffield	K'more/L'g	8,9
Ballichirovan	Ballytyrone?	Loughgall	8
Ballinecreemagh	Greenagh	Kilmore	8,9

Fig. 11.3 Sir Anthony Cope's holdings in County Armagh: townland correlation.

and the archaeological potential of these sites (Blades 1981; Noël Hume 1982, 234–9) and the deduced 'discovery' of Sir Edward Doddington's manor-house and bawn (fortified enclosure) at Dungiven priory, Co. Londonderry (Brannon & Blades 1980). Excavations intimately linked 17th-century surveys of Doddington's labours with their material remains, enabling a clear plan and interpretation to be made.

Fig. 11.4 Aerial view of Castleraw with Cope's castle ruins near centre.

Archaeology also revealed a fine pargetry ceiling, imported wrought ironwork fittings (hinges, locks, keyhole escutcheons), and Dutch polychrome tiles, but highlighted shoddy construction and the destruction of Doddington's dwelling by fire, after dereliction in the later 17th century, none of which appear in the historical record (Brannon 1986).

Surveys (Johnston 1980; Robinson & Brannon 1981–82; Robinson 1983a, 1983b & 1984) rural research excavations (Brannon 1990) and urban rescue excavations (Hamlin & Lynn 1988) followed during the 1980s. Most of this work failed to throw much light on the relatively silent Irish population, their dwellings or their material culture. English commentators from the late 16th century denigrated Ulster's natives and promoted their lands according to English purposes. The dwellings of the pre-Plantation population were probably portable, travelling with cattle herds and evading English forces pursuing a scorched earth policy (Moryson 1908). While 'Irish' houses are pictured in Raven's 1662 picture-maps of the Londoners' villages (Robinson 1979), they are invisible in the landscape and are a high-priority archaeological 'target', yet to be discovered.

The 1990s saw further American interest in the Ulster Plantation with Miller's doctoral research into the Salters' Company village at Salterstown, Co. Londonderry. Mapped and described in detail in 1622 and 'abandoned' in the 1641 rebellion, it is now a greenfield site. Miller's researches identified a 1608 – 1614 glassworks venture from London, which exploited subsoil sands and vast, local, medieval timber resources but failed through glass monopolies. Glass manufacture was identified through artifacts (Miller 1991). The excavations (in tandem with a local crew excavating the Vintners' Company bawn at Bellaghy) uncovered a stone-lined well, tree-ring dated from its collapsed timber superstructure to 1663, thus disproving the 1641 abandonment theory. Well-preserved shoe leather fragments indicated cross-cultural cobbling, blending Irish and English fashions and manufacture.

Miller's excavations, also seeking the foundations

of one of the English timber-framed buildings shown in the 1622 picture-map of Salterstown, found traces of post-holes. The possibility that such free-standing, timber-framed houses might be of earthfast construction contradicts the discovery of stone sills on which were founded Coleraine's 1611 prefabricated row houses (Hamlin & Lynn 1988). Only further excavation, at Salterstown or other village sites with documented timber-framed houses, will elucidate this. Did Ulster's non-urban colonists experience a phase of 'impermanent architecture' (Carson et al. 1981)? It is clear that some settlers exploited their environs in the short term. Centuries-old raths were re-occupied, as in the precinct of Mountjoy, allotted to Scots settlers. Lord Ochiltree was reported there in 1619 as having '...built for his present use three houses of oak timber...within an old fort, about which he is building a bawn...and is preparing stone, brick, and lime for building a castle...' (Hill 1887, 546).

In recent years, urban regeneration projects requiring mitigation have yielded tightly-dated finds assemblages in Carrickfergus and tanning pits in later 17th-century Coleraine, while weir improvements at Toome, an important river crossing, revealed its late medieval castle, refurbished in the early 17th century, but badly damaged when used as raw material for an 18th-century bridge. The remains exposed were examined, deep medieval and post-medieval strata were identified and test excavated, and the site has been re-buried for its protection. At the 'White House' ruins on the E. coast at Ballyspurge, Co. Down, probably built around 1630, the rewards of an holistic approach of building recording, geophysical, inter-tidal zone and maritime survey were not matched by excavation results, which yielded little architectural or chronological data and few artifacts. Likewise, at Portora Castle, built by 1619 (Jope 1958b), archaeological remains examined in 1997 appeared to have been erased by 1859 schoolboy explosives experiments and antiquarian searches. No traces of two documented, timber-framed buildings survived within the bawn (see annual excavation reports in *Post Medieval Archaeology*).

Significant monuments of the Plantation period can yet be 'revealed'. Newry Castle, Co. Down, home to Mountjoy on more than one occasion during his Ulster campaigns, was built by Sir Nicholas Bagenal c.1578. Scaled contemporary plans show it as a rectangular block, three stories high with attics and a stair projection (HMSO 1966, pl. 69, 262–3). Published in the 'destroyed monuments and lost sites' chapter of a county inventory, the reader is told that there is 'nothing remaining' of the castle. Its rediscovery in 1996, walls almost entire but entombed and disguised within a large 19th-century bakery, offers the prospect of detailed research and investigation. Newtownstewart Castle, Co. Tyrone, was under construction by Sir Robert Newcomen in 1619 when described by Pynnar as 'four stories high and ready to have the roof set up' (Meek & Jope 1958). This fine castle was almost hidden behind later development, save for its stepped gables and ornate brick chimneys. Purchase and demolition of the obscuring retail property has restored the castle to its rightful position in the streetscape (Fig. 11.5). Further architectural recording, conservation and excavation is intended.

In the short term, excavations are planned in Bellaghy, seeking evidence of one of the Vintners' Company villagers' timber-framed houses, at Culmore Fort, Co. Londonderry, an outpost of the city on the shore of Lough Foyle, and in the 17th-century Blundell House at Dundrum, Co. Down, in advance of its development as an education centre. While rescue archaeology will continue to contribute to post-medieval studies, document-based fieldwork will remain a research priority. In renewing Ulster-American links, a university-based study of the Mercers' Company 'proportion' on the Lower River Bann, by an American historical archaeologist, will take place during 1998–9. It will focus on the now-greenfield village site of Movanagher (Curl 1986, 122–52).

Most of the colonists gathered, for their protection, in Tully Castle, Co. Fermanagh, were massacred on Christmas Day 1641 by Irish 'rebels', and the burned ruins were abandoned for ever (Waterman 1959). This time capsule site (built by Scottish Planter Sir John Hume c.1613, described in 1619 as a 'bawn of lime and stone, 100 ft square and 14 ft high, having four flankers for the defence', with an estate population of '24 families, being able to make 30 men with arms') can be 'reconstructed' through documents and architecture to reveal Scottish architectural intentions interpreted by Irish builders (Johnston 1980) but embellished with a fine Renaissance garden (Fig. 11.6). Sites such as Dungiven, Salterstown and Martin's Hundred demonstrate the archaeological potential of such a site.

Fig. 11.5 Newtownstewart Castle, County Tyrone: before and after acquisition of shop.

Fig. 11.6 Reconstruction drawing of Tully Castle, County Fermanagh, c.1625 (Ian Jones).

Retiring American scholars at the 30th anniversary conference reflected on their careers and the 'why' of historical archaeology. In Northern Ireland, '...nobody ever went broke overstating the negative power of history in Irish affairs...'(Young 1998). The history curriculum for young teenage students contains a 'rivalry and conflict' unit which specifically reflects on the Ulster Plantation. History and architecture provide ready classroom and field resources for students, but it is clear (from demand by teachers for the Environment & Heritage Service 'Plantation' education pack) that holistic archaeological perspectives – 'people, not things' – can bring breadth and depth to otherwise stark accounts.

References

Blades, B. S. 1981, 'In the manner of England: Tenant housing in the Londonderry Plantation', in *Ulster Folklife* 27, 39–56

Brannon, N. F. 1980, 'Two fortified houses at Castleraw', in *Ulster Jnl of. Archaeology* 43, 165–6

Brannon, N. F. 1986, 'Archaeological excavations at Dungiven priory and bawn', in *Benbradagh* 15, 15–18

Brannon, N. F. 1990, 'Excavations at Brackfield bawn, County Londonderry', in *Ulster Jnl. of Archaeology* 53, 8–14

Brannon, N. F. & Blades, B. S. 1980, 'Dungiven bawn re-edified', in *Ulster Jnl. of Archaeology* 43, 91–6

Carson, C. et al. 1981, 'Impermanent architecture in the Southern American colonies', in *Winterthur Portfolio* 16.2/3, 135–96

Curl, J. S. 1986, *The Londonderry Plantation 1609 -1914*, Chichester

Delaney, T. G. 1977, 'The archaeology of the Irish town', in Barley, M. W. (ed.), *European Towns: Their Archaeology and Early History*, London, 47–64

Falls, C. 1950, *Elizabeth's Irish Wars*, London

Gillespie, R. 1981, 'Thomas Raven and the mapping of the Claneboy Estates', in *Proceedings of Bangor Historical Soc.* 1, 6–9

Gowen, M. 1980, 'Seventeenth century artillery forts in Ulster', in *Clogher Record* 10.2, 239–57

Hamlin, A. & Lynn, C. 1988, *Pieces of the Past*, Belfast
Hayes McCoy, G. A. 1964, *Ulster and Other Irish Maps c.1600*, Dublin
Hill, G. 1877, *An Historical Account of the Plantation in Ulster... 1608–1620*, Belfast (reprinted Shannon, 1970)
HMSO [Her Majesty's Stationery Office] 1966, *An Archaeological Survey of County Down*, Belfast
Horning, A. J. 1995, *'A Verie Fit Place to Erect a Great Cittie': Comparative Contextural Analysis of Archaeological Jamestown*, unpublished University of Pennsylvania thesis
Johnston, J. D. 1980, 'Settlement and architecture in County Fermanagh, 1610–41', in *Ulster Jnl. of Archaeology* 43, 79–89
Jope, E. M. 1951, 'Scottish influences in the north of Ireland: Castles with Scottish features, 1580 – 1640', in *Ulster Jnl. of Archaeology* 14, 31–47
Jope, E. M. 1953, 'Castleraw, near Loughgall, Co. Armagh', in *Ulster Jnl. of Archaeology* 16, 63–7
Jope, E. M. 1958a, 'Castlecaulfield, Co. Tyrone', in *Ulster Jnl. of Archaeology* 21, 101–7
Jope, E. M. 1958b, 'Portora Castle, near Enniskillen', in *Ulster Jnl. of Archaeology* 21, 107–8
Jope, E. M. 1960, 'Moyry, Charlemont, Castleraw and Richhill: Fortification to architecture in the north of Ireland', in *Ulster Jnl. of Archaeology* 23, 97–123
Klein, B. 1995, 'English cartographers and the mapping of Ireland in the early modern period', in *Jnl. of Study of British Cultures* 2.2, 115–39
Lacy, B. 1981, 'Two 17th century houses at Linenhall Street, Londonderry', in *Ulster Folklife* 27, 57–62
Loeber, R. 1991, *The Geography and Practice of English Colonisation in Ireland from 1535 to 1609*, Athlone
Logan, F. W. 1938, 'Bellarmine jug from Derry', in *Ulster Jnl. of Archaeology* 1.2, 216
Meek, H. & Jope, E. M. 1958, 'The Castle at Newtownstewart, Co. Tyrone', in *Ulster Jnl. of Archaeology* 21, 109–12
Miller, O. G. 1991, *Archaeological Excavations at Salterstown, County Londonderry, Northern Ireland*, (two vols.), unpublished University of Pennsylvania thesis
Moody, T. W. 1939, *The Londonderry Plantation 1609–41*, Belfast
Moryson, Fynes 1908, *An Itinerary* (four vols.), Glasgow
Noël Hume, I. 1982, *Martin's Hundred*, London & New York
Robinson, P. S. 1979, 'Vernacular housing in Ulster in the 17th century', in *Ulster Folklife* 25, 1–28
Robinson, P. S. & Brannon, N. F. 1981–2, 'A 17th century house in New Row, Coleraine', in *Ulster Jnl. of Archaeology* 44/45, 173–8
Robinson, P. S. 1983a, 'Some late survivals of box framed 'Plantation' houses in Coleraine, County Londonderry', in *Ulster Jnl. of Archaeology* 46, 129–36
Robinson, P. S. 1983b, ''English' houses built at Moneymore, County Londonderry', in *Post Medieval Archaeology* 17, 47–63
Robinson, P. S. 1984, *The Plantation of Ulster*, Dublin
Treadwell, V. 1960 & 1964, 'Survey of Armagh and Tyrone, 1622', in *Ulster Jnl. of Archaeology* 23, 126–37 & 27, 140–54
Waterman, D. M. 1959, 'Tully Castle, Co. Fermanagh', in *Ulster Jnl. of Archaeology* 22, 123–6
Waterman, D. M. 1961, 'Some Irish 17th century houses and their architectural ancestry', in Jope, E. M. (ed.), *Studies in Building History*, London, 251–74
Waterman, D. M. 1968, 'Castle Balfour, Lisnaskea, Co. Fermanagh', in *Ulster Jnl. of Archaeology* 31, 71–6
Young, H. 1998, in *The Guardian* newspaper (14 April)

Nick Brannon
Environment and Heritage Service
5–33 Hill Street
Belfast BT1 2LA
Northern Ireland

12 Extending Europe's Grasp: An Archaeological Comparison of Colonial Spatial Processes in Ireland and Jamaica

James A. Delle

Introduction

As scholars interested in the past, many of those who gathered in Williamsburg for the special joint conference of The Society for Historical Archaeology and the Society for Post-Medieval Archaeology enjoy commemorating the anniversaries of notable events. Obviously, 1997 marked the 30th anniversary of the founding of the respective societies; this year also marked the 20th anniversary of the publication of two books that have had more impact on the practice of historical archaeology than any others; these are *In Small Things Forgotten* by Deetz (1977) and *Method and Theory in Historical Archeology* by South (1977). The appearance of these two books was a watershed in the development of the field of historical archaeology, as they provided the field with accessible yet eloquent theoretical approaches to the study of the material culture of the recent past. Much of the literature in historical archaeology that has been written over the past two decades has been based on the theoretical frameworks developed by South and Deetz. It is only fitting to commemorate the 30th anniversary of the SHA and the SPMA together with the 20th anniversary of the appearance of these two books, as the former provided a professional framework for those engaged in the study of the recent past and the latter, sophisticated theoretical frameworks for the newly emergent profession of historical archaeology. In tribute to the anniversaries of both the professionalization of the field and the development of historical archaeology into a theoretically informed social science, it is appropriate to comment on the major theoretical directions historical archaeology is taking into its fourth decade as an established academic field. In doing so, I hope to demonstrate the importance of taking a comparative approach to the historical archaeology of British colonialism.

Theory in historical archaeology is currently meandering down three newly discovered roads. The first is the post-structuralist highway built by Bourdieu, Giddens, Foucault, and the post-processual archaeologists on both sides of the Atlantic (Bourdieu 1977, 1979; Foucault 1979; Giddens 1979, 1984; Hodder 1986; Shanks and Tilley 1987, 1989). Focused on individual experience, this approach, among other things, has reintroduced the idea of human agency to archaeological inquiry. The second road is the gloomy path of neo-darwinianism and behavioral ecology built in the cold, looming shadow of sociobiology. In my opinion this is a dangerous approach requiring the application of a metaphor which reduces human culture to a mere extension of human phenotype (Bettinger 1991; Kelly 1995; Neiman 1995). The third is the path of political economy and underdevelopment theory, a very difficult path to travel as it is spattered with the blood of the victims of colonialism, and travel down this path requires one to question the morality not only of past colonial adventures but the morality of the current world order which emerged as a result of the European domination of the world (Patterson 1989; Paynter 1989; Delle 1996).

This author, for better or worse, has chosen to follow the latter, and perhaps more difficult path. It is not easy to follow this path as it requires the analysis of primary documents concerning the often harsh treatment of enslaved Africans and native Irish during the colonial era. Doing so requires one to come face to face with resources documenting the sometimes overwhelming brutality of colonialism. It is often difficult to maintain a truly objective distance from such work, as 20th-century morality is quite different from that historically practiced by colonialists in places like Jamaica and Ireland. It is difficult not only to read about racist customs and institutions but to come to terms with the fact that institutional racism and systems of global inequality have changed but little over the course of the last several centuries.

If one looks closely at the economic development of the post-war world, it is quite obvious that while the wealthier classes in several countries, primarily in Western Europe and North America, have grown increasingly affluent, the majority of the world's population has grown increasingly poor (Chomsky 1993, 1996). It also seems to be the case that the affluent within the so-called G-7 countries are growing wealthier at the same time real wages are falling for most of the working population in those countries (Harrison and Bluestone 1990; Chomsky 1993). Many sociocultural anthropologists now believe that the effects of this growing disparity on peoples in both the developed and underdeveloped world should be a focus of anthropological inquiry (e.g., Gardner and Lewis 1996; Horowitz 1996; Moran 1996). As anthropologists of the recent past those of us engaged in historical archaeology on the west side of the Atlantic are well placed to inform such inquiry through the analysis of historical precedents and trajectories which contributed to the increasing impoverishment of the global village.

Using the proper theoretical approach, historical archaeologists can ask questions concerning historical trajectories which resulted in the unbalanced economic development of our world. To this end, it still seems worthwhile to analyze the spread of European and Euroamerican control of the global economy using a modified version of underdevelopment theory. Such a model of the world, simply put, contends that elites in the wealthiest countries create and manipulate political and economic structures and institutions in such a way continually as to extract surplus from poorer countries. This unequal relationship shapes, though does not completely define, the material relationships that exist between those in the so-called cores and those in the peripheries.

If this general theory is an appropriate way for historical archaeologists to model the world, however, we must be able to explain how archaeologically recovered material culture is or was integrated into the development of such a system. This can be done in several ways. Obviously, the distribution of mass-produced Staffordshire earthenwares can be examined as one method by which colonial agents were engaged in a global economic system. However, as some of the best recent work in historical archaeology has focused on the analysis of space, specifically historical landscapes and vernacular architecture, it is timely to consider how these classes of material culture might be linked to such a general explanatory theory. To this end I have been trying to develop what might be called a middle-range theory on space which links archaeological data to this overarching theory on the historical development of the colonial world.

The construction of this theory has entailed the synthesis of a number of ideas proposed by spatial philosophers and cultural geographers, particularly Lefebvre and Harvey (Lefebvre 1991; Harvey 1982, 1990; cf. Delle 1996). The resulting theory on archaeological space considers spatial phenomena as material culture endowed with both symbolic meaning and material form. In so defining space one can consider a mechanism by which material forms can be theoretically linked to the wider socioeconomic processes at work in the global system. This approach considers any spatial form, say a house or a field arrangement, to be simultaneously constructed of material, social, and cognitive elements. These elements in turn are created by an existing set of social relations, but once constructed, play a role in shaping future social relations. That is to say, once a particular space is built, certain types of behavior will be induced or prohibited within that space, continuously impacting the social relationships that occur within that space.

If this is indeed the case, then in colonial situations elites can consciously construct new spatial forms with the preconceived intention either of introducing or reinforcing a new set of behaviors to a colonized area. In fact, if this postulated relationship between space and behavior does exist, one might even predict that during periods of expansion or contraction of the colonial economy such spatial manipulations should occur and should leave an archaeological footprint. Such was the case in both the 16th and 19th centuries, periods which witnessed unprecedented expansion of the British colonial economy.

Britain in Two Worlds: Ireland and Jamaica

Many professional historical archaeologists, including this author, follow the lead of Deetz and South by concentrating their studies on the archaeology of British colonialism in both the New World and the Old. It seems appropriate then to note that 1997 marked the anniversary not only of professional and theoretical watermarks but of two of the more infamous episodes in the history of British colonialism. In Ireland 150 years ago, a year known as "Black 47," the scourge of the Great Potato Famine claimed some 2,700 lives per week in Ireland's work houses, as grain continued to be exported out of Ireland and into Britain (Kinealy 1994:122). This year of 1997 also marked the 130th anniversary of the Morant Bay Rebellion in Jamaica, a lesser-known though telling allegory of British colonialism. In 1867, as a result of the enforcement of trespass laws on people squatting on vacant land, a riot broke out in the vestry town of Morant Bay; several members of the planter class were killed during the violence. In the aftermath martial law was declared; as many as 1,000 houses were burned by the military. Approximately 500 people were rounded up and hanged; hundreds more were publicly flogged. Among the victims was George William Gordon, a sitting member of the Jamaican legislature of African heritage. As a member of the legislature, Gordon had argued for fair treatment of landless squatters. Because he was sympathetic to the plight of the landless he was hanged, there being no evidence that he had anything at all to do with the Morant Bay uprising. In a bitter twist of irony, the governor who ordered the executions was named Eyre (Holt 1992; Heuman 1994).

Despite their similar history as large insular colonies of England, it may be surprising to some to consider a comparison between Ireland and Jamaica. However, these two places were links in the colonial chain that bound the British Empire together for nearly 400 years; as such, in comparing the experiences of these two colonies, one can seek greater insight into the mechanisms of British colonialism, both over space and over time.

Two case studies, one each from Ireland and Jamaica, can be used to test whether the spatial theory outlined above can be used in comparing the archaeology of distinct colonial episodes. The first study concerns a period in Irish history known as the Munster Plantation, a colonial settlement project in southwestern Ireland whose first phase began during a failed rebellion against English state authority in 1573, the so-called Desmond Rebellion, and ended during another uprising in 1598 (Quinn 1966; MacCarthy-Morrogh 1986). The second case study concerns the period of the collapse of the Jamaican sugar industry and the concomitant yet short-lived establishment of coffee plantations in the late 18th and early 19th centuries, particularly in the Blue Mountains of eastern Jamaica. Let us consider the Irish example first.

As Nick Brannon (this volume) has demonstrated, Elizabethan English expansion in Ireland resulted, in part, from pressures put on England to compete with the growing imperial power of Spain, which was bolstered by the wealth extracted during the first wave of New World colonialism in the early 16th century. The consolidation of English authority in southwest Ireland can thus be seen as being part of the larger colonial adventures undertaken by Western Europeans in that century, adventures that resulted in English colonies being founded not only in Ireland but eventually in Virginia, New England, and the Caribbean. Secure English settlements in Munster in the late 16th century required the destruction of the traditional power structure in southwest Ireland, through which political loyalties were localized and focused on either Irish Gaelic or Anglo-Norman Catholic lords. In order to circumvent the authority of the traditional lords, the Elizabethan state attempted to centralize power in the hands of government agents, responsible directly to the crown. Although this attempt at English state formation in Ireland did slowly erode traditional Gaelic society, it was not until large numbers of English people settled in Munster during the plantation that the imposition of spatial forms began to act as a mechanism in the radical transformation of the social relations of production (MacCarthy-Morrogh 1986).

The second case study examines the development of the coffee industry in the Blue Mountains of early 19th-century Jamaica. At the end of the 18th century, Jamaica was slipping in importance within the British colonial system, particularly as new territories were conquered in the Indian Ocean. The global sugar market, which had created the wealth and power of the West Indian planters, was changing dramatically in the opening decades of the 19th century. Production was moving east, to Mauritius and Ceylon; as this happened, the hegemony of the sugar planters diminished as the Jamaican economy became more diversified. As a result, for the first time in its 300-year colonial history, crops other than sugar were intensively and extensively planted in Jamaica. The role of Jamaica shifted in the British system from England's primary supplier of sugar to its primary supplier of coffee. To build Jamaica into a coffee-producing colony, the spatial and social relations that had existed on the lowland sugar plantations had to be modified to fit the upland ecology of the Blue Mountains, which at the time was an undeveloped wilderness (Montieth 1991; Holt 1992; Butler 1995; Delle 1996).

The colonization of the Jamaican uplands required the submission of the substantial and sovereign population of maroons, or escaped slaves, that lived in the mountain valleys of both eastern and western Jamaica. This was accomplished in the late 18th century following a series of skirmishes sometimes called the second maroon war. Once peace was made with the maroons, certain uplands were deemed safe for development (Campbell 1988). The process by which these formally threatening areas of Jamaica became productive coffee plantations is the subject of the second case study.

In both of these case studies, new colonial orders were introduced through the creation and imposition of new cognitive, material, and social spaces. Figure 12.1 shows an example of a newly created cognitive space: an idealized spatial hierarchy that the Elizabethans hoped to plant in Munster. This plan was based on the restructuring of the Irish landscape into a series of 12,000-acre seignories, which in turn were to be divided into incremental lots to English settlers. The construction of such seignories was intended to impose a highly structured, symmetrical space on the landscape and people, thus creating a pliant and loyal local population. A number of contradictions between cognitive and physical space resulted from the settlement, not the least of which was a basic contradiction in the definition of space. As is clearly indicated in this diagram, the English definition of space was based on area; each of these parcels is labeled with an acreage. Income would be derived from the assessment of rents or fees paid to the so-called undertaker, or landlord, who had been granted the seignory by the crown.

In Jamaica similar processes can be seen in the cognitive modeling of new landscapes like the design for an interior township for Jamaica proposed by Edward Long (1970[1774]) in a treatise written the late 18th century. Long argued that a redefinition of space could result in the reconstitution of society. His reconstructed society would include two newly-developed social groups: white small holders, and what he defined as the mulatto offspring of the planters. He suggested that the Jamaican state seize unproductive land from the sugar oligarchs, then redistribute that land to middle-class white settlers. To encourage settlement, he suggested that the state provide each small planter not only with land but with a slave. As part of his racist social engineering, he argued that this group of slaves should be of mixed African and European heritage, a group to be socially distinguished from those of purely African heritage. He argued that after a term of five years these enslaved workers should be granted their freedom and five acres. It was his hope to thus create an intermediate social and racial category that would be more loyal to the state than to the African-Jamaican population (Long 1970[1774]).

Long argued that the key to restructuring society was the development of interior settlements that he called townships; in the late 18th century, most European settlement in Jamaica was clustered along the coastline. According to Long, the creation of such townships would civilize what was perceived as a dangerous, unproductive wilderness. To promote equality within the white middle class, Long proposed a symmetrical distribution of houses and lots. Order was a key to the class discipline that would be required to make such a scheme successful. To this end Long recommended that all the houses should be identical, again emphasizing the creation of order and regularity.

A similar example of sociospatial engineering was

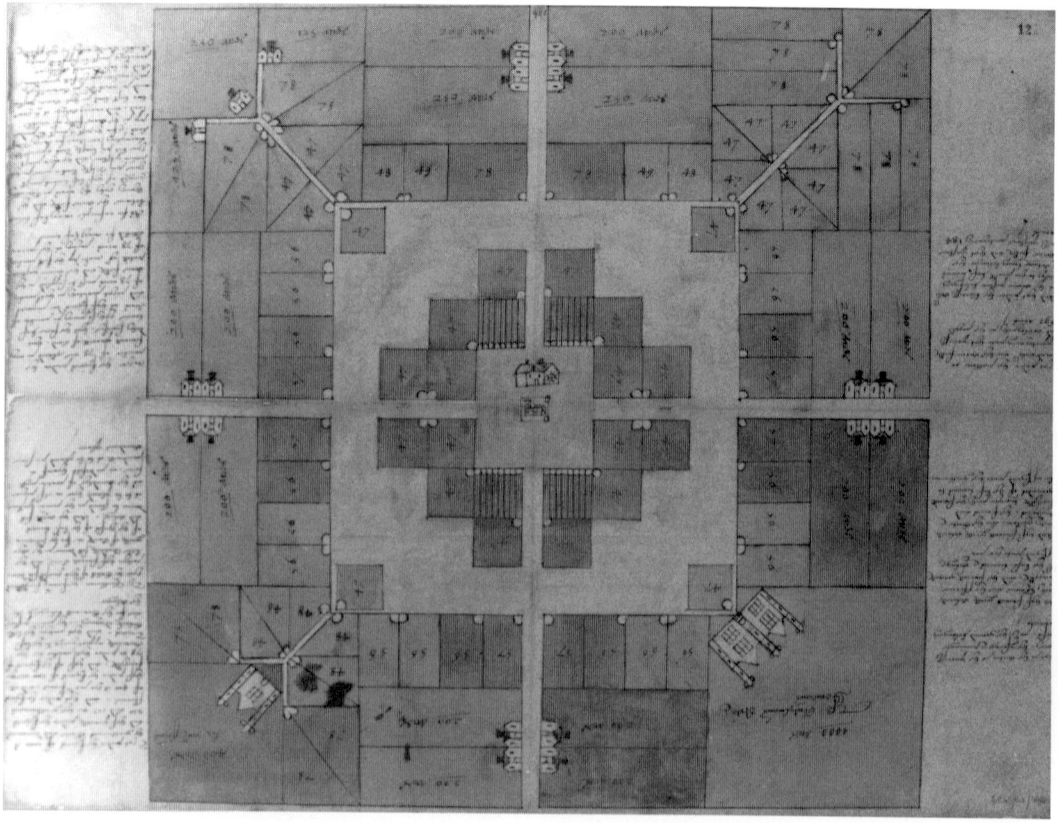

Fig. 12.1 Idealized seignory for the Munster plantation. (Photo by James Delle.)

proposed by P. J. Laborie, a planter refugee from the Haitian revolution who published a treatise on coffee that he hoped would encourage the establishment of a Jamaican coffee industry. In it he presented an idealized plan for the design and construction of proper coffee plantation landscapes, illustrated with schematic representations of ideal plantation layouts. His idealization imagined coffee plantations laid out on a symmetrically gridded plan, in which a set of carefully ordered coffee fields was spatially balanced against a series of cultivated woodlots. Laborie argued that the domestic and industrial spaces, which he collectively defines as "the houses and settlements," should be placed in the geographic center of the plantation, not unlike the scheme proposed for a Munster seignory (Fig. 12.2).

A second process involved in colonial spatial restructuring is the scientific mapping of confiscated or appropriated lands. In the process of confiscating land in Munster, the English began the first systematic mapping of southwest Ireland. Irish resistance to this process of redefining cognitive space can be read in some of the memoranda sent by the surveyors back to London. Given that a small group of men were charged with surveying an enormous amount of land in a very short time, they often established the dimensions of land holdings by conducting interviews with local people who would describe the boundaries of the holdings of a given rebel lord. The surveyors occasionally complained that the lack of a systematic measuring unit in Ireland perplexed them, as they often could not make sense of the descriptions of space they were

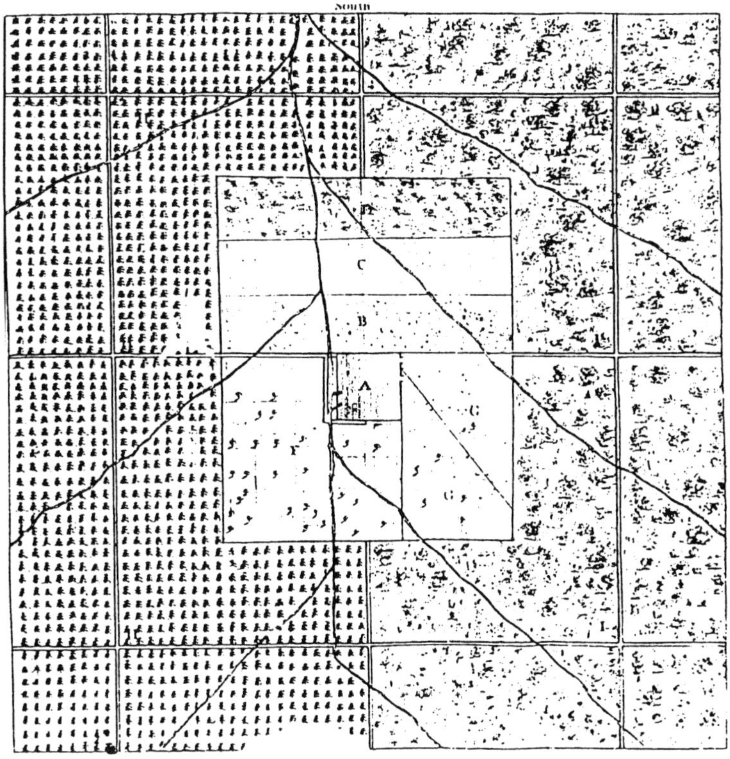

*Fig. 12.2 Laborie's scheme (*The Coffee Planter of St. Domingo*).*

given. Furthermore, there were some areas to which the surveyors would not travel without armed escort. All of these phenomena hint at strategies of spatial resistance: for example, describing the landscape literally in Gaelic terms, or otherwise in vague, obfuscating terms, could by intent or chance confuse and frustrate those who were trying to scientifically interpret and render the landscape. In the end, although the survey did result in the first scientific maps of Munster, the measurements used to redistribute confiscated land to British settlers were not very accurate even by 16th-century standards. Many acres of lands that had not been legally confiscated by the government wound up in the possession of the undertakers, who were regularly sued by the rightful owners of the properties in question (Delle 1998).

A similar cognitive process can be read in the cartographic record of early 19th-century Jamaica. A superficial reading of the many estate maps which survive from this period could easily dismiss changes in cartographic convention as the simple result of technological change. Something else was in play, however. In the earliest maps of the region, the landscape is shown on paper as a series of vacant lots; as time progressed these so-called runs of land were cognitively and materially transformed into plantations. As a result, maps began to show more detail, particularly the extent of coffee fields. There are far more maps surviving from the immediate post-emancipation era than the pre-emancipation era; while this could be the product of unequal preservation, Barry Higman (1986, 1988), a noted historian of Jamaica, has argued that because the planters were charging rents to the population following the end of slavery there was a greater impetus to measure their entire estate; as was the case in Ireland, a shift in social relations resulted in a new cognitive landscape as represented on these maps.

Buildings can be analyzed as expressions of material space. For example, in the years immediately prior to the Desmond Rebellion and the Munster Plantation, Thomas Butler, Earl of Ormond, expressed his allegiance to his distant cousin Elizabeth I not only by professing himself as a Protestant, but through the construction of a new house in Carrick-on-Suir in County Tipperary, known colloquially as Black Tom's Castle (Fig. 12.3). This house was a radical architectural departure from traditional elite Irish tower houses. In constructing his house Ormond began the process of spatial domination, holding court in the long gallery of the ground floor, which was well lit by numerous windows. The interior of the house was plastered and included an iconography depicting loyalty to the English state, as evidenced by plaster depictions of Queen Elizabeth.

During the Munster Plantation, the new spatial order introduced by Ormond was variously accepted and resisted by members of elite Irish, old Anglo-Norman, and new English families. A familiar example of the relationship between political and spatial power is Mallow Castle in County Cork, built by Lord President Sir Thomas Norris during the Munster Plantation. In plan and fenestration, this house more closely resembled Ormond's castle then anything else standing in Munster at that time (Fig. 12.4). To reinforce this spatial domination, Norris built the house directly on the site of one of the Earl of Desmond's castles which had been destroyed during the rebellion. By situating such a house in such a meaning-laden position in the landscape, Norris hoped symbolically and materially to transfer the authority of Desmond onto himself, the agent of the English state.

In the decades to follow, colluding English and Irish lords constructed houses to conform to or to approximate the new spatial order. Among those examples still standing are Kanturk Castle in County Cork, thought to have been built in the 1590s by MacDonough MacCarthy, a chieftain of the MacCarthy Mor sept. Architectural historians sometimes refer to structures such as this as a "transitional house form" a term that is somewhat ambiguous and does something of a disservice to those who created the houses. After all, when MacDonough MacCarthy was building this house, he most likely believed he was constructing something fresh of its own accord, and not something

Fig. 12.3 Black Tom's Castle, County Tipperary. (Photo by James Delle.)

Fig. 12.4 Mallow Castle, County Cork. (Photo by James Delle.)

in between what was and what was to be. It is better to consider this house as an expression of spatial collusion. As seen in the form of the flankers, the building did contain some elements of traditional tower houses, but the plan and elevation were more likely constructed to resemble English house forms being built by the new English elite in Munster and back in the Pale.

Some of the details of Kanturk's construction, like its ornate doorway, symbolically reinforced, or seemed to reinforce, loyalty to the English order. However, the anthropologist James Scott warns that overt appearances of acceptance of authority may mask true intentions or beliefs; the door opposite the ornate doorway was a simple rounded arch, very similar in form and decoration to arches found in traditional tower houses throughout Munster. Indeed, Irish chieftans like MacCarthy may have been in the unenviable position of having to choose which door to use, the English door or the Irish door, depending on the audience. Although still a matter of some interpretation, it appears that MacCarthy's English neighbors did not allow him to finish the house; there is no evidence that the house was ever roofed. The reasons for this are as yet unclear, although the architectural historian Craig (1981) has attributed this phenomenon to the jealousy of neighboring English planters.

Other examples of collusion can be read in what are called composite houses, ancient tower houses that were reconstructed in the plantation era to resemble the new architectural order. The only Munster example known to the author that might date to the Munster Plantation era is Loughmoe, in County Tipperary. At Loughmoe, an English-style house was attached to an earlier tower house; a second tower was constructed to mirror the earlier tower house, giving the entire structure the appearance of horizontal symmetry, an important element in English elite architecture of this time. This too can be seen as a form of acceptance or collusion, where traditional Irish material culture is quite literally co-opted to construct the material culture of the new order.

Finally, there is strong evidence to suggest that, even during the height of the Munster Plantation, local Irish chieftains resisted the English spatial order by constructing stone tower houses based on traditional spatial grammars. Perhaps the best example that can be firmly dated is Ballynacarriga in County Cork. This house was built on a traditional plan and to the casual observer is no different in form to houses built during the 14th or 15th century. Close inspection shows that on the top floor, which was the most ornate of the chambers, traditional Celtic and Catholic designs were incised into the stone. This includes the date 1585, the date of probable construction, or at least renovation, of the house, as well as religious scenes and iconography beautifully carved into the stone frames of several of the windows. The adherence to a traditional house form and the decoration of a public space with traditional Catholic iconography are acts than can be read as forms of resistance against the English colonizers.

In Jamaica, the archaeological record demonstrates that while material space played an important role in negotiating social relations, the experience here was somewhat different than in Ireland. The only monumental structures known to have been built, like overseers' houses and planters' great houses, were constructed by the planter class.

The material record of the coffee plantations indicates that, just as was the case centuries before in Ireland, space was intentionally used as a means of social control. On Clydesdale Plantation (Fig. 12.5), for example, it is apparent that the plantation layout was designed in such a way as to maximize surveillance of the working population. The overseer's house was the focal point of social control on the plantation. This house featured two surveillance positions. The first was the entrance door to the overseer's domestic quarters. From the landing at the top of a wooden stair leading into the house, the overseer could monitor the slave village, which was located uphill, within the viewscape of this position. The path from the village to both the coffee fields and the industrial works passed directly by this point. Thus, without leaving the confines of his house, the overseer could survey the domestic quarters of the workers and watch them as they walked from their houses to their work. The second surveillance point was the veranda from which the overseer could supervise the coffee works. Equally crucial to this method of social control is the experience of the observed. By locating the overseer's house in such a way that the overseer could be surveying the village and works from the veranda, or even by gazing out of one of the house's windows, the workers could never be entirely sure whether or not they were being watched. The purpose behind the construction of this landscape was the construction of work discipline; the logic of the panopticon dictated that the workers would cooperate if they thought they were being watched. Similar processes can be read in the landscapes of neighboring plantations, like Sherwood Forest and Chesterfield.

Conclusion

In conclusion, I summarize what I have attempted to do in this paper. As scholars of material culture, historical archaeologists should attempt to link their

Fig. 12.5 Overseer's house at Clydesdale Plantation.

data to social scientific theories which explain social processes that have been or are in operation in the world. Because our society is increasingly impacted by the expansion of global capitalism, theories concerning this phenomenon are particularly appropriate. While there is not enough space in a short paper fully to explicate the intricate relationships that exist between spatial classes of material culture and the operation of colonial economies, this paper has attempted to illustrate that in at least two colonial episodes the manipulation of spatial material culture in both cognitive and material forms was a key element in the expansion and development of the British Empire. It has been a further goal of this paper to outline a spatial theory which can be used to compare the material culture of colonial episodes in disparate temporal and spatial contexts. While the specific sociospatial processes in these two places at these two times were not identical, nor should British colonialism be essentialized as a monolithic, unvarying experience, in making a connection between Ireland and Jamaica I hope to have shown how spatial material culture can be analyzed as having played an active part in the construction and negotiation of British imperialism.

Acknowledgments

I would like to thank all those who made the Williamsburg portion of the special anniversary meeting of the SHA–SPMA possible, particularly the program chair Marley Brown, who invited me to participate. I am also indebted to Mark Smith and Susan Malin-Boyce for their assistance in preparing the manuscript for publication, as well as a myriad of people in the United States, Jamaica, the United Kingdom, and the Republic of Ireland too numerous to mention by name here, who made the research for this paper possible. This research was funded by a grant from the Wenner-Gren Foundation for Anthropological Research.

References

Bettinger, R. L. 1991, *Hunter-Gatherers: Archaeological and Evolutionary Theory.* Plenum, New York.

Bourdieu, Pierre 1977, *Outline of a Theory of Practice.* Cambridge University Press, Cambridge.

Bourdieu, Pierre 1979, Symbolic Power. *Critique of Anthropology* 4:77–86.

Butler, Kathleen M. 1995, *The Economics of Emancipation: Jamaica and Barbados, 1823–1843.* University of North Carolina Press, Chapel Hill.

Campbell, Mavis 1988, *The Maroons of Jamaica, 1655–1796 : A History of Resistance, Collaboration and Betrayal.* Bergin and Garvey, Granby, MA.

Chomsky, Noam 1993, *Year 501: The Conquest Continues.* South End Press, Boston, MA.

Chomsky, Noam 1996, *Class Warfare: Interviews with David Barsamian.* Common Courage Press, Monroe, ME.

Craig, M. 1981, *The Architecture of Ireland from the Earliest Times to 1880.* B. T. Batsford, London.

Deetz, James 1977, *In Small Things Forgotten: An Archaeology of Early American Life.* Anchor/Doubleday, New York.

Delle, James A. 1996, *An Archaeology of Crisis: The Manipulation of Social Spaces in the Blue Mountains of Jamaica, 1790–1865.* Ph.D. dissertation, Department of Anthropology, University of Massachusetts, Amherst. University Microfilms International, Ann Arbor, MI.

Delle, James A. 1998, *An Archaeology of Social Space.* Plenum, New York.

Foucault, Michel 1979, *Discipline and Punish: The Birth of the Prison.* Vintage, New York.

Gardner, Katy, and David Lewis 1996, *Anthropology, Development, and the Post-Modern Challenge.* Pluto Press, London.

Giddens, Anthony 1979, *Central Problems in Social Theory: Action, Structure, and Contradiction in Social Analysis.* Macmillan Press, London.

Giddens, Anthony 1984, *The Constitution of Society: Outline of a Theory of Structuration.* University of California Press, Berkeley.

Harrison, Bennett, and Barry Bluestone 1990, *The Great U-Turn: Corporate Restructuring and the Polarizing America.* Second edition. Basic Books, New York.

Harvey, David 1982, *The Limits to Capital.* University of Chicago Press, Chicago, IL.

Harvey, David 1990, *The Condition of Post-Modernity: An Enquiry into the Origins of Cultural Change.* Basil Blackwell, Cambridge.

Heuman, Gad 1994, *"The Killing Time": The Morant Bay Rebellion in Jamaica.* University of Tennessee Press, Knoxville.

Higman, Barry 1986, Jamaican Coffee Plantations 1780–1860: A Cartographic Analysis. *Caribbean Geography* 2:73–91.

Higman, Barry 1988, *Jamaica Surveyed: Plantation Maps and Plans of the Eighteenth and Nineteenth Centuries.* Institute of Jamaica, Kingston.

Hodder, Ian 1986, *Reading the Past.* Cambridge University Press, Cambridge.

Holt, Thomas 1992, *The Problem of Freedom: Race, Labor, and Politics in Jamaica and Britain, 1832–1938.* Johns Hopkins University Press, Baltimore, MD.

Horowitz, Michael 1996, Thoughts on Development Anthropology after Twenty Years. In *Transforming Societies, Transforming Anthropology*, edited by E. F. Moran, pp. 325–351. University of Michigan Press, Ann Arbor.

Kelly, Robert 1995, *The Foraging Spectrum: Diversity in Hunter-Gatherer Lifeways.* Smithsonian Institution Press, Washington.

Kinealy, Christine 1994, *This Great Calamity: The Irish Famine, 1845–52.* Gill and Macmillan, Dublin.

Lefebvre, Henri 1991, *The Production of Space.* Basil Blackwell, Oxford.

Long, Edward 1970, *The History of Jamaica.* Reprint of 1774 edition. Frank Cass, London.

MacCarthy-Morrogh, Michael 1986, *The Munster Plantation: English Migration to Southern Ireland, 1583–1641.* Clarendon Press, Oxford.

Montieth, Kathleen 1991, The Coffee Industry in Jamaica, 1790–1850. Unpublished M.A. thesis, University of the West Indies at Mona, Jamaica.

Moran, Emilio F. 1996, An Agenda for Anthropology. In *Transforming Societies, Transforming Anthropology*, edited by E. F. Moran, pp. 1–24. University of Michigan Press, Ann Arbor.

Neiman, Fraser 1995, Stylistic Variation in Evolutionary Perspective: Inferences from Decorative Diversity and Interassemblage Distance in Illinois Woodland Ceramic Assemblages. *American Antiquity* 60(1):7–36.

Patterson, Thomas C. 1989, Political Economy and a Discourse Called "Peruvian Archaeology." *Culture and History* 4:35–64.

Paynter, Robert 1989, The Archaeology of Equality and Inequality. *Annual Review of Anthropology* 18:369–399.

Quinn, David B. 1966, The Munster Plantation: Problems and Opportunities. *Journal of the Cork Historical and Archeologial Society* 71:19–40.

Shanks, Michael, and Christopher Tilley 1987, *Reconstructing Archaeology.* Cambridge University Press, Cambridge.

Shanks, Michael, and Christopher Tilley 1989, Archaeology into the 1990s. *Norwegian Archaeological Review* 22 (1):1–12, 42–54.

South, Stanley 1977, *Method and Theory in Historical Archeology.* Academic Press, New York.

James A. Delle
Department of Anthropology
Franklin and Marshall College
Lancaster, PA 17604

13 House and Household: The Archaeology of Domestic Life in Early America

Mary C. Beaudry

Abstract

North American historical archaeologists initially approached domestic sites as sources of information about details of architecture and furnishings, but since the 1970s have followed Charles Fairbanks's lead in approaching domestic sites, especially backyard middens, as archaeological evidence of the household and of household activities. Models for interpreting household activities and household economics have differed in emphasis, ranging from pattern analysis based on artifact frequencies to consumer choice analysis based on relative costs of recovered items. Recent developments have taken a contextual approach and have been aimed at linking household cycles and family histories to the depositional histories of domestic sites through close attention to site formation processes and site structure.

Introduction

A large proportion, perhaps the majority, of historical sites excavated in North America have been domestic sites, and, if we acknowledge that most military sites are at least partly residential in character, then the number of excavated domestic sites is enormous, indeed. It is commonplace that the outcomes of archaeological research are influenced in no small measure by how archaeologists frame their research questions and by what they consider to be appropriate methods. To a certain extent, therefore, differently conceived research programs produce different outcomes. The goal here, therefore, is not to catalogue all the thousands of domestic sites that have received the attention of North American historical archaeologists but to present a broad outline of the changing approaches that American historical archaeologists have taken to investigating and interpreting domestic sites, emphasizing models and concepts rather than findings.

Backyards, Middens, and Households

The late Charles Fairbanks may have been the first historical archaeologist to insist that historic home sites should have more to offer than their architectural secrets; in the early 1970s he was rejecting the standard approach in which "sites were excavated and excavations planned to reveal lost or disputed architectural details with little attention to the more mundane artifacts" (Fairbanks 1971:134). Fairbanks was correct in his characterization; until the 1970s, historical archaeologists had devoted most of their attention to home sites of the well known or well to do and had often worked in service to architectural history.

In 1971 Fairbanks developed a research design that proposed close examination of backlots in St. Augustine, Florida, noting that "as much of the activity in Spanish colonial households took place in the rear portions of the lots in patios or open areas, it was inevitable that excavations there would reveal more about household activities than would excavations of the structure itself" (Fairbanks 1971:135). Fairbanks felt that historical archaeologists ought to be able to wrest information from household middens just as prehistorians did, and he advocated that historical archaeologists target backyard middens as well as cellar holes and house foundations. As a result, backyard archaeology in St. Augustine, initiated by Fairbanks and carried on by Kathleen Deagan since the mid-1970s, has made tremendous contributions to our understanding of the effects of household composition on diet and material life in the early years of this frontier community. Indeed, Deagan's work on *mestizaje* – a process of cultural interaction and acculturation resulting from marriages of Spanish men to Indian women – demonstrated unequivocally that women's participation in household activities could be detected through careful analysis of household rubbish, especially food remains, ceramics, and food preparation equipment (Deagan 1974, 1983).

Fairbanks and his students soon were applying what Fairbanks called his "backyard archaeology" strategy to plantation sites such as Cannon's Point in Georgia (Otto 1975, 1977, 1984). While Deagan had excavated backyard middens at St. Augustine, in the end her analyses relied on materials from sealed contexts (Deagan 1983:61). Otto, on the other hand, analyzed finds from middens associated with different classes of plantation households – planter, overseer, and slave – and concluded that while dramatic differences existed between planter and overseer and between planter and slave, overseers and slave middens produced assemblages that were largely indistinguishable from one another. He speculated that economics overrode factors of race and class, attributing the similarity in overseer and slave assemblages to the subordinate status of both groups in relation to the planter (Otto 1977:105).

The work of Fairbanks and his students was aimed at finding patterns in the data so that they could use their sites to make generalizations about other sites of the same culture and of roughly the same time period. In this way the work reflected the tenor of the times. The 1970s saw the full flowering of the precepts of processual or New Archaeology among American prehistorians, with Stanley South emerging as the chief spokesman of the processual movement within historical archaeology. South and his many followers embraced Lewis Binford's call for archaeology to be recast as a search for broad patterns of regularities and even for laws of cultural behavior. Quantification was adopted as the means for identifying such patterns (South 1977).

Households and Pattern Analysis

South developed a set of broad artifact classes based, as he saw it, upon objective distinguishing criteria; these Southian artifact groupings continue in wide use in American historical archaeology today despite having received incisive critiques from many quarters. South then used data from a number of sites he had excavated in North and South Carolina to develop a series of specific patterns based on percentages of artifacts found at different site types. At the broadest level was the Carolina Artifact Pattern, through which percentages of the artifact counts were used to distinguish domestic sites from other types of sites, such as forts and frontier outposts. The Brunswick pattern addressed households more directly; it added the spatial dimension to the artifact counts to delineate patterns of rubbish disposal (South 1989). South also attempted to introduce Binford's notions of site structure into historical sites analysis, but this aspect of South's work remained underdeveloped and seems to have generated far less enthusiasm than his artifact groupings and pattern analysis.

In the end, South's patterns were designed to free historical archaeologists from the nuisance of documents and secondary historical works; history was viewed as a messy, particularistic burden. All historical archaeologists really needed was science with a capital S to save them from the dreaded association with history. Beaudry (1996:477–482) discusses this further. South's attitude toward history was further illustrated by the fact that he based his search for patterns on the notion that there existed what he termed a "British colonial system" that was uniform in its expression across the globe and that was reflected in artifact frequencies. The so-called British colonial system would manifest itself regardless of the regional backgrounds and class membership of transplanted Britons and regardless of the conditions that obtained in differing colonial venues.

Processualist historical archaeologists follow South's lead by devoting their attention to artifacts and faunal remains in and of themselves, independent of their contexts, characterizing sites on the basis of percentages of recovered items, using sherd counts as opposed to vessel counts, with little attention given to site structure, site formation processes, and contextual relationships among artifacts and soil strata. Archaeologists trained in processual archaeology often continue to resist incorporating developments in archaeological data recovery and recording into their work (e.g., contextual environmental studies based on pollen, seeds, phytoliths, soil chemistry, etc.; use of the Harris Matrix [Harris 1979]; and so on) because they view such approaches as too site specific; they continue to make statements along the lines of "we excavate sites to recover comparative data", meaning artifact counts to compare with artifact counts, thereby revealing the low priority assigned to understanding the life history of any given site.

Household Economics: Lifestyle and Consumer Choice

An outgrowth of the pattern analysis approach to historical households, one that focuses on economics, is consumer choice analysis. There are many such studies, but the most prominent examples appear in Suzanne Spencer-Wood (1987), *Consumer Choice in Historical Archaeology*; plus also Friedlander (1991); Henry (1991); Holt (1991); Huelsbeck (1991); Klein (1991); Klein and LeeDecker (1991); and LeeDecker (1991). This approach relies upon the analysis of selected categories of household refuse (Rathje and Ritenbaugh 1984) in light of historical data on their relative cost; the most common categories of household discards selected for study are ceramics (most such studies deal with 19th-century sites and make use of George Miller's [1980, 1991] work on economic scaling of ceramics) and faunal remains insofar as bones indicate what cuts of meat were consumed (Huelsbeck 1991). In each instance, a household's investment in ceramics or meat is calculated in order to assess its relative socioeconomic status (Gibb [1996] presents a broadened approach).

Among the major drawbacks of consumer choice analysis is the tendency to use the socioeconomic rank of the head of household to characterize the household as a whole, and, as a result, consumer choice studies often accomplish little more than to confirm what was already established from documents as the overall economic standing of a given household. Such studies tend, therefore, to ignore the complexity and diversity of household makeup and to approach household consumption as a uni-dimensional phenomenon. This overlooks the fact that not all household members contribute to the household economy in the same way, and that the presence of some goods in the household context may have more to do with production than with consumption. It is important, therefore, to consider income strategies (e.g., domestic production for outside sale vs. domestic production for internal household consumption and survival; piecework and outwork; taking in boarders; etc.) and the overall household economy, including contributions made by women, servants, slaves, boarders and other inmates, and, potentially, by children. A further consideration is the household as a unit of employment (Williams 1993); large households, those that did not make use of the bound labor of enslaved people, often provided long-term or temporary, intermittent employment for a wide range of individuals who possessed a variety of skills (e.g., cook, seamstress, blacksmith, farm hand, midwife, etc.).

Archaeologists studying the French and British regimes in Canada have taken a very different approach to both urban and rural sites. Marcel Moussette's work at the site of the Palais de L'intendant (Moussette 1996, 1994) and the work directed by Pierre Beaudet at the Terrasse Dufferin in Québec City (Beaudet 1990) are both excellent examples of projects that aimed to examine all phases of occupation and to look at all of the features present within confined urban spaces. Assemblages recovered from sites of the French regime have been the focus of what is best characterized as "lifestyle analysis" (*les modes de vie*). For example, Paul-Gaston L'Anglais used household analysis as a framework for his study of collections from Place Royal in Québec and from Fortress Louisbourg in Nova Scotia (L'Anglais 1994); similarly, Marc Lavoie examined assemblages from a number of Acadian farmsteads in New Brunswick and Nova Scotia (Lavoie 1987). Both studies sought to characterize every aspect of consumption and production in these 18th-century households through the detailed analysis of complete assemblages. Comprehensive, synthetic studies such as these are almost non-existent in United States historical archaeology.

Household Archaeology and Family History

By returning to the early 1970s it is possible to trace another route taken by historical archaeologists who never became enamored of processualist approaches. This alternative school of thought was inspired by a different sector of anthropological theory than the one that governed processualist thought (in other words, by symbolic, cognitive, or structural anthropology, largely through the influence of James Deetz [1977]). At this time Marley Brown and other Deetz students were intrigued by the work of social historians who were focusing on inter-generational family histories as a way of tracing the founding and growth of New England towns. John Demos's 1970 book, *A Little Commonwealth*, which examines family life in early Plymouth Colony, is a prime example of this genre. Brown was seeking to use the framework of family history in his interdisciplinary study of the Mott Farm in Portsmouth, Rhode Island – he worked here with architectural historians who were dismantling the upstanding structure using archaeologically-inspired recording methods so that it could be reassembled elsewhere. He hoped to be able to interpret site deposits in light of changes made to the house as the family expanded and contracted and as one generation succeeded another (Brown 1975, 1987). The possibilities represented by this powerful interdisciplinary approach combining archaeology, material culture analysis, family history, and architectural analysis within a framework of anthropological theories about the household were very exciting.

Anne Yentsch began to use family reconstitution and other demographic techniques to trace the changing composition of households; in her analysis of materials from the Narbonne House site in Salem, Massachusetts, she was able to link deposits found in the backlot to specific households that once occupied the house (Moran et al. 1982). Yentsch's subsequent work in Annapolis brought this approach to its full expression in the form of a historical ethnography of the Calvert family and their slaves (Yentsch 1994). During the years she excavated in Annapolis, Yentsch came increasingly to recognize what other students of household archaeology have also realized, that studying the artifacts from domestic sites was simply not enough: features and their disposition in space are equally, if not more, telling than artifacts alone for household analysis (Beaudry 1986).

This realization led Yentsch to take a household-oriented approach to the archaeology of 18th-century formal gardens at sites such Morven, in Princeton, New Jersey (Yentsch et al. 1987). She began to interpret the garden and its elements as outdoor extensions of household space and as reflection and symbol of a family's position within the community.

Household Ritual and Folk Beliefs

Historical archaeologists working on English colonial sites have increasingly acknowledged that a critical element of their approach is thorough familiarity with English and colonial history (Beaudry and George 1987; Yentsch 1991), and knowledge of English folk culture has led some historical archaeologists to consider practices based on British folk beliefs as possible explanation for some of their findings. Ritual protection of houses against witches can result in what Julia King has dryly referred to as "an unusual artifact assemblage" (King 1996:28). King's excavations at Patuxent Point in Maryland produced two examples that may reflect ritual practices. The first is a pit just outside and to the east of the remains of a 17th-century house. In the pit someone had placed four case bottles in an inverted position, three corroded nails, and two unusual animal bones – a pig pelvis and the lower jaw from a possum or a raccoon (King 1996:27). King offers the interpretation that this pit is a witch bottle pit placed near the entry of the dwelling to protect it from evil spirits (Becker 1980).

The family cemetery at Patuxent Point produced another possible example of folk practice, in the form of the burial of a woman oriented east. It is possible that this woman died in childbirth and, because she did not go through the post-childbirth ritual of purification known as "churching," was denied the usual Christian burial (King and Ubelaker 1996:116). King's interpretation is that the lives of the household members at 17th-century Patuxent Point were permeated by traditional English folk beliefs and ritual practice; her findings serve as a message that other historical archaeologists should be alert to such interpretations at their own sites.

Alternative Models of the Household

In the 1980s, household archaeology emerged as a major focus of projects in all areas of archaeological endeavor, and theories and models from other disciplines were incorporated into archaeological studies (Wilk and Rathje 1982; Mrozowski 1984; MacEachern et al. 1989). As archaeologists studying households began to be explicit in their use of theories about households drawn from anthropology and family history (Goody 1971; Laslett 1972; Wilk et al.1984), they increasingly recognized the need to construct appropriate models for interpreting historical households in all their different forms and contexts (Beaudry 1984). For example, archaeological study of the backlots of the Boott Mills boardinghouses in Lowell, Massachusetts, presented a special challenge for household analysis; the boardinghouses had to be considered as reflections of both corporate policy and as the arenas for workers' leisure and domestic activities. The latter aspect of the study tackled the concept of the household as it applies to corporate living arrangements such as the situation found in company boardinghouses (Beaudry 1989; Beaudry and Mrozowski 1989).

The residential make-up of a boardinghouse can seldom be viewed in the familial sense normally employed to characterize households. The problem is one of definition. In Lowell we looked at the structure of the boarding-household: its internal composition and the relationships among its residents and the activities it performed. Kinship was seldom a significant variable, even though related persons might live in the same boardinghouse. Peter Laslett's analytical synthesis of ideas about families and households indicates that scholars have tended to avoid a definition of the household as tied strictly to kinship because there is considerable variation in family form both within cultures and cross-culturally (Laslett 1972:24). In the sense that a boardinghouse was a co-resident group whose members shared the same physical space, it was a household, and its members shared in contributing to the economic viability of the household. Although the boardinghouse often had a fluctuating composition because of worker transience, the nature of its composition changed very little as a result of such fluidity. Transience in residency may have been a characteristic of these houseful (Laslett's [1972:25] term), but the keeper, the household head, enjoyed long tenure and provided continuity. Thus, while recognizing the ways in which boardinghouses differed from conventional households, our study defined them as corporate households, using this notion as a conceptual tool for interpreting the archaeological evidence. It was important to understand how the company-controlled structure affected the domestic lives of the residents as well as how it affected the nature of boardinghouse keeping as a social and economic activity. Information in the following discussion is drawn from Beaudry (1989), Beaudry and Mrozowski (1989), and Mrozowski et al. (1996).

In the early decades of the 19th century the structure of the corporate household was consistent: a female-headed a household made up of female residents. While ages varied, there was little occupational variation. Each member contributed to the costs of running the household; the keeper's areas of responsibility and concern had to do with the corporate concerns of the household, and individual boarders were responsible for personal consumption. It was possible to interpret patterns of consumer behavior by delineating personal vs. corporate purchase and consumption patterns. Keepers bought and prepared the food and often bought both food and furnishings in bulk; the ceramic assemblage, for example, consisted primarily of plain, serviceable wares. Activities such as washing clothes left their traces in the backlots in the form of large numbers of buttons that, presumably, became detached from clothing on laundry days; other personal effects such as brooches and hair combs reflected the presentation of self and construction of personal identity among the female operatives; and items such as alcoholic beverage containers and clay pipes reflected activities the boardinghouse residents engaged in during leisure hours. The success of the analysis was in large measure possible because it had been possible to construct a comprehensive and multi-layered model based on reconstitution of boardinghouse demographics that aided in interpreting the boarding-household at different contextual levels; this, combined with the interdisciplinary mix of research and analytical techniques, made for a rich and fruitful analysis.

Brothels constitute another form of alternative, corporate household and several archaeological studies have taken an explicitly household-archaeology approach to the interpretation of brothels (Kennedy 1989; Seifert 1991; Cheek and Seifert 1994). The strength of recent studies of brothels has been the injection of a feminist perspective that examines the material culture of brothels as evidence for a special class of household, considering prostitution not so much as a source of entertainment for men but as a business or income strategy for women, especially as shown by Seifert (1991).

Similarly, archaeologists studying religious communities and residential religious or civic institutions have recognized that it is critical to examine closely the ways in which the beliefs and principles espoused by religious and civic groups affect selection and use of material culture, residential accommodations, use of space, and household economics. For example, David Starbuck (1984) discusses how the composition of Shaker households was controlled by the Shaker belief system and was, in turn, reflected in architecture and material culture. Lu Ann De Cunzo (1995), in her study of the Magdalen Society of Philadelphia, outlines a contextual approach to the archaeological study of institutions that incorporates anthropological theories of ritual with documentary and material culture analysis of the Magdalen Society's institutional structure and principles and of its buildings and their furnishings. Her study explores the ways in which every aspect of an institutional and/or religious setting is expressed through material symbols, including, in this instance, clothing issued to inmates. Missions, convents, orphanages, almshouses, dormitories, and other sites of reform and religious institutions, therefore, can all be examined as specially constituted forms of the household.

Interpreting Household Cycles and Life Courses through Site Life Histories

A rather surprising lack of interest in understanding site sediments and site formation processes means that many archaeologists are all too willing to dismiss any part of their site they can characterize with the D-word, disturbance. This attitude remains widespread in historical archaeology despite a growing body of literature that emphasizes the need to decipher site formation processes as a way of comprehending the cultural and natural transformations that have resulted in the archaeological record that we as archaeologists address, especially Schiffer (1987). Sheet refuse, yard deposits, middens, and plow zones are all victims of this negative mentality, albeit for differing reasons. Some archaeologists do not want to bother with the small bits, others cannot spare the time and money, others cannot identify and date their artifacts very well and therefore, as George Miller puts it, "can't tell time" (George L. Miller 1997, pers. comm.), and others do not believe that mixed deposits carry worthwhile information. At a recent workshop several colleagues repeatedly stated that not only were mixed deposits meaningless, but also that only single-component sites were worth digging because they were the only ones that archaeologists could make sense of!

Thankfully, many United States historical archaeologists have recognized that delineating the life history of a site is a first step towards interpretation and is vital for understanding households and their transformations (Pinello 1989; Staski 1990; King 1993; Simmons et al. 1993; Wheeler 1993). Archaeologists working at St. Mary's City, Maryland, for example, have developed a very powerful set of tools for wresting vast amounts of information from plow zone contexts that most of their Chesapeake colleagues blithely strip away. The Maryland studies (Keeler 1978; Stone 1982; Miller 1986; King and Miller 1987; King 1988; Gibb and King 1991; Gibb 1996) – show just how much information is lost through stripping away the plow zone; by plotting the distribution of chronologically diagnostic artifact types and changing ratios of chemicals in the plow zone, the archaeologists are able to identify the locations of middens over time and hence to trace changes in the use of space – among other things. Recalling Fairbanks's admonition that in order to understand households we must attend to middens and to the use of outdoor space within backlots and houselots, it is easy to see why the analysis of plow-zone middens is an approach that is far more congenial to household analysis than one that deliberately ignores or destroys data about spatial relationships.

Recently Kathleen Wheeler (1995) has analyzed site formation processes at a number of sites in Portsmouth, New Hampshire, to reevaluate original interpretations of many of the sites in this port town. The Mary Rider site is an especially telling example of the exciting results of Wheeler's contextual approach.

Here, she notes, "artifacts from a privy were previously used to reconstruct Mary Rider's socio-economic status as pauperized after her husband's death . . . but reexamination of materials from other contexts at the site (i.e., the backyard midden) revealed an abundance of goods that kept pace with the times to the end of the widow's life This re-analysis is instrumental in demonstrating that households are only partly represented by downcutting features and that undisturbed horizontal trash concentrations can be more illustrative of the full range of material goods discarded" (Wheeler 1995:9).

Directions for Archaeology of Historical Households

The growing emphasis on contextual interpretations and the dawning realization by most historical archaeologists that paying attention to history is not inherently inimical to anthropological concerns has rung some dramatic changes in the realm of household archaeology. Adrian and Mary Praetzellis have developed their own genre of (household) archaeology, which they have termed "archaeological biography." Their approach integrates archaeological and historical evidence into lively case studies of individual lives and family stories (Praetzellis et al. 1997; Praetzellis 1998).

Over the past several years, an attempt has been made to apply many of these concepts in a long-term research project at the Spencer-Peirce-Little Farm in Newbury, Massachusetts, through investigation of archaeological deposits both inside and outside of the house in conjunction with architectural archaeology and extensive genealogical research, including household reconstitution and social historical research (Beaudry 1995). The goal is to develop a way of deciphering complex site formation processes and to correlate not just finds from sealed features but also redeposited materials and the earth-moving episodes that created these secondary deposits with changing household composition, architectural renovations, and so forth.

Over the past decade developments have moved the study of households into the realm of full-fledged contextual archaeology. These developments have demonstrated the value of viewing sites as complex matrices, whose sediments suspend not just artifacts but a vast array of data about past household activities. Deciphering site formation processes has been shown to be critical to the archaeology of households; so has the use of a combination of differing forms of contextual analysis – cultural and historical context as well as a close understanding of place derived from ecological data provide for a powerful interpretive framework. In essence, the archaeology of historical households has found its way back to the analysis of middens and feature systems as well as of the artifacts so critical to examining families and households in the past.

Acknowledgments

I thank Julia King for providing material on her work at Patuxent Point as well as for fruitful discussions about the archaeology of historical households. I am also indebted to my colleagues Anne Yentsch and Gerald Kelso for their insights on the integration of historical anthropology and the study of family histories, households, site structure, and site formation processes.

References

Beaudet, Pierre 1990, *Under the Boardwalk in Québec City: Archaeology in the Courtyard and Gardens of the Chateau Saint-Louis.* Septentrion, Sillery, Québec.

Beaudry, Mary C. 1984, Archaeology and the Historical Household. *Man in the Northeast* 28:27–38.

Beaudry, Mary C. 1986, The Archaeology of Historical Land Use in Massachusetts. *Historical Archaeology* 20(2):38–46.

Beaudry, Mary C. 1989, Household Structure and the Archaeological Record: Examples from New World Historical Sites. In *Households and Communities: Proceedings of the 21st Annual Chacmool Conference*, edited by Scott MacEachern, David J. W. Archer, and Richard D. Garvin, pp. 84–92. The Archaeology Association of the University of Calgary, Alberta.

Beaudry, Mary C. 1995, Scratching the Surface: Seven Seasons Digging at the Spencer-Peirce-Little Farm, Newbury, Massachusetts. *Northeast Historical Archaeology* 24:19–50.

Beaudry, Mary C. 1996, Reinventing Historical Archaeology. In *Historical Archaeology and the Study of American Culture*, edited by Lu Ann De Cunzo and Bernard L. Herman, pp. 473–497. Distributed by University of Tennessee Press, Knoxville, for the Henry Francis Du Pont Winterthur Museum, Winterthur, DE.

Beaudry, Mary C., and Douglas C. George 1987, Old Data, New Findings: 1940s Archaeology at Plymouth Reexamined. *American Archeology* 6(1):20–30.

Beaudry, Mary C., and Stephen A. Mrozowski (editors) 1989, Interdisciplinary Investigations of the Boott Mills, Lowell, Massachusetts. Volume III: The Boarding House System as a Way of Life. *Cultural Resources Management Study* No. 21. National Park Service, North Atlantic Regional Office, Boston.

Becker, Marshall J. 1980, An American Witch Bottle. *Archaeology* 33(2):19–23.

Brown, Marley R., III 1975, The Use of Oral and Documentary Sources in Historical Archaeology: Ethnohistory at the Mott Farm. *Ethnohistory* 20(4):347–360.

Brown, Marley R., III 1987, *"Among Weighty Friends": The Archaeology and Social History of the Jacob Mott Family, Portsmouth, Rhode Island, 1640–1800.* Ph.D. dissertation, Department of Anthropology, Brown University, Providence, RI. University Microfilms International, Ann Arbor, MI.

Cheek, Charles D., and Donna J. Seifert 1994, Neighborhoods and Household Types in Nineteenth-Century Washington, D.C.: Fannie Hill and Mary McNamara in Hooker's Division. In *Historical Archaeology of the Chesapeake*, edited by Paul Shackel and Barbara J. Little, pp. 267–281. Smithsonian Institution Press, Washington.

Deagan, Kathleen A. 1974, *Sex, Status and Role in the Mestizaje of Spanish Colonial Florida.* Ph.D. dissertation, Department of Anthropology, University of Florida, Gainesville. University Microfilms International, Ann Arbor, MI.

Deagan, Kathleen A. 1983, *Spanish St. Augustine: The Archeology of a Colonial Creole Community.* Academic Press, New York.

De Cunzo, Lu Ann 1995, Reform, Respite, Ritual: An Archaeology of Institutions; The Magdalen Society of Philadelphia, 1800–1850. *Historical Archaeology* 29(3).

Deetz, James 1977, *In Small Things Forgotten: An Archaeology of Early American Life.* Anchor Books, New York.

Demos, John 1970, *A Little Commonwealth: Family Life in Plymouth Colony.* Oxford University Press, New York.

Fairbanks, Charles H. 1977, Backyard Archaeology as a Research Strategy. *The Conference on Historic Site Archaeology Papers 1976* 11:133–139.

Friedlander, Amy 1991, House and Barn: The Wealth of Farmers, 1795–1815. *Historical Archaeology* 25(2):15–29.

Gibb, James G. 1996, *The Archaeology of Wealth: Consumer Behavior in English America.* Plenum Press, New York.

Gibb, James G., and Julia A. King 1991, Gender, Activity Areas, and Homelots in the 17th-Century Chesapeake Region. *Historical Archaeology* 25(4):109–131.

Goody, Jack (editor) 1971, *The Developmental Cycle of the Domestic Group.* Cambridge University Press, New York.

Harris, Edward 1979, *Principles of Archeological Stratigraphy.* Academic Press, New York.

Henry, Susan L. 1991, Consumers, Commodities, and Choices: A General Model of Consumer Behavior. *Historical Archaeology* 25(2):3–14.

Holt, Cheryl A. 1991, Plants, Humans, and Culture: An Edible Model of Consuming Behavior. *Historical Archaeology* 25(2):46–61.

Huelsbeck, David R. 1991, Faunal Remains and Consumer Behavior: What Is Being Measured? *Historical Archaeology* 25(2):62–76.

Keeler, Robert W. 1978, *The Homelot on the Seventeenth-Century Chesapeake Tidewater Frontier.* Ph.D. dissertation, Department of Anthropology, University of Oregon, Eugene. University Microfilms International, Ann Arbor, MI.

Kennedy, Margaret 1989, Houses with Red Lights: The Nature of Female Households in the Sporting Subculture Community. In *Households and Communities: Proceedings of the 21st Annual Chacmool Conference*, edited by Scott MacEachern, David J. W. Archer, and Richard D. Garvin, pp. 93–100. The Archaeology Association of the University of Calgary, Alberta.

King, Julia A. 1988, A Comparative Midden Analysis of a Household and Inn in St. Mary's City, Maryland. *Historical Archaeology* 22(2):17–39.

King, Julia A. 1993, The Household in the Colonial Chesapeake: An Archaeological Study of the Use of Domestic Space. Revised version of a paper presented at the 1992 Winterthur Conference, Winterthur, DE.

King, Julia A. 1996, The Patuxent Point Site. In *Living and Dying on the 17th Century Patuxent Frontier*, edited by Julia A. King and Douglas H. Ubelaker, pp. 15–46. Maryland Historical Trust Press, Crownsville, MD.

King, Julia A., and Henry M. Miller 1987, The View from the Midden: An Analysis of Midden Distribution and Composition at the Van Sweringen Site, St. Mary's City, Maryland. *Historical Archaeology* 21(2):37–59.

King, Julia A., and Douglas H. Ubelaker 1996, Living and Dying at Patuxent Point. In *Living and Dying on the 17th Century Patuxent Frontier*, edited by Julia A. King and Douglas H. Ubelaker, pp. 105–120. Maryland Historical Trust Press, Crownsville, MD.

Klein, Terry H. 1991, Nineteenth-Century Ceramics and Models of Consumer Behavior. *Historical Archaeology* 25(2):77–91.

Klein, Terry H., and Charles H. LeeDecker 1991, Models for the Study of Consumer Behavior. *Historical Archaeology* 25(2):1–2.

L'Anglais, Paul-Gaston 1994, *Les modes de vie à Québec et à Louisbourg au milieu du XVIIIe siècle à partir de collections archéologiques*. Gouvernement du Québec, Ministère de la Culture et des Communications, Québec.

Laslett, Peter (editor) 1972, *Household and Family in Past Time*. Cambridge University Press, New York.

Lavoie, Marc Charles 1987, Belleisle Nova Scotia, 1680–1755: Acadian Material Life and Economy. *Curatorial Report* 65. Nova Scotia Museum, Halifax.

LeeDecker, Charles H. 1991, Historical Dimensions of Consumer Research. *Historical Archaeology* 25(2):30–45.

MacEachern, Scott, David J. W. Archer, and Richard D. Garvin (editors) 1989, *Households and Communities: Proceedings of the 21st Annual Chacmool Conference*. The Archaeology Association of the University of Calgary, Calgary, Alberta.

Miller, George L. 1980, Classification and Economic Scaling of 19th-Century Ceramics. *Historical Archaeology* 14:1–40.

Miller, George L. 1991, A Revised Set of CC Index Values for Classification and Economic Scaling of English Ceramics from 1787 to 1860. *Historical Archaeology* 25(1):1–25.

Miller, Henry M. 1986, Discovering Maryland's First City: A Summary Report on the 1981–1984 Archaeological Excavations in St. Mary's City, Maryland. *St. Maries Citty Archaeological Series* No. 2. St. Mary's City, MD.

Moran, Geoffrey P., Edward F. Zimmer, and Anne E. Yentsch 1982, Archeological Investigations at the Narbonne House, Salem Maritime National Historic Site, Massachusetts. *Cultural Resources Management Study* 6. National Park Service, North Atlantic Regional Office, Boston.

Moussette, Marcel 1994, *Le site du Palais de l'intendant à Québec: Genése et structuration d'un lieu urbain*. Septentrion, Sillery, Québec.

Moussette, Marcel 1996, The Site of the Intendant's Palace in Québec City: The Changing Meaning of an Urban Space. *Historical Archaeology* 30(2):8–21.

Mrozowski, Stephen A. 1984, Prospects and Perspectives on an Archaeology of the Household. *Man in the Northeast* 27:31–49.

Mrozowski, Stephen A., Grace H. Ziesing, and Mary C. Beaudry 1996, *Living on the Boott: Historical Archaeology at the Boott Mills Boardinghouses in Lowell, Massachusetts*. University of Massachusetts Press, Amherst.

Otto, John Solomon 1975, *Status Differences and the Archaeological Record: A Comparison of Planter, Overseer, and Slave Sites from Cannon's Point Plantation (1794–1861), St. Simon's Island, Georgia*. Ph.D. dissertation, Department of Anthropology, University of Florida, Gainesville. University Microfilms International, Ann Arbor, MI.

Otto, John Solomon 1977, Artifacts and Status Differences: A Comparison of Ceramics from Planter, Overseer, and Slave Sites on an Antebellum Plantation. In *Research Strategies in Historical Archeology*, edited by Stanley South, pp. 91–118. Academic Press, New York.

Otto, John Solomon 1984, *Cannon's Point Plantation, 1794–1860: Conditions and Status Patterns in the Old South*. Academic Press, Orlando, FL.

Pinello, Martha E. 1989, Archaeological Formation Processes and Household Boundaries in Four Domestic Lots in the North End of Portsmouth, New Hampshire, 1730–1830. Unpublished M.A. thesis, Department of Anthropology, University of Massachusetts, Amherst.

Praetzellis, Adrian, Grace H. Ziesing, and Mary Praetzellis 1997, *Tales of the Vasco: Being the Stories of a Rancher from France, an Abandoned Wife who took to the Law, a Cowboy who got on the Wrong Side of the Law, a Much Loved Ranch Woman, and an Archaeologist, all Reconstructed from the Authentic Sources*. Los Vaqueros Project Final Report No. 5. Anthropological Studies Center, Sonoma State University, Rohnert Park, California.

Praetzellis, Mary (editor) 1998, Archaeologists as Storytellers. *Historical Archaeology* 32(1).

Rathje, William L., and Cheryl K. RitenBaugh (editors) 1984, Household Refuse Analysis: Theory, Method, and Applications in Social Science. *American Behavioral Scientist* 28(1).

Schiffer, Michael 1987, *Formation Processes of the Archaeological Record*. University of New Mexico Press, Albuquerque.

Seifert, Donna J. 1991, Within Sight of the White House: The Archaeology of Working Women. *Historical Archaeology* 25(4):82–108.

Simmons, David, Myron O. Stachiw, and John Worrell 1993, The Total Site Matrix: Strata and Structure at the Bixby House. In *Practices of Archeological Stratigraphy*, edited by Edward C. Harris, Marley R. Brown III, and Gregory J. Brown, pp. 181–197. Academic Press, New York.

South, Stanley 1977, *Method and Theory in Historical Archeology*. Academic Press, New York.

South, Stanley 1989, Using Scientific Methodology and Energy Theory to Address Artifacts from British and Spanish Colonial Communities. In *Households and Communities: Proceedings of the 21st Annual Chacmool Conference*, edited by Scott MacEachern, David J. W. Archer, and Richard D. Garvin, pp. 3–12. The Archaeology Association of the University of Calgary, Alberta.

Spencer-Wood, Suzanne (editor) 1987, *Consumer Choice in Historical Archaeology*. Plenum Press, New York.

Starbuck, David R. 1984, The Shaker Concept of Household. *Man in the Northeast* 28:73–86.

Staski, Edward 1990, Site Formation Processes at Fort Fillmore, New Mexico: First Interpretations. *Historical Archaeology* 24(3):79–90.

Stone, Garry Wheeler 1982, *Society, Housing and Architecture in Early Maryland: John Lewgar's St. John's.* Ph.D. dissertation, Department of American Civilization, University of Pennsylvania, Philadelphia. University Microfilms International, Ann Arbor, MI.

Wheeler, Kathleen L. 1993, *The Characterization and Measurement of Archaeological Depositional Units: Patterns from Nineteenth-Century Urban Sites in Portsmouth, New Hampshire.* Ph.D. dissertation, Department of Anthropology, University of Arizona, Tucson. University Microfilms International, Ann Arbor, MI.

Wheeler, Kathleen L. 1995, Using Historical Archaeology to Rewrite the Myth of the "Poor Widow": An Example from Nineteenth-Century Portsmouth, New Hampshire. *New Hampshire Archeologist* 35(1):1–11.

Wilk, Richard R., Robert Mc C. Netting, and Eric J. Arnould (editors) 1984, *Households: Comparative and Historical Studies of the Domestic Group.* University of California Press, Berkeley.

Wilk, Richard R., and William L. Rathje 1982, Household Archaeology. *American Behavioral Scientist* 25:617–640.

Williams, J. D. 1993, The Noble Household as a Unit of Employment: Audley End, 1755–97. *Essex Archaeology and History* 24:164–167.

Yentsch, Anne E. 1991, Minimum Vessel Lists as Evidence of Change in Folk and Courtly Traditions of Food Use. *Historical Archaeology* 24(3):24–53.

Yentsch, Anne E. 1994, *A Chesapeake Family and Their Slaves: A Study in Historical Archaeology.* Cambridge University Press, Cambridge.

Yentsch, Anne E., Naomi Miller, Barbara Paca, and Dolores Piperno 1987, Archaeologically Defining the Earlier Garden Landscapes at Morven: Preliminary Results. *Northeast Historical Archaeology* 16:1–29.

Mary C. Beaudry
Department of Archaeology
Boston University
675 Commonwealth Avenue
Boston, MA 02215

14 The Archaeology of Ethnicity: An Example from Sacramento, California's Early Chinese District

Adrian Praetzellis

Abstract

Archaeological excavations of an 1855 Chinese boardinghouse in Sacramento, California, revealed an unusual mixture of Chinese and Euroamerican artifacts. This phenomenon is taken as an indication of the carefully developed relationship – known as guanxi – between influential members of Sacramento's Chinese population and their Euroamerican counterparts, rather than as a sign of cultural change on the part of the Chinese. The study emphasizes that the "meanings" of artifacts are dependent upon the context of their use which, in this case, was reconstructed using mid-19th-century records interpreted through ethnographic analogy.

Introduction

My introduction to California historical archaeology was in 1974. It was a Sacramento summer with temperatures in the low 100° F, and Mary Praetzellis and I had been put to work digging small square holes in a heavily stratified deposit dating to the California Gold Rush of the early 1850s. Coming directly from the excavation of medieval Thorneholm Priory in England, I was in shock.

There were two things that I just couldn't fathom: First, why were we digging in arbitrary levels when there were perfectly good layers to follow? The answer to this one came quite easily: because that was how it was done. Not wishing to appear stupid, I never actually articulated the second question, but I thought about it all the same: Even if we *did* dig this site properly, what would we find out that a historian couldn't have told us with the expenditure of a lot less sweat and, dare I say, less money? In short, why would anyone *want* to dig a mid-19th century site? Is it just another of those harmless intellectual exercises that we educated folk carry on for what Thomas Merton described as vaguely aesthetic reasons? Or is there actually something to be learned aside from the minutiae of who traded which pots with whom and the interminable laundry lists of artifacts?

This essay is a belated attempt to answer these questions.

Historical Contexts Large and Small

The events and processes of 19th-century history are fundamental to contemporary North American culture. Furthermore, historical archaeology is in a strong position to make a contribution to one of the most important themes in North American history: the process by which the people from traditional, premodern cultures – both immigrant and native-born – adapted to life in an industrial society (Gutman 1977). In 19th-century America, this process involved a change from a traditional, "face-to-face" society (Redfield 1955) to one that emphasized rationality in economic relationships, specialization, and efficiency, and whose goal of an improved future was to be measured by material progress (Brown 1976:29; Wallerstein 1983). Until as late as the 1970s, many economic historians conceived of 19th-century modernization as a simple, linear process. According to this model, societies evolved in a straight-line path from traditional, agrarian-based communities, in which social control was maintained by church, family, and an inviolable social order, to industrialized ones in which "centralization, bureaucratization, and role segmentation" were the rule (Bender 1978:56).

A parallel interpretation, and one which has come to predominate in recent years, rejects the idea that all vestiges of the preindustrial past were rejected by all segments of society undergoing urbanization. Glazer and Moynihan's (1963) classic examination of the strength of immigrant ethnic culture in New York and studies of resistance to industrial culture on the part of workers (Hirsch 1978; Rodgers 1978) have contributed to the view of urban pluralism developed by Bender (1978) who proposed that the modernization of 19th-century American urban dwellers was multilinear and complex: Multilinear because various class and ethnic groups participated to varying degrees and complex because individuals and families were simultaneously involved with both traditional and modern ways of life. Through the mechanism of family and social networks, national, religious, and ethnic ties remained strong and encouraged communal, traditional values and practices (Bender 1978:122; Haraven 1978). At the same time, industrial time discipline, the cash economy, and relationships with government institutions necessitated that individuals be able to function within the modern order (Rodgers 1978).

Britain was not so affected by immigration; however, a similar research approach could be applicable, perhaps concerning cultural change in response to industrialization among the traditional peoples of the country's various regional and linguistic groups. This is regretfully left to others, although I am open to offers.

Ethnicity as a Cultural Strategy

Wherever Overseas Chinese communities have been established, merchants were the usual choice to represent the Chinese community as a whole to local government officials and other influential bodies (Glick 1938:74; Coughlin 1960:80; Lai 1988:191). The Chinese middleman was often someone with ties to specific native individuals whom he could call upon when needed (Omohundru 1981:114). When not excluded by law or practice, Chinese businessmen became involved with local government and could serve as official intermediaries by virtue of their bilingualism and their positions of respect in both communities (Glick 1938:740).

It is clear that the Chinese merchants' ethnicity involved more than simply cultural display for its own sake. These actors' emphasis on ethnic differences varied "from time to time, from situation to situation, depending on the way they interpret[ed] their interests" (Coughlin 1960:191–192). As an active force, ethnicity can be a strategy for both survival and economic advancement. The aspect of Overseas Chinese merchant culture that is most relevant to this study was their position as middlemen in relations between resident Chinese and the host community. It is in this situation that the use of symbols as ethnic boundary markers should be most evident.

While collections of archaeological artifacts that include both Chinese and Euroamerican items are generally interpreted as evidence of acculturation on the part of the Chinese, the contextual approach that we offer in this example provides an alternative explanation for this pattern in the 1850s Chinese merchant community in Sacramento. Here, the non-Chinese materials reflected the merchant household's superior access to goods compared with the non-merchant population. Artifacts used by merchants themselves also may have served a stylistic function in boundary maintenance displays to emphasize the differences between themselves, as boundary people, and the Chinese community at large (Praetzellis, Praetzellis, and Brown 1987).

Archaeology, Ethnicity, and Ethnography

In 1981 and again in 1995, urban redevelopment provided the opportunity to archaeologically investigate two Sacramento city blocks, situated directly opposite each other, that were the historic center of the town's Chinese district during the 1850s and 1860s (Praetzellis and Praetzellis 1982, 1997). This essay will concentrate on the results of the most recent excavations: the block bounded by H, I, 5th, and 6th streets. Although the early history of the block is poorly known – Chinese businesses were rarely represented in city directories and households were generally lumped as a group by census enumerators –

it is clear that this area served as a supply and service center for Chinese miners during the Gold Rush. Numerous Chinese stores, gaming houses, and lodgings were located there as well as a butcher shop and a doctor's office; the buildings were focused along China Lake, also known as Sutter Lake or China Slough, which served both as fishing grounds and as the scene of community recreational and ritual events. By the 1870s, some Caucasian residents had appeared on the block; while the 1900 census documents a predominantly working-class population representing a broad mix of ethnic backgrounds (United States Census Bureau 1850, 1860, 1870, 1900).

Most of the collections of artifacts that were reported upon in our report of the archaeological excavation of the H-I-5–6 block represent accumulations of refuse from a series of Chinese businesses and boardinghouses dating to the mid-1850s (Praetzellis and Praetzellis 1997). Many of these artifacts are Chinese in origin and could be taken as evidence for the long-held view that this immigrant group was insular in its outlook and resisted pressures to assimilate into "mainstream" American culture. To a degree, we believe that this view is correct. Most ethnic Chinese sites of the period are dominated by distinctive Chinese-made and prepared artifacts. A closer look at this collection, however, reveals that at first glance there seems to be an anomaly: a high proportion of the artifacts from these archaeological contexts are either British (in the case of ceramics) or were prepared in a standard Euroamerican fashion (in the case of food bones). Is it possible that the project historian could have misidentified the residents of the site? Or that the project archaeologist failed to recognize disturbance? Alternatively, had these Chinese pioneers become rapidly more "American" in their culture? Or is there some other explanation? For our answer we attempted to reconstruct the context in which these artifacts were used; and that required delving deeper into ethnography and history.

Overseas Chinese communities have flourished for centuries throughout the world in spite of many difficulties and it would be naive indeed to think that the merchants – who were the traditional leaders of these groups – would not have developed some system for influencing their host community to improve their lot. Ethnographers tell us that the key to the success of Overseas Chinese merchants has been their skill in developing what Lydon (1996:222) has termed a "cat's-cradle of business contacts and obligations." This system of interpersonal relationships, known as *guanxi*, is described by ethnographer Mayfair Mei-hui Yang as a network of family and social contacts tied together by bonds of obligation and reciprocity (Yang 1994).

Guanxi is at the root of traditional Chinese business relationships, whereby merchants develop long-lasting reciprocal webs that encompass each other, their clients, and local people in positions of power. Many of these relationships are initially established on the basis of shared kinship, locality, and personal recommendations. They are constantly reinforced by formal events such as, in the words of Yang's (1994) title, "gifts, favors, and banquets." While some commentators have interpreted gift-giving as pure corruption (Lydon 1996:197), it cannot be denied that the practice plays an important role in maintaining balance in these reciprocal relations.

Josiah Gallup, Chinese Business Agent

Perhaps the most important business contacts of Chinese merchants and district associations of I Street were their American business agents. In the tradition of *guanxi*, and out of necessity, the business agent was a trusted associate who represented the association's interests in a number of spheres. Josiah Gallup, who was from a family of Connecticut merchants who had traded in China, was the agent of the Yeung-wo and Sam Yap District Associations of Kwangtung (Canton) Province (Fig. 14.1). Gallup's (1853–54) papers provide a wealth of information about the role of this important cultural bridge in early Sacramento. Where there were permits or licenses to be obtained from city government or legal representation required for a Chinese individual accused of a crime, the American business agent would speak for his district association. In 1855 one agent, a former Sacramento City judge, was even employed to lobby the State Legislature on behalf of Chinese merchants' and associations' interests (McClain 1994:23).

On a more mundane level – although one that has tangible implications for archaeology – where supplies had to be purchased from an American source, the

Fig. 14.1 Josiah Gallup, 1826–1858. Connecticut-born, Gallup moved to Sacramento in 1850 where he acted as translator, commission agent, and representative for several Chinese district associations in their dealings with local authorities. Tragically, Gallup died in Sacramento of cholera at the age of 31. (Gallup Manuscript Collection; courtesy of California State Library.)

agent put in the order and was reimbursed. Receipts in Gallup's probate file and asides in his private correspondence show that he purchased for his clients everything from household supplies and vegetables to building materials.

In addition to their American agent, the Yeung-wo District Association designated a Chinese agent, Tong K. Achick, whose principal role was to facilitate "business with Americans" (*The Oriental* 1 March 1855). Although Achick spoke English fluently and might have carried out most of his duties unaided, he maintained a business relationship with Josiah Gallup. The most important factor that led to this continued relationship may have been the tenuous legal status of Achick and all other Chinese residents of California. The state legislative session of 1855 has been described as "perhaps the high-water mark of anti-Chinese sentiment for the entire decade" (McClain 1994:17). The most invidious piece of legislation passed at that time prohibited Chinese from testifying in state courts. Thus, Chinese-owned property was potentially at the mercy of any swindler who cared to make a fraudulent claim. By involving City Alderman Josiah Gallup as middleman in important transactions – particularly those that concerned real estate – his Chinese *guanxi* partners ensured that their property was secure.

Gallup's biographical sources show that he was the American agent for both the Yeung-wo and Sam Yap district associations, both of which had boarding-houses on city block H-I-5-6. In addition, Gallup owned several horse and wagon teams and arranged for the transportation of Chinese immigrants from San Francisco to the associations' houses on I Street, where they would stay until work was found for them. As many as 300 men were transported at one time. Josiah Gallup was also a labor broker, arranging for the employment of the new immigrants as well as transporting them to the mines. In a letter to his cousin that was written over several days, Gallup commented that "about 300 Chinamen came up last night [and] the old dump is full.... We had quite a rush last night about 200 Chinaman (sic) came up from the Bay [and] I have been up for 3 nights from 12 o'clock and we have to go to the boat and take them to the house. (Gallup 1853–53:30 June 1854). The "old dump" and the "house" are surely the Chinese associations' boardinghouses.

A description of the Yeung-wo District Association's San Francisco house in 1855 is provided by an English language newspaper, *The Oriental*, that covered news about California's Chinese population:

> The smaller apartments below are occupied by the agents and servants of the company.... The upper story, and

the attic, with the out-building on the upper side are, it may be, filled with lodgers; nearly all of whom are staying but temporarily, on a visit from the mines, or on their way to or from China. A few sick persons lie on their pallets around . . . in the rear is the kitchen. . . . There is a branch [of the Association] in Sacramento [and Stockton]. These houses are mere lodging places.

In 1855, four of the five Chinese district associations that had a presence in California had offices and boardinghouses on the H-I-5–6 block: Ning Yeung, Sam Yap, Sze Yap, and Yeung-wo. The Sze Yap Association's house at 509/511 I Street was described as containing a "hospital" in 1855 (*Sacramento Union* 4 July 1855). While their house in San Francisco was said to provide "beds, fuel, and water to guests who remain but a short period."

It appears likely that, during the mid-1850s, the Yeung-wo District Association office and boardinghouse at 525/527 I Street, as well as outbuildings behind the stores occupied by the Yu Chung Company at 513/515 I Street and the Sang Lee Company at 507 I Street – the location of our archaeological excavations – would have been home to three groups of people: merchants, who in some cases were the salaried agents of their association; a permanent staff; and a variable number of transients on their way to or from the mines, or perhaps recuperating from sickness or injury.

Early Supply Problems

Why should the Chinese district associations have instructed their American agents to buy tablewares for their boardinghouses? It is our belief that the supply network from China in the early and mid-1850s was so erratic that these materials were simply unavailable when they were needed. Chinese immigration to California grew dramatically at this time, taxing the supply network past its limit. By 1860 the Chinese associations' supply conduits to California were well established and there would have been no need to go outside of it for these kinds of goods.

The evidence for this proposition comes from a qualitative and admittedly unscientific comparison of ceramic collections from Overseas Chinese sites of different dates. Collections from 1850s contexts in California commonly contain examples of monochrome, underglaze decorated, Chinese porcelaineous

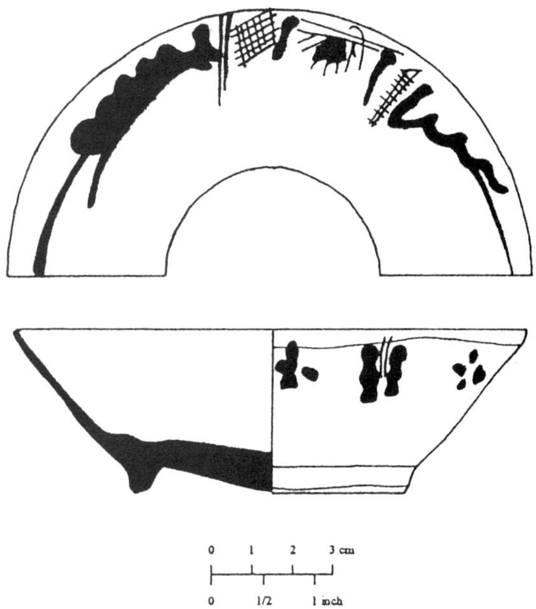

Fig. 14.2 "Bamboo" motif bowl. This Chinese porcelaineous stoneware vessel is decorated on the exterior with a highly stylized variant of the Bamboo design, a common design on ceramics found on 19th-century, Overseas Chinese archaeological sites. (Catalog 95–14–954.01–4; illustration by Mike Stoyka.)

stonewares of a quality and of various decorative styles that approximate the common "Longevity" and "Bamboo" types (Fig. 14.2). On the basis of their relatively poor quality, it is assumed that the former were created for domestic Chinese and Overseas Chinese use in the same way as types such as "Longevity," "Double Happiness," and "Four Flowers," which are often found archaeologically on Overseas Chinese sites but rarely in the domestic refuse of Euroamericans. These porcelaineous stonewares usually occur archaeologically as one-of-a-kind items. The present collection contains several semi-whole examples of these singular vessels (Praetzellis and Praetzellis 1997:Figures 35, 36, 38, 39, 40, 41, 42) as well as fragments of others. At the same time, the basal marks on these and other vessels show that several different potteries supplied the wares. By the late 1850s, these unique items disappear from assemblages of utilitarian tableware ceramics from Overseas Chinese sites, which become relatively homogeneous. After that time, the assemblages contain mostly Chinese Brown Glazed Stoneware [CBGS], and the decorated types known as "Longevity," "Double Happiness," "Four Flowers," and "Celadon." Based on the emic perception as an item used only by the poor (Yang and Hellmann 1996), the CBGS form known as the "pan" should be included in this group of low-status ceramics. The trend toward homogeneity is particularly noticeable in assemblages from working-class contexts and contexts with restricted sources of supply, such as rural work camps; it is less apparent in material from urban households. Where variation does occur in tableware on these later sites, it takes the form of the occasional porcelain vessel decorated in polychrome overglaze enamel.

We hypothesize that the relative heterogeneity of Chinese ceramic types from early contexts shows that the companies' and district associations' supply networks were inadequate in this early period, and that the increasing homogeneity of these materials indicates that this problem was solved by the late 1850s. This temporary problem forced the Chinese agents to turn to their American counterparts to purchase whatever tablewares were available from American wholesalers.

How the Artifacts Were Used

It was a complicated set of circumstances that led to thousands of artifacts from three continents being assembled at the edge of China Lake in Sacramento, put to use, and eventually discarded there. It is suggested that these artifacts functioned within two social dynamics that played out at this location. One was internal to the site and based on the relative wealth and power of the ethnic Chinese who lived there. The other was external and involved the relationship of the Chinese merchants and Chinese district association agents to the California political establishment.

First, we have suggested that the site was home to at least three Chinese social groups: merchants/Chinese association agents, their staff, and transitory lodgers. We hypothesize that the relationship between these groups – the internal dynamic – was based on their relative wealth and their social roles, and that part of this dynamic will be reflected in the archaeological remains. Although relatively few artifacts would have been actually purchased by the lodgers themselves, the diet imposed by the district agents on the low-status lodgers may be seen archaeologically.

Faunal remains from contexts that represent the boardinghouses show a relatively high proportion of meats that were less than desirable in traditional Chinese cooking. Although part of a culture that prized light-colored meats, such as pork and chicken, the majority of meat utilized in the boardinghouses was low-priced beef, mutton, and even wild game (Gust 1997:249). We postulate that the contrast between highly desired and less-desired meats reflects the eating habits of merchants and lodgers, respectively. From this perspective, the presence of a substantial quantity of food bone that was butchered in typical "American" fashion has some behavioral significance in that it shows that the boardinghouse staff was purchasing meat from Americans, but does not indicate a change in traditional Chinese cultural mores.

In addition to better food, the merchants and Chinese association agents would also have had greater access to the imported specialty items that are represented at the site. These would have included fine porcelains and imported foods such as turtle and Asian fishes, which were represented in the early deposit of a feature designated Pit 16 (Praetzellis and Praetzellis 1997:Tables 5–9). In contrast, lodgers would have eaten from standard utilitarian ceramics and would have been fed the less expensive products of local Chinese fisheries and market hunters – thus the heavy representation of several freshwater California fishes species (Schulz 1997: Tables 64 and 65).

Both the proportion and the sheer number of British utilitarian ceramic forms (plates, soup plates, and bowls) from this site support the idea that these materials were used in the boardinghouses by lodgers and staff – although not exclusively so – on a day-to-day basis. By way of example, Table 14.1 shows the relative numbers of Chinese and British ceramics in Pit 16 (early deposit), which was deposited in about 1855 and is associated with the Yeung-wo District Association's boardinghouse. Most of the Chinese-associated assemblages from the site have a similar pattern. We do not believe that using British transferprinted ceramics had much significance to the Chinese boardinghouse lodgers. Their world was very Chinese, and ceramics – especially ones that they did not chose themselves – would have played a tiny role in creating and re-creating it.

It is emphasized that this model of interpretation is only relevant to this particular historical context: the co-residence of a transient population of poor individuals and a permanent group of higher-status people at a time when trade networks were erratic. No one should assume there is an absolute correlation, across time and regardless of historical context, between these patterns of artifacts and the status differentiations that we suggest existed on this site.

The second dynamic concerns the relationship between the merchants and Chinese association agents and the non-Chinese elements of their *guanxi* network – men like Josiah Gallup, local business leaders, government officials, and opinion makers. In this sphere, artifacts were among the tools used by merchants and Chinese agents to enhance their relations with non-Chinese. Table ceramics played a small but essential role in this cultural drama both in public banquets and as symbolic objects – such as the large transferprinted basin in "Muleteer" design from the Yeung-wo's District Association's refuse – in the public rooms of association houses (Table 14.1).

Contexts 88, 86, and 63

Decoration	**Form**	**N/MNI**
Chinese Ceramics		
Bamboo	Medium Bowl	1/1
Celadon	Medium Bowl	14/1
Double Happiness	Bowl	3/1
Double Happiness	Medium Bowl	8/1
Four Flowers	Bowl	6/2
Underglaze Blue	Medium Bowl	2/1
Subtotal		34/7
Undecorated	Various	6/1
Subtotal		6/1
Non-Chinese Ceramics		
Annular	Bowl	1/1
Blue Transfer Print	Lid	1/1
Blue Transfer Print	Soup Plate	3/1
Blue Transfer Print "Muleteer"	Basin	21/1
Blue Transfer Print "Waverley"	Soup Plate	32/1
Blue Transfer Print "Willow"	Plate	1/1
Blue Transfer Print (Floral)	Plate	4/1
Blue Transfer Print (Scenic)	Soup Plate	6/2
Flow Blue (Scenic)	Plate	1/1
Gaudy	Soup Plate	1/1
Molded (Paneled)	Soup Plate	3/1
Sided, Molded (Paneled)	Soup Plate	17/1
Subtotal		91/14
Undecorated	Various	2/1
Subtotal		2/1
Total		133/23

Table 14.1 Pit 16 (Early Deposit) Ceramic Tableware and Serving Vessels.

In the 1850s and 1860s, Chinese merchants held regular banquets for influential members of Sacramento's establishment. One such event, which may have taken place in the brick building at 144/150 I Street occupied by Ten Yuen and other Chinese merchants, was recorded by a reporter from the *Sacramento Bee* (7 December 1861). This banquet is an example of *guanxi* par excellence. Here, public officials and prominent businessmen were treated to a 26-course Chinese meal, which subtly fused Chinese food and environment with the familiar symbols of Euro-American popular culture. The event took place in a room behind a store, decorated with Chinese paintings, sculptures, and hangings. The dining table was set with a cloth, knives, forks, and celery in glasses "very much like ordinary tables." The newspaper correspondent had looked forward to the pleasure of eating with chopsticks, but there were none to be seen. Champagne was served several times, and "the brands were all different and all first rate."

Through staged events and by decorating their public rooms with items of popular Victorian material culture, Chinese merchants fostered the impression of themselves as "men of intelligence, ability, and cultivation" (California Legislature 1853:5, cited in McClain 1994:26). For although xenophobic attitudes were common among populist politicians, a significant minority of influential Californians – who were their agents, landlords, and customers – saw Chinese merchants as quite Victorian in their devotion to hard work and frugality. Encouraged by ritual performances such as the dinner described above, this group was encouraged to recognize the class divisions within the Chinese population and the high cultural sophistication of the wealthy.

But the Chinese agents' *guanxi* was limited in its effectiveness. Sadly, only a few years later the anti-Chinese movement had gathered so much momentum that almost no elected official or newspaper editor would dare support Chinese interests nor represent them. Soon it was commonly held that only the "dregs" of Chinese society had made their way to California. In 1882, the influence of the Overseas Chinese population reached its nadir with the passage of the so-called Chinese Exclusion Act which effectively halted Chinese immigration.

An Interpretation and an Ending

The Chinese pioneers of mid-19th-century California were not a socially, economically, or even culturally homogeneous group. By the same token – as we have been suggesting for some years now – their artifacts do not have fixed meanings that can be deduced without reference to the contexts in which they were used (Praetzellis and Praetzellis 1982; Praetzellis, Praetzellis, and Brown 1987). Thus, we conclude that various segments of the Overseas Chinese population who lived on the H-I-5–6 site used similar-appearing types of artifacts in different ways and for different purposes. Most significantly, they made use of non-Chinese artifacts both out of practicality and as part of a traditional coping strategy. Far from demonstrating cultural change or accommodation on the part of this immigrant group, when employed as a component of *guanxi*, British Chinoiserie and other Victorian artifacts became part of an extremely conservative cultural tactic that is embedded in traditional Chinese values. There is some irony in the fact that these early Chinese businessmen chose icons of Victorian popular culture derived from Chinese sources – such as "Willow" pattern plates – to advance this decidedly Asian strategy (Fig. 14.3).

In a sense, this essay has been an attempt to answer to the question "Why bother?" that I posed to myself in 1974. One advantage of doing historical archaeology in the American Far West, apart from the weather, is that there's not much competition. Although California has 12,000 years of prehistory, there are less than three centuries of historic-period occupation. The same cannot be said of Britain, of course. For some reason that I have not been able to understand, it seems unnecessary to justify work on Roman or medieval sites. But when it comes to the archaeology of the *recent* past, newer is not necessarily better. It's odd that this should be the case since the ultimate

Fig. 14.3 "Willow" pattern plate fragment. This English transferprinted plate sherd from Pit 16 (early deposit) has been marked with an incised Chinese character. Marks such as this signify ownership. Scale 1:1.5.

justification for historical archaeology is that it *is* the study of the familiar world and the recent past which has, in a very immediate and recognizable way, created modern society.

Digging up the dim and distant recesses of human antiquity is a laudable activity. But the 19th century is also worth looking at because it is out of this smelly, gaudy, moralistic era, so full of paradoxes, that the modern world was born. In fact, if we archaeologists really do believe that the past can tell us something useful about the present, then I would venture that it may actually be *more* important for archaeologists to study the poor fragments that represent the life of a mill-worker or a Chinese laborer than those monumental remains created by our ancient predecessors.

References

Bender, Thomas 1978, *Community and Social Change in America.* John Hopkins University Press, Baltimore.

Brown, Richard D. 1976, Modernization: A Victorian Climax. In *Victorian America*, edited by Daniel Howe, pp. 29–46. University of Pennsylvania Press, Philadelphia.

Coughlin, Richard J. 1960, *Double Identity: The Chinese in Modern Thailand.* Oxford University Press, London.

Gallup, Josiah 1853, 54 "Bio Info File." A collection of 50

letters, most dating to 1853–1854. Box 202, California Room, State Library, Sacramento.

Glazer, Nathan, and Daniel P. Monihan 1963, *Beyond the Melting Pot.* The M.I.T. Press and Harvard University Press, Cambridge, MA.

Glick, Clarence 1938, Transition from Familism to Nationalism among Chinese in Hawaii. *American Journal of Sociology* 38(5):734–743.

Gust, Sherri 1997, Analysis of Animal Bones. In *Archaeology of an Overseas Chinese Community in Sacramento, California,* by Mary Praetzellis and Adrian Praetzellis, pp. 222–257. Anthropological Studies Center, Sonoma State University, Rohnert Park, CA.

Gutman, Herbert 1977, *Work, Culture, and Society in Industrializing America.* Vintage Books, New York.

Haraven, Tamara 1978, Family Time and Historical Time. In *The Family*, edited by Rossi J. Kagan, and T. Haraven, pp. 56–61. W. W. Norton, New York.

Hirsch, Susan E. 1978, *Roots of the American Working Class.* University of Pennsylvania Press, Philadelphia.

Lai, David 1988, *Chinatowns: Towns within Cities in Canada.* University of British Columbia Press, Vancouver.

Lydon, Jane 1996, *"Many Inventions:" Historical Archaeology and the Chinese on the Rocks, Sydney, 1890–1930.* Master's thesis, Department of History, Australian National University, Canberra, Australia.

McClain, Charles 1994, *In Search of Equity.* University of California Press, Berkeley.

Omohundru, J. T. 1978, Trading Patterns of Philippine Chinese: Strategies of Sojourning Middlemen. In Economic Exchange and Social Interaction in Southeast Asia: Perspectives from Prehistory, History, and Ethnography, edited by K. Hunter, pp. 113–136. *Michigan Papers on South and Southeast Asia* 13. Ann Arbor.

Omohundru, J. T. 1981, *Chinese Merchant Families in Iloilo.* Ohio University Press, Athens.

The Oriental 1855, *The Oriental or Tung-Ngai San Luk*, edited by William Speer. Whitton, Towne & Co., San Francisco. Microfilm, Bancroft Library, University of California, Berkeley.

Praetzellis, Adrian, Mary Praetzellis, and Marley R. Brown III 1987, Artifacts as Symbols of Identity: An Example from Sacramento's Gold Rush Era Chinese Community. In Living in Cities: Current Research in Urban Archaeology, edited by Edward Staski, pp. 38–48. *Society for Historical Archaeology Special Publication* 5. California, PA.

Praetzellis, Mary, and Adrian Praetzellis 1982, *Archaeological and Historical Studies of the IJ56 Block, Sacramento, California: An Early Chinese Community.* Anthropological Studies Center, Sonoma State University, Rohnert Park, CA.

Praetzellis, Mary, and Adrian Praetzellis 1997, *Archaeology of an Overseas Chinese Community in Sacramento, California.* Anthropological Studies Center, Sonoma State University, Rohnert Park, CA.

Redfield, Robert 1955, *The Little Community.* University of Chicago Press, Chicago.

Rodgers, Daniel P. 1978, *The Work Ethic in Industrial America, 1850–1920.* University of Chicago Press, Chicago.

Sacramento Bee 1861, Microfilm. California History Room, State Library, Sacramento.

Sacramento Union 1855, Microfilm. California History Room, State Library, Sacramento.

Schulz, Peter D. 1997, Mid-19th Century Fish Remains. In *Archaeology of an Overseas Chinese Community in Sacramento, California* by Mary Praetzellis and Adrian Praetzellis, pp. 258–268. Anthropological Studies Center, Sonoma State University, Rohnert Park, CA.

United States Census Bureau 1850, Sacramento. Manuscript Population Census, Sheet 181.

United States Census Bureau 1860, Sacramento. Manuscript Population Census. Microfilm.

United States Census Bureau 1870, Sacramento. Manuscript Population Census. Microfilm.

United States Census Bureau 1900, Sacramento. Manuscript Population Census. Microfilm.

Wallerstein, Immanuel 1983, *Historical Capitalism.* Verso, London.

Yang, Jeannie K., and Virginia R. Hellmann 1996, What's in the Pot? An Emic Perspective on Chinese Brown Glazed Stoneware. Paper presented at the Annual Conference of the Society for Historical Archaeology, Cincinnati, OH.

Yang, Mayfair Mei-Hui 1994, *Gifts, Favors, and Banquets.* Cornell University Press, Ithaca, NY.

Adrian Praetzellis
Department of Anthropology
Sonoma State University
Rohnert Park, CA 94928

15 Interdisciplinary Perspectives on the Production of Urban Industrial Space

Stephen A. Mrozowski

Abstract

The growth of urban industrial space during the 19th century is explored. Drawing on several case studies from Lowell, Massachusetts, this work examines the use of space as an expression of class differences. Throughout the 19th century, Lowell's various companies provided housing for their workers. In many instances ornamental space was provided, but only for particular classes of Lowell workers – single operatives, married skilled workers, married overseers, and mill agents – thus it becomes evident that the availability of space for such purposes was a visible expression of status and position with the company. Through the results of inter-disciplinary research it is also possible to determine the manner in which domestic space was used over time. This work also examines the importance of abstract space in the development of the urban industrial landscape of the 19th century.

Introduction

Over the past decade historical archaeologists have become increasingly interested in the study of capitalism and its cultural dimensions (Leone 1982, 1988, 1989; Beaudry and Mrozowski 1987a, 1987b, 1989; Paynter 1988; Shackel 1993, 1996; Mrozowski, Ziesing, and Beaudry 1996; Johnson 1996). This culture of capitalism took many forms. It found expression in the landscape, in gardens, in architecture, and at the table. One of the most fundamental examples of captialism's subtle, but powerful influence, was the growth of abstract space. Starting with enclosure, the medieval landscapes of England and Wales were slowly, but steadily changed as land, and the many cultural traditions surrounding its central role in English society, was transformed by commodification (Johnson 1996). Chief among the changes that accompanied enclosure was the growth of abstract space, expressed both in representations of space, such as maps, and the physical presence of hedgerows, fences, and other field boundaries (Lefebvre 1993; Gregory 1994; Johnson 1996). Boundaries such as these were not new in Britain, but their meaning did change as agriculture become more commercialized and the political power of the gentry and yeomanry expanded.

Eventually abstract space would find one of its most enduring expressions in the planned, industrial cities of North America, Britain, and Europe. Here representations of space in the form of detailed plans of entire communities comprised of streets, elaborate canal systems, countless factory buildings, and housing for a variety of workers, illustrate one example of the manner in which social space took abstract form. These representations of space also served as the instruments of power and domination: "Space thus produced also serves as the tool of thought and of action; that in addition to being a means of production it is also a means of control, and hence of domination, of power. . . ." (Lefebvre 1993:26; also Harvey 1989:261–263).

The connection between the evolution of abstract space and the growth of industrial cities is perhaps best articulated by French social theorist Henri Lefebvre (1993:46) who describes three different moments of space, the perceived, the conceived, and the lived. This triad of constructs form the central core of Lefebvre's (1993:40) thinking about the production of space and its meaning. Space as perceived refers to material space and material spatial practices, the concrete world in which work is conducted, goods are produced and transported and daily life is lived (Lefebvre 1993:40–46; also Harvey 1989:261–263). Space as conceived refers to planned space as envisioned in the abstract by the architect or planner. This takes the form of architectural renderings, plans, and the thought behind them. Lowell is one of the most fertile communities in which to explore these "representations of space" (Lefebvre 1993:38–39) because of its history of planning. The final moment of Lefebvre's (1993:39–46) triad is what he terms "representational spaces" or, to employ Harvey's (1989:261) terminology, "spaces of representation," which are places like museums, squares, or streets which become the locus of social expressions such as theater, riots, or demonstrations. This is Lefebvre's space as lived because it becomes the locus of social expression and action.

Representations of space in the forms of documents, maps, or plans are but one part of the material record at our disposal for examining space as conceived. The second is the material record itself, the architecture and remnants of urban landscapes still visible in many parts of North America and Britain. These forms of material culture, represent still another moment in space, that of space as perceived, the physical landscape that was both expression and reflection of the social relations that characterized these industrial communities. There is still a third avenue open to us for examining these urban industrial spaces. This is that provided through the interdisciplinary explorations of the space as lived, the historical chronicle that can be unlocked through environmental archaeology. As spaces conceived and constructed for the express purpose of housing a work force, the planned industrial communities of the United States and Britain offer a rare opportunity to examine the production of an urban landscape and the meaning it engendered. The question, however is how best to approach the study of an urban landscape that was often subject to rapid and dramatic change?

Given its dynamic character and complex social fabric, the industrial city is perhaps best examined from an interdisciplinary perspective that provides access to both cultural and biological information. Although interdisciplinary research offers many advantages (Mrozowski 1993, 1996:454; Beaudry 1996) one of the most important is the multi-layered images of the past it generates. Where historical archaeology is often a consumer of social theory, through the lens of interdisciplinary research, the field's practitioners can play a central role in redefining notions of class, for example, and the manner in which class differences found both cultural and biological expression.

The growth of interdisciplinary research in western intellectual circles has not come without the normal epistemological tensions that accompany attempts to eliminate disciplinary boundaries. Chief among these has been the rejection of positivism by many post-modernist scholars (Hodder 1986; Shanks and Tilley 1987; Tilley 1990; Beaudry 1996). An equally contentious debate has also centered on the estrangement between Marxism and environmentalism (Benton 1989; Grundman 1991; Howard 1993; Martinez-Alier 1995) and the general repudiation of dualist approaches like structuralism (Tilley 1990; Descola and Pálsson 1996; Mrozowski 1996). These debates hold great relevance for historical archaeology in particular because the field is, by definition, a multi-disciplinary pursuit. Instead of engaging in what would surely be a tedious discussion; however, two brief points will be made.

The first concerns the Marxist/environmentalist divide or what is often referred to as the green/red debate. If historical archaeology is to pursue questions concerning the biological ramifications of social inequality, for example, then the current gulf between Marxism and environmentalism will need to be reconciled. Unfortunately this task is complicated by a much deeper, more fundamental problem, that of dualism, the propensity of intellectual paradigms like structuralism to see the world as a series of binary oppositions (Pálsson 1996). This false dichotomy serves as a barrier to attempts to see the past, as an integrated whole (Mrozowski 1996). As a result, the culturally constructed concept of nature – this includes human biology as well as plants, animals, and many non-western peoples – is necessarily detached from all that is social, thereby impairing our chances of seeing just how artificial such a dichotomy may be. This is particularly true when concepts like environment are evoked. Given that most consider the environment to be part of nature, linguistic qualifiers are needed to distinguish the natural environment from the social environment. Yet even in the city, an environment dominated by human agency, ecological processes like succession can be shown to influence the changing character of the urban landscape (Mrozowski 1987). Forces like disease and mental illness that can be linked to the living and working conditions often faced by urban populations also can play a central role in the deterioration of self-esteem and the overall formation of cultural consciousness (Mrozowski et al. 1996). A striking example of this is the way biological and psychological conditions were often interpreted as being class based during the 18th and 19th centuries.

Dualism further limits our abilities to construct holistic images of the past by emphasizing the need for objectification. As a result, scientific inquiry tends to decontextualize the subject, and stress larger-scale, totalizing explanations that often revolve around the construction of models which have very little connection to the actions of the people involved. As a result constructs like class, gender, or even capitalism are viewed as rigid, objective social categories rather than the discursive objects they are (Hunt 1989:7–16; Wright 1993:28–29; Revel 1995:492–502). This is particularly true when we consider social groups like the middle class. Although some have argued that the middle class was a separate new social group, others have argued that they were literally caught between classes. In his recent reappraisal of class as an analytical construct, Eric Wright (1993) has argued that that certain class locations were inherently contradictory. This assumes that individuals could only be part of one class. Wright (1993:29) concludes his critique with a question, was the middle class "part of the working class (a new working class), part of the petty bourgeoisie (a new petty bourgeoisie) or [was it] an entirely new class in its own right (a professional-managerial class)."

In an effort to answer this question I will compare the material worlds of four distinct classes of workers living in Lowell, Massachusetts during the 19th century. The groups of workers include the mill agent's for the Massachusetts Mills, the operatives and skilled laborers working for the Boott Cotton Mills, and the overseers working for the Lawrence Manufacturing Company (Fig. 15.1). Each group lived in company supplied housing. The Massachusetts mill agent and his family shared a duplex with the agent of the Boott Cotton Mills. This well appointed building was two-and-one-half stories surrounded by front, side, and rear yards. The more economical, three-and-one-half story Boott blocks included four center units sandwiched between four end units. The middle units served as the boarding houses for the operatives, most of whom were single women and men. The four end units were home to skilled laborers and their families. Yard space was limited to rear yards at the Boott Blocks. The overseers for the Lawrence Manufacturing Company resided in a block the company constructed purposely for them and their families. The Lawrence Block included ten, two-and-one-half-story units that had both front and rear yards.

The occupational differences that separated these four groups of mill employees probably went a long way toward distinguishing them socially. Yet, as I noted earlier it would be a mistake to assume that analytical constructs like working class or middle classes tell the whole story. Class is fluid and subject to wide scale variability (below). Therefore questions remain concerning the manner in which the members of these different groups identified with one another and whether they saw themselves as parts of a visible, culturally cohesive unit? To answer this question it is necessary to explore both company notions of class identify, as expressed in representations of space and the urban landscape, with classes of material culture which are more sensitive to individual manipulation such as ceramics and personal items. Although fewer in number and not as visible in a discursive sense, these sometimes individual items say more about cultural identity and class consciousness.

A Brief History of Lowell, Massachusetts

The story of Lowell is an American story filled with the visions of young spirited men whose aspirations to transcend the European world were one of the earmarks of this, the age of Jefferson. Yet these were also men who saw that the United States faced a difficult challenge if it sought to compete in the world as a social or economic force. The commercial world

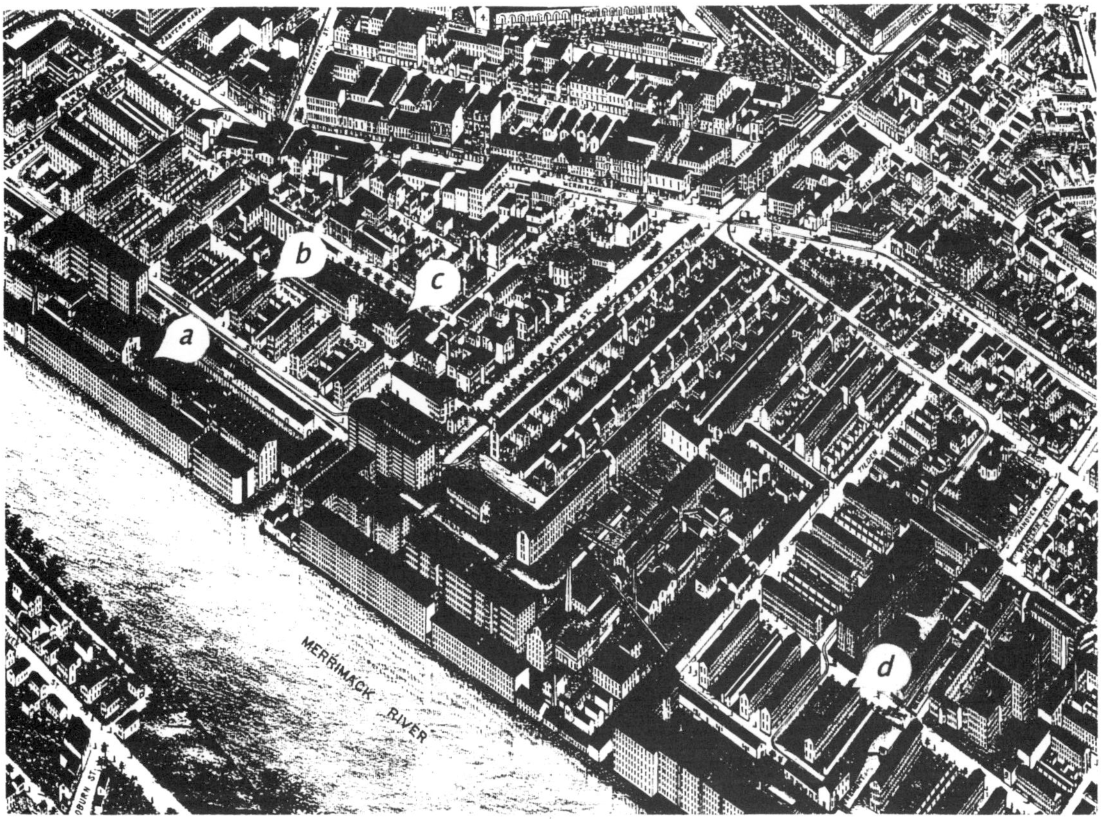

Fig. 15.1 An 1878 bird's-eye view of Lowell showing sites excavated: a, Boott Mills; b, Boott Mills Boarding Houses; c, Massachusetts and Boott Mills Agents' House; d, Lawrence Manufacturing Company Overseer's Block.

they had inherited had been built primarily on the ability to collect and transport goods around the world. The real economic powers, however, most notably Britain, had not only embraced the industrial age, they were its creators. If the United States were to secure its sovereignty, it would need to become an industrial force itself (Dalzell 1987).

One of the people who understood this was Henry Cabot Lowell. He had traveled to England in search of new investments due in part to the economic troubles the Untied States was having after the establishment of the embargo of 1807 (Lipchitz 1977:82; Dalzell 1987:11–12). This piqued his interest in the textile industry. The industrial revolution had some impact in the fledgling republic, but there was a strong aversion to large-scale industry because of its association with the ills of urban life in Britain and Europe. One answer to these concerns had been the growth of what came to be known as the Rhode Island system of industrial development. This model was based on small factories established in rural settings and a family-based workforce (Candee 1982, 1985; Kulick, Parks, and Penn 1982; Prude 1983). The combination of pastoral settings and family-based labor seemed to be the tempering force needed to both quell the concerns of the socially responsible and to foster the political support industrialists needed. This "middle landscape" as Leo Marx (1964) would describe it seemed to be a good compromise for those who cowered in the face of the ills of industrial cities like Manchester or Leeds. The small mills of Rhode Island and the Blackstone River Valley in Massachusetts depended upon members of farm families from the surrounding countryside.

Families with several children were preferred. Yet despite receiving better wages than their English counterparts, this workforce was also the subject of ridicule (Dalzell 1987:32). In planning their first large-scale venture, the Boston Company in Waltham, Massachusetts, the Boston Associates would have to weigh many factors in attracting the workforce they envisioned. If as Dalzell (1987:32) notes they "wanted to attract a different type of labor, they would have to pay more for it." Higher wages meant higher costs and lower profits. It also meant a workforce that would not accept the working conditions that Lowell had witnessed in Britain. Add to this the political forces against the idea of large-scale, factory-based industry, and the Boston Associates were confronted with a situation that would require an ingenious solution.

The answer came in the form of a novel idea. In order to offset the high rates of pay the Boston Associates were willing to pay the skilled male laborers they needed, they would fill the ranks of the mill operatives with women (Dalzell 1987:33). Although these daughters of Yankee farmers would prove to be much less docile than the Boston Associates may have thought (Zaroulis 1977:108–115; Vernon-Wortzel 1992:13–14), the decision would nevertheless prove to be a stoke of genius. To insure that enough young women could be attracted to the mills the Boston Company would also provide housing for the operatives. These company-owned boardinghouses would be run by keepers hired by the mills. The keeper's pay would be deducted from the weekly salaries of the operatives (Lipchitz 1977; Dalzell 1987). By 1813 the Boston Company at Waltham was established and within a few years was the success all had hoped. In fact, despite difficult economic conditions after 1815, the enterprise that Lowell had planned so carefully was indeed a success.

The Boston Company was so successful that Lowell and his associates immediately began planning an even larger venture in which several mills would be built. Waltham would serve as the proto-type and the lessons learned from this enterprise would be adopted in the new community. Francis Cabot Lowell, dying as he did in 1817, would never live to see his vision of a large industrial city. Nathan Appleton and Patrick Tracy Jackson would continue the work Lowell had begun. The stockholders of these various companies were a small group by today's standards. The core group of original investors, known as the Boston Associates, was comprised of Francis Cabot Lowell, his brother in law, Patrick Tracey Jackson, Nathan Appleton, and Kirk Boott. Helped with funds invested by some of Lowell's family, this group shared control of most of the city's companies. They also sought men of like entrepreneurial foresight and recruited them as additional stock holders. This handful of industrialists held a common vision of what Lowell would need to be to be successful. The key element of the Boston Associates original idea was the concept of planning, that all problems could be overcome with proper planning. Therefore Lowell emerged as the first planned, industrial city in the United States.

As Lowell grew and prospered the character of the work force was altered to reflect changes in industrial capitalism itself. One such change was the growth of what business historian Alfred Chandler (1977, 1990) has described as managerial capitalism. The essence of Chandler's (1977:15–49) argument is that the early partnerships that led to the establishment of large industrial cities like Lowell and Lawrence, Massachusetts continued a pattern of mercantile enterprise that had appeared during the later 18th century. This stance is supported by Dalzell's (1987) work on the Boston Associates, who founded Lowell, a group whom Dalzell maintains were motivated chiefly by a desire to invest their inherited wealth in some new enterprise. Thus although many see the establishment of Lowell as revolutionary (and in many senses it clearly was), Chandler stresses that it continued an old pattern. The key differences between the original partnerships that led to Lowell's development and the managerial capitalism that shaped its growth after 1840 were the tremendous expansion in the scale of operations and the growing importance of managers. Prior to 1840, growth among even the largest industrial enterprises was limited by scarce labor and reliance upon what still amounted to traditional technologies (Chandler 1977:62–63). Improvements in machine technology and the development of railroads provided the conditions for rapid growth. In fact the increased scale of operations after 1840 owed much to company diversification into railroads and communications technology (Chandler 1977:81–203). The result was a new highly structured, hierarchically organized enterprise that was the precursor of the modern industrial giants that we know today (Chandler 1990:51–89).

A key element of this transformation was the growing need for a class of professional managers. Unlike the early agents and treasurers of the Lowell mills, these managers and overseers were seldom company stockholders. They were salaried employees whose success was based on their ability to improve profits by pushing workers they supervised to be more productive. These management positions were filled by a group whose very existence was linked to the development of managerial capitalism. Corporations thought enough of this new class of employee to construct housing units for their express use. The overseer's block constructed by the Lawrence Manufacturing Company appears to be an early example of housing built exclusively for the corporation's most prized workers. The same was true of the mechanics who worked in the machine shops. As railroads became increasingly important and the expansion of industry prompted the need for machinery, company owners shifted production accordingly. Lowell's machine shop which primarily had produced power looms and the like, began producing locomotives in the late 1830s. When a new machine shop was constructed by the Essex Company in Lawrence, Massachusetts in 1846, a new "Mechanics' Block" was established as well. This was a planned community expressly built for the skilled workers who built machines, tools, and turbines for the many Lawrence mills (Fig. 15.2).

The construction of new housing units for overseers and mechanics marked a new phase in capitalism's evolution. Companies had always differentiated between skilled and unskilled workers in terms of wages, however it is difficult to say whether the placement of skilled workers and their families in tenements rather than boarding houses was a product of class or merely demographics. Most operatives were single, while most skilled workers appear to have been older and married. The only noticeable difference in the material culture of the two groups was the presence of slightly more tea and dinner wares in the yards of tenements. This distinction was attributed primarily to household composition and not to class or income differences (Beaudry et al. 1991:173–174). A company agent, by contrast, held a position of social prominence, a position that required all the material trappings of middle class life. In this instance some of those trappings came with the job in the form of the well appointed dwellings supplied by the corporation. In effect, this institutionalized class differences. By providing large

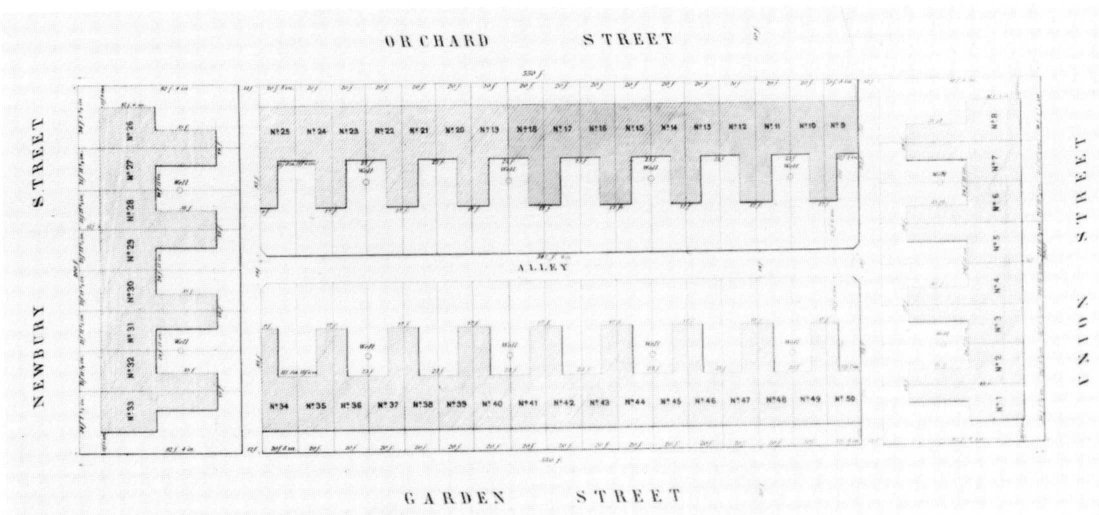

Fig. 15.2 Ground plan of the Lawrence machine shop block, Essex Manufacturing Company, Lawrence, MA.

dwellings, that were constructed of superior materials and handsomely landscaped, Lowell's corporations consciously chose to emphasize the social distance between the agent and his employees (Mrozowski 1991:96–97).

The overseers and mechanics who lived in separate blocks represent still another gradation in social hierarchy. The overseers in particular appear to represent a new order just emerging in the 1840s. The question that remains unanswered is how the overseers and their families saw their own lives. Did they see themselves as middle class or were their sympathies with the workers? Another question concerns the manner in which these people constructed their material world. Did they accept new ideas about gentility within the home? Is there material evidence that suggests the overseers and their families adopted social behavior that was in keeping with the new social order that accompanied the continuing growth and reconfiguration of capitalism during the 19th century? Did gender effect the manner in which men and women participated in what amounted to a cultural dialog. And finally what was the true character of this new class of worker and can that character be read in the material record?

Evolution of the Overseers' Block

One of the most fundamental questions addressed during the investigation of the overseers block was whether it differed both qualitatively and materially from the boardinghouses provided for the mill operatives. The central issue, however, was not whether managers were treated differently than unskilled mill operatives but rather the character of these differences and how they were manifest materially. Material evidence from the front and back yards of the overseers block spoke to all these issues with remarkable clarity. The presence of both black and red roofing tiles indicates that the block was well appointed. The red tile would have come from Vermont and therefore was more expensive than the black tiles which would have been obtained locally. Another example comes from the front yards of overseer's the block. With the exception of the agents' houses in Lowell, the Lawrence Manufacturing Company's Overseers' Block is the only company housing known to have had front yards. This is significant for several reasons, but most importantly it leant a hint of gentility to the block as a whole. Planting holes along the block's foundation also suggest that the yards may have served as ornamental space.

The ornamental spaces created along the block's front facade provides an excellent example of the kind of space Lefebvre describes as being produced as an outgrowth of capitalist development. What makes this instance so interesting is the fact that it involves soils and plants, or what would commonly be thought of as nature, being employed to add gentility to a brick and mortar structure. In this sense it represents an example of the appropriation of nature to serve symbolic ends, that of producing a space that serves to reinforce class distinctions (Mrozowski 1991). In the process of producing such a space, nature is imitated, superficially reproduced in the abstract, and as such becomes the instrument of power in setting one group of people off from another (Lefebvre 1993:376–377).

This striving for gentility was also expressed in the architecture of the block itself. The scale of the block, for example, was in keeping with the latest in architectural styles for urban townhouses and for the emerging middle class culture. It was smaller than the large, factory-like boarding houses and only two-and-one-half stories high. The individual units were smaller than the boardinghouse units structures because unlike the latter, the former were planned as family dwellings from the outset. Therefore, although smaller in size, the overseer's and their families actually enjoyed more space than that provided for the mill operatives. The same was true of the yards at the overseer's block. Although smaller in size than those attached to the boardinghouses, for the number of people they served, the overseer yards provided more space. Archaeological excavations in the rear yards of several of the units found further evidence of both ornamental space and company efforts to provide the overseers with the latest in domestic technology. Chief among these were early steps taken to rid the units of outdoor privies and supply indoor plumbing although replacing the privies was apparently prompted by orders from the board of health, the scale of the changes goes beyond what was called for. The Boott Mills certainly chose a much less expensive path in ridding the boardinghouses of their privies. In fact in some cases the privies remained in use until well into the 20th century. Even when changes were made, they involved steps like piping water in from the older wells. In the case of the Lawrence Block, new water and sewer pipes were installed as well as the new brick ells which contained water closets.

Taken together the material record of the architectural and technological evolution of the Lawrence Block seems to confirm that is was treated with a different standard than that applied to other categories of worker's housing. Support for this assertion comes not just from Lowell, but from Lawrence, Massachusetts as well. The Mechanics' Block in Lawrence was constructed by the Essex Manufacturing Company in 1847 to provide housing for the mechanics and overseers who worked in the Lawrence Machine Shop. The block was designed as a planned community of 51 individual family units. Each had both a front and rear yard. Both were comprised of brick, two-and-one-half-story, ridged-roofed, three-bay-wide, single family units. The original fenestration was framed with granite lintels and sills (Massachusetts Historical Commission 1978). This unit probably looks much like the original units would have along the Overseers' Block in Lowell. The brick ells and yards that accompany the Mechanics' Block may also resemble their late-19th-century counterparts in Lowell.

Beyond the similarity in architectural design and exterior treatment, the Mechanics' and Overseers' Blocks also shared a like purpose. This is perhaps best expressed by the stipulation that accompanied the Essex Company's decision to sell the block at auction after the depression of 1857. Prospective buyers had to agree that the block would only serve as housing for the elite members of the workforce and that it was to be well maintained. Failure to do so meant the block would revert to the ownership of the Essex Company (Massachusetts Historical Commission 1978).

Based solely on the documentary and landscape evidence it would appear that the Lawrence Overseers Block like the mechanics block in Lawrence, Massachusetts were envisioned spaces constructed expressly for a new class of worker. This interpretation is further supported by extensive efforts on the part of the companies to insure their overseers' had access to modern technology and improved sanitary conditions. The overseers joined the agents of the Lowell companies as the vanguard of a new era in which the production of urban space incorporated a conscious effort simultaneously to serve both utilitarian and symbolic ends. The new amenities the Overseers' Block possessed and the urban lifestyle they embodied would lead one to believe that the people who lived in these company-supplied units actively sought the trappings of middle class culture. But is this so? Were the overseers and their families active participants in shaping the cultural consciousness of a managerial class? For answers to this question a brief discussion of the ceramics and personal items recovered from the overseer block is provided.

The assemblage of ceramics and personal items represents some of the most interesting material found at the site. Although the assemblage is small, it offers excellent interpretive information and most importantly, provides a sensitive measure of class consciousness and consumption patterns. The buttons and jewelry, for example, are similar to those recovered from the boardinghouse and tenement at the Boott Mills (Mrozowski et al. 1996). Does this indicate that the women living at the overseers block may have worn clothes similar to those worn by working class women? Were there servants present? This pattern differs from the ceramic evidence which seems to suggest closer cultural links with a mill agent's household. The ceramic assemblage contained a large number of embossed shell-edged pearlwares and green and black transfer-printed pearlwares similar to those recovered from the yard of the Massachusetts Mills Agent's house (Rodenhiser and Dutton 1987). Included among the overseer's ceramics were fragments of a small plate decorated with the *Texian Campaign* pattern (Laidecker 1954:34). Although the fragments represent only a single small plate, they are nevertheless significant because the same decorative pattern also graced the table of Massachusetts Mill agent Homer Bartlett based on its association with a large assemblage that was attributed to the Bartlett household (Rodenhiser and Dutton 1987:75; Beaudry and Mrozowski 1987b:144).

Taken as a whole the material assemblage from the overseers block lends support to Wright's (1993) observations concerning the middle class being located in two classes. Yet the evidence also indicates that there was considerable social distance between the overseers and the mill agents. In this sense the overseers appear to be more representative of the kind of middle class population Wright had in mind. As a group, the overseers appear to have straddled the working class and middle class. Their company owned housing was slightly larger, with more yard space, and in particular a front yard. Arguing as Lefebvre (1993) does that space is produced, it would seem that the overseers block provides an excellent example of a space created expressly for a distinct class of employee. This social distance did not find expression in other classes of material culture, however. Although individual artifacts illustrate points of cultural similarity between the overseers and agents, the same evidence points to connections with the boarding house and tenement populations of the Boott. Therefore it seems the overseers were part of a new class of employee that had not yet discovered a degree of cultural cohesion. It also seems that men and women may have been adopting a new cultural identity at varying rates. This observation is based primarily on the presence of black glass buttons that imitate more expensive jet. This same pattern was seen at the boarding houses and tenements and suggests that the wives of the overseers were dressing in like style. Conversely the presence of the Texian Campaign pattern, in conjunction with the ceramics as a whole, seems to indicate greater cultural affinity with the agents.

Conclusions

As historical archaeologists refine their abilities to examine the evolution of capitalism, they will need to be sensitive to the subtleties of social discourse. In so doing we can begin to redefine notions of class consciousness through the study of its material expression. The evidence from the Lawrence Manufacturing Company's Overseers Block, suggests a group of employees who had not yet cast themselves as a separate class. In this sense, they had not yet matched Chandler's expectations as a self-sustaining, self-perpetuating cultural group. This would come, but as the 19th century progressed, perceptions of work and the social relations of production were still changing. Managers were a new kind of employee who had certain expectations concerning their work and behavior imposed from the top. The additional front yard space that the Lawrence Company afforded their overseers is one material expression of these new expectations. The symbolic importance of this extra space should not be overlooked. It was, after all, an abstract space produced by the companies not the result of some historical evolution (Lefebvre 1993:46–53). The small front yards of the overseers block, like the front and side yards of the Kirk Street Agent's House, were abstract expressions of a new social order that gave texture to the urban industrial landscape. What the overseers and their families chose to do with that space is another question. And yet this questions may be the key to extracting the most from the material record. In this instance, the landscape evidence suggests that front and rear yards were used primarily as ornamental spaces.

Complimentary information provided by the material culture suggests that the overseers and their families were actively engaged in negotiating their new status. Although the evidence takes subtle form, it is present nonetheless.. Together these fragments of material life indicate the negotiation of a new cultural position, situated comfortably between the company agents and the skilled and unskilled laborers the overseers supervised. At the same time, the presence of black glass buttons from women's dresses evoke a consciousness more in keeping with the working class members of Lowell's population. Ambiguities like this are to be expected, however, as individuals we study mediated their positions in a rapidly changing social environment.

References

Beaudry, Mary C. 1996, Reinventing Historical Archaeology. In *Historical Archaeology and the Study of American Culture*, edited by Lu Ann De Cunzo and Bernard L. Herman, pp. 473–497. The Henry Francis du Pont Winterthur Museum, University of Tennessee Press, Knoxville, TN.

Beaudry, Mary C., Lauren J. Cook, and Stephen A. Mrozowski 1991, Artifacts and Active Voices: Material Culture as Social Discourse. In *The Archaeology of Inequality*, edited by R. H. McGuire and R. Paynter, pp. 150–191. Basil Blackwell, Oxford.

Beaudry, Mary C., and Stephen A. Mrozowski (editors) 1987a, Interdisciplinary Investigations of the Boott Mills, Lowell, Massachusetts, Vol. I: Life at the Boardinghouses. *Cultural Resources Management Study* 18. North Atlantic Regional Office, National Park Service, Boston, MA.

Beaudry, Mary C., and Stephen A. Mrozowski (editors) 1987b,

Interdisciplinary Investigations of the Boott Mills, Lowell, Massachusetts, Vol. II: The Kirk Street Agent's House. *Cultural Resources Management Study* 19. North Atlantic Regional Office, National Park Service, Boston, MA.

Beaudry, Mary C., and Stephen A. Mrozowski (editors) 1989, Interdisciplinary Investigations of the Boott Mills, Lowell, Massachusetts, Vol. III: The Boardinghouses System as a Way of Life. *Cultural Resources Management Study* 21. North Atlantic Regional Office, National Park Service, Boston, MA.

Benton, Ted 1989, Marxism and Natural Limits: An Ecological Critique and Reconstruction. *New Left Review* 178:51–86.

Candee, Richard M. 1982, New Towns of the Early New England Textile Industry. *Perspectives in Vernacular Architecture*, edited by C. Wells, pp. 31–50. Vernacular Architecture Forum.

Candee, Richard M. 1985, Architecture and Corporate Planning in the Early Waltham System. In *Essays from the Lowell Conference on Industrial History 1983: The Industrial City*, edited by R. Weible, pp. 17–43. Museum of American Textile History, North Andover.

Chandler, Alfred D. 1977, *The Visible Hand: The Managerial Revolution in American Business*. The Belknap Press, Cambridge, MA.

Chandler, Alfred D. 1990, *Scale and Scope: The Dynamics of Industrial Capitalism*. The Belknap Press, Cambridge, MA.

Dalzell, Robert F., Jr. 1987, *Enterprising Elite: The Boston Associates and the World They Made*. W. W. Norton & Company, New York.

Descola, Philippe and Gísli Pàlsson (editors) 1996, *Nature and Society: Anthropological Perspectives*. Routledge, London.

Gregory, David 1994, *Geographical Imaginations*. Blackwell, Oxford, England.

Grundmann, Reiner 1991, The Ecological Challenge to Marxism. *New Left Review* 187:103–120.

Harvey, David 1989, *The Urban Experience*. The Johns Hopkins University Press, Baltimore, MD.

Hodder, Ian 1986, *Reading the Past: Current Approaches to Interpretation in Archaeology*. Cambridge University Press, Cambridge, England.

Howard, Dick 1993, Political Ecology: Expertocracy versus Self-Limitation. *New Left Review* 202:55–67.

Hunt, Lynn 1989, Introduction: History, Culture and Text. In *The New Cultural History*, edited by Lynn Hunt, pp. 1–22. University of California Press, Berkeley, CA.

Johnson, Matthew 1996, *An Archaeology of Capitalism*. Blackwell Publishers, Oxford, England.

Kulik, Gary, Roger Parks, and Theodore Z. Penn (editors) 1982, *The New England Mill Village, 1790–1860*. MIT Press, Cambridge, MA.

Laidecker, Samuel 1954, *Anglo-American China Part 1*. Keystone Printed Specialties Co., Bloomsburg, PA.

Lefebvre, Henri 1993, *The Production of Space*. Basil Blackwell, Oxford, England.

Leone, Mark P. 1982, Some Opinions about Recovering Mind. *American Antiquity* 47:742–760.

Leone, Mark P. 1988, The Georgian Order as the Order of Merchant Capitalism in Annapolis, Maryland. In *The Recovery of Meaning: Historical Archaeology in the Eastern United States*, edited by Mark P. Leone and Parker B. Potter, pp. 235–261. Smithsonian Institution Press, Washington.

Leone, Mark P. 1989, Issues in Historic Landscapes and Gardens. *Historical Archaeology* 23(1):45–47.

Lipchitz, Joseph 1977, The Golden Age. In *Cotton was King, a History of Lowell, Massachusetts*, edited by Arthur L. Eno, Jr., pp. 80–103. Lowell Historical Society, Lowell, MA.

Martinez-Alier, J. 1995, Political Ecology, Distributional Conflicts, and Economic Incommensurability. *New Left Review*, 211:70–88.

Marx, Leo 1964, *The Machine in the Garden: Technology and the Pastoral Ideal in America*. Oxford University Press, Oxford, England.

Massachusetts Historical Commission 1978, National Register Nomination Form, Essex Company Mechanics Block, Lawrence, Massachusetts. Massachusetts Historical Commission, Boston.

Mrozowski, Stephen A. 1987, *The Ethnoarchaeology of Urban Gardening*. Ph.D. dissertation, Department of Anthropology, Brown University, Providence, RI. University Microfilms International, Ann Arbor, MI.

Mrozowski, Stephen A. 1991, Landscapes of Inequality. In *The Archaeology of Inequality*, edited by R. H. McGuire and R. Paynter, pp. 79–101. Basil Blackwell, Oxford, England,

Mrozowski, Stephen A. 1993, The Dialectics of Historical Archaeology in a Post-Processual World. *Historical Archaeology* 27(2):106–111.

Mrozowski, Stephen A. 1996, Nature, Society, and Culture: Theoretical Considerations in Historical Archaeology. In *Historical Archaeology and the Study of American Culture*, edited by Lu Ann De Cunzo and Bernard L. Herman, pp. 447–472. The Henry Francis du Pont Winterthur Museum, Winterthur, and University of Tennessee Press, Knoxville, TN.

Mrozowski, Stephen A., Grace H. Zeising, and Mary C. Beaudry 1996, *Living on the Boott: Historical Archaeology at the Boott Cotton Mills, Lowell, Massachusetts*. University of Massachusetts Press, Amherst, MA.

Pàlsson, Gísli 1996, Human-Environmental Relations: Orientalism, Paternalism and Communalism. In *Nature and Society: Anthropological Perspectives,* edited by Philippe Descola and Gísli Pàlsson, pp. 63–81. Routledge, London.

Paynter, Robert 1988, Steps to an Archaeology of Capitalism: Material Culture and Class Analysis. In *The Recovery of Meaning: Historical Archaeology in the Eastern United States,* edited by Mark P. Leone and Parker B. Potter, pp. 407–433. Smithsonian Institution Press, Washington.

Prude, Jonathan 1983, *The Coming of Industrial Order: Town and Factory Life in Rural Massachusetts 1810–1860.* Cambridge University Press, Cambridge, England.

Revel, Jacques 1995, Microanalysis and the Construction of the Social. In *Histories: French Constructions of the Past, Postwar French Thought Vol. I,* edited by Jacques Revel and Lynn Hunt, pp. 492–502. The New Press, New York.

Rodenhiser, Lorinda B. and David H. Dutton 1987, Material Culture From The Kirk Street Agent's House Site. In Interdisciplinary Investigations of the Boott Mills, Lowell, Massachusetts, Vol. II: The Kirk Street Agent's House. *Cultural Resources Management Study* 19, pp. 73–95. North Atlantic Regional Office, National Park Service, Boston, MA.

Shackel, Paul A. 1993, *Personal Discipline and Material Culture: An Archaeology of Annapolis.* University of Tennessee Press, Knoxville, TN.

Shackel, Paul A. 1996, *Culture Change and the New Technology.* Plenum Press, New York.

Shanks, Michael and Christopher Tilley 1987, *Social Theory and Archaeology.* University of New Mexico Press, Albuquerque.

Tilley, Christopher 1990, Claude Lévi-Strauss, Structuralism and Beyond. In *Reading Material Culture,* edited by Christopher Tilley, pp. 3–81. Blackwell, Oxford, England.

Vernon-Wortzel 1992, *Lowell: The Corporations and the City.* Garland Publishing, New York.

Wright, Erik Olin 1993, Class Analysis, History and Emancipation. *New Left Review* 202:15–35.

Zaroulis, Nancy 1977, Daughters of Freemen: The Female Operatives and the Beginning of the Labor Movement. In *Cotton was King: A History of Lowell, Massachusetts,* edited by Arthur L. Eno, Jr., pp. 105–126. Lowell Historical Society, Lowell, MA.

Stephen A. Mrozowski
Department of Anthropology
University of Massachusetts Boston
Boston, MA 02125–3393

16 A Glimpse of the Colony of Avalon

James A. Tuck, Barry Gaulton, and Matthew Carter

Introduction

This work describes briefly the excavations at the site of George Calvert's first New World colony, located at a place called Ferryland, on the east coast of Newfoundland's Avalon Peninsula, about 80km south of the capital city of St. John's. Excavations at Ferryland have been carried out sporadically since 1936, when a Dr. Brooks, an entomologist from the Carnegie Institution of Washington – and still remembered by elder residents as the "bug doctor," dug a few test pits and believed that he had found Lord Baltimore's "Mansion House." Russell Harper, on behalf of the Historic Sites and Monuments Board of Canada, dug another test pit in the 1950s and came to the same conclusion. Memorial University conducted test excavations between 1984 and 1986 and, at the end of the 1986 season, realized that the site was one that was extremely deep, rich, and complex and would require a major expenditure of time and labor to excavate properly. After a five-year hiatus, funding was provided through a Canada–Newfoundland Tourism and Historic Resources Agreement to resume excavation. The following paragraphs are a preliminary description of the results of those excavations.

Natives and Migratory Fishermen

Although the Colony of Avalon was not founded until 1621, the use of Ferryland harbor is much older. Our excavations have produced evidence of Beothuk Indians dating from the very early contact period, perhaps within years of John Cabot's rediscovery of what is now eastern Canada. Waste flakes, arrow points, and stone knives were found in small hearths that also contained burned bone and organic materials, among the latter the seeds of grapes (Michael Deal, Archaeology Unit, Memorial University 1997, pers. comm.). These are not the seeds of wild grapes, but of cultivated varieties and clearly of Old World origin. It is very likely that the Beothuks obtained these seeds, in the form of raisins, from European migratory fishermen with whom they may have been in at least sporadic contact. A small rectangular rock fireplace, built against a steep bank in the same layer as the Beothuk material, and therefore also dating to the early 16th century, is of European origin. Scattered burned poles and other bits of wood suggest that the place may have been the location of a cookhouse for a shore-based cod fishery. Also in this layer were ceramic fragments including Merida-ware and coarse earthenwares identical to some from the 16th-century Basque whaling stations at Red Bay, Labrador. A third group of ceramics includes large globular pots with hand-formed bases and peculiar inverted rims containing a pair of concentric grooves. One authority has suggested a Norman or Breton origin for these peculiar pots, but no positive identification has been made. Such an origin would not be surprising, however, for history records that Normans, Bretons, Basques, and Portuguese were among the migratory fishermen who visited the eastern Avalon Peninsula during the first decades of the 16th century.

Sometime after mid-century the eastern Avalon began to be frequented increasingly by West Country English fishermen. By the turn of the century the area became part of what was known as the "English shore." Evidence of this English presence was found above the earlier layers and consisted of two superimposed pavements of roughly-laid rocks. They seem not to have been intended as paths or walkways, but rather as platforms upon which fish were dried. On the platforms were found coarse earthenwares typical of those produced in North Devon. Conspicuously absent were tobacco pipes, indicating a date before about 1580. The presence of these "artificial beaches" says something about the intensity of fishing activities along the English shore in the late 1500s. There are large expanses of natural cobble beach at Ferryland, where fish were spread until well into this century; prior to the 1929 "tidal wave" the area was even greater. If it was necessary to construct artificial beaches during the late 1500s, the number of ships and fishermen and the amount of fish produced must have been large indeed. The English continued to carry out a migratory fishery at Ferryland through the rest of the 16th century and throughout the 17th century. In 1621, however, the history of Ferryland changed dramatically with the establishment of the first permanent settlement.

The Colony of Avalon

This settlement was begun in August 1621 with the arrival of 12 colonists under the direction of the first Governor, Captain Edward Wynne. Avalon was established on land purchased from William Vaughan in 1620 by George Calvert, Secretary of State to James I. Calvert had a longstanding interest in New World settlement and was later to obtain a grant of land in the Chesapeake, subsequently settled by his sons to become what is now the State of Maryland.

The efforts of the first settlers were impressive. Wynne reported that by the following summer they had built the "Mansion House" of 44 x 15 ft., an attached kitchen, tenements, a hen-house, brew-house, salt-works, well, and forge and had enclosed 4 acres within a palisade of posts, rails, and trees pitched upright and sharpened at the top. Wynne reported that they also had begun a wharf and earthen "wall of defense to the waterside ward." While no description of further buildings has survived, Wynne clearly planned additional construction, for he began fitting out a quarry and requested that Calvert send masons, carpenters, quarrymen, slaters, and laborers. Although reports from the New World to the Old were sometimes exaggerated, Captain Wynne's seem not to have been so, if only because he knew that Calvert would be visiting the place to see for himself the use to which his estimated £20,000 had been put. Indeed, judging from the small area of Avalon thus far exposed, Captain Wynne's reports seem remarkably understated.

We have explored four sites, or areas, that have revealed traces of the initial settlement. Each is described briefly below.

Site B

Site B, the area where the Beothuk and early migratory fishery features and artifacts were most numerous, was also the location of the forge, completed in June 1622. The forge was first identified in 1984, when a floor containing thick deposits of slag and scale, as well as a small portion of the forge, or hob, itself were revealed by test excavations. At that time the site was refilled and was not excavated completely until 1994. Carter (1997) provides a complete description of the forge excavations. The forge floor, measuring about 20 x 20, was clearly visible as a deeply-stained surface covered with scale, slag, coal, charcoal, scrap, and artifacts. The forge room had been dug into the hillside, part of Captain Wynne's land reclamation program (Site C below). The layout of the forge was obvious. The lower courses of the hob, built into the west wall, were preserved to a height of more than 50 cm. Two post molds to the south marked the location of the bellows. The molds of three anvil stumps were found just northeast of the hob, a paired set probably in existence at the same time and the third that suggests that the anvil had been relocated at some time. Another post mold along the west wall may have supported a swage. Coal and charcoal in the southeast corner of the forge room marked the location of the fuel pile. A small alcove in the east end of the hob once contained the slack tub and prevented it from being accidentally upset. The smiths' bench must have been located along the north (front) wall, which must also have been the location of the entrance.

Artifacts from the forge include smith's tools, scrap iron, objects made or repaired at the forge, and objects indicating the social aspects of the smithy. Smith's tools were not particularly plentiful, but included two files, a bench shears, cold chisel, clinch cutter, and hand vise. A nail header from Site C probably also was used in the forge. Objects made or repaired at the forge include horseshoes and gun parts, suggesting that the smiths acted as farriers and gunsmiths. Woodworking tools (axes, a fragment of a pit saw blade, a chisel, and wedges), agricultural implements (a mattock, gimlet, and an iron spade), objects associates with the fishery (fish hooks and an iron pew or prong), lock and keys, scraps and fragments of brass kettles, and trap parts indicate both the versatility of the smiths and the variety of activities carried out at Avalon (Carter 1997).

Artifacts associated with smoking and the consumption of food and beverages provide evidence that the forge served as a place for socializing. Tobacco pipes, ceramics, and bottle glass are chief among these, and all indicate that the forge was in use principally during the second quarter of the 17th century (Carter 1997).

Another bit of evidence of the Colony of Avalon was encountered at the extreme northern edge of the excavation, almost beneath the present paved road. Above the Beothuk and migratory fishing layers, but below the foundation of a house built in the second half of the century, the edge of a cobble pavement was revealed. In contrast to the fish-drying pavements, this one consisted of carefully-laid cobbles, bordered on the one exposed edge by a row of elongate stones. The cobbles were followed westward in small trenches sandwiched between a concrete retaining wall and the present pavement. About 30 m of the cobbles were exposed in this fashion, including the western end, which revealed that the pavement was 13 ft. wide. We believe that this pavement was alluded to by Captain Wynne in a letter to George Calvert. After listing the construction completed to the summer of 1622, he said that he intended to construct a second row of buildings to "make the whole a prettie streete." That these cobbles are part of Captain Wynne's "prettie streete" seems confirmed by more recent excavations at Site F (below).

The excavations at Site B, while small in area, suggested that the layout of Avalon consisted of a central paved street bordered on one side (the south) by the first row of buildings including the Mansion House, tenements, brew-house, and the forge. Documentary sources are silent as to what lay on the north side of the streete, but archaeology has revealed some remarkable evidence of the construction there.

Site C

This area was the scene of major excavations in 1986 and again during the 1992–1996 seasons. In the first year a number of well-preserved stone walls were uncovered, only to be reburied when excavations were closed at the end of 1986. The walls were reexcavated beginning in 1992, and excavations have expanded to reveal much about the 17th-century history of Site C. Gaulton (1997) gives a more complete interpretation of the constructions in this area.

In the lowest layers, once beach and harbor bottom, traces of migratory fishermen were recovered. A collapsed wooden wharf or stage and sherds of the same ceramics from the lowest levels of Site B were found. The most impressive evidence from Site C, however, dates from the Colony of Avalon and its successors during the remainder of the 17th century.

The initial construction at Site C, done during the first years of the Colony of Avalon, consisted of a seawall built at least at the low tide line, if not actually in the salt water. The wall is single-faced, made from slate with a clay filler. In places it still stands more than 1.2 m high. It runs for more than 50 m along the southern edge of "The Pool," as the inner harbor has been known for centuries. At the east end the wall joins an earlier north–south wall that was probably part of the original defenses of Avalon, (Site F below). The wall was clearly built as a retaining wall, for up to 1.2 m of fill were placed there by Wynne's laborers to create level land upon which to expand Avalon. The hillside to the south of "The Pool" still bears clearly the scars resulting from the removal of hundreds of yards of earth and rock.

The first building to be constructed on this newly-won land was a large stone structure that incorporated the seawall as its north wall. It has interior dimensions of 56 x 16 ft. (16.8 x 4.8 m), and the eastern half has a floor paved with large flagstones. Considerable building stone and rubble surrounded the standing walls and, given the fact that an unknown quantity of building stone was removed and reused, it seems likely that the stonework continued to the eaves of the structure. Thousands of roof slates and fragments indicate clearly that the structure was slate-roofed. Gaulton (1997) includes a description of slates and slating at Avalon. There was no fireplace or other provision for heating this building, so it clearly was not a residence. Rather it seems to have been a warehouse and work area, its function perhaps changing from time to time during its 50 or so year history. During its early years an alchemist or goldfiner left fragments of crucibles and cupels in the east end of the building, and scraps of oak cask parts suggest that a cooper worked in the opposite end of the building during its last years.

At the east end of the warehouse a rectangular stone-lined pit measuring about 4 x 9 ft. (1.2 m x 2.7 m) and 4 ft. (1.2 m) deep served as a privy. Its north wall also incorporates the seawall, which is penetrated by two openings that allow the tide to flow in and out twice each day, to provide a flushing action. The waste removal system did not work perfectly, however, and a deep deposit of waste and refuse began to accumulate in the privy from the earliest years of its use. In the deepest deposit were tobacco pipes, glass, and ceramics typical of the second quarter of the 17th century as well as a small wax impression from a signet ring bearing a weeping eye and the Immaculate Heart of Mary, the latter pierced by three arrows and shedding three drops of blood. This is clearly Roman Catholic iconography and almost certainly got to Avalon during the 1620s when there were as many as 50 Roman Catholics residing there.

The overall impression from the excavations to date is that the waterfront of Avalon resembled much more closely a West Country port town than it did any of the contemporaneous settlements in British North America.

Site F

This area is located just south of the waterfront premises. Excavations there during 1996 and 1997 produced a wealth of information and artifacts pertaining to the original Colony of Avalon.

During the first few weeks of excavation a cobble pavement was exposed, measuring 13 ft. wide, the same as the west end of the cobblestone street described earlier from Site B. The street ends in Site F. To the east of the end of the street two years of excavation revealed a small portion of the original defenses of Avalon. Wynne mentioned a palisade and a "wall of defense to the waterside ward," but provided no details of the latter. The defenses of the waterside ward now seem to have consisted of a ditch about 20 ft. (6.5 m) wide and about 3 ft. (1m) deep. The ditch runs north–south, probably beginning at the east end of "The Pool" and ending in what appears to be a large earth bastion on a hilltop that anchored the southeast corner of the fortification. Some of the earth from the ditch was used to create a rampart on the western edge, a portion of which remains visible in the excavated profile at the south edge of Site F. The rampart eroded over the intervening 370 years, and it is impossible to estimate its original height, especially since an unknown quantity of rock and earth removed from the ditch may have been used to reclaim land at Site C. It is likely that the palisade described by Wynne surmounted the rampart, but erosion has been such that no traces of post molds remain in the small excavated area.

A small platform of cobbles projects eastward from the end of the street, suggesting the presence of a gate. This was confirmed when the floor of the ditch was reached, for three bridge sills were preserved in shallow trenches to receive them. Mortises, indicating a width of some 10 ft., were preserved in two of the sills. The remains of two rows of spikes, one at the north side and one in the center, indicate that transverse planks formed the floor of the bridge. The small cobble platform and the bridge itself are both off-center compared with the cobblestone street. We suspect some sort of gatehouse existed on the north side of the bridge, but this area was disturbed by digging of a septic system earlier in this century, and the evidence may be lost.

The fill of the ditch, which apparently began not long after it went into use, provided some interesting finds. In the north end of the ditch a waterlogged deposit produced many fragments of wood and other organic objects. Twigs and branches were interspersed with wooden pegs and staves from what appear to be small casks. Bits of leather shoes and cork bungs indicate that other significant finds may await further excavations toward the north end of the ditch where the deposit becomes both deeper and wetter. Other objects include coarse earthenwares and tobacco pipes and bottle glass typical of the second quarter of the 17th century as well as "Bellarmine" stoneware bottle fragments, window glass, a gold sequin, a gold-plated brass spur, and a fragment of a slate gravestone bearing the following inscription (reconstructed words in brackets):

H[ERE]
LYETH T[HE BODY OF]
NICKHOLOS [??????????]
WHO DE PAR[TED]
THIS LIFE [THE ??? DAY]
[OF MA]RCH [????]

There were two individuals with the given name "Nicholas" listed as residents of Avalon in the winter of 1622/23. One is Nicholas Hinckson, a carpenter, and the other Nicholas Hoskins, a gentleman who wrote from Avalon describing the countryside and the colony itself. Since the stone had become broken and part of it found its way into the ditch before about 1650, it is possible that the stone was locally carved for one of these early settlers. If, indeed, it is from the grave of one of them, Nicholas Hoskins, the gentleman, seems the better candidate.

Many of the objects from the lower layers of the ditch are decidedly "up-scale" and suggest that the east end of the site may have been the location of the principal residence. In fact, this is something we had suspected for the past few years. Since the forge is located at the west end of Wynne's street, it seemed logical that the proprietors would have distanced themselves insofar as possible from that area.

This hypothesis found further support during the 1997 field season when a cobble pavement leading southward from the village street was discovered a short distance inside the eastern boundary of the colony. Whether this pavement is a path or a courtyard – its full width has not yet been exposed – remains unknown. It does however, lead to what appears to be a portion of a substantial wood-frame structure discovered late in the 1997 season. Three meters of a now-decomposed timber, with large spikes driven horizontally and spaced 6–8 in. apart, seems to represent a portion of the sill. A portion of the cobbles ends just north of the sill, while others seem to continue around what might be the corner of the building.

An accumulation of refuse on top of a part of the cobbles produced a second collection of decidedly up-scale artifacts. About 80 % (by a very rough calculation) of all the tin-glazed ceramics from the entire Ferryland excavation comes from this small midden. Window leads, none marked, and window glass in a variety of geometric shapes, indicate that the structure was provided with glazed casement windows. Fragments of fine wine glasses, perhaps of Venetian origin, are another indicator of relatively high status. Two spurs, these of iron and one bearing traces of silver plating, were part of a gentleman's costume during the first half of the 17th century. The most unusual ceramics from this area are terra sigillata-ware, produced at Estramoz, Portugal, in imitation of Roman ceramics (Baart 1992). Thin, fine-bodied and fired to a bright orange color, those from Ferryland exhibit a variety of forms, none of which seems to have been particularly functional. One example from the Site F midden bears a three-dimensional molded face with flowing hair, perhaps the representation of some Roman god.

All of these objects must have belonged to members of the Ferryland gentry, and it is hard to escape the conclusion that the Site F excavations are very near the Mansion House occupied by the Calvert family during their sojourn at Avalon in 1628/29. Although Calvert, by this time the first Lord Baltimore, intended to live permanently at Avalon, an unexpectedly harsh winter caused him to rethink his plan. In the end he decided to remove to Virginia. Although Calvert and many of the settlers returned to England in 1629, Avalon was not abandoned; a representative of Baltimore was left at the place, and the family retained at least a legal interest in the Ferryland colony until late in the 17th century. While Calvert's attempt to profit from the fishery seems to have been a failure, the next proprietors at Ferryland were much more successful.

The Kirkes and the Pool Plantation

In 1637 a syndicate headed by Sir David Kirke was granted the Island of Newfoundland and a coat of arms that later became that of the Province of Newfoundland and Labrador. This generous gift from Charles I was in return for the Kirkes' services during the war of the late 1620s, during which they captured

Nova Scotia and Quebec from the French. The return of the lands to France must have disappointed the Kirkes but was responsible for Charles' grant.

In 1638 the Kirkes arrived at Ferryland and turned Calvert's representative, William Hill, out of the Mansion House where they took up residence. The Kirke family's tenure at Ferryland was to last throughout most of the rest of the century.

Sir David Kirke, an unrepentant royalist, was recalled to England during the Commonwealth. The Calverts took advantage of his return to sue him for the Ferryland colony, and Kirke died in prison in 1654 "at the suit of Lord Baltimore." His wife, Lady Sara Kirke, and her three sons remained at Ferryland despite the apparently unfavorable judgment and continued to operate a successful fishing business at what soon became known as the Pool Plantation. Census records from the time indicate that Lady Kirke owned more boats, stages, and train vats and employed more servants than any other planter on the English shore, including her three sons. She must have been a remarkable woman, and is arguably the first woman entrepreneur in British North America.

Lady Kirke survived a Dutch attack in 1673, during which the Pool Plantation was looted and the commercial property burned by the invaders. She disappears from census records after about 1680 and must have died sometime during the first half of that decade. Her survivors continue their business at Ferryland until the French attack of 1696. All three sons were among those imprisoned at Placentia during the winter of 1696/97. The remaining colonists were returned to Appledore, England, by the French, leaving Ferryland unpeopled for the first and only winter since the founding of Avalon in 1621.

During the Kirke period, the colony expanded eastward past Wynne's defenses, and the ditch that protected Avalon was gradually filled. Excavations in three areas have revealed evidence of new construction and reorganization that took place during the latter part of the 17th century.

Site C

The waterfront premises, at least those explored during the past few seasons, seem to have undergone little modification during the first 35 years of the Kirke era. In part this is a testimony to the durability of the structures built on behalf of Calvert at Avalon. The slate-roofed warehouse/work area and the adjacent privy seem to have continued in use, with no visible modification until after the Dutch raid of 1673. Cannon shot, burned timbers, and piles of collapsed wall rocks all suggest a violent destruction of this large structure at that time. Following the raid, the remaining warehouse walls were dismantled and the stone used to construct what Gaulton (1997) has interpreted as a two-bay outbuilding, probably a cowhouse and storage shed. What had formerly been the interior of the warehouse became exterior space. The remains of the outbuilding exposed thus far consist of three parallel north–south stone walls, and the south wall of the warehouse formed the north wall of the new outbuilding. Dimensions are something like 35 x 37.5 ft. (10.5 x 11.3 m). The southern part of the structure remains unexcavated because it lies beneath the present paved road.

The floor of the new structure was raised about 2 ft. (60 cm), partly to cover and level the rubble that resulted from the destruction of the warehouse and partly, perhaps, to prevent occasional flooding of the area which today is a not infrequent occurrence. The function of the western half of the new structure is difficult to determine and probably consisted of storage space for farm and fishing equipment and perhaps for hay to feed the livestock housed in the eastern half of the structure. The eastern bay has a partly cobbled floor, pitched toward the center where a drain carried waste through an opening in the wall and into a covered tunnel that leads to what was formerly the privy, now converted to a dung-pit.

Excavation above the floor revealed a series of voids in the deposit. Plaster poured into the voids revealed that they were the remains of purlins, rafters, and battens from the roof structure. Bits of burned organic matter proved to be the remains of thatch, indicating clearly the type of roof on the building. Clear evidence of burning indicates the fate of the building, and artifacts within suggest a late 17th-century date for the fire, almost certainly the result of the French attack in 1696.

Site B

Stratigraphically above the western end of the cobblestone street, and in fact encroaching upon it by a foot or so, was found the footing from a frame structure dating from the latter half of the 17th century. Its date of construction has not yet been determined with certainty, but it was built after the forge went out of use in mid-century. At the eastern end of the structure the remains of a large stone fireplace were partially exposed. It appears to have constituted the entire gable end of the structure, clearly a dwelling. The remainder of the foundation consisted entirely of roughly-laid field and beach rock, which must have supported the sills for a wood-frame building. Artifacts associated with the house include coarse earthenwares and tobacco pipes typical of the latter half of the 17th century. Some ceramic types – Westerwald, tin-glazed, and North Devon sgraffito wares – represent luxury items, but the assemblage in no way matches that from the "gentry's" residence at the east end of the settlement. The house was burned sometime late in the century, and it is tempting to associate the burning with the French attack of 1696. A bottle seal from the top of the deposit bearing the legend "Sloss 1699" complicates the picture.

Site D

This dwelling is located outside, i.e., to the east of, the original colony. By the time it was built, at mid-century or later, the defenses built by Captain Wynne had probably become useless, and the ditch on the east end of the settlement filled in. Like other British colonies in North America, the settlement spread beyond the original fort within a short time. The most conspicuous remains of the dwelling consist of the base of a large stone fireplace with a rough cobble hearth and several layers of gravel, small cobbles, and flagstones placed in a semicircle in front of the hearth. The fireplace appears to have formed the entire east end of a gable-roofed house.

To the west a welter of burned timbers and boards indicate clearly that the structure was wood-framed and that it burned some time in the late 17th century. There are no post molds. The house must have been built of sills laid on the ground; no trace of them remained. However, an area cleared of large rocks probably indicates the approximate dimensions. It defines a dwelling about 17.5 ft. (5.4 m, the outside width of the fireplace) by about 38 ft. (11.2 m).This is a reasonably good-sized dwelling for 17th-century Newfoundland and may have stood one and one-half or two stories high.

There exists a rough map of Ferryland drawn by James Yonge, who spent the summer of 1663 on the English Shore as a surgeon. The map was probably drawn some time, perhaps decades, after Yonge's actual visit. It completely omits the stone waterfront complex that was standing at our Site C when Yonge visited the place in 1663. The map does, however, show a house with a chimney in the gable end not far from where the Site D house is located. The house is labeled "Lady Kirke." Apparently Lady Kirke made a greater impression on the young surgeon than did the Pool Plantation itself.

It would be satisfying to be sure that we have found the house where Lady Kirke spent her later years. With two exceptions, however, the artifact assemblage from Site D is not what might be expected from a house of one of the Ferryland gentry, nor does the assemblage compare favorably with the later 17th-century material from the Site F dwelling. "Up-scale" ceramics – sgraffitoware, stoneware, tin-glazed earthenware, and others – are virtually absent from the assemblage. There are no fragments of drinking glasses and no evidence that the windows were glazed. In short, the assemblage is more representative of the average fisher's household than that of a member of the gentry. The two exceptions to this are a pair of silver cufflinks, each octagonal face engraved with a horse and rider, and the remains of several wool buttonholes, preserved by the silver thread that decorated them. Their presence among the remainder of the assemblage is an anomaly, and one that we cannot presently address.

Site F

Site F continued to be occupied through most of the 17th century, and sometime late in the century some sort of wooden structure seems to have been constructed in the ditch, which by then had been completely filled. Although the late 17th century layer contained an extensive deposit of fire-cracked stone, not unlike that from the fireplace floor at Site D, no convincing trace of a fireplace could be found. Considerable refuse had accumulated within and around the structure before it burned late in the century, and the objects provide a clear date in the last quarter of the 1600s.

Finally, if our guess that the "Mansion House" is

located somewhere in this area is correct, then this area also figures prominently in the history of the Kirkes' Pool Plantation. Beginning in 1638 the Kirke family took up residence in the Mansion House, and there is no reason that it was not occupied by at least some of them throughout much of the rest of the century. Lady Kirke lived until the 1680s, her sister Lady Hopkins – whose husband was executed for his part in a plot to free Charles I from the Isle of Wight shortly before Charles' execution – may also have dwelt there, as may one or more of the Kirkes' three sons. Although we may not know precisely who dwelt in this area during the latter part of the century, the same sorts of luxury goods turn up in the later deposits as are found in those from earlier in the century. Perhaps most interesting are silver straight pins and a silver thimble, which it would be nice to think were used by Lady Kirke when she was not otherwise running a large fishing business.

Summary

In summary, it seems clear that the archaeology of Ferryland presently presents more questions than answers about this unusual 17th-century settlement. This may not be surprising, since we have probably excavated something less than about 8 % of the original settlement. The small portions that we have explored, however, indicate that the whole Colony of Avalon lies relatively undisturbed beneath the houses, roads, gardens, and (mercifully) areas of vacant land within the community that surrounds "The Pool."

References

Baart, Jan M. 1992, *Terra sigillata* from Estremoz, Portugal. In *Everyday and Exotic Pottery from Europe*, edited by David Gaimster and Mark Redknap, pp. 273–278. Oxbow, Oxford.

Carter, Matthew 1997, Archaeological Investigation of a Seventeenth-Century Forge at Ferryland, Newfoundland. Unpublished M.A. thesis, Department of Anthropology, Memorial University of Newfoundland, St. John's, NF.

Gaulton, Barry C. 1997, Seventeenth-Century Stone Construction at Ferryland, Newfoundland (Area C). Unpublished M.A. thesis, Department of Anthropology, Memorial University of Newfoundland. St. John's, NF.

James A. Tuck
Barry Gaulton
Matthew Carter
Archaeology Unit
Memorial University of Newfoundland
St. John's, NF A1C 5S7

17 The Recent Archaeology of Enslaved Africans and African Americans

Ywone D. Edwards-Ingram

Abstract

The practice and results of African-American archaeology have accentuated the advantages of interdisciplinary and global approaches to studies of the past. Excavations in the United States of America have unearthed structural features and artifacts permitting archaeologists to detail aspects of the social and material world of slavery and freedom. The focus on African-derived forms and products has contributed to thought-provoking studies. Presentations, dialogues, and public involvement have contributed to the dynamism of archaeology.

Introduction

Archaeologists in different regions of the United States of America have investigated both rural and urban sites to better understand the complexities of "American slavery and American freedom." Many of these studies have been incorporated within African-American archaeology, a field of American historical archaeology. The development of this field, in the late 1960s and early 1970s, paralleled efforts in the wider American society to study the lifeways and to understand the experiences of peoples who previously have been underrepresented in studies of both the past and then contemporary society. At first, archaeological investigations were concentrated in the upper and lower southern regions of the United States but during the 1970s and throughout 1980s, both the area and scope of work broadened. Many sites associated with tobacco cultivation and others of more diversified economies elsewhere in the United States and the Caribbean were excavated and the results disseminated. By the early 1990s, African-American archaeology had gained recognition as a practice that enhances the visibility and contributions of American historical archaeology to studies of the past (Singleton 1991; Singleton and Bograd 1995).

African-American archaeology is, in part, the study of inequality. Archaeologists have detailed how slave societies and slave lifeways were created and transformed through various processes of interactions and exchanges involving shifting relationships of domination and power (Orser 1988; Howson 1990). Slaves' labor and skills were appropriated for someone else's profit, leaving the slaves impoverished in many ways. Through ingenuity and interactions within and outside African-American communities, slaves created both a life for themselves and vibrant cultures within an oppressive and dehumanizing system and way of life. Archaeologists have described slaves' accomplishments as remarkable achievements. This paper examines some main topics and trends in the recent archaeology of enslaved Africans and African-Americans in the United States. Most of the examples, however, are from archaeological studies in Virginia. The archaeology of slave life has evaluated and applied multiple lines of evidence to describe and interpret the diverse everyday-living conditions of slaves, their material possessions, beliefs, ritual practices, worldviews, and the broad social processes such as racism, social interaction, and isolation that affected slaves' life (Singleton and Bograd 1995). Recent work has produced a large body of evidence and interpretations of slavery. One result from this concentrated effort is the refinement of notions, approaches, and understanding of the African-American past. There has been added emphasis on understanding development and change in African-American cultures.

Struggles and Beyond

Publications and presentations on African-American archaeology have outlined the various struggles and accomplishments of archaeologists (Singleton and Bograd 1995; Samford 1996). How different archaeological materials on slave sites should be interpreted has been a major concern of the field since its inception. Archaeologists seriously have considered and faced the challenge of whether they would be able to recover, separate, and interpret the impact of Africa and African-derived forms and practices on slave sites. Early studies sought narrowly to examine the African side of the African-American identity. Archaeologists searched for African cultural traits believed visible in material remains such as housing styles, the use of objects including shells and beads, and in culinary practices (Singleton 1991; Samford 1996). The predominance of European-made objects and the similarity between slave remains and other ethnic groups' assemblages caused archaeologists to rethink the nature of the African impact, for instance, how different cultures used similar materials but employed them in different ways.

Some studies tackled the problem of determining whether slave cultural differences were manifested in the archaeological record and, if they were, whether these manifestations could be separated from conditions that may have resulted from the social, economic, and political deprivations of the slaves. Influential archaeological studies have looked at the material evidence of slave lifeways to see how they compared with similar evidence from white sites (Otto 1984; Kelso 1984; McKee 1992). Foodways, for example, has been one prominent area for such analysis. Research has focused on how food was obtained, prepared, consumed, and exchanged and further how food remains and food-related materials were discarded (Otto 1984; Kelso 1984; McKee 1987; Bowen 1995).

On some slave sites, archaeologists have noted the prevalence of fragmented animal bones and the presence of parts from the feet and heads of animals that were used as food (Otto 1984; Singleton 1991; Bowen 1995). Dietary data from sites associated with elite whites have exhibited less-fragmented bones and in addition, have appeared to show more evidence of presumably high-quality cuts of meat. The dietary evidence from slave sites has been linked to factors including the economic and social conditions of the enslaved and to slaves' cultural preference for one-pot meal of stews and soups, a practice common in African societies (Otto 1984; McKee 1987; Bowen 1995).

Understanding foodways has proven to be very a complex undertaking requiring a broad knowledge of provisioning systems, environmental settings, social relations, and cultural factors such as those governing the preparation and consumption of food (Singleton 1991; Bowen 1995). This broad-based knowledge, for example, is most useful to explain similarities in slave and planter dietary remains. Faunal remains of heads and feet, earlier assumed to be lower-quality meats, have been unearthed from sites associated with the elites in Virginia. Larger faunal remains linked to roast and presumably better quality cuts have been recovered from slave sites (Singleton 1991; Bowen 1995). Clearly, economic factors and the slave hierarchy were not sufficient variables to explain these phenomena.

Studies that have combined faunal, botanical, and other environmental data, ceramics, marketing, and historical research have contributed to a better understanding of the variability of slave diets and to perceived ambiguities in the remains at slave sites. Investigations of plantations in Virginia and Tennessee uncovered evidence that, in addition to rations of corn, pork, and beef, slave diets included a variety of wild sources including fish and birds (Sanford 1994; Bowen 1995; Thomas and McKee 1996). These investigations have shown that through the slave initiative, plantation rations were supplemented with domestic sources and agricultural produces. Some of these food items were produced by the slaves through activities such as rearing animals and maintaining gardens at slave quarters. The presence of lead shot, gun flints, gun parts, and dietary remains of wild animals strengthened interpretations that slaves resisted uniformity in their diets and exerted prowess and control in trapping and hunting activities. Slaves even netted monetary income from these endeavors (Sanford 1994).

In spite of the challenge, foodways is indeed a promising area of study for it can provide more insights into economic and cultural practices and environmental conditions that can be inferred from archaeological remains (Deetz 1993). Over the years, archaeologists have learned that behavioral differences, inferred from material remains, resulted from a number of factors including the various conditions enslaved peoples faced in the New World. Of equal importance to these processes were factors surrounding African-derived practices and traditions, and slaves' adaptation, accommodation, resistance, and resiliency in different New World settings. All these factors and conditions helped to shape the products of enslavement (Howson 1990).

Recent archaeological studies have highlighted different historical, environmental, and social settings that had contributed to the specificity and the dynamism of demography, land use, and material items in slave society (Epperson 1990; McKee 1992; Deetz 1993; Sanford 1994). One perspective in archaeology has stressed the importance of the cultural landscape of slavery in domination and resistance. Slave labor was exploited in the development of plantation societies. At the same time, the built environment was incorporated in slave control and in attempts to naturalize and legitimize planters and other elites' authority. That many slaves' housing was of poorer construction and placed in less-than ideal locations has been treated as part of planters' attempts to instill slaves with a sense of inferiority (Epperson 1990; McKee 1992). Some slaves, however, refused to bend to these messages and practices; they resisted using material goods and the environment in alternative ways. They assigned meanings to their life based on their own cultural preferences and the reality of enslavement. Slaves changed the appearance of their dwellings and yard areas and appropriated the plantation landscape as their own.

Making credible interpretations of the remains on slave sites has been a persistent challenge in African-American archaeology. The vitality of the discipline depends on archaeologists' ability to produce studies that go beyond "obvious interpretations." Obvious interpretations can be defined as levels of information often already known, better represented, or more easily obtained through historical and other research, rather than archaeology. To surmount this struggle and to better comprehend and reconstruct the past, archaeologists have used ethnographic data and anthropological theories in their work.

More on Concepts, Themes, and Approaches

Considering the multiple uses, meanings, and contexts of material remains have resulted in alternative approaches and interpretations of the archaeological record. This theoretical framework has propelled archaeologists beyond "obvious" interpretations. For example, interpretations of ceramics and animal bones are no longer restricted to particular area of slave life such as foodways. Archaeological studies have linked these remains to other areas of slave life. Historical, ethnographic, and archaeological sources have detailed the importance of these items in African-American burial and protective rituals (Singleton 1991; Thompson 1993; Orser 1994).

One major theme in African-American archaeology is the study of culture change. Over the years, archaeologists have used different models to explain changes and transformation in slave material life and behavior. It is believed that many changes were produced in different contexts of social interactions and cultural exchanges within and outside African-American communities. The creolization model is useful to study how cultures in contact were transformed and how new products and forms emerged within and from these situations. It permits an exploration of both the tangible – material remains – and the intangible beliefs and ideologies in cultures (Howson 1990; Ferguson 1992; Groover 1994). Fruitful studies based, more or less, on this approach have focused on slave creativity and use of material items and the environment, particularly to nurture religions and rituals (Thompson 1993; LaRoche 1994; Orser 1994). The creolization process was also important to slave creativity in ceramic and clay tobacco pipe production and use, in foodways, and in manipulations of the cultural landscape (Ferguson 1992; McKee 1992; Emerson 1994; Groover 1994). These studies have reinforced interpretations that slave cultures incorporated both Old World and New World cultural traditions and practices.

Archaeologists have determined that exploring the nature of social relations and material culture is an important framework to understand interactions and exchanges (Howson 1990; Edwards 1990; Thomas and McKee 1996). The material world of slavery was instrumental in creating and defining the dynamics of relationships between the enslaved and the free. Several studies have emphasized the use and manipulation of material items and the landscape in social relations (Epperson 1990; Edwards 1990; McKee 1992). The study of a 19th-century African-American house site in the Historic Area of Colonial Williamsburg exemplifies the complex nature of social relations in slavery (Edwards 1990). The house is associated with an enslaved nursemaid called Polly Valentine who was legally owned by Nathaniel Beverley Tucker, a lawyer at the nearby College of William and Mary.

Tucker believed that slavery benefited both the slave and the master for it reinforced conditions he described as slave inequality and white supremacy. Providing Valentine with a house with a substantial brick chimney and a variety of domestic and personal items was integral to the relationship. Apparently Valentine was an excellent nursemaid, maintaining her part of the relationship with the diligent care of the master's children. But she was not as contented as the Tuckers thought. During the Civil War she left the Tuckers, in search of freedom. The ambiguities of social relationships are evident in Valentine's action when she returned to nurse her former mistress until the mistress's death. Historical, archaeological, and anthropological data and theories were instrumental in addressing the dynamics of social relations and how material items were embedded in the process.

Archaeologists at Andrew Jackson's Hermitage in Tennessee describe the social relations approach as "perhaps, historical archaeology's greatest challenge and area of untapped potential" (Thomas and McKee 1996:2). A study of nine slave dwellings and other archaeological and documentary evidence has demonstrated that social relations factored prominently in plantation management at the Hermitage. Planters and managers sought to influence slave life through the manipulation of material culture. The slaves, however, thwarted or weakened the efforts of owners and managers to control their life. Slave housing was one major area that plantation management regulated. The layout of the cabins, their dimensions of approximately 20 x 20 ft., and materials of brick and log used as building materials are among recovered elements that support inferences about standardization and control.

Root cellars may have participated in slaves' search for autonomy. The archaeological literature has highlighted root cellars as salient to the comprehension of slave landscape, creativity, and resistance (Kelso 1984; Epperson 1990; Kimmel 1993). These sub-floor pits associated with slave dwelling and working areas have gained popularity as common finds on slave sites. Popular interpretations have noted their use as storage areas for root crops, a wide range of tools, and domestic and personal objects. African cultural practices may have influenced the construction and use of slave root cellars (Yentsch 1991). Other research efforts have pointed out that the use of sub-floor pits was a pancultural phenomenon (Kimmel 1993). Root cellars are usually found filled with trash relating both to the occupation and post-occupation of the site.

The root cellars at the Hermitage are common to nearly all cabins, but they vary in construction. Apparently these cellars were not included in the prescribed designs for the dimension and layout of the cabins. Presumably they illustrate both slaves' efforts to resist the forced uniformity in their lives and slaves' attempts to define and redefine their surroundings (Thomas and McKee 1996). The root cellars at the Carter's Grove plantation (Fig. 17.1) in Virginia are among the earliest excavated on slave sites. This colonial plantation is owned and interpreted by the Colonial Williamsburg Foundation and is the site of a reconstructed slave quarter. The Foundation, best known for its town-size living history museum called Colonial Williamsburg, interprets the history of colonial America, particularly life in the 18th-century capital of Williamsburg. In the early 1970s, roots cellars filled with the remains of domestic, personal, and work-related objects were uncovered at the site (Epperson 1990; Brown and Samford 1994). At Kingsmill Plantation near Carter's Grove, similar pit features have been associated with slave quarters (Kelso 1984). Root cellars are also associated with slave life at Thomas Jefferson's Monticello plantation and George Washington's Mount Vernon plantation in Piedmont Virginia (Samford 1996).

Fig. 17.1 A costumed African-American interpreter preparing food at the reconstructed Carter's Grove slave quarter. The archaeological evidence helped facilitate the reenactment. (Courtesy of the Colonial Williamsburg Foundation.)

The remains of a central brick chimney and root cellars were the main structural evidence delineating the 18th-century Rich Neck slave quarter in Williamsburg, Virginia (Fig. 17.2; Franklin 1997). The site was excavated by archaeologists from the Colonial Williamsburg Foundation as part of their effort to study and present information on the lifeways of African Americans in 18th-century Williamsburg. Similar to other slave sites in the area, most of the artifacts were recovered from the root cellars. Understanding slave life at the quarter and how the building and the root cellars were constructed, maintained, and destroyed have remained central themes for this study. Rich Neck Plantation was owned by the Ludwells and their descendants, prominent Virginians and mainly absentee owners. Slaves at Rich Neck were engaged in the production of tobacco, wheat, and other agricultural labor and in supplying lumber to the nearby town of Williamsburg.

Connecting Disciplines and Worlds

Archaeologists have gathered information on traditional and present-day African aesthetics, artistic productions, recreation, and other cultural practices for more insights on slave culture. The findings from African-American studies including literature, art, folklore, religion, and research on yards and gardens have been included in archaeological studies. Recent archaeological investigations at Rich Neck and Thomas

Fig. 17.2 The remains of a central brick chimney foundation, root cellars, and other excavated features at the Rich Neck slave quarter site. (Courtesy of the Colonial Williamsburg Foundation.)

Jefferson's Poplar Forest plantations have considered the landscape formed and used by slaves (Franklin 1997; Moncure and Heath 1997). These studies have drawn on ethnographic, historical, oral evidence, and research on African and African-American yards. By studying the distribution of features and artifacts in yard areas on slave sites, these archaeologists have inferred that slaves kept parts of these yards free of garbage. On some slave sites, trash was dumped alongside and outside of yard boundaries, in crawl-spaces below pier-supported houses, in trash dumps, and in root cellars (McKee 1992; Moncure and Heath 1997). The yard areas at slave quarters were used extensively for activities including the rearing of livestock, gardening, cooking, and socializing (Moncure and Heath 1997).

Evidence of slave aesthetics and artistic abilities have been inferred from the archaeological record. Locally-manufactured clay tobacco pipes have been found on 17th-century sites in Virginia. Interpretations have linked Native American, African, and European cultures as significant to the manufacture and use of these items. Several of the designs on these pipes, however, have been accredited to African aesthetic and craft traditions in the New World (Emerson 1994).

Understanding how slavery evolved in different areas can strengthen interpretations of archaeological finds. In Virginia, slavery adapted to a more diversified economy, and plantation infrastructure and population changed to support and facilitate this development (Sanford 1994). For example, more skilled slaves were needed to work on plantations. At Thomas Jefferson's Monticello plantation, the archaeological evidence supports historical documents that the slaves were engaged in bone-working crafts, blacksmithing, and other trades (Sanford 1994). Other archaeologists have found similar evidence of slave skills in other areas of Virginia (Samford 1996).

Buttons on slaves sites have been linked to slave skill in the manufacture of clothing and the reuse of clothing to make quilts and other objects at slave dwellings (Kelso 1984; Samford 1996). Buttons of metal, bone, shell and other materials have been found, at times, in large quantities at slave sites. Buttons are conspicuous among the artifacts from the Rich Neck and Carter's Grove slave quarters (Fig. 17.3). As part of Colonial Williamsburg's Department of Archaeological Research database on slave sites, these artifacts have informed interpretations and presentations of the African-American past. Buttons were mainly decorative objects and fasteners on clothing. Slaves may have acquired buttons as found items, through owner's provisioning, and within slaves' various exchanges.

The archaeological evidence suggests that pewter spoons were modified and decorated at the Rich Neck slave quarter (Franklin 1997; Edwards-Ingram 1997). Some spoon fragments were modified through piercing and carving. One bowl was decorated with what appears to be a geometric design. Examples of decorated spoon bowls also have been recovered from a slave quarter at the Garrison Plantation, Maryland (Klingelhofer 1987). The study of slave ingenuity has prioritized slave manufacture and use of colonoware, a locally-made pottery. This coarse unglazed-earthenware, also made by other New World peoples, occurs mainly as utilitarian forms such as milkpans, basins, pots, jars, and chamber pots. In Virginia, colonoware dates to as early as the second half of the 17th century (Deetz 1993). Archaeologists have promoted interpretations that slaves used colonoware both to prepare and serve stew-based meals and pottage, and probably to make medicine (Ferguson 1992).

Health and Well-Being

Slave cultural practices prioritized multiple uses and meanings of objects, structures, and landscapes. Slaves

Fig. 17.3 Buttons from the Carter's Grove slave quarter site. (Courtesy of the Colonial Williamsburg Foundation.)

used objects and the landscape in ways that were not readily recognized by European-Americans. Some of their activities were acts of "separatism" to keep slave lifeways culturally distinct (Howson 1990). Slaves conferred different meanings to everyday objects of ceramics, shells, clay tobacco pipes, and beads. These objects have been located with the burial remains of slaves and as inclusions in medicinal kits (Singleton 1991; LaRoche 1994).

Slaves used charms to influence divine and local powers. Occurring on many slave sites, cowrie shells may have served in these realms. The shells originated mainly from the Pacific and Indian ocean regions and were the media of exchange in the slave trade (Samford 1996). They were used in African societies as adornment on the individual's body and on objects and in various rituals. Historical and ethnographic sources have noted that slaves wore beads. Beads were mainly for decoration but may have functioned for protection as well. A recent study of beads found that blue is the predominant bead color on slave sites and that they may have been important to African-American culture (Stine et al. 1996). Beads were with the human remains from the African Burial Ground in Manhattan, New York. Seven burials listed "a total of 145 beads representing 14 varieties" (LaRoche 1994:8). The remains of a woman were found with a strand of about 100 beads around her pelvis. This evidence supports interpretations that African beliefs and practices relating to fertility, protection, and social standing were part of the lifeways of Africans and their descendants (LaRoche 1994).

African Americans enclosed, buried, and used seemingly unconnected objects including nails, animal bones, metal objects, and shells as part of rituals (Gundaker 1993; Thompson 1993; Edwards-Ingram 1997). Kits and features associated with rituals have been recovered from African-American assemblages at the Charles Carroll House in Annapolis, Maryland and the Levi Jordan plantation in Texas (Singleton 1991; Thompson 1993; Brown 1994). The 18th-century assemblage in Maryland included quartz crystals, polished stones, bone disks, and pierced coins. The assemblage includes a bowl bearing a symbol that resembles African ritual markings. The kit is similar to medicinal materials from 19th-century Africa (Thompson 1993).

Both enslaved and free African-Americans had lived and worked at the Jordan Plantation, the site of the 19th-century ritual assemblage from Texas. The assemblage includes bird skulls, a piece of chalk, doll parts, and cast-iron kettle bases (Singleton 1991; Brown 1994). The archaeologists have associated the objects with each other and with ritual practices. Ethnographic evidence from Africa and the Caribbean helped to facilitate conclusions concerning the ritual use of the objects and the cabin.

On slave sites, gardening activities have been inferred from the remains of plants, seeds, and evidence for fenced enclosures (Brown and Chappell 1997; Moncure and Heath 1997). Archaeologists at Poplar Forest believe that they have found a cultivated area at the slave quarter. Irregular soil disturbances, an absence of artifacts, and soil rich in chemicals associated with burned wood and decaying organic matters are listed as clues to support this conclusion. Remains from vegetable crops, fruits, and weeds, when added to the other evidence, facilitated interpretations that slaves probably cultivated and consumed a variety of plants (Moncure and Heath 1997).

The botanical remains from Rich Neck slave quarter comprises seeds from cultivated and wild species that may have been important to slave diets and health kits (Mrozowski and Driscoll 1997). Remains of corn, beans, and squash, and fruits including melon, cherry, and blackberry are included in the cultivated species. Honey locust, black walnuts, and acorns are numbered among the wild species. Some of these plants species also have been identified at Poplar Forest. Slaves at Rich Neck and Poplar Forest probably used plants for medicinal and healing needs (Moncure and Heath 1997; Edwards-Ingram 1997).

Discussion and Conclusion

Archaeology has informed scholarly and public interpretations of the African-American past. Some findings in archaeology have helped to create a usable past; African Americans have been presented as cultural creators and individuals responsible to varying degrees for their achievements. Archaeology has guided reconstruction and interpretation at many living history museums. The reconstructed slave quarter at Carter's Grove, for example, was placed atop the archaeological features found at the site (Brown and Samford 1994). Interpretations of slavery have been facilitated through the furnished cabins and reconstructed landscape. Costumed interpreters have incorporated the archaeological evidence in narratives and vignettes about the site and the past.

The increased number of archaeological studies on African-Americans stems, in part, from concerns about the representations of African-Americans in scholarly and public presentations of past. Different publics have become more vocal about their concerns for responsible study and interpretation of the African-American heritage (Potter 1991; McKee 1994). Many archaeologists have contributed and responded to the increased visibility of archaeology. Through field schools, site visits, and other educational programs, they have encouraged public participation. In addition, archaeologists have worked with African-American individuals, communities, and organizations (McKee 1994; Edwards 1995).

In conclusion, archaeologists have been very creative in their interpretations of the material remains on slave sites. They have highlighted the lifeways of enslaved Africans and their descendants and how this population helped in the making and remaking of the social and material world of the past. These investigations have underscored African-American archaeology as a field with enormous potential for uncovering the undocumented aspects of the past world of slavery. But to further realize the potential of archaeology, archaeologists will need to initiate more linkages with Africa, Europe, and the rest of the Americas within "the archaeology of the African diaspora." This will create more opportunities for the creation and dissemination of archaeological knowledge and will ensure that African-American archaeology remains a vibrant field, a field that teems with challenges and accomplishments.

References

Bowen, Joanne 1995, Slavery at Mount Vernon: A Dietary Analysis. Paper presented at the Annual Meeting of The Society for Historical Archaeology Conference on Historical and Underwater Archaeology, Washington, DC.

Brown, Kenneth 1994, Material Culture and Community Structure: The Slave and Tenant Community at Levi Jordan's Plantation, 1848–1892. In *Working Toward Freedom: Slave Society and Domestic Economy in the American South,* edited by Larry E. Hudson, Jr., pp. 95–118. University of Rochester Press, Rochester, NY.

Brown, Marley R., III, and Edward A. Chappell 1997, Archaeology and Garden Restoration at Colonial Williamsburg. *Journal of Garden History* 17 (1):70–77.

Brown, Marley R., III, and Patricia Samford 1994, Current Archaeological Perspectives on the Growth and Development of Williamsburg. In *Historical Archaeology of the Chesapeake,* edited by Paul A. Shackel and Barbara J. Little, pp. 231–245. Smithsonian Institution Press, Washington.

Deetz, James 1993, *Flowerdew Hundred: The Archaeology of a Virginia Plantation 1619–1864.* University Press of Virginia, Charlottesville.

Edwards, Ywone D. 1990, Master–Slave Relations: A Williamsburg Perspective.Unpublished M.A. thesis, Department of Anthropology, The College of William and Mary, Williamsburg, VA.

Edwards, Ywone D. 1995, Archaeology and Public Education at Colonial Williamsburg. *The Society for Historical Archaeology Newsletter* 28(2):19–20.

Edwards-Ingram, Ywone D. 1997, An Inter-disciplinary Approach to African-American Medicinal and Health Practices in Colonial America. *The Watermark: Newsletter of the Archivists and Librarians in the History of the Health Sciences* 20 (3):67–73.

Emerson, Matthew 1994, Decorated Clay Tobacco Pipes from the Chesapeake: An African Connection. In *Historical Archaeology of the Chesapeake,* edited by Paul A. Shackel and Barbara J. Little, pp. 35–49. Smithsonian Institution Press, Washington.

Epperson, Terrence W. 1990, Race and the Disciplines of the Plantation. *Historical Archaeology* 24(4):29–36.

Franklin, Maria 1997, *Out of Site, Out of Mind: The Archaeology of an Enslaved Virginian Household, ca. 1740–1778.* Ph.D. dissertation, Department of Anthropology, University of California, Berkeley. University Microfilms International, Ann Arbor, MI.

Ferguson, Leland 1992, *Uncommon Ground: Archaeology and Early African America, 1650–1800.* Smithsonian Institution Press, Washington.

Groover, Mark D. 1994, Evidence of Folkways and Cultural Exchange in the Eighteenth-Century South Carolina Backcountry. *Historical Archaeology* 28(1):41–64.

Gundaker, Grey 1993, Tradition and Innovation in African American Yards. *African Arts* 26 (2):58–71.

Howson, Jean E. 1990, Social Relations and Material Culture: A Critique of the Archaeology of Plantation Slavery. *Historical Archaeology* 24(4):89–91.

Kelso, William M. 1984, *Kingsmill Plantations, 1619–1800: Archaeology of Country Life in Colonial Virginia.* Studies in Historical Archeology Series. Academic Press, New York.

Kimmel, Richard H. 1993, Notes of the Cultural Origins and Functions of Sub-Floor Pits. *Historical Archaeology* 27(3):102–113.

Klingelhofer, Eric 1987, Aspects of Early Afro-American Material Culture: Artifacts from the Slave Quarters at Garrison Plantation, Maryland. *Historical Archaeology* 21(2):112–119.

LaRoche, Cheryl J. 1994, Beads from the African Burial Ground, New York City: A Preliminary Assessment. *Beads* 6:3–20.

McKee, Larry W. 1987, Delineating Ethnicity from the Garbage of the Early Virginians: The Faunal Remains from the Kingsmill Plantation Slave Quarters. *American Archaeology* 6(1):31–39.

McKee, Larry W. 1992, The Ideal and the Realities Behind the Design and Use of 19th-Century Virginia Slave Cabins. In *The Art and Mystery of Historical Archaeology: Essays in Honor of James Deetz,* edited by Anne Yentsch and Mary C. Beaudry, pp. 195–213. CRC Press, Boca Raton, FL.

McKee, Larry W. 1994, Is It Futile to Try and Be Useful? Historical Archaeology and the African-American Experience. *Northeast Historical Archaeology* 23:1–7.

Moncure, Amber, and Barbara Heath 1997, "A Small Piece of Ground": The Archaeological Study of African-American Yards. Paper presented at the Annual Meeting of The Society for Historical Archaeology Conference on Historical and Underwater Archaeology, Corpus Christi, TX.

Mrozowski, Stephen A., and Leslie H. Driscoll 1997, Seeds of Learning: An Archaeobotanical Analysis of the Rich Neck Plantation Slave Quarter, Williamsburg, Virginia. Manuscript, Colonial Williamsburg Foundation, Department of Archaeological Research, Williamsburg, VA.

Orser, Charles E., Jr. 1988, The Archaeological Analysis of Plantation Society: Replacing Status and Caste with Economics and Power. *American Antiquity* 53 (4):735–751.

Orser, Charles E., Jr. 1994, The Archaeology of African-American Slave Religion in the Antebellum South. *Cambridge Archaeological Journal* 4(1):33–45.

Otto, John S. 1984, *Cannon's Point Plantation, 1794–1860: Living Conditions and StatusPatterns in the Old South.* Academic Press, Orlando, FL.

Potter, Parker B. 1991, What Is the Use of Plantation Archaeology? *Historical Archaeology* 25(3):94–107.

Samford, Patricia 1996, The Archaeology of African-American Slavery. *The William and Mary Quarterly* 53 (1):87–114.

Sanford, Douglas W. 1994, The Archaeology of Plantation Slavery in Piedmont Virginia. In *Historical Archaeology of the Chesapeake,* edited by Paul A.Shackel and Barbara J. Little, pp. 115–130. Smithsonian Institution Press, Washington.

Singleton, Theresa A. 1991, The Archaeology of Slave Life. In *Before Freedom Came: African American Life in the Antebellum South,* edited by Edward D. C. Campbell, Jr., and Kym S. Rice, pp. 155–175, 188–191. University Press of Virginia, Charlottesville.

Singleton, Theresa A., and Mark D. Bograd 1995, *The Archaeology of the African Diaspora in the Americas: Guides to the Archaeological Literature of the Immigrant Experience in America* 2. The Society for Historical Archaeology, California, PA.

Stine, Linda France, Melanie A. Cabak, and Mark D. Groover 1996, Blue Beads as African-American Cultural Symbols. *Historical Archaeology* 30(3):49–75.

Thomas, Brian W., and Larry McKee 1996, Twenty Years of Research on the Hermitage Slave Community: Interpreting the Archaeological Findings. Paper presented at the Annual Meeting of he Society for Historical Archaeology, Cincinnati, OH.

Thompson, Robert Farris 1993, *Face of the Gods: Art and Altars of Africa and the African Americas.* The Museum for African Art, New York.

Yentsch, Anne Elizabeth 1991, A Note on a 19th-Century Description of Below-Ground "Storage Cellars" Among the Ibo. *African American Archaeology* 4:3–4.

Ywone D. Edwards-Ingram
Colonial Williamsburg Foundation
Department of Archaeological Research
PO Box 1776
Williamsburg, VA 23187–1776

18 St Kilda: Excavations in a 19th Century Hebridean Village

Norman Emery

Introduction

In 1549 Donald Monro, Dean of Argyll and the Isles, wrote of St Kilda, 'the seais are stark and verie evill entering in ony of the saids Iles' (Munro 1961, 78). This remote Hebridean archipelago lies in the North Atlantic, 160km. west of the Scottish mainland. Excavations in the Village Street, on the main island of Hirta, were carried out by Durham University as part of an archaeological research programme for the National Trust for Scotland, the owners of this World Heritage Site, from 1986 to 1990.

The Settlement

The excavations, and the structural remains in Village Bay, and the northern glen, Gleann Mór, have revealed a long history of settlement on Hirta from the late Bronze Age-Iron Age. By the 16th century the archipelago was a possession of the MacLeods of Skye. Some form of occupation is apparent in Gleann Mór, where the turf-covered, corbelled cellular structure Taigh na Banaghaisgeich was considered old in 1697 (Martin 1753, 15). There were also corbelled huts with projecting bed chambers in Village Bay, but by the early 19th century the village was a cluster of primitive blackhouses. These were rectangular, with rounded corners, the walls of stone inner and outer facings and a soil core. The roof trusses rested on the inner facings, and were thatched with straw. Internally the house was divided by a low stone wall, or talan, into a byre at one end, and human quarters, with central hearth and wall bed, at the other. The cattle overwintered in the byre, providing accumulated manure, while the lack of a hole in the roof allowed for a good coating of soot on the undersurface of the thatch, which was seasonally removed and used to fertilise the fields when the house was rethatched. The island minister, Rev. Neil MacKenzie, noted with some disgust that food waste was left to accumulate around the house entrance (MacKenzie 1911, 20).

In 1720 the island population had been decimated by smallpox, but Hirta was quickly repopulated with tenants from the MacLeod estates. However, in the 1830s remote St Kilda was affected by the transformation of agrarian practices going on in Scotland at that time – the change from *runrig* (periodically rotated or re-allocated infield and outfield arable strips with common pasture land) to crofting. The village was remodelled down-slope, with a street of blackhouses, each set on its own strip of cultivated land within a head-dyke. The land had initially been divided up by Donald MacDonald of Tanera, but the islanders considered the allocations unfair, and they divided the land themselves. Rev. MacKenzie also played a leading role in this major development.

The new blackhouses were an improved form, with similar internal divisions, but now with a window, a hole in the thatch for the peat smoke, and viscera pits away from the houses. Wall-beds, in theory, were done away with, but some islanders continued the practice.

The Island Economy

The economy was based on agriculture, fowling, small

scale fishing, and textile production. Within the head-dyke, the land was cultivated using the *cas-chrom*, which had replaced the spade (*cas-dhireach*) around 1830 (Fenton 1974, 312–3). Potatoes, turnips, oats and bere barley were grown. Because of environmental conditions the islanders built a communal kiln (Blackhouse W) for drying the grain before it was threshed and winnowed. It was then either kept for future planting, dehusked, or ground for household needs in a hand quern.

The islanders kept cattle and sheep – Soay, the old Scottish short-wool type, and the Blackface. Turf-covered stone structures (*cotanan*) with associated gathering folds (*buaile crothaidh*) in Gleann Mór, were used for separating lambs from the ewes during milking, up on the shieling during the summer months. There is no evidence that the islanders, in their recent history, lived over in the glen, but seasonal bothies (*taigh àiridhe*) are known from the Hebrides (Thomas 1868). This practice of transhumance was carried out in other upland areas of Britain, such as northern England (Ramm et al. 1970), and is well documented in Norway (Hayward 1948, Borchgrevink 1980). The Norwegian shielings (*seters*) were also introduced to the Norse colonies in Iceland (Hitzler 1979) and Greenland (Albrethsen & Keller 1986).

Fowling was practised in the North Atlantic area, around the coasts of Iceland, Faroe, Shetland, Orkney and the Hebrides, and is still carried out by the Lewismen on Sula Sgeir (Baldwin 1974, Williamson 1945). St Kilda is a major seabird colony, with current estimates of around 600,000 puffin, 128,000 fulmar, 118,000 gannet, 40,000 guillemot, and 20,00 razorbill (Harris & Murray 1978). These were the principal species hunted by the St Kildans, caught either by hand, club, dogs, the fowling rod (*slat ribeadh*), or the multiple noose. MacKenzie reported annual catches of around 12,000 fulmar and 4000 gannet (adults and young) (MacKenzie 1911, 42 & 48), while Sands noted the harvesting of around 89,600 puffin in 1876 (Sands 1878, 89). The birds provided flesh, eggs, proventricular oil for lamp fuel and medicine, and feathers. Bird carcases and eggs were stored, along with other supplies, in drystone sheds (*cleitean*). The islanders were not keen fishermen, but with supplied boats a small-scale industry did develop from around the 1860s. The excavated fish bones, otoliths and scales indicate that they were catching cod, saithe, pollack and ling. Much of it was salted down in barrels for sale in Glasgow.

The production of textiles for local needs was increasingly directed towards export, and the developing tourist trade, and is discussed below. Tweed and blanketing were used as rent payment by the islanders, along with fish, cattle, cheese, tallow, oil and feathers.

Living Conditions

Conditions changed in 1860. In October the blackhouses were damaged by a hurricane, and new cottages were erected by MacPherson MacLeod. These were very different dwellings from what had gone before. They were rectangular, of mortared stone, divided internally by timber partitions into an entrance lobby, living-room, bedroom, and store. There were fireplaces on the end walls, using peat and later imported coal; softwood wainscotting; a sequence of clay, plank, and concrete floors, with some use of lino; and a gabled roof, initially of zinc sheeting on sarking-boards, later replaced with a tarred felt cover.

The blackhouses were retained. Documentation, photographs, and an insect assemblage from recovered litter, containing a range of beetles, mites, and whipworm eggs, with preserved plant matter, indicate that the lower end continued as a byre, with some sheep and foraging hens present, while the top end was used for fodder and household storage. Some were also used as human latrines.

The viability of the community was affected by a number of factors. In 1851 the population totalled 110 (GRO, CEN/1851/89). The following year the Highland and Island Emigration Society arranged for 36 islanders to leave for Australia. Unfortunately their immune systems were not resistant to common mainland diseases, like measles, and more than half of them died as a result (Holohan 1986, 46–9). The event removed a significant proportion of the young, active people. The high birth rate of the remaining islanders was, however, offset by infantile tetanus, though this was eradicated in the 1890s, and should have allowed the population to develop (Holohan 1985). But the community was changing, from being virtually self-sufficient, to a maintained, subsidised group. The demands for their products, particularly oil and feathers on the mainland market, declined in the late 19th century, until only tweed and hosiery were left. Some of this output was sold to tourists as the most isolated population in the British Isles began to attract visitors. Trawlers and whalers also came to Village Bay, and ended up supplying the islanders with essentials, taking letters, and giving lifts. This left the islanders increasingly reliant on outside charity. An expanding knowledge of the outside world through eduction, a postal service, and one-to-one contact with mainlanders during the First World War, when the Admiralty operated a telegraph station on the island, had its effect. In 1930 the remaining islanders asked to be evacuated. St Kilda became another statistic in the list of small, remote Hebridean islands which became deserted, a process which has increased noticeably since the mid 18th century (Moisey 1966).

The Finds

Turning to the material culture, the outside world began to influence the lives of the St Kildans from the early 19th century. In the 1830s some furniture, crockery and flat glass for the blackhouse windows was brought over aboard the 'Vulcan' by the minister, but the import of goods from industrialised Britain, and elsewhere, increased dramatically during the latter half of the 19th century, until the evacuation in 1930. From the recovered artifacts of this period four categories have been picked out as examples – pottery, glass, textiles and leather, to try to illustrate the problems of post-excavation analysis of such materials.

Pottery

Although the islanders had made coarse pottery, the recovered imported crockery comprises a range of wares, with similarities to other Highland-Zone collections in Scotland in a predominance of bowls over plates, though markedly different in having virtually no jugs.

The wares include sponge-printed forms. Such pottery was made in Glasgow, Greenock, Bo'ness and Kirkcaldy in Scotland, the North-East of England and North Staffordshire. It was colourful, popular, and very cheap – the sort of ware sold by itinerant dealers (rag-and-bone men).

The slip-decorated earthenware is from a range of bowls, normally of the type used for dairy work. This material was made principally in Aberdeen and Ayrshire, but also in Glasgow and Montrose. The transfer-printed pieces have patterns identified from Glasgow and Greenock, with some late 19th/early 20th-century fragments from Staffordshire. There are also pieces of Rockingham-glazed teapots made by whiteware and firebrick factories, stoneware that comes under the generic term of jam, meat-loaf and whisky jars; and some post-1870s gold-line painted china, probably from the bottom end of the Continental export market.

The excavated fragments indicate the range of Scottish-produced pottery reaching St Kilda, but also the impact of competition from Staffordshire, and from the cheapest Continental products. Several pieces also emphasise the remoteness of St Kilda, and the problems of acquiring, and perhaps paying for, replacement crockery. Sherds were found pierced by small holes for wire or rivet repairs. Similar details have been found at another, at the time, isolated location, on crockery excavated from convict huts in Sydney, Australia (Connah 1988, 34).

The only attempt at a comprehensive study of Scottish pottery was published in 1923 (Fleming), and is now considered to contain errors and omissions. McVeigh, who looked at the Scottish east-coast potteries in 1979, commented 'It is a significant commentary on the shameful neglect of so many aspects of Scottish history that this sort of research (controlled excavation of pottery sites and the gathering of relevant documentary evidence), which in any other country would long ago have been undertaken not merely as a general project but in its particular aspect, has been left to a few dedicated but amateur enthusiasts' (McVeigh 1979, xi–xii). This was apparent in 1988 when the excavators of the longhouse at Lianach, in Perthshire, complained in their report of 'our lack of detailed knowledge of the 18th–19th century ceramic industry in Scotland' (Stewart & Stewart 1989). Problems were also encountered during the work on the St Kilda material, because it was invariably unmarked and consequently difficult to attribute, and as it comprised some of the cheapest wares then on the market, it had largely been neglected by researchers. Some excavations have been carried out at pottery sites and dumps, in Greenock and the Broomielaw (Denholm 1977, 43–50), West Pans, Portobello,

Prestonpans (Dalgleish et al. 1990), and Newbigging (Haggarty & McIntyre 1996), which should improve the situation. Also, now there are proposals to carry out a thin-sectioning programme on the slipwares from Aberdeen's Seaton Pottery (A. Camerson pers. comm.).

Glass

The recovered glass from St Kilda comprises narrow-mouth ware for alcohol and soft drinks, coffee essence, sauces, concentrates and pharmaceutical products; wide-mouth ware for preserved fruit, jam and sweets; closures; pieces possibly from lighting devices; and flat glass. From the available evidence tableware does not seem to have made any impact here.

There are useful guides on terminology, like the Parks Canada glossary (Jones & Sullivan 1985) and accounts of the developments in glass manufacture from free-blown to machine-made products in collectors' guides (Truro County Museum 1976, Willis 1977) and specialist glass technology journals (e.g. Turner 1938) but for British archaeologists, the typological studies of late 19th/early 20th-century glass for everyday use, with details of manufacturers, retailers, date ranges, changes in mould forms and embossing, and good-quality scale drawings and photographs are few and far between. The journal *Post Medieval Archaeology* has published a study on the development of carbonated drinks bottles (Talbot 1974), while other comparative material comes from publications of amateur bottle hunters, though these are largely aimed at the specialist buyers' market, and tend to lack the detailed research to accompany some potentially useful work.

Textiles

Some clothing was recovered by excavation. Most St Kildan families had a four-treadle hand loom which, according to some sources was made of driftwood with an imported reed (MacKenzie 1911, 12). The fairly coarse cloth produced was for local needs and, from the 1890s for sale through Alexander Ferguson in Glasgow. The men made all the clothing, and while the drab, locally made cloth, continued to be used until the Evacuation, there was a desire for colour and some luxury. The recovered textile fragments include the coarse twills of tweed-like quality, but also quite sophisticated compound twills and satin weave which may have been machine-woven, and even a few small pieces of silk.

The islanders used lichen (crotal) and imported indigo to dye their cloth – absorption spectrophotometry and thin-layer chromatography have identified indigotin, either natural or synthetic, as the principal dye from the excavated samples. The man-made dyes that have been isolated include indigodisulphonic acid, and certain coal-tar derivative dyes.

Scottish archaeological journals have published reports on pre-19th century textiles, like those on clothing from 17th and 18th-century bog graves in the Northern Isles (Henshall & Maxwell 1952, Henshall 1969) and from an early 18th-century murder victim from Lewis (Bennett 1975). Environmental conditions, and the fact that textiles were recyclable, initially as second-hand clothes and then as rags for shoddy, or for paper-making, perhaps explains why no finds, to my knowledge, of 19th-century clothing have been reported in the archaeological literature. Although there are works on British occupational costume (Cunningham & Lucal 1967, de Marley 1986) it would appear that there are no separate detailed studies on Scottish working-class dress (N. Tarrant pers. comm.).

Leather

Adrienne Anderson has commented that 'an examination of the literature reveals that to a great extent shoe remains ... have been disregarded, glossed over, simply categorised as soles or uppers, or discarded as too fragmentary to handle. This source of archaeological data has been ignored. With careful study, shoes can be a source of chronological, technological and economic information' (Anderson 1968). Certainly in the case of St Kilda, the islanders were capable of tanning leather and making simple shoes sewn together with sheepskin thongs, but the majority of the recovered footwear was imported, factory-made inexpensive work-wear boots of rivetted construction with central lacing and toe caps, reinforced with hobnails, popular between about 1880 and 1914. Although there are technical books on footwear construction, enquiries on published excavated 19th century British mass-produced footwear drew a blank (B. Hensman pers. comm.).

Conclusion

These are just four artefact types recovered from one remote island, and of course there are many more, but they highlight the problem that, because these objects are recent and familiar, it is presumed that everything must be known about them. In fact, when it comes to 19th-century ordinary everyday objects in Britain, and particularly the cheap-and-cheerful possessions of those who could not afford anything better, our knowledge is limited. If we hope to have a detailed understanding of the lives of people in the recent past, no matter how poor they were, then we must take up the challenge, for there is so much that we can discover.

Acknowledgements

Thanks to the following for various points discussed: A. Camerson (Assistant Archaeologist, Aberdeen City Council), B. Hensman (Information & Resources Officer, Central Museum, Northampton) and N. Tarrant (Curator of Costume & Textiles, Royal Museum of Scotland, Edinburgh).

References

Albrethsen, S. E. & Keller, C. 1986, 'The use of the saeter in medieval Norse farming in Greenland', in *Arctic Archaeology* 23.1–2, 91–107

Anderson, A. 1968, 'The archaeology of mass-produced footwear', in *Historical Archaeology* 2, 56–65

Baldwin, J. R. 1974, 'Seabird fowling in Scotland and Faroe', in *Folk Life* 12, 60–103

Bennett, H. 1975, 'A murder victim discovered: Clothing and other finds from an early 18th century grave on Arnish Moor, Lewis', in *Proceedings of Soc. of Antiquaries of Scotland* 106, 172–82

Burchgrevink, A. B. Ø. 1980, 'The houses of the Norwegian 'setters': An analysis of local type variations', in *Northern Studies* 16, 53–69

Connah, G. 1988, *'Of the Hut I Builded': The Archaeology of Australia's History*, Cambridge

Cunnington, P. & Lucas, C. 1967, *Occupational Costume in England from the 11th century to 1914*, London

Dalgleish, G., Haggarty, G. & McVeigh, P. 1990, *Pots at the 'Pans: The Potteries of Prestonpans, Musselburgh and Portobello: A Descriptive History and Exhibition Catalogue*, Newtongrange

de Marley, D. 1986, *Working Dress: A History of Occupational Clothing*, London

Denholm, P. 1977, 'Pottery Excavations: Their problems and products', in Thomas, LM (ed.), The Archaeology of Industrial Scotland, in *Scottish Archaeological Forum* 8, 37–51

Emery, N. 1996, *Excavations on Hirta 1986–90* (The Archaeology and Ethnology of St Kilda 1), Edinburgh

Fenton, A. 1974, 'The Cas-chrom: A review of the Scottish evidence', in *Tools and Tillage* 2, 131–48

Fleming, J. A. 1923, *Scottish Pottery*, Glasgow

G. R. O. (= General Register Office for Scotland): 1851 Census Enumerators Returns CEN/1851/89

Haggarty, G. & McIntyre, A. 1996, 'Excavation and watching brief at Newbigging pottery, Musselburgh, East Lothian', in *Proceedings of Soc. of Antiquaries of Scotland* 126, 943–62

Harris, M. P. & Murray, S. 1978, *Birds of St Kilda*, Cambridge

Hayward, D. E. H. 1948, 'Transhumance in Southern Norway', in *Scottish Geographical Magazine* 64–5 & 71–80

Henshall, A. S. 1969, 'Clothing found at Huntsgarth, Harray, Orkney', in *Proceedings of Soc. of Antiquaries of Scotland* 101, 150–9

Henshall, A. S. & Maxwell, S. 1952, 'Clothing and other articles from a late 17th century grave at Gunnister, Shetland', in *Proceedings of Soc. of Antiquaries of Scotland* 86, 30–42

Hitzler, E. 1979, *Sel-Untersuchungen zur Geschichte des Islandischen Sennwesens seit des Landnahmzeit*, Oslo

Holohan, A. M. 1985, 'St. Kilda: Childbirth and the women of Main Street', in *Scottish Medical Jnl.* 30, 50–3

Holohan, A. M. 1986, 'St. Kilda: Emigrants and disease', in *Scottish Medical Jnl.* 31, 46–9

Jones, O. & Sullivan, C. 1985, *The Parks Canada Glass Glossary for the Description of Containers, Tableware, Flat Glass and Closures,* Ottowa

MacKenzie, J. 1911, *Episodes in the Life of the Revd. Neil MacKenzie at St Kilda from 1829 to 1843*, privately published

Martin, M. 1753, *A Voyage to St Kilda*, London

McVeigh, P. 1979, *Scottish East Coast Potteries 1750–1840*, Edinburgh

Mosey, H. A. 1966, 'The deserted Hebrides', in *Scottish Studies* 10, 44–68

Monro, D. 1961, *Description of the Western Isles of Scotland*, Edinburgh

Ramm, H. G., McDowall, R. W. & Mercer, E. 1970, *Shielings and Bastles*, London

Sands, J. 1878, *Out of the World: Or, Life on St Kilda*, Edinburgh

Stewart, J. H. & Stewart, M. B. 1989, 'A highland longhouse – Lianach, Balquhidder, Perthshire', in *Proceedings of Soc. of Antiquaries of Scotland* 118, 301–17

Talbot, O. 1974, 'The evolution of glass bottles for carbonated drinks', in *Post Medieval Archaeology* 8, 29–62

Thomas, F. W. L. 1868, 'On the primitive dwellings and hypogea of the Outer Hebrides', in *Proceedings of Soc. of Antiquaries of Scotland* 7, 153–95

Truro County Museum 1976, *The English Glass Bottle Through The Ages*, Truro

Turner, W. E. S 1938, 'The early development of bottle making machines in Europe', in *Jnl. of Soc. for Glass Technology* 22, 250–8

Williamson, K. 1945, 'The economic importance of seafowl in the Faeroe Islands', in *Ibis* 87, 249–69

Willis, G. 1977, *The Bottle Collector's Guide*, London

Norman Emery
21 Evenwood Road
Esh Winning
County Durham
DH7 9PE

19 Echoes of Adzes, Axes and Pitsaws

Damian Goodburn

Summary

Recent rescue-archaeological work on the London region's post-medieval waterfront has thrown some new light on aspects of ship and boat construction of the 16th to early 19th centuries. The source material has been recycled timbers from vessels themselves, re-used timbers from shipyard structures, shipyard offcuts and distinctive debris deposits. Some trends in this evidence and its vast potential for study extending beyond the maritime zone are summarized below.

Background

The value of shipwrecks as time capsules of post-medieval life and material culture, both inorganic and organic, is now well known. However, the structure of the ships and boats themselves have with a few exceptions not been recognised as potential sources of wider information about post-medieval societies and the environments which they exploited. The multi-facetted value of studying early-modern ship and boat structures and associated craft technologies for nautical archaeologists, maritime historians, and ethnographers has been outlined succinctly by Cederlund (1985). This paper outlines some evidence for changes in the practice of shipwrightry and ancillary crafts, and also for points of wider, land-orientated interest. The resources used to build ships and boats came from the land and can therefore tell us about features of the land, although once built, of course, vessels operate primarily in watery spheres.

Archaeological teams from the Museum of London are well known in the UK for work on the medieval and Roman waterfronts, but the systematic investigation of the post-medieval waterfront is a relatively new area for fieldwork. Therefore, relatively little has yet been published on investigations of the varied woodwork found there, although it is already clear that raw materials and craft practices represented differ greatly from those of the late-medieval period (Goodburn 1991a, 1992b; Marsden 1996; Saxby & Goodburn 1998).

One of the key features of the rescue archaeology carried out in this zone is the varied evidence for ship and boat building, repair and breaking that is brought to light. Historical sources clearly indicate that these activities took place along much of the waterfront of the Thames and some of its tributaries from the 16th century to recent times. Areas such as Limehouse, Rotherhithe, Deptford and Blackwall east of the City of London were focal points, which are currently undergoing development- led archaeological investigation (Fig. 19.1). The historical sources and even early pictoral evidence are generally lacking in much detail. We must turn instead to the archaeological evidence for material records of the work of the thousands of shipwrights, sawyers, caulkers, shipsmiths and others who helped build the post-medieval prosperity of the international port of London.

Unfortunately, no largely complete hulls of post-medieval vessels such as the *Mary Rose*, *Vasa* or smaller craft have been found in London for the last 27 years. However, large quantities of often very well preserved, recycled ship and boat timbers have been recovered,

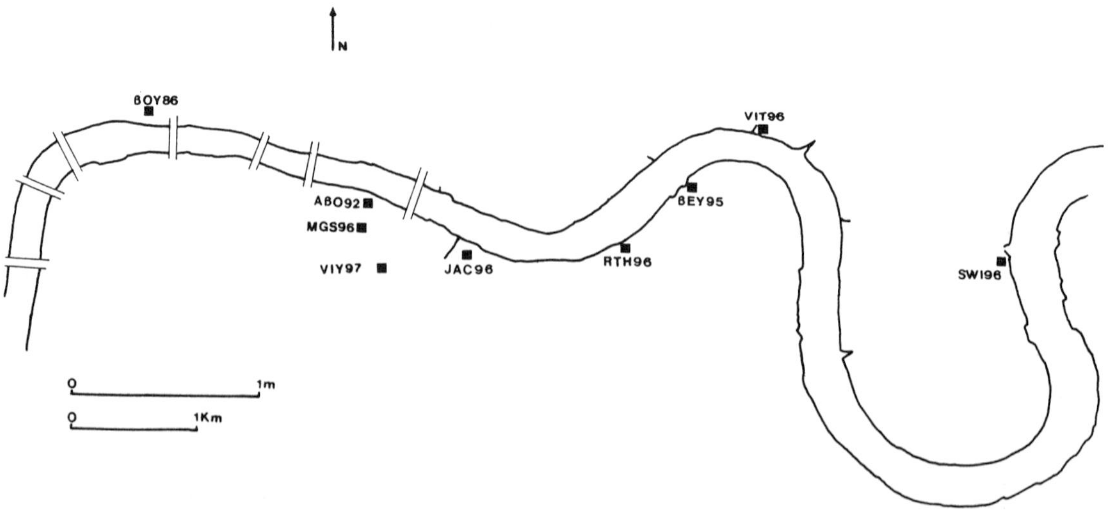

Fig. 19.1 Map of central and east London showing the location of sites mentioned in this paper by site code (for the full names see text).

and most recently diagnostic debris and re-used shipyard equipment has too. This range of material sometimes includes elements of ships not found on most underwater wreck sites, such as parts of the upper hull and spars. The quality of preservation in the mainly freshwater deposits is such that paint layers and metal fastenings that are rarely, if ever, found on wrecks, often survive intact. Current work on the tidal foreshore of the Thames is also beginning to recover evidence of late post-medieval ship building and repair, some of which is equally well preserved (Milne, Bates & Webber 1997).

The main sites which have provided information for this summary are excavated by the Museum of London, mainly in the last two years (for the sake of brevity the sites are referred to below by their codes – see Fig. 19.1): the former City of London Boys School site (BOY86), Abbots Lane (ABO92 – Bluer 1993), Bellamy's Wharf–(BEY95–Saxby & Goodburn 1998), Jacobs Island (JAC96), Rotherhithe shafts (RTH96), Victoria Wharf (VIT96), Magdalen Street (MGS96), Tanner Street (VIY97) and Pier Head (SWI96).

Clinker and Carvel Building Techniques

Space does not permit a full discussion of changes in the basic approaches used for building boats and ships during the period c.1500 to 1800 in England. However, it is important to note that the evidence indicates that small and medium-sized vessels were usually still built in the medieval 'clinker' style with a shell of iron-riveted, slightly overlapping planking. By the 16th century, some medium-sized vessels and all ships appear to have been built in a new style, with a heavy framework supporting planking laid edge-to-edge in 'carvel' fashion. In general the clinker-style material has been more easily recognised when recycled than the mainly wooden-fastened carvel-ship timbers. Sometimes this has resulted in clinker-building traditions being over represented in discussion (e.g. Marsden 1996).

Methodological Considerations

To interrogate the evidence provided by the woodwork and its associated features, such as waterproofing materials, paints and ironwork, an informed, systematic approach to recording and sampling is essential. Some extra practical training has also proved very useful in this specialised work. During the last ten years waterfront archaeologists have been gaining hands-on experience of aspects of the practice of post-medieval shipwrightry, particularly practices that died out in England before the 19th century. This has proved invaluable for improving the quality of our records, particularly in areas such recognising and recording toolmarks on nautical timbers (Goodburn 1993).

Testing Some Myths of English Shipwrightry

It is often assumed that 'traditional' craft practices recorded in the late 19th early 20th century were basically the same as those of the 16th and 17th centuries. Detailed recording of the material remains shows this was often not the case, the tools used often changed, as did the raw materials and methods of working. Some practices foreshadowed those of the 20th century, while others were a continuation of early-medieval practices.

The Production of Boards and Planks – Continuity and Change

Oak boards used for planking many small and medium-sized vessels and the upper works of large ships were, up to the early 17th century, often made by radial cleaving (controlled splitting – Crumlin Pedersen 1986, 218). This ancient technique is the predominant method recorded in nearly all the medieval boat and ship planking found in London (Goodburn 1988, 425; 1991, 109–11; 1992b, 132; Marsden 1994, 164). It produces particularly strong, stable material, but requires straight-grained, rather larger 'parent trees' than those needed for sawing. In practice, finished radially cleft ship boards ('clove board') were only 30–40% of the diameter of the parent log, while sawn boards might be in the region of 70–80%. Some of the latest tree-ring dated examples of such boards from London were found re-used in a river wall at the JAC96 site, and date to c.1600 (Tyers 1996b; Goodburn 1997b). In that case the boards used seem impractically small at only about 150mm wide and as little as 1.80m long in the middle of the parent vessel. Less-conservative shipwrights started to use wider, longer sawn planking by about the middle of the 16th century for clinker-built craft. Sometimes cleft boards were used alongside sawn material in the same vessels.

Sawn clinker planks have been found at the BEY95, MGS96, VIY97 and some other sites. Where they have been well preserved, the direction of the saw marks suggests that the 'pit-saw' method was used, rather than the earlier ones in which the timber was sawn on one or more trestles (Goodburn 1997a).

All the evidence recovered to date from England suggests that carvel-ship builders used sawn planking for the main hull from 1500 or earlier. These planks have been found at the BOY86, ABO92, BEY95, MGS96, RTH96, VIY97 and other sites of 16th- to early 19th-century date. The general lack of metal fastenings, the thick sections (often up to 150mm) and the comparative straightness of this material renders it well suited for re-use, sometimes re-sawn and incorporated in properly framed river walls and foundation rafts.

Evidence for Selling on Distinctive By-Products

By the early 20th century, home-grown timber was often pit-sawn in the round or minimally trimmed, while in medieval times logs were usually hewn square first with axes (Goodburn 1992a). Many oak planks with one face axe-hewn and one pit-sawn have recently been found at the VIT96 and JAC96 sites, showing that logs were roughly axe-hewn before sawing. These planks are of comparatively poor quality as they have large amounts of sapwood and 'wane' (the natural edge of the tree). Also the natural planes of weakness run through their thickness. This second-quality material was often apparently rejected for ship and boat building and sold on for constructional work where its weakness was of little account – that is revetment sheathing. The roughed-out ends of curved timbers destined for ship frames have also been found used on several sites for short piles in foundations or revetments.

Hewing Curved and Straight Structural Timbers and the Myth of the Adze

Although the adze is often thought of as the paramount tool of English shipwrights and it is usually supposed to have been the tool used to turn logs into finished timbers for ships, the material evidence shows that this was not the case. The recorded patterns of tool marks show that axes and pit-saws were the principal tools used for converting raw logs into roughed-out ship elements, such as stems, frames, knees (right-angled brackets), deck beams, etc. The adze marks found often overlie saw or axe marks and thus indicate that adzes were mainly used for secondary shaping, final trimming and smoothing, rather than conversion or roughing out (e.g. Figs. 19.2 & 19.3). Another, often-repeated myth is that rot-prone oak sapwood was always removed from timbers used in post-medieval ship building. In practice the field evidence shows that a good deal was often left on, sometimes as far as the bark. Indeed, timbers that were really not quite large enough for the intended purpose were sometimes used with all their sapwood and eked out with additional fillets of timber (Fig. 19.2a).

A More Colourful Nautical World

The remains of post-medieval ships and boats on display in museums in the Old and New Worlds are almost always virtually bare of paint finishes, giving a subdued impression of their original appearance. By contrast, many of the outer-hull timbers excavated in London (some of which have been conserved) have traces of, or are entirely covered in paint. While the most-common finishes were white lead or wood tar, other colours, such as deep red, dark blue, orange, yellow and green have been found (Ganiaris 1988). Even traces of 'mock gilding' of carved timbers with yellow-ochre based paints have been recorded (Goodburn 1991, 113).

Use of Planes

The material evidence from London studied to date shows that the use of planes on the main hull timbers of ships and boats was generally restricted to a few areas of a vessel. The planes employed, including large moulding tools, were apparently mainly used for the more-highly finished 'officers' ' end (the stern of large vessels). Carvings were also concentrated in that region more than anywhere else. The extra labour invested in this area seems to have reflected the status of the principal occupants. Unsurprisingly, no use of moulding or carving has yet been found associated with timbers from small- or medium-sized, probably local craft. However, there may have been some planing in the smoothing of cleft planking used into the 17th century for many of these humbler vessels. The sawn-clinker planking found to date was left as it came from the sawpit.

Evidence Accrues for the Work of Highly Specialised Ancillary Craftspeople

Many of the land-fill deposits associated with winning land from the rivers of east London in early-modern times contain distinctive debris that can be attributed to specialised craftspeople who supported ship-building work. These include caulkers, pulley-block makers and treenail makers. Samples of this waste material have not yet been subject to detailed study but a few key facts are already apparent and are cited below.

The rolled caulking materials found in the deposits of 1585 at the VIT96 site have yet to be studied in detail but are clearly overwhelmingly of tarred animal hair rather than the vegetable fibre mainly used for this purpose by the 19th century. No evidence at all for the construction or repair of clinker-built vessels was found (such as reject or used rove nails etc.) so we have to assume that the material was destined to be driven into the seams of one of the large, carvel-built ships known to have been constructed close by at that time (Tyler in prep.).

By contrast, at the other end of the post-medieval period we have evidence of the use of completely new materials for block making from early 19th-century backfill deposits at the SWI96 site. Here very hard, dense, tropical hardwoods were found that had been turned for the axles of blocks (Goodburn 1997b).

Used and unused treenails of cleft and shaved oak are ubiquitous in land-fill deposits near any ship-building or repair site and have been found in quantity at the BEY95, VIT96, SWI96 and other excavations. The large diameter (often over 36mm or 1½ inches, up to 50mm or 2 inches) of many of these specialised wooden pins reflects the massive size of the typical ship timbers fastened by them. They were mainly used as fastenings for carvel planking, for which they had to pass through the outer-hull planks, frame timbers and then often the inner planking too. Their ends were expanded in many ways, causing them to hold like a wooden rivet rather than a carpenter's pin or an iron nail. Although made to be watertight, they were facetted rather than made perfectly round, using a tool known

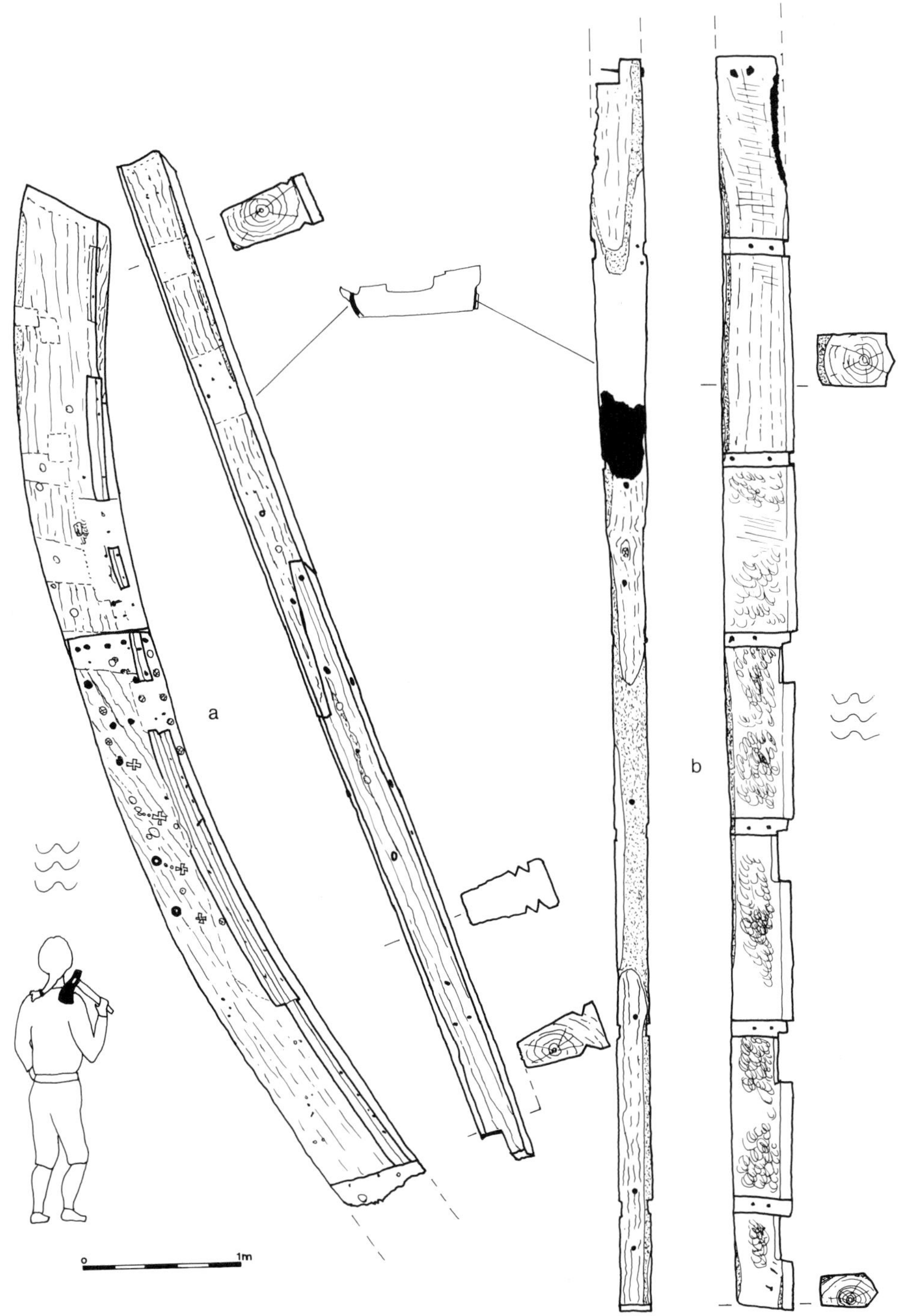

Fig. 19.2 Two re-used timbers from large ocean going ships of the 17th century from Bellamy's Wharf (BEY95 site), Rotherhithe: a) An almost complete oak, two piece stem timber similar to that of the Vasa, *with draft marks, a thick layer of white lead paint, and joints, fastenings and bare patches left by joining timbers; note stippled sapwood and added fillet at top. b) An almost complete oak rudder post from a large ship, with the cutouts for typical iron fittings, traces of tarred hair and sheathing nails, and charring (the last shown in solid black).*

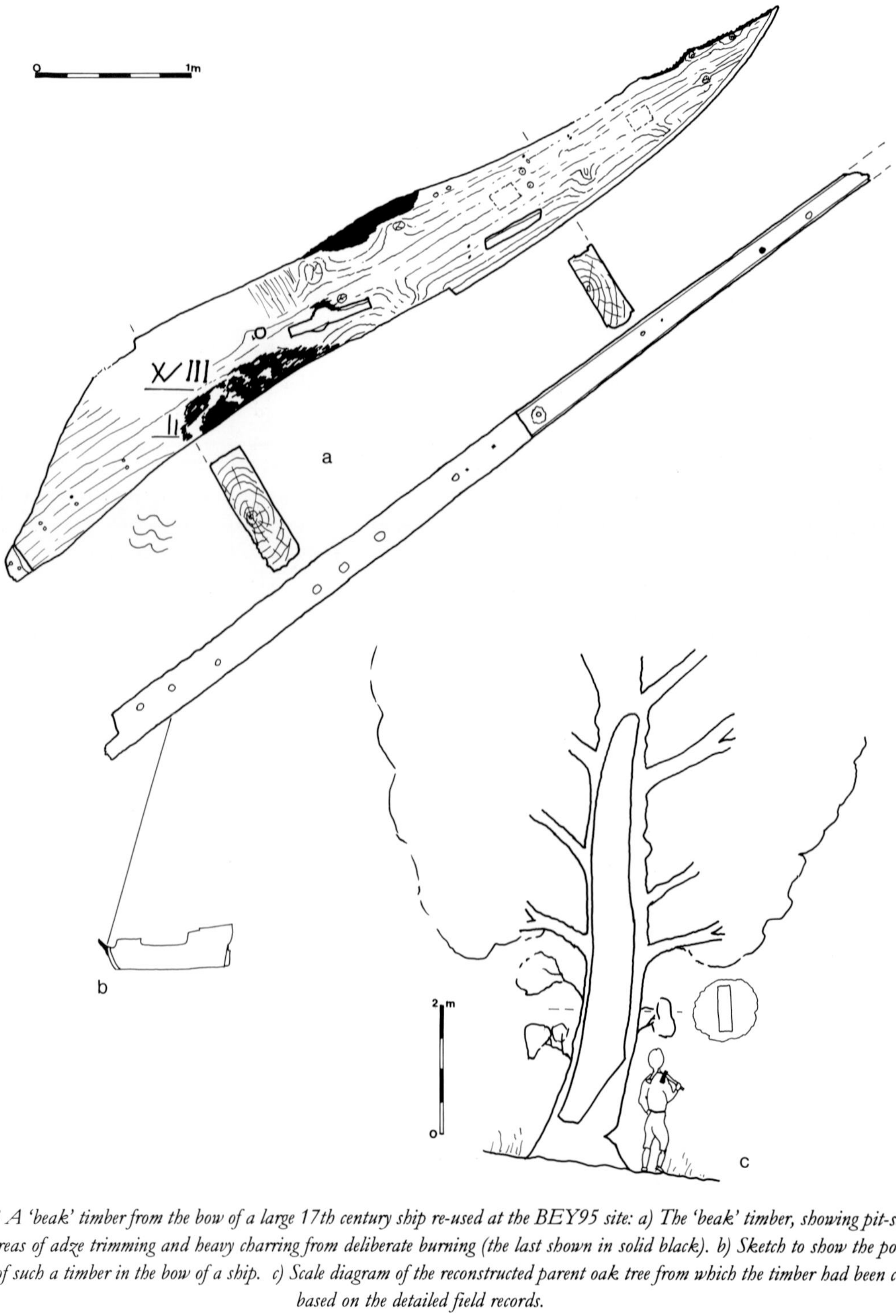

Fig. 19.3 A 'beak' timber from the bow of a large 17th century ship re-used at the BEY95 site: a) The 'beak' timber, showing pit-saw marks, areas of adze trimming and heavy charring from deliberate burning (the last shown in solid black). b) Sketch to show the point of origin of such a timber in the bow of a ship. c) Scale diagram of the reconstructed parent oak tree from which the timber had been cut, based on the detailed field records.

as a trunnel mute, in common use by the later 19th century (Adams et al. 1990, 115; Sattin 1990, 12).

Finds of Temporary Works Essential for Ship Building

The height and overall size of ocean-going, carvel-built ships was such that elaborate temporary structures had to be built to gain access during construction. This can easily be visualised by reference to Fig. 19.2, where the rudder and stem posts shown imply parent vessels over ten-metres high from the keel. Scaffolds had to be built either side of the vessels and had to have temporary, nailed-on struts and walkways made of waste planks. They might have had to last a year or two, and must have consumed much second-quality timber. At the VIT96 site, known from historical sources to have been adjacent to a large ship-building site (Tyler in prep.), roughly hewn oak posts with tenons only at their feet and occasional iron nail shanks in them were found re-used as land ties. Second-quality planking was also found with occasional nail shanks in it (see above). It would appear very likely that the casually used planking waste and the oak posts derive from a ship-building scaffold. A great many temporary wedges, shores and chocks were also used in the construction of large vessels and these items have been found together with mats of wood chips and other diagnostic waste in fill deposits on several recent sites (e.g. BEY95 and SWI96).

Changes in Raw Materials for Nautical Woodwork and Evidence of Landscape Change

It is becoming accepted practice to identify the genera and where possible the species of trees used in excavated woodwork, but only rarely are efforts made to reconstruct the form of the parent trees or the landscapes ('treescapes') of which they were components. Trees of the same species will grow in dramatically different ways depending on environmental and often cultural practices. Oliver Rackham's pioneering work reconstructing the trees used to build some medieval timber buildings in England (1972 & 1980) inspired a systematic development of the method, and its application to excavated woodwork (Goodburn 1991b, 1992a & b, 1994 etc.). It has been demonstrated through this work that features of extinct treescapes and aboricultural or 'woodmanship' practices distinct from those of modern forestry can be reconstructed.

Several erroneous myths, such as that ship building destroyed enormous areas of woodland during the post-medieval period in England (in other words, large parts of the countryside were massively shaped by the voracious demands of early-modern ship building) still receive popular and academic acceptance. Constructing large, ocean-going ships certainly required large quantities of timber but it is clear the standard picture is a gross oversimplification. Ship-building accounts are of some use but they cannot be used directly to reconstruct harvested timber. The standard view derives from a few, rather vague historical sources, the validity of which has been doubted on practical grounds and also from detailed studies of local woodland records (Rackham 1986, 23). There has as yet been no targeted archaeological testing of this through the reconstruction of the parent trees used for English ship building from the 16th to 19th centuries. Selected ship and boat timbers from London of medieval date have been subject to such intensive study, tempered by practical reconstruction experiments (Goodburn 1992b). This process of analysis is only just beginning for the post-medieval material but some clear trends are already becoming apparent, a few of which are briefly outlined below.

Paralleling developments in land carpentry, the various species of elm began to be used for ship and boat building in the 16th century. Sawn-elm clinker-boat planking of this date has been found on several London sites (e.g. MGS96 and VIY97 – Tyers 1996a, 199; Chew in prep.).

The field records and tree-ring work showed that out of over 200 re-used oak carvel-ship timbers of 17th-century date very few had over 80 annual rings (Goodburn 1988b; I. Tyers pers. comm.). This is despite the fact that many of the parent trees were reasonably large, with girths at chest height of over 0.60m. Indeed this fast growth is typical of the vast majority of post-medieval ship timbers found in London so far, many of which can not be dated due to a lack of rings. Whilst far more work must be done to clarify the picture, it would appear that most of the oak and elm used for ship planking, framing, knees and other structural members derived from relatively open-grown trees. It is likely that the parent trees grew in hedgerows and small groves in pastureland rather than in woods (Fig. 19.3). It is certain that they did not grow in high, dense wildwood-type conditions, as some of the trees medieval English shipwrights used clearly had done (Goodburn 1992b). However, the establishment of world trade networks, colonial expansion and developments in ship building resulted in the exploitation of distant wildwoods by the mid 17th century. Evidence of extensive trade to tropical regions is provided by the ship timbers themselves in the form of marine teredo-worm damage (as was found in the base of the rudder post in Fig. 19.2b).

Evidence for the Exploitation of Colonial Forests in the New and Old Worlds

Evidence of the working of imported softwood for spars and some hull elements has been found on several recent sites (e.g. BEY95, RTH96, VIT96 and JAC96 – Goodburn 1997b etc. archive reports). England had no tall, native softwoods and consequently had to import the materials they provided until the 19th century, when home-grown plantations started to yield quantities of large timber. Pines are extremely difficult to distinguish to species by conventional botanical analysis, and they are common in the historic timber-exporting areas of Europe and the New World. Devotees of the diarist Pepys will be familiar with his descriptions of large, imported softwood timbers (mainly masts) for naval uses, of both Old and New-World origins. It is likely that the softwood so far excavated in east London, mainly as sections of spars re-used in river walls, includes wildwood timber from both areas.

By the end of the post-medieval period the suitability of many tropical hardwoods for ship-building work was known to English shipwrights. Material evidence of the working of the most famous of all, teak, was excavated at the SWI96 site. Here pit-sawn, curved offcuts from axe-hewn baulks of imported teak were found in backfill dating to the very beginning of the 19th century.

The Problem of Origin of the Material

While it can be assumed that the shipyard debris, building equipment, and the smaller vessel timbers are evidence of local ship and boat building, of course the large ship timbers may have been cut out of foreign-built ships. Here we can only look for possibly foreign constructional features, graffiti or tree-ring provenancing of the timber used. Whilst all the categories of evidence noted above have been sought, or sampled for, no clear indication of the foreign origin of any of the large-ship remains has been found.

Some of the large ship timbers from the BEY95 site were heavily charred at points suggesting the burning of the ships afloat. The parent vessels in this case may well have been the craft burnt on the Thames and Medway during the Dutch raids of the 1660s. The scale of some of the timbers can be approximately matched to known specifications for some of the ships lost, and very tentative origins for some of them suggested (Saxby & Goodburn 1998). However, the vast bulk of this material has to be treated as anonymous but regionally provenanced.

Conclusions

It is hoped that this paper has shown that the post-medieval waterfront zone of much of the London area holds a rich material archive for the study of ship and boat building and related trades. The archaeological evidence surviving in the waterlogged deposits there is often extremely well preserved and closely datable. Carefully targeted recording, sampling, and study informed by serious experimental work has been shown to throw light on areas such as the history of the countryside, as well as the technological development of shipwrightry and many ancillary crafts – such as the work of sawyers, caulkers, and block and treenail makers. Even aspects of international trade and colonial development in early-modern times can be seen to leave their material traces in the remains of the very vessels that made them feasible. In short it is possible, through this work, to dismantle the many myths which obscure a clear understanding of the role of shipbuilding in post-medieval England.

Acknowledgements

None of the work leading to this summary paper and related studies would have been possible without the hard work of many Museum of London field teams. Several individuals specifically assisted with detailed timber recording, sampling and study – R. Bartkowiak, J. Minkin, I. Tyers and H. White. Discussions with I. Tyers, D. Saxby and others has been useful for the interpretation of the material, but the author is solely responsible for any errors in the text and figures.

References

Adams, J., van Holk, A. & Maarleveld, T. 1990, *Dredgers and Archaeology*, Alphen aan den Rijn (Netherlands)

Bluer, R. 1993, 'Excavation at Abbots Lane, Southwark', in *London Archaeologist* 7.3, 59–66

Cederlund, C. 1985, 'Post medieval ship archaeology as a subject', in Cederlund, C. (ed.), *Post Medieval Boat and Ship Archaeology* (British Archaeological Reports International Series 256), 3–8

Crumlin Pedersen, O. 1986, 'Aspects of Viking age shipbuilding', in *Journal of Danish Archaeology* 5, (Denmark), 209–28

Chew, S. in prep., report on excavations at Museum of London MGS96 site in Southwark

Ganiaris, H. 1988, unpublished Museum of London archive, conservation report on the pigments used on the BOY86 ship timbers

Goodburn, D. 1988a, 'Recent finds of ancient boats from the London area', in *London Archaeologist* 5.16, 423–8

Goodburn, D. 1988b, unpublished Museum of London archive, archaeological woodwork report for BOY86 site

Goodburn, D. 1991a, 'New light on ship and boatbuilding in the London area', in Good, G. et al. (eds.), *Waterfront Archaeology, Proceedings of the 3rd International Conference, Bristol 1988* (Council for British Archaeology Research Report 74), 105–15

Goodburn, D. 1991b, 'Wet sites as archives of ancient landscapes', in Coles, J. & Goodburn, D. (eds.), *Wet Site Excavation and Survey*, Exeter (Wetlands Archaeological Research Projects/ Nautical Archaeology Soc./ Museum of London), 51–3

Goodburn, D. 1992a, 'Wood and woodland: Carpenters and carpentry', in Milne, G. et al., *Timber Building Techniques in London c.900–1400* (London and Middlesex Archaeological Society Special Paper 15), 106–31

Goodburn, D. 1992b, 'An archaeology of medieval boatbuilding practice', in *Medieval Europe 1992 York* 2, 131–8

Goodburn, D. 1993, 'Further thoughts on reconstructions, replicas and simulations of ancient boats and ships', in *International Journal of Nautical Archaeology* 22.3, 199–203

Goodburn, D. 1994, 'Trees underground: New insights into trees and woodmanship in south east England c.AD 800–1300', in *Botanical Journal of Scotland* 46.4, 658–62

Goodburn, D. 1997a, 'Re-used medieval ship planks from Westminster, England, possibly derived from a vessel built in the cog style', in *International Journal of Nautical Archaeology* 26.1, 26–37

Goodburn, D. 1997b, unpublished Museum of London archive, archaeological woodwork assessment reports for JAC96, MGS96 and VIY97 sites

Marsden, P. 1994, *Ships of the Port of London, 1st to 11th Centuries AD*, London

Marsden, P. 1996, *Ships of the Port of London, 12th to 17th Centuries AD*, London

Milne, G., Bates, M. & Webber, M. 1997, 'Problems, potential and partial solutions: An archaeological study of the tidal Thames, England', in *World Archaeology* 29.1, 130–46

Rackham, O. 1972, 'Grundle House: The question of timber in certain East Anglian buildings in relation to local supplies', in *Vernacular Architecture* 3, 3–8

Rackham, O. 1980, *Ancient Woodlands*, London

Rackham, O. 1986, *The History of the Countryside*, London

Sattin, D. 1990, *Barge Building and Barge Builders of the Swale*, Rainham

Saxby, D. & Goodburn, D. 1998, 'Seventeenth century ships' timbers and dock on the Thames waterfront, at Bellamy's Wharf, Rotherhithe, London SE16', in *Mariner's Mirror* 84, 173–92

Tyers, I. 1996a, 'Wood identifications, 12th to 17th centuries' (Appendix 2), in Marsden, 199

Tyers, I. 1996b, unpublished tree ring report from the Archaeological Research Centre, University of Sheffield, on samples from JAC96 site

Tyler, K. in prep., report on the VIT96 site, East London

Damian Goodburn
Museum of London Specialist Services
46 Eagle Wharf Road
London N1 7EE

20 Oceans of Destiny: Underwater Archaeology in the Americas

Robyn P. Woodward

Abstract

Professionals and avocational archaeologists throughout the Americas have investigated underwater archaeological sites dating from 6,000 B.P. to the modern age. Due to the focus of the London conference on post-medieval archaeology, the time limitation of the presentation and the vastness of the topic, only the major sites published in English dating from 1492 to 1812 were considered in this overview.

Introduction

On 12 October 1492 a Genoese sea captain, Christopher Columbus, landed on a small island, in the Bahamas, that he named San Salvador. Neither he nor anyone else would have thought that such an event could so dramatically alter the destinys of all the countries of Europe or have such a dramatic impact on the native peoples of the Americas. This first voyage opened a flood-gate that within a year brought the first Spanish colonists to the island of Hispaniola.

At the end of his fourth voyage in 1504, Columbus had found all the Greater Antilles, the Leeward Islands, Southern Bahamas, traversed the northern coast of South America, and stood on the Isthmus of Panama. Between 1498 and 1504 other Andalucian mariners had made some 11 "minor voyages" and by 1520 they had determined the coastline of the Caribbean basin and ascertained that it would not be their destiny to find the sea route through to Marco Polo's Cathay, it would be the destiny of Spain, however, to control and exploit the riches of this new land that her native sons had claimed for her.

Initially the Spanish mariners preferred to use small ships called caravels for their explorations, later they also used the slightly larger *nãos*. Despite the fact that these were the ships that propelled Europe out of the Middle Ages and into the Nautical Renaissance we know almost nothing about them, save what we can glean from historic documents, paintings, and models. But reconstructions of caravels based on these sources, have proven to be unseaworthy. What we do know is that the combination of rigging, hull form, and stern rudder adapted from different regions initially by the Portuguese mariners in the 15th century, resulted in a comparatively sleek, three-masted vessel with shallow draft that proved ideal for coastal and riverine exploration (Smith 1988b:34). The *não* was described as slightly more beamy than the caravel, which enabled it to transport supplies for the colonists. During the first 30 years of exploration and conquest, the Spanish lost or abandoned more than 100 of these vessels in and around the Caribbean.

There are four early-16th-century vessels currently under investigation or study by archaeologists and while we can not conclusively state that any of these vessel are caravels, archaeologists have made some very interesting observations with regard to "ships of exploration." The earliest and most thoroughly studied of these vessels is the Molasses Reef Wreck found on the western edge of the Caicos Bank off the Turks and Caicos islands. The minimal hull remains, ballast, iron rigging, and artifact distribution suggest a medium sized ship of the period: 18 to 21 m (60 to 69 ft.) in length. The spectrum of armaments discovered at the site is the best indicator of date and these included crossbows, *arquebuzes*, *baquebuts*, (a muzzle loading hand cannon), three types of *versos*, a matched pair of *bomardettas*, and a *cerbatana* – all of which are typical of a late-15th to early-16th-century arsenal.

The Highborn Cay Wreck in the Bahamas had a similar arsenal that included 2 *bombardettas* and 14 *versos*. This wreck has been picked over by treasure hunters for years, but a preliminary test excavation of the ballast mound by archaeologists has shown there to be substantial hull remains and therefore this site, more than the others, holds significant promise.

Further west off Cancun, on the Yucatan Peninsula, Mexican archaeologists are now studying two sites that have also been picked over by treasure hunters, Bahia Mujeres Wreck and another known as Cayo Nuevo. Neither have been studied in depth but both sites have yielded significant amounts of early armaments, similar to those found on Molasses Reef Wreck. A 12-sided bronze cannon from Cayo Nuevo is dated 1552 and is the oldest cannon of this type found in the Western Hemisphere.

With the exception of one glass trade bead found on the Molasses Reef Wreck, archaeologists have found no trade goods on these early ships, nor have they significant quantities of *majolica* or finer personal effects. The very utilitarian nature of the artifacts is common to all these sites. What they have found is that these vessels were relatively small (around 20 m [65 ft.]) and all were heavily armed, which supports the theory that at least until 1520, the explorers thought that they needed heavy arms lest they finally arrive in China or some other technologically advanced eastern country. Further, they had to have sufficient armaments to protect themselves from the privateers that invested the sea lanes approaching their home ports in Spain (Keith 1988:89). Archaeologically, however, there is also strong evidence to demonstrate that these ships were not really designed for heavy ordinance, such as the *bombardettas,* which were stowed below deck as were their heavy anchors at both the Highborn Cay and Molasses Reef sites. Larger artillery could have been brought up on deck in case of need but they were obviously in the way of daily operations. Many of the *verso* and swivel guns were also stowed at the time of sinking. There is also scant evidence of large quantities of olive jars on any of these wrecks thus belying the theory that the Spanish usually shipped most of their stores in ceramic storage jars; however, iron straps for wooden barrels have been found. Unfortunately none of these sites can be conclusively linked as yet to a known ship or explorer so we do not have a benchmark around which we can reconstruct the geography of the landmarks mentioned by early explorers (Keith 1988:68).

Given the immeasurable impact these explorers and conquerors had on world history, is remarkable that we still know so little of their material culture or ships. The use of caravels ceased when the impetus for exploration gave way when the need of supplying people and manufactured goods to the new colonies and hauling huge quantities of treasure, dye woods, spices, sugar, and hides back to Spain (Keith 1988:49).

With the colonization of the Caribbean and the subsequent discovery of untold wealth in Mexico and Peru, increasingly large cargoes of American silver and gold began to arrive in Spain, the inevitable result of which was rivalry and confrontation with the other countries of northern Europe who wanted a share of the wealth and territory. Solitary ships fell easy prey to the corsairs and licensed privateers that infested the sea lanes approaching the Iberian Peninsula. To counter this the Spanish devised a formal convoy system by 1537 (Smith 1988a:85).

With the exception of the 1724 Silver Shoals Wrecks, few ships "inbound" to the New World have been discovered or studied and unfortunately, most of our knowledge with regard to shipboard culture, unique trade goods, cargo, or the ships themselves involved in transporting goods or treasure to and from the New World is what can be gleaned from the tailings of the treasure hunters that have devastated these unique resources in their voracious quests for gold. Of the 7 ships lost from the 1622 Flota, or the 18 ships and 4 armed galleons of the 1733 Flota; both of which wrecked in the Florida Cays, or the 11 Spanish ships in the 1715 fleet which driven ashore on the Atlantic coast of Florida in a hurricane, we have nothing. All of these fleets were salvaged or literally blown apart by treasure hunters with little regard for the historical or archaeological integrity of the sites and as a consequence we have lost a unique opportunity for comparative studies of contemporary Genoese, English, French, Dutch, and Iberian-built vessels that were either owned or under contract to Spanish merchants. Thankfully there are some notable exceptions and some vessels are now being studied by archaeologists which will assist us to develop some understanding of this dynamic period of maritime commerce.

The three ships of the 1554 Spanish Fleet that were wrecked on Padre Islands off the south coast of Texas have provided us with a large collection mid-16th-century ground tackle, armaments, navigational aids and instruments, and unfortunately, smaller amounts of organic subsistence remains, personal possessions of the crew and passengers, and a small amount of precious metals. The collection was excavated, studied, and conserved by the Texas Antiquities Commission and is now on display at the Corpus Christi Museum.

The recently discovered St. John's Bahamas Wreck appears to be a small Spanish ship, possibly a *não* of contemporary date to the 1554 Fleet, as it had two early coins from the mint in Mexico that did not start production until 1555. This wreck appears to have lain undisturbed since deposition and promises to hold insight into the internal arrangements and loading practices on board early merchantmen. A small amount of the ship's hull and more than 1,000 artifacts including 3 *bombardettas*; 7 *versos*, 9 crossbows, pole arms, and a few swords have been recovered to date. There were also 100 early Middle-style olive jar fragments, Italian and Iberian *majolica*, miscellaneous lead glazed wares, Cologne stoneware, and a variety of burnished Aztec wares from Mexico. Given its location, 37 km (23 mi.) northeast of Grand Bahama on the edge of the Florida Strait, it is clear that this ship was outbound for Spain. The fact that no cargo was found indicates that either the cargo was perishable in nature: wood, hides, sugar, or spices or it was salvaged shortly after the wrecking incident; which is entirely possible given that it is in only 5 m (16 ft.) of water (Corrie Malcom, pers. comm.).

The remains of what is believed to be the *Santa Lucia*, a dispatch vessel that sank off Bermuda in 1584, were excavated, studied, and conserved between 1989 and 1991 by archaeologists from East Carolina University working with the Bermuda Maritime Museum. The material assemblage suggests a small Spanish vessel with an overall length of 18.5 to 23.5 m (61 to 77 ft.) in length, having a maximum beam of 5 to 6 m (16 to 20 ft.).

The Emanuel Point Wreck, found in the shallow waters of Pensacola Bay in northwest Florida, appears to be the remains of a mid-16th-century galleon, possibly belonging to the ill-fated Luna expedition of 1559. Eleven ships carrying 1,000 colonists and 500 soldiers and Aztec mercenaries sailed from Veracruz to Pensacola to establish a colony, but shortly after arrival most of the ships were sunk in a hurricane prior to being unloaded. There are substantial hull remains left below a thick stratum of shell and mud which has aided in the preservation of organic material at the site. Abse. ce of cargo above the ballast suggests that the ship was salvaged after wrecking. A broad range of cultural and botanical material was found in the ship's bilge and areas around the hull including: cooking utensils, a tin-lined copper pitcher, and cauldron from the forward area and leather shoes, wooden tools, and an unusual galleon silhouette carved in fir from amidships. The stern area of the ship, which was partially sheathed in lead, yielded fragments of post-Aztec type pottery, over 3,000 g (6.6 lbs.) of liquid mercury (used in the amalgamation of silver by the Spanish after 1550), various types of shot, and a breast-plate of a style worn by soldiers in late-16th-century (Smith 1997).

The 1556 Basque whaling galleon, *San Juan* found in Red Bay, Labrador, Canada, is a unique site owing to the numerous adjacent contemporary tryworks and shore structures of this mid-16th-century whaling station. The sheer quantity of the hull remains; which were documented and then reburied on site; has led to a better understanding to ship design and construction of this period. Thousands of barrel staves, numerous head pieces, and wooden hoops (many with a white oily substance still adhering to their sides) have been recovered along with a navigational kit of sorts consisting of an early binnacle, a sand glass, and ship's compass. A quantity of tools, rigging components, pewter and ceramic fragments, and thousands of roof tiles were also found on the site. The tiles are testament to the numerous structures that make up the adjacent shore site, the excavations of which was undertaken by Memorial University of St. John's, Newfoundland (Stevens 1997b:338). There are also the remains of two additional ships and four small boats in the area.

French and British colonization efforts began in earnest in the 17th century. The *Sea Venture,* was the flagship of a relief fleet consisting of seven ships and two pinaches dispatched in June 1609 to relieve the colony of Jamestown, Virginia. After two months at sea and just eight days from their destination, a hurricane separated the *Sea Venture* from the rest of the fleet and drove her onto the reef at the northeastern end of Bermuda. The wreck marks the first permanent settlement on that island as the survivors built shelters and some remained after their comrades were rescued the following year. The surviving structural remains of an early-17th-century ship with a material assemblage, characterized by a cargo of personal stores and possessions versus that of a war ship or merchantman, was discovered in 1958 and subsequently re-investigated by the Bermuda Maritime Museum and *Sea Venture* Trust.

In 1995, after 17 years of searching, the Texas Historical Commission (THC) discovered the wreck of the *Belle*, a small but elegantly built ship, belonging to Rene-Robert Cavelier, Sieur de La Salle, the celebrated French explorer. In 1682 La Salle was the first European to descend the Mississippi River to the Gulf of Mexico and subsequently claim virtually all of the interior of North America as the new-found land of Louisiana, after his monarch Louis XIV (Roberts 1997:41). In 1684 sailing into the Gulf of Mexico, an area claimed exclusively by Spain, La Salle attempted to establish a colony about 200 miles up the Mississippi and then conduct an overland military strike to capture the Spanish silver mines in Mexico. Virtually everything went wrong, he landed 400 miles west of the Mississippi and by 1686, half the colonists were dead and La Salle lost his only remaining ship, the *Belle.* An exquisite bronze four-pounder cannon was the one artifact sticking out of the mud to mark the site in 1995. THC opted for an ambitious alternative to an underwater excavation and erected a coffer dam around the site because of the importance of the site and the zero-visibility conditions of the Gulf. Virtually the whole ship with its cargo was preserved in the thick gray mud. The cargo consisted of a stash of nested brass pots, candlesticks, boxes of Jesuit rings, French made glass beads (one box alone contained 650,000 beads), rosaries, casks of supplies bound by willow hoops, boxes of muskets – their stocks still recognizable, personal effects of the crew, and all of the ship's rigging. This rigging was found stowed in the lower hold as they were more than 300 years ago. Curled up in the bow, in 183 m (600 ft.) of rope, lay the skeleton of one of the crew – traces of brain matter still clinging to the skull (Roberts 1997). After the cargo and hull were documented in situ everything was taken to the labs at Texas A & M University for conservation. This intact find is arguably one of the most important 17th-century sites in the United States and that the analysis of this cargo will provide benchmarks for many other terrestrial projects.

Gradually through the 17th century, Britain, France, and the Netherlands made inroads into the Americas, first establishing colonies along the eastern seaboard and then gradually snatching away some of the islands in the eastern Caribbean from Spain. It was the destiny of the entrepreneurial companies of these countries to establish large commercial empires built on a three way trade that involved manufactured goods and slaves for hard woods, spices, and agricultural products like cotton, tobacco, rice, and sugar. In 1655 England seized Jamaica from Spain and France moved onto Tortuga and soon controlled over half of Hispaniola in the western Caribbean.

By 1692, Port Royal, located at the entrance of Kingston harbor on Jamaica's south coast, was the largest and richest English-speaking city in the New World. On 7 June 1692 two-thirds of this 20.6 ha (50.9 acre) town sank in a devastating earthquake. Initially a "pirate port" – Port Royal, while admittedly a very free-wheeling city that tolerated every sort of outrageous behavior, and religious and ethnic group – stands apart from other contemporary colonial towns in its affluence. Many of the 2,000 buildings were brick, some were four-story structures, housing merchants and craftsmen engaged in everything from tavern-keeping to ivory-turning. In co-operation with the Jamaican Government, Texas A & M University began 11 years of underwater excavations in 1981 which have resulted in numerous studies on colonial architecture, pewter, glass, copper utensils, and colonial lifeways studies. While underwater excavations have temporarily stopped, work on the vast quantity of artifacts continues.

By the mid-17th century English ships no longer

arrived on the east coast of North America in sufficient quantity to accommodate the enormous production of colonial agricultural products, lumber, and fish. Shipyards soon sprang up in the northeast colonies to supply small coastal schooners and sloops as well as ocean-going trading vessels such as the Ronson Ship, an early 18th-century vessel of an estimated 150 to 210 tons found in landfill in Manhattan. Large for the day this 30 m (100 ft) ship had a huge single hold below a gun-deck. Skeletal remains of a southern species of shipworm found in outer hull planking indicates this ship was involved at sometime in her career in the Caribbean trade.

The Spanish were not the only ones to use the convoy system for merchant vessels. In 1794 nine merchant ships of a 59-ship convoy under the escort of a British naval frigate, HMS *Convert* ran aground at the east end of Grand Cayman island in what is locally known as the "Wreck of the Ten Sails." While much of the wreckage of the merchant ships was scattered over top of the shallow reef and salvaged at the time of wrecking, only the site of the naval ship has been re-examined archaeologically. The French Revolution started in 1789 and by 1793 France and England were once again at war. The capture of each others naval and merchant ships as "prizes" was a frequent occurrence on both sides of the Atlantic. The HMS *Convert* was originally the French frigate, *l'Inconstante*, and the cannons and pig iron ballast from the site are both French in origin (Leshikar 1992).

The importance of river craft to the social and economic development of North America and the remarkable range of regional styles of these unglamorous utilitarian vessels is at last being recognized by underwater archaeologists after being overlooked in most earlier studies.

The small, heavy bottomed, keelless Brown's Ferry vessel was designed to sail along the shallow coastal shoals or rivers of the Carolinas. The vessel sank with a full load of brick destined for some up-stream plantation. The 25-ton cargo schooner is a superb archaeological example of an emerging southern shipbuilding industry which from the 17th to the 19th century concentrated on small tidecraft.

Rice plantations began in South Carolina in 1685 and by 1740 rice exports totaled more than 30 million pounds (14 million kg). Rice flats or barges were the main mode of transport from the plantations to the larger rivers or the ports along the Carolina and Georgia coasts. These vessels were shallow-draft, flat-bottomed, and beamy with a wedge-ended design. Typically these vessels could be 4.23 m [13.9 ft.] wide and 12.2 m [40 ft] in length, however, drastically narrower ones (0.91 m [3 ft.] wide by 9.1 m [30 ft.] long) have been recorded for use in the narrow quarter ditch canals that bordered the rice fields (Newell 1995:311).

The James River *bateau*, is typical of a river craft developed in response to the need to transport agricultural products in the northern colonies, in this case, tobacco, from the upland areas to the seaports for transshipment to European markets. They were open, keelless, very shallow draft vessels up to 18 m (59 ft.) in length that could be poled through rapids or low water conditions. This type of vessel is linked to the French *bateau* used in the Canadian fur trade in Quebec and the Champlain and Ohio river valleys.

By the mid-18th century France and Britain had become the dominant powers in the Caribbean and military adversaries for the vast lands and wealth of their North American colonies.

The fortress of Louisbourg was built by France in the first half of the 18th-century and stood as a symbol of French dominance in the North America until 1758, when it was captured and destroyed by the British. Since 1960 the fortress has undergone substantial archaeological investigation and reconstruction, generating hundreds of reports by Parks Canada. Twenty-six ships have been documented as sunk in or near the harbor between 1713 and 1758 (Stevens 1997a:247). Nine of these ships were sunk in the 1758 siege of Louisbourg, including 5 small vessels scuttled to block the entrance of the harbor and 2 French 74-gun ships: the *Prudent* and *Entreprenant* and two 64-gun ships: the *Célèbre* and *Capricieux*. In an effort to make underwater archaeology accessible to the general public, the Federal Department of Canadian Heritage who manages these ships, has opened these sites to dive tours under strict guidelines. The *Célèbre* has being investigated by the Underwater Archaeology Unit of Parks Canada.

In 1760, after losing both Louisbourg and Quebec City, France tried in vain to send military supplies and equipment to relieve the city of Montreal. Only three

French merchant frigates, that had been hastily converted to naval vessels in Bordeaux, made it through the British Channel blockade only to be sunk at the Battle of Restigouche, the last naval engagement for possession of North America. The *Machault*, a 26-gun frigate, the best preserved, has provided archaeologists with a wealth of material that can be used for comparative dating at other late French colonial sites as well as shedding light on 18th-century French naval ship-board life.

Lake Champlain and Lake George, just south of the Canadian border, formed a natural water corridor between the French colonies in the north and British colonies in the south. Control of these lakes ultimately decided the ownership of the continent and as such they were the scene of several naval conflicts during the Seven Years War from 1756 to 1763. The armies of both nations were transported through this area by hundreds of *bateaux* and several unique flat-bottomed, fortress type, *radeau*. Powered by 26 sweeps, the *Land-Tortoise*, the only known example of a *radeau*, had limited ability to fire under sail and primarily functioned as a floating gun-platform (Abbas and Zarzynski 1997:238).

The Lake Champlain corridor was also a strategic focus during the Revolutionary War and the War of 1812. From 1775 to 1877, Commodore Benedict Arnold tried unsuccessfully to invade British Canada, his efforts were repelled and he lost the American flagship schooner, *Royal George* and the gundelo, *Philadelphia*. The *Philadelphia* was recovered and is now on display at the Smithsonian Institution, Washington.

History reversed itself in the War of 1812, when an American fleet captured the British vessels that were attempting to use this corridor for an invasion. Both navies operated from shallow draft brigs, hastily built with green timber. After the conflict they were stored at the American naval base at Whitehall where they were abandoned. The United States Naval brig *Eagle* and British brig, *Linnet* have been relocated and studied as examples of naval lake vessels of the period.

Two merchant schooners were purchased by the United States Navy for service on Lake Ontario during the 1812 conflict. Unfortunately, both the *Hamilton* and *Scourge* were top-heavy with the addition of heavy deck guns and were swamped during a sudden storm at the western end of Lake Ontario. Lying just 400 m (1300 ft.) apart in a depth of 91 m (300 ft), these schooners are in pristine condition and have been photographed by the National Geographic Society and Wood's Hole. Their depth, however, prevents further investigation at this point. These and hundreds of other known historic wrecks and prehistoric sites in the Great Lakes and Lake Champlain system are now threatened by the zebra mussel which will totally envelope all the fresh water archaeological sites in the next few years.

Underwater archaeologists have also located and excavated the remains of several British warships and transports belonging to the forces of General Cornwallis. Cornwallis, based at Yorktown, Virginia, a few miles up the York River was trapped following the defeat of the British navy by the superior French naval forces at the Battle of the Capes in September 1781. Cornwallis subsequently lost much of his naval support fleet, consisting of converted merchantmen and troop transports, at the beginning of the siege of Yorktown in October 1781. A coffer dam was used to protect archaeologists from the strong river currents during the excavation of the 44-gun HMS *Charon*. The bulk of Cornwallis fleet consisted almost entirely of converted merchantmen, vessels which were essential to the survival and prosperity of the American colonies. Despite the importance of these small merchant ships in commerce and in war, documents tend only to deal with naval ships and stores and hence the importance of research opportunities like Yorktown. The archaeological excavations here will shed considerable light on the design of locally constructed merchant ships and ship-board lifeways of the merchant vessels in the employ of the American trade (Broadwater 1997:472).

Due to time constraints and the vastness of the topic, the end of the 18th century was arbitrarily chosen as a termination point for this presentation of underwater archaeology in the Americas. The 19th century ushered in the era of steam-propelled vessels and the settlement of the Plains and Pacific regions of North America and the consolidation of Portuguese and Spanish possessions in South America. During the 300 year period from 1492 to 1800, the economic fortunes of western Europe and Britain hinged on their colonies in the Americas. The oceans, lakes, and rivers were the highways of their merchant fleets which enabled them to transplant their diverse cultures and religious beliefs in a new land; however, it was frequently the strength and prowess of their navies that determined the ultimate success of these colonizing ventures. The European discovery, exploration, colonization, commercial exploitation, and defense of the New World depended on ships (Bass 1988:9). These ships, especially, those built in the colonies, were a part of the social, economic, and physical environment in which they were built (Fleetwood 1995).

Underwater archaeology in the Americas lagged behind that of Europe for reasons that are somewhat hard to explain. With the advent of several graduate programs in the discipline and the belated recognition of national governments of the importance of submerged cultural resources to their early history, many countries in the Western Hemisphere are now enacting research programs and strict measures to protect sites from the ravages of treasure hunters and random salvage. In the future, the contributions that come from underwater archaeological sites will play an increasingly important role in the development of our understanding into the early history and lifeways European colonies in the Americas.

References

Abbas, D. K., and Joseph Zarzynski 1997, Land Tortoise. In *Encyclopedia of Underwater and Maritime Archaeology,* edited by James P. Delgado, p. 238. British Museum Press, London.

Bass, George F. (editor) 1988, *Ships and Shipwrecks of the Americas.* Thames and Hudson, London.

Broadwater, John, D. 1997, Yorktown Shipwrecks. In *Encyclopaedia of Underwater and Maritime Archaeology,* edited by James P. Delgado, p. 472. British Museum Press, London.

Fleetwood, William C., Jr. 1995, *Tidecraft: The Boats of South Carolina, Georgia and Northeastern Florida, 1550–1950.* WBG Marine Press, Tybee Island, GA.

Keith, Donald 1988, Shipwrecks of the Explorers. In *Ships and Shipwrecks of the Americas*, edited by George F. Bass, pp. 45–68. Thames and Hudson, London.

Leshikar-Denton, Margaret 1992, Investigation of the "Wreck of the Ten Sail," Cayman Islands, British West Indies. *Underwater Archaeology Proceedings from the Society of Historical Archaeology Conference, 1992*:30–34. Kingston, Jamaica.

Newell, Mark M. 1995, Small Craft of the Low Country Rice Culture. Appendix 3 in *Tidecraft: The Small Boats of South Carolina, Georgia and Northeastern Florida*, 1550–1950, by William C. Fleetwood, Jr. WBG Marine Press, Tybee Island, GA.

Roberts, David 1997, Sieur de La Salle's Fateful Landfall. *Smithsonian* 28(1):40–53.

Smith, Roger C. 1988, Treasure Ships of the Spanish Main: The Iberian-American Maritime Empires. In *Ships and Shipwrecks of the Americas*, edited by George, F. Bass, pp. 85–106. Thames and Hudson, London.

Smith, Roger C. 1988b, The Voyages of Columbus: The Search for His Ships. In *Ships and Shipwrecks of the Americas*, edited by George F. Bass, pp. 33–44. Thames and Hudson, London.

Smith, Roger C. 1997, Emanuel Point Ship. In *Encyclopaedia of Underwater and Maritime Archaeology*, edited by James P. Delgado, pp. 140–141. British Museum Press, London.

Stevens, Willis 1997, Louisbourg Wrecks. In *Encyclopaedia of Underwater and Maritime Archaeology*, edited by James P. Delgado, pp. 246–247. British Museum Press, London.

Stevens, Willis 1997b, Red Bay. In *Encyclopaedia of Underwater and Maritime Archaeology,* edited by James P. Delgado, p. 338. British Museum Press, London.

Robyn P. Woodward
Underwater Archaeological Society of British Columbia
1905 Ogden Avenue
Vancouver, British Columbia V5Y 1V5

21 Guns and Guidance: The Late Stuart Ordnance Office and its North American Connections

Geoffrey Parnell

Among the many thousands of documents relating to the Office of Ordnance in the Public Record Office in London, is one drawn up in 1664 which contains a succinct and useful statement of the Ordnance's remit. It reads:

> 'the Office of Ordnance is (according to its instructions) the standing & Grand Magazine of all the necessary habiliments and Instruments of warre (as well by Sea as Land) for the defence & safety of the Kingdome & consequently hath influence of the Navies, Forts, Castles, Marching Trains of Artillery, & Armies of this Kingdome whether they relate to sovereigne or domestick services'.[1]

The Ordnance Office, together with the Armoury Office, emerged as offshoots of the Privy Wardrobe at the Tower of London during the early 15th century. Based at the Tower, these organisations were responsible for procuring and issuing a wide variety of military equipment: the Armoury concentrating on armour and edged weapons, the Ordnance on cannon, handguns and the more traditional bow and arrow. During the reign of Henry VIII the size of the Ordnance Office increased markedly. In 1597 the principal officers of the Ordnance were formally constituted as a board, a structure that governed the operations of the organisation until it was dissolved in 1855.

Following the Restoration in 1660, the Office enjoyed another period of rapid expansion. In 1667 the building and maintenance of fortifications became more strictly regulated by the Ordnance, while in 1671 the manufacture, storage and distribution of armour came under the remit of the Office after it assumed the functions of the Armoury department. A similar amalgamation took place in 1685 when the Ordnance took over the duties of the Office of Tents and Toils, thereby becoming responsible for the storage and distribution of tents, waggons and related utensils (Tomlinson 1979, 1–17; Anon. 1987).

By the end of the 17th century the establishment of the Ordnance had divided into Civil and Military branches. The former included the members of the Board itself, together with their clerks and other officials still based at the Tower. The Military Branch comprised a master gunner and his subordinates, together with certain civilian engineers, a fire master and fireworkers (who experimented with explosive devices) and a proof master (who tested firearms). Against the background of a financial crisis, brought about by the extraordinary demands of prolonged and tedious warfare on the European continent and in the colonies during the late 17th and early 18th centuries, the establishment was subject to a wave of reforms under the second mastership of the Duke of Marlborough (1714–22). Proposals to reform the Military Branch were presented to the Board at the end of 1714, the need for which was highlighted during the crisis of the Jacobite Rebellion the following year, when the train of artillery took all of six months to reach Scotland, by which time the insurrection had been crushed. Subsequently, in January 1716, Marlborough approved a set of further proposals that may have been linked to orders given over the next few months to create a number of important establishments. These included the setting up of the

Royal Regiment of Artillery, and the decision to build the Brass Foundry at Woolwich to facilitate the Ordnance's own artillery production. Meanwhile, at the Tower of London, a Drawing Room and Modelling Room were established in the former medieval Wardrobe annexed to the east side of the White Tower. The Modelling Room produced designs and scaled models of guns and gun carriages for manufacture, while the Drawing Room concerned itself with the design, recording and documentation of the Office's building and surveying programmes. As such, the Drawing Room was to make a very significant contribution towards the training of British military surveyors and draughtsmen in the 18th century, culminating in the formation of the Ordnance Survey in 1791. It may also be noted that, at the start of its operations, the Drawing Room was responsible for converting a sketch design by Nicholas Hawksmoor for the Ravensdown Barracks at Berwick-upon-Tweed into a recognisable Ordnance architectural style. Plain, bold, and at times almost medieval in grammar, this can be found in buildings such as the main gatehouse at Chatham dockyard, the now-demolished Great Storehouse on the site of the Ordnance wharf at Chatham and the Academy Building at Woolwich Arsenal (Hewlings 1993; Parnell 1995a).

Against this brief description of the development and work of the Ordnance Office, what of the organisation's activities in North America? One of the earliest references to Ordnance involvement in the colonies dates from 1622, when the Privy Council instructed the Office to supply the Virginia Company of London with weapons and gunpowder for distribution to settlers following an Indian uprising that began in March that year. The weapons, taken from a mass of obsolete and unserviceable arms and munitions about to be auctioned at the Tower, included 700 calivers (small muskets), 300 harquebuses, 300 pistols 'with firelocks' (presumably a reference to flintlocks), 50 pieces of ordnance in the form of 'Murdering pieces, chambers, fowlers & such like' (i.e. port pieces) and, perhaps most surprisingly, 400 long bows with 800 sheaves of arrows (Parnell 1995b, 11–12).

A more conventional train was assembled by the Ordnance for New England in 1664 on the occasion of the annexation of New Amsterdam. This included heavy artillery, in the form of mortars and sakers, together with muskets, powder and shot, and a host of miscellaneous supplies ranging from lamps and writing paper to medical ointments. Some of the more unusual inclusions that may be cited were barrels of coal dust and two small rocket moulds.[2]

A more formidable train was put together twelve years later in response to the insurrection that erupted in Virginia known as Bacon's Rebellion (Parnell 1995b). News of the unfolding drama began to reach Whitehall during April 1676 and as the weeks passed it became clear that serious measures would have to be taken to restore order in the colony. Responding to instructions from the Privy Council the Ordnance began to assemble arms and other supplies for a force of over 1000 troops that was to be dispatched to the troubled colony. The exact contents of the train are listed in six estimates, which the Ordnance prepared between June and November. The composition is too extensive to be rehearsed here, but among the thousands of weapons that were sent reference may be made to the inclusion of 1500 'swine feathers'. The swine feather, or bandistock as it is more commonly known, comprised an edged weapon concealed within a stout stick usually made of wood. To free the blade, or blades, a catch was employed to effect a release (Figs 21.1 & 21.2). It is perhaps surprising that such a large number of these archaic weapons was still to be found in store, and it may be presumed that 1676 was the last occasion when English forces in the field were issued with this curious device.

During November the Ordnance accounts revealed stores being ferried by hoys from Tower Wharf to larger vessels riding downstream in the Long Reach of the Thames. The last order for equipment, comprising four boxes of candles and a quantity of writing paper, was placed on 7th November. Even as final preparations were being made, HMS *Bristol*, which had been anchored at Spithead since the end of August, slipped anchor on the morning of 18th November and began her voyage to Virginia. The other warships of the expedition, together with eight hired merchantmen, sailed for the Old Dominion on 5th December. By the time the vanguard reached its shores at the end of January the following year, the rebellion was already over, the colony's governor having re-imposed a semblance of order over a desolate land.

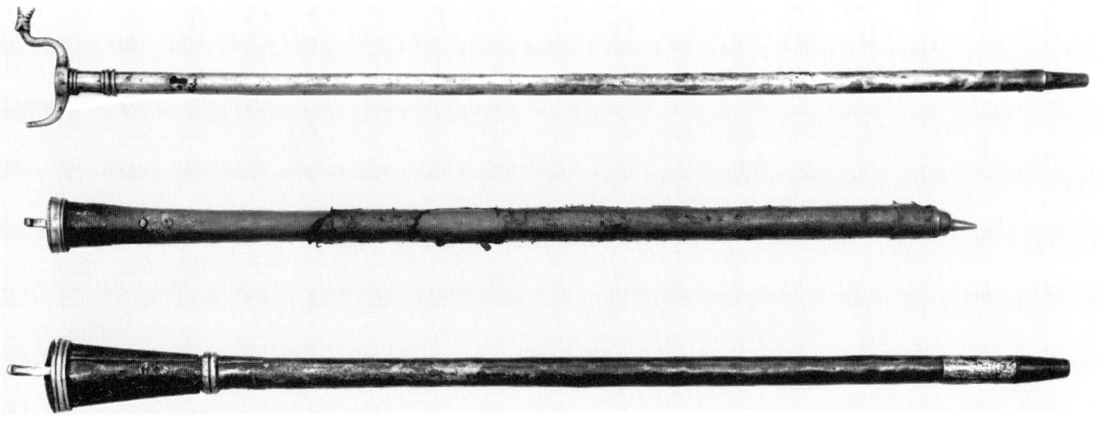

Fig. 21.1 Three 'swine feathers' or brandistocks: the top example is a metal device, the other two have sticks made of wood (Royal Armouries)

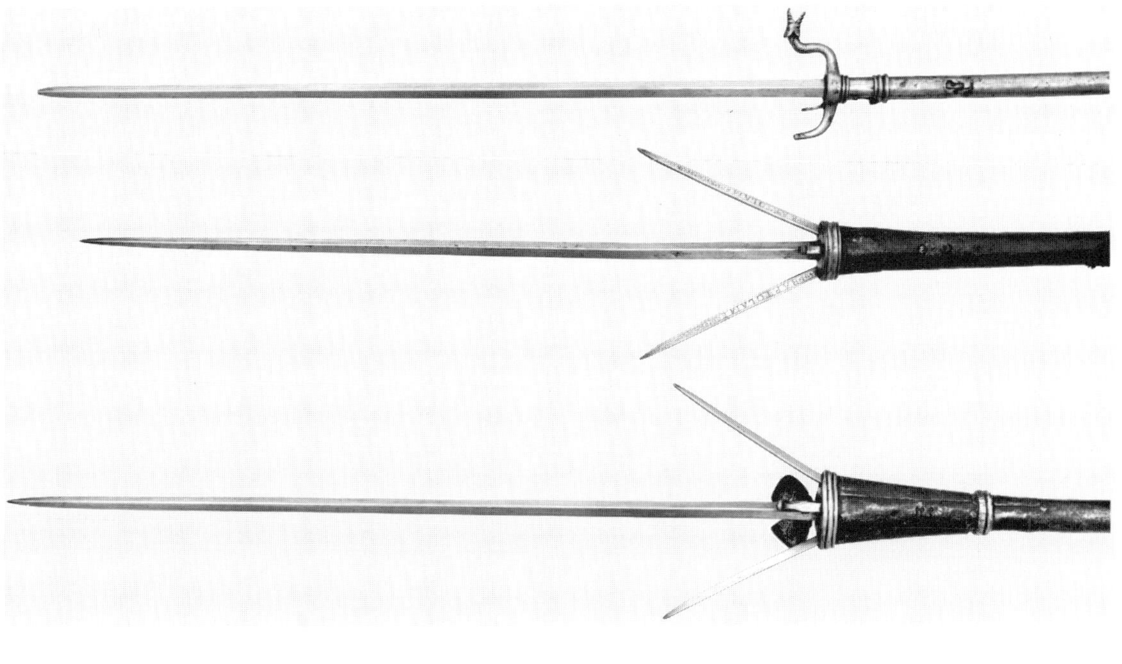

Fig. 21.2 The same brandistocks with their blades released (Royal Armouries)

A close examination of these events reveals that a significant amount of time and effort was expended by the Office of Ordnance in assembling the arms and provisions for the Virginian train, which also included a master gunner and nine subordinates, an engineer and a gunsmith from the ranks of its own establishment. Mindful of the separate contributions made by the army and navy, and the fact that all important decisions were taken and given by the Privy Council and the secretaries of state, the time taken to assemble and dispatch the expeditionary force is perhaps not as leisurely as it might appear.

Whereas the Ordnance expenditure on the New England train of 1664 was £2,021.12s.9d, that spent on the Virginian expedition amounted to £11,178.3 s.6d. In the wider context larger trains were sent to the English outpost at Tangier during the reign of Charles II, while huge formations, costing over £100,000, were prepared for the campaigns in Flanders later in the century. Nevertheless, before 1676 the Ordnance had no precedent for dispatching large trains to remote locations. It might be supposed, therefore, that the Office gained some useful experience from the episode which, in the event, was to be repeated on a much grander scale exactly 100 years later, when an insurrection of a more serious nature broke out.

As a footnote to the Virginian expedition, it might be added that in response to a letter from the Treasury, dated 1st December 1681, the master commissioners of the Ordnance declared that the military equipment sent to the colony had been 'Ordered to be left in Virginia as a standing Trayne & Magazine and nott to be returned againe to England'.[3] That the records reveal no contradiction of this statement must be of particular interest to the excavators of early Virginian colonial sites.

By the end of the 17th century the Ordnance had established its own depot at St John's in England's oldest North American possession, Newfoundland, and with the Treaty of Utretch and the conclusion of the War of the Spanish Succession in 1713, another at Annapolis in Nova Scotia. At the start of the Nine Year War in 1689, when Newfoundland was invested by the French, the Ordnance prepared an estimate for a train of artillery to be sent to the island at a cost of £3,075.9s.5d.[4] Moreover, a second estimate was prepared for a most extraordinary building to be erected at a cost of £2,406.13s.8d.[5] With an internal floor plan measuring approximately 125x20 feet, this was to be a two-storeyed structure, its carcass comprising nearly two million bricks. The ground floor, with vaulted ceiling and a wooden floor, was probably intended to house the train. The first storey, designed to have a stone floor with a projecting parapet to allow grenades to be discharged, was presumably intended for the garrison. A notable feature of the design was an elaborate, very strong, king-post roof, which was to have been covered with stone tiles. In the event the Newfoundland expedition seems to have been delayed and there is no evidence that the building itself was ever erected. Nevertheless the episode demonstrates the way in which Ordnance engineers could be called upon to provide specific designs for military buildings and defensive works outside the British Isles.[6]

A leading Ordnance engineer who was extremely active in planning and supervising defence installations in North America, in the years either side of 1700, was Colonel Wolfgang William Romer. The son of the ambassador of the Elector Palatine to the Netherlands, he served as a military engineer in the armed forces of Prince William of Orange and came to England in 1688 at the time of the 'Glorious Revolution'. He held various posts in the new, protestant, military administration before being ordered to New York in 1697 by the Master General of the Ordnance (Bradley 1987).[7] Appalled at the prospect of this posting Romer initially refused to go, but did so that summer, persuaded in part, so it seems, by a significant pay increase. Between 1697 and 1706 he mapped the Hudson River Valley and large areas of upstate New York, and designed and supervised the construction of several fortifications, including Fort Albany and the defences of Boston Harbour.[8] In 1699 Romer surveyed the ruins of Fort William Henry at Pemaquid in Maine (Fig. 21.3). A curious and poorly conceived device, the fort was built by the Massachusetts authorities in 1692 without the sort of professional direction that the Ordnance could have provided. In 1696 it fell to a force of 600 Indians, with minor French support, after a siege lasting only 36 hours (Bradley & Camp 1994, 11–12).

Might Romer, or one of his contemporaries, have been involved in the planning and laying out of one of the most extensively fortified 17th-century settlements in English North America – Charleston in South Carolina? Constructed in 1697–8,[9] the town's partly brick-revetted artillery trace extended a distance of some 1¼ miles to form an irregular parallelogram at the junction of the Cooper and Ashley Rivers (Fig. 21.4). Faced with a pre-existing street plan, and a marshy terrain, a fairly competent plan was devised with angle bastions on the corners and intermediate redans along the curtains. Beyond the landward walls lay the ditch with timber palisade about the outer edge in the normal manner. The use of the two-sided redan is an inexpensive, but perfectly acceptable, means of providing

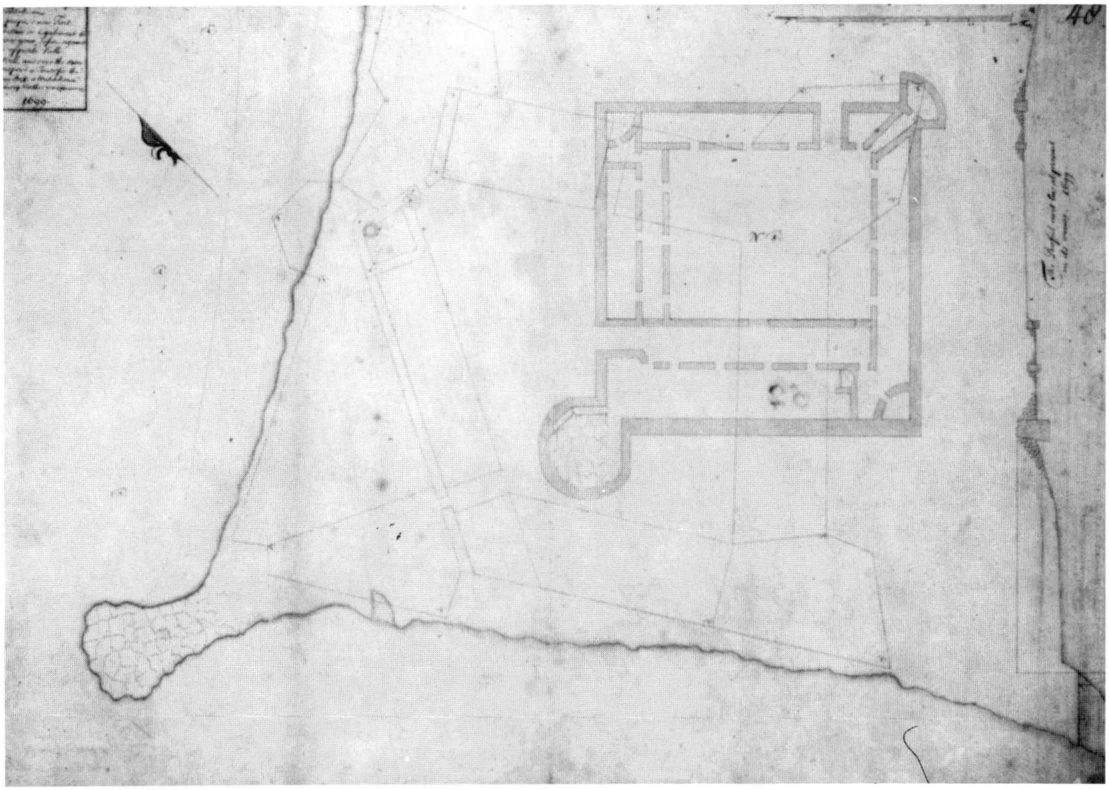

Fig. 21.3 The old fort of Pemaquid with an outline of a proposed new fort: plan by Wolfgang Romer dated 1699 (Public Record Office: C.O. 700, Maine/4)

flanking cover between the bastions – a similar arrangement may be seen along the Garrison Walls on the Isles of Scilly, remodelled by the Ordnance between 1715 and 1746 (Saunders 1989, 118). A large redan was formed midway along the west side of Charleston's *enceinte* to control the landward entry into the town, while on the eastern axis a half-moon battery covered the river approach. That the plan incorporated contemporary ideas of artillery design may be seen in the form of most of the bastions. The flanks of these were not at right angles to the curtains, as often occurs in earlier 17th-century designs, but were perpendicular to the so-called 'line of defence', that is to say the notional line drawn from the angle made by the flank of one bastion and the curtain, and the salient angle of the adjacent bastion (ibid., 95).

Ordnance involvement in South Carolina certainly occurred in 1715, at the time of the Yamasse War, when military stores and equipment to the value of nearly £3,000 was dispatched to the colony.[10] Subsequently, in 1719, Francis Young, a former Ordnance official, travelled to the colony with a large, 13-inch mortar after a request from the Governor, Robert Johnson.[11] More importantly an expedition under the command of General Nicholson, including a force of some 100 men from Nicholson's own Independent Company, was ordered to the colony in the following year by the Lords Justices after representations by the Trade and Plantations Board.[12] The purpose of the expedition was evidently to strengthen South Carolina's defences by raising new fortifications and improving military accommodation. Perhaps not surprisingly, therefore, an Ordnance engineer, one Bloom Williams, was included in the party.[13] Williams

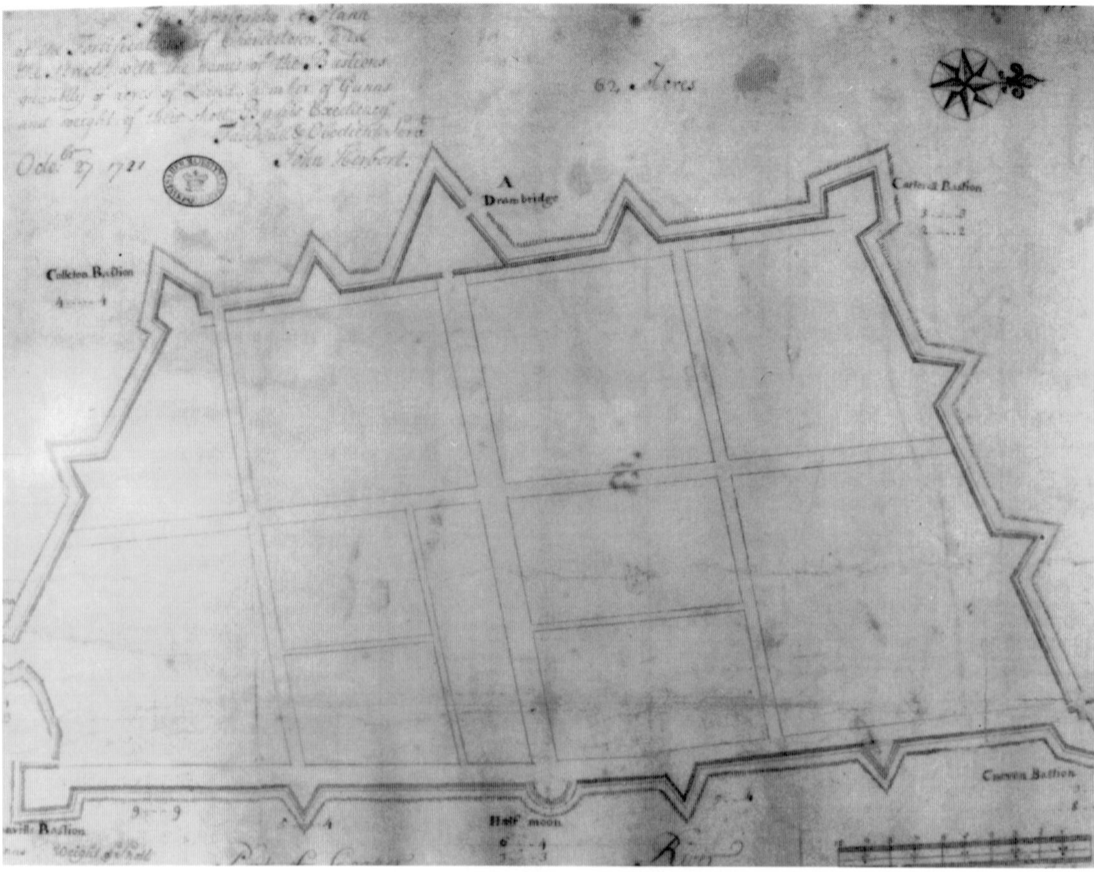

Fig. 21.4 The defences of Charleston: plan by John Herbert dated 1721 (Public Record Office: C.O. 700, Carolina/6)

stayed in the colony throughout 1720[14] until he was replaced by another engineer, John Barker, whose entries in the Ordnance Bill Books refer to him surveying, drawing plans and overseeing the construction of fortifications.[15] Barker seems to have remained in the colony until at least the end of 1723.

Returning to the subject of Charleston's defence, it would seem that by the third decade of the 18th century the removal of the fortifications was under way, and although the riverside defences remained largely intact until the late 18th century, only archaeological vestiges of the trace now remain. Close to the rear of the former northern defences, however, still stands Charleston's magazine, erected by order of the State Assembly in 1713, and now the oldest extant building in the city. This has recently been the subject of an extensive archaeological scrutiny by the Charleston Museum for, and on behalf of, the Historic Charleston Foundation (Zierden 1997). The brick building, which is a vaulted, single-storeyed structure, with a 33-foot square ground plan, has no obvious parallel. Much, of course, may have been the result of local conditions and initiatives. However, it is possible that the magazine derived some of its architectural inspiration from a number of powder houses erected by the Ordnance Office in England during the 1670s and 80s. These were designed by Sir Bernard de Gomme who held the post of Chief Engineer from 1661 until his death in 1685. An engineer of Flemish origin, de Gomme came to England at the outset of the Civil War in the entourage of Prince

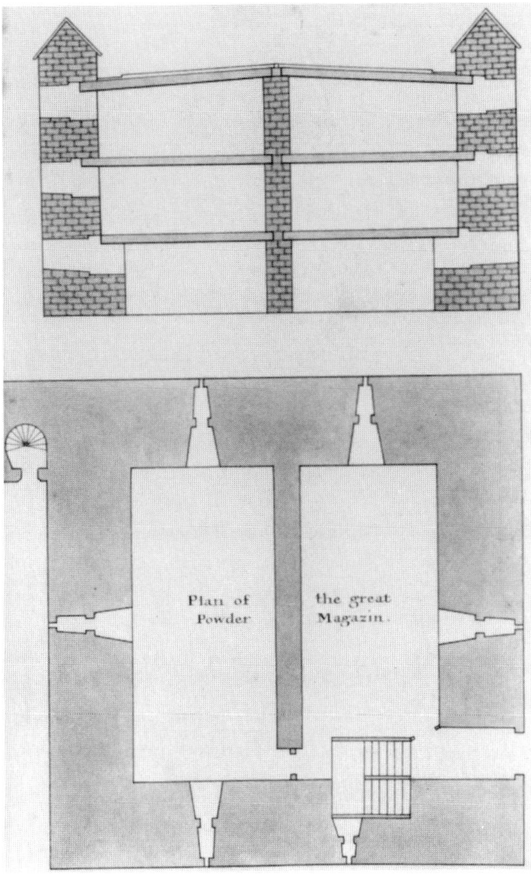

Fig. 21.5 The great powder magazine at Plymouth Citadel: plan and section by Christian Lilly dated 1716 (British Library: King's MS. 45. f. 36)

Rupert and was responsible for, amongst other things, the elaborate defences raised around Oxford in 1644. At the outbreak of the Second Dutch War in 1665 de Gomme was tasked with designing the great citadel at Plymouth, controlling the entrance to the harbour (Saunders 1989, 83–91). Begun that year, work included the construction of a large powder magazine in the gorge of the demi bastion on the east side of the fortress. This was a three-storeyed stone structure with a 55-foot square ground plan and timber roof (Fig. 21.5). The absence of a vault may have something to do with difficulties de Gomme encountered in recruiting local bricklayers[16] – this part of the West Country having little or no tradition for building in brick before the 18th century. The significance of the Plymouth magazine lies in the fact that it represents the introduction of what can be regarded as a standard design for Ordnance powder houses. A smaller, two-storeyed, design was subsequently erected on Drake's Island in Plymouth Sound,[17] while at the great bastioned fortress at Tilbury in Essex, which de Gomme began work on in 1670, similar, brick-built, powder houses were erected in the gorges of a number of the bastions.[18] These were superseded in 1717 by the impressive rectangular magazines which still stand either side of the Landward Gate on the north side of the fort.[19] The basic design of these buildings is present in most magazines subsequently built by the Ordnance until the early 19th century.

Notes

1. P.R.O. SP 29/67, f. 176.
2. P.R.O. WO 51/4 & WO 51/5, *passim.*
3. P.R.O. WO 49/112.
4. P.R.O. WO 49/115, dated 19 July.
5. Ibid., dated 23 July.
6. In connection with Newfoundland it might be mentioned that the eminent engineer Brigadier Michael Richards was present at St John's in the wake of the Nine-Year War, as evidenced by an Ordnance bill dated 15th December 1698 (P.R.O. WO 51/56, f. 109). This is concerned, amongst other things, with Richards' supervision of the building of a timber house on the site. Evidently a storehouse, it was later to be used by 'the Officers of the Traine & c'.
7. The posting was the direct result of a representation made to His Majesty in Council on 19th November 1696, in which the Board of Trade sought 'the Repairing, Enlarging and amending' of New York's fortifications; see P.R.O. WO 55/341, f. 69.
8. The draughts associated with this work were presented to the Board of Ordnance by Romer in September 1707, P.R.O. WO 47/25, p. 93. From August 1704 another Ordnance engineer, Captain John Redknap, was active in New England, P.R.O. WO 51/51, f. 101 & WO 47/24, p. 180. See Bradley 1987, fig. 5, for Redknap's survey of Casco Bay Fort, Falmouth.
9. C.O. 5/289, ff. 18 & 20. Instructions to fortify the town were issued by the Lords Proprietors in letters to the Governor of Carolina, John Archdale, dated 31st August 1694 and 29th January 1696 (*ibid.*, ff. 10 & 15). The Carolina assembly ratified the act for 'Building a Fortification at Charles Town' on 15th December1696, see C.O. 5/411, p.60.

10. P.R.O. WO 47/28, pp. 236, 247 & 265.
11. P.R.O. WO 47/32, p. 261.
12. P.R.O. WO 47/33, pp.280–1 & 284; WO 4/23, pp.65–8, 71, 76 & 78–9.
13. P.R.O. WO 47/33, p.284.
14. P.R.O. WO 51/107, f.19 & WO 51/113, f.113.
15. P.R.O. WO 51/111, f.21; WO 51/112, f.39; WO51/113, ff.56 & 113.
16. I am grateful to Andrew Saunders for drawing my attention to this detail.
17. British Library King's Ms. 45, f.42.
18. These are first shown in de Gomme's proposals for the fort dated 1668, British Library Add. Ms. 16370.
19. British Library King's Top. Col. 13. 57e (reproduced in Zierden 1997, 156).

Abbreviations

(All these institutions or their papers are located in London)

B.L.	British Library
C.O.	Colonial Office, Public Record Office
P.R.O.	Public Record Office
SP	State Papers, Public Record Office
WO	War Office, Public Record Office

References

Anon. 1987, *Record of the Board of Ordnance*, Public Record Office, London (*Information Guide* 67)

Bradley, R. L. 1987, 'Colonel Wolfgang William Romer', in *Biographical Dictionary of Architecture in Maine,* Augusta (unpaginated)

Bradley, R. L. & Camp, H. B. 1994, *The Forts of Pemaquid, Maine: An Archaeological and Historical Study,* Augusta

Hewlings, R. 1993, 'Hawksmoor's brave designs for the police', in Bold, J. & Chaney, E. (eds.), *English Architecture Public and Private*, London, 215–29

Parnell, G. 1995a, *The Buildings and Works of the Office of Ordnance at the Tower of London, 1660–1722* (unpublished University of London Ph.D. thesis)

Parnell, G. 1995b, 'The artillery train sent to Virginia in 1676', in *Man at Arms* 17.2, 10–17, Lincoln (US)

Saunders, A. 1989 *Fortress Britain*, Avon

Tomlinson, H. C. 1979, *Guns and Government: The Ordnance Office under the Later Stuarts*, London

Zierden, M. A. 1997, *Archaeology at the Powder Magazine: A Charleston Site through Three Centuries*, Charleston

Geoffrey Parnell
HM Tower of London
London EC3N 4AB

22 Military Archaeology of America's Colonial Wars

David R. Starbuck

Abstract

The study of forts, battlefields, and various types of military outposts is just as popular among historical archaeologists in North America as it is in the United Kingdom. The American public enjoys visiting reconstructed military sites, and many thousands of Americans spend their weekends as military re-enactors recreating events from the French and Indian War (the Seven Year's War), the American Revolution, and the American Civil War. North America also has so many hundreds of coastal fortifications and so many interior, frontier outposts that most historical archaeologists have worked on at least one military site sometime during their careers. Given such a plethora of sites, this study considers only the British military sites from the 18th-century colonial wars in North America, the period when tensions were highest between the British and French colonies.

Introduction

The waterway that runs from the Richelieu River in Canada to Albany, New York (along the border between New York state and Vermont) contains the greatest concentration of 18th-century military sites in North America. War was waged along Lake George and Lake Champlain throughout the 1750s, and the best-known conflicts of the French and Indian War took place at the southern end of Lake George at a British fort, Fort William Henry, and on Lake Champlain at a French fort, Fort Ticonderoga. Just twenty years later, during the American Revolution, John Burgoyne's march from Canada to the Saratoga Battlefield left a trail of British military sites that is hundreds of miles long. Saratoga, of course, has become known as the scene of one of the most decisive battles in world history.

Just to the west, in Rome, New York, another British expedition was halted in 1777 at the site of Fort Stanwix, which is now in a downtown, urban setting. In the 1970s, a National Park Service (NPS) team, headed by Dick Ping Hsu, conducted a total excavation in order to completely rebuild the original site (Hanson and Hsu 1975). In doing so, Fort Stanwix became one of the last sites where the NPS did a total reconstruction anywhere in the United States, finally recognizing that rebuilding old forts simply cannot be done that accurately.

Events and sites such as these were so seminal in shaping the United States of today that elsewhere I have named this military corridor "The Great Warpath" (Starbuck 1999). After all, it was precisely that for the space of about one hundred years.

Still, there are ample British military sites in Canada and others running down the East Coast of North America and west to Michigan. Parks Canada has done a superb job in excavating and interpreting many British and French forts, including Fort Chambly; Fort Lennox, the fortifications at Quebec City, and of course at Fortress Louisbourg – the greatest French fortification in the New World (Fry 1984).

Among the many projects conducted at miliary sites in the United States are the excavations at the short-lived Fort Necessity in western Pennsylvania, where

George Washington and a British force surrendered to the French in 1754 (Harrington 1957, 1976). Even more significant is the long-term research program at Fort Michilimackinac in Michigan which was occupied successively by the French and British over most of the 18th century; Fort Michilmackinac has seen more excavation, and a better publications program, than any other military site in the United States (Stone 1974). Finally both land and underwater excavations (in the York River) have taken place at the Yorktown Battlefield in Virginia, where British and American forces brought the Revolution to a close in 1781 (Broadwater 1988).

These sites and others have witnessed excavations for many years, but it is no doubt the less-well-known (and therefore less dug) sites that have the greatest value to archaeologists today. The public's interest in forts and battlefields has created special problems for preservationists as they try to leave something for the future. The National Park Service, for its part, has greatly reduced its digging of military sites, but collectors are destroying much of what is left.

Often the archaeology conducted at military sites has been as an aid to reconstruction and as a prelude to heritage tourism. North American historical archaeologists nevertheless believe that archaeology and anthropology have a great deal to contribute to the story of daily life in the British military camps by determining what the ordinary soldiers did during the 363 or 364 days of the year that they were not fighting. How better to do this than by studying the remains of the encampments from each war? Many military historians, and the great host of military buffs, have been so preoccupied with generals, and how the "great men" planned their strategies, that they have rarely been willing to study the vast military camps that sprang up and seasonally became some of the biggest cities in the American colonies. For example, the camps at Fort Edward and Lake George in northern New York State would seasonally become the third-largest cities in America, surpassed only by New York City and Philadelphia.

Can anything new be learned from the soldiers' earthworks, hospitals, huts, their meals, their pottery, their clothing, and the like? For military sites' archaeologists, studying the ruins of these great British encampments is just the sort of stimulus that military scholarship needs in North America. There is no denying that integrating the soldiers' own written accounts of life on the frontier with an analysis of the physical remains of their camps provides a very stimulating look at the colonial wars. The lives of soldiers as they served in the colonies is a story that is only just now starting to be told, and increasingly it is archaeologists who are telling the story, rather than traditional historians.

Among the questions most commonly asked by North American archaeologists are: What differences existed in living standards between officers and enlisted men? How were the designs of British and European forts adapted to the American landscape? Was all material culture "outdated" at military sites on the frontier (i.e., were soldiers the last to receive the latest fashions and technology)? What was the diet of soldiers on the frontier? Did they just eat salt beef and salt pork, or did they have access to fresh meat and fish? Was it too dangerous to leave the camps to hunt wild game? Were military manuals closely followed, prescribing how soldiers were supposed to fight, and stipulating how they were supposed to lay out their camps in the field? What construction techniques were used for building forts, blockhouses, barracks, and ordinary living structures like tents, houses, and huts? Usually engineers' plans have survived only for the largest, most permanent military buildings. The huts and tents erected by the soldiers are rarely depicted on contemporary plans.

Military History

The first of the colonial wars between the French and British have been named King William's War (1689–1697), Queen Anne's War (1701–1713), and King George's War (1744–1748). Little archaeology has been done at the sites of these earliest conflicts, although a few forts were being raised, such as Fort St. Frederic in the Champlain Valley, constructed and occupied by French forces between 1731 and 1759. This was built so that French farmers could move into the region, but the French were forced to blow up their fort and retreat in 1759 because a British army under General Jeffrey Amherst was approaching. Extensive digging was conducted at Fort St. Frederic in 1968 by Roland Robbins (Kravic 1971), and its ruins are at present owned and interpreted by the State of New York.

It was not until the 1750s that The Great Warpath truly earned a reputation as one of the most turbulent settings on the world stage. In the space of a few years, military events transformed what had once been canoe routes and Indian trails into one of the largest population centers in the Americas. Between 1755 and 1777, the whole world followed events in this region, and British newspapers routinely described events on Lake George, in Fort Edward, at Ticonderoga, and elsewhere. Long-standing rivalries exploded into conflict in September of 1755 when the British and French clashed at the south end of Lake George, at what is commonly called the Battle of Lake George. The British won this initial encounter. A state-owned park known as Battlefield Park now encompasses this site.

As soon as the battle ended, a fort-building race began, with the governor of Canada ordering French forces to start construction of Fort Carillon (Ticonderoga) in 1755, sited where it would overlook both Lake Champlain and the outlet from Lake George. From there, French armies hoped to control travel between Canada and the colonies to the south. While Fort Carillon would not have held more than about 400 men, the surrounding military encampment was spread out over a huge area, creating a vast archaeological site. After several attempts, the British conquered Ticonderoga in 1759. At the time the fort was opened to the public in 1909, some non-archaeological digging was done to find the bases of stone walls and the fort was rebuilt atop its original foundations. Much later, the only archaeology ever conducted at Fort Ticonderoga was in 1957 when Duncan Campbell exposed some of the foundations in the French village that lay between the fort and the water. Here there had been a blacksmith shop, a bakehouse, storehouses, a wine shop, a trader's store, and dwellings for civilians (Campbell 1958). Ticonderoga also has French lines and camps that seem to go on forever. It is an immensely popular attraction that draws many of its visitors from Canada and Europe (Fig. 22.1).

For their part, the British under engineer William Eyre began two forts along the Great Warpath in the fall of 1755. The smaller was the ill-fated Fort William Henry at the southern end of Lake George, while the main British fort was Fort Edward, located fifteen miles to the south. These were the first Vauban-style forts built by the British in North America, the first time the British constructed their earth and log forts in the colonies as well as the French did, with corner bastions to catch their enemies in a cross-fire.

Fig. 22.1 Fort Ticonderoga, 1997, facing southeast. The modern reconstruction flies the flags from every nation that occupied the fort in the 18th century. The British flag is at the far right. (Photo by the author.)

Each fort came to a radically different end, with Fort William Henry the first to be destroyed during the siege and infamous massacre by the French and Indians in August of 1757. The slaughter of British subjects under French protection, and the desecration of the fort's cemetery, was used by the British as a rallying cry for the rest of the French and Indian War. James Fenimore Cooper's (1980) famous novel of 1826, *The Last of the Mohicans*, made this unquestionably the most memorable event of the entire war. And it is perhaps the only event from that war that is widely remembered in North America today. When Indians attached to Montcalm's army dug up smallpox victims in the British cemetery, to steal their redcoats and blankets, they took the disease with them back to Canada where it killed many thousands of Native Americans.

While later armies camped on top of the charred ruins of Fort William Henry, it was not until 1952 that archaeology began at the fort, directed by an avocational archaeologist, Stanley Gifford (Gifford 1955; Starbuck 1991, 1993a). The fort was promptly reconstructed on top of its ruins, and still stands today. The digging of Fort William Henry was watched by about 65,000 visitors each summer in the 1950s, and recently a whole new generation of tourists was able to watch excavations there in the summers of 1997–1999. A few of the recent visitors were, in fact, returnees from the 1950s, eager to see whether archaeological techniques had changed in forty-five years! Excavations both inside and outside the walls of the reconstructed fort revealed much that was still intact, including the fort's 30-foot-deep well (originally dug by Rogers Rangers in 1756). Even though steel culverts were inserted as a necessary safety precaution, the well proved to be a sinking, imploding nightmare. Constructed so that it floated in a matrix of sand, the well constantly filled itself back in; sand rained down from above, washed in with ground water from the sides, and sand even welled up from underneath. Twenty-seven feet below the parade ground, the interior of the well was wood-lined, with planks three inches thick forming a water-tight seal. Still, at the bottom of the well, there were French gunflints, musketballs, butchered bones, dozens of pieces of cut lead shot, a few sherds of delft and white salt-glazed stoneware, the complete skeleton of a goose, and even the remains of five frogs.

Just to the south, Fort Edward fared rather differently because it never came under direct attack from the French. This huge supplies base and staging area, together with Rogers Island in the Hudson River, contained the ranking British officers in the north and some 15,000 to 16,000 men for brief periods during 1758 and 1759. There is little to see above ground of old Fort Edward today because it is in a residential neighborhood, making this a difficult site to interpret for the visiting public. Still, excavations inside the fort site in 1995 and 1996 exposed many charred beams and post molds from the fort and its interior structures. Nearby, Adirondack Community College has dug for five years (1991–1994, 1997) on Rogers Island, which was the main base camp for Rogers Rangers, the colonials who fought in the woods much the way the Indians did. Excavations there have exposed huts (Fig. 22.2), barracks, dumps, a latrine, and a smallpox hospital – the first military smallpox hospital to be dug in North America (Starbuck 1997b). Over the years, excavations on this island have revealed a great diversity of military material culture, including caches of musket balls, fascine knives, spades, and amputated finger bones that had been thrown out with the garbage (Starbuck 1994b, 1995, 1996, 1997a).

There are a host of less famous sites from the colonial wars, too, such as Bloody Pond south of Lake George, where a raiding party of Canadians and Indians were killed in 1755 and their bodies thrown into a small pond by New Hampshire and New York militiamen; and the three later forts that were built in the village of Lake George by the British: Fort George, Fort Gage, and Fort William. Until recently, only one had been professionally excavated, and that is the site of Fort Gage, a British fort built immediately after the fall of Fort William Henry. Part of Fort Gage was excavated in 1975, but this was a salvage excavation, necessitated by the construction of a Ramada Inn atop the fort's remains (Feister and Huey 1985). In this case, modern development caused irreparable harm to one of the region's most significant military sites.

Lake George village also saw the construction of Fort George, begun in 1758 and then never finished. Still amazingly intact, this was constructed in the same location where the Battle of Lake George had occurred three years earlier. A small British garrison was

Fig. 22.2 The remains of an excavated hut on Rogers Island. The brick fireplace base on the right faces toward the interior of the hut where three rows of vertical nails have been exposed. These once attached the floor boards to the joists underneath. (Photo by the author.)

based there between the two wars, and Fort George later became the site of one of the largest provincial hospitals during the American Revolution, receiving thousands of smallpox patients from northern New York and New England. This was the only fort in Lake George to span both wars. A single corner bastion and a few building foundations are visible today. The site is now owned by the State of New York. Fort George overlooks the south end of Lake George, but the only archaeological work ever conducted there was a brief surface mapping project undertaken in 1994 (De Angelo 1995). Nevertheless, the ruins of this fort appear to represent the most intact British military site surviving in the northeastern United States.

Conflict on the frontier of colonial America did not end with the battles of the 1750s and 1760s. Many of the soldiers who had fought as enlisted men against the French returned as officers twenty years later to fight either against or for the British Crown in the 1770s. The American Revolution resulted in the creation of many new military sites along the Great Warpath, even while some of the older sites, including Fort George, Fort Edward, and Fort Ticonderoga, were still occupied. In the north, Crown Point began to be constructed in 1759 by a force of 8,000 men under the direction of General Jeffrey Amherst. It was positioned next to Fort St. Frederic which had just been destroyed. Crown Point subsequently evolved into the largest British fort in North America. Its huge stone barracks buildings looked like two-story Georgian mansions, but a fire in 1773 caused the barracks to burn, the powder magazine blew up, and everything was abandoned by 1777. Now owned by the State of New York, the vast ruins of Crown Point are unparalleled: the imposing earth walls have remarkable integrity, and the stone officers' and soldiers' barracks are well-presented and maintained (Fig. 22.3). Staff from the New York State Division for Historic Preservation have conducted many small-scale projects there, at hut sites, and around the barracks; the archaeological potential is enormous (Feister 1984a, 1984b; Fisher 1995).

Fig. 22.3 The soldiers' barracks at "His Majesty's Fort of Crown Point," 1997, facing south. (Photo by the author.)

Crossing to the eastern side of The Great Warpath, one of the least disturbed sites of the American Revolution is located in Vermont at Mount Independence, a 300-acre (120 ha) fortification overlooking Lake Champlain and positioned directly across from Fort Ticonderoga at the narrowest point on the lake. The Mount was the major fortification built by Americans in the north, in 1776, to withstand a British onslaught from Canada and this was the first site that opposed General John Burgoyne's army in the summer of 1777. Burgoyne swept the Americans from their outpost there and then a British garrison occupied the site for the next several months before they burned down all of the buildings. For the next 200 years, this vast mountaintop was never built upon and then, at the request of the Vermont Division for Historic Preservation, three years of excavations were conducted there in the early 1990s. Mapping and excavating was carried out at soldiers' huts, barracks, storehouses, a blockhouse, and a large General Hospital that was 250 feet (77 m) long (Starbuck 1990, 1993b, 1994a; Howe 1991). More recently, some of the results have gone on display in a striking new visitors' center at the Mount, a most distinctive building shaped like an upside-down bateau. The State of Vermont has chosen a somewhat different way of presenting the past at Mount Independence in that none of its military buildings has been rebuilt. For visitors who are concerned with authenticity, everything at Mount Independence is genuine, albeit with low visibility, and nothing is a 20th-century monument to the past.

Finally, Saratoga National Historical Park, site of the two battles of Saratoga in late 1777, lies close to the southern end of The Great Warpath. The action that was centered in Stillwater and Schuylerville is justly famous for this was where John Burgoyne's army of 7,000 British and German soldiers was finally halted by General Horatio Gates and 20,000 American troops. Many of the captured British soldiers never went home after the war and thus settled in the colonies. The battlefield has about a quarter of a million visitors each year, and many archaeologists have conducted excavations in the Park since the 1940s, including John Cotter and Edward Larrabee in the 1950s and 1960s, Dean Snow in the 1970s (Snow [1977] conducted in Saratoga the first thorough surface mapping of any 18th-century battlefield in the United States), and David Starbuck in the 1980s and 1990s. The most recent excavations have been at the "British Woods," where British regiments were camped at the time of the battle (Kelso and Hsu 1995); at the American Headquarters (Starbuck 1988); and at the site of the Taylor farmhouse (Demers 1988), where Brig. General Simon Fraser died (the ranking British officer who died at the Battle of Saratoga). The long-term effects of many collectors, perhaps too many archaeologists, and too much plowing have radically reduced the archaeological research potential of this famous battlefield, and little original fabric is still visible from the time of the battles.

In addition to the many land sites that have survived along the sides of The Great Warpath, there are easily hundreds of extant underwater sites, including the remains of many military vessels studied in Lake Champlain by the Lake Champlain Maritime Museum; and the hundreds of vessels (chiefly bateaux) discovered in Lake George by the group known as

Bateaux Below. These bateaux had been deliberately sunk by the British during the military campaigns of the 1750s, and recently Bateaux Below has discovered America's oldest intact wooden warship, a British seven-sided radeau known as the *Land Tortoise*, perfectly preserved in the cold waters of Lake George.

Discussion: Why Study Military Sites?

Since the late 1960s, less and less has been taught to American school children about the colonial wars of North America. That was not the case with earlier generations, but unfortunately too often now it is only older Americans who remember having been taught about Rogers Rangers, or Fort Ticonderoga, or who have read *The Last of the Mohicans.*

Another problem is that a great many military sites are privately owned and treasure hunters (and property owners) have been digging into them for years. Regrettably, looters can realize an instant profit of $200 or more from the sale of a single soldier's button or buckle. The penalties for illegally collecting on state or federal land are so mild that they do not serve as a deterrent.

Nevertheless, many thousands of visitors travel to reconstructed British forts and battlefields in North America each summer, and thousands more enjoy dressing and equipping themselves as 18th-century British soldiers. There is no denying that the role of British armies in shaping and creating North America will not be forgotten and British military sites continue to reveal many data about camp layout, consumption practices, and construction techniques to the current generation of archaeologists. Hopefully this will continue.

Acknowledgments

I would like to thank Adirondack Community College for sponsoring many of the field projects that form the basis for this article, as well as Paul Huey for his many helpful interpretations over the years, and Dick Ping Hsu for first urging me to begin research at 18th-century military sites in 1985. Several hundred staff, students, and volunteers have participated in our field and laboratory work along "The Great Warpath" over the past 14 years, and I especially wish to thank Merle Parsons, Dennis Howe, and Gordon and Barbara De Angelo. Without their leadership and perseverance, very few of these sites would have been studied.

References

Broadwater, John D. 1988, Yorktown Shipwreck. *National Geographic* 173(6):804–823.

Campbell, J. Duncan 1958, Investigations at the French Village, Fort Ticonderoga, NY. *Bulletin of the Ft. Ticonderoga Museum* 9(2):143–155.

Cooper, James Fenimore 1980, *The Last of the Mohicans.* Originally published in 1826. Penguin Books, New York.

De Angelo, Gordon C. 1995, Fort George: Surface Inventory and Topographic Mapping. Report prepared by Adirondack Community College, Queensbury, N.Y. Submitted to New York State Department of Environmental Conservation.

Demers, Paul A. 1988, Archaeological Investigation of the Taylor House Site, Saratoga National Historical Park, Stillwater, New York, June-July 1987. Manuscript, Saratoga National Historical Park, Stillwater, NY.

Feister, Lois M. 1984, Building Material Indicative of Status Differentiation at the Crown Point Barracks. *Historical Archaeology* 18(1):103–107.

Feister, Lois M. 1984b, Material Culture of the British Soldier at "His Majesty's Fort of Crown Point" on Lake Champlain, New York, 1759–1783. *Journal of Field Archaeology* 11(2):123–132.

Feister, Lois M., and Paul R. Huey 1985, Archaeological Testing at Fort Gage, A Provincial Redoubt of 1758 Lake George, New York. *The Bulletin and Journal of Archaeology for New York State* 90:40–59.

Fisher, Charles L. 1995, The Archaeology of Provincial Officers' Huts at Crown Point State Historic Site. *Northeast Historical Archaeology* 24:65–86.

Fry, Bruce W. 1984, "An Appearance of Strength": The Fortifications of Louisbourg. Parks Canada, *Studies in Archaeology, Architecture and History.* Ottawa.

Gifford, Stanley M. 1955, *Fort Wm. Henry – A History.* Lake George, NY: Fort William Henry.

Hanson, Lee H., and Dick Ping Hsu 1975, Casements and Cannonballs, Archeological Investigations at Fort Stanwix, Rome, New York. National Park Service *Publications in Archeology* 14. Washington.

Harrington, Jean C. 1957, *New Light on Washington's Fort Necessity.* Eastern National Park and Monument Association, Richmond, VA.

Harrington, Jean C. 1976, The Puzzle of Washington's Fort Necessity. *Archaeology* 29(3):178–185.

Howe, Dennis E. 1991, The Archeology of a 1776 Cantonment of New Hampshire Regiments. *The New Hampshire Archeologist* 32(1):1–25.

Kelso, Gerald K., and Dick Ping Hsu 1995, Battlefield Palynology: Reinterpretation of British Earthworks, Saratoga National Historical Park, Stillwater, New York. *Northeast Historical Archaeology* 24:87–96.

Kravic, Frank J. 1971, Colonial Crown Point and Its Artifacts. *Northeast Historical Archaeology* 1(1):20–21.

Snow, Dean R. 1977, *Archaeological Atlas of the Saratoga Battlefield.* Department of Anthropology, State University of New York, Albany.

Starbuck, David R. 1988, The American Headquarters for the Battle of Saratoga. *Northeast Historical Archaeology* 17:16–39.

Starbuck, David R. 1990, The General Hospital at Mount Independence: 18th Century Health Care at a Revolutionary War Cantonment. *Northeast Historical Archaeology* 19:50–68.

Starbuck, David R. 1991, A Retrospective on Archaeology at Fort William Henry, 1952–1993: Retelling the Tale of The Last of the Mohicans. *Northeast Historical Archaeology* 20:8–25.

Starbuck, David R. 1993, Anatomy of a Massacre. *Archaeology* 46(6):42–46.

Starbuck, David R. 1993, Building Independence on Lake Champlain. *Archaeology* 46(5):60–63.

Starbuck, David R. 1994a, Archaeology at Mount Independence: An Introduction. *The Journal of Vermont Archaeology* 1(1):115–126.

Starbuck, David R. 1994b, The Rogers Island Archaeological Site: Transforming Myths into Strategies for Interpreting and Managing a Major Encampment from the French and Indian War. In *Cultural Resource Management*, edited by Jordan E. Kerber, pp. 243–260. Bergin & Garvey, Westport, CT.

Starbuck, David R. 1996, Four Years of Archaeological Research on Rogers Island, an Encampment of the French and Indian War. In A Northeastern Millennium: History and Archaeology for Robert E. Funk, edited by Christopher Lindner and Edward V. Curtin, pp. 149–161. *Journal of Middle Atlantic Archaeology* 12.

Starbuck, David R. 1997a, America's Forgotten War. *Archaeology* 50(1):60–63.

Starbuck, David R. 1997b, Military Hospitals on the Frontier of Colonial America. *Expedition* 39(1):33–45.

Starbuck, David R. 1999, *The Great Warpath: British Military Sites from Albany to Crown Point.* Hanover, NH: University Press of New England.

Starbuck, David R. (editor) 1995, *Archeology in Fort Edward.* Adirondack Community College, Queensbury, N.Y.

Stone, Lyle M. 1974, *Fort Michilimackinac 1715–1781.* Publications of the Museum, Michigan State University, East Lansing, MI.

David R. Starbuck
Department of Social Sciences
Plymouth State College
Plymouth, NH 03264

23 Cherishing the Cradle of Industry: Protection of Industrial Monuments in England

David Cranstone

I write as a British field archaeologist, interested in sites and landscapes of all periods (though with a specialism in industrial archaeology) and in their influence on our current society. I make no apology for including some non-post-medieval material – British industry, and the British landscape, has developed over millenia, and every period of development has been influenced by what came before, just as the present is influenced by our Industrial and post-medieval past. The more technical aspects of this paper derive from my involvement in a national programme to improve the protection of archaeological monuments in Britain, but I move from this (hopefully) sober review to a more polemical comment on the wider importance of industrial archaeology to society. This last section is of course a personal opinion, as an individual shaped (like all of us) by our recent historical/archaeological past; it does not represent the policy of any of the programmes or organisations on whose experience I have drawn.

The study of archaeology in England has grown up over a long period, with a strong continuous tradition for the last 150 years. The resource-management aspects of this tradition are described in Hunter & Ralston 1993, the various papers in this volume forming a systematic overview of current practice across the field. Since the 1880s, the tradition has included statutory protection of archaeological sites, by a process known as *Scheduling* (Breeze 1993). The aim of this protection is very firmly to protect the site in its surviving form; while replication of sites and monuments on new sites for display is increasingly common, the American tradition of reconstructing sites in situ has not been widely favoured in Britain. Since the early 20th century, this has been supplemented by a separate form of statutory protection, *Listing*, which is applied to buildings and other standing structures, and is designed to retain the building within the used housing stock (Suddards 1993). Both protections are confined to sites or monuments considered to be of national importance, and are operated ultimately by central government, though most Listed-Building casework is handled at local-government level.

More recently, and primarily since the 1970s, local government, which administers planning controls, has taken archaeology into consideration (Baker with Shepherd 1993). Initially, this was by the compilation of Sites and Monuments Records (SMRs), which are intended to be, and to varying extents are, inventories of all known archaeological sites within the local authority (normally county) area. This now forms the basis of a mechanism by which the archaeological implications of a proposed development are taken into account, as well as being valuable for many research purposes.

In the 1980s, it was realised that the Schedule of Ancient Monuments, which like Topsy had 'just growed' since the 1880s, was unbalanced and in many ways inadequate. Consequently, a major programme (the Monuments Protection Programme, or MPP) was set up to revise the Schedule, and record the Scheduled sites systematically (Startin 1993). Where possible, this programme operates by desk selection from the SMRs, followed by field checking of the importance and condition of the proposed site. However, for some aspects of archaeology this is impossible, and industrial archaeology is one of these.

Industrial archaeology has grown up very differently from the rest of the subject. To simplify, most 'industrial archaeologists' have until recently developed their interest from practical experience (at a shop-floor, managerial or academic level) within the industry whose history/archaeology they have come to study. Over the last fifteen years, this strand has been increasingly supplemented by the contributions of professional historians and, more recently, archaeologists. The former have contributed a practical understanding of industry and technology; the latter are now trying to set this within broader frameworks for the study of the past, derived from their parent disciplines. This different heritage is both strength and weakness; one major weakness is that, until very recently, most professional archaeologists had no training and little understanding of industrial archaeology. Therefore, it is no surprise that the coverage of industrial archaeology in the SMRs has until recently been minimal, and the record remains quite inadequate for use as the base of the national protection programme. The range of the industrial-archaeology heritage in Britain, and current approaches to its management, have recently been reviewed by the papers in Palmer & Neaverson 1995; the broad range of this heritage in itself poses considerable problems for effective and systematic protection.

By industrial archaeology, I mean the study of the material evidence of industry and technology of any period. This is not confined to the Industrial Revolution, although that is the period from which the bulk of the sites date – specifically 'industrial' sites in the form of flint mines and stone-axe manufactories can be identified from the Neolithic period (around 3000BC) onwards.

Coverage of industrial archaeology for MPP is approached industry by industry (Stocker 1995; Cranstone 1995). For each industry, an initial *Step 1* Report is prepared, setting out the geographical, historical, and technological frameworks of the industry, the range and definition of the components to be expected on its sites, the main sources of information (including publications, databases, and individual experts) and the priorities to be used in selecting a sample of sites for consideration. In practice, most of the information comes from outside the world of mainstream archaeology.

At *Step 2*, a shortlist of sites for assessment is produced, by desk-based consultation of all the sources identified in Step 1; considerable efforts are made to fill gaps in the range of coverage. At *Step 3*, each site on the list is rapidly visited, and a proforma assessment (on paper and computer database) is prepared. This assessment includes locational information, description, a list of components, any existing protections applying to the site, and assessments of its importance, any obvious management needs, and (for those sites identified as being of national importance) a suggestion as to whether they should be Scheduled, Listed, or protected by non-statutory means. A map extract is also prepared, showing a provisional boundary for the protected area. The assessments are then submitted to English Heritage, and a position paper is prepared, which forms the starting point for both protection and management action. The sample of assessed sites, and the final recommendations, are designed to protect a sample representing the full chronological, technological, and regional range of the industry. Steps 1–3 on each industry are normally undertaken by specialist consultants, working to a standard specification for Industrial MPPs.

To show the range of sites that we are looking at, I will use the metal-mining and smelting industries as an example. Metal mining is known in England from the Early Bronze Age (around 2000BC) onwards, though few sites of that date can yet be identified. By the medieval period, surviving sites are much commoner, though often hard to distinguish from earlier post-medieval sites. Almost all of these sites survive as earthworks or stratified deposits, and are perfectly amenable to normal archaeological survey, excavation, and protection; though, as always, it is necessary to understand the site in order to protect it properly – for example, the process residues in the form of slags and the wastes from ore dressing form an essential element in understanding the technology, and obviously the protected area must be drawn to include them. The selection and boundaries of sites are of course influenced by the questions in the mind of the archaeologist. For example, we have not as yet given much priority to domestic rubbish deposits associated with the sites; however in the light of the recent (and as yet mainly American) work on artefacts in relation to social groups (Yentsch & Beaudry 1992; Yentsch 1994), it is my opinion that in future we should, especially since rural industrial sites offer particular opportunities to relate rubbish deposits to known social groups or even individuals.

As the Industrial Revolution developed, sites became rapidly larger, more permanent, and more complex, with increasing use of water power (Fig. 23.1) and then steam power. The field remains increasingly consist of ruined or re-used buildings, posing complex problems of recording and protection. For the 19th-century heyday of industry, in particular, many sites are also in a very vulnerable condition – unlike earlier remains, they have not deteriorated to a condition of relative stability, and features such as rotting wooden lintels, and even whole dressing floors of timber construction (Figs. 23.2 & 23.3), pose considerable and costly problems of conservation, including the philosophical issues of what should be conserved, and of replication where conservation of the original appears impractical.

For late 19th- and 20th-century sites, the problem changes. As pre-fabricated machinery was increasingly used, and tipping of untreated wastes on site became unacceptable, the quality of the archaeological evidence actually declines, and we also face the issue of public acceptability. This is of course related to the public perception of industry – for the middle classes, it is often seen as ugly and non-respectable, while for much of the working class it is a reminder of exploitation.

But to me this problem highlights the importance of industrial archaeology in its period sense. We are examining the immediate roots of our own society. This heritage was the scene of individual enterprise and success, and of pain and exploitation, and is

Fig. 23.1 Killhope lead mine, County Durham, England. The stone buildings and mild steel waterwheel of this site (dating largely from the 1870s) posed interesting issues for protection and conservation, as does the wider lead-mining landscape within which the site lies. This photograph was taken before excavation of the dressing floors, which occupy the lower right and centre; the standing structures formed a mechanised dressing mill. (D. Cranstone)

Fig. 23.2 Killhope lead mine. Excavation of the dressing floor revealed complex and deteriorating timber structures, whose use at this date was not expected from the historical record, which concentrated on the bought-in 'high tech' dressing mill. (P. Craxford)

Fig. 23.3 Killhope lead mine. Detail of a trunk buddle on the 1870s manual- dressing floor, constructed on site by the mine carpenters. Due to the particular problems of conserving open-air wet timber, this site has been conserved by in situ replication (an unusual approach in England, especially on a Scheduled Ancient Monument). (P. Craxford)

inhabited by the descendants of the actors in that scene, including ourselves. Their – our – views of the heritage are often shaped by our personal and family memories. And this heritage is important for our present and future – it is not just a matter for erudite discussion between consenting archaeologists in private.

We are looking at the immediate origins of the mosaic that makes up our own society, and of our own attitudes that shape it, and so often divide us and hold it back – capitalism or revolt against it, industry as opportunity or exploitation, class structure, imperialism, racial and ethnic groupings, and the development and enactment of sexism, homophobia and other 'isms'. Much of that evidence comes most clearly from history, but as Deetz and his followers in particular have shown, archaeology can uniquely illuminate what went on 'on the ground', as opposed to what the literate classes chose to portray. By understanding the roots of our attitudes we are empowered to change them, and post-medieval archaeology should be an exciting and even dangerous challenge to the imperfections in our society.

References

Baker, D. with Shepherd, I. 1993, 'Local authority opportunities', in Hunter & Ralston, 100–14

Breeze, D. 1993, 'Ancient monuments legislation', in Hunter & Ralston, 44–55

Cranstone, D. 1995, 'Steps 2 and 3 in the Monuments Protection Programme: A consultant's view', in Palmer & Neaverson, 115–18

Hunter, J. & Ralston, I. (eds.) 1993, *Archaeological Resource Management in the UK: An Introduction*, Stroud

Palmer, M. & Neaverson, P. (eds.) 1995, *Managing the Industrial Heritage* (Leicester Archaeology Monograph 2), Leicester

Startin, B. 1993, 'Assessment of field remains', in Hunter & Ralston, 184–96

Stocker, D. 1995, 'Industrial archaeology and the Monuments Protection Programme in England', in Palmer & Neaverson, 105–14

Suddards, R. W. 1993, 'Listed buildings', in Hunter & Ralston, 77–88

Yentsch, A. E. 1994, *A Chesapeake Family and their Slaves*, New York & Cambridge (UK)

Yentsch, A. E. & Beaudry, M. C. (eds.) 1992, *The Art and Mystery of Historical Archaeology: Essays in Honour of James Deetz*, Ann Arbor & London

David Cranstone
Cranstone Consultants
267 Kells Lane
Low Fell, Gateshead
Tyne and Wear
NE9 5HU

24 From Icons to Ideology: A Perspective on Artifacts and Historical Archaeology in the United States

Barbara J. Little

Introduction

In about the year A.D. 325 the empress Helena, mother of Constantine, traveled to Jerusalem as one of the earliest pilgrims to the Holy Land in search of holy places and relics. Excavation under her direction revealed what she and others believed to be Christ's tomb and the True Cross of Calvary. She was canonized for her work (Deen 1959:7–10).

St. Helena's archaeological work is a springboard for a discussion of the meaning of artifacts in historical archaeology, which clearly is a time-honored practice. In Helena's case, archaeology was intended to recover the relics of history; it was not intended to confirm proposed historical events. After all, if the cross were not found, Helena would not have questioned the reality of the crucifixion. I begin with this story, then, not only because it is the only instance of which I know when an archaeologist became a saint for finding what she was looking for, but also because it points up a difficult issue in historical archaeology: what are artifacts for? Are they evocative relics? Do they illustrate history already known in detail from documentary sources? Do they confirm such history or challenge it? Are artifacts alternative and independent historical sources? And, in short, how is what we call "material culture" cultural?

Material Culture Studies

My title highlights the range of questions we ask of our material culture sources in a broad range of approaches in historical archaeology in the United States. Interpreting material culture depends upon archaeological context. Without such context, artifact analysis is limited to aesthetic opinion and market value. Every archaeology student trained in American departments of anthropology is taught repeatedly that without context, artifacts are meaningless. Similarly, the contexts themselves must be broadened to encompass not only stratigraphic levels but also societies and cultural patterns.

As we broaden our questions, we require broader contexts. We must, as a discipline, stretch to interpret artifacts from many cultural vantage points and with many meanings and uses in mind. Only by considering an ever-widening set of contexts may we address cultural meanings of material culture, from icons illustrating history to ideologically-charged expressions.

Several disciplines beyond archaeology, such as the history of technology, materials science, and art history are interested in artifacts. Because things are central to human expression, "Material Culture Studies" has emerged as a new discipline. Under this umbrella, many disciplines are making the leap from studying isolated objects to a more comprehensive look at meanings of objects in broader contexts. The influence of anthropology is at least partly responsible for this transition. Material culture studies in many disciplines are broadening the contexts they study (Berger 1992; Lubar and Kingery 1993; Kingery 1996).

Over the past several decades, historical archaeology has matured into a diverse discipline using a wide range of material culture, historical documents, and theoretical frameworks. The range of issues has broadened.

Practitioners continue to experiment with the methodologies and theoretical approaches needed to address topics such as ideology, resistance, ethnic and gender identity, power relations, and capitalism beyond, but not abandoning, traditional concerns like chronology, subsistence, and land use. Whatever the approach or topic, artifacts lie at the core of our discipline. If historical archaeology cannot make significant contributions to material culture studies, we cannot hope to illuminate history.

The historian Joan Kelly-Gadol (1987) posed a now classic question, "Did women have a Renaissance?" She thereby emphasized that women's historical experience may be different from men's—so too black from white, Catholic from Protestant, wealthy from poor, merchant from shoemaker. If we are to address the broad range of questions of true social history, we must develop ways to see the material culture reality of many different historical experiences.

Muted Groups

As archaeologists attempt to understand the nonverbal language of material culture, we can borrow some anthropological models to help refine our questions. We can adapt Edwin Ardener's (1975a, 1975b) notion of muted groups to help us think about the expressions of nondominant groups (Little 1994). In his model, dominant groups generate and control the dominant modes of expression, through which other groups must express themselves if they wish to be understood or, perhaps, accepted by the culturally dominant group. Muted groups remain so because their models of reality and worldview cannot be expressed adequately through the modes and ideologies accepted by dominant groups. Mutedness is a result of the relations of dominance that inhibit the realization, formulation, and expression of alternative models. For my adoption of Ardener's idea I understand a dominant group as consisting of those with tactical power over social settings and structural power over social labor (Wolf 1990). The muted are those whose power is largely limited to interpersonal situations and to actions of resistance.

We must recognize that double muting takes place. The first is within the society under study; the second is by researchers who look only for dominant models or attempt to fit all groups' actions into over-determined interpretations. Into this latter approach I would cite interpreting consumption practices in terms *only* of "status." This double muting complicates and sometimes confuses analysis. For example, scholars who wish to break out of the tendency to impose upon the past a simplified model of dominant culture, may find so much diversity and so many examples of human perseverance that they temporarily lose sight of very real economic, political, and cultural oppression of muted groups.

Alternative values may be expressed in material culture. However, in 19th- and 20th-century North America, the dominant culture's Enlightenment values, expressed in the consumer culture of the industrial revolution, obfuscate diversity by imposing a coherent set of cultural constructs and a consistent material culture. Mass-manufactured goods imply mass-manufactured culture. It is one of the challenges of historical archaeology to decode the complexities of consumption within consumer culture. Archaeologists must learn to interpret variable artifact assemblages and data that do not "fit" expectations as something meaningful rather than just "noise" in a pattern.

Several researchers have interpreted the presence of various vessel forms and decorative techniques in innovative ways, particularly in relation to ethnic and gender based interactions. Kathleen Deagan's (1983) well-known work interpreting women's roles as culture brokers in Native American and Spanish interaction is particularly important. Building upon the work of historian Barbara Fields, researchers in Annapolis, Maryland, have hypothesized that the ceramic choices of 19th-century African-Americans were a conscious rejection of a white capitalist culture and may be interpreted as marking a self-created, separate identity. These and many other investigations have made it clear that ceramic assemblages indicate far more than functional use; they may inform about symbolic interaction and group competition (Praetzellis et al. 1987; Burley 1989; Rogers 1990; Yentsch 1991; Shackel 1993; Wall 1994).

The recognition of competition among groups amplifies the need to consider the composition, strategies, and constraints of these groups. Some of the complexities of material culture expression show up quickly when we turn to questions of gender, race, and class. I shall offer some examples in that order.

First I shall briefly compare two studies that reveal much about the ambiguity of artifacts and the expression of gender.

Janet Brashler (1991) interprets the assemblages at late 19th- and early 20th-century logging camps in West Virginia. Historic photographs show that women and children were present at many larger logging sites. Smaller sites were occupied by men only. The presence of decorative, fragile glass and ceramics also shows the presence of women and heterosexually-based families in larger logging camps. A strong cultural metaphor connects women as "gentle" and "civilized" with the presence of fragile household objects.

Elizabeth Kryder-Reid (1994) has analyzed gender relations at the St. Mary's site in Annapolis, Maryland. This property has been owned by an all-male cloistered religious order – the Redemptorists – since the middle of the 19th century. Kryder-Reid suggests that gender roles were implicitly assigned within the community, corresponding to a spiritual and authoritative hierarchy. Young men in training for the priesthood were expected to be of "manly courage," adopting masculine characteristics. Lay brothers, who would never attain the same spiritual authority, were given the domestic chores and supportive, traditionally feminine roles.

Part of the normalcy of households depends on their gender relations. It is worth asking, for instance, why Brashler's all-male logging communities owned few or no ceramics while an all-male religious community owned an assemblage that was much like middle-class households (Little 1997). Occupational status must play a role here. Also consider that, in contrast to the loggers, the male religious had successfully engendered their own (non-sexual) relationships. The Redemptorists had no need to avoid feminizing artifacts while the loggers did. For, to adopt women's things at a single-sex and single-gender (male) site would be to subvert "normal" hierarchy and relationships. It would serve to inappropriately engender a single-sex community. The religious community instead supported a hierarchy imbued by the gender hierarchy embedded in the broader society.

It may be that during the 19th and early 20th century nearly everyone within the European global market owned ceramic tableware and teaware because it was, in most cases, culturally appropriate to do so. One alternative, that of owning no appropriate equipment, would result in being defined as without "normal" gender relations, as with Brashler's male loggers, but not for Kryder-Reid's male religious. Muted groups are thus drawn into the underlying expressions of the dominant ideology.

To turn to "race," consider the idea of acculturation. While the term itself has moved in and out of favor, the concept has influenced archaeological interpretation of the artifacts used by Native Americans and, less directly, those of other racial and ethnic groups.

When anthropologists perceived "culture" as a single entity, they saw acculturation as one thing: wholesale cultural change. The contact between cultures led from one homogeneous culture through its loss and destruction to eventual assimilation into the dominant culture. Scholar-members of that dominant culture thought that culture was in a position of such power that it could change another culture into an imitation of itself (Spicer 1961; Pelto and Pelto 1975).

Archaeologists developed methods for measuring this sort of acculturation through artifacts. Consider, for example, Jeffrey Brain's (1979) index designed to measure cultural change along a continuum from pristine to fully assimilated. Each artifact on a contact-period site is assigned an "innovation value." An assemblage then is assigned an innovation value based upon the average of its artifacts. The higher the value, the more cultural change had occurred toward assimilation into the dominant European culture.

Currently, in the 1990s, "culture" may be defined as something which aggregates rather than integrates people (Cohen 1993). The emphasis is on recognizing differences rather than emphasizing similarities among people. People are seen as the agents and substantiators of culture rather than as creatures or products of culture. How do we interpret artifacts in situations of culture contact using this concept of culture? Anthony Cohen (1993:199) notes that continuous denigration by powerful outsiders "seems to drive people into cultural retreat, where they either make their tradition a *covert* matter, or appear to desert it in large measure." He underscores that the *form* of indigenous response to denigration – which may be retreat or concealment – should not be confused with the *substance* of indigenous culture. The historian James Merrel (1984:558, 563), in his study of contact and the Catawba, also emphasizes that accommodation is not the same thing as assimilation. Instead a group will maintain an identity invisible to the dominant, outside culture.

Artifact expressions of culture *designed* to be misread by Euroamericans are predictably difficult even to notice, let alone interpret. They are the expressions of muted groups conscious of the power of material culture in social interaction. Archaeologists finally have been able to see more clues of such expressions: colonoware, for example, in the middle Atlantic and southeastern United States (Ferguson 1992). We have only begun to make sense of the subtleties of the archaeological record. We have been able to do so because we have begun to see the people behind the artifacts as players in all scales of historical dramas.

There are many examples now available for reinterpreting Native American use of European objects. For example, Kent Lightfoot, Ann Schiff, and Stephen Silliman (1997) currently are studying the early 19th-century Russian colony of Fort Ross in California. Looking at Native Americans in this context of mercantile colonialism, they find that these workers did not buy European goods, but acquired them as discarded items. They recycled materials such as ceramic and glass sherds and nails into objects that were useful in a Native American context.

What might have been interpreted as obvious evidence of acculturation has been more deeply understood because broader contexts are taken into account. The multiple contexts of these artifacts lead these researchers to a much more complex and realistic view of Native cultural strategies.

An idea of acculturation that incorporates the flexibility of culture will reveal and create more satisfying interpretations that admit human agency as individuals and groups compete and attempt to "work the system to their minimum disadvantage" (Scott 1985:xv). This thought leads to a brief consideration of class.

Paul Shackel (1996) has analyzed domestic responses to changes in industry as the Harpers Ferry armory was transformed from a work place run by artisans to a factory of wage laborers run by the military. He provides an archaeological look into the domestic assemblages of managers and workers with opposite viewpoints on work discipline. Even in their choices of material domestic ceramics, workers were not silent about their disintegrating social and economic position. They were not silent in their reactions on the job as harsher work conditions and longer hours were imposed. They engaged in work slowdowns, sabotage, and, in one extreme case, murder. We cannot expect that domestic consumer choices, would have been unaffected in this chaotic environment.

During the early 19th century, when the lives and livelihoods of craftspeople appeared unthreatened and secure, then the households of management and labor tended to follow the same fashions in choosing their domestic goods. Later, in the mid-19th century, the managers continued to adopt new styles. In contrast, laborers readopted old styles even while both cost and availability made the new and fashionable household goods accessible to the average armory worker.

Conclusion

Historical archaeologists like to ask themselves and each other about questions that count. Why are we interested in knowing about cultural expression through artifacts? In an age of global consumerism, it is reasonable to be interested in how people choose and use things, how they impart meaning to them, and how they accept or reject them. In an age of imperial disintegration and renegotiated economic and political relationships, it is reasonable to ask how groups of individuals have redefined themselves and their cultures and how, through material culture, they have shaped, expressed, hidden, and celebrated those identities. Historical archaeology contains particularly strong data with which to address both the *substance* and the *form* of coping with powerlessness. But the subtle expressions of muted groups may be very difficult to notice unless we look carefully.

I return to the story of St. Helena and her discovery at Calvary Hill. The early church father Ambrose wrote of her that she "adored not the wood but He who had been nailed to the wood and burned with an earnest desire to learn the secret of immortality." Historical archaeologists do not claim to search for such deep secrets, but we are, for the most part, interested in the people behind the artifacts. Historical archaeology has grown from an antiquarian pursuit to an anthropological discipline concerned with people and their social and cultural conditions and aspirations.

Acknowledgments

I thank Marley Brown and Norm Barka for inviting me to participate in the conference in Williamsburg. Special thanks, as always, to Paul A. Shackel for his commitment to pushing the archaeological envelope in interesting and productive directions.

References

Ardener, Edwin 1975, Belief and the Problem of Women. In *Perceiving Women*, edited by S. Ardener, pp. 1–17. Dent, London.

Ardener, Edwin 1975b, Belief and the Problem of Women Revisited. In *Perceiving Women*, edited by S. Ardener, pp. 19–27. Dent, London.

Berger, Arthur Asa 1992, *Reading Matter: Multidisciplinary Perspectives on Material Culture.* Transaction, London.

Brain, Jeffrey 1979, Tunica Treasure. *Papers of the Peabody Museum of Archaeology and Ethnology* 71. Harvard University, Cambridge, MA.

Brashler, Janet G. 1991, When Daddy Was a Shanty Boy: The Role of Gender in the Organization of the Logging Industry in Highland West Virginia. *Historical Archaeology* 25(4):54–68.

Burley, David V. 1989, Function, Meaning and Context: Ambiguities in Ceramic Use by the Hivernant Metis of the Northwest Plains. *Historical Archaeology* 23(1):97–106.

Cohen, Anthony P. 1993, Culture as Identity: An Anthropologist's View. *New Literary History* 24:195–209.

Deagan, Kathleen 1983, *Spanish St. Augustine, The Archeology of a Colonial Creole Community.* Academic Press, New York.

Deen, Edith 1959, *Great Women of the Christian Faith.* Harper & Row, New York.

Ferguson, Leland G. 1992, *Uncommon Ground: Archaeology and Colonial African-America.* Smithsonian Institution Press, Washington.

Kelly-Gadol, Joan 1987, Did Women Have a Renaissance? In *Becoming Visible, Women in European History*, edited by R. Bridenthal, C. Koonz, and S. Stuard, pp.175–201. Second edition. Houghton Mifflin, Boston, MA.

Kingery, W. David (editor) 1996, *Learning from Things; Method and Theory of Material Culture Studies.* Smithsonian Institution Press, Washington.

Kryder-Reid, Elizabeth 1994, "With Manly Courage": Reading the Construction of Gender in a 19th-Century Religious Community. In *Those of Little Note; Gender, Race, and Class in Historical Archaeology*, edited by E. M. Scott, pp. 97–114. University of Arizona Press, Tucson.

Lightfoot, Kent, Ann Schiff, and Stephen Silliman 1997, Recycling of European and Native Material Culture in Protohistoric and Historic Contexts in California. Paper presented at the Annual Meeting of the Society for American Archaeology, Nashville, TN.

Little, Barbara J. 1994, "She Was an Example to Her Sex": Possibilities for a Feminist Historical Archaeology. In *Historical Archaeology of the Chesapeake*, edited by Paul A. Shackel and Barbara J. Little, pp. 189–204. Smithsonian Institution Press, Washington.

Little, Barbara J. 1997, Expressing Ideology without a Voice, or, Obfuscation and the Enlightenment. *International Journal of Historical Archaeology* 1(3).

Lubar, Steven, and W. David Kingery (editors) 1993, *History from Things: Essays on Material Culture.* Smithsonian Institution Press, Washington.

Merrell, James H. 1984, The Indians' New World: The Catawba Experience. *William and Mary Quarterly* 41 (4):537–565.

Pelto, Pertti J., and Gretel H. Pelto 1975, Intra-Cultural Diversity: Some Theoretical Issues. *American Ethnologist* 2(1):1–18.

Praetzellis, Adrian, Mary Praetzellis, and Marley Brown III 1987, Artifacts as Symbols of Identity: An Example from Sacramento's Gold Rush Era Chinese Community. In Living in Cities: Current Research in Urban Archaeology, edited by Edward Staski. *Special Publication Series* 5:38–47. Society for Historical Archaeology, California, PA.

Rogers, J. Daniel 1990, *Objects of Change; The Archaeology and History of Arikara Contact with Europeans.* Smithsonian Institution Press, Washington.

Scott, James C. 1985, *Weapons of the Weak, the Everyday Forms of Peasant Resistance.* Yale University Press, New Haven, CT.

Shackel, Paul A. 1993, *Personal Discipline and Material Culture; An Archaeology of Annapolis, Maryland, 1695–1870.* University of Tennessee Press, Knoxville.

Shackel, Paul A. 1996, *Culture Change and the New Technology: An Archaeology of the Early American Industrial Era.* Plenum, New York.

Spicer, Edward H. (editor) 1961, *Perspectives in American Indian Culture Change.* Social Science Research Council. University of Chicago, Chicago, IL.

Wall, Diana diZerega 1994, *The Archaeology of Gender; Separating the Spheres in Urban America.* Plenum, New York.

Wolf, Eric 1990, Distinguished Lecture: Facing Power – Old Insights, New Questions. *American Anthropologist* 92(3):586–596.

Yentsch, Anne E. 1991, The Symbolic Divisions of Pottery: Sex-Related Attributes of English and Anglo-American Household Pots. In *The Archaeology of Inequality*, edited by Randall H. McGuire and Robert Paynter, pp. 192–230. Basil Blackwell, Oxford.

Barbara J. Little
National Park Service
Cultural Resources
National Register of Historic Places
1849 C Street, NW; Suite 400
Washington, DC 20240

25 The Post Medieval Ceramic Revolution in Southern Britain c.1450–1650

David Gaimster

Summary

The period c.1450–1650 represents a profound transformation in the ceramic market of southern Britain. This first 'post-medieval ceramic revolution' is characterised by an increasing multiplicity and dimensionality of body, form, surface treatment and ornament, which transformed pottery vessels from the strictly functional product of the mid 1400s into a medium with diverse utilitarian and social purposes by c.1650. Much of the stimulus behind the expansion of the English pottery market over the period c.1450–1650 can be traced to the Continent and beyond, either in the demand for imported wares and products – often among Continental-immigrant populations settled in the ports and towns, and in the migration across the Channel of specialist Continental producers in order to exploit new markets. In terms of its status, we see the migration of ceramics from the kitchen and the cellar to a central position on the table and, as with stoves and lighting equipment, into the very centre of the private sphere, competing and even substituting for other media. By this stage ceramics were being used as an active cultural medium, enabling the consumer to participate in the latest material fashions through objects bought on the basis of visual impact rather than just utilitarian value. Ceramics were employed in the gentry residence and urban merchant house as part of the social-emulation process. The diversification of the domestic ceramic market in early-modern England forms a sensitive barometer of the increasing stratification of society and the growing economic influence of the new mercantile and artisanal classes.

Such are the broad developments in the transformation of the English ceramic market over the two centuries between the mid 15th and mid 17th centuries. Little, if any, of the timing and tempo of change and innovation would be known, however, without the archaeological activities of the past thirty years. This is the significance of the contribution of excavated evidence to the production and consumption of the most ubiquitous, diverse and culturally informative of all domestic utensils surviving from the pre-industrial era.

Introduction

One medium stands out in the study of early modern English culture as it is represented archaeologically at all levels of society. By virtue of their ubiquity in the ground and relatively short lifespan, ceramics have proved to be among the most sensitive physical indicators of social and economic behaviour. The widespread survival and distribution of ceramics offer the opportunity for comparative analysis on an inter-site basis, the results of which provide both a quantitative and qualitative index of economic and cultural relations across individual communities. This paper aims to review the contribution of archaeological ceramics to the question of cultural change, indeed revolution, in the late-medieval and early-modern English household – in units ranging from the royal palace and aristocratic residence to the monastery and urban tenement. It summarises the main strands of a series of recent studies by the author and colleagues (Gaimster 1993, 1994 & 1997c; Gaimster & Nenk 1997).

A defining characteristic of domestic material culture in early-modern England was its increasing multiplicity, diversity and sophistication. This trend can be seen most clearly in the archaeological record of the 15th to 17th centuries with the introduction of a variety of new wares onto the household-pottery market. The period witnessed a dramatic increase in the number and variety of bodies, forms and surface treatments deriving from regional and long-distance sources. New products fulfilled an ever-expanding set of functions and specialised uses, and new styles of ornament were developed in response to the growing demand for decorative tableware designed both for use and for show. Technical, typological and decorative refinement enabled pottery to move physically from the kitchen and the cellar to the table to compete with other, more expensive media. This new multidimensionality of ceramics in England developed in response to far-reaching changes in economic conditions and in the socio-cultural motivations of the period. These include closer commercial and cultural links across the Channel, the increasing purchasing power of the urban mercantile and artisan classes, refinements in dining habits involving a greater emphasis on individual utensils, and changes in housing arrangements which meant a greater concern with personal comfort and privacy.

Since the foundation of the Society for Post Medieval Archaeology in 1966 these changes in the ceramic profile of late-medieval to early-modern England have been adopted as the datum line in the formal division between the respective disciplines of medieval and post-medieval archaeology (Butler 1967). The subject has come a long way since its original focus on characterisation, typochronology and attribution, characteristics so evident in articles published in *Post Medieval Archaeology* during the 1960s and 1970s. Today archaeological ceramics form a primary source of historical information in their own right. It will also be evident that increasingly the study of ceramics of the early-modern period relies on a plurality of approaches, from physical examination, quantification and scientific analysis to study of the contemporary documentary sources. Unlike the excavated record with its emphasis on discard and the point of loss, the pictorial evidence may reveal something of the 'active life' of an object, particularly with regard to its function and social milieu (Gaimster 1997a, chapter 4.2 & 1997b). The growth of rescue archaeology over the past 30 years, particularly in towns, has generated a material corpus which can now begin to be examined on a quantitative basis with some precision, in order to identify both general trends in ceramic production and consumption along with individual episodes of innovation, emulation, adoption and adaptation across social units: from royal palace, aristocratic residence, monastery and town merchant house to the suburban slums and rural cottages of the majority of the population.

This review of the so-called English 'post-medieval ceramic revolution', first identified by Graham Dawson in 1979 and reviewed subsequently by Kenneth Barton in 1992, comprises a series of case studies which examine two distinct phases of innovation. Firstly, it examines the extent to which the indigenous ceramic market of the mid 15th and mid 16th centuries was transformed by imported finewares from across the Channel, notably stoneware, maiolica (tin-glazed earthenware) and ceramic stove tiles, and the degree to which the imports stimulated a phase of imitation and competition amongst the native pottery industries. A second phase of innovation between c.1550 and 1650 saw the introduction of tin-glazed earthenware, slipware and stoneware production, major advances in technology and modes of production, which presaged the diversification and industrialisation of the ceramic market during the 18th century.

The Age of Transition c.1450–1550

The gradual contraction of the native ceramic industries with their concentration on a narrow range of standardised, utilitarian products reflects the general economic and demographic decline of 14th to mid 15th century England (Dyer 1982 & 1990, 188–189). Where high-quality tablewares exist in the excavated record, they are represented in the main by Continental imports such as Rhenish stonewares, French earthenwares and Iberian lustrewares (Vince 1985, 77–81; Blackmore 1994, figs. 2 & 3 for London). However, the social distribution of imported ceramics at this stage was still narrow, and numbers remained relatively low. The next hundred years saw a substantial rise in the quantities and variety of imported ceramics throughout southern Britain. The transformation in demand reflects the improving purchasing power and changing social motivations of the new mercantile and artisanal classes.

The expansion in cross-Channel trade during the 15th century is a well charted phenomenon in European economic history, but little attention has been paid thus far to the cultural impact of commercial links which meant dramatic changes and innovations in the English household. The impact can be measured by the arrival of new commodities along with the establishment of new communities of immigrant merchants and artisans in the ports and manufacturing towns of south-east England. The 'strangers' imported not only domestic products which were familiar to them, but also new lifestyles in which these products were used. One effect was the emergence of an urban middle class which became increasingly cosmopolitan – indeed Continental or 'Hanseatic' – in its taste, purchasing habits, religious beliefs and lifestyle (Gaimster 1993a). It is no accident that excavations in towns with significant alien populations, including Norwich and Colchester, which were not sea-ports, have produced some of the most substantial assemblages of imported ceramics and other Continental-style goods (see Gaimster & Nenk 1997, 172 for a review of documentary evidence for Continental immigrant communities in southern Britain and their archaeological impact).

From the early 14th century stonewares from the Rhineland formed a regular and increasingly significant component of Continental ceramic products traded across the Channel to English ports (see Gaimster 1987 & 1997a, chapter 3.4, for a full archaeological and documentary survey of the cross-Channel stoneware trade). Their technical superiority over rival wares was ensured by their robust and impervious body, a stain-resistant and odour-free surface, a lustrous ash glaze and a varied typology which suited the multifarious demands of drinking, decanting and the transporting of liquids along with storage and toilet needs. Mass production for the international markets resulted in a relatively low cost to the consumer and an ability to reach a broad spectrum of the population. The increase in the size, frequency and value of shipments of stoneware to England over the mid 15th to mid 16th centuries can be seen in the customs accounts and port book of major English ports such as London, Southampton and Exeter. By the early 16th century, one single customs account of imports by aliens into London between April and June 1509 lists consignments of 3,000, 2,000, 1,500 and 800 *cruses* (a common contemporary reference to stoneware vessels) and three dozen 'covered' (mounted) *cruses*, the practice of applying pewter lids being exclusive to the Netherlands at this time. The documentary record is corroborated by the excavated evidence for the period, which indicates a rise in the frequency of ceramic imports across the social scale, particularly in contexts of the final quarter of the 15th century. The increase coincided with the conversion at Raeren to mass production for international export. Raeren stonewares dominate imported pottery assemblages of the early 16th century in London and across south-east England, including sites of upper and middle-class status. Towns such as Norwich and Southwark, which both produced large assemblages of Raeren stoneware for the table together with Dutch-style redware for the kitchen, suggest that a good proportion of the trade in these wares may have been ethnically motivated. The universal social distribution of stoneware in early 16th-century England is emphasised by the Raeren vessels excavated at the village of Wharram Percy in North Yorkshire and the poorer quarters of Exeter.

A multiplication in the range of vessels designed for table use characterises production in the Rhineland from middle of the 15th century. Refinements in dining habits over the course of that century, particularly among the town-based mercantile and artisan classes, were probably responsible for an increasing variety of stoneware cups, mugs, beakers and drinking jugs – some suitable only for wine drinking, others for beer – along with jugs of various sizes designed for decanting liquids into individual drinking vessels. Stoneware rapidly captured a niche in the popular tableware market of north-west Europe, enabling the socially aspirant middle classes to imitate aristocratic rituals in a less-expensive medium, and substituting precious and base-metalware and imported drinking glasses with a range of fine-bodied ceramics which imitated their role (Gaimster 1997a, chapter 4 for a discussion of stoneware status and function).

The introduction of applied, moulded relief ornament based on contemporary printed sources at the beginning of the 16th century marked a profound shift in the social role and status of Rhenish stoneware (Gaimster 1997a, chapter 5). The new development gave stoneware a radically new dimension: the relief decoration enabled it to compete in terms of looks as well as function on the dining table with the more ornate and expensive metal and glass products. The innovation transformed Rhenish stoneware from an essentially utilitarian commodity into a fashion item. By the end of the first quarter of the 16th century highly decorated, imported stoneware had reached the dining tables of monasteries, the aristocracy and of the court. Excavations at the Tudor courtier house of Acton Court, Avon, produced an entire group of Cologne-type stoneware containing mugs and jugs with applied botanical relief, the single largest group of stoneware represented among the debris associated with the royal visitation of August 1535. Rhenish stoneware accounted for between about 23 and 45% of all imported pottery dating to the period c.1500–1535/50 (Vince & Bell 1992, tables 4 & 8). At the same time demand for decorated stoneware rapidly migrated to urban middle-class communities. Cologne mugs with characteristic botanical relief have been found in contexts of c.1500–30 at a merchant's house identified on the site of Guy's Hospital, Southwark (Dawson 1979, fig.11). (Fig. 25.1, no. 176)

The rise in status of Rhenish stoneware imported into England during the 16th century is also demonstrated by the fashion for embellishing drinking and decanting wares with silver-gilt or pewter mounts. Mounted stonewares represent one of the few groups of ceramics listed in contemporary probate inventories. Silver-gilt mounts placed a considerable premium on plain stoneware vessels during the second half of the 16th century, these embellishments increasing the value of the vessel from a few pence to £1 or even £3 (Gaimster 1997a, chapter 4.4). Pewter mounts were cheaper and more common, and are represented in the archaeological record.

The last decade of the 15th century also saw a significant rise in the numbers and range of Continental painted tin-glazed earthenwares imported alongside the Rhenish stonewares through English ports. Spanish lustrewares, Italian polychrome-painted maiolicas and their Netherlandish imitations form the three principal categories of these 'luxury' wares (Gaimster & Nenk 1997, 175–6; Gaimster 1999). Characteristic North-Italian and South-Netherlandish products, such as the 'flower'- or 'altar-vase', have been found on over 100 sites in Britain alone, ranging in status from royal and episcopal residences, and country manor houses, to merchant houses in London, Southampton, Norwich and elsewhere (Hurst 1999). These products are depicted in contemporary Flemish panel paintings of the period c.1490–1510, particularly in still-lifes and Annunciation scenes by Hans Memling and his contemporaries. The painted decoration on the vases (most frequently of the Holy Monogram), combined with the religious character of the iconographical sources, in which they invariably hold the Flowers of the Virgin, suggest that these wares were designed specifically for display or even devotional purposes (Gaimster 1997b).

In comparison even to relief-decorated stoneware, the production of Italian and Netherlandish maiolica was a much more laborious and more expensive process, requiring a biscuit firing prior to painting and glazing. The body was ideally suited to the role as a status possession as the repertoire of painted decoration could be rapidly adapted to meet popular style trends without the need for technical change or additional investment in production. In this new medium, therefore, the response to fashion was immediate (idem 1999). As with stoneware, imported Netherlandish maiolicas, such as the so-called 'Malling jug' tankards, were frequently mounted in silver-gilt during the mid 16th century. The intensity of inter-artisanal rivalry for the quality tableware market at this time can be observed in the close typological correspondence of the Malling jugs, Frechen stoneware and Venetian-style glass tankards then in circulation in England (idem 1997a, chapter 4.4).

It is no coincidence that there was a radical diversification and refinement in the output of the English lead-glazed earthenware industries between the late 15th and early 17th centuries. In the redware industry based along the Thames Valley there was a proliferation of new forms and rudimentary slip decoration (Nenk, this volume). However, the transformation of the English pottery industry with its new emphasis on the manufacture of fine-bodied, untempered drinking

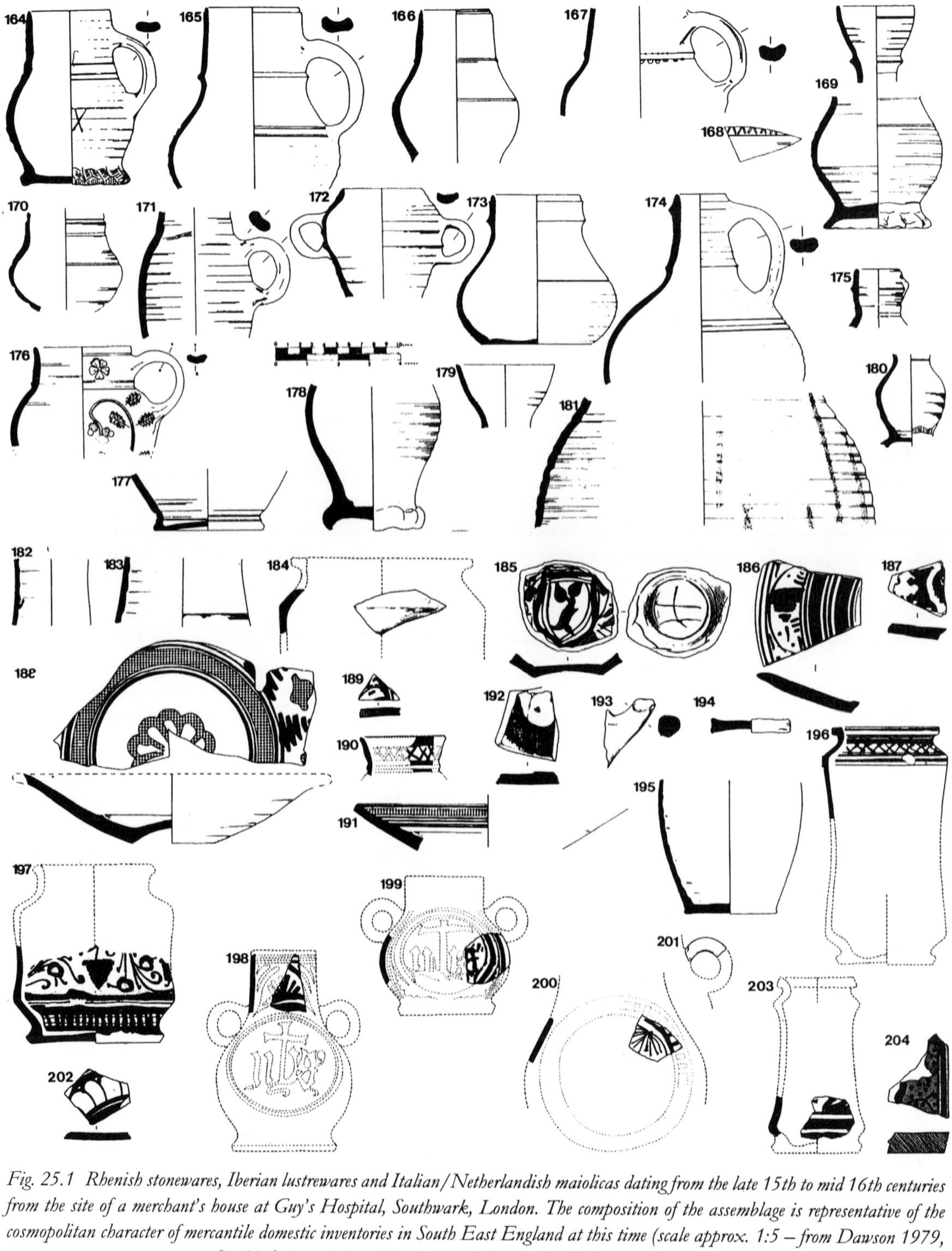

Fig. 25.1 Rhenish stonewares, Iberian lustrewares and Italian/Netherlandish maiolicas dating from the late 15th to mid 16th centuries from the site of a merchant's house at Guy's Hospital, Southwark, London. The composition of the assemblage is representative of the cosmopolitan character of mercantile domestic inventories in South East England at this time (scale approx. 1:5 – from Dawson 1979, fig. 11; by permission of the Surrey Archaeological Society and the author).

wares in the Continental style can be most clearly observed in the developments within two regional industries: one operating on the Surrey-Hampshire border producing green and yellow-glazed whitewares (so-called 'Tudor Green'), the other in Yorkshire and the North Midlands producing redwares occasionally decorated with an applied white clay (so-called 'Cistercian Ware').

From the end of the 15th century much of the repertoire of 'Tudor Green' whiteware made in the Surrey-Hampshire Border district was based directly on imported wares, particularly Rhenish stonewares (Holling 1977; Pearce 1992, 90–1 & this volume; Gaimster & Nenk 1997, 177–8). Within the London area there was a wide distribution of these imitations on royal and aristocratic sites and in mercantile areas. The largest group comes from excavations at the Inns of Court, London, where accounts survive for bulk orders of 'white cups' from Farnham in 1482–3 (Matthews & Green 1969). Although outnumbered by Continental imports and locally produced wares, the discovery of Tudor Green drinking vessels in Southampton on the south coast and at Sandal Castle in West Yorkshire reflects the emergence of a national distribution network for native ceramics during the final decades of the 15th century. This development is paralleled in the north of England and Wales by the distribution of Cistercian ware at castles, towns and in the pre-Dissolution phases of monastic houses (Moorhouse 1984; Barker 1986). The growth of both industries during the late 15th to early 16th centuries illustrates the extent to which the English pottery market had been transformed by the influx of imported ceramic finewares. Further research is required to establish whether the imported products or indeed immigrant potters were directly responsible for this innovation in the native industries. Whatever the case, there is clear archaeological evidence for an increase in demand for high-quality tablewares (thin-walled, untempered and chromatic) which could satisfy the changing social aspirations of the time.

A further radical introduction into the English interior of late 15th to 16th-century England was the smokeless, ceramic-tile stove. Besides a considerable advance in heating technology and a solution to heating separate cooking and living spaces, ceramic stoves also injected a new visual dimension into contemporary interior design. The bichrome or polychrome-painted lead-glazed surfaces, plastic relief and ornamental forms of the tiles reflect an increasing emphasis on material comfort, colour and ornament in the domestic furnishings and fittings of early-modern England, particularly among the élite classes (Gaimster & Nenk 1997, 179–83).

Archaeological evidence has demonstrated that the fashion for Continental-style ceramic stoves spread across the Channel during the late 15th century (Gaimster 1988a & 1994, 292). According to chemical analysis of excavated finds, most stove tiles of the period were imported, the Rhineland being the most common source, followed by northern Germany and the Low Countries (Cowell 1990). Finds of late Gothic and early Renaissance-style stove tiles from Fountains Abbey in North Yorkshire and the Abbey of St Mary Graces, London, are representative of the monastic *locus* of the majority of tiles imported into England prior to the Dissolution (Gaimster 1988a; Gaimster et al. 1990; Cotter 1993). Armorial niche tiles from Cardinal Wolsey's main London residence of York Place, Westminster, provide a contemporary secular context for this luxury practice in the London area (Gaimster & Nenk 1997, 179–80). There appears to have been little delay, however, in the adoption of these heating systems by urban middle-class consumers. The late Gothic niche-tile fragments from the Norwich Pottergate fire deposit of 1507 represent the earliest archaeologically reliable evidence for the use of such stoves in a modest artisan's town house of the period (Gaimster 1993b). Fragments of armorial niche tiles recovered on a number of sites in the City of London and Southwark suggest that the cost of ceramic stoves was within the grasp of some of the wealthier members of London's mercantile community by around 1500 (Gaimster & Nenk 1997, fig. 13.5). A growing corpus of finds from gentry residences across southern Britain offers further evidence for the spread of the imported ceramic-stove tradition over the course of the 16th century. Findspots include former monastic sites, such as St Radegund's Abbey, Kent, which had been converted into luxurious country houses (Gaimster 1989).

The success of the ceramic stove trade stimulated the potters of the earthenware industry on the Surrey-Hampshire border to enter into competition and produce their own tiles for the English market. Surviving products of this industry are mainly of rectangular panel form, the exterior surface moulded in relief with versions of the arms and monograms of Tudor and Stuart monarchs, ranging from Henry VII (d.1509) and Henry VIII to Edward VI, Elizabeth I and James I (d.1625). The same moulds were also used to produce additional household fittings such as candle sconces and cisterns (Gaimster 1988b, catalogue II.3; Rackham 1939, pl. IVa respectively). This distinctive group of armorial tiles has been the subject of detailed study, including chemical analysis, to confirm the source of manufacture (Gaimster 1988b; idem & Cowell 1995). The largest single complex of Tudor armorial stove tiles, including previously unrecorded elements of the stove construction such as the pediments, cornices and corner tiles, was excavated in 1939 just outside the *bayne* or bathroom on the ground floor of the King Henry VIII's private lodgings at Whitehall Palace, central London (Gaimster forthcoming). The ornamental repertoire and heraldic detail of the relief-moulded tiles suggests a manufacturing date of the late 1530s to mid 1540s. The antique ornament of the Whitehall stove closely echoes the detail of Hans Holbein's design for a fireplace of c.1540, the association underlining the profound impact of Continental fashion and court style on native craft industries of the early Tudor period. The close archaeological association of stove tiles and a sunken bath at Whitehall provides crucial evidence of the original function of the stove. According to the documentary and pictorial record, closed ceramic stoves were a feature of Continental bathrooms during the 16th and 17th centuries.

The Pre Industrial Pottery Market c.1550–1650

The emergence of an indigenous slipware industry in England around 1600 follows its spread across the Continent and can be seen as part of the development of a pan-European fashion for decorative earthenware designed for table use (Stephan 1987; Gaimster 1997c). It is significant that in southern England, as in several areas of north-west Europe, the formative stages in this particular ceramic tradition coincided with the permanent establishment of the painted tin-glazed earthenware industry. Influenced by the chinoiserie designs of contemporary blue-and-white Oriental porcelain which first appeared on the European market during the 1610s, London tin-glazed earthenware set the fashion in decorative ceramic tableware for much of the 17th century (Britton 1987). This radical innovation in technology and design transformed the nature of the English pottery market. Painted tin-glazed earthenware was ideally suited to the role of a status possession, since this means of decoration could be rapidly adapted to meet new fashions in ornament without the need for a re-investment in capital (Orton 1985 & 1988, 343–8; Gaimster 1994, 295–6). Unlike stoneware, tin-glazed earthenware was a fragile commodity, unsuited to utilitarian tasks. Its prepared white surface was ideal for artistic and symbolic expression, especially in polychrome colours.

The migration of the maiolica technology to England during the early 1570s can be traced through the agency of a small band of Urbino families who had settled and manufactured tin-glazed earthenware in the central-Italian tradition in Antwerp by the first decade of the 16th century. Under pressure from the Spanish Inquisition in the Low Countries, Jasper Andries and Jacob Jansen, two Antwerp potters, are recorded as moving to Norwich, a town with a substantial Dutch population, as early as 1567. Jacob Jansen is recorded as working at Duke's Place, Aldgate, in a redundant monastery (Holy Trinity Priory) on the edge of the City of London by 1571 (Edwards 1999; see Stephenson this volume). The workshop is known to have been in operation until Jansen's death in 1593 (Britton 1987, 27–9). Continental immigrants are also responsible for the foundation of the extensive tin-glazed earthenware industry, which spread along the Southwark waterfront from the first decade of the 17th century (Noël Hume 1977; Britton 1987, 35–49 – cf. Stephenson this volume). Here Christian Wilhelm, a native of the Rhineland Palatinate, established the Pickleherring workshop by 1618. It is no coincidence that this revival of maiolica production in London at the beginning of the 17th century overlaps with the first *Kraak* porcelain sales held in Amsterdam in 1602–3. The excavated output of the Pickleherring and other early 17th-century Southwark manufactories such as Montague Close (founded c.1613) are characterised in their ornamental repertoire by the heavy influence of contemporary late Ming export porcelains which had just begun to penetrate the western European ceramic market (Tait 1960; Britton 1987, 35–6 & 43–5). The group of *Kraak* porcelain from Castle Street, Plymouth, is representative of the immediate impact of the new commodity in the ports of the English south coast (Clark 1979, 26). However, the comparative rarity of Oriental porcelain on London sites of the first half of the 17th century demonstrates its initial exclusivity (Vince 1981, table 1). Particularly popular designs were the Wan-Li-style 'bird-on-the-rock' medallion reproduced in the centre of dishes (Stephenson this volume) and the compartmented, symbolic borders on the flanges of dishes. Often the end result was a hybrid of Oriental and European forms and design whereby Oriental motifs were transferred to a western form such as the globular stoneware-style bottle or cylindrical beer tankard (Britton 1987, catalogue nos. 30–2). The popular appeal of the new polychrome medium was immediately felt in the hinterland of London and beyond, as the group of Southwark-style delftware dating to the second quarter of the 17th century from a garderobe shaft at Dover Castle amply illustrates (Mynard 1969, fig. 10) (Fig. 25.2). The rapid development of the Southwark and suburban London delftware industry can be attributed to its ability to adopt and reproduce exotic and fashionable designs derived from Oriental ceramics in a less expensive medium.

The rising demand for more-sophisticated ceramic tableware in early post-medieval England is also reflected in the widespread archaeological distribution of Continental slipwares, principally from the Netherlands, Beauvais in northern France and from the Werra river in northern Germany. These imports are characterised by a range of elaborate polychrome painted, slip-trailed and incised (*sgraffito*) designs (Hurst et al. 1986; Gaimster 1994, 297–8). High-quality, incised polychrome slipware from the Werra region has been recorded on over 65 individual sites in the British Isles alone (Gaimster & Hurst forthcoming). This combination of factors, both internal and external, contributed during the early to mid 17th century to the emergence of a number of strong regional traditions in slipware production across the south-east, south-west and north Midlands of England. The archaeological distribution suggests, however, that native slipware was largely confined to the lower end of the social spectrum, as the finds of Essex slipware found on the site of the suburban slums dwellings at Aldgate, London, seem to suggest (Orton & Pearce 1984, no. 26).

During the opening decades of the century, redware potters at Harlow in Essex, introduced the practice of trailing a cream-coloured slip on to a orange-red body in a wide range of geometric, botanical and figurative designs, including inscriptions ('metropolitan' slipware – see Nenk this volume). Waste material from the production sites excavated in Harlow indicate the years c.1635–70 to be the principal period of output (Newton & Bibbings 1960 and W. Davey pers. comm.). The recovery of these wares in central London indicates the degree to which the Essex potters were producing for the urban as well as the local market. Many of the trailed-slip motifs, particularly those of a botanical and geometric nature, can be traced to the products of the contemporary North Holland and Werra slipware industries mentioned above (Gaimster 1997c). One characteristic of the Essex products, rare in European slipware of the period, was the use of the trailed-slip technique to introduce texts to the surface of the ware. These messages were trailed in block capitals, usually in the form of popular aphorisms advocating humility before God, the importance of charity to others and fealty to the crown. Although no connection can be demonstrated, pious phrases were first introduced on to utilitarian ceramics a century before in the Rhineland, where stoneware potters at Frechen applied bands of text to the waist of their jugs (Gaimster 1997a, chapter 5.4). The most common inscriptions on the Metropolitan slipwares of the mid 17th century (see Nenk this volume) underline the strong Puritan atmosphere of the period and the penetration of protestant values into everyday life.

The collective archaeological evidence seems to suggest that slip trailing was well established in north Staffordshire by the middle of the 17th century at the latest. At Woodbank, Burslem, fragments of porringers and cups were found in a context dating to around 1640 trailed with rudimentary interlace and rosette motifs in pale brown slip (Greaves 1976). Other finds, which can be tied on technological and stylistic grounds to this early phase of production, include a closed group of small hollow-ware wasters in buff and red-firing bodies with trailed designs in cream and dark and light brown slip, some with gritted surfaces, which were excavated at Newcastle Street, Burslem (Kelly 1975). In the case of the north Midlands it is not possible to identify a specific trigger for the beginnings of the industry at this time. The argument for any influence from the Continent remains unproven. However, in view of the close technical and stylistic relationship, it is very likely that the Essex Metropolitan slipware industry exerted considerable influence on potters in north Staffordshire at least by the middle of the 17th century. The geometric and botanical designs of slip-trailed dishes of the second half of the century

Fig. 25.2 Southwark and Netherlands type polychrome painted delftwares of the second quarter of the 17th century, excavated from the fill of a garderobe shaft at Dover Castle, Kent. The Wan-Li Kraak *designs (nos. 1&2) are reproduced directly from imported Chinese prototypes (scale approx. 1:5 – from Mynard 1969, fig.10; by permission of SPMA).*

excavated at the Hill Top site, Burslem, and at the Sadler Manufactory site, Stoke-on-Trent, are perhaps most representative of a possible inter-artisanal link (Kelly 1969 & Mountford 1975 respectively).

One final development, which, in tandem with the neighbouring delftware industry (see above), defined the expansion of the London pottery industry during the mid 17th century, was the introduction of stoneware manufacture, probably once more by Continental specialists encouraged by the spectacular success of the import trade. By the early 17th century stoneware imports from the Rhineland reached a peak with London port books recording over 80,000 *cast* (batches) landed in 1615 alone. It is estimated that between 1600 and 1640 over ten million stoneware vessels were imported through the port of London (Haselgrove 1989; Gaimster 1997a, 80). The success of the trade led to a series of patent applications by English traders. The discovery in 1974 of a stoneware kiln at Woolwich situated on the south bank of the Thames downstream from central London may represent the remains of an early attempt at stoneware manufacture in the German style (Pryer & Blockley 1978; Hildyard 1997, 310). The imported vessels associated stratigraphically with the wasters from the stoneware kiln can be dated to the period c.1640–50. The form of the kiln and the throwing techniques which characterise the *Bartmann*-type bottles and mugs there suggest that potters from Frechen were involved in this enterprise. Analysis of the clay composition of the wasters indicates that even the raw materials were brought directly from Frechen (Gaimster & Hook 1995). The excavated evidence that the kiln was only fired on two or three occasions confirms the likelihood that this enterprise was probably operating illegally without a patent. This expansion in both the output and diversity of ceramic products on the London pottery market by the middle of the 17th century corresponds closely to the rapid demographic expansion of the metropolis, from 200,000 in 1600 to 350–400,000 by 1650 (Orton 1988, 347).

References

Barker, D. 1986, 'North Staffordshire post medieval ceramics – A type-series 1: Cistercian Ware', in *Staffordshire Archaeological Studies* (Museum Archaeological Society Report new series 3), Stoke-on-Trent, 52–7

Barton, K. 1992, 'Ceramic changes in the western European littoral at the end of the Middle Ages: A personal view', in Gaimster & Redknap, 246–55

Blackmore, L. 1994, 'Pottery, port and the populace: The imported pottery of London 1300–1600, 1', in *Medieval Ceramics* 18, 29–44

Britton, F. 1987, *London Delftware*, London

Butler, L. 1967, 'Editorial', in *Post Medieval Archaeology* 1, 1–2

Clark, A. 1979, 'Chinese porcelain', in Gaskell Brown, C., *Castle Street: The Pottery* (Plymouth Museum Archaeology Series 1), Plymouth, 26–7

Cotter, J. 1993, 'Continental stove tiles from collections in Canterbury', in *Medieval Ceramics* 17, 86–9

Cowell, M. 1990, 'Report on the analysis of nine post medieval stove tile fragments from St Mary Graces', in Gaimster, Goffin et al., 40–4

Cowell, M. & Gaimster, D. R. M. 1995, 'Post medieval ceramic stove tiles bearing the royal arms of England: Further scientific investigations into their manufacture and source in southern England', in Hook & Gaimster, 105–16

Dawson, G. 1979, 'Excavations at Guy's Hospital, 1967', in *Surrey Archaeological Society Research Volume* 7, 27–65

Dyer, C. 1982, 'The social and economic changes of the later Middle Ages, and the pottery of the period', in *Medieval Ceramics* 6, 33–42

Dyer, C. 1990, *Standards of Living in the Later Middle Ages: Social Change in England c.1200–1520*, Cambridge (2nd edn.)

Edwards, J. 1999, 'A group of biscuit and glazed wares from Holy Trinity Priory, London', in Gaimster, 137–40

Gaimster, D. R. M. 1987, 'The supply of Rhenish stoneware to London, 1350–1600', in *London Archaeologist* 5.13, 339–47

Gaimster, D. R. M. 1988a, 'A survey of Cologne type stove tiles found in Britain', in Unger, I. (ed.), *Kölner Ofenkacheln. Die Bestände des Museums für Angewandte Kunst und des Kölnischen Stadtmuseums*, Cologne, 44–54

Gaimster, D. R. M. 1988b, 'Post medieval stove tiles bearing the royal arms: Evidence for their manufacture and use in southern Britain', in *Archaeological Journal* 145, 314–43

Gaimster, D. R. M. 1989, 'An imported Renaissance stove tile from Dover in the collections of the Society of Antiquaries', in *Antiquaries Journal* 69.2, 298–306

Gaimster, D. R. M. 1993a, 'Cross channel ceramic trade in the late Middle Ages: Evidence for the spread of Hanseatic culture to Britain', in Gläser Muhrenberg, M. (ed.), *Archäologie des Mittelalters und Bauforschung in Hanseraum: Eine Festschrift für Günter Fehring* (Schriften des Kulturhistorischen Museums in Rostock 1), Rostock (Germany), 251–60

Gaimster, D. R. M. 1993b, 'Imported stove tile fragments', in Margeson, S. (ed.), *Norwich Households: Medieval and Post-Medieval Finds from Norwich Survey Excavations 1971–1978*, (East Anglian Archaeology 58), 168–70

Gaimster, D. R. M. 1994, 'The archaeology of post medieval society, c.1450–1750: Material culture studies in Britain since the War', in Vyner, B. (ed.), *Building on the Past: Papers Celebrating 150 Years of the Royal Archaeological Institute*, London, 283–312

Gaimster, D. R. M. 1997a, *German Stoneware 1200–1900: Archaeology and Cultural History*, British Museum, London

Gaimster, D. R. M. 1997b, ''Distant Voices, still-lifes': Late medieval religious panel painting as a context for archaeological ceramics', in De Boe, G. & Verhaeghe, F. (eds.), *Method and Theory in Historical Archaeology* (Papers of the Medieval Europe Bruges 1997 Conference 10), Zellik (Belgium), 37–46

Gaimster, D. R. M. 1997c, 'Regional decorative traditions in English post-medieval slipware', in Freestone, I. & Gaimster, D. (eds.), *Pottery in the Making: World Ceramic Traditions*, British Museum, London, 128–33

Gaimster, D. R. M. 1999, 'Majolica in the North: The shock of the new', in idem (ed.), 1–3

Gaimster, D. R. M. (ed.) 1999, *Maiolica in the North: The Archaeology of Tin Glazed Earthenware in North West Europe c.1500–1600* (British Museum Occasional Papers 122), London

Gaimster, D. R. M. forthcoming, 'The armorial stove tiles from the King's Privy Gallery', in Thurley, S. (ed.), *Whitehall Palace: An Architectural History*, London & New Haven

Gaimster, D. R. M., Goffin, R. & Blackmore, L. 1990, 'The Continental stove tile fragments from St Mary Graces, London, in their British and European context', in *Post Medieval Archaeology* 24, 1–49

Gaimster, D. R. M. & Hook, D. R. 1995, 'Post medieval stoneware manufacture and trade in the Rhineland and southern Britain: A programme of neutron activation analysis at the British Museum', in Hook & Gaimster, 105–16

Gaimster, D. R. M. & Hurst, J. G. H. forthcoming, 'Werra Ware in Britain, Ireland and North America', in *Post Medieval Archaeology*

Gaimster, D. R. M. & Nenk, B. 1997, 'English Households in Transition c.1450–1550: The ceramic evidence', in Gaimster, D. R. M. & Stamper, P. (eds.), *The Age of Transition. The Archaeology of English Culture 1400–1600*, Oxford, 171–95

Gaimster, D. R. M. & Redknap, M. (eds.) 1992, *Everyday and Exotic Pottery in Europe c.600–1900*, Oxford

Greaves, S. J. 1976, *A Post Medieval Excavation in Woodbank Street, Burslem, Stoke on Trent, Staffsordshire* (City of Stoke on Trent Museum Archaeological Report 10)

Hildyard, R. 1997, 'England', in Gaimster 1997a, 309–24

Holling, F. 1977, 'Reflections on Tudor Green', in *Post Medieval Archaeology* 11, 61–6

Hook, D. R. & Gaimster, D. R. M. (eds.) 1995, *Trade and Discovery: The Scientific Study of Artefacts from Post Medieval Europe and Beyond* (British Museum Occasional Paper 109), London

Hurst, J. G. 1999, 'Sixteenth century South Netherlands maiolica imported into Ireland', in Gaimster 1999, 91–106

Hurst, J. G., Neal, D. S. & van Beuningen, H. J. E. 1986, *Pottery Produced and Traded in North West Europe 1350–1650* (Rotterdam Papers 6), Rotterdam (Netherlands)

Kelly, J. H. 1969, The Hill Top Site, Burslem (City of Stoke on Trent Museum Archaeological Society Report 3)

Kelly, J. H. 1975, 'Post medieval pottery from Newcastle Street, Burslem, Stoke on Trent', in *Stoke on Trent Museum Archaeological Society Report* 8, 11–24

Matthews, L. G. & Green, H. J. M. 1969, 'Post medieval pottery of the Inns of Court', in *Post Medieval Archaeology* 3, 1–17

Moorhouse, S. 1979, 'Tudor Green: Some further thoughts', in *Medieval Ceramics* 3, 61

Mooorhouse, S. 1984, 'Late medieval finewares', in *West Midlands Pottery Research Group Newsletter* 3, 1–6

Mountford, A. R. 1975, 'The Sadler Teapot Manufactory Site, Burslem, Stoke on Trent', in *City of Stoke on Trent Museum Archaeological Society Report* 7, 1–20

Mynard, D. C. 1969, 'A group of post medieval pottery from Dover Castle', in *Post Medieval Archaeology* 3, 31–46

Newton, E. & Bibbings, E. 1960, 'Seventeenth century pottery sites at Harlow, Essex', in *Transactions of the Essex Archaeological Society* 25.3, 358–77

Orton, C. R. 1985, 'Diffusion or impedence: Obstacles to innovation in medieval ceramics', in *Medieval Ceramics* 9, 21–34

Orton, C. R. 1988, 'Post-Roman Pottery', in Hinton, P. (ed.), *Excavations in Southwark 1973–1976, Lambeth 1973–1979* (London and Middlesex Archaeological Society / Surrey Archaeological Society Joint Publication 3), 293–365

Orton, C. R. & Pearce, J. E. 1984, 'The Pottery', in Thompson, A., Grew, F. & Schofield, J., 'Excavations at Aldgate, 1974', in *Post Medieval Archaeology* 18, 34–68

Noël Hume, I. 1977, *Early English Delftware from London and Virginia* (Colonial Williamsburg Occasional Paper in Archaeology 2), Williamsburg

Pearce, J. 1992, *Border Wares* (Post Medieval Pottery in London 1500–1700, 1), London

Pryor, S. & Blockley, K. 1978, 'A 17th century kiln site at Woolwich', in *Post Medieval Archaeology* 12, 30–85

Rackham, B. 1926, *Early Netherlands Maiolica, with Special Reference to the Tiles at The Vyne in Hampshire*, London

Rackham, B. 1939, 'Early Tudor Pottery', in *Transactions of the English Ceramic Circle* 2, 15–25

Stephan, H.-G. 1987, *Die Bemalte Irdenware der Renaissance in Mitteleuropa* (Forschungshefte Bayerisches National-museum 12), Munich

Tait, H. 1960, 'Southwark (alias Lambeth) delftware and the potter Christian Wilhelm' 2, in *Connoisseur* 146, 36–42

Vince, A. 1981, 'Recent research on post medieval pottery from the City of London', in *London Archaeologist* 4.3, 74–81

Vince, A. 1985, 'The Saxon and medieval pottery of London: A review', in *Medieval Archaeology* 29, 25–93

Vince, A. & Bell, R. 1992, 'Sixteenth century pottery from Acton Court, Avon', in Gaimster & Redknap, 101–12

David R. M. Gaimster
Dept. of Medieval & Later Antiquities
British Museum
Great Russell Street
London WC1B 3DG

26 The Ceramic Revolution 1650 – 1850

David Barker

Abstract

The period 1650–1850 witnessed the complete transformation of many sectors of the British ceramics industry, and in comparing the industry of 1850 with that of 1650 one would be left in no doubt that a 'ceramic revolution' had taken place. During this time Britain's regional coarse-earthenware industries peaked and declined, often in the face of competition from good-quality wares from north Staffordshire. The production of salt-glazed stoneware became firmly established in England; its manufacture had spread to north Staffordshire and Nottingham before the 18th century, where distinctly local types – white salt-glazed stoneware and a lustrous brown salt-glazed stoneware, respectively – achieved widespread popularity. These retained a good share of the market throughout much of the 18th century, but a gradual decline set in and salt-glazed stoneware manufacture retained only a marginal position in the industry during the 19th century. The same was broadly true of delftware (tin-glazed earthenware) production; introduced around 1620, delftware reached the height of its popularity in the decades 1720–40, after which there followed a swift decline and ultimate extinction at the end of the 18th century. The manufacture of refined earthenwares was developed and perfected to such an extent that they became both fashionable at the tables of the nobility and the wealthy and widespread amongst all other levels of society. Experimentation, begun in the 1740s, resulted in the production of 'soft paste', or imitation porcelains at a number of places; failure was a frequent consequence of involvement in this branch of ceramic manufacture, but the rewards for success were considerable. The period also saw changing tastes on a grand scale, with the growth in popularity of tea and coffee drinking having a dramatic impact upon the consumption of ceramics generally, and upon the fortunes of the British ceramics industry more specifically. Ceramics became more commonplace in the home at all levels of society – and, we must assume, became more affordable. By the end of the 18th century, ceramic vessels had become the norm at the dining table, and had acquired a status which they had lacked during the previous century. At the same time, however, there was relatively little change in the range of ceramics used in food storage and preparation, and traditional coarseware forms, such as pans, pancheons, storage jars, jugs and platters, continued to be manufactured in potteries throughout the country.

This was above all a period of stylistic and technical innovation, of inspired and talented manufacturers who understood the chemistry of production, and were adept at the marketing of their wares. The role of Josiah Wedgwood in the wider development of the British ceramics industry during the second half of the 18th century is often over stated (e.g. Meteyard 1865), but it cannot be doubted that he above all others was responsible for making ceramics fashionable at the highest levels of society (McKendrick 1983). Wedgwood was a brilliant businessman who understood the wider marketing potential of securing customers amongst the nobility, and how best to win their patronage through a combination of social manoevering and flattery and an exclusive pricing policy, but he was not alone in producing innovative wares or in capitalising upon the changing requirements of a growing market.

It was the dramatic growth of the market, or rather markets, for British ceramics which transformed the modest industry of 1650 into the world leader of 1850, and which served as the catalyst for many of the technical and stylistic innovations which typify the period. The extension of colonial activity during the 17th century provided convenient markets for English wares, especially those from manufacturing centres with access to ports. Trade routes from the ports of Barnstaple and Bideford, for example, provided convenient transportation to distant markets for north-Devon slipwares and gravel-tempered wares during the 17th and early 18th centuries (Grant 1983), while the port of London served as the point of dispatch for the Surrey-Hampshire 'Border' wares, the 'Metropolitan' slipwares of Essex, and the products of a growing delftware industry in the capital at the same time. It was no accident that new delftware industries came to be established in ports, such as Bristol, Liverpool and Glasgow during the 17th and 18th centuries. It is interesting to note, however, that even during the 17th century slipwares, blackwares and butter pots from the inland manufacturing villages of north Staffordshire were finding their way to the Caribbean and North American colonies, despite the inadequacies of road transport for the thirty-mile journey to navigable rivers. The success of the Staffordshire potters in marketing their wares abroad in the face of major transport problems may be a reflection of both price and quality. During the 17th and early 18th centuries, Staffordshire products were shipped by river to the ports of Bristol, Chester and Hull for their onward journey (Weatherill 1971, 88–91), with Liverpool becoming the main port of dispatch by the middle of the 18th century.

Even so, English ceramics constitute only a small element in assemblages from the 17th century excavated in North America, which invariably include a wide range of stonewares and earthenwares from Continental Europe. During the 18th century this situation slowly changed, a catalyst for this perhaps being the introduction of refined white salt-glazed stonewares and refined lead-glazed earthenwares around 1720; from this point onwards the English – and later, British – potteries' share of the North-American and other colonial markets gradually increased. The introduction of cream-coloured earthenwares (first around 1740, but more typically from c.1750) was a significant factor in the growing success of British ceramics, and these refined lead-glazed wares became an increasingly important element of domestic ceramic assemblages from the mid 18th century onwards. There is no question that North America was becoming a more important market as the century progressed, but even by 1790 the United States accounted for only 20% of British ceramic exports, only rising to 49% in 1825 (Ewins 1997, 6–7). The main market for British ceramics until the 1820s and early 1830s – Europe – has received relatively little attention to date, despite good artefact and documentary evidence for the volume of exports to France, Germany, Holland and the Scandinavian countries. In 1790, for example, around 70% of British ceramics were destined for Europe, and even in 1825 this figure stood at around 30%; not until 1835 did the United States finally overtake Europe as the main consumer of British ceramics (ibid.).

Technically, the wares of 1850 were far superior in every respect to those of 200 years earlier. Many of the developments in manufacturing date back to the early years of the 18th century, as potters strove to introduce new types of ware to cater for contemporary tastes. New raw materials – white-firing ball clay and, later, china clay, together with calcined flint – came to be used as a matter of course to produce fine, white bodies, which demanded considerably greater attention to the methods of clay preparation within the pottery factories. Advances in this area made possible the introduction, shortly before 1720, of white salt-glazed stonewares and later of the white-bodied, lead-glazed earthenwares – creamware and pearlware.

New ranges of vessels, made predominantly for tea and coffee drinking, demanded fine, thin bodies, which were achieved by lathe turning – the paring down of thrown vessels on a horizontal lathe to a thinness which could not be achieved by throwing alone. From the second decade of the 18th century all thrown fine wares were lathe-turned, a practice which has continued to the present century.

One of the most significant technical developments

in the early years of the 18th century was the introduction of the double firing cycle – separate biscuit and glost firings – for earthenwares, which, together with the improvements in the preparation of clay bodies and liquid lead-oxide glazes, and the extensive use of lathe turning, made possible the production of a range of new refined wares, ideally suited to use as teawares. The quality and higher price of the latter underlines the fact that the north-Staffordshire potters were aiming their new wares at a different clientele – one with disposable income to spend upon fine ceramics which possessed something of the quality, but not the high price, of Oriental porcelain.

The earliest of the twice-fired wares were made of local red-firing clays – red wares and agate wares. By c.1740, however, the same white-firing ball clays which had been used for white salt-glazed stonewares were being used for a new type of refined lead-glazed earthenware – cream-coloured earthenware or 'creamware' – which was to influence ceramic developments for more than a century. Creamware was widely produced by 1760, but it was Josiah Wedgwood who made creamware fashionable as 'Queensware' and who succeeded in diverting attention – in Britain, at least – firmly away from Oriental porcelain as the superior ceramic table ware.

Innovations during the 18th century resulted in the standardisation of forms and enabled their 'mass production'. The use of moulds for both flat and hollow wares made the manufacture of elaborate forms feasible and allowed different factories to produce 'identical' wares. Moulds have a long history in ceramic manufacture, but during the post-medieval period use of ones of clay can first be seen in the production of small, press-moulded dishes in the years around 1640 or earlier. Dishes of this type have been excavated on several sites in England, such as St Nicholas's Almshouses (Bristol), which has been dated to c.1652–6 (Barton 1964, 201–2); Dudley Castle (West Midlands), and Eccleshall Castle (Staffordshire). At these last two sites demolition layers from English Civil-War activity seal ceramics and other material in deposits of 1647 and c.1646 respectively. The moulds used in the production of press-moulded slipwares were made of fired clay, with designs incised or impressed into them. At least two complete examples of these survive in Museum collections; one in the Victoria and Albert Museum is probably of early 18th-century date, while another in the British Museum is dated 1751 (Gaimster 1997, 133). Numerous fragments of fired-clay moulds have been recovered from excavations in Stoke-on-Trent and at many other ceramic-manufacturing centres, proving that this simple method of manufacture was widespread throughout the country.

Increased output became possible with the advent of a moulding technology which relied upon original models, a series of masters (block moulds and case moulds) and working moulds of plaster of Paris. The exact date of the introduction of plaster of Paris is open to debate, but its use can probably been seen in the Elers' slip-cast red stonewares of the 1680s and 1690s. This may have been an isolated incidence of its early use in England, for as late as the 1720s and 1730s some north-Staffordshire potters appear to have been making small quantities of slip-cast red earthenware from fired-clay moulds. Certainly by the 1740s sophisticated moulding was being undertaken for both press-moulded and, to a lesser extent, slip-cast stonewares and earthenwares, and the medium for the working mould was clearly plaster of Paris.

The period 1650–1850 saw major developments in the decoration of wares. The use of slip decoration, in all its variant forms, predates 1650 by fifty years or more, but continues throughout this two-hundred year period. The peak of sophistication of slip decoration was perhaps the elaborately trailed and combed or 'feathered' decoration, which is typical of Staffordshire slipwares of the period 1670–1710, although it is perfectly clear that slipware manufacturers across the country employed this technique. Painted decoration made its appearance on the Dutch-inspired tin-glazed earthenwares made in London (and later elsewhere) from the 1620s – typically blue and mauve designs painted onto the glazed biscuit body prior to the second, glost firing. With the exception of its use on delftware, under-glaze painted decoration made little impact on refined earthenwares until the 1770s, when Oriental-inspired designs in cobalt blue became extremely fashionable. Over-glaze painted decoration, using enamel colours, however, had a widespread application, being found on a range of salt-glazed stonewares from the late 1740s and 1750s, and on refined earthenwares from the 1760s.

Greater standardisation in decoration became possible with the introduction of transfer printing. First used during the 1750s on porcelains and delftware tiles, and from the early 1760s on refined earthenwares and salt-glazed stonewares, it was limited and exclusive in its application. By the later years of the 18th century, however, transfer printing in underglaze blue was becoming common for a range of oriental subjects on tea and table wares. European scenes became more common by c. 1810 and later, and other colours for transfer prints were introduced during the late 1820s.

New wares and new manufacturing techniques in an expanding industry required improved firing technology, temperature control and oven design, thereby increasing the likelihood of a successful outcome to the process of firing wares. That ovens developed considerably over this 200-year period is not in doubt, but overall, evidence is confined to a few centres and there are some sectors of the industry (such as salt-glazed stoneware manufacture) which are poorly understood in this respect. That ovens varied considerably in form during the 17th century is clear, with regional variations very much in evidence. A degree of standardisation in the larger refined earthenware factories occurred perhaps from the 1720s, with moves towards the widespread use of circular, updraught 'bottle-oven' types. The small multi-flued precursors of the bottle oven are known at a number of 17th-century sites, such as the brick-built example of c.1690, which was excavated in Hanley, Stoke-on-Trent (Celoria & Kelly 1973), and the stone-built oven at Pule Hill, Halifax (Hurst 1967, 116–8). Eighteenth-century ovens on 'industrial' pottery factories have been excavated in north Staffordshire (Bemrose 1975; Barker & Klemperer 1992) and 19th-century examples have also been studied in this area (e.g. at the Dudson's factory in Hanley, Stoke-on-Trent – report in preparation) and at several sites in Scotland, such as Bell's Pottery at Glasgow (report in preparation), Newbigging Pottery at Musselburgh (Haggarty & McIntyre 1996) and at Sinclairtown Pottery, Kircaldy (James, Turnbull & Mechan n.d.). The signifcant developments in oven design include the great increase in size (from around 3 to 5.20m. external diameter in the 17th- and 19th-century ovens from Hanley) and in capacity of the later ovens, the tendency for later ovens to have more firemouths (up to ten was standard in the 19th century), and the general improvements in the construction of these, facilitating the distribution of heat within the oven chamber.

It is important that we should understand early ceramic technology and technical developments within the ceramics industry, because to a great extent they determined what could be made by the factories. This is particularly clear in the production of elaborate moulded forms, which were impossible prior to the advent of plaster of Paris for working moulds. It is also true in the case of plates, which again were generally press-moulded and therefore dependent upon plaster of Paris. The availability of plaster of Paris alone, however, could not guarantee the widespread production of ceramic plates, and indeed these form a relatively minor part of both production and consumption assemblages until c.1770. The continued fashion for pewter plates is an important factor to consider (Martin 1989), but at the same time 'mass production' of ceramic plates was restricted by the absence of a suitable method of placing these within the oven. This is demonstrated well by the almost complete absence of specialist kiln furniture for the placing of white salt-glazed stoneware plates. The preferred method of placing and separating these during firing was to put small pads of clay at intervals around their rims, and then to sit further plates upon these. Plates could have been placed several high, but the scarring which resulted was frequently quite obvious and often disfiguring. The more extensive manufacture of creamware plates in the 1770s coincides with the appearance for the first time of specialist kiln furniture for flat-ware placing (Barker 1991, 136–8), and with the more widespread recovery of plates on domestic sites.

Developments in ceramic technology are now receiving attention in the light of some important excavations of factory sites and factory waste dumps. Many of these await full publication. The early production of salt-glazed stoneware in England is now well documented following excavations of a mid 18th-century salt-glaze kiln at Woolwich, London, which was producing German-style stoneware bottles in a German-style kiln (Pryor & Blockley 1978), while excavations at Fulham, London, have shed light upon the salt-glaze production of John Dwight, which commenced in 1672. Dwight was a brilliant individual, whose factory's products were aimed primarily at the domestic and tavern market, while at the same time producing magnificent works of sculpture, of a quality otherwise unimaginable in pottery in the late 17th century, for wealthy customers. Dwight also experimented with unglazed, refined red-stoneware bodies and with porcelain, examples of which have been found on the site (Horne 1992, 4). The technology employed in salt-glaze production at Fulham is very different in character from contemporary practice in the German stoneware industry. The wide range of saggars and other related items of kiln furniture which were recovered there are not typically German, and the oven bases excavated at the site have more in common with local delftware ovens than with Continental stoneware ones (Crossley 1990, 273–4). Something of Dwight's own innovative genius, applied to the adaptation of contemporary local practices, is probably represented here.

In the area of 18th-century refined-earthenware and stoneware production, a considerable quantity of important new evidence has been revealed during excavations in north Staffordshire, where several factory sites and factory-waster dumps have been examined archaeologically in recent years. Developments in the 17th-century industry may be traced amongst the large quantities of finds excavated from waster dumps, many of which are published (e.g. Kelly 1969, Greaves 1976, Mountford 1975 a & b). The important transition from an industry specialising in slipwares and related coarsewares to one which had turned to the production of refined salt-glazed stonewares and twice-fired, lead-glazed earthenwares is represented at two north Staffordshire sites, both of which are associated with known manufacturers. At Newcastle-under-Lyme, the site of Samuel Bell's factory (1724–44) was excavated in 1969–71, producing a range of twice-fired redwares and agate wares typical of this period (Bemrose 1973, pl. 2; idem 1975, 301). Predominantly tea- and coffee wares, these were fine-bodied as a result of extensive lathe turning and were decorated with hand-cut, vertical flutes and with mould-applied reliefs in white-firing clay. The wares here compare closely with an even more extensive assemblage from a waster dump excavated in 1992 on a factory site at Shelton Farm, Stoke-on-Trent (Barker & Klemperer 1992), which was in use during the occupancy of potter John Astbury (1728–44). The size of the Shelton-Farm dump allowed a more complete picture of production at this period to be formed, and here, at least, refined-earthenware production was carried on alongside the manufacture of white salt-glazed stonewares.

The Shelton-Farm site is important in that here we have a factory with a documented history spanning the period from 1720 to about 1806, during which time it was let to several different tenants (final report in preparation). Finds of ceramic wasters from several large dumps of different dates tell the story of a factory which began producing the latest-quality wares and initially achieved a high standard of output. Around the middle years of the 18th century, however, there is a noticeable decline in quality, as cream-coloured earthenwares, red stonewares and refined blackwares become the dominant products. By about 1770, evidence points to the factory concentrating upon a more limited, less ambitious range of wares, comprising red stonewares and glazed red earthenwares, both predominantly with engine-turned decoration, and black basalts. This appears to have continued until the factory's demise around 1806. Archaeological evidence for the entire working life of a factory is rare, but in the case of Shelton Farm the fluctuating fortunes of a modest factory can be clearly discerned. The vast body of pottery from the site provides good data for changing styles over time, but the evidence for changing technology is equally important. In this area, it is possible to identify the appearance of plaster-of-Paris moulds, of specialist kiln furniture, of engine-turned decoration and so on. Also excavated on the site was a sequence of five superimposed potters' ovens, bringing to just seven the total number of ovens associated with refined-earthenware production now excavated in north Staffordshire – the others were found on the site of Samuel Bell's factory in Newcastle-under-Lyme. Not surprisingly, the ovens from these two sites are similar in form and construction – circular, brick-built, with seven or eight firemouths of an otherwise unusual horseshoe shape (the later ovens had eight firemouths, suggesting perhaps a greater understanding of how best to control temperatures within the oven).

One of the most important opportunities to study the development of products from a single manufacturer resulted from the excavation of the waster dump of the factory of William Greatbatch in Fenton, Stoke-on-Trent, which operated from 1762 to 1782 (Barker 1991). This site provided a very large, well dated sequence of ceramics of many different types, which could be associated with a known manufacturer who is also well documented. This is an important period in the development of the British ceramics industry, which witnessed the successful marketing of creamware at home and abroad, the more frequent introduction of new types of wares, the easing as a result of the developing canal network of the problems of transporting pottery and raw materials, and the establishment of many new factories throughout the country. While it is useful – and unusual – to be able to study in detail a very good cross section of wares from a single factory of this period, assisting greatly in the establishment of typologies, the opportunity to be able to place these wares in a secure chronological framework is also extremely valuable and has implications for the interpretation of ceramics of the period in assemblages in many countries. Here we can pinpoint the time at which new ware types, forms and methods of decoration occur, and also when they declined in popularity. We can also learn a great deal about changes in manufacturing methods and oven technology within this clearly defined period.

The early development of porcelain in Britain has received a great deal of interest from ceramics collectors, but archaeological study is still extremely limited, and leaves many questions about output, chronology, technology and indeed attribution, unanswered. The most complete excavation of a porcelain factory is that carried out at Longton Hall in Stoke-on-Trent, which was operating between 1751 and 1760 (Tait & Cherry 1978). Structural evidence survived well, comprising the remains of a biscuit oven of several phases, a glost oven, a small decorating oven and a drying room or hot house. Oven bricks, ceramic-tile shelves and supports, heavy ceramic plugs and 'firebars' were amongst the material which had been used in these ovens, which is unique in its diversity. Longton Hall also stands out, not so much for the porcelain sherds recovered (Watney 1993) as for the vast range of saggars and kiln furniture which are quite unlike the very limited range of such material found on other porcelain-factory sites (Cherry & Tait 1980). Only the site of the West Pans porcelain factory has produced similar material, and this is not surprising since the factory was established by William Littler, who had previously worked at Longton Hall.

Only two other early porcelain factories – those at Vauxhall and Limehouse in London – have seen modern excavation. At each of these the porcelain finds were few in number and the structural evidence was ambiguous; little positive evidence has been forthcoming about the technology on the sites. At best we can point to a limited body of material which may be used as the basis for attributions of extant porcelains to the factories.

The technical developments, summarised briefly above, are all significant and all contributed towards a greater variety of form and decoration, increased output at a lower cost, and consequently to a growing preference for tea and table wares of pottery over other materials. No one on its own, however, nor any number of contemporary developments together, constitutes a 'revolution' in the ceramics industry, if by this term we mean something sudden and dramatic. Indeed, it is hard to view the ceramics industry as part of the 'industrial revolution' of the 18th and 19th centuries. This industry expanded, with factories being established in many parts of the country. Many factories grew to an immense size, with upwards of three or four hundred employees, and the division of labour was rigid. Despite this, even as late as 1841 over 60% of factories were on a small scale, employing fewer than twenty workers, and even the largest enterprises remained unaffected by mechanisation in any significant way. Only in the preparation of clay and other raw materials did steam engines come to be used as a matter of course; elsewhere in the factories most motive power was provided by children or women as wheel turners or lathe treaders respectively. It was only in the period after 1864, when the Factories Extension Act effectively reduced the availability of cheap child labour, that mechanisation came to be a serious proposition in the industry.

So, we can hardly see a revolution in the area of technology, but 'evolution' is very much in evidence. The industry was subject to an ongoing process of innovation, development and improvement, resulting from a wide range of diverse factors, which included external influence, contemporary taste, greater efficiency, etc., all of which are inextricably linked to the manufacturers' relationship with the market.

It may be difficult to define exactly what sort of 'ceramic revolution' might have occurred, but it is more difficult to determine whether there was any kind of 'consumer revolution' during the 18th century. Certainly there was a growing population base, with which the pottery manufacturers could trade at home, and a vastly increased market abroad. There is evidence for a greater level of disposable income and spending power at home, combined with a 'desire to consume', which can be seen in the growth of ornamental ceramics from the mid 18th century. The changing tastes and needs of the consumer are interlinked, and developing technology is either a response to these, or it is what makes them possible. Patterns of consumption are, however, very much dependent upon availability and, more significantly, upon cost. Improvements in technology increased levels of production, and this, together with better bulk transport resulting from the opening of the canals, ultimately brought costs down, leading to the consumption of greater quantities of ceramics. This situation was not without its drawbacks, as during the 19th century many manufacturers suffered losses as a result of the low prices which pottery commanded.

We are now gaining a greater understanding of the marketing of ceramics, particularly to North America, through the work of people like George Miller and Neil Ewins, but there is still a pressing need for more detailed research into this subject, and other markets are extremely poorly studied.

At home the products of many major factories are now known in some detail as are, more importantly, those of some of the less influential factories of their day. The picture of the level of local production in many parts of the country is becoming less fragmentary through the efforts of archaeologists, historians and a growing body of amateur interest.

Although considerable progress has been made on the study of production sites, excavated assemblages of ceramics from domestic sites are far fewer in number than we would wish, and published assemblages are fewer still. In Britain, particular attention has been directed towards high-status sites, particularly the houses and castles which played a prominent role in the English Civil War (1642–7) and significant assemblages have been recovered from, for example, Basing House in Hampshire (Moorhouse 1970), Beeston Castle in Cheshire (Ellis 1993), Sandal Castle in West Yorkshire (Mayes & Butler 1983, 213–24) and Dudley Castle in the West Midlands (Ratkai 1987). The Civil War provides useful evidence for the range of ceramics in use during the mid 17th century, and is particularly helpful in providing good dates for the products of local ceramic industries. British archaeologists have also concentrated many of their efforts on urban archaeology, and while medieval and earlier periods have been the primary focus of work, the exposing of post-medieval domestic rubbish pits has been an inevitable consequence of this activity. Again, fewer discrete assemblages have been published than is desirable (see, for example, Kershaw 1987 for Stafford and Fox & Barton 1986 for Portsmouth), but good surveys of a wide range of urban material have been published for Norwich (Jennings 1981), Poole (Horsey 1992) and Exeter (Allan 1984). The Exeter volume is a model for others wishing to combine archaeological and historical study to present a complete picture of ceramic distribution and use in an urban centre.

There remain many areas where work is imperative. There are still many regional industries which are poorly understood, or for which archaeological evidence is lacking, and, as mentioned above, our understanding of the important European trade is still limited. Archaeology is ideally placed to study the remains of all social classes, and yet to date in Britain we have consistently ignored the lowest levels of society and their lifestyles – the very people for whom archaeology is often our only means of enlightenment.

It is also embarrassing to admit that until comparatively recently British archaeologists have devoted little attention to the archaeology of the 19th and 20th centuries, and consequently few ceramic assemblages of this date have been thoroughly studied or published – in this we are far behind our colleagues in North America. Thankfully this situation is rapidly changing and the archaeology of the 19th century is coming to be seen as relevant and important (Emery, this volume). Several later domestic sites are now being excavated, the finds from them are being properly studied with a view to full publication and there is a growing interest in the study of 19th-century pottery industry, its products and its relevance to the wider world.

Thirty years of post-medieval archaeology have brought us to a situation in which we have a considerable understanding of many aspects of the 'ceramic revolution' of the period 1650–1850. After thirty years, however, we in Britain can also be satisfied that the ceramics industry of 1850 is now considered to be as important and worthy of serious study as that of 1650. This is a significant development – a revolution in its own right – and one which has occurred over very few years. Archaeologists in Britain are now better placed both to share the results of research into the home ceramics industry of the 19th century with colleagues in North America and to benefit from a valuable exchange of important data from closely dated and well documented domestic sites. The future of ceramic studies is beginning to look bright.

References

Allan, J. P. 1984, *Medieval and Post Medieval Finds from Exeter, 1971–1980* (Exeter Archaeological Reports 3), Exeter

Barker, D. 1991, *William Greatbatch, a Staffordshire Potter*, Jonathan Horne, London

Barker, D. & Klemperer, W. D. 1992, 'An important new discovery of Staffordshire ceramics', in *Ars Ceramica* 9, 28–32

Barton, K. J. 1964, 'The excavation of a medieval bastion at St Nicholas's Almshouses, King Street, Bristol', in *Medieval Archaeology* 8, 184–212

Bemrose, P. 1973 'The Pomona Potworks, Newcastle, Staffordshire 1, Soft paste, its production at Lower Street, 1744–1754', in *English Ceramic Circle Transactions* 9.1, 1–18

Bemrose, P. 1975, 'The Pomona Potworks, Newcastle, Staffordshire 2, Samuel Bell, his red earthenware production 1724–44', in *English Ceramic Circle Transactions* 9.3, 292–303

Celoria, F. S. C. & Kelly, J. H. 1973, *A Post Medieval Pottery Site with a Kiln Base Found off Albion Square, Hanley, Stoke on Trent* (City of Stoke on Trent Museum Archaeological Society Report 4)

Cherry, J. & Tait, H. 1980, 'Excavations at the Longton Hall porcelain factory' 2, in *Post Medieval Archaeology* 14, 1–21

Ellis, P. (ed.) 1993, *Excavations at Beeston Castle, Cheshire 1969–85*, London

Ewins, N. 1997, *'Supplying the Wants of our Yankee Cousins' – Staffordshire Ceramics and the American Market, 1775 – 1880* (Journal of Ceramic History 15)

Fox, R. & Barton K. J. 1986, 'Excavations at Oyster Street, Portsmouth, Hampshire, 1968–71', in *Post Medieval Archaeology* 20, 31–255

Gaimster, D. 1997, 'Regional decorative traditions in English post medieval slipware', in Freestone, I. & Gaimster, D. (eds.), *Pottery in the Making*, British Museum, London, 128–33

Grant, A. 1983, *North Devon Pottery: The 17th century*, University of Exeter

Greaves, S. J. 1976, *A Post Medieval Excavation in Woodbank Street, Burslem, Stoke on Trent* (City of Stoke on Trent Museum Archaeological Soc. Report 10)

Horne, J. 1992, *John Dwight*, Jonathan Horne, London

Horsey, I. P. 1992, *Excavations in Poole 1973–1983* (Dorset Natural History and Archaeology Society Monograph Series 10)

Hurst, G. (ed.) 1967, 'Post medieval Britain in 1966', in *Post Medieval Archaeology* 1, 107–21

James, H., Turnbull, G. & Mechan, D. n.d., *The Excavations at Sinclairtown Pottery*, Kirkcaldy

Jennings, S. 1981, *Eighteen Centuries of Pottery from Norwich* (East Anglian Archaeology Report 13)

Kelly, J. H. 1969, *The Hill Top Site, Burslem* (City of Stoke on Trent Museum Archaeological Soc. Report 3)

Kelly, J. H. & Greaves, S. J. 1974 *The Excavation of a Kiln Base in Old Hall Street, Hanley, Stoke on Trent* (City of Stoke on Trent Museum Archaeological Soc. Report 6)

Kershaw, M. J. 1987, 'An 18th century pit group from Stafford', in *Staffordshire Archaeological Studies* 4, 60–85

McKendrick, N. 1983, 'Josiah Wedgwood and the commercialization of the Potteries', in McKendrick, N., Brewer, J. & Plumb J. H. (eds.), *The Birth of a Consumer Society: The Commercialisation of 18th Century England*, 100–45

Martin, A. S. 1989, 'The role of pewter as missing artifact: Consumer attitudes towards tablewares in late 18th century Virginia', in *Historical Archaeology* 23.2, 1–27

Mayes, P. & Butler, L. A. S. 1983, *Sandal Castle Excavations 1964–1973*, Wakefield

Meteyard, E. 1865, *The Life of Josiah Wedgwood*, London

Moorhouse, S. 1970, 'Finds from Basing House (c.1540–1645)' 1, in *Post Medieval Archaeology* 4, 31–91

Mountford, A. R. 1975a, 'The Sadler teapot manufactory site, Burslem, Stoke on Trent, Staffordshire', in *City of*

Stoke on Trent Museum Archaeological Soc. Report 7, 1–20

Mountfortd, A. R. 1975b, 'The Marquis of Granby Hotel site, Burslem, Stoke on Trent, Staffs.', in *City of Stoke on Trent Museum Archaeological Soc. Report* 7, 21–7

Ratkai, S. 1987, 'The post medieval coarsewares from the motte and keep of Dudley Castle', in *Staffordshire Archaeological Studies* 4, 1–11

Tait, H. & Cherry, J. 1978, 'Excavations at the Longton Hall porcelain factory' 1, in *Post Medieval Archaeology* 12, 1–29

Watney, B. M. 1993, 'Excavations at Longton Hall porcelain manufactory 3: The porcelain and other ceramic finds', in *Post Medieval Archaeology* 27, 94–108

Weatherill, L. 1971, *The Pottery Trade and North Staffordshire 1660–1760*, Manchester

David Barker
Potteries Museum and Art Gallery
Bethesda Road
Hanley, Stoke-on-Trent
ST1 3D

27 Post Medieval Redware Pottery of London and Essex

Beverley S. Nenk with a contribution by Michael J. Hughes

Introduction

This paper describes briefly the main types of red-earthenware pottery, or redware, produced in and around London during the post-medieval period. Found in archaeological contexts dating from the late 15th and early 16th centuries, it continued to be produced throughout the 17th and 18th centuries, and into the 19th. 'Redware' is the general term used to describe earthenware pottery produced in a red-firing clay and found in London at this period. Within this general group, two distinct, major fabrics are known, Post-Medieval Redware (PMR), and Post-Medieval Fine Redware (PMFR). Both were produced in a variety of vessel forms, and include plain, unglazed or lead-glazed pottery, slip-coated and slip-decorated pottery, and black-glazed pottery. The paper includes a summary of some of the main production centres in London and Essex, which are thought to have supplied the capital with much of this pottery. This is intended as an interim statement; full results will be published in due course (Nenk & Whittingham in prep.).

Michael J. Hughes

Neutron Activation Analysis of Redware Pottery

The research included in this paper is part of a larger project involving a programme of neutron-activation analysis on the body fabrics of these types of pottery (Hughes et al. 1991) and the construction of a database of samples of similar pottery from various kiln sites and production centres, principally from London and Essex, as well as from kiln sites in Surrey (see below). The aim of the analysis has been to determine whether the products of the kilns could be differentiated, and if so, to assign a place of manufacture to a typical range of pottery excavated in London. The project has successfully demonstrated a consistent pattern of differences between the chemical composition of the body fabric of the kiln products of London, Surrey and Essex, related to small differences in chemical composition of the London Clay across the region.

A particular study has been made of kiln sites in Essex, which has shown them to be chemically distinguishable. The products of several kilns at Harlow, spaced within a mile or so of each other, have small but measurable differences in composition. Significant numbers of test pieces of redwares found in London have been attributed by analysis to the kilns at Harlow and Woolwich Ferry. Smaller proportions are attributable to other Essex kilns and to those at Lambeth in London, and Kingston (Nelson 1980) and Cheam in Surrey (Orton 1982). The database of analyses of kiln products has also been used to resolve a wide range of questions of origin of a number of specific types of pottery, including ceramic culinary moulds from London and Essex (Nenk 1992), basin handles with face masks from London and the Continent (Gaimster & Verhaeghe 1992), a sgraffito-decorated, anthropomorphic jug from London (Nenk & Hughes 1992), Colchester-type wares from Essex (Cotter forthcoming) and polygonal chimney bricks found in Essex (Wickenden et al. forthcoming).

Production Centres and Kilns in London

Various pottery kilns, as well as waster dumps suggesting production, have been found in London and Essex, which produced red-earthenware vessels similar in fabric and form to many of those found on occupation sites of the post-medieval period in the capital. In addition to the archaeological evidence, a far greater number of potters and kilns are known only from documentary sources. Much work remains to be done in this area, but important research has been undertaken, principally on the potters of London and the surrounding areas (Edwards 1974) and on those of Essex (Fisher 1960; Davey 1966 & 1971; Cunningham 1985; Dean 1997, 348–9; additional information may be found in Cooper 1968, 22–30). A summary of the evidence is given here.

Woolwich

Pottery similar in form and fabric to much of the PMR found in London was discovered in 1974 at the important kiln site at Woolwich to the south-east of the City, by the Old Woolwich Ferry Approach. A selection of this material has been published (Pryor & Blockley 1978). The products include glazed and unglazed redwares and slip-painted and slip-coated redwares. Neutron-activation analysis has demonstrated strong representation of vessels from Woolwich Ferry among the excavated pottery from London. The kiln site is located on the River Thames, providing easy transport not only of the raw materials needed in the production, but also of the finished products to the markets of London. This is probably a factor in the high proportion of vessels thought to be Woolwich products among the London samples analysed.

The earliest group of ceramics from the site, from phase one, was found in a clay-lined pit containing wasters and kiln furniture, and was thought to represent a dump from a nearby, undiscovered kiln. This pottery is believed to date to the late 15th or the first half of the 16th century (ibid., 52). A further, small group of wasters is thought to represent production in this area in the late 16th to early 17th century (ibid., 84). The area remained a centre of ceramic manufacture in the second half of the 17th century, and of two kilns excavated on the site, one (from phase two) produced stoneware and the other (from phase three) red earthenware. The stoneware kiln is thought to have been in operation during the middle decades of the 17th century (ibid., 61–3, but see also Gaimster 1994, 295).

The earthenware kiln was a circular, brick structure with twin stoke holes and it produced domestic and industrial redwares. It is thought to have been constructed, used, and possibly rebuilt, in the 'latter part of 1660 to 1680' on the evidence of the clay pipes, after the demolition of the stoneware kiln (Pryor & Blockley 1978, 72). However, vessels made of the red-earthenware fabric were also found in the stoneware kiln, believed to date from c.1660. These were thought to have been made in another earthenware kiln nearby, though no structure was found. This kiln might thus have been contemporary with, or earlier than, the stoneware one. It is therefore possible that 17th-century earthenware was produced earlier than c.1660; certainly there appears to have been a long tradition of pottery production on the site – from the 16th century, at least until the latter part of the 17th century.

Deptford

In 1996–7 a major redware-pottery production centre was identified during excavations by Pre-Construct Archaeology at The Stowage, at the junction of The Creek, Deptford, in south-east London (Phillpotts 1997). The existence of post-medieval pottery kilns in the area had been known previously from documentary and cartographic evidence, and from earlier excavations (Garrod 1989). The earliest topographical reference suggesting ceramic production in the vicinity dates to 1560, and manufacture at various factories continued during the 17th to 19th centuries, the longest-running pottery only closing in 1961 (ibid., 158). The excavation of this large site, also on the River Thames, has provided much new evidence of the types of pottery made there. Large quantities of wasters were found dumped behind timber revetments along the Thames foreshore. The majority of the wasters have been identified as PMR, but small quantities of a post-medieval black-glazed ware have also been found adhering to tile spacers (C. Jarrett pers. comm.). The possibility that black-glazed ware was produced on the site is of particular significance, as this was previously thought to have been made principally in Essex (see below). Preliminary analysis of the pottery recovered from The Stowage suggests a predominantly 17th-century date, and that there is a high proportion of industrial items, notably sugar-making wares, and significant quantities of vessels identified as horticultural wares, such as flower-pots, as well as crucibles made in a white-firing clay (ibid.), and also utilitarian domestic wares (Jarrett 1997). Significantly, the specialised production of industrial pottery, i.e. horticultural and sugar-making vessels, as well as chimney-pots, appears to have continued throughout the 18th and well into the 19th century at Deptford: this emphasis is thought to be largely in response to the ubiquitous success of the domestic wares produced by the Staffordshire potteries (Garrod 1989). Analysis of the material from excavations at The Stowage will do much to extend understanding of the organisation of the industry and the supply of pottery to London.

LAMBETH

In 1963, a large group of kiln wasters was excavated at the junction of Salamanca Place and Black Prince Road in Lambeth, south-east London. Spacer tiles were found adhering to several of these, and the group is thought to have come from a nearby, undiscovered kiln (Ashdown 1964). Domestic wares were found, including storage jars, pipkins and bowls, and industrial vessels such as distillation apparatus. This material is believed to date to the late 16th or 17th century, a period when several potters are known to have worked in this area (Edwards 1974). A small proportion of the sampled pottery excavated in London is attributed to Lambeth by neutron-activation analysis, though only a very few of the wasters have been tested, making the results inconclusive. Further comparison awaits full publication of the group.

Post Medieval Redware: Fabric and Forms (see Fig. 27.1 Nos. 1–5)

The coarse, sand-tempered redwares include several categories of pottery characterised by differing manufacturing techniques. Early Post-Medieval Redware (PMRE), an unglazed or partially glazed ware primarily of 16th-century date, is usually a reddish-brown fabric, but it often has a reduced, grey surface and/or core, and may be either unglazed or have a clear lead or copper-flecked green glaze. It has been termed variously 'Tudor Coarseware' (Orton & Pearce 1984, 61) and 'Tudor Brown Ware' (Orton 1988), and it corresponds to Woolwich fabric E1 (Pryor & Blockley 1978, 44). In the early 17th century, technological improvements in manufacturing and firing resulted in a more uniform red fabric, with a more even, glossy lead glaze. This fabric, PMR, corresponds to Woolwich fabric E2 (ibid., 63) and it has also been termed 'Post-Medieval Coarse Redware' (Vince 1981, 36 & 162; Orton & Pearce 1984, 36–40; see also Orton 1988, 297).

Post-Medieval Slip-coated Redware (PMSR) is coated either internally or externally with a zone of white slip beneath a lead glaze, and may feature *sgraffito* (incised) decoration (Pryor & Blockley 1978, 47 fig. 8 no. 14). It occurs both as Yellow-glazed PMSR (PMSRY), and as Green-glazed PMSR (PMSRG) with the addition of copper to the glaze. Previously known as 'Guys ware', it first acquired this name from fragments found during excavations on the site at Guy's Hospital, in Southwark, south London (Dawson 1979, 44). However, this was not a production site, and it is now recognised that such slipped redware was produced elsewhere in London, notably at Woolwich (Pryor & Blockley 1978, 44 & 63) and Lambeth (Ashdown 1964). Post-Medieval Slip-painted Redware (PMSL) describes vessels with painted-slip decoration, usually in the form of curvilinear designs. This decoration is found principally from the late 15th to the late 16th centuries, and occurs mainly on large jugs and pitchers (Pryor & Blockley 1978, 44; see Dawson 1979, fig. 5 nos. 47 & 51) and also on water sprinklers. The term Post-Medieval Bichrome Redware (PMBR) describes vessels, commonly cauldrons and pipkins, with distinct areas both of clear lead glaze, usually internal, and of green lead glaze coloured by the addition of copper, usually external (Prior & Blockley 1978, 47–9 fig. 8 nos. 18–19).

A wide range of forms was produced in the PMR fabric group. A high proportion of vessels was made for utilitarian, domestic use, principally for kitchen and storage purposes (Fig. 27.1 Nos. 1 & 5), and this is reflected in assemblages from throughout the period. In the early 16th century, groups (such as the one from Guy's Hospital) with large pitchers, cauldrons, pipkins, bowls, dishes and dripping dishes, are predominant (Dawson 1979, 34–42 figs. 5–8). The

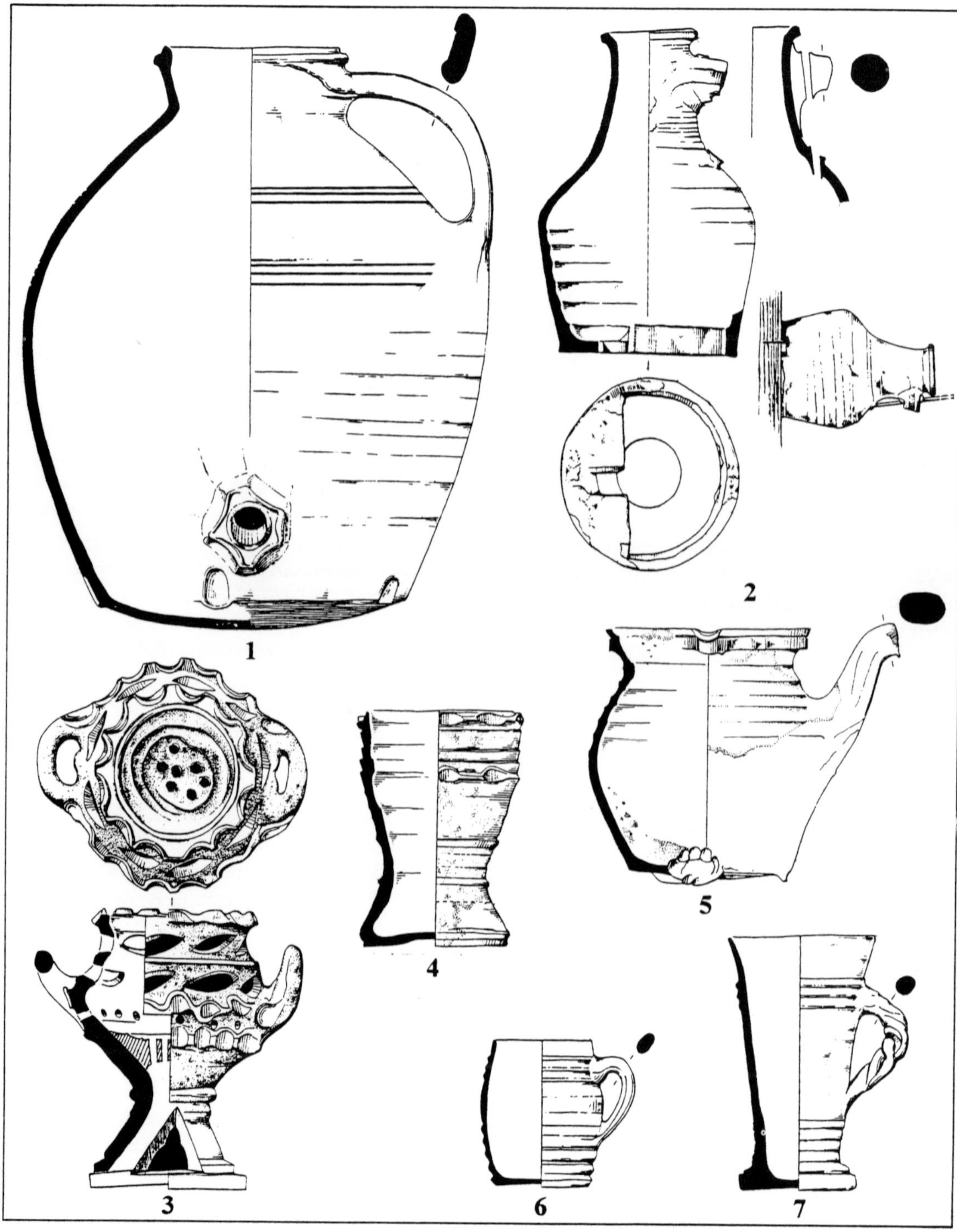

Fig. 27.1 Post Medieval Redware vessels (1–5); Post-Medieval Black-Glazed Ware pottery drinking vessels (6–7), (illustrations by James Thorn)

17th-century forms, such as those produced at the Woolwich kiln site, most commonly include large bowls, storage jars and pipkins (Pryor & Blockley 1978, 65–9 figs. 14–16), while at the late 17th/early 18th-century terraced properties excavated at Aldgate, east of the City of London, storage vessels, pipkins, bowls and dishes were the main forms found (Orton & Pearce 1984).

Table wares were produced in smaller quantities, including forms such as chafing dishes and goblets (Fig. 27.1 Nos. 3–4; Gaimster & Nenk 1997, fig. 13.3), often slip-decorated or with *sgraffito* decoration (Dawson 1979, nos. 126–31; Pryor & Blockley 1978, 51 fig. 9 no. 28) and cups (Orton & Pearce 1984, 48 fig. 22 nos. 67–9). Other forms include fuming pots (Gaimster & Nenk, fig. 13.3), bird-pots (Fig. 27.1 No. 2; Pryor & Blockley 1978, fig. 19 no. 104; see also Stephenson 1991) and sanitary vessels (Pryor & Blockley, 69 fig. 16 no. 85).

Industrial vessels, such as sugar-making pottery and distilling apparatus, were produced increasingly during the 17th century. Evidence for the increasing use of sugar in the diet of Londoners during the post-medieval period is reflected, for example, in rising levels of dental disease and tooth loss seen in a study of 400 skeletons buried in the New Churchyard, Broad Street (City of London), dating from the late 16th to early 18th centuries (Giorgi 1997, 210 n.87). The earliest sugar refineries in Britain date from 1544, but with the increasing export of raw sugar from the English colonies in the West Indies from the mid 17th century and the subsequent expansion of the industry in Britain, local production of sugar-making pottery increased markedly (Brooks 1983, 4 fig. 3 nos. 17–18). Sugar-making equipment (loaf moulds and syrup-collecting jars) was produced in large quantities at Deptford and Woolwich (Jarrett 1997; Pryor & Blockley 1978, 65 fig. 13 no. 64). Distilling apparatus made of pottery is known from the medieval period (Moorhouse 1972) and was also produced during the 17th century at Lambeth and Deptford (Ashdown 1964; Jarrett 1997).

The expansion in international trade from the 16th century led to an increased demand for the cultivation and consumption of new and exotic foods. The increasing interest in horticulture and gardens, and the cultivation of exotic plants during the 16th to 18th centuries (Giorgi 1997) is reflected in the production of various specialised redware forms, notably in PMR. William Harrison, in his *Description of England* published in 1587, refers to this interest: 'If you look into our gardens annexed to our houses, how wonderfully is their beauty increased, not only with flowers ... but also with rare and medicinable herbs sought up in the land within these forty years ... It is a world also to see how many strange herbs, plants, and annual fruits are daily brought unto us from the Indies, Americans, Taprobane [Sri Lanka], Canary Isles, and all parts of the world ...' (Edelen 1994, 265).

Certain large jars and bowls are believed to have been used as garden pots or urns, and this may account for the existence of what appear be drainage holes in or near the base; several were found at Woolwich (Pryor & Blockley 1978, figs. 13–14 nos. 67–9) and many at Deptford (C. Jarrett pers. comm.). This function is supported by vessels of similar form thought to have been used in the gardens as urns and flower pots, found during the excavations at Hampton Court Palace and Ham House (both in Surrey). Those at Hampton Court are believed to date to the late 17th or early 18th century (Dix & Parry 1995, fig. 146). Ham House was built in 1610 and extensively enlarged and modernised in the 1670s, and some of the vessels – all of which are dated to the mid to late 17th century – are thought to be PMR (Currie 1995). The large size of one of the pots suggests it might have held a small tree or shrub – a 1673 inventory of the contents of Ham House lists pots to hold orange trees. It has been suggested that pots such as these would have been taken indoors or into the greenhouse during winter to protect the plant from frost (ibid., 110). William Harrison records that certain annual plants 'are now made perpetual, being yearly taken up and ... reserved in the house' and that he had seen oranges and lemons growing here, 'beside other strange trees brought from far whose names I know not' (Edelen 1994, 269–70; see also Giorgi 1997, 204).

Further ceramic evidence for this increasing horticultural activity is provided by the excavation of water sprinklers and watering pots. Water sprinklers are a development of rarer, late-medieval vessels (Pearce et al. 1985, 418–9 fig. 77). The sprinkler is a bell-shaped vessel having a wide base pierced with numerous holes, and a narrow neck, which has a single hole. It was filled by immersion in water. The flow out through the holes in the base could be prevented by covering the hole in the top with the thumb, so creating a vacuum, or allowed by uncovering this hole. Sprinklers are found predominantly in contexts of the 16th century, although the form is thought to continue into the 17th century. Examples were found at the Woolwich kiln in the phase-one waster dump (Pryor & Blockley 1978, 88 fig. 10 no. 31). Intensive market gardening and vegetable cultivation is known to have developed from the mid 17th century around London, including the development of new areas around the City (Giorgi 1997, 203–4). Correspondingly, the watering pot appears to have been developed during the first half of the 17th century and it became common during the second half and into the 18th century. The form is that of a jug, with the pierced rose luted on over a hole in the side, and a semi-circular cover added over the rim to prevent water pouring out over the top when in use. This form was found at Woolwich in the phase-three kiln (Pryor & Blockley 1978, fig. 17 no. 95).

Production Centres and Kilns in Essex

It has long been recognised that much of the finer red-earthenware pottery found in London was produced at various kilns in Essex, notably those at Harlow. The potters of Essex are known to have supplied the London market with domestic wares from as early as the 13th and 14th centuries (Pearce et al. 1982) and documentary evidence suggests continuity of this potting tradition throughout the post-medieval period (Fisher 1960; Davey 1971). Excavation and fieldwork have revealed evidence of several major pottery industries from this period, notably those at Loughton and Stock as well as Harlow. There appears to be a considerable degree of similarity of form and decoration among products of these kilns, which it is suggested may be due to closely related and intermarried potting families (Davey 1966, 6).

Post Medieval Fine Redware: Fabric and Form

The distinctive group of fine sand-tempered wares produced in Essex shares a similar fabric, and comprises Post-Medieval Fine Redware (PMFR) – a red fabric either unglazed or with a clear (brown) or green glaze (Orton & Pearce 1984, 36), Post-Medieval Black-Glazed Ware (PMBL) -covered with a glossy, dark-brown or black, iron-rich glaze (ibid., 48), and Metropolitan Slipware (METS) – characterised by white, slip-trailed decoration on a red body beneath a clear glaze. The term 'Metropolitan Slipware' was acquired when this pottery was being increasingly found in London (Hobson 1903, 96). Kitchen ware and storage vessels are common in PMFR (Orton & Pearce 1984, 40 & 48), as are drinking vessels such as mugs, tygs and tankards in PMBL (Fig. 27.1 Nos. 6–7; Orton & Pearce, 77; Newton & Bibbings 1960, fig. 8; Cunningham 1985, 86). Tablewares form a high proportion of the products in METS – dishes, bowls, mugs (Fig. 27.2 No. 9) and cups predominate, while other forms include chamber pots, candle sticks, jugs, jars and sucking cups (Fig. 27.2 No. 8; Cunningham & Drury 1985, 64; Newton & Bibbings 1960). These fabrics are found increasingly in London during the 17th century (Orton & Pearce 1984, 36; Orton 1988, 298).

Metropolitan Slipware (see Fig. 27.2 Nos. 8–9)

The development of the technique of trailing a cream slip onto a red-ceramic body by early 17th century potters at Harlow appears to have been unparalleled elsewhere in England at this time (Gaimster 1997 & this volume). Although the technique may have been in use during the medieval period, late medieval potters in London and Essex seem only to have used slip painting and sgraffito decoration (e.g. Cunningham & Drury 1985, 64). Slip trailing is thought to have been developed during the late 16th century at Harlow; METS has been found in Chelmsford in contexts of that date (ibid., 64). Fragments of a slipware dish were discovered in the foundations of a kiln at Harlow on the site of a pottery believed to have belonged to Emmanuel Emmyngs, who died in 1616 (Dean 1997, 190 n.36). It is possible that Emmyngs was an immigrant potter from the Low Countries and that he was responsible for introducing the technique into the area (ibid., 192). A range of decorative motifs was employed by the Harlow potters, including floral and geometric patterns, as well as the use of lettering and phrases, a characteristic

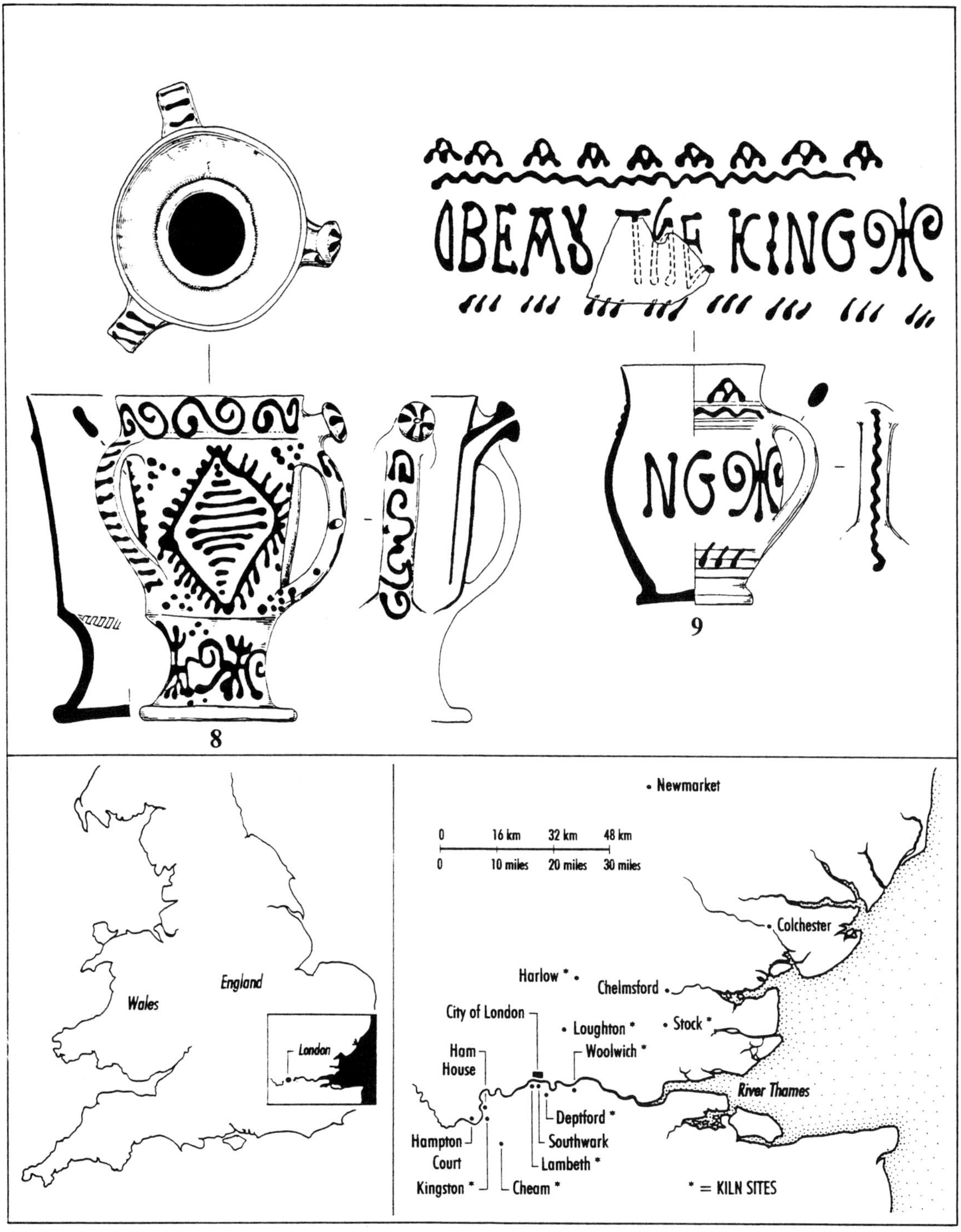

Fig. 27.2 Metropolitan Slipware drinking vessels (8–9), (illustrations by James Thorn); Map of Britain, with inset showing kiln sites and places mentioned in the text (illustrations by James Farrant).

unknown on slipware produced elsewhere in England at this time. Inscriptions found on METS vessels are commonly of a religious nature, or exhort the user to be merry and wise (Grigsby 1993, 20–1 no. 15). Many of the pious phrases reflect the Puritan attitude of the period, such as 'Honour the Lord', 'Fast and Pray', and 'Be not hy minded but feare God'. In the years following the Restoration of the monarchy in 1660, exhortations of loyalty to the Crown, such as 'Obeay the King', seem to have been popular (Fig. 27.2 No. 9). The dated pieces suggest that the period between the 1630s and the 1670s was the peak period of production (for details of inscriptions see Hobson 1903, Grigsby 1993, 20 and Dean 1997). Lesser quantities continued to be produced at Harlow until the early 18th century (ibid., 191); evidence from London also suggests that small amounts continued in production into the early years of the 18th century (Orton & Pearce 1984, fig. 23.82).

Harlow

Numerous documentary records refer to individual potters in Harlow and Latton, and many placenames survive which suggest kilns were located in the area. The earliest documentary reference to potters at Harlow dates to 1254, but the majority of recorded potters were active from the 15th to 18th centuries. Several kilns have been found in and around the town (Newton & Bibbings 1960; Fisher 1960) and much work on the sites and the products has been carried out by Walter Davey of Harlow Museum.

Harlow slipwares are found in Chelmsford, some 15 miles to the east of the production area, in contexts of the last decades of the 16th century (Cunningham & Drury 1985, 64); the finewares appear in increasing quantities in London from the early 17th century, probably as a result of the construction of a new road from Epping (Essex) to Newmarket (Suffolk) via Harlow, giving the potters at the latter direct access to the capital's markets (Davey 1966, 6). Several kilns have been found close to this road (Newton & Bibbings 1960; Fisher 1960; Davey 1966 & 1971; see also Egan 1988, 226 & 1990, 201, and Ponsford & Jackson 1995, 180–1). The Harlow industry is thought to have been established around Latton Street and Potter Street as a result of the new road, and London is believed to have become the principal market of the industry. Neutron-activation analysis suggests that significant proportions of PMFR, METS and PMBL found in London are products of the Harlow kilns.

Loughton

In 1969, the lower section of a rectangular, brick-built kiln was found at Loughton, filled with brick, tile and pottery. The pottery consisted mainly of clear-glazed redwares, including platters and large jars. Some sherds feature white-slip decoration, including slip-trailed lettering similar to that on METS. The kiln is thought to date to the early 18th century, while documentary records show that potters were also active in Loughton during the 17th century. A family connection has been found between the Loughton and Harlow potters (Hurst 1970, 182).

Stock

A related industry also existed at Stock, a village some six miles to the south of Chelmsford. Kiln furniture, pottery and wasters were found here in the 1970s (Cunningham 1985, 83). The pottery comprises glazed and unglazed domestic wares, including black-glazed vessels and a small amount of Metropolitan-type slipware, perhaps representing an attempt at making this ware, and the kiln furniture consists of a large number of saggars and fragments of peg tile, which had been used as kiln props. A large, ornate blackware jar from Braintree in Essex has an inscription that includes 'made at Stock 1685' (ibid., 86). Documentary evidence for the industry suggests 1509 to 1745 was the main period of production (ibid., 87). Although Chelmsford appears to have been the main market for the Stock potters (ibid., 83), documentary records indicate that large numbers of pots were purchased, in at least three batches, from 'John Pallmer of Stocke in Essex' in 1530 and 1532 for the hot houses ('stue howsz or the bayns') at Hampton Court Palace, some 50 miles away in Surrey. At least two of these batches were transported from Stock to Colchester by road, by sea from Colchester to London, and by river from London to Hampton Court (Musty 1977, 102–3). It is possible that this route to London was also used in the marketing of pottery from Stock. Neutron-activation analysis has attributed METS, PMBL and plain lead-glazed ware found in London to the production centre at Stock.

Conclusions

Developments in technology, a proliferation of new vessel forms and sizes associated with functional specialisation, as well as a greater emphasis on individual dining vessels, characterise the redware industries discussed here. The influence of urban, middle-class, immigrant merchants and artesans, especially Dutch and German, in ports and towns of south-east England from the 15th and 16th centuries, as well as the impact of increasing contact with the Continent and of Continental customs on the English, are also thought to be factors in the multipication of vessel forms in the 16th and 17th centuries (see Gaimster & Nenk 1997 for details of immigrants from north-west Europe in London during the early post-medieval period, and their influence on the English consumer). Dutch potters, for example, are recorded as working during the 16th century at Greenwich (Edwards 1974, 6) and at Woolwich (Pryor & Blockley 1978, 83–4), and they may well have been involved in the production of redware pottery.

The development of trade and other contacts with North and South America and the Far East led to new types of food and species of plant being introduced into the diets of Londoners from the 16th century (Giorgi 1997 & this volume). The ensuing, further demand contributed to the proliferation of new vessel forms and products, with increasing functional specialisation, such as horticultural and sugar-making pottery. A greater range of vessels with specific functions was developed, for use not only in the kitchen and for storage, but also as tablewares, household products, sanitary vessels and industrial and horticultural wares.

Improvements in manufacturing technology and decorative techniques, such as a more-uniform firing and glazing, and the introduction of slip trailing, on utilitarian redwares by these industries enabled potters to emulate, at a lower price, not only Continental imports but also vessels of metal and glass, and other, more costly, decorative ceramic tablewares. The production of forms such as drinking vessels, dishes, goblets and chafing dishes (Fig. 27.1 Nos. 3–4 & 6–7) allowed potters to market their products to the socially aspiring but less well-off consumer. The increasing demand for more-sophisticated ceramic tablewares during the 17th century is well documented (Gaimster 1994, 296). However, from the late 17th and 18th centuries, the growth in the market for decorative tablewares, such as tin-glazed wares, the products of the Staffordshire industries and Oriental porcelain (ibid., 299) is reflected in the growing concentration by the potters of the redware industries on more-utilitarian kitchen, storage, horticultural and industrial vessels.

Neutron Activation Analysis Programme: Conclusions (by M. J. H.)

It has been successfully demonstrated that redwares produced in London, Surrey and Essex can be differentiated from each other by neutron-activation analysis of the body fabric. Analysis of a selection of test pieces found in London has shown that a significant proportion are attributable to production at Harlow and Woolwich, with smaller numbers to other kilns in the London Basin. The database of analyses has also been used to resolve questions of origin of a range of specific redware products of the region.

Acknowledgements

B. N. is grateful to David Gaimster (British Museum) and Lucy Whittingham for advice and comments on this paper, and also to Mike Hughes (British Museum), and is indebted to Chris Jarrett and Frank Meddens (Pre-Construct Archaeology) for supplying information on the excavations at Deptford in advance of their own research and publication. Grateful thanks also to Jim Thorn (British Museum) for illustrating the pottery vessels, and Jim Farrant (British Museum) for preparing the maps and the figures. Many other colleagues have generously donated samples of pottery to the neutron-activation analysis programme, as well as information on their excavations – in particular: Walter Davey (Harlow Museum), John Cotter (Canterbury Archaeological Trust), Helen Walker (Essex County Council Archaeology Unit), John Ashdown, and staff at the Museum of London Archaeology Service, Woolwich Museum, Kingston Museum and Cheam Museum.

References

Ashdown, J. 1964, 'Lambeth', in *Thames Basin Archaeological Observers' Group Newsletter* (New Series 21 – March/April), 21–2

Brooks, C. M. 1983, 'Aspects of the sugar refining industry from the 16th to the 19th century', in *Post Medieval Archaeology* 17, 1–14

Cooper, R. G. 1968, *English Slipware Dishes*, London

Cotter, J. forthcoming, *The Post Roman Pottery from Excavations in Colchester 1971–1985* (Colchester Archaeological Report 7)

Cunningham, C. M. 1985, 'The Stock pottery', in Cunningham & Drury 1985, 83–8

Cunningham, C. M. & Drury, P. J. 1985, *Post Medieval Sites and their Pottery: Moulsham Street, Chelmsford* (Council for British Archaeology Research Report 54/Chelmsford Archaeological Trust Report 5), London

Currie, C. K. 1995, 'Horticultural wares from Ham House, Surrey', in *Post Medieval Archaeology* 29, 107–11

Davey, W. C. 1966, 'Potteries at Latton, Essex', *Post Medieval Ceramic Research Group Broadsheet* 4

Davey, W. C. 1971, 'Essex', in Brears, P. C., *English Country Pottery: Its History and Techniques*, Newton Abbott, 180–5

Dawson, G. J. 1979, 'Excavations at Guy's Hospital 1967', in *Surrey Archaeological Soc. Research Volume* 7, 27–65

Dean, D. 1997, 'The design, production and consumption of English lead glazed earthenware in the 17th century', unpublished Ph.D. thesis, Royal College of Art, London

Dix, B. & Parry, S. 1995, 'The excavation of the Privy Garden', in Thurley, S. (ed.), *The King's Privy Garden at Hampton Court Palace 1689–1995*, London, 79–118

Edelen, G. (ed.) 1994, *William Harrison, The Description of England*, New York

Edwards, R. 1974, *London Potters circa 1570–1710* (Jnl. of Ceramic History 6)

Egan, G. (ed.) 1988, 'Post medieval Britain in 1987', in *Post Medieval Archaeology* 22, 189–231

Egan, G. (ed.) 1990, 'Post medieval Britain and Ireland in 1989', in *Post Medieval Archaeology* 24, 159–211

Fisher, J. L. 1960, 'Harlow potters', in Newton & Bibbings, 360–2

Gaimster, D. R. M. 1994, 'The archaeology of post medieval society, c.1450–1750: Material culture studies in Britain since the war', in Vyner, B. (ed.), *Building on the Past: Papers Celebrating 150 Years of the Royal Archaeological Institute*, 283–312

Gaimster, D. R. M. 1997, 'Regional decorative traditions in English post medieval slipware', in idem & Freestone, I. (eds.), *Pottery in the Making: World Ceramic Traditions*, London, 128–33

Gaimster, D. R. M. & Nenk, B. 1997, 'English households in transition c.1450–1550: The ceramic evidence', in Gaimster & Stamper, 171–95

Gaimster, D. R. M. & Redknap, M. (eds.) 1992, *Everyday and Exotic Pottery in Europe c.600–1900*, Oxford

Gaimster, D. R. M. & Stamper, P. (eds.) 1997, *The Age of Transition: The Archaeology of English Culture 1400–1600*, Oxford

Gaimster, D. R. M. & Verhaege, F. 1992, 'Handles with face masks: A cross Channel type of late medieval highly decorated basin', in Gaimster & Redknap, 303–23

Garrod, D. 1989, 'Research into the Deptford potteries', in *Kent Archaeological Review* 97, 158–66

Giorgi, J. 1997, 'Diet in late medieval and early modern London: The archaeobotanical evidence', in Gaimster & Stamper, 197–213

Grigsby, L. B. 1993, *English Slip Decorated Earthenware at Williamsburg*, Colonial Williamsburg Foundation, Williamsburg

Hobson, R. L. 1903, *Catalogue of the Collection of English Pottery in the Department of British and Medieval Antiquities and Ethnography of the British Museum*, London

Hughes, M. J., Cowell, M. R. & Hook, D. R. 1991, 'Neutron activation analysis procedure at the British Museum Research Laboratory', in idem (eds.), *Neutron Activation and Plasma Emission Spectrometric Analysis in Archaeology* (British Museum Occasional Paper 82), 29–46

Hurst, D. G. (ed.) 1970, 'Post medieval Britain in 1969', in *Post Medieval Archaeology* 4, 182

Jarrett, C. 1997, 'Pottery assessment', in Divers, D. (ed.), 'An Assessment of the Archaeological Excavation at Greenwich Reach Development, The Stowage, London Borough of Deptford', unpublished Pre-Construct Archaeology report

Moorhouse, S. 1972, 'Medieval distilling apparatus of glass and pottery', in *Medieval Archaeology* 16, 79–121

Musty, J. 1977, 'Pots for the hot houses at Hampton Court and Hanworth', in *Post Medieval Archaeology* 11, 102–3

Nelson, S. M. 1980, 'A group of pottery waster material from Kingston', in *London Archaeologist* 4.4, 96–102

Nenk, B. S. 1992, 'Ceramic culinary moulds', in Gaimster & Redknap, 290–302

Nenk, B. S. & Hughes, M. J. 1992, 'A medieval sgraffito decorated jug from Mill Green', in *Essex Archaeology and History* 23, 51–6

Nenk, B. S. & Whittingham, L. with Hughes, M. in prep., *Post Medieval Red Earthenware Pottery in London*

Newton, E. F. & Bibbings, E. 1960, 'Seventeenth century pottery sites at Harlow, Essex', in *Transactions of Essex Archaeological Soc.* 25.3, 358–77

Orton, C. 1982, 'The excavation of a late medieval/

transitional pottery kiln at Cheam, Surrey', in *Surrey Archaeological Collections* 73, 49–92

Orton, C. R. 1988, 'Post Roman pottery', in Hinton, P. (ed.), *Excavations in Southwark 1973–76, Lambeth 1973–79* (London and Middlesex Archaeological Soc./Surrey Archaeological Soc. Joint Publication 3), 295–364

Orton, C. R. & Pearce, J. 1984, 'The pottery', in Thompson, A., Grew, F. & Schofield, J., 'Excavations at Aldgate, 1974', in *Post Medieval Archaeology* 18, 34–68

Pearce, J., Vince, A. & Jenner, A. 1985, *A Dated Type Series of London Medieval Pottery 2: London Type Ware* (London and Middlesex Archaeological Soc. Special Paper 6)

Pearce, J. E., Vince, A. G. & White, R. with Cunningham, C. 1982, 'A dated type series of London Medieval Pottery 1: Mill Green Ware', in *Transactions of London and Middlesex Archaeological Soc.* 33, 266–98

Phillpotts, C. 1997, 'Deptford Creek: Archaeological desk based assessment' – London Borough of Lewisham, Creekside Project, unpublished report

Ponsford, M. & Jackson, R. (eds.) 1995, 'Post medieval Britain and Ireland in 1994', in *Post Medieval Archaeology* 29, 113–93

Pryor, S. & Blockley, K. 1978, 'A 17th century kiln site at Woolwich', in *Post Medieval Archaeology* 12, 30–85

Stevenson, R. 1991, 'Post medieval ceramic bird pots from excavations in Greater London', in *London Archaeologist* 6.12, 320–1

Vince, A. 1981, 'Coarse Pottery', in Vince, A. & Egan, G., 'The contents of a late 18th century pit at Crosswall, City of London', in *Transactions of London and Middlesex Archaeological Soc.* 32, 159–82

Wickenden, N. with Hughes, M. & Nenk, B. forthcoming, 'Polygonal chimney bricks in Essex, including a neutron activation analysis study', in *Essex Archaeology and History*

Concordance Of Illustrated Vessels

(MLA = British Museum, Dept. of Medieval & Later Antiquities)

FIG. 27.1:

No. 1 Early Post-Medieval Redware pitcher, 16th-century. MLA 1862,2–28,1 B203; found Moorgate Street, City of London

No. 2 Post-Medieval Redware bird pot, 16th–18th century. MLA 1887,3–7, B104; London.

No. 3 Post-Medieval Slip-coated Redware chafing dish, 16th–17th century. MLA 1856,7–1,1582 B198; London.

No. 4 Post-Medieval Slip-coated Redware goblet, 16th–17th century. MLA 1915,12–8,197; Golden Lane, City of London.

No. 5 Early Post-Medieval Redware pipkin, 16th-century. MLA 1899,5–8,21 B109; Westminster.

No. 6 Post-Medieval Black-Glazed Ware mug, 17th-century. BM MLA 1896,2–1,49 C12; unprovenanced.

No. 7 Post-Medieval Black-Glazed Ware tyg, 17th-century. MLA 1887,3–7,C1; unprovenanced.

FIG. 27.2:

No. 8 Metropolitan Slipware sucking cup, 17th-century. MLA 1925,4–10,1; unprovenanced.

No. 9 Metropolitan Slipware mug, 17th-century. MLA 1887,3–7,D24; found Bishopsgate Street, City of London.

Beverley S. Nenk
Dept. of Medieval & Later Antiquities
British Museum
Great Russell Street
London WC1B 3DG

Michael J. Hughes
Dept. of Scientific Research
British Museum
Great Russell Street
London WC1B 3DG

28 The Pottery Industry of the Surrey-Hampshire Borders in the 16th and 17th Centuries

Jacqueline Pearce

Summary

During the 16th and 17th centuries, Surrey-Hampshire Border wares, both whitewares and redwares, were widely distributed throughout southern England, and formed one of the most common kinds of pottery used in London, some also reaching the American colonies. This paper gives a summary of work carried out in London and elsewhere over the last ten years, including material recovered in the capital since 1987, when the most recently excavated site included in the published London type series was investigated (Pearce 1992). A brief summary of the kiln evidence is followed by a broad typological and chronological outline, together with a discussion of recent finds from London. Newly discovered evidence concerning an early 16th-century phase of redware production and a re-evaluation of contemporaneous fine whitewares are presented. Finally, suggestions for future lines of enquiry are proposed.

When Felix Holling published his preliminary note on the pottery industry of the Surrey-Hampshire borders in 1971, he pointed the way for further work which he felt should be carried out over the next few years (Holling 1971). This included:

- establishing a full chronology based on excavated kiln groups
- filling in the chronological gaps in the suggested scheme, extending and clarifying the type series
- carrying out more documentary research in Surrey and Hampshire to identify and date potential kiln sites
- establishing the extent of the industry and its distribution networks.

More than 25 years have passed since this clear outline for future work was published. The aim of this paper is to examine the extent to which these objectives have been advanced, and to survey recent finds from London, the industry's chief market during the 16th and 17th centuries.

The Development and Extent of the Industry

Surrey-Hampshire Border ware was one of the most successful and versatile pottery industries operating in southern England in the late 16th and 17th centuries. Situated in the Farnham area of east Hampshire and west Surrey, several kilns are known to have been working during this period, making both whitewares from the clay of the Reading Beds as well as redwares using local outcrops of London Clay. With their appearance enhanced by different colour glazes – clear (appearing yellow on a white body), green, olive and brown or manganese-stained – these attractive and well-made wares were produced in a far wider range of forms than any other contemporaneous ceramic industry in the region. A list of some of its products shows just how broadly based and varied the industry's output was over the 150 years or more, during which it flourished. Cooking vessels include tripod pipkins, skillets and large 'saucepans', while porringers, bowls and dishes of various shapes were often multi-purpose forms, used principally in the kitchen and at the table.

Throughout most of its history, the industry specialised in the manufacture of good-quality drinking vessels, in particular cups, mugs and drinking jugs. Sanitary needs were provided for by chamber pots, bedpans and stool pans. Apart from these everyday domestic items, a remarkably wide range of forms catered for most other household needs: chafing dishes, costrels, warming pans, candlesticks, money boxes, fuming pots, whistles and a number of more enigmatic vessels, such as the so-called chicken-feeders, double dishes and 'beverage warmers' (all these forms are illustrated in Pearce 1992).

Throughout the late 16th and 17th centuries, the Border industry was consistently the second most common source of pottery used in London, a pattern repeated in large assemblages of pottery excavated across the capital, for example at Boston House, Broad Street (site code BRO90 – Pearce 1994; see also idem 1992, 102–111). Its products also had a wide distribution across southern England, and were even carried across to the American colonies, with an early drinking jug recently uncovered on the site of the James Fort, Jamestown, in a context of 1607 or shortly after (Kelso et al. 1997, 24 & 53–4). Large collections have been recovered from excavations throughout south-east England (Fig. 28.1) including high-status sites such as Basing House (Moorhouse 1970), Farnham Castle (Moorhouse 1971), Dover Castle (Mynard 1969) and Nonsuch Palace (Biddle 1961). However, London was always the major consumer and provided a vital stimulus to the development of the industry, encouraging the emerging specialist whiteware production during the 15th and early 16th centuries with large-scale orders for specialised forms, such as the drinking vessels regularly bought in bulk by the various Inns of Court from the late 15th century onwards (Matthews & Green 1969). The early-modern Border ware industry, in which whitewares were undoubtedly the dominant marketable commodity, grew out of a long tradition of potting based on the white-firing clays of the Reading Beds outcropping in the region of Farnham. The tradition stretches back at least to the 13th century, and close links with London were maintained for many centuries (Pearce & Vince 1988, 84–8).

Holling's publications concentrated on kiln groups from Farnborough Hill, Hawley and Ash (Holling 1969 & 1971), but could provide only a preliminary survey of the huge quantities of pottery recovered from these sites. A total of 110 boxes of pottery from the 1969 excavations at Farnborough Hill Convent is held by Guildford Museum (Kevin Fryer pers. comm.); it is hoped, following a kiln-study weekend in 1998, that a complete catalogue of this material will be undertaken.

Inevitably there are chronological gaps in the existing sequence derived from kiln and waster groups. Key points in this sequence are provided by:

- the late 15th-century finewares from Farnborough Hill Convent, found with late medieval coarsewares or Coarse Border ware (Holling 1977)
- the mid to late 16th-century kilns from Farnborough Hill, dated to c.1550–80 (Holling 1971 & 1977)
- the pottery from Sandy Lane, Minley Road, Cove, dated on typological grounds to the second quarter of the 17th century (Haslam 1975).

The quantity of material recovered is again considerable, and a detailed typology forms part of the published report. However, other ceramics from sites in Cove, such as Yeomans Potteries (Millett 1981), have not been analysed in any depth, although the production of 16th-century stove tiles has been the subject of a detailed study (Gaimster 1988). Large quantities of pottery found at 'Ye Olde Malthouse', Chapel Lane, Hawley are thought to be contemporaneous with the Minley Road material (Holling 1971, 70–2) and the pottery from The Lime, Ash, which is dated typologically to the late 17th century (ibid. & idem. 1969). Wasters from Stanford Farm, Pirbright are also dated to the mid to late 17th century (idem 1971, 62). The pottery from most of these sites still awaits full analysis and publication.

Type Series

The above sequence, based on kiln evidence and collections of production waste, is supplemented by the type series of Border wares from well dated contexts in the City of London (Pearce 1992). This largely confirmed Holling's original typology and pinpointed certain key features, summarised below. No sites excavated later than 1987 were included in the London type series, and pottery recovered from excavations carried out in London and elsewhere over

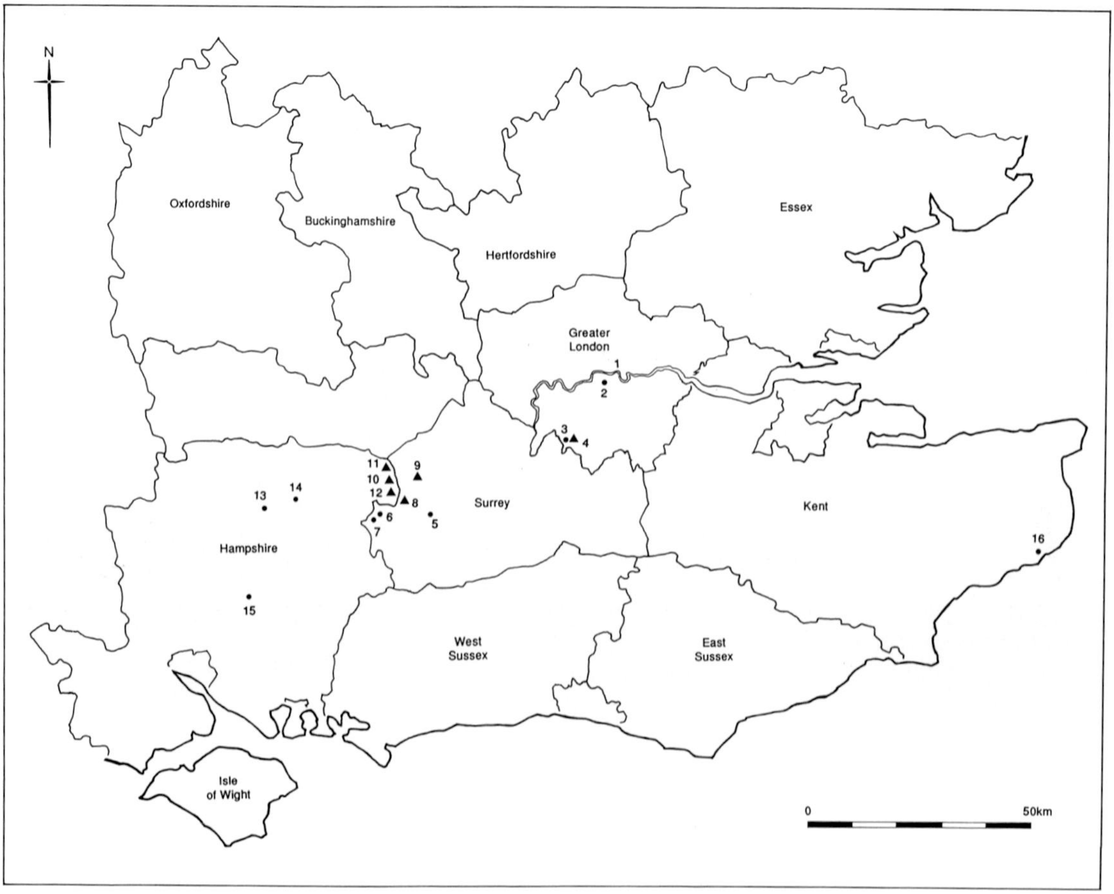

Fig. 28.1 Map of south east England showing sites mentioned in the text. The triangles denote kiln groups (see Key)

Key To Fig. 28.1

The following sites are mentioned in the text:

1. London (City and Central)
2. Southwark

Surrey:

3. Cheam
4. Nonsuch Palace
5. Guildford
6. Farnham
7. Farnham Castle
8. Ash
9. Pirbright

Hampshire:

10. Cove
11. Hawley
12. Farnborough Hill
13. Overton
14. Basing House
15. Winchester

Kent:

16. Dover Castle

the last ten years has both refined the corpus and supplemented it. Numerous unusual vessels have been found, some of them unique, and there have been many examples of whole or almost complete vessels of most forms from well dated contexts. In addition, sherds from forms which were previously known only from the Museum of London's reserve collection have been excavated. A brief survey of some of the more common forms and features follows, with the significant chronological features highlighted:

– the mug form, which is found in great numbers at Minley Road, Cove, dated to the second quarter of the 17th century (Haslam 1975, 173–9), does not occur in stratified groups predating

Fig. 28.2 Seventeenth century Border ware drinking and serving vessels (from left to right): Back: rounded jug (height 180mm), tyg. Front: left and right Type 1 mugs, centre bottle

c.1620. Chiefly made in the whiteware fabric, this is undoubtedly the most decorative element in the repertoire of the Border potters, on which great care and attention were lavished. Bichrome glazing, incised and encrusted decoration are all combined, often to pleasing effect (Pearce 1992, 27–9, fig. 35 nos. 263–70; fig. 36 nos. 271–80; pl. 3). Red Border ware examples are also found, including mugs with an S-shaped profile, recalling the form of the caudle cup, well known in contemporaneous tin-glazed ware (Fig. 28.2, front left and right).

– the earliest use of manganese- or iron-stained brown glaze dates to the same period and is restricted to a limited number of forms, of which mugs are the most common. Other forms include flanged dishes, fuming pots and chafing dishes. An atypical use of the glaze is on a late 17th-century Type-2 chamber pot from a cesspit at 12–14 Mitre Street, in the City of London, off Aldgate (site code MIR84; Pearce 1998, 97; for the form see Pearce 1992, fig. 41 nos. 332–6). No brown-glazed tripod pipkins were included in the London corpus (Pearce 1992, 20), but several have since been excavated, including examples from Boston House, Broad Street (BRO90 context 205 – idem 1994, 16) and Borough High Street (120BHS89 context 137 – idem 1996a). Brown glaze is also found occasionally on Red Border ware, particularly mugs, confirming this as the favoured glaze colour for such forms (Fig. 28.2).

– the mixing of glaze was more accomplished in the 17th century (idem 1992, 5–6). Late 16th-century copper-stained green glazes are frequently mottled, and clear glazes often have dark brown mottling from iron particles not ground sufficiently finely and sometimes standing proud of the surface. During the 17th century both green and clear glazes became far more-even in appearance and cover. Much of the Border ware in the large, late 16th-century assemblage from Abacus House, Gutter Lane (site code ABC87 – ibid., 94 & 104) exhibits glaze mottling. A similar trend can be seen in contemporaneous assemblages throughout the City, such as the large group of Border wares dated to c.1550–1600 excavated from the City Ditch at Cripplegate Buildings (WFG18 – Pearce in prep.).

– the provision of external lid seating on tripod pipkins does not become common before the mid 17th century, when plain, unribbed vessels with a pear-shaped profile were introduced (Holling 1971, 76–7; Pearce 1992, 18–20). There is no evidence of ribbing in the late 17th-century kiln material from Ash (Holling 1969, 24) and this is borne out by the absence of ribbed tripod pipkins in late 16th- to 17th-century contexts from London (Pearce 1992, 18–19).

– the chamber-pot developed in form, and these changes are among the most reliable chronological indicators in the industry. The typical late 17th-century vessel (Type 2 – ibid., 32–4) has a broad, flat-topped rim, a squat, pear-shaped profile, and is almost invariably green-glazed both inside and out. Other glaze colours are occasionally found (see above), as well as vessels in Red Border ware; for example, in the mid 18th-century cesspit assemblage from Mitre Street (MIR84 context 100 – Pearce 1998, 97). Significantly, no Type-2 chamber pots were found in the massive collection of pottery recovered from the City Ditch at Boston House, which is shown on the Faithorne map of c.1642–7 to have been infilled by the mid 17th century (BRO90 – idem 1994, 4 & 34). In the late 16th and early 17th centuries chamber pots are taller, with a thickened, everted rim, and typically have yellow, olive or, less frequently, green glaze inside only (idem 1992, 18–20).

porringers without rilling were introduced in the late 17th century and continued in production into the 18th century, when they were made principally in Red Border ware. The late 16th- to mid 17th-century form typically has a pronounced carination at the mid point, with ribbing above, while the later form has a deeper, straight-sided, unribbed upper section with a carination just above the base (Pearce 1992, 15–7). Three most unusual whiteware porringers of late form were found in the large inn-clearance group from Tunsgate, Guildford, deposited c.1702–14 (Fryer & Selley 1997, nos. 30–2). They are green-glazed inside and out, and each has a single, solid, heart-shaped moulded handle with an impressed fleur-de-lis design, attached at an angle of c.45 degrees. This form of handle is as yet without parallel in Border ware. In overall shape and handle type, the Guildford porringers compare closely with contemporaneous tin-glazed earthenware forms (for example Orton 1988, type a, 311 fig. 131 nos. 1275–9). They were clearly made to be more decorative than was usual for this type of vessel. One other form of porringer, made exclusively in Red Border ware, is found in London in 18th-century contexts. This has a gently rounded profile, with a small, upturned horizontal loop handle, which is almost invariably too close to the body to be of any practical use in holding the vessel. All known examples have a lustrous, manganese-stained, mottled brown glaze inside and out, and a narrow band of combing just below the rim. None has been found in 17th-century contexts.

– saucer candlesticks appear not to have been made after the mid 17th century (Pearce 1992, 35–7), while the upright form was in continuous production from the late 16th century onwards (Holling 1971, 81). Recent finds from London have shown that Red Border ware candlesticks were more common than was previously supposed, especially upright versions. There are several in the Museum of London which were not recorded in the London type series (Fig. 28.4 back right). Among the more unusual forms recovered are two Red Border ware upright candlesticks with a waisted base below a relatively deep drip tray (Fig. 28.5 right). The shaft is conical in profile, with the socket formed separately above, and a loop handle is attached at the lower end to the drip-tray (the upper attachment is missing). Both candlesticks are covered with a green glaze and were found in a late 16th-century group from the fill of the City Ditch at the junction of Fore Street and Wood Street (WFG18 site contexts 41 & 244 – Pearce in prep.). Other, similar examples in whiteware have been found at St Mary Graces, the Royal Mint site (MIN86 – Richenda Goffin pers. comm.). Another unusual form (WFG18 from context 85) is in clear-glazed (i.e. yellow) whiteware: it has a bulbous shaft with a central ridge or cordon, but no drip tray or handle (ibid.; see Fig. 28.5 left).

Other chronological indicators are related to the development of the early 16th-century fine whiteware, in which a limited range of forms was made, having evolved out of late medieval vessels. Many of these forms were no longer produced after the end of the 16th century, and some were obsolete by c.1550. Vessels which did not continue in production into the 17th century include mammiform costrels and goblets or beakers (Pearce 1992, 30 & 23–4). The significance of Early Border ware and its relation to 'Tudor Green' are considered in greater depth below.

Other Additions to the Type Series

The commonest cooking vessels made by the Border potters were tripod pipkins with hollow handles, and skillets, most of which have a flared bowl profile and solid, straight handle (Pearce 1992, 20–1 fig. 30 nos. 169–84). However, numerous small pipkins without feet have come to light in the Museum of London's reserve collection, the most significant addition to the corpus in recent years. They come in a range of sizes, and a large proportion are very small – although not so small as to be regarded as 'miniatures' (for example, acc. nos. P510–12 & 15518; see Fig. 28.3, front). The smaller vessels range in height from 60–70mm, with rim diameters in the range of 65–75mm and bases

Fig. 28.3 Late 17th and 18th century Border ware sanitary and cooking vessels: Back: (from left to right) conical bowl or stool pan, Type 2 chamber pot (height 130mm). Front: pipkins

Fig. 28.4 Seventeenth century Red Border wares (from left to right): Back: 'chicken feeder' (diameter 185mm), upright candlestick. Front: whistle, saucer candlestick

from 30–45mm (fourteen examples). One of the larger pipkins is 133mm high, with a rim diameter of 190mm and base diameter of 140mm (acc. no. 27.97). All have a rounded, or, more commonly, a pear-shaped profile, with a flat or slightly indented base, a straight or curved, solid handle or a tubular handle applied at an angle of 45 degrees and a pinched pouring lip at 90 degrees to the handle. Rims are generally slightly thickened and rounded. The great majority are in Red Border ware, with clear glaze inside only. A smaller number have an overall glaze inside and out, sometimes mottled brown or manganese-stained (Fig. 28.3 front centre & right). Very few comparable vessels have been recovered from excavations in London, and none are from 17th-century contexts. The form is best seen as part of the 18th-century output of the industry, although more excavated finds are needed to confirm the date range. However, there are also three brown-glazed whiteware pipkins of the same form in the Museum of London's reserve collection, which were probably made in the mid to late 17th century (acc. nos. A4523, 37.222/44 & 25245). One of these has a band of combing just below the rim and is sooted under the base. All three are glazed inside and out. None was found at any of the kiln sites.

A number of small chafing dishes have recently

Fig. 28.5 Seventeenth century Border ware upright candlesticks (back) and saucer candlestick (front)

been identified. One complete example from Procession House, Ludgate Hill (LUG97 site context 120) is in olive-glazed whiteware and was found in a deposit dated to c.1630–50. The vessel is no more than 70mm in height, with a rim diameter of 110mm. There is a single, round hole in the pedestal base, 15mm in diameter, and a small central hole in the base of the bowl. The rim has three pinched knobs or supports and a single, vertical loop handle, but no pierced air holes in the body (cf. Pearce 1992, 21–2 fig. 30 no. 186). Slight sooting inside the base suggests the presence of a heat source (embers or charcoal?). Chafing dishes of this size are not common, although there are other examples in the Museum of London's reserve collection. It is possible that they were used as fuming pots in addition to, or perhaps instead of, the usual function of a food warmer.

Individual items of interest include a most unusual heart-shaped dish, slab-built with straight-sided walls, and covered with a clear (yellow) glaze, from Chaucer House, Tabard Street (CH75 site contexts 13–14, 17 & 63; Stephenson 1987). It may be compared with the few known examples of lobed dishes from London, all probably used as decorative serving vessels (Pearce 1992, 44–5). Among the other less-common forms found in London, a number of 'chicken feeders' have been recovered, mostly with clear glaze – for example, a near-complete vessel from Magdalen Street (MGS96 context 207; idem 1997b; see Fig. 28.4 back left). The purpose of this form continues to defy interpretation, although another type of vessel whose function had previously been regarded as enigmatic (ibid., 45 fig. 46 nos. 457–60) has since been interpreted as a beverage warmer (MPRG 1998). This form was previously known from museum collections and has only recently been recognised in excavated material; for example, a green-glazed vessel from an early 17th-century context at Cripplegate Buildings (WFG18 context 217 – Pearce in prep.) and one with brown glaze from Clifton Street (CFS95 context 18, dated c.1620–1700 – idem 1995). The suggestion is made (MPRG 1998, form 8.9) that it was intended to sit inside an open-topped heating stand in the manner of a *veilleuse* or food warmer ('pap warmer'), as made in tin-glazed earthenware, red stoneware, continental and English porcelain (Chelsea and Lowestoft), and Creamware during the mid 18th century (e.g. Savage & Newman 1985, 307; Archer 1997, 358–9; Godden 1969, 114). This requires the redefinition of the function of the vessel generally classed as a fuming pot (Pearce 1992, 40–1) as a heating stand (MPRG 1998, form 8.8). The 18th-century food warmers have a large aperture in the base, into which a lamp bowl was inserted to keep warm food or drink contained in a lidded bowl fitted into the stand above. They typically have an additional candle socket attached to the lid, to act as a night light. The Border-ware fuming pots have an aperture in the pedestal base, but this is hardly large enough to take even a very small bowl. Moreover, signs of sooting or smoke blackening are extremely rare, and the body perforations would allow heat to escape (rather than contain it), which seems to defeat the object of the food warmer. However, the proposed 'beverage warmers' appear to have been made to fit inside another vessel, and all are lid-seated, although no suitable lids have yet been definitely identified. One small, knobbed lid in green-glazed whiteware, now in the Museum of London's reserve collection from an early 16th-century group at Gateway House (ER161B, acc. no. 23049 – Pearce 1992, 106) is perforated liberally with diamond-shaped holes. In size it is appropriate for the putative beverage warmers, but none has yet been found associated with this form in excavated contexts. Furthermore, complete examples fit comfortably inside the rims of fuming pots, suggesting a possible association with them. Whether this implies heating food or liquid is another question. None is large enough to hold very much, and they do not have a pouring lip. It is quite possible that they were designed to contain other substances, such as herbs, favouring the original interpretation of the fuming pot. Similar forms were made in 16th-century Post-medieval slipped redware (formerly 'Guy's Hospital ware') as shown by examples in the Museum of London's reserve collection (e.g. acc. nos. 52.85/2 & A5233). Forms corresponding to the Border-ware fuming pot were not, however, a regular part of this industry's output. Although the interpretation of the food or beverage warmer as a complex multi-component form is in many ways attractive for the two Border-ware vessels, the additional, and perhaps even original function as a fuming pot should not be summarily discarded.

The double dish is another enigmatic form which was until recently known in London only from examples in the Museum of London's reserve collection (Pearce 1992, 42). Sherds have since been found in 16th-century contexts, for example at Cripplegate Buildings (WFG18 site context 254, dated to c.1550–1600 – idem in prep.). All are green-glazed. However, no satisfactory interpretation has yet been put forward to explain their function, which was clearly very specific. One other rare form with a specialised function is the warming pan. Part of one with clear glaze was found in a group closely dated to the second quarter of the 17th century at 15–17 High Street, Uxbridge, a town to the west of London (UX83IV site – idem 1993b; cf. idem 1992, 44). A near-complete example was also found in an early 17th-century context at Boston House, Broad Street (BRO90 context 230 – idem 1994). A number of whistles made in Red Border ware with brown glaze, which include finds from the Thames foreshore, have recently been added to the Museum of London's reserve collection (Fig. 28.4 front left; cf. Pearce 1992, fig. 45 nos. 428–9).

One rare form of particular interest is a complete bottle in Red Border ware, in the Museum of London's reserve collection (acc. no. A25750; Fig. 28.7), made in close imitation of a Frechen stoneware Bartmann, with applied face mask and medallion, and even a mottled brown glaze cleverly reproducing the appearance of the characteristic salt glaze of the Rhenish originals. The face mask is a very close copy of a 17th-century Frechen prototype, as is the medallion, which takes the form of an eight-petalled rosette. The form of this rosette is identical to that of a Bartmann found in Frechen in a pit dated to 1650–75 (Hurst et al. 1986, pl. 44 left). The handle even has a passable 'rat tail' terminal. Part of another face mask, in green-glazed whiteware, was found in Tabard Street (CH75 site, context 144 – Stephenson 1987; Fig. 28.6 No. 4). A miniature brown-glazed whiteware jug of similar shape, but without the face mask and medallion, came from the site of Carrington House, Brookhill Road, Deptford (BOK92 context 131; Pearce 1993a). The necks of two brown-glazed whiteware Bartmänner copies were found among the kiln waste at Minley Road, Cove, dated to the second quarter of the 17th century (Haslam 1975, 183–4 fig. 10 no. 118). Haslam cites two other examples, one of them with green glaze (ibid., 184 note 25). The practice of making jugs in imitation of Rhenish stoneware forms can be traced back in the Border potteries to the 16th century, when yellow-glazed copies of Raeren drinking jugs with thumbed bases were produced (see, for example, Pearce 1992, 26 pl. 2). These forms are extremely rare, as are copies of Siegburg-stoneware narrow-necked jugs or *trichterhalskrüge* (ibid., 26 fig. 35 no. 262; Matthews & Green 1969, fig. 2 nos. 25–7). Sherds of yellow-glazed Raeren-style drinking jugs were found in an early 16th-century group from Cripplegate Buildings (WFG18 260), made in Early Border ware (see below).

Jugs for bulk serving or distribution, as opposed to drinking jugs for individual serving, were one of the few forms which did not constitute a regular part of the Border industry, although a large brown-glazed whiteware rounded jug in the Museum of London's reserve collection is an exception (Fig. 28.2 back left) closely mirroring the form of the globular drinking jug (Pearce 1992, 26–7). The vessel has a strap handle and straight-sided neck, with a single cordon just below the rim. No comparable forms have been excavated in London, although the use of brown glaze suggests a date after c.1620. However, a similar jug with brown glaze was recovered in the early 18th-century material from Tunsgate, Guildford (Fryer & Selley 1997, no. 39). Bottles were the only other form used to store and serve liquid, but they were not a regular part of the industry's output. Apart from the rare Bartmann copies described above, there are two undecorated bottles in yellow-glazed whiteware in the Museum of London's reserve collection. Each has a short, narrow neck, a rounded body and a handle (Fig. 28.2 front middle; Pearce 1992, fig. 45 no. 444).

Certain types of vessel which formed a mainstay of the industry were also produced in a size approaching that appropriate for a toy. These include a miniature bottle-shaped costrel (Pearce 1992, 32), a miniature skillet recently uncovered in excavations at Bull Wharf, Upper Thames Street (BUF90 site, context 2048, dated to c.1580–1700; Fig. 28.6, No. 2 – idem 1996b; cf. idem 1992, fig. 30 no. 174) and part of a tripod pipkin from Morgans Lane (MOR87 context 915; Fig. 28.6, No. 3; Roy Stephenson pers. comm.). The Bull-Wharf find, which is very well made, had a solid handle attached at the rim (now missing), with a pinched pouring lip and is completely yellow-glazed inside and out. The Morgans Lane example, on the other hand, is very crudely formed. The base

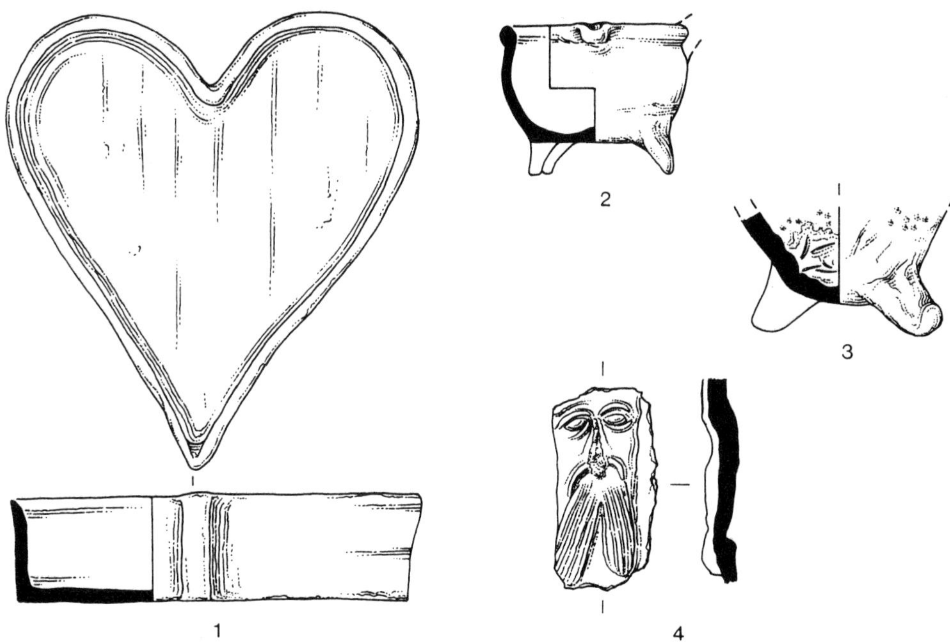

Fig. 28.6 Seventeenth century Border ware: No.1 heart-shaped dish (scale 1:4). No.2 miniature skillet. No.3 miniature tripod pipkin. No.4 face mask from a Bartmann copy (scale 1:2)

alone survives and is green-glazed inside, with thick walls and heavy, lumpy feet; there are numerous finger nail impressions inside, resulting from the forming process. Whether these vessels were intended as toys or for heating very small amounts of food is uncertain, although the former seems more likely in the absence of evidence for heating, such as sooting. Another very small tripod pipkin was found in the Tunsgate clearance group from Guildford (Fryer & Selley 1997, no. 33). This vessel has a measured capacity of 70ml, and is externally blackened and sooted, so it does appear to have been placed over a fire.

A very unusual drinking vessel in the Museum of London's reserve collection with a narrow-based, flaring profile and two handles positioned close together (Fig. 28.2, back right) has been illustrated as a Type-3 mug (Pearce 1992, fig. 36 no. 282). Made in brown-glazed Red Border ware, it may be compared closely in form with the elegant tygs made in Post-medieval black-glazed ware from the Harlow area of Essex. These are relatively common in excavated assemblages from London where they are dated to c.1580–1700. The conscious imitation by the Border potters of a form well known in another distinctive fabric makes an interesting comparison with the rare copies of Rhenish stonewares described above. It is significant that the industry was able to encompass occasional imitation of forms which it was able to sell, but which were never incorporated fully into its regular repertoire, perhaps because they looked much better in their original guise, and this is how the consumer expected to buy them. Consequently, although open to experimentation – undoubtedly a healthy sign – the Border potters stayed with what they made best, a wide range of household forms for which they had a ready market in the capital and elsewhere.

Sherds from at least two bedpans in Red Border ware have been found in recent excavations at Brockham Street (BKM97 site, context 5 – Roy Stephenson pers. comm.) and Magdalen Street (MGS96 context 89 – Pearce 1997b), dated to c.1630–80 (see idem 1992, 42). This is another rare form which highlights the wide range of sanitary functions served by the Border industry. Chamber pots are without doubt the principal vessel type in this functional category, but stool pans were also made, probably from at least the late 16th century (ibid. 14–15). Interestingly, these are among the relatively limited range of forms which continued in production into the 18th century in Red Border ware (see below).

White Border ware was well suited for the manufacture of crucibles, since the refractory clay has a low iron content which is essential for vessels subjected to intense heat. Several examples with a flared profile and single small pouring lip were found in early 17th-century groups at Cripplegate Buildings (WFG18 site – Blackmore & Pearce in prep.). There is also a sherd from a crucible with a triangular rim, a form well known from contemporaneous imported Hessian crucibles (Cotter 1992). All these formed part of a sizeable assemblage of metal-working ceramics, including Hessian crucibles, redware distilling flasks and industrial dishes, and a single bone-ash cupel, all dumped in the City Ditch as debris from the industrial activity focussed around the Cripplegate area and Gresham Street (Blackmore & Pearce in prep.; Moorhouse 1972, 119). The same site also yielded a number of Red Border ware crucibles of similar flared form.

The End of Whiteware Production

The date at which whitewares finally ceased production remains somewhat uncertain. There are no excavated kiln groups later than the second half of the 17th century. The range of forms found both at Ash and in London at this date is much reduced, consisting mainly of flanged dishes, tripod pipkins, porringers and chamber pots, the last three generally in the developed forms described above. The proportion of whiteware in London assemblages drops dramatically during the first quarter of the 18th century. Forms in use at the end of the previous century tended to be everyday domestic vessels, which were generally subject to frequent or heavy use and were therefore unlikely to have had a long life expectancy, nor did they have any heirloom value to ensure that they were treated with special care. Consequently, it appears that they were no longer traded to the capital after the second quarter of the 18th century, and may even have been phased out of production by this time. Rare finds of near-complete whiteware vessels in contexts dated after c.1720 are probably late survivals rather than evidence for continued production – for example, a green-glazed, conical stool pan from the 1770s clearance group at

Crosswall (XWL79 – Vince 1981, 162 fig. 163 no. 10) and a green-glazed 'paint pot' from the 1740s deposit at Mitre Street (MIR84 – Pearce 1998, 97). The latter is a form better known in Red Border ware from 18th-century contexts, and is so-called because of the frequent occurrence of thick paint residues on surviving examples, apparently resulting from their primary use (Amis 1968, 22 nos. 49–50; there are several paint-encrusted vessels of this form in the Museum of London reserve collection).

While consumption of white Border wares declined rapidly in London during the first quarter of the 18th century, the process seems to have been slower away from the capital, suggesting that manufacture continued at a decreasing level after the main market had fallen away. The large clearance group of c.1702–14 from Tunsgate, in Guildford, Surrey, includes a high proportion of white Border ware of various forms – flanged and deep dishes, wide, deep and handled bowls, porringers, tripod pipkins, mugs and chamber pots – accounting for 35.7% of all pottery in the assemblage by minimum vessel count, as opposed to 38.9% for Red Border ware, the most common fabric represented (Fryer & Selley 1997, table 1).

Quite why whitewares should have been discontinued is not altogether clear. The outcrops of white-firing clay in the Farnham area were not exhausted (Holling 1971, 63), and redware production continued throughout the 18th and 19th centuries, showing the strength of the tradition of pottery making in the area (ibid., 58–9). However, the appeal of white earthenware for everyday domestic vessels in the capital had diminished as the 17th century drew to a close. Perhaps redwares made in the London area, which dominate 18th-century assemblages in the capital, were less expensive, since they did not have to be transported so far to reach their market. In itself, this is not adequate to explain the decline, but no doubt there were other, less tangible reasons relating to taste and fashion, so that whitewares were no longer seen as so desirable, or as the accepted medium for certain categories of basic household equipment. Doubtless, economic factors were of signal importance in bringing about the changes, and during the 18th century local redwares became the principal pottery used in London for kitchen, storage and other heavy-duty domestic activities, while from the second quarter of the century onwards, the various products of the burgeoning Staffordshire Potteries grew in importance and influence. As they became increasingly available to an ever wider public, they completely eclipsed any remaining demand for the more humble and old-fashioned white earthenwares.

Fig. 28.7 Seventeenth century Red Border ware Bartmann copy (height 208mm).

Red Border Ware

During the 17th century, Red Border ware forms marketed in London were identical to the much more common whitewares. The best known are flanged dishes, porringers, tripod pipkins and chamber pots, though most other forms are also found. Among these, both saucer- and upright candlesticks are well represented in the Museum of London's reserve collection (Fig. 28.4), as well as mugs (Fig. 28.2), some of which are decorated in the same manner as their whiteware counterparts, chafing dishes and, very occasionally, drinking jugs and even 'chicken feeders' (Fig. 28.4).

Redwares were made at the mid 16th-century Farnborough Hill kilns, mainly in the form of heavy-duty chafing dishes and large storage jars which appear not to have reached London at this date (Pearce 1992, 95). Although no redware chafing dishes were recorded as part of the London type series (ibid., 22), a number have been found in 17th-century contexts at recently excavated sites; for example, at Broad Street (BRO90 site – idem 1994). Substantial redware forms were also made at Yeomans Potteries in Cove, including bowls, dishes and storage jars (ibid., 2–3). Once again, these are forms which tend not to be found in London, which was already well supplied with redwares produced more locally. The earliest occurrence of Red Border ware proper is dated in London to the last quarter of the 16th century (ibid., 95). However, while whitewares were in production, there was never the same market in the capital for Red Border ware, which appears to have had a more local distribution.

Red Border ware was used in London throughout the 18th century, long after whitewares had ceased production. The main forms found are wide and deep bowls, flanged and deep dishes, simple unribbed porringers and small rounded bowls or porringers, glazed inside and out (see above), as well as 'paint pots', a form resembling a chamber pot in shape (see above). The rounded porringer form, with small horizontal handle, is also found in larger sizes. These are glazed inside and out and are represented by several examples in the Museum of London's reserve collection (e.g. acc. no. A20606). There are numerous small conical bowls with flat-topped rims in the same collection (Fig. 28.3 back left), and these can be paralleled in late 17th- and 18th-century contexts, including the Tunsgate assemblage from Guildford (Pearce 1992, 13; Fryer & Selley 1997, no. 92). They are glazed inside and out, and resemble the larger, deep-conical bowl form from Crosswall, interpreted as a stool pan (Vince 1981, 162 fig. 163 no. 10). However, they do not look large enough to be of practical use inside a close stool, since their average capacity is much smaller than that of the smallest known chamber pots. Large, flanged dishes with simple trailed-slip decoration around the rim and inside the base became more common in the London area during the 18th century, especially on sites to the south and west of the capital (for example, in the large, late 18th-century inn-clearance group from High Street, Uxbridge – Pearce 1993b, 24). So far, flanged dishes are the only form decorated in this fashion to have been found in London, and they do not occur in 17th-century contexts, perhaps because the market was already well served by Metropolitan slipware from Essex. However, it is not surprising to find that further away from the capital, slip-decorated redwares were used in greater numbers and a wider variety of forms. In the early 18th-century assemblage from Guildford, large flanged dishes, one of them with a rim diameter of 450mm, were accompanied by a Type-2 carinated, deep bowl with slip decoration around the rim and inside the base (Fryer & Selley 1997, nos. 74 & 88).

Early Red Border Ware

Recent re-examination of the pottery recovered from a section of the City Ditch excavated in 1946–7 at Cripplegate Buildings (WFG18 site – Pearce 1997a & in prep.) has identified a series of high-quality, glazed drinking vessels in 16th- to early 17th-century contexts. The large concentration of finds in closely datable groups deposited c.1480–1550 indicates that they were first made during this period, predating the earliest production of Red Border ware at Farnborough Hill c.1550–80 (Holling 1977, 64) and its first appearance in London c.1580 (see above). The vessels are made in a fine redware fabric for which the name Early Red Border ware is proposed because of its close comparison on petrological and typological grounds with Red Border ware as currently understood, and in order to distinguish it from the better known and more common redware fabric.

Two main forms of cup have been recognised: a slightly flared vessel with marked corrugations from rim to base and with one to three handles, and a squat, rounded form with a short, straight-sided or slightly flared neck (Fig. 28.8 Nos. 1 & 2). There is also a narrow-based form with regular, vertical fluting. The fabric is a pale orange-pink in colour, and all forms have an overall glossy lead glaze, which comes in three colours, as on later white and red Border wares. The most commonly used glaze is clear, giving a caramel colour over the red body. There are also a mottled olive-green glaze, and a darker, manganese- or iron-stained brown glaze, which tends to be rather thinner than the others. The corrugated cups are the most common form and all are so closely similar in details of manufacture – such as base formation, handle form and method of application, and the occurrence of a slight single cordon at the neck – that it is likely they all came from the same workshop over a relatively short period of time.

Although no comparable redware forms have been found in any of the kiln material in the Border area, and there is, as yet, no direct kiln evidence for the early 16th century, several fine whiteware cups and beakers with shallow corrugations were found at Farnborough Hill in the kiln waste dated archaeomagnetically to the late 15th century (Holling 1977, fig. 1 nos. 5, 6a & 10). Similar forms were found on the site of the old Market Hall at Farnham (Rackham 1952, fig. 2), at St George's Street, Winchester (Hurst 1964, fig. 27 no. 8) and, in some numbers, in an early 16th-century deposit at Overton in Hampshire (Moorhouse 1971a, fig. 63 nos. 1–3 & 7–10). There were also several fine redware cups, many with a khaki-green glaze, in a well deposit dated to 1521 at Farnham Castle – including a corrugated form, the source of which was originally suspected to be in the Farnham area (idem 1971b, 43–4 fig. 1 nos. 1–12). Moreover, rounded cups of the same form and in the same fabric as the London finds have been found in recent excavations at 120 High Street, Guildford (Guildford Museum unpublished, acc. no. RB3932) in an early 16th-century context, providing a further link with the Border-ware industry. These vessels provide clear parallels for the London redware corrugated and rounded cups.

A minimum of 208 redware cups were found on the Cripplegate site, although they are extremely rare elsewhere in the City. The most complete example found to date outside this area comes from the site of St John's Clerkenwell (COW89 site – Blackmore forthcoming). It may well be that the vessels found in the Cripplegate section of the City Ditch were bought in bulk from a single pottery in the Border area, perhaps for use in large-scale entertainments, such as the feasts regularly held by the various Livery Companies, whose Halls were situated in this part of the City – in much the same way as drinking vessels were ordered from the potteries of the Farnham region by the Inns of Court from the late 15th century onwards (Matthews & Green 1969, 1–6; Pearce 1997a). If so, it is possible that the Cripplegate cups formed a relatively short-lived line, making an experimental use of the locally outcropping, red-firing London Clay. These were not widely marketed, perhaps because whitewares were generally considered more desirable and fashionable for table use at this date.

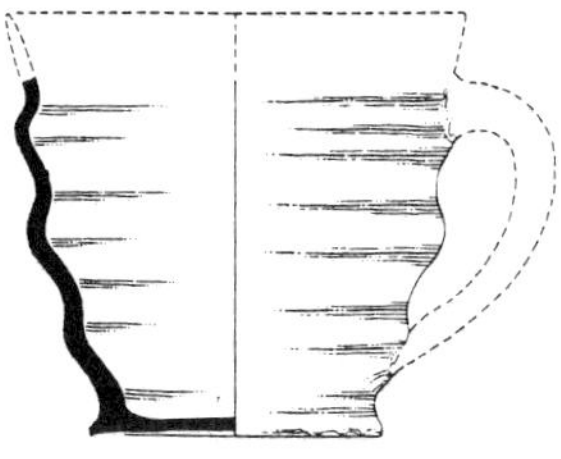

5

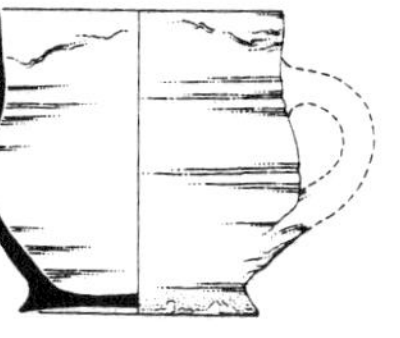

6

Fig. 28.8 Sixteenth century Early Red Border ware: No. 5 corrugated cup. No. 6 rounded cup (scale 1:4).

Early 16th Century Whitewares

Early 16th-century fine whitewares are both more common and more widely distributed than contemporaneous fine redwares. The name Early Border ware is suggested for the transitional whitewares of the Border industry made after the end of late-medieval coarseware production and the attendant manufacture of 'Tudor Green', but before the mid 16th-century kilns at Farnborough Hill started producing the more robust and versatile Border ware proper. The fabric has abundant fine inclusions of colourless quartz, as well as a sparse, very fine black iron-rich compound, and while noticeably finer than Border ware, it is not so fine as 'Tudor Green', that is characterised by its very fine inclusions which are barely visible under low-powered magnification (Pearce & Vince 1988, 10–11). It is generally thicker-walled and more sturdy than the fragile lobed and pedestal cups, tall, narrow drinking jugs and other forms made in 'Tudor Green' (ibid., figs. 126–7), a term which has been retained through common usage for the fineware element of the main late-medieval Surrey whiteware industries (ibid., 7). 'Tudor Green' is generally residual in well stratified early 16th-century groups from London, or present as carefully curated vessels with a higher survival rate than the run of mundane, heavy-duty wares subject to frequent or vigorous use (in spite, or perhaps because of its fragility).

In the absence of direct kiln evidence for this period, early 16th-century assemblages from London indicate a development not only in fabric, but also in vessel forms. The range was still limited largely to drinking vessels and other specialised forms, which clearly evolved out of the late-medieval repertoire, including various types of cup (not lobed), beakers, rounded and globular drinking jugs – the latter apparently inspired by Beauvais medallion vessels and Rhenish stoneware forms (Moorhouse 1979, 57; Hurst 1970–1, figs. 1–23; idem et al. 1986, fig. 94), and mammiform costrels and money boxes, which continued with little change. The almost exclusive use of green glaze provides a clear link with the medieval tradition, while the occasional occurrence of a yellow glaze points forward to the use of different glaze colours by the later Border industry. Although mammiform costrels and cups are not common after the mid 16th century, the other Early Border ware forms continued to be made in the more-robust Border ware proper well into the 17th century with little significant change in shape. There is no 'Tudor Green' in the large, early 16th-century assemblage from Cripplegate Buildings (WFG18 site), and no Border ware in the fully developed fabric as made at Farnborough Hill and other sites from the second half of the 16th century onwards. There is, however, a quantity of Early Border ware in the form of rounded drinking jugs, mammiform costrels and money-boxes (34 vessels or 6.7% of all pottery in this assemblage dated to c.1480–1550 – Pearce in prep.). This pattern is repeated in other early 16th-century groups throughout London.

Distribution

As yet, there are no systematic studies in print of the distribution and marketing networks of the Border-ware industry. It is known that late-medieval Surrey whitewares, especially from the Surrey-Hampshire borders (Coarse Border ware), were widely distributed in southern England and the London area, their main market. The occurrence of fine tablewares in 'Tudor Green' in parts of the country far from the source and in which the coarse domestic whitewares were not marketed, is also well attested (see, for example, Moorhouse 1979, 55–6). During the early 16th century, the industry specialised in fine tablewares and these again reached a wide market, although apparently in relatively small quantities. At the same time, a minor line of fine redwares, probably made at one pottery, had a very restricted and probably short-lived distribution. By the second half of the 16th century, the production of Border ware proper was fully under way at Farnborough Hill and no doubt at other sites not yet uncovered, with a strong emphasis on a wide range of whitewares, and a less profitable range of comparable redwares. From then until the end of the 17th century the industry flourished and supplied not only the capital, but also major towns, large houses and smaller centres over a wide area of southern England. The decline of whiteware production at the turn of the 17th/18th centuries was accompanied by a change in the pattern of distribution, with an apparent shrinking of the market and the loss of London as a major consumer, as redwares became the sole product of kilns operating during the 18th and into the 20th century. This much is clear in broad outline, but badly needs clarification in detail. Work has concentrated on individual kiln groups and consumer sites without being able to undertake the careful searching of collections over a wide area needed to chart the extent of distribution and its boundaries with the markets of other major, contemporaneous pottery industries. It is known that Border ware was used in the American colonies (Bly Straube and Taft Kiser pers. comm.), but its history there has yet to be traced in detail. Valuable work has been carried out by Elizabeth Lewis on 17th-century wills and probate inventories in the Farnham area (Lewis 1991), painting a fascinating picture of the social organisation of the potting community. This needs to be followed up with field work and with further searches of county records. Other fruitful avenues of enquiry lie in the Accounts of the Bishops of Winchester, whose lands included Farnham Park where white clay was dug in the late 15th century for the production of drinking vessels for the Inns of Court (Matthews & Green 1969, 4).

Conclusions and Further Work

The time is now ripe for a fully integrated and comprehensive survey of the pottery industry of the Surrey-Hampshire borders, drawing together all available evidence, including documentary research, detailed analyses of the kiln and waster groups that are as yet not fully published, concentrating not only on typology, but also on technology, and up-to-date evidence from consumer sites, particularly in the major markets. Unfortunately, the problems of funding and organising such a project are those which delay the full publication of many ceramic industries of this and any other period, so that researchers are often obliged to rely on preliminary surveys and typologies from consumer sites, which must ultimately fall short of the level of analysis required for a comprehensive survey. If these problems can be successfully and imaginatively overcome, then we should be in a better position to paint a far broader yet more finely focussed picture of what must be one of the most versatile, adaptable, influential and successful ceramic industries of the early-modern period in southern England.

Acknowledgements

A survey such as this depends heavily on the goodwill and co-operation of many individuals who have given of their time to discuss material which they have studied, or for which they are responsible, much of which has gone unpublished. I would particularly like to thank Hazel Forsyth, curator of the Tudor and Stuart Collections in the Early Department of the Museum of London, for giving me free access to the reserve collection, and for many helpful discussions. Kevin Fryer, of Guildford Museum, also provided invaluable information on the material from Farnborough Hill and the excavations at 120 High Street, Guildford.

My colleagues at the Museum of London Specialist Services have been extremely helpful in making available information from unpublished sites in the archive. I am especially grateful to Lyn Blackmore, Richenda Goffin and Roy Stephenson, without whose help this paper would have been much shorter.

The photographs in Figs. 28.2–5 & 28.7–8 were taken by Torla Evans of the Museum of London (© Museum of London). Figure 28.1 was prepared by Kikar Singh. All other illustrations are by the author. Figure 28.6 Nos. 1 & 4 are after original illustrations by Roy Stephenson.

Note: MoL = Museum of London

References

Amis, P. [Celoria, F.] 1968, *Some Domestic Vessels of Southern Britain: A Social and Technical Analysis* (Jnl. of Ceramic History 2)

Archer, M. 1997, *Delftware: The Tin Glazed Earthenware of the British Isles*, London

Biddle, M. 1961, 'Nonsuch Palace 1959–60: An interim report', in *Surrey Archaeological Collections* 58, 1–20

Blackmore, L. in prep., 'The pottery', in Sloane, B. & Malcolm, G., *Excavations at the Priory of the Order of the Hospital of St John of Jerusalem, Clerkenwell*

Blackmore, L. & Pearce, J. in prep., 'Metalworking ceramics from London'

Cotter, J. 1992, 'The mystery of the Hessian wares: Post medieval triangular crucibles', in Gaimster, D. & Redknap, M. (eds.), *Everyday and Exotic Pottery from Europe c.650–1900*, Oxford, 256–72

Fryer, K. & Selley, A. 1997, 'Excavation of a pit at 16 Tunsgate, Guildford, Surrey, 1991', in *Post Medieval Archaeology* 31, 139–230

Gaimster, D. R. M. 1988, 'Post-medieval ceramic stove tiles bearing the royal arms: evidence for their manufacture and use in southern Britain', in *Archaeological Jnl.* 145, 314–43

Godden, G. 1969, *The Illustrated Guide to Lowestoft Porcelain*, London

Haslam, J. 1975, 'The excavation of a 17th century pottery

site at Cove, east Hampshire', in *Post Medieval Archaeology* 9, 164–87

Holling, F. W. 1969, 'Seventeenth century pottery from Ash, Surrey', in *Post Medieval Archaeology* 3, 18–30

Holling, F. W. 1971, 'A preliminary note on the pottery industry of the Hampshire-Surrey borders', in *Surrey Archaeological Collections* 68, 57–88

Holling, F. W. 1977, 'Reflections on Tudor Green', in *Post Medieval Archaeology* 11, 61–6

Holling, F. W. 1984, 'Early post medieval pottery from no 137 High Street, Guildford', in *Surrey Archaeological Collections* 75, 295–301

Hurst, J. G. 1964, 'Tudor green ware', in Cunliffe, B. W., *Winchester Excavations 1949–1960* 1, 140–3

Hurst, J. G. 1970–1, 'Sixteenth century Beauvais drinking jugs', in *Groupe de Récherches et d'Etudes de la Ceramique du Beauvaisis* 3 (France), 6–15

Hurst, J. G., Neal, D. S. & van Beuningen, H. J. E. 1986, *Pottery Produced and Traded in North West Europe 1350–1650* (Rotterdam Papers 6), Rotterdam (Netherlands)

Kelso, W. M., Luccketti, N. M. & Straube, B. 1997, *Jamestown Rediscovery 3, Association for the Preservation of Virginia Antiquities*, Richmond, Virginia

Lewis, E. 1991, 'The Blackwater potters revisited', in Lewis, E. (ed.), *Custom and Ceramics*, Wickham

Matthews, L. G. & Green, H. J. M. 1969, 'Post medieval pottery of the Inns of Court', in *Post Medieval Archaeology* 3, 1–17

Millett, M. 1981, *Yeomans Potteries, Cove Road, Cove* (Archaeology in Hampshire 24)

Moorhouse, S. 1970, 'Finds from Basing House, Hampshire c.1540–1645', in *Post Medieval Archaeology* 4, 31–91

Moorhouse, S. 1971a, 'A 16th century Tudor Green group from Overton, Hampshire', in *Post Medieval Archaeology* 5, 182–5

Moorhouse, S. 1971b, 'Two late medieval and post medieval pottery groups from Farnham Castle, Surrey', in *Surrey Archaeological Collections* 58, 39–55

Moorhouse, S. 1972, 'Medieval distilling apparatus of glass and pottery', in *Medieval Archaeology* 16, 79–121

Moorhouse, S. 1979, 'Tudor Green: Some further thoughts', in *Medieval Ceramics* 3, 53–61

Morisson, H. 1970–1, 'Pots et godets du Beauvaisis', in *Groupe de Récherches et d'Etudes de la Ceramique du Beauvaisis* 3 (France), 43–75

MPRG – (Medieval Pottery Research Group) 1998, *A Guide to the Classification of Medieval Ceramic Forms*

Mynard, D. C. 1969, 'A group of post medieval pottery from Dover Castle', in *Post Medieval Archaeology* 3, 31–46

Orton, C. R. 1988, 'Post medieval pottery', in Hinton, P. (ed.), *Excavations in Southwark 1973–6, Lambeth 1973–79*, (London and Middlesex Archaeological Soc./ Surrey Archaeological Soc. Joint Publication 3), 295–364

Pearce, J. 1992, *Post Medieval Pottery in London 1500–1700, 1: Border Wares*, London

Pearce, J. 1993a, 'Post medieval pottery from excavations at Carrington House, Brookhill Road, Deptford (BOK92)', unpublished Museum of London archive assessment report

Pearce, J. 1993b, 'Uxbridge: A medieval and post medieval market town: Post excavation assessment of the medieval and later pottery', unpublished MoL archive report

Pearce, J. 1994, 'The Pottery from Excavations at Boston House, 90–94 Broad Street, London (BRO90)', unpublished MoL archive assessment report

Pearce, J. 1995, 'Post Roman pottery from 10–20 Clifton Street (CFS95)', unpublished MoL archive assessment report

Pearce, J. 1996a, 'Medieval and later pottery from 120–6 Borough High Street (120BHS89)', unpublished MoL archive assessment report

Pearce, J. 1996b, 'Medieval and later pottery from excavations at Bull Wharf, Upper Thames Street (BUF90)', unpublished MoL archive assessment report

Pearce, J. 1997a, 'Evidence for the early 16th century Surrey-Hampshire Border ware industry from the City of London', in *Medieval Ceramics* 21, 43–60

Pearce, J. 1997b, 'Post-medieval pottery from excavations at Magdalen Street, SE1 (MGS96)', unpublished MoL archive assessment report

Pearce, J. 1998, 'A rare delftware Hebrew plate and associated assemblage from an excavation in Mitre Street, City of London', in *Post Medieval Archaeology* 32, 95–112

Pearce, J. in prep., 'The 16th century pottery sequence from Cripplegate Buildings, City of London'

Pearce, J. & Vince A. G. 1988, *A Dated Type series of London Medieval Pottery 2: Surrey Whitewares* (London and Middlesex Archaeological Soc. Special Paper 10)

Rackham, B. 1952, 'Farnham pottery of the 16th century', in *Surrey Archaeological Collections* 52, 50–5

Savage, G. & Newman, H. 1985, *An Illustrated Dictionary of Ceramics*, London

Stephenson, R. 1987, 'Medieval and later pottery from Chaucer House', unpublished MoL archive report

Vince, A. G. 1981, 'Coarse pottery', in Vince, A. G. & Egan, G., 'The contents of a late 18th century pit at Crosswall, City of London', in *Transactions of London and Middlesex Archaeological Soc.* 32, 162–4

Concordance of Illustrated Vessels

The following Museum of London computer codes are used for fabrics described in this paper:

BORDB – Brown-glazed Border ware
BORDG – Green-glazed Border ware
BORDY – Yellow-glazed Border ware
ERBOR – Early Red Border ware
ERBORG – Green-glazed Early Red Border ware
RBOR – Red Border ware
RBORB – Brown-glazed Red Border ware

All items are in the Museum of London's reserve collection except those illustrated in Figs. 28.5 and 28.6. MoL Accession numbers are given after the fabric code and form; site code and context numbers are listed for Figs. 28.5–6.

Fig. 28.2: Back row – BORDB rounded jug (acc. no. 6032); RBORB tyg (acc. no. A4492): Front row – RBORB Type 1 mug (acc. no. A11242); BORDY bottle (acc. no. A5121); RBORB Type 1 mug (acc. no. A458).

Fig. 28.3: Back row – RBORG conical bowl or stool pan (acc. no. 27.30/8); RBORB Type 2 chamber pot (no accession number): Front row – RBOR pipkin -(acc. no. 32.194/6); RBORB pipkin (acc. no. P501); RBORB pipkin (acc. no. A4523); RBORG upright candlestick (acc. no. A20045).

Fig. 28.4: Back row – RBOR chicken feeder (acc. no. A5281); RBORG upright candlestick (acc. no. A20045; h.24mm): Front row – RBORB whistle (acc. no. 96.61); RBOR saucer candlestick (acc. no. A5253).

Fig. 28.5: Back row – upright candlesticks from excavations at Cripplegate Buildings (WFG18 site): BORDY (context 85); RBORG (contexts 2 & 244): Front – RBOR saucer candlestick (context 124)

Fig. 28.6: No.1 – BORDG heart-shaped dish, Chaucer House (CH75 site contexts 13–14, 17 & 63); No.2 – BORDY miniature skillet, Bull Wharf (BUF90 context 2048); No.3 – BORDG miniature tripod pipkin, Morgans Lane (MOR87 context 915); No.4 – BORDG Bartmann copy face mask (CH75 context 144)

Fig. 28.7: RBORB Bartmann copy (acc. no. A25750)

Fig. 28.8: No.5 – ERBOR corrugated cup (WFG18 site contexts 61–2, 91 & 95); No.6 – ERBOR rounded cup (WFG18 context 244)

Jacqueline Pearce
Museum of London Specialist Services
46 Eagle Wharf Road
London N1 7EE

29 Tin Glazed Ware in London: A Review

Roy Stephenson

Introduction

This paper is a brief overview of archaeological work carried out in London on the tin-glazed or 'delft' industry, specifically that undertaken by the Museum of London. It includes recent excavations and ongoing post-excavation work on backlog sites. The Museum and several predecessor bodies have excavated extensively in Southwark and Lambeth and beyond, and have uncovered evidence from most of the recorded factories. A lot of the documentary evidence below is gleaned from the late Frank Britton's invaluable 1987 book. The recent fieldwork gives new perspectives to this synthesis and to Noël Hume's discussion of the earliest factories (1977). It is currently proposed that the pottery from all these sites will be brought together in a single volume, as an overall form and decoration typology for the industry in Southwark and Lambeth, coupled with additional information about the industry that can be gained from the fieldwork.

Kilns in the Urban Core and the Suburbs

Tin-glazed pottery is known to have been produced in London since c.1571, first of all at the Aldgate pottery within the precincts of the former Holy Trinity Priory (Britton 1987, cf. Noël Hume 1977). Sherds recovered from a well during a watching brief include a variety of polychrome floral and geometric designs, as well as biscuit fragments (Edwards in prep.). On the south bank of the Thames, in Southwark, where the majority of delft manufacturers in the 17th century were located, production started at Montague Close.

The Montague Close kiln, adjacent to Southwark Cathedral, has been extensively excavated and researched by Graham Dawson and Rhoda Edwards (Dawson 1976; cf. Noël Hume 1977). This factory was in production between 1613 and 1755. Further excavations at the nearby Hibernia-Wharf site produced a group of biscuit figurines from a pit along with other delft-ware wasters. The figurines are only partially complete but they appear to be elaborate salts in the form of seated figures with negroid facial features and each holding a tray.

The potter Christian Wilhelm of Pickleherring kiln in Vine Lane has been credited with producing the famous bird-on-rock design (Noël Hume 1977, pl. 40), though it has not actually been found in assemblages from recent excavations in the vicinity of the site (see Rotherhithe).

A factory at Platform Wharf in Rotherhithe some way to the east of the City (it was formerly the site of a moated manor house belonging to King Edward III) was in production from 1638 to 1663. The investigation here was carried out by the Museum of London's Department of Greater London Archaeology. Excavation was concentrated to the south of the moated manor, as the bulk of the area is a scheduled ancient monument. The moat had been used as a disposal area for a vast amount of waste from the kiln or kilns erected within the manorial precinct.

Among the more spectacular finds are stacks of fused vessels (separated by trivets), which include large

Fig. 29.1 Polychrome charger depicting a windmill, the miller and his horse – a Southwark product (not attributed to a particular factory); excavated from a cess pit at Chaucer House site (CH75), Tabard Street, Southwark (scale 1:4).

chargers in blue and white, and groups of of porringers and of chargers with distinctive bosses around the serrated-edged rims. Sherds recovered at Platform Wharf can be paralleled with vessels in the Museum of London's collection – these include ones with fruit-bowl and geometric designs. One sherd painted on both sides includes designs that would ordinarily only occur on the inside of a vessel. This fragment was re-used as a test piece, or perhaps it was used by the painter for reference. Other designs present include Chinaman-among-grass, tulip motifs and an unusual blue-on-white swan silhouette. The bird-on-rock motif (see Gaimster this volume) is a recurring design in the Platform-Wharf assemblage. This factory also produced a range of moulded vessels, which include an oval blue-and-white dish with a 'fecundity' scene in 'Palissy' style. There is also a biscuit sherd from a seated-figurine candle holder and salt combined, and fragments from a seated figurine in green and purple. Other unusual forms include a fuddling cup in biscuit ware with three interconnected compartments. One of the mainstays of production after chargers and albarelli was bottles, of which there are a number of intact and near-intact examples in biscuit ware.

The Still Stairs kiln in Southwark was the successor to the one at Platform Wharf, and is believed to have been in production for a relatively short period between about 1663 and 1685. Excavations in this area carried out by Francis Celoria in 1965 at Pottersfields, and at Mark Browns Wharf in 1973 by the Southwark and Lambeth Archaeological Committee (Orton 1988 extensively illustrates the groups of pottery recovered) produced material that all seems to be connected to the Vine-Lane Kiln rather than Still Stairs. More-recent excavations in this same area have revealed the heavily truncated remains of the kiln itself, as well as various dumps of kiln material. Notable products include a moulded jug in the shape of a cat, a plate celebrating King William III (1694–1702) and a star-covered mug. Possibly the most interesting find is a ceramic mould for shaping porringer handles with five lobes and three holes (because the mould is worn from use it is not possible to ascertain the precise shape of the holes). This is one of the few finds that gives a direct indication of specific techniques involved in the potting processes. Many of the biscuit porringer handles recovered at the site have five lobes, two heart shaped holes and a round hole.

Little was known until recently of the Bear Garden kiln, which is thought to have been in operation between about 1671 and 1705. It was apparently involved in the production of stoneware as well as delft vessels, since the owners were sued by John Dwight for infringing his stoneware patent. Beyond this, there is very little documentary evidence for the factory. No archaeological evidence at all had been recognised until the autumn of 1997, when excavations by the Museum of London at Benbow House, Bear Gardens, produced a sizeable dump of kiln waste that is clearly derived from this fairly short-lived enterprise. This group of material gives an invaluable insight into the factory's products. As is usual with kiln groups, very little of the material is glazed, and what is glazed is often discoloured. Among the biscuit material are a number of distinctive forms, which include ointment pots, bottles, bowls, chargers, chamber pots, candlesticks, fluted dishes, large and small jars, wet-drug jars, lids, mugs, porringers, salts, tankard and tea cups or bowls. While much of the material is clearly the norm for the late 17th century, there are additionally a number of distinctive forms which may be unique to the kiln, such as six-lobed porringer handles with three heart-shaped holes.

The Clink kiln seems to have existed as an offshoot from that at Montague Close, and to have been been operating between about 1730 and 1762. A number of small dumps of production material that might be attributed to this industry have been recovered from nearby sites.

The most westerly kiln in Southwark was in Gravel Lane, operating between 1694 and 1748. Excavation was carried out in its vicinity by Adrian Oswald (Oswald 1951) and excavations by the Museum of London at Lavington Street in 1991 produced a small quantity of delft- and stoneware waste. The former includes three fragments of a manganese-purple speckled plate, with a blue landscape scene within a hexagonal border, surrounded by a blue floral cartouche on the rim.

The Carlisle House kiln is known to have been in production between 1704 and 1737. No excavation had been carried out at the site until an evaluation excavation in 1991 (arising from the development of the Euro-star terminal at Waterloo railway station) produced a small quantity of tin-glazed and stoneware waste, providing a first indication of the products.

The production site at Norfolk House was first excavated by Brian Bloice in 1968 for the Southwark Archaeological Excavation Committee (Bloice 1971). Further excavations were carried out in 1990 by the Museum of London on a site adjacent to the previous ones, producing quantities of delft ware and biscuit sherds, but they revealed no structure associated with the factory. A number of familiar decorative motifs have been recognised among the dump material. These include a dish with the motto 'Success to the British Arms', a William-and-Mary plate, a bowl with a lion design, and a dish decorated with fish (this one has a fragment of another dish fused to it). Further forms include a chamber pot, a punch bowl, allbarelli, ointment pots and a candlestick.

The next delft production site, in approximate chronological sequence, was at Lambeth High Street, where a factory is known to have been in operation between 1732 and 1793, with stoneware manufacture thereafter. The actual production site was investigated by Professor Garner in the 1930s (Garner 1937) but it has not been available since. On a nearby site fronting onto the Albert Embankment, excavations by the Museum of London in 1988 produced considerable dumps of biscuit ware. This material seems to consist largely of chamber pots and plates. It was apparently dumped along with domestic rubbish and waste from stoneware manufacture (some of the latter probably from the nearby Doulton works).

The production site at the junction of Glasshouse Street and the Albert Embankment has been excavated by the Museum of London on three occasions – in 1980, 1987 and 1989. This factory was in operation between 1743 and 1846, producing delftware throughout that period. The factory's claim to fame in the present context is that it was the last one in London to manufacture tin-glazed pottery – production ended under Alfred Singer with the coming of the railway.

Fig. 29.2 Blue and white Chinese style plate – a Southwark product (not attributed to a particular factory); excavated from a cess pit at Chaucer House site (CH75), Tabard Street, Southwark (scale 1:4).

The area probably occupied by the actual pot house had been destroyed by a railway viaduct, but the recent excavations did, nevertheless, reveal a variety of structures associated with ceramic production.

A fragment of a *bianco-sopra-bianco* plate came from a mid 18th-century context. The biscuit material consists largely of chamber pots, and flat- and recessed-based plates (Stephenson 1989). Singer produced a limited range of tin-glazed vessels, including ointment pots with very thick bases, a dark-blue external glaze and a light-blue glaze internally. Butter- and wine coolers are also known to have been made, and fragments stamped with Singer's name have been found on the site. The last vessels were unglazed so as to leave them porous, which had a cooling effect (the fabric appears to be the same as the biscuit ware). A sherd of an ointment pot has an inscription pertaining to a Parisian perfumer, possibly indicating the contents were imported in bulk and repackaged in locally made pots (Britton 1987, 169). Stoneware counted for a large portion of the production, and between 1751 and 1758 early porcelain was also being made (finds of this material include a sherd re-used as a colour-test piece).

Kilns in the Hinterland

Recent excavation work by the Museum of London has also revealed evidence of tin-glazed ware production at two sites alongside the Thames outside the urban-core area. In 1996, downstream and to the east of the City at the Hermitage factory, Wapping (in production from c.1665 to 1773) the truncated remains of three phases of kilns were identified. The latest was a rather small, round structure, only about two metres in diameter. Although the quantity of pottery recovered is not large, there are a number of distinctive features – for instance the charger or large-dish fragments appear to have an extremely broad, low footring, whereas in the charger fragments from Southwark this is narrower and higher. This splayed footring, suggesting Wapping manufacture in the late 17th century, is now being used as a dating tool for comparable finds from other sites. Among the glazed fragments is part of a flat-based plate, decorated in a blue-and-white Chinese style with what appears to be a heron standing on one leg, and there are also a number of tile fragments, including some with seascapes.

The ceramic factory upstream at Mortlake, some way to the west of the City, was in production until 1823, when Alfred Singer left to continue production at the Glasshouse-Street/Albert Embankment factory discussed above. Excavations at Mortlake High Street by the Museum of London in 1997 uncovered a small portion of a multi-flued kiln – similar to that from the later phase of another western factory revealed at Vauxhall in 1977–81, when tons of ceramics were recovered (Edwards 1982). Notable among the Mortlake finds is a waster pill slab bearing the coat of arms and motto of the Society of Apothecaries. This site also produced large quantities of waster ointment pots, which seem to have been discarded because of minor defects in the glaze. This form was obviously the mainstay of production towards the end of the of the factory's life. Other products include recessed-based plates, small jugs and wine-bin labels.

References

Britton, F. 1987 *London Delftware*, London

Bloice, B. 1971, 'Norfolk House Lambeth, excavations at a delftware kiln site, 1968', in *Post Medieval Archaeology* 5, 99–151

Dawson, G. J. 1976, 'Montague Close excavations 1969–1973 1: A general survey', in *Research Volume of the Surrey Archaeological Society* 3, 37–58

Edwards, J. E. C. in prep., *Tin Glazed Wares* (Post Medieval Pottery in London, 1500–1700, 3)

Edwards, R. 1982, 'The Vauxhall Pottery 2: Excavations 1977–81', in *London Archaeologist* 4.6, 148–54

Garner, F. H. 1937, 'Lambeth earthenware', in *Transactions of the English Ceramic Circle* 4, 43–56

Noël Hume, I. 1977, *Early English Delftware from London and Virginia* (Colonial Williamsburg Occasional Papers in Archaeology 2), Colonial Williamsburg Foundation, Virginia

Oswald, A. 1951, 'A London stoneware pottery: Recent excavations at Bankside', in *The Connoisseur* 126, 183–5

Orton, C. R. 1988, 'Post Roman pottery', in Hinton, P. (ed.), *Excavations in Southwark 1973–76 Lambeth 1973–79* (London and Middlesex Archaeological Soc./Surrey Archaeological Soc. Joint Publication 3), 295–364

Stephenson R. 1989, 'The Vauxhall china works 1751–1764', in *Transactions of the English Ceramic Circle* 13.3, 224–5

Roy Stephenson
Museum of London Specialist Services
46 Eagle Wharf Road
London N1 7EE

30 A Review of the Donyatt Potteries, Somerset, and an Interim Report of their Products Recorded in Colonies in Virginia and Maryland

Richard Coleman Smith

Although the archaeology of the Donyatt potteries covers some 800 years, (Coleman Smith & Pearson 1988) this paper will concentrate on the period which falls between the beginning of the 17th century and the end of the 18th, touching briefly on the final phases of the potteries' existence in the early 20th century. This date range covers the early periods of the development of the colonies in America, which were receiving some of the products produced by this industry. The main aim of this paper is to heighten awareness of Donyatt pottery, which is found in excavations both in the British Isles and in the United States of America.

Donyatt is a small village (Fig. 30.1) in the south-west of Somerset, and is three and a quarter miles north of the market town of Chard, one mile west of

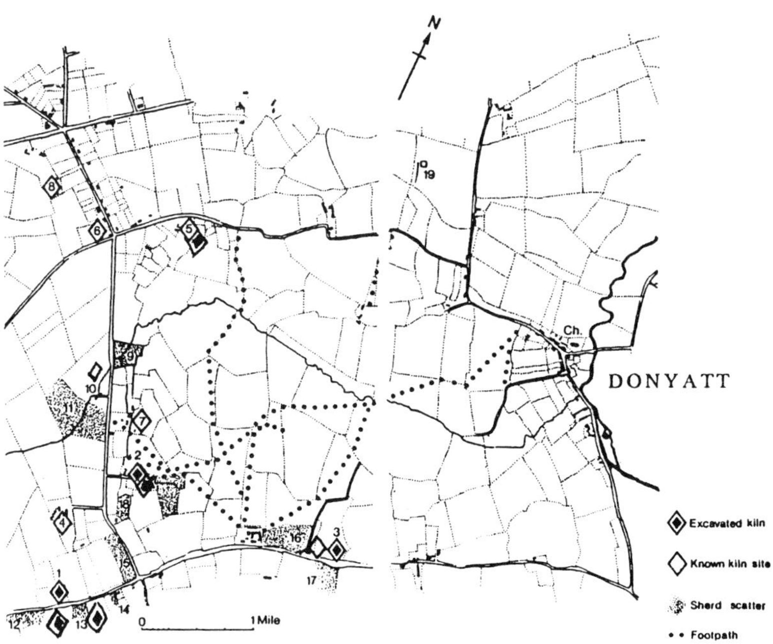

Fig. 30.1 Donyatt, Somerset, showing kiln sites.

the minster town of Ilminster and twelve miles south of the county town of Taunton. Almost the whole of the surrounding country is made up of rich farming land, and this has formed the basis of the economy since time immemorial. Somerset is surrounded by hills, with the Mendips to the north east, the Brendon hills and Exmoor to the west, and the Blackdown hills and North Dorset Downs to the south. In the last Ice Age, the southernmost edge of the ice sheet sealed in the northern limits of what is now Somerset, enclosing an inland sea which covered most of the central bowl of this area. It was into this bowl that sedimentary clays were swept and laid down, to leave deposits which have been exploited for pottery, tile and brickmaking from early in the county's history. These Liassic deposits are rich but variable earthenware clays. As dug, they are of two colours: the top layer is oxidised upon weathering, and is converted to the hydroxide and oxide (limonite) which is characteristically buff, yellow or brown; deeper, where oxidation has not taken place, it is of a bluish-grey colour by virtue of the extremely finely divided particles of iron sulphide (pyrite) which are present throughout. In several localities small, nut-sized nodules of iron pyrite are numerous; in many cases they appear to attach to, or to have developed around, a small fragment of fossil shell or other such material (Dineley in Coleman Smith & Pearson 1988, 1–2). The soils produced from Liassic clays are commonly heavy, clayey and yellowish in colour. In many places they are also lime-rich, depending upon the presence of limestone beds, or veins of crystalline calcite (calcium carbonate). On the steeper slopes south of Donyatt the Cretaceous rocks give rise to sandy and chalky/flinty soil, light in colour and consistency. There is a zone where debris and soil washed down the slopes by rain mixes with the heavier soils below. Because of its variable quality over wide areas it is treated with suspicion by brick and tile manufacturers today. For local, small-scale industry, where careful selection and control can be applied, it seems to have been satisfactory. Due to this variability, and especially to the presence of fossil shell, these clays are more than commonly subject on firing to blow-outs, and the consequent breaking of pots made from them. The process similar to kneading, termed wedging in the clay industries, was therefore extremely important, as it facilitated the removal of fragments of fossil lime, which slaked upon firing, and also of the larger pieces of flint and chert (other Somerset potteries did not have this problem to the same extent). The finer fragments of these materials are not detrimental to production, and become part of the signature of these particular clays. Wedging was practised from early times, as was the blending or mixing of the clays with sand, to make them less 'fat'. At first, this process was achieved by treading the clay, as is commonly recorded from many country potteries. Bare feet were used so that the labourer could feel the lumps and remove them. By the 18th century, pug mills were used for this task (Brears 1971, 88–94). For the Donyatt potteries the Combe estate map of 1760–80 clearly marks 'pug mills' on numerous production sites. The mills had barrels set vertically and centrally sited within round, stone buildings. A vertical rotating beam was fixed directly from the roof beams to the centre of the barrel: onto this beam blades were attached, and a long arm was sited above the height of the barrel. A work horse was harnessed to the arm, and as it walked around the barrel, the blades blended the clay, making it smooth and homogeneous.

At this point it is useful to relate other Somerset potteries to the Donyatt group. Several of the county's industries began in the medieval period, including Donyatt, Chard and Ilchester in the south; Pill, Long Ashton and Wrington in the north; Glastonbury, Butleigh, Evercreech and Batcombe in the centre and to the east of the county; Bridgwater and Nether Stowey in the central western area; Milverton to the central south-west area (le Patourel 1968, 123–5 fig. 25). In the post-medieval period, many of these potteries disappeared, such as Ilchester and Chard – probably eclipsed by the ever-growing south-west Somerset industries, notably Donyatt, with other potteries being established at Wrangway to the central west and Wanstrow to the central east of the county. Excavations in Taunton have shown that Donyatt was supplying 95% of its ceramic requirements between the 16th and 17th centuries, though by the 18th century this had dropped to 30%, and it continued to decline until the last pottery closed in 1939 (Leach 1985). Although it has not been recorded earlier than the 19th century, it is worth noting that at Wellington, rich deep beds of what may be the best clay in the county were probably exploited for building materials such as bricks, tiles, and roof ridges on a very large scale, demonstrating that there were vastly more good clay areas available than had been exploited through the county's earlier history. It can now be seen that the Donyatt potteries did not develop in isolation, but as part of Somerset's potting history as a whole. They can be said to be an essential part of the West Country's ceramic tradition, and a conductor of many ideas, both practical and decorative.

During the late 19th and early 20th centuries some research into the Donyatt potteries was carried out (Lomax 1909, 117–28). Lomax visited Donyatt, meeting the Arlidge family, the last Donyatt potters, and published a map of the locality, which is very accurate. Excavations in Taunton Castle in 1952 (Ralegh Radford & Hallam 1955, 55–96) revealed a group of pottery from the well fill inside the great hall, closely dated by associated finds to 1600–50. This was to prove very useful in dating the kiln and pottery on Donyatt Site 2 (below). A field walking programme carried out by A Hallam and the writer during the late 1950s and early 1960s added significantly to Lomax's original map. A series of trial trenches at Pottery Farm (Site 4 below) in 1968 by the writer and Peter Brears located evidence for 18th-century potting activity in the form of a drain made out of waster jugs. In this way the Donyatt Research Group was founded, with the intention of publishing a final volume, and linking up with other archaeologists working on kiln sites in the West of England. A series of excavations was planned, and in all, some 35 weeks of full-time excavating (with thirty people staying under canvas and catered for on site) were spent examining seven areas (Sites 1- 6 and 13), while other smaller sites were trenched or field-walked. Over 55 tons of pottery were recovered, spanning some 800 years of potting in the area. Grants were received to carry out a nationwide survey of Donyatt pots in collections and museums.

A pre-war box of indentures found under a pew in Donyatt church by the writer was the impetus for research by I. Morley and R. Dunning, who traced potters' family trees in documents, including Poor-Law Records and church wardens' accounts. The Combe Estate papers, relating to the estate enclosing the area of potting activity, were available for study. Numerous potters were recorded from the 14th to the 20th centuries, and it was possible to reconstruct eight family trees. The Norrises were of the longest duration, from 1676 to 1872, the Dinhams from 1703–1883, the Rodgers from 1756 to 1894, the Jewells from 1676 to 1756, and some twenty other families are also represented (Morley in Coleman Smith & Pearson 1988, 10–44). Only a few names fall within the timespan of the early development of the American Colonies, such as Roger Paule 1662, some early Norrises – William, George and John between 1676 and 1686, Thomas Michael and John Sweet 1680, and John Jewell 1691. Although the Jewells were not involved in the pottery industry in Donyatt for as long as some other families, they are of particular interest because of their origins. According to two settlement certificates, the potter John Jewell moved into the area from Bideford in Devon (see Watkins 1960). John Jewell moved first to Chard to live with relatives – not certainly potters, but a strong local tradition and the kiln noted by Jean le Patourel (1968) indicate that they might have been. No records or remains of kilns have been found as yet, despite the efforts of local researchers. In 1691 John Jewell settled in Donyatt, providing a link between the potters of north Devon and those of the village. It is probable that John Jewell was working at Donyatt Site 13, implied by the high incidence of designs on excavated vessels reflecting a north-Devon influence (below).

Anthony Clark carried out an extensive survey using a Fluxgate Gradiometer on possible kiln sites indicated on old maps or found by fieldwalking. It was thanks to him that all but two of the kiln sites excavated were located, saving much time and work. The sites are described in crhonological order rather than the numerical sequence.

Site 2 (date range 1600 to 1650 – see Fig. 30.2)

This site is a small field divided by a stream (a tributary of the River Isle) running parallel to the road. On one side of the stream were the remains of an old orchard, shown as such on the Combe Estate map of 1790. It was subsequently found that sites marked as orchards on this map gave a good indication of pottery sites. When excavated, the density of the compacted potsherds showed that this was the only possible subsequent use for a pottery site after it had gone out of operation. A kiln plan was revealed below, with a circular kiln chamber 1.50m in diameter, which

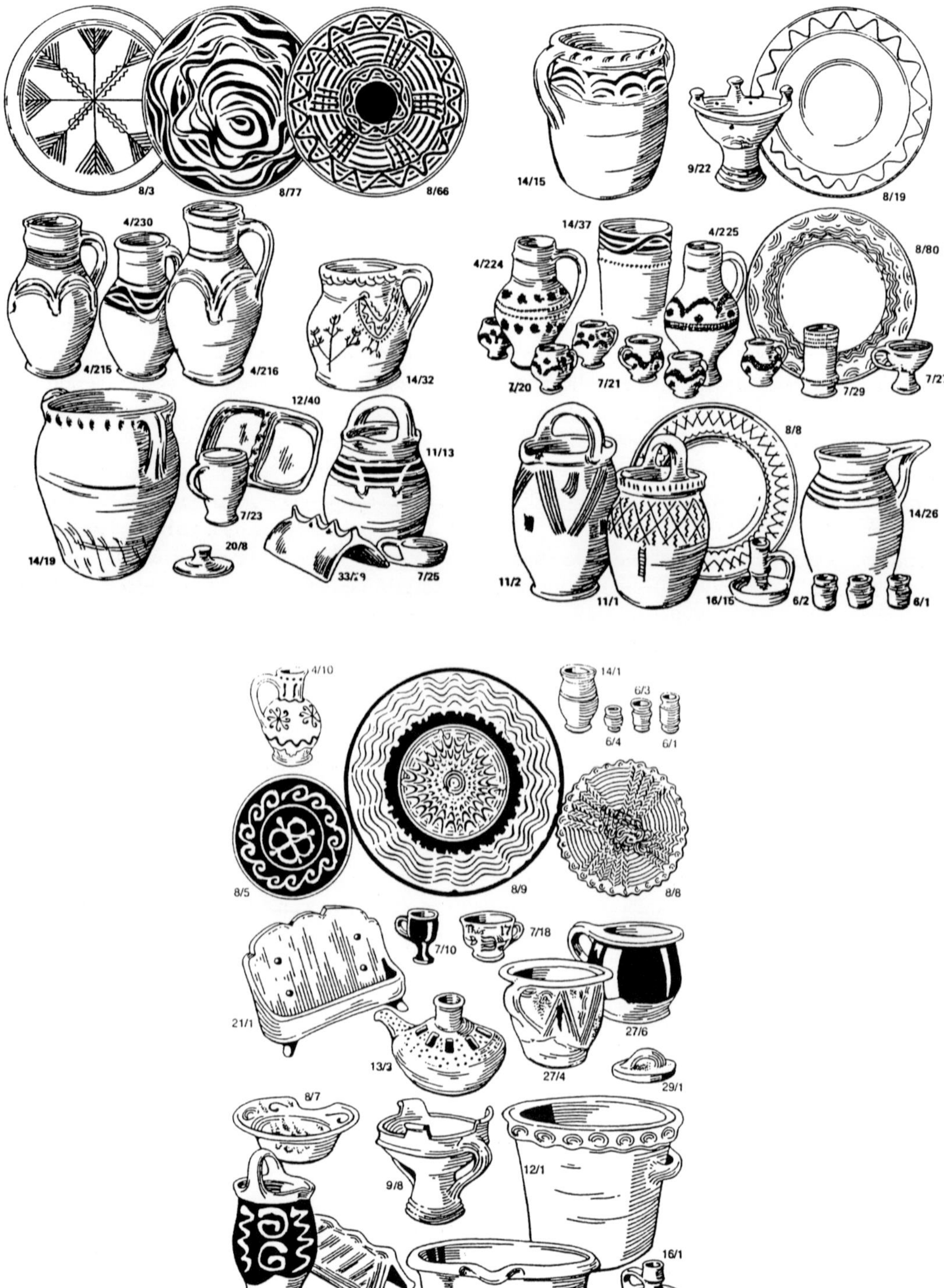

Fig. 30.2 Ceramic assemblages excavated at Donyatt kiln sites – top Site 2, early 17th century; below Site 13, late 17th/early 18th centuries. (for key to numbering see in Coleman Smith & Pearson 1988)

survived to a depth of about 0.50m. It contained several pots still *in situ* from the last firing. Its two firemouths, orientated east-west,were found packed with wasted sherds and clay to seal them at the end of that final firing. At the junction of each mouth with the kiln chamber three piles of tiles had been stacked, with just a small space between them to prevent the wood fuel from being pushed into the chamber, as the kiln load was stacked directly onto its floor – probably in such a way as to allow the free passage of hot air through the stack and out of the top. Two almost complete jugs were recovered from the west firemouth, and although they were heavily overfired, it can be seen that they had been decorated with a band of white- clay slip around the shoulder, which had then been finger-brushed in almost parallel swags (Fig. 30.3 left). In form, decoration and scale these two vessels are exactly like one found in excavations at Jamestown. The Virginia jug, found associated with tighter dating criteria than was available at Site 2, has been assigned to 1620–35. It is certain that this vessel was made at Donyatt Site 2 and shipped to America around this time. This is not the only parallel found – the fill of the kiln chamber contained a two-handled jar with a thumbed, applied strip under the rim, and decorated in the same way as the jug referred to above (Fig. 30.3 right). A sherd of a large-handled jar from the Jamestown excavations, but apparently not from such a well-dated context, exactly parallels this vessel. Many other sherds from Jamestown could well have been made at Donyatt Site 2, but it is best to err on the side of caution rather than to make specific claims. A cylindrical reconstruction is suggested as the most probable form for Kiln 2 excavated on Site 2 (D. Rhodes pers. comm.). Site 2 also contained another, much-damaged, later kiln, which is dated by the form and decoration of the associated vessels to 1650–1750. Kiln 1 was much higher in the ground than Kiln 2 (which had been partially covered by Kiln 1). Not much remained of this later structure, which was orientated north-south – just a large, red subsoil stain showing its approximate dimensions. The only surviving detail was the south-facing firemouth, which was much longer than was usual at Donyatt for this period, and was built apparently rather randomly of brick, tile and some sandstone. A dish rim excavated at Saint Mary's City, Maryland, is a very close parallel to an example which came from Kiln 2 (identified from a slide provided by Taft Kiser). The design is too general at Donyatt to be specific.

Site 13 (date range 1650 to 1730 – see Fig. 30.2)

The next site in chronological order was excavated in 1992 (Coleman Smith 1992, 139–45 gives a short

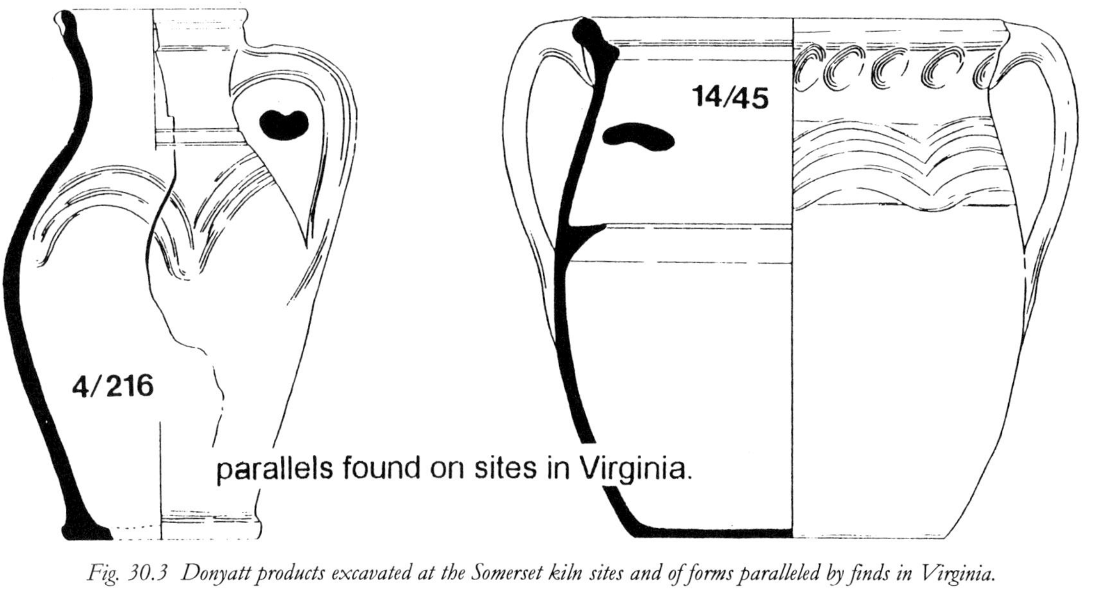

Fig. 30.3 Donyatt products excavated at the Somerset kiln sites and of forms paralleled by finds in Virginia.

account). The farmer and owner of the land on which Site 13 was located reported that he had found a kiln while digging foundation trenches. He had held up clearance work for a morning until he had himself roughly uncovered this kiln and his wife had then photographed it from all angles, with the few pots found in it *in situ*. By the afternoon, all but the westerly firemouth had been levelled. This kiln, Number 1, was not surveyed by Project staff, but the photographs are excellent. The circular-plan structure was standing five bricks high, and in the centre was a group of chamber pots stacked on the floor. These vessels were made available for drawing, and so by extending a line across the kiln through the centre of the pots it was possible to estimate the structure's diameter. This could also be checked from the standard measurement of the locally produced bricks making up the kiln – which was found to be very similar to Kiln 2 at the same site. Site 13 lies at the westerly end of Crock Street, on a southerly slope running down to another small tributary of the River Isle. Upon excavation, a building was uncovered, constructed of rough chert walls, 5.50m. across at the gable end, with walls traceable for 6.50m. before they went under a modern slurry pit. The building had a hearth which extended the full width of the structure and was made from tiles placed vertically into the beaten earth. Debris found between these tiles showed that the potters were using the fire to prepare food as well as lead for glazing. Some 7m. to the south west was Kiln 2. It had a circular firing chamber 2m. in diameter, with two firemouths orientated east-west and extending for 2m. This kiln was somewhat randomly built of re-used kiln bricks and tiles, and showed signs of repair. The most exciting feature was a central plinth running across the firing chamber, at right angles to the line of the firemouths. The plinth's walls curved inwards and were also built of tiles. It was evident that this plinth had been added some time after the kiln chamber was built, because not only were the plinth walls not bonded into the wall of the firing chamber, but upon removing the former it was found that the firing-chamber wall had received direct heat during earlier use, the walls being completely sintered. Nine warped, kiln-wasted chamber pots were found, placed upside down between the plinth walls, and packed tightly in with kiln debris. Donyatt potters from time immemorial had been dogged by the prevailing westerly wind rising during firing and causing kilns to overfire. The central plinth, which was presumably an attempt to control this, could possibly have supported a perforated kiln floor. The only parallel traced for this construction, although not quite the same, was found at Ewenny, situated just south of Bridgend in South Wales (Lewis 1982, 48–53). The pottery made at Ewenny is strongly influenced by West-Country sgraffito wares. It now looks as if influences were travelling in both directions. Dating for Site 13 was facilitated by the finding of four sherds dated 1689, 1691, 173.. and 17... – unusually clear evidence for any excavated kiln site (Coleman Smith 1996, 70–5 & pl. 111b, provides a further interim discussion).

Further regional influences were recorded at Site 13 – for example, sherds with slip trailing were found, which imitate the early Staffordshire-slipware innovation of 'jewelling': a dark, slip-trailed line was placed on the red-clay vessel, and then white dots were added close together to give the line a sparkle, as noted on Toft- and other Staffordshire wares. A north-Devon influence was particularly strong at Site 13, and is seen in the decoration of sgraffito wares. Motifs such as the 'Dutch' tulip, the 'French' cockerel and the 'English' rose, are all standard subjects, indicating some international influences, however indirect, on Donyatt puzzle jugs, plates and other vessels. Decorative embellishment by pecking out the background with a small four-pronged comb was developed in north Devon in the 17th century (earlier than that it was a well known device on carved English furniture). The technique is most prevalent at Site 13, and it might well indicate that this was the location of the pottery to which John Jewell came to work. This is further re-enforced because the Site is the only one in the parish of Combe St Nicholas, and two John Jewells ended up in the poor house there. In 1798–9 there is yet another John Jewell recorded in the Muster Roll of Combe Volunteers (Aldridge 1927, 11–23).

An undated cut lug in the Virginia Department of Historic Resources collection at Richmond is most likely to have come from a chafing dish made on Site 13, for although cut-lug chafing dishes are found on other Donyatt sites from the beginning of the 17th century, they are narrower than this one, which has an exact parallel excavated at Site 13, and was almost certainly made between 1650 and 1730.

Site 4 (date range 1700–1750)

This Site lies on the west side of Whitney Bottom, and is one of the few that can be positively associated with the potter who worked there. He was James Rodgers, who ceased production c.1900, when the site was known as 'Crock Street' Pottery (rather misleading as it is not directly adjacent to Crock Street). Later it became known as Pottery Farm, as it is today. Excavation located 18th-century building foundations with dimensions similar to those of the structure found on Site 13. Inside this building, down the south wall, was a row of crushed jars, two of which are very similar in form to an example excavated in Colonial Williamsburg, showing that this form is long-lived. In the general spread of sherds on this site were a cockerel dish, imitation Bristol/Staffordshire ware with feathered brown-slip decoration, and ones with the typical Donyatt decoration of combed-slip centre and rim dishes, paralleled among others by an example from Saint Mary's City, Maryland. A large collection of clay-tobacco pipes was recovered, corroborating a date of 1700–50 (the majority of pipes here and similar ones from Site 13 are stamped George or Charles Webb in Chard, and it is interesting to note that a George-Webb pipe found in a midden scatter dated c.1680–1700 in Talbot County, Maryland, appears to be the only one with this stamp so far in North America – Cresthull 1982, 28–33; it would be interesting to know if it was associated with any Donyatt pottery). No kiln was discovered on Site 4, but the large collection of varied vessel forms found associated with the contemporary building makes it a valuable assemblage. The restorable profiles (if not complete vessels) include jugs – some with dates in white-slip trailing, porringers, mugs and pedestal cups, some glazed in a dark brown iron-rich, metallic lead glaze, and others with decoration inspired by the Bristol/Staffordshire feathered-cream and dark brown slips under an amber glaze. Several large dishes some 450mm in diameter are restorable. Of the commoner sort is one thrown in the usual red-firing clay, decorated with a white-slip band around the rim and another around the centre, which had been wet sgraffito-decorated with combing under an iron-flecked amber glaze. Another, less common form of decoration was applied to a frill-edged dish covered internally with white slip and then sgraffito-decorated with roses, tulips and a central motif of a cockerel, under an internal rich amber glaze, also splashed externally. The cockerel dish is a most impressive piece, and is strongly reminiscent of some of the north-Devon ones (Watkins 1960, 17–60). Bucket pots, chafing dishes, candlesticks and ointment pots also form part of this group. Many of the techniques were used in the Donyatt potters' repertoire right up to the late 19th century. The decoration included wet sgraffito (using fingers or combs) alongside slip trailing, and sgraffito for the decoration of commemorative pieces. This is somewhat surprising, as the late group from Site 5 contains unsophisticated local wares, as well as being associated with a wide range of technically excellent industrial wares. Even the pans with thumbed, applied strips under the rims were made, almost unaltered, for 200 years. Fashions changed in society at large, but obviously functional needs in the farming community remained unaltered as far as ceramics were concerned.

The Last Phase of the Industry

It was not until the arrival of the Arlidge family in the late 19th century that things began to change radically in all aspects of the potting trade at Donyatt, with mechanical pugmills, power wheels, use of the jigger and jolley, and the down-draught kiln, as the local tradition was superseded by the technology of the late 19th and early 20th centuries. Military call up at the beginning of the 1939–45 War was the final blow to the Donyatt industry. Many other local and regional potteries went out of production at this time. It is sad that a pottery community which survived the rigours and charges of 800 years, went out of production so recently.

The Fuel Used

Throughout the whole timespan of the Donyatt potteries, the only fuel used in kiln firing was wood. The long-discussed question of whether the potters were responsible for deforestation or whether they obtained fuel from a different source was finally ended by charcoal samples recovered from Site 2 Kiln 2 and Site 13 Kiln 2, analysed by Oliver Rackham, who reports: 'The charcoal identification from the excavations supports the hypothesis that the wood came from hedges, or from non-woodland trees. Oaks and ash could be either woodland or non-woodland. Elm and willow are much more likely to have come from hedges or free-standing trees than woods. The report of poplar is interesting: the aspen, the native woodland poplar, is rare in the district and a more likely species is the black poplar. This is almost certainly the tree that begins the 1298 forest perambulation: *Incipit ad popelerum de Dungate*. Black poplar has never grown in woods; it is a most distinctive and recognisable tree, an appropriate species for the start of a perambulation, and although it is not as common now as it was then, a few trees still linger in the Taunton area' (cf. idem in Coleman Smith & Pearson 1988, 3–9). Further analysis of charcoal from Donyatt has been undertaken with similar results (idem in Kiser & Coleman Smith forthcoming).

This evidence exonerates the potters from the age-old accusation of deforesting the forest of Neroche. Potters do not want thick wood for this type of kiln. They need branches and twigs not much more than 20mm thick, as above this thickness the wood burns too slowly and does not produce the long flame of quick-burning fuel, which is necessary for a good firing. Hedgerow trimmings made into faggots are ideal. Coal was used only by the Arlidge family, from the end of the 19th century until the closure of Pit Pottery in 1939. However, they still used hedge trimmings right at the end of firings, to 'flash off' deposits of sulphur on the fluxed lead glazes, giving a clearer, brighter gloss.

Acknowledgements

Information for this paper on finds in America was kindly provided by Taft Kiser (formerly Archaeologist with Virginia Commonwealth University, Richmond), whose photographs sent to the writer of the sherds excavated there and referred to in the text as Donyatt products made these identifications possible, and by Beverley Straube (Curator, Jamestown Rediscovery team, Assoc. for the Preservation of Virginia Antiquities), to both of whom the writer is most grateful. Both have stayed in Somerset, where they discussed, handled and examined the products from the Donyatt kilns, in museums and in private collections. They returned to the US with small identikits of Donyatt pottery, which, with their first-hand experience, eminently qualifies them to identify these fabrics.

Grateful thanks are also owed to Professor D. Rhodes (New York State University) for his suggestions about the original form of Kiln 2 at Site 2, to Dr Oliver Rackham (Corpus Christi College, Cambridge) for his report on the charcoal, to the late Dr Anthony Clarke (formerly Ancient Monuments Laboratory, HBMC(E)) for spending a week searching with his Gradiometer for kiln sites. The writer also wishes to thank the organisers of the present conference.

Note: The Donyatt Research Group is made up solely of unpaid volunteers, including the two directors – the writer and Terry Pearson.

References

Aldridge, G. de Y. 1927, 'History of Combe St Nicholas', in *Proceedings of the Somerset Archaeological and Natural History Soc.* 73, 11–23

Brears, P. 1971, *The English Country Pottery: Its History and Techniques*, Newton Abbott

Coleman Smith, R. 1992, 'Excavations in the Donyatt potteries', in *Chronicle (Jnl. of Yeovil Archaeological and Local History Soc.)* 5.5, 135–45

Coleman Smith, R. 1994, 'Two pottery kilns and a workshop of the late 17th to early 18th century, excavated at Site 13 Donyatt, Somerset', in *Transactions of the English Ceramic Circle* 16.1, 70–5

Coleman Smith, R. 1996, *Donyatt Pottery, 11th century to 1939* (Somerset Industrial Archaeological Soc. 9)

Coleman Smith, R. & Pearson, T. 1988, *Excavations in the Donyatt Potteries*, Chichester

Cresthull, P. 1982, 'A George Webb pipe from Chard', in *Maryland Archaeology (Jnl. of the Archaeological Soc. of Maryland Inc.)* 18.2, 28–32

Leach, P. 1985, *The Archaeology of Taunton, Excavation and Fieldwork to 1980* (Western Archaeological Trust Monograph 8)

Le Patourel, J. 1968, 'Documentary evidence and the medieval pottery industry', in *Medieval Archaeology* 12, 101–26

Lewis, J. 1982, *The Ewenny Potteries*, National Museum of Wales, Cardiff

Malcolm Watkins, C. 1960, 'North Devon pottery and its export to America in the 17th century', in *United States National Museum Bulletin* 225, 19–59, Smithsonian Institute

Ralegh Radford, C. A. & Hallam, A. D. 1955, 'The history of Taunton Castle in the light of recent excavations', in *Proceedings of the Somersetshire Archaeological and Natural History Soc.* 98, 55–96

Richard Coleman Smith
Keyford House, 12 Church Street
Merriott, Somerset
TA16 5PR

31 Producers, Distributors and Redistributors: The Role of the South Western Ports in the Seventeenth Century Ceramics Trades

John Allan

To a modern observer, familiar with the harbours of south-west England (Plymouth apart) as economic backwaters, it requires an effort of the imagination to appreciate that in the 17th century these were amongst the most important ports in Britain. As the customs returns for the years 1614–20 illustrate, four of the top nine British ports of the early 17th century lay here: Exeter in third place after Hull and London but above Bristol; Plymouth sixth, Lyme Regis seventh and Dartmouth ninth (Stephens 1958, 8). By the end of the century, Dartmouth and Lyme had fallen from prominence, but Exeter had grown rapidly and was reaching the peak of its commercial prosperity (ibid., 161–5; Hoskins 1935, 109), albeit outstripped by the still more rapid rise of Bristol, whilst the smaller ports of Bideford and Barnstaple on the north Devon coast enjoyed a brief period of great affluence in the years 1670–1710 (Grant 1992). The principal underlying reason for the region's success was the flourishing West-Country cloth industry, but the growth of the Atlantic trades was certainly a powerful stimulus. The spectacular rise of Dartmouth in the early 17th century, for example, was founded on its flourishing interests in the Newfoundland fisheries (Stephens 1956; Starkey 1992), interests which were also of fundamental significance to Plymouth. In the late 17th century, the rise of Bideford resulted in large part from its role in the tobacco trade with Virginia, coupled with involvement in the Newfoundland fisheries (Stephens 1956, 92–9; Grant 1992, 137–8).

In this paper I wish to present an overview of the most obvious archaeological evidence of the Atlantic trade of these ports – their export of pottery; to draw attention to other classes of material evidence of trade with south-west England which may be found on 17th-century sites in the US and Canada; and to suggest that the combined evidence of archaeological and historical sources in the south-western ports allows one to develop a fuller understanding of the operation of the ceramics trades than can currently be offered for most other ports in England.

The Production and Exportation of South West English Pottery

North Devon

When Malcolm Watkins published his fine paper 'North Devon pottery and its export to America in the 17th Century' in 1960 it was still well known locally in north Devon that towns in the area had once been major pottery producers; indeed the last kiln working in a continuous tradition from its medieval forebears was still operating. There was, however, no appreciation whatsoever that the potteries might be a subject of serious archaeological interest, and no substantial work had been carried out on the documentary evidence relating to the kilns. This situation has now changed greatly. In the early 1970s the excavations of Trevor Miles recovered huge quantities of kiln waste deposited in the castle ditch at Barnstaple, and several valuable sequences and pit groups elsewhere in the town. A fresh programme of excavation in the 1980s directed by Linda Blanchard revealed 17th-century kilns in the adjacent area of Potters Lane, again with large quantities of wasters. The evidence from Barnstaple remains the fullest in north Devon, but smaller collections of ceramics have been salvaged in Bideford in the late 1980s, followed by the recovery of some 20,000 sherds from a hillside waster tip below the inland town of Great Torrington in 1993. Sadly, hardly any of this material has been published, and the task of processing and presenting it is a formidable one. A number of points are, however, apparent at this stage. Whilst the coarseware forms produced were common to all these centres, differences do seem to be emerging between the styles of sgraffito decoration in each centre. In the case of the best of the sgraffito-decorated products it is sometimes possible to distinguish the output of individual kilns or even individual potters, such as the highly accomplished folk art of William Oliver and John Leachland at North Walk, Barnstaple. It is also clear that a rather wider range of wares than that generally recognised was produced in north Devon. Beside the well known and usually very distinctive gravel-tempered wares, these kilns made a variety of less easily recognisable products – the gravel-free and calcareous-tempered coarsewares, which are now being recognised increasingly by North-American archaeologists, as well as the more unusual wares – north-Devon white wares and trailed slipwares for example – which are often unfamiliar to American archaeologists but which are certainly present, at least in small quantities, on American sites.[1] The bulk of the kiln waste excavated in each town appears to belong to the years c.1660–1720 but various late 16th- and early 17th-century groups have been recovered from Barnstaple, and these need to be examined alongside other groups in the south west (notably those from Plymouth, Exeter and Okehampton) to define the chronological range of the various vessel forms and decorative styles.

The other advance in understanding of the north-Devon industry has come from Alison Grant's study of its documentary evidence (Grant 1983). This evidence must rank among the richest relating to any of the traditional potteries working in Britain at this period because the potters' operations are recorded not only in the usual documentary sources of parish registers, probate inventories, legal and family records but, exceptionally, in the Exchequer Customs Accounts, which record the major scale of their coastal and foreign exports. Taken together, these sources show that when the industry reached its peak in the 1680s there were about 15–20 potteries in North Devon; we might compare the total of about 60–80 in Staffordshire at this time.[2] At their peak the combined totals of coastal and foreign exports amounted to over 350,000 parcels annually; there was also a substantial inland trade, unrecorded in the documentary record. We should think in terms of more than 1–2 million pots produced here annually.

The north-Devon potteries had supplied the American market from the earliest days of English settlement, as the finds from Ferryland, Newfoundland (Tuck 1996, 29) and those from the earliest contexts at Jamestown Fort[3] and on the wreck of the *Sea Venture* (Wingood 1982, 341–2) illustrate. Whilst an initial mapping of north-Devon findspots regardless of date, such as that in Grant (1983, 188), gives us a start in seeing their distribution, we really need to see patterns of use in ceramic assemblages from sealed contexts, or at least from fairly closely datable sites, if we are to make progress in understanding marketing patterns. Revealing contrasts will also, I think, emerge from the study of patterns of vessel usage. For example, the tall north-Devon baluster jars, which seem so common on early 17th-century sites in North America, whether in Maine (Faulkner & Faulkner 1987, 203–5) or Virginia (Noël Hume 1982, 195–7; Outlaw 1990, 105–8; Kiser in press), likewise seem to be by far the commonest form in early 17th-century Plymouth (Gaskell Brown 1979, 4; Allan & Barber 1992). This does not, however, appear to be a universal pattern in south-west England: at Exeter and inland, by contrast, the most common north-Devon form at this time is the large bowl. Here we may be seeing evidence of very specific vessel function or provisioning from particular ports. Occasionally the mixture of dated sherds, kiln evidence and rich documents will allow a precision of interpretation which is most unusual in the study of 17th-century objects. One instance will illustrate this. At Hampton Plantation, Virginia, Donald Limebaugh and Mary Ellen Hodges recently recovered a group of handsome north-Devon sgraffito-decorated wares, several bearing a highly distinctive bird motif, one dated 1668. Wasters derived from the Potters-Lane kiln at Barnstaple included several vessels with identical motifs signed WO, whom Alison Grant identified beyond reasonable doubt as William Oliver. Here we must be looking at a batch of pottery shipped by a single potter, and bought (presumably together, in or shortly after 1668) by a single consumer.

South Somerset

In contrast with the trade with north Devon, archaeological evidence for relations with the major south-Devon and Dorset ports is far less obvious, but in fact reflects a much more substantial trade, so greater weight should perhaps be given to the finds which are recognised.

First, the finds of south-Somerset pottery. The integrated programme of excavations, documentary research and study of museum collections carried out by Richard Coleman Smith, Terry Pearson and Ian Morley on the Donyatt potteries, and now handsomely published (Coleman Smith & Pearson 1988 – cf. Coleman Smith this volume), has been one of the major success stories in post-medieval studies in south-west England: indeed, as Hurst has pointed out (1991, 250), their work provides us with the fullest picture of the working of a traditional pottery in England. However, whilst the Donyatt potteries were probably the largest operating in south Somerset, it should be noted that they were merely one group in a scatter of kilns extending across the county and into neighbouring Devon (Fig. 31.1). Some of its rivals (e.g. Honiton) known only from documentary evidence were probably also large producers. Ceramics in the south-Somerset tradition were the principal local ware at Lyme Regis and Exeter, but were also shipped coastward in increasing quantities to Dartmouth, Plymouth and Cornwall in the course of the 17th century, as the Port

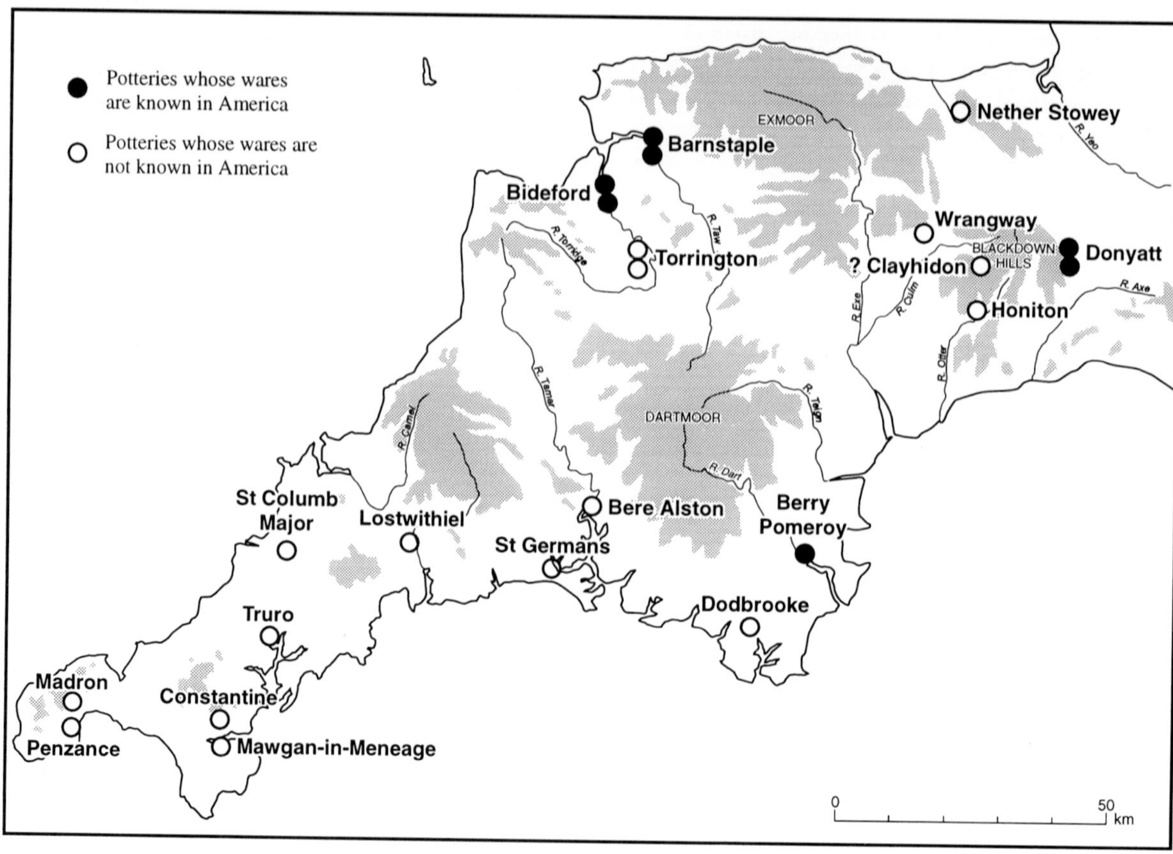

Fig. 31.1 Potteries in South-West England, c.1600–1700

Books of Lyme Regis, for example, illustrate (Allan 1983, 41; idem 1986, 21). Early 17th-century finds of south-Somerset pottery in North America are perhaps most likely to have come from Exeter, although other possibilities cannot be excluded. Late 17th-century and later south-Somerset exports could really have arrived from any of the south-western ports even from Bristol or Cornwall. Certainly Exeter continued to export English earthenwares (probably local wares?) to North America in modest quantities as late as the 1750s, as its Port Books show. The principal destinations were Virginia (about 1000 parcels between 1680 and 1719) and Barbados (700 parcels in the 1680s); Boston (1680s), New York and Philadelphia (both 1710s), Carolina (1720s–30s), Maryland (1741) and Newfoundland (1750–2) were occasional recipients of English earthenwares exported from Exeter (details in Allan 1984a, microfiche 59).

Until recent years, south-Somerset wares have not been recognised in North America, but they are certainly present, at least in small quantities. Taft Kiser's important work on 17th-century ceramics in Virginia and Maryland has identified about 20 vessels of south-Somerset pottery, some of them early 17th-century (e.g. those from Jordan's Journey, Virginia c.1620–35), others late 17th- or early 18th-century (e.g. those from St Mary's City).[4] Further south-Somerset finds are certainly present in Newfoundland (they are rare at Ferryland, but there are a few definite examples from the site, with others from Stephen Mills's excavation at Renews, also in the Avalon peninsula[5] and among William Gilbert's finds at Cupids – Gilbert 1996, 77).

Other Potteries

There also operated in the south-western peninsula a number of other kilns making pottery of the coarsest sort. Some of their wares are highly distinctive petrologically, being rich in minerals derived from granite massifs. It might be expected that these would not travel, but this expectation is false. At Ferryland, Newfoundland, Dr Peter Pope identified a number of coarse micaceous vessels which certainly came from the area of Totnes, south Devon, and provide archaeological evidence for a specific link with the port of Dartmouth (Allan & Pope 1990; Allan 1984b). Whilst finds of this type elsewhere in North America may prove rare, they would be highly indicative of contact with the same area.

Other classes of south-western pottery may be anticipated in small quantities in America. These include the plain and dull Coarse Sandy Wares which form a large proportion of Exeter assemblages before c.1650, and the St Germans-type and Lostwithiel-type wares, which form the bulk of the coarsewares at Plymouth. Potteries were in fact scattered along the south coast of Devon and Cornwall (Douch 1969; see Fig. 31.1) and a few of their wares may also have been shipped via Plymouth.

Other Classes of Traded Artefact

Pottery distributions have received comparatively full attention in recent archaeological work; other classes of artefact have received less. Building materials have been much neglected. They may prove to provide a major archaeological signature of the trade between south-west England and North America. South Devon exported roofing slates, known locally as 'helling stones' (Fig. 31.2). These lowly products were shipped from Dartmouth in astonishing numbers. As Bourhis has shown (1972, 1: 133–9), exports of between half a million and 1.4 million roof slates are recorded annually in the surviving Dartmouth Port Books of 1599–1641. These were shipped to 37 different ports along the European coastline, from Hamburg to Cadiz, especially to the Low Countries and Northern France. The early 17th-century Dartmouth Port Books, only a few of which survive, do not mention exports across the Atlantic, but those of the Devon ports of the late 17th and early 18th centuries do so. The Exeter evidence will illustrate the point, although the city may have been less important in the trade than Plymouth or Dartmouth. New England was evidently a major market, receiving the largest annual total noted in the Exeter Port Books: some 208,000 slates in 1684, when a further 54,000 were sent to Boston. Further shipments were sent to New England from Exeter in 1682, 1713 and 1723, each of many thousands of slates. Other markets included Barbados, which received slates from the 1670s at least until the 1730s (the largest shipment noted was 60,000 in 1732), Bermuda (e.g. in 1714) and Carolina (e.g. in 1713). The subject requires careful petrological study beyond the scope of the present

Fig. 31.2 Samples of south Devon roofing slates of the sort exported to North America from the Devon ports (Exeter City Museums)

paper, but it seems likely that south-Devon roofing slate will prove not uncommon on 17th-century sites close to the coast in North America.

Other West-Country building stones are certainly present in archaeological contexts on early colonial sites (Fig. 31.3). The fine white limestone of the quarries at Beer in east Devon was used for mouldings in Lightfoot House, Yorktown, Virginia;[6] Bath stone was also sent over in the early 18th century; for example the elaborate garden urns found by Bill Kelso at Kingsmill Plantation, Virginia (Kelso 1984, 150–2) are of Bath stone. They must surely have been exported via Bristol. The customs accounts of the south-western ports also record a trade in Purbeck stone, an oolithic limestone from the Dorset coast. They occasionally record exports of this material to America – examples were sent from Exeter to Barbados, New England and Virginia in the decade 1711–22 (below; Allan 1984a, 143–4).

Devon clay pipes should also be expected in America. In 1980 the writer published with Chris Arnold a paper showing that the Exeter Port Books record the export of more than one million clay pipes from Exeter to America (Arnold & Allan 1980). These

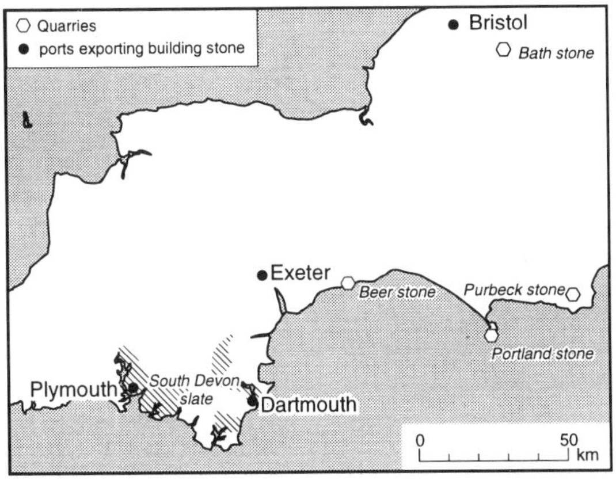

Fig. 31.3 Building materials exported from south west England to North America, 1600–1750

exports peaked dramatically around 1700 when the city's engagement in the Atlantic trade reached its height (Fig. 31.4). These sturdy products, which were mostly unmarked, have very rarely been identified in North America.

The Redistribution of Ceramics to America

By Elizabeth's reign the south-western ports redistributed Rhenish goods like frying pans, cauldrons and other miscellaneous household wares to ports further along the English coast, such as Bristol, and to Wales and Ireland. The rise of the Atlantic trades must have presented new opportunities for this kind of marketing.

At Exeter the documentary evidence for the provisioning of the American market with redistributed Rhenish ceramics begins only in the 1680s, but this merely reflects the limitations of the documentary evidence, and the trade probably began in the early

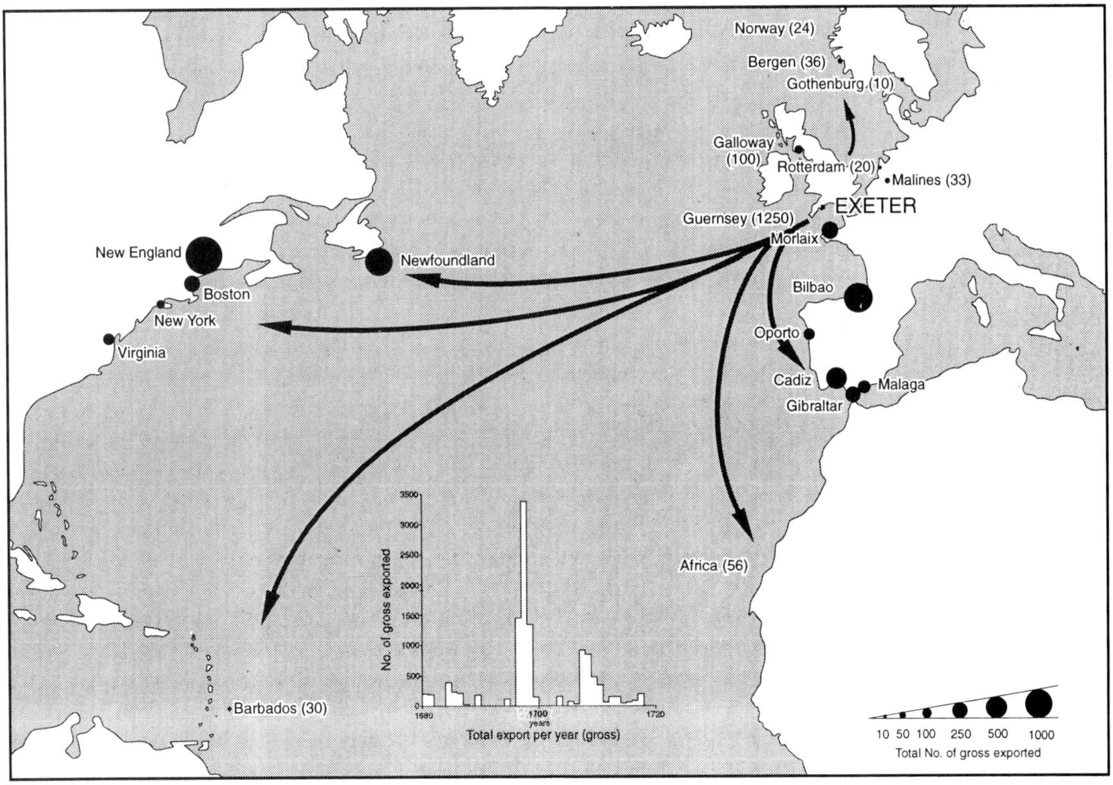

Fig. 31.4 The export of clay pipes from Exeter (Public Record Office E190 – Exeter Foreign Port Books)

years of American settlement. Exeter re-exported these goods to Barbados, Carolina, Virginia, Maryland, New England and Newfoundland in the years 1686–1750 (Allan 1984a, 143–5). Some of these destinations provided specialists markets: Barbados alone had a particular demand for Low-Countries pantiles, sent from Exeter in the years 1683–1722, perhaps for use in sugar houses. At the height of the Barbados trade with the city in the years 1712–22 exports numbered over 10,000 pantiles per year (ibid., 143). During that same decade Barbados also became the leading market for re-exported Rhenish and Dutch ceramics from Exeter, taking on average 430 cast of stoneware pots, 130 stoneware bottles and earthenwares valued at around £8 per year. However, when Exeter's short-lived efforts to develop a sugar-refining industry collapsed in the 1730s, this re-export trade died with it (ibid., 138–4 & 143). The other American markets, in approximate order of importance, were Carolina, New England and Virginia. Re-exports to Carolina span the years 1711–1752, consisting principally of stoneware (1470 cast of stone pots, 20 dozen stone bottles in eight years over this period), with some paving tiles (total 2030) and baskets of earthenware. Those to New England belong to the years 1699–1741 and those to Virginia to the years 1685–1726 (details ibid., microfiche 55–7).

With the development of the Atlantic trade there soon arose specialists supplying the colonies. At Exeter the activities of the local merchant Roger Prowse illustrate the point. Prowse's name recurs throughout the Port Books of 1710–22, shipping household goods to Barbados, Virginia, and New England. For example, in 1711 Prowse imported into Exeter various cargoes of ceramics and glass, unloaded from two ships: the *Reformation* and the *Hannah*, both regulars in the Rotterdam trade. The cargoes comprised 1545 cast of uncovered stone pots, 50 dozen stone bottles, 1000 feet of galley tiles and 50 cases of bottles valued at £12 – i.e. perhaps 5000 stoneware pots, 4000 delftware tiles[7] and a more valuable assembly of glass bottles (PRO E190/984/6: lists of inward cargoes). On the same day they were all transferred into the *Reserve* for New England (ibid.: lists of outward cargoes). Prowse repeatedly assembled large quantities of English and imported cloth, English pewter and ironmongery, felt hats, shoes and such miscellaneous items as Purbeck stone and local roof slates, the last no doubt from south Devon, to supply the American market, sometimes obtaining his goods at Rotterdam, otherwise presumably buying locally.

Conclusion

Finally, a number conclusions can be drawn from the study of the pottery of West-Country ports which, it seems to the writer, are of general interest in the interpretation of ceramics of this period. Since the various local pottery types of the south west are particularly distinctive, this is a good area in which to study regional marketing. The picture emerging in Devon is shown in Fig. 31.5a. The marketing pattern for post-medieval pottery shows strong similarities to other forms of evidence for regional grouping, such as dialect distributions (Fig. 31.5b) and marketing patterns in the late Middle Ages (Kowaleski 1995, *passim*). It is however the evidence relating to the trade in foreign ceramics which is of the greatest interest. Here the material from Plymouth and Exeter is most important, since these are among the few English ports in which really substantial collections of ceramics have been quantified and published (at Plymouth over 80,000 sherds have been published, at Exeter about 30,000; each collection weighs rather more than a tonne). Exeter is in fact the more instructive case, not only because a high proportion of the material comes from sealed contexts which collectively provide one of the finest dated sequences of early-modern ceramics in Britain, but also because it is the only port in which an attempt has been made to compare the archaeological picture with the documentary evidence relating to the trade in, and use of, ceramics. The city's early-modern documents are a formidable collection: Hoskins sometimes claimed they were the finest of any provincial town in northern Europe. The customs accounts examined by the writer alone extend to over 6000 folios of manuscript.

First, the Exeter ceramics present the clearest evidence published so far in Britain for sharp differences in the character of contemporary assemblages within a single town, and these can be correlated with variations in social status. Wealth in early-modern Exeter was concentrated in the hands of a small minority, who lived largely in its central parishes. The

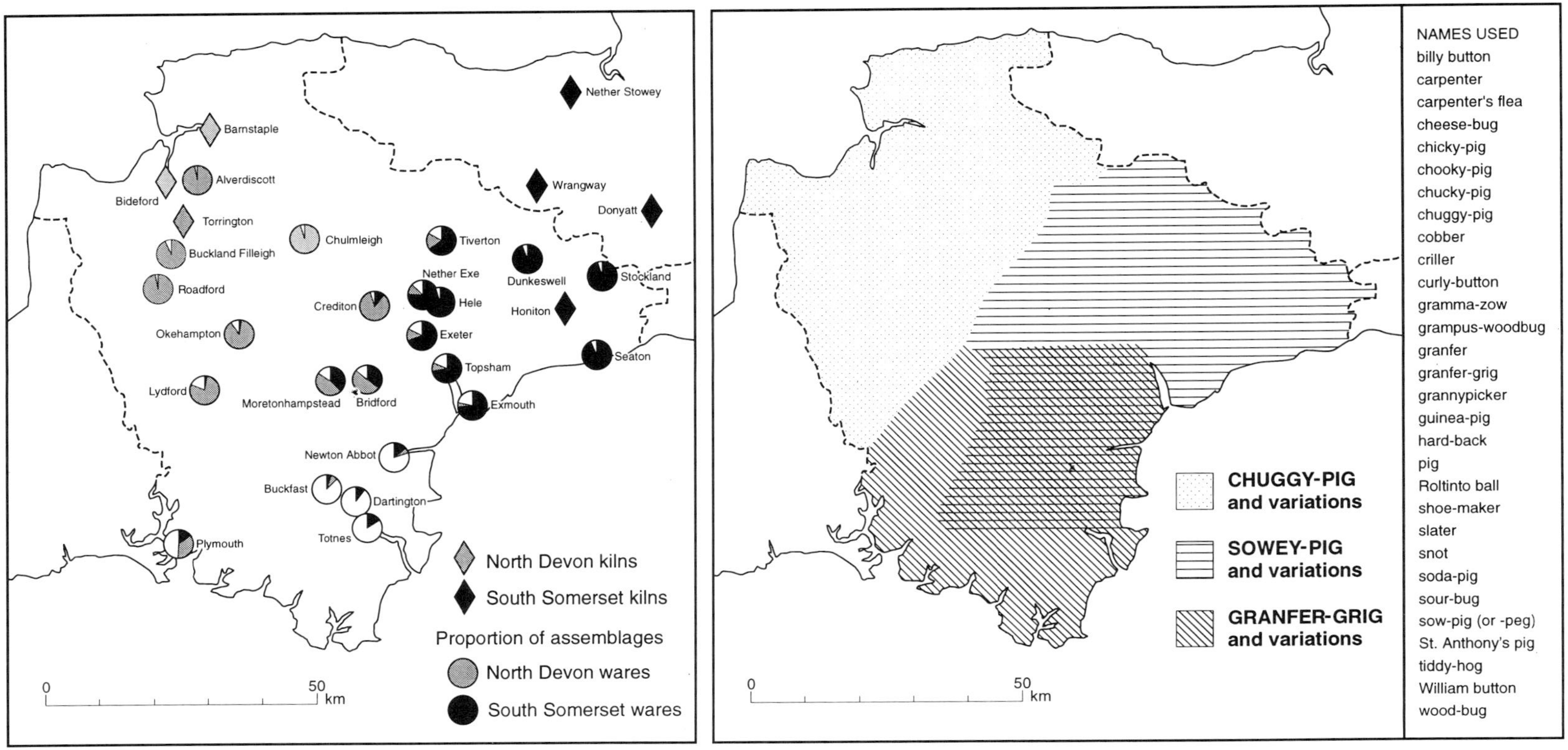

Fig. 31.5 a) Proportions of south Somerset and north Devon pottery in post medieval groups in Devon b) Dialect distribution of names for the woodlouse (reproduced from Report and Transactions of the Devonshire Association *1965, 118 – by kind permission of the Association)*

majority of its population was poor: Professors MacCaffrey (1958, 247–9) and Hoskins (1935, 119) concluded that about 70% of the population could be classed as such; MacCaffrey concluded that 'the lot of more than half the population was grinding poverty'. Nevertheless every household examined from a sample of more than 40 sites scattered across the city used imported pottery – and not just utilitarian stonewares but delftwares, Italian marbled wares, etc. Typically, poor households in the city yield c.7–15% imported wares. Clearly a few imports do not indicate wealth: even the very poor used them. The use of imports – stonewares for example – is commonly equated with improved urban living standards (e.g. Gaimster 1997, 115–41). The argument can be over-stated; we sometimes need to remember that the majority of urban contexts we excavate derive from the poor. However some households in the centre of the city show exceptional concentrations of imports, which sometimes form up to 65% of the total (Allan 1984a, 101–4). These groups display other signs of high status – Venetian glasses for example – and the imports include exceptional finds, including most of the Ming porcelain from the city. Here the artefactual evidence for choice imports mirrors the documentary evidence for rich occupants.

Second, comparison of the documentary and archaeological evidence for specific classes of traded artefact allows some estimate to be made of the size of the excavated sample. The best evidence relates to imported Rhenish stonewares. If we count all the records of Rhenish stonewares in all the 50 years of Exeter's Foreign Port Books and a dozen years of Elizabethan Coastal Books, we can estimate that in excess of 1.2 million stonewares were imported into the city in the years 1500–1750. Our sample from about 50 excavations in the city and its hinterland includes fragments of at least 1300 stoneware vessels (by minimum vessel count), most of them represented by one or two sherds. About one thousandth of the total number of imported pots is represented. This may give some indication of the kind of proportion excavated in other provincial ports where major series of excavations have been conducted. The proportion is so small that whilst the recovery of only one or two examples of a rare class of pottery may be a lucky chance, the presence of even a handful of examples is likely to reflect the importation of thousands of vessels.

Third, contrary to many archaeologists' presumptions (especially when working in areas or periods without good documentary evidence) the sources of traded artefacts, especially ceramics, do not reflect at all accurately the foreign trade of a port. As the Port Books show conclusively, Exeter's main commercial interests before c.1650 were in Normandy, Brittany and western France. These areas are surprisingly poorly represented in archaeological record, whereas household goods (ceramics, glass and metalwork) from the Rhineland and the Low Countries make up the bulk of the imported finds recovered by excavation. We should not conclude, of course, that the archaeological evidence is for this reason the less valuable. In fact it strongly suggests that the pattern of consumption of foreign goods in a port cannot simply be reconstructed from the evidence of its foreign trade as recorded in its Foreign Port Books. As the writer's detailed reconstruction of the Elizabethan stoneware trade to the city illustrates (Allan 1984a, 113–26), only about 10% of these goods actually came by foreign trade; the rest came as redistributed cargoes sent from London. The Coastal Port Books, less full or precise than the foreign books, do not lend themselves readily to quantification, so the quantities and values of these cargoes are very much less certain. The majority of the imported finds recovered by excavation, then, are not actually indicative of foreign trade but reflect the central role of London as a redistributor of north European goods to provincial ports. The presence of complex chains of redistribution is vividly demonstrated by the Exeter evidence. Stonewares found in Cornwall, for example, regularly passed through the hands of at least three different merchants by the time they reached their home ports: first 'alien' (usually Low-Countries) or London merchants shipping stonewares in bulk to London, second Exeter or other Devon merchants buying in London (typically in batches of a few hundred pots) and sending these to their home ports; third local Cornish merchants buying a basketful or two of stonewares in the Devon ports for sale at home. Similar patterns of sale and resale in the American trade (above) serve to remind archaeologists working on American sites that their Rhenish finds may reflect direct contact with the Low Countries, or supply from London, or alternatively supply from one of the various English provincial ports engaged in the Atlantic trade. These networks of redistribution allowed Low-Countries goods to be sold in far larger quantities beyond the traditional commercial range of the Low-Countries ports; indeed one might suggest that the development of these networks must have been a significant aspect of changing marketing practices in the early-modern period.

A fourth area where the archaeological material is helpful is in providing evidence of the more-remote trading contacts of early-modern ports. Here it will always be difficult to distinguish direct trade from redistribution, and we need quantitative data to distinguish exceptional concentrations of exotic finds. For all their fullness, the English Port Books give little information about trade with the distant parts of Europe because they record the last port at which a ship called before arrival in England. In the south west this means that our picture of the Italian trade, for example, is completely obscured. The pronounced concentration of Ligurian and Tuscan finds at Plymouth, quite exceptional in England, however, suggested a specific link, and this has now been confirmed by Todd Gray's discovery of correspondence of a factor at Livorno assembling cargoes behalf of Devon merchants (pers. comm.).

Whilst ceramics may form the most obvious archaeological signature of a particular trade, it is clear enough that they were really fairly minor ancillary cargoes amongst mixed goods, and in the main cargoes of modest value. The commodities which really drove the trade of which they formed a part were usually those in the opposite direction: larger profits on an outward voyage sustained the modest profits on the return leg (e.g. Ramsey 1972, 53). The quite remarkable quantities of Portuguese, Spanish and Italian pottery at Plymouth and Totnes should thus be interpreted primarily as a reflection of the ports' Newfoundland fish trade. Devon ships sailed to Newfoundland, caught fish, then sailed to the Mediterranean, where they were sold or bartered at considerable profit. On the return leg to Devon the sale of mixed Mediterranean goods made a useful, but probably not crucial, secondary income.[8] Likewise Low-Countries goods at Exeter are in large part a signature of the West-Country cloth trade, much of which was conducted, both by coast and overland, via London. The point is often made that the main commodities of trade were perishable and elude the archaeological record. This of course is true in a direct sense, but the evidence we do find in fact reflects these major commodities to a greater extent than might initially be apparent.

In recent years some archaeologists working in the early-modern field have argued that we have given too much emphasis to documentary records and historical frameworks, and that the archaeological evidence should be interpreted in its own terms. No doubt that approach has value in some areas, but the instances quoted above show how thoroughly misleading such interpretations would surely be in this particular field. Here we need to bring all forms of evidence to bear if the complex mechanisms behind distributions are to be understood more fully.

Notes

1. North Devon whiteware is present e.g. at the Walter Aston Site, Virginia (sherds in Virginia Dept. of Historic Resources).
2. I wish to thank David Barker for advice on this matter.
3. I am grateful to Beverly Straube for showing me these finds.
4. I am grateful to Silas Hurry for showing me these finds.
5. I am grateful to Stephen Mills for showing me these finds.
6. Finds displayed in Yorktown Museum (the writer's visual identification needs petrological confirmation).
7. Delftware tiles were counted four per foot. See e.g. Archer 1997, 41.
8. The point is discussed more fully in Allan 1986, 18–20 and idem & Barber 1992, 226–30.

References

Allan, J. P. 1983, 'Some post medieval documentary evidence regarding the trade in ceramics', in Davey, P & Hodges, R (eds.), *Ceramics and Trade: The Production and Distribution of Later Medieval Pottery in North West Europe*, 37–45

Allan, J. P. 1984a, *Medieval and Post Medieval Finds from Exeter, 1971–1980* (Exeter Archaeological Report 3), Exeter

Allan, J. P. 1984b, 'The Pottery; The glass', in Griffiths, D. M. & Griffith, F. M., 'An Excavation at 39 Fore Street,

Totnes', in *Proceedings of Devon Archaeological Soc.* 42, 79–95

Allan, J. P. 1986, 'Pottery: Discussion', in Gaskell Brown, C., *Plymouth Excavations: The Medieval Waterfront, Woolster Street: The Finds* (Plymouth Museum Archaeological Series 3), 13–23

Allan, J. P. & Barber, J. 1992, 'A 17th century pottery group from Kitto Institute, Plymouth', in Gaimster, D. & Redknap, M. (eds.), *Everyday and Exotic Pottery from Europe, c.650–1900*, Oxford, 202–24

Allan, J. P. & Pope, P. A. 1990, 'A new class of south west English pottery in North America', in *Post Medieval Archaeology* 24, 51–9

Archer, M. 1997, *Delftware: The Tin Glazed Earthenware of the British Isles*, London

Arnold, C. J. & Allan, J. P. 1980, 'Exeter: Its clay tobacco pipe industry and commercial relations', in Davey, P. J. (ed.), *The Archaeology of the Clay Tobacco Pipe 3, Britain: The North and West* (British Archaeological Report 78), 305–24

Bourhis, J. J. 1972, *Le Traffic du Port de Dartmouth, 1599–1641*, unpublished thesis for Diplôme d'Etudes Supérieures d'Histoire Modern, University of Brest (France)

Coleman Smith, R. & Pearson, T. 1988, *Excavations in the Donyatt Potteries,* Chichester

Douch, H. L. 1969, 'Cornish earthenware potters', in *Jnl. of the Royal Institution of Cornwall* 6, 33–64

Duffy, M., Fisher, S., Greenhill, B. & Youings, J. (eds.) 1992, *The New Maritime History of Devon 1: From Early Times to the Late 18th Century,* Exeter

Faulkner, A. & Faulkner, G. F. 1987, *The French at Pentagoet 1635–1674* (Occasional Publications in Maine Archaeology 5), New Brunswick

Gaimster, D. R. M. 1997, *German Stoneware 1200–1900: Archaeology and Cultural History,* London

Gaskell Brown, C. (ed.) 1979, *Castle Street: The Pottery* (Plymouth Museum Archaeological Series 1)

Gilbert, W. 1996, 'Looking for Cupers Cove: Initial archaeological survey and excavations at Cupids, Newfoundland', in *Avalon Chronicles* 1, 67–95

Grant, A. 1983, *North Devon Pottery: The 17th Century,* Exeter

Grant, A. 1992, 'Devon Shipping, Trade and Ports 1600–1689', in Duffy et al., 130–8

Hoskins, W. G. 1935, *Industry, Trade and People in Exeter, 1688–1800,* Manchester

Hurst, J. G. 1991, Review of 'Excavations in the Donyatt Potteries', in *Proceedings of Somerset Archaeology and Natural History Soc.* 135, 249–50

Kelso, W. M. 1984, *Kingsmill Plantation 1619–1800: Archaeology of Country Life in Colonial Virginia,* San Diego & London

Kiser, R. T. in press, 'The ceramics missed by the muster: Jordan/Ferrar 44PG302, 1620–1635', in Mouer, L. D. (ed.), *Despighte of the Enemie: The Archaeology of the Jordan/Ferrar Site*

Kowaleski, M. 1995, *Local Markets and Regional Trade in Medieval Exeter,* Cambridge (UK)

MacCaffrey, W. T. 1958, *Exeter 1540–1640,* Cambridge (US)

Malcolm Watkins, C. 1960, 'North Devon pottery and its export to America in the 17th century', in *United States National Museum Bull.* 225, 17–59

Noël Hume, I. 1982, *Martins Hundred,* London & New York

Outlaw, A. C. 1990 *Governor's Land: Archaeology of Early 17th Century Virginia Settlements,* Charlottesville

Ramsey, P. 1972, *Tudor Economic Problems,* London

Starkey, D. J. 1992, 'Devonians and the Newfoundland trade', in Duffy et al., 163–71

Stephens, W. B. 1956, 'The west country ports and the struggle for the Newfoundland fisheries in the 17th century', in *Report and Transactions of Devonshire Assoc.* 88, 90–101

Stephens, W. B. 1958, *Seventeenth Century Exeter: A Study of Industrial and Commercial Development, 1625–1688,* Exeter

Tuck, J. A. 1996, 'Archaeology at Ferryland, Newfoundland, 1936–1995', in *Avalon Chronicles* 1, 21–41

Wingood, A. J. 1982, '*Sea Venture:* An interim report on an early 17th century shipwreck lost in 1609', in *International Jnl. of Nautical Archaeology* 11.4, 333–47

John Allan
Royal Albert Memorial Museum
Queen Street
Exeter, Devon
EX4 3RX

32 Excavating the Pottery of John Bartlam: America's First Creamware Potter

Stanley South

Historical Background

From the earliest settlement of South Carolina in 1670, its economy depended on plantations rather than manufacturing (Cheves 1897:366). Almost one hundred years passed before the first pottery factory manufactory was established by John Bartlam in St. Thomas Parish at a settlement known in the 18th century as "Cain Hoy," but known today as "Cainhoy," on the north bank of the Wando River, north of Charleston. I use the term "Cain Hoy" to refer to the site where we worked and "Cainhoy" to refer to the present community bearing that name.

Bartlam's factory was of concern to Josiah Wedgwood, who saw it as an attempt to take over the earthenware market in the American colonies from England (Ramsey 1947:97; Rauschenberg 1991a:5). Bartlam found good clay at Cain Hoy and was beginning to establish his operation in 1765. In May 1768 he mortgaged his factory to further finance the undertaking, and within a year advertised for young African-Americans to work as apprentices in the new business. By 1771 he said he was making Queens Ware and "china" at a manufactory, said to be located in Old Church Street in Charleston, and advertised for six apprentices (*SC Gazette* 1765, 1771; SC Archives n.d.a; *SC Gazetter and Country Journal* 1769; Rauschenberg 1991a:13). These apprentices may have been African-Americans.

Bartlam's factory had failed by 1773, and his foreman, William Ellis, went to Salem, North Carolina, where he taught the potter Rudolph Christ how to make Queensware and Tortoiseshell ware as well as salt-glazed stoneware (South 1970, 3:70–72, 1972, 1997).

By 1774, Bartlam had moved his factory to Camden and was exporting his Queen's Ware to Charleston which was said to be "equal in quality and appearance, and can be afforded as cheap, as any imported from England" (*SC Gazette*1774). He died in 1781, and his property in Camden was seized and sold for debts in 1788 (SC Archives n.d.b).

Bradford Rauschenberg (1991a:1–66) has published a detailed examination of what is known about the Staffordshire potter, John Bartlam of Stoke on Trent Parish in Staffordshire, entitled "John Bartlam, Who Established 'new Pottworks in South Carolina' and Became the First Successful Creamware Potter in America." I refer the reader to this work for more details of Bartlam's undertaking.

Project Background

In the 1960s, I carried out excavations in the Moravian settlements of Bethabara and Old Salem, North Carolina, assisted by Rauschenberg (South 1967, 1:33–52), and found examples, made in the 1780s, of the type of mold-made creamware William Ellis had taught Rudolph Christ to make in 1773 (South 1970, 3:70–72, 1971, 5:171–185, 1997). This ware caused excitement among ceramic scholars because no one had seen the type of tortoiseshell ware and creamware made by Bartlam and Ellis prior to that time, and no examples were known to exist (Ramsey 1947:98).

In 1968 Rauschenberg (1968:107; 1991c:90) found

a pottery mold with the initials "R. C." on the back. This mold was for making floral sprigs to decorate pottery, such as that being made in the Leeds factory in England at the time (Towner 1965:152–153; Rauschenberg 1968). This indicates that Rudolph Christ was making some of the English style pottery I found in Old Salem.

In 1969, I came to South Carolina and began to see cream-colored and polychrome tortoisehell-glazed pottery on archaeological sites of the Revolutionary War period, at Ninety Six, Fort Watson, and Camden (South 1974:180–181). Because the separate identification of the wares, made by either Bartlam, Ellis, or Christ, could not be made, we came to call them "Carolina creamware" as a generic type name. This type creamware has a darker cream color than the British creamware so well known from 18th-century British colonial sites. As I expected, when Kenneth Lewis (1976:171) excavated at Camden he found many fragments of the Carolina-made earthenware, 651 fragments in all, and described the types. But the kiln site where Bartlam made the ware has not yet been located.

In 1972 George Terry (1979), now Vice Provost and Dean for University Libraries and Information Systems at the University of South Carolina, researched the documents relating to the Cain Hoy site of Bartlam's factory. As a result he visited the Cainhoy settlement and found a number of Carolina creamware bisque sherds, indicating that Bartlam's kiln at "Cain Hoy" was likely not far away. He found these clues to Bartlam at a site on St. Thomas Point, just west of the road to a boat dock, in an area where surface bulldozing activity had taken place perhaps to obtain soil for the road to the boat dock and to fill a swimming pool once located nearby.

In 1991, a joint project was carried out, funded through the Museum of Early Southern Decorative Arts, the South Carolina Institute of Archaeology and Anthropology at the University of South Carolina, and the Diachronic Research Foundation, as well as the South Carolina Department of Archives and History.

The Project Goals

The primary goal of our joint project was to learn more about the pottery made by John Bartlam at Cainhoy between 1765 and 1770, through a sampling survey of the area where bisque sherds were found by George Terry. Our project in this area hoped to find evidence of Bartlam's factory, kiln site, or waster dump. Our plan was that if such evidence was identified, larger test squares should allow us to collect a number of wasters and bisque ware sherds in order to learn something of the range of Bartlam's wares and to discover the area of their greatest concentration.

A secondary interest was in the relationship between Bartlam's ware as it could be determined at Cain Hoy and fragments of such ware found on other archaeological sites in South Carolina. To carry out this phase of the project collections at the South Carolina Institute of Archaeology and Anthropology at the University of South Carolina were examined, as well as those in the Charleston Museum to search for sherds possibly made by Bartlam.

A third goal of our study was the documentary research related to Bartlam and his ware. Rauschenberg (1991a–d) published his historical and archaeological background reports on the Bartlam, Ellis, Christ pottery operations, including some illustrations of possible Bartlam-made pieces that have survived. This provided a good historical base.

The Historic Significance of the Site

I have outlined above the development of this early earthenware factory where the first creamware in America was produced. Sherds recovered from the site at Cain Hoy reflect the unique contribution Bartlam made to the story of ceramics in America. Documents suggest that Bartlam was very likely involved in the search in South Carolina by Wedgwood and others for kaolin clay (Rauschenberg 1991b:67–79). One hundred years after Bartlam's time South Carolina became a major supplier for kaolin clay for industrial and ceramic uses (Merrens 1978: 234–247). The Carolina creamware and other Bartlam products recovered in this project are of significance for understanding the development of wares by Bartlam at Cain Hoy, Charleston, and Camden, and by William Ellis and Rudolph Christ at Old Salem, North Carolina. Those fragments found on a number of archaeological sites in South Carolina are also of value in understanding the distribution of Bartlam's wares to the consumer.

The simple fact that Bartlam was making pottery to rival that made in England, as witnessed by documents, and that Wedgwood was concerned about the effect Bartlam's factory would have on his export of ceramics to America, is evidence for the importance of this pottery effort in the history of South Carolina (Rauschenberg 1991a:5). This importance is highlighted when it is remembered that no whole piece of Bartlam's ceramics has survived to the present, forcing us to rely on the archaeological sherds for our knowledge of this ceramic development in America. From our discoveries at Cain Hoy, summarized here, we now have a better appreciation of why Wedgwood was afraid of Bartlam's operation in America.

The State of Knowledge and Significance of the Work

Information about Bartlam's pottery in the Charleston area in the 18th century has long been known from documents (Ramsey 1947), but few ceramic specialists are aware of the few published articles based on archaeologically recovered fragments of Bartlam's ware. The current knowledge about Bartlam's production and that of his superintendent, William Ellis, and the influence of Ellis on Rudolph Christ at Salem, North Carolina, is limited to specialists interested in ceramic history in America. Here I can only present a minor glimpse into the production of America's first creamware potter.

The recovery of Bartlam ceramics through this project allows a scientific base from which any future study of Bartlam and his wares can be undertaken.

Searching for Bartlam in the Ceramics – A Background Introduction to Pottery Paste, Glaze, and Color

In order to separate the ceramic fragments of wares made by Bartlam from those made by others in Staffordshire and elsewhere with the goal of identifying which is which, the reader unfamiliar with such wares might benefit from a general introduction to pottery paste, glaze, and color. In a classification of pottery the basic ceramic breakdown is based on hardness, with porcelain being the hardest, stoneware less hard, and earthenware the softest. Bartlam's production was primarily earthenware, but we will see that stoneware was also likely produced by him, as well as what he called "china," which was found to contain lead, as does pearlware, but was harder than that, and may well have been Bartlam's attempt to produce porcelain.

There are many variations of cream, buff, and red paste pottery covered with different colored metallic glazes, with names such as creamware, green glazed ware, redware, blackware. In addition to these Bartlam was also using a buff or a red clay with a combination of slips–different colored cream-consistency clays– to produce different combinations of colored pottery. For instance, a clear lead glaze applied over a white firing clay will produce creamware, but the same glaze applied over a red clay body (paste) will produce a redware.

Varying the metallic oxides added to the lead glaze will produce different colors, copper producing green, manganese producing brown, and so forth. By varying the color of the clay and the metallic oxides in the glaze, and using different combinations on the interior and exterior of the vessels, a potter can produce a wide range of colors. A lead-glazed pinkish paste, for instance, will produce a pumpkin or gold color, and when this exterior combination is used with a copper glaze on the interior, a green and gold ware is the result. This "green and gold" ware was described by Wedgwood in 1767 (Miller 1987:83).

When calcined, or burned, flint is added to a white china clay a whiter paste and lighter colored ware is produced (Shaw 1968[1829]:160–161). When bisque fired earthenware is painted with cobalt blue decoration, it has been called "blue and white," or "china" ware, or "china glaze," or "pearl white," known today as "pearlware." This type ware was found at Cain Hoy in biscuit fired and glazed fragments made by Bartlam before he left there in 1770. Pearlware was previously thought to date no earlier than 1775 (Miller 1987; Barker 1991). This "china" ware appears to have been Bartlam's attempt to produce porcelain decorated with gel-printed scenes copied from Chinese porcelain.

The above discussion involves well-known processes in mid-18th-century pottery technology. A similar range of clays, glazes, and colors was also used at Bethabara and Salem, North Carolina, where the potters Gottfried Aust and Rudolph Christ worked and where William Ellis taught Christ how to make Staffordshire-type English pottery using plaster-of-

Paris molds (South 1967:33–52, 1970:70–72, 1971:171–185, 1974:163–166, 1997; Rauschenberg 1991a–d).

In the taxonomic description of wares I have depended heavily on the presence of *bisque and other kiln wasters* (Fig. 32.1) to discover what molded ware patterns and glazes Bartlam was making. It can be argued strongly that those glazed fragments showing no sign of damage in the kiln might well be from imported Staffordshire sherds. However, what this does is to limit our understanding of the range of Bartlam wares to those identified kiln wasters. We know, however, that he no doubt produced other wares than that. Separating those finer wares from imported examples is a task that lies ahead. A study of some of Bartlam's pottery fragments is presently underway at Winterthur.

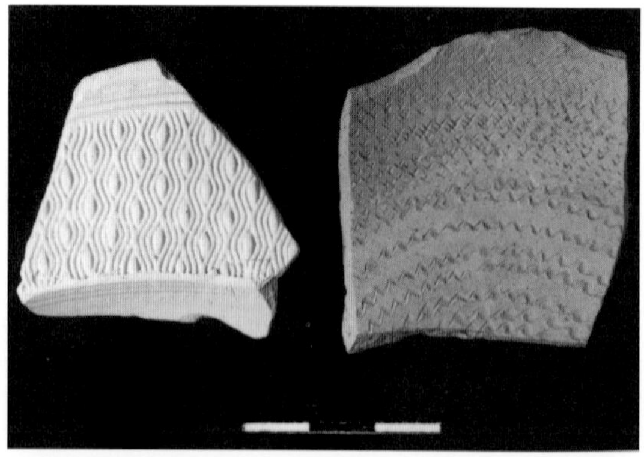

Fig. 32.1 John Bartlam's biscuit fired ware kiln wasters: left, barleycorn molded pattern; right, rouletted melon ware.

From kiln damaged fragments of glazed ware from the Cain Hoy site I found that the various tortoiseshell colored ware fragments look much like that made in Staffordshire by Bartlam's contemporaries. A big question we have to ask is which of the non-waster, multicolored tortoiseshell fragments is Bartlam's (Towner 1957:Plate 38, 1965:Plate 10B; Noël Hume 1970:125; Barker 1991:Plates 20–21)?

With creamware there is a difference between the darker creamware we have called "Carolina creamware," which we have attributed to John Bartlam, William Ellis, and Rudolph Christ, and that much lighter cream colored ware typically seen on British colonial sites of the last quarter of the 18th century.

We also know from sherds of kiln damaged green glazed creamware that green glazed ware made by Bartlam looks much like that developed by Josiah Wedgwood and Thomas Whieldon in 1759 (Noël Hume 1970:124). How are we to tell the undamaged Bartlam green glazed ware from the identical appearing ware imported to the Cain Hoy site? As mentioned above, answering this question is one of the major challenges of the Bartlam ceramic research.

To begin my analysis I divided the assemblage into Native American wares, colono ware, some of which were made by African-Americans, wares thought to have been made by Bartlam, and non-Bartlam European and Chinese wares.

I used three basic categories to divide the assemblage thought to have been made by John Bartlam from 1765 to 1770:1) those sherds I have called Bartlam's ware based on strong evidence from kiln wasters, both glazed and bisque fired sherds; 2) those wares probably made by Bartlam, based on less strong evidence such as that from a single sherd; and 3) those wares possibly made by Bartlam based on circumstantial evidence and experience with similar wares from excavations at Bethabara and Old Salem, North Carolina (South 1967, 1970, 1971, 1974).

"Ware Thought to Have Been Made by John Bartlam"

The ware reported here as that thought to have been made by John Bartlam was recovered from the shovel test holes and the five-foot squares at the Cain Hoy site. The ware names I have used and the order of their presentation are based on those used by David Barker in his outstanding presentation of the pottery excavated by him from the waster dump of the Staffordshire potter William Greatbatch (1991:165). This parallel is especially appropriate since Barker's list of Greatbatch's wares exactly parallels the time frame for Bartlam's operation at Cain Hoy, from 1765 to 1770. Barker's list of Greatbatch wares is given in Table 32.1, grouped according to those I have interpreted as also having been made by Bartlam and those that were not (South 1991:165).

Bartlam also made a number of additional wares not listed by Barker, as well as other variations or ware types and patterns. The primary ware made by Bartlam at Cain Hoy can be defined by the color of the paste as creamware. In his study of the wares of the potter Greatbatch, David Barker defines creamware as follows:

> Creamware is simply an earthenware manufactured from refined white-firing clays, strengthened and whitened by the addition of calcined flint, which is covered by a lead glaze. Consequently, the term covers all those variations which are coloured under-glaze by the application of slips of metallic oxides, often referred to as tortoiseshell wares. There is a significant overlap between plain cream and tortoiseshell wares (Barker 1991:166).

The introduction of colored glazes – green, yellow, and brown, in this case – is only a minor development of the simple uncolored creamwares. Green glazed cauliflowers, green and yellow pineapples, melons, and other types are all, essentially, creamwares. They were made with the same basic technology, used the same body recipes, were produced alongside the plain creamwares, and were fired in the same ovens.

With this definition in mind we can turn to the examination of the fragments recovered from Cain Hoy, with the goal of identifying Bartlam's wares from those made by others. The most firm attribution of a ware to Bartlam comes through those fragments showing signs of damage in the kiln (kiln wasters) or elsewhere in the manufacturing process. Bisque pieces awaiting the glazing process are a prime example of such ware because potters normally did not distribute bisque ware to their customers (Fig. 32.1). Damaged bisque fired ware would be discarded before the glaze

Greatbatch Wares made by Bartlam	Greatbatch Wares not shown to have been made by Bartlam
Creamware	Basket and fruit ware
Cauliflower ware	Red stoneware
Tortoiseshell ware	Shell ware
Pineapple ware	Hexagonal Chinese molded
Melon ware	Floral molded creamware
White salt-glazed stoneware	Agate ware
"Reeded" ware	Basket and pineapple ware
Green glazed ware	Buff stoneware
Yellow glazed ware	Blackware
Barleycorn molded ware	"Serpent" moulded ware
Glazed redware	Black basalt

Table 32.1 David Barker's list of Greatbatch Wares (ca. 1765–1770).

was applied, and wares damaged during the glost [glaze] firing, warped pieces, and those with unsightly firing clouds – fire-damaged areas on a vessel, cracks, those stuck to other pieces with glaze, and those with debris stuck to them usually were discarded in the waster dump located near the kiln.

Bartlam's Ceramics from Cain Hoy

A Note on Wares and Moulded Patterns

As discussed above, I am using the ware names used by Barker (1991:165) in his classification of the wares made by William Greatbatch. Some hollowwares, such as teapots, are molded in the shape of various vegetables and fruits and derive their name from their molded appearance, such as the cauliflower, pineapple, and barleycorn pattern, all of which Bartlam was making. Others are thrown on the wheel and rouletted, such as melon ware bowls and cups (Fig. 32.1). They are all cream paste wares (creamware).

Other wares derive their name from the color of their glaze, such as creamware, tortoiseshell ware, and green glazed ware, but they are basically colored creamwares (cream paste ware).

Flatwares are those forms such as plates and platters that are usually press molded onto plaster molds that produced a surface pattern, such as the barleycorn molded pattern, the dot, diaper and basket molded pattern, the bead and reel pattern, and others, usually called "wares." Such patterns are seen on white salt-glazed stoneware, as well as creamware, on which they are glazed with various colors. All these were being made by Bartlam.

Paste hardness is the attribute used to refer to white salt-glazed stoneware, red stoneware, and black basalt ware, as well as Bartlam's "china" ware (Fig. 32.2) and others.

Bartlam's Bisque-fired Ware

Most of Bartlam's plain bisque sherds we recovered are a cream-colored paste though some were white, ranging to a red paste. Others had what appear to be orange colored firing clouds where the ware was closer to the heat in the biscuit firing. When these variable colored pastes were glost fired with a clear lead glaze, the color would vary from a redware, to an orange pumpkin color, to what we have called "Carolina

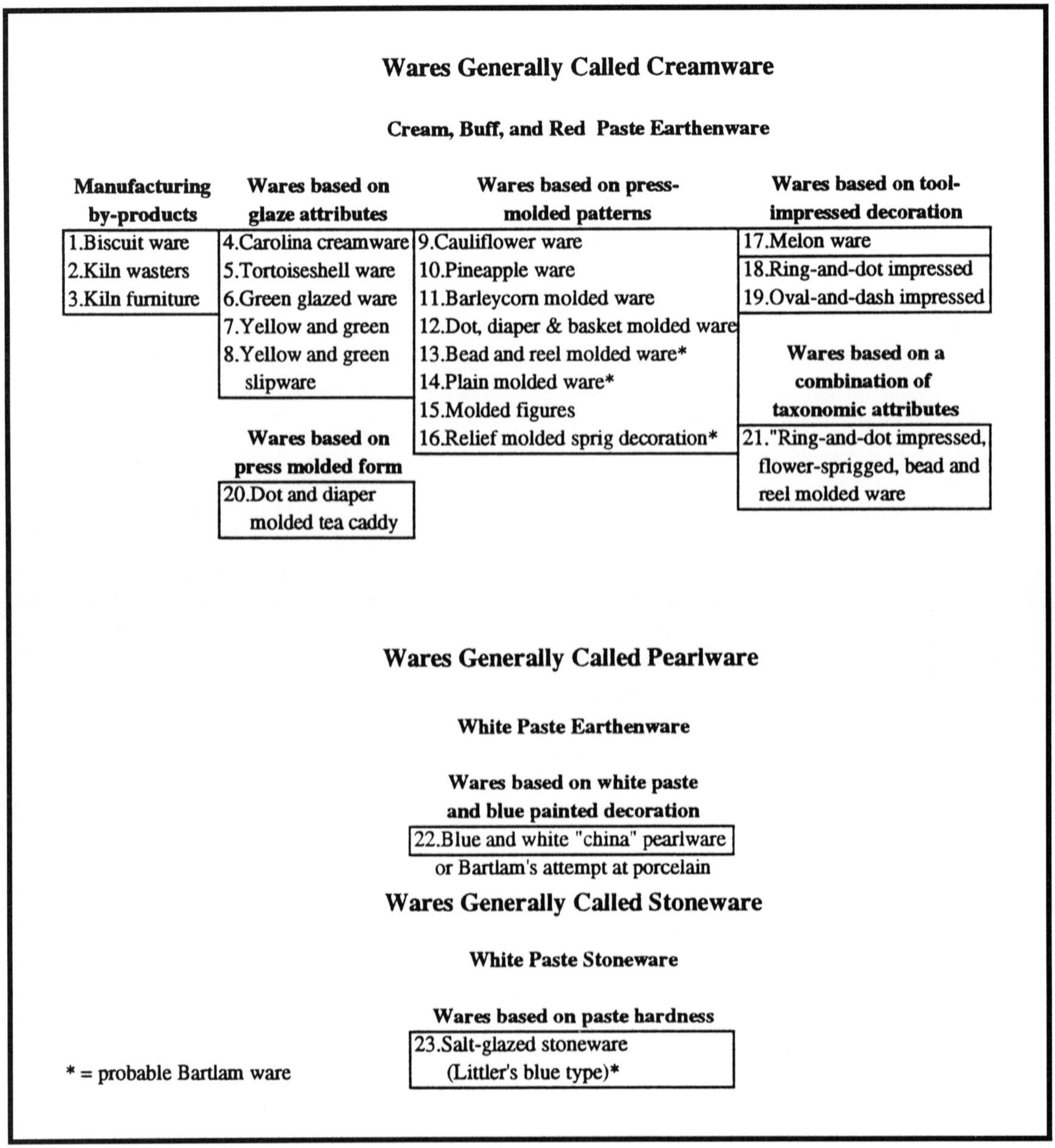

Fig. 32.2 Grouping of key attributes for identifying Bartlam's wares.

creamware." A number of the bisque fragments have parallel tool marks on the interior and the exterior, revealing that the pieces were thinned while being turned on the wheel.

The footrings of some bisque fragments tell us that small vessels, teacups or toys, were being made by Bartlam while others reveal he was making stemmed bowls. Rauschenberg (1991a:30) illustrates such a stemmed vessel from the surface at Cain Hoy, and the potter Gottfried Aust at Bethabara was also throwing stemmed vessels in imitation of glassware of the period (South 1967:46, 1997). A variety of press-molded plate patterns, as well as wheel-thrown and press-molded hollowwares, were also made.

Bartlam's Kiln Waster Fragments

Fragments of glazed tortoiseshell ware reveal a quantity of trash in the glaze such as that caused by the explosion of a vessel during firing. Other tortoiseshell fragments have a dull, incompletely cured glaze. These are also likely kiln waster sherds from Bartlam's kiln.

Some sherds of what appear to have been intended to be Carolina creamware are a dull green color with a grey paste that is harder than the cream-colored paste of Carolina creamware. I describe this as "dull green glazed ware," and I suspect these are kiln waster pieces of over-fired ware.

A fragment of kiln furniture, called a "bob," used to support vessels in the kiln during firing, was found stuck to the base fragment of yellow and brown buff paste earthenware, suggesting Bartlam was likely making this type ware.

Two base fragments of cream paste green glazed creamware vessels were found, having a thick layer of green glass, almost ¼ in. thick, puddled in the base of the vessels before they were broken. The green glazed creamware is one of Bartlam's types. The thick puddling of the glass (glaze) may have resulted from glaze flowing into the base of the vessel from the sides during glost firing. Glass was used in attempts to make porcelain. In regard to the fuzing of glass to earthenware vessels it is interesting to note that Shaw (1968[1829]), in discussing the famous Portland Vase in his *History of the Staffordshire Potteries*, mentions a process of bonding glass to earthenware.

Kiln Furniture

One fragment of what Barker (1991:123, 145) calls "wad clay", and which I have referred to as "pugging coils" from the process known as "pugging" (South 1971:174), was found in one of the five-foot squares. In the mid-18th century, potters from an English Staffordshire or German potting tradition, placed their teacups, saucers, and other delicate wares in straight-sided clay vessels called saggars (Barker 1991:123–126; South 1967:49) for protection during firing. The saggars sometimes had a central hole in the bottom called a "bung" to allow the heat to rise through all the saggars in a stack, and to reach the delicate ware inside each saggar.

In order to keep the stacks of saggars from tilting over during firing, as each saggar was placed on the one beneath, a coil of damp clay was pressed around the rim of the saggar to steady the stack of saggars, or against the side of two saggars where the rim of one met the base of the one above. This "pugging" process, where the damp clay coil was pressed against the crack formed by the junction of two saggars, produced a diagnostic shaped flat ring of clay with a central protruding lip as the clay was pushed into the crack.

During the firing process these wad clay pugging coils would become fired also, and when the kiln was opened and each saggar removed from its position above another saggar, these wad clay pugging coils would fall to the floor of the kiln where they would accumulate into thousands of fragments to be discarded later in the kiln waster dump, along with any ware damaged during the firing process. Sometimes such a coil fragment might fall into one of the vessels inside a sagger, and be transported by means of that vessel, to another part of the manufacturing site. In the immediate area of the kiln, however, there would be a litter of thousands of fragments of wad clay pugging coils as well as fragments of broken saggars and ware damaged in the firing process and thrown onto the kiln waster dump. Such fragments clearly identify a pottery kiln site where fine pottery was being made.

A single wad clay pugging coil apparently found its way, probably within a cup or bowl removed from a saggar, to a different location than where the fragment was fired in a kiln. It does not locate the kiln. It does, however, as do the bisque and kiln waster fragments, provide evidence that the manufactory for such wares was in the vicinity, perhaps nearby, perhaps on the next point of land adjacent to the Cain Hoy site.

The artifact evidence from our study certainly indicates that someone living on the site had access to Bartlam's kiln waster and biscuit fired wares and was discarding broken fragments along with household refuse. That evidence does not indicate that Bartlam was making his wares in the area tested so far, but that his operation was likely not too far away, perhaps somewhere nearby beyond our test area. As it is, the data clearly are saying to us that his pottery manufactory was located away from our sample frame area. It is

Fig. 32.3 The inside base of one of Bartlam's "China" ware bowls with willow tree motif. The discolored edge is a layer of lead oxide eroded through time from the paste. It has been removed above the decoration.

hoped that someday Bartlam's kiln ruin and waster dump will be located. When that location is found it will be characterized by kiln furniture in large quantities, with little associated domestic refuse. Such is not the case in the area we have examined, where only a single piece of kiln furniture – a wad clay pugging coil – was found along with Bartlam's waster fragments among domestic refuse.

The area where we recovered our sample is characteristic of a domestic household in which someone had access to usable pieces of Bartlam's bisque ware and some of his discarded kiln waster pieces, such as usable, slightly cracked, chipped, or warped vessels. They were used in a domestic household and broken and then discarded along with other household refuse onto a ground surface on which other broken artifacts and refuse were discarded long before Bartlam came on the scene as well as while he was potting in the area. A large quantity of Bartlam's ware was also found in an abandoned well.

The individual bringing Bartlam's wasters to the Cain Hoy site could have been Bartlam or one or more of his African-American slaves or apprentices. I tend to rule out Bartlam in this regard since it is difficult for me to believe he would be taking kiln wasters home with him. He would more likely take home his best ware for his own use. His African-American apprentices, if he had them, may have used relatively whole wasters in their households. The presence among the refuse of quantities of colono ware probably made by African-Americans strengthens this interpretation (Ferguson 1992:84–86).

Space limitations prevent the publication here of a taxonomic description of the wares made by John Bartlam. They have been published elsewhere illustrated by 20 color plates (South 1993:38–75), a necessity when dealing with glaze color attributes. The 19 Bartlam wares based on evidence from kiln wasters – both glazed and biscuit fired fragments, and the 4 wares probably made by Bartlam based on circumstantial evidence, are presented in Fig. 32.2. Bartlam said he intended to make "every kind of Earthen Ware that is usually imported from England" and at a cheaper price (Rauschenberg 1991a:6). Our work at Cain Hoy suggests that he may well have achieved his goal.

I cannot help but mention again one of Bartlam's types – his "china" ware. One of his "china" fragments is from a large bowl with a gnarled weeping willow Chinese motif delineated in the well of the bowl (Fig. 32.3). This motif is sometimes seen on pearlware plates (Noël Hume 1980[1969]:44). The base of the large bowl is marked with a blue "C" by the artist who painted the decoration. The exterior of the vessel was painted with a blue scene, but we can see only the bottom part. Other fragments have a version of a wall, also often seen on Chinese porcelain and pearlware, while yet another is from a Chinese house design (Noël Hume 1980[1969]:45). Another fragment has a decorative dot and diaper border band around the rim very similar to one seen on a Bonnin and Morris sauceboat (Hood 1972:Plate 27). These fragments, along with the "Bartlam on the Wando" boatman motif reported by Rauschenberg (1991a:33), reveal that Bartlam had a skilled artist to decorate the "china" he advertised in 1770, an artist who was able to delineate extreme detail. These detailed scenes were then transferred to gel and printed onto Bartlam's teacups, producing exact duplicates, an observation recently made by Richard Polhemus while examining Bartlam's ceramics. This technology, along with Bartlam's production of blue and white "china" by 1770, along with his "Queen's Ware," reveals that he was, in America, riding with the crest of the Staffordshire pottery production wave of his time.

References

Barker, David 1991, *William Greatbatch: A Staffordshire Potter.* Jonathan Horne, London.

Cheves, Langdon 1897, The Shaftesbury Papers and Other Records Relating to Carolina and the First Settlement on the Ashley River prior to the Year 1676. South Carolina Historical Society, n.p.

Ferguson, Leland 1992, *Uncommon Ground: Archaeology and Early African America, 1650–1800.* Smithsonian Institution Press, Washington.

Hood, Graham 1972, *Bonnin and Morris of Philadelphia: The First American Porcelain Factory, 1770–1772.* University of North Carolina Press, Chapel Hill.

Lewis, Kenneth E. 1976, Camden: A Frontier Town. *Anthropological Studies* 2. University of South Carolina, South Carolina Institute of Archaeology and Anthropology, Columbia.

Merrens, H. Roy (editor) 1978, *An Expedition in Search of Cherokee Clay, 1767–1768: The Colonial South Carolina Scene.* University of South Carolina Press, Columbia.

Miller, George L. 1987, Origins of Josiah Wedgwood's "Pearlware." *Northeast Historical Archaeology* 16:83–95.

Noël Hume, Ivor 1970, *A Guide to Artifacts of Colonial America.* Alfred A. Knopf, New York.

Noël Hume, Ivor 1980, Pearlware: Forgotten Milestone of English Ceramic History. Paul Atterbury, editor. *English Pottery and Porcelain: An Historical Survey*, edited by Peter Owen, pp. 42–49. Reprint of 1969 edition. N.p., London.

Ramsey, L. G. G. 1947, *American Potters and Pottery.* Tudor, New York.

Rauschenberg, Bradford L. 1968, A Sprigg Mould for "Flowers for the Fine Pottery." *Conference on Historic Site Archaeology Papers, 1967* 2(1):107–122.

Rauschenberg, Bradford L. 1991a, John Bartlam, Who Established "new Pottworks in South Carolina" and Became the First Successful Creamware Potter in America. *Journal of Early Southern Decorative Arts* 17(2):1–66. Museum of Early Southern Decorative Arts, Winston-Salem, NC.

Rauschenberg, Bradford L. 1991b, "A Clay White as Lime . . . of Which There Is a Design Formed by some Gentlemen to Make China": The American and English Search for Cherokee Clay in South Carolina, 1745–1775. *Journal of Early Southern Decorative Arts*17(2):67–79. Museum of Early Southern Decorative Arts, Winston-Salem, NC.

Rauschenberg, Bradford L. 1991c, Escape from Bartlam: The History of William Ellis of Hanley. *Journal of Early Southern Decorative Arts* 17(2):80–102. Museum of Early Southern Decorative Arts, Winston-Salem, NC.

Rauschenberg, Bradford L. 1991d, Brick and Tile Manufacturing in the South Carolina Low Country 1750–1800. *Journal of Early Southern Decorative Arts* 17(2):103–113. Museum of Early Southern Decorative Arts, Winston-Salem, NC.

Shaw, Simeon 1968, *History of the Staffordshire Potteries; and the Rise and Progress of the Manufacture of Pottery and Porcelain; with References to Genuine Specimens, and Notices of Eminent Potters.* Reprint of 1829 edition. Beatrice C. Weinstock, Great Neck, NY.

South Carolina Archives n.d.a, *Mortgages* 3A:343. South Carolina Archives, Columbia.

South Carolina Archives n.d.b, *Wills and Inventories; Kershaw County Deeds*, B-132. South Carolina Archives, Columbia.

South Carolina Gazette (SC Gazette) 1765, Untitled. *South Carolina Gazette*, 21–28 September.

South Carolina Gazette (SC Gazette) 1771, Supplement. *South Carolina Gazette*, 31 January.

South Carolina Gazette (SC Gazette) 1774, Untitled. *South Carolina Gazette*, April.

South Carolina Gazetter and Country Journal 1769, Untitled. South Carolina Gazetter and Country Journal, *6 June.*

South, Stanley 1967, The Ceramic Forms of the Potter Gottfried Aust at Bethabara, North Carolina, 1755–1771. *Conference on Historic Site Archaeology Papers, 1965–1966* 1:33–52.

South, Stanley 1970, The Ceramic Ware of the Potter Rudolph Christ at Bethabara and Salem, North Carolina, 1786–1821. *Conference on Historic Site Archaeology Papers, 1968* 3:70–72.

South, Stanley 1971, A Comment on Alkaline Glazed Stoneware. *Conference on Historic Site Archaeology Papers, 1970* 5:171–185.

South, Stanley 1972, Discovery in Wachovia. Manuscript, University of South Carolina, South Carolina Institute of Archaeology and Anthropology. Columbia.

South, Stanley 1974, Palmetto Parapets: Exploratory Archeology at Fort Moultrie, South Carolina, 38CH50. *Anthropological Studies* 1. University of South Carolina, South Carolina Institute of Archaeology and Anthropology, Columbia.

South, Stanley 1993, The Search for John Bartlam at Cain Hoy: America's First Creamware Potter. *Research Manuscript Series* 219. University of South Carolina, South Carolina Institute of Archaeology and Anthropology, Columbia.

South, Stanley 1999, *Historical Archaeology in Wachovia:*

Excavating Eighteenth-Century Bethabara and Moravian Pottery. Plenum, New York.

Terry, George 1979, Letter, dated 16 March 979, on file, South Carolina Institute of Archaeology and Anthropology, Columbia.

Towner, Donald C. 1957, *English Cream-coloured Earthenware*. Faber and Faber, London.

Towner, Donald C. 1965, *The Leeds Pottery*. Taplinger, New York.

Stanley South
South Carolina Institute of Archaeology and Anthropology
The University of South Carolina
1321 Pendleton Street
Columbia, SC 29208

33 British Ceramics on the American Colonial Frontier 1760–1800

Teresita Majewski and Vergil E. Noble

Abstract

An examination of ceramic collections from four archaeological sites in the eastern Mississippi frontier region – Fort Michilimackinac, Fort Ouiatenon, Fort de Chartres III, and the Grande Saline – illustrates that a wide variety of British-manufactured or British-imported ceramics was available to inhabitants of the region by the early 1760s. The fact that British ceramics were available at this early date on the frontier contradicts the eastern United States-centric position that the frontier was a "backwater" vis-à-vis the 18th-century global economic system. It is proposed that commercial networks based on military provisioning and the Indian trade allowed both military and civilian populations to gain access to ceramic products either made or imported by the British, and that this process helped set the stage for the 19th-century export "explosion" of British ceramics to the Americas.

Introduction

This work presents an overview of British ceramics found on the frontier of the eastern Mississippi region (Klose 1964:33) of what is now the United States from approximately 1760 to 1800, based on samples of ceramics recovered from four archaeological sites. Two of the sites – Fort de Chartres and Fort Ouiatenon – are located in what in the 18th century was known as the "Illinois Country," that part of French Louisiana (the area originally controlled by the French in the Mississippi Basin) that encompassed the area south of the Great Lakes, east of the Mississippi River, and north of the Ohio River (Fig. 33.1). Another site, Fort Michilimackinac, located in the southern Great Lakes region on the border of French Louisiana and French Canada, was administered from Quebec. French settlement also extended west of the Mississippi along the river corridor, even though flags of various nations flew over these territories at different times. Ceramics from one of these settlements, the Grande Saline site, will be considered here as well. An earlier frontier, that of the "Old West" in the Great Valley of the Appalachians in western Virginia and other interior valleys, where earlier frontier colonization occurred from 1700 to 1776 (Klose 1964:29), will not be considered.

Three of the sites chosen for this study were French forts founded originally in the first quarter of the 18th century, which were eventually taken over by the British in the 1760s (Fort Michilimackinac, Fort Ouiatenon, and Fort de Chartres). The fourth site, the Grande Saline, was not a fort but rather a salt-extraction and processing locality and a commercial settlement, possibly settled as early as 1690 by the French. British occupation of the site began in the late 18th century. Researchers with eastern-centric perspectives on the settlement of the "West" have portrayed the "frontier" as a "backwater," as a place somehow incompletely integrated with the global economic system of the times. Its settlers are characterized as "country cousins" to their Eastern kin, unversed in the finer things of life (Miller et al. 1994; Martin 1996). Here it is argued that commercial networks established as a result of military provisioning (and the Indian trade) allowed frontier settlers (civilians) and frontier visitors (the military) to enjoy access to essentially the same ceramic goods as their Eastern counterparts. Some time lag undoubtedly occurred between when ceramic innovations entered the market and when the goods arrived, but once on the scene their social impacts were probably quite similar.

But why ceramics? Ceramics have long been favored by historical archaeologists as a primary analytical tool, largely in part because they are ubiquitous on historical-period sites. They are the primary tools for establishing chronology and site function, as well as for evaluating the socioeconomic status and often the ethnicity of a site's prior occupants. Being simultaneously fragile and durable, ceramic objects tend to enter the archaeological record frequently and survive for subsequent recovery. Wares are readily identifiable with proper study, in spite of the fact that most 18th-century wares were not marked as to manufacturer because there is such wide variability in substance and style. Further, there are solid lines of independent evidence relating to chronology, thus the researcher is not limited by the tautology of dating recovered contexts based on inferences drawn from the archaeological record elsewhere.

All of these intellectual exercises involve making assumptions about ceramic manufacturing-date ranges, popularity, availability, and consumer preference. These assumptions; however, are primarily based on analyses of ceramics from sites located in the eastern United States. A critical stumbling block is that the initial focus of historical archaeology in the East was on the earliest periods of historic settlement. Historical archaeologists interested in western expansion and settlement were left to struggle inward from the peripheries. In this research, the focus will be on British ceramics from a frontier perspective, to consider them as more than just time-sensitive markers, and to briefly explore their uses as indicators of status, ethnicity, and mercantile success.

The Frontier Concept

Following Kenneth Lewis's (1977, 1984) work, frontier colonization is viewed here as involving the migration of peoples into new lands, bringing these areas and their inhabitants within the social and economic domain of the expanding society, in this case, British. Three types of frontiers are really involved: (1) frontier as edge, which derives primarily from the work of the late-19th-century American historian, Frederick Jackson Turner (1893) and his concept of the moving line of increasing Euroamerican population; (2) frontier as dividing line, where a frontier is a nonmoving, though potentially permeable, boundary (e.g., the current United States-Mexico border); and (3) a developmental state implying a condition that will change, e.g., "frontier" town, "frontiers" of science. Some scholars, particularly those subscribing to the "New Western History," try not to use the term at all (White 1991).

In this work, the concept of frontier will be used heuristically, sometimes as an edge (often with fluid boundaries depending on the political situation of the moment), sometimes as a developmental state (e.g., British occupation of this frontier area began militarily), and finally, as a perspective. From a colonizer's viewpoint, frontiers signified the opportunity to make use of often plentiful natural resources, if only one were willing to take the risk. As will be touched on here, British movement into the area was directly linked to a desire to control and exploit natural resources. They participated in the fur and hide trade, developing a network of intricate commercial relations with Native Americans; sought land for farming and settlement; and used the rivers as mercantile channels. As a result of its rich, myriad resources, this particular area was characterized during the 18th century by long-term antagonisms between the British and the French, with the Spanish, and by the end of the century, the Americans.

Ceramics on the Frontier

Critical questions involved in the study of British ceramics on the frontier include: Who were using them? Which kinds appeared at different types of sites and why? How did they get there? This information would allow exploration of the higher-level question of how the distribution of British ceramics by the end of the 18th century relates to the 19th-century export "explosion" of British ceramics to the Americas.

Who were using British ceramics on the frontier? (1) British officers and regular soldiers serving at far-flung military posts, which had been taken over from the French in the 1760s, after the French and Indian

War; (2) British or "Anglo" employees and factors of fur-trading companies; and (3) residents of multicultural settlements that sprung up in the area from the 1750s on.

Which ceramics were being used? As George Miller et al. (1994:220–221) have noted, development of the British ceramic industry was influenced by the introduction of three types of imported wares: Chinese porcelain, German salt-glazed stoneware, and Dutch delft. All three were adopted for production in the British Isles and influenced the evolution of the white-bodied wares for which Britain's ceramic industry became famous. Miller et al. (1994: 220) also view the American market as an "insignificant dumping ground in the eighteenth century," before its change to the primary market for the English ceramic industry in the 19th century. Before the 1770s, many types of wares were imported into America from several countries: German salt-glazed stoneware, Dutch delft, French faience, Spanish majolica, Chinese porcelain, and a variety of English wares such as combed slip, Buckley, white salt-glazed stoneware, agate, red-bodied stoneware, delft, and others. Interestingly enough, the British (and not the producers themselves) were importing many of the Continental and Chinese wares (Lewis 1984:117–118). By the 1780s, however, British-made creamware and pearlware were displacing the other imports from the market.

Until fairly recently, with the exception of Fort Michilimackinac (which has been excavated on an essentially continuous basis since 1959 [Maxwell and Binford 1961; Heldman 1991]), sites on the western frontiers have not received the same degree of archaeological attention as temporally equivalent sites in the East. Work in the West has traditionally focused on military settings, but since the 1970s researchers have begun to look at other types of settlements (Walthall and Emerson 1991). It became clear that in addition to being used by the British military forces in defensive (fort) settings, British ceramics were used by settlers of many nationalities in nonmilitary, domestic settings.

Why were British wares being used? Surely there were many reasons: (1) as Lewis (1977:167–169) notes, to reinforce British ethnicity in a strange land; (2) in Ann Smart Martin's (1996:79) usage, as "social and behavioral props" (e.g., the tea ceremony); (3) they were more durable and often less expensive products than most of the contemporary competition; and (4) they were available.

The question of how British wares arrived on the frontier is linked directly to the political history of the area, which will be briefly synopsized below.

Political History

In this part of the North American continent, Colonial expansion was closely related to political struggles between the British and French, and to a lesser extent, the Spanish, to obtain territory for settlement, natural resources, and markets (first, with Native Americans, and later, with other European-derived populations). As early as the late 17th century, French fur traders ventured into the area to obtain pelts from the Illinois Indians. In 1673, Fathers Marquette and Jolliet explored the region and made the first recorded observations of local Native Americans and habitat. The first French fort in Illinois was built nine years later (in 1682), when Sieur de la Salle constructed Fort St. Louis at Starved Rock on the Illinois River (Hall 1991). French policy in the New World began with a focus on missionization, but quickly became centered on fur trading as a commercial activity. Military protection for the endeavor took the form of a series of forts.

Three of these French forts will be briefly mentioned here: Fort Michilimackinac, founded ca. 1715; Fort Ouiatenon, established in 1717; and Fort de Chartres III (hereafter referred to simply as Fort de Chartres), a stone fortification established in 1753 after two earlier wooden forts (ca. 1720 and ca. 1750) of that name had fallen into disrepair (Jelks et al. 1989; Noble 1997). Fort Michilimackinac, strategically located at the tip of Michigan's Lower Peninsula on the south side of the Straits of Mackinac, started out as a small fort, but eventually expanded and became a well-planned trading town. Fort Ouiatenon was built to forestall British ascendency in the regions south of the Great Lakes and to ensure continuing good relations between the French and the local Indians, the Wea, who refused to relocate to their former homeland near Lake Michigan (which would have made trading with them much easier and less subject to British intervention). The stone fort of Fort de

Chartres was only minimally involved with the fur trade. Its primary role was to provide administrative support for the expanding agrarian settlements clustered in the American Bottom, such as Kaskaskia, Cahokia, Ste. Anne, and Prairie du Rocher.

The importance of the Mississippi River as a mechanism for commerce is documented as early as 1710 by the shipment of surplus wheat from the Kaskaskia area to lower Louisiana (Belting 1948:13, in Norris 1991:134). West of Kaskaskia across the Mississippi was located the town of Ste. Genevieve, originally founded about 1750 and moved to its present location in 1785 after the original location was inundated by a record flood. The Grande Saline site is located approximately 10 mi. (16 km) south of the current Ste. Genevieve at the confluence of the Mississippi River and Saline Creek. As noted earlier, it was a salt-extraction and processing and commercial community, probably tied closely to the economy of Ste. Genevieve. According to a 1686 map of the area, some type of non-Native American settlement was located there by that year, and a map drawn by French cartographer Nicolas de Finiels over a century later in 1797–1798 shows a sizable settlement with at least 11 structures located at the Grande Saline itself, and an additional 3 structures upvalley at the Petite Saline community (Trimble et al. 1991:167).

With the fall of Quebec and the 1760 capitulation that ended the French and Indian Wars (which had begun in 1754), British forces were to take command of most French possessions on the North American continent. The Treaty of Paris of 1763 transferred to other powers all French possessions on the continent of North America except the city of New Orleans and two small islands in St. Lawrence Bay. The English won Canada and the territory of eastern Louisiana, whereas France gave to Spain the Louisiana Territory west of the Mississippi in compensation for Spanish loss of Florida. The Spanish transferred Florida to Britain in exchange for Cuba, which the British had taken during the war (Klose 1964:32–33).

Once the French had been removed as a barrier to Anglo expansion into the frontier beyond the Appalachians, fur traders, land speculators, and settlers lost little time moving toward and into the area. The British eventually occupied the forts mentioned above, although the French really did not leave the area. The official military presence was gone, but a considerable civilian population, often referred to as *habitants*, remained. Most British holdings west of the Allegheny Mountains were temporarily lost during the widespread Native uprisings in 1763 (referred to collectively as Pontiac's Rebellion). British forces eventually relinquished less important frontier posts, realizing that they were spread too thinly to maintain a presence at each fortification in their expanded empire. British military fortunes changed again after the American Revolutionary War, when the Treaty of Paris of 1783 recognized the independence of the 13 American states and ceded to them the British western territory from the Appalachians to the Mississippi River. Florida was returned to Spain and marked the southern boundary; in the north, the Great Lakes separated Canada and the United States (Klose 1964:40). To sum up, the presence of the British military in the area was short-lived; however, their material culture was there to stay.

The Archaeological Evidence

The archaeological evidence for British ceramics will be summarized for Fort Michilimackinac (Miller and Stone 1970; Stone 1974), Fort Ouiatenon (Noble 1983, 1997; Tordoff 1983), Fort de Chartres (Noble 1997), and the Grande Saline (Trimble et al. 1991). Space limitations imposed in this volume require that the range of ceramic materials recovered from the four sites be discussed from a collection-wide perspective, without regard to provenience.

Fort Michilimackinac (French Occupation 1715–1761; British Occupation 1761–1781)

Fort Michilimackinac was a regional distribution center for the fur trade, located on the Straits of Mackinac (Tordoff 1983). The artifact collection deriving from the 1959 to 1964 excavations included considerable amounts of British and Chinese porcelain, but this may not be anomalous, as Noble (1997) has noted that more porcelain seems to accumulate the longer a fort is occupied and the British occupation of the fort spanned 20 years. Also common at the site was creamware – bat printed, plain, and enameled. In addition, French faience, British delft, and small amounts of tortoiseshell and Jackfield wares were recovered, as well as white salt-glazed stoneware (plain, molded, and enameled), red dry-bodied stoneware, Rhenish-tradition stonewares, and a variety of coarse earthenwares (Stone 1974).

Fort Ouiatenon (French Occupation 1717–1761; British Occupation 1761–1763)

Fort Ouiatenon was a minor trading post on the Wabash River (Fig. 33.1), which occupied the lowest rung in the 18th-century French trading system (Tordoff's [1983] local distribution center). This summary is based on the materials excavated by Michigan State University over the course of six field seasons (Noble 1991, 1997). Ceramics in the collection (Fig. 33.2) included French faience, creamware, salt-glazed stoneware (brown, white, scratch blue), Rhenish-tradition stoneware, red dry-bodied stoneware, and Chinese porcelain. No Jackfield or tortoiseshell wares were present. More coarse earthenwares were recovered from Fort Ouiatenon than from the other sites, but most remain unidentified as to specific type.

Fort de Chartres (French Occupation 1753–1765; British Occupation [Fort Cavendish] 1765–1772)

Early French ceramics form the bulk of the materials excavated from 1972 to 1986 from Fort de Chartres. In a recent analysis of materials from the fort, Noble (1997:39–40) focused on materials that "could not possibly have been deposited before the terminal European occupation date of 1772." A total of 1,687 sherds was found to represent a minimum of 160 vessels. Most were French faience of various sorts or coarse, lead-glazed earthenwares. British ceramics were represented by only 26 vessels (approximately 16%). These include some manganese-decorated delft, Jackfield, tortoiseshell ware, creamware, brown salt-glazed stoneware, and plain, molded, enameled, and scratch-blue white salt-glazed stoneware. No English porcelains were found. Other wares represented were Chinese porcelain, Rhenish-tradition stoneware, and Spanish majolica.

The last Fort de Chartres, established to serve as a governmental center, was quite different than most 18th-century North American outposts in terms of function, and because of its relatively brief occupation span, the artifact collection should be distinctive when compared to other sites of the period (Noble 1997:72). In comparing the Fort de Chartres materials with analogous portions of the Fort Ouiatenon and Fort Michilimackinac collections, Noble (1997:75) concluded that Fort de Chartres, as part of a viable settlement system, was more like major entrepot fortifications such as Louisbourg, Nova Scotia, than the trading outposts of the North American interior.

The Grande Saline (French Period ca. 1690–1765; Anglo-American Occupation ca. 1765–1830s)

The Grand Saline site is located at the confluence of Saline Creek and the Mississippi River, some 50 miles south of St. Louis. Settled by the French sometime in the last quarter of the 17th century, the site was a locus for Indian trading and for salt production. Salt extraction from the springs in and near Saline Creek was practiced by both prehistoric and historical-period occupants of the area. Brine processing increased, however, with the advent of European settlement in the area and the introduction of more efficient technological strategies to exploit the resource.

French faience dating to the period 1750–1765 was recovered in an area adjacent to several salt-brine evaporation furnaces. The British took control of the Illinois County in 1765, two years after the end of the French and Indian War. Not a single sherd of French faience dating post-1765 has been recovered from the site to date (dating based on the work of Walthall [1991a]), and Trimble et al. (1991) concluded that British-manufactured goods such as ceramics and metal goods quickly replaced those of French manufacture.

Small amounts of white salt-glazed stoneware have been recovered from the site, and these probably date to the middle of the 18th century or slightly later. The majority of ceramics of British origin date from the 1770s into the early part of the 19th century, and were recovered from surface collection and excavation of a French-style, 182 ft.^{2} (1.72 m^2) post-in-the ground house (Trimble et al. 1991:Fig. 11–2). These include Jackfield, underglaze-blue painted pearlware, enameled creamware, early blue and green shell-edged wares, bat-printed creamware, early underglaze-blue transfer-printed ware, molded creamware, and mocha, representing a variety of tea and tablewares (Fig. 33.3). Small amounts of Chinese export porcelain and undecorated faience were also recovered, as was a gaming piece

Fig. 33.1 Map of French Colonial sites in French Louisiana and to the north (not all sites are mentioned in the text). (Adapted from Walthall, editor [1991:Fig 1–1]. Copyright 1991 by the Board of Trustees of the University of Illinois. Used with the permission of the University of Illinois Press, Urbana.)

Fig. 33.2 Examples of sherds recovered from Fort Ouiatenon: top, blue-and-white faience, unidentified lead-glazed earthenware, molded creamware (2 sherds); middle, blue-and-white faience (2 sherds); Chinese export porcelain (3 small sherds), red dry-bodied stoneware, unidentified lead-glaze earthenwares (2 sherds); bottom, English white salt-glazed earthenware (2 sherds, left with scratch-blue decoration, right with overglaze polychrome decoration), Rhenish-tradition stoneware, unidentified slip-decorated lead-glazed earthware, lead-glazed coarse earthenware (possible example of Charente Plain). (Courtesy The Museum, Michigan State University, East Lansing.)

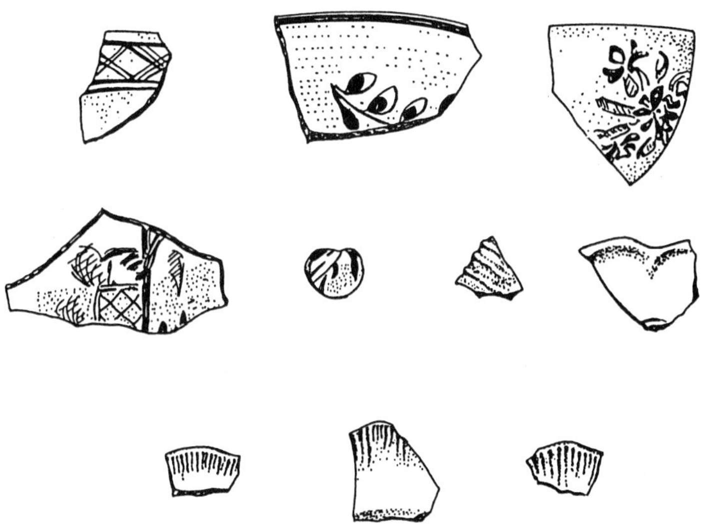

Fig. 33.3 Examples of British ceramics from the Grande Saline: top, underglaze-blue decorated pearlware (2 sherds); polychrome enameled creamware; middle, polychrome enameled creamware (2 sherds; second example is a gaming piece made from a plate sherd); creamware teapot-spout fragment, molded creamware; bottom, early shell-edge-decorated pearlware (example on left has green edge, others have blue edge). (Adapted from Walthall, editor [1991:Fig. 11-11]. Copyright 1991 by the Board of Trustees of the University of Illinois. Used with the permission of the University of Illinois Press, Urbana.)

fashioned from an enameled creamware plate sherd. Upvalley to the west, at the Petite Saline site, a habitation area produced enameled creamwares; underglaze painted, transfer-printed, and edge-decorated pearlwares; Chinese export porcelain; and a single fragment of English delft.

Summary and Conclusions

One observation that may be drawn from this comparative exercise is that it may be difficult to establish an archaeological signature for British occupation when it is known that occupations overlapped or followed closely one after the other. Whereas we are confident that the British military were using British ceramics at the forts discussed here, can it be assumed that the British ceramics at the Grande Saline were used by British occupants of the site. In other words, is ethnicity clearly tied to material culture?

British ceramics found at the Saline most probably were brought upriver from New Orleans as part of an already established trade network involving French merchants in the nearby towns of Ste. Genevieve and Kaskaskia who had business relationships with suppliers in eastern cities. Alternatively, or in combination, British merchants themselves may have brought these goods; Great Britain received the right to navigate the Mississippi in the Treaty of Paris of 1763 and was thus afforded an unparalleled opportunity to introduce goods into the region, which was then Spanish Louisiana (Clark 1970:158–159). The British who occupied Fort de Chartres (renaming it Fort Cavendish) and, for that matter, Fort Ouiatenon, came from Detroit. Later supply of Chartres, however, may have come up the Mississippi from the south.

It has been suggested (Feister 1984, cited in Walthall 1991b:63) that by the end of the French and Indian War (ca. 1765), the mass production of high-quality and inexpensive wares produced by British potteries had an adverse effect on faience production. Many French potteries were closed during the late 18th century, because they could not compete with the influx of British imports, both on the Continent and elsewhere. This is not to say that the French would not have preferred to continue receiving faience. They kept it in use as long as possible; pieces possibly drilled for repairs have been recovered from numerous sites in the Illinois Country (Walthall 1991b:Table 4–2). Stanley South (1968:62–71, cited in Walthall 1991b:58, 60) also noted this at Fortress Louisbourg and at other 18th-century sites of both French and British affiliation. Of course, in situations where goods were not consistently available (or no longer available at all, in the case of French faience), it is likely that inhabitants of remote regions would keep items in service for as long as possible.

In addition, due to intense competition from the British (and later the Americans) in New Orleans, the amount of household goods brought in by French ships from France was minimal (Clark 1970:158–180). In fact, from the 1760s, the British were supplying goods for the Indian trade to French traders, who would then forward furs and skins to New Orleans. The settlements of Kaskaskia and Cahokia were occupied by the British, who, by 1769, were actively trading with St. Louis and Ste. Genevieve. Clark notes that while the American Revolution ended the direct menace of Great Britain to Louisiana, it did not end the influence of English and Scottish merchants and mercantile houses in Louisiana.

To summarize, how did British ceramics arrive in the Mississippi Basin? The British military, particularly the officers, brought goods with them or hoped to have them supplied by local merchants or factors. Availability of goods was tied to the already established fur-trading networks. Sometimes it took a considerable length of time, even years, for goods to arrive. The British fur trade was better organized, however, than the French, and French goods even in adequate supply could not complete with British products (Clark 1970:58).

Miller et al. (1994) and Martin (1996) use the time-lag factor to characterize the frontier as a backwater. Martin's (1996) example of how many frontier Virginians were inept at the proper social uses of teawares and cutlery may be less applicable on the "frontier" under discussion. The military who brought British ceramics with them were certainly aware of their use as status-reinforcing props. Why then did residents of the Grande Saline and nearby sites continue to use British ceramics in similar ways? One of the probable reasons is that these settlers were British or of British extraction.

Was the frontier really a frontier "backwater," as

Miller and his colleagues claim in terms of the length of time it took for new wares and patterns to arrive in the Americas? Consider that although creamware came on the British market in the 1760s, it did not become common until after 1770 in the Chesapeake area. This might also be the case for residential sites in the Illinois Country, but it is clear that creamware is found in military contexts dating to the early 1760s at Fort Ouiatenon and slightly later at Fort de Chartres. Ferguson (1977) has also noted the early appearance of creamware (and pearlware) at Fort Watson, South Carolina. Perhaps sampling bias is at play here. While creamware may not have been "common" in the Chesapeake until after 1770, it was certainly present – as it was in areas farther west before that time.

The issue of how to interpret goods found at military sites is a complicated one. The military is a society in microcosm with material culture that does not necessarily conform to that found in the society at large. Tradition may dictate that some things be retained long after the rest of the world has embraced replacements, whereas in other respects they might have the very latest technology. The study of how the British military provisioned their troops on the frontier should offer interesting insights into topics such as mercantile networks and the availability of and demand for goods.

In an important study on Anglo-American trade, Buck (1968) notes that from 1800 to 1815, North American merchants generally dealt directly with British merchants, rather than the manufacturers. Risk was assumed by British merchants, who sent out goods on consignment to agents and correspondents in America. It is probably the case that late-18th-century trade also operated on this model. Even before 1800, however, we find goods sold in London by agents for a manufacturer (Duckworth 1994).

Frontier trade was undeniably an incredibly risky venture, particularly on the frontier. For the area discussed here, it is clear that mercantile arrangements and multicultural experiences – British, French, Spanish, Indian trade – made for savvy jobbers, importers, and merchants. We contend that this situation, particularly as it was played out in frontier contexts, helped to set the stage for 19th-century developments in the export of British ceramics to the Americas. Entrepreneurs spread out their risk among different ventures, and although they were certainly affected by changes in the political climate, their business relationships often transcended political animosities. Much research has been devoted toward understanding the complex nature of frontier trade, particularly in regard to the fur trade. Notwithstanding this considerable body of work, much yet remains to be investigated.

Acknowledgments

The authors gratefully acknowledge the help of Lynne Yamaguchi, who helped to prepare the figures for publication, as well as the suggestions offered by several participants in the joint Society for Historical Archaeology-Society for Post Medieval Archaeology conference held in London in 1997. One of the attendees, Dr. Edward B. Jelks, kindly provided a copy of his jointly authored publication on the Laurens site to Majewski. The University of Illinois Press graciously granted the authors permission to use previously published illustrations, which appear here as Figs. 33.1 and 33.3. Fig. 33.2 appears courtesy The Museum, Michigan State University, East Lansing. Noble would like to acknowledge his deep appreciation for the teachings of the late Moreau S. Maxwell, first excavator at Fort Michilimackinac, who influenced countless students and colleagues with his breadth of knowledge, his great sense of humor, and his common decency. Thanks, Max, for the fine example you set for us all.

References

Belting, Natalia M. 1948, Kaskaskia under the French Regime. *Illinois Studies in the Social Sciences* 29(3). University of Illinois, Urbana.

Buck, Norman Sydney 1968, *The Development of the Organization of Anglo-American Trade 1800–1850.* Originally published in 1925. Greenwood Press, New York.

Clark, John G. 1970, *New Orleans 1718–1812: An Economic History.* Louisiana State University Press, Baton Rouge.

Duckworth, Harry W. 1994, British Capital in the Fur Trade: John Strettell and John Fraser. In *The Fur Trade Revisited,* edited by J. S. H. Brown, W. J. Eccles, and Donald P. Heldman, pp. 39–56. Michigan State University Press, East Lansing.

Feister, Lois M. 1984, Material Culture of the British Soldier at "His Majesty's Fort of Crown Point" on Lake Champlain, New York, 1759–1773. *Journal of Field Archaeology* 11(2):123–132.

Ferguson, Leland G. 1977, An Archeological-Historical Analysis of Fort Watson: December 1780-April 1781. In *Research Strategies in Historical Archeology,* edited by Stanley South, pp. 41–71. Academic Press, New York.

Hall, Robert L. 1991, The Archaeology of La Salle's Fort St. Louis on Starved Rock and the Problem of the Newell Fort. In *French Colonial Archaeology: The Illinois Country and the Western Great Lakes,* edited by John A. Walthall, pp. 14–28. University of Illinois Press, Urbana.

Heldman, Donald P. 1991, The French in Michigan and Beyond: An Archaeological View from Fort Michilimackinac Toward the West. In *French Colonial Archaeology: The Illinois Country and the Western Great Lakes,* edited by John A. Walthall, pp. 201–217. University of Illinois Press, Urbana.

Jelks, Edward B., Carl J. Ekberg, and Terrance J. Martin 1989, Excavations at the Laurens Site: Probable Location of Fort de Chartres I. *Studies in Illinois Archaeology* 5. Illinois Historic Preservation Agency, Springfield.

Klose, Nelson 1964, *A Concise Study Guide to the American Frontier.* University of Nebraska Press, Lincoln.

Lewis, Kenneth E. 1977, Sampling the Archeological Frontier: Regional Models and Component Analysis. In *Research Strategies in Historical Archeology,* edited by Stanley South, pp. 151–201. Academic Press, New York.

Lewis, Kenneth E. 1984, *The American Frontier: An Archeological Study of Settlement Pattern and Process.* Academic Press, Orlando.

Martin, Ann Smart 1996, Frontier Boys and Country Cousins: The Context for Choice in Eighteenth-Century Consumerism. In *Historical Archaeology and the Study of American Culture,* edited by Lu Ann De Cunzo and Bernard L. Herman, pp. 71–102. Henry Francis du Pont Winterthur Museum, Winterthur, DE.

Maxwell, Moreau S., and Lewis R. Binford 1961, Excavation at Fort Michilimackinac, Mackinac [*sic*] City, Michigan, 1959 Season. *Publications of the Museum, Cultural Series* 1(1). Michigan State University, East Lansing. [Printed as Lewis H. Binford.]

Miller, George L., Ann Smart Martin, and Nancy S. Dickinson 1994, Changing Consumption Patterns: English Ceramics and the American Market from 1770 to 1840. In *Everyday Life in the Early Republic,* edited by Catherine E. Hutchins, pp. 219–248. Henry Francis du Pont Winterthur Museum, Winterthur, DE.

Miller, J. Jefferson, II, and Lyle M. Stone 1970, Eighteenth-Century Ceramics from Fort Michilimackinac: A Study in Historical Archaeology. *Smithsonian Studies in History and Technology* 4. Washington.

Noble, Vergil E. 1983, *Functional Classification and Intra-Site Analysis in Historical Archeology: A Case Study from Fort Ouiatenon.* Ph.D. dissertation, Department of Anthropology, Michigan State University, East Lansing. University Microfilms International, Ann Arbor, MI.

Noble, Vergil E. 1991, Ouiatenon on the Ouabache: Archaeological Investigations at a Fur Trading Post on the Wabash River. In *French Colonial Archaeology: The Illinois Country and the Western Great Lakes,* edited by John A. Walthall, pp. 65–77. University of Illinois Press, Urbana.

Noble, Vergil E. 1997, Eighteenth-Century Ceramics from Fort de Chartres III. *Illinois Archaeology* 9(1&2):36–75.

Norris, F. Terry 1991, Ste. Genevieve, a French Colonial Village in the Illinois Country. In *French Colonial Archaeology: The Illinois Country and the Western Great Lakes,* edited by John A. Walthall, pp. 133–148. University of Illinois Press, Urbana.

South, Stanley 1968, Archaeological Evidence of Pottery Repairing. *The Conference on Historic Site Archaeology Papers* 2:62–71. Columbia, SC.

Stone, Lyle M. 1974, Fort Michilimackinac 1715–1781: An Archaeological Perspective on the Revolutionary Frontier. *Publications of the Museum, Anthropological Series* 2. Michigan State University, East Lansing.

Tordoff, Judith D. 1983, *An Archaeological Perspective on the Organization of the Fur Trade in Eighteenth Century New France.* Ph.D. dissertation, Department of Anthropology, Michigan State University, East Lansing. University Microfilms International, Ann Arbor, MI.

Trimble, Michael K., Teresita Majewski, Michael J. O'Brien, and Anna L. Price 1991, Frontier Colonization of the Saline Creek Valley. In *French Colonial Archaeology: The Illinois Country and the Western Great Lakes,* edited by John A. Walthall, pp. 164–188. University of Illinois Press, Urbana.

Turner, Frederick Jackson 1893, The Significance of the Frontier in American History. *Annual Report of the American Historical Association for the Year 1893*, pp. 199–227.

Walthall, John A. 1991a, Faience in French Colonial Illinois. *Historical Archaeology* 25(1):80–105.

Walthall, John A. 1991b, French Colonial Fort Massac: Architecture and Ceramic Patterning. In *French Colonial Archaeology: The Illinois Country and the Western Great Lakes,* edited by John A. Walthall, pp. 42–64. University of Illinois Press, Urbana.

Walthall, John A. (editor) 1991, *French Colonial Archaeology:*

The Illinois Country and the Western Great Lakes. University of Illinois Press, Urbana.

Walthall, John A., and Thomas E. Emerson 1991, French Colonial Archaeology. In *French Colonial Archaeology: The Illinois Country and the Western Great Lakes,* edited by John A. Walthall, pp. 1–13. University of Illinois Press, Urbana.

White, Richard 1991, *It's Your Misfortune and None of My Own: A New History of the American West.* University Of Oklahoma Press, Norman.

Teresita Majewski
Statistical Research, Inc.
PO Box 31865
Tucson, AZ 85751–1865

Vergil E. Noble
Midwest Archeological Center,
National Park Service
Federal Building, Room 474
100 Centennial Mall North
Lincoln, NE 68508

34 Little Tubes of Mighty Power: A Review of British Clay Tobacco Pipe Studies

David Higgins

Introduction

> Little tube of mighty pow'r,
> Charmer of an idle hour,
> Object of my warm desire,
> Lip of wax and eye of fire ...

So started a mid 18th-century poem in praise of the pipe (Mackenzie 1957, 196). These days smoking has fallen from favour and there seem to be precious few 'idle hours' to fill with contemplation. But when there is time to pause and look back on the post-medieval period, it is the pipes in which tobacco was smoked which form one of the most commonly encountered elements of material culture. Pipes were smoked at home and in the fields, at work and in pursuit of pleasure in the coffee houses and brothels. Their durable remains provide a lasting reminder of the important tobacco trade and can do much to help date and interpret the archaeological deposits in which they are found.

This paper sets out to provide a brief overview of the ways in which pipes have been collected and studied over the years. It goes on to look at the range and nature of contemporary pipe studies and concludes with a consideration of future research directions.

Historic Pipe Studies

The remains of clay tobacco pipes have attracted the attention of antiquaries since at least the end of the 18th century. The earliest references to pipe finds tend to be concerned with the unusual places in which they were recovered and with the folklore and superstition associated with them. In 1784, for example, a pipe was found 'sticking between the teeth of a human skull' in Kildare, Ireland (Anon. 1793, 352) – see Fig. 34.1. The 16th-century pipes with their tiny bowls were known as 'fairy pipes', and there was much debate over suggestions that they were used before the introduction of tobacco to Europe. Although these early reports tell us more about contemporary thinking than about the artefacts themselves, the very fact that pipes were collected within two centuries of their introduction shows a broad-minded approach to the past, which would do credit to many archaeologists today.

By the early 19th century systematic collections of pipes were being formed, some of which have pro-

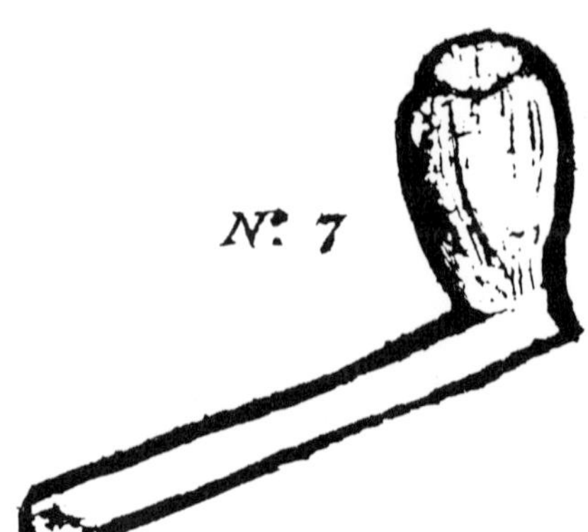

Fig. 34.1 Pipe 'found sticking between the teeth of a human skull' dug up in Ireland (from Anon. 1793).

vided study material for researchers ever since. In 1817, for example, a group of pipes were collected from Wenlock Abbey in Shropshire and came to form part of Richard Thursfield's collection. In 1862 Thursfield published a paper describing the Wenlock finds as being 'very small, and I fancy of very early date'. Thursfield's pipes subsequently came to form part of the famous Bragge Collection, elements of which were acquired by the British Museum in 1882. The Wenlock pipes can still be seen at the British Museum today, nearly two centuries after their original discovery.

As the early collections accumulated they started to provide a body of evidence for study with the result that, by 1835, Croker was able to publish a paper on 'Ancient Tobacco Pipes' illustrating examples from various parts of the United Kingdom. The regional diversity of pipes was already apparent to these early antiquaries so that by 1851 Lamb noted that 'the size, quality and form of Clay Pipes manufactured in England differ greatly according to the localities from which they come. Scotch, Irish and English made Pipes are easily distinguishable' (Lamb 1851, 31). As well as being studied by academics these early collections were also displayed to promote a general interest in the subject, as is shown by the notice of an exhibition published in the *Archaeological Journal* (Bernhard Smith 1854).

By the mid 19th century antiquarians were becoming interested not just in the collection, display and publication of pipes but also in the listing and identification of the makers' marks found on them. Bernhard Smith's 1854 exhibition notice included lists of marks on the pipes displayed while Thursfield's 1862 study of the important industry at Broseley, Shropshire, went one step further. Thursfield not only described the bowl forms and marks but also included references from the parish registers to provide supporting documentation for the makers. His paper included illustrations of a range of local pipe forms and marks, together with suggested dates for them. His engravings of these distinctive local forms, despite some distortion of their perspective, are still readily identifiable today (Fig. 34.2). His work and illustrations were extremely influential, being much used by later writers, including Jewitt in his classic work on British ceramics (Jewitt 1877).

At the same time as these individual studies were developing there was also a move towards a broader understanding of the regional diversity of pipe styles and their historical and social context. The outstanding work from this period is Fairholt's *Tobacco: Its History and Associations*, published in 1859. This book covers almost every aspect of the tobacco trade and its associated paraphernalia; the origins and cultivation of tobacco, its trade and processing, literature and poetry connected with smoking, snuff, cigars, tobacco wrappers, tobacconists tokens and, of course, pipes. Fairholt describes and illustrates pipes and smoking customs from around the world as well as presenting a good contemporary account of the latest discoveries of clay pipes from the British Isles. In his work he illustrates provenanced bowl forms and makers' marks as well as dismissing many of the earlier, erroneous, claims as to their antiquity and use.

While Fairholt's main strength lay in the compilation of documentary sources, he had a contemporary whose forte lay in the collection of objects – William Bragge. Bragge assembled what was probably the greatest collection of smoking-related objects from around the world that there has ever been, including some 13,000 pipes. His collection included many excavated examples from the British Isles and achieved considerable fame as a result of his various exhibitions and through the publication of his *Bibliotheca Nicotiana: A Catalogue of Books about Tobacco, together with a Catalogue of Objects Connected with the Use of Tobacco in All its Forms* in 1880. Unfortunately his collection was broken up and sold in 1882 when some sections were acquired by the British Museum, where they remain to this day.

During the later 19th and early 20th centuries the foundations of collection and research were built upon by a number of different workers who studied and defined the regional pipemaking industries in more detail. During this period papers were published on pipes from places as diverse as Barnstaple (Hall 1890), London (Hilton Price 1900), Bristol (idem 1901; Pritchard 1912), Hull (Sheppard 1902), Youghal (Ronayne 1903), Shropshire (Thursfield 1907) and Cambridge (Scott 1917). These papers often established the local styles of bowl and mark and provided a regional framework against which new finds could be compared and identified.

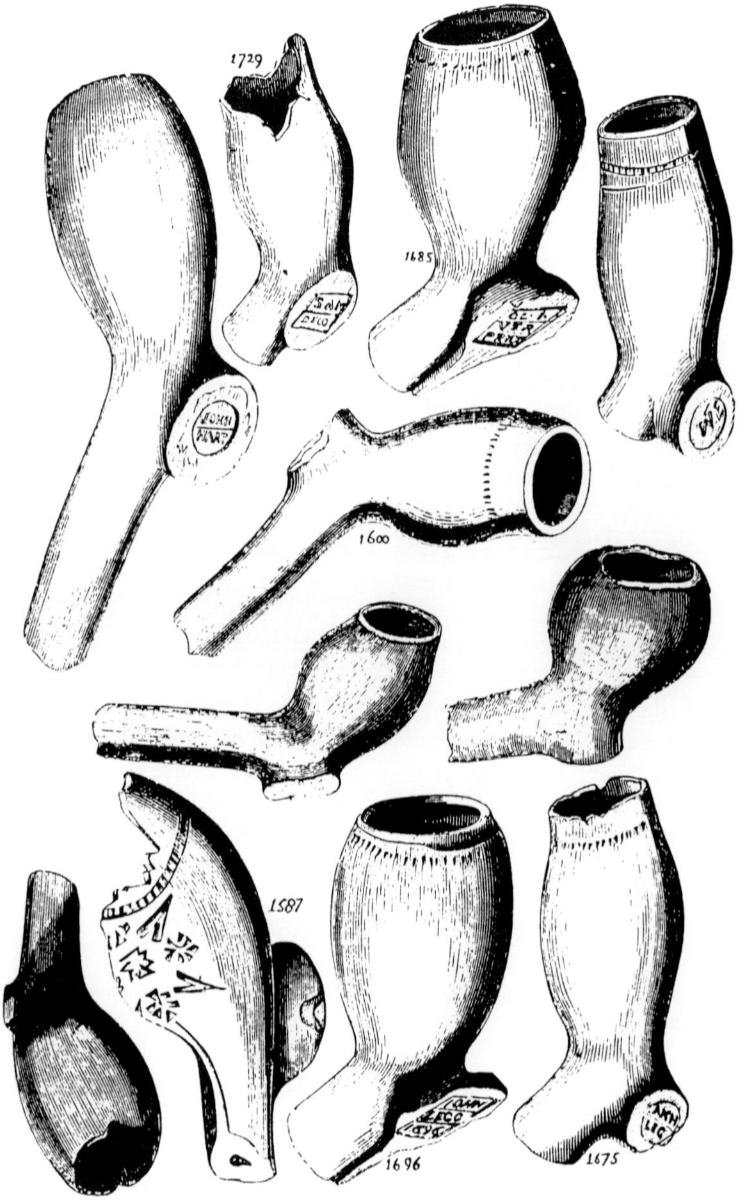

Fig. 34.2 Thursfield's 1862 engravings of distinctive Broseley bowl forms with suggested dates. This version was published by Jewitt in 1877 and copies of it were used to illustrate papers on Broseley pipes until as recently as 1950.

The first half of the 20th century saw further studies being carried out on regional industries but, as with the earlier papers, these often relied on individual stray finds or poorly provenanced collections stripped from the upper levels of archaeological sites or encountered during building works. The Second World War marked a watershed after which two things happened. First, the evolution of archaeological theory and the development of excavation techniques led to the recovery of much better groups of study material. Not only were larger numbers of pipes collected but they were often recovered as stratigraphic groups which allowed contemporary forms and relative sequences to be identified. Secondly, the clearance and redevelopment of bomb-damaged city-centre sites allowed access to rich urban deposits which had previously remained largely inaccessible.

After the War the fruits of previous research were combined with this new interest in stratigraphy and dating to produce a flush of bowl-form typologies. These established the basic evolution of pipe-bowl styles both nationally and locally, and enabled pipes to be more widely employed as a dating medium. In addition, regional studies continued to be carried out – for example, by David Atkinson, who worked principally on material from London, central-southern England and Broseley, and by J. E. Parsons, who worked in the north-east. There was also the monumental work by Walker, submitted as a doctoral thesis in 1973 and published as a four-volume set in 1977. Although Walker's title suggests his study is primarily about Bristol, the thesis does, in fact, range across the whole of northern Europe and North America. But perhaps the most influential contribution to post-war pipe studies was made by Adrian Oswald. Oswald became interested in pipes in 1948 and soon proved that his perception of the subject was not confined to individual makers or production centres. In 1951 he published a paper on 'English clay tobacco pipes', which was republished with revisions in 1955. This was followed by a series of other papers, the most influential of which were 'The archaeology and economic history of English clay tobacco pipes' (1960), 'The evolution and and chronology of English clay tobacco pipes' (1961) and 'The clay tobacco pipe, its place in English ceramics' (1970). Oswald's seminal work appeared in 1975 with his publication of *Clay Pipes for the Archaeologist.*

In the last work Oswald brought together documentary and historical evidence to provide a national overview of the subject. His work included sections on the introduction of tobacco and smoking to Europe, the organisation of the industry and processes of manufacture and, in particular, sections on the archaeology of the pipe. The archaeological discussion includes chapters on the typology of bowls and stems, dating by mark, decorated pipes and traded pipes. Oswald's study concluded with details of source collections, excavation reports, published references and a list of pipemakers from the British Isles. The list of makers includes some 5,200 names and is still the most comprehensive national list to have been compiled.

Oswald's work not only allowed pipes to be accurately identified and dated but also provided a broad framework, within which archaeologists and historians could work. This single volume laid the foundations for modern pipe research and stimulated a wide range of new research in this field.

Contemporary Pipe Studies

Following Oswald's 1975 publication there has been a sustained interest in all aspects of pipe studies. Oswald's wide-ranging work generated a good deal of new research activity, although initially there was no obvious mechanism for its dissemination. This situation was rectified in 1979 with the establishment of a new research series, *The Archaeology of the Clay Tobacco Pipe.* This series was compiled and edited by Peter Davey and published by British Archaeological Reports (BAR) of Oxford. British Archaeological Reports had been established during the 1970s as a quick and cheap means of publishing new archaeological research, one of their early numbers being Oswald's *Clay Pipes for the Archaeologist.* In response to the demand for Oswald's book there were discussions about a sequel, from which the whole concept of the series developed (Davey 1996, 65).

Since 1979 fourteen volumes in *The Archaeology of the Clay Tobacco Pipe* series have been published. Within these volumes can be found the contributions of some 80 different authors, relating to pipes of 16th- to 20th-century date. These papers consider not just the pipes and their identification but the whole spectrum of associated research topics: manufacturing and marketing processes; clay sources and trade; dating techniques; wreck groups; socio-economic analysis; fabric analysis; tobacconists and their tokens and the archaeological interpretation of the data provided by pipes. The series is not confined to pipes made in or traded from the British Isles since it includes a number of volumes devoted to pipes from America and mainland Europe. The contribution of the BAR series to pipe studies has been immense. These volumes are familiar to researchers around the world and have provided access to a wealth of new data and ideas. Many of the papers are concerned with primary data collection, an essential task for any discipline if it is to develop. 'Data collecting' papers range from studies of individual pipes right through to the regional synthesis of thousands of examples from numerous excavations. The scale of this data collection can be seen from the fact that the series has documented, often quite extensively, some 4,545 pipemakers, many of whom were previously unrecorded (Davey 1996, 65). This is nearly as many again as were compiled by Oswald in his 1975 national list.

Similar advances have been made in understanding the raw materials and technology employed in pipemaking. Papers have not only studied the documentary and physical evidence for clay sources and types but also the manufacturing and firing processes (Figs. 34.3 & 34.4). Of particular note in this field is the work of Allan Peacey, who has studied the origins and development of the pipe kiln using a combination of documentary sources and archaeological evidence. His work has identified and interpreted many of the waste products encountered on kiln sites

Fig. 34.3 Denis Kendal making churchwarden pipes at Pollock's pipeworks in Manchester, 1986.

Fig. 34.4 Raw clay, pugmill and saggers at the abandoned King Street pipeworks in Broseley, Shropshire, 1986.

and related these to the evolution of workshop practices and kiln technology (Peacey 1996).

The BAR series has also made a significant contribution to theoretical models and the interpretation of pipe groups. The topics studied have ranged from stem-bore dating (Alexander 1983) to the statistical analysis of pipe bowls (Alvey, Laxton & Paechter 1979). Likewise, there have been a number of papers which have shown the subtlety and precision with which pipes can be interpreted. Davey has demonstrated that tangible differences in the pipes used by two groups of varying social status can be observed in the archaeological record (Davey 1995) while a closely dated Scottish site in Panama has shown how imported, exported and domestic products can all be identified in a contemporary group (Horton, Higgins & Oswald 1987).

While the introduction of the BAR series provided a forum for the publication of academic papers, it did not provide for the exchange of notes and news nor for the stimulation of direct contact between researchers. This gap was filled in 1984 with the creation of the Society for Clay Pipe Research. Since its formation the Society has demonstrated both the wide range of interests of its members and the active support which they provide for the subject. The majority of the research carried out by members is published in a bi-annual 'newsletter'. The term 'newsletter' is something of a misnomer since, in fact, this is of an A5 booklet containing some 60–70 pages of text and illustrations. The Society also produces an occasional monograph series for longer papers and a useful *Bibliography of Clay Pipe Studies* (Atkin 1989). The Society holds an annual two-day conference in Britain and has organized field trips to mainland Europe; it has an international membership of some 150 individuals and institutions, and publishes material on pipes from all over the world.

While the establishment of the BAR series and of the Society for Clay Pipe Research demonstrates the interest in the subject, it is perhaps the nature and content of the published articles which are most telling about the state of current pipe research. Almost without exception the articles published in both series deal with primary documentary and archaeological evidence; they are clearly directed towards serious archaeological and historical research rather than simply the collection of pipes.

This serious academic interest in pipes is reflected in the number and range of post-graduate research projects which are now being undertaken. The late Iain Walker was the first to submit a doctoral thesis on the subject in 1973 with his study of the Bristol Industry (published 1977). Since then there have been three further doctorates awarded for pipe research; the writer's for his study of the Broseley industry in 1987, Peter Davey's for his contribution to pipe studies in 1990 and Allan Peacey's for his study of pipe kilns in 1994 (published 1996). In addition, Lloyd Edwards was awarded an M.A. for his work on Tyneside pipemakers in 1987 (published 1988), Colin Tatman an M.Phil for his study of the Newington (London) pipemaking industry in 1991 (published 1994) and Nigel Melton an M.Phil. for his study of pipemaking in northern Warwickshire in 1997. There are currently two further post-graduate students carrying out pipe research in England: Peter Hammond, who is working on the London industry from 1750–1924 and Susie White who is researching the 17th- and 18th-century industry in Yorkshire.

The academic value of pipe studies is further underlined by the research grants which are increasingly being allocated to this field. English Heritage has funded or contributed to a number of specialist reports or research programmes; for example, a project to synthesize the pipe evidence from excavations in the City of London between 1973 and 1988. During this period many thousands of clay tobacco pipe fragments were recovered from some 129 different excavations. These are currently being studied to provide an overview of the pipes which were produced, used and traded from the capital.

An even more ambitious project has been started to catalogue the makers' stamps found on clay tobacco pipes in England. In order to do this, a recording programme has been set up whereby each museum or archaeological store in England is being visited and a record made of any stamped pipes which they hold. This is done by making two impressions of each mark in plasticine and logging details of the pipe on a specially designed recording sheet. High-definition casts of the marks are then made and compared to select the best example of each type present (Fig. 34.5). These 'type examples' are then drawn at twice life

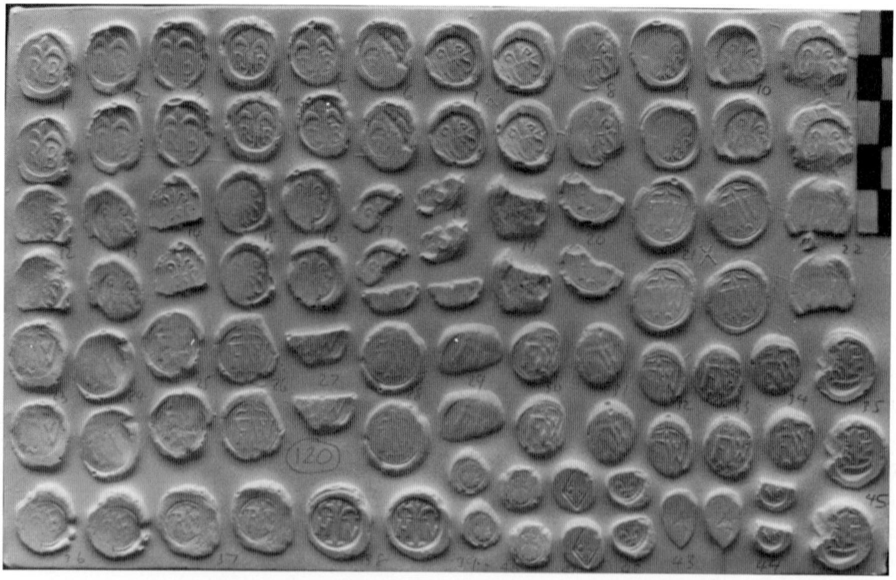

Fig. 34.5 Plaster block containing impressions of heel stamps.

size and details of the likely date and maker attributed to the mark. Eventually all of the material studied will be entered onto a computer database. This will not only allow the system to be used for identifying individual marks, but also as a research tool for studying topics as diverse as the regional distribution of particular styles, the evolution of different motifs or the marketing areas of individual production centres or workshops.

The initial work on the stamp catalogue was funded by the Leverhulme Trust and carried out by the writer between 1987 and 1990. Since that time a number of other researchers have helped with data collection and the project has been kept ticking over at a low level. At present, about half of the collections in England have been recorded and some 20–25,000 stamped pipes recorded. A large number of these have still to be indexed and drawn but already in excess of 2,000 different die types have been identified. It is expected that a catalogue of some 10,000 different die types will be required to provide a fairly comprehensive catalogue for England, and further funding is currently being sought to achieve this.

Another trend which may be observed in contemporary pipe studies is the development of standardized recording systems. The development of such systems not only allows for the management of finds from archaeological excavations but facilitates the quantification and comparison of pipes from different contexts, periods or sites. Various recording systems have been developed by archaeological units but these tend to be primarily concerned with just the enumeration and dating of pipes. For research purposes more detailed systems are required, such as that proposed by Davey in 1981. The evolution of such systems is a continual process as new research questions arise. A new system has been developed at the University of Liverpool and is undergoing final field trials prior to publication (Higgins & Davey 1994).

The final theme which may be observed in contemporary pipe studies is the gathering together of information into large, structured data sets, which are curated and made available to promote further research. In the past, antiquaries and collectors assembled information on an individual basis in pursuit of their own research interests. But these collections were dependent on the individuals' particular interests and their ability to maintain and curate them. Even collections as significant as Bragge's were dispersed when the individual was no longer interested or able to hold them together. A similar situation arose as recently as 1989–90, when the contents of a private museum, the 'House of Pipes', was auctioned in a series of sales. This was by far the most extensive collection of pipes and smoking-related paraphernalia to have been assembled since Bragge's day and yet it was broken up and sold, virtually without record.

At the time of the 'House of Pipes' sale considerable efforts were made to find a museum or similar institution who might be interested in acquiring the whole collection, without success. The main problem was that it did not fall entirely within the collecting policy of any one institution. It became apparent that although individual research could be disseminated through the activities of the Society for Clay Pipe Research or *The Archaeology of the Clay Tobacco Pipe*, there was no mechanism for dealing with the collection, storage and curation of artefactual collections. A similar problem was becoming apparent with the wealth of research notes and publications which was being generated, in that there was no independent body with an interest in collecting and curating a library of such material.

In response to this need a National Clay Tobacco Pipe Archive was established in 1993 and accorded charitable status in 1995 (Higgins 1993 & 1995a). This is presently housed at the University of Liverpool and was founded on the research collections built up by Peter Davey and the author while working there. The object of this archive is to collect, conserve and maintain material related to the clay tobacco-pipe industry and to promote education and research in this field. The archive includes published and manuscript books, papers and research notes, as well as drawings, artefacts and the casts of marks collected for the National Stamp Catalogue. By this means the Archive fulfils two roles which had previously been lacking. First, it has established and is actively seeking to develop the only publicly available collection of specialist literature relating to pipe research in Britain. Secondly, it houses a wide-ranging reference collection of pipes and provides a mechanism which can be used to try to secure the long-term preservation of other collections which are in danger of being dispersed. Similar moves towards the collection and curation of research information are being made by the Society for Clay Pipe Research, who are not only updating their *Bibliography of Clay Pipe Studies* but also compiling lists of pipemakers and collecting data on them from Census Returns (these records of the birthplace, age, occupation, address and family relationships of each person in the country are compiled every ten years – the returns survive from 1841 onwards and can provide information about the location, demography and sociology of the trade).

Future Research

This paper has charted the evolution of British pipe studies from the end of the 18th century, when pipes were collected primarily as curiosities, through to the present day, when they have become an indispensable tool for the post-medieval archaeologist. But what of future research directions?

There can be little doubt that basic data collection to document the pipemakers and their products will continue to form a fundamental activity in the foreseeable future. There are still major production and distribution centres, such as Liverpool, where the industry is poorly documented and understood. But instead of being fed into traditional research notes and articles, it is hoped that new technology will provide alternative and more dynamic means of compiling and accessing this data. One obvious application would be the creation and maintenance of a computerized database of known pipemakers, which would save the laborious task of searching innumerable publications for individual references. Such a list could be regularly updated and made available on the internet, where it would provide a valuable reference and research tool. Advances in the scanning and manipulation of graphic images also open the possibility of accessing the National Stamp Catalogue or drawings of regional bowl forms in a similar way.

Another area where more primary research is still needed is in the study of clay extraction and its dispersal to manufacturing centres. After a limited amount of work on the identification and sourcing of pipe fabrics in the 1970s and 80s this is an area which has been neglected of late. The number of clay sources exploited, their location and periods of use are all very poorly understood. It is only once these parameters have been established that a meaningful discussion of the location and evolution of rural pipemaking industries and the supply of clay to urban production centres will be possible.

The actual manufacturing process has fared rather better, with Peacey's recent study providing an excellent framework. But this study has in itself raised further research questions. The earliest known kiln waste, for example, dates from around 1620, fully half a century after pipemaking started in England. Likewise, the chronology of change and innovation as well as the extent of regional diversity in production and kiln technology are all areas where further refinement is needed (Fig. 34.6). The establishment of Peacey's initial framework will make it possible for future excavations to be targeted at kiln sites with specific research questions in mind.

Perhaps the most important and exciting area for future developments lies in the archaeological interpretation of pipe evidence. There is little value in compiling and indexing data about pipes if that information is not used to enhance our understanding and interpretation of the past. For the full potential of the pipe evidence to be realized it will be necessary to address not only the way in which pipes are recovered from the ground, but also the ways in which they are processed and analysed.

In Britain, pipes are typically recovered in context groups and studied by typology and mark to provide dating evidence for site specific reports. Data regarding their spacial distribution is rarely collected let alone analysed, and little use is made of stem bores. This is in stark contrast to America where the value of spacial distribution is well attested and where stem-bore measurements are routinely recorded and used for dating. Although the nature of the archaeology and the questions being asked of it differ on either side of the Atlantic, there seems little doubt that a cross-fertilisation of these approaches would do much to stimulate new ideas and developments. In America, more work is needed to present well sealed groups of material and to establish tightly dated typologies for both the exported and locally produced bowl forms. In Britain, new approaches to the recovery and use of pipe data need to be considered, particularly with regard to the presentation and mapping of the information collected.

Fig. 34.6 Hump backed sagger full of unfired churchwarden pipes packed in clay granules from the King Street pipeworks, Broseley, Shropshire. This distinctive form of sagger and packing is only known from Broseley, which specialised in the production of churchwarden pipes.

One way of developing a broad and uniform approach to pipe studies is through the use of standard recording systems. The publication of new guidelines for the collection and recording of pipe data should not only help in developing theoretical models but also make the inter-site comparison of pipe evidence easier and more meaningful. A number of studies have demonstrated the value of pipes in establishing socio-economic variables, for example by looking at the comparative ratios of those that are marked, milled or burnished. The international application of standard recording systems is essential if full use is to be made of this type of evidence.

Another area where improved site recovery and

post-excavation analysis could contribute is the study of complete pipes. It has become apparent, for example, that the bowl form of a pipe was related to its stem length. As yet, however, too few complete pipes have been recovered fully to understand this relationship. Improved recovery rates for stems and mouthpieces from suitable deposits are required if the situation is to be rectified. Likewise, refinements in dating stylistic changes can only be made where secure, accurately dated deposits are available. The rapid growth of interest in underwater archaeology means that an increasing number of well dated wreck groups are being recovered. It is important that these are properly studied and published to check and refine existing typologies (Higgins 1995b & 1997).

The study of traded pipes is another area where much more work is needed. Although it has long been known that Britain exported huge quantities of pipes all over the world there has been little attempt to characterise the different export styles produced for different markets or to identify the various production centres from which they originated. The Williams family of London, for example, produced an armorial pipe which was clearly for export, since examples have been recorded from Bermuda, Canada and South Africa – but not from London. In this instance, it is not just the marketing pattern but also the social context and iconography of the pipe which is of interest. The other major problem raised by traded pipes is that of identifying them. Because some forms and marks were made exclusively for export it can sometimes be hard to determine whether they are actually British products and, if so, exactly where they were made and by whom. The common export-style pipes with the stem stamp IF from the east coast of the United States, for example, have often been attributed to Bristol, even though the mark has not been recorded there. The only known examples from England are one or two from London; slender evidence for the origin of a major export type.

Another problem with exported pipes is knowing whether or not the same basic bowl forms were used. Many colonial sites in America have produced pipe bowls which appear to be larger than would be expected from the supposed date of their contexts. It could be that larger export forms were produced for the colonies where tobacco was plentiful. If not, then either the bowl form typologies or the site dates need to be modified.

It is only now that groundwork has been done in Britain, that an examination of the dynamics and interpretation of the trade at an international level can be contemplated. There is ample evidence from North America to allow an examination the important trans-Atlantic trade, but what of the equally significant trades to Africa, the Far East and Australasia? Pipes from these areas are likely to provide one of the principal artefact types through which the origins and development of global trading networks can be studied.

This review has shown some of the ways in which pipe studies have changed over the last two centuries. The evolution of any discipline is a continual process and this subject is no exception. The huge increase in the range and quantity of available data, together with advances in methodology and theory now offer the potential for a more sophisticated analysis of the post-medieval period than ever before. Pipes have an important role to play in this, since they offer a window onto so many aspects of the past.

Further Information

Details of the Society for Clay Pipe Research can either be obtained from the membership secretary, Reg Jackson, 2 Combe Avenue, Portishead, Bristol, BS20 6JR, or via e-mail from the editor, Susanne Atkin, on 100744.2367@compuserve.com.

Details regarding the National Clay Tobacco Pipe Stamp Catalogue and the National Clay Tobacco Pipe Archive can be obtained from the writer at 3 Clarendon Road, Wallasey, Merseyside, L44 8EH.

References

Anon. 1793, in *Anthologia Hibernica* 1, 352

Alexander, L. T. 1983, 'More light on the theory of dating clay pipes by measuring stem hole diameters', in Davey, P. J. (ed.), *The Archaeology of the Clay Tobacco Pipe 8* (British Archaeological Reports, International Series 175), Oxford, 235–44

Alvey, R. C., Laxton, R. R. & Paechter, G. F. 1979, 'Statistical analysis of some Nottingham clay pipes', in Davey, P. J. (ed.), *The Archaeology of the Clay Tobacco Pipe 1* (British Archaeological Reports, British Series 63), Oxford, 229–53

Atkin, S. 1989, *Bibliography of Clay Pipe Studies*, Society for Clay Pipe Research

Bernhard Smith, W. J. 1854, 'Notice of an exhibition of pipes, chiefly from Surrey, Middlesex, Staffordshire and Shropshire', in *Archaeological Jnl.* 9, 181–2

Bragge, W. 1880, *Bibliotheca Nicotiana: A Catalogue of Books about Tobacco, together with a Catalogue of Objects Connected with the Use of Tobacco in all its Forms* (privately published), Birmingham

Croker, T. C. 1835, 'Ancient tobacco pipes', in *Dublin Penny Journal* 4.160, 28–30

Davey, P. J. 1981, 'Guidelines for the processing and publication of pipes from excavations', in *Medieval and Later Pottery in Wales* 4, 38–63

Davey, P. 1985, 'Clay pipes from Norton Priory, Cheshire', in Davey, P. J. (ed.), *The Archaeology of the Clay Tobacco Pipe 9* (British Archaeological Reports, British Series 146.1), Oxford, 157–236

Davey, P. 1990, *Clay Tobacco Pipe Studies 1975–1990*, unpublished doctoral thesis, University of Liverpool

Davey, P. 1996, 'The archaeology of the clay tobacco pipe', in Davidson, D. & Henig, M. (eds.), *British Archaeological Reports: Past, Present and Future*, Oxford, 65–72.

Edwards, L. 1988, *Seventeenth and 18th century Tyneside Tobacco Pipe Makers and Tobacconists* (The Archaeology of the Clay Tobacco Pipe 11 / British Archaeological Reports, British Series 192), Oxford

Fairholt, F. W. 1859, *Tobacco: Its History and Associations*, London

Hall, T. M. 1890, 'On Barum tobacco pipes and north Devon clays', in *Transactions Devonshire Assoc. for the Advancement of Science, Literature and Art* 22, 317–33

Higgins, D. A. 1987, *The Interpretation and Regional Study of Clay Tobacco Pipes: A Case Study of the Broseley District*, unpublished Ph.D thesis, University of Liverpool

Higgins, D. A. 1993, 'Proposals for a national clay tobacco pipe archive', in *Soc. for Clay Pipe Research Newsletter* 40, 7–11

Higgins, D. A. 1995a, 'The national clay tobacco pipe archive', in *Soc. for Clay Pipe Research Newsletter* 47, 13

Higgins, D. A. 1995b, 'Clay tobacco pipes: A valuable commodity', in *International Journal of Nautical Archaeology* 24.1, 47–52

Higgins, D. A. 1997, 'The identification, analysis and interpretation of tobacco pipes from wrecks', in Redknap, M. (ed.), *Artefacts from Wrecks*, Oxford, 129–36

Higgins, D. A. & Davey, P. J. 1994, *Draft Guidelines for Using the Clay Tobacco Pipe Record Sheets*, unpublished (held at the National Clay Tobacco Pipe Archive, Dept. of Archaeology, University of Liverpool)

Hilton Price, F. G. 1900, 'Notes upon some early clay tobacco pipes ... found in the City of London ...', in *Archaeological Jnl.* 57, 224–40

Hilton Price, F. G. 1901, 'Notes upon clay tobacco pipes of the 17th century found in Bristol', in *Archaeological Jnl.* 58, 342–9

Horton, M. C., Higgins, D. A. & Oswald, A. 1987, 'Clay Tobacco Pipes from the Scottish Darien Colony 1698–1700', in Davey, P. J. (ed.), *The Archaeology of the Clay Tobacco Pipe 10* (British Archaeological Reports, British Series 178), Oxford, 239–52

Jewitt, L. 1877, *The Ceramic Art of Great Britain*, (1985 reprint) Poole

Lamb, A. J. 1851, 'Notes on the use of the tobacco pipe in England', in *Proceedings of the Historical Soc. of Lancashire and Cheshire* 3, 29–31

Mackenzie, C. 1957, *Sublime Tobacco*, London (1984 reprint, Stroud)

Melton, N. D. 1997, *Clay Tobacco Pipes and Pipemaking in Northern Warwickshire*, unpublished M.Phil. thesis, University of Liverpool

Oswald, A. 1951, 'English clay tobacco pipes', in *Archaeological Newsletter* 3.10, 153–9

Oswald, A. 1960, 'The archaeology and economic history of English clay tobacco pipes', in *Jnl. of the British Archaeological Assoc.* 23, 40–102

Oswald, A. 1961, 'The evolution and chronology of English clay tobacco pipes', in *Archaeological Newsletter* 7.3, 55–62

Oswald, A. 1970, 'The clay tobacco pipe: Its place in English ceramics', in *Trans. English Ceramic Circle* 7.3, 221–45

Oswald, A. 1975, *Clay Pipes for the Archaeologist* (British Archaeological Reports, British Series 14), Oxford

Peacey, A. A., 1996, *The Development of the Clay Tobacco Pipe Kiln in the British Isles* (The Archaeology of the Clay Tobacco Pipe 14 / British Archaeological Reports, British Series 246), Oxford

Pritchard, J. E. 1912, 'Tobacco pipes of Bristol of the 17th century, and their makers', in *Bristol Times and Mirror* newspaper (Oct. 22)

Ronayne, C. 1903, 'Some ancient tobacco pipes found in Youghal', in *Jnl. of Royal Soc. of Antiquaries of Ireland* 33, 421–2

Scott, H. 1917, 'Early clay tobacco pipes found near Barton Road, Cambridge', in *Cambridge Antiquarian Soc.* 20, 147–68

Sheppard, T. 1902, 'Early Hull tobacco pipes and their makers', in *Hull Museum Publications* 6, 1–39 (reprinted with additions 1912)

Tatman, C. A. 1994, *The Clay Tobacco Pipe Industry in the Parish of Newington, Southwark, London* (The Archaeology of the Clay Tobacco Pipe 13/British Archaeological Reports, British Series 239), Oxford

Thursfield, R. 1862, 'On 'Old Broseleys' ', in *The Reliquary* 3, 79–82

Thursfield, T. H. 1907, 'Early Salopian pipes', in *Transactions Shropshire Archaeological and Natural History Soc.* 7 (3rd series), 160–5

Walker, I. C. 1977, *Clay Tobacco Pipes, with Particular Reference to the Bristol Industry*, Parks Canada, Ottawa

David A. Higgins
Visiting Fellow in Archaeology
University College Northampton
Northampton

35 Traders, Indians, and Middlemen: The Foundations of the British North American Fur Trade

Charles E. Cleland

Abstract

The fur trade in British North America was a highly profitable international business enterprise of great complexity. Much of the modern cultural geography of the northern part of the continent reflects the legacy of fur trade routes and settlements. With few exceptions the study of the fur trade enterprise has been from a western and capitalistic perspective. As a result, many studies have either largely ignored the Indian trade partners or assumed they shared the profit motives of the European traders. In fact, Indian fur traders held economic assumptions based upon contrary principles; they stressed kin relations, generosity, egalitarianism, and the maintenance of partnerships. In addition they had much different means of valuing and distributing trade goods. Since both sets of economic assumptions are important in understanding how trade was incorporated into the archaeological record, they must both be considered in the design and conduct of archaeological research.

Introduction

The mention of the British fur trade conjures images of intrepid adventurers paddling their frail canoe into the darkest, most savage heart of the North American wilderness. Here the trader encountered beast and wild Indian and escaped the frequent brush with death.

The academics who have voyaged into these same realms, albeit as time travelers, have encountered an impenetrable wilderness of their own. Its forests and watery byways are filled with lost forts, entangled corporate holdings, wily Indian middlemen, entrepreneurial heroes of old, and modern purveyors of arcane expertise. These are every bit as dangerous to a true understanding of the fur trade as the romantic visions spun by many of its actual participants.

In truth, there is not much romance in the fur trade. It was a huge business. The Hudson's Bay Company was likely the first multinational corporation (Wien 1994:19–37). London was the heart of the fur trade because most of its few financiers and commission firms were located in the capitol of the British empire (Duckworth 1994:39–56). Since the trade was part of a colonial enterprise, the fur business was politicized to the extent necessary to accommodate such considerations as expansion of agricultural settlement, competition between imperial powers, relations with native populations, and patronage of wealthy sponsors (Rich 1967; Innis 1970). Through most of its history, government authorities accommodated such interest and protected their own by granting royal charters and developing licensing systems which were to assure a return to its investors. Except for size of the fur enterprise, the complexity of its supply and logistics system, and its enormous financial rewards, it was like many other speculative business enterprises of the 18th and 19th century.

In its broadest perspective, the fur trade was a huge, interlocking, and often ill organized system of corporate interest. In 17th and early 18th century North America, it reached from Hudson Bay through the Great Lakes and Ohio Valley into the Virginia–Carolina hinterlands and was characterized by fiercely competitive British and French interests (Brown et al. 1994). After the fall of New France in 1760 the trade featured a rivalry between the Hudson's Bay Company which collected fur from the land south and west of Hudson Bay, and the North West Company which was founded in 1784 to capitalize on the huge fur resources available in the Great Lakes region and on the northern and western margins of the Canadian prairies. By the time the Hudson's Bay Company bought control of their competitors in 1821, the North West Company had a lion's share of the total market (Campbell 1957). To the south and west of the Great Lakes the British firms came into vigorous competition from the American Fur Company between 1808 and 1834. After this time these two giant companies shifted their operation to the Rocky Mountains and the Pacific Northwest (Mackie 1997; Stern 1993). Both the Hudson's Bay Company, as well as smaller fur trading companies, continued to trade in furs up until the modern day (Klassen 1994).

For the purpose of this work the focus is on the British trade of the late 18th and early 19th centuries which was the apogee of the trade in terms of its organization and profitability. Also stressed are those aspects of the trade which gave it its unique character and which are the subject of major theoretical controversy and involves our biases in favor of understanding the fur trade as a western and capitalist enterprise. Without denying the unquestionable importance of these attributes the fur trade would never have succeeded without its very unique landscape and the cultural distinctiveness of the Indian fur producers.

The fur trade was unlike other businesses of the period in one important respect, the producers of its product, fur, and the consumers of "trade goods" which were given to obtain fur were Native Americans. These people were not capitalist and they did not share the British or American colonial vision for the future of the North American continent. Today we know these people, east of the Rockies as Ojibwa, Cree, Menominee, Odawa, Lakota, Huron, Chipewyan, Slave, Beaver, Montagnais, Naskapi and by a great variety of local names. These are speakers of languages of the Algonquian, Iroquoian, and Athapaskan language families.

Logistics of Fur Production

The logistics system by which the British collected furs, and particularly beaver fur, was largely developed by the French, who in the 17th and early 18th centuries learned it bit by bit from local Indians. Many Indian tribes of the Great Lakes region had been involved in long distance exchange since 2000 B.C. and in the late prehistoric period, some may even have been economically dependent on exchange for subsistence purposes (Smith 1996). The British traders who entered the Great Lakes country after 1760 eventually came to learn that the entire continent, from the Atlantic to the Pacific, and from Hudson Bay to the Gulf of Mexico, could be fairly easily traveled by birch bark canoe. As the waterways were explored, French and later British traders began to establish a system of fur trade posts through the Great Lakes region and into the chain of lakes and waterways which drain the western edge of the Canadian shield (Fig. 35.1). This route was centered on three lakes – Superior, Winnipeg, and Athabasca – each of which is 600–700 ft. (180–215 m) above sea level and hubs for connecting rivers which literally covered the entire eastern and northern part of the North American continent (Morse 1969). Although movement through the system required hundreds of portages around falls and rapids, the only substantial portage from Montreal on the St. Lawrence to the Arctic Ocean was a 9 mi. (14 km) climb at the Kaministikwia-Dog Lake portage at the west end of Lake Superior and the 12 mi. (19 km) Methye portage between the Churchill and Athabasca river drainages which permitted access to the MacKenzie River and the Arctic Ocean. From the Great Lakes, traders could easily go south to the Ohio and Mississippi drainages or could go over the height of land north by way of the Albany or Messinaibi rivers to Moose Factory on James Bay. Once gaining Lake Winnipeg, the Hayes-Nelson River system reached northeast to York Factory on Hudson Bay or the Assiniboine and Red rivers led south toward the Missouri River valley. Continuing north from Lake Winnipeg gave access to the Saskatchewan River whose north branch arises near the headwaters of the Columbia which flows to the Pacific. Yet farther north the Churchill River provides access to Hudson Bay to the east and to the Methye portage to the west. Once this portage is passed, the trader

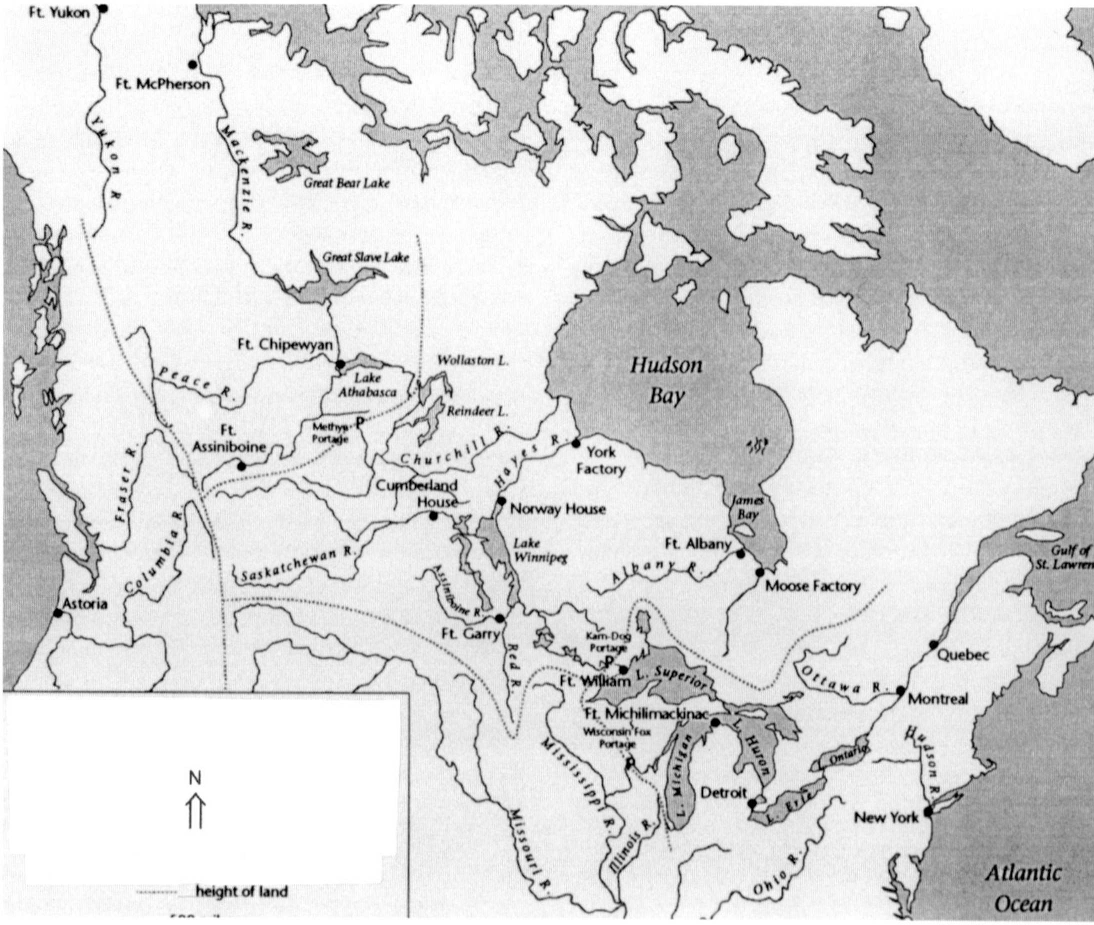

Fig. 35.1 Water routes of the fur trade. (After Morse 1969)

could not only reach the MacKenzie by way of Lake Athabasca but follow the Peace River west where its headwaters approach those of the Fraser River which also falls west to the Pacific (Burley et al. 1996). This water route permitted the trader to cover nearly 4,000 mi. (6,500 km).

Certainly no single Indian group understood the total vast extent of the North American water routes, but just as certainly any group knew large portions of it. To the French and later British traders, the interior of the continent was a "trackless wilderness." To local Indians, every bit of land was known and part of the territories of particular bands. The rivers and streams were the highways of the land and well traveled. Certainly this land and its waterways were known much better by Indians in the 18th century than by modern citizens even with the availability of accurate maps and satellite photos. Indians knew the interconnecting nature of the water system by long distance travel which was occasioned by trade, warfare, and the subsistence quest. As an aside, it might be observed that historical archaeologists, under the influence of such imaginary and arbitrary units of analysis as the catchment systems and settlement systems borrowed from prehistorians, have largely ignored ample ethnographic and historical evidence of extensive long distance travel by Indian people of the historic period. If noted at all, the evidence of regular long distance travel has been explained away as a function of "historic disruption."

Although fur bearing species – beaver, mink, martin, fisher, fox, otter – once populated the entire continent, the prime habitat for these species was in the forest of the Canadian shield. Here, low drainage gradients and bountiful fresh water creates not only the vast system of lakes and rivers upon which transportation depended, but also the rich willow and alder swamps favored by beaver, otter, and mink. Martin, fisher, as well as fox, bear, wolf, and wolverine prefer the surrounding mature conifer forests.

This great natural coincidence of coinciding natural waterways and prime fur bearing country could not have been exploited without the bark canoe, an Indian invention of marvelous ingenuity. Light, fast, highly maneuverable, and with a very shallow draft, the birch bark canoe could be made and repaired with natural products anywhere the birch tree prospered, that is through the upper Great lakes and north. The British canoes developed for the trade were somewhat modified from Indian design and manufactured by French Canadians. The great Montreal canoes could be 40 ft. (12 m) long and carry 4 tons (3.6 t) including a crew of 10 paddlers (Morse 1969:20–21). While French-Canadian canoe-men were the employees that plied the water routes as paddlers and carriers, Indians were its suppliers. Corn, dried fish, maple sugar, wild rice, dried bison meat, and pemmican provided by Indians supported the canoe brigades as well as the way stations on which the entire logistics system of the fur trade depended. Beyond these food stuffs and, of course the furs themselves, Indian people supplied building materials, fiber and cordage, glue, and medicinal plants. They also provided manufactured goods such as moccasins, skin clothing, storage boxes, baskets and bags, sleds, canoes, and snowshoes. Without their help as guides, messengers, and suppliers of all kinds of intelligence, Europeans simply could not have existed on the fur trade frontier, let alone operated the far flung system which assured a steady supply of furs for European felt manufacturers.

Indian Trade Partners

One might ponder the question of what would have happened if the natives of North America, who were necessary participants in the trade, shared the same technology as the European trader. The simple answer is that the trade could not have worked at all. This was not only because Indian participants would have no need for manufactured artifacts but also because they saw no need to accumulate a surplus of these items. The fur trade worked on technological disparity – stone age people wanting to acquire manufactured items of iron, copper, brass, glass, and woven fabric. Once Indian traders were well stocked with the manufactured items they needed the trade ran on replacements and consumables. This is why powder, shot, and especially tobacco and liquor were ideal trade goods for the fur trade system.

On this realization some historians of the trade have borrowed a distinction brought to our attention by Marshall Sahlins (1972:83–85) who differentiated between the use value of domestic production and the exchange value of artifacts in a capitalistic system. In the case of Native Americans, use value was a measure by consumption, which had a relatively constant rate. In the context of aboriginal exchange there was no assumption of unlimited demand for consumer products. In the case of exchange value, the manufactured goods acquired value related to the greater labor requirements of producing the fur than the merchandise for which it was exchanged. Delâge (1993:80) asks "What is the point of circulating merchandise if not to make a profit from the middleman?"

The answer to Delâge's question leads inevitably to an updated and more theoretical version of the application of classic economic theory long used to explain Indian trade and diplomacy. In his classic book "Wars of the Iroquois: A Study of Intertribal Trade Relations," George Hunt (1940) assumed that the Iroquois partners of the Dutch and British traders were at odds with the Huron and Algonquian partners of the French because each sought to profit by a middleman position in the fur trade. By this theory tribes maneuvered to profit by controlling the territory between the European traders who supplied goods and hinterland Indian producers who supplied fur. By having access to both, the Indian middlemen could profit. According to this theory, an Indian middleman might obtain a beaver fur from an Indian trade partner for a single brass kettle and later exchange the same fur to European traders for three kettles. For Hunt, the wars of the Iroquois were just a matter of Indian entrepreneurs fighting to maintain their competitive edge in the fur trade. This same theme has been repeated time and again to account for historic events because it made sense to western historians. Any logical thinking human being, they reasoned, Indian or not, would behave rationally. That is, act to keep from being cheated and so to make a profit.

Although Hunt's application of classic economic theory has been replaced by more sophisticated views of how Indians participated in the trade (McManus 1972; Bishop 1974; Ray and Freeman 1978; Krech 1984; Delâge 1993), the general conclusions of many fur trade historians are still based upon the assumption of economic rationality in the capital mode. The application of classic market analysis to the Indian fur trade has ultimately led to some rather nonsensical conclusions. For example, in discussing the concept of family hunting territories among Indian trappers of the eastern subarctic, McManus (1972) says that "If exclusive rights had existed, each hunter would have set his current harvest of beaver so that the marginal sacrifice in terms of present furs was equal to the marginal increase in the sum of fur returns over the relevant future discounted at the appropriate rate of interest."

Some general conclusions which have derived from the application of classic economic theory to the British fur trade are as follows: (1) the actions of native people in the fur trade must primarily be understood as producers on the periphery of a worldwide economic system (Wolf 1982, Wallerstein 1974); (2) when exposed to manufactured goods native people rapidly adopted the concepts of commercial exchange; (3) participation in the trade quickly led to dependence on manufactured items for subsistence; (4) over exploitation resulted in the depletion of game sufficient to produce territorial aggression and even war between tribes; and (5) as Indian producers became more sophisticated consumers and producers, they became petty capitalists; (6) participation in the fur trade produced hierarchical relations between tribes based upon differential access to manufactured goods; and (7) in order to exploit their geographic position between supply of furs and supply of goods, some tribes became economic middlemen. These groups profited by either interdicting supply or by regulating either the flow of fur or the flow of manufactured goods or by creating differentials in exchange rates or embargoes.

Another group of anthropologists and historians have a different view (B. White 1984, 1987; Francis and Morantz 1985; R. White 1991; Cleland 1993). Here the emphasis is more on the contrast between European and native culture and the unique cultural institutions which emerged in the course of fur trade contact. Some of the conclusions shared by the proponents of this view are as follows:

(1) Trade among native societies was prehistoric in origin and in that context it was carried out exclusive of any capitalistic motivations. Individual to individual exchange, corporate exchange through individuals, clines in abundance of traded materials, and emphasis on the political and social context of trade which included control of access were all probable features of prehistoric trade and therefore are not features of capitalist influence.

(2) Native people highly desired manufactured trade items and quickly developed new mechanisms of exchange with Europeans to acquire them. These trading protocols preserved most indigenous economic motivations and goals.

(3) Technological change is mainly a matter of the replacement of items which are functional equivalents. Such change takes place at variable speeds and is not simply an economic matter. That is, social, political, and especially ideational considerations are very important in technological change (Miller and Hammell 1986).

(4) Game scarcity and other ecological imbalances were common in the experience of native people and could be accommodated by adjustments within indigenous social and political institutions. This fact did not exclude appeal to external sources in the form of begging which was also internally consistent (Black-Rodgers 1986).

(5) Indian people were not merely functionaries in the worldwide economic system. They mainly accommodated the fur trade on their own terms. Furs, for example, could be acquired with little disruption to their own seasonal movements, group sizes, or the means by which kin groups related to each other.

(6) Native people did become sophisticated in understanding capitalist motivations and were able to take advantage of these without becoming petty capitalists or economic middlemen.
(7) Increased participation in the trade and technological change did not produce empirical tendencies and hierarchical relationships among tribes. It did create political maneuvering among tribes but these had more to do with the desire to maintain exclusive political ties with European partners than creating economic benefit. Trade participation did alter the relationship among individuals by producing changes in the division of labor, gender roles, and status systems.

These two different ways of thinking about the role of Indians in the trade are based upon different assumptions about the motivations of Indian people in culture change. It must be kept in mind that the vast majority of the written records of the fur trade, which of course were made by Europeans only, assume or infer Indian motivations for their action.

Here it is useful to return again to Sahlins who draws his ideas not from classical theory but from the substantive economic theory of Karl Polanyi (1957) and comparative ethnography. According to this view, Native Americans and European trading partners had two different and largely incompatible economic systems.

The Indians of the eastern North American fur producing region had an economy which was based upon reciprocal exchange which was entirely embedded in kin relationships. The dimensions of the exchange as measured by the kind and quantity of goods to be exchanged and the balance of their relative "worth" was determined by the kin relationship between exchanging parties. Exchange commodities in this context, be they goods or services, are better thought of as gifts since they are embedded in social and political relationships between exchanging parties. The French concept of *besoins* used by Algonquian Indians to express exchange needs required to satisfy ongoing political relationships is an example (R. White 1991:129). Presents given to satisfy *besoins* were thought of as renewing the bond of peace and friendship and as a prelude to further alliance and exchange.

In fur trade exchange Indian and non-Indian parties took the form of distant or fictive kin. In exchange with people of this kin category, the Indian expectation was for the exchange to be immediate and for both parties to be satisfied by the equity of the goods exchanged. Credit systems, on the other hand, introduced into the trade to direct fur production to particular traders would have employed delayed exchange. This kind of delayed trade would normally require closer kin ties between exchanging parties. In reciprocal exchange, goods were acquired to meet needs, not to accumulate surplus. Need was limited by practical considerations such as nomadic life styles, but more importantly, there was no value to a society which lacked a concept of private property to reward exclusive ownership or access to production. In fact, these egalitarian Indian societies strongly admonished greed and hoarding as antisocial behaviors.

When they became engaged in the trade to acquire manufactured goods, Indian fur traders quickly learned to judge the quality of goods they received for fur. They knew that they could bargain for more and better goods and move between competing traders for this purpose. They understood relative value of furs and the concept of credit for future production. Did this make Indian producers small scale capitalists?

The answer is clearly no. As Ray and Freeman (1978) put it, Indians were "balky consumers." Occasionally traders tried to stimulate fur production by giving more goods for the same amount of fur. They believed that the reasonable Indian would work harder because he would realize he could get more goods for his labor. The opposite was true. The Indian trappers worked less because they could get the necessary amount of trade goods for less fur (Ray 1974:68). In reciprocal exchange there is no supply and demand. In fact, it works on the opposite principle. The scarcer a commodity becomes the less "economic" it becomes and the more readily it will be given in exchange. Prestige is enhanced by giving. Hence, the motivation of the "trading captains" who act as a conduit of group giving and profits by greatly increasing his prestige as a facilitator of reciprocal exchange.

It is suggested here that in the mutual negotiation of new trade protocols that Indians and Europeans developed a means to preserve their own purpose and to satisfy their own sense of legitimacy. For example, it thus was important to the European that they make a high profit while it was important to Indian traders that the trade be cast in social context. As British traders and Indian trappers negotiated trade protocols they did not incorporate the assumptions and goals of the other system within their own, even though they did accept them as part of the trade protocol. While gifts were given as a prelude to the trade and given willingly by traders because they knew they were important as an Indian expectation, the trader still considered them a bribe and as part of the cost of doing business. Likewise, the Indian knew that haggling was part of the expected exchange process for Europeans who could not believe they got the best deal without bargaining. Indians thus participated in haggling even though they considered it to be rude. Once the exchange was made each party was able to proceed independently with their own economic processes. The furs exchanged would be sold for money at a high profit while a kettle received for the fur might be given as a gift to a brother-in-law so he could cut it up to make arrow points. Both European and Indian trade partners had entirely different goals in mind and entirely different economic concepts. During the fur trade era these different economies ran in unison as parallel systems with little in common except the event of exchange itself. It is further suggested therefore that interpreting Indian actions in terms of the logic and motivation of capitalism tell us little and, in fact, perverts a true understanding of the trade in furs.

The transformation of Indian economies to capitalistic principles did not result from hundreds of years of participation in the fur trade nor from environmental factors but because an economy based upon an integrated system of natural resource exploitation ultimately became impossible to sustain. When Indian mobility was restricted in the 20th century, a dual economy of natural resources exploitation and wage labor formed the basis of the first economy based upon capitalistic principles. It is this mixed economy which still typifies the Native American economics of much of the fur trade region today.

Archaeology of the Fur Trade

Most of the huge literature on the history of the fur trade deals with the organization of its businesses, the dynamics of competition between corporate entities, the economics of the fur trading enterprise, and the details of day to day business. The latter literature is rich, fascinating, and yes, romantic. Journals of traders, accounts of factors at remote posts, and the travel logs of field agents are all invaluable records of the fur business.

The archaeological literature on the fur trade is also voluminous and is composed primarily of site reports. Most of these feature sites of European fur trading establishments and chronicle the details of their architectural features and artifacts (Reid 1980). Artifacts used in the trade are well known as are the details of supply, including fluctuation in kind and numbers through time. A much smaller archaeological literature deals with the sites occupied by the Indian participants in the trade.

It is the ethnographic analysis, however, which presents the major problems in understanding the dynamics of the trade as they reflect the intercultural dimensions which are at the heart of its procedural mechanics. For this reason the problems which ethnohistorians address are the biggest challenge for the design of future archaeological research. An excellent example is the recent appraisal of Ray's (1978) trade zone hypothesis based upon the archaeological data collected by Heinz Pyszczyk (1997). Ray (1978) suggested, on the basis of documentary data, that Manitoba and Saskatchewan Indians by virtue of their greater access to fur posts used high volumes of European trade goods during the 18th century and that these goods were passed on in trade to Alberta natives who had no direct access to traders. That is, the former engaged the latter as middlemen. Pyszczyk, on the basis of archaeological data from 183 post contact Indian sites concludes that this was not the case, calling into question Ray's zones of direct and indirect trade. Further, he was able to show that the percentage of European trade goods to traditional artifacts did not increase significantly during the historic period even though Alberta natives had access to them. This indicates that the adoption of manufactured goods was a measured one and that goods were not always adopted for the purpose intended.

Historical archaeology is in an excellent position to make a real contribution to the study of the process which developed in the intercultural negotiation which in turn produced and sustained the fur trade during the era of British dominance. Toward that end attention must be focused not on the artifacts of the trade but how they were adopted by Indian people, how fast and why. The degree of dependence of native people on European technology and particularly firearms is another important question as in the role of new technology in ecological change. These and many other central questions are perhaps only answerable by archaeology.

References

Bishop, Charles A. 1974, *The Northern Ojibwa and the Fur Trade: An Historical and Ecological Study*. Holt, Rinehard and Winston, Toronto.

Black-Rodgers, Mary 1986, Varieties of "Starving": Semantics and Survival in the Subarctic Fur Trade, 1750–1850. *Ethnohistory* 33:353–383.

Brown, Jennifer S. H., W. J. Hamilton, and Donald P. Heldman, (editors) 1994, *The Fur Trade Revisited*. Michigan State University Press, East Lansing.

Burley, David, J. S. Hamilton, and Knut Fladmark 1996, *Prophecy of the Swan: The Upper Peace River Fur Trade of 1794–1823*. University of British Columbia Press, Vancouver.

Campbell, Majorie W. 1957, *The North West Company*. St. Martin's Press, New York.

Cleland, Charles E. 1993, Economic and Adaptive Change among the Lake Superior Chippewa of the Nineteenth Century. In *Ethnohistory and Archaeology*, edited by J. D. Rodgers and S. M. Wilson. Plenum Press, New York.

Delâge, Denys 1993, *Bitter Feast: Amerindians and European in Northeastern North America, 1600–64*. University of British Columbia Press, Vancouver.

Duckworth, Harry W. 1994, British Capital in the Fur Trade: John Strettell and John Fraser. In *The Fur Trade Revisited*, edited by J. Brown, W. Eccles, and Donald P. Heldman. Michigan State University Press, East Lansing.

Francis, Daniel, and Toby Morantz 1983, *Partners in Fur: A History of the Fur Trade in Eastern Junes Bay 1600–1870*. McGill-Queens University Press, Kingston, Ontario.

Hunt, George T. 1940, *The Wars of the Iroquois: A Study in Intertribal Trade Relations*. University of Wisconsin Press, Madison.

Innis, Harold A. 1970, *The Fur Trade in Canada*. University of Toronto Press, Toronto.

Klassen, Henry C. 1994, The Hudson's Bay Company in Southwestern Alberta, 1874–1905. In *The Fur Trade Revisited*, edited by J. Brown, W. Eccles, and Donald P. Heldman, pp. 393–408. Michigan State University Press, East Lansing.

Krech, Shepard 1984, *The Subarctic Fur Trade: Native Social and Economic Adaptations*. University of British Columbia Press, Vancouver.

Mackie, R. S. 1997, *Trading Beyond the Mountains: The British Fur Trade on the Pacific 1793–1843*. University of British Columbia Press, Vancouver.

McManus, J. C. 1972, An Economic Analysis of Indian Behavior in the North American Fur Trade. *Journal of Economic History* 32(1): 36–53.

Miller, Christopher L., and George Hammell 1986, A New Perspective on Indian-White Contact: Cultural Symbols and Colonial Trade. *Journal of American History* 73(1):312–328.

Morse, Eric W. 1969, *Fur Trade Canoe Routes of Canada/Then and Now*. Information Canada, Ottawa.

Polanyi, Karl 1957, *The Great Transformation: The Political and Economic Origins of Our Time*. Beacon Press, Boston.

Pyszczyk, Heinz W. 1997, The Use of Fur Trade Goods by the Plains Indians, Central and Southern Alberta, Canada. *Canadian Journal of Archaeology* 21(1):45–84.

Ray, Arthur J. 1974, *Indians in the Fur Trade: Their Role as Trappers, Hunters, and Middlemen in the Lands Southwest of Hudson Bay 1660–1870*. University of Toronto Press, Toronto.

Ray, Arthur J. 1978, History and Archaeology of the Northern Fur Trade. *American Antiquity* 43(1): 26–34.

Ray, Arthur J., and Donald Freeman 1978, *Give Us Good Measure: An Economic Analysis of Relations Between the Indian and the Hudson's Bay Company Before 1763*. University of Toronto Press, Toronto.

Reid, C. S. Paddy 1980, Northern Ontario Fur Trade Archaeology: Recent Research. Ministry of Culture and Recreation, *Archaeology Research Reports* 12. Toronto.

Rich, E. E. 1967, *The Fur Trade and the Northwest to 1857*. McClelland and Stewart Limited, Toronto.

Sahlins, Marshall 1972, *Stone Age Economics*. Aldine Publishing Company, New York.

Smith, Beverly A. 1996, *Systems of Subsistence and Networks of Exchange in the Terminal Woodland and Early Historic Periods in the Upper Great Lakes*. Ph.D. dissertation, Department of Anthropology, Michigan State University, East Lansing. University Microfilms International, Ann Arbor, MI.

Stern, Theodore 1993, *Chiefs and Chief Traders Indian Relations at Fort Nez Perce's, 1818–1855*. Oregon State University Press, Corvallis.

Wallerstein, Immanuel 1974, *The Modern World System: Capitalist Agriculture and the Origins of European World-*

Economy in the Sixteenth Century. Academic Press, New York.

White, Bruce M. 1984, Give Us a Little Milk: The Social and Cultural Meaning of Gift Giving in the Lake Superior Fur Trade. In *Rendezvous: Selected Papers of the Fourth North American Fur Trade Conference*, edited by Thomas C. Buckley, pp. 183–197. St. Paul.

White, Bruce M. 1987, A Skilled Game of Exchange: Ojibwa Fur Trade Protocol. *Minnesota History*, 50(6):229–240.

White, Richard 1991, *The Middle Ground Indians Empires and Republics in the Great Lakes Region, 1650–1815*. Cambridge University Press, New York.

Wien, Thomas 1994, Exchange Pattern in European Market for North American Furs and Skins, 1720–1760. In *The Fur Trade Revisited*, edited by J. Brown, W. Eccles, and Donald P. Heldman. Michigan State University Press, East Lansing.

Wolf, Eric R. 1982, *Europe and the People Without History*. University of California Press, Berkeley.

Charles E. Cleland
Michigan State University Museum
and Department of Anthropology
Michigan State University
East Lansing, MI 48824–1045

36 The Study of Human Skeletal Remains from English Post Medieval Sites

Simon Mays

Introduction

About 5,000 burials dating to the post-medieval period (here defined as c.1540–1900) have been recovered from sites in England by archaeological excavation. This total is markedly fewer than those for other historic periods, and comparable to those from the later prehistoric ages (Fig. 36.1). As well as a fairly modest amount of excavated material, there is also a marked dearth of published reports on post-medieval remains. The only published full osteological study of a substantial assemblage is that on the 968 burials from the crypt beneath Christ Church, Spitalfields in London (Molleson & Cox 1993).

There are a variety of reasons for the relative

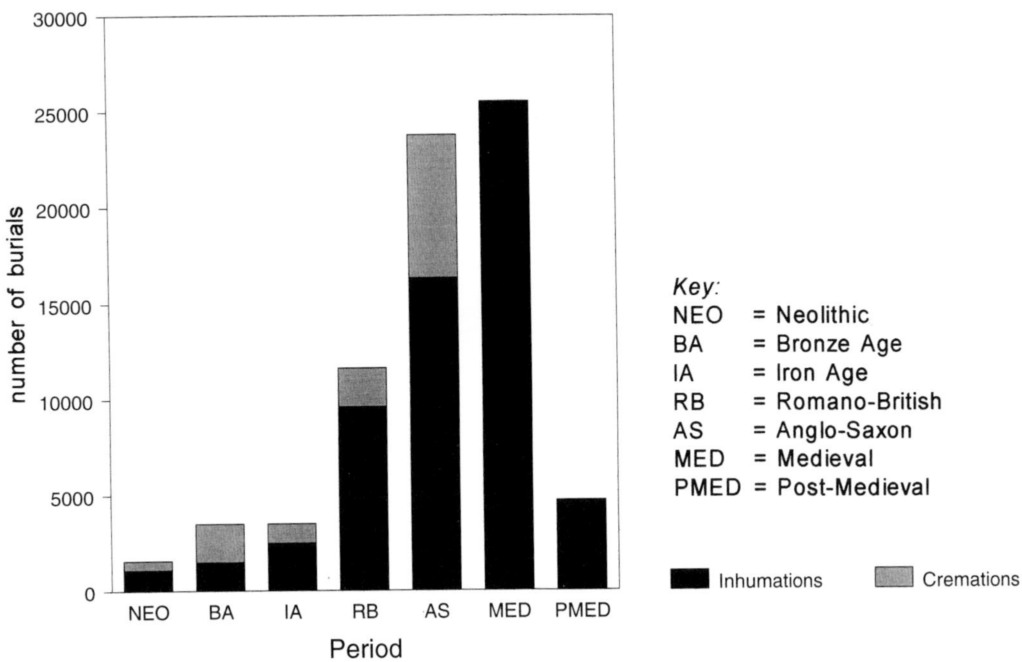

Fig. 36.1 Approximate numbers of excavated burials from various periods in England (from Mays n.d.)

paucity of excavated post-medieval human remains. Most burial grounds which were in use in the early-modern period are still used for burial today and hence have never been excavated. Although there has been a growing acceptance in recent decades of the value of post-medieval archaeology (Crossley 1990), this has in England been slow to penetrate the study of human remains. Until recently it was common practice to entrust the removal of interments in post-medieval burial grounds in advance of development to professional cemetery-clearance companies, with no provision being made for archaeological intervention. This still occurs in some instances today (Cox 1996). Furthermore, on multi-period burial sites there is sometimes a tendency to accord the careful excavation and study of post-medieval remains lesser priority than earlier material. However, the widespread publicity generated by the work on the skeletal material from Christ Church Spitalfields has raised the profile of archaeological research on post-medieval human remains, and has played a large part in engendering a more positive view of the research potential and importance of this sort of material.

This paper seeks to emphasise the general value of studying post-medieval human skeletal remains, and to consider some of the ways in which their study might develop in future. Examples of work which has shed light on post-medieval disease and diet are given below. The purpose here is both to give a flavour of some of the insights into post-medieval life which may be yielded by scientific work on human remains, and to provide examples to illustrate the more-general points made in the discussion section.

Changing Patterns of Disease: The Rise and Fall of Rickets

Rickets first became a problem for British populations during post-medieval times, and its rapid rise to prominence in the earlier part of this period was matched by its equally rapid decline in the opening decades of the 20th century. The prevalence of rickets is intimately associated with a population's way of life, and so its study presents an interesting illustration of the effects of the great social, environmental and technological changes which took place during the post-medieval period on the human populations who lived through them.

Rickets is a disease caused by a deficiency of vitamin D. There is inadequate mineralisation of the skeleton, and this results in bending deformities of weight-bearing parts, together with other characteristic skeletal changes. It is a disease of children, and usually occurs between six months and three years of age. In addition to skeletal deformities, patients may show gastro-intestinal upsets, excessive sweating, poor muscle tone, retarded growth and a vulnerability to respiratory infections (Mankin 1974). Although some foods contain high levels, most vitamin D is synthesised in the body by the action of ultra-violet rays on a substance in the skin. The prime cause of rickets is not therefore a deficient diet, but rather inadequate exposure of the skin to sunlight (Resnick & Niwayama 1988, 2089–126).

The earliest documentary evidence for the disease dates from the second century AD, when Soranus of Ephesus recognised it in Roman children (Foote 1929). However the first adequate clinical descriptions come from England in the mid 17th century: it was described by Daniel Whistler in 1645, and by Francis Glisson in 1650 (Clarke 1962); these and other writers felt that rickets was a new disease in England which had arisen in the first half of the 17th century (ibid.; Fildes 1986). During the 19th century rickets was rife among the urban poor. A working party convened by the British Medical Association studied the distribution of the disease in Britain (Owen 1889). They found that in London it was rare among the wealthy but common among everyone else. There was a high frequency in most large towns, but it was less common in smaller towns and was almost unknown in the countryside. The exclusion of natural light by tall buildings and narrow streets, and the attenuation of sunlight by air pollution in Britain's manufacturing towns were behind the high prevalence of the disease in the last century (Gibbs 1994). Rickets began to decline in the early 20th century with the widespread recognition of the therapeutic value of sunshine, the use of vitamin-rich food products such as cod-liver oil, and controls on industrial pollution (Stuart Macadam 1988).

Although rickets is often regarded as the classic disease of urbanisation, this appears not to have been the case when it was first recognised in the 17th and 18th centuries. During this period, historical evidence suggests that rickets was not confined to urban areas, and it was the children of the more wealthy who tended to be affected (Kellett 1934; Fildes 1986; Gibbs 1994). A possible reason for the pattern in occurrence of the disease at this time was a tendency for the rich to coddle their infants and young children indoors, whereas the poor, who were still in general bound to the land, retained the outdoor lifestyle of earlier generations (Gibbs 1994). The beginning of the transformation from an outdoor to an indoor lifestyle may have heralded the rise of rickets.

The characteristic way in which rickets manifests itself in the bones enables it to be recognised in ancient skeletons, both in its active phase in young individuals, and as healed lesions in older children and adults (Ortner & Mays 1998; Ortner & Putschar 1985, 273–80). Indeed, the palaeopathological study of rickets has a long history. As early as 1856, Dr E. P. Wilkins conducted an examination of the bones of Princess Elizabeth, daughter of Charles I, and found clear signs of rickets (report reproduced in Burland 1918).

To my knowledge, rickets has yet to be demonstrated in English prehistoric material; the earliest convincing cases of which I am aware date to the Saxon period (from Winchester (Ortner & Putschar 1985, 283) and from Norwich (Stirland 1985)). The frequency of the disease in some large published late Saxon and medieval assemblages is shown in Table 36.1. The frequency in the post-medieval Spitalfields group is also shown.

During the medieval period, there was significant air-born pollution in urban areas, particularly smoke from coal burning (Brimblecombe 1982). Nevertheless, the frequency of rickets in archaeological material of this date is very low (see Table). This would seem to suggest that air pollution was as yet insufficient significantly to attenuate sunlight, and that even urban populations still enjoyed a largely outdoor lifestyle. The scarcity of medieval and earlier cases is consistent with the views expressed in the 17th century, that rickets had not been a problem for earlier generations. However, it is clear from the archaeological evidence that, contrary to the beliefs of contemporary physicians,

	With rickets		N	Reference
Carlisle Blackfriars	0		214	Henderson (1990)
Gloucester Blackfriars	1	(Ad)	129	Wiggins et al. (1993)
Guildford Blackfriars	0		113	Henderson (1984)
Hartlepool Greyfriars	0		150	Birkett & Marlow (1986)
Ipswich Blackfriars	0		250	Mays (1991)
Ipswich School Street	0		95	Mays (1989)
London, Merton Priory	0		74	Waldron (1985)
London, St Nicholas Shambles	0		234	White (1988)
North Elmham Park	0		206	Wells (1980)
Norwich Castle	4	(3J, 1Ad)	130	Stirland (1985)
Raunds	0		363	Powell (1996)
Taunton Priory	0		162	Rogers (1985)
Thetford Red Castle	0		85	Wells (1967)
Thetford St Michaels	0		101	Stroud (1993)
Trowbridge Castle	0		293	Jenkins & Rogers (1993)
Wharram Percy	8	(all J)	687	Ortner & Mays (1998)
York Fishergate Gilbertine Priory	0		402	Stroud & Kemp (1993)
York Jewbury	0		476	Stroud et al (1994)
York, St Helen-on-the-Walls	2	(both J)	1041	Dawes (1980)
TOTAL MEDIEVAL/LATE SAXON	15	(13J, 2Ad)	5205	
POST-MEDIEVAL:				
London, ChristChurch Spitalfields	35	(20J, 15Ad)	968	Molleson & Cox (1993)

Note: N = total number of skeletons; J=sub-adult (aged 0 – 18 years); Ad=Adult (aged 18+).
Only sites where one can be reasonably confident rickets was looked for and scored reliably are included here.

Table 36.1 Frequency of rickets in some large collections of English human remains from late Saxon / medieval sites, and from Christ Church Spitalfields

it was not a completely new disease in England when they first recorded it in the 17th century.

Rickets is more than ten times as frequent at Spitalfields than in the medieval/late Saxon groups listed in the Table. In addition, Spitalfields is the only site to produce significant numbers of cases of healed rickets. This may indicate that more protracted and severe disease was present here, causing permanent stigmata to remain on the bones. The elevated rate and greater severity of rickets at Spitalfields compared with earlier sites probably reflects a variety of factors:

Those buried at Spitalfields were born between 1646 and 1844. This period spans part of the 'Little Ice Age', with its generally lowered temperatures and increased precipitation. Gibbs (1994) speculates that this climatic dip may have contributed in some small way to the rise of rickets early in the post-medieval period. Some of the Spitalfields coffins bore metal plates inscribed with the name of the occupant and his or her age and date of death. Of the skeletons of individuals from Spitalfields with rickets whose year of birth could be ascertained from their coffin plates, most were born in years where the following winter was particularly severe (Molleson & Cox 1993, 118). Many of those interred in the crypt came from fairly well-to-do families; perhaps they tended to keep their young offspring indoors in well heated homes, especially in inclement weather.

During the period of use of the Spitalfields crypt, London was a large and growing urban centre with significant air-born pollution. Contemporary writers affirm that this was severe enough significantly to attenuate natural light (Brimblecombe 1982).

Kellett (1934) notes that a group which would probably have been particularly at risk from rickets was home-based textile workers. In this industry, whole families toiled long hours at home, and even children too young to help would have lived most of their lives indoors. Kellett suggests that the rise of the home-based textile industry in the post-medieval period may have been a factor in the appearance of rickets at this time. This hypothesis would appear to be consistent with aspects of the distribution of rickets noted by 17th-century physicians. For example, it was first noted, according to Glisson (writing in 1650), in the west of England, which Kellett states was the most important textile-producing area at this time. Glisson also emphasised that here it was not among the children of 'the workless and the vagabonds' that the disease first arose, but among the offspring of the industrious and the somewhat better off (ibid.). Occupations are known for some of those buried at Spitalfields. The most frequent known occupations (40%) were in the silk industry (Molleson & Cox 1993, 159). Although some of these were master weavers (who probably did little weaving once their 7 to 12-year apprenticeship was served), others were journeyman weavers; they and their families would have worked long hours indoors (ibid., 166). It seems likely that the raised level of rickets at Spitalfields reflects a combination of occupational and climatic factors, and perhaps increasing industrial pollution.

Diet and Dental Health

Studies of the facial skeleton have provided evidence for changes in the consistency of diets in post-medieval times. The tougher the diet, the greater the bite forces required. This leads to greater development of the jaw muscles and hence to greater development of the bones to which they attach. Conversely, a softer diet leads to reduction in jaw dimensions. Moore et al. (1968) analysed the form of the mandible in British populations from about 3000BC to recent times and found a reduction in mandibular size over time, particularly in the areas most associated with the attachment of powerful chewing muscles. The greater part of this reduction occurred between the medieval period and the 17th century. These workers associated the reduction in mandibular development with a transition to a softer diet in post-medieval times – a change for which there is also documentary evidence. By the 17th century bread was increasingly made from finely milled flour, in contrast to the coarse bran and rye breads which formed the staples for earlier populations. Consistent with this, skeletal evidence shows that there was also a decrease in the rate of dental wear in post-medieval populations (Moore & Corbett 1978).

The frequency of dental caries is related to diet, particularly the type and quantity of carbohydrates. Caries cavities are a result of the dissolution of dental hard tissues by acidic substances produced by bacteria in the mouth as they metabolise carbohydrate food residues. The most cariogenic carbohydrates are sugars. In Britain, small amounts of cane sugar began to be imported as early as the 12th century, but significant amounts only began to arrive with the establishment of sugar plantations in British colonies in the New World during the 17th century. In the 19th century, sugar consumption increased greatly as import duty on it was progressively removed (Corbett & Moore 1976).

Moore & Corbett conducted a series of studies of dental caries using British skeletal material dating from the Iron Age through to the 19th century (summarised in Moore & Corbett 1978). They showed that prior to the post-medieval period, caries rates were generally fairly low. This doubtless reflects low dietary levels of refined sugars, but the coarse nature of early diets may also have helped. A coarse diet tends to reduce the rate of caries by scouring the teeth clean of food debris. This is particularly true of the occlusal (biting) surfaces of the teeth, where in a high-attrition environment food residues have little chance to build up, and the pits and fissures which might otherwise act as foci for dental decay tend to be worn away. Caries cavities, when they do occur, tend to be located at the necks of the teeth, at the cemento-enamel junction. This is because teeth tend to continue to erupt from their sockets, even in adulthood, to compensate for the wearing away of their crowns. This increases the inter-tooth space, permitting increased impaction of food debris between. Consistent with this, Moore and Corbett found that in medieval and earlier material the cemento-enamel junction tended to be the preferred site of carious attack (Fig. 36.2).

Moore & Corbett also found that caries rates in 17th-century material were a little higher than in earlier periods, but it was not until the 19th century that there was a marked increase. This appeared to be closely associated with increased sugar consumption (Fig. 36.3). There was also a change in the preferred location of caries cavities. In the post-medieval material they studied the favoured site of attack was not at the cemento-enamel junction, but on the occlusal surfaces (Fig. 36.4), just as it is in modern populations. This was probably linked with the change in dietary consistency referred to above – diets by this time were no longer abrasive enough to scour occlusal surfaces clean of food residues.

The post-medieval material in Moore and Corbett's studies was all from urban sites. Subsequent results from the 18th/19th-century Spitalfields burials provide further support for the idea that urban populations consumed a soft, cariogenic diet at this time: dental wear was negligible, rates of caries were high and cavities showed a predilection for the occlusal surfaces (Whittaker & Molleson 1996). Preliminary data, however, from Wharram Percy, a fairly remote rural site in North Yorkshire, suggest that a transition to a soft, cariogenic diet at this time was not universal (Mays forthcoming). The 17th- to early 19th-century individuals from this site showed the same heavy dental wear as their medieval forebears. Mandibular morphology and the caries pattern likewise appear unchanged. From these preliminary results, it would seem likely that at this rural settlement the old medieval 'foodways' continued long into the post-medieval period.

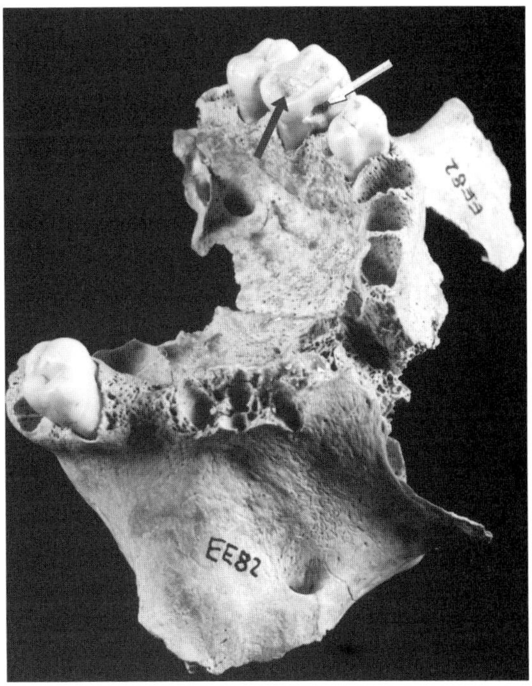

Fig. 36.2 A maxilla from a British medieval skeleton. A molar tooth shows a caries cavity at the cemento-enamel junction (light arrow). Although this individual was only in his early 20s when he died, heavy dental wear with significant exposure of dentine (dark arrow) is already apparent.

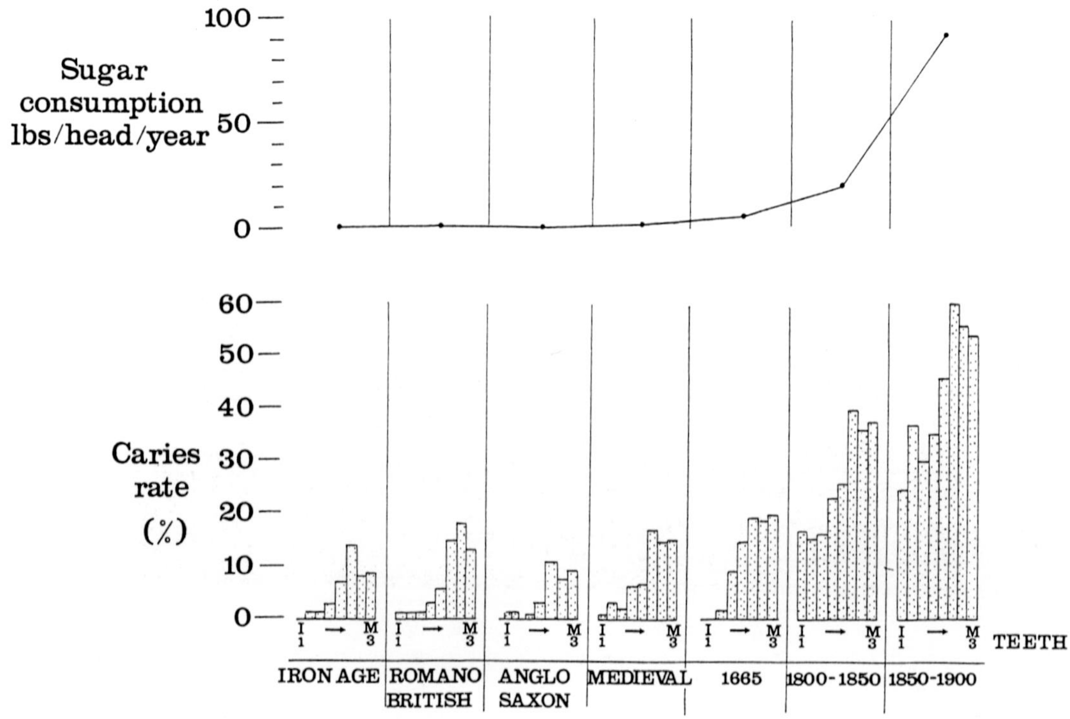

Fig. 36.3 Dental caries in relation to sugar consumption in Britain (after Moore & Corbett 1978, fig. 8)

Discussion

It is perhaps inevitable that our understanding of post-medieval populations will continue to be dominated by documentary sources, particularly for the later part of the period, where written evidence relating to disease, demography and other aspects is so abundant. However, the study of the remains of the people themselves can add importantly to our understanding of the lives of our forebears in these times, helping to illuminate aspects for which documentary records are inadequate. This is not just a process of filling gaps in the written sources. Both historical and archaeological evidence suffer from their own particular short-comings and biasses; only by integrating both types of data can we hope to build an adequate picture of post-medieval human populations.

Osteological data from the post-medieval period can be integrated with written evidence both on a general, and sometimes on an individual level. This is illustrated by the work done at Spitalfields. Here a consideration of the bone data against a background provided by documentary sources relating in a general way to diet, health and living conditions, enabled a fuller understanding to be reached of the lifeways of people from 18th/19th-century London than would have been the case had the historical or the osteological evidence been used in isolation. For example, in the rickets study discussed above, the documentary-background data aided the understanding of why the frequency of this disease was greater than in material of earlier date. At Spitalfields it was also possible to integrate osteological and historical data at an individual level, thanks to the presence of coffin plates on some burials giving the age and date of death and the individual's name. This further helps our understanding

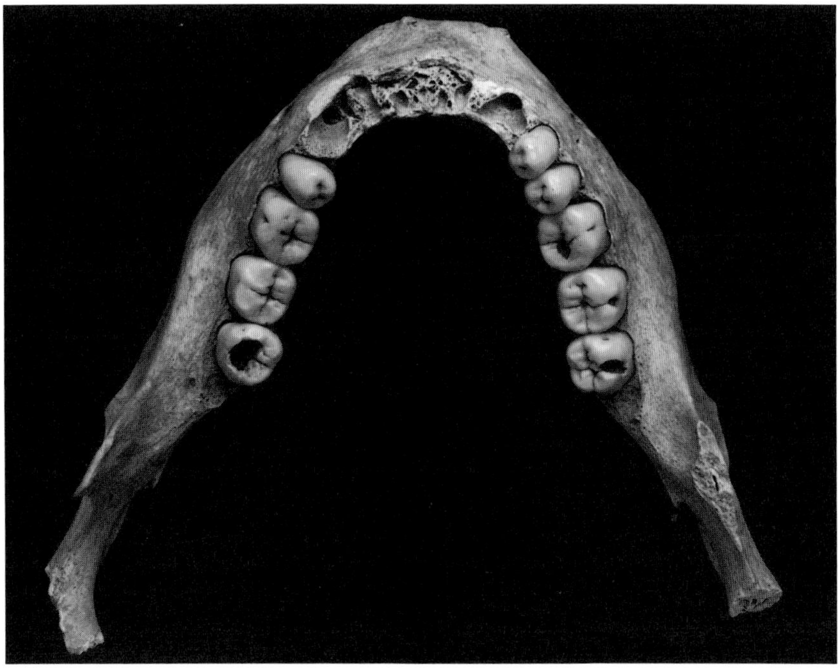

Fig. 36.4 A mandible from an 18th century British adult skeleton. The left third molar and the right first molar show large caries cavities on their occlusal surfaces. The right third molar also shows a large cavity, but this probably originated on the side of the crown rather than on the occlusal surface. Unlike the medieval specimen in Fig. 36.2, this individual shows only light dental wear.

of these individuals' health and general lifeways. Again, in the study of rickets it was only because there were burials with coffin plates that a link between frequency of rickets and severe winters became apparent.

The opportunity to integrate historical and osteological data on an individual level, provided by the coffin plates in some of the Spitalfields burials also has a wider significance for the study of ancient human remains. For the individuals with plates, we can associate data such as age at death, year of death and sex, as well as aspects such as occupation, family size etc. gleaned from written records, with specific skeletons. This enables the testing of methodologies for determining age, sex and parity, and for identifying occupational diseases, in archaeological skeletal remains (e.g. Molleson & Cox 1993; Aiello & Molleson 1993; Cox & Scott 1992). Post-medieval coffin-plated burial groups like Spitalfields form an invaluable archaeological resource, since the testing of methodologies which such assemblages permit increases the quantity and reliability of the information potentially available from excavated human remains from all periods.

Following the Spitalfields project, some (e.g. Morris 1994) have questioned how many more such sites we need to study. However, in order to build upon the Spitalfields work it is vital that other large assemblages of named individuals become available. One of the most important findings from the methodological work was that most of the techniques customarily used to estimate age at death in adult skeletal remains from archaeological sites are probably unreliable. For some workers, this result merely served to confirm long-held suspicions, but others have found it difficult to accept, and to change the habits of a lifetime when it comes to determining age in skeletons. We need more coffin-plated assemblages so that the results from the Spitalfields project can be further substantiated, and to permit the investigation of why rates of skeletal ageing in earlier times seem to differ from those of modern populations.

In general, the corpus of osteological material we do have from the post-medieval period shows a number of important lacunae, and as soon as one takes a problem-orientated approach to the archaeological study of populations of this period, the need for further assemblages becomes painfully apparent. Approximately 80% of the material we now have is from urban sites, and most of these are in south-east England (Mays n.d.). The shortage of rural material means, for example, that it is unclear at present whether the changes in tooth wear, dental caries and mandibular morphology suggested for townsfolk by the observations discussed above, also apply to most rural populations. Recent data, such as those discussed for Wharram Percy, suggest that they may not. It may also be that transitions in diet and dental health occurred at different times in different regions and social classes – only further assemblages will help to clarify this.

Given the rapid pace of social, environmental and technological change during the period in question, precise dating of material is of paramount importance. The ideal is coffin-plated burials where the dates of birth and death for the individuals are known, but failing this, assemblages dated within tight limits are needed. Much of the post-medieval material available dates from the 18th and earlier 19th centuries, which imposes important limitations. That there is little excavated material which can be securely dated to the 16th and 17th centuries means that, for example, it is not at present possible to investigate whether the social and geographical pattern claimed for rickets by physicians when they first noted it in the 17th century can be substantiated archaeologically. The shortage of material from the later post-medieval period inhibits the archaeological study of the effects of the burgeoning of heavy manufacturing industry at this time on human populations. This is particularly unfortunate, given the high profile accorded industrial archaeology in post-medieval studies.

Further assemblages would also permit the analysis of aspects of post-medieval populations which have traditionally been addressed solely using documentary data. One such is the study of child growth. In England, the earliest large-scale height surveys of living children were carried out in the second quarter of the 19th century. These and subsequent studies show that there has been a trend towards increased height-for-age in children (and to a lesser extent in final adult stature), which has continued to the present day (Tanner 1989, 156ff). The analysis of child skeletons enables us to study the history of human growth archaeologically. I have conducted one such study, on medieval material (Mays 1998, 66–70 & idem 1999), and although one should be cautious when comparing archaeological growth data with those obtained from living subjects, it did seem that medieval children were even shorter than their 19th-century counterparts. It would be premature to conclude from this result alone that the present trend for increase in stature originated long before the 19th century. Archaeological studies of well dated post-medieval assemblages containing large numbers of child skeletons are needed to help investigate this question. At present there is a dearth of such material. Given the importance of further assemblages, there is a clear need to ensure an appropriate level of archaeological intervention when post-medieval burial grounds are threatened with destruction by development.

We should not, however, dwell overly on the problems of too little material, as that which we do have has great research potential. For example, by comparing urban assemblages from different periods we can study the effects of changing living conditions on townsfolk. In London, a number of post-medieval assemblages exist, perhaps providing opportunities for comparison of frequencies of pathologies etc. by social class or by gender. Chemical analysis of human bone may provide a means of monitoring the inclusion of exotic foodstuffs into post-medieval diets, complimenting data from faunal and archaeobotanical remains. Post-medieval bones may also be good candidates for biomolecular work, such as the study of ancient DNA, as we might expect biomolecules to be better preserved than in more-ancient bones. The analysis of DNA in groups whose identities are known from coffin plates would enable direct testing of methodologies for using ancient DNA in sex determination and the elucidating of genetic relationships.

Ethical (Parker Pearson 1995) and legal (Garrett Frost 1992) issues are always a consideration when it comes to dealing with human remains. The temporal closeness of post-medieval burials means that ethical problems particularly come to the fore for material of this date (discussion in Cox 1996). These considerations apply both during excavation and during subsequent study. For example, when a Home Office Licence is issued to permit excavation of burials, conditions commonly include that the remains must be removed with due care and attention to decency, and that the site must be screened from public gaze during excavation. The need for sensitivity in dealing with human remains is widely recognised in the archaeological community. Policy notes produced by various organisations have emphasised the need for respectful treatment of human remains, and institutions responsible for storing collections often remind researchers of this obligation in their standard terms of access.

An important area in which ethical and legal considerations loom large is in decisions concerning whether a collection is to be retained or reburied. Experience has shown that important skeletal collections continue to be a focus for scientific work long after they have been excavated, drawing researchers from around the world. In order that new information may be obtained and the results of earlier workers verified, the retention of skeletal collections in an adequately curated and accessible form is essential. On the other hand, re-interment of material may sometimes be necessary. In some instances it is a condition under which excavation was allowed to proceed in the first place. Most human remains from archaeological sites in England are excavated under Home Office Licence, and reburial is rarely a condition of issue of such a licence. In general, it is material excavated from consecrated ground under faculty jurisdiction (or in the case of cathedrals under permission from Dean and Chapter), which is most often subject to reburial requirements. Much post-medieval material has been excavated under church faculty, so reburial conditions apply in a greater proportion of cases than for remains from earlier periods. In addition, post-medieval remains are perhaps more likely to be re-interred for ethical reasons, even when reburial was not a pre-condition. In some instances, consultation with groups, such as local communities, who express a legitimate interest in the fate of excavated remains, has helped inform decision making in this respect; this sort of consultation is of course to be encouraged.

Due to these ethical and legal considerations, a greater proportion of excavated post-medieval human burials have been reburied, or have firm plans for reburial, than is the case for earlier remains. For the material on the English Heritage database of sites (Mays n.d.), about 5% of all burials have been or are to be reburied, but this applies to more than one third of the post-medieval remains.

In instances when re-interment is stipulated as a condition of excavation, or is thought for ethical reasons to be best policy, consideration needs to be given to accessibility for future workers. In some instances, deposition of material beneath a church in a damp-proofed vault to ensure access for bona-fide researchers may be a possibility (discussion in Parker Pearson 1995).

References

Aiello, L. & Molleson, T. 1993, 'Are microscopic ageing techniques more accurate than macroscopic ageing techniques?', in *Journal of Archaeological Science* 20, 689–704

Birkett, D. A. & Marlow, M. 1986, 'The human burials and report on the human teeth', in Daniels, R., 'The Excavation of the Church of the Franciscans, Hartlepool, Cleveland', in *Archaeological Journal* 143, 260–304

Brimblecombe, P. 1982, 'Early urban climate and atmosphere', in Hall, A. R. & Kenward, H. K. (eds.), *Environmental Archaeology in the Urban Context* (Council for British Archaeology Research Report 43), London, 10–25

Burland, C. 1918, 'An historical case of rickets', in *The Practitioner* 100, 391–5

Clarke, E. 1962, 'Whistler and Glisson on rickets', in *Bulletin of the History of Medicine* 36, 45–61

Corbett, M. E. & Moore, W. J. 1976, 'Distribution of dental caries in ancient British populations 4: The 19th century', in *Caries Research* 10, 401–14

Cox, M. 1996, 'Crypt archaeology after Spitalfields: Dealing with our recent dead', in *Antiquity* 70, 8–10

Cox, M. & Scott, A. 1992, 'Evaluation of the obstetric significance of some pelvic characters in an 18th century British sample of known parity status', in *American Journal of Physical Anthropology* 89, 431–40

Crossley, D. 1990, *Post Medieval Archaeology in Britain*, Leicester

Dawes, J. D. 1980, 'The human bones', in Dawes, J. D. & Magilton, J. R. (eds.), *The Cemetery of St Helen on the Walls, Aldwark* (The Archaeology of York 12.1), York Archaeological Trust, 19–120

Fildes, V. 1986, 'The English disease: Infantile rickets and scurvy in pre-industrial England', in Cule, J. & Turner, T. (eds.), *Child Care through the Centuries, British Society for the History of Medicine*, Cardiff, 121–34

Foote, J. A. 1929, 'Evidence of rickets prior to 1650', in *American Jnl. of Diseases of Children* 34, 443–52

Garratt Frost, S. 1992, *The Law and Burial Archaeology* (IFA Technical Paper 11), Institute of Field Archaeologists, Birmingham

Gibbs, D. 1994, 'Rickets and the crippled child: An historical perspective', in *Jnl. of the Royal Society of Medicine* 87, 729–32

Henderson, J. 1984, 'The human remains', in Poulton, R. & Woods, H. (eds.), *Excavations on the Site of the Dominican Friary at Guildford in 1974 and 1978* (Research Volume of the Surrey Archaeological Society 9), Guildford, 58–71

Henderson, J. 1990, 'The human remains (1983–4)', in McCarthy, M. R. (ed.), 'A Roman, Anglian and medieval site at Blackfriars Street', in *Cumberland and Westmoreland Antiquarian and Archaeological Soc. Research Series* 4, Kendal, 330–55

Jenkins, V. & Rogers, J. 1993, 'Human bone', in Graham, A. H. & Davies, S. M. (eds.), *Excavations at Trowbridge, Wiltshire, 1977 and 1986–1988* (Wessex Archaeology Report 2), Trust for Wessex Archaeology, Salisbury, 120–7

Kellett, C. E. 1934, 'Glissonian rickets', in *Archives of Disease in Childhood* 9, 233–44

Mankin, H. 1974, 'Rickets, osteomalacia and renal osteodystrophy', in *Jnl. of Bone and Joint Surgery* 56A, 101–28

Mays, S. A. 1989, *The Anglo Saxon Human Bone From School Street, Ipswich, Suffolk* (unpublished Ancient Monuments Laboratory Report 115/89), English Heritage, London

Mays, S. A. 1991, *The Medieval Burials From the Blackfriars Friary, School Street, Ipswich, Suffolk (Excavated 1983–85)* – (unpublished Ancient Monuments Laboratory Report 16/91), English Heritage, London

Mays, S. A. 1998, *The Archaeology of Human Bones*, London

Mays, S. A. 1999, 'Linear and appositional long bone growth in the skeletal assemblage from medieval Wharram Percy, England', in Hoppa, R. & Fitzgerald, C. (eds.), *Human Growth in the Past: Studies from Bones and Teeth*, Cambridge (UK), 290–312

Mays, S. A. n.d., *A Computer Database of Sites Yielding Human Bone in England* – held at Ancient Monuments Laboratory, English Heritage, London

Mays, S. A. forthcoming, 'The human bones', in Clarke, A. (ed.), *The Churchyard at Wharram Percy*

Molleson, T. & Cox, M. 1993, *The Spitalfields Project 2: The Anthropology* (Council for British Archaeology Research Report 86), York

Moore, W. J. & Corbett, M. E. 1978, 'Dental caries experience in man', in Rowe, N. H. (ed.), *Diet, Disease and Dental Caries*, University of Michigan School of Dentistry and the Dental Research Institute, Chicago, 3–19

Moore, W. J., Lavelle, C. L. B. & Spence, T. F. 1968, 'Changes in the size and shape of the human mandible in Britain', in *British Dental Jnl.* 125, 163–9

Morris, R. 1994, 'Examine the dead gently', in *British Archaeological News* 17, 9

Ortner, D. J. & Mays, S. 1998, 'Dry bone manifestations of rickets in infancy and early childhood', in *International Jnl. of Osteoarchaeology* 8, 45–55

Ortner, D. J. & Putschar, W. G. J. 1985, *Identification of Pathological Conditions in Human Skeletal Remains*, Washington

Owen, I. 1889, 'Geographical distribution of rickets, acute and subacute rheumatism, chorea, cancer and urinary calculus in the British Islands', in *British Medical Jnl.* 1, 113–6

Parker Pearson, M. 1995, 'Ethics and the dead in British archaeology', in *The Field Archaeologist* 23, 17–18

Powell, F. 1996, 'The human remains', in Boddington, A. (ed.), *Raunds Furnells* (English Heritage Archaeological Report 7), London, 113–24

Resnick, D. & Niwayama, G. 1988, *Diagnosis of Bone and Joint Disorders* (2nd edn.), London.

Rogers, J. 1985, 'Skeletons from the lay cemetery at Taunton Priory', in Leach, P. (ed.), *The Archaeology of Taunton: Excavations and Fieldwork to 1980* (Western Archaeological Trust Excavation Monograph 8), 194–9

Stirland, A. 1985, 'The human bones', in Ayers, B. (ed.), *Excavations within the North East Bailey of Norwich Castle, 1979* (East Anglian Archaeology 28), 49–57

Stroud, G. 1993, 'Human skeletal material', in Dallas, C. (ed.), *Excavations at Thetford by B. K. Davison between 1964 and 1970* (East Anglian Archaeology 62), 168–76

Stroud, G., Brothwell, D. R., Brown, S., Watson, P. & Dobney, K. 1994, 'The population', in Lilley, J. M., Stroud, G., Brothwell, D. R. & Williamson, M. H. (eds.), *The Jewish Burial Ground at Jewbury* (The Archaeology of York 12.3), York Archaeological Trust, 424–521

Stroud, G. & Kemp, R. 1993, *Cemeteries at St Andrew, Fishergate* (The Archaeology of York 12.2), York Archaeological Trust

Stuart Macadam, P. 1988, 'Rickets as an interpretive tool', in *Jnl. of Palaeopathology* 2, 33–42

Tanner, J. M. 1989, *Foetus into Man*, Ware (2nd edn.)

Waldron, T. 1985, *Report on the Human Bones from Merton Priory* (unpublished Ancient Monuments Laboratory Report 4483), English Heritage, London

Wells, C. 1967, 'Report on the human skeletons from Red Castle, Thetford', in *Norfolk Archaeology* 34, 155–86

Wells,C. 1980, 'The human bones', in Wade Martins, P. (ed.), *Excavations at North Elmham Park*, 1967–72 (East Anglian Archaeology 9.2), 247–374

White, W. 1988, *The Cemetery of St Nicholas Shambles, London* (London and Middlesex Archaeological Soc. Special Paper 9)

Whittaker, D. K. & Molleson, T. 1996, 'Caries prevalence in the dentition of a late 18th century population', in *Archives of Oral Biology* 41, 55–61

Wiggins, R., Boyleston, A. & Roberts, C. 1993, *Report on the Human Skeletal Remains from Blackfriars, Gloucester*, unpublished report held at the Calvin Wells Laboratory, University of Bradford

Simon Mays
Ancient Monuments Laboratory,
English Heritage,
23 Savile Row,
London W1X 1AB

37 Archaeobotanical Evidence from London on Aspects of Post Medieval Urban Economies

John Giorgi

Introduction

The aim of this paper is to show how plant remains from archaeological sites can provide information on the economy in post-medieval urban environments, based on the archaeobotanical evidence recovered from sites in the City of London and Greater London. At the present time there is not a great deal of plant material available from this period for a comprehensive study. The intention of this paper is therefore twofold: first, to present a summary of the existing archaeobotanical evidence from London, and secondly, to examine new ways to improve our use of plant remains for understanding post-medieval urban economies in Britain.

The Archaeobotanical Resource

The plant remains considered in the following discussion consist mainly of seeds and fruits, the robust parts of the plants, which are the most frequently preserved and most easily identifiable remains in post-medieval deposits. The more-fragile parts, such as stem, leaf, flower and bud-scale fragments, are sometimes found in waterlogged deposits but are often difficult to identify. It is, however, often these more fragile parts of plants that have economic uses (e.g. stems of certain plants as fibres for textiles).

One problem in the use of plant remains for detecting economic activities in urban environments is that many useful plants also grow wild as weeds or casuals, and they are mainly found in urban deposits in mixed assemblages with a high species diversity. It is often difficult to establish whether the plants represented in these assemblages are simply weeds or the residues of used plants. Moreover, many plants may have several potential uses, as food or in different industrial or commercial processes. The frequency of a particular species and/or whether it dominates a sampled assemblage can nevertheless sometimes suggest whether or not it actually was used, while other biological and artefactual evidence in the same sample can sometimes establish the use of a plant in a particular context. In the examples presented below, 'large numbers' of seeds or fruits refers to at least one-hundred plant items.

Most of the plant remains from post-medieval deposits in London are preserved by survival in an anoxic or a waterlogged environment. Mineralised remains are sometimes found, particularly in cess and rubbish pits, while charred plant material is only occasionally recovered. In the City, 19th-century and more recent development means that the majority of the plant remains from this period only survive in deep pits and cellars. Outside the urban core, however, the truncation of post-medieval deposits is not so widespread, and plant remains tend to survive in greater quantites from a wider range of features – for instance from sites in the East End and along the Southwark Thames waterfront on the south bank of the river (both important areas of economic development during this period). Productive sites include FIP92, on the former site of the Moorfields marsh immediately north of the City, the site of the Royal Navy Victualling Yard (MIN86) east of the City and adjacent to the Tower of London (Giorgi 1999 & idem in prep. b; cf. West 1995), and several sites along the Southwark waterfront (e.g. BAB95 – idem in prep. a).

Themes

The topographical, demographic and economic expansion of London as the centre of developing global trade in the post-medieval period is well documented (e.g. Beier & Finlay 1986). Global trade led to the influx of exotic plants, while new immigrant groups also influenced economic development. The archaeobotanical evidence can be used to challenge, supplement or confirm documentary records and to provide specific information on a number of aspects of economic development – industry, commerce, trade and changes in food markets.

The use of plants in brewing

Evidence for brewing may be shown by the presence of sprouted grains of barley (*Hordeum sativum*) and the fruits and bracts of hop (*Humulus lupulus*). Germinated barley grains can be evidence of the cereal being prepared for malting, though germination may also occur naturally in damp conditions. Hops add flavouring (bitterness) to the beer and prolong its storage capacity. Charred barley grains are sometimes found in post-medieval deposits in London, but usually only in very small assemblages of mixed grains. Hop is also often represented by a few remains, and as a native plant of hedgerows and thickets, such finds may simply represent wild plants. When the two plants are well represented in assemblages with few other botanical remains, and particularly when the barley grain has germinated, brewing may be suggested.

Several sites on the Southwark waterfront have produced this kind of evidence, e.g. seven large assemblages of charred barley grain, part of which had germinated, were recovered from post-medieval deposits at the PW86–93 sites, Rotherhithe, several kilometres downstream of the City on the south bank of the river (Giorgi et al. 1993, 22). Further upstream, at the ABO92 site south-west of Tower Bridge, an extensive deposit of charred barley grain was found on a warehouse floor within an 18th/to mid 19th-century building complex (Giorgi & Sidell 1993, 166). Although this grain showed no signs of germination, it was probably intended for the production of malt – documentary records indicate the presence of breweries in the area at least from 1418 to 1730 (Bluer 1993, 60).

Large quantities of hop fruits have also been found in deposits along the Southwark waterfront. For example, at the BAB95 site (immediately west of ABO92) large numbers of hop fruits dominated the plant assemblages in samples from several 16th- to 18th-century fills (Giorgi in prep. a). Documentary evidence shows that a brewer was living here in the 16th century (Bennell 1980) and that a brewery was established in the early 18th century (Grainger in prep. a). On the site of the former Royal Navy Victualling Yard (MIN86) on the north side of the river (opposite the BAB95 site) hops were well represented in 16th/17th-century fill samples (Giorgi in prep. b). Written records show that the brewing of beer was taking place on this site in November 1595 (CSPD 1869 for 1595–7, 121; British Library Cotton Ms Otho Eix, f.363r–363v). Victuallers imported hops from the Low Countries and beer was both sold locally to the workers of the Victualling Yard and exported. A contract of 1677 shows that beer was also supplied to the navy (Grainger in prep. b).

The richest assemblages of hops recovered up to the present time from post-medieval London were found in the fills of several large, early 17th/mid 18th-century pits at the LIV93 site in Islington, north London (Giorgi 1994). These samples consist virtually entirely of waterlogged hop fruits and bracts, and they could again represent the residues from brewing, possibly associated with an alehouse established in the Jacobean period close by, the Angel Inn (Tyler 1994, 6). Up to at least the mid 18th century many inns had their own breweries. These samples could also include residues from a brew house built in 1717 about 500m to the east (ibid., 35).

The appearance of large assemblages of hop fruits in the post-medieval period in London contrasts with earlier periods which show virtually none. This increase concurs with documentary evidence that hops were first extensively used in beer making from the late medieval period onwards. The practice was encouraged and developed by Flemish immigrants, who established hop plantations in Kent (Wilson 1991, 376).

THE USE OF PLANTS IN THE TEXTILE INDUSTRIES

London dominated England's cloth-export trade from the early 16th century (Beier & Finlay 1986, 14) and a number of plants represented by archaeobotanical remains may have been used in different processes associated with the textile industry in the capital. These include fibre-producing plants and ones used in the textile-finishing trades, such as dyeing and fulling.

Fibres from flax (*Linium usitatissimum*), hemp (*Cannabis sativa*) and perhaps occasionally hop and common nettle (*Urtica dioica*) were used for the production of canvas, cloth and rope (Grieve 1992). These plants, too, may grow wild as weeds or as escapes from cultivation; nettles, for instance, are common weeds of disturbed ground, and being high-seed producers are frequently found in mixed assemblages on many post-medieval sites in London. The presence of large numbers of flax and hemp seeds may, in contrast, suggest the specific usage of these plants. Large numbers of flax seeds were found in a 16th-century waterfront dump at the WP83/4 site on the Southwark waterfront, about 200m upstream of modern London Bridge (Giorgi forthcoming a), while fairly large numbers of hemp seeds were recovered from the BAB95 site (idem in prep. a) also on the Southwark waterfront, and in three samples from 16th-century rubbish dumps from the FIP92 site immediately north of the City (idem 1999). Even sizeable numbers of seeds are only secondary evidence for use of the plants in fibre production, as it is the stems of the plant that are actually used for this purpose. The seeds could have had other uses – oil was extracted from hemp and flax seeds for use in cooking and lighting, hemp seeds were used as animal feed, and flax seeds were used in bread and stews (Greig 1988, 122). Flax and hemp stems have yet to be identified in post-medieval deposits from London, partly as a result of poor preservation and perhaps partly a consequence of the difficulty of recognizing fragments (large quantities of flax capsules, seeds and possible stems have been identified in 11th- to 12th-century ditch-fill samples from just north-east of the City – Davis 1997, 18, while outside London flax-stem fragments have been recognized in medieval deposits at Coppergate in York – Kenward & Hall 1995, 773).

Little clear archaeobotanical evidence for dyeing has so far been found in London. One potential dye plant frequently represented by seeds in post-medieval deposits in the city is weld or dyer's rocket (*Reseda luteola*), which produces a yellow colour; as it is a common weed of waste ground, once again its presence need not necessarily indicate dyeing. However, as dyer's rocket is used when or just before it sets seed, the recovery of large numbers of its seeds may indeed be evidence for the use of the plant in this process, as in 17th-century ditch deposits at the VAL88 site in the Fleet Valley at the western end of the City (Giorgi 1993, 119) and in the mid 17th-century fill of a well from the SWA81 site on the City waterfront (idem 1996). The recovery of cloth seals and fuller's earth from the same well is further archaeological evidence for textile finishing at this waterfront site (Egan 1983, 275–6), while documentary evidence also supports the presence of finishing processes in the area (idem 1991, 16). Indeed, a whole series of plant remains and cloth seals from late medieval/early post-medieval deposits suggest a concentration of textile industries right along the City waterfront upstream of the Bridge; very large numbers of dyer's rocket seeds were found in several late medieval dump deposits from the waterfront sites of BIG82 and TL74 (Pearson in prep.).

The clearest evidence for the use of plants for dyeing textiles comes from primary dye waste, such as the stems and roots of certain plants and mosses. This particular evidence has yet to be identified in the archaeobotanical record from post-medieval London, though it has been recognized from excavations elsewhere in Britain (see below).

The dried flower heads of fuller's teasel (*Dipsacus sativus*) are used for raising the nap on woollen cloth. So far there are few archaeobotanical records for the fruits of this plant in London, with the notable exception of very large numbers in 16th-century rubbish dumps at the FIP92 site (Giorgi 1999). These fruits may represent the residues from a teasel plantation for the cloth trade, located close by on what became the site of the Artillery Ground at the north-east corner of the City wall (Schofield in prep). Tenter yards for stretching out cloth are shown immediately outside the wall on both the Braun and Hogenberg Map of 1572 and the City and Moorfields engravings of 1559, and Stow's late 16th-century survey describes the extramural area of Houndsditch (just east of Moorfields) as tenter grounds. Other evidence found in the FIP92 dumps for textile processing includes large numbers of dyer's rocket and hemp seeds, and again cloth seals. (The only other archaeobotanical finds from London of the fruits of teasel come from a couple of earlier sites, from two medieval deposits at BIG82 and in one sample from TL74 – Pearson, in prep. As mentioned above, these sites also produced seeds of dyer's rocket. Outside London, teasel fruits and bracts have been found in medieval deposits from two sites in Beverley – Hall 1992, 10–11 – and from a couple of medieval pit fills at Coppergate in York – Kenward & Hall 1995, 775).

Trade

Contact and trade with the New World are shown by discoveries of several seeds of *Cucurbits*, which include marrow and pumpkin, in 16th- to 17th-century deposits from the site of the Royal Navy Victualling Yard (MIN86 – Giorgi in prep. b), while finds of allspice (*Pimenta dioica*) from an 18th-century pit fill at the NRF88 site just north-east of the City (Davis 1997, 170 & 244) provide evidence of trade between Britain and the West Indies. Contact with South America is attested by finds of brazil nut (*Bertholletia excelsa*) from a post-medieval pit fill at Uxbridge in west London (Davis 1993) and barbasu palm nut (*Orbignya* sp.), an oil producing plant, in post-medieval Thames-foreshore deposits. Trade links with the Far East are suggested by finds of pepper (*Piper nigrum*) in a number of 16th- to 18th-century deposits from London, the earliest (post-Roman) find in the City being from a 16th-century cesspit at the LOA90 site (Holden 1992). Documentary evidence, however, shows that pepper was being traded in London by the early medieval period (Wilson 1991, 282).

Other possible exotic finds from post-medieval deposits indicating the development of trade include a (?)date stone (cf. *Phoenix dactylifera*) from the above mentioned 18th-century deposits at the NRF88 site and a seed of (?)quince (cf. *Cydonia oblonga*) in a 16th/early 17th-century context, also from NRF88 (Davis 1997, 170 & 224). Single examples of citrus seeds, which include orange, lemon and lime, were found in a 15th-century deposit at the TL74 site (Pearson in prep.) and in an 18th-century one from the NRF88 site (Davis 1997, ibid). Two virtually complete coconuts (*Cocus nucifera*), which must have grown in tropical countries, were found at the TLY95 site, close to the Southwark waterfront, in probable 17th-century deposits (Giorgi et al. 1994).

Food markets and diet

The archaeobotanical evidence may be used to consider the range of plant foods available at this time and the extent to which they may have changed during this period. The diet of some Londoners would have been influenced by the appearance of exotic foods noted above and by new plants introduced onto the city's market by immigrant groups (Fig. 37.1). Some plant foods known from the documentary sources, however, leave little identifiable trace in the archaeobotanical record – this includes pre-processed foods, such as coffee and sugar, and plants like common vegetables that are harvested and eaten before setting seed.

Most of the plant foods preserved as archaeobotanical remains come from the fills of cess- and rubbish pits, and they tend to consist mainly of fruit stones, fruit seeds, nut-shell fragments, occasional herbs and spices, and the exotics mentioned above. The present excavated evidence from London does reflect an increase in the range of plant foods in the post-medieval period, and exotic plant foods tend to have appeared as archaeobotanical remains only several centuries after the first historical records for their introduction (Greig 1988, 126; Giorgi 1997, 209). This probably reflects an initial scarcity, though it gives some indication of when they became more widespread. It highlights one of the problems of using the documentary record, which is often concerned with the affluent, or with unusual aspects of diet rather than the fare of common people.

Future Research

The quantity and quality of the plant remains currently available for study from this period from London are limited. The use of improved sampling and recovery techniques on excavations, targeting areas with potentially good post-medieval preservation (like along the waterfront) should increase the archaeobotanical resource. However, the recognition and identification of a wider range of plant material is equally, if not more important. The majority of the identified archaeo-

Fig. 37.1 Street sellers of London – Cries of London *(engraving c.1600)*

botanical evidence from London presently consists only of seeds and fruits. The survey above has shown that this can present problems in interpretation, in that this evidence often represents secondary rather than the primary use. It is essential, therefore, that identification techniques for recognizing those parts of the plant that were used other than the seeds and fruits are developed (e.g. Tomlinson 1985 & 1991. Outside London, the identification of root, stem, pod and other vegetative parts from well preserved medieval deposits from excavations at Coppergate in York allowed primary textile waste from a number of plants to be recognized; for example, madder (*Rubia tinctorum*), dyer's greenweed (*Genista tinctoria*) and woad (*Isatis tinctoria*), and mosses – Hall & Kenward 1995, 768–9, see also Hall 1992, 11, Robinson 1986, 50, Jones & Watson 1987, 154).

A particular current problem across England and Wales is that resources are often limited in the climate of competitive tendering, whereby the detailed analysis of the plant remains often comes second to producing fast and cheap reports for the client, frequently based solely on the most easily and readily identifiable material. When only the more robust parts of the plant survive, and when a plant could have had several potential uses, analysis of the other environmental and archaeological evidence from the sample can, of course, sometimes expand the interpretation of these remains (as with cloth seals, which may provide supporting evidence for textile processing and can occasionally point to plants that have not yet been identified in the archaeobotanical record for London, such as woad – Egan 1991, 17). The historical records should also be consulted but it is important to recognize their limitations. Indeed, it is often only with a multi-disciplinary approach that the use of the plant remains can be established and help towards an understanding of urban economies in London and elsewhere during the post-medieval period.

References

Beier, A. L. & Finlay, R. (eds.) 1986, *The Making of the Metropolis, London 1500–1700*, London & New York

Beier, A. L. & Finlay, R. 1986, 'Introduction: The significance of the metropolis', in idem & idem, 1986, 1–34

Bennell, J. E. G. 1980, 'A businessman in Elizabethan Southwark: Olyff Burr', in *Transactions of London and Middlesex Archaeological Soc.* 31, 121–7

Bluer, R. 1993, 'Excavations at Abbots Lane, Southwark', in *London Archaeologist* 7.3, 59–66

CSPD (= Calender of State Papers, Domestic Series 1595–7) – Green, M. A. E. (ed.), London, 1869, 121

Davis, A. 1993, 'Uxbridge Market Town: Assessment of environmental material from Soil Samples' – unpublished Museum of London archive report

Davis, A. 1997, 'The plant remains', in Thomas, C., Sloane, B. & Phillpotts, C. (eds.), *Excavations at the Priory and Hospital of St Mary Spital, London* (MoLAS Monograph 1), Museum of London, 234–45

Egan, G. 1983, 'Swan Lane/Upper Thames Street', in 'Excavation round-up', in *London Archaeologist* 4.10, 275–6

Egan, G. 1991, 'Industry and economics on the medieval and later London waterfront', in Good, G. L., Jones, R. H. & Ponsford, M. W. (eds.), *Waterfront Archaeology* (Council for British Archaeology Research Report 74), 9–18

Giorgi, J. 1993, 'The plant remains', in McCann, B. (ed.), 'Fleet Valley project: Interim report' – unpublished Museum of London archive report

Giorgi, J. 1994, 'Liverpool Road (LIV93): The environmental evidence' – unpublished Museum of London archive report

Giorgi, J. 1996, 'An environmental sample from a post medieval well at Swan Lane' – unpublished Museum of London archive report 07/96

Giorgi, J. 1997, 'Diet in late medieval and early modern London: The archaeobotanical evidence', in Gaimster, D. & Stamper, P. (eds.), *The Age of Transition: The Archaeology of English Culture 1450–1600* (Oxbow Monograph 98), 197–213

Giorgi, J. 1999, 'Botanical Evidence', in Malcolm, G. (ed.), 'Excavations at Island site, Finsbury, London EC2', in *Transactions of London and Middlesex Archaeological Soc.* 48, 49–52

Giorgi, J. forthcoming a, 'The plant remains', in Seeley, D., Carlin, M. & Phillpotts, C. (eds.), *The Palace in Southwark of the Medieval Bishops of Winchester: Excavations at Winchester Palace, London, 1983–90* (part 2)

Giorgi, J. in prep. a, 'The plant remains', in Grainger a

Giorgi, J. in prep. b, 'The plant remains', in Grainger b

Giorgi, J. & Sidell, J. 1993, 'The environmental evidence', in Bluer, R. (ed.), 'Abbots Lane, London SE1, London Borough of Southwark: An assessment of the 1992 archaeological excavations'- unpublished Museum of London archive report, 164–73

Giorgi, J., Rackham, D. J. & Sidell, J. 1993, 'Environmental assessment', in Blatherwick, S., Stephenson, R., Betts, I. & Malt, D. (eds.), 'Platform Wharf: A post excavation assessment report and updated research design' – unpublished Museum of London report, 20–4

Giorgi, J., Sidell, J. & Wilkinson, K. 1994, 'The environmental evidence', Appendix 5 in Saxby, D. (ed.), '283 Tooley Street, London, SE1: An archaeological excavation' – unpublished Museum of London archive report

Grainger, I. (ed.) in prep. a, *Medieval and Early Post Medieval Development along Tooley Street, Southwark: Excavations at Battle Bridge Lane in 1995*

Grainger, I. (ed.) in prep. b, *Excavations at the Abbey of St Mary Graces*

Greig, J. 1988, 'Plant Resources', in Astill, G. & Grant, A. (eds.), *The Countryside of Medieval England*, Oxford, 108–27

Grieve, M. 1992, *A Modern Herbal*, Harmondsworth

Hall, A. R. 1992, 'The last teasel factory in Britain and some observations on teasel (Dipsacus fullonum L. and D. sativus (L.) Honckeny) remains from archaeological deposits', in *Circaea* 9.1, 9–15

Holden, T. 1992, 'The plant remains from a cesspit on 54 Lombard Street (LOA90)' – unpublished Museum of London archive report PLA 03/92

Jones, J. & Watson, N. 1987, 'The early medieval waterfront at Redcliffe, Bristol: A study of environment and economy', in Balaam, N. D., Levitan, B. & Straker, V. (eds.), *Studies in Palaeoeconomy and Environment in South West England* (British Archaeological Reports, British Series 181), 135–62

Kenward H. K. & Hall, A. R. 1995, *Biological Evidence from Anglo Scandinavian Deposits at 16–22 Coppergate* (The Archaeology of York 14.7), York

Pearson, E. in prep., *Report on plant remains from medieval waterfront dumps*

Robinson, D. 1986, 'Clubmosses from medieval Perth', in *Antiquity* 60, 49–50

Schofield, J. in prep., *London Assessment Document*

Tomlinson, P. 1985, 'Use of vegetative plant remains in the identification of dyeplants from waterlogged 9th–10th century AD deposits at York', in *Jnl. of Archaeological Science* 12, 269–83

Tomlinson, P. 1991, 'Vegetative plant remains from waterlogged deposits identified at York', in Renfrew, J. M. (ed.) 1991, *New Light on Early Farming*, Edinburgh, 109–19

Tyler, K. 1994, '15–23 Liverpool Road, 40–41 Chapel Street, 25–29 Liverpool Road, London N1: An archaeological watching brief' – unpublished Museum of London archive report

West, B. 1995, 'The case of the missing victuals', in *Historical Archaeology* 29.2, 20–42 (US)

Wilson, C. A. 1991, *Food and Drink in Britain from the Stone Age to Recent Times*, Harmondsworth

John Giorgi
Museum of London Specialist Services
46 Eagle Wharf Road
London N1 7EE

38 An Evaluation of Regional Differences in Colonial English Foodways

Charles D. Cheek

Abstract

Regional foodways in urban and rural settings in Massachusetts and the Chesapeake during the 17th and 18th century are compared to evaluate the existence and origin of regional foodways. The nature of the differences suggests that their origin had a strong cultural component and came from the initial dominance of "charter" cultures derived from specific regions of England. Differences in the exploitation of wild food and in preferences for baking suggest that regional foodways existed early in the 17th century and developed from different foodways baselines in the two regions studied.

Introduction

Foodways in North America are a very complex melding of influences on an English base (Hess 1984:5), a statement that can be made for other parts of the Americas as well, although on different bases (Sokolov 1991). The cooking has absorbed many influences and incorporated them into a still evolving food tradition. These foodways traditions are important for helping Americans define themselves regionally and ethnically, and interact in various ways with class and status. While class and status are important issues in investigating colonial foodways, regional foodways are the focus of this study starting with the colonial Boston data generated by the Central Artery/Tunnel project and incorporating comparative data from the Chesapeake, New York, and Philadelphia.

Food historians seem to be in agreement that regional food traditions existed in the early 19th-century United States (Hooker 1981; Fischer 1989; Jones 1990) or even before the first American cookbooks in the late 18th century (Hess 1981:6). When did these traditions start? Did such foodways arise just from the interaction of a uniform set of British foodways with the new world environment, or was it a more complex process with each colony starting from different baselines as well as slightly different regional conditions in the New World?

The documentary data to address this question are limited and primarily restricted to serendipitous and unsystematic comments in various kinds of personal documents or manuscript cookbooks. Most food historians have not examined the question of an original variability in food customs from different regions of England. They assume that "all brought essentially the same cuisine with them" (Hess 1981:6). They recognize that regional variations and differences from the English base developed out of regional differences in food products derived from different climatic regimes (Booth 1971:6), contact with new foods and ways of preparation (Sokolov 1991:64), and the use of enslaved black women for cooks (Hess 1984:xxiv).

David Hackett Fischer, in accordance with his general interpretation of colonial culture, has suggested the alternative, cultural, hypothesis that each group of English colonists brought somewhat different foodways to the New World. These foodways were not homogenized by this experience but formed the basis of the regional foodways within the regional cultures identified by Fischer (1989) in *Albion's Seed.*

Fischer asserts that four regions in the North American colonies came to be culturally dominated by four separate regionally-based British immigrant groups. These four colonial regions and their ancestral British regions are as follows: Massachusetts, colonized by the Puritans from eastern England or East Anglia; the Chesapeake, colonized by the Cavaliers from southern and western England; the Middle Atlantic, colonized by the Quakers from the Midlands along with the German pietists; and Appalachia, colonized by the Scotch–Irish or Borderers from the border of England and Scotland, sometimes by way of Ireland.

These four immigrant groups brought with them regional British customs that were the "library" that they drew upon in adapting to the New World. One historian, Breen (1980:68–80; 1984:205), has commented that the attempt to maintain their previous way of life led the colonists to deviate from it in ways that made them a distinctive "charter society" to which others, their creole descendants and later immigrants, had to adapt their behavior.

Foodways were in the library of imported behavior. Research in England has identified three historically-based regional traditions in food preparation, distinctive enough even in the 20th century that storekeepers had to maintain somewhat different stocks of cooking equipment in each region. These different food preparation tendencies included frying in the South (the origin of the Chesapeake colonists), boiling in the North (the origin of the Quakers and Borderers), and baking in the East (the origin of the Puritans of Massachusetts). Of course, all of these techniques existed in each region but were differentially favored (Fischer 1989:138).

Two of these regional foodways seem susceptible to testing with archaeological information. Based on his data, Fischer asserts that the early diet of Massachusetts' colonists was remarkably monotonous given the wide variety of available wild foods, much more monotonous than in the Chesapeake. He also asserts that the people of the eastern English hearth of the Massachusetts colonists favored baking over the frying and fricasseeing of the south and west of England, the origin of the charter culture of the Chesapeake region. Each of these propositions will be examined.

Diet Variety in Massachusetts

In considering diet variety, Fischer (1989:137) comments that foodways in the colony of Massachusetts "are extraordinarily impoverished" given the richness of the native or wild flora and fauna. John Winthrop (Fischer 1989:137) when impelled to eat oysters and wild duck in 1630 wrote to his wife "we are here in paradise, though we have not beef or mutton." At least part of this lack of variety was due to the Puritan aesthetic that associated plain cooking with piety (Fischer 1989:135) and part was due to attempting to reproduce their ancestral diet from England.

From the limited documentary evidence, it does seem that most New Englanders had a simple diet (Hooker 1981:40, 67–68). On the other hand Baker (1990) has made a case that plain food was not popular in the 1600s. He asserts there is no evidence that the Pilgrims did not appreciate good cooking as long as gluttony or drunkenness did not result (Baker 1990:5, 11–12).

However, the archaeological evidence shows that Fischer's conclusion about a lack of variety in food, whether it was cooked plainly or not, can be generally supported. In spite of the differences in the ways that faunal collections from Boston, New York, Philadelphia, and the Chesapeake are reported, with few exceptions, the Boston assemblages have a lower percentage of wild foods. Furthermore, this is true whether Boston is compared to urban or rural sites.

Methods

Variety in diet was measured by the amount of wild food – wild mammals, wild birds, fish, and reptiles – utilized. At least one of four measures was available for each of the faunal reports examined. These measures are: number of individual specimens present (NISP), minimum number of individuals (MIN), biomass (BIO), and number of species (NS).

An attempt was made to obtain roughly equal numbers of rural and urban sites from the Chesapeake and Massachusetts. Rural–urban differences in food availability and preferences are important and could lead to different mixes of wild and domestic foods as has been found in the southern Atlantic coastal plain (Reitz 1986) and New England (Landon 1996). Urban and rural sites have different access to wild foods, and therefore different provisioning systems arise which are important in determining the kinds and amounts of foods consumed (Bowen 1992). For example, Rothschild (1990) demonstrated the effect of increasing pressure on wild resources exerted by urban growth in New York. Accessible habitats of wild mammals and birds used as wild foods were eliminated in urban areas, and the numbers of animals were reduced through hunting. Use of specific fish species shifted from one species to another due to overexploitation. The same overexploitation occurred at least in Massachusetts where the government had to impose a ban on deer hunting as early as 1694 to protect the deer from extermination (Cronon 1983:101).

However, there are virtually no reported faunal data from rural sites in colonial Massachusetts collected and analyzed with modern methods; thus, no comparison between rural Chesapeake and Massachusetts sites was possible. Additional data from New York and Philadelphia were added to provide broader comparisons among urban sites.

Analysis

The initial analyses compared Chesapeake and Massachusetts sites for the five variables. The sites from the Chesapeake include urban and rural sites from Virginia and Maryland; the sites from Massachusetts, in a broad sense, include urban sites from Boston and Rhode Island and one rural site from Rhode Island. The comparison was made using two data sets (Table 38.1). The first is the complete data set of 92 assemblages, 54 from the Chesapeake and 38 from Massachusetts. The second set uses only those assemblages that have at least 16 MNI of food species; this set has 50 Chesapeake and 24 Massachusetts assemblages for a total of 74 assemblages. The smaller set was used to try to control for the potential skewing of data percentages with small sample sizes. Comparisons were examined between the settings, rural and urban, and between the regions, the Chesapeake and Massachusetts. Without rural sites from Massachusetts, rural and urban Chesapeake sites and urban Massachusetts and Chesapeake sites were compared.

The comparison shows that the urban Massachusetts colonists used less wild food than their fellow Chesapeake colonists whether urban or rural, and whether using the total or MNI-based sample (Table 38.2). Some of these differences are large and some are not.

To evaluate these differences, four comparisons were tested by two sample t-tests of the measurements, assuming different variances (Table 38.3). The comparisons between the two regions and the two settings – the first two rows – for all sites were significant at the .05 level for all four variables for both data sets. This result confirms the commonsense observation based on the raw data that there are consistent differences in the use of wild foods between the regions and between urban and rural use of wild foods. It also appears that urban and rural use of wild foods is generally different among the Chesapeake rural and urban sites.

Although the percentages of each measure of wild food are greater for urban Chesapeake sites than for urban sites in Massachusetts, only two of these comparisons are significant in the smaller, MNI-restricted, sample at the .05 level. However, the two,

	Sample (Total)			**Sample (MNI = 16)**		
	Urban	Rural	Total	Urban	Rural	Total
CH[1]	22	32	54	21	29	50
MA[2]	37	1	38	23	1	24
Total	59	33	92	44	30	74

[1]CH – Chesapeake sites
[2]MA – Massachusetts sites

Table 38.1 Frequency of two data sets by setting and region.

	Data Set (Total)			**Data Set (MNI = 16)**		
	CR[1]	CU[2]	MU[3]	CR	CU	MU
NISP (%)	29.6	19.5	16.7	31.2	21.2	15.9
MNI (%)	45.46	33.5	29.6	46.9	34.6	29.2
MTWGT(%)	11.88	12.6	2.6	11.8	13.4	2.8
BIOM (%)	11.2	3.4	1.97	11.9	3.7	1.3
SPNO (#)	14.7	6.8	5.0	15.3	10.6	5.6

[1]CR – Rural Chesapeake
[2]CU – Urban Chesapeake
[3]MU – Urban Massachusetts

Table 38.2 Mean of wild food assemblages by region and setting.

	Total Sample					MNI = 16 Sample				
	NISP	MNI	MTWGT	BIOM	SPNO	NISP	MNI	MTWGT	BIOM	SPNO
Region	0.00	0.00	0.00	0.01	0.02	0.01	0.02	0.00	0.01	0.00
Setting	0.02	0.03	0.00	0.01	0.00	0.02	0.03	0.04	0.02	0.00
Chesapeake Setting	0.02	0.05	0.75	0.01	0.04	0.03	0.05	0.89	0.02	0.08
Urban Regions	0.57	0.03	0.01	0.13	0.01	0.23	0.09	0.01	0.18	0.00

Note. Underlined numbers are probabilities significant at the .05 level or higher.

Table 38.3 Results of ttests of wild food assemblages compared by region and setting.

meat weight and number of species, and possibly MNI as well if the significance level is relaxed to .1, represent important differentials in the use of wild resources by urban residents in the two regions.

In both data sets, wild food contributed only one-fifth as much to diet, measured by meat weight, in urban Massachusetts as in the urban Chesapeake (Table 38.2). This was due in part to the consistent presence of deer and sturgeon in the Chesapeake assemblages. The biomass data are not significantly different; this may be due to the few urban Chesapeake samples (6 of 22) that currently have biomass data.

The lesser variety found in the urban Massachusetts sites also is clear when considering individual types of wild foods. Note that turkeys were counted as a domesticate since Bostonians would have had little access to turkey habitat and turkeys were already kept as domesticates in England. This decision may result in an underestimation of the percentage of wild food in both the Chesapeake and Virginia but the greater effect would be for the Chesapeake collections, potentially making the Massachusetts and Chesapeake collections more similar.

Bowen and Brown (1994) state that the overall profile of species in the Boston Central Artery project assemblages is consistent and limited in variety being composed primarily of domestic animals. There are very few species in each type of wild food – bird, mammal, reptile, and fish. Among the wild birds in the Massachusetts collections only passenger pigeon and a variety of ducks occur with regularity. While passenger pigeons and ducks occur in about 75 % of the Central Artery assemblages, wild mammals occur in only 4 assemblages, less than 20 %. Deer, occurring in 4 assemblages, is more frequent than squirrel which appears only once. No other wild animal occurs even once. Another distinguishing characteristic of Massachusetts sites is their lack of turtles, which are commonly found on Chesapeake sites; an edible turtle occurs only once. All other regions examined use reptiles in their cuisine. This use carried over into the 19th century when Baltimore and Philadelphia restaurants vied for the reputation of having the best turtle soup recipe (Jones 1990:53–54).

The number of species of fish are particularly significant in this context since fish were easily available, unlike wild mammals. Edible fish abounded in the northern waters, and New Englanders fished. Although Bostonians did eat a wider variety of fish than of other wild food types, only six species were identified in the Central Artery collections. These six – cod, haddock, striped bass, sturgeon, and panfish (composed of herring and alewives) – are included in the approximately three dozen fish, shellfish, and seafood products that were said to be most common throughout the 19th and 20th century in New England cookbooks and recipes (Oliver 1995:369). All of these fish were familiar to the colonists since the same or comparable species occurred in British waters (Oliver 1995:363–396), emphasizing their preference for eating familiar foods.

For comparison, the people on the Kingsmill Plantations in the Chesapeake, occupied during the same periods as the Central Artery sites, ate 12 species of fish – sturgeon; shortnose, alligator, and longnose gar; bullhead and channel catfish; white perch; striped bass; black and red drum; sea trout; and sheepshead (Kelso 1984:Appendix C). If one includes all of the urban Chesapeake sites, 13 different species were identified – sturgeon, white perch, stripped bass, yellow perch, black drum, red drum, sheepshead, weakfish, porgies, bluefish, summer flounder, butterflies, and cod.

Comparison with New York and Philadelphia assemblages reinforces the conclusion that the Massachusetts colonists had lesser variety in their wild food. Only number of species and percentage of NISP were available for comparison. Since the New York data were presented by period rather than by site, the Chesapeake and Massachusetts data were calculated similarly.

Boston and Philadelphia are roughly comparable in the variety of species and more similar to each other than either is to the Chesapeake or New York (Fig. 38.1). New York had a much greater variety of wild food than did Boston. Pipes (1993) noted this contrast during analysis of the Faneuil Hall, Boston, collection and suggested it is due to the greater variety of cultures that came together in New York and their exploitative attitude towards the countryside. Besides the mix of Dutch and English, there was a significant percentage of African Americans in New York throughout the early colonial period (McManus 1966).

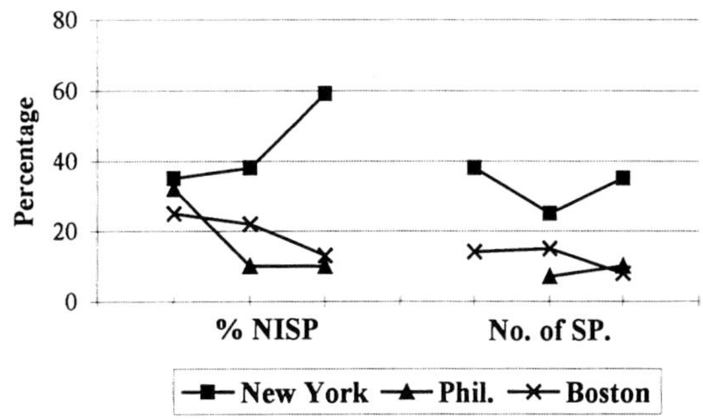

Fig. 38.1 Comparison of frequency of wild fauna in northern cities.

SUMMARY

In summary, there are major differences in the way the Chesapeake and Massachusetts colonists exploited wild food. Boston shows major differences not only with the urban Chesapeake but also with New York, a city in an environment more similar to Massachusetts than that of the Chesapeake. The reason for the differences would seem to include the origin of the colonists in East Anglia, including their middling status and predominant religion and their negative attitude toward the environment as revealed by their writing (Cronon 1983).

Pans, Baking, and Evidence of Cooking Foodways

Comparative methods and analysis of milk pans and other pans suggest regional differences in cooking foodways.

METHODS

Colonists baked their food in a variety of utensils: Dutch ovens, tin ovens, ceramic pans, and tin pans (Carson 1968:31, 32, 104, 129). Of these only ceramic pans are sufficiently preserved to be useful to archaeologists. Ceramic pans, however, were used for both baking and for letting cream rise. Pans were classified in accordance with the POTS system, developed in the Chesapeake area (Beaudry et al. 1983:36), and also used in New England and New York (Janowitz 1993, 1994). The POTS classification differentiates pans into two forms on the basis of size. Although the two categories of pan probably overlapped in use, dairying and baking, the analysis classified these forms into milk pans and other pans on the basis of size alone.

ANALYSIS

Data from the Boston area included the Central Artery project (Cheek and Balicki 1994; Cook and Balicki 1995), Faneuil Hall (Janowitz 1993); and two sites in Charlestown (Pendery 1987) for a total of 28 components. Data from the Chesapeake included 2 sites from Maryland, and 2 in Virginia for a total of 18 components – St. John's site at St. Mary's City with 3 components (Janowitz 1994) and the Calvert House in Annapolis with 2 components (Yentsch 1994); Kingsmill with 7 components (Kelso 1984) and Governor's Land with 6 components (Yentsch 1991). Philadelphia data included six sites from the Bourse Garage Project (Blomberg et al. 1990).

The result of the analysis that follows indicates that other pans are generally more common in Boston than in the Chesapeake, where they are rare.

In Boston, other pans are slightly more frequent than milk pans, 2.54 % to 2.01 % of all vessels. This is true whether one Charlestown feature (MAD32) dating to the 1720s is included or not. Proportionately 23 % of the total vessels of this feature are other pans, more than 3.5 times the next highest percentage in any site examined. Although this feature was not considered in the rest of the analysis, the fact that this anomalous case occurred in a Boston site is suggestive of an emphasis on other pans that is not common elsewhere. When considered by assemblage, other pans are more frequent than milk pans in Boston. In the 23 assemblages analyzed, other pans are more, or just as, frequent as milk pans in 77 % of the assemblages.

The data from six Philadelphia privies, dating from the 1720s to 1780, also suggest that other pans were an important cooking and possibly serving vessel (Blomberg et al. 1990: Tables 4, 7, 10, 13, 16, 19) in the Middle Atlantic.

While small-sized pans were used in Boston and Philadelphia, the other-pan type was seldom used in the Chesapeake sites. When one considers presence and absence data, it is clear that the Chesapeake sites used other pans very little (Table 38.4). In Boston and Philadelphia, other pans are present in 65 % and 83 % of the assemblages, respectively. But in the Governor's Land and Kingsmill assemblages, they are present in only 17 % and 14 % of the assemblages, respectively.

The two Maryland sites present opposite data and suggests that a larger sample of sites may be needed before coming to a final conclusion on the frequency of other pans in the Chesapeake. The 1730s features from the Calvert house of Annapolis (Yentsch 1994: Table 7.1) have no other pans. On the other hand, other pans occur in 100 % of the three assemblages from the St. John's site in Maryland. They increase from 3.75 % to 12.19 % of the assemblages dating from 1638 to 1720 (Janowitz 1993:Table 7). At the same time milk pans decrease from 22.5 % to 1 % making other pans more common than milk pans in two of the three components. However, architectural evidence from this site suggests the occupant may have originally been from East Anglia before moving to London and then to Maryland (Silas Hurry 1997, pers. comm.).

	Present	Absent
Boston	65.2	34.8
Philadelphia	83.3	16.7
St. John's	100.0	0.0
Calvert House	0.0	100.0
Governor's Land	16.7	83.3
Kingsmill	14.0	86.0

Table 38.4 Presence and absence of other pans in selected sites.

Discussion

The analysis of baking has been limited to a smaller number of collections than the faunal analysis. However, the results generally support the idea that region, and therefore probably the origin of the colonists, and therefore the food and cooking preferences they brought with them, affected the frequency and presence and absence of other pans. The rural and urban Chesapeake sites have more milk pans and almost no other pans, with the striking exception of St. John's.

The presence of other pans in Philadelphia and journal comments in west New Jersey suggest an emphasis on baking similar to that found in Boston. An English housewife who moved into West Jersey in 1787 among German-descended farmers remarked that they baked pies and ate them at other meals. Another person in the 1790s said that "we shall have Cherry pye till we are tired of it" (Cohn 1983:176).

Although comparable data from New York were not reviewed, New York may differ from both Boston and Philadelphia. Janowitz (1993), who has analyzed a number of large collections from New York colonial sites, has remarked that the Boston Faneuil Hall material contains pans, which do not occur in the Dutch-influenced sites in New York. In fact in the seven contexts reported, dating from 1650 to 1720, none contain pans (Janowitz 1993:Table 6).

The greater frequency of vessels used for baking in Massachusetts seems to support Fischer's expectation that baking would be emphasized in Massachusetts. The lack of such specialized vessels in the Chesapeake suggests that baking was not as significant in that region. It is possible that other baking equipment such as tin pans could have been used. If so, baking became less significant in the South over time, at least in the production of deserts.

It is interesting to examine three southern cookbooks and compare them to a northern cookbook. The first southern manuscript cookbook is *Martha Washington's Booke of Cookery* (Hess 1981). Looking at the baked items in the book, there are many cakes, puddings, and meat pie recipes with fewer bread recipes and only a quince pie recipe that resembles modern fruit pies. In the colonial period dishes called "puddings" were items made with, at a minimum, eggs, cream, and sugar. Some puddings, like plum or bread, also included some kind of starch, primarily bread or flour but also including rice. These starch puddings were usually but not always boiled or steamed, rather than baked. The puddings without starch are what today would be called custards and were often placed in a pastry shell and baked. These baked puddings became the custard and cream pies typical of southern cooking. In the Martha Washington manuscript only 4 of the 14 pudding recipes are baked.

The second cookbook is the *Haw Branch Plantation Cookbook* (McConnaughey 1977). This manuscript, like the Martha Washington one, has recipes in different hands and apparently kept the manuscript cookbook tradition alive in the Virginia Piedmont into the last half of the 19th century. Although this cookbook was not directly transcribed, it is clear that the early recipes, entered during the first half of the 1700s, follow in the Martha Washington cookbook tradition for desserts while adding newer recipes over time. The word pie was not used in the Haw Branch plantation manuscript cookbook in the sense of a dessert until sometime after the Civil War (McConnaughey 1977:202).

The first published southern cookbook (Randolph 1993[1824]) probably reflects the 1790s when Mrs. Randolph was most active as a cook. While there are breads and cakes along with puddings, charlottes, and jellies, there is only one fruit pie, apple, and one meat pie. However, about two-thirds of the "puddings" were baked rather than boiled.

Later cookbooks followed this tradition. One writer on southern cooking has remarked that, based on the frequency with which they appeared in cookbooks, the favorite desserts were boiled or steamed pudding, charlottes, molded jellies, and ices (Fowler 1995:376).

The Gardiner manuscript cookbook from Massachusetts (Gardiner 1938) was created and maintained in the middle of the 1700s. In the Gardiner manuscript there are 9 pie recipes to 12 pudding recipes; of the puddings, 6 are baked and 6 boiled. This is considerably different than the Chesapeake cookbooks. One similarity between the Martha Washington and the Mrs. Gardiner recipes are the 17 and 19, respectively, meat pie recipes, which are gone by the time of Mrs. Randolph and Amelia Simmons (1958 [1796]), New England author of the earliest American cookbook.

Counting the number of recipes that could have used other pans as the cooking vessel is admittedly crude, and most students of historic cooking would agree that recipe books tend to lag behind what is actually being cooked and do not necessarily reflect the emphases found in everyday cooking. However, as an indication of which recipes were considered worthy of recordation, it does provide a rough and indirect measure of what may have been cooked.

Conclusion

This paper began with the questions: When did regional foodways begin, and did the colonists of different regions start with a different repertoire of foodways? The data presented here suggest that by the late 1600s Boston had different foodways than at least New York and the Chesapeake. Boston, representing the colony of Massachusetts, used less wild foods than any other colony examined, indicating a less varied diet as suggested by Fischer. Evidence also exists to support the idea that the residents of Boston used specialized ceramic forms, called here other pans, that represented their suggested emphasis on baking. As indicated by the St. John's data, however, this element of the argument needs additional study. Further examination of colonial manuscript cookbooks would also be useful, especially those from New England.

Thus, regional foodways were probably in existence by at least the late 1600s, about 100 years earlier than most food historians have thought, and if the faunal data are correct even earlier. However, additional research with both comparative archaeological collections and manuscript cookbooks is necessary to address these questions more fully and will probably produce additional evidence of regional differences.

References

Baker, James W. 1990, English Yeoman Foodways at Plimoth Plantation. In *The Plimoth Plantation New England Cookery Book*, by Malabar Hornblower, pp. 5–13. Harvard Common Press, Harvard and Boston, MA.

Beaudry, Mary C., Janet Long, Henry Miller, Fraser Neiman, and Gary Wheeler 1983, A Vessel Typology of Early Chesapeake Ceramics: The Potomac Typological System. *Historical Archaeology* 17(1):18–24.

Blomberg, Belinda, Philip J. Carstairs, William R. Henry, Jr., and Cheryl Holt 1990, Archeological Investigations at the Site of the Bourse Garage/Omni Hotel at Independence Park, Philadelphia, Pennsylvania. Prepared by John Milner Associates, Inc., Philadelphia, PA. Submitted to Bourse Garage Associates and the Kevin F. Donohoe Company, Philadelphia, PA.

Booth, Sally Sarah 1971, *Hung, Strung, and Potted: A History of Eating in Colonial America.* Clarkson N. Potter, New York.

Bowen, Joanne V. 1992, Faunal Remains and Urban Household Subsistence in New England. In *The Art and Mystery of Historical Archaeology: Essays in Honor of James Deetz*, edited by Anne Elizabeth Yentsch and Mary C. Beaudry, pp. 267–281. CRC Press, Boca Raton, FL.

Bowen, Joanne V., and Gregory J. Brown 1994, Faunal Remains from the Paddy's Alley, Cross Street Back Lot, and Mill Pond Sites, Boston, Massachusetts. Submitted to Timelines, Inc., Groton, MA, and the Central Artery/Tunnel Project, Boston, MA.

Breen, Timothy H. 1980, Persistent Localisms: English Social Change and the Shaping of New England Institutions. In *Puritans and Adventurers: Change and Persistence in Early America*, by T. H. Breen, pp. 3–23. Oxford University Press, New York.

Breen, Timothy H. 1984, Creative Adaptations: Peoples and Cultures. In *Colonial British America: Essays in the New History of the Early Modern Era*, edited by Jack P. Greene and J. R. Pole, pp. 195–232. Johns Hopkins University Press, Baltimore, MD.

Carson, Jane 1968, *Colonial Virginia Cookery*. Colonial Williamsburg Research Studies. University Press of Virginia, Charlottesville.

Cheek, Charles D., and Joseph Balicki 1994, Archeological Data Recovery, the Mill Pond Site (BOS-HA-14), Boston, Massachusetts. Draft report prepared by John Milner Associates, Inc., Alexandria, VA. Submitted to Timelines, Inc., Groton, MA, and Central Artery Tunnel Project Bechtel/Parsons Brinckerhoff, Boston, MA.

Cohn, David Steven 1983, *The Folklore and Folklife of New Jersey*. Rutgers University Press, New Brunswick, NJ.

Cook, Lauren J., and Joseph Balicki 1995, Archaeological Data Recovery, The Paddy's Alley and Cross Street Back Lot Sites (BOS-HA-12/13), Boston, Massachusetts. Draft report prepared by John Milner Associates, Inc., Alexandria, VA. Submitted to Timelines, Inc., Groton, MA, and Central Artery Tunnel Project Bechtel/Parsons Brinckerhoff, Boston, MA.

Cronon, William 1983, *Changes in the Land: Indians, Colonists, and the Ecology of New England.* Hill and Wang, New York.

Fischer, David Hackett 1989, *Albion's Seed: Four British Folkways in America.* Oxford University Press, New York.

Fowler, Damon Lee 1995, *Classical Southern Cooking.* Crown, New York.

Gardiner, R. H. 1938, *Mrs. Gardiner's Receipts from 1763.* White and Horne, Hallowell, ME.

Hess, Karen 1984, Historical Notes and Commentaries on Mary Randolph's *The Virginia House-wife*. In *The Virginia House-wife, with Historical Notes and Commentaries by Karen Hess* by Mary Randolph, pp. x–xlv. Facsimile reprint of 1824 edition, with additional material from 1825 and 1828 editions. University of South Carolina Press, Columbia.

Hess, Karen (transcriber) 1981, *Martha Washington's Booke of Cookery*. Columbia University Press, New York.

Hooker, Richard J. 1981, *Food and Drink in America: A History*. Bobbs-Merrill, Indianapolis, IN.

Janowitz, Meta 1993, Ceramics. In Archeological Investigations at the Former Town and Faneuil Hall, Boston National Historic Park, Boston, Volume 1, edited by Michael L. Alterman and Richard M. Affleck, pp. VI-1–VI-36. Draft report prepared by The Cultural Resources Group, Louis Berger and Associates, Inc., East Orange, NJ. Submitted to Eastern Applied Archeology Center, National Park Service, Denver Service Center, Denver, CO.

Janowitz, Meta 1994, Indian Corn and Dutch Pots: Seventeenth-Century Foodways in New Amsterdam/New York. *Historical Archaeology* 27(2):6–24.

Jones, Evan 1990, *American Foods: The Gastronomic Story*, third edition. Overlook Press, Woodstock, NY.

Kelso, William M. 1984, *Kingsmill Plantations, 1619–1800.* Academic Press, Orlando, FL.

Landon, David B. 1996, Feeding Colonial Boston: A Zooarchaeological Study. *Historical Archaeology* 30(1).

McConnaughey, Gibson Jefferson 1977, *Two Centuries of Virginia Cooking: The Haw Branch Plantation Cookbook.* Mid-South Publishing, Amelia, VA.

McManus, Edgar J. 1966, *The History of Negro Slavery in New York.* Syracuse University Press, Syracuse, NY.

Oliver, Sandra L. 1995, *Saltwater Foodways: New England and Their Food at Sea and Ashore, in the Nineteenth Century.* Mystic Seaport Museum, Mystic, CN.

Pendery, Steven 1987, Symbols of Community: Status Differences and the Archaeological Record in Charlestown, 1630–1760. Unpublished Ph.D. dissertation, Department of Anthropology, Harvard University, Cambridge, MA.

Randolph, Mary 1993, *The Virginia Housewife, or, Methodical Cook*. Reprint of 1824 edition. Dover, New York.

Reitz, Elizabeth J. 1986, Urban/Rural Contrasts in Vertebrate Fauna from the Southern Atlantic Coastal Plain. *Historical Archaeology* 20(2):47–58.

Rothschild, Nan A. 1990, *New York City Neighborhoods: The 18th Century*. Academic Press, San Diego, CA.

Simmons, Amelia 1958, *American Cookery*. Facsimile reprint of 1796 edition. Oxford University Press, New York.

Sokolov, Raymond 1991, *Why We Eat What We Eat: How the Encounter Between the New World and the Old Changed the Way Everyone on the Planet Eats*. Simon and Schuster, New York.

Yentsch, Anne E. 1991, Engendering Visible and Invisible Ceramic Artifacts, Especially Dairy Vessels. *Historical Archaeology* 25(4):132–155.

Yentsch, Anne E. 1994, *A Chesapeake Family and Their Slaves: A Study in Historical Archaeology*. Cambridge University Press, London.

Charles D. Cheek
John Milner Associates, Inc.
5250 Cherokee Avenue, Suite 410
Alexandria, VA 22312

39 The Chesapeake Landscape and the Ecology of Animal Husbandry

Joanne Bowen

Abstract

Age data derived from faunal assemblages from 15 17th-century sites provide the basis for reconstructing the early herding system in the colonial Chesapeake. Together with historical data drawn from probate inventories, diaries, and legal and correspondence records, the archaeological data demonstrate that colonists established an open woodland herding system similar to the British pannage husbandry system. In this environment herds flourished, growing to the extent that by the end of the 17th century grazing herds had made a measurable impact on the landscape.

Introduction

The presence of domesticated livestock in the Chesapeake landscape was pervasive, beginning at Jamestown with the earliest arrivals of settlers, who brought with them cattle, pigs, goats, horses, and sheep to provide food, labor, and transportation. How these animals were sustained in a world that lacked pastures, fences, and protective barns, however, has been misinterpreted. For the most part, it is believed that livestock were given little or no supplemental foods, and they were allowed to range freely through the woodlands. Some have viewed this system as a nonherding system, that is, the only control was to fence them *out* of valuable fields and orchards (Gray 1933; Laing 1954; Miller 1984; Bowen 1994).

Introduced livestock, however, lived in complex relationships with the colonists, Native American populations, and the land. In Britain, herding was based on a system that intermixed the cultivation of plants with the raising of livestock. In pastures and on fields after harvest livestock were allowed to graze, and in some areas pigs and cattle fed in forests that surrounded farms and villages. In the Chesapeake, the system that evolved incorporated forms of this traditional husbandry into the Native American landscape to create a herd system that both protected and sustained livestock. Given the intricate ecological relationship that existed between the settlers, livestock, and the landscape, what herding system evolved as plantations emerged from forested lands? What impact did the introduction of new species have on the landscape itself?

Slaughter ages based on epiphyseal fusion and tooth wear from cattle, swine, and caprine remains from over 50 sites located throughout the region, combined with data from numerous documentary sources, form the basis for determining the herding system. Domestication studies by biologists and archaeologists have guided this research by showing that domestication occurred as humans established some form of control over their herds, thereby isolating the herds from their wild progenitors (Dahl and Hjort 1976; Clutton-Brock 1981; Hecker 1982; Hemmer 1990; Crabtree 1993). Without these controls natural selection would again become the predominant force, and livestock would return to a feral state. From this perspective it is clear colonial livestock were not feral, since settlers could and did distinguish between those they controlled and others, who they referred to as the "wild gang," who "resorted in company with tame cattle" (Browne 1883, 1:418–419). This study focuses on the process through which a herding system was established in a Native American landscape.

The Early Chesapeake

When settlers arrived in Jamestown in 1607 to establish plantations, they encountered Native American settlements that were composed of houses and palisaded towns with adjacent fields. Surrounding these settlements were woodlands, which were cleared of small wood and old trees for firewood and fired to clear the underbrush, where enemies could conceal themselves. So effective was this clearing that John Smith wrote in 1608, "a man may gallop a horse amongst these woods any waie, but where the creekes or Rivers shall hinder" (Rountree 1989:60). Also present in this landscape were old fallow fields, which created for the newly introduced livestock rich meadows composed of indigenous weeds and pine and hardwood forests, which held acorns and the many tubers pigs thrive on (Silver 1990:49). When woodlands were burned, there were plentiful grasses and browse for cattle, horses, and goats. Beaches along the local streams and rivers provided access to shellfish, and mudflats and marsh zones provided shellfish, rushes, and cattails—all rich food for swine, cattle, horses, and goats.

So successful was this woodland herding system that by the 1622 uprising, when local Native Americans killed half the European and livestock populations, herds had grown to the point that colonists could rely upon domestic meat as a primary resource. As early as 1616 colonists claimed they were able to maintain themselves with food, and census records show that by 1619 there were 120 humans, 500 cattle, some horses and goats, and an infinite number of swine. Two years later the number of cattle had increased to 800 (Brown 1890, 2:76; Kingsbury 1933, 3:118). Zooarchaeological data support this evidence, showing that domesticated animals composed 77 % of the total meat diet during the period 1620–1660, and by 1660–1700, 91 % of the total meat diet (Fig. 39.1; Miller 1984; Manning-Sterling 1994; Bowen 1996).

Biological evidence found for the success of herds can be found in the documentary record. In 1619 John Pory wrote that cattle "do mightily increase here, both kine, hogges, and goates are much greater in stature, than the race of them first brought out of England. No lesse are our horses and mares likely to multiply, which proove of a delicate shape, and of as good spirite and metall" (Kingsbury 1933, 3:220). Another wrote "the cattell already there are much encreased and thrive exceedingly with the pasture . . . though the ground was covered most with snow, and the season sharpe, lived without other feeding than the grasse they found . . . ." (Tyler 1946[1907]:213).

Swine Husbandry

During the early years of settlement, Jamestown colonists focused their commercial interests on creating fields to grow tobacco and other crops, leaving the herding of livestock as a subsistence-related activity.

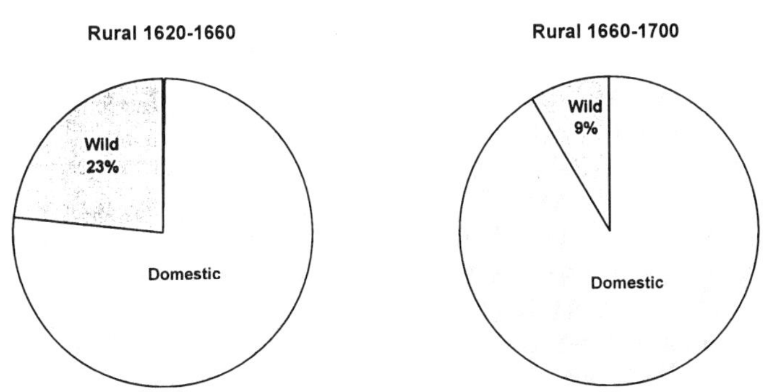

Fig. 39.1 Relative dietary importance in the Chesapeake, 1620–1700, based on usable meat weight (Miller 1984; Bowen 1996).

Although it is presumed swine were simply allowed to run freely, early on colonists established a herding system that was based on their knowledge of pannage husbandry and swine behavior. To protect swine from predators and Native Americans, colonists placed them on islands, and as early as 1611 palisades were built across peninsulas from river to river (Beverley 1947[1705]:37). One palisade is reported to have been four miles long, "with twenty miles for cattle and hogs to circuit in" (Tyler 1946[1907]:306). Further controls were placed on swine, as is evident in a 1640 law that required "hoggs to be confined in pens by night and watched by keepers during the day or owner to satisfie all damages done by them" (Hening 1969[1823], 1(23):28).

Swine may have swarmed "like Vermine upon the Earth . . .," but it is clear controls were present in ways that are little understood (Beverley 1947 [1705]: 318). Since young pigs tend to stay in a herd with the adult females, while the adult boars go off on their own except during rut season, it is clear these supposedly free-roaming individual pigs actually ran in organized herds (Grigson 1982). Beverley recognized this social behavior when he remarked that if "a Proprietor could find and catch the Pigs, or any part of a Farrow," then they could claim ownership of all that ran together, since he noted, "as they are bred in Company, so they continue to the End" (Beverley 1947[1705]:318). Further, since swine tend to remain sedentary as long as desirable food sources are available, colonists could be assured their herds did not move randomly through the forest (Grigson 1982). Peach orchards and newly harvested cornfields could easily have brought swine in from the woodlands in time for fattening in the fall.

This herd system closely resembles the ancient form of pig husbandry that was present in Britain for hundreds of years. Known as pannage husbandry, pigs were kept in large numbers wherever there were sufficient forests (Trow-Smith 1957:50–55; Grigson 1982; Biddick 1989:23–45). Often pigs were born at home during the spring but when weaned at three months they were sent to the woods to feed alongside their elders. There they remained until the end of the mast season, when they were brought in for butchering (Trow-Smith 1957:50–55; Grigson 1982). At times when mast was scarce, pigs were allowed to root around parks, graze on stubble in fields after harvest, and on whatever surplus agricultural produce was available. These pigs had great freedom, but they were not "wild," a fact that Trow-Smith reinforces by stating that "pasturing of pigs at virtually free range either in wood or upon the open waste presupposes a close control of their movements, and ability to drive them in for shelter from prey or for slaughter or for castration or for several other reasons that require pigs to be confined and handled" (Trow-Smith 1957:50–53).

Following ancient traditions, British settlers established a herding system in the Chesapeake. Swine were fenced out of corn fields during the growing season much as Britons had done from as early as the 7th century when laws required individuals to fence out stock from their crops, and later during medieval times when farmers restrained pigs with pens, fences, and hedges (Trow-Smith 1957:50). In the Chesapeake swine adapted so successfully to this herding system that populations proliferated, in spite of losses to predators and Native Americans.

Cattle, Goat, and Sheep Husbandry

In Britain in areas where woodlands were common, cattle were allowed to graze freely in common woods and on fields after harvest. In the Chesapeake, colonists adopted a similar approach, where cattle were allowed to graze alongside swine. But in comparison to swine colonists kept a closer watch over cattle, for every reference clearly distinguishes hogs—and not cattle—being "in the woods." Particularly during the early years when Native Americans were a serious threat, cattle were protected from marauders by keeping them in woodland pastures set up by palisades, or by penning them near homes, or keeping them in their houses (Neill 1885:81; Hodges 1994). After the threat had subsided, cattle continued to be restrained by palisaded peninsulas (Tyler 1946 [1907]: 330).

Although many colonists left "their animals (to) graze in the woods or on the untilled portions of their plantations, where they (sought) shelter nightly rather by instinct than from any care given them," within the boundaries set out for them cattle were "kept in heards waited and attended on by some small watch or so enclosed by them selues that they destroy not yor corne and other seed provisions" (Durand (1934[1687]:122; Kingsbury 1933, 3:18). Other management techniques included branding, earmarks, penning, and the training of oxen.

Early on colonists introduced goats, who could withstand predators better than sheep and flourish on a diverse diet. Assisting in clearing pastures and woodlands by browsing, goats also provided milk to male colonists who were not used to doing the female task of milking cattle. By mid-century, however, sheep began to replace goats after predators had largely been exterminated and more land had been cleared. Unfortunately, there are few records describing how either goats or sheep were herded, but a 1666 law that required adequate fencing for sheep and cattle hints that in all probability the herding of sheep and cattle were intertwined (Hening 1969[1823], 2(15): 243). Dauphine de Durand's (1934[1687]:119) 1687 description reinforces this view with his description of cows, sheep, and horses who were seen grazing together on wheat fields. Further evidence of mixed species husbandry is reported by Mary Beaudry (1980), who observed that by the last quarter of the 17th century cows were often referred to by their names, a sign that owners had established a greater familiarity with their animals. As planters incorporated sheep into their herds, they altered herding methods to incorporate sheep husbandry into cattle husbandry.

Archaeological age data obtained from epiphyseal fusion and tooth wear analyses express this shift in herding in ecological terms. They show that during the last quarter of the 17th century when herds of swine and cattle had increased significantly, forests had been felled to produce tobacco, corn, and wheat, and sheep were being introduced by the wealthier planters, the impact of these changes was felt on the land's productivity, and consequently the animals themselves. The archaeological data show that the age of slaughter for both swine and cattle increased from what it had been during the first half of the 17th century. While such shifts in slaughter ages are normally viewed by zooarchaeologists in economic terms, meaning that the age of slaughter is directly related to human use, it is equally reasonable to consider that the age of slaughter also is related to environmental factors; that the animals themselves responded to changing environmental conditions, much like wild populations respond today to human encroachment on their habitat (Payne 1973; Maltby 1985). Given the colonial herding system, where little or no supplemental food was provided, changes in slaughter ages could easily reflect any shift in available food resources (Maltby 1985:33–74; Bowen 1994: 155–168).

Analytical Methods

Two methods were used to determine slaughter ages. The first is assessing the extensiveness of wear on mandibular teeth (Higham 1967; Payne 1973; Grant 1975, 1978, 1982; Bull and Payne 1982). Since teeth are the most resilient of all mammalian bone, this method is thought to be extremely reliable (Watson 1978). The second method is measuring the degree of fusion of mammalian long bones (Silver 1969; Chaplin 1971). On either end of a long bone shaft are "epiphyses" that fuse to the shaft at a known stage during the maturation process. Since different epiphyses fuse at different times, zooarchaeologists use large assemblages that contain elements in proportions roughly even to that of the normal skeleton to determine the different age groups represented in the assemblage. However, because young immature bone is said to be the most susceptible to damaging taphonomic factors such as dog chewing, there is a potential for some bias in the data skewing toward older animals (Maltby 1982).

Both methods require large samples of ageable material that have not been significantly altered by either exposure to harsh weather or to damage by humans and animals. Since faunal assemblages from North America tend to be extremely small in comparison to assemblages from Europe and the Near East, analysis has tended to focus on epiphyseal fusion rather than tooth wear, and consequently, only the fusion data are available for the previously analyzed assemblages. For assemblages analyzed for this project, plus others where mandibles could be easily pulled for study, tooth wear analyses were performed. To provide yet a third independent measure of livestock slaughter patterns, livestock entries from 17th-century probate inventories were analyzed (Cribb 1987; Flannery et al. 1989).

Analysis

Faunal remains from 50 Chesapeake sites were analyzed for this project. Some had been previously analyzed, while others were analyzed as part of a research project aimed at reconstructing the regional market system in the colonial Chesapeake. Of these assemblages, 13 dated to the 17th century. Since many produced relatively small numbers of ageable long bones and most produced only very small numbers of ageable mandibles, data bases capable of measuring change in slaughter ages were formed by combining data from each assemblage together into macro-assemblages dating to 1620–1660 and 1660–1700. Sufficiently large assemblages were produced for cattle and swine, but unfortunately the very small number of caprine (sheep or goats) remains identified an all assemblages prevented any analysis of caprine husbandry.

Based on these age data, it is clear that slaughter ages tended to increase during the late 17th century (Fig. 39.2). As measured by epiphyseal fusion, during the early 17th century 51 % of the cattle population were slaughtered when they were four years and older. As measured by tooth wear, a third of the cattle population was over 40 months of age when slaughtered. Although these data comprise a very small sample, they show the long bone data under-represent the youngest age group. Such a pattern has been attributed to grass feeding, where it takes upwards of four years for cattle to mature to a good slaughter weight. By the third quarter of the 17th century, however, in the epiphyseal fusion the proportion of the population slaughtered at greater than 4 years increased to 68 %, while in the tooth wear data the population slaughtered at greater than 40 months increased to 67 %.

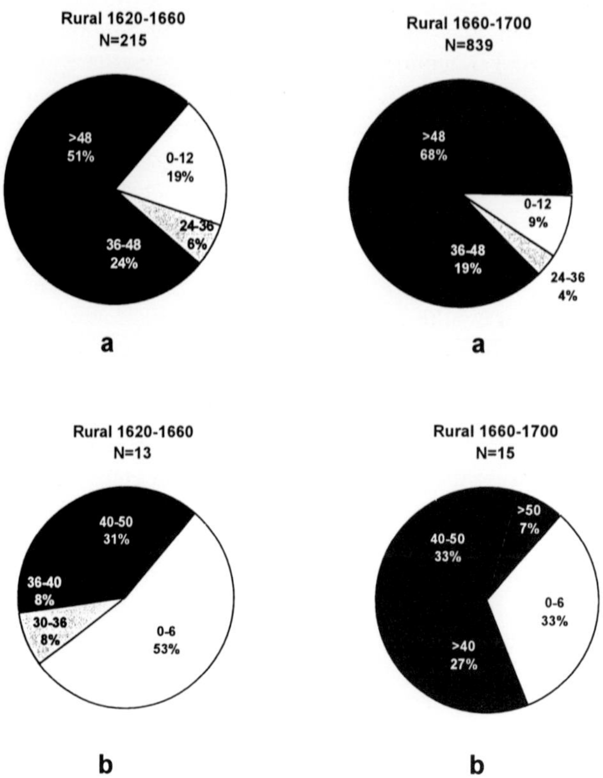

Fig. 39.2 Domestic cattle kill-off patterns: a, *long bone fusion (Silver 1969);* b, *tooth wear (Higham 1967).*

Ages derived from the York County probate records for the period 1620–1660 support the archaeological evidence for cattle, indicating there was a decrease in livestock aged one to three years, but a large increase in cattle aged greater than four years (Table 39.1). For zooarchaeologists this documentary evidence is comforting news, since the method used to depict fusion data in surviving age groups has long been criticized for biological and taphonomic biases (Watson 1978). Unfortunately, probate inventories do not include ages for either swine or sheep, but the clear resolution in cattle ages demonstrates that the method, which is used as either survivor or decedent curves by Chaplin (1971), Redding (1981), and Zeder (1991), portrays real age groups.

Age data for swine indicate that there was a similar increase in the age of slaughter during the late 17th century (Fig. 39.3). Although there is not as clear a match between the long bone and tooth wear data as there is in the cattle long bone and tooth wear data, the swine database portrays a slaughter pattern of primarily younger individuals during the first half of the 17th century and an older population during the late 17th century. In terms of the long bone data, the proportion of the younger age groups decreased from 67 % to 38 % of the population, while the proportion of individuals aged greater than three years being slaughtered increased from 37 % to 62 % of the population. In terms of the tooth wear data, the proportion of younger age groups 0–6 and 6–12 months, drops from 25 % in the early 17th-century to 10 % in the second half of the 17th century, while the proportion of individuals aged greater than 30 months increased from 15 % to 50 % of the population.

Age Group	1620–1660[b] %	1660–1670[c] %
0–6 months	0.0	0.1
6–12 months	0.8	0.0
12–36 months	58.8	43.7
36–48 months	20.6	17.2
>48 months	19.8	38.9

[a] York County Records (Virginia State Archives 1632–1802)
[b] Total (specific age only) for 1620–1660 = 131
[c] Total (specific age only) for 1660–1670 = 1,482

Table 39.1 York County Probate Inventory Records: Cattle (%) in specific age groups.

Ecological Relationships and the Landscape

From an economic perspective, developments in animal husbandry during the 17th-century Chesapeake occurred within the plantation economy, where the commercial production of tobacco was combined with corn production. To grow tobacco for sale and corn for settlers and livestock to eat, colonists felled forests to create fields, and within a few years this intense production had worn out the soil (Carr et al. 1991). Zooarchaeological evidence indicates herding played an additional role in degrading the landscape.

Livestock ecology and management studies demonstrate that such developments impact feeding areas (Heady and Child 1994). Light grazing increases the productivity of wild pastures, but as livestock feed, they reduce available resources both in quantity and quality. Given the specific environment, grazing by too many animals, or too heavy use by a few animals, results in decreased plant vigor, and ultimately the disappearance of desirable plants. In specific areas livestock's frequent, excessive trampling reduces the size of soil aggregates and plant litter to the point that the soil deteriorates and the rains hasten the erosion of once-productive soil.

In the animals, themselves, excessive foraging results in reduced growth rate, weight gain, fertility, and overall health. When the stocking rate is low, few animals graze abundant forage, and they reach their biological potential, meaning they gain weight rapidly, increase in size, and reproduce easily. As stocking rates increase and the number of animals grazing on the land is high, however, animals begin to lose weight and lose condition. At even higher rates, forage availability declines and pasture conditions deteriorate. Here animals must feed for a longer period of time, but they gain less and eventually lose weight. When two or more species of domestic animals graze together, the result can be advantageous, but historically mixed-species grazing has resulted in severe overgrazing.

The extent to which overgrazing in the Chesapeake was a problem remains a future research topic; at present the archaeological data simply suggest that these principles were in effect. Possibly the age data

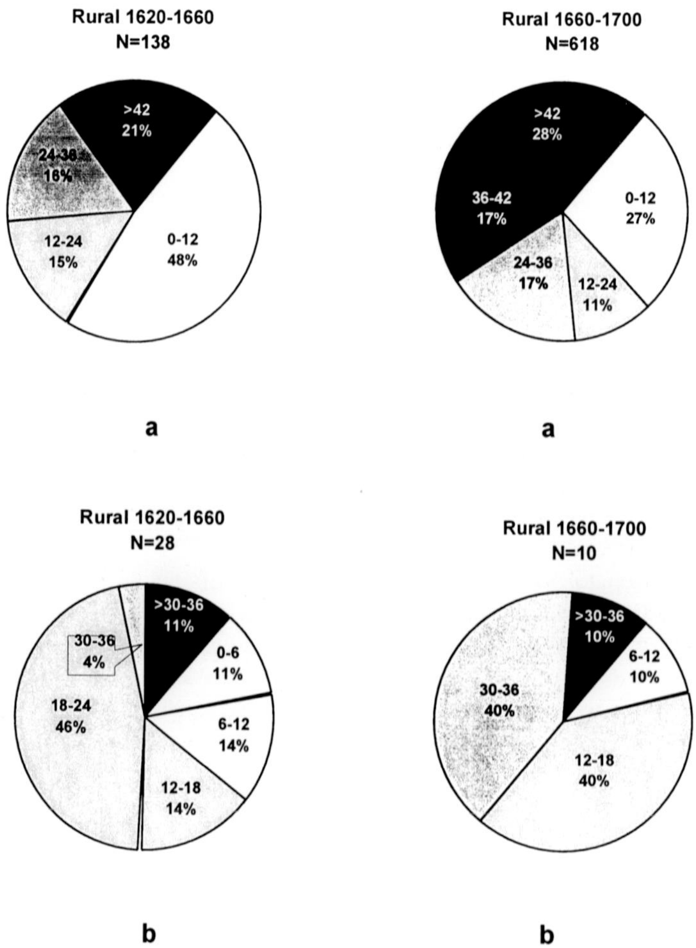

Fig. 39.3 Kill-off patterns for swine: a, *long bone fusion (Silver 1969);* b, *tooth wear (Bull and Payne 1982).*

might be measuring the decline of an environment where introduced species initially thrived, but by the second half of the 17th century, in areas where tobacco farming had depleted soils, livestock experienced the decline of a once lush environment.

There is documentary evidence to support the interpretation that over time the result of tobacco production and overgrazing impacted the livestock themselves. Early 17th-century references tend to extol the size, health, and general fecundity of the livestock, but the late 17th-century references describe a different situation. Reverend John Clayton wrote, for example, Cattle "have little or no Grass in winter, so that . . . (they) are pined and starved, and many that are brought low and weak, when the Spring begins, venture too far into the Swamps after the fresh Grass, where they perish; so that several Persons lose ten, twenty or thirty head of Cattle in a Year" (Force 1947[1844], 3(12):25–26). Robert Beverley (1947[1705]:318), one of the most eloquent writers, wrote in 1705 that his own compatriots were ill-treating their cattle by not feeding them in winter, "By which means they starve their young cattle, or at least stint their growth, so that they seldom or never grow as large as they would do, if they were well manag'd." A number wrote of the diminished size of livestock, and the diminished size of horses became enough of a problem in both Maryland and Virginia that laws requiring small horses be gelded in order to not "Lessen and spoil the whole breed and Streyne of all horses . . ." (Steiner 1917, 38:1694, 1729; Hening 1969[1823], 3:36–37). These documents support the interpretation that over time, as increasing numbers of livestock fed on available woodlands and pastures, their health and stature declined.

Conclusion

Building a more complete understanding of the parameters of the herding system as it evolved within the Chesapeake, and the impact the relationship between the land and animals had on each other, requires more documentary and archaeological research. More information is needed on species-specific feeding practices, social behavior, econiches, and the impact agricultural shifts from tobacco to wheat production had on the pasturing of cattle, horses, and sheep. As well, more documentary evidence is needed on the fecundity rates for each species of livestock. Alongside more detailed work with documentary sources, future work with archaeological data is needed. Additional evidence on feeding practices of different species and how different econiches were used throughout the entire colonial period can be obtained from phytoliths found on domestic mammal teeth. Additional evidence on the changing sizes of livestock can be found in measurements that have been taken on the archaeological remains of cattle, swine, and caprines. Together with documentary evidence pulled from laws and legal documents, diaries, probate inventories, and tax records, this evidence can spell out the ecological interrelationship that exists between livestock, the woodlands herding system, and the land they fed upon.

Acknowledgements

I want to thank the Colonial Williamsburg Foundation, the National Endowment for the Humanities (Grant No. RO-22643–93), and numerous archaeological and historical institutions that each have generously supported this research. The data presented in this paper are a synthesis of analyses completed by myself and a number of zooarchaeologists whose work has spanned 20 years. Those who worked with the materials are too many to mention. I thank each and every one of you. In particular I would like to thank Elizabeth Reitz, Melinda Zeder, and Richard Meadow for their expertise and advice regarding ageing techniques, and the project director, Lorena Walsh, who supported our efforts, gave sage advice, and kept us on track. The choices made for this analysis are, as always, my full responsibility.

References

Beaudry, Mary C. 1980, *Or What Else You Please to Call It: Folk Semantic Domains in Early Virginia Probate Inventories.* Ph.D. dissertation, Department of Anthropology, Brown University, Providence, RI. University Microfilms International, Ann Arbor, MI.

Beverley, Robert 1947, *History and Present State of Virginia,* edited by Louis B. Wright. Reprint of 1705 edition. University of North Carolina Press, Chapel Hill.

Biddick, Kathleen 1989, *The Other Economy: Pastoral Husbandry on a Medieval Estate.* University of California Press, Berkeley.

Bowen, Joanne 1994, A Comparative Analysis of the New England and Chesapeake Herding Systems. In *Historical Archaeology of the Chesapeake,* edited by Paul A. Shackel and Barbara J. Little, pp. 155–168. Smithsonian Institution Press, Washington.

Bowen, Joanne 1996, Foodways in the 18th-Century Chesapeake. In The Archaeology of 18th-Century Virginia, edited by Theodore R. Reinhart. *Archeological Society of Virginia Special Publication* 35:87–130. Richmond.

Brown, Alexander 1890, *The Genesis of the United States . . . A Series of Historical Manuscripts Now First Printed.* Houghton Mifflin, Boston.

Browne, William Hand 1883, *Archives of Maryland, Proceedings and Acts of the General Assembly of Maryland,* Vol. 1. Maryland Historical Society, Baltimore.

Bull, Gail, and S. Payne 1982, Tooth Eruption and Epiphyseal Fusion in Pigs and Wild Boar. In The Study of Animal Bones from Archaeological Sites, edited by B. Wilson, C. Grigson, and S. Payne. *BAR British Series* 109:55–71.

Carr, Lois, Russel Menard, and Lorena Walsh 1991, *Robert Cole's World: Agriculture and Society in Early Maryland.* University of North Carolina Press, Chapel Hill.

Chaplin, Ramond E. 1971, *The Study of Animal Bones from Archaeological Sites.* Seminar Press, London.

Clutton-Brock, Juliet 1981, *Domesticated Animals from Early Times.* University of Texas Press, Austin.

Crabtree, Pamela J. 1993, Early Animal Domestication in the Middle East and Europe. *Archaeological Method and Theory* 5:201–246. Michael B. Schiffer, editor. University of Arizona Press, Tucson.

Cribb, Roger 1987, The Logic of the Herd: A Computer Simulation of Archaeological Herd Structure. *Journal of Anthropological Archaeology* 6:376–415.

Dahl, G., and A. Hjort 1976, Having Herds: Pastoral Herd Growth and Household Economy. *Stockholm University Studies in Social Anthropology* 2. Stockholm.

Durand de Dauphine 1934, *A Huguenot Exile in Virginia or Voyages of a Frenchmen Exiled for His Religion with a Description of Virginia and Maryland*, translated and edited by Gilbert Chinard. Reprint of 1687 account. Press of the Pioneers, New York.

Flannery, Kent V., Joyce Marcus, and Robert G. Reynolds 1989, *The Flocks of the Wamani: A Study of the Llama Herders on the Punas of Ayacucho, Peru.* Academic Press, New York.

Force, Peter (editor) 1947, *Tracts and Other Papers Related Principally to the Origin, Settlement , and the Progress of the Colonies in North America, from the Discovery of the Country to the year 1776.* Reprint of 1844 edition. Peter Smith, New York.

Grant, Annie 1975, The Use of Toothwear as a Guide to the Age of Domestic Animals: A Brief Explanation. In The Excavations at Portchester Castle. Volume 1, Roman. *Reports and Research Committee of the Society of Antiquaries* 33:437–450. London.

Grant, Annie 1978, Variation in Dental Attrition in Mammals and Its Relevance to Age Estimation. In Research Problems in Zooarchaeology, edited by D. R. Brothwell, K. D. Thomas, and J. Clutton-Brock. *Occasional Publication* 3. The Institute of Archaeology, Great Britain.

Grant, Annie 1982, The Use of Toothwear as a Guide to the Age of Domestic Ungulates. In Ageing and Sexing Animal Bones from Archaeological Sites, edited by B. Wilson, C. Grigson, and S. Payne. *BAR British Series* 109:91–108.

Gray, Lewis Cecil 1933, *History of Agriculture in the Southern United States to 1860*, Vol. 1. Carnegie Institution of Washington, Washington.

Grigson, Caroline 1982, Porridge and Pannage: Pig Husbandry in Neolithic England. In Archaeological Aspects of Woodland Ecology, edited by Martin Bell and S. Limbrey. *International Series* 146:297–312. British Archaeological Reports, Oxford.

Heady, Harold F., and R. Dennis Child 1994, *Rangeland Ecology and Management.* Westview Press, Boulder, CO.

Hecker, H. M. 1982, Domestication Revisited: Its Implications for Faunal Analysis. *Journal of Field Archaeology* 9:217–238.

Hemmer, Helmut (editor) 1990, *Domestication: The Decline of Environmental Appreciation.* Cambridge University Press, Cambridge.

Hening, William Waller (editor) 1969, *The Statutes at Large: Being a Collection of All the Laws of Virginia, from the First Session of the Legislature, in the Year 1619.* Reprint of 1823 edition. University Press of Virginia, Charlottesville.

Higham, C. F. W. 1967, Stock Rearing as a Cultural Factor in Prehistoric Europe. *Proceedings of the Prehistoric Society* 33:84–106. Lewis, London.

Hodges, Charles 1994, Pig Snouts, Lion Teeth, and Human Eyes: A Study of Two Prime Competitor Species with Early *Homo sapiens.* Paper completed for Anthropology 501. The College of William and Mary, Williamsburg, VA. Manuscript, Department of Archaeological Research, Colonial Williamsburg Foundation, Williamsburg, VA.

Kingsbury, Susan M. (editor) 1933, *The Records of the Virginia Company of London.* Government Printing Office, Washington, DC.

Laing, Wesley Newton 1954, *Cattle in Early Virginia.* Ph.D. dissertation, History Department, University of Virginia, Charlottesville. University Microfilms International, Ann Arbor, MI.

Maltby, J. M. 1982, The Variability of Faunal Samples and Their Effects on Ageing Data. Ageing and Sexing Animal Bones from Archaeological Sites, edited by Bob Wilson, Caroline Grigson, and Sebastian Payne. *BAR British Series* 109:81–90. Oxford.

Maltby, J. M. 1985, Patterns in Faunal Assemblage Variability. In *Beyond Domestication in Prehistoric Europe*, edited by Graeme Barker and Clive Gamble, pp. 33–74. Academic Press, New York.

Manning-Sterling, Elise 1994, Great Blue Herons and River Otters: The Changing Perceptions of All Things Wild in the Seventeenth and Eighteenth-Century Chesapeake. Unpublished M.A. thesis, Department of Anthropology, The College of William and Mary, Williamsburg, VA.

Miller, Henry M. 1984, *Colonization and Subsistence Change on the Seventeenth-Century Chesapeake Frontier.* Ph.D. dissertation, Department of Anthropology, Michigan State University, Lansing, MI. University Microfilms International, Ann Arbor, MI.

Neill, Edward Duffield 1885, *Virginia Vetusta, During the Reign of James the First, Containing Letters and Documents Never Before Printed.* Joel Munsell's Sons, Albany, NY.

Payne, Sebastian 1973, Kill-Off Patterns in Sheep and Goats: The Mandibles from Asvan Kale. *Anatolian Studies* 23:281–303.

Redding, Richard 1981, The Faunal Remains in an Early Town on the Deh Luran Plain. In An Early Town on the Deh Luran Plain, edited by Henry T. Wright. *Museum of*

Anthropology Memoirs 13:233–261. University of Michigan, Ann Arbor, MI.

Rountree, Helen 1989, *The Powhatan Indians of Virginia: Their Traditional Culture.* University of Oklahoma Press, Norman, OK.

Silver, Timothy 1990, *A New Face on the Countryside: Indians, Colonists, and Slaves in South Atlantic Forests, 1500–1800.* Cambridge University Press, Cambridge.

Silver, I. A. 1969, The Aging of Domestic Animals. In *Science in Archaeology*, edited by Don Brothwell and Eric Higgs, pp. 282–302. Praeger, New York.

Steiner, Bernard Christian (editor) 1917, *Archives of Maryland, Proceedings and Acts of the General Assembly of Maryland.* Maryland Historical Society, Baltimore, MD.

Trow-Smith, Robert 1957, *The History of British Livestock Husbandry to 1700.* Routledge and Kegan Paul, London.

Tyler, Lyon G. (editor) 1946, *Narratives of Early Virginia, 1606–1625.* Reprint of 1907 edition. Barnes and Noble, New York.

Virginia State Archives 1632, 1802, *York County Deeds, Orders, and Wills.* Colonial Williamsburg Foundation Library, Williamsburg, VA.

Watson, J. N. P. 1978, The Interpretation of Epiphyseal Fusion Data. In Research Problems in Zooarchaeology, edited by Don Brothwell, K. D. Thomas, and J. Clutton-Brock. *Institute of Archaeology Occasional Publication* 3:97–102. London.

Zeder, Melinda 1991, *Feeding Cities: Specialized Animal Economy in the Ancient Near East.* Smithsonian Institution Press, Washington.

Joanne Bowen
Department of Archaeological Research
Colonial Williamsburg Foundation
PO Box 1776
Williamsburg, VA 23187–1776

40 'Of Cabbages – and Kings': Garden Archaeology in Action

Brian Dix

The formal opening on 6 July 1995 by HRH the Prince of Wales of the recently restored Privy Garden of 1701–2, which his ancestor King William III had created at Hampton Court Palace, represents a landmark of achievement in garden archaeology (Thurley 1995). Its layout of flowerbeds and paths, location of statues and steps, and the character of the flanking terraces with the positions of accompanying topiary are all faithful to the original design and follow precisely the alignment and relative height of former features denoted by archaeological excavation. The use of identical or similar materials to those that were originally employed adds to the authentic setting, while the nature and rhythm of planting have been reconstructed from surviving plant lists and through analysing contemporary practice. The result is an accurate recreation of the garden, which both delights the modern visitor and restores the harmony that was always intended to exist with the palace. Archaeology played a key role in the rediscovery and definition of this spirit, and the investigation and recording of physical remains, together with related analysis and interpretation, were crucial to the success of the project. This use of archaeology to reconstruct the former appearance of a garden is by no means new, but at Hampton Court archaeological techniques were more closely integrated into the processes of project planning and design execution than on many previous occasions (Dix 1997).

The earliest modern recreations of former gardens owed more to art-historical study and contemporary horticultural design than to archaeological research. Such gardens might be laid out in a mock Renaissance style or recreated to another period, and they were frequently a hybrid of old and new ideas (cf. Elliott 1986, 55–78; Sales 1995, 2–3).[1] They ranged in scale from large, formal designs intended to complement the original architecture to smaller horticultural exercises, often with little semblance to what might formerly have existed. The popularity of 'Shakespeare gardens' on both sides of the Atlantic received ultimate expression around 1920 in the project of creating an Elizabethan garden in the grounds of the poet's last home at New Place, Stratford-upon-Avon (Singleton n.d., 333–45 quoting FC Wellstood and E Law). It was stocked with the old-fashioned flowers mentioned in his plays, with many being sent from places with Shakespeare associations, and it also contained a 'Knott Garden' that was closely modelled on the designs and views shown in contemporary books on gardening. Despite the attempt at historic authenticity, the project did not take account of the archaeological potential of its surroundings to inform reconstruction.

A similar attitude towards tangible evidence characterised many subsequent projects that were also designed to create a suitable atmosphere for the setting of an historic building, and important archaeological evidence of earlier garden schemes has been unwittingly destroyed in the process. More tradition-bound curators and managers have not always shared the concern for authenticity, which lies at the heart of much current conservation philosophy. The nostalgic appeal of an ornamental period garden has seduced restorers to apply detail from grand estates to the smallest of gardens and to transfer fashions across geographical and time boundaries, thereby creating a pastiche which according to circumstance or place might be termed Jacobethan, Colonial Revival, and so on. Though nowadays largely discredited, such garden reconstruction is a powerful reminder of changing modern perceptions of life in the past.

Where occasionally used in these projects, as in the garden of the Governor's Palace at Williamsburg, Virginia, archaeology was limited to the detection of former paths, steps and walls as the means to confirm the accuracy of historical engravings and surviving descriptions (Brown & Chappell 1997, 71; see also Brown & Samford 1990, 104–5). This approach, involving excavation to establish the former outline of a garden, followed from work in ancient Roman gardens but its wider application to historic sites and subsequent development depended upon continuing American initiatives and British adaptation (Jacques 1993 & 1997). During the 1930s, the discovery of the former garden layout at Stratford Hall Plantation in Virginia, US was the model for HM Office of Works in England to carry out excavations in the Great Garden at Kirby Hall, Northamptonshire, using the results as the basis for reconstructing its late 17th-century appearance (Nail 1997, 3–4). Modern re-excavation of the site has shown how that interpretation both confused the evidence of different periods and at the same time introduced an inappropriate planting design. Much evidence for the previous form of the garden appears to have been taken away with the soil that was removed prior to the reconstruction and photographs taken beforehand show surface traces possibly outlining former paths and other features (Dix et al. 1995, 296).

In Britain, with a tradition of field observation stretching from the 16th century, the analysis of such earthworks is now a commonplace, yet it is only within the last 40 years that the sites of abandoned gardens have been given proper recognition (Taylor 1991, 1–3).[2] Indeed, they have begun to be identified in such a growing quantity that they now form one of the commonest types of archaeological site. Together with the banks and ditches of former canals, moats and ponds, lesser scarps and hollows may denote the existence of earlier garden features, marking the lines of walls, raised walks and other paths. In many places such field remains are the only evidence for a site where other records are either inadequate or lacking (cf. idem 1983).[3]

Individual examples vary enormously in size, complexity and importance. They range in date from the medieval to the 20th century, and extend from earthworks that once provided a watery setting for royal residences and other castles or great homes, to the lost features of modern public parks. They include relict town and cottage gardens as well as the remains of the larger, often elaborate formal layouts that existed at country houses, where the wider surrounding of a designed landscape might contain parkland planting or seek to create a picturesque quality through carefully contrived scenes.[4]

The rigid structure and geometry of gardens constructed during periods when a formal layout, or its historical revival, was fashionable has ensured that many related elements survive, though mostly bereft of their original planting and other detail. Although fieldwork has recorded the remains of the man-made terraces and other substantial earthworks of an increasing number of these gardens, the evidence for when they were laid out is often ambiguous, and close dating is usually reliant upon documentary information or a clear association with contemporary buildings (cf. Everson 1991).[5] There is therefore the scope for a typology based upon the analysis of dated sites to assist with the interpretation of those that are not so well documented. However, the results of excavation which provide recent dates for sites that at first appearance might be thought medieval, as at Bulwell, Nottinghamshire (Drage 1979), should caution against too simplistic an identification.

In addition to the identification of former boundaries and enclosing terraces, which are often denoted by substantial remains, the careful observation and analysis of the shapes and layout of faint earthworks can lead to the discovery of old flowerbeds that have been grassed over. Earlier planting arrangements, given up for reasons of economy, the lack of labour to maintain them, or simply change of fashion, may thus be preserved beneath modern lawns (e.g. Everson 1995). Not all have been recently abandoned, however, and in some cases 18th-century designs have been discovered, represented by undulations less than four inches high (RCHME 1979, fig. 143). Slight earthworks of this nature may be more easily identified and better understood when viewed from the air, especially in raking light or with a powdering of snow to emphasise the often minute differences of surface relief (Wilson 1991). On completely flattened sites, buried remains may still be revealed, either as soil marks or by differences in vegetation. In favourable circumstances, even submerged features can be detected, as happened during an aerial survey of Blenheim Park, near Oxford, where the remains of an earlier canal scheme were revealed beneath the waters of 'Capability' Brown's lake (Green & Bond 1987, 82–6 & fig. 71).

Former tree sites within parkland can often be identified both from the hollows left by their removal and through the higher levels of fertility that may encourage nettles or other distinctive vegetation to grow within the zone of rotted root material. In some cases these effects have persisted for well over a century, allowing the detail of lost avenues to be discovered, like in the Home Park at Hampton Court (Ponsford 1993, 262 and 1994, 156). Studying the species, form and branch structure of surviving trees and bushes can give evidence of past function and use, for example as pollards, pleached lines, or clipped topiary. Dates for planting or changes in pruning can be estimated and methods of cultivation might be suggested by the examination of root structures (Phibbs 1983, 167–8; Rackham 1976; cf. Pigott 1995).

Important details may also be revealed by analysing the relationship of trees to other aspects of the natural and man-made landscape (Phibbs 1991). Studies of this kind can indicate the extent of influence of the existing landform and demonstrate the nature of change at different periods. The features associated with past water management, woodland planting, farm buildings, and other structures, for example, are all part of the local landscape development. Together with the vestiges of earlier land use and exploitation, they have influenced to varying extents the present ecology as well as social and economic history. The recognition of patterns of chronological and spatial variation and the identification of how features may interrelate are essential to successful conservation management. Likewise, an appreciation of the different ways in which landscape was experienced can help to frame future planting and development strategies, which might include the re-opening of historic views and the restoration of open spaces. At Hafod Uchtryd, near Aberystwyth, Wales, for example, the current Forest Design Plan recognises the opportunity provided by maturing woodland to re-establish former Picturesque qualities through a phased programme of selective thinning, other felling, and restocking (Hafod Guidelines 1998, paragraphs 9.5 & 11.2).

Historical analysis, establishing when the basic structure of the site was laid out and identifying the significant phases of its development, combined with archaeological fieldwork to determine what now remains, is an essential means of gauging the potential for survival of former garden layouts (Birnbaum 1994; Dingwall 1995; Lambert et al. 1995). The techniques of geophysical survey are a further tool used in defining more accurately the nature and pattern of features. In suitable conditions both earth-resistance measurement surveys and magnetometry have been successful in tracing buried paths and flowerbeds, together with locating garden walls and ornamental features such as fountain basins (Aspinall & Pocock 1995; Cole et al. 1997; cf. Bevan 1994). The lost elements of successive phases of a garden's history can often be identified but, like other non-intrusive surveys, the detail of their evolution can only be understood with the aid of the historical record or through related archaeological excavation.

Excavation is the corollary of authentic reconstruction and accurate restoration. Its scope can range from the comprehensive to the selective, targeting particular aspects for either research or veracity of reconstruction. Thus, it may be used to evaluate the extent and condition of surviving remains, so providing information upon the constraints of a site, or be undertaken as an essential stage of restoration (West 1997). It enables us to identify the original methods of ground preparation and the nature of building materials. Reconstructing former earth profiles becomes possible and the setting of paths and major architectural features, together with the accurate location of earlier tree pits and other planting arrangements are all revealed, as in the Privy Garden at Hampton Court (Dix & Parry 1995).

Recent work in Britain and the US has followed a comparable and often parallel development. Most attention has focussed on the investigation of planned landscapes and the formal garden layouts usually associated with the political and wealthy élite (cf.

Fig. 40.1 Hampton Court Privy Garden: archaeology and reconstruction

Jacques 1997, 3–5; McRobie 1996). The results demonstrate how in the past many of these people utilised artistic design and garden planning for the purpose of self advertisement. They show the manner in which practical gardening could be combined with the existing topography of an estate to make a visual statement. In addition to tracing the development of boundaries and the construction of terraces and other landforms, archaeological excavation has been used to confirm the location and configuration of former architectural landscape features such as cascades, grottoes, ponds and pavilions. A number of sites have subsequently been restored on the basis of the excavated ground plan and recovered building materials. They include terraces at Aberdour Castle, Scotland (Hynd & Ewart 1983), several waterworks (e.g. Currie 1990a & 1990b; idem & Locock 1995) and other landscape features at Painswick, Gloucester (Bell 1993) and Painshill, Surrey (Howes 1991). Similar architectural features have also been discovered on American sites (cf., for example, Kelso 1990).

Path layouts and routes such as carriage drives have also been restored accurately following excavation, which has provided evidence for the original material of their construction as well as the details of former dimensions and the previous cross sections. Depending upon requirement, the scale of investigation may range from the extensive uncovering of an individual route to the examination of its salient points and key intersections (cf. Ponsford 1993, 269–70; idem & Jackson 1995, 160 for the grounds of Chiswick House; for similar work in the landscape gardens of Potsdam and Berlin see Seiler 1997). Targeted excavation is also used to gather detailed information concerning the evolution of individual sites and to provide an outline of their appearance in individual phases, as well as to test the degree of survival of a buried layout prior to more extensive clearance for reconstruction. Related work in the English Midlands includes investigation at Castle Bromwich Hall (Currie & Locock 1993), Hanbury Hall (Currie 1996), and Kirby Hall (Dix et al. 1995).

Careful thought needs to be given to sampling strategies since the processes of gardening are by their nature erosive and will often create localised environments, which in each case may either foster or inhibit particular types of preservation (Currie & Locock 1991; Yentsch & Kratzer 1994 & 1997). The best field evidence is likely to be contained in short-lived gardens, which are comparatively unmarked by regular change, or, if they have been maintained over a long period, in those instances where former alterations were accompanied by substantial earthmoving – either by importing soil to raise levels in order to bury existing designs or by sinking the ground to clear the site for new works.

Large scale, open-area excavation of such sites has led to the recovery of several comparatively intact garden plans, dating from the 17th century onwards and including designs in small, town-house gardens as well as those laid out for royalty and in gentry-house settings.[6] Whereas in Britain the majority of these sites are characterised by evidence of ornamental planting and elaborate parterres, the excavated early American examples display a greater utilitarian purpose, with the occurrence of decoration often subordinated by vegetable cultivation. Many of the associated finds are of an equally prosaic nature, including flowerpots and bell glasses as well as hoes, rakes and other gardening tools (cf. A. Noël Hume 1974, 39–83).

From the evidence of the planting beds and trenches now uncovered there, the backyards of the ordinary houses in the centre of Colonial Williamsburg should be viewed differently from the earlier attempts of reconstruction. The evidence for the form and manner of their cultivation is consistent with an interpretation of use for food growing rather than flower gardening – at the Peyton-Randolph site, for example, a specialised asparagus bed was identified by a distinctive lining which was directly analogous to that recommended by historical practice (Brown & Samford 1990, 108–9; see also Brown & Chappell 1997, fig. 2).

Ironically, the plant remains recovered from most excavations in historical gardens tend to provide an indication of general land use rather than specific planting (Murphy & Scaife 1991; de Moulins & Weir 1997). They may comprise pollen (cf. Fish 1994) and phytoliths (Rovner 1990), together with plant macrofossils, including leaves, stems, wood and roots as well as seeds. The difficulty of interpreting such assemblages, due to differential qualities of survival and the potential for contamination through prolonged cultivation, is further complicated by the common inability to distinguish wild species from cultivated varieties. A broad interpretation may be all that is possible and while certain plant associations might suggest a garden origin, better information on the range of plant varieties is usually available in historical lists and from other sources, which may sometimes include actual pressed flowers – such as are preserved from Hampton Court in the Sloane Herbarium, now at the British Museum of Natural History (Dandy 1958; cf. Hammond 1990, 129–32 for specimens from Old Salem, Massachusetts).

The remains of molluscs, insects and vertebrates can improve knowledge of the former environment, though they too may reveal more about growing conditions than about what was planted and where. Combined with the botanical information and soil studies, involving microfabric analysis and chemistry, comprehensive investigation may show how soils have been modified by cultivation, together with the extent and nature of deliberate soil-enrichment or other improvement (e.g. appendix 2 in Dix & Parry 1995, 115–8). In some instances, the composition of an individual soil and the form of the associated bed might denote a particular style of gardening; for example, flower borders and simple grass edges with topiary each had different requirements for drainage and depth, as well as soil quality (Woudstra 1995, 56–7 citing various authorities; see also Goodchild 1981). In the case of formal designs, the dimensions and layout of individual features, together with surviving trees or the evidence for their position, undoubtedly reflect the original planting plan (cf. Thurley ed. 1995, fig. 99). However, because of the difficulty of identifying individual plant remains and how they were arranged, the reconstruction of specific planting schemes will normally rely upon studies of other topographical and historical evidence (e.g. Laird & Harvey 1993; Woudstra 1995).

The links between individual garden areas and the potential differences of former use and status separating them can be explored through spatial analysis, as tried for the 18th-century walled garden at Castle Bromwich Hall, West Midlands (Locock 1994). In addition to giving insight into the management of the garden, an examination of the evidence relating to the treatment and use of space might help to elucidate how the garden articulated with the house: the one part will always inform upon the other. The search for a sense of harmony with the surrounding landscape is a recurrent theme in the history of architecture and garden design, where the distant park also forms a recognisable space (Mosser & Teyssot 1991). Thus, to attempt to understand the relationship between built and landscaped forms enables us to approach the original concept of design and visual planning. The mathematical analysis of the connection between space and sight shows how geometry and the rules of proportion were used to design prominent features, including the use of perspective to create the illusion of distance or the heightening of buildings (e.g. Leone 1984; idem & Shackel 1990; Paca Steele & Wright 1987). The recovery of these meanings and the appreciation of their social context inevitably draw upon a wide range of sources and differing academic studies, but the resulting synthesis is worthwhile for the new understanding that it frequently gives. However, landscape and garden studies combining historical and anthropological thinking with archaeoenvironmental science in a similar way to those from Mount Clare in Maryland (Weber et al. 1990) and the Kingsmill project, Virginia (Kelso 1984, with discussion of the gardens 143–52) remain rare in Britain.

Not all sites are capable of providing detailed information and sometimes the surviving evidence may be neither as accurate nor as complete as had been hoped. While this may have caused criticism previously, modern project management and the adherence to principles of good practice should increase general understanding of the nature of such limitations and facilitate better decisions in the choice of appropriate investigative techniques (Dix 1995; ICOMOS UK 1998). Similarly, conflicts between archaeologists and historians or others over the interpretation of evidence might be avoided through improved working relationships (Flenley 1997). There is nevertheless an inherent dichotomy in the use of the destructive techniques of archaeological excavation to promote reconstruction, especially since the restoration to a spectacular heyday may involve the removal of later features, which might have their own intrinsic interest. At the same time, it may often be impossible to achieve authentic replanting where only modern variants of the original plants are now available (Taylor 1996). Whilst accuracy lies in such particulars and the detail of how each feature was made, there is the need for a reasonable judgement to be exercised. Strict historical recreation is never possible

– and may not be desirable in the modern context (cf. Thurley 1995, 16–18; Sales 1995, 6–7). Today's balanced approach, combining the historical and aesthetic with the practical, reveals to the visitor or other inquirer the social, physical and horticultural contexts of the historic garden scenes about which we are curious. Of course, it may reflect an attitude that proves to be as transient as gardens are themselves.

Notes

1. For similar French attitudes see Mosser 1991; for the American perspective, Hosmer 1985. Such re-introduction of historical designs and planting, with their nationalist connotation, should not be confused with the more broadly based Revived Formal Style that became the leitmotif of some 'landscape architects'; cf. Thacker 1994, 285–96.
2. From the beginning, the summaries of annual work in Post-Medieval Britain published by the Society for Post-Medieval Archaeology have included provision for notes on gardens, parks and their landscape features: Hurst 1967, 107.
3. Taylor 1983 remains the essential introduction to the evidence, chiefly drawn from English sites. Subsequent fieldwork includes both individual site surveys, as cited below, and regional studies, e.g. Bond & Iles 1991 for Avon and Somerset. For other areas, see Briggs 1991, 1997 & 1998 (Wales), and Cruft 1991 (Scotland).
4. E.g. Bodiam Castle, Sussex – Everson 1996 and Taylor et al. 1990; Raglan Castle, Gwent – Whittle 1989; others – Everson 1998. Public parks – Conway 1996, Lambert 1997 and Taylor 1995. Royal Parks – Pattison 1998. Country houses and estates – Martin & Oswald 1996, Pattison 1992 and Wilson North 1993; for a view of the original working methods, see Hall 1995. For archaeology in the Picturesque, see Kerkham & Briggs 1991.
5. Dated earthwork sites include Holdenby, Northampton (1579–1587) – RCHME 1981, 106–9; Lyveden, Northampton (1597–1604) – Brown & Taylor 1972; Chipping Campden, Gloucester (1609/10–1629) – Everson 1989; Tackley, Oxford (early 17th- century) – Whittle & Taylor 1994; Harrington, Northampton (late 17th-century) – RCHME 1979, 75–7; Boughton, near Weekley, Northampton (1685-c.1710) – ibid., 156–62.
6. In Britain, in addition to the Privy Garden at Hampton Court (Dix & Parry 1995), these include Audley End, Essex (Egan 1988, 216–7), Chatelherault in Strathclyde Country Park, Scotland (cf. Cruft 1991, figs. 14.8–10) and Tredegar House, Newport in south Wales (Whittle 1993) – none of which is fully published. For a town-house garden, see Bell 1990, possibly with a neighbour that is similarly intact (cf. Ponsford & Jackson 1996, 255). Clearance of American sites includes work in the Burwell garden at Carter's Grove, near Williamsburg (I. Noël Hume 1974, especially 36–41) and at Bacon's Castle, Surry County, Virginia (Luccketti 1990).

References

Aspinall, A. & Pocock, J. A. 1995, 'Geophysical prospection in garden archaeology: An appraisal and critique based on case studies', in *Archaeological Prospection* 2.2, 61–84

Bell, R. D. 1990, 'The discovery of a buried Georgian garden in Bath', in *Garden History* 18.1, 1–21

Bell, R. D. 1993, 'Archaeology and the Rococo garden: The restoration at Painswick House, Gloucestershire', in *Garden History* 21.1, 24–45

Bevan, B. 1994, 'Remote sensing of gardens and fields', in Miller & Gleason, 70–90

Birnbaum, C. A. 1994, *Protecting Cultural Landscapes: Planning, Treatment and Management of Historic Landscapes*, US Department of the Interior National Park Service, Washington DC

Bond, C. J. & Iles, R. 1991, 'Early gardens in Avon and Somerset', in Brown, 36–52

Briggs, S. 1991, 'Garden archaeology in Wales', in Brown, 138–59

Briggs, S. 1997, 'The fabric of parklands and gardens in the Tywi Valley and beyond', in *Carmarthenshire Antiquarian Soc.* 33, 88–105

Briggs, S. 1998, 'A new field of Welsh cultural history: Inference and evidence in gardens since c.1450', in Pattison, 65–74

Brown, A. E. (ed.) 1991, *Garden Archaeology* (Council for British Archaeology Research Report 78), London

Brown, A. E. & Taylor, C. C. 1972, 'The gardens at Lyveden, Northamptonshire', in *Archaeological Jnl.* 129, 154–60

Brown, M. R. & Chappell, E. A. 1997, 'Archaeology and garden restoration at Colonial Williamsburg', in Jacques (ed.), 70–7

Brown, M. R. & Samford, P. M. 1990, 'Recent evidence of 18th century gardening in Williamsburg, Virginia', in Kelso & Most, 103–21

Cole, M. A., David, A. U. E., Linford, N. T., Linford, P. K. & Payne, A. W. 1997, 'Non-destructive techniques in

English gardens: Geophysical prospecting', in Jacques (ed.), 26–39

Conway, H. 1996, *Public Parks*, Princes Risborough

Cruft, C. H. 1991, 'The state of garden archaeology in Scotland', in Brown, 175–89

Currie, C. K. 1990a, 'Fishponds as garden features, c.1550–1750', in *Garden History* 18.1, 22–46

Currie, C. K. 1990b, 'Excavation of an early 18th century garden pond: The West Pond, Castle Bromwich Hall, West Midlands', in *Post Medieval Archaeology* 24, 93–123

Currie, C. K. 1996, 'Excavations in the gardens of Hanbury Hall, 1991 and 1993', in *Transactions of Worcestershire Archaeological Soc.* (3rd series) 15, 225–44

Currie, C. K. & Locock, M. 1991, 'An evaluation of archaeological techniques used at Castle Bromwich Hall, 1989–90', in *Garden History* 19.1, 77–99

Currie, C. K. & Locock, M. 1993, 'Excavations at Castle Bromwich Hall gardens 1989–91', in *Post Medieval Archaeology* 27, 111–99

Currie, C. K. & Locock, M. 1995, 'The formal cascade at the Gnoll', in *Welsh Historic Gardens Trust Newsletter* 8, 72–9

Dandy, J. E. 1958, *The Sloane Herbarium*, London

de Moulins, D. & Weir, D. A. 1997, 'The potential and use of environmental techniques in gardens', in Jacques (ed.), 40–6

Dingwall, C. 1995, *Researching Historic Gardens in Scotland: A Guide to Information Sources*, Edinburgh

Dix, B. 1995, *Hafod Archaeological Guidelines*, report for the Welsh Historic Gardens Trust, Northampton

Dix, B. 1997, ' 'Diging of borders': Reflections on archaeology and garden restoration', in Jacques (ed.), 11–17

Dix, B. & Parry, S. 1995, 'The excavation of the Privy Garden', in Thurley (ed.), 79–118

Dix, B., Soden, I. & Hylton, T. 1995, 'Kirby Hall and its gardens: Excavations in 1987–1994', in *Archaeological Jnl.* 152, 291–380

Drage, C. 1979, 'The excavation of a moated site at Snape Wood, Bulwell', in *Post Medieval Archaeology* 13, 285–8

Egan, G. (ed.) 1988, 'Post medieval Britain in 1987', in *Post Medieval Archaeology* 22, 189–231

Elliott, B. 1986, *Victorian Gardens*, London

Everson, P. 1989, 'The gardens of Campden House, Chipping Campden, Gloucestershire', in *Garden History* 17.2, 109–21

Everson, P. 1991, 'Field survey and garden earthworks', in Brown, 6–19

Everson, P. 1995, 'The Munstead Wood survey, 1991: The methodology of recording historic gardens by RCHME', in Tooley, M. J. & Arnander, P. (eds.), *Gertrude Jekyll: Essays on the Life of a Working Amateur*, Witton-le-Wear, 71–82

Everson, P. 1996, 'Bodiam Castle, East Sussex: A 14th century designed landscape', in Morgan Evans et al., 66–72

Everson, P. 1998, ' 'Delightfully surrounded with woods and ponds': Field evidence for medieval gardens in England', in Pattison (ed.), 32–8

Fish, S. K. 1994, 'Archaeological palynology of gardens and fields', in Miller & Gleason, 44–69

Flenley, R. 1997, 'Working with archaeologists', in Jacques (ed.), 95–9

Goodchild, P. 1981, 'John Rea's Gardens of Delight: Introduction and the construction of the Flower Garden', in *Garden History* 9.2, 99–109

Green, D. & Bond, J. 1987, 'Blenheim after Vanbrugh: The second phase', in Bond, J. & Tiller, K. (eds.), *Blenheim: Landscape for a Palace*, Oxford, 80–9

Hafod Guidelines: *Hafod Management Guidelines 1998*, Forest Enterprise and the Hafod Trust

Hall, E. 1995, ' 'Mr Brown's Directions': Capability Brown's landscaping at Burton Constable (1767–82)', in *Garden History* 23.2, 145–74

Hammond, M. 1990, 'Garden archaeology in Old Salem', in Kelso & Most, 123–33

Hosmer, C. B. 1985, 'The Colonial Revival in the public eye; Williamsburg and early garden restoration', in Axelrod, A. (ed.), *The Colonial Revival in America*, New York, 52–70

Howes, L. 1991, 'Archaeology as an aid to restoration at Painshill Park', in Brown, 73–82

Hurst, D. G. (ed.) 1966, 'Post Medieval Britain in 1966', in *Post Medieval Archaeology* 1, 107–21

Hynd, N. R. & Ewart, G. 1983, 'Aberdour Castle gardens', in *Garden History* 11.2, 93–111

ICOMOS UK 1998, *Draft Guidelines for the Uses of Archaeology in Gardens, Parks and Estates*, London

Jacques, D. 1993, 'Garden archaeology and restoration', in *Transactions of Assoc. for Study and Conservation of Historic Buildings* 16, 13–23

Jacques, D. 1997, 'The progress of garden archaeology', in idem (ed.), 3–10

Jacques, D. (ed.) 1997, *The Techniques and Uses of Garden Archaeology* (Jnl. of Garden History 17.1), London & Washington DC

Kelso, W. M. 1984, *Kingsmill Plantations, 1619–1800: Archaeology of Country Life in Colonial Virginia*, San Diego & London

Kelso, W. M. 1990, 'Landscape archaeology at Thomas Jefferson's Monticello', in idem & Most, 7–22

Kelso, W. M. & Most, R. (eds.) 1990, *Earth Patterns: Essays in Landscape Archaeology*, Charlottesville & London

Kerkham, C. & Briggs, S. 1991, 'A review of the archaeological potential of the Hafod landscape, Cardiganshire', in Brown, 160–74

Laird, M. & Harvey, J. H. 1993, ' 'A Cloth of Tissue of divers Colours': The English flower border, 1660–1735', in *Garden History* 21.2, 158–205

Lambert, D. 1997, 'The Survey of London: Public parks and gardens', in *London Gardener* 2, 33–5

Lambert, D., Goodchild, P. & Roberts, J. 1995, *Researching a Garden's History: A Guide to Documentary and Published Sources*, York

Leone, M. 1984, 'Interpreting ideology in historical archaeology: Using the rules of perspective in the William Paca garden, Annapolis, Maryland', in Miller, D. & Tilley, C. (eds.), *Ideology, Power and Prehistory*, Cambridge (UK), 25–35

Leone, M. & Shackel, P. A. 1990, 'Plane and solid geometry in colonial gardens in Annapolis, Maryland', in Kelso & Most, 153–67

Locock, M. 1994, 'Spatial analysis of an 18th century formal garden', in idem (ed.), *Meaningful Architecture: Social Interpretations of Buildings*, Aldershot, 231–52

Luccketti, N. 1990, 'Archaeological excavations at Bacon's Castle, Surry County, Virginia', in Kelso & Most, 23–42

McRobie, L. 1996, 'Garden archaeology', in *Conservation Bulletin* 28, 14–15

Martin, E. & Oswald, A. 1996, 'The house and gardens of Combs Hall, near Stowmarket: A survey by the RCHME', in *Proceedings of Suffolk Institute of Archaeology* 38, 409–27

Miller, N. F. & Gleason, K. L. (eds.) 1994, *The Archaeology of Garden and Field*, Philadelphia

Morgan Evans, D., Salway, P. & Thackray, D. 1996, *'The Remains of Distant Times': Archaeology and the National Trust* (Occasional Paper of Soc. Antiquaries of London 19), London

Mosser, M. 1991, 'Henri and Achille Duchêne and the reinvention of Le Nôtre', in idem & Teyssot (eds.), 446–50

Mosser, M. & Teyssot, G. 1991, 'Introduction: The architecture of the garden and architecture in the garden', in idem & idem (eds.), 11–21

Mosser, M. & Teyssot, G. (eds.) 1991, *The History of Garden Design: The Western Tradition from the Renaissance to the Present Day*, London

Murphy, P. & Scaife, R. G. 1991, 'The environmental archaeology of gardens', in Brown, 83–99

Nail, S. 1997, 'In pursuit of the authentic', in *Historic Gardens Review* (autumn), 2–9

Noël Hume, A. 1974, *Archaeology and the Colonial Gardener* (Colonial Williamsburg Archaeological Series 7), Williamsburg

Noël Hume, I. 1974, *Digging for Carter's Grove* (Colonial Williamsburg Archaeological Series 8), Williamsburg

Paca Steele, B. & Wright, St C. 1987, 'The mathematics of an 18th century wilderness garden', in *Jnl. of Garden History* 6, 299–320

Pattison, P. 1992, 'Oldstone: A mansion and its gardens in south Devon: A survey by the RCHME', in *Proceedings of Devon Archaeological Soc.* 50, 125–36

Pattison, P. 1998, 'Giant steps: Fieldwork in London's Royal Parks', in idem (ed.), 39–46

Pattison, P. (ed.) 1998, *There by Design: Field Archaeology in Parks and Gardens*, Swindon

Phibbs, J. 1983, 'An approach to the methodology of recording historic landscapes', in *Garden History* 11.2, 167–75

Phibbs, J. L. 1991, 'The archaeology of parks: The wider perspective', in Brown, 118–22

Pigott, D. 1995, 'The radial growth rate of yews (Taxus baccata) at Hampton Court, Middlesex', in *Garden History* 23.2, 249–52

Ponsford, M. (ed.) 1993, 'Post medieval Britain and Ireland in 1992', in *Post Medieval Archaeology* 27, 205–96

Ponsford, M. (ed.) 1994, 'Post medieval Britain and Ireland in 1993', in *Post Medieval Archaeology* 28, 119–83

Ponsford, M. & Jackson, R. (eds.) 1995, 'Post medieval Britain and Ireland in 1994', in *Post Medieval Archaeology* 29, 113–93

Ponsford, M. & Jackson, R. (eds.) 1996, 'Post medieval Britain and Ireland in 1995', in *Post Medieval Archaeology* 30, 245–320

Rackham, O. 1976, *Trees and Woodland in the British Landscape*, London

RCHME [= Royal Commission on Historical Monuments, England] 1979, *An Inventory of the Historical Monuments in the County of Northampton 2: Archaeological Sites in Central Northamptonshire*, London

RCHME 1981, *An Inventory of the Historical Monuments in the County of Northampton 3: Archaeological Sites in North West Northamptonshire*, London

Rovner, I. 1990, 'Fine tuning floral history with plant opal phytolith analysis', in Kelso & Most, 297–310

Sales, J. 1995, 'Garden restoration past and present', in *Garden History* 23.1, 1–9

Seiler, M. 1997, 'Investigation by qualified gardening staff', in Jacques (ed.), 61–9

Singleton, E. n.d. [c.1931], *The Shakespeare Garden*, London

Taylor, C. 1983, *The Archaeology of Gardens*, Princes Risborough

Taylor, C. 1991, 'Garden archaeology: An introduction', in Brown, 1–5

Taylor, C. 1996, 'The archaeology of gardens and designed landscapes', in Morgan Evans et al., 59–65

Taylor, C., Everson, P. & Wilson North, W. R. 1990, 'Bodiam Castle, Sussex', in *Medieval Archaeology* 34, 155–7

Taylor, H. A. 1995, 'Urban public parks, 1840–1900: Design and meaning', in *Garden History* 23.2, 201–21

Thacker, C. 1994, *The Genius of Gardening: The History of Gardens in Britain and Ireland*, London

Thurley, S. 1995, 'William III's Privy Garden at Hampton Court Palace: Research and restoration', in idem (ed.), 3–22

Thurley, S. (ed.) 1995, *The King's Privy Garden at Hampton Court Palace 1689–1995*, London

Weber, C. A., Comer, E. A., Akerson, L. E., & Norman, G. 1990, 'Mount Clare: An interdisciplinary approach to the restoration of a Georgian landscape', in Kelso & Most, 135–52

West, J. J. 1997, 'Garden archaeology from a curator's point of view', in Jacques (ed.), 86–90

Whittle, E. H. 1989, 'The Renaissance gardens of Raglan Castle', in *Garden History* 17.1, 83–94

Whittle, E. H. 1993, 'Tredegar House and Raglan Castle historic gardens', in Pounds, N. J. G. (ed.), *The Cardiff Area* (supplement to *Archaeological Jnl.* 150), 66–7

Whittle, E. H. & Taylor, C. 1994, 'The early 17th century gardens of Tackley, Oxfordshire', in *Garden History* 22.1, 37–63

Wilson, D. R. 1991, 'Old gardens from the air', in Brown, 20–35

Wilson North, R. 1993, 'Stowe: The country house and garden of the Grenville Family', in *Cornish Archaeology* 32, 112–28

Woudstra, J. 1995, 'The planting of the Privy Garden', in Thurley (ed.), 43–77

Yentsch, A. & Kratzer, J. 1994, 'Techniques for excavating and analysing buried 18th century landscapes', in Miller & Gleason, 168–201

Yentsch, A. & Kratzer, J. M. 1997, 'Techniques used by historical archaeologists to study American landscapes and gardens', in Jacques (ed.), 47–53

Brian Dix
37 Lime Avenue
Northampton
NN3 2HA

41 Adding Content to Structure: Integrating Environment and Landscape

Lisa Kealhofer

Introduction

Just as social scientists argue about the relationship between culture and nature and how it has changed over time, so too a dichotomy exists in our analytical approach to historical landscapes. Landscapes are studied either as "environment," with environmental science techniques, or as constructed features, with geographical and historical techniques. This artificial separation means that we rarely interpret the significance of the biotic content of the landscape. The goal of this work is to present another way of thinking about historical landscapes that integrates landscape and environmental studies and perspectives. Specifically two complementary ideas are suggested: landscapes as assemblages representing a palimpsest of activities and biotic remains, and landscapes as compound, complex technologies with changing styles (Pfaffenberger 1992). These ideas offer new ways to tease more meaning out of landscape studies.

Historical landscape archaeology has focused on built landscapes, the architecture, features, boundaries, and their distributions, neglecting biological content (Isaac 1982; Kelso 1984; Isaac 1988; Upton 1988; Yentsch and Kratzer 1994; Yamin and Metheny 1996; Hood 1996). Environmental archaeology, on the other hand, looks more broadly at the vegetational, climatic, and biotic content of archaeological contexts (Evans 1978; Butzer 1982). The goal of many of environmental analyses, however, is either to reconstruct resource distribution or availability or to address taphonomic issues (Lyman 1994; Reitz et al. 1996; Stein 1996) rather than to use environmental data as evidence of meaning and behavior. This separation creates a false dichotomy between cultural and natural relationships that are in fact intertwined (Yentsch 1996). "Cultural landscapes" merge with "natural landscapes": space and structure do not exist independently of changing landscape content.

Research on gardens and historic landscapes has recently increased dramatically. New books (Jacques 1996; Yamin and Matheny 1996), journals (*Journal of Garden History*, *Australian Garden History*), symposia (Monticello [Kelso and Most 1990]), and a welter of papers have appeared (Bender 1993; Miller and Gleason 1994). Curiously, this interest, however, remains tied to spatial and material distributions, leaving out the full content and meaning of place and thereby missing significant components of the past. Some recent exceptions exist, for example Yentsch, Metheny, and colleagues' work at Morven (Yentsch et al.1987; Metheny et al. 1996), Weber (1996) at Mt. Clare, Mrozowski and Beaudry's (1990) at Boott Mills, and a few others. This disjuncture has brought historical landscape archaeology to a critical watershed, where our methodological and theoretical orientation needs to be reevaluated.

Until very recently historical landscape studies have focused on ornamental gardens, and to a lesser extent on archaeological evidence of garden and field structures (Noël Hume 1974; Leone 1988; Yentsch 1996; Johnson 1996). These data sets not only privilege the elite – by focusing on ornamental gardens – but provide only a partial understanding by addressing only their structure. Even in the cases where macro- and microbotanical analyses are undertaken, the questions asked seriously limit the possibilities for analysis and interpretations. These limitations are enhanced by the goals of many who instigate garden research: foundations and organizations concerned with site preservation and reconstruction. Their questions often relate to the specific structure and content of gardens and landscapes: what plants and what decorative or structural elements went where during the period of interest, rather than the meaning and social production of the plants and the landscape. Yentsch and Kratzer (1997) and de Moullins and Weir (1997) note that many of the environmental techniques used by archaeologists are poorly suited for answering historical preservationists' questions. On an individual specimen basis, neither macrobotanical nor even pollen nor phytolith studies can readily distinguish plants grown intentionally from plants mixed into soils as part of garden or field preparation. Both macrobotanical and pollen remains tend to be relatively rare or are poorly preserved in garden contexts. If one is lucky, in addition to a large assemblage of weeds and composted plants, a particular economic or ornamental species will be present. It is only at the assemblage level that gardens, gardening, horticulture, and agriculture can be understood. In fact, this suggests that different questions need to be asked, focusing on how plant assemblages from soils reflect gardening technologies and styles, change in use over time, and microhabitat differences in the garden or field.

Landscapes have been described as artifacts, things modified by human behavior. As Deetz (1990) noted, "the cultural landscape is the largest and most pervasive artifact with which we as archaeologists must deal." However, gardens and landscapes are not artifacts, but constitute unique types of archaeological data. Nor are they simply built "features" since during their life their shape, content, and meaning are continually modified and redefined: rather they are conglomerations of different types and scales of evidence. Gardens and fields include permanent, or semipermanent features, either built (e.g., paths, terraces, fences) or grown (e.g., hedges, living fences, trees), that are culturally significant. Perhaps more importantly, however, gardens and fields are a palimpsest of repetitive, normative, behaviors: planting, weeding, fertilizing, watering, cultivating, harvesting, transplanting, grafting, and arranging. Different organizations of these activities, different sequencing, can lead to distinct soil assemblage outcomes. Assemblages typically document attempts to optimize certain features: production, perspective, smell, ideology, styles of beauty, or distance. The formation of soils in gardens and fields is an ongoing and cumulative process where erosion is not a significant factor, and this accumulation and modification must be acknowledged and analyzed in its appropriate chronological framework.

While the identification of specific plants can be historically informative, a more fruitful path focuses on issues assemblage-based environmental data can more readily answer. In acknowledging the nature of the data, we also have to deal with the familiar archaeological issues of scale and sample size. To add meaning to historical landscape studies we need to take the initiative and set a broader research agenda.

Three sections follow, beginning with an overview of landscape and environmental studies in archaeology, and particularly historical archaeology, to emphasize the incompleteness of current approaches to landscapes and environments. Secondly, turning to environmental and historical landscape archaeology, a few phytolith studies from the eastern United States provide an example of the past status of historical environmental research. In conclusion, an alternative approach for the future, being developed in the Department of Archaeology, Colonial Williamsburg, is presented that integrates multidisciplinary environmental studies with the social, economic, and political aspects of historical landscapes.

Landscape and Environmental Studies in Archaeology – A Discussion

If we juxtapose landscape and environmental studies, each provides a partial picture of what we want to know about human environments. This is not inherently problematic, except that historical archaeologists often do one *or* the other to contextualize artifacts. Both landscapes and environmental data can do more than set the stage for material culture; they are more than backdrops for individual and group actions.

Environmental Studies

Environmental, and more specifically paleoecological, studies have a long history in geography, biology, and geology (Turner 1989; Bell and Walker 1992; Goudie 1994). Only in recent decades has the presence of people on the land been acknowledged in environmental reconstructions. In the last 20 years, paleogeographical and archaeological research have begun to converge. Flenley's (1979) work in New Guinea, followed up regionally by many other geographers including Maloney (1985; Maloney and Brown 1990), Hope (1982), Kershaw (1986, 1994), Haberle (1994) and others, dovetail with archaeologists such as Butzer's (1982, 1992, 1996) studies of Egypt, the Mediterranean, and elsewhere, and Piperno's (1994; Piperno et al. 1991a, 1991b) work in central America, among others. This research is reshaping our understanding of the contexts of human interaction, and revealing the complex if not chaotic dynamics of ancient human environments (McGlade 1995).

Environmental archaeology per se developed out of initial attempts by archaeologists to do multidisciplinary studies: e.g., Braidwood (Braidwood and Howe 1960) in Iraqi Kurdistan and Clark (1972) at Starr Carr. Many environmental archaeologists use the archaeological site and its "catchment" as the sampling unit (Vita-Finzi 1978). Site-oriented environmental evidence is applied either to economic issues, such as subsistence, seasonality, and environment, or to taphonomic problems (Renfrew and Bahn 1991). "The environment" is seen as a resource base. From this perspective environmental data are seen as progressively less important for more complex societies "removed from" environmental restraint and less dependent on local resources. This view, often taken by both the consumers and the producers of environmental data, is overly restricted. Environmental evidence does not preferentially preserve economic behavior – all human action, social, political, and ideological, is part of human environments. Potentially social or political action has a greater impact on landscapes, since they often shape economic behavior. *Archaeologists* attribute activities as economic that fundamentally embed social, political, and ideological meaning (Ashmore and Knapp [1997]).

Despite the growing realization of the importance of environmental data, and a corollary increase in its collection, archaeologists are only beginning to make use of environmental data in their interpretative frameworks. The expanding use of GIS is facilitating more rapid and analytical use of environmental data sets. Nor have archaeologists made full use of the techniques available, or more relevantly, techniques appropriate to their research goals. Out of frustration with being marginalized to appendices many "specialist" archaeologists analyzing biological data have begun to set their own research agendas, addressing theoretical issues beyond the scope of descriptive reconstruction or manuscript appendices. Examples include Zeder's (1991) book, Butzer (1996), McGlade (1995), Piperno (1991, 1995), Hastorf (1993), and others.

In England, environmental archaeologists focus on often detailed paleo-landscape reconstruction, with a journal (*Circaea*) and regular dedicated publications. Less attention is focused on cultural or theoretical questions (Shackley 1981; Fieller et al. 1985; Robinson and Wilson 1987; Luff and Conwy 1994). Brannon's (this volume) work in northern Ireland is an exception.

As part of the convergence between archaeology and geography, environmental archaeologists have recently started taking on larger scale analyses, leaving the site and the problematic concept of catchment for the region and non-site analyses. Archaeological integration of methods used by palynologists and paleogeographers is also redefining archaeological issues at a regional scale. Examples in archaeology include Piperno's (1984, 1988a, 1988b, 1994; Piperno et al. 1991a, 1991b; Cooke et al. 1996) research in Panama, Van der Leeuw (1994), and recent work in Thailand (Kealhofer and Piperno 1994, [1998]; Kealhofer 1996a) since 1991. Beyond providing a paleoenvironmental reconstruction, regional data are interpreted as human environmental data, where cultural and natural elements are intermeshed. At the regional and intraregional level the activities of complex societies are more distinctively inscribed.

Landscape Studies

Contemporary with the expansion of environmental archaeology, i.e., since the late 1960s, has been a growing interest in landscape archaeology. Several different trajectories can be traced. In Britain, landscape archaeologists have long been influenced by geography and settlement studies (Wagstaff 1987; Cherry et al. 1991; Alfrey and Clark 1993; Roberts 1996). Recent landscape and settlement studies in Greece exemplify their approach (Cherry et al. 1991; Knapp et al. 1994). Johnson (1996) takes a different tack, but no less focused on the structure of the landscape. A related trajectory in Britain can be seen in Tilley's (1993) *A Phenomenology of Landscape*. Despite a nod to the biotic component of landscapes, Tilley focuses on individual meaning, politics, and the visual impact of constructed landscapes. Bender (1993) takes a similar approach, focusing on how power and complexity are perceived and created in landscapes. The biological content of the landscape and its meaning are absent, limiting the power of these analyses.

In the United States, particularly in historical archaeology, landscape studies more explicitly focus on constructed but nonarchitectural features: garden and field systems (Leone 1988; Miller and Gleason 1994; Hood 1996), most recently characterized in Yamin and Matheny's (1996) *Landscape Archaeology*. Despite a very different focus, these studies still do not often deal with landscape content. Even studies that incorporate botanical analyses do not make use of the meaning of plants and their social and political implications. Meatyard's (1994; Meatyard and Brown 1994; Meatyard et al. 1997) recent work is a noteworthy exception.

Garden history and archaeology, specifically, have advanced most rapidly in Britain, where research has impressively united archaeologists, historians, geographers, and environmental scientists (Longstaffe-Gowan 1990; Murphy and Scaife 1991; Dix 1994, 1997; Jacques 1996; de Moullins and Weir 1997). However, the meaning of the plants and their social context are still rarely a component of garden reconstruction projects, beyond identifying extant remnants of previous gardens. Nor are gardens interpreted in relation to the larger landscape or cultural context, although historical and stylistic analyses are often excellent (Jacques 1993).

Despite this apparent lack of interest, the impact and meaning of places and spaces *is* strongly interwoven with the way places are both materially and biologically composed: plants and animals have symbolic, political, and social meanings and can be manipulated (Longstaffe-Gowan 1990; Schlereth 1990). People traditionally use plants and animals and their interrelationships with humans to create and structure myth and metaphor (Lévi-Strauss 1968; Upton 1988; Douglas 1996). Where people choose to act and interact, in house, garden, or field – and the content of that place – reveals much about the status, economy, and politics of individuals and groups in a society (Isaac et al. 1982; Isaac 1988). On a vernacular level, content can be at least as important as structure in defining place (Westmacott 1992).

McGlade (1995) has suggested that those interested in environmental archaeology have privileged objective, functionalist approaches to the past, while post-processualists interested in landscapes privilege subjective, individual meaning in the past. These approaches dichotomize landscape as perceived versus landscape as objective and "real." He further suggests that it is perhaps more useful to combine these approaches. They *cannot* be reduced to mechanistically linked subsets of '"environment" and "subsistence." Humans are *not* impacts on the environment, but part and parcel of the environment, and environments are part of culture and individual action. Nature is *not* "out there," it is *not* a mere stage for human action but an integral part of how people react and interact, and people are an integral part of "nature."

The "environment" can be analyzed from a multitude of perspectives, and through a wide variety of proxy data: soils, fauna, hydrology, macro- and microbotanical remains, features and organization, and so on. Within each of these categories are further imbedded different types of information, for example, in soils: chemistry, structure, and magnetism. In addition, environments can be studied at different scales, as in archaeological settlement pattern analysis: the region, the community, the household, the activity area, and even the artifact (residues). Comparing household activity patterns and variability in plant and animal assemblages, for example, against community patterns and the larger region allows novel perspectives on both the intentional and the unintentional aspects of human landscapes, meaning, and behavior.

These various assemblages provide us with several types of data: content, modification, organization, and style of technology. Analyses of the style of ceramic or metal technologies are particularly seductive to archaeologists because the technologies are complex and additive, revealing complex choices and patterns of decision-making. Environments should therefore be even more powerful tools for deciphering human choices and their significance. However, unlike archaeological evidence, as the scale gets larger human environments are increasingly affected by other factors: climate, geology, and unintentional and indirect responses to human behavior. Environmental data allow the construction of independent data sets at different scales, such as Binford (1987) discussed and Leone and Potter (1988) reconstrued, for comparing patterns to reveal the culturally meaningful ambiguities of human behavior. The potential for comparing the results of human action from different scales and spheres makes environmental and landscape studies one of the areas of greatest research potential in archaeology.

Phytolith Studies in Historical Archaeology: Past

One type of data available in environmental studies is phytoliths. Phytolith analysis allows the reconstruction of past vegetation, giving biological content to structured material landscapes. If this "environmental evidence" is interpreted from the perspective of landscapes then plants convey another set of meanings to place and space that people can manipulate, intentionally or unintentionally.

Phytoliths are microbotanical remains: plant cells that have been cast in silica. They are formed as plants pull water and nutrients, including hydrated silica, out of the soil and deposit it in their cells (Jones and Handrek 1967; Piperno 1988a, 1988b). Uptake of silica can be genetically controlled, but mediated by the amount of water available for transporting silica.

Phytoliths are useful for reconstructing vegetation because some silicified cell shapes are diagnostic to species, genus, or tribe. Not all plants produce phytoliths, and some plants produce more phytoliths than others. In addition, some plants, such as grasses, produce many different types of phytoliths. This is particularly useful for reconstructing economic plant use. Pollen and phytolith studies are highly complementary, as plants that do not produce diagnostic pollen often produce diagnostic phytoliths (e.g., most Monocotyledons such as Poaceae), and vice versa (e.g., many Dicotyledon families such as Rosaceae). Phytoliths are less subject to wind dispersal, and therefore, unlike pollen, they often represent localized vegetation patterns useful for reconstructing micro-habitats. This is particularly relevant for site and garden research.

Grasses are extremely useful indicators of both habitat and human action. They tend to be specific to certain environmental conditions or types of human disturbance (agricultural regimes), although virtually all require open habitats (Blasco 1983; Terry 1991; Twiss 1992). They can therefore be used to identify patterns of human landscape modification as well as microhabitats. Grasses also contribute the most common and diagnostic phytoliths (Metcalfe 1960; Piperno 1988a, 1988b). In environmental terms, grass subfamilies, Pooideae, Panicoideae, Bambusoideae, Chloridoideae, tend to be distributed in certain habitats. In the eastern United States, Pooids and Panicoids are most abundant. Pooid grasses are most common in open, cool, dry habitats, Panicoid grasses are most common in open, warm, wet habitats (Twiss 1992). Pooids include the popularly known grain cultivars: wheat, barley, oats, as well as some lawn grasses, and weeds. In Virginia, precolonial open habitats included both Panicoid and Pooid grasses (Kealhofer 1997a, 1997b). The domination of Pooid grasses in phytolith soil assemblages can be traced to landscape modification after colonization.

Until recently, Rovner (1989a, 1989b, 1990) and Piperno (1988a, 1988b) have contributed the limited work to date on phytolith analysis in historical landscapes in eastern North America. Most of their work has been of an exploratory nature, with either a limited number of phytoliths counted, in the case of Rovner, or a limited type collection, in the case of both Rovner and Piperno.

Much of the phytolith work for this area has focused on gardens and fields. The phytolith results from three sites, Morven, Monticello, and Bacon's Castle, are briefly summarized to demonstrate the role that phytolith analysis has thus far played in historical archaeology in this region.

The samples from Bacon's Castle were taken from 17th-century garden contexts, while the samples from Morven include both 18th- and 19th-century garden and activity areas around the Stockton house. At Monticello, Rovner (1989a) looked at samples from an area Thomas Jefferson mapped as pasturage. Superficially these samples are similar, each site has a set of samples with no phytoliths, some with a mix of grass and non-grass phytoliths, and in some cases samples are dominated by Pooid grass phytoliths. In all cases, the samples with no phytoliths were taken from the "B" horizon, where no phytoliths would be expected.

Piperno's (1988b) interpretation of the Morven remains emphasizes the clear differences in phytolith patterning related to activity areas, such as an ice house association, a work yard, planting areas, and so forth. Rovner's (1990) interpretation of both Bacon's Castle and Monticello samples focused on the presence of Pooid grasses, noting their significance as European lawn and pasture grasses. Limited non-grass type collections made detailed analysis of other taxa impossible in all three studies.

The situation at Monticello is often confusing. Jefferson was constantly mapping and planning modifications to his house, garden, and land (Boyd 1954). While this abundance of information is fascinating it is often confusing, as Jefferson often did not implement his plans. We are commonly left wondering what exactly he did do. In this case, the map of how he laid out his fodder fields, it is unclear if he did put this plan into action, or if he did, how long the crops were planted in that locale. If the summary Monticello phytolith data are looked at more closely, it is interesting that only a few samples actually had even common (n = 2) to abundant (n = 4) frequencies of Pooid grasses (samples 1, 2, 6, 16, 17, 18). Most of the samples (the remaining 13) did not. In fact, on Jefferson's map of this area few of the plots included grass, most of the plots were planted in fodder crops: legumes such as lucerne, clovers, Saint foin. Legumes in general make few phytoliths, and even fewer diagnostic phytoliths. The lack of Pooid phytoliths supports the contention that these areas may have been developed as Jefferson noted on his map.

At Bacon's Castle, despite the presence of some grass weeds, the samples were not dominated by Pooids (Rovner 1989b). This set of samples significantly demonstrates that garden beds are *not* all dominated by weeds and compost, and planting beds for vegetables and ornamentals can be differentiated. Garden beds are easily distinguished from lawn assemblages which contain ca. 95 % grass phytoliths – not a pattern found here. Recent results from Tucker Garden support these conclusions (Kealhofer 1996b).

Commentary

It should be apparent even after this brief discussion that the goals of phytolith studies have been limited. Are phytoliths present? Are they meaningfully distributed across the site? These questions continue to be answered in the affirmative. The next step in analysis, however, is rarely taken, either by the analysts or the archaeologists, to interpret their results in terms of larger site questions, or the regional environment. How do these private landscapes articulate with the fields and forests around the plantations? How do they fit with other gardens in the region, and the colonies? How are individuals' histories, agendas, social networks played out in the biotic landscapes they intentionally created? What can we say about styles of gardening, horticulture, or agriculture, i.e., the styles of technologies used, in comparison with other technologies and styles of other assemblages? How do the plants present link individuals and groups into social, economic, and political networks?

There are good reasons why so little has been gleaned: the data do not yet exist. They are missing at two levels: the comparative collections necessary to make interpretation and analysis of samples possible have not been compiled, and the regional sampling has not been done from a historical archaeological perspective. While regional environmental evidence is in some cases available (Brush 1996), the sampling regimes are not fine enough to address change in the last 400 years, nor are the nonarchaeologist investigators particularly interested in these issues. Until these questions are asked by archaeologists the data are not likely to be collected. We need to expand our expectations and understanding about the spaces and places people lived, as well as to perceive the potential information that landscapes embed.

Phytolith Studies in Historical Archaeology: Present and Future

Over the last two years in the Department of Archaeological Research (DAR) at Colonial Williamsburg, the groundwork has been laid for the kinds of integrated landscape-environmental studies advocated here. Colonial Williamsburg is well known for the innovative social, architectural, and settlement analyses of its historians and archaeologists (e.g., Kelly 1979, 1988; Carson et al. 1981; Walsh 1983; Edwards and Brown 1993). Recognition has grown that a full repertoire of environmental analyses needs to be available to address fully the questions of interest to Colonial-period researchers. While remote sensing and faunal and macrobotanical analyses had been incorporated into many archaeological projects since the 1980s at Colonial Williamsburg, other techniques such as analyses of soil chemistry, pollen, diatoms, and soil micromorphology, for example, were used rarely to infrequently. Recent work has sought to expand the potential by including a variety of soil analyses and microbotanical techniques. While soil analyses are relatively common outside of archaeology, in agriculture and geology, for example, and therefore easy to contract out, microbotanical analyses such as phytolith analysis are not. DAR has therefore invested in creating a new laboratory for establishing phytolith, starch, and pollen analysis.

The focus in the first year was on phytoliths. Perhaps the most important contribution during this year has been the creation of the first substantial type collection for the region. This collection now includes over 1,000 species of both exotic garden plants and indigenous species. Beyond this, the second most important contribution is a regionally integrated research program looking at different scales of human activities during the historic period. Several projects are underway which will eventually allow us to juxtapose vegetational patterns in households, landscapes, with regional distributions, as well as to compare husbandry technologies with other historic technologies.

The projects currently underway at DAR include the analysis of long term sequences from several places on the peninsula between the James and York rivers. The first of these is from the swamp behind Jamestown. As part of the larger Jamestown Assessment, this 5,000-year sequence was analyzed for pollen and phytoliths, as well as its geomorphological data (Brush 1996; Johnson 1997; Kealhofer 1997b). Expanding this coring program to other parts of the region will establish the long-term and intraregional cycles of cultural and climatic change from the late prehistoric through the historic periods. The Jamestown core shows how sea level fluctuations significantly affected the distribution and availability of both estuarine and riparian resources in the late Holocene; habitat development appears to have differed significantly along the various rivers in the region. The relationship between changes in resource distribution and local settlement pattern shifts and the implications for sociopolitical organization need to be explored.

At a more detailed level of analysis, sites with both 17th- and 18th-century components, such as Rich Neck, are being investigated to look at individual household strategies as they changed during the colonial period (Kealhofer 1997b; Sullivan 1997). In addition, a strategy for sampling previously excavated historic sites, as well as those currently under investigation, is being developed to understand household and land use variability in different areas of the peninsula during the 17th and 18th centuries.

Another focus of research is garden archaeology, specifically the garden created by St. George Tucker at the end of the 18th century in Williamsburg. The history and archaeology of Tucker Garden – based on work by Meatyard and Garden – reveal structures, both historical and material, that need content (Meatyard 1994; Meatyard and Brown 1994; Garden 1995, 1996, 1997; Meatyard et al. 1997). St. George Tucker and his garden bridge the social and political transition from colonial to national governance. The garden, designed, constructed, and nurtured by Tucker, reveals how he saw himself, and how he positioned himself in the rapidly changing configuration of Williamsburg from 1788 to 1825. Defining his position archaeologically includes not only defining the structure and content of his house but the structure and content of the landscape he sought to create beginning in the late 1780s. As Meatyard (1994) points out, what he planted his garden with, from whom he got the plants, and the knowledge to cultivate them – the social and kin networks – and how he fashioned his space tell us much about the man, his community, and his time.

Preliminary phytolith analysis was done on a small set of samples from Tucker Garden. Identifying microhabitat differences within the garden was one of the significant sampling issues for the preliminary analyses. Where and how did Tucker adapt his strategies to local conditions: which areas were shaded, which open, where did different vegetation associations occur, and how were these patterned relative to the structural design of the garden? In addition, what gardening techniques and practices are embedded in the chemical and biological content of the soils?

The analysis of samples from distinct archaeological contexts around the site not only confirmed the archaeological interpretation, but revealed a series of microhabitats based on weed and plant distributions. Other analyses of gardens have suggested that composting practices could homogenize and overwhelm any patterning in and between garden beds (Kelso 1995). The variability in these weed assemblages suggested that manuring was not the only contributor to the plant distribution. Tucker chose specific plant species because of how they were named, who gave them to him, and what kinds of conditions he could create in his backyard (Meatyard 1994). The results of these analyses encouraged us to extend and expand the scope of the project during 1997 excavations. Untangling these choices and their meanings is one goal of our current project.

Relevance for Historical Landscapes and Environments

It is critical that we match the questions and the techniques we use to study the past. Environmental data are synthetic, composite, assemblage data that rarely represent a moment in time, a specific plant, or an individual action. Their greatest value is in the diversity and complexity of data sets, as styles and technologies, embedded in a sampling context. Making the leap from soil content, microscopic phytoliths, to symbolic landscapes requires a leap of faith we cannot yet make. It is useful however to suggest directions in which future research should go. By incorporating ideas about how and why plants are culturally important, we shift from plants as economic indicators to plants as artifacts revealing choices and styles. This transition needs to be made, not only in terms of gardens and exotic garden plants but also in terms of domestic and community landscapes. Certainly the significance of the current vegetation of Colonial Williamsburg is not lost on its visitors.

From this perspective, we can look to regional vegetation patterns and how they change over time to evaluate the symbolic landscape interpretations of Upton (1988) and Isaac (1988). For example, the significance of slave landscapes is often defined in terms of vegetation that we hypothesize but do not know. Neiman (1988) suggests that the spatial organization of houses changed during the late 17th century as the number of workers increased and social separation of master and workers became the norm. Changes in activity areas, plant distributions, and fields should coincide with this separation, as places and content are redefined to articulate with changing social and economic roles. Within these landscapes of structures and vegetation and animals, we can better understand our analyses of houselots, features, and gardens. What were the landscapes in which people were defining themselves in the colonial period? We need more than foundations and features to tell us this. I would argue that if we pursue environmental analyses and interpret the results in the context of broader issues, the content of the landscape will bring greater depth to the current materially-based historical archaeology of landscapes.

References

Alfrey, Judith, and Catherine Clark 1993, *The Landscape of Industry*. Routledge, London.

Ashmore, W., and B. Knapp (editors) 1997, *Ideational Landscapes: Constructed and Conceptualized*. Berg, Oxford.

Bell, Martin, and Michael Walker 1992, *Late Quaternary Environmental Change*. Longman Scientific, London.

Bender, Barbara (editor) 1993, *Landscape: Politics and Perspective*. Berg, Providence/Oxford.

Binford, Lewis R. 1987, Researching Ambiguity: Frames of Reference and Site Structure. In *Method and Theory for Activity Area Research*, edited by S. Kent, pp. 449–512. Columbia University Press, New York.

Blasco, F. 1983, The Transition from Open Forest to Savanna in Continental Southeast Asia. In *Tropical Savannas*. Vol. 13, *Ecosystems of the World*, edited by F. Bourliere, pp. 167–181. Elsevier Scientific, Amsterdam.

Boyd, Julian (editor) 1954, *The Papers of Thomas Jefferson*, Vol. 1. Princeton University Press, Princeton, NJ.

Braidwood, R. J., and B. Howe 1960, *Prehistoric Investigations in Iraqi Kurdistan*. Oriental Institute, Chicago, IL.

Brush, Grace 1996, *Pollen and Seed Analysis of Vibrocore 62, Jamestown Island*. National Park Service/Colonial Williamsburg, Williamsburg, VA.

Butzer, Karl 1982, *Archaeology as Human Ecology*. Cambridge University Press, Cambridge.

Butzer, Karl 1992, From Columbus to Acosta: Science,

Geography, and the New World. *Annals of the Association of American Geographers* 82:543–565.

Butzer, Karl 1996, Settlement Histories, Agrosystemic Strategies, and Ecological Performance. *Journal of Field Archaeology* 23:141–150.

Carson, Cary, Norman Barka, William Kelso, Garry Stone, and Dell Upton 1981, Impermanent Architecture in the Southern American Colonies. *Winterthur Portfolio* 16:135–196.

Cherry, J. F., J. L. Davis, and E. Mantzourani 1991, *Landscape Archaeology as Long-Term History: Northern Keos in the Cycladic Islands.* Institute of Archaeology, University of California, Los Angeles.

Clark, J. D. 1972, *Starr Carr: A Case Study in Bioarchaeology,* Vol. 10. Addison-Wesley Modular Publications in Archaeology, Boston, MA.

Cooke, R., L. Norr, and D. Piperno 1996, Native Americans and the Panamanian Landscape. In *Case Studies in Environmental Archaeology,* edited by E. Reitz, L. Newsom, and S. Scudder, pp. 103–126. Plenum, New York.

de Moullins, Dominique, and David Weir 1997, The Potential and Use of Environmental Techniques in Gardens. *Journal of Garden History* 17:40–46.

Deetz, James 1990, Prologue: Landscapes as Cultural Statements. In *Earth Patterns: Essays in Landscape Archaeology,* edited by W. Kelso and R. Most, pp. 1–4. University Press of Virginia, Charlottesville.

Deetz, James 1994, Garden Archaeology at Kirby Hall and Hampton Court. *Current Archaeology* 140:292–299.

Deetz, James 1997, "Diging of borders": Reflections on Archaeology and Garden Restoration. *Journal of Garden History* 17:11–17.

Douglas, Mary 1996, *Natural Symbols: Explorations in Cosmology.* Routledge, London.

Edwards, Andrew, and Marley Brown III 1993, Seventeenth-Century Chesapeake Settlement Patterns: A Current Perspective from Tidewater Virginia. In *The Archaeology of 17th-Century Virginia,* edited by Theodore Reinhart and Dennis Pogue, pp. 285–309. Dietz Press, Richmond, VA.

Evans, J. G. 1978, *An Introduction to Environmental Archaeology.* Cornell University Press, Ithaca, NY.

Fieller, N. R., D. Gilbertson, and N. Ralph (editors) 1985, Paleoenvironmental Investigations: Research Design, Methods and Data Analysis. *British Archaeological Reports International Series 258.* Oxford.

Flenley, J. R. 1979, *The Equatorial Rainforest: A Geological History.* University of Hull and Australian National University, Canberra.

Garden, Mary Catherine 1995, *Excavations at Tucker Garden, 1994: Field Report.* Colonial Williamsburg Foundation, Department of Archaeological Research, Williamsburg VA.

Garden, Mary Catherine 1996, *Excavations at Tucker Garden, 1995: Field Report.* Colonial Williamsburg Foundation, Department of Archaeological Research, Williamsburg, VA.

Garden, Mary Catherine 1997, *Excavations at Tucker Garden, 1996: Field Report.* Colonial Williamsburg Foundation, Department of Archaeological Research, Williamsburg, VA.

Goudie, Andrew 1994, *Human Impact on the Environment,* fourth edition. Blackwell, Oxford.

Haberle, Simon 1994, Anthropogenic Indicators in Pollen Diagrams: Problems and Prospects for Late Quaternary Palynology in New Guinea. In *Tropical Archaeobotany: Applications and New Developments,* edited by J. Hather, pp. 172–201. Routledge, London.

Hastorf, Christine 1993, Agriculture and the Onset of Political Inequality before the Inka. Cambridge University Press, Cambridge.

Hood, J. Edward 1996, Social Relations and the Cultural Landscape. In *Landscape Archaeology: Reading and Interpreting the American Historical Landscape,* edited by R. Yamin and K. Metheny, pp. 121–146. The University of Tennessee Press, Knoxville.

Hope, G. S. 1982, Pollen from Archaeological Sites: A Comparison of Swamp and Open Archaeological Site Pollen Spectra at Kosipe Mission, Papua New Guinea. In *Archaeometry: An Australia Perspective,* edited by W. Ambrose and P. Duerden, pp. 211–219. Department of Prehistory, Research School of Pacific Studies, Australian National University, Canberra.

Isaac, G., D Harley, J. Wood, L. Wolfe 1982, Reviews of O. Lovejoy's "The Origin of Man." *Science* 217 (July): 295.

Isaac, Rhys 1988, Ethnographic Method in History: An Action Approach. In *Material Life in America 1600–1860,* edited by R. Blair St. George, pp. 39–62. Northeastern University Press, Boston, MA.

Jacques, David 1993, Garden Archaeology and Restoration. Transactions of the Association for Studies in the Conservation of Historic Buildings 16:13–23.

Jacques, David 1996 The Progress of Garden Archaeology. *Journal of Garden History* 17:3–10.

Johnson, Gerald 1997, The Geological Development of Jamestown Island: Geological Coring and Sediment Analysis. Colonial Williamsburg Foundation, Williamsburg, VA.

Johnson, Matthew 1996, *An Archaeology of Capitalism.* Blackwell, Oxford.

Jones, L., and K. Handreck 1967, Silica in Soils, Plants, and

Animals. In *Advances in Agronomy*, Vol. 19, pp. 107–149. Academic Press, New York.

Kealhofer, L. 1996a, The Human Environment During the Late Pleistocene and Holocene in Northeastern Thailand: Phytolith Evidence from Lake Kumphawapi. *Asian Perspectives* 35:80–96.

Kealhofer, L. 1996b, *Tucker Garden Preliminary Phytolith Analysis.* Colonial Williamsburg Foundation, Department of Archaeological Research, Williamsburg, VA.

Kealhofer, L. 1997a, *The Hemmings Site Phytolith Analysis at Monticello.* Monticello, Department of Archaeology, Monticello, VA.

Kealhofer, L. 1997b, *Jamestown Vibracore 62: 5,000 Years of Vegetation Change in the Backswamp.* Colonial Williamsburg Foundation, Williamsburg, VA.

Kealhofer, Lisa, and Dolores Piperno 1994, Early Agriculture in Southeast Asia: Phytolith Evidence from the Bang Pakong Valley, Thailand. *Antiquity* 68:564–572.

Kealhofer, Lisa, and Dolores Piperno [1998], Phytolith Distribution in Modern Southeast Asian Flora. *Smithsonian Contributions to Botany*, in press.

Kelly, Kevin 1979, "In dispers'd Country Plantations": Settlement Patterns in Seventeenth-Century Surry County, Virginia. In *The Chesapeake in the Seventeenth Century*, edited by T. Tate and D. Ammerman, pp. 183–205. W. W. Norton, New York.

Kelly, Kevin 1988, *Some Demographic Characteristics of 18th-century York County, Virginia.* Colonial Williamsburg Foundation, Department of Archaeological Research, Williamsburg, VA.

Kelso, Gerald 1995, *Results of Pollen Analysis from Tucker Garden.* Colonial Williamsburg Foundation, Department of Archaeological Research, Williamsburg, VA.

Kelso, William M. 1984, *Kingsmill Plantations, 1619–1800: Archeology of Country Life in Colonial Virginia.* Academic Press, Orlando, FL.

Kelso, William M., and Rachel Most (editors) 1990, *Earth Patterns: Essays in Landscape Archaeology.* University Press of Virginia, Charlottesville.

Kershaw, Peter 1986, Climate Change and Aboriginal Burning in Northeastern Australia During the Last Two Glacial/Interglacial Cycles. *Nature* 322:47–49.

Kershaw, Peter 1994, Site 820 and the Evidence for Early Occupation of Australia – A Response. *Quaternary Australasia* 12:24–29.

Knapp, A. B, S. Held, I. Johnson, and P. Keswani 1994, *The Sydney Cyprus Survey Project: Second Preliminary Season:*329–343. Department of Antiquities, Cyprus.

Leone, Mark 1988, The Georgian Order as the Order of Merchant Capitalism in Annapolis, Maryland. In *The Recovery of Meaning: Historical Archaeology in the Eastern United States*, edited by Mark Leone and Paul Shackel, pp. 235–262. Smithsonian Institution Press, Washington.

Leone, Mark, and Parker Potter (editors) 1988, *The Recovery of Meaning: Historical Archaeology in the Eastern United States.* Smithsonian Institution Press, Washington.

Lévi-Strauss, Claude 1968, *Structural Anthropology.* Allen Lane, London.

Longstaffe-Gowan, Todd 1990, Private Urban Gardening in England 1700–1830: On the Art of Sinking. In *The Vernacular Garden*, edited by J. D. Hunt and J. Wolschke-Bulmahn, pp. 47–75. Dumbarton Oaks Research Library and Collection, Washington.

Luff, R., and P. Rowley-Conwy (editors) 1994, Whither Environmental Archaeology. *Monograph* 38. Oxbow, Oxford.

Lyman, R. 1994, *Vertebrate Taphonomy.* Cambridge University Press, Cambridge.

Maloney, Bernard 1985, Man's Impact on the Rainforest of West Malesia: The Palynological Record. *Journal of Biogeography* 1:537–558.

Maloney, Bernard, and J. Brown 1990, Changing Environments and Agricultural Origins at Khok Phanom Di, Thailand: The Pollen Evidence. In *Southeast Asian Archaeology 1986*, edited by I. Glover and E. Glover, pp. 77–85. British Archaeological Reports, Oxford.

McGlade, James 1995, Archaeology and the Ecodynamics of Human-Modified Landscapes. *Antiquity* 69:113–132.

Meatyard, K. 1994, St. George Tucker's Garden. Unpublished M.A. thesis, Archaeology Department, College of William and Mary, Williamsburg, VA.

Meatyard, K., and M. R. Brown III 1994, St. George Tucker's Garden, Colonial Williamsburg. Paper presented at the Annual Meeting of the American Anthropological Association, Washington.

Meatyard, K., M. Garden, and L. Kealhofer 1997, St. George Tucker and His Garden. Manuscript, the authors.

Metcalfe, C. 1960, *Anatomy of the Monocotyledons. I. Gramineae.* Oxford University Press, London.

Metheny, K., J. Kratzer, A. Yentsch, and C. Goodwin 1996, Method in Landscape Archaeology. In *Landscape Archaeology: Reading and Interpreting the American Historical Landscape*, edited by R. Yamin and K. Metheny, pp. 6–31. University of Tennessee Press, Knoxville.

Miller, Naomi, and Kathryn Gleason (editors) 1994, *The Archaeology of Garden and Field.* University of Pennsylvania Press, Philadelphia.

Mrozowski, Stephen, and Mary Beaudry 1990, Archaeology and the Landscape of Corporate Ideology. In *Earth Patterns: Essays in Landscape Archaeology*, edited by W. Kelso and R. Most, pp. 189–208. University Press Virginia, Charlottesville.

Murphy, P., and R. G. Scaife 1991, The Environmental Archaeology of Gardens. In *Garden Archaeology*, edited by A. E. Brown, pp. 83–99. N.p., London.

Neiman, Fraser 1988, Domestic Architecture at the Clifts Plantation: The Social Context of Early Virginia Building. In *Material Life in America 1600–1860*, edited by R. B. St. George, pp. 292–314. Northeastern University Press, Boston, MA.

Noël Hume, Audrey 1974, Archaeology and the Colonial Gardener. *Colonial Williamsburg Archaeological Series* 7. Colonial Williamsburg Foundation, Williamsburg, VA.

Pfaffenberger, Bryan 1992, Social Anthropology of Technology. *Annual Review of Anthropology* 21:491–516.

Piperno, Dolores 1984, Phytolithic Analysis of Geological Sediments from Panama. *Antiquity* 59:13–19.

Piperno, Dolores 1988a, *Phytolith Analysis*. Academic Press, San Diego, CA.

Piperno, Dolores 1988b, *Phytoliths at Morven*. New Jersey State Museum,Trenton.

Piperno, Dolores 1991, The Status of Phytolith Analysis in the American Tropics. *Journal of World Prehistory* 5:155–191.

Piperno, Dolores 1994, Phytolith and Carbon Evidence for Prehistoric Slash and Burn Agriculture in the Darien Rainforest of Panama. *Holocene* 4.

Piperno, Dolores 1995, Plant Microfossils and Their Application in the New World Tropics. In *Archaeology in the Lowland American Tropics: Current Analytical Methods and Recent Applications*, edited by P. Stahl, pp. 130–153. Cambridge University Press, Cambridge.

Piperno, D., M. Bush, and P. Colinvaux 1991a, Paleoecological Perspectives on Human Adaptation in Panama. Part 1, The Pleistocene. *Geoarchaeology* 6:201–226.

Piperno, D., M. Bush, and P. Colinvaux 1991b, Paleoecological Perspectives on Human Adaptation in Panama. Part 2, The Holocene. *Geoarchaeology* 6:227–250.

Reitz, E., L. Newsom, and S. Scudder 1996, Issues in Environmental Archaeology. In *Case Studies in Environmental Archaeology*, edited by E. Reitz, L. Newsom, and S. Scudder, pp. 3–16. Plenum, New York.

Renfrew, Colin, and Paul Bahn 1991, *Archaeology, Theories, Methods, and Practice*. Thames and Hudson, London.

Roberts, Brian 1996, *Landscapes of Settlement*. Routledge, London.

Robinson, M., and B. Wilson 1987, A Survey of Environmental Archaeology in the South Midlands. In Environmental Archaeology: A Regional View. *Historic Buildings and Monuments Commission for England, Occasional Paper* 1:16–99. H. Keeley, editor. London.

Rovner, Irwin 1989, *Phytolith Results from the Pastures at Monticello*. Thomas Jefferson Foundation, Department of Archaeology, Monticello, VA.

Rovner, Irwin 1989b, *Phytolith Results from the Garden at Bacon's Castle*. James River Archaeological Institute, n.p.

Rovner, Irwin 1990, Fine-Tuning Floral History with Plant Opal Phytolith Analysis. In *Earth Patterns: Essays in Landscape Archaeology*, edited by W. Kelso and R. Most, pp. 297–308.University Press of Virginia, Charlottesville.

Schlereth, Thomas 1990, Plants Past: The Natural Material Culture of the American Land. In *Cultural History and Material Culture: Everyday Life, Landscapes and Museums*, pp. 37–53. UMI Research Press, Ann Arbor, MI.

Shackley, Myra 1981, *Environmental Archaeology*. George Allen and Unwin, London.

Stein, Julie 1996, Geoarchaeology and Archaeostratigraphy: View from a Northwest Coast Shell Midden. In *Case Studies in Environmental Archaeology*, edited by E. Reitz, L. Newsom, and S. Scudder, pp. 35–54. Plenum, New York.

Sullivan, Kelly 1997, Defining the Household: Activity Areas at Rich Neck. Unpublished M.A. thesis, Archaeology Department, College of William and Mary, Williamsburg, VA.

Terry, P. J. 1991, Grassy Weeds: A General Overview. In *Tropical Grassy Weeds*, edited by F. Baker and P. Terry, pp. 5–38. CAB International for CASAFA, n.p.

Tilley, Christopher 1993, *A Phenomenology of Landscape: Places, Paths and Monuments*. Berg, Oxford.

Turner, M. 1989, Landscape Ecology: The Effect of Pattern on Process. *Annual Reviews of Ecological Systematics* 20:171–197.

Twiss, Page 1992, Predicted World Distributions of C3 and C4 Grass Phytoliths. In *Phytolith Systematics*, edited by G. Rapp and S. Mulholland, pp. 113–128. Plenum, New York.

Upton, Dell 1988, White and Black Landscapes in Eighteenth-Century Virginia. In *Material Life in America 1600–1860*, edited by Robert Blair St. George, pp. 357–370. Northeastern University Press, Boston, MA.

Van der Leeuw, Sander 1994, Social and Environmental Change. *Cambridge Archaeological Journal* 4:130–139.

Vita-Finzi, C. 1978, *Archaeological Sites in Their Settings*. Thames and Hudson, London.

Wagstaff, J. M. (editor) 1987, *Landscape and Culture: Geographical and Archaeological Perspectives*. Basil Blackwell, Oxford.

Walsh, Lorena 1983, Urban Amenities and Rural Sufficiency: Living Standards and Consumer Behavior in the Colonial Chesapeake, 1643–1777. *Journal of Economic History* 42:109–117.

Weber, Carmen 1996, "The Greenhouse Effect: Gender-Related Traditions in Eighteenth Century Gardening.

In *Landscape Archaeology: Reading and Interpreting the American Historical Landscape*, edited by R. Yamin and K. Metheny, pp. 32–51. University of Tennessee Press, Knoxville.

Westmacott, Richard 1992, *African-American Gardens and Yards in the Rural South*. Knoxville: University of Tennessee Press, Knoxville.

Yamin, R., and K. Metheny (editors) 1996, *Landscape Archaeology: Reading and Interpreting the American Historical Landscape*. University of Tennessee Press, Knoxville.

Yentsch, A., N. Miller, B. Paca, and D. Piperno 1987, Archaeologically Defining the Earlier Garden Landscapes at Morven: Preliminary Results. *Northeast Historical Archaeology* 16:1–29.

Yentsch, Anne 1996, Introduction: Close Attention to Place – Landscape Studies by Historical Archaeologists. In *Landscape Archaeology: Reading and Interpreting the American Historical Landscape*, edited by R. Yamin and K. Metheny, pp. xxiii–xlii. University of Tennessee Press, Knoxville.

Yentsch, Anne, and Judson Kratzer 1994, Techniques for Excavating and Analyzing Buried Eighteenth-Century Garden Landscapes. In *The Archaeology of Garden and Field*, edited by Naomi Miller and Kathryn Gleason, pp. 168–201. University of Pennsylvania Press, Philadelphia.

Yentsch, Anne, and Judson Kratzer 1997,Techniques Used by Historical Archaeologists to Study American Landscapes and Gardens. *Journal of Garden History* 17:47–53.

Zeder, Melinda 1991, *Feeding Cities: Specialized Animal Economy in the Ancient Near East*. Smithsonian Institution Press, Washington.

Lisa Kealhofer
Anthropology Department
College of William and Mary
PO Box 8795
Williamsburg, VA 23187–8795

42 Current Trends in the Archaeological Study of Post Medieval Landscapes in England: Context, Character and Chaos

Richard Newman

In Britain the study of historical landscapes has grown enormously in recent years (Darvill et al. 1993, 563). A Society for Landscape Studies was formed in 1979, during the 1980s numerous general books were produced on the subject and in the 1990s English Heritage, Cadw (Welsh Historic Monuments), the Countryside Agency and other government agencies have been involved in commissioning studies dealing with the identification, definition and classification of historic cultural landscapes (Newman 1998). In 1994, *Planning Policy Guidance Note 15* firmly established the historical aspects of the landscape as a material consideration in the planning process (DoE & DNH 1994). The purpose of this paper is to review these developments, set them within their socio-political context and speculate upon the ways in which the study of post-medieval landscapes in particular may develop into the next millennium.

No landscape really can be claimed to be period-specific; all landscapes are to some extent diachronistic, so the idea of a specifically post-medieval landscape is misleading. Nevertheless, much of what is seen as historic or having particular value in the landscape relates to the post-medieval period. The fabric of the villages, the nature of the field systems, the ornamental parklands, the walls, hedges, farm buildings, abandoned mills, water meadows, copses, canals – all those elements in the landscape that are prized and considered to provide local character are, for the most part, post-medieval in date, at least in present form if not in origin. Thus the current developments in historical-landscape research are of great relevance to the development and understanding of post-medieval archaeology.

The historical aspects of landscape are not only matters of academic debate, however, they are central to the perception and planned evolution of the present and future environment. They are issues that affect everyone at all levels of society, for the landscape is fundamental to people's sense of place and being. Today, Britain is facing the prospect of building 4.5 million new homes over the next decade; many desire the creation of thousands of hectares of woodland through community forest schemes; much of Britain's heavy industry has been swept away in recent years, accompanied in most instances by the obliteration of the physical evidence of its former presence. Throughout the land the old order of the rural élite is being challenged: there is increasing pressure for wider countryside access and the anti-blood sports lobby has newly powerful political allies, which may lead to the ending of that most English of rural pursuits – fox hunting. Direct-action political methods, used so successfully by those opposing blood sports, have been used to halt or more often slow the progress of road schemes, runways and waste-disposal sites, frequently with the putative objective of preserving archaeological sites or swathes of historically significant countryside. As never before the historical landscape and its future development is an issue that raises concern and passions amongst the general public. It is central to the environmental debate at a time when the environment is changing at a more rapid rate than previously known, in response to social, economic and political pressures as well as the likely effects of global, anthropogenically induced ecological changes.

In Britain, and particularly in England, above all else the landscape has been associated with national identity. Moreover, it has been a keystone in the ruling classes' Conservative (with or without a capital C) view of history and concept of Englishness. This philosophy has its roots in the 17th century and came to fruition in the 18th century, during which time, as since, the English have ruled Britain. For the English the landscape has been viewed as a mirror of national character, in which can be seen a reflection of the 'enlightened' rule of the élite (Lowenthall 1991, 216). To give a crude example, consider the way the 'White Cliffs of Dover' are presented in relation to England's role in the Second World War. They are reminders of the Battle of Britain, they are images of home in a popular song, but they are also symbols, for they are seen as bulwarks, pure and enduring, against Nazism.

The English View of the Historical Landscape

The view that the English have of their landscape is kaleidoscopic. Many of its facets have been developed and passed on by the land-owning social élite and have helped physically to create much of what is valued as scenery in the present. As Lowenthall and Prince, two historical geographers, wrote in 1965, 'people in any country see their terrain through preferred and accustomed spectacles, and tend to make it over as they see it. The English landscape, as much as any other, mirrors a long succession of such idealized images and visual prejudices' (1965, 186). This quote comes from the second of two seminal articles written by Lowenthall and Prince, and published in succeeding years in the *Geographical Review* under the titles 'The English landscape' and 'English landscape tastes'. In these, and particularly in the latter, the authors developed a thesis concerning the relationship of the English to the English landscape – a theme recently revisited by Lowenthall (1991). It is observed that whilst there are many, diverse aspects to the view the English have of their landscape, together they nevertheless form a distinctive philosophy.

The elements contained within this philosophy include an anti-urban hankering for an idealised pastoralism; a delight in a neat, tidy, tamed and inhabited picturesque countryside; a strong bias towards native deciduous woodlands rather than foreign conifers; a rejection of modernity in favour of antiquarianism; and a valuing of local distinctiveness above all other attributes of a landscape – what Lowenthall and Prince referred to as the *genius loci* (1965, 221–2). In concluding their 1965 article they stated that there were two conflicting tendencies in the English view of the landscape, 'one is to accept as good what authorities say is good, to see and judge on the basis not of feeling or direct response but of historical and other associations' and 'the other tendency is to shun 'good' taste and external standards in favour of a nostalgic but firm commitment to the old, the tried, the worn, and at times the ugly – in short, to whatever is, as long as it is uniquely and unyieldingly itself' (ibid.). The former tendency is expressed in the importance placed by the English public on areas associated with historical events, as demonstrated by opposition to landscape change in areas decreed as battlefields within the English Heritage *Battlefields Register* (1995), irrespective of whether or not the present-day landscape contains anything of immediate relevance to the event. Moreover, it is demonstrated by the way local tourist bodies hype an area's attractiveness by association with a cultural figure or even a popular television programme, so the Malvern Hills become Elgar Country and the North Yorkshire Moors *Heartbeat* Country. The latter tendency is manifest throughout English society today in its opposition to environmental change, for the most part favouring all that is old, familiar and established, or perceived as reflecting historical traditions, in preference to anything new.

The dislike of the modern and the urban, and a nostalgic yearning for the picturesque and a bucolic, pastoral past appears in the English peculiar dislike of high-rise apartment living, in the exodus of people from towns to the country – where their very presence alters that which they seek. It is evident in 'not-in-my-back-yard' local opposition to construction projects and other developments affecting the existing environment.

This landscape philosophy can be seen to have developed over the last three centuries, frequently being expressed in and re-enforced through literature and art, as in the paintings of Gainsborough and Constable, the music of Vaughan Williams and Elgar, the poetry of Wordsworth and Betjeman, the prose of Gilpin's tours, or more recently of the walkers' guides of Alfred Wainwright. It has been expressed through political pronouncements, particularly in recent years those of the Conservative right wing, where it has been long linked to concepts of English national identity (see Lowenthall 1991). One of the most famous and recent utterances of this Tory nostalgic and sentimental view of England was John Major's description of his ideal England – an England of warm beer and cricket on the village green. It was a view of an England seemingly preserved in the 1950s, yet also of an England that probably never existed even then outside of the films of Ealing Studios, the novels of Agatha Christie and the nursery tales of Enid Blyton. The continued re-enforcement of the English conservative, nostalgic landscape philosophy can be seen quite clearly by a perusal of enduring popular 'lifestyle' magazines such as *The Lady*, *The Field*, *Country Life* and even *Hello* – all staple reading fodder in corporate and medical waiting rooms.

These trends in the English's view of their landscape inheritance infects and affects to some extent most English people – certainly those charged with defining policies for the conservation of the historical landscape, or engaged in its study, are not immune from its pervasiveness. Recent critiques of the work of W. G. Hoskins, to many the father of English historical-landscape research, have emphasised his nostalgic, sentimental and traditionalist view of the landscape (Matlees 1993). Certainly he found modern landscape change distasteful, as clearly shown by his generalisation that 'since the year 1914, every single change in the English landscape has either uglified it or destroyed its meaning' (Hoskins 1955, 298), and his views were largely anti-urban and anti-metropolitan. In Hoskins' work, 'landscape, locality and particularity come to be expressed as essentially anti-modern, anti-state, anti-progress, anti-rationalist planning' (Matless 1993, 191).

These views of the English landscape with their emphasis on individual rights, traditional values and even nationalism are so well founded and enduring because they are perpetuated by a social élite that is equally enduring. The continued influence of this élite is still evident in the landscape today; witness the thousands of hectares of moorland maintained for grouse shooting and managed to exclude the general public, or more specifically the kilometres of 1.8-metre high, reinforced-wire meshed fences on both sides of the M4 in the Bristol area, the purpose of which is to prevent the Duke of Beaufort's fox hounds from straying on to the motorway (Bettey 1983, 68). This social élite is highly influential within the conservation movement. All the major landscape and heritage-conservation bodies have benefited from well connected placements in the upper echelons of their management structures. It is not surprising, therefore, that one of the most widely held views in these bodies is that the best way to ensure the preservation of the countryside is to entrust its future stewardship to those who have traditionally managed it, the landholding social élite.

The Conservation Agenda

English Heritage, in their recent retrospective on their Monuments Protection Programme, have summarised the current position of the historical-landscape conservation agenda in England: 'The issues raised by the historic landscape in its wider definition relate to the impossibility of reducing its complex combination of physical remains, perception and character to neat classes, whether arranged by period or function. The landscape is more than its historic elements, important though these are: it is the sum of all its parts, including its ecological and visual attributes, its geology and topography, and its local social values and attributes... For the purposes of conservation and management we need to assess variation and pattern in character rather than focus on relative quality or importance.' (English Heritage 1996, 8).

This situation has been arrived at through the advancement, during the 1990s by various UK government-sponsored conservation agencies, of initiatives relevant to historical landscapes. These include English Heritage's Monuments Protection Programme (Darvill et al. 1993; English Heritage 1996) and the Royal Commission on Historical Monuments, England's *New Map of England*. In addition, the Countryside Commission (now Agency) and English Heritage have sponsored historical-landscape character assessments in Cornwall, in the Avon area around Bristol and in the Peak District of Derbyshire (English Heritage 1996, 9) and in conjunction with English Nature have undertaken the Countryside Character Programme, dividing the English landscape into simplified character zones (Countryside Commission & English Nature 1996). Moreover, English Heritage's compilation of Registers for Parks and Gardens and more recently for Battlefields, has had a significant effect on the treatment of historical aspects of the landscape, as have Countryside Stewardship schemes implemented through the Farming and Rural Conservation Agency on behalf of the Ministry of Agriculture, Fisheries and Food.

The Monuments Protection Programme aimed to re-assess a century of rather haphazard approaches and efforts at archaeological-monument protection, in order to produce a set of consistent criteria, against which to assess priorities and thus identify those monuments of genuine national importance (Darvill et al. 1987). Within this programme it was realised that many sites form parts of wider, often interconnected landscapes, which are important both visually and as data banks of historical information. This interconnectedness and the grouping of sites as key elements in the definition of landscape-character areas has been shown to be particularly relevant to post-medieval industrial remains (cf. Cranstone this volume). The combination of features such as extraction sites, processing complexes, water-course management systems, workers' housing, transportation systems and the modification of agricultural systems to suit a populace participating in a dual economy, is a particular feature of many non-urban located industrial activities of the post-medieval period. Scheduling, the method used to protect monuments, is site-specific, and so clearly of little use in providing protection for such groupings of sites and wider landscapes (Greeves 1989). Gradually, during the 1990s, English Heritage have formed the view that the ring fencing of areas of historically significant landscapes was impractical, and probably counter-productive, for the long-term conservation of the historical aspects of the landscape as a whole (Fairclough et al. forthcoming).

The exclusivity of ring-fence designations concentrates damaging developments in non-designated areas (Newman forthcoming). In all, 25% of England is covered by some form of protective heritage designation, archaeological, architectural or ecological (Gay 1995, 82). Enforcement of protective measures within ring-fenced areas is frequently weak, and in addition the remaining non-designated 75% of the landscape has as a consequence increased threats to the survival of its historical features. As a result of the perceived inadequacy of designation for protecting the overall historical quality of the landscape, English Heritage has encouraged the application of historical-landscape assessment to develop knowledge of the entire landscape's historical resource and its relevance, in particular in relation to local character and distinctiveness (Newman 1998). Although the antipathy shown by English Heritage towards developing nationally applied landscape designations is not universal in the UK – a different approach to landscape protection is favoured in Wales for example – the current trend in UK conservation is for an holistic approach, encompassing an understanding of the significance of the entire landscape, in preference to the protection of disparate features. This envisages the conservation of the most significant and locally relevant aspects of the landscape being achieved through sustainable development (Gay 1995, 87; English Heritage 1997).

Historical-landscape assessments define and identify character areas, and by so doing enable decisions to be taken on the most appropriate, and locally applicable, conservation-management measures. These will vary from area to area, since the process utilises perceived local distinctiveness to establish priorities. For example, in some districts dry-stone walls and isolated field barns may be considered essential to the character of the locality, in others hedges and orchards, and in others still (as for example the Lancashire valleys) semi-urban ribbon development and relict cotton mills. The same types of criteria are used to provide the archaeological dimension to Countryside Stewardship schemes. Thus the local, the distinctive, the particular are emphasised, an approach to the historical landscape articulated in Simon Timms' article reviewing the progress of archaeological conservation in Devon from a concentration on ancient monuments to a focus on historic landscapes: 'Devon's future heritage will not just be represented by carefully preserved islands of nationally important ancient monuments and historic buildings in a sea of modern paraphernalia, but through living and sustainable historic landscapes that celebrate the unique distinctiveness of our countryside and towns

– the qualities that make Devon Devon.' (Timms 1993, 13).

One of the primary features of good landscape-characterisation schemes is the combination of cultural-heritage data with ecological and geomorphological information to give an holistic interpretation of the landscape. It has for sometime been realised that there was a need in the UK to integrate archaeological-conservation interests with other environmental concerns (Greeves 1989; Darvill et al. 1987 & 1993, 571). The conservation of archaeological, architectural and natural features in the landscape evolved separately until the 1980s, with little consideration of compatibility or synthesis (Gay 1995, 70), hence the myriad different conservation designations applied throughout the UK. It has become obvious, however, that in many instances the various conservation interests coincide. One specific example in relation to a post-medieval archaeological site is St Mary's Garrison on the Isles of Scilly. There a floral community thriving on the walls is botanically important and adds to the interest of the site (Gay 1995, 80). Designating sites and landscapes on the basis of one conservation interest may have benefits for others. Recent research by Lancaster University Archaeological Unit for the Institute of Terrestrial Ecology, however, on the effect of the designation of Environmentally Sensitive Areas on the preservation of archaeological remains, failed to indicate a marked tendency toward better preservation of archaeological remains within such areas in comparison to non-designated areas (DoET&R 1997).

The Research Agenda

It is not only within the practice of historic-landscape conservation that there has been too little consideration of the natural dimension. Geographers in particular have criticised British research into the historic landscape for its lack of consideration of environmental factors (Coones 1985, 5). Hoskins was criticised for treating nature as providing the bare bones to the landscape which anthroprogenic activities fleshed out and clothed. It has become a truism that Man made the landscape, when in truth people have only modified it and done so within an ongoing drama of interaction between human activities and natural forces, often reacting in turn to each other and sometimes resulting in unpredictable consequences. This drama can become a tragedy, as in the 1960s when situation, heavy rainfall and inadequate engineering caused a slag heap from the coal mine at Aberfan in south Wales to slip and bury a school with the pupils and staff.

As recently as 1993 it was stated that the study of landscape archaeology lacked a theoretical basis (Darvill et al. 1993, 564). Nevertheless, some archaeologists, particularly prehistorians, have attempted in recent years to escape from the functionalist and processual view of landscape development espoused by many historians and geographers, and to develop an epistemology emphasising 'perception, experience and symbolic attributes of human-modified landscapes' (McGlade 1995, 113). These approaches have to some extent even been embraced by researchers dealing with the landscape of the post-medieval period (see Williamson & Bellamy 1987 and Cosgrove & Daniels 1988). It is an approach also reflected in the work of the historian Simon Schama, where today's landscape is not seen as the result of a linear progression from a primitive idyll and is perceived to have values and meaning beyond those of mere economics (Schama 1995, 3–19). As post-processual archaeology in general has been subjected to critical re-appraisal so its role in historic-landscape study has been critically assessed and found wanting. In particular it has been argued that, as with the functionalist and processual approaches, too much emphasis has been placed 'on the social at the expense of the natural' (McGlade 1995, 113).

In response to these criticisms, James McGlade has developed a theoretical approach, which he terms the ecodynamics of human-modified landscapes. This develops the concept of the interaction of natural and anthroprogenic factors in the evolution of landscape processes and features to the point where he argues there is no environment, no ecosystem, only socio-natural systems (McGlade 1995, 126). McGlade envisages landscapes developing via a non-linear, dynamical system. Landscapes result from a complex interaction of natural and human-inspired processes which can lead to unpredictable consequences. Events which at the time may have seemed relatively insignificant (e.g. the invention of the steam engine), can result in unforeseen, major landscape changes, while major historical events (like the Napoleonic Wars) may in the long term have only minor and insubstantial effects on the landscape. Hoskins (1955) viewed the landscape as a book but while its words may be easy to read, their meanings may not be so readily understood as Hoskins may have considered. New, theoretically based approaches to understanding the historic landscape are revealing that the motivations, inspirations and mechanisms behind the text are more complex than previously supposed, being based on a non-linear, dynamical interaction between human and ecological factors.

Historical-landscape characterisations provide one avenue for investigation and analysis that does include the consideration of the dynamic relationship between human and ecological processes. This approach enables landscapes to be defined as primarily consisting of inter-related, coherent features specific to a period or process, such as the 18th- and 19th-century relict landscapes of the Cheesden valley and Holcombe Moor in Lancashire (Newman 1998, 96), or as palimpsests of spatially related but chronologically diverse features.

Conclusion

There does seem to be a coming together of the research and conservation agendas to some degree, with the development of a more-theoretically based and rigorous approach to the interpretation of the evolution of the historical landscape. Even so, today's landscape researchers and managers are inheritors to a long conservative tradition of landscape appreciation. This has covertly influenced academic consideration of the historical landscape and overtly helped to shape political thinking about the countryside. This tradition supports the maintenance of customary élite power structures in the countryside; it over emphasises the importance of the local, the particular and the familiar, and associates them with concepts of identity and belonging.

Through the conservation agenda these conceptualisations and attitudes can re-affirm the countryside stewardship of the traditional social élite and promote antiquarianism, with a consequent reverence for the old, irrespective of its attributes or merit. These views not only affect the way we interpret past cultural landscapes but will also influence the development of the landscape of the future. There is a danger that as agriculture in many areas becomes increasingly less-viable, without State amelioration of global free-market forces, farmers will become in Lowenthall's words 'scenic stewards for tourism' (1991, 217) within a countryside reduced to an amenity. There they will pedal a manufactured heritage spun to maximise its market potential.

It may be that with the renewed and growing interest in national identity amongst the constituent parts of the UK, and the move towards political independence for Scotland, these trends may be of greatest threat to England. Scotland of course has its own enduring mythical images of landscape and identity (see Pringle 1988). The Highlands are portrayed as the tamed and picturesque environment of the gaily attired, Balmoral-inspired, Victorian sporting and anglicised clan chieftain, rather than the historically more-accurate, harsh and people-emptied landscape of the Highland clearances.

There are grounds for optimism, however, even in England. The traditional view of England's cultural landscape since the 17th century has been one of an outsider looking at the landscape as if through a Claude glass. We have framed it, composed it, but have not perceived ourselves as part of it. We have viewed the landscape as if we stand outside Nature. Now we are beginning to appreciate that we are participants with natural forces in a dialogue that shapes and forms the environment. Neither participant is more passive than the other, and each influences the other. Our view has become more holistic. Similarly our responses to the preservation needs of the historical landscape have broadened to conserve 'the whole landscape in preference to selective designations' (English Heritage 1997, 4). If this can be done by appreciating what is most significant nationally in tandem with what is essential to the maintenance of local character and a sense of place, without an excessive veneration of the familiar, then the historical landscape may have a sustainable future. That historical landscape is, in terms of its upstanding fabric, overwhelmingly post-medieval, and key to understanding England and the English.

References

Bettey, J. H. 1983, 'Some major influences on the post medieval landscape of the Bristol region', in *Landscape History* 5, 68–77

Coones, P. 1985, 'One landscape or many? A geographical perspective', in *Landscape History* 7, 5–12

Cosgrove, D. & Daniels, S. (eds.) 1988, *The Iconography of Landscape*, London

Countryside Commission 1996, *Views from the Past* (CCWP04)

Countryside Commission & English Nature 1996, *The Character of England: Landscape, Wildlife and Natural Features*, London

Darvill, T., Saunders, A. & Startin, B. 1987, 'A question of national importance: Approaches to the evaluation of ancient monuments for the Monuments Protection Programme in England', in *Antiquity* 61, 393–408

Darvill, T., Gerard, C. & Startin, B. 1993, 'Identifying and protecting historic landscapes', in *Antiquity* 67, 563–74

DoE & DNH [= Dept. of the Environment & Dept. of National Heritage] 1994, *Planning Policy Guidance Note 15: Planning and the Historic Environment*

DoET&R [= Dept. of the Environment, Transport & the Regions] 1997, *Current Status and Prospects for Key Habitats in England* 1–6

English Heritage 1995, *The Register of Historic Battlefields*, London

English Heritage 1996, *The Monuments Protection Programme 1986–96 in Retrospect*, London

English Heritage 1997, *Sustaining the Historic Environment: New Perspectives on the Future*, London

Fairclough, G. J., Lambrick, G. & McNab, A. forthcoming, *Yesterday's Landscape, Tomorrow's World: The English Heritage Landscape Project*

Gay, H. 1995, 'Integrated conservation of natural and historical aspects of the countryside', in *Jnl. of Architectural Conservation* 3.1, 70–89

Greeves, T. 1989, 'Archaeology and the Green Movement: a case for perestroika', in *Antiquity* 63, 659–66

Hoskins, W. G. 1955, *The Making of the English Landscape*, London

Lowenthall, D. 1991, 'British national identity and the English landscape', in *Rural History* 2.2, 205–30

Lowenthall, D. & Prince, H. C. 1964, 'The English landscape', in *Geographical Review* 54, 309–46

Lowenthall, D. & Prince, H. C. 1965, 'English landscape tastes', in *Geographical Review* 55, 186–222

Matless, D. 1993, 'One man's England: W. G. Hoskins and the English culture of landscape', in *Rural History* 4.2, 187–207

McGlade J. 1995, 'Archaeology and the ecodynamics of human modified landscapes', in *Antiquity* 69, 113–32

Newman, R. 1998, 'Historic cultural landscapes: Recognition, definition and classification within the planning process', in Jones, M. & Rotherham, I. D. (eds.), *Landscapes – Perception, Recognition and Management: Reconciling the Impossible?*, 94–8

Newman, R. forthcoming, 'Landscape study in farm survey', in Fairclough et al.

Pringle, T. R. 1988, 'The privation of history: Landseer, Victoria and the Highland myth', in Cosgrove & Daniels, 142–61

Timms, S. 1993, 'From Ancient Monuments to Historic Landscapes: The quest to conserve Devon's archaeological heritage', in *Proceedings of the Devon Archaeological Society* 51, 1–16

Sharma, S. 1996, *Landscape and Memory*, London

Williamson, T. & Bellamy, L. 1987, *Property and Landscape*, London

Richard Newman
Lancaster University Archaeological Unit
Storey Institute
Meeting House Lane
Lancaster
LA1 1TF